Paul Erker
Zulieferer für Hitlers Krieg

Paul Erker

Zulieferer für Hitlers Krieg

Der Continental-Konzern in der NS-Zeit

DE GRUYTER
OLDENBOURG

ISBN 978-3-11-064220-9
e-ISBN (PDF) 978-3-11-064659-7
e-ISBN (EPUB) 978-3-11-064256-8

Library of Congress Control Number: 2020935902

Bibliografische Information der Deutschen Nationalbibliothek
Die Deutsche Nationalbibliothek verzeichnet diese Publikation in der
Deutschen Nationalbibliografie; detaillierte bibliografische Daten
sind im Internet über http://dnb.dnb.de abrufbar.

© 2020 Walter de Gruyter GmbH, Berlin/Boston
Coverabbildung: Porträts von links nach rechts: Alfred Teves, Franz Messner, Albert Schäfer,
Fritz Könecke, Gustav Jahns, Adolf Schindling; Hintergrund: Continental-Verwaltungsgebäude
in Hannover beim Aufmarsch der Belegschaft mit Vorstand anlässlich eines Umzugs
zum 1. Mai 1935.
Copyright: Hintergrundfoto, Könecke und Jahns: Continental-Unternehmensarchiv, Hannover;
Alfred Teves: 30 Jahre Werksgeschichte der Firma Alfred Teves GmbH, Frankfurt 1936; Adolf
Schindling: VDO-Archiv, Babenhausen; Albert Schäfer: Bestand Phoenix im Archiv im Museum
der Arbeit, Hamburg; Franz Messner: Wikipedia-Commons.
Typesetting: bsix information exchange GmbH, Braunschweig
Druck und Bindung: CPI books GmbH, Leck

www.degruyter.com

Inhaltsverzeichnis

Einleitung

Die Zulieferindustrie für Kraft- und Luftfahrzeuge war das eigentliche Rückgrat der nationalsozialistischen Rüstungs- und Kriegswirtschaft. Und Continental war im Bereich der Auto- und Flugzeugreifen sowie Gleiskettenpolster für Panzer, aber auch bei technischen Schläuchen, hydraulischen Bremsen, Präzisionssteuerungs-, Kontroll- und Messinstrumenten für V-1-Marschflugkörper, Panzer und Geschütze einer der wichtigsten Zulieferkonzerne des Dritten Reichs. Dazu kam die Herstellung von Millionen von Volks-Gasmasken für die „Volksgemeinschaft". Diese Aufzählung bezieht sich dabei nicht allein auf die damalige historische Continental, sondern schließt auch, von der Gegenwart ausgehend und rückblickend, mit VDO, Teves, Phoenix und Semperit die wichtigsten Unternehmen mit ein, die in späteren Jahren übernommen und in den Konzern integriert wurden.[1] Dabei zeigen sich vereinzelt auch schon damals interessante personelle Querverbindungen und unternehmenspolitische Überschneidungen zwischen diesen Unternehmen. Mit seinen Hauptstandorten in Hannover, Hamburg, Frankfurt und Berlin war dieser virtuelle Konzern über das ganze Reichsgebiet verteilt, im Krieg erfolgte eine weitere erhebliche Expansion in besetzten und verbündeten sowie neutralen Ländern Europas. Die vorliegende Studie ist daher mehr eine Branchengeschichte oder eine vergleichende Untersuchung von fünf Unternehmen aus der Zulieferindustrie während der NS-Zeit als eine einzelne Unternehmensgeschichte. Allein durch die Tatsache, dass drei der untersuchten Firmen börsennotierte Aktiengesellschaften waren, zwei dagegen inhabergeführte Familienunternehmen, ergeben sich aufschlussreiche Hinweise auf eventuell unterschiedliche Verhaltensweisen in der NS-Zeit. Der Grund für diesen Untersuchungsansatz ist nicht nur ein methodischer, um gegenüber den bisherigen nach wie vor dominierenden Einzeluntersuchungen zur NS-Zeit doch noch neue Aspekte einzuführen, sondern auch ein quasi unternehmenspolitisch-moralischer. Denn mit dem Kauf und der Übernahme eines Unternehmens wird auch dessen Geschichte mit allen Höhen und Tiefen miterworben, die dann gleichsam Teil einer neuen Konzerngeschichte wird. Insofern kann eine Geschichte des Continental-Konzerns in der NS-Zeit sinnvoll nur auch als Geschichte der wichtigsten erworbenen Firmen untersucht und geschrieben werden.

Dafür waren umfangreiche Recherchen notwendig, die sich nicht nur auf den Standort der Continental-Hauptverwaltung in Hannover beschränkten, sondern auch die Standorte unter anderem in Frankfurt, Berlin, Babenhausen und

---

[1] Dies bezieht sich auf die Jahre zwischen 1998 und 2007. Vgl. dazu auch im Einzelnen die Bemerkungen am Schluss, S. 808.

https://doi.org/10.1515/9783110646597-001

Hamburg sowie im polnischen Poznan miteinschloss.[2] Entgegen aller Erwartungen wurden dabei zahlreiche bislang unentdeckte Quellen aufgefunden, angefangen mit den alten Personalakten, der damaligen Korrespondenz zwischen Aufsichtsrat und Vorstand sowie markenrechtlichen Vorgängen und nicht zuletzt Unterlagen im Zusammenhang mit dem Einsatz von Zwangsarbeitern in den Registraturkellern der Personalabteilung, der Patent- und Markenschutz-Abteilung sowie der Rechtsabteilung von Continental, bis hin zum VDO-Archiv in Babenhausen, das bis dahin im Konzern kaum bekannt war. Obwohl an den ehemaligen Teves-Standorten in Frankfurt und Berlin kein Archiv mehr existierte, fanden sich auch hier dutzende bislang unentdeckte Ordner, unter anderem mit Korrespondenz des Firmengründers Alfred Teves. Auch der verstreute Bestand von Phoenix-Akten, der zum Teil im Hamburger Staatsarchiv, im Archiv des Museums der Arbeit und im Archiv der Deutschen Bank in Frankfurt liegt, wurde erstmals systematisch erschlossen und ausgewertet. Viele neue und bislang von der Forschung noch nicht ausgewertete Akten und Überlieferungen fanden sich auch für Semperit, die umso wichtiger waren, als hierfür ebenfalls kein Unternehmensarchiv mehr existiert.

Schließlich fanden sich in zahlreichen städtischen und staatlichen Archiven wichtige ergänzende Unterlagen und Quellen. Von erheblichem Wert waren dabei die vielfach ebenfalls erstmals eruierten und ausgewerteten Entnazifizierungsakten der wichtigsten damaligen Akteure, die die Geschicke des Continental-Konzerns in der NS-Zeit maßgeblich mitbestimmten, allen voran Generaldirektor Fritz Könecke und dessen Hauptbetriebsobmann Gustav Jahns, aber auch die Vorstandsvorsitzenden und Unternehmensleiter Albert Schäfer für Phoenix, Adolf Schindling für VDO, Franz Messner für Semperit und Alfred Teves mit seinen beiden Söhnen. Aufgrund der unterschiedlichen Quellendichte können die jeweiligen Unternehmen allerdings nicht in gleicher empirischer Dichte untersucht und dargestellt werden. Aber durch die Unterschiedlichkeit der Quellenüberlieferung ergibt sich auch eine Komplementarität der Handlungsebenen, vor allem hinsichtlich der verschiedenen Verhandlungs- und Aushandlungsarenen zwischen Unternehmen und NS-Regime. All dies ermöglichte ein tiefes Eintauchen in die „Continental-Welt" der 1930er und 1940er Jahre.

Die Untersuchung folgt dabei dem gängigen Darstellungs- und Analysestrang einer Unternehmensgeschichte in der NS-Zeit.[3] Ausgehend von der

---

2 Zur Überlieferungslage im Einzelnen vgl. das Quellenverzeichnis im Anhang.

3 Tatsächlich gibt es inzwischen zur Automobil-Zulieferindustrie eine Reihe von Einzelstudien: zu Sachs bzw. ZF Friedrichshafen (Andreas Dornheim, Mobilität und Motorisierung. Eine Unternehmensgeschichte, Hamburg 2015), zu Bosch (Johannes Bähr, Paul Erker, Bosch. Geschichte eines Weltunternehmens, München 2013, zu BMW als Vorläufer der späteren MTU AeroEngines (Constanze Werner, Kriegswirtschaft und Zwangsarbeit bei BMW, München 2006). Siehe

schleichenden Transformation der Unternehmenskultur und der Entwicklung Continentals zu einem NS-Musterbetrieb wird eingehend die Unternehmenspolitik im Kontext des nationalsozialistischen Vierjahresplans und die Radikalisierung der Produktionsprozesse im Verlauf des Krieges untersucht. Continental war dabei zunächst nicht nur der Hersteller von kriegswichtigen Reifen, sondern auch Produzent zahlreicher Produkte der nationalsozialistischen Freizeit- und Konsumgesellschaft. Im Krieg, in dem die Aushandlungsprozesse mit den Behörden und Wehrmachtstellen und die staatlicherseits wie unternehmensseitig unternommenen massiven Versuche zur Mobilisierung sämtlicher Ressourcen bei Arbeitskräften wie Rohstoffen dominierten, veränderten sich dann schnell die Vorzeichen, wie am Beispiel der Flugzeugreifen-Fertigung und der Schuhsohlenentwicklung sowie einer Reihe von ambivalenten Innovationsprozessen gezeigt wird. Einen Schwerpunkt der Untersuchung bilden die „vielen Gesichter der Zwangsarbeit" mit ihren unterschiedlichen Facetten bei Continental selbst, aber auch bei Teves, Phoenix und VDO. Das letzte Kapitel zeichnet den Prozess der Expansion und die Aktivitäten in den besetzten, aber auch verbündeten Staaten nach, wobei der Untersuchung der Continental-Fertigung im neuen Zweigwerk Posen und in Frankreich bzw. Holland und Belgien ein besonderes Augenmerk gilt. Auf die Expansion folgte dann aber die rasante Implosion der Fertigungsstrukturen, die schließlich auch zu hektischen Verlagerungsbemühungen und, nicht zuletzt auch durch die Folgen des Bombenkrieges, zu einer zunehmenden Auflösung der Unternehmensstrukturen führte.

Die Studie verfolgt mithin drei zentrale Leitfragen: Erstens, wie und inwieweit vollzog sich die Transformation der Unternehmenskultur, die Continental zu einem NS-Musterbetrieb werden ließ, und wie entwickelte sich dabei das Verhalten und Verhältnis zum NS-Regime und den Behörden im Kontext der nationalsozialistischen Autarkie-, Rüstungs- und Kriegswirtschaft? Zweitens, inwieweit erfolgte eine Nutzung und Ausbeutung der zur Zwangsarbeit eingesetzten ausländischen Arbeitskräfte aus den besetzten, aber auch verbündeten Ländern? Und drittens, welche Aktivitäten entwickelte Continental im Zuge der

---

hierzu auch die Studien zu Freudenberg und Quandt mit seinem damaligen Batterieunternehmen Varta: Joachim Scholtyseck, Der Aufstieg der Quandts. Eine deutsche Unternehmerdynastie, München 2011, und ders., Freudenberg. Ein Familienunternehmen in Kaiserreich, Demokratie und Diktatur, München 2016. Vgl. auch Armin Müller, Kienzle. Ein deutsches Industrieunternehmen im 20. Jahrhundert, Stuttgart 2011. Allerdings besteht Fehlanzeige für die Zulieferbetriebe der Flugzeugindustrie, deren Rüstungsgeschichte ohne jegliche Berücksichtigung von deren reifentechnischen Innovationen und hydraulischen Mess- und Regelinstrumente Voraussetzung für die Realisierung und den Einsatz des revolutionären Düsentriebwerks war. Vgl. Lutz Budraß, Flugzeugindustrie und Luftrüstung in Deutschland 1918–1945, Düsseldorf 1998, wo weder Continental noch VDO oder Teves als wichtige Zulieferer vorkommen.

Expansion in die besetzten, verbündeten und auch neutralen Ländern, inwieweit versuchte man von der Kriegs- und Besatzungspolitik des NS-Regimes zu profitieren? Trotz dieses, wenn man so will, klassischen Untersuchungsstranges reklamiert die Studie eine ganze Reihe neuer Erkenntnisse, die über die bislang bestenfalls rudimentären Kenntnisse von VDO und Teves in der NS-Zeit hinausgehen und auch Continental als Kernunternehmen selbst betreffen. Bislang wurde das Unternehmen gleichsam in der Breite und von außen her im Kontext des internationalen Wettbewerbs der Reifenbranche genauer untersucht.[4] In der vorliegende Studie wird erstmals eine in die Tiefe gehende Rekonstruktion der unternehmensinternen Abläufe und Entscheidungsprozesse vorgenommen, die erst durch das Auffinden der Korrespondenz zwischen dem von der Familie Opel als damaliger Hauptanteilseigner dominierten Aufsichtsrat und dem Vorstand sowie den Vorstands- wie Aufsichtsratsprotokollen möglich wurde. Fritz Opel und seine Brüder, die bislang in der Continental-Geschichte – obschon Hauptanteilseigner – unsichtbar waren, lassen sich damit erstmals in ihren unternehmenspolitischen Interessen und Einflussnahmen konkret fassen.

Die erkenntnisleitenden Fragen nach dem Ausmaß der Verstrickungen eines Unternehmens in die Verbrechen des NS-Regimes, nach Unterstützung und Profit des nationalsozialistischen Eroberungskrieges, nach Verfolgung politisch Andersdenkender, Ausbeutung von Ressourcen in den besetzten Ländern, Arisierungen und dem Einsatz von Zwangsarbeitern sowie KZ-Häftlingen und der bei all dem auftretenden Gemengelage von Zwangslagen, durch das NS-Regime veränderten Rahmenbedingungen und Anreizsysteme und sich dementsprechend eröffnenden Handlungsspielräumen sowie den Veränderungen von Konzernstrukturen und Unternehmenskultur als Reaktion auf die Autarkie-, Rüstungs- und Kriegspolitik des NS-Regimes – all das ist schon häufig gefragt worden. In jüngster Zeit ist daher in der unternehmenshistorischen Forschung die provozierende These vertreten worden, dass nach dem großen Boom der meist als Auftragsarbeiten entstandenen Untersuchungen zur Geschichte von Unternehmen im Nationalsozialismus weder neue empirische Ergebnisse noch me-

---

4 Vgl. Paul Erker, Vom nationalen zum globalen Wettbewerb. Die deutsche und die amerikanische Reifenindustrie im 19. und 20. Jahrhundert, Paderborn 2005. Die frühere kleine Studie, die anlässlich des damaligen 125-jährigen Firmenjubiläums erschienen ist, konzentriert sich praktisch ganz auf die Phase 1970 bis 1996. Vgl. Paul Erker, Wachsen im Wettbewerb. Eine Zeitgeschichte der Continental AG, Düsseldorf 1996. Ansonsten ist man hinsichtlich der Gründungs- und Frühgeschichte von Continental nach wie vor auf die Festschrift von Schmidt zum 100-jährigen Bestehen 1971 angewiesen. Vgl. Hans-Theodor Schmidt, Continental 1871–1971, Hannover 1971.

thodische Innovationen zu verzeichnen seien.[5] Aus dem Wissenszuwachs weiterer Studien würden „in einem streng analytischen Sinn kaum noch Erkenntnisgewinne [folgen], da sich die empirischen Einzelbefunde doch meist in etablierte Gesamtinterpretationen fügen, sie dabei aber kaum noch modifizieren."[6] Dies und allein die Tatsache, dass über Unternehmen im Nationalsozialismus heute in der wissenschaftlichen Forschung kaum noch gestritten wird, ist jedoch kein Grund, den Untersuchungsgegenstand an sich für nicht mehr relevant zu halten und ihn „reif für einen vorläufigen Abschluss" zu erklären.[7] Solange es noch immer einzelne große deutsche Unternehmen gibt, die sich vor einer Aufarbeitung ihrer NS-Geschichte wegducken, gibt es nicht nur den politisch-moralischen Bedarf für entsprechende Studien, sondern auch nach wie vor bestehende Wissenslücken. Wir wissen etwa noch immer so gut wie nichts darüber, wie Art und Umfang der Zwangsarbeit in der deutschen Elektroindustrie und deren Agieren im besetzten Frankreich war.[8] Daneben gibt es auch trotz der vielen Untersuchungen keineswegs sozusagen eine Linearität ansteigender oder gleichbleibend hoher Qualität, sondern auch bei neueren Untersuchungen Licht und Schatten.[9] Schließlich gibt es einen gegenwärtigen Trend zur Untersuchung von

---

5 Zur Debatte vgl. Tim Schanetzky, After the Gold Rush. Ursprünge und Wirkungen der Forschungskonjunktur „Unternehmen im Nationalsozialismus", in: ZUG 63 (2018), S. 7–32, sowie als Replik darauf Christian Kleinschmidt, Unternehmensgeschichte als „Nebenbeschäftigung", in: ZUG 64 (2019), S. 274–291. Vgl. auch Ralf Banken, Vom „Verschweigen" über die „Sonderkonjunktur" hin zur „Normalität"? Der Nationalsozialismus in der Unternehmensgeschichte der Bundesrepublik, in: Zeitgeschichte-online, Dezember 2012, https://zeitgeschichte-online. de/thema/vom-verschweigen-ueber-die-sonderkonjunktur-hin-zur-normalitaet.
6 Schanetzky, After the Gold Rush, S. 25.
7 Ebd., S. 31.
8 Es fehlt mithin noch immer unter anderem eine Studie zu Siemens in der NS-Zeit und auch dem Verhalten der Familie Siemens, wozu erstaunlicherweise – anders als in anderen Fällen wie etwa der Quandt-Geschichte – auch bislang kein öffentlicher Druck besteht. Nach wie vor steht auch eine Untersuchung zum Henkel-Konzern in der NS-Zeit aus, auch eine Geschichte von Bayer als damaliger Teilbereich des IG Farben-Konzerns gibt es, anders als für Hoechst und BASF, bislang nicht. Dasselbe gilt für Linde und Heidelberger Zement.
9 So zeichnen sich auch neuere Studien durch methodisch-konzeptionelle Rückschritte aus, indem entweder die NS-Zeit als Episode in einer hehren Gesamtgeschichte „versteckt" wird oder aber eine vielfach vom Branchenumfeld und auch der Produkttechnologie entkontextualisierte Geschichte daherkommt. Vgl. etwa die Darstellung von Michael Kißener, Boehringer-Ingelheim im Nationalsozialismus. Studien zur Geschichte eines mittelständischen chemisch-pharmazeutischen Unternehmens, Stuttgart 2015. Als neuere Gesamtgeschichte vgl. Alfred Reckendrees, Beiersdorf. Die Geschichte des Unternehmens hinter den Marken NIVEA, tesa, Hansaplast & Co., München 2018, in der die NS-Zeit immerhin vergleichsweise angemessen behandelt wird. Dagegen umfasst sie in der Gesamtdarstellung von Adidas gerade einmal 26 der insgesamt 357 Seiten. Vgl. Rainer Karlsch u. a., Unternehmen Sport. Die Geschichte von adidas, München 2018. Auch in der Untersuchung von Carsten Burhop u. a., Merck 1668–

Familienunternehmen in der NS-Zeit, allerdings auch mit expliziter, von Seiten der sensationsheischenden medialen Öffentlichkeit in den Vordergrund gerückter Fragestellung, inwieweit die Basis des Reichtums insbesondere der reichsten Familien Deutschlands in der NS-Zeit gelegt wurde, quasi unter Wiederaufnahme des damals gegen alle Unternehmer gerichteten Vorwurfs des NS-Nutznießertums.[10] Auch hier haben die Untersuchungen, selbst wenn es vordringlich oft um Maßnahmen gegen den drohenden Einbruch des Amerika-Geschäfts geht, ihre Berechtigung und lassen zudem auch für die Wissenschaft durchaus neue Erkenntnisse erwarten.

Es bleibt mithin festzuhalten, dass die Selbstvergewisserung des einzelnen Unternehmens über die Rolle im NS nach wie vor wichtig ist, nicht zuletzt auch angesichts der sich dramatisch verändernden politisch-gesellschaftlichen Gegenwart und der sich damit stellenden Frage des unternehmenspolitischen Verhaltens gegenüber Macht, Diktaturen, scheinbaren und echten politischen-technologischen Zwängen und prekären Anfälligkeiten und Deformationen in der Unternehmenskultur im Zusammenhang mit kriminellen unternehmerischen Machenschaften. Der Umgang mit der eigenen Geschichte, gleich, ob damit neue inhaltliche oder methodisch-theoretische Erkenntnisse für die Forschung gewonnen werden, hat seine Berechtigung.[11] Es geht bei solchen Untersuchun-

---

2018. Von der Apotheke zum Weltkonzern, München 2018, werden der NS-Zeit nur 65 von 713 Seiten gewidmet. Und nicht zuletzt entstehen nach wie vor (oder wieder) Darstellungen, in denen die alten Mythen vom rechtzeitigen Umdenken und der Abkehr der Unternehmer vom NS-Regime verbreitet werden, allenthalben die Schilderungen von Zwangsarbeit beschönigend oder die eigentlichen kritischen Fragen zur jeweiligen Rolle des Unternehmens in der NS-Zeit übertünchend. Vgl. etwa Martin Kukowski, Rudolf Boch, Kriegswirtschaft und Arbeitseinsatz bei der Auto Union AG Chemnitz im Zweiten Weltkrieg, Wiesbaden 2014, oder 175 Jahre Freshfields Bruckhaus Deringer in Deutschland. Eine Sozietätsgeschichte im Wandel von Wirtschaft, Recht und Politik, München 2015.

10 Hier funktioniert die Skandalisierung – oder, angesichts jüngster Beispiele, eher Selbstskandalisierung – immer noch sehr gut. Eine Reihe von Untersuchungen ist hierzu bereits entstanden, vgl. Scholtyseck, Der Aufstieg der Quandts, und ders., Freudenberg. Ein Familienunternehmen in Kaiserreich, Demokratie und Diktatur, München 2016. Vgl. auch Jürgen Finger u. a., Dr. Oetker und der Nationalsozialismus. Geschichte eines Familienunternehmens 1933–1945, München 2013; Mark Spoerer, C&A. Ein Familienunternehmen in Deutschland, den Niederlanden und Großbritannien 1911–1961, München 2016, sowie die kleine Studie von Manfred Grieger, Sartorius im Nationalsozialismus. Generationswechsel im Familienunternehmen zwischen Weltwirtschaftskrise und Entnazifizierung, Göttingen 2019. Eine Reihe weiterer Studien dazu stehen kurz vor der Publikation oder sind in Bearbeitung, unter anderem zu Tengelmann/Schmitz-Scholl (Familie Haub), Bahlsen und J. A. Benckiser (Familie Reimann).

11 Zur wechselvollen Geschichte des Umgangs mit der NS-Zeit vgl. Sebastian Brünger, Geschichte und Gewinn. Der Umgang deutscher Konzerne mit ihrer NS-Vergangenheit, Göttingen 2017.

gen nicht nur um die Wissenschaft, sondern auch um das Unternehmen und seine Mitarbeiter und damit den Vermittlungsauftrag, den Geschichte hat. Nach wie vor erscheint es daher wichtig und sinnvoll, Art und Umfang der Zwangsarbeit in einem einzelnen Unternehmen zu untersuchen, um Spezifika, Abweichungen oder Ähnlichkeiten zu anderen Unternehmen herauszufinden. Solange es dieses Wissen über die eigene Zwangsarbeit-Geschichte nicht gibt, kann sich ein Unternehmen auch nicht angemessen der Verantwortung dafür stellen. Gleichzeitig kann jedoch die Unternehmensgeschichte in der NS-Zeit nicht auf eine bloße Zwangsarbeit-Geschichte reduziert werden, sondern der gesamte Kontext von Fertigungsorganisation, Arbeitsprozessen, Arbeitskräftelenkung und den jeweiligen Produktionsbedingungen insgesamt sowie die allgemeine Unternehmensentwicklung muss betrachtet werden. Continental hat sich lange Zeit vor einer wirklichen Analyse seiner Rolle in der NS-Zeit gedrückt. Nicht nur, weil es das größte Unternehmen in Hannover ist, sondern auch, weil die beiden anderen dortigen Großunternehmen, die Akkumulatoren-Fabrik Varta und der Lastwagenhersteller Hanomag, nicht mehr existieren, wurde es daher immer wieder Ziel von Angriffen und Debatten in der Öffentlichkeit. Die Deutungskämpfe mit der hannoverschen Community der „Erinnerungs-Forschung", der man lange Zeit mit Hinweis auf fehlende und im Krieg vernichtete Archivunterlagen sowie ausgefeilten Sprachregelungen entgegentrat, konnte man daher nicht gewinnen.[12] Als einer der letzten – aber bei weitem nicht der letzte – Dax-Konzerne stellt sich Continental daher nun seiner Geschichte in der NS-Zeit. Es geht um die Selbstreflexion und Selbstvergewisserung des Unternehmens über die eigenen Verstrickungen in das Unrecht der NS-Zeit, die Anfälligkeit der Unternehmenskultur, die aus dem Unternehmen ein gut funktionierendes Teil der NS-Kriegs- und Rüstungswirtschaft gemacht hat, aber eben auch um die damaligen herrschenden politischen wie technologischen Zwängen, denen sich der globalisierte Konzern zum Teil auch heute wieder in einer ganzen Reihe von Ländern gegenübersieht. Dass diese Studie zur Geschichte Continentals in der NS-Zeit gerade mitten in einem tiefgreifenden Transformationsprozess des Unternehmens erfolgt und gleichzeitig im Vorfeld des 150-jährigen Jubiläums, ist vielleicht nicht günstig für deren Rezeption. Aber vielleicht trägt es doch auch in dem Bewusstsein, dass man sich nicht nur den Unternehmenskrisen, sondern auch der eigenen Vergangenheit, ob zeitlich weiter entfernt oder nahe an

---

12 Wobei von den Historikern aus Hannover wichtige Studien in diesem Zusammenhang vorgelegt wurden, allen voran die schon 1985 erarbeitete Untersuchung zu KZ in Hannover. Vgl. Rainer Fröbe u. a. (Hrsg.), Konzentrationslager in Hannover. KZ-Arbeit und Rüstungsindustrie in der Spätphase des Zweiten Weltkriegs, Teil I, Hildesheim 1985, sowie Janet Anschütz, Irmtraud Heike, Feinde im eigenen Land. Zwangsarbeit in Hannover im Zweiten Weltkrieg, Bielefeld 2000.

die Gegenwart gehend, offensiv und reflektiert stellen muss, zu einer Stärkung der Unternehmenskultur von Continental bei.

✴✴✴

Mein Dank gilt Dr. Nils Fehlhaber, dem Leiter des Continental-Archivs, mit dem zusammen bei erfolgreichen Entdeckungsreisen in den Registraturkellern der Continental-Hauptverwaltung sowie Recherchen bei den ehemaligen Tochtergesellschaften eine Menge neuer und bislang unentdeckter Quellen aufgefunden und erschlossen werden konnte und der mich bei unzähligen Nachrecherchen geduldig unterstützt hat. Ein Gedenken geht in diesem Zusammenhang an Thomas Grabe, der jahrzehntelang das Continental-Archiv quasi nebenberuflich am Leben erhalten hat, dieses Projekt und die Fertigstellung der Studie aber nicht mehr erleben konnte. Dank geht auch an Karl Schneider, der das umfangreiche VDO-Archiv in Babenhausen weitgehend ehrenamtlich betreut und verwaltet. Auch den Mitarbeitern in den staatlichen und städtischen Archiven sei gedankt, stellvertretend dafür Melanie Hahn vom Hamburger Museum der Arbeit und Waltraud Steuber im Stadtarchiv Korbach sowie Dr. Martin L. Müller vom Archiv der Deutschen Bank. Nicht zuletzt geht mein Dank an Dr. Felix Gress und Dr. Christian zur Nedden, die in ihrer jeweiligen Funktion als Leiter der Konzernabteilung Unternehmenskommunikation & Public Affairs bzw. der Abteilung Compliance, Law & Intellectual Property das große Projekt initiiert und überhaupt ermöglicht haben. In diesem Zusammenhang haben beide nach Jahrzehnten des Dornröschenschlafs auch wieder eine Professionalisierung des Continental-Archivs auf den Weg gebracht, womit der Grundstein für weitere Studien zur Continental-Geschichte gelegt ist.

I Auf dem Weg zum NS-Musterbetrieb: Unternehmenskultur im Zeichen der nationalsozialistischen Betriebsgemeinschaftsideologie

1 „Ein arisches Unternehmen." Zur Konstellationsveränderung in der Corporate Governance

Der Continental-Vorstand hat die NS-Machtergreifung mit Euphorie begrüßt. Anders als viele deutschen Unternehmer, die eher mit Skepsis auf die neue Regierung unter Adolf Hitler reagierten, verkündete der Generaldirektor der Continental Gummi-Werke AG, Willy Tischbein, in gleich mehreren Presseverlautbarungen seine Unterstützung für die scheinbar neuen wirtschaftspolitischen Maßnahmen und die dahinterstehende Ideologie der Nationalsozialisten. „Gemeinnutz vor Eigennutz. National und sozial. In diesem Sinne haben wir immer gehandelt und werden wir auch weiter handeln und glauben, damit den Bestrebungen des Führers [...] Adolf Hitler, das deutsche Volk sich wieder auf sich selbst besinnen zu lassen und ihm die Stellung in der Welt zu verschaffen auf die es einen berechtigten Anspruch hat, am besten zu dienen", hieß es etwa in einem Aufruf Tischbeins am Vorabend des 1. Mai 1933.[1] Kurz darauf veröffentlichte die „Gummi-Zeitung", das zentrale Fachblatt der Branche Tischbeins eingehende Würdigung der bereits erreichten Erfolge des NS-Arbeitsbeschaffungsprogramms, und im Dezember stand unter anderem in der Deutschen Bergwerks-Zeitung eine ganzseitige Lobeshymne des Continental-Generaldirektors auf die nationalsozialistische Betriebsgemeinschaftsideologie und das damit verbundene Leistungs- und Führerprinzip. „Für den Leiter größerer Unternehmungen ist der deutsche Mensch heute mehr als je zu irgendeiner früheren Zeit wieder an die erste Stelle gerückt", stand darin.[2]

Die politische Haltung Tischbeins hatte durchaus Gewicht, denn der im Jahr der Continental-Gründung 1871 geborene und mithin inzwischen 62 Jahre alte Unternehmer war nicht nur seit 1907 im Vorstand der Continental, seit 1926 als deren Generaldirektor, sondern er zählte auch als Vorsitzender des Reichsverbands der deutschen Kautschukindustrie, Gründungsmitglied des Verbands der Automobilindustrie und Aufsichtsratsmitglied bei der Dresdner Bank zu den einflussreichsten Persönlichkeiten der Wirtschaftswelt in der Weimarer Re-

---

1 Vgl. Continental Unternehmensarchiv (CUA), Ordner Tischbein, ohne Signatur.
2 Vgl. Deutsche Bergwerks-Zeitung vom 31.12.1933 sowie Gummi-Zeitung vom 21.7.1933, in: ebd.

https://doi.org/10.1515/9783110646597-002

publik. Tischbein trat nicht nur in der Öffentlichkeit vorbehaltlos für die neue Hitler-Regierung ein, sondern verpflichtete auch unternehmensintern sämtliche Vorstandskollegen sowie die Prokuristen bzw. Direktoren der zweiten Führungsebene zum sofortigen Eintritt in die NSDAP und ging mit gutem Beispiel voran.[3] Tischbeins Vorstandskollegen waren zu diesem Zeitpunkt Heinz Assbroicher, Dr. Paul Stockhardt, Carl Gehrke und Waldemar Schlosshauer, alle altgediente (und damit auch ältere) Führungskräfte aus den 1920er Jahren mit jahrzehntelanger Firmenzugehörigkeit. Auf der Direktorenebene waren unter anderem Gustav Schmelz, Dr. Fritz Könecke, Ernst Fellinger, Dr. Georg Weber, Dr. Hans Odenwald und Hermann Franz betroffen, die als junge Führungskräfte sämtlich im Laufe der kommenden Jahre in den Vorstand aufsteigen sollten. Umgehend setzte auch ein massives Werben diverser NSDAP-Parteiorganisationen im Unternehmen ein, das von der Unternehmensführung vermutlich auch wegen der dadurch erhofften politisch-wirtschaftlichen Netzwerkbildung deutlich unterstützt wurde. Im Sommer 1933 traten daher eine Reihe von Angestellten der oberen und mittleren Continental-Führungsebene in einen Motorsturm bzw. eine Motorstaffel der SS und SA oder das nationalsozialistische Kraftfahrerkorps (NSKK) ein. Es dauerte auch nicht lange, bis sich die neuen führenden NS-Funktionäre in Hannover zu propagandistisch inszenierten Werksbesichtigungen die Klinke in die Hand gaben. Anfang November 1933 besichtigte etwa der DAF-Führer Robert Ley die Continental (vgl. Abb. 1).

Auch bei Spenden und Aufwendungen „zur Förderung der Politik der Reichsregierung" sowie „Zuwendungen an politische und Wehrverbände" tat sich die Continental-Führung schnell hervor. 1933 und 1934 wurde über eine Mio. RM für derartige Zwecke in den Bilanzakten verbucht. SA und SS hatten 1933 insgesamt 21 212 RM erhalten, daneben schlugen allerdings auch knapp 50 000 RM an „Lohnausfällen anlässlich verschiedener Veranstaltungen im Rahmen der Partei" zu Buche sowie Ausgaben für Ehestandsbeihilfen und Mehrausgaben für den Ersatz weiblicher Arbeitskräfte.[4] Auch die Kosten für „staatspolitische Feiern und Betriebsappelle" nahmen nun rasant zu. Der 1. Mai 1933 wurde von der Continental-Führung aufwändig organisiert und inszeniert. Am frühen Morgen wurden am Verwaltungsgebäude des Unternehmens die Hakenkreuzfahnen gehisst und ein langer Zug der Belegschaft, begleitet von ei-

---

3 Vgl. die späteren Aussagen unter anderem von Fritz Könecke und Hermann Franz im Zusammenhang mit ihren Entnazifizierungsverfahren, die damit ihre Parteimitgliedschaft zu rechtfertigen versuchten, in: NLA HA Nds. 171 Hannover Nr. 32086.
4 Vgl. die Angaben für 1933 als Anhang zu einem Schreiben Tischbeins vom 20.12.1934 an den Stab von Rudolf Hess, in: Ordner Korrespondenz über unsere Gesellschaft sowie die Aufwendungen für die Folgejahre in den jeweiligen Bilanzakten, in: CUA, 6600 Zg. 1/60, A 15,1.

nem eigenen Continental-Festwagen, zog durch Hannover zum zentralen Kund-
gebungsplatz.

Abb. 1: Bericht vom Besuch des DAF-Führers Robert Ley in der Kundenzeitschrift „Echo-Continental"

Die Belegschaftsmitglieder bekamen aber schnell deutlich zu spüren, dass hinter der allenthalben verkündeten neuen Betriebsgemeinschaft auch erheblicher
kollektiver Zwang und soziale Kontrolle standen. Nachdem die „freiwillige
Spende zur Förderung der nationalen Arbeit" im Unternehmen nicht die erwartete Resonanz gefunden hatte, dehnte die Unternehmensleitung die Sammlung
im Juli 1933 systematisch auf die einzelnen Abteilungen aus, verbunden mit Namenslisten und der Einführung einer regelmäßigen monatlichen freiwilligen
Spende, die gleich zentral bei der Lohn- und Gehaltsabrechnung entsprechend
verrechnet wurde.[5] Den Höhepunkt von Tischbeins Anpassung an das NS-Re-

---

5 Vgl. Aushang vom 8.7.1933, in: CUA, 6610 Zg. 1/57, A 18. Vgl. auch Ordner Personal der
Hannoverschen Werke 1926–1945.

gime stellte für diesen vermutlich der Besuch Hitlers auf dem Continental-Stand anlässlich der Internationalen Automobil-Ausstellung (IAA) im Mai 1934 in Berlin dar (Abb. 2). Das Bild signalisierte deutlich die in kürzester Zeit verwirklichte Kongruenz und Komplementarität der Interessen des Unternehmens und des NS-Regimes.

Abb. 2: Besuch Hitlers am Continental-Stand der IAA 1934

Tischbeins Verdienste um die Continental AG waren unbestritten. Mit Weitsicht hatte er das Unternehmen in den 1920er Jahren einem umfassenden Restrukturierungsprozess unterworfen. Mit Hilfe des amerikanischen Reifenkonzerns Goodrich, der sich auch kapitalmäßig an Continental beteiligt hatte, war eine langfristige Strategie zur Verbesserung der Innovationsfähigkeit und Technologieführerschaft eingeleitet worden, verbunden mit einer Rationalisierung der innerbetrieblichen Fertigung zur Senkung der Fixkosten bei gleichzeitiger Erhöhung der Produktivität.[6] Das eigentliche Meisterstück Tischbeins war ein bereits 1921 eingeleiteter Fusionsprozess gewesen, in dessen Gefolge Continental per Aktienumtausch die Konkurrenten Hannoversche Gummiwerke Excelsior AG, die Mitteldeutsche Gummiwerke Louis Peters bzw. Peters Union AG sowie die Gummiwerke Titan B. Polack AG übernahm und 1929/30 zum großen, marktbeherrschenden „Gummi-Trust" mit fast 17 000 Beschäftigten und einem Umsatz von 183 Mio. RM vereinigte.[7] Tischbein hatte Continental infolge all dieser Maßnahmen vergleichsweise unbeschadet durch die Weltwirtschaftskrise gesteuert.

Tab. 1: Mitarbeiter und Umsatz bei Continental 1930 bis 1933

Jahr	Mitarbeiter	Umsatz
1930	12.700	145,4 Mio. RM
1931	ca. 11.000	96,8 Mio.
1932	10.602	72,5 Mio.
1933	11.006	76,4 Mio.

Quelle: CUA, 6630 Zg. 1/56, A 33, 11-14 sowie 6600, Zg. 2/56, A 1.

Zwar waren auch in Hannover zwischen 1930 und 1932 die Umsätze um ca. 50 Prozent eingebrochen und wie bei allen Unternehmen kam es zu großen Entlassungen (vgl. Tabelle 1). Aber während der einzig verbliebene Konkurrent auf dem Heimatmarkt, die Phoenix Gummiwerke AG Hamburg-Harburg, um die Existenz kämpfte und selbst die englische Dunlop, damals der stärkste Wettbewerber der Continental auf dem europäischen Markt, die Dividende ausfallen ließ, präsentierte das hannoversche Unternehmen weiterhin schwarze Zahlen und hohe Dividendenzahlungen. Am 8. Januar 1932, mitten in der Weltwirtschaftskrise, hielt Willy Tischbein auf einer Versammlung seiner führenden Mitarbeiter eine Rede, die in den Ohren der notleidenden Konkurrenten wie Hohn klingen musste:

---

6 Vgl. etwa die schon 1925 eingeleiteten Sparmaßnahmen durch Arbeiter- wie Angestelltenentlassungen und Lohnkürzungen, um „den Prozentsatz der Unkosten in die richtige Relation zum Umsatz zu bringen", wie es in einem vertraulichen Rundschreiben der Unternehmensleitung vom 12.11.1925 hieß. Vgl. Continental, Registratur Personalabteilung, Ordner „Personal der hannoverschen Werke" Bd. 1, 1926–1935. Vgl. insgesamt dazu ausführlich Erker, Vom nationalen zum globalen Wettbewerb, S. 286 ff.
7 Vgl. ebd., S. 358 ff., die umfangreiche Presseberichterstattung zur Gummi-Fusion in: BArch R 8128/2104 sowie die laufenden Bilanzberichterstattungen und Bilanzanalysen in der Zeitschrift „Der deutsche Volkswirt". Dazu auch der Schriftwechsel der „Volkswirt"-Redaktion mit Tischbein vom April und Juni 1932, in: Continental, Registratur Personalabteilung, Ordner „Korrespondenz über unsere Gesellschaft 1926–1933".

Wenn ich mir die Frage vorlege: ‚Wie ist denn eigentlich die Lage bei unserer Konkurrenz?‘, dann muß ich Ihnen sagen, daß nach schärfster und gründlichster Beobachtung all dieser Dinge sich bei mir die Überzeugung durchgerungen hat, daß bei den Anstrengungen, die wir in den letzten Jahren gemacht haben auf fabrikatorischem, finanziellem und verkaufstechnischem Gebiet, die Rüstung unseres Hauses und die kaufmännische Fortbildung unseres Apparates derartig ist, daß ich heute nicht Konkurrent der Continental sein möchte! [...] Die Lage unseres Hauses – sowohl gemessen an der allgemeinen Lage, wie an derjenigen der Konkurrenz – ist eine außerordentlich günstige. Ich bin überzeugt, daß unsere Stellung nie so günstig war wie augenblicklich. Wir haben finanziell nie besser gestanden als heute; wir waren in der technischen Einrichtung der Fabrik nie besser und weiter als heute, womit ich natürlich nicht sagen will, daß nicht noch Fortschritte gemacht werden können und müssen. Es sind auch bemerkenswerte Erfolge in der Organisation und Ausbildung des Verkaufsapparates zu verzeichnen, so daß ich – alles zusammengefaßt – nochmals betonen möchte, daß das Jahr 1932 bei der Ausnutzung aller der von mir angeführten Momente durch alle Mitarbeiter für uns günstig werden muß [...] Bedarf ist immer, Bedarf wird immer sein, und es liegt nur an uns, uns den Teil des auf dem Markt auftretenden Bedarfs zu sichern, der uns gehört und von uns zu decken ist.[8]

Tischbeins wichtigster Gegenüber auf der Seite der Anteilseigner und im Aufsichtsrat war inzwischen Dr. Fritz Opel geworden. Der 1875 geborene Friedrich Franz Opel, wie er richtig hieß, war ein Sohn des Firmengründers Adam Opel und in dem Automobilunternehmen nicht nur Mitinhaber, sondern auch als Chefkonstrukteur tätig gewesen, bis die Familie ihre Anteile an dem inzwischen größten deutschen Automobilhersteller zwischen 1929 und 1931 sukzessive an die amerikanische General Motors verkauft hatte. Fritz Opel und Tischbein kannten sich schon lange aus ihrer gemeinsamen Zeit vor der Jahrhundertwen-

---

8 Rede Tischbeins am 8.1.1932, in: Continental-Archiv, Ordner Tischbein, o. Signatur. Vgl. zur Branchenlage auch die für Tischbein unternehmensintern erstellte „Zusammenstellung der Ergebnisse der Aktiengesellschaften der deutschen Gummiindustrie für 1930/32" vom 28.5.1934, in: Continental, Registratur Personalabteilung, Ordner Korrespondenz über unsere Gesellschaft sowie Erker, Vom nationalen zum globalen Wettbewerb, S. 371 ff. Ein Ausdruck des für die Außenstehenden an Überheblichkeit grenzenden Selbstbewusstseins der Unternehmensleitung war auch der Bericht über einen im Februar 1932 erfolgten Besuch beim italienischen Gummi- und Reifenunternehmen Pirelli. „Der Gesamteindruck ist der", so steht da, „dass die Firma Pirelli für uns als ernsthafter Konkurrent – sowohl von Bereifung als auch von technischen Artikeln – kaum anzusehen ist." Bericht vom 15.2.1931, in: CUA, o. Signatur. Im Übrigen gab es auch im Juni 1932 noch anhaltende Fusionsbestrebungen in der Kautschukindustrie, diesmal vor allem auf die Herstellerfirmen von technischen Produkten bezogen, an denen sich auch die Gummiwerke Phoenix beteiligten. Die Bemühungen, die von den Anteile haltenden Banken maßgeblich zu befördern bzw. zu koordinieren versucht wurden, blieben letztlich ohne Erfolg. Vgl. den Schriftwechsel zwischen der Deutschen Bank (Boner) und Tischbein vom Juni 1932 in: HADB, P 2115 (Handakte Boner), sowie die Aktennotiz Boners über „Bestrebungen zu dem Zusammenschluss in der Gummi-Industrie" vom 27.5.1932, in: ebd.

de, als beide berühmte Radrennfahrer gewesen waren, und duzten sich gegenseitig. Offenbar schon seit 1927, verstärkt aber seit 1929/30, hatte Fritz Opel und mit ihm weitere Familienmitglieder Continental-Aktien erworben und nach und nach eine Mehrheitsbeteiligung aufgebaut. Den Aufsichtsratsvorsitz führte seit 1926 Julius B. Caspar, wie sein Vater, der Continental-Mitbegründer und langjährige Aufsichtsratsvorsitzende Bernhard Caspar, hannoverscher Privatbankier und schwedischer Generalkonsul. Infolge der Fusion war der Continental-Aufsichtsrat mit zwölf Mitgliedern deutlich aufgebläht, da die an den Fusionsfirmen jeweils beteiligten Banken ihre Vertreter gleichsam mit eingebracht hatten. Für die Deutsche Bank saßen Paul Bonn bzw. Franz A. Boner, für die Commerz- und Privatbank Moritz Schultze im Aufsichtsrat, ergänzt durch die Privatbankiers Jakob Goldschmidt und Otto Hirsch.[9]

Gerüchte und Spekulationen über massive Conti-Gummi-Käufe hatte es in der Finanzwelt schon 1929/1930 immer wieder gegeben. Die einen vermuteten General Motors hinter den allenthalben sichtbaren Aktien- und Kursbewegungen, die anderen jedoch schon die „Gruppe Opel“.[10] Diese trat dann erstmals im Mai 1932 auf der ordentlichen Generalversammlung in Erscheinung. Der Vorstand hatte die Herabsetzung des Stammaktienkapitals um drei auf 37 Mio. RM durch Einziehung von nominell drei Mio. RM eigener Aktien (die man in einem umfangreichen Aktienrückkaufprogramm von 1931 bis Anfang 1932 im Markt erworben hatte) und der verbliebenen 100 000 RM-Vorzugsaktien sowie eine Herabsetzung der Dividende von acht auf sechs Prozent beantragt. Letzterem widersetzte sich aber die Opel-Aktionärsgruppe, die inzwischen ca. 40 Prozent des Aktienkapitals hielt, davon Fritz Opel selbst Aktien für etwa vier bis fünf Mio. RM, sein Bruder Wilhelm von Opel zwei Mio. RM. Der Rest verteilte sich auf weitere drei bis vier Familienmitglieder sowie Freunde der Opels. Von den auf der Generalversammlung angemeldeten 32,1 Mio. Aktien waren 15,1 Mio. Aktien der Opel-Gruppe zuzurechnen, so dass sich Tischbein, um eine sichere Abstimmungsniederlage zu vermeiden, zum Nachgeben gezwungen sah.[11]

Für Tischbein war die Niederlage im Machtkampf mit dem Aufsichtsrat umso bitterer, als Fritz Opel zudem beantragt hatte, dass sich Aufsichtsrat, Vorstand und leitende Angestellte in einer schriftlichen Erklärung zum Verzicht auf die ihnen gesetzlich zustehenden Tantiemen bzw. Gratifikationen bereit erklären sollten. Ungeachtet dessen hatte es aber bereits erheblichen Unmut unter

---

9 Vgl. Geschäftsbericht Continental 1931.
10 Vgl. die Presseberichte in: BArch R 8128/2104.
11 Vgl. etwa die Berichterstattung im Berliner Börsen-Courier vom 2.5.1932, in: BArch R 8128/2104.

der Continental-Belegschaft gegeben.[12] „Riesengehälter für die Aktionäre, Lohnraub und Massenentlassungen für die Arbeiter und Angestellten" lautete etwa die Überschrift der „Neuen Arbeiter-Zeitung".[13] Nicht zuletzt bereiteten Tischbein auch die allenthalben spürbaren Auswirkungen der neuen Aktionärsstruktur auf das wichtige Erstausrüstungs-Geschäft mit den Automobilfirmen erhebliche Sorge. „Bei Daimler-Benz, mit denen wir bislang in sehr angenehmen Geschäftsbeziehungen standen", schrieb der Continental-Generaldirektor im Juni 1932 an den für die Deutsche Bank im Aufsichtsrat sitzenden Franz A. Boner, „haben wir in der letzten Zeit außerordentliche Schwierigkeiten, nicht zum wenigsten dadurch, dass der Vorstand von Daimler-Benz der Ansicht ist, dass die General Motors respektive die Firma Adam Opel bei uns maßgeblich beteiligt ist."[14] Das in der breiten Öffentlichkeit wahrgenommene Spiel um Kursspekulationen, Gerüchten um Dividendenkürzungen und dann auf Druck der Opel-Gruppe die erzwungene Beibehaltung der achtprozentigen Dividendenausschüttung wiederholte sich bei der Generalversammlung im Mai 1933, begleitet von einer Achterbahnfahrt der Continental-Aktie.[15] Inzwischen hatte die Familie Opel ihre Anteile auf 45 Prozent ausgebaut. „Soll die Conti ausgeschlachtet werden?", titelte dazu der Hannoversche „Volkswille" schon im Vorfeld am 15. Januar 1933.[16]

Auf der Generalversammlung im Mai 1932 hatte sich Fritz Opel zum zweiten stellvertretenden Aufsichtsratsvorsitzenden neben Moritz Schultze wählen lassen; damit fand die Konstellation der Anteilseigner zumindest teilweise auch ihren sichtbaren Ausdruck in der Zusammensetzung des Aufsichtsrates. Caspar blieb jedoch Vorsitzender. Über die politische Haltung Fritz Opels lässt sich kaum etwas sagen. Er war zwar Teilnehmer des berühmt-berüchtigten Geheimtreffens Hitlers mit 27 Industriellen am 20. Februar 1933, trat aber nicht als Spender der NSDAP auf. Allerdings waren er und sein Bruder Wilhelm von Opel unmittelbar nach der Machtergreifung der NSDAP der Partei beigetreten, was damals in der Öffentlichkeit und den Wirtschaftskreisen erhebliches Aufsehen

---

12 Vgl. Brief Tischbein an die Aufsichtsräte Boner, Goldschmidt und Schultze vom 18.5.1932, in: HADB, P 2115 (Handakte Boner).

13 Vgl. Neue Arbeiter-Zeitung vom 5.5.1932, in: CUA, 6610 Zg. 1/57, A 2,7.

14 Schreiben Tischbein vom 10.6.1932, in: HADB, P 2115.

15 Vgl. „Um die Kursbewegung bei Conti-Gummi", in: Wirtschaftlicher Ratgeber 61 (1933) vom 4.3.1933, S. 228, in: Continental, Registratur Personalabteilung, Ordner „Korrespondenz über unsere Gesellschaft 1926–1933".

16 Vgl. die Zeitungsausschnittsammlung in: HADB, F 088/1522. Tatsächlich wurde die Dividendenzahlung durch die Auflösung stiller Reserven finanziert.

erregt hatte und als Signal gedeutet wurde, dem Vorbild der größten Automobil-fabrikanten Deutschlands zu folgen.[17]

Abb. 3: Artikel der Hannoverschen Arbeiterzeitung vom 5.5.1932

Opel sah die Continental-Beteiligung auf jeden Fall nicht als bloßes Finanzinvestment, sondern er verstand sich als aktiver Anteilseigner, der sich denn auch in der Folgezeit ständig in das operative Geschäft des Continental-Vorstands einmischen sollte. So dauerte es nicht lange, bis sich Fritz Opel mit Tischbein, zu dem seit dem Dividendenkonflikt bereits ein deutlich getrübtes Verhältnis bestand, überwarf und diesen schließlich aus der Unternehmensleitung verdrängte. Zuvor hatten er und Tischbein jedoch dafür gesorgt, dass die Zusammensetzung des Continental-Aufsichtsrates im Mai 1933 entsprechend den neuen politischen Verhältnissen angepasst wurde.[18] Sämtliche Aufsichtsräte mit jüdischem Familienhintergrund wurden zum „freiwilligen" Rücktritt bzw. Verzicht auf eine Wiederwahl gedrängt: Dr. Alexander Coppel (seit 1915 im Aufsichtsrat), Dr. Jakob Goldschmidt (seit 1922), Ernst Magnus (seit 1914) und Dr. Edgar Seligmann (Sohn des jahrzehntelang als kaufmännischer Vorstand die Continental prägenden Sigmund Seligmann).[19] Dafür trat nun mit Joseph C.

---

17 So lautete dann auch einer der Vorwürfe in der Anklageschrift des Entnazifizierungsausschusses gegen Wilhelm von Opel. Vgl. das Schreiben Opels an Fellinger vom 6.12.1946, in: Continental, Registratur Personalabteilung, Ordner Fragebogen/Entlastungen u. ä. für Aufsichtsratsmitglieder.

18 Vgl. Protokoll der Aufsichtsratssitzung vom 10.5.1933, in: CUA, 6610 Zg. 1/57, A 2.

19 Vgl. das Schreiben Coppels zum Verzicht auf die Wiederwahl an Tischbein vom 4.5.1933 und das Antwortschreiben Tischbeins in: Continental, Registratur Personalabteilung, Ordner

Uebel ein weiterer Vertreter der Opel-Gruppe und enger Vertrauter der Familie in den Continental-Aufsichtsrat. Der damals gerade einmal 28-jährige Uebel war der Vermögensverwalter Fritz Opels und hatte in dieser Funktion regelmäßige Kontakte zum Continental-Vorstand gepflegt.[20] Zusammen mit dem schon 1932 erstmals in den Aufsichtsrat gewählten hannoverschen Keksfabrikanten Hans Bahlsen und den wiedergewählten Bankvertretern J. B. Caspar, Moritz Schultze und Franz A. Boner war der Aufsichtsrat nun auf sechs Mitglieder geschrumpft.[21] Das einst unter den Anteilseignern vorherrschende ‚jüdische Kapital‘ wurde damit vollständig ‚ausgemerzt‘, allerdings bleibt es rätselhaft, warum niemand an der Person des gleichfalls aus jüdischer Familie stammenden Aufsichtsratsvorsitzenden Caspar Anstoß nahm. Und es stellt sich auch die Frage, warum Caspar als Aufsichtsratsvorsitzender zu dieser „Selbstarisierung" des Gremiums geschwiegen hatte.

Tatsächlich waren Vorstand wie Aufsichtsrat von Continental bereits unmittelbar nach der Machtergreifung mit Anfragen verschiedener Behörden über den „arischen" Charakter des Unternehmens konfrontiert worden und hatten sich dabei zunehmend in die Defensive gedrängt gesehen. Die erhebliche Bedeutung jüdischer Bankiers bei der Continental-Gründung war bekannt und zudem mag auch der antisemitische Assoziationen weckende Name von Generaldirektor Tischbein zu Mutmaßungen beigetragen haben. Mitte Mai 1933 sah sich der Vorstand daher zu einer offiziellen Stellungnahme gezwungen, die unter anderem an die Industrie- und Handelskammer (IHK) Hannover ging. „Bei unserer Gesellschaft handelt es sich um ein christliches und rein deutsches Unternehmen", hieß es darin. „Unser gesamtes Aktienkapital befindet sich unseres Wissens in deutschen Händen [...] Unter unserer Belegschaft befindet sich nur ein ganz kleiner Bruchteil von Juden oder Mitarbeitern jüdischer Abstammung (maximal 10 von etwa 10 000 Personen). In der Leitung unseres Hauses befinden sich keine Juden". Sämtliche Herren des Vorstands seien „Arier" und auch hinsichtlich des neu gewählten Aufsichtsrats gelte, dass „keiner der Herren Jude [ist]."[22] Schon

Korrespondenz mit dem Aufsichtsrat 1933–1936. Der jüdische Bankier Otto Hirsch war schon im Mai 1932 als Aufsichtsrat nicht mehr wiedergewählt worden, wogegen dieser klagte. Die juristische Auseinandersetzung zog sich bis Juni 1933 hin. Vgl. die Korrespondenz mit Hirsch in: Continental, Registratur Personalabteilung, Ordner Korrespondenz mit dem Aufsichtsrat 1933– 1936, sowie CUA, 6610 Zg. 1/57, A 25 (Rechtsstreit Hirsch./.Continental 1932–1933).

20 Vgl. Continental, Registratur Personalabteilung, Ordner Fragebogen/Entlastungen u. ä. für Aufsichtsratsmitglieder.

21 Zwei Aufsichtsratsmitglieder von 1932, der hannoversche Stadtdirektor Heinrich Tramm und der Unternehmer Ernst Sachs, waren in der Zwischenzeit verstorben.

22 Das Schreiben an die IHK vom 15.5.1933, in: Continental, Registratur Personalabteilung, Ordner Korrespondenz mit dem Aufsichtsrat 1933–1936.

im April 1933 hatte sich Tischbein zu einem Brief an die Aufsichtsratsmitglieder veranlasst gesehen, in dem er über ein Rundschreiben an sämtliche Vertreter und das Personal in den Verkaufsniederlassungen informierte: „Die politische Umwälzung hat sich auch auf unser Haus insofern ausgewirkt, dass man nicht nur von den politischen Organisationen, sondern auch von Seiten unserer Kundschaft – besonders wo es sich um Reichs-, Landes- und Kommunalverwaltungen handelt – ganz konkrete Angaben von uns verlangt hat."[23] Bevor Aufträge vergeben wurden, mussten Unterschriftenscheine über den rein „arischen", deutschen und nicht-marxistischen Charakter des Unternehmens unterzeichnet werden. „Wir bitten Sie", hieß es in dem Rundschreiben nach Aufzählung der entsprechenden Versicherungen zu Zusammensetzung und Charakter von Vorstand, Belegschaft, Aufsichtsrat und Aktionärskreise, „in diesem Sinne die Angehörigen des Verkaufsapparats zu orientieren und uns jeden zu benennen, der andere Gerüchte über unser Haus verbreitet."[24] Tatsächlich waren in einer Reihe von Verkaufsbezirken kleine Handzettel aufgetaucht, auf denen die Reifenkunden auf die angebliche Tatsache von „mehr als vier Fünftel der Aktien der Continental-Werke in den Händen von in- und ausländischen Juden" hingewiesen wurden (Abb. 4).

Abb. 4: Stellungnahme zu Handzettel gegen Continental

23 Schreiben Tischbein vom 21.4.1933, in: HADB P 2115.
24 Rundschreiben vom 19.4.1933, in: ebd.

Die Continental-Finanzabteilung richtete daraufhin an alle Großbanken die dringende Anfrage zu einer entsprechenden Analyse der bei ihnen registrierten Continental-Aktionäre. Doch mit Berufung auf das Bankgeheimnis, so die umgehende Antwort etwa der hannoverschen Filiale der Deutschen Bank- und Diskonto-Gesellschaft, könne man die Namen der Kunden, für die man größere Posten von Continental-Aktien verwahre, nicht ohne deren ausdrückliche Genehmigung mitteilen.[25] Selbst dann wäre aber noch lange nicht klar, wer von den Aktionären Jude oder „Arier" war.

Dabei hatten sich einige Continental-Vertreter allerdings selbst die nach der Machtergreifung sofort einsetzende Politisierung des Konkurrenzkampfes zu Nutze zu machen versucht. Gleichzeitig mit dem hannoverschen Unternehmen hatte sich auch die Deutsche Dunlop Gummi Compagnie AG in Hanau zu einer ähnlich lautenden Mitteilung an die Kundschaft veranlasst gesehen, in der man sich gegen Vorwürfe der Art „nicht deutsch – nicht rein deutsch – nicht arisch" vehement zur Wehr setzte.[26] Peinlicherweise für den Continental-Vorstand war der Bremer Conti-Niederlassungsleiter entsprechend aufgefallen und dafür von Dunlop verklagt worden, dabei hatte Tischbein schon Anfang Mai 1933 in einem Rundschreiben an die Niederlassungen ausdrücklich darauf hingewiesen, dass entsprechende herabsetzende Äußerungen über eine Konkurrenzfirma unbedingt zu unterlassen seien.[27] Der Continental-Niederlassungsleiter wurde im Mai 1934 denn auch rechtskräftig verurteilt, allerdings riet die Continental-Rechtsabteilung zur Berufung. Die Überlieferung der Akten zu dem Fall bricht jedoch im Juni 1934 ab.[28]

Das Thema des „arischen Charakters" von Firma, Vorstand und Aufsichtsrat blieb auch in der Folgezeit weiter akut. Im Sommer 1934 hatte Continental von der Wirtschaftsgruppe Eisen- und Metallwaren-Industrie eine Firmen-Karteikarte erhalten, in der genaue Angaben über die NSDAP-Mitgliedschaft und ein Ariernachweis der Vorstands- und Aufsichtsratsmitglieder gefordert wurde.[29] Opel schickte daraufhin gleich seine neu erstellte Ahnentafel nach Hannover. Hans Bahlsen sandte seine Parteibuchnummer (3 555 351) vom Mai 1933 und betonte zudem seine gleichzeitige Mitgliedschaft in der 2. SS-Sturm-Motor-Standarte. Moritz Schultze hob seine Herkunft aus einer „streng arischen Familie" hervor, machte jedoch über eine NSDAP-Mitgliedschaft keine Angaben. Kei-

---

25 Vgl. Schriftwechsel vom April 1933, in: HADB P 2143.

26 Vgl. das Rundschreiben vom 12.5.1933, in: CUA, 6610 Zg. 1/57, A 7,2.

27 Vgl. Schreiben Tischbein vom 8.5.1933, in: ebd.

28 Der Vorgang in: ebd.

29 Vgl. das entsprechende Schreiben des Continental-Vorstands an Fritz Opel vom 9.11.1934, in: Continental, Registratur Personalabteilung, Ordner Korrespondenz mit dem Aufsichtsrat 1933–1936.

ne Parteimitglieder waren zu diesem Zeitpunkt auch Oswald Rösler, der für Boner als Vertreter der Deutschen Bank in den Continental-Aufsichtsrat gekommen war, und Joseph Uebel, der sich jedoch beeilte zu betonen, dass er den jetzigen Staat restlos bejahe. Uebel konnte sich jedoch in seinem Schreiben die Bemerkung nicht verkneifen, was diese rein persönlichen Dinge mit seiner Stellung als Mitglied des Aufsichtsrates zu tun haben sollten. „Eine solche Verquickung halte ich – allgemein gesprochen – im Interesse der deutschen Wirtschaft für wenig glücklich."[30] Später reichte er dennoch den geforderten umfangreichen Ariernachweis nach.

Als dritte und neue Macht in der Corporate Governance von Continental kamen schließlich die Nationalsozialistische Betriebszellen-Organisation (NSBO) und der Vertrauensrat ins Spiel, die anstelle des Betriebsrates vom NS-Regime als betriebliche Belegschaftsvertretung geschaffen worden waren. Die Arbeiterschaft der Kautschukindustrie war traditionell eher links orientiert und auch bei Continental gab es in den 1920er Jahren starke kommunistische Aktivitäten der Interessenvertretung, die in der Betriebszeitung „Der rote Conti-Reifen" Agitation betrieb. Seit Ende Juni 1931 existierte auch eine Nationalsozialistische Betriebszelle, die allerdings vor allem die Angestellten im Visier hatte. Sie informierte über das Nachrichtenblatt „Conti-Signale" aus ihrer Sicht über die Vorgänge im Betrieb und gab sich als radikale Erneuerin gegen die Ausbeutung der Beschäftigten aus.[31] Die Mehrheit im Arbeiterrat wie im Angestelltenrat bei Continental hielten aber der sozialdemokratische AfA-Bund sowie der liberal-national eingestellte Gewerkschaftsbund der Angestellten (GdA). Mit Hugo Schlesinger und Georg Schilling stellten sie auch die beiden Vertreter der Beschäftigten im Aufsichtsrat.

Trotz des aufgeheizten politischen Klimas waren die Betriebsratswahlen bei Continental noch im April 1933 nach altem Muster abgehalten worden. Auf den vier Listen stellten sich in Hannover als Vertreter der Arbeiter die freien Gewerkschaften, die christlichen Gewerkschaften, die Nationalsozialisten und die Kommunisten zur Wahl, wobei für Letztere keine Stimmen abgegeben werden konnten, da die entsprechenden Stimmzettel kurz vor der Wahl beschlagnahmt worden waren.[32] Für den Angestelltenrat kandidierten der AfA-Bund, der Deutschnationale Handlungsgehilfen-Verband (DHV), der GdA sowie die Nationalsozialisten. Das Ergebnis der Wahl war bemerkenswert: von den wahlbe-

---

30 Schreiben Uebels vom 31.10.1934, in: ebd. Hierin auch die anderen Schreiben der Aufsichtsräte.

31 Vgl. beiden ersten Nummern des Informationsblattes des NSBO vom Juni und August 1931 in: NLA HA Hann.310 GNr. 11/1.

32 Vgl. dazu und zum Folgenden CUA, 6610 Zg. 1/57, A 8,2.

rechtigten 4000 Arbeitern hatten immerhin 86 Prozent tatsächlich gewählt, und mit 2597 Stimmen (oder 75,2 Prozent) waren die freien Gewerkschaften die klaren Sieger. Nur 148 Arbeiter gaben den Christlichen ihre Stimme, 673 oder 19,5 Prozent entfielen auf die Nationalsozialistische Liste. Im Angestelltenrat sahen die Ergebnisse jedoch völlig anderes aus: Dort erhielten die Nationalsozialisten mit 898 von 1784 Stimmen die Mehrheit (50,3 Prozent), gefolgt vom AfA-Bund (536 Stimmen bzw. 30,1 Prozent), dem DHV (202 Stimmen) und der GdA (145 Stimmen).

Die Zusammensetzung des Angestellten- und Arbeiterrats war daher höchst heterogen: In Ersterem stellte die NSBO mit Hermann Haase, Ernst Müller und Albert Faist die drei wichtigsten Leitungsposten, die beiden Vorsitzenden und den Schriftführer, im Arbeiterrat dagegen dominierten die SPD-Vertreter. In dem fünfköpfigen gemeinsamen und einflussreichen Betriebs-Ausschuss als Führungsgremium des insgesamt 21 Köpfe starken Continental-Betriebsrats (von denen nur zwei Frauen waren) dagegen hatte Georg Schilling (SPD) den ersten Vorsitz, Ernst Müller (NSDAP) den zweiten, dazu kamen zwei Schriftführer, je einer SPD- bzw. NSDAP-Mitglied, sowie ein weiterer SPD-Betriebsrat, Ernst Hoffmeister, Arbeiter in der Autoreifen-Fabrik. Während die NSBO im Werk Hannover daher zumindest unter den Angestellten doch deutlich Resonanz gefunden hatte, stand sie in den beiden anderen Continental-Werken, in Limmer und Korbach, nach wie vor auf verlorenem Posten. In Limmer hatte sich in klarer Opposition gegen die NSBO eine Einheitsliste der verschiedenen Verbände zur Wahl gestellt, so dass die NSDAP-Vertreter hier überhaupt nur zwei Sitze (im Angestelltenrat) erobern konnten; In Korbach gab es weder im Angestellten- noch im Arbeiterrat eine NSBO-Liste, allerdings stellte der völkisch-antisemitische DHV zwei Vertreter, der GdA drei. Von den zehn Sitzen im Korbacher Arbeiterrat entfielen neun auf die SPD und einer (mit 99 Stimmen) auf die KPD, dessen Vertreter jedoch bereits verhaftet worden war.[33]

Alle diese Konstellationen waren jedoch nicht von langer Dauer. Bereits im September 1933 ernannte der Regierungspräsident von Hannover im Werk Limmer, nachdem dort „aufgrund von Rücktrittserklärungen" die Zahl der Betriebsvertreter unter die gesetzliche Mindeststärke gesunken war, „im Einvernehmen mit der NSBO" insgesamt sechs neue Betriebsräte.[34] Durch Verhaftung, Verfolgung oder Einschüchterung wurden so die SPD-Betriebsräte aus dem Amt verdrängt. Die später nachgereichte formalrechtliche Legitimierung für diesen Akt erfolgte im Januar 1934 durch das Gesetz zur Ordnung der nationalen Arbeit (kurz Arbeitsordnungsgesetz oder AOG), das den rechtlichen Hebel zur Gleich-

---

33 Vgl. die Wahlergebnis-Notizen vom 7.4.1933, in: ebd.
34 Vgl. das Schreiben vom 14.9.1933, in: ebd.

schaltung der Unternehmen unter anderem mit der Einführung des Betriebsführer-Prinzips sowie – anstelle der alten Betriebsrätestruktur – des neuen nationalsozialistischen Vertrauensrats lieferte. Als im April 1934 die neuen Wahlen
anstanden, gab es daher nur noch eine NSBO-Einheitsliste von zehn Arbeitern
und Angestellten mit weiteren zehn Stellvertretern. Die Liste selbst hatte – ganz
im Gegensatz zu früher – der Führer des Betriebs, sprich Tischbein, im Einvernehmen mit dem Obmann der NSBO erstellt, und wählbar war nur jemand, der
älter als 25 Jahre war und mindestens seit einem Jahr dem Unternehmen angehörte; er musste Mitglied der Deutschen Arbeitsfront (DAF) sein und Gewähr
bieten, „jederzeit rückhaltlos für den nationalsozialistischen Staat" einzutreten.[35] An oberster Stelle stand der NS-Betriebszellenobmann und Angestellte
Ernst Müller, an zweiter Stelle der Arbeiter Paul Schreiber, an dritter Position
Hermann Haase, ein Angestellter. Alle drei waren erst relativ wenige Jahre bei
Continental, an altgedienten „Continentälern" standen eigentlich nur zwei mit
mehr als 20 Jahren Betriebszugehörigkeit auf der Liste.[36] Das Ergebnis der Wahl
stand mithin von Anfang an fest, und die ausgezählten Stimmen zeigten, dass
die große Mehrheit der Werksangehörige durchaus bereit war, das erzwungene
Ende der freien betrieblichen Interessenvertretung ohne Protest hinzunehmen.
Mit acht Prozent von 8182 Wahlberechtigten war die Zahl der Nichtwähler deutlich geschrumpft, 86,7 Prozent votierten für die NSBO-Liste mit Ja und nur
13 Prozent der Stimmen (knapp 1000) waren Nein-Stimmen oder ungültig.[37] Die
Amtszeit des neuen Vertrauensrats war bis April 1935 festgesetzt.

Obwohl nach der Betriebsratswahl 1933 von einer Machtergreifung der
NSBO innerhalb der Continental-Belegschaft keine Rede sein konnte, tauchten
bereits auf der Aufsichtsratssitzung vom 10. Mai 1933 anstelle der SPD-Betriebsräte Schlesinger und Schilling die beiden NSBO-Vertreter Hermann Haase und
Hans Müller auf. Sie forderten dabei nicht nur eine Erhöhung der an die Belegschaft auszuschüttenden Gratifikationen, sondern auch die Hereinnahme eines
ausgewiesenen NSDAP-Parteigenossen in den Continental-Vorstand. Vorgeschlagen wurde dafür der 53-jährige Prokurist F. Jakob Fey, der 1906 als Buchhalter bei Continental angefangen, sich als alter Kämpfer für die NS-Bewegung
hervorgetan hatte und frisch gekürter Gauwirtschaftsberater der NSDAP für den

---

35 Vgl. Schreiben der Personalabteilung an Tischbein vom 16.3.1934, in: Ordner Personal der
hannoverschen Werke 1926–1945.
36 Vgl. die Vertrauensmännerliste für die Wahlperiode 1934/35, in: CUA, 6610 Zg. 1/57, A 8,2.
37 Vgl. die Aufstellung des Wahlergebnisses vom 20.4.1934, in: ebd. Die Wahl war durchaus
noch geheim, so dass – wie es explizit in einem Aushang der Betriebsleitung dazu hieß –
durchaus die Option bestand, entweder die gesamte Liste oder einzelne Listenmitglieder
durchzustreichen.

Gau Süd-Hannover war.[38] Fey verfügte, so schien es jedenfalls, über ein dichtes Netzwerk an wirtschaftspolitischen Positionen und Einflussbereichen, er war auch Vorsitzender des Wirtschaftsverbands der hannoverschen Industrie, Vizepräsident der Industrie- und Handelskammer und saß im Sachverständigen-Beirat für den Treuhänder der Arbeit für das Wirtschaftsgebiet Niedersachsen.[39] Tischbein hatte daher bereits von sich aus in vorauseilender Initiative Verhandlungen mit Fey über dessen zukünftige Rolle bei Continental aufgenommen und keinen Hehl daraus gemacht, dass dabei politisch-strategische Motive den Ausschlag gaben, Fey diejenige Stellung einzuräumen, die im Interesse des Vorstandes geschäftlich und politisch richtig erscheine.[40] Den NSBO-Betriebsräten und auch Fey selbst ging die Ermächtigung jedoch nicht schnell genug, so dass sie nun auf eine schnelle Entscheidung drängten. Fey wurde daraufhin zu der Aufsichtsratsitzung hinzugezogen, wo er mitteilte, „dass die Nationalsozialistische Partei wünsche, dass die Continental sich selbst umstelle, da Eingriffe von anderer Seite nicht mehr gewünscht würden, und dass die Continental einen der Partei nahestehenden Herrn in den Vorstand hereinnehme."[41]

Zum 10. Juni 1933 wurde Fey daraufhin zum stellvertretenden Vorstandsmitglied ernannt.[42] In seinen Zuständigkeitsbereich fiel die Ausbildung der Lehrlinge, aber auch die Continental-Pensions- und Ruhegehaltskasse. Letzteres war eine höchst undankbare Aufgabe, da die beiden Kassen völlig überschuldet waren und dringend saniert werden mussten.[43] Diese schnelle Anpassung des Continental-Generaldirektors an die neuen Machtverhältnisse wurde von einigen Aufsichtsräten durchaus als unangenehm empfunden, „weil man uns wahrscheinlich vorwerfen wird, dass Fey seinerzeit nur wegen seiner guten politischen Beziehungen in den Vorstand aufgenommen worden sei", wie der Deutsche-Bank-Vertreter im Aufsichtsrat, Rösler, rückblickend notierte.[44] Doch das politische Kalkül, das Tischbein mit der Berufung Feys verfolgt hatte, sollte letztlich nicht aufgehen. Obwohl bald auch zum Ratsherrn in Hannover berufen, sank Feys Bedeutung in der hannoverschen und niedersächsischen NS-Funktionärselite schnell. Schon Ende 1934 verlor er sein Amt als Gauwirtschaftsberater und IHK-Vizepräsident „aufgrund der vielen Feindschaften, die

---

38 Zu Fey vgl. die umfangreiche Personalakte in: Continental, Registratur Personalabteilung, sowie Niedersächsische Tages-Zeitung vom 24./25.2.1934.
39 Vgl. Notiz vom 2.8.1934, in: Continental, Registratur Personalabteilung, Personalakte Fey.
40 Vgl. Protokoll der Aufsichtsratsitzung vom 10.5.1933, in: CUA, 6610 Zg. 1/57, A 2.
41 Ebd.
42 Vgl. Schreiben Caspar an die Aufsichtsratmitglieder vom 22.7.1933, in: HADB P 2115.
43 Vgl. u. a. Protokoll der Vorstandsitzung vom 20.12.1934, in: CUA, 6603, Zg. 3/85, A 3.
44 Schreiben Rösler an Uebel vom 11.1.1936, in: BArch R8119 F/P 2141.

er sich zugezogen hatte".[45] Auch innerhalb der Continental hatte Fey bald keine Freunde mehr; „er galt als der meist gehasste Mann in unserem Haus", hieß es rückblickend in einer Notiz.[46] Bereits im Dezember 1935 wurde Fey denn auch seitens des Continental-Aufsichtsrates eröffnet, dass er zum Juni 1936 mit Ablauf seines Vertrages aus dem Vorstand abberufen werde und wieder seine frühere Stellung als Prokurist einzunehmen habe.[47]

Zunächst jedoch hatte die NSBO innerhalb der Continental mit der Entsendung der beiden Aufsichtsratsmitglieder und der Bestellung von Fey als Vorstandsmitglied rasch eine starke Stellung erlangt. Und auf ihrer ersten Vertrauensratssitzung am 4. Mai 1934 präsentierte man dem Vorstand einen Forderungskatalog mit zehn Punkten, angefangen von einer wöchentlichen Sitzung unter Beisein des Vorstandsvorsitzenden sowie Hinzuziehung des zuständigen Ressortchefs für Personal und Arbeiterfragen über die Mitwirkung bei Neueinstellungen wie bei Entlassungen und auch bei der Festsetzung der Gratifikationen bis hin zur Regelung der Freistellung und Bezahlung der Vertrauensräte und der Ausstattung des Vertrauensrats mit einem eigenen Budget.[48] Zu diesem Zeitpunkt hatte es allerdings bereits einschneidende Änderungen in der Unternehmensführung gegeben und der Ansprechpartner im Vorstand für die Mitbestimmungsforderungen hatte sich geändert. Denn das Verhältnis zwischen Tischbein und Fritz Opel hatte sich in der Zwischenzeit deutlich verschlechtert. Obwohl der Generaldirektor dem Aufsichtsrat gegenüber Quartal für Quartal infolge der allenthalben anziehenden Konjunktur deutlich verbesserte Zahlen präsentieren konnte und ein umfangreiches Investitionsprogramm zum Ausbau der Fabrik gestartet hatte, äußerte Opel zunehmende Kritik an der Arbeit des Vorstands.[49] Bei Continental müsse mit allem Nachdruck daran gearbeitet werden, Gehälter und Gratifikationen in das richtige Verhältnis zum Umsatz zu bringen und die hohen Unkosten endlich in den Griff zu bekommen.[50] In einem fünfseitigen Brief versuchte Tischbein diese Vorwürfe mit Verweis auf seine bereits 1932 eingeleitete Kostensenkungspolitik zu entkräften:

---

45 Notiz vom 12.5.1952 zu einem Schreiben Feys, in: Registratur Personalabteilung, Personalakte Fey.
46 Ebd.
47 Vgl. Schreiben Rösler an Fey vom 28.12.1935, in: ebd.
48 Vgl. der Forderungskatalog sowie die weiteren Protokolle der Vertrauensratssitzungen in: Gefolgschaftsbuch der Continental-Gummi-Werke AG, Continental-Archiv, ohne Signatur.
49 Vgl. u. a. die Rede Tischbeins auf der Generalversammlung vom 10.5.1933, in: CUA, 6610 Zg. 1/57, A 2,7.
50 Vgl. Brief Opel an Tischbein vom 15.6. 1933 sowie an Caspar vom 14.6.1933, in: CUA, 6610 Zg 1/57, A 25.

> Die Politik, die wir heute treiben, ist die gleiche wie in früheren Jahren, also eine Politik auf lange Sicht für das angelegte Kapital, natürlich aber nicht in meinem Interesse. In meinem Interesse läge es vielmehr, wir erzielten heute einen kleineren Umsatz zu höheren Preisen, hätten vielleicht auch prozentual größere Unkosten; aber ich würde nicht die Sorgen haben, die ich heute habe und würde mich finanziell viel besser stehen […] Die Handhabung dieses Geschäfts ist eben eine Vertrauensfrage, und das Vertrauen musst Du zu mir und zur Organisation haben, dass hier jeder Pfennig gespart wird, der gespart werden kann, ohne dass das Geschäft beeinflusst wird.[51]

Doch das Vertrauen Opels besaß Tischbein nicht mehr. Anfang Dezember 1933 war es in Berlin noch einmal zu einer Unterredung zwischen beiden gekommen, im Beisein von Uebel. Die dabei geäußerten Kritikpunkte hielt der Großaktionär noch einmal in einem Brief an den Continental-Vorstand fest. Erstens monierte er die trotz Umsatzsteigerung gleichfalls gestiegenen Handlungsunkosten, die in ihrer Gesamtheit „zu hoch und für die Continental nicht tragbar [sind]."[52] Zweitens habe man in der Zentralverwaltung ca. 300 Leute zu viel, „die sich einander die Hacken abtreten und die Disziplin und die Arbeitsfreudigkeit in den einzelnen Abteilungen untergraben […] Wir können den jetzigen Zustand nicht belassen, sonst geht es mit der Continental rückwärts." Als Punkt 3 und 4 folgten von Opel monierte organisatorische Mängel wie die fehlende Dezentralisierung der Abrechnungsbuchhaltung und Genauigkeit bei der Aufstellung der Verkaufsrentabilität. Auch die in der Erstausrüstung verfolgte Preispolitik – unter anderem auch gegenüber der Adam Opel AG – hielt Opel nicht für richtig, sondern sprach sich für eine Strategie nach dem Motto „Umsatz statt Preis" aus. Zudem sei der Marktanteil der Continental am Fahrradreifen-Geschäft mit 30 bis 35 Prozent viel zu gering. „Es hat mich gefreut", schloss Opel seinen Brief, „dass Herr Generaldirektor Tischbein im Grunde mit meinen Darlegungen einig geht und Maßnahmen nach dieser Richtung unverzüglich ergreifen will [und] ich habe gerne davon Kenntnis genommen, dass sich diese Maßnahmen schon in den nächsten Monaten auch zahlenmäßig auswirken werden."[53]

Ob Tischbein wirklich das Maßnahmenprogramm und die Einmischungen Fritz Opels in das operative Geschäft mittrug, darf bezweifelt werden. Seine Vorstandskollegen jedenfalls wiesen die Kritik in einem Schreiben an Tischbein Anfang Januar im Wesentlichen zurück.[54] Zu diesem Zeitpunkt war Tischbein aber schon anderweitig unter Beschuss geraten. Auf der Aufsichtsratssitzung vom 15. Dezember 1933 berichtete er über eine gegen ihn erfolgte Denunziation, die

---

51 Brief Tischbein an Opel vom 22.6.1933, in: Ordner Korrespondenz mit dem Aufsichtsrat 1933–1936.
52 Schreiben Opel vom 12.12.1933, in: ebd.
53 Ebd.
54 Vgl. Brief an Tischbein vom 10.1.1934 zum Schreiben von Opel, in: ebd.

sich offenbar um veruntreute oder unrechtmäßig erhaltene Zahlungen drehte.[55] Zu seiner Rehabilitierung beantragte er eine Untersuchungskommission, die sämtliche Ausgabenbelege unter die Lupe nehmen und auf ihre Rechtmäßigkeit hin überprüfen sollte. Die Anschuldigungen waren für Tischbein prekär, da Fritz Opel ihn schon länger offensichtlich auch dafür verantwortlich machte, dass bei Continental ein ziemlich großzügiges Tantiemesystem für die Aufsichtsratsmitglieder herrschte. „Seitdem ich die Ehre habe, dem Aufsichtsrat der Continental anzugehören", schrieb Opel Mitte Juni 1933, „habe ich die Feststellung gemacht, dass früher der Aufsichtsrat verhältnismäßig nichts gearbeitet hat, dagegen aber Bezüge einsteckte, deren Höhe [zwischen 700 000 und einer Mio. RM] sich in keiner Weise mehr verantworten ließ [...] und vollkommen unzulässig war."[56]

Und dann gab es noch einen Kritikpunkt von Opel an der Politik des Continental-Vorstands. Es ging um die massive Abwanderung von Beschäftigten, darunter eine Reihe hochqualifizierter Führungskräfte, zum Konkurrenten Phoenix nach Hamburg. Ausgangspunkt war der unvermittelte Wechsel von Albert Schäfer zur Hamburger Gummifabrik im Frühjahr 1933 gewesen. Schäfer war als ehemaliger Vorstand bei der Polack-Titan AG im Zuge der Fusion zur Continental gekommen und hatte dort als Abteilungsdirektor den Bereich Verkauf verantwortet. Eigentlich war Schäfer in Hannover bis Juli 1933 fest gebunden, zudem galt eine mehrjährige Konkurrenzklausel, die die Abwanderung zu einem Konkurrenten verhindern sollte. Im Februar 1933 jedoch hatte Fritz Opel erfahren, dass hinter den Kulissen schon seit Januar Verhandlungen zwischen Schäfer und dem Phoenix-Aufsichtsrat liefen.[57] Die Angelegenheit sorgte für erheblichen Wirbel, denn Schäfer berief sich hinsichtlich der Rechtmäßigkeit seines Wechsels auf den alten Vertrag bei Polack-Titan, den er mit Moritz Schultze in dessen damaliger Funktion als Aufsichtsratsvorsitzender von Polack-Titan geschlossen hatte. Fritz Opel war darüber derart verärgert, dass er noch im Februar 1933 in höchst beleidigendem Ton einen Brief an Schultze schrieb und ihn zur umgehenden Niederlegung seines Aufsichtsratsmandats bei Continental aufforderte, was dieser jedoch ignorierte.[58] „Wenn Herr Dr. Opel [...] die Majorität der Continental erworben hat", schrieb Schultze dazu an Tischbein, „so steht es ja naturgemäß bei ihm, sich einen Aufsichtsrat zu bilden, wie es ihm

---

55 Vgl. Protokoll der Aufsichtsratssitzung vom 15.12.1933, in: CUA, 6610 Zg. 1/57, A 2.

56 Brief Opel an Otto Hirsch vom 13.6.1933 im Zusammenhang mit dem Rechtsstreit um nachzuzahlende Aufsichtsrats-Tantiemen, in: CUA, 6610 Zg 1/57, A 25.

57 Vgl. Schreiben Opel an Aufsichtsrat Boner von der Deutschen Bank vom 25.2.1933, in: HADB P 2115.

58 Vgl. Schreiben Opel an Schultze vom 21.2.1933, in: Ordner Korrespondenz mit dem Aufsichtsrat 1933–1936.

beliebt, und da er die Vorsicht gebraucht hat, schon im Hinblick auf diese seine Absicht, den Aufsichtsrat nur auf ein Jahr anstatt für die statuarisch vorgesehene Zeit zu wählen, so war die Absicht erkennbar, dass er sich gewisser Aufsichtsratsmitglieder entledigen will. Das kann er aber tun, ohne zu groben und verletzenden Briefen seine Zuflucht zu nehmen."[59]

Für den Phoenix-Aufsichtsrat, in dem die Deutsche Bank als größter Anteilseigner fungierte, war die Abwerbung Schäfers und dessen Ernennung zum neuen Vorstandsvorsitzenden im Juli 1933 ein Coup. Das Unternehmen, das 1922 aus der Entflechtung der früheren Vereinigten Gummiwarenfabriken Harburg-Wien hervorgegangen war, war ein Sanierungsfall und kämpfte ums Überleben, erst recht, nachdem man sich der ursprünglich vom Continental-Vorstand geplanten Einbeziehung in die große Fusion 1929/30 verweigert hatte.[60] Die Phoenix-Aktien, die Mitte der 1920er Jahre noch zu einem Kurs von 142 Prozent (von nom. 100 RM) gehandelt wurden, waren Ende 1932 auf 24,5 Prozent abgesackt. Das Unternehmen verzeichnete 1932 einen Umsatz von 15,3 Mio. RM mit 2500 Beschäftigten und wies einen Verlust von 3,383 Mio. RM aus.[61] Das entsprach der Hälfte des Grundkapitals, und dazu stand man bei der Deutschen Bank mit Verbindlichkeiten von über einer Mio. RM in der Kreide.[62] Phoenix war anders als die Continental ein stark vom Nicht-Reifengeschäft geprägtes Unternehmen, in dem die Fertigung von Bällen und Gummipuppen, Schuhen und technischen Gummiwaren im Vordergrund standen. Im Vorstand versuchten seit Anfang der 1920er Jahre Carl Maret jun. für die kaufmännische Seite und Emil Teischinger als Techniker ebenso verzweifelt wie erfolglos, das Ruder herumzureißen. Doch das Unternehmen war nicht nur hoch verschuldet, sondern wies auch technisch veraltete Fertigungsstrukturen auf.

Mit dem Eintritt von Schäfer übernahm dieser nun den Bereich Marets, der dafür in den Aufsichtsrat wechselte. Der neue Vorstandsvorsitzende war kein NSDAP-Mitglied, was aber keine Rückschlüsse auf seine Haltung gegenüber dem NS-Regime zulässt. Insgesamt scheint das Unternehmen eine weniger starke Anpassung an die neuen politischen Machtverhältnisse verfolgt zu haben, aber weder über die Struktur der bisherigen Betriebsräte noch über die Position und Entwicklung von NSBO und Vertrauensrat bei Phoenix wissen wir etwas.

59 Brief Schultze an Tischbein vom 27.2.1933, in: ebd.
60 Vgl. zur Vorgeschichte von Phoenix näher Erker, Vom nationalen zum globalen Wettbewerb, S. 294 ff. Zu den turbulenten Verhältnissen in der Phase 1929/30 vgl. auch die diversen Aktennotizen der im Aufsichtsrat sitzenden Vertreter der Deutschen Bank in: HADB F 002/1853.
61 Vgl. Geschäftsbericht Phoenix 1932, in: HADB F 002/749, darin auch der Bericht des Vorstands zum abgelaufenen Geschäftsjahr.
62 Vgl. Bericht über die bei der Harburger Gummiwaren-Fabrik Phoenix AG vom 6.–9.11.1933 ausgeführte Prüfung des Vermögensstandes, in: MDA/SHMH, ohne Signatur.

Von Technik-Vorstand Teischinger allerdings, als früheres DNVP-Mitglied schnell zur NSDAP gewechselt und politisch gut vernetzt, ist bekannt, dass er mit der neuen NS-Regierung und deren antimarxistischen wie antisemitischen Ideologie keinerlei Probleme hatte. In einem Briefwechsel mit dem Vorstand der amerikanischen Hood Rubber Company, mit der Phoenix freundschaftliche Beziehungen und technologischen Austausch betrieb, schrieb er im Juli 1933:

> Unfortunately we have at present few friends in the world [...] because the leaders of the former government (the Jews and Marxists) are doing everything to prevent a comprehension of the state affairs [...] For the national awakening of Germany the action against the Jews is necessary, because the mentality and the view of life of the Jews are too contrarious to ours [...] What we want to achieve is to eliminate the influence of the Jews in our public life.[63]

Dass ihm Ende der 1920er Jahre erst die Vermittlung jüdischer Bankiers in Hamburg und New York die Kontakte zur amerikanischen Gummi- und Reifenindustrie verschafft hatte, hatte Teischinger längst verdrängt. Auch in späteren Briefen an den Hood-Vorstand pries der Phoenix-Technik-Vorstand wortreich die neue Politik der NS-Regierung, unter anderem die Tatsache, dass „no worker can go on strike [...] which is a welcome support for our work.“[64]

Mehr als politische Dinge beschäftigte das Unternehmen insgesamt und Schäfer im Besonderen zunächst die rasche Umsetzung von Sanierungsmaßnahmen. In einer ziemlich komplexen Kapitaltransaktion wurde das Grundkapital zuerst radikal von 7,2 auf 2,16 Mio. RM herabgesetzt (also ein Kapitalschnitt von 10:3) und dann durch Ausgabe neuer Aktien wieder um 1,08 Mio. RM heraufgesetzt. Neben der Deutschen Bank spielte Schäfer selbst dabei eine Schlüsselrolle. Die neuen Aktien übernahm ein Konsortium unter Führung der Deutschen Bank, wobei sich Schäfer „und seine Freunde“ verpflichteten, bis zu nominell 850 000 RM neue Aktien zu übernehmen, und sie gaben auch eine Option auf weitere Aktien im Wert von 100 000 RM.[65] Ging man davon aus, dass von den Altaktionären Aktien für ca. 65 000 RM übernommen wurden, so bliebe die Deutschen Bank als Konsortialführerin auf neue Aktien im Wert von nominell 65 000 RM sitzen, faktisch würden es aber vermutlich deutlich mehr sein. „Ich bin der Ansicht“, hieß es dazu in einer Notiz der Deutsche-Bank-Filiale in Hamburg,

---

63 Schreiben vom 19.7.1933, in: MDA/SHMH, MA 2009/021/263.
64 Brief vom 20.12.1934, in: ebd.
65 Vgl. Schreiben Hermann Willink, Leiter der Deutsche-Bank-Filiale Hamburg, nach Berlin vom 29.11.1933, in: HADB F 002/783.

dass diese Annahme von Herrn Schäfer eher zu optimistisch ist und wir wohl [...] damit rechnen müssen, mindestens nom. RM 100 000 bis RM 150 000 Aktien zu übernehmen. Dies ist gewiss kein Vergnügen, jedoch wies Herr Schäfer nicht zu Unrecht darauf hin, dass wir, so wie die Dinge gelaufen sind, froh sein könnten, anstatt eines Kredits von ursprünglich RM 1 500 000 jetzt einen Kredit von RM 300 000 und den Besitz von nom. RM 150 000 Aktien eines sanierten Unternehmens zu haben. Hierin hat meines Erachtens Herr Schäfer recht, und ich würde daher befürworten, dass wir unsere Zustimmung zu dem Plan von Herrn Schäfer geben.[66]

Soweit der Schriftwechsel dazu erhalten ist, deutet mithin alles darauf hin, dass bei dieser Finanztransaktion nicht die Deutsche Bank, sondern Schäfer die Fäden zog.[67]

Schäfers Sanierungsmaßnahmen nicht nur finanzieller, sondern auch fertigungstechnischer und fabrikorganisatorischer Art waren tatsächlich schnell erfolgreich. Schon 1934 galt Phoenix mit Umsatzsteigerungen auf 17 Mio. RM (1933) bzw. 21,7 Mio. RM (1934) und einem wenn auch zunächst minimalen ausgewiesenen Gewinn als gerettet und schüttete nach Jahren erstmals wieder eine Dividende von insgesamt sieben Prozent aus.[68] Und Schäfer vernetzte sich auch schnell nicht nur in die Hamburger Kaufmanns- und Finanzwelt, sondern auch in die Kautschukindustrie, wo er 1934 die neu errichtete Fachgruppenleitung übernahm. Als Retter der Phoenix gefeiert, begann nun unter dem neuen Vorstandsvorsitzenden, der durch die Transaktion mit ca. 30 Prozent Aktienbeteiligung selbst zum Großaktionär geworden war, bei Phoenix die bis in die 1950er Jahre dauernde Ära Schäfer, in dessen Gefolge sich das Unternehmen unter geschickter Ausnutzung der sich seit der Machtergreifung ergebenden politischen wie wirtschaftlichen Verhältnisse eine Transformation vom einstigen Unternehmen für Schuh- und technische Gummiwaren zu einem Reifenhersteller vollzog und sich somit zu einem ernsthaften Konkurrenten von Continental entwickelte.

Während bei Phoenix der neue Vorstandsvorsitzende für Furore sorgte, stürzte bei Continental der alte. „Mit Rücksicht auf den Gesundheitszustand

---

66 Ebd.

67 Wer die „Freunde" Schäfers waren, ist nicht ganz klar. In einer späteren Notiz der Deutsche-Bank-Filiale Hamburg werden u. a. Carl Maret, der IHK-Präsident Dr. Wilhelm Weber (der allerdings schon 1934 verstarb) sowie ein Herr Franke genannt. Vgl. das 10-seitige Schreiben im Zusammenhang mit einem Streit um die Börsenumsatzsteuer für diese neuen Aktien vom Mai 1935, in: HADB F002/746. In Schäfers Depot lagen im März 1934 zudem Continental-Aktien für nom. 400 000 RM, die im Dezember 1933 „von dritter Seite" zu Gunsten von Schäfer eingeliefert worden waren, wie die Filiale Magdeburg der Deutschen Bank im März 1934 feststellte und (ohne Erfolg) genauere Aufklärung von der Hamburger Schwesterfiliale erbat. Vgl. HADB F 002/783.

68 Vgl. Geschäftsbericht Phoenix für 1933, S. 4 ff., in: HADB F 002/749.

von Generaldirektor Tischbein", hieß es in einer internen Mitteilung an die Führungskräfte am 14. April 1934, „wird Direktor Carl Gehrke zum Betriebsführer ernannt."[69] An der Aufsichtsratssitzung vom 8. Mai 1934 nahm Tischbein zwar noch teil, allerdings übernahm Gehrke schon die Berichterstattung zum laufenden Geschäftsjahr.[70] Inwieweit ein erneutes Eingreifen Fritz Opels oder das Ergebnis der Untersuchungskommission eine Rolle spielten, lässt sich nicht feststellen.[71] Klar ist, dass Opel die Ausschüttungsquote von Continental offensichtlich nicht hoch genug war und er längerfristig auf eine Steigerung der Dividende abzielte, obwohl für ihn das Investment in Continental-Aktien bislang durchaus lukrativ war. „Manche bekommen eben nicht genug", hatte Tischbein bei Gelegenheit schon früher einmal gegenüber einem Aufsichtsrat geäußert.[72] Zu Ende Juni 1934 wurde Tischbein formell beurlaubt und schied dann offiziell zum 31. Dezember aus dem Vorstand aus. Gerüchte über Tischbeins bevorstehendes Ausscheiden hatte es schon seit Frühjahr 1934 gegeben und die Continental-Aktie, verbunden mit Spekulationen über eine Dividendenkürzung sowie angebliche große Verluste infolge einer gescheiterten Baissespekulation in Kautschuk, auf Talfahrt geschickt.[73] Nach außen hin ließ die Unternehmensleitung jedoch weiterhin verkünden, dass sich Tischbein auf einer Geschäftsreise befinde. Erst nach und nach gab man den schon längst vollzogenen Wechsel an der Unternehmensspitze auch der Öffentlichkeit bekannt.

Auf der Generalversammlung im Mai 1934, bei der auch Tischbein anwesend war, verkündete der Aufsichtsratsvorsitzende Caspar schließlich vor Eintritt in die Tagesordnung, dass Tischbein ihn gebeten habe, ihn aus seinem Vertrag zu entlassen, und verband dies mit einer knappen Würdigung der

---

69 Vgl. Ordner Korrespondenz mit dem Aufsichtsrat 1933–1936.

70 Vgl. Protokoll der Aufsichtsratssitzung vom 8.5.1934, in: CUA, 6610, Zg. 1/57, A 2.

71 Tatsächlich hatte die Untersuchungskommission nur gering belastende Erkenntnisse zu Tischbein gewonnen. Vgl. Protokoll der Aufsichtsratssitzung vom 31.5.1934, auf der auch Tischbein noch anwesend war, in: CUA, 6610 Zg 1/57, A 2. Die Angelegenheit der hohen und offensichtlich unrechtmäßig erfolgten Tantiemezahlungen, bei der es u. a. um 250 000 RM ging, die Tischbein erhalten hatte (aber offenbar später wieder zurückgezahlt hatte), war kurz zuvor, im Februar 1934 beinahe zu einem öffentlichen Skandal geworden. Der aus dem Aufsichtsrat als „Nichtarier" verdrängte Edgar Seligmann hatte gedroht, die ganze Sache, in die auch der Aufsichtsratsvorsitzende Caspar verwickelt war, auf der bevorstehenden Generalversammlung öffentlich zu machen. Offenbar war dies der verzweifelte, nichtsdestotrotz erpresserische Versuch, andernfalls im Aufsichtsrat verbleiben zu können. Vgl. den Brief von Rechtsanwalt Stehmann an Caspar vom 19.2.1934 über eine eingehende Unterredung mit Seligmann, in: Ordner Korrespondenz mit dem Aufsichtsrat 1933–1936.

72 Vgl. Aktenvermerk Boner vom 30.3.1933, in: HADB P 2115, Bl. 129.

73 Vgl. die besorgte Anfrage eines Privataktionärs an den Conti-Vorstand vom 16. und 18. sowie 28.4.1934, in: Ordner Korrespondenz über unsere Gesellschaft.

Verdienste Tischbeins.[74] Dieser ergriff dann auch selbst das Wort zu einer versöhnlich gehaltenen Rede. Ein Wechsel in der Art der Geschäftsführung trete nicht ein, da die langjährigen Vorstandskollegen im Amt blieben, und auch organisatorisch sei dafür gesorgt, dass sich die Betriebsergebnisse der Continental weiter günstig entwickeln würden. Tischbein pries den besonderen Geist der Continental-Gefolgschaft, und er dankte auch den Aktionären dafür, „dass sie uns verständnisvoll in unserer Geschäftspolitik unterstützt haben [...] obgleich ihnen manchmal die Wege, die wir eingeschlagen haben, nicht ganz klar waren."[75] Tischbein zog sich, einen Teil seiner Ämter wie das Aufsichtsratsmandat bei der Dresdner Bank behaltend, auf sein Gut Rixförde bei Celle zurück, wo er, mit einer fürstlichen Abfindung von 775 904 RM versehen, in den folgenden Jahren sein Vermögen mit erfolgreichen und höchst rentablen „Arisierungs-Spekulationen" zu vermehren suchte.[76]

Nachfolger Tischbeins wurde Carl Gehrke, mit seinen 65 Jahren von Anfang an ein Übergangskandidat, das signalisierte deutlich die gleichzeitige Berufung von Dr. Fritz Könecke.[77] Dieser war mit 35 Jahren der bislang jüngste Continental-Vorstand und hatte sich, 1919 als Lehrling in das Unternehmen eingetreten, rasch hochgedient. Im Vorstand übernahm Könecke das wichtige Verkaufsressort, zugleich war er aber für die zunehmend wichtigen verbands- wie behördenpolitischen Angelegenheiten und die Kontakte nach Berlin zuständig, wofür ihm seine siebenjährige Tätigkeit als Hauptgeschäftsführer des Vereins Deutscher Gummireifen-Fabriken in der Hauptstadt zugutekam.[78] Vielleicht fiel Tischbein der Abschied auch deshalb leichter, da er mit Könecke seinen ab 1929 wieder für die Continental tätigen langjährigen Vertrauten und engsten Mitarbeiter nun auf dem Sprung zu seiner Nachfolge sah. Damit war der längst fällige Generationswechsel im Vorstand von Continental eingeleitet worden.[79] Der eigentliche Schub in diese Richtung erfolgte dann im April 1936, als im Zuge der

---

74 Vgl. Notiz über die Generalversammlung in: CUA, 6610, Zg. 1/57, A 2,7.
75 Ebd.
76 Die Abfindung setzte sich zusammen aus 485 000 RM Ruhegehalt von 1935 bis 1941, 120 000 RM Wettbewerbsentschädigung für 1935 und 1936 sowie 170 904 RM Tantieme für 1935. Vgl. Betriebsprüfungsbericht 1935, S. 37, in: CUA, 67911, Zg. 1/2006, A 1,1. Tischbein starb am 9.2.1946.
77 Zu Gehrke vgl. die Personalakte in: Registratur Personalabteilung, sowie eine eingehende Würdigung seines Werdegangs „Vom Buchhalter zum Betriebsführer". Der Aufstieg eines Mannes und eines Werkes, in: Die Werksgemeinschaft. Werkszeitung der Continental Gummi-Werke 1 (1936), S. 2.
78 Vgl. den Lebenslauf in der Personalakte Könecke in: Registratur Personalabteilung.
79 Zusammen mit Könecke wurde auch Waldemar Schlosshauer, bisher Geschäftsführer der für das Auslandsgeschäft zuständigen Continental Caoutchouc-Compagnie GmbH, in den Vorstand berufen, allerdings starb dieser schon Anfang 1935.

Abberufung Feys aus dem Vorstand mit Hermann Franz und Gustav Schmelz zwei weitere und mit 43 bzw. 37 Jahren junge Vorstandsmitglieder ernannt wurden, zunächst noch als stellvertretend firmierend.[80] Beide waren wie Gehrke und Könecke als Lehrlinge in das Unternehmen gekommen und hatten sich dann hochgearbeitet, der eine im Bereich Finanzen, der andere im Auslandsgeschäft, für die sie nun auch im Vorstand zuständig waren. Im Continental-Vorstand hatten die Jungen nun mindestens gleichgezogen. Gehrke unterstand als Betriebsführer die allgemeine Verwaltung und das Personalwesen, Assbroicher verantwortete den Fertigungsbereich, Stockhardt leitete den Bereich Chemie und Forschung und Entwicklung (F&E), Könecke wie erwähnt den Verkauf (Abb. 5).

Abb. 5: Der neue Continental-Vorstand 1936

---

80 Zum jeweiligen Werdegang von Franz und Schmelz vgl. „Die neuen stellv. Vorstandsmitglieder", in: Die Werksgemeinschaft 1 (1936), S. 5, sowie die Personalakten in: Registratur Personalabteilung.

Politisch waren die Neuen längst auf einer Linie mit der von Tischbein eingeleiteten und von Gehrke weiter vorangetriebenen Anpassung an das NS-Regime, die Integration in die nationalsozialistische Wirtschaftsordnung und nicht zuletzt die Bemühungen zur Verwirklichung des nationalsozialistischen Betriebsgemeinschaft-Gedankens. Die Rede, die Gehrke Ende April 1934 anlässlich seiner Ernennung zum Betriebsführer „an alle Arbeitskameraden" hielt, war hierfür symptomatisch. In einer feierlichen Veranstaltung, gemeinsam mit sämtlichen Vorstandsmitgliedern und auch dem Vertrauensrat, die per Conti-Werkrundfunk auch in die anderen Werke übertragen wurde, legte er ein öffentliches Bekenntnis und eine Verpflichtungserklärung ab.[81] „Es ist unser aller Pflicht", betonte er, „im Betrieb zum Wohle der ganzen Volksgemeinschaft zusammenzuhalten und zusammenzuarbeiten, jeder an seinem Platze". Continental stehe in einem schweren Kampf um die Erhaltung des Exports, und dafür sei unter anderem eine Verbesserung der Arbeitsleistung notwendig.

> Das Entscheidende ist doch, dass Sie das Vertrauen haben, dass derjenige, der die Anordnungen trifft, ein anständiger Charakter ist, dem es auf die Erhaltung des Ganzen ankommt und der dafür verantwortlich ist, das gesteckte Ziel zu erreichen. So verpflichte ich denn mich selbst, meinen Stellvertreter Assbroicher und alle hier versammelten Mitglieder des Vertrauensrates [...] indem ich Sie auffordere, mir nachzusprechen: ‚Ich lege vor der Gefolgschaft das feierliche Gelöbnis ab, in meiner Amtsführung nur zum Wohle des Betriebes und der Gemeinschaft aller Volksgenossen unter Zurückstellung eigennütziger Interessen zu dienen und mit meiner Lebensführung und Diensterfüllung den Betriebsangehörigen Vorbild zu sein.'[82]

Durch die Maßnahmen der Reichsregierung würden nun alle Fragen, die im Betrieb auftauchten, intern zu lösen zu sein. „Wir wollen diese Pflicht freudig bejahen und dem Manne danken, der uns die Neugestaltung der Betriebsführung gegeben hat". Gehrke schloss seine Rede mit einem dreifachen „Sieg heil!" auf Adolf Hitler.

Derartige Inszenierungen der neuen Betriebsgemeinschaft, auf die noch zahlreiche weitere folgen sollten, verfehlten zweifellos nicht ihre Wirkung bei den Belegschaftsmitgliedern. Doch zunächst hatte sich auch Gehrke mit dem Aufsichtsrat und dem nach wie vor sich vielfach einmischenden Mehrheitsanteilseigner Fritz Opel zu befassen. Dieser drang weiterhin darauf, dass er nicht nur über Quartalsberichte, sondern laufend über das Geschäft informiert werde, verbunden mit einer jährlichen detaillierten Rechtfertigung der Jahresbilanzergebnisse und einem durchaus modern anmutenden „Forecasting", d. h., einer

---

81 Die Rede in: CUA, 6610 Zg. 1/57, A 8,2.
82 Ebd.

detaillierten Vorausschau auf das kommende Geschäftsjahr.[83] Obwohl Gehrke allenthalben rasant wachsende Steigerungen der Wert- wie Mengenumsätze um 30 Prozent und mehr für 1934 und eine Beschleunigung des Wachstumstempos bei einzelnen Produktbereichen auf 70 bis über 100 Prozent im Jahr 1935 vermelden konnte, musste er sich immer wieder kleinliche Kritik an einzelnen Bilanzposten wie den Reisespesen für die Vorstandsmitglieder gefallen lassen.[84] Opel mischte sich auch in organisatorische Detailfragen ein, etwa die Neuordnung des technischen Verkaufs oder die Verteilung der Geschäftsbereichskompetenzen der einzelnen Vorstände.[85] Er beschwerte sich auch umgehend, wenn er nicht rechtzeitig von Auslandsreisen einzelner Vorstände erfuhr. Immerhin gingen Vorstand und Hauptanteilseigner darin einig, angesichts der inzwischen immens gewachsenen Liquidität und – als Folge der neuen Unternehmenssteuerpolitik des NS-Regimes – massiv angehäuften stillen Reserven, die noch ausstehende sechsprozentige holländische RM-Anleihe von 1926 über umgerechnet sieben Mio. RM fast vollständig zurückzuzahlen. Differenzen gab es aber über die Neuanlage der liquiden Mittel, denn Gehrke wollte ganz im Sinne der neuen Reichsregierung und deren Ausgabenfinanzierung für zwei Mio. RM die neue 4,5-prozentige Reichsanleihe zeichnen, ein Betrag, den Uebel im Namen Opels als viel zu hoch ansah.[86]

Für Diskussionen sorgte zudem wieder einmal die Dividendenpolitik. Im Januar 1935 war im Vorstandsbüro ein Brief der Dresdner Bank eingegangen, wonach diese auf Veranlassung von Uebel bzw. Opel einen Posten Aktien zum Kurs von 148 für die Continental gekauft hatte. Da der erwähnte Brief allerdings durch die Postlesestelle gegangen war, war im Verwaltungspersonal nun bekannt, dass Opel für das Unternehmen Aktien gekauft hatte.[87] Die Motive Opels hinter diesen Aktienkäufen sind nicht ganz klar, vermutlich wollte er anderen

---

83 Vgl. etwa den Bericht für das 3. Quartal 1934 vom 23.11.1934, in: HADB P 2115, sowie Bericht über das erste Quartal 1935 vom 30.4.1935, in: Ordner Korrespondenz mit dem Aufsichtsrat. Darin auch weitere Quartalsberichte. Die „Wirtschaftliche Vorschau 1935" vom 5.4.1935 in: BArch R 8119 F/P 02140.

84 Vgl. Schreiben Opel an Gehrke vom 2.2.1935, das dieser bezeichnenderweise aus dem Carlton Hotel in St. Moritz schickte, wo Opel gerade logierte. Vgl. Ordner Korrespondenz mit dem Aufsichtsrat 1933–1936. Vgl. allgemein „Conti-Bilanz im Zeichen der Auto-Konjunktur", in: Berliner Tagblatt vom 2.3.1935, in: BArch R 8127/2481.

85 Vgl. Schreiben Opel an Gehrke vom 16.4.1934 sowie vom 25.4.1934 mit den jeweiligen Antwortschreiben Gehrkes, in: ebd. So wollte Opel etwa eine Aufteilung der Produktionsbereiche nicht nur nach Technisch und Automobil-Reifen, sondern einen eigenen zusätzlichen Bereich für Fahrradreifen.

86 Vgl. Brief Uebel an Gehrke vom 6.9.1935, in: Ordner Korrespondenz mit dem Aufsichtsrat 1933–1936.

87 Vgl. Protokoll der Vorstandssitzung vom 11.1.1935, in: CUA, 6603, Zg. 3/85, A 3.

Kaufinteressenten zuvorkommen und langfristig eine Kapitalherabsetzung durch Einziehen von eigenen Aktien bei Continental vorbereiten, wodurch der Wert des eigenen Aktienportfolios erhöht werden würde. Dazu passt auch die Notiz im Protokoll der Vorstandssitzung vom 22. Juni 1935, wonach eine Anfrage der Hamburger Börse eingegangen sei, die um eine Zulassung der Conti-Aktien bat, was „mit Rücksicht auf die Einstellung von Herrn Dr. Fritz Opel" abgelehnt wurde.[88] Tatsächlich waren so bis September 1935 nach und nach schon für ca. 1,291 Mio. RM eigene Aktien gekauft worden und das Bankhaus Dellbrück wurde beauftragt, für weitere 300 000 RM „vorsichtig weiter zu kaufen".[89] Ein Teil dieses Aktien-Rückkaufprogramms diente offensichtlich auch zur Abwicklung eines geplanten Kreditgeschäfts mit der englischen Dunlop-Gesellschaft.[90]

Wie dem auch sei, Opel drängte den Vorstand im Frühjahr 1935 dazu, die Dividendenzahlung zu erhöhen, was im Übrigen auch einem Wunsch Tischbeins entsprach, der eigene Continental-Aktien im Wert von nom. 434 000 RM besaß. Seit dem Gesetz über die Gewinnverteilung bei Kapitalgesellschaften vom 4. Dezember 1934 (Anleihestockgesetz) galt allerdings eine Deckelung der Dividendenausschüttung an die Privataktionäre von maximal acht Prozent, der Rest musste auf ein Treuhandkonto der Deutschen Golddiskontbank in Berlin abgeführt werden. So sollten die Binnenfinanzierung der Unternehmen gestärkt und die Abhängigkeit vom Kapitalmarkt verringert werden. Tischbein jedenfalls schlug seinerseits im März 1935 in einem Brief an den Vorstand vor, die Dividende um zwei Prozentpunkte zu erhöhen, um erstens den Wünschen des Gesetzgebers für das Anleihestockgesetz Rechnung zu tragen, zweitens um diejenigen, „die auf die Dividendenpolitik jetzt schon wenig, in Zukunft aber gar keinen Einfluss haben, gerecht zu werden", und drittens im Interesse einer größeren Bilanzklarheit den seinerzeit eingerichteten Wertberichtigungsfonds wieder aufzufüllen, „womit auch die Vergewaltigung der Bilanz 1931, wo wir von 6 Prozent auf 8 Prozent getrieben wurden [...] wieder ausgeglichen [wäre]."[91] Für das Geschäftsjahr 1934 blieb die Dividende jedoch zunächst unverändert bei acht Prozent, die man inzwischen längst wieder aus effektiven Verdiensten bezahlen konnte. Doch zwischen 1935 und 1937 erfolgten rasche Dividendenerhöhungen auf elf (1935), zwölf (1936) und ab 1937 auf 14 Prozent.

---

88 Protokoll der Vorstandssitzung vom 22.6.1935, in: ebd.
89 Protokoll der Vorstandssitzung vom 21.10.1935, in: ebd. Tatsächlich erfolgte der sukzessive Rückkauf von eigenen Aktien bis November 1936, bis die seinerzeit vorgesehenen Aktien im Wert von nom. 3 Mio. RM in eigenem Besitz war. Über den Zeitpunkt der Einziehung sollte später entschieden werden. Vgl. Protokoll der Vorstandssitzungen vom 6.10.1936 und 23.11.1936, in: ebd.
90 Vgl. Protokoll der Vorstandssitzung vom 13.9.1935, in: ebd.
91 Brief Tischbein vom 4.3.1935, in: Ordner Korrespondenz mit dem Aufsichtsrat 1933–1936.

Diese Dividendenpolitik der Continental sorgte für erhebliche Aufregung, vor allem bei diversen Partei- und Regierungsstellen. Ende März 1936 erhielt Oswald Rösler, als Vertreter der Deutschen Bank Aufsichtsratsmitglied bei Continental, einen Brief von Wilhelm Keppler, dem Beauftragten für Wirtschaftsfragen in Hitlers Reichskanzlei:

> Vor kurzem musste ich leider hören, dass die Gummiindustrie beschlossen hat, innerhalb kurzer Zeit die Arbeitszeit für ihre Betriebe auf etwa 20 Stunden zu reduzieren. Kurz danach erfuhr ich, dass die Continental Gummiwerke in Hannover der Generalversammlung eine Erhöhung der Dividende von 8 auf 11 Prozent vorschlagen wird. Aus psychologischen Gründen ist mir eine derartige Maßnahme unverständlich. Es muss böses Blut geben, wenn der Arbeiterschaft ein großer Teil ihres Verdienstes genommen wird, dagegen den Aktionären und anderen weit höhere Beträge als Rente zufließen. Die Stimmung über diese Absicht ist schon heute in Hannover recht ungünstig, und ich muss Sie bitten, nochmals erwägen zu wollen, ob Sie bei dieser Maßnahme auf dem richtigen Wege sind.[92]

Auch auf einer NSDAP-Versammlung in der hannoverschen Stadthalle waren offenbar Angriffe auf die Dividendenpolitik des Unternehmens gestartet worden.[93] Rösler jedoch verteidigte in seiner Antwort an Keppler im Namen der Continental-Führung die Maßnahme mit dem Hinweis, dass dahinter die alleinige Erwägung stünde, durch die vorzunehmende Überweisung an den Anleihestock mitzuhelfen, die Konsolidierung der Schulden des Reiches zu erleichtern, wodurch die öffentliche Hand in die Lage versetzt werde, Kreditmittel für neue Arbeitsbeschaffungsprogramme einzusetzen.[94]

Inzwischen hatte es auch im Aufsichtsrat einige Veränderungen gegeben. Ende März 1935 war anstelle von Franz Boner, der allerdings seinen Posten nicht ganz freiwillig räumte, Oswald Rösler als Vertreter der Deutschen Bank gekommen. Rösler war Vorstandsmitglied der Deutschen Bank und kein NSDAP-Mitglied. Caspar blieb im Aufsichtsrat, musste aber nach fast zehn Jahren seinen Vorsitz an Rösler abgeben. Dieser machte schon nach einem Jahr den Weg frei für Uebel, der mit gerade 30 Jahren, den Aufsichtsratsvorsitz übernahm und bis 1946 innehaben sollte. Uebel hielt es angesichts seiner neuen Position für opportun, nun doch der NSDAP beizutreten. Opel selbst behielt den

---

92 Schreiben Keppler an Rösler vom 28.3.1936, in: BArch R 8119 F/P 02141.

93 Vgl. Protokoll der Vorstandssitzung vom 18.3.1936, in: CUA, 6603, Zg. 3/85, A 3.

94 Brief Rösler an Keppler vom 30.3.1936, in: BArch R 8119 F/P 02141. Im Übrigen belehrte Rösler den Wirtschaftsbeauftragten Hitlers darüber, dass von einer 20-stündigen Wochenarbeitszeit keine Rede sein könne und auch in Zukunft wohl kaum damit zu rechnen sei, weil sonst das Motorisierungsprogramm der Reichsregierung als gefährdet betrachtet werden müsste.

stellvertretenden Vorsitz. Die ausführliche Aktennotiz, die Rösler zu alledem verfasste, sprach Bände über die Hintergründe dieses Wechsels:

> In der konstituierenden Aufsichtsratssitzung habe ich nach Aussprache mit Dr. Fritz Opel vorgeschlagen, den Leiter der Opel'schen Vermögensverwaltung, Herrn J. C. Uebel, zum Vorsitzenden zu wählen, da mit Rücksicht auf den weitgehenden Einfluss, der von Rüsselsheim auf alle Organisations- und Personalfragen ausgeübt werde, der Aufsichtsrat meines Erachtens von Rüsselsheim nicht zu trennen sei. Da Dr. Fritz Opel selbst sich eher etwas zurückziehen wolle und daher für die Übernahme des Aufsichtsratsvorsitzes nicht in Betracht komme, komme also nur Uebel in Frage, der ganz intim mit der Familie Opel sei und deren Interessen genau kenne […] Die Berufung von Uebel, der seine bisherige Mitarbeit etwas stark in die Vorstandsebene verlegte und die Selbständigkeit des Vorstands etwas einengte, wurde weder im Vorstande noch im Aufsichtsrat mit ungeteilter Freude aufgenommen. Es hätte aber gar keinen Zweck gehabt, der Familie Opel, die praktisch die Majorität in der Hand hat, eine andere Meinung beizubringen, und man muss eben abwarten, wie es weitergehen wird. Der Aufsichtsrat wurde auf Wunsch von Opel nur auf 1 Jahr wiedergewählt. Uebel begründete es damit, dass die Stellung von Caspar als Nichtarier nicht als gesichert zu betrachten sei und man sich daher keine längeren Bindungen auferlegen wolle. Dr. Fritz Opel erzählte mir schließlich, dass die Dresdner Bank dauernd dränge, in den Aufsichtsrat zu kommen, und es besonders schmerzlich empfinde, dass wir äußerlich eine präponderierende Stellung bei der Gesellschaft hätten, während die Dresdner Bank als eigentliche Hausbank daneben sitze. Opel hat die Wünsche der Dresdner Bank bisher abgelehnt, aber bei der Wandelbarkeit der Auffassungen in Rüsselsheim ist es natürlich leicht möglich, dass er eines Tages nachgibt.[95]

Im April 1937 waren zudem – erneut auf ausdrückliches Verlangen von Opel – zwei weitere neue Mitglieder in den Aufsichtsrat gekommen: Der eine war Geheimrat Dr. Allmers, ehemals Präsident des Reichsverbands der deutschen Automobilindustrie (RDA) und Leiter der neu geschaffenen Wirtschaftsgruppe Automobilindustrie. Der zu diesem Zeitpunkt bereits 65-jährige Allmers verfügte über ein gutes Netzwerk in die Industrie-, Verbands- und Behördenkreise Berlins, aber sein Wirken beschränkte sich, in einer Mischung aus Anpassung und vorsichtiger Distanzierung trotz NSDAP-Mitgliedschaft, im Wesentlichen auf Repräsentationsaufgaben.[96] Der andere war der auch schon 64-jährige Karl Trutz, über den man nur wenig weiß, außer dass er zunächst den väterlichen Karosseriebetrieb in Coburg übernommen hatte, dann von 1934 bis 1937 Mitglied des Aufsichtsrates der Adler-Automobilwerke, Major a. D. und Mitglied im Vorstand des RDA war, inzwischen als Ehrenmitglied. Trutz war kein NSDAP-Mitglied. Allmers und Trutz waren zwar der Automobilindustrie zuzuordnen, aber beide verkörperten eher die vergangene, von vielen als glorreiche Zeiten verklärte

---

95 Aktennotiz Rösler vom 8.4.1936, in: BArch R 8119 F/P 02116.
96 Vgl. zu Robert Allmers: https://de.wikipedia.org/wiki/Robert_Allmers, abgerufen am 7.3.2019.

Phase des deutschen Karosserie- und Automobilbaus, in der beide sich als Vorkämpfer für Kraftfahrt und Autoindustrie hervorgetan hatten. Für die beiden verließen Hans Bahlsen und vor allem Moritz Schultze den Aufsichtsrat, dessen Abgang nach dem offenen Zerwürfnis mit Opel eigentlich schon früher hätte erwartet werden können. Die von Opel in der konstituierenden Aufsichtsratssitzung gegenüber Schultze vorgetragene Forderung, seinen Stellvertreterposten zugunsten eines künftig nur noch einfachen Aufsichtsratsmitglieds abzugeben, und Uebels unverholener „Rat", auf eine Nominierung zur Wiederwahl zu verzichten, bot diesem dann den Anlass, das Amt überhaupt niederzulegen.[97]

Mit Schultze, obschon auch inzwischen 77 Jahre alt, verlor Continental jedoch ungeachtet dessen autokratischer Neigung und seines bisweilen ruppigen Auftretens einen einflussreichen und bestens vernetzten Berater und Aufseher. 1930 hatte Schultze insgesamt 33 Aufsichtsratsmandate inne und saß, inzwischen als Vertreter der Commerzbank, immer noch in einer Reihe von Gremien.[98] Vor allem: Schultze wechselt umgehend zur Phoenix nach Hamburg, wo er, selbst als Großanteilseigner an dem Unternehmen sich beteiligend, den Aufsichtsratsvorsitz übernahm. Albert Schäfer hatte inzwischen dafür gesorgt, dass außer Schultze eine Reihe weiterer ebenso illustrer wie einflussreicher Männer im Aufsichtsrat saßen, ohne dass diese ihm jedoch allzu sehr in seine Unternehmenspolitik hineinredeten – anders als die Opels in Hannover: der Zigaretten-Fabrikant Hermann Reemtsma, der Großreeder John T. Essberger und nicht zuletzt Dr. Theo Kaselowsky, Stiefonkel und Vertrauter von Rudolf Oetker und Mitglied im SS-Freundeskreis Heinrich Himmler.[99]

Ungeachtet aller Veränderungen im Kontrollgremium der Continental zog sich jedoch ein Konfliktfeld wie ein roter Faden durch das Verhältnis von Vorstand und Aufsichtsrat: das Gratifikations- und Tantiemesystem. Als außertarifliche Leistung hatten die Beschäftigten keinen Rechtsanspruch auf diese Zahlungen, sondern sie waren das Ergebnis der Aushandlung zwischen Vorstand und Aufsichtsrat bei der jährlichen Entscheidung über die Verteilung des Unternehmensgewinns. Dieser ging einmal in Form der Dividende an die Aktionäre,

---

97 Vgl. das Schreiben Uebels an Schultze vom 16.3.1937, in: BArch R 8119 F/P 02117. Im Conti-Aufsichtsrat saßen nun also Uebel (Vorsitz), Opel (stellvertr. Vorsitz), Rösler (stellvertr. Vorsitz), Caspar, Allmers und Trutz.
98 Vgl. Detlef Krause, Moritz Schultze (1862–1946), in: Frauke Schlütz (Hrsg.), „Ein gediegener & solider Mann". Die Vorstandssprecher der Commerzbank von 1870 bis 2008, Dresden 2016, S. 76–99.
99 Vgl. Christian Gotthardt, Die politische Geschichte der Phoenix, Teil 1: Von den Anfängen bis zur Entnazifizierung (1856–1948), MS April 2015, in: http://www.harbuch.de/index.php/frische-themen-artikel/die-politische-geschichte-der-phoenix.html, zuletzt aufgerufen am 7.3.2019.

was den Löwenanteil ausmachte, dann in Form von Tantiemen an Vorstand und Aufsichtsrat und schließlich als Gratifikation an die Belegschaft. Diese setzte sich aus einen Grundbetrag, einer Treueprämie sowie einer Anzahl von Stundenverdiensten zusammen.[100] Nach dem bislang gehandhabten Verfahren waren im Frühjahr 1934 insgesamt 971 000 RM an Gratifikation verteilt worden, allerdings mit deutlichen Unterschieden zwischen Arbeitern und Angestellten: Erstere erhielten eine Gratifikation in Höhe *eines* Wochenlohns (im Durchschnitt 30 RM pro Arbeiter), während die Angestellten und Geschäftsführer ein halbes Monatsgehalt, also *zwei* Wochengehälter, erhielten. Mit durchschnittlich 100 RM bekam diese Belegschaftsgruppierung daher erheblich höhere Gratifikationen.[101]

Für das Jahr 1935 allerdings hatte Opel massive Kürzungen vorgesehen. Anfang März 1935 teilte er dem Vorstand mit, dass insgesamt nur noch 650 000 RM zur Verteilung kommen sollten, rund ein Drittel weniger, und das trotz der wesentlich gesteigerten Umsatz- und Gewinnergebnisse. „Wir halten", antwortete darauf umgehend der Vorstand in einem von allen namentlich unterzeichneten Brief an Caspar als damals noch amtierender Aufsichtsratsvorsitzender, „eine derartige Kürzung im Interesse sowohl der Erhaltung des Friedens im Betriebe als auch der Arbeitsfreudigkeit der Gefolgschaft nicht für tragbar und können deshalb einer solchen Regelung nicht zustimmen."[102] Stattdessen schlug der Vorstand bei der wenig später stattfindenden Aufsichtsratssitzung vor, bei den Arbeitern eine deutliche Erhöhung auf die Höhe eines Zweiwochenlohns vorzunehmen, nicht zuletzt auch, „um Unannehmlichkeiten mit der Arbeitsfront zu vermeiden", die eine möglichst gleichmäßige Beteiligung von Arbeitern und Angestellten forderte. Die Angestelltensätze sollten mithin beibehalten werden.[103] Insgesamt bedeutete das eine moderate Erhöhung der Gratifikationen auf 1,082 Mio. RM. Opel und Uebel meldeten daraufhin sofort massive Bedenken an. Die von Continental freiwillig übernommenen sozialen Leistungen, so Opel, seien ohnehin schon viel zu hoch. Doch bei der sich anschließenden leb-

---

100 Vgl. Richtlinien für die Errechnung der für Angestellte vorgesehenen Gratifikationen vom 12.3.1936, in: CUA, 6610 Zg. 1/57, A 19.
101 Vgl. die Protokolle der Vorstandssitzung vom 20.12.1934, in: CUA, 6603, Zg. 3/85, A 3, sowie der Vertrauensratssitzung vom 14.12.1934, in: CUA, 6610 Zg 1/57, A 2.
102 Brief vom 4.3.1935, in: Ordner Korrespondenz mit dem Aufsichtsrat.
103 Vgl. Protokoll der Aufsichtsratssitzung vom 7.3.1935, in: BArch R 8119 F/P 02119. Noch vor Jahresende 1934 war dabei im Einverständnis mit dem Treuhänder der Arbeit den Arbeitern und Angestellten bis zum Einkommen von 300 RM brutto nach gleichen Grundsätzen, also gleichgültig ob Mann oder Frau, ledig oder verheiratet, aber differenziert nach Betriebszugehörigkeitsdauer, eine Weihnachtsgratifikation als Vorschuss auf die im Frühjahr 1935 anstehende Jahresabschlussgratifikation gewährt worden.

haften Aussprache konnte sich Opel nicht durchsetzen, so dass der Vorschlag des Vorstands angenommen wurde.

Das Thema blieb weiter strittig und schon ein Jahr später gab es erneute hitzige Debatten. Auslöser waren die im März 1936 erfolgten Aufregungen in Belegschaft wie Öffentlichkeit um die bekannt gewordene Dividendenerhöhung auf elf Prozent.[104] Um die Wogen zu glätten, beschloss der Vorstand auch eine entsprechende Erhöhung der Gratifikationen. Nachdem Opel dies aber schon im Vorfeld strikt abgelehnt hatte, kam man überein, seitens des Vorstands zugunsten der Angestellten und Arbeiter von sich aus auf die eigentlich zustehende Erhöhung der Tantiemen von acht auf elf Prozent, die mithin an die Dividendenzahlung gekoppelt waren, zu verzichten, allerdings „unter der Bedingung, dass der Aufsichtsrat ein Gleiches tut.“[105]

Damit hatte man den Aufsichtsrat, allen voran die beiden stellvertretenden Vorsitzenden Opel und Rösler, erheblich unter Zugzwang gebracht. Beide reagierten denn auch ziemlich gereizt auf die Vorstandsbeschlüsse. In seinem Schreiben an Gehrke beschwerte sich Opel darüber, dass sich Vorstand und Aufsichtsrat eigentlich über die künftige Handhabung der Gratifikationen einig gewesen seien. Man könne nicht erwarten, dass alle Leute die Dividendenerhöhung und damit zusammenhängenden Dinge so ohne weiteres begriffen, hier hänge alles von der geeigneten Interpretation durch den Betriebsführer ab, und dieser sei Gehrke. „Ich glaube, dass unsere Gefolgschaft für diese Dinge das notwendige Verständnis aufbringen wird, wenn sie entsprechend belehrt wird.“[106] Offensichtlich erwartete Opel vom Vorstand eine Rücknahme des Beschlusses, zumal er auch Rösler ganz auf seiner Seite wusste. „Selbstverständlich können wir nicht auf jeden Wunsch der Belegschaft eingehen, und wir müssen uns energisch dagegen wahren, dass die Ausschüttungen an die Belegschaft nach der Dividendenskala bemessen werden.“[107] Der Verteilungsplan für 1935 von Opel und Rösler sah vor, dass von dem voraussichtlichen Gewinn von 13,155 Mio. RM als Dividenden 3,9 Mio. RM ausgezahlt werden sollten, 0,6 Mio. RM als Vorstands- und Aufsichtsrats-Tantiemen und eine Mio. RM als Gratifikationen, mithin eine leichte Kürzung.[108] Doch der Vorstand blieb hart, und zähneknirschend erklärte sich Opel mit den Vorschlag einverstanden. „Wenn man bedenkt, dass die Arbeitergratifikationen im Jahr 1932 noch

---

104 Vgl. das Schreiben von Gehrke an Rösler vom 23.3.1936, in: BArch R 8119 F/P 02116.
105 Protokoll der Vorstandssitzung vom 26.3.1936, in: CUA, 6603 Zg. 1/85, A 3.
106 Brief Opel an Gehrke vom 24.3.1936, in: BArch R 8119 F/P 02116.
107 Brief Rösler an Opel vom 25.3.1936, in: ebd.
108 Vgl. die als „streng geheim“ überschriebene Aktennotiz Röslers vom 18.2.1936, in: ebd. Der Rest des Gewinns wurde für Abschreibungen und Rücklagen verwendet oder auf neue Rechnung vorgetragen.

46 000 RM betrugen, dass sie über 120 000 RM, 240 000 RM auf 513 000 RM im Jahre 1935 anstiegen und jetzt rund 600 000 RM betragen sollen, so kann man das Gruseln bekommen", notierte er in einem Brief an Rösler.[109]

Das Ringen zwischen Vorstand und Aufsichtsrat in der Gratifikationssache zeigt, dass sich Ersterer zwar oft von Seiten der Anteilseigner hineinreden lassen musste, andererseits jedoch auch infolge des Gefolgschaftsführerprinzips von 1934 eine starke Stellung hatte. Und das neue Aktiengesetz von 1937 hatte die Position des Vorstands gegenüber dem Aufsichtsrat weiter erheblich gestärkt. Das zeigte sich auch bei der im Zusammenhang mit dem Aktiengesetz stehenden Diskussion über den Entwurf einer neuen Satzung und Geschäftsordnung im Dezember 1937. Der Vorstand lehnte auf seiner Sitzung die vom Aufsichtsrat vorgelegte neue Geschäftsordnung ab und erklärte, er könne „die seine Handlungsfähigkeit irgendwie einschränkenden Anweisungen des Aufsichtsrats nur insoweit anerkennen [...], als sie die durch das Gesetz bedingte Verantwortlichkeit des Vorstandes nicht stören oder umgehen."[110] Könecke präsentierte im Namen des Vorstands einen Gegenentwurf, der allerdings bei Uebel auf Kritik und Ablehnung stieß, da darin die Befugnisse des Vorstands und seines Vorsitzenden herausgestellt wurden, die Befugnisse des Aufsichtsrats jedoch „in der Luft hängen [...] Die jetzige Stellung des Aufsichtsrates, die der Gesellschaft ja wahrlich nicht zum Schaden gereichte, konnte erst ganz langsam erklommen werden, ich möchte deshalb unser Vorrecht doch etwas stärker sichern als es einerseits dem Vorstand jetzt lieb ist und von den Verfassern des Aktienrechts im allgemeinen als wünschenswert angesehen wird."[111] Letztlich konnte sich Uebel damit aber nicht durchsetzen und musste sich mit der von den nationalsozialistischen Gesetzgebern aus ideologischen Gründen bewusst gewollten deutlichen Gewicht- und Machtverschiebung zwischen Vorstandsvorsitzendem und Aufsichtsratsvorsitzendem abfinden.

Der Machtzuwachs des Vorstands innerhalb der Corporate-Governance-Strukturen von Continental zeigte sich auch im Verhältnis zum Vertrauensrat. Gehrke hatte die zum Teil weitreichenden Forderungen, die der neue Vertrauensrat ihm Anfang Mai 1934 als 10-Punkte-Plan präsentiert hatte, fast durchwegs abgelehnt. Die Einstellung von Personal etwa, bei der der Vertrauensrat Mitwirkungsrechte gefordert hatte, sei allein Sache der Personalabteilung in Zu-

---

109 Brief Opel an Rösler vom 28.3.1936, in: BArch R 8119 F/P 02141. „Die Überlastung des Betriebsführers scheint mir ein Grund dafür zu sein, dass es soweit gekommen ist", notierte Opel dazu noch.
110 Protokoll der Vorstandssitzung vom 7.12.1937, in: CUA, 6603, Zg. 2/85, A 3.
111 Schreiben Uebel an Rösler vom 16.12.1937, in: BArch R 8119 F/P 02117 sowie darin auch der umfangreiche weitere Schriftwechsel der beiden dazu.

sammenwirken mit den jeweiligen Abteilungsleitern.[112] Gehrkes Verständnis der neuen Betriebsordnung auf der Basis des nationalsozialistischen Betriebsführer-Prinzips ging dahin, dass ihm der Vertrauensrat als Beratungsorgan zugewiesen und im Sinne der Betriebsgemeinschaft auch untergeordnet war. „Zu meiner Beratung hat das Gesetz zur Ordnung der nationalen Arbeit mir einen Vertrauensrat gegeben, der von Ihnen allen durch die Abstimmung vom April des Jahres mit einer überwältigenden Mehrheit bestätigt worden ist", hatte er in seiner Antrittsrede als Betriebsführer Ende April 1934 verkündet.[113] Damit traf er durchaus auch das Selbstverständnis der nationalsozialistischen Vertrauensräte. Die Stellung eines Wortführers, so hatte der Vertrauensrat Müller auf der ersten Sitzung im Mai 1934 dargelegt, müsse abgelehnt werden, da der Vertrauensrat mit dem Betriebsführer zusammen ein einheitliches Beratungskollegium darstelle. Es sei daher vollkommen falsch, wenn der Vertrauensrat ohne den Betriebsführer tagen würde, um Beschlüsse und Anträge zu fassen, die dann durch einen „Wortführer" diesem gegenüber vertreten würde. Dann wäre der Wortführer gleich dem früheren Betriebsratsvorsitzenden, den das neue Gesetz absichtlich vermeide.[114] Dennoch nahm Müller als Obmann der NSBO eine herausgehobene Funktion ein, und er wurde auch neben fünf weiteren Vertrauensräten wie die früheren Betriebsräte von der Arbeit freigestellt, wobei Gehrke allerdings wünschte, dass ihm diejenigen Vertrauensräte gemeldet würden, die das Werk aus dem einen oder anderen Grund verließen, „um dadurch ein planloses Weglaufen" zu verhindern.[115]

Tatsächlich nahm Gehrke in der Folgezeit an allen Vertrauensratssitzungen teil. Dabei ging es wie in den Jahren zuvor im Wesentlichen um die zahllosen Anliegen der Beschäftigten, sei es großzügigere Urlaubzeiten für die jugendlichen Arbeiter in der Kaltvulkanisations-Abteilung der Gummihandschuh-Herstellung, um die Forderung nach Abschaffung der Stempeluhren oder die missachtete Mitwirkung des Vertrauensrats seitens der Abteilungsleiter bei Entlassungen.[116] Hinweise für eine von der NSBO und dem Vertrauensrat initiierte oder geforderte politische Säuberung der Belegschaft und etwaige Diskriminierungen gegenüber den früheren politischen Gegnern im Betriebsrat gibt es im Übrigen nicht. Der spätere Hauptbetriebsobmann Gustav Jahns hielt sich später

---

112 Vgl. die Stellungnahme zu den vorgetragenen Forderungen vom 4.5.1934, in: Gefolgschaftsbuch der Continental Gummi-Werke, ohne Signatur.
113 Die Rede Gehrkes vom 30.4.1934, in: Ordner Personal der Niederlassungen.
114 Protokoll der Vertrauensratssitzung vom 4.5.1934, in: ebd.
115 Protokoll der Vertrauensratssitzung vom 9.8.1934, in: ebd.
116 Vgl. die Protokolle der Vertrauensratssitzungen vom 9.8., 15.8., 22.8. sowie 29.8. 1934, in: ebd.

zugute, dass er „als einziger Amtswalter der DAF Mitglieder der SPD nicht zur Entlassung gebracht habe und er bei Beförderungen nicht nach politischen Kriterien, sondern allein nach Leistung und Zuverlässigkeit vorgegangen sei. Von Kollegen aus dem Vertrauensrat sei ihm daher öfter der Vorwurf gemacht worden, dass im Werk vornehmlich Angehörige der SPD zu Vorarbeitern und Meistern ernannt würden."[117]

Tatsächlich war es der Vorstand gewesen, der schon Ende Mai 1936 in vorauseilendem Gehorsam in einem Rundschreiben an die Niederlassungsleiter und vermutlich auch an die Abteilungsleiter um Meldung gebeten hatte, wer von den dortigen Gefolgschaftsmitgliedern noch nicht Mitglied der DAF sei. Es sei „unter den heutigen Verhältnissen nicht mehr zu verantworten, Gefolgschaftsmitglieder zu beschäftigen, die sich aus irgendwelchen Gründen der DAF fernhalten."[118] Die Betroffenen sollten „auf den Ernst der Situation hingewiesen werden" und „auf alle Fälle die Angabe der näheren Gründe, die evtl. den Nichteintritt zur DAF herbeigeführt haben, [eingefordert werden]."[119] Ob es neben dem massiven Druck auch zu entsprechend motivierten Entlassungen kam, ist nicht nachweisbar. Gezielte Maßnahmen politischer Verfolgung fanden außerhalb des Unternehmens statt, bisweilen reichten sie aber auch in den Betrieb hinein. So mussten im Januar 1936 „auf höhere Anweisung" 22 Arbeiter wegen „politischer Unzuverlässigkeit" entlassen werden, allerdings hatten fünf von ihnen dagegen Beschwerde eingelegt und die Rechtberatungsstelle der DAF hatte sich der Klagen der Betroffenen sogar angenommen. Sie versuchte nun, außergerichtlich einen Vergleich zu erreichen, dass die Firma den Entlassenen eine Abfindung zahlten musste.[120]

2 Arbeitsbedingungen und Selbstmobilisierung: Die Neuordnung des Personalmanagements

Tatsächlich hatte Continental seine Arbeitskräftepolitik aber schon länger stark an die jeweiligen Forderungen der Reichsregierung angepasst. Schon in der Weltwirtschaftskrise hatte man aktiv die Maßnahmen und Notverordnungen

---

117 Vgl. die Aussagen Jahns als Anlage zu seinem Entnazifizierungsfragebogen vom 7.1.1947, in: NLA HA Nds. 171 Hannover Nr. 20322. Diese Aussagen lassen sich nicht mehr überprüfen, blieben aber damals von den Belastungszeugen gegen Jahns unbestritten.
118 Rundschreiben vom 29.5.1936, in: Ordner Personal der Niederlassungen.
119 Ebd.
120 Vgl. Protokoll der Vorstandssitzung vom 18.3.1936, in: CUA, 6603 Zg. 3/85, A 3.

der letzten Kabinette der Weimarer Republik zur Arbeitslosenbekämpfung unterstützt. Durch Vermehrung des Arbeitsvolumens unter Annahme des Risikos vergrößerter Lagerhaltung sowie durch Verkürzung der Arbeitszeit hoffte man im September 1932 sukzessive 500 bis 1000 Arbeiter wieder in den Arbeitsprozess eingliedern zu können.[121] Um auch ihren Zulieferern die Möglichkeit der Wiedereinstellung neuer Arbeitskräfte zu geben, hatte man diesen zu den noch laufenden Aufträgen weitere Orders in Höhe von 2,5 bis 3 Mio. RM gegeben. Nach der Machtergreifung der NSDAP führte man diese Maßnahmen bruchlos weiter, allerdings auch unter Umsetzung der unter nationalsozialistischem Vorzeichen erfolgenden Arbeitskräftepolitik. Das betraf vor allem die unter dem Schlagwort der Beseitigung des Doppelverdienertums sich vollziehende Verdrängung der Frauen vom Arbeitsmarkt. In seiner Sitzung Mitte September 1933 genehmigte der Aufsichtsrat das mit dem Treuhänder der Arbeit getroffene Abkommen hinsichtlich des Ersatzes weiblicher Arbeitskräfte durch männliche und die Gewährung einer Ehestandsbeihilfe in Höhe von 500 RM für diejenigen Arbeiterinnen, die sich bis zum 1. April 1934 verheirateten und in den Werken Hannover, Limmer oder Korbach mindestens ein Jahr lang beschäftigt waren.[122] Das betraf schließlich 540 Frauen, an die insgesamt 264 700 RM ausgezahlt wurden.[123] Der Vorstand hatte dabei auf die jeweiligen Abteilungen wie auch Niederlassungen massiven Druck ausgeübt, sicherzustellen, „dass unter Ihren Angestellten und Arbeitern in keinem Falle ein Doppelverdiener vorhanden ist"; darunter fielen nicht nur Ehefrauen von Conti-Mitarbeitern, sondern auch jüngere weibliche Arbeitskräfte, die noch zu Hause bei den Eltern lebten (Abb. 6). „Wenn auch hierüber noch keine gesetzlichen Bestimmungen vorliegen", hieß es in einem Rundschreiben vom 30. August 1933, „so fühlen wir uns dennoch moralisch verpflichtet, dem Gedanken der Reichsregierung bezüglich Verminderung der Arbeitslosigkeit durch entsprechende Maßnahmen in unserem Betriebe Rechnung zu tragen."[124]

---

121 Vgl. die Verlautbarung vom 16.9.1932, in: HADB P 2115.
122 Vgl. die entsprechende Pressemitteilung vom 15.9.1933, in: CUA, 6610 Zg. 1/57, A 2,7.
123 Vgl. die Notiz im Gefolgschaftsbuch der Continental, Chronologie Eintrag vom 31.3.1934, ohne Signatur.
124 „Vertrauliches" Rundschreiben vom 30.8.1933, in: Ordner Personal der Niederlassungen sowie auch Ordner Personal der hannoverschen Werke 1926–1945.

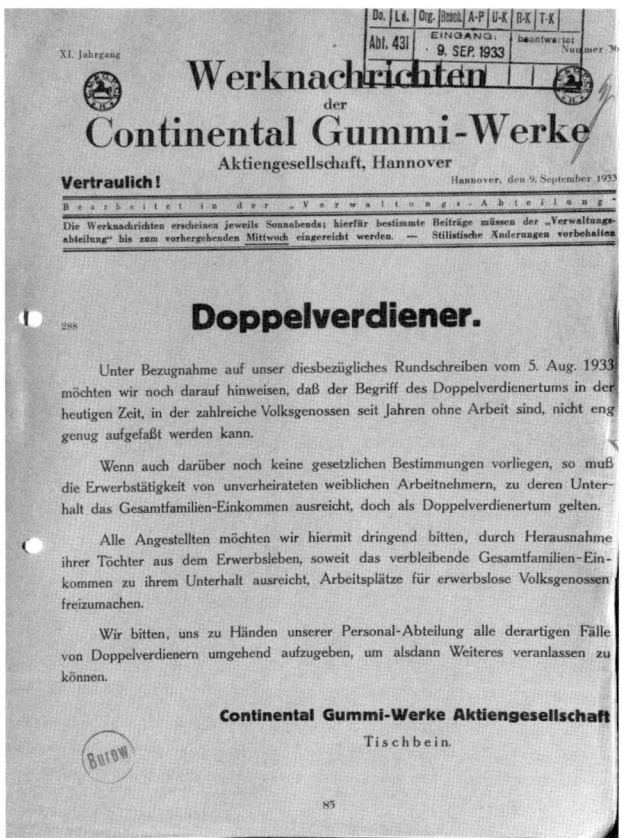

Abb. 6: Aufruf gegen Doppelverdiener im Unternehmen

Auch bei der Phoenix, wo der Anteil der weiblichen Beschäftigten aufgrund der größeren Bedeutung der Schuhherstellung und der klassischerweise höheren Frauenarbeit in der Fertigung technischer und chirurgischer Gummiwaren mit ca. 33 Prozent deutlich höher lag, sah sich der Vorstand den beschäftigungspolitischen Erwartungen der NS-Regierung ausgesetzt. Wie viele Entlassungen von Frauen im Zuge dessen in Hannover und Hamburg tatsächlich erfolgten, lässt sich nachträglich nicht feststellen. Fakt ist, dass weibliche Beschäftigte überproportional unter den geringer qualifizierten Mitarbeitern vertreten waren, d. h. unter den nur Angelernten oder Ungelernten, und damit im Zweifelsfall je nach Arbeitskräftebedarf jederzeit ausgetauscht werden konnten.[125]

---

125 Vgl. etwa die differenzierte Belegschaftsaufteilung im Werk Korbach in der Lohnwoche 24/1933, in: Werksarchiv Korbach, Ordner Belegschaftsstatistik.

Der Vergleich der Zahl der weiblichen Beschäftigten bei Continental zwischen 1932 und 1935 zeigt jedoch, dass sich das Ausmaß der ideologischen Arbeitskräftepolitik in Grenzen hielt. Absolut stieg die Zahl der Frauen unter den Arbeitern und Angestellten bis 1934 von 2725 auf 2868 kontinuierlich an, relativ jedoch verminderte sich der Anteil an der Gesamtbelegschaft leicht von 25,7 auf 23,9 Prozent, was darauf hinweist, dass die Maßnahmen gegen Frauen vor allem bei den Neueinstellungen praktiziert wurden. Erst 1935 sank auch die absolute Zahl der Frauen bei Continental auf 2740, der Anteil an der Gesamtbelegschaft ging damit auf 21,9 Prozent zurück.[126] Überdurchschnittlich hoch war seit jeher, bedingt unter anderem durch die spezifischen Arbeitsanforderungen der Fahrradreifen-Fertigung, der Anteil der weiblichen Beschäftigten im Werk Korbach. Etwa 40 Prozent aller Beschäftigten waren hier Frauen, wodurch es im Werk auch eine eigene Kinderkrippe gab (Abb. 7), in der die Kinder von Werksangehörigen durch eine angestellte Schwester des Diakonissenheims betreut wurden – die allerdings bald auf Druck der DAF und der Nationalsozialistischen Volkswohlfahrt (NSV) gekündigt wurde, um einer NSV-Kinderpflegerin Platz zu machen.

Abb. 7: Der Werkskindergarten im Werk Korbach

---

126 Berechnet nach den Angaben in Statistik der der Continental, CUA, 6633 versch. Zg., A 3.

Dass sich einige Abteilungen durchaus an den Aufruf des Vorstands hielten, zeigt etwa die Fertigwaren-Inspektion der Continental, in der es im August 1933 zwei Entlassungen gab und dafür „zwei männliche Arbeitskräfte aus der Mannschaft der SA" eingestellt worden waren.[127] Bis 1937 fielen 242 000 RM für „Mehrausgaben für den Ersatz weiblicher Arbeitskräfte" an. Dahinter standen vor allem höhere Lohnzahlungen für diejenigen männlichen Arbeitskräfte, die im Zuge des Austausches nun, vermutlich nicht immer freiwillig, in die „Frauen-Arbeitsplätze" in den verschiedenen Werksabteilungen einrückten.

Zum offiziellen Beginn der vom NS-Regime propagierten „Arbeitsschlacht", wie die verschiedenen beschäftigungspolitischen Maßnahmen zur Beseitigung der Arbeitslosigkeit martialisch genannt wurden, inszenierte auch der Continental-Vorstand am 21. März 1934 einen pompösen Eröffnungsakt.[128] Im Gefolge der staatlichen Aktivitäten erging im August auch eine „Anordnung über die Verteilung von Arbeitskräften", nach der jeder Betriebsführer zu prüfen hatte, ob die altersmäßige Gliederung der Arbeiter und Angestellten unter Berücksichtigung der betrieblichen Erfordernisse „den staatspolitischen Gesichtspunkten gerecht wird, die eine bevorzugte Beschäftigung arbeitsloser älterer Arbeiter und Angestellten, insbesondere kinderreicher Familienväter gegenüber Arbeitern und Angestellten unter 25 Jahren, erfordert."[129] Im Zweifelsfall konnten sich die Arbeitsämter in die Personalpolitik der Unternehmen einmischen und entsprechende Umverteilungen in der Belegschaftsstruktur verlangen. Die Continental-Verwaltung hob denn auch umgehend die Altersstruktur ihrer Belegschaftsmitglieder, die nicht unbedingt der arbeitskräftepolitischen Ideologie des NS-Regimes entsprach. Denn die Conti-Belegschaft war mit einem Anteil von 25,35 Prozent unter-25-Jähriger relativ jung, verglichen etwa mit der Adam Opel AG, von der man zu Vergleichszwecken die entsprechenden Zahlen erbeten hatte und wo der Anteil der Jungen mit knapp 20 Prozent deutlich niedriger lag.[130] Seitens der Behörden erfolgte daraufhin ein entsprechender Druck auf die Continental-Personalabteilung, eine größere Anzahl Arbeiter und Angestellter über 40 Jahren einzustellen. Allerdings bestand „unter Umständen die Möglichkeit, gegen diese Mehreinstellungen gewisse jüngere Arbeitskräfte, mit de-

---

127 Vgl. Notiz vom 14.8.1933, in: Ordner Personal der Hannoverschen Werke 1926–1945.
128 Vgl. allgemein dazu Detlev Humann, „Arbeitsschlacht". Arbeitsbeschaffung und Propaganda in der NS-Zeit 1933–1939, Göttingen 2011.
129 Vgl. das Rundschreiben vom 13.10.1934 mit den wichtigsten Bestimmungen der Anordnung, in: ebd.
130 Vgl. die Erhebungen vom 18.10.1934, in: Ordner Korrespondenz über unsere Gesellschaft 1934–1939.

ren Leistungen wir nicht zufrieden sind, zu entlassen."[131] Daher wurden die Abteilungen zu entsprechenden Meldungen aufgefordert. Tatsächlich sank der Anteil der jungen Arbeitskräfte unter 25 Jahren bis Mitte 1937 auf 18 Prozent der Gesamtbelegschaft.[132]

Zwischen Vorstand und Vertrauensrat hatte es bei dieser Arbeitskräftepolitik keinerlei Diskussionen oder gar unterschiedliche Interessen gegeben. Gegenstand von Konflikten wurde dagegen ein altes Problemfeld, das bei der Continental schon in den 1920er Jahren für massive Konfrontationen zwischen Vorstand und Betriebsrat gesorgt und auch in der NS-Zeit ungeachtet der neuen Verhältnisse an Virulenz nicht verloren hatte. Es ging um das bei einem Großteil der Beschäftigten verhasste, bei der Unternehmensführung jedoch seit der Einführung Mitte der 1920er Jahre als erfolgreiche Rationalisierungsmaßnahme strikt verfolgte Bedaux-System.[133] Das Bedaux-System war ein effizientes System, das die Kostenkontrolle mit Bewegungs- und Zeitstudien sowie einer entsprechend angepassten Entlohnungsform verband. Lohntechnisch war das Bedaux-System ein einfaches Prämienlohnsystem bei gewährleistetem Stundenverdienst. Die Prämien wurden nach der effektiven Leistung festgesetzt und in einem täglichen Aushang in der Werkstatt bekannt gegeben. Besonders niedrige Bedaux-Werte wurden mit roter Tinte vermerkt. Täglich war damit der individuelle Wirkungsgrad wie auch jener der gesamten Werkstätten für jedermann zugänglich sichtbar. Das hatte zum Ziel, nicht nur den Wettbewerb unter den Arbeitern anzuheizen, sondern auch die Konkurrenz unter den einzelnen Fertigungsabteilungen zu fördern, denn die Werkstattmeister und Betriebsingenieure wurden an den erwirtschafteten Bedaux-Prämien beteiligt. Auf der Basis der garantierten Lohnklassen handelte es sich bei den Bedaux-Löhnen daher um ein flexibles, die individuelle wie kollektive Leistung honorierendes Akkordlohnsystem.

Aus betriebswirtschaftlicher Sicht war das Bedaux-System ein geradezu modern anmutendes Betriebsführungs- und Betriebsrechnungssystem, denn die Bedaux-Analyseblätter gaben – in Wochen- und Monatsübersichten zusammengestellt – ein klares Bild von den Kostenfaktoren und dem jeweiligen Rentabilitätsgrad, d. h., den Leistungsfaktoren der Werkstätte und Betriebsabteilungen. Praktisch auf einen Blick konnten Arbeitsverluste, Leerlauf, Abfall usw. festge-

---

131 Als streng vertraulich gekennzeichnete Mitteilung des Vorstands an die Personalabteilung vom 12.6.1937, in: ebd.
132 Vgl. die Erhebung vom 10.5.1937, in: ebd.
133 Zu den Anfängen und der Entwicklung des Bedaux-Systems bei Continental und auch anderen deutschen Unternehmen vgl. Paul Erker, Das Bedaux-System. Neue Aspekte der historischen Rationalisierungsforschung, in: ZUG 41 (1996), S. 139–158, sowie ders., Vom nationalen zum globalen Wettbewerb, S. 238 ff.

stellt werden und damit auch, ob der Abteilungsmeister richtig disponiert hatte oder nicht. Entsprechende Werte auf dem Bedaux-Analyseblatt ermöglichten es unmittelbar, den Ursachen von Leistungssenkungen und Kostensteigerungen nachzugehen. Einmal etabliert und eingespielt, ergab sich dadurch sozusagen ein permanenter Zwang zur systematischen Aufdeckung und Bekämpfung von betrieblichen Verlustquellen sowie zu dauernden Betriebsverbesserungen technischer und organisatorischer Art.[134] Auch die Auswirkungen und Effektivität neuer Arbeitsverfahren ließen sich damit überprüfen und vergleichen.

Im Dezember 1933 verfasste die Bedaux-Abteilung nun ihren zumindest unter der alten Abteilungsbezeichnung laufenden letzten Jahresbericht:

> Mit der Machtergreifung durch den Nationalsozialismus wurde – angeregt durch die programmatischen Forderungen nach Sicherung eines Wochenmindest-Verdienstes für den Arbeiter – die Meinung verbreitet, dass jetzt jegliche Arbeitsmessung und Akkordarbeit gegenstandslos geworden sei.[...] Hinzu kam, dass durch Ablösung des alten Betriebsrates Amtswalter für die einzelnen Fabrikabteilungen eingesetzt wurden, denen es zunächst an der nötigen Sachkenntnis [...] mangelte. Deshalb tauchten mehrfach Forderungen aus der Arbeiterschaft wieder auf, die, rein marxistischem Geiste entspringend, von uns schon früher abgelehnt worden waren.[135]

Angesichts dessen gelang es nur mit großer Mühe, die Arbeitsbewertung aufrechtzuerhalten und die Forderungen „nach Bildung großer Bezahlungsgruppen mit gleichem Lohn" sowie ein Zerschlagen der Leistungsmessung abzuwehren. Einzelne Elemente des Bedaux-Systems wurden abgeschafft oder verändert, wie die Meister- und Ingenieur-Prämie, die als Antreiberprämie verhasst war, ebenso der Analysis-Wirkungsgrad mit seiner als Zensierung der Abteilungsleitung empfundenen Auswirkung. Die frühere Bedaux-Prämie wurde nun in eine Leistungszulage umgewandelt, was für eine Reihe von Angestellten im Januar 1934 tatsächlich Gehaltserhöhungen zwischen drei und sechs Prozent, zum Teil sogar darüber deutlich hinausgehend, bedeutete.[136] Der Name änderte sich, und auch die Bedaux-Abteilung selbst wurde nun in „Abteilung Arbeit" umbenannt, aber die Grundprinzipien des Systems blieben bestehen und auch die personelle Leitung, die Karl Riehm als verantwortlicher Sachbearbeiter für Löhne und Akkorde weiter innehatte.[137]

---

134 Zu den Auseinandersetzungen um das Bedaux-System bei Continental vgl. CUA, 6610 Zg. 1/57, A 24.

135 Jahresbericht der Bedaux-Abteilung vom 28.12.1933, in: ebd.

136 Vgl. Neuregelung der Gehälter anlässlich Fortfall der Bedaux-Prämie, vom 25.1.1934, in: Ordner Personal der Hannoverschen Werke.

137 Zu Riehm, 1892 geboren, der seit 1921 als Ingenieur bei Continental war, vgl. die Personalakte in: Registratur Personalabteilung.

Es dauerte denn auch nicht lange, bis das Lohnsystem Thema der Vertrauensratssitzung wurde. Ende September 1934 etwa berichtete einer der Vertrauensräte über den Lohnausfall von zehn Arbeitern in der Transport-Abteilung, die nach Festsetzung neuer B-Werte ohne eigenes Verschulden plötzlich einen massiven Lohnausfall hatten hinnehmen müssen.[138] Der Vertrauensrat forderte daher, künftig vor der Herausgabe neuer Bedaux-Werte informiert und ein Gegenzeichnungsrecht eingeräumt zu bekommen, was Gehrke jedoch in Einklang mit der Abteilung Arbeit strikt ablehnte.[139] Der umfangreiche Aufgaben- und Kompetenzbereich von Riehm und seiner „Abteilung Arbeit", der nicht nur das Lohn- und Akkordwesen, sondern auch die Lehrlingsausbildung, die Sozialabteilung, das Betriebsärztewesen und die Abteilung gewerbliche Gefolgschaft unter sich hatte, war den NS-Vertrauensräten, auch wenn Riehm wie alle Prokuristen im Mai 1933 Parteimitglied geworden war, in der Folgezeit ein permanenter Dorn im Auge. Sie war Anlass zu beharrlichen Bemühungen, zumindest einige dieser Kompetenzen auf den Betriebsobmann überzuleiten, um damit auch eine entsprechende Aufwertung zu erfahren. Im Juni 1936 noch bemängelte einer der Vertrauensräte, dass bei der Aufnahme der Arbeitswerte durch die Abteilung „Arbeit" nicht einmal die Abteilungsleiter hinzugezogen würden, so dass diese selbst nicht wüssten, wie sich die Bedaux-Werte zusammensetzten. Auch andere Vertrauensräte führten Klage darüber, „dass die Abteilung Arbeit nur allein bestimmt, was die Leute verdienen sollen."[140]

Wie konfliktbeladen die Lohn- und Gehaltsfrage bei Continental war, zeigt der Quartalsbericht Riehms an die IHK Niedersachsen-Kassel vom 25. Juni 1936:

> Tarifänderungen haben nicht stattgefunden. Die Einführung neuer Akkorde auf Grund vorgenommener technischer Verbesserungen wurde von der Arbeiterschaft stark bekämpft. Unter den Angestellten wurden Anträge auf Gehaltsaufbesserungen in reichem Masse gestellt. Die wesentliche Veranlassung [dafür] ist in der Tatsache zu sehen, dass die starke Nachfrage nach Angestellten, insbesondere Technikern und Ingenieuren zu höheren Gehaltssätzen in der Rüstungsindustrie anhält.[141]

Zusätzlicher Konfliktpunkt war, dass einer von Riehms Mitarbeitern als Zeitnehmer „Halbjude" war und „die nationalsozialistischen Schreier im Betrieb sich darüber beklagten, dass sie sich nicht von einem Halbjuden in ihrer Arbeit kon-

---

138 Vgl. Protokoll der Vertrauensratssitzung vom 27.9.1934, in: Gefolgschaftsbuch Continental, ohne Signatur.
139 Vgl. Protokoll der Vertrauensratssitzung vom 18.10.1934, in: ebd.
140 Protokoll der Vertrauensratssitzung vom 20.6.1936, in: Gefolgschaftsbuch Continental. Vgl. weitere Beschwerden, u. a. über falsche Akkordwerte in der Zurichterei, auf der Vertrauensratssitzung vom 30.7.1936, vgl. Protokoll in: ebd.
141 Bericht vom 25.6.1936, in: CUA, 6610 Zg. 1/57, A 6,2.

trollieren lassen wollten."[142] Die ebenso spezifische wie komplizierte Lohn- und Gehaltsprämienabrechnung bei Continental blieb noch lange Angriffen auch seitens der DAF, insbesondere der Bezirksleitung Niedersachsen, ausgesetzt. Mehrmals kam auch der zuständige Treuhänder der Arbeit in die Verwaltungszentrale von Continental, um sich die Prämienverrechnung für die Angestellten und Arbeiter erläutern zu lassen, nicht zuletzt auch aus Misstrauen darüber, ob das Unternehmen damit nicht die geltenden Lohnstopp-Verordnungen unterlief.[143] Doch auch von den nach wie vor im Betrieb vertretenen KPD-Aktivisten und Anhängern der Revolutionären Gewerkschafts-Opposition blieb das Bedaux-System weiter unter Beschuss. Unter der Hand wurde weiterhin eine illegale Betriebszeitung unter dem Titel „Bedaux-Hölle" vertrieben, von der die Gestapo im Juni 1934 sieben Exemplare beschlagnahmte.[144]

In den Vertrauensratssitzungen ging es daneben aber auch um parteipolitische Fragen wie die Anzahl und Auswahl derjenigen „Continentäler", die im Herbst 1934 nach Nürnberg zum Reichsparteitag der NSDAP fahren würden. Inwieweit das Unternehmen dabei die Kosten übernehmen würde, wie es der Vertrauensrat wünschte, ließ Gehrke offen. Ihm ging es mehr um eine gleichmäßige Auswahl aus verschiedenen Abteilungen, um Betriebsstörungen wegen Personalmangel zu vermeiden.[145] Der Betriebsführer seinerseits informierte den Vertrauensrat über die aktuelle Lage des Unternehmens und die Ergebnisse der nun so oft erfolgenden Verhandlungen mit den diversen Rohstoff- und Devisen-

---

142 Bericht Riehms im Rahmen seines Entnazifizierungsverfahrens, in: NLA HA Nds. 171 Hannover-IDEA Nr. 20960.

143 Vgl. Protokoll der Vorstandssitzung vom 11.6.1935, in: CUA, 6603 Zg. 3/85, A 3. Wie kompliziert das System war, zeigen u. a. die Neuen Bezahlungs-Richtlinien für die gesamten Technischen Betriebe der Continental-Werke vom 1.4.1939, in: CUA, 6500/1, Zg. 1/68, A 4. Vgl. auch die statistischen Angaben zu den Gesamtlöhnen und Lohnkosten, aufgegliedert nach den Abteilungen im Werk Vahrenwald zwischen Januar 1936 und Januar 1939, in: CUA, 65910 Zg. 1/70, A 6. Allgemein zur Lohnentwicklung und Lohnpolitik im Dritten Reich vgl. nach wie vor Matthias Frese, Betriebspolitik im „Dritten Reich". Deutsche Arbeitsfront, Unternehmer und Staatsbürokratie in der westdeutschen Großindustrie 1933–1939, Paderborn 1991, sowie Rüdiger Hachtmann, Industriearbeit im „Dritten Reich", Göttingen 1989.

144 Vgl. Gerda Zorn, Widerstand in Hannover. Gegen Reaktion und Faschismus 1920–1946, Frankfurt a. M. 1977, S. 147.

145 Die oft auch von Seiten der Ortsgruppenleiter der NSDAP von den jeweiligen Abteilungsleitern und Niederlassungsdirektoren kategorisch gestellte Forderung nach Freistellung von Parteimitgliedern für die Teilnahme am Reichsparteitag oder an anderen nationalsozialistischen Großveranstaltungen war häufiger Konflikt- und Streitpunkt, bei denen der eine, wie im Fall der verweigerten Abordnung eines Angestellten der Conti-Niederlassung Berlin, mit Beschwerde beim Kreis- oder Gauleiter drohte, der andere jedoch sich allein auf die Befehle und Anordnungen der Unternehmensleitung in Hannover berief. Vgl. Schreiben Niederlassung Berlin an Prok. Wilkening vom 3.9.1938, in: Ordner Personal der Niederlassungen.

behörden in Berlin. Der Continental-Vertrauensrat ging, wenn man die Zahl der Sitzungen ansieht, geradezu mit Dynamik an seine neue Aufgabe heran. Bis Ende 1934 fanden zehn Sitzungen statt. Auf der Sitzung Anfang Dezember gab es noch hitzige Debatten zwischen Vertrauensrat und Vorstand über eine ganze Reihe akuter Themen.[146] Vor allem herrschte im Betrieb erhebliche Erregung und Unzufriedenheit wegen der bekannt gewordenen Ablehnung einer Weihnachtsgratifikation durch die Betriebsführung. Doch Gehrke verwies „auf die sich gerade in letzter Zeit wieder breit machenden kommunistischen Umtriebe und Verhetzungen" und empfahl dem Vertrauensrat „nach dieser Richtung hin eine scharfe Beobachtung", ohne auf den Vorwurf an sich weiter einzugehen.[147]

Dann brechen die Sitzungen jedoch plötzlich ab. Schon auf der letzten Dezember-Sitzung waren Vorwürfe über ungeklärte Bezüge und Vorschüsse der beiden führenden Vertrauensratsmitglieder Haase und Müller laut geworden, Gehrke erstattete Bericht über „die Stimmung, die gegen die beiden Vertrauensratsmitglieder im Hause herrscht".[148] Ende März 1935 informierte Gehrke schließlich seine Vorstandskollegen über den Rücktritt der beiden NSBO-Aktivisten, gleichzeitig wurde eine Neuwahl des Gremiums anberaumt.[149] Auf der zehnköpfigen Wahlliste tauchte nun eine Reihe neuer Namen aus der zweiten Reihe der NSDAP-Vertrauensleute auf, darunter erstmals auch eine Frau, die Arbeiterin Clara Strüver aus der Autoreifenfabrik.[150] An der Spitze und damit als künftiger Hauptbetriebsobmann vorgesehen, stand Gustav Jahns, Arbeiter in der technischen Formerei, und für die Angestellten Kurt Rosenbohm, technischer Ingenieur in den Rohbetrieben. Der 33-jährige Jahns war schon seit 1928 bei Continental und gleichfalls schon lange Parteimitglied und NSBO-Aktivist.[151]

---

146 Vgl. Protokoll der Vertrauensratssitzung vom 1.12.1934, in: Gefolgschaftsbuch Continental.

147 Ebd.

148 Protokoll der Vertrauensratssitzung vom 17.12.1934, in: ebd.

149 Vgl. Protokoll der Vorstandssitzung vom 22.3.1935, in: CUA, 6603, Zg. 3/85, A 3.

150 Vgl. die Bekanntmachung der Abstimmungsliste vom 28.3.1935, in: Ordner Personal der hannoverschen Werke.

151 Im Rahmen seines Entnazifizierungsverfahrens behauptete Jahns später, dass er erst im Mai 1935 mit seiner Vertrauensratswahl auch Parteimitglied geworden sei, und zwar auf Veranlassung der Betriebsleitung. Diese habe, als sie erfuhr, dass er noch kein Parteimitglied, sondern nur DAF-Mitglied war, daran Anstoß genommen. „Ich bekam danach ein Mitgliedsbuch vom Ortsgruppenleiter ausgehändigt. Dieses hatte die Nummer 70.000 und war früher auf den Namen Winter, der 1930 der Partei beigetreten war, ausgestellt. Name und Eintrittsdatum waren dann nur durchgestrichen." Vgl. Erklärung Jahns auf der Sitzung der Spruchkammer am 16.6.1950, in: NLA HA Nds. 171 Hannover Nr. 20322. Tatsächlich firmiert Jahns aber schon auf der Vertrauensrats-Wahlliste von 1934, damals noch als Ersatzmann auf den hintersten Rängen, mit einer eher niedrigen NSDAP-Mitgliedsbuchnummer (389 591). Zu Jahns vgl. auch seine Personalakte in: Registratur Personalabteilung.

Jahns wurde, allein schon aufgrund seiner hünenhaften Gestalt, die prägende Figur des Vertrauensrats (Abb. 8). Er konnte in den folgenden Jahren durchaus einiges Ansehen und Popularität unter der Continental-Belegschaft gewinnen und war als „unser Gustav" oder „Mutter der Kompanie Continental" auch in der Öffentlichkeit vielfach das Gesicht der „Continentäler".[152] Er sollte dabei allerdings auch beschäftigungshierarchisch wie gehaltsmäßig einen rasanten Aufstieg vollziehen.

Abb. 8: Continental-Hauptbetriebsobmann Gustav Jahns

Jahns wurde im März 1935 mit 82 Prozent und den mit Abstand meisten Stimmen zum Betriebsobmann gewählt. Doch die Auswertung des Wahlergebnisses zeigte, dass es bei Continental durchaus noch eine anhaltend nennenswerte Anzahl von Arbeitern und Angestellten gab, die mit den neuen politischen Verhältnissen nicht einverstanden waren. Von den 9530 Wahlberechtigten hatten 1070 oder 11,2 Prozent nicht oder ungültig gewählt, und von den gültigen 8460 Stimmen waren nur 5135 oder 60,8 Prozent ein uneingeschränktes Ja, 1145 (13,5 Prozent) hatten mit Nein gestimmt, 2180 Abstimmende dagegen von der Möglichkeit zu einer zersplittertern Stimmabgabe, d. h. der Streichung eines

---

152 Vgl. etwa den ganzseitigen Bericht in der Niedersächsischen Tageszeitung vom 29.4.1939 über dessen praktische Betriebsarbeit.

oder mehrerer Vertrauensratskandidaten, Gebrauch gemacht.[153] An durch-schnittlichen Ja-Stimmen gab es mithin 78,3 Prozent, an durchschnittlichen Nein-Stimmen 21,7 Prozent. Im Vergleich zur Vertrauensratswahl 1934 hatte sich damit sowohl die Wahlbeteiligung signifikant vermindert als auch die „Ja-Stimmenden" (damals noch 76,2 Prozent) mit entsprechendem Anstieg der Nein-Stimmen (von 5,6 auf 13,5 Prozent) bzw. der zersplittert Stimmenden (von 18,2 auf 25,7 Prozent).[154] Bemerkenswert war vor allem die deutliche Unzufrie-denheit mit dem Vertrauensrat und seiner Arbeit bei den Angestellten, von de-nen diesmal 22,2 Prozent mit „nein" stimmten, während es bei den Arbeitern nur 9,8 Prozent waren.

Gewählt worden war auch in den Niederlassungen, für die jeweils eigene Vertrauensräte gebildet wurden. Bemerkenswert ist dabei, dass Gehrke die Nie-derlassungsleiter in einer „streng vertraulichen" Mitteilung zu einer Einfluss-nahme auf die Zusammensetzung der Liste geradezu aufforderte:

> Wir möchten Sie um umgehende vertrauliche Mitteilung zu Händen unseres Direktions-Sekretariats bitten, ob Sie die Mitglieder des für die jetzt ablaufende Wahlperiode gewähl-ten Vertrauensrates auch für das kommende Jahr wieder aufzustellen beabsichtigen oder ob Sie für einige Vertrauensratsmitglieder, die sich nicht bewährt haben, einen Austausch mit anderen Gefolgschaftsmitgliedern vornehmen möchten. Wir bitten Sie, über diese An-gelegenheit auf keinen Fall mit Ihrem Vertrauensrat zu sprechen.[155]

Inwieweit Gehrke selbst in den hannoverschen Werken bei der neuen Wahlliste des Vertrauensrats die Hand im Spiel hatte, lässt sich nicht feststellen. Aller-dings gab es erhebliche Unzufriedenheit im Vorstand über die Belegschaftsver-treter, unter anderem deshalb, da Mitglieder des Vertrauensrats sich bei Ver-handlungen mit einzelnen Vorstandsmitgliedern häufig auf angeblich in Vertrauensratssitzungen gefasste Beschlüsse oder Anordnungen des Betriebs-führers beriefen. Könecke hatte deshalb sogar angeregt, dass künftig sämtliche Vorstandsmitglieder auch an den Vertrauensratssitzungen teilnehmen sollten.

---

153 Vgl. die Auswertung der Vertrauensratswahl vom 16.4.1935, in: Ordner Personal der Han-noverschen Werke, sowie die offizielle und auch in dieser Differenziertheit erfolgte Bekannt-machung des Wahlergebnisses vom 16.4.1935, in: CUA, 6610 Zg. 1/57, A 8,2.
154 Entsprechende Informationen über die Vertrauensratswahlen bei Phoenix gibt es leider nicht. Es existiert lediglich eine Abschrift eines Schreibens der NSDAP Hannover an einen Mit-arbeiter im Stab beim Stellvertreter des Führers, Albert Hofmann, vom 20.4.1935. Darin wurde angegeben, dass von den 2347 Wahlberechtigten dort nur 1394 gültige Stimmen abgegeben worden waren, d. h., ca. 40 Prozent ungültige Stimmen oder Nichtwähler waren. Und auch von den abgegebenen Stimmen erhielten die Kandidaten nur durchschnittlich 950 Ja-Stimmen (68 Prozent), was heißt, dass 32 Prozent mit Nein oder gesplittet wählten. Vgl. eine Kopie der Abschrift in: MDA/SHMH, MA.A 2009/021.159.
155 Rundschreiben vom 13.3.1935, in: CUA, 6610 Zg. 1/57, A 8,2.

Das wurde zwar verworfen, aber künftig erhielten alle Vorstandsmitglieder ausführliche Protokolle der jeweiligen Sitzungen. Auf jeden Fall versprach man sich von der Zusammenarbeit mit dem neuen Vertrauensrat weit mehr Erfolg, als die Arbeit mit dem bisherigen Vertrauensrat „infolge dessen Einstellung" gezeitigt habe.[156]

Doch diese Hoffnungen zerschlugen sich schnell. Ärger und Konflikte gab es zum einen in der Niederlassung Berlin. Dort war als Vertreter der 164 Beschäftigten bereits 1934 Hans Hentschel zum Betriebszellen-Obmann und „politischen Führer" gewählt worden. Zwischen Hentschel und dem Niederlassungsleiter Richard Ziegenspeck herrschte bald offener Krieg. In einem „Aufruf an alle Gefolgschaftsmitglieder der Continental, Berlin" hatte Hentschel „grundsätzliche Richtlinien zur Förderung und Erreichung einer dem Nationalsozialismus entsprechenden Betriebsgemeinschaft" festgelegt, die eine mehr oder weniger offene Kritik an der Niederlassungsleitung darstellten, dazu hatte er den Beschäftigten in Berlin auf einer Reihe von Betriebsversammlungen Gehaltserhöhungen, Umgruppierungen der Löhne und Leistungszulagen in Aussicht gestellt.[157]

Ziegenspeck wollte daher bei der Vertrauensratswahl 1935 auf jeden Fall eine Wiederwahl Hentschels verhindern und hatte sich deshalb auch schon vertraulich mit der DAF in Verbindung gesetzt. Dort allerdings gab man ihm zu verstehen, dass Hentschel als Nationalsozialist in gewissen Kreisen der DAF einen guten Namen habe.[158] Der Niederlassungsleiter setzte daher drei neue Namen auf der Vertrauensratsliste durch, mit denen er aufgrund deren Beliebtheit bei den Beschäftigten hoffte, Hentschel „aus dem Vertrauensrat herauszudrücken."[159] Doch der Coup misslang, Hentschel wurde wieder Betriebszellen-Obmann und in der Folgezeit schaukelte sich der Konflikt mit dem Niederlassungsleiter zu einer Konfrontation hoch, in die im Verlauf des Jahres 1936 immer mehr außerbetriebliche Parteistellen hineingezogen wurden. In einem Schreiben an die Reichsbetriebsgemeinschaft Chemie der DAF-Gauwaltung Groß-Berlin prangerte Hentschel unter anderem die Personalpolitik Ziegenspecks und mit ihr auch der gesamten hannoverschen Vorstandsspitze an. Anlass war die Kündigung eines Außendienstmitarbeiters, an dessen Stelle der Sohn eines Continental-Direktors gesetzt wurde. „Ein lediger junger Mann (ca. 26 Jahre alt), dazu noch ein Protektionskind, verdrängt einen verheirateten Volksgenossen,

---

156 Protokoll der Vorstandssitzung vom 22.3.1935, in: CUA, 6603 Zg. 1/85, A 3.
157 Vgl. die Richtlinien vom April 1934 sowie der Inhalt einer Betriebsversammlungsrede vom Juni 1934, in: CUA, 6610 Zg. 1/57, A 5,6.
158 Vgl. Schreiben Ziegenspeck an den Continental-Vorstand vom 15.3.1935, in: ebd.
159 Ebd.

der Kriegsteilnehmer war", empörte sich Hentschel.[160] Die früher bei der Continental herrschende Protektionswirtschaft werde damit ungehindert fortgesetzt. Im Februar 1936 sah sich der Vorstand in Hannover daher dazu veranlasst, firmenseitig bei den zuständigen Stellen die notwendigen Schritte zur Abberufung Hentschels als Betriebszellen-Obmann und Mitglied des Vertrauensrates zu unternehmen. Dazu sollte auch der Niederlassungsleiter beim zuständigen Treuhänder der Arbeit für Berlin-Brandenburg die Abberufung Hentschels wegen sachlicher und persönlicher Ungeeignetheit beantragen. Inzwischen hatte dieser auf einer neuerlichen Betriebsversammlung weitere Vorwürfe erhoben, unter anderem kritisierte er die ungleiche Verteilung der Gratifikation zwischen Arbeitern und Angestellten, die bis zu zehnmal höhere Auszahlungen erhielten. Und zudem gebe es immer noch einen jüdischen Angestellten in der Niederlassung Berlin.[161]

Im März 1936 legte sich Hentschel auch direkt mit Generaldirektor Gehrke an. In einem Schreiben beklagte er sich darüber, dass es in der Niederlassung allenthalben zu untertariflicher Bezahlung komme, jedoch die Vertrauensmänner in den Niederlassungen „weder die geringsten Entscheidungen fällen noch die primitivsten Verantwortungen übernehmen können". Dieser Zustand erinnere an die Zeit des Betriebsrätegesetzes.[162] Als Ende März von Seiten des Treuhänders der Arbeit schließlich die von der Unternehmensseite geforderte Sitzung zur Abberufung Hentschels im Beisein des gesamten Vertrauensrats einberufen wurde, tauchten jedoch auch zwei Vertreter der DAF und der NSDAP-Kreisleitung auf. Nach dreistündiger Verhandlung erklärten diese kategorisch, dass sie an eine Abberufung Hentschels gar nicht dächten. Auch der Treuhänder teilte Ziegenspeck, obschon diesem eigentlich Gegenteiliges bedeutet worden war, offiziell mit, dass dem Antrag auf Abberufung Hentschels nicht stattgegeben werde. So blieb alles beim Alten.[163] Die Angelegenheit löste sich erst dadurch, dass Hentschel schließlich Ende Mai 1936 von sich aus sein Arbeitsverhältnis bei Continental kündigte.

Das Fallbeispiel aus der Niederlassung Berlin und auch die übrigen Interaktionen von Gehrke und dem hannoverschen Vertrauensrat zeigen, wie einerseits erstaunlich groß die Einflussmöglichkeiten, aber andererseits auch wie eng die Grenzen der Unternehmensführung in Bezug auf die neuen, der nationalsozialistischen Gefolgschaftsidee verpflichteten Vertreter der Beschäftigteninteressen

---

160 Vgl. den Brief vom 2.1.1936, in: ebd.
161 Vgl. Brief Ziegenspeck an Direktor Fey vom 13.2.1936, in: ebd.
162 Vgl. Brief Hentschel an Gehrke vom 7.3.1936, in: ebd.
163 Vgl. den Bericht Ziegenspecks an Gehrke vom 30.3.1936 über die Sitzung, in: ebd., sowie Bescheid des Treuhänders der Arbeit an die Niederlassung Berlin, in: ebd.

waren, und wie unter dem Deckmantel der Politisierung viele alte Konfliktlinien ungebrochen weiterliefen. Kaum dass der Fall des aus Sicht der Unternehmensleitung renitenten Betriebsobmanns Hentschel in der Berliner Niederlassung bereinigt war, kam es zum nächsten Konflikt um den Vertrauensrat, diesmal aber in Hannover, was für Continental richtig unangenehm zu werden drohte, da die Angelegenheit auch an die breite Öffentlichkeit drang. Ausgangspunkt waren interne, abfällige Äußerungen im Juli 1936 eines Mitarbeiters der Rechnungs-Abteilung über den Vertrauensrat und in Verbindung damit auch über die Direktion. Diskussionspunkt unter den Beschäftigten war die Erhöhung der Preise für das Kantinen-Mittagessen[164] – wobei man die Verantwortung für die Verringerung des Betriebszuschusses zur Mittagsverpflegung interessanterweise gar nicht dem Vorstand, sondern der Kostensenkungswut des Großaktionärs Opel zuschrieb –, und auf die Frage eines der Mitarbeiter, ob und was denn der Vertrauensrat dagegen tun werde, hatte der Mitarbeiter geäußert: „Ach, da bekommt der Vertrauensrat erstmal 50 Mark mehr in die Lohntüte, und schon ist er mit allem einverstanden."[165]

Nachdem ihm der Vorfall hinterbracht worden war, verfügte der Continental-Vorstand am 3. August die fristlose Entlassung des Mitarbeiters. Aber dieser wehrte sich dagegen mit einer Klage vor dem Arbeitsgericht. Damit zog die Angelegenheit, die nicht nur innerhalb des Unternehmens schnell bekannt geworden war, immer weitere Kreise. Der Betroffene wurde in seiner Klage gegen Continental pikanterweise von der hannoverschen Rechtsberatungsstelle der DAF vertreten.[166] Er argumentierte, dass sich seine Aussage nicht auf den neuen, sondern allein auf den alten Vertrauensrat bezogen hätten, allerdings, so machten die DAF-Rechtsberater in einem Vorgespräch mit Continental deutlich, habe man Informationen, dass auch der jetzige Vertrauensrat ebenso wie schon damals Haase und Müller höher bezahlt werde. Der Vorwurf, um den es letztlich ging, richtete sich zum einen gegen den Vertrauensrat, dem Bestechlichkeit unterstellt wurde, zum anderen aber gegen den Vorstand, der offenbar beim alten wie beim neuen Vertrauensrat die Absicht verfolge, ihn unter Einsatz finanzieller Mittel zu beeinflussen.

Tatsächlich war es unter den Beschäftigten der Continental ein offenes Geheimnis, dass auch der neue Betriebsobmann Jahns gegenüber früher 45 RM in

---

164 Demnach sollten alle Angestellten mit einem Einkommen unter 300 RM im Monat 45 Pf. pro Essen zahlen, die übrigen 75 Pf., während früher wesentlich niedrigere Preise gegolten hatten.

165 Vgl. die Aussagen von Beteiligten anlässlich der Vernehmung als Zeugen, in: CUA, 6610 Zg. 1/57, A 7,3.

166 Vgl. das Schreiben der Rechtsberatungsstelle an das Arbeitsgericht Hannover sowie an die Continental, beide vom 15.8.1936, in: ebd.

der Woche nun 72 RM erhielt und sich auch andere Vertrauensratsmitglieder seit Übernahme des Amtes finanziell deutlich besserstellten. Jahns und seine Kollegen dementierten dies zwar vehement, aber einer Bekanntgabe der Vertrauensrats-Gehälter per öffentlichem Aushang, wie es der DAF-Rechtsberater vorschlug, um den Gerüchten entgegenzutreten, wollten doch weder Jahns noch die Unternehmensleitung zustimmen.[167] Eigentlich war die Lohnzahlung für die Vertrauensräte im Mai 1936 klar geregelt worden: Jahns erhielt 1,50 RM pro Stunde und war ganz von der praktischen Tätigkeit im Betrieb freigestellt, die übrigen Vertrauensräte erhielten 1,30 RM pro Stunde als Fixum, sollten jedoch nur so viele Vertrauensratsstunden wie nötig machen und ansonsten weiter in der Fertigung oder Verwaltung arbeiten.[168] Damit lagen die Vertrauensräte in der Tat an der Spitze der Lohnskala. Die durchschnittlichen Männerlöhne in der Autoreifenfabrik, dem Bereich mit den besten Verdiensten, lagen bei 1,11 RM/Std., wobei Continental seit jeher deutlich höhere Löhne zahlte, als es die geltende Tarifordnung der Chemischen Industrie vorschrieb.[169]

Damit war ein unerklärlicher Mehrverdienst von Jahns und den anderen Vertrauensleuten allerdings nicht belegt. Ein interner Vermerk über die Gehaltsentwicklung der beiden Vertrauensratsvorgänger Haase und Müller zeigt allerdings, dass ihre Gehälter von vorher 195 bzw. 165 RM nach Postenübernahme plötzlich beide auf 425 RM hochschnellten, was ein deutliches Indiz dafür ist, dass an den Vorwürfen gegen den Vorstand durchaus etwas dran war.[170] Anfang September 1936 kam es zur Verhandlung vor dem Arbeitsgericht Hannover, bei dem neben dem Kläger auch Jahns, Mitarbeiter der Rechnungsabteilung und auch Generaldirektor Gehrke geladen waren. Die Klage wurde abgewiesen, aber der Mitarbeiter, vermutlich angetrieben auch von der Rechtsberatungsstelle der DAF, ging in Berufung.[171] Und in der ausführlichen Begründung dafür wurde von den DAF-Vertretern erneut explizit der Vorwurf der Zahlung von Bestechungsgeldern des Vorstands an die Vertrauensratsmitglieder erhoben. Gehrke habe auch Jahns ein erheblich höheres Gehalt angeboten, das dieser jedoch abgelehnt habe. Sämtliche Vertrauensratsmitglieder hätten deutliche Ge-

---

167 Vgl. die Notiz vom 24.8.1936 über das Gespräch zwischen dem Vertrauensrat, dem DAF-Rechtsberater und der Lohn- und Personalabteilung, in: ebd.
168 Vgl. den Vermerk Riehms vom 10.5.1935 und auch schon vom 18.5.1934, in: CUA, 6610 Zg. 1/57, A 7,3.
169 Hier lagen die Durchschnittsverdienste bei 76,5 Pf./Stunde inkl. Leistungszulage, wobei aber die Arbeiter in den Produktionsbereichen durch die Akkordzulagen oft noch Lohnzuschläge zwischen 50 und 70 Prozent erreichen konnten.
170 Vgl. die Zusammenstellung der Vertrauensratsgehälter, ohne Datum, in: CUA, 6610 Zg. 1/57, A 7,3.
171 Vgl. das ausführliche Schreiben zur Berufungsbegründung vom 17.10.1936, in: ebd.

haltsaufbesserungen erhalten, womit erwiesen sei, dass es wie früher sei: „Der alte wie der neue Vertrauensrat erhalten Zuwendungen mit dem nach Auffassung des Klägers ganz offensichtlichen Zweck, die Vertrauensratsmitglieder der Betriebsführung gegenüber geneigt zu machen."[172]

Als es am 21. Oktober zur Verhandlung vor dem Landesarbeitsgericht Hannover kam, erschien den Richtern die Angelegenheit so heikel, dass sie die Öffentlichkeit ausschlossen. Dennoch war ein Dutzend Vertreter der diversen Parteistellen und Behörden anwesend: der Leiter der Abteilung Information der DAF, der Gauamtsleiter der NSDAP und Vorsitzende des Partei-Ehrengerichts, je ein Vertreter der Gestapo Hannover und des Sicherheitsdienstes (SD) sowie weitere Vertreter der DAF-Rechtsberatungsstelle. Dem Vorstand kam ein Ausschluss der Öffentlichkeit nur gelegen, stand doch das zur gleichen Zeit durch die öffentlichen Debatten über die Dividendenerhöhung bereits angeschlagene Image des Unternehmens auf dem Spiel, gerade auch bei der Schaffung einer nationalsozialistischen Werksgemeinschaft und des neuen harmonischen Zusammenspiels von Vertrauensrat und Betriebsführung ein Vorbild zu sein. Das Verfahren begann mit einem Eklat, denn die DAF-Rechtsberater als Klägervertreter stellten gleich zu Beginn den Antrag auf Aussetzung des Verfahrens, da seitens des Ehren- und Disziplinargerichts der DAF ein entsprechendes Verfahren gegen die Betriebsführung der Continental wegen des Vorwurfs der aktiven Bestechung des Vertrauensrates eröffnet werde.[173] Doch die Vertagung wurde abgelehnt und das Verfahren endete schließlich mit der Abweisung der Berufungsklage. Vorstand wie Vertrauensrat der Continental waren damit offiziell rehabilitiert, und Gehrke informierte denn auch umgehend die Belegschaft in einem Aushang über den Ausgang des Rechtsstreits, verbunden mit der Erwartung, „dass in Zukunft jegliche Gerüchte unterbleiben, [da] ich andernfalls die Betreffenden zur Rechenschaft ziehen werde."[174]

Ungeachtet dessen hatte der Vertrauensrat, aber vor allem auch der Vorstand die Bemühungen zur Schaffung einer nationalsozialistischen Betriebsgemeinschaft in vielfältigen Formen massiv ausgebaut. Es gab aus den verschiedensten Anlässen Betriebsappelle, sowohl betriebsintern selbst organisiert als auch extern durch die DAF als Propagandaveranstaltung durchgeführt (Abb. 9).

---

172 Ebd., S. 7.
173 Vgl. den Bericht über das Verfahren durch einen Beteiligten der Conti-Verwaltung, in: ebd. Tatsächlich hatte die DAF kurz zuvor schon ein Ehrengerichtsverfahren gegen Paul Kniepert, stellvertretendes Mitglied des Conti-Vertrauensrates, wegen einer Reihe angeblicher Verfehlungen eingeleitet. Vgl. den Vermerk vom 14.10.1936, in: ebd., sowie auch das diesbezügliche Schreiben des Treuhänders der Arbeit vom 20.6.1936 und die Aktennotiz Riehms vom 29.6.1936, in: CUA, 6610 Zg. 1/57, A 8,2.
174 Vgl. den Aushang vom 8.12.1936, in: ebd.

„Betriebsappelle dienen der Verwirklichung der neuen Arbeitsidee in der Betriebsgemeinschaft", hieß es in einem Bericht über eine entsprechende Veranstaltung im Werk Korbach im Februar 1936, der unter dem Motto „Schönheit
der Arbeit" stand. Große Transparente schmückten den Pressesaal und „künde-
ten vom neuen Sinn der Arbeit [...] Nach dem feierlichen Einmarsch der Fahnen-
abordnungen der Ortsgruppe der NSDAP und der DAF unter den Marschklän-
gen des Trommler- und Pfeiferkorps der Werkschar leiteten der Sprechchor der
Werkschar sowie zwei wirkungsvolle Chorgesänge den Appell ein."[175]

Abb. 9: Propagandaveranstaltung der DAF im Werk Korbach 1934

Sodann ergriff Betriebsführer Gehrke das Wort und unterstrich die große Bedeutung, die die Unternehmensleitung der Verwirklichung der Idee „Schönheit der
Arbeit", der „neue[n] Bewertung der Arbeit als Dienst für die Gemeinschaft", zu-
maß. Damit verbunden war auch eine gewisse Militarisierung der Belegschaft.
Den Fahnenträgern unter den 120 Werksangehörigen, die etwa Ende Juni 1935
zum Gau-Parteitag der NSDAP abgeordnet wurden, zahlte die Firma die Unifor-
men, die übrigen erhielten Kostenzuschüsse. Seit 1935 wurden auch erste Luftschutzmaßnahmen durchgeführt und ein eigener Werksluftschutz eingerichtet,

---

175 Vgl. Betriebsgemeinschaft 2 (1936), S. 10.

zugleich schuf man eine Spionage-Abwehr-Abteilung, die bei Einstellung von Angestellten und Arbeitern stets eingeschaltet werden musste. Zudem mussten im Kontext einer reichsweiten Propagandaaktion gegen ausländische Werkspionage sämtliche Gefolgschaftsmitglieder eine Verpflichtung über die strikte Geheimhaltung aller innerbetrieblichen Angelegenheiten unterschreiben.[176] Im Frühsommer 1937 wurde auch Continental in den vom NS-Regime propagierten vorübergehenden Einsatz führender Partei-, Regierungs- und Behördenvertreter in Industriewerken einbezogen. Zwischen 7. Mai und 28. Juni war der Reichssendeleiter Eugen Hadamovsky, einer der engsten Mitarbeiter von Reichspropagandaminister Goebbels und hoher NS-Funktionär im Rundfunk- und Fernsehbereich, in verschiedenen Fabrikabteilungen des Werks Vahrenwald beschäftigt, eine Aktion, die von Seiten des Regimes, aber kaum weniger auch von Seiten der Continental propagandistisch groß ausgeschlachtet wurde.[177]

All diese Maßnahmen blieben nicht ohne Eindruck auf die Beschäftigten. Die neue Betriebsgemeinschafts-Ideologie entfaltete durchaus Attraktivität und sorgte für Identifikation sowohl mit dem Unternehmen als auch mit dem NS-Regime. Wie in allen anderen Großbetrieben wurden auch bei Continental die einst unpolitischen Feiern zu Betriebsjubiläen nationalsozialistisch inszeniert und instrumentalisiert, erst recht, wenn wie im Dezember 1936 mit Hermann Franz ein Vorstandsmitglied für eine langjährige Werkszugehörigkeit geehrt werden konnte. Und dieser wartete denn auch bei seiner Dankesrede mit markigen Sprüchen auf: „Für Müde und Schwache, für Leute, die es nicht genau nehmen, die es nicht ernsthaft meinen, ist kein Platz in unserer Werksgemeinschaft. Auf uns schaut das ganze deutsche Volk, auf uns schaut unser Führer, wir stehen in der vordersten Reihe [...] Unserem grossen Führer Adolf Hitler, unserem lieben deutschen Vaterlande und unserer lieben Continental Sieg-Heil, Sieg-Heil, Sieg-Heil."[178] Dennoch hatte sich der Vorstand kurz zuvor zu einer ausführlichen Stellungnahme gegen die in weiten Teilen der Gefolgschaft herrschenden „irrigen Anschauungen" über die Aufgaben von Vertrauensrat und

---

176 Vgl. das entsprechende Rundschreiben an alle Abteilungsleiter vom 15.12.1934, in: Ordner Personal der hannoverschen Werke.

177 Vgl. die ausführliche und reich bebilderte Berichterstattung in der Continental Werksgemeinschaft 6 (1937), S. 6 f. Zu Hadamovskys Tätigkeit bei Continental erschien kurz darauf auch ein Buch unter dem Titel „Hilfsarbeiter Nr. 50 000", von dem das Unternehmen 500 Stück à 4 RM kaufte und kostenlos verteilte. Nach Vorstellung der Parteistellen sollte Continental 15 000 Bücher abnehmen, was man jedoch ablehnte. Vgl. Protokoll der Vorstandssitzung vom 19.3.1938, in: CUA, 6603 Zg. 1/85, A 3.

178 Ansprache Franz zu seinem 25-jährigen Dienstjubiläum sowie auch die weiteren Reden von Betriebsleitung und Vertrauensrat in: Registratur Personalabteilung, Personalakte Hermann Franz.

Betriebsführung und deren Verhältnis zueinander veranlasst gesehen, die Ursache dafür seien, „dass sich der Geist der Werksgemeinschaft noch nicht überall durchgesetzt hat."[179] Die Unkenntnis über den grundsätzlichen Unterschied zwischen einem marxistischen Betriebsrat und dem nationalsozialistischen Vertrauensrat wurde beklagt und explizit darauf hingewiesen, dass „der Führer des Betriebes gleichzeitig Führer des Vertrauensrates [ist]."[180]

Die Ausgaben für staatspolitische Feiern, Aufwendungen für die Beurlaubung von Werksangehörigen zur Teilnahme an wichtigen nationalen Kundgebungen, für Betriebsappelle und Kameradschaftsabende sowie für die von der DAF zentral gesteuerten Aktionen der „Schönheit der Arbeit" und der nationalsozialistischen Berufswettkämpfe schlugen denn auch bald erheblich zu Buche. Sie zielten unter dem Deckmantel nationalsozialistischer Betriebs- und Arbeitsideologie auf eine Mobilisierung der Arbeitsleistung der Belegschaft.[181] Im Dezember 1934 etwa wurde der erste 100-Tage-Kampf gegen die Materialvergeudung veranstaltet, verbunden mit einem Preisausschreiben unter dem Titel „Meine Gedanken und Stellungnahmen zum Kampf gegen die Materialvergeudung", das immerhin 300 Einsendungen erbrachte (Abb. 10).[182] Die Gesamtsumme der Einsparungen infolge des Wettkampfs wurde dann der Gefolgschaft in Form von Prämien ausgeschüttet.

Zudem gab es eine Reihe von Maßnahmen zur Verbesserung der Arbeitsprozesse. Im Zentrum der Arbeitsschutzmaßnahmen stand der Kampf gegen Betriebsunfälle, deren Zahl seit einem Tiefpunkt im Jahr 1932 eine bedenkliche Zunahme zeigte. Damals hatte es im Werk Hannover 472 Unfälle gegeben und bis 1936 hielt sich deren Zahl auf diesem vergleichsweise niedrigen Niveau. Doch 1938 wurden 1100 Unfälle gezählt, wobei es vor allem zwischen 1936 und 1937 einen auffälligen Sprung nach oben gab.[183] Nicht nur die relative Unfallhäufigkeit bezogen auf 100 Vollarbeiter hatte zugenommen, sondern auch die relative Unfallschwere, d. h. der mit dem Unfall einhergehende Verlust an Arbeitszeit. Diese Auffälligkeit war nicht Continental-spezifisch, sondern deckte sich mit den statistischen Feststellungen der gewerblichen Berufsgenossenschaften in ganz Deutschland. Der Grund war, dass bei der erheblich zunehmenden Pro-

---

179 „Gefolgschaft, Vertrauensrat und Betriebsführer", in: Die Werksgemeinschaft 2 (1936), S. 3.
180 Ebd.
181 Vgl. die einzelnen Angaben für die Aufwendungen zwecks Förderung der Politik der Reichsregierung für 1935 bis 1938 in den jeweiligen WP-Berichten, in: CUA, 6630 Zg. 1/56, A 33.
182 Vgl. die Notiz im Gefolgschaftsbuch der Continental.
183 Vgl. die Aufstellung des Unfallgeschehens im Werk Hannover 1930 bis 1942, in: CUA, 6610 Zg. 1/57, A 20.

duktionssteigerung seit 1933 das Reservoir der Arbeitslosen zusammenschrumpfte und dass nach und nach Arbeitskräfte in den Produktionsprozess aufgenommen werden mussten, „die infolge ihrer mangelhaften körperlichen und psychischen Eigenschaften sich mehr und mehr als unfallanfällig erwiesen", wie es in einer Notiz der Continental-Unfallschutzabteilung hieß.[184]

Abb. 10: Kampagne gegen Materialverschwendung

In seiner weit verbreiteten Kundenzeitschrift „Echo-Continental", die mit einer jährlichen Auflage von 50 000 Exemplaren erschien und auch an alle wichtige politische wie wirtschaftliche Prominenz ging, von Ferdinand Porsche bis zum Leiter der Reichskanzlei und der Münchner NSDAP-Zentrale Rudolf Hess, warb das Unternehmen mit seinen hellen und sauberen Büros und Fertigungsabteilungen, die, meist reichbeflaggt mit Hakenkreuzfahnen und Hitler-Fotos an der Wand, abgebildet wurden.[185]

---

184 Notiz vom 19.11.1940, in: ebd.
185 Vgl. „Fortschritt in der Fabrikation. Ein Gang durch unser Hauptwerk", in: Werksgemeinschaft 1 (1936), S. 10–13.

Abb. 11: Arbeitssaal der Reifenwickelei

Auch in einer 1935 in großer Zahl gedruckten Broschüre über „Gummi und Continental. Geschichte eines Rohstoffes und eines Werkes" wurden die einzelnen Fertigungsabläufe nicht nur ausführlich beschrieben, sondern auch photographisch dokumentiert und dabei allenthalben saubere und helle Arbeitssäle präsentiert (Abb. 11).[186] Doch die inszenierten Aufnahmen kontrastieren auffällig mit Fotos, die nicht für Propagandazwecke bestimmt waren. Es gab weiterhin viele Bereiche der Kautschukverarbeitung, die dunkel, schmutzig und vor allem auch gesundheitsgefährlich waren, angefangen von der Kalanderabteilung und den Walz-, Knet- und Mischwerken der sogenannten Rohbetriebe bis zu den Streichereien, in denen die gummierten Stoffbahnen etwa bei der Gummischlauch- oder Transportbänder-Herstellung für die Weiterverarbeitung vorbereitet wurden. Und statt der weißen Kittel der Frauen dominiert einfache Arbeitskleidung in eher schlecht beleuchteten Arbeitsräumen (Abb. 12 bis 16).

---

186 Vgl. Gummi und Continental. Geschichte eines Rohstoffes und eines Werkes, Hannover 1935 (64 Seiten).

Abb. 12 u. 13: Arbeit am Mischwerk und an der Kalandermaschine

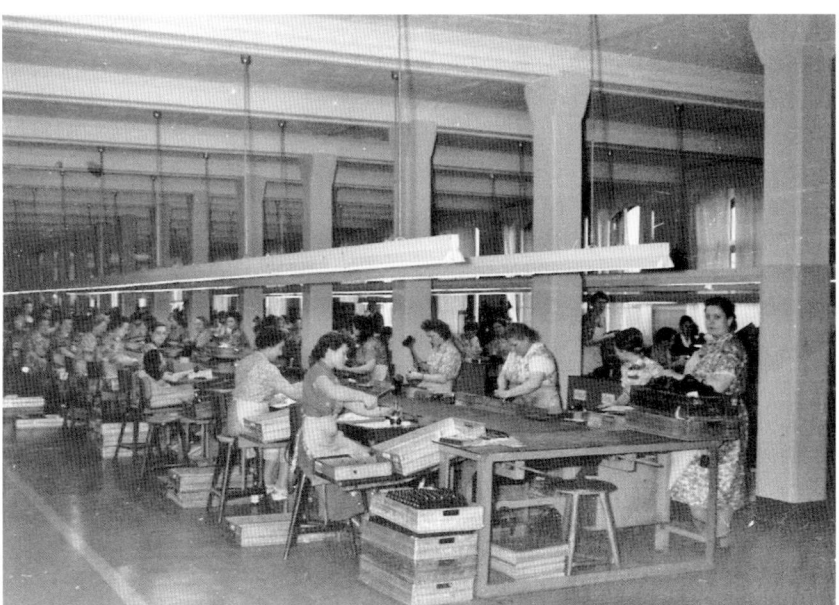

Abb. 14 u. 15: Frauenarbeit bei Continental. Oben Herstellung von Fußballblasen (offizielle Veröffentlichung), unten Herstellen und Sortieren von Schuhabsätzen (unternehmensinternes Foto)

Abb. 16: Lkw-Reifen-Vulkanisierung

Gesundheitsschädliche, feuergefährliche oder ätzende Materialien und chemische Stoffe gab es in der Reifen- und Gummiwarenherstellung reichlich, allen voran Benzin, Benzol und Toluol sowie weitere Lösungsmittel, die in den verschiedensten Stufen des Fertigungsprozesses zum Einsatz kamen.[187] Im September 1935 gab es etwa Beschwerden aus der Riesenreifen-Wickelei über erhöhte Krankheitsziffern aufgrund der dortigen Arbeitsbedingungen, die sich jedoch nach einer Untersuchung des Betriebsarztes angeblich als normaler Krankenstand herausstellten.[188] Dennoch wurden einige Veränderungen am Arbeitsablauf in der Reifenwickelei vorgenommen, und für die mit Ruß-Abladen beschäftigten Arbeiter gab es extra Milchrationen. Auch die Arbeiterinnen in der Veloschlauch-Abteilung, insbesondere jene, die dort mit Gummilösungen arbeiteten, erhielten zusätzliche Milchzuteilungen. Es gab zwar allgemeine Anweisungen und Richtlinien zur Verhütung von Gesundheitsgefährdungen wie gutes Lüften der Arbeitsräume und sorgsamer Umgang mit Lösungsmitteln, und auch Absaugeinrichtungen waren vermehrt eingebaut worden. Aber wenn man sich die Filme aus damaliger Zeit ansieht – die zu Propaganda- und Werbezwecke erstellt worden waren! –, dann wurde auf die Einhaltung dieser Maßnahmen

---

187 Vgl. eine Zusammenstellung dieser Stoffe vom 2.3.1939, in: CUA, 6525 Zg. 1/65, A 19.
188 Vgl. Protokoll der Vertrauensratssitzung vom 3.9.1935, in: Gefolgschaftsbuch der Continental.

schon vor dem Krieg nur bedingt Wert gelegt. Und mit der Verarbeitung des Kunstkautschuks Buna sollte die Gesundheitsschädlichkeit im Fertigungsprozess noch erheblich zunehmen.

Die Maßnahmen zur Schaffung nicht nur verbesserter Arbeitsbedingungen, sondern auch eines neuen „Continental-Betriebsgemeinschafts-Bewusstseins" waren in den Augen der Unternehmensführung auch deshalb notwendig, da sich gleichzeitig eine kontinuierliche Zunahme der Beschäftigten vollzog. Aus den etwas über 11 000 Beschäftigten von 1933 waren bis 1938 über 16.000 Beschäftigte geworden (vgl. Tabelle 2), und die neuen Arbeiter und Angestellten mussten so schnell wie möglich nicht nur in den Arbeitsprozess, sondern auch in die Betriebsgemeinschaft integriert und das stolze Selbstbewusstsein und Zugehörigkeitsgefühl als „Continentaler" vermittelt werden.

Tab. 2: Belegschaftsentwicklung bei Continental und der Harburger Gummiwaren-Fabrik Phoenix AG (1932 bis 1939)

Jahr	Continental	Phoenix
1932	10 602	2500
1933	11 006	2872
1934	11 992	3204
1935	12 509	3292
1936	13 063	3313
1937	15 254	3479
1938	16 476	3960
1939	13 156	3082

Quelle: Für Continental: Zusammengestellt nach den Angaben in: Statistik der Continental von 1932 bis 1942, CUA, 6633 versch. Zg., A 3. Für Phoenix: handschriftliche statistische Zusammenstellung 1932 bis 1955, o. Sign., in: MDA/SHMH.

Anders als viele andere Großunternehmen hatte man in Hannover zunächst, nicht zuletzt auch auf Drängen des Großaktionärs Opel, eine vorsichtige Einstellungs- und Personalpolitik betrieben. Trotz des politisch gewollten und auch von der Unternehmensführung unterstützen Kurses der massiven Neueinstellungen war der jährliche Zuwachs neuer Mitarbeiter mit ca. 500 bis 600 Arbeitern und Angestellten vergleichsweise moderat. Bei der Neueinstellung von Arbeitskräften, so berichtete Continental-Vorstand Assbroicher im August 1936 an den Aufsichtsratsvorsitzenden Uebel, „haben wir uns die äußerste Reserve auferlegt. Wir haben nicht nur unsere unproduktiven Arbeitskräfte zunächst einmal in produktive Abteilungen überführt, sondern sind auch mit Neueinstellungen so vorsichtig vorgegangen, dass wir ständig unterhalb der Erfüllung unseres Fabrikations-Solls geblieben sind [...] Diese Politik haben wir ganz bewußt verfolgt, weil wir in Anbetracht der unübersichtlichen Rohstofflage befürchten, eines Tages Leute zu viel zu haben".[189] Immer wieder mussten aufgrund der Rohkautschuk-Engpässe bis 1936 Arbeitszeitverkürzungen vorgenommen werden, im Juli 1935 wurde vorübergehend die 5-Tage-Woche eingeführt, und zeitweise kam es auch – nach außen hin strikt geheim gehalten bzw. verdeckt – zu Entlassungen.

Unter welchem arbeitsmarktpolitischen Druck und Zwängen die Personalpolitik des Unternehmens dabei von außen stand, zeigte sich besonders deutlich am Werk im hessischen Korbach, wo Continental nicht nur der größte, sondern faktisch auch der einzige industrielle Arbeitgeber war. Seitens der DAF und des Arbeitsamts werde laufend Druck ausgeübt, möglichst viele Arbeitskräfte zu beschäftigen, berichtete der Vorstand im Mai 1936 an Fritz Opel:[190]

> Als wir z. B. einmal die Wiederbeschäftigung von etwa 30 aus dem Arbeitsdienst zurückkehrenden Werksmitgliedern ablehnten, führte das zu einer lebhaften Besprechung dieses Vorkommnisses in der Korbacher Bevölkerung und zu vielen Anfeindungen [...] Es gehörte ein gerütteltes Maß von Energie dazu, die erwähnte Personalsenkung durchzuführen in der Voraussicht, dass wir trotz erhoffter höherer Umsätze doch im allgemeinen zu einer Personalsenkung schreiten mussten, weil durch technische Verbesserungen die pro Zeiteinheit zu leistende Produktionsmenge bedeutend gestiegen ist [...] Im Jahr 1935 haben wir allerdings mit unserer Politik der Reservehaltung von Arbeitskraft in der Hoffnung auf kommende Produktionssteigerung im Ganzen genommen noch vergeblich gewartet.[191]

Auch der Vertrauensrat in Hannover kritisierte die zurückhaltende Personalpolitik des Vorstands scharf. Schon im Dezember 1934 hatte man sich mit Gehrke über geplante Neueinstellungen in der Reifenfabrik gestritten. Angeblich habe Gehrke einen Einstellungsstopp verordnet, was dieser jedoch bestritt. [192] Im Juni 1936 kam es darüber erneut zu einem Disput. Auf der Vertrauensratssitzung beschwerte sich Jahns gegenüber Gehrke, dass die Anträge auf Überstunden einzelner Betriebsabteilungen massiv zugenommen hätten. „Die Abteilungen wie Auto, Schlauchsaal, Expedition und andere schreien nach Einstellung von Leuten, ohne dass dem jedoch stattgegeben werde."[193]

---

189 Schreiben Assbroicher an Uebel vom 15.8.1936, in: Ordner Korrespondenz mit dem Aufsichtsrat 1936–1942. Der Aufsichtsratsvorsitzende verlangte vom Vorstand monatlich eine differenzierte Meldung über den jeweiligen Belegschaftsstand, deren Veränderungen und die Gründe dafür.
190 Vgl. Schreiben Assbroicher an Opel vom 9.5.1936 mit einer ausführlichen Darstellung der „Leute-Politik" im Werk Korbach im abgelaufenen Jahr, in: Ordner Korrespondenz mit dem Aufsichtsrat 1936–1942.
191 Ebd.
192 Vgl. Protokoll der Vertrauensratssitzung vom 1.12.1934, in: Gefolgschaftsbuch Continental.
193 Protokoll der Vertrauensratssitzung vom 20.6.1936, in: ebd.

Erst seit 1937 ergab sich mit insgesamt mehr als 2100 Neueinstellungen gegenüber dem Vorjahr ein massiver Beschäftigtenschub, allerdings war die Fluktuation erheblich. 1938 standen den 3967 Eintritten 2724 Austritte gegenüber.[194] Die Ursachen dafür waren unterschiedlich. Viele neu Eingestellte hätten, so berichtete Gehrke im August 1937 in der Vertrauensratssitzung, schon nach 14 Tagen wegen Bummelei, notorischen Krankfeierns oder Arbeitsverweigerung wieder entlassen werden müssen.[195] Jedoch spielten, trotz des seit 1936 von der NS-Regierung offiziell eingeführten Lohnstopps und der durch die staatliche Arbeitskräftelenkung ausgeübten Beschränkung des Arbeitsplatzwechsels auch Lohn- und Gehaltsgründe eine maßgebliche Rolle.[196] Continental zahlte allerdings wie erwähnt deutlich über dem Reichstarifvertrag liegende Löhne. Im Mai 1937 etwa betrugen diese, bei einer durchschnittlichen Arbeitszeit von 43 Stunden in der Woche, für Männer je nach Abteilung zwischen 0,96 RM/Std. (Hilfsbetriebe/Lager) und 1,176 RM/Std. (sonstige Erzeugungs-Abtlg.), die entsprechenden Löhne für Frauen lagen um über 40 Prozent niedriger. Eine Reifenwicklerin erhielt 0,656 RM/Std., während der neben ihr arbeitende Kollege 1,136 RM bekam.[197].

In der Urlaubsregelung waren es die Arbeiter insgesamt, die gegenüber den angestellten Mitarbeitern deutlich benachteiligt waren. Denn während Letztere schon nach 15 Berufsjahren (gezählt ab dem 18. Lebensjahr) den maximalen Urlaubsanspruch von 18 Arbeitstagen erreichten, konnten Arbeiter dies erst nach 25 Dienstjahren erreichen.[198] Continental hatte auch ein gut ausgebautes System der Lehrlings-, Jungarbeiter- und Spezialarbeiter-Ausbildung, es gab eine eigene Werksschule, die im August 1938 von 280 Mädchen und 120 Jungen besucht wurde; auch die Gesundheitsbetreuung hielt man im Vorstand für vorbildlich. Dass dennoch so viele, vor allem gut qualifizierte Arbeiter und Angestellte das Unternehmen schon nach kurzer Zeit wieder verließen, muss den Personalverantwortlichen ein Rätsel gewesen sein. Aber die bald boomende Gummi- und Reifenindustrie, die zu einer Schlüsselbranche für die nationalsozialistische Automobilisierungs- und Aufrüstungspolitik wurde, bot vielfältige Anreize zur Abwanderung zu den Konkurrenzfirmen.

---

194 Vgl. die Angaben im Geschäftsbericht für 1938, S. 4, sowie auch Bericht des Vorstands in der Aufsichtsratssitzung vom 8.11.1938, in: BArch R 8119 F/P 02128.
195 Vgl. Protokoll der Vertrauensratssitzung vom 23.8.1937, in: Gefolgschaftsbuch Continental.
196 Vgl. dazu allgemein jetzt Henry Marx, Die Verwaltung des Ausnahmezustands. Wissensgenerierung und Arbeitskräftelenkung im Nationalsozialismus, Göttingen 2019.
197 Vgl. die differenzierten Lohnangaben für 1936 und 1937 nach Werken und Abteilungen in dem Bericht Gehrkes über die einzelnen sozialpolitischen Bereiche der Continental vom 3.8.1937, in: Ordner Korrespondenz über unsere Gesellschaft 1934–1939.
198 Vgl. ebd., Anlage 5.

Besonders auffällig und in den Augen des Continental-Vorstands geradezu alarmierend war der Wechsel von einem Dutzend hochqualifizierter, leitender Angestellter, die dem Vorbild Albert Schäfers folgten und zur Phoenix nach Hamburg gingen. Der Verlust an Know-how und vor allem auch die Gefahr der Weitergabe von geheimen bzw. sensiblen Informationen über die produktions- oder verwaltungstechnischen Abläufe bei Continental waren erheblich.[199] Besonders schmerzlich für den Vorstand war der Wechsel von Dr. Hans Bobeth aus der Reifenfertigung, der dann bei Phoenix die gesamte Produktionsleitung übernahm, und Direktor Carl W. Kühns, bislang Vorstandsmitglied bei der in Amsterdam registrierten Außenhandelsorganisation des Unternehmens, der Interconti, der umgehend in den Vorstand von Phoenix aufstieg und dort neben Maret, Teischinger und Schäfer für das Auslandsgeschäft zuständig wurde.

Alle Versuche, derartige Wechsel von höheren Angestellten durch scharfe Konkurrenzklauseln in den Arbeitsverträgen zu verhindern, brachten nicht viel.[200] Könecke hatte sich schon im Juli 1934 erstmals bei Schäfer über den „brain drain" nach Hamburg beschwert, von diesem aber nur den allgemeinen Hinweis erhalten, dass es eine feste Anweisung gebe, bei der Continental kein Personal abzuwerben.[201] Gleichzeitig bemerkt Schäfer jedoch süffisant:

> Ich kann wirklich nicht einsehen, weshalb unsere Personal-Abteilung, wenn sie Kräfte braucht, Angeboten nicht nähertreten soll, lediglich weil der betreffende Arbeitnehmer bei Ihnen tätig gewesen ist. Wir haben doch schließlich nicht mehr das Zeitalter der Hörigkeit und der Leibeigenschaft, und Sie werden doch sicherlich nicht verlangen können, dass irgendein kleiner Angestellter, der nun zufällig einmal in den Diensten der Continental gestanden hat, in der Branche überhaupt kein Unterkommen finden kann […] Im Übrigen verhehle ich Ihnen nicht, dass wir fortgesetzt, nicht nur von Angestellten, die bei Ihrer Zentrale beschäftigt sind, sondern auch aus anderen Teilen Deutschlands Angebote bekommen. Es müssen also die Gründe, weshalb sich Ihre Angestellten anderwärts bewerben, schließlich und endlich wohl in Ihrem eigenen Hause zu suchen sein.[202]

Die Belegschaftsstruktur hat sich dabei verschoben, neben dem erwähnten Rückgang der weiblichen Beschäftigten nahm auffälligerweise auch der Anteil der Angestellten von 29,5 Prozent (1933) auf 22,3 Prozent (1938) ab.[203] Angesichts des langfristigen Prozesses von Modernisierung, Rationalisierung und Bürokratisierung in den Unternehmensabläufen hätte man das Gegenteil erwar-

---

199 Vgl. Protokoll der Vorstandssitzung vom 19.1.1935, in: CUA, 6603, Zg. 3/85, A 3.
200 Vgl. den Briefwechsel mit einem Arbeitsrechtsanwalt vom Juni 1934, in: CUA, 6610 Zg. 1/57, A 7,3.
201 Vgl. Notiz Könecke vom 9.7.1934, in: ebd.
202 Brief Schäfer an Könecke vom 12.7.1934, in: ebd.
203 Vgl. Statistik der Continental in: CUA, 6633 versch. Zg., A 3.

ten können. Vermutlich war die Entwicklung, dass die Arbeiterschaft den personellen Wachstumsprozess des Unternehmens bestimmte und prägte, dem Umstand des radikalen Umbruchs der Produktionsbasis von Naturkautschuk auf Synthesekautschuk geschuldet, der eine fast völlige Neustrukturierung der Fertigungsabläufe und des dabei anfallenden Anteils von Maschinen- und Handarbeit mit sich brachte. Das Rückgrat des Arbeitskräfteeinsatzes bei Continental bildeten mithin nicht die Ingenieure und Techniker, sondern die Meister und Vorarbeiter, die mit ca. 300 Leuten eine relativ kleine Gruppierung ausmachten. Welche Bedeutung sie besaßen, zeigte sich unter anderem daran, dass Generaldirektor Tischbein diese und nicht etwa die leitenden Angestellten Anfang Februar 1934 zu seiner letzten Ansprache an die Belegschaft zusammengerufen hatte, um an Hand verschiedener „Pflichtenkreise" auf der Basis der Prinzipien Leistung und Qualität ihre Bedeutung für die Werksgemeinschaft, aber auch der Volksgemeinschaft gegenüber, zu würdigen.[204]

Den größten Sprung im Beschäftigtenzuwachs hatte dabei das Werk Limmer gemacht, wo sich die Zahl der Arbeiter und Angestellten zwischen 1933 und 1938 von 1990 auf 4105 verdoppelte. Im Werk Hannover-Vahrenwald betrug der Zuwachs ca. 40 Prozent, während die Beschäftigtenzahl in Korbach mit knapp 1000 nahezu konstant blieb.[205] Dies und auch die nationalsozialistische Betriebsgemeinschaftsideologie sorgten dafür, dass sich die bis dahin ausgeprägten unterschiedlichen Werkskulturen deutlich abschliffen. Die Fusion von 1929 hatte in Korbach und Limmer ganz unterschiedliche Unternehmenskulturen zu dem bestehenden Hauptwerk in Hannover zusammengeführt, und das Bewusstsein, entweder „Continentäler", Peters-Union-Zugehöriger oder Excelsior-Beschäftigter zu sein, hatte sich zunächst weiter erhalten, zumal die übernommenen Firmen zwar im Konzern aufgegangen waren, aber in den Markennamen noch weiterlebten. Schon Tischbein hatte mit seiner noch vor 1933 eingeleiteten Politik der Fertigungsumstrukturierung jedoch dafür gesorgt, dass das alte Firmendenken gegenüber einer stärker werdenden Produktidentifikation in den Hintergrund zu rücken begann. In Hannover-Vahrenwald wurde die Autoreifenfertigung konzentriert, in Limmer die Produktion der zahllosen Gummiprodukte für den technischen, chirurgischen, Freizeit- und Konsumgebrauch, und in Korbach erfolgte die Fahrradreifenherstellung, Decken und Schläuche, für den gesamten Konzern. „Reifenleute" und „Gummiwaren-Leute" machten

---

204 Vgl. die Rede Tischbeins vom 3.2.1934, in: CUA, 6610 Zg. 1/57, A 8,2. Dabei kündigte er auch eine deutliche innerbetriebliche Aufwertung gegenüber den Abteilungsleitern an, und er ließ die Stempelpflicht für die Meister und Vorarbeiter fallen, sagte eine Überprüfung der Gehalts- und Lohngruppierungen zu und führte eine besondere Leistungszulage ein. Allerdings stimmte er auch die Meister und Vorarbeiter auf eine härtere Zukunft ein.
205 Vgl. die Angaben in: Statistik der Continental, CUA, 6633 versch. Zg., A 3.

dabei über die Jahre hinweg in etwa je die Hälfte der Gesamtbelegschaft aus. Die auf ein einheitliches Unternehmensbewusstsein und Betriebszugehörigkeitsgefühl abzielende nationalsozialistische Gefolgschaftsideologie trug dann das Ihre dazu bei, dass sich bei Continental eine neue gemeinsame Unternehmenskultur herausbildete. Ein kleines, aber dennoch sichtbares Zeichen dafür war etwa, dass im Juli 1938 der knapp 30 Jahre zuvor gegründete „Peters-Gesangsverein Korbach" in „Werksgesangsverein der Continental-Gummi-Werke Korbach" umbenannt wurde.

Eine wichtige Rolle spielte dabei auch die Werkszeitung. Eigentlich gab es mit den „Werksnachrichten" schon seit 1923 eine Continental-Hauszeitschrift, die allerdings eher wenig verbreitet war und sich vor allem an die Angestellten richtete. Anfang 1935 gab es daher im Vorstand Überlegungen, die Werkszeitung in neuer Form und Aufmachung wiederzubeleben, allerdings versuchte die DAF, stark von außen auf die Werkszeitungen Einfluss zu nehmen. Auch der Continental-Vorstand hatte im Februar 1935 alle Mühe, entsprechende Maßnahmen abzuwehren. Ab 1. Januar 1936 wurde schließlich die neue „Continental-Werksgemeinschaft" als regelmäßiges Kommunikationsmedium herausgegeben.[206] Aufmachung und Inhalt der Werkszeitung waren dabei so gehalten, dass sich die DAF über eine hinreichende Vertretung von nationalsozialistischer Propaganda und Gedankengut keine Sorge zu machen brauchte, wie etwa die Ergebenheitsadresse von Betriebsführer Gehrke im Oktober 1936 anlässlich des 65-jährigen Bestehens der Continental zeigte.[207] Der gegenseitigen Verbundenheit dienten auch die Betriebsausflüge. Im Juli 1936 etwa reisten 5000 „Continentäler" in fünf Sonderzügen nach Bad Lauterberg im Harz. Hunderte Continental-Belegschaftsmitglieder nahmen an Sportkursen der Organisation Kraft durch Freude (KdF) teil, der Conti-Betriebssport wurde ebenso ausgebaut wie die Kulturaktivitäten. Im Winter 1936/37 gab es drei große Continental-Kulturveranstaltungen im Kuppelsaal der Stadthalle. Höhepunkt der nach außen sichtbaren Inszenierungen waren jedoch nach wie vor die Feiern zum 1. Mai (Abb. 17).

---

206 Vorbild dafür war explizit nicht die Opel-Werkzeitschrift, sondern dem Vorstand schwebte eher etwa wie der „Bosch-Zünder" vor. Vgl. Protokoll der Vorstandssitzung vom 11.5.1935, in: CUA, 6603 Zg. 3/85, A 3.
207 Vgl. Die Werksgemeinschaft 1 (1936), Nr. 9 vom 8.10.1936, in: CUA.

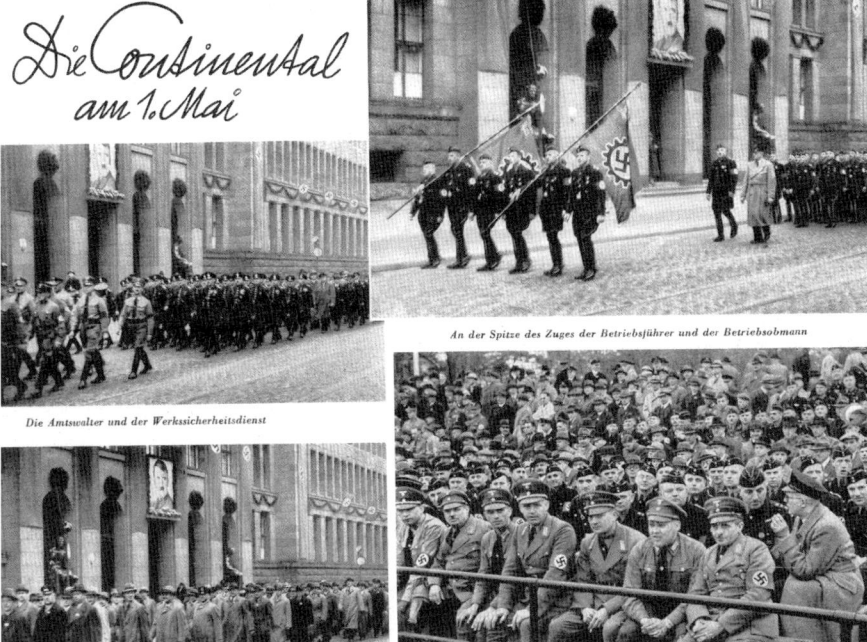

Die Continental am 1. Mai

An der Spitze des Zuges der Betriebsführer und der Betriebsobmann

Die Amtswalter und der Werkssicherheitsdienst

Abb. 17: Bericht zum 1. Mai 1938 in der Continental Betriebszeitschrift „Die Werks-Gemein-schaft."

Doch die neue nationalsozialistische Betriebsgemeinschaft formierte sich nicht nur durch Loyalisierungsmaßnahmen, sondern auch durch Disziplinierung. Die neue, im Rahmen des Gesetzes zur Ordnung der Nationalen Arbeit erlassene Betriebsordnung der Continental-Gummi-Werke AG beschwor nicht nur die Schicksalsverbundenheit aller Schaffenden im Betrieb und das auf den Grundsätzen Ehre, Treue und Vertrauen basierende enge Band zwischen Betriebsführer und Gefolgschaft, sondern beinhaltete auch Bestimmungen über die Verhängung von Geldbußen und anderen innerbetrieblichen Disziplinarmaßnahmen, die im Einvernehmen zwischen Vertrauensrat und Betriebsführer erfolgen konnten.[208] Gleichzeitig mussten die Beschäftigten eine Reihe von Zwangsabgaben von ihren Verdiensten hinnehmen, angefangen von den pauschal durch die Lohn- und Gehaltsstelle des Unternehmens einbehaltene DAF-Beiträge bis zur ebenfalls zentral vorgenommenen Abgabe an das Winterhilfswerk

---

208 Vgl. die Betriebsordnung von 1935, in: CUA, ohne Signatur. Siehe allgemein dazu auch Martin Becker, Die Betriebs- und Volksgemeinschaft als Grundlage des „neuen" NS-Arbeitsrechts, in: Buggeln/Wildt (Hrsg.), Arbeit im Nationalsozialismus, S. 107–121.

(WHW).[209] Auch das Unternehmen ächzte inzwischen unter dem Spendenunwesen des NS-Regimes. Jährlich schlug die Spende an das WHW mit 100 000 RM zu Buche, und Überlegungen zu einer Reduzierung dieser Aufwendungen, wie sie im Herbst 1935 unter anderem von Fritz Opel vorgebracht worden waren, stießen beim Vorstand wie den übrigen Aufsichtsratsmitgliedern einhellig auf Ablehnung. „Da wir für das laufende Jahr voraussichtlich mit einem Abschluss herauskommen werden, der den Neid und die Bewunderung aller rechtschaffenen Menschen erregen wird", notierte dazu etwa das Aufsichtsratsmitglied Rösler, „so wäre es meines Erachtens nicht angebracht, den Beitrag zum WHW herabzusetzen und dadurch der öffentlichen Meinung unnötigerweise die Handhabe zu einer Kritik zu geben."[210] Continental werde eine sehr ansehnliche Stellung in der diesjährigen Zeichnungsliste einnehmen. Im Oktober 1938 wurde die WHW-Spende sogar auf 200 000 RM verdoppelt. Daneben überwies Continental wie alle anderen Unternehmen die jährliche „Adolf-Hitler-Spende" an die Reichsregierung, die ebenfalls knapp 100 000 RM im Jahr ausmachte. Neben den gleichfalls regelmäßigen, allerdings mit insgesamt ca. 40 000 RM deutlich niedrigeren Spenden an die NSDAP und ihre diversen Parteigliederungen klopfte noch einmal gesondert und besonders hartnäckig die SS-Formation Hannover in der Vahrenwalder Straße an, um einmalige Sonderspenden zu erhalten.[211] Dem vom Vertrauensrat im März 1938 vorgebrachten Wunsch der regelmäßigen Abführung eines „Kraft-durch-Freude-Groschen" wurde dann aber nicht entsprochen. Die freiwilligen Aufwendungen für soziale Zwecke stiegen denn auch nur wenig: von 1,3 Mio. RM im Jahr 1933 auf 1,5 Mio. RM im Jahr 1936.[212]

Am 1. Januar 1938 wurde Fritz Könecke, inzwischen 39 Jahre alt, neuer Vorstandsvorsitzender der Continental. Die Amtseinführung, verbunden mit der Verabschiedung Gehrkes und des langjährigen Vorstandsmitglieds Paul Stockhardt, wurde am 15. Januar mit einem pompösen Betriebsappell gefeiert (Abb. 18).[213]

---

209 Zu den sich daran entzündenden Klagen unter der Belegschaft vgl. Protokoll der Verwaltungsratssitzung vom 12.10.1935, in: Gefolgschaftsbuch der Continental.

210 Schreiben Rösler an Uebel vom 19.10.1935, in: BArch R 8119 F/P 02116.

211 Vgl. u. a. Protokoll der Vorstandssitzung vom 9.11.1936, vom 2.6.1937 und vom 20.4.1938, in: CUA, 6603, Zg. 3/85, A 3.

212 Vgl. u. a. die sozialen Leistungen der Continental im Geschäftsjahr 1935, in: CUA, 6610 Zg. 1/57, A 2,7, sowie die Angaben in den jeweiligen Berichten der Wirtschaftsprüfer (WP-Berichte), in: CUA, 6630 Zg. 1/56, A 33.

213 Vgl. die ausführliche Berichterstattung in der Werksgemeinschaft 3 (1938), S. 3–11. Stockhardt war offiziell schon zum 15.12.1937 in den Ruhestand getreten.

Abb. 18: Verabschiedungsfeier Gehrke am 15.1.1938. Von links nach rechts: Aufsichtsratsmitglied Rösler, General Kannengießer, Continental-Vorstand Assbroicher, Könecke, Gehrke, Frau Gehrke, Vorstand Stockhardt, IHK-Präsident Hecker, Treuhänder der Arbeit, Dr. von Maercken.

Die Feier mit den diversen Reden wurde über Werksfunk und mit Hilfe der Reichspost auf das gesamte Netz der Werke und Niederlassungen übertragen. Allen war bewusst, dass damit auch der schon länger geplante Generationswechsel in der Betriebsführung der Continental vollzogen wurde. Eigentlich lief Gehrkes Vertrag noch bis Dezember 1938, aber so lange wollte Könecke, der schon vorher maßgeblich die Unternehmenspolitik bestimmt hatte und bei zahlreichen Anlässen anstelle von Gehrke als Betriebsführer aufgetreten war, offensichtlich nicht mehr warten.[214] In seiner Antrittsrede gab er zunächst ein klares Bekenntnis zum NS-System; die Continental habe sich „freudig und vorbehaltlos dem Gemeinschaftsgedanken der nationalsozialistischen Wirtschaftsführung einzuordnen."[215] Er beschwor die reibungslose und vertrauensvolle Zusammenarbeit der „Selbstverwaltungskörperschaften eines Betriebes" – Betriebsführer, Vertrauensrat und Gefolgschaft – und präsentierte dann eine Reihe von Grundsätzen, die er als „Programm meiner Betriebsführung" verstan-

---

214 Vgl. das Schreiben des Aufsichtsrates an Gehrke vom 23.11.1937 in der Personalakte Gehrkes in: Registratur Personalabteilung. Auch Gehrke ging daher mit einer Abfindung in den Ruhestand, die zwar mit knapp 170 000 RM deutlich geringer ausfiel als die Tischbeins, für die damalige Zeit jedoch nicht weniger fürstlich war.
215 Die Einführungsrede in: Die Werksgemeinschaft 3 (1938), S. 5.

den wissen wollte, in deren Mittelpunkt er den Dienst in der großen Leistungs-
gemeinschaft des neuen Deutschen Reiches und zum Nutzen der deutschen
Volksgemeinschaft stellte. Sich selbst bezeichnete er dabei als „erster Kamerad
aller in diesem Werk Schaffenden".[216] Abschließend erneuerte er das schon von
Gehrke gegenüber der Belegschaft abgegebene Gelöbnis nach vorbildlicher
Diensterfüllung und Lebensführung zum Wohle des Unternehmens wie der Ge-
meinschaft der Volksgenossen. Teil der Zeremonie war dann auch das feierliche
Treuegelöbnis, das der Betriebsobmann Jahns für den Vertrauensrat gegenüber
Könecke ablegte.

Abb. 19: Continental-Betriebsführer Fritz Könecke

Das war die übliche und geradezu exemplarische Rhetorik eines Betriebsführers
in der NS-Zeit. Die auf ein harmonisches Miteinander bedachten Töne Köneckes
sollten jedoch nicht darüber hinwegtäuschen, dass dieser machtbewusst und
auch gut vernetzt war. Aus seiner langjährigen Funktion als Bindeglied zwischen dem Vorstand und den Leitern der Direktionsbezirke und der Bezirkslei-

---

216 Ebd.

tungen kannte Könecke das Unternehmen auch in seinen räumlichen Verästelungen gut, zugleich verfügte er aus seiner früheren Verbandstätigkeit über ein gut funktionierendes Netzwerk im Berliner Behörden- und Parteistellen-Geflecht. Er war Aufsichtsratsmitglied in der Berliner Bodenkreditbank und des KdF-Siedlungswerkes in Fallersleben, Rösler hatte ihn schon im März 1937 in den Landesausschuss der Deutschen Bank geholt, und zudem war ihm ein Jahr später ein Aufsichtsratsposten bei der Reichs-Kredit-Gesellschaft angeboten worden – dessen Annahme er jedoch von einer Zustimmung von Fritz Opel abhängig machen wollte.[217]

Schon im Oktober 1935 war Könecke auch als Nachfolger von Albert Schäfer die Position als Leiter der Fachgruppe Kautschukindustrie und damit quasi die verbandspolitische Führung und Sprecherrolle für die gesamte Branche innerhalb des komplexen Systems der nationalsozialistischen Wirtschaftsordnung angetragen worden.[218] Doch Könecke lehnte im Einvernehmen mit seinen Vorstandskollegen ab, hauptsächlich aus taktischen Gründen, um für Continental als größtem deutschen Reifenunternehmen keine zusätzlichen Angriffsflächen gegen brancheninterne wie politische Anfeindungen zu schaffen. Auch im Juli 1938, nach abermaligem Drängen der Wirtschaftsbehörden zur Übernahme der Fachgruppenleitung, war man sich im Vorstand einig, „dass die Continental sich nach wie vor von der Führung zurückhalten muss", allerdings auch, „dass eine Besetzung durch Herrn Vorwerck auf keinen Fall – da Conti-feindlich – geschehen darf und dass es taktisch richtig und vielleicht auch wertvoll ist, der Firma Semperit die Leitung zu geben."[219] Schon im Dezember 1938 jedoch sah sich Könecke zu einer Kehrtwende gezwungen. Er informierte Uebel, dass er sich nach eingehender Bearbeitung durch Wilhelm Zangen, dem Leiter der Reichsgruppe Industrie, und Dr. Hess, dem Leiter der Wirtschaftsgruppe Chemie, zu der die Kautschukindustrie gehörte, gezwungen sehe, die Fachgruppenleitung zu übernehmen. „Sowohl das Ministerium wie die genannten Gruppenleiter innerhalb der gewerblichen Wirtschaftsorganisation wünschten dringend meine Bereitwilligkeitserklärung unter Betonung, dass die Benennung eines anderen Leiters für die Fachgruppe nicht in Frage käme, sondern dass dann andere organisatorische Maßnahmen getroffen würden wie die Angliederung an die Wirtschaftsgruppe Chemie bzw. Besetzung durch einen von der Regierung benannten Kommissar."[220] Der Vorgang wirft ein erstes Schlaglicht auf die ambi-

---

217 Vgl. die Notiz Röslers vom 8.3.1938, der hinter dem Zögern Köneckes den Widerstand des Aufsichtsratsvorsitzenden Uebel vermutete, der „es nicht ungern sehen würde, wenn ihm selbst derartige Ehrenämter angeboten würden", in: BArch R 8119 F/P 02141.
218 Vgl. Protokoll der Vorstandssitzung vom 28.10.1935, in: CUA, 6603 Zg. 3/85, A 3.
219 Niederschrift der Vorstandsbesprechung vom 3.7.1938, in: ebd.
220 Schreiben Köneckes an Uebel vom 1.12.1938, in: BArch R 8119 F/P 02141.

valente Haltung Köneckes zum NS-Regime. Einerseits war er den Behörden wie Parteistellen gegenüber distanzierter als Tischbein und auch Gehrke und hatte immer die Interessen des Unternehmens im Blick. Andererseits beugte er sich schnell tatsächlichen oder angeblichen Zwängen und legte ein Verhalten opportunistischer Anpassung an den Tag. Welche Bedeutung jedenfalls auch die NS-Machthaber dem Continental-Chef zumaßen, zeigte sich darin, dass Könecke am 30. Januar 1938, nur wenige Tage nach seiner Amtsübernahme, zum Wehrwirtschaftsführer ernannt wurde.

Das Revirement im Vorstand der Continental bezog sich nicht nur auf den Vorsitz. Für Stockhardt und Gehrke rückten nun die beiden stellvertretenden Vorstandsmitglieder Schmelz und Franz als ordentliche Mitglieder in den Vorstand auf, zudem erfolgte einige Monate später, im November 1938, eine Erweiterung des Betriebsführungsgremiums durch Berufung von Dr. Georg Weber und Ernst Fellinger zu stellvertretenden Vorstandsmitgliedern. Weber, 41 Jahre alt und promovierter Physiker, war seit 1925 bei Continental und hatte dort unter anderem das Reifenprüfwesen aufgebaut. Nach einer Studienreise im März 1934 übernahm er die Leitung der Reifenfabrik in Hannover und sollte zum zentralen Manager der Reifenfertigung im Continental-Konzern werden. Fellinger war schon seit 1920 bei Continental und nach verschiedenen Positionen als Verkaufsleiter in Niederlassungen zum Hauptverantwortlichen für das Erstausrüstungsgeschäft aufgestiegen.[221] In dieser personellen Konstellation bestand der nun sechsköpfige Continental-Vorstand bis 1945. Im November 1939 sollte dann mit einer Reihe von Ernennungen zu Handlungsbevollmächtigten und Oberingenieuren, darunter die jeweiligen Werksleiter, auch der Generationswechsel in der zweiten Reihe des Continental-Managements vollzogen werden. Aus ihren Reihen rekrutierte sich nach 1945 die nächste Generation von Continental-Vorständen.

Nachhaltige Veränderungen gab es auch im Aufsichtsrat. Die wichtigste war, dass Fritz Opel am 30. August 1938 völlig unerwartet infolge eines Herzinfarkts starb. Das Vermögen Opels, das hauptsächlich aus großen Aktienpaketen bei Continental und Karstadt sowie 20 Verkaufsfilialen der Opel AG bestand, ging zum größten Teil an seine Ehefrau Martel Opel über. Einige andere Mitglieder der Familie Opel erhielten Vermächtnisse, die jedoch, soweit davon Aktien betroffen waren, an das Vermögen der Witwe gebunden waren. An der Hauptanteilseignerschaft der Familie Opel bei Continental änderte sich daher nichts, und auch die Stellung Uebels, der zum Testamentsvollstrecker und Nachlass-

---

221 Zu Weber und Fellinger vgl. die jeweiligen Personalakten mit den Anstellungsverträgen, in: Registratur Personalabteilung sowie auch „Ernennungen in unserem Hause", in: Die Werksgemeinschaft 3 (1938), S. 2f.

verwalter ernannt worden war, war bis auf weiteres unverändert.[222] Es war denn auch zu erwarten, dass über kurz oder lang andere Mitglieder der Familie Opel im Aufsichtsrat den Platz von Fritz Opel einnehmen würden, und im März 1939 wurden Geheimrat Dr. Wilhelm von Opel und Georg von Opel, Bruder bzw. ein Neffe Fritz Opels, neu in den Aufsichtsrat gewählt. Letzterer wurde auch stellvertretender Aufsichtsratsvorsitzender (Abb. 20 u. 21).

Wilhelm von Opel war zu diesem Zeitpunkt bereits 68 Jahre alt und saß weiterhin im Aufsichtsrat der Adam Opel AG. Er war wie sein Bruder Fritz bereits 1933 in die NSDAP eingetreten, aber auch förderndes Mitglied der SS. Georg von Opel dagegen mit seinen 27 Jahren repräsentierte die inzwischen dritte Generation der Opel-Familie. Auch er war NSDAP-Mitglied. Seine Interessen lagen aber weniger im unternehmerischen Bereich, auch wenn er von seinem Onkel Fritz einen Aufsichtsratssitz bei Karstadt sowie die Mitinhaberschaft der Opel-Händlervertretungen geerbt hatte. Georg von Opel war aktiver Sportler, insbesondere als Ruderer, der 1936 nur knapp die Olympiaqualifikation verpasst hatte.

Abb. 20 u. 21: Fritz Opel (links) und Wilhelm von Opel (rechts)

Und es gab ein weiteres neues Aufsichtsratsmitglied: Prof. Dr. Carl Lüer. Der 42 Jahre alte Lüer war das Musterbeispiel eines NS-Wirtschaftsfunktionärs.

---

222 Vgl. Aktennotiz Röslers vom 21.10.1938, in: BArch R 8119 F/P 02117.

Schon 1927 war er der NSDAP beigetreten – er war daher Träger des goldenen Ehrenzeichens – und hatte in der Partei Karriere gemacht. Von Haus aus ausgebildeter Banker, kam er 1938 in den Vorstand der Dresdner Bank, zuvor schon hatte er ein Aufsichtsratsmandat bei der Opel AG inne. Lüer war auch bereits zum NS-Wehrwirtschaftsführer ernannt worden, er war Präsident der IHK in Frankfurt, zeitweise Treuhänder der Arbeit für Hessen, stellvertretender Leiter der Reichswirtschaftskammer und NSDAP-Reichstagsabgeordneter.[223] Ihm hatte Fritz Opel offenbar schon länger versprochen, dass er auch bei Continental einen Aufsichtsratsposten erhalten werde, und nun hatte man in der Familie Opel beschlossen, dieses Versprechen zu erfüllen. Doch die Kandidatur Lüers traf auf entschiedenen Widerspruch des gesamten Continental-Vorstands, insbesondere auch Köneckes, der in der politischen Karriere Lüers und in der Präsenz eines Trägers des goldenen Ehrenzeichens im Continental-Aufsichtsrat eher einen Nachteil als Vorteil für das Unternehmen sah.

Zudem hatte Könecke offenbar auch eigene Pläne: Er selbst saß inzwischen im Aufsichtsrat der Reichs-Kredit-Gesellschaft und hatte den nächsten Posten im Continental-Aufsichtsrat mit einem Vertreter dieser Bank besetzen wollen.[224] Rösler, Vertreter der Deutschen Bank im Aufsichtsrat und nach wie vor stellvertretender Vorsitzender, schlug sich dabei auf die Seite Köneckes und riet Uebel dringend davon ab, die Wahl Lüers gegen den Willen des Vorstands durchzudrücken, zumal ja die Familie Opel unhinterfragt einen Aufsichtsratsposten mehr beansprucht hatte.[225] Doch Uebel blieb stur, was das weitere Verhältnis von Könecke zum Aufsichtsratsvorsitzenden nicht befördern sollte, zumal es bereits auf einer weiteren Ebene zum nächsten Machtkampf gekommen war. Uebel wollte, aus welchen Motiven auch immer, eine weitere Erhöhung der Dividende vornehmen, was Könecke, wohl in Erinnerung an die internen wie öffentlichen Turbulenzen nach der letzten Erhöhung 1936, strikt ablehnte.[226] Zudem hatte sich Uebel schon in den beiden Jahren zuvor durchgesetzt und die Dividendenzahlung auf 12 Prozent (für das Geschäftsjahr 1936) und dann 14 Prozent (für das Geschäftsjahr 1937) weiter angehoben. Eine abermalige Erhöhung barg die Gefahr, dass Continental wieder negativ in die Schlagzeilen geriet.

Schließlich ergab sich eine letzte markante Veränderung in der Zusammensetzung des Aufsichtsrates. Zum 27. Juni 1938 schied Julius B. Caspar nach fast 20-jähriger Aufsichtsratstätigkeit bei Continental aus. Ein Blick auf die näheren

---

223 Vgl. Carl Lüer, https://de.wikipedia.org/wiki/Carl_L%C3%BCer, zuletzt aufgerufen am 14.3.2019. 1941 sollte Lüer zeitweise Betriebsführer bei der Opel AG werden, danach aber wieder in den Vorstand der Dresdner Bank bis 1945 zurückkehren.
224 Vgl. Aktennotiz Rösler vom 8.3.1939, in: BArch R 8119 F/P 02117.
225 Vgl. Aktennotiz Rösler vom 25.2.1939, in: ebd.
226 Vgl. Aktennotiz Rösler vom 28.2.1939, in: ebd.

Umstände und den Verlauf des Ausscheidens zeigt jedoch, dass es ein rüder und erzwungener Hinauswurf war, an dem Könecke und Uebel ihren unrühmlichen Anteil hatten. Das Thema der „rassischen Säuberung" von Vorstand wie Aufsichtsrat und der (Selbst-)Arisierung in Verwaltung wie Wirtschaft, mit dem auch Continental bereits unmittelbar nach 1933 konfrontiert worden war, hatte nie an Brisanz verloren, sondern weiter an Öffentlichkeitswirksamkeit gewonnen, verbunden mit einer deutlichen Zunahme an politisch gesteuerter Radikalität. Nach wie vor musste jedes neue Vorstands- oder Aufsichtsratsmitglied einen Ariernachweis beibringen.[227] Im Frühjahr 1938 war Continental im Gefolge der zahlreichen antisemitischen Gesetze und Maßnahmen des NS-Regimes erneut ins Visier von Behörden und Parteistellen geraten, die einen Nachweis des rein arischen Unternehmenscharakters forderten. Die inzwischen geltenden schärferen Bestimmungen der Arisierung von Unternehmen veranlassten im Mai 1938 die IHK Hannover zu einer entsprechenden Rückfrage bei der Continental-Verwaltung, diesmal gezielt auch bezüglich der Person Julius B. Caspar.[228] Ende Mai befasste sich der Vorstand damit und man beschloss, dass Könecke mit diesem ein Gespräch führen sollte, und, wenn die Bedingungen nicht erfüllt werden könnten, dem Aufsichtsratsvorsitzenden „die Angelegenheit zur Bereinigung [zu] übergeben".[229] Gleichzeitig startete die Continental-Verwaltung eine neue Rechercheanfrage bei den Großbanken, um genauen Aufschluss darüber zu erhalten, wie viel von dem bei der letzten Hauptversammlung vertretenen Kapital sich in „arischen" bzw. „nichtarischen" Händen befand. Auch hier stand der politische Druck der IHK sowie des Gauwirtschaftsberaters dahinter, den neuen Bestimmungen der dritten Verordnung zum Reichsbürgergesetz Genüge zu tun und den noch in der Person Caspars der Continental anhaftenden Makel des nicht rein „arischen" Charakters endlich zu beseitigen.

Geradezu Panik hatte beim Continental-Vorstand jedoch die Tatsache ausgelöst, dass das Unternehmen plötzlich auf einer von der Wirtschaftsgruppe Elektroindustrie sowie einer Überwachungsstelle für Eisen und Stahl geführten „schwarzen Liste" nichtarischer Unternehmen aufgetaucht war.[230] Daraufhin war eine empfindliche Kürzung der Bezugsquote an Eisen- und Stahlmaterial verhängt worden. Auch aus dem Kundenkreis, etwa der Batteriefabrik Sonnenschein, die Abnehmerin von Gummi-Akkumulatorenkästen war, kamen mit Ver-

---

227 Vgl. die entsprechenden Schreiben der beiden Opels sowie von Trutz, Allmers und Lüer, in: Ordner Korrespondenz mit dem Aufsichtsrat 1937–1942.

228 Vgl. das Schreiben der IHK vom 28.5.1938, in: Ordner Korrespondenz über unsere Gesellschaft/Ariernachweis 1938.

229 Protokoll der Vorstandssitzung vom 31.5.1938, in: CUA, 6603, Zg. 3/85, A 3.

230 Vgl. die Aktennotiz der Deutschen Bank, Filiale Hannover vom 9.8.1938, in: HADB F 88/2028.

weis auf die schwarze Liste Ankündigungen, künftig nicht mehr bei Continental zu kaufen.[231] Von Privatkunden wie der Orosol-Großgarage in Hagen hagelte es nun ebenfalls Absagen bzw. Ankündigungen, aufgrund der Nennung als „nichtarisches" Unternehmen keine Continental-Reifen mehr zu verwenden.[232] Und schließlich landete auch die Aufforderung des „Stürmer", des antisemitischen Hetzblattes des Nürnberger Gauleiters Julius Streicher, auf dem Schreibtisch Köneckes, sich zu der Tatsache zu äußern, dass der jüdische Generalkonsul Julius B. Caspar noch im Aufsichtsrat tätig sei.[233] Der Vorstand hatte daher allen Grund, schnell zu handeln.

Und plötzlich hatten die Banken auch keine Bedenken mehr, die entsprechenden Informationen über den Anteil von „Ariern" bzw. „Nichtariern" unter ihren Depotkunden herauszugeben. Im August 1938 informierte die Berliner Zentrale der Deutschen Bank und Diskontogesellschaft Continental darüber, dass von den nom. 13 016 700 RM Continental-Aktien, die bei ihr verwahrt wurden, nom. 766 100 RM, also knapp sechs Prozent, „für uns erkennbar" jüdischer Besitz waren.[234] Nach und nach meldeten auch die anderen Depotbanken ihre „rassische Verteilung" des Continental-Aktienkapitals. Bei der Dresdner Bank waren es immerhin 13,2 Prozent jüdischer Aktienbesitz, bei der Commerz- und Privatbank Hannover sogar 21,6 Prozent.[235] Alles in allem, so stellte man jedoch in der Continental-Verwaltung erleichtert fest, befanden sich, soweit nachweisbar, von 37 Mio. RM Aktien 34,7 Mio. RM in „arischen" Händen und nur 2,2 Mio. – sechs Prozent – gehörten Juden. Ein erheblicher Anteil davon, nom. 536 200 RM, gehörte Caspar, und auch die Familie Seligmann war noch im Besitz von Continental-Aktien im Wert von nom. knapp 100 000 RM, wie das Verzeichnis der Kapitalanmeldung zur Hauptversammlung im April 1938 zeigte.[236] Im Oktober 1938 meldete der Continental-Vorstand daher in gleichlautenden Scheiben an die IHK und den Gauwirtschaftsberater, nur 6 bis 6,5 Prozent des Aktienkapitals befänden sich in jüdischem Besitz, so dass Continental auch nach den neuen strengeren Bestimmungen, wonach der „nichtarische" Aktienanteil unter 25 Prozent liegen musste, als „arisch" anzusehen sei.[237]

---

231 Vgl. die interne Notiz über ein entsprechendes Telefongespräch vom 8.8.1938, in: ebd.
232 Vgl. ebd.
233 Vgl. das Schreiben des „Stürmer" vom 22.6.1938, in: ebd.
234 Vgl. das Schreiben vom 19. bzw. 20.8.1938, in: ebd. Der Vorgang auch in: BArch R 8119 F/P 02143.
235 Vgl. die Notiz vom 22.8.1938 mit der detaillierten Aufstellung, in: Ordner Korrespondenz über unsere Gesellschaft/Ariernachweis 1938.
236 Das Verzeichnis vgl. in: ebd.
237 Schreiben an den Gauwirtschaftsberater vom 13.10.1938, in: ebd. Darin auch Schreiben Köneckes an die Überwachungsstelle vom 15.8.1938.

Inzwischen hatte auch das Gespräch Köneckes mit Caspar stattgefunden, der schließlich noch Ende Juni die sofortige Niederlegung des Aufsichtsratsmandats zusicherte. Könecke informierte daraufhin umgehend den Aufsichtsrat wie den Vertrauensrat, dass „der Jude Dr. Caspar" aus den Diensten der Continental ausgeschieden sei.[238] Doch der Hinauswurf Caspars war keineswegs so reibungslos verlaufen, wie man nach außen hin vorgab. Dieser hatte sich zunächst geweigert, sein Mandat freiwillig niederzulegen, und allenfalls angeboten, sich bei der nächsten Generalversammlung nicht mehr zur Wiederwahl zu stellen. Dafür sollte jedoch an seiner Stelle ein anderes Familienmitglied, das die „arischen" Voraussetzungen erfüllt, in den Aufsichtsrat kommen.[239] Dazu hatte sich Caspar auch die Rückendeckung durch Fritz Opel geben lassen, den er eigens in Rüsselsheim aufgesucht hatte, um die Konsequenzen der verschärften Arisierungsbestimmungen zu besprechen. Und es gab tatsächlich auch sachliche Bedenken, das Ausscheiden Caspars so unvermittelt zu vollziehen. Caspar war nicht nur schwedischer Generalkonsul und besaß auch die schwedische Staatsangehörigkeit, sondern der Aufsichtsrat war auch Besitzer von zwei Verfahrenspatenten, deren Erwerb für Continental von größter Bedeutung war. Die Verhandlungen darüber fanden in Schweden statt und liefen noch, „für die wir C.'s Mitwirkung unbedingt bedürfen", wie es in einer internen Notiz aus der Patentabteilung hieß.[240] „Vor endgültiger Erledigung dieses Patenterwerbs durch uns ist es durchaus gegen das Interesse unseres Werkes, irgendetwas gegen Caspar zu unternehmen, dessen Mitgliedschaft im Aufsichtsrat sowieso mit dem Geschäftsjahr beendet ist. Opel ist dafür, die Angelegenheit hinzuziehen."[241]

Könecke befand sich damit in einem Dilemma. Aber ungeachtet der geschäftlichen Bedenken und auch Opels Absicht, auf Zeit zu spielen, setzte er Caspar in dem Gespräch am 22. Juni die Pistole auf die Brust und präsentierte diesem drei Wege, die man gehen könne: Entweder dulde man, dass Continental in das Verzeichnis der jüdischen Betriebe aufgenommen werde, „was eine glatte Unmöglichkeit ist", oder man müsse von der Einsicht in die Verhältnisse Gebrauch machen und ihn bitten, sein Amt freiwillig sofort niederzulegen, oder der Vorstand müsse das Präsidium des Aufsichtsrats um Einberufung einer außerordentlichen Generalversammlung bitten, „um dort die Hinauswahl von Caspar aus dem Aufsichtsrat vorzunehmen."[242] Auffälligerweise erhielt Caspar am

---

238 Vgl. Protokoll der Vertrauensratssitzung vom 5.8.1938, in: Gefolgschaftsbuch Continental.
239 Vgl. Aktennotiz Könecke vom 13.6.1938, in. Ordner Korrespondenz über unsere Gesellschaft/Ariernachweis 1938.
240 Vgl. die handschriftliche Notiz ohne Datum, in: ebd.
241 Ebd.
242 Aktennotiz Könecke vom 22.6.1938, in: ebd.

selben Tag auch von Uebel in seiner Funktion als Aufsichtsratsvorsitzender einen Brief, in dem dieser ihn in einem eher rüden Ton aufforderte, die Aufsichtsratsmandate bei der Continental Gummiwerke AG und der Continental Caoutchouc Export AG zum 30. Juni des Jahres „aus freiwilliger Entschließung niederzulegen" und ihm bis zum 29. eine entsprechende Erklärung zukommen zu lassen, um damit den für Continental „unhaltbaren Zustand, im Sinne der Verordnung als jüdischer Betrieb zu gelten", zu beenden.[243]

Es scheint, dass das Ganze zwischen Aufsichtsrats- und Vorstandsvorsitzendem nicht abgesprochen war und Könecke von der in die gleiche Richtung gehenden Initiative Uebels nichts wusste. Wie auch immer, Caspar jedenfalls gab schließlich dem doppelten Druck nach und erklärte seinen Mandatsverzicht. Und so großzügig man bei den Abfindungen Tischbeins oder Gehrkes gewesen war, so kleinlich zeigte man sich bei der Frage der Auszahlung der Caspar zustehende Tantieme. Um „unliebsame Weiterungen mit Partei- und sonstigen Stellen zu vermeiden", informierte Uebel Caspar am 1. Juli in einem Brief, könne ihm unmöglich die gesamte Tantieme für das Geschäftsjahr zugebilligt werden, sondern nur der bis zum Datum des Ausscheidens sich ergebende Anteil. Statt ca. 60 000 RM erhielt Caspar daher nur 29 000 RM an Tantieme, großzügigerweise, so sah es jedenfalls Uebel, könne man ihm darüber hinaus ohne Anerkennung irgendeines Anspruchs noch einen zusätzlichen Betrag von 15 000 RM zubilligen, der allerdings auch erst frühestens nach der nächstjährigen Hauptversammlung im Frühjahr 1939 ausbezahlt werden könne.[244] Damit war die Arisierung der Continental, zumindest was die leitenden Positionen anging, abgeschlossen. Was in anderen Großunternehmen in kürzester Zeit unmittelbar nach der Machtergreifung erfolgt war, hatte bei Continental fast sechs Jahre gedauert, und man kann dem Vorstand wie auch dem Hauptanteilseigner Opel durchaus zugutehalten, dass sie Caspar so lange in seiner Position behalten hatten, obwohl alle von dessen jüdischen Abstammung wussten, und erst auf den massiven Druck von außen und als Reaktion auf die Entwicklungen, die über kurz oder lang die Existenz des Unternehmens auf dem Spiel gestellt hätten, den Wandel zum nun wirklich „rein arischen" Unternehmen vollzogen.[245] Im Aufsichtsrat saßen nun mit Uebel, Wilhelm und Georg von Opel drei Vertreter des Hauptaktionärs, daneben Rösler und Lüer als Vertreter von Großbanken

---

243 Briefe Uebel an Caspar vom 22.6.1938, in: Ordner Korrespondenz mit dem Aufsichtsrat 1936–1942.
244 Brief Uebel an Caspar vom 1.7.1938, in: ebd.
245 Im September 1939 erhielt Könecke dann noch einmal von der Wirtschaftsgruppe Metallwaren und verwandte Industriezweige die Aufforderung, einen Bericht darüber abzugeben, ob die Arisierung im Unternehmen erfolgt sei. Vgl. das empörte Antwortschreiben Köneckes vom 14.9.1939, in: Ordner Korrespondenz über unsere Gesellschaft/Ariernachweis 1938.

sowie Allmers und Trutz, die dem Lager der Automobilindustrie zuzurechnen waren. Uebel vertrat zwar weiterhin aktiv die Interessen der Familie Opel als Großaktionär, aber er versah sein Amt als Aufsichtsratsvorsitzender eher in der Art eines Buchhalters und hatte bei weitem nicht die Durchsetzungskraft und das unternehmerische Gespür eines Fritz Opel. Und die beiden direkten Vertreter der Familie Opel verstanden sich eher als passive Finanzinvestoren und hielten sich von Einmischungen in die Unternehmenspolitik des Vorstands zurück.

Größere Bedeutung als der Aufsichtsrat, der ja auch in Köneckes Darstellung der „Continental-Selbstverwaltungsorgane" bei seiner Antrittsrede keine Erwähnung gefunden hatte, hatte für den neuen Betriebsführer daher der Vertrauensrat. Und dabei setzte Könecke die Politik seiner beiden Vorgänger weiter fort, die sich einerseits den Diskussionen der neuen Belegschaftsvertreter gegenüber offen gezeigt hatten, letztlich aber den Vertrauensrat nur als dem Vorstand zugeordnetes Gremium und Mittel zum Zweck der Durchsetzung betrieblicher Maßnahmen verstand. Mit Betriebsobmann Jahns verbanden ihn offenbar ein weitgehendes Einvernehmen und auch eine persönliche Wertschätzung. Beide präsentierten sich jedenfalls in der betrieblichen wie außerbetrieblichen Öffentlichkeit als personifizierter Ausdruck der gelebten Betriebsgemeinschaft oft zusammen.

Abb. 22 u. 23: Gemeinsame Auftritte von Könecke und Jahns als Symbol der NS-Betriebsgemeinschaft

Es scheinen allerdings zunächst nicht mehr viele Sitzungen des Vertrauensrates stattgefunden zu haben. Bis August 1938 sind noch fünf Sitzungen nachgewiesen, in denen vor allem Könecke das Wort führte und über die jeweiligen Verhandlungen mit den Berliner Behörden und das abgelaufene Geschäftsjahr informierte.[246] Der offensichtliche Bedeutungsverlust des Vertrauensrates im hannoverschen Hauptwerk hatte wohl auch damit zu tun, dass seit dem Mai 1937 ein Unternehmensbeirat eingerichtet worden war. Eigentlich gab es diesen auf der Basis der Bestimmungen des AOG seit 1935, aber er hatte bei Continental weitgehend nur auf dem Papier gestanden. Laut Gesetz hatte der Betriebsführer aus den Vertrauensräten der einzelnen Betriebe einen eigenen Beirat zu berufen, dieser hatte also praktisch die Funktion eines früheren Konzernbetriebsrates. Neben Gehrke und Assbroicher sowie Jahns und fünf weiteren Vertrauensräte aus Hannover, Korbach und den Niederlassungen Berlin und Dresden saßen daher 1937 auch Willy Kupfahl, der Werksleiter in Korbach, sowie Renatus Ziegenspeck und August Prinzel als Betriebsleiter der Niederlassungen in dem Gremium. Im Frühjahr 1938 erfolgte jedoch aufgrund einer neuen Durchfüh-

---

246 Vgl. die Protokolle der Vertrauensratssitzungen vom 15.2., 14.3., 25.4., 20.6. und 15.8.1938, in: Gefolgschaftsbuch Continental. Weitere Sitzungen fanden am 18.1. und 29.3.1939 statt. Danach sind keine Sitzungen mehr vermerkt.

rungsverordnung zum AOG eine Neukonstituierung des Unternehmensbeirats, wonach die anderen Betriebsführer ausscheiden mussten und nur noch der Konzernvorstand als einziger Betriebsführer neben zehn Vertrauensräten im Unternehmensbeirat saß. Im April 1938 gehörten damit diesem Gremium an: Könecke sowie Gustav Jahns, Hans Rosenbohm (als Vertreter der Angestellten) und Walter Anhalt für Hannover, Adolf Hermanns für Limmer, Fritz Kesper für Korbach und Herbert Meeden bzw. Max Stiller für die Niederlassungen.[247]

Künftig wurden hier die wichtigsten Betriebsangelegenheiten verhandelt. Dass dabei Könecke immer das letzte Wort hatte und die letztendliche Entscheidung traf, zeigen die erhaltenen Protokolle.[248] Wie fest Könecke die Zügel in der Hand hielt, zeigen auch die Besprechungen, die der Betriebsführer zusammen mit seinem Stellvertreter, Heinz Assbroicher, am 16. Januar 1939 führte. An diesem Tag hatte der Vorstandsvorsitzende zu einem großen Sitzungsmarathon eingeladen, an dem zunächst am Vormittag die stellvertretenden Betriebsführer des Werks Korbach und der Niederlassungen vorgeladen wurden, eine Stunde später gefolgt von den stellvertretenden Betriebsführern und den Betriebsobleuten im Stammhaus Hannover und in Limmer, und schließlich traf Könecke am Nachmittag mit dem Unternehmensbeirat zusammen.[249] Die dabei vorgebrachten Forderungen und Bitten der Vertrauensräte, insbesondere nach Einführung von Leistungslöhnen statt Tariflöhnen und einer konzernweiten Tarifangleichung, d. h. von Stammhaus und Continental-Vertretungen, wurden mit Hinweis auf dem entgegenstehende Bestimmungen des Reichtreuhänders der Arbeit, der keinen eigenen Continental-Tarif akzeptieren würde, durchwegs abgelehnt. Aber auch der Vertrauensrat Kesper aus Korbach scheiterte mit seinem Vorschlag, zur Verbesserung der Verkehrsbedingungen Omnibusse für diejenigen Werkspendler anzuschaffen, die an Orten mit schlechten oder gar keinen Eisenbahnverbindungen wohnten. „Nach Ansicht des Betriebsführers wird die Lösung dieser Frage nicht in der Beschaffung eines oder mehrerer Omnibusse gesehen, sondern in einer Beschränkung des Einzugsgebietes des Korbacher Werks bezüglich seiner Mitarbeiter auf verkehrstechnisch günstig erreichbare Ortschaften", hieß es dazu lapidar in dem Besprechungsprotokoll.[250] Letztendlich diente Köneckes große Besprechungsaktion nur dem Ziel der Mobilisierung der Leistungsbereitschaft und dazu, die Mitarbeiter auf eine künftige Expansionspolitik von Continental einzuschwören.

---

247 Vgl. die Liste in: CUA, 6610 Zg. 1/57, A 8,2. Darin auch ein Artikel in der DAF-Zeitschrift „Der Angriff" vom 13.7.1937: „Unternehmensbeirat ist einzuberufen".
248 Vgl. Aktennotiz Könecke zur Sitzung des Unternehmensbeirats am 25.4.1938, in: CUA, 6610 Zg. 1/57, A 8,2.
249 Vgl. die Protokolle der drei Sitzungen in: CUA, 6610 Zg. 1/57, A 8,2.
250 Vgl. Sitzungsbericht vom 16.1.1939, in: ebd.

Jahns selbst hatte von diesem Bedeutungswandel der betrieblichen Interessenvertretung profitiert, da er ab 1. Januar zum Hauptbetriebsobmann ernannt worden war, zum obersten Vertrauensmann und Repräsentant der Continental-Gefolgschaft gegenüber der Betriebsführung für den gesamten Konzern. Selbst von seinen Belastungszeugen wurde später zugestanden, dass Jahns im Betrieb enormen Einfluss hatte, ihm aber auch großes Vertrauen entgegengebracht wurde. „Er war human, nicht aggressiv, er war eine Respektsperson in der Firma.“[251] Es spricht viel dafür, dass Jahns ein Mensch mit zwei Gesichtern war. Einerseits gab er den DAF-Amtsleitern, Betriebsobleuten und Vertrauensratsmitgliedern den Auftrag, die Arbeiterschaft scharf anzufassen und Widerspenstige zu melden. Wenn diese sich dann über das Vorgehen bei ihm beschwerten, so lehnte er die Verantwortung dafür ab, gab sich jovial und verständnisvoll und gab die Schuld den anderen, um sich dadurch bei der Belegschaft in ein gutes Licht zu setzen.[252]

Durch Umbildung der NSDAP-Ortsgruppen im Frühjahr 1939 durch den Gauleiter und die Schaffung einer neuen, eigenen Ortsgruppe „Conti“, deren Leitung gleichfalls Jahns übertragen wurde, erhielt dieser einen weiteren Bedeutungs- und Machtzuwachs. Jahns hatte offenbar auch ein gewisses Geltungsbedürfnis, denn seine Hauptbetriebsobmann-Uniform schmückte er mit dem Abzeichen eines Kreisleiters. Und er brüstete sich direkter Kontakte und guter Beziehungen zu hohen NS-Funktionären in Berlin wie Göring und Goebbels. Dennoch gab es, wie bei vielen anderen Großbetrieben durchaus der Fall, bei Continental keine Nebenherrschaft des Hauptbetriebsobmann oder gar den Aufbau einer Schreckensherrschaft außer- und unterhalb der Zuständigkeiten des Vorstands auf Betriebsebene – zumindest bis zum Ausbruch des Krieges. Die später erhobenen Vorwürfe gegen Jahns, dass er einzelne missliebige Mitarbeiter an die Gestapo gemeldet und für deren Verhaftung gesorgt habe, bezogen sich erst auf die späteren Jahre. Es gibt keine direkten Hinweise, mag aber gut sein, dass letztendlich viele innerbetriebliche Regelungen auf dem kurzen Wege direkt zwischen Könecke und Jahns besprochen und entschieden wurden. In seinem Entnazifizierungsverfahren, in dem sich Könecke als Gegner des NS-Regimes und nachgerade Widerstandskämpfer darzustellen suchte, lasen sich die seinerzeitigen Besprechungen und Aushandlungsprozesse mit Jahns und dem Vertrauensrat dann allerdings so:

---

251 Protokoll der Spruchkammersitzung vom 16.6.1950, S. 4, in: NLA HA Nds. 171 Hannover Nr. 20322.
252 So auch die Aussage eines ehemaligen Vertrauensratsmitglieds 1947 anlässlich des Entnazifizierungsverfahrens gegen Jahns, in: ebd.

> Einmal in der Woche, wenn nicht zweimal, habe ich systematisch den Hauptbetriebsob-
> mann Jahns politisch über den Wahnsinn der Maßnahmen seiner Partei und insbesondere
> ihrer Führer aufgeklärt unter Aufführung von Einzelheiten. Nur so konnte ich ihn und sei-
> ne zahlreichen politischen Mitarbeiter dahin bringen, mir zu folgen bei der Steuerung ei-
> nes wirtschaftlich und sozial vernünftigen Kurses. Ich wagte damit das Äußerste, was ein
> Betriebsführer überhaupt wagen konnte![253]

Letztlich hatte sich damit seit dem Amtsantritt Köneckes die Bedeutung in der
Konstellation der Corporate-Governance-Strukturen weiter in Richtung des Vorstands verschoben, so dass dieser eine größere Aktionsfreiheit bei seinen unternehmenspolitischen Maßnahmen erhielt. In vielem war der Vorstand allerdings
inzwischen Getriebener und nicht Treiber seiner Maßnahmen, insbesondere in
der Arbeitskräftepolitik. Nach Überwindung der kritischen Jahre 1935 und 1936
hatten sich im Zuge der massiven Aufrüstung die beschäftigungspolitischen
Vorzeichen geändert. Die Gefolgschaftspolitik stand ganz im Zeichen von Arbeitskräftemangel und den Bemühungen um Rekrutierung von neuen Arbeitern
und Angestellten. So klagte etwa im Juni 1938 der Leiter der Berliner Continental-Niederlassung gegenüber Könecke:

> Wie Ihnen bekannt, wurde am 14. des Monats durch den Führer der gewaltige Umbau der
> Reichshauptstadt angeordnet [...] Durch diese enormen Umbauten werden seitens der be-
> teiligten Baufirmen und Unternehmungen eine große Anzahl von Arbeitskräften benötigt.
> Die Arbeitsämter sind, wie wir uns selbst überzeugen konnten, an Arbeitskräften er-
> schöpft, nur unbrauchbares Material, z. B. Halberwerbsfähige und Kranke sind noch zu
> haben. Es wird der Moment eintreten, dass geschulte sowie auch gesunde ungelernte Ar-
> beitskräfte ihre Arbeitsplätze gegen solche auf Neubauten, gegen höheren Lohn, eintau-
> schen.[254]

Im Einvernehmen mit dem Vertrauensrat habe man daher allen Gefolgschaftsmitgliedern, die im Stundenlohn standen, eine Leistungszulage gewährt. Im
März 1939 hatten sich auch im Stammwerk Hannover die Eigenkündigungen
von Gefolgschaftsmitgliedern so enorm gehäuft, dass sich der Vorstand zu einem alarmierten Rundschreiben „an die Herren Betriebsleiter und Betriebsärzte, Abteilung ‚M', Arbeiterannahme, Plan-Abteilungen und Vertrauensrat" gezwungen sah. Künftig gab es bei Continental eine eigene Zentralstelle, bei der
alle Kündigungsgesuche zusammenliefen und die Einzelfälle dann durch Rücksprache mit der Abteilung „Arbeit", der Betriebsleitung und dem Vertrauensrat

---

253 Aussage Köneckes anlässlich seines Entnazifizierungsverfahrens, 10.8.1946, S. 9, in: NLA
HA Nds. 171 Hannover Nr. 32086.
254 Schreiben Ziegenspeck an Könecke vom 16.6.1938, in: Ordner Personal der Niederlassungen.

besprochen und „geklärt" wurden.[255] Im Juni 1939 hatte sich die Arbeitskräftesituation durch das wachsende Missverhältnis zwischen Personalabgängen und möglichen Einstellungen weiter so verschärft, dass Könecke bei den Berliner Stellen einen generellen Kündigungsschutz für die Gummi-Industrie beantragte.[256] Die Handhabe dazu bot prinzipiell eine im März 1939 erlassene Durchführungsverordnung zur „Verordnung zur Sicherstellung des Kräftebedarfs für Aufgaben von besonderer staatspolitischer Bedeutung", durch die für einzelne Wirtschafts- und Industriebereiche eine generelle Beschränkung des Arbeitsplatzwechsels eingeführt werden konnte. Doch nur kurz darauf musste man realisieren, dass Continental nicht unter diese Verordnung fiel und daher keinerlei gesetzliche Handhabe bestand, eine Kündigung zu verweigern.[257] Die gleichzeitig vorgenommene deutliche Erhöhung der Kündigungsfristen, insbesondere in den Arbeitsverträgen der technischen Angestellten, bedeutete nur einen Tropfen auf den heißen Stein und konnte die hohe Fluktuation nicht stoppen.[258] „Die Schwierigkeiten, geeignetes und fachlich geschultes Personal zu bekommen werden immer größer", hieß es in einer internen Notiz der Personal-Abteilung Ende Mai 1939, „und wir müssen uns deshalb an den Gedanken gewöhnen, bei zusätzlichen Einstellungen in vielen Fällen auf die fachliche Vorbildung, die als Voraussetzung notwendig erscheint, zu verzichten."[259]

Zudem bestand allenthalben auch die Gefahr, dass die Arbeitsämter direkt in die Personalpolitik der Unternehmen eingriffen und „uns veranlassen könnten, in weniger wichtigen Artikeln die Leute fortzuziehen", wie Assbroicher auf der Vorstandssitzung Ende Mai 1939 berichtete.[260] Um dem entgegenzuwirken, startete die Verwaltung eine Untersuchung über die besonders arbeitskräfteintensiven Artikel und deren Rentabilität, um im Zweifelsfall diese Fertigungsbereiche aufzugeben und die freigestellten Leute innerbetrieblich umzusetzen. In einem als streng vertraulich gekennzeichnetem Schreiben „an alle zeichnungsberechtigten Herren und Abteilungsleiter" kündigte der Vorstand in diesem Zusammenhang im Juni 1939 an, dass der Botenverkehr deutlich eingeschränkt werde; für die Aufrechterhaltung der innerbetrieblichen Kommunikation wurde auf „unsere viel zu wenig benutzte Rohrpostanlage" verwiesen.[261] Allerdings behinderte auch der gleichzeitige Mangel an Stenotypistinnen die Arbeitsabläufe,

---

255 Vgl. Rundschreiben vom 10.3.1939, in: Ordner Personal der Hannoverschen Werke.
256 Vgl. Protokoll der Vorstandssitzung vom 5.6.1939, in: CUA, 6603, Zg. 3/85, A 3.
257 Vgl. das Rundschreiben vom 14.4.1939, in: CUA, 6500 Zg. 1/68, A 4.
258 Vgl. Notiz Liesegang an Vorstandsmitglied Direktor Schmelz vom 9.3.1939, in: Ordner Personal der Hannoverschen Werke.
259 Schreiben vom 23.5.1939, in: ebd.
260 Protokoll der Vorstandssitzung vom 24.5.1939, S. 3, in: CUA, 6603, Zg. 3/85, A 3.
261 Rundschreiben vom 19.6.1939, in: Ordner Personal der Hannoverschen Werke.

so dass es „nur unter Aufwendung aller Kräfte zur Zeit möglich [ist], den Briefwechsel des Hauses zu erledigen."[262]

Tatsächlich hatte die Frauenarbeit längst wieder an Umfang und Bedeutung gewonnen und im Zuge dessen auch eine ideologische Umdeutung erfahren. Schon Ende 1936 hatte die Personalabteilung bemerkt, dass es aufgrund des vom NS-Regime gesteuerten Konjunkturaufschwungs inzwischen einen empfindlichen Mangel an Arbeitskräften gab und „Arbeiterinnen für Spezialzwecke in unserer eigenen Fabrik nicht vorhanden sind."[263] Vor allem in Korbach hatte man bereits frühzeitig wieder mit der Einstellung von Frauen begonnen; im Juni 1937 ergab sich dort ein zusätzlicher Arbeitskräftebedarf von 75 Personen, den man mit zunächst 40 neu eingestellten Frauen zumindest halbwegs decken konnte. „Eine Einstellung von Männern ist nicht nötig, denn wir haben noch etwa 100 Männer an Frauenarbeit beschäftigt", notierte der Korbacher Werksleiter in seinem Brief an Produktionsvorstand Assbroicher. „Wir könnten also bei der Einstellung von Frauen die Männer wieder für eigentliche Männerarbeit frei machen und dadurch das Verhältnis Frauen zu Männern gesünder gestalten."[264] Im Sommer 1939 hatten jedoch in Korbach die Abwanderungen der weiblichen Arbeitskräfte derart überhandgenommen, dass man das Landesarbeitsamt um Hilfe und den Erlass eines Kündigungsverbot bat. Von den 289 beschäftigten Frauen waren allein innerhalb von zwei Monaten 44 abgewandert, bei nur neun Neueinstellungen, so dass es zu einem deutlichen Einbruch der Fahrraddecken-Produktion gekommen war.[265] Man hoffte, dass das Landesarbeitsamt durch zwangsweise Dienstverpflichtungen die benötigten Arbeitskräfte beschaffen konnte. 1938 erreichte der Anteil der Frauen an der Continental-Belegschaft mit 4429 bzw. 26,9 Prozent absolut wie relativ einen Höchststand, und 1939 betrug die Frauenbeschäftigung 30 Prozent, allerdings schlug sich hier statistisch bereits der massive Abzug von Männern zur Wehrmacht infolge des Kriegsbeginns nieder.[266]

---

262 Rundschreiben des Vorstands vom 19.6.1939, in: ebd. Als Ausweg wurde zum einen vorgeschlagen, sich kürzer zu fassen, da „im Allgemeinen viel zu viel geschrieben" werde, zum anderen wurde die verstärkte Benutzung der damals als noch immer als technische Neuheit geltenden Parlographen, d. h. Diktiergeräten, angeraten.

263 Vgl. Rundschreiben des Vorstands vom 14.12.1936, in: Ordner Personal der Hannoverschen Werke. Vgl. auch die Notiz der Werksleitung Korbach vom 10.7.1936 über den Einsatz von Frauen in der Fahrradreifenfertigung und die spezifisch höhere Fluktuation bei den weiblichen Arbeitskräften, in: Werksarchiv Korbach, Ordner Beschäftigtenstatistik.

264 Schreiben vom 19.6.1937, in: ebd.

265 Vgl. Schreiben an das Landesarbeitsamt vom 1.7.1939, in: ebd.

266 Vgl. die Angaben in: Statistik der Continental, in: CUA, 6633 versch. Zg., A 3.

Die neue Wertschätzung der Frauen als Arbeitskräfte wurde auch in zahlreichen Abbildungen und Würdigungen in der Betriebszeitung „Werksgemeinschaft" sichtbar (Abb. 24 bis 27). In einem Bericht wurde etwa eingehend über den Werdegang und vor allem die Leistungssteigerung einer „Werkskameradin" der Reifenfabrik berichtet, die zunächst als Kontoristin bei Continental angefangen hatte, sich dann aber in einer achtwöchigen Lehrzeit zur Reifenwicklerin umschulen ließ und im Laufe der Zeit ihre Arbeitsleistung von zunächst 16 gewickelten Motorradreifen auf 50 Reifen pro Tag steigerte, um schließlich auf einen persönlichen Rekord von 154 Reifen zu kommen – „eine gewiss gute Leistung", wie die Redaktion der „Werksgemeinschaft" gönnerhaft anmerkte.[267]

---

267 Vgl. „130 000 Reifen gewickelt. Die Leistung einer Arbeitskameradin in drei Jahren", in: Die Werksgemeinschaft 3 (1938), S. 5.

Abb. 24–27: Frauenarbeit bei Continental 1936/1938: Gummiball-Spritzen, Reifenwicklerin, Herstellung von Gasmasken und Reifenschläuchen.

Angesichts dieser geradezu dramatischen Veränderung des Qualifikationsniveaus bei neu eingestellten Arbeiter und Angestellten, des Verlustes von gut ausgebildeten Betriebsangehörigen infolge der Abwanderungen sowie der politisch erzwungenen Hereinnahme älterer Angestellter war es von erheblicher Bedeutung, die betrieblichen Berufsausbildungs- und Weiterbildungsmaßnahmen zu intensivieren. Ansätze dazu gab es bei Continental zwar schon lange, aber erst 1935 begann eine systematische und auch mit einem dafür eigens abgestellten Abteilungsleiter professionell aufgezogene Berufsausbildung und Personalentwicklung.[268] Ende 1938 hoben Könecke und Jahns gemeinsam das „Berufserziehungswerk der Deutschen Arbeitsfront" bei den Continental Gummi-Werken aus der Taufe, in dem detaillierte Lehr-, Aus- und Fortbildungsmaßnahmen für Erwachsene wie Jugendliche entwickelt worden waren.[269] Einen Meilenstein für die Schaffung eines qualifizierten Nachwuchses für die Gummiindustrie bedeutete dabei die im Dezember 1939 nicht zuletzt auch auf Drängen von Continental erfolgte Neuschaffung des Berufes eines Gummijungwerkers (Abb. 28). Gleichzeitig wurden die Lehrzeiten bei gewerblichen Lehrlingen von vier auf drei, bei kaufmännischen Lehrlingen von drei auf zweieinhalb Jahre gesenkt.[270]

Abb. 28: Werbeanzeige der Continental-Lehrwerkstatt

---

268 Leiter wurde 1936 Siegfried Liesegang, der ursprünglich aus dem Lastwagenreifen-Verkaufsbereich kam. Liesegang war kein NSDAP-Mitglied und wurde im Juni 1939 endgültig zum Leiter der Personalabteilung und des kaufmännischen Ausbildungswesens berufen. Vgl. dessen Personalakte in: Registratur Personalabteilung sowie die Chronologische Folge der Berufsbildungsmaßnahmen seit 1935 in: CUA, 6610 Zg. 1/57, A 20.
269 Vgl. die entsprechende Broschüre, in: CUA, ohne Signatur.
270 Vgl. die entsprechenden Eintragungen im Gefolgschaftsbuch der Continental.

Die verschärften Arisierungsbestimmungen im Zuge der sich radikalisierenden Diskriminierungs- und Verfolgungspolitik gegen Juden brachten 1938 noch eine weitere Dimension in die Belegschaftspolitik von Continental, die bisher noch keine große Rolle gespielt hatte: Die Säuberung nicht nur der Leitungsgremien, sondern auch der Gefolgschaft von „nichtarischen" Mitarbeitern. Dass man sich in der Personalabteilung über dieses Thema durchaus schon früh Gedanken gemacht hatte, zeigt eine Zusammenstellung der Ausländer und Juden unter den Arbeitern und Angestellten des Unternehmens vom Mai 1933.[271] Diese erste Übersicht ergab, dass in den Werken und deutschen Niederlassungen damals zwölf „Ausländer" beschäftigt waren, allerdings waren alle, bis auf einen Italiener, eine jugoslawischen Staatsangehörigen und eine Luxemburgerin Österreicher, Schweizer oder Tschechoslowaken. Daneben registrierte man, soweit überhaupt ermittelbar, dreizehn Juden bzw. Jüdinnen. Bis 1936 hatte sich die Zahl der Ausländer auf 16 Angestellte und 11 Arbeiter, d. h. insgesamt 27, deutlich erhöht, unter anderem war eine Angestellte in der Rechnungsabteilung Staatsangehörige der USA, ein Arbeiter aus Limmer war Norweger, ein anderer Engländer. Das Thema jüdischer Gefolgschaftsmitglieder spielte zunächst offenbar keine Rolle mehr, auch wenn im Mai 1936 ein Rundschreiben des Vorstands an die Geschäftsleitung der Niederlassungen gegangen war, in der unter anderem die Meldung der „nichtarischen" Personen gefordert wurde.[272] Noch konzentrierte sich das Interesse der diversen Parteistellen, darunter das „Zentralkomitee zur Abwehr der jüdischen Greuel- und Boykotthetze", auf die Verfolgung von Juden unter den Aufsichtsrats-, Vorstands- und Geschäftsführungsmitgliedern.[273] Erst im Februar 1938 erfolgte eine detaillierte Aufstellung der „Volljuden" und „Mischlinge" mit genauer Angabe der Abteilungszugehörigkeit, Monatsverdienste und auch gesetzlichen Kündigungsfristen.[274] Unter den zu diesem Zeitpunkt registrierten 15 Angestellten und zwei Lohnempfängern war auch Heinz Caspar, der Sohn des ehemaligen Aufsichtsrats Julius Caspar, der in der Niederlassung Hamburg tätig war. Doch es gab vor allem zwei herausragende jüdischen Angestellten, die auch obere Leitungspositionen innehatten und deshalb für Continental erhebliche Bedeutung hinsichtlich ihrer Erfahrungen und Kompetenzen hatten: Meyer Hirschberg in der Finanzabteilung und Dr. Richard Weil in der Chemischen Abteilung.

---

271 Vgl. CUA, 6610 Zg. 1/57, A 14,2.
272 Vgl. Rundschreiben vom 29.5.1936, in: Ordner Personal der Niederlassungen.
273 Vgl. Schreiben des Vorstands an Aufsichtsrat Rösler betr. Auskunftserteilung u. a. auch an das „Zentralkomitee" durch das Unternehmen vom 22.10.1935, in: BArch R 8119 F, P 02116.
274 Vgl. die Aufstellung vom 1.2.1938 und eine ergänzende Aufstellung vom 22.9.1938, in: ebd.

Hirschberg, 1888 geboren und damit im kritischen Jahr 1938 50 Jahre alt, hatte eine bankfachliche Vorbildung und war 1912 zu Continental gekommen.[275] Im Laufe der Jahre wurde er – 1928 zum Leiter der Finanzabteilung und 1929 zum Prokuristen ernannt – einer der wichtigsten Finanzfachleute im Unternehmen. Ihm unterstand die Führung der in- und ausländischen Bank- und Rohgummi-Konten sowie die Verwaltung des Wechsel- und Wertpapierbestandes und die Mitverfügung über die Geldbestände und den Rohgummi-Einkauf. Er verstand es, bei den ständigen Verhandlungen mit ausländischen Lieferanten und Kreditgebern wie mit den staatlichen Devisenbehörden geschickt auf der Klaviatur der Beschaffungs- und Finanzierungserfordernisse zu spielen, und im Zeichen der sich nach 1933 schnell verschärfenden Rohstoff- und Devisenknappheit wurde er für Continental eigentlich unverzichtbar. Dies und die Tatsache der Teilnahme am Ersten Weltkrieg, aus dem Hirschberg mit einer Kriegsbeschädigung zurückkam, schützen ihn lange vor einer Entlassung. Noch im Januar 1935 hatte man mit ihm einen neuen Anstellungsvertrag geschlossen, mit verschärften Konkurrenzklauseln, um eine Abwanderung an einen Wettbewerber zu verhindern, allerdings auch mit nur noch zweijähriger Laufzeit.[276] Im Oktober 1937 gratulierte ihm der Continental-Vorstand in einem offiziellen Schreiben zu seinem 25-jährigen Betriebsjubiläum, verbunden mit einer Jubiläumsnadel sowie einer Sondergratifikation von 2000 RM.

Richard Weil, 1880 geboren, hatte Chemie studiert und 1904 bei dem damals berühmten Kautschukchemiker Carl Dietrich Harries in Berlin promoviert und war für zwei Jahre dessen Assistent in Kiel. 1906 trat er in die Continental ein und wurde Leiter des damals neu errichteten wissenschaftlich-chemischen Laboratoriums.[277] Weil war von Anfang an in die zu Beginn des Ersten Weltkriegs erfolgten frühen Kunstkautschukforschungen des Unternehmens involviert, hatte 1926 Prokura erhalten und war nach 1933 mit den vom NS-Regime gesteuerten Maßnahmen zur Entwicklung eines deutschen Kautschuks zum ausgewiesensten Buna-Fachmann bei Continental geworden. Im Mai 1933 hatte er für seine wissenschaftlichen Verdienste die „Harries-Plakette" der Deutschen Kautschuk-Gesellschaft erhalten. Auch sein Verbleib im Unternehmen war unverzichtbar. Weil hatte im Übrigen auch den Mut gehabt, am Vorabend des 1. Mai gegenüber Tischbein und dessen auch per Rundschreiben an die leitenden

---

275 Vgl. den Anstellungsvertrag in: Personalakte Hirschberg in: Registratur Personalabteilung.
276 Vgl. ebd.
277 Vgl. Lebenslauf und Anstellungsvertrag von Weil in dessen Personalakte, in: Registratur Personalabteilung.

Mitarbeiter verbreiteten Hymnen auf das neue Regime sein Fernbleiben von der Maifeier der Continental anzukündigen.[278]

Hirschberg, aber vor allem Weil waren schon 1935 ins Visier verschiedener staatlicher Stellen geraten. Insbesondere waren beide in der Definition des NS-Regimes bei Continental an wehrpolitischen Dingen beschäftigt, zumindest nach der Auffassung der Gestapo, die sich im November 1935 mit einer Anfrage an den Continental-Abwehrbeauftragten Riehm gewandt hatte.[279] Doch dieser konnte ein Schreiben Paul Pleigers, führender Mitarbeiter im Stabe Wilhelm Kepplers, des Beauftragten Hitlers in Wirtschaftsfragen und Sonderbeauftragter für Deutsche Rohstoffe, vorweisen. Darin bestätigte Pleiger dem Unternehmen, dass ihm die Beschäftigung der beiden Nichtarier Weil und Hirschberg bekannt sei, von Seiten der Continental ihm jedoch bestätigt worden sei, dass beide nicht mit wehrpolitischen Dingen befasst seien und das Unternehmen zudem im Rahmen des technisch Möglichen für Ersatz der beiden Herren schnellstens sorgen werde.[280] Das Schreiben blieb offenbar auf die Gestapo-Beamten nicht ohne Eindruck. In ihrem Bericht folgte man der Argumentation des Unternehmens, dass durch eine Kündigung Weils die Gefahr bestünde, dass dieser dann seine Kenntnisse im Ausland verwerten werde, was nicht nur der Continental, sondern auch dem Deutschen Reich schaden würde.[281]

Auch der Vertrauensrat und selbst der Leiter der Reichsbetriebsgemeinschaft Chemie und Landesobmann der NSBO zogen bei der Deckung von Hirschberg und Weil mit. Aus Kreisen der Belegschaft, notierte Riehm, habe es zu keinem Zeitpunkt über die beiden Angestellten wegen ihres jüdischen Hintergrunds Klagen gegeben. Dass etwaige Beschwerden, als „Arier" von einem „Nichtarier" Anweisungen entgegenzunehmen oder hierarchisch diesem unterstellt zu seien, inzwischen durchaus eine gesetzliche Grundlage besaßen, zeigte ein Arbeitsgerichtsurteil im März 1936. Der Continental-Vorstand beschloss aber, erst einmal abzuwarten, ob tatsächlich irgendwelche Klagen laut würden, die darauf abzielten, dass sich Werksangehörige weigerten, mit Weil oder Hirschberg zusammenzuarbeiten. Erst dann wollte man, in welcher Art und Weise auch immer, eingreifen.[282] Dass es innbetrieblich ruhig blieb, dafür sorgte wohl auch Paul Stockhardt, der damalige Vorstand für F&E bei Continental, der seine schützende Hand über Weil hielt und schon im September 1935 ein erstes

---

278 Vgl. den Brief Weils vom 29.4.1933, in: Personalakte Weil.

279 Vgl. Notiz Riehm vom 29.11.1935, in: CUA, 6610 Zg. 1/57, A 14,2.

280 Schreiben Pleigers vom 27.11.1935, in: ebd.

281 Vgl. Notiz Riehm vom 29.11.1935, in: ebd.

282 Vgl. Protokoll der Vorstandssitzung vom 18.3.1936, in: CUA, 6603, Zg. 3/85, A 3.

Mal nach Berlin zu Pleiger gefahren war, um eine Belassung Hirschbergs und Weils im Unternehmen zu erreichen.[283]

Während Hirschberg noch längere Zeit an Verhandlungen des Continental-Vorstands bei der Reichsbank, dem Reichswirtschaftsministerium (RWM) und den Devisenbehörden in Berlin beteiligt war, hatte man Weil frühzeitig aus dem Fadenkreuz öffentlichen Interesses zurückgezogen und von dem Abstatten wie auch Empfangen von Besuchen abgehalten. Außerdem bearbeitete er nicht mehr diejenigen Produkte, die für Behörden, insbesondere das Heer bestimmt waren.[284] Die von staatlichen Dienststellen unternommenen Schritte gegen eine Weiterbeschäftigung von Weil und Hirschberg, beschloss man im Continental-Vorstand im Dezember 1935, „sollen so lange nicht berücksichtigt werden", bis Gehrke in Berlin eine neuerliche Unterredung mit Pleiger in dieser Sache geführt hatte.[285] Allerdings sollte Hirschberg künftig an den Verhandlungen in Berlin nicht mehr teilnehmen.

Zu Jahresbeginn 1938 war jedoch die Position Weils und Hirschbergs immer schwieriger geworden. Die Personalabteilung bemühte sogar eigens ausgewiesen Arbeitsrechtsjuristen, um über die Auslegung der sogenannten Göring-Verordnung über die Ausschaltung von Juden aus dem deutschen Wirtschaftsleben zu beraten. Rein rechtlich galt sie, so die Auskunft, nur für Vorstandsmitglieder und Geschäftsführer, somit wären Weil und Hirschberg als Prokuristen eigentlich nicht betroffen gewesen. Aber allen war klar, dass die Verordnung durchaus auch im weiteren Sinn ausgelegt werden konnte und damit eine Entlassung bzw. zumindest ein Entzug oder eine Rückgabe der Prokura über kurz oder lang unumgänglich erschien, wobei es sich empfehle, „die Initiative für die Niederlegung der Zeichnungsberechtigung den beiden Herren zuzuschieben."[286] Wie stark sich der Vorstand mit der Entlassung oder Weiterbeschäftigung Weils und Hirschbergs in einem Dilemma fühlte, zeigt, dass beide nun fast in jeder Vorstandsbesprechung Thema waren. Seit April 1938 verhandelte Assbroicher im Namen des Vorstands mit Weil über ein Ausscheiden und eine Abfindung, wobei die ihm zustehenden 50 000 RM (ohne Berücksichtigung der Pensionsansprüche) vom Vorstand selbst „in Anbetracht seiner langjährigen Zugehörigkeit zum Hause und der anerkannten vielseitigen Erfolge […] als sehr knapp" angesehen wurde und man daher zu einer Aufstockung auf 60 000 RM bereit war.[287] Weil empfand auch diese Summe jedoch als inakzeptabel, da ihm damit anstel-

283 Vgl. Bericht Stockhardts in der Vorstandssitzung am 13.9.1935, in: CUA, 6603 Zg. 3/85, A 3.
284 Vgl. Notiz Riehm vom 5.8.1935, in: ebd.
285 Protokoll der Vorstandssitzung vom 3.12.1935, in: CUA, 6603 Zg. 3/85, A 3.
286 Notiz Vorstandsmitglied Franz vom 5.2.1938, in: ebd.
287 Vgl. Protokoll der Vorstandssitzung vom 31.5.1938, in: ebd.

le seines bisherigen Jahresgehalts von 24 000 RM nur noch 7000 RM im Jahr zugestanden wurden.[288] Die Personalabteilung selbst kam auf berechtigte Ansprüche Weils zwischen 75 000 und 78 000 RM, rechnete man den Einkommensausfall durch die vorzeitige erzwungene Pensionierung hinzu, sogar auf 140 000 RM.[289] Doch seine Gegenforderungen, unter anderem eine Umwandlung seiner Pensionszahlungen in eine Kapitalabfindung, stießen auf taube Ohren.

Inzwischen hatte Könecke auch mit Hirschberg über die Niederlegung der Prokura, eine freiwillige Kündigung sowie eine etwaige Entschädigung gesprochen. Und im Juni 1938 konnte er schließlich an den Aufsichtsrat und die diversen Berliner Stellen Vollzug melden. Die Prokura von Hirschberg und Weil wurde aus dem Handelsregister gelöscht. Weil war schon seit Januar 1938 beurlaubt worden, Hirschberg, der auch nach der Niederlegung der Prokura noch in der Finanzabteilung tätig blieb. Im November 1938, als nach den Ereignissen der „Reichskristallnacht" die öffentliche Verfolgung der Juden und damit auch der innerbetriebliche Druck gegen eine Weiterbeschäftigung jüdischer Mitarbeiter erheblich zugenommen hatte, wurde auch er beurlaubt.[290] Offiziell wurde bei beiden die Kündigung zum 30. September ausgesprochen, formell gültig jedoch erst Ende März 1939. Dass man dabei im Vorstand durchaus kein reines Gewissen hatte, zeigen die von Könecke und Franz als vergleichsweise großzügig empfundenen Abfindungen. Auch Hirschberg erhielt insgesamt 60 000 RM, zusammengesetzt aus seinen Versorgungskassenansprüchen, ausstehenden Gehaltszahlungen und der Gratifikation für 1938.[291] Das zumindest war ihm von Könecke versprochen worden.[292] Tatsächlich ausgezahlt wurden ihm im März 1939 jedoch nur 36 900 RM. Die Abgeltung von Ansprüchen aus seinem Vertrag war erheblich gekürzt und die anteilige Gratifikation für 1939 ganz gestrichen worden.[293] Aus Sicht des Vorstands hatte man sich aber dennoch gegenüber den beiden jüdischen Angestellten korrekt und anständig verhalten. In seinem Entnazifizierungsverfahren verzerrte Könecke denn auch später den Umgang mit Weil und Hirschberg zu einer Geschichte ebenso selbstloser wie mutiger, vor allem auch persönlicher Unterstützung von Juden.[294]

---

288 Vgl. das Schreiben Weils an den Vorstand vom 11.6.1938, in: Personalakte Weil.
289 Vgl. Notiz vom 22.4.1938, in: ebd.
290 Vgl. Schreiben Hirschbergs vom 23.11.1953, in: Personalakte Hirschberg.
291 Vgl. Notiz vom 18.10.1946, in: Personalakte Hirschberg, in: Registratur Personalabteilung. Von den Entschädigungen wurden dann noch hohe Steuern abgezogen.
292 Vgl. Notiz Könecke vom 1.11.1938, in: ebd.
293 Vgl. Bestätigung Hirschbergs über den Empfang der Abfindung vom 1.3.1939, in: ebd.
294 Vgl. Entnazifizierungsverfahren Könecke, in: NLA HA Nds. 171 Hannover, Nr. 32086. Vgl. dazu auch weiter unten, Kapitel Ausblick.

Beiden, Weil wie Hirschberg, wurde später von den diversen Parteistellen, den involvierten Stadtverwaltungsstellen in Hannover sowie den Finanzbehörden jedoch noch übel mitgespielt – wie allen ausreisewilligen Juden. Hirschberg emigrierte Mitte 1939 mit dem Ziel USA, wurde jedoch in England interniert. Dort erhielt er erst 1941 eine Arbeitserlaubnis und war bis nach Kriegsende beruflich tätig. Von der Abfindung blieb ihm jedoch nicht viel. Da sie in Reichsmark ausgezahlt worden war, war sie im Ausland nur einen Bruchteil wert, vor allem aber musste Hirschberg die diskriminierenden Zwangsabgaben für Juden wie „Reichsfluchtsteuer" und Judenvermögensabgabe an die Reichsfinanzbehörden zahlen, dazu kamen umfangreiche Sicherheitsleistungen für seine in Deutschland zurückbleibende Frau, die „Arierin" war, die gemeinsame Tochter sowie drei Schwestern.[295]

Auch Weil plante nach seiner Entlassung zusammen mit seiner Frau die Auswanderung nach Amerika, geriet aber nicht zuletzt wegen seines durchaus beachtlichen Vermögens in das Visier der Zollfahndungsstellen, die zusammen mit den hannoverschen Devisenstellen „Sicherungsmaßnahmen", sprich Beschlagnahmungen, in Gang setzten.[296] Weil wurde daraufhin im Juli untersagt, über sein gesamtes Vermögen, darunter das Guthaben von 54 000 RM mit der Abfindung von Continental, zu verfügen. Mit seiner Auswanderung rechnete

---

[295] Vgl. ebd. und im Weiteren den umfangreichen Schriftwechsel im Rahmen des Wiedergutmachungsverfahrens nach 1945, in: ebd. Hirschberg richtete seine Ansprüche dabei explizit nicht gegen die Continental, sondern gegen den deutschen Staat. Das Ausscheiden Hirschbergs hatte insofern noch ein Nachspiel, als Hirschberg wegen nachgewiesener Berufsunfähigkeit seitens Continental eine jährliche Pension von 3564 RM erhielt, die jedoch mit Genehmigung der Devisenstelle auf ein bei einer deutschen Devisenbank eingerichtetes Sonderkonto eingezahlt wurde. Diese Ansprüche Hirschbergs monierte im Juni 1941 das Reichswirtschaftsgericht gegenüber dem Unternehmen aufgrund der inzwischen erfolgten Verordnung über die Nachprüfung von Entjudungsgeschäften und wollte die Gelder offenbar einziehen. Auf die Versorgungsansprüche hatte allerdings auch Hirschbergs Ehefrau, die „Arierin" war, im Todesfall Hirschbergs weiterhin Anspruch. Vgl. Schriftwechsel Continental mit dem Reichswirtschaftsgericht vom Mai/Juni 1941, in: Personalakte Hirschberg. Dagegen wandte sich auch die Continental-Verwaltung, u. a. mit dem Argument, dass ihr aus einem Wegfall der Pensionszahlungen keinerlei Vorteile erwachsen würden. Im Januar 1943 wurden jedoch schließlich nach einer Entscheidung des Reichsverwaltungsgerichts die vermögensrechtlichen Ansprüche Hirschbergs gegen die Pensions-, Witwen- und Waisenkasse der Continental rückwirkend zum 21.4.1941 für erloschen erklärt. Vgl. das Urteil und dessen Begründung vom 20.1.1943, in: Personalakte Hirschberg.

[296] Vgl. das Schreiben der Zollfahndungsstelle an das Oberfinanzpräsidium Hannover mit einer detaillierten Aufstellung des Vermögens von Weil vom 25.7.1938, in: HHA Hann. 210, Acc. 2004/025, Nr. 635. Vgl. allgemein zur Rolle der Finanzbehörden Christoph Funke, Legalisiertes Unrecht. Devisenbewirtschaftung und Judenverfolgung am Beispiel des Oberfinanzpräsidiums Hannover, 1931–1945, Hannover 2011.

Weil fest bis Ende des Jahres, und er startete auch eine offizielle Anfrage an das Oberfinanzpräsidium über die Möglichkeit des Transfers seiner ihm von Seiten der Continental weiterhin zustehenden Pension von monatlich 373 RM in die USA. Am 12. Dezember, kurz vor seiner Abreise, erschienen zwei Beamte der Zollfahndungsstelle in Weils Wohnung, durchsuchten das bereitstehende Umzugsgepäck und beschlagnahmten eine Reihe von als illegale Ausfuhrgüter deklarierten Gegenständen und Kleidungsstücken.[297] Dazu stellten sie einen Zahlungsbescheid über 2255 RM für Abgabe Auswanderungsgut, die sogenannte Dego-Abgabe, aus. Dazu kamen wie im Fall von Hirschberg die für alle emigrierenden Juden geltenden „Reichsfluchtsteuer" und Judenvermögensabgabe. Weil gelang schließlich, zusammen mit seiner Frau und den beiden Kindern, die Überfahrt nach Amerika.[298]

Die großen Befürchtungen, dass Weil sein erhebliches Know-how über die Kautschukforschung und -verarbeitung bei Continental an die amerikanischen Konkurrenten weitergeben würde, bestätigten sich offenbar nicht. Anfang August 1939 meldete er sich aus Ohio mit einem Schreiben an die Direktion in Hannover und berichtete von seiner neuen Anstellung bei der kleinen Faultless Rubber Company.[299] Die Übersiedlung in die USA und die neue Aufgabe war sogar der Fachzeitschrift „Rubber Age" eine Meldung wert, was man in Hannover vermutlich mit gemischten Gefühlen gelesen haben mag, zumal er darin als „one of the world's outstanding rubber technologists" bezeichnet wurde.[300] Später wechselte Weil zwar zum großen Reifenkonzern United States Rubber Co., blieb dort aber auch nur für kurze Zeit. Letztlich erlangte er in den USA keine ähnlich gehobene Stellung mehr, wie er bei Continental innegehabt hatte.[301]

---

297 Vgl. das Beschwerdeschreiben von Weil an das Oberfinanzpräsidium vom 18.12.1938, in: ebd.

298 Im Mai 1941 wurde von Seiten der Gestapo das offizielle Ausbürgerungsverfahren gegen sämtliche Familienmitglieder beantragt. Vgl. das Schreiben vom 13.5.1941, in: ebd.

299 Vgl. das Schreiben vom 6.8.1939, in: Personalakte Weil, Registratur Personalabteilung.

300 Vgl. Rubber Age vom 12. Juni 1939, Kopie in: ebd.

301 Einen ähnlichen Vorfall wie mit Weil und Hirschberg gab es auch bei Phoenix, wo zum einen der Prokurist Martin Tobar als „Volljude" ins Visier des auf politische und rassische Säuberung der Belegschaft bedachten Vertrauensrates und der Betriebsobleute geraten war, zum anderen aber auch Adolf Wiedemann, der sich vom einfachen Arbeiter zum Abteilungsleiter hochgearbeitet hatte. Obwohl nur „Halbjude", entzündete sich an dessen Weiterbeschäftigung ein heftiger innerbetrieblicher Konflikt, in den sich offenbar auch der Gauleiter und die DAF von außen her einschalteten. Immerhin konnte sich Wiedemann bis Anfang 1943 im Unternehmen halten, ehe er aus rassischen Gründen entlassen wurde. Die Informationen zu diesen Fällen stammen leider ausschließlich aus den Entnazifizierungsunterlagen von Phoenix-Vorstand Carl W. Kühns, der als SS-Mitglied zu seiner Entlastung seine besondere Judentoleranz anfüh-

Erst mit dem Ausscheiden von Weil und Hirschberg im Sommer 1938 war damit in den Augen der Parteistellen die Arisierung der Continental abgeschlossen. Im September 1938 waren von den 17 jüdischen Mitarbeitern nur noch sechs übriggeblieben, und auch für die war, wie eine handschriftliche Notiz des Personalabteilungsleiters auf der Liste zeigt, die „Trennung zum 1.1.1939, Beurlaubung ab 15.10., entspr. Auszahlung" vorgesehen.[302] Ganz sicher war man sich aber offenbar in der Verwaltung immer noch nicht. Nachdem kurz zuvor eine Bestimmung erlassen worden war, nach der die Beschäftigung von Juden in „geschützten Betrieben", d. h. rüstungswichtige Firmen, grundsätzlich verboten war, startete Riehm als Abwehrbeauftragter Mitte April 1939 eine Rundfrage an die Personalabteilung, ob es noch „irgendwelche Juden" gebe, „die bei uns als Geheimnisträger tätig sind [und] aufgrund dieser Verfügung von uns entlassen werden müssten."[303] Zu diesem Zeitpunkt hatte das Unternehmen bereits dafür gesorgt, dass auch mit sämtlichen Lieferanten „nichtarischer" Abstammung die unmittelbaren Geschäftsverbindungen abgebrochen worden waren.[304] Obwohl Continental selbst zu spüren bekommen hatte, welche Folgen die Stigmatisierung als „nichtarisches" Unternehmen nach sich zog, hatte man offenbar keine Bedenken, die entsprechenden Sanktionen bei den eigenen Zulieferern anzuwenden. Nur noch mit einem Altgummihandelsbetrieb, der sich in jüdischen Händen befand, hatte man „auf Veranlassung der Überwachungsstelle Kautschuk" noch so lange geschäftlich zu tun, „bis die Umgliederung in arische Unternehmen erfolgt ist."[305] „Nichtarische" Geschäftsbeziehungen bestanden aber noch weiterhin, unter anderem zu jüdischen Banken in Holland und einem jüdischen Rohgummi-Lieferanten in London, aber da sich die entsprechenden Anfragen von Seiten der Parteistellen und Behörden nur auf die deutschen Lieferanten und Geschäftsbeziehungen bezogen, verschwieg man diese Kontakte.[306]

Unter Könecke erreichten die Inszenierungen der Betriebsgemeinschaft und die Propaganda einer an den Grundsätzen der nationalsozialistischen Unternehmensideologie ausgerichteten betrieblichen Sozialpolitik schließlich einen

---

ren wollte. In der Akte auch eine Erklärung von Emil Teischinger vom 3.6.1946, der ebenfalls auf den Fall Wiedemann Bezug nimmt. Vgl. NLA HA 221–11/ I (C) 2409.

302 Vgl. Notiz vom 22.9.1938, in: CUA, 6610 Zg. 1/57, A 14,2. Vom 24.1.1939 gab es schließlich auch eine Liste von sechs jüdischen Rentenempfängern, an die Continental aus der Pensionskasse Betriebsrenten zahlte. Vgl. ebd.

303 Schreiben vom 12.4.1939, in: ebd.

304 Vgl. das Schreiben des Vorstands an einen Kunden vom 23.6.1938, in: Ordner Korrespondenz über unsere Gesellschaft.

305 Ebd.

306 Vgl. Notiz vom 23.6.1938, in: ebd.

neuen Höhepunkt. Bereits zur Reichstagswahl vom 29. März 1936, die zugleich mit der nachträglichen Volksabstimmung über die Ermächtigung zur Rheinlandbesetzung stattfand, hatte man seitens des Unternehmens öffentliche Treuebekenntnisse abgegeben (Abb. 29).

Abb. 29: Banner zur Reichstagswahl 1936 vor dem Werkstor in Korbach

Anfang April 1938 erschien im „Hannoverschen Anzeiger" eine großformatige Anzeige, in der Könecke im Namen der Continental den Anschluss Österreichs bejubelte und bei der in diesem Zusammenhang stattfindenden abermaligen, inszenierten Volksabstimmung zur bedingungslosen Unterstützung Hitlers aufrief.[307]

---

[307] Eine Kopie der Anzeige befindet sich in den Entnazifizierungsunterlagen Köneckes, in: NLA HA Nds. 171 Hannover, Nr. 32086. In einem sarkastischen Kommentar schrieb dazu im April 1949 ein ehemaliger Continental-Gewerkschafter an den damaligen Staatskommissar in Hannover: „Der Inhalt dieses recht kostspieligen halbseitigen Artikels atmet so recht die nazigegnerische Einstellung, die Dr. K. ja häufiger für sich in Anspruch nahm während der zahlreichen Verhandlungen. Zweifellos hat er diesen Artikel auch unter erheblichem Zwang und Druck des Gauleiters oder sonstiger böser Parteistellen abgefasst und drucken lassen und dazu ausgerechnet den Hannoverschen Anzeiger gewählt, um ihn nicht an die NTZ [Niedersächsische Tageszeitung, das Kampfblatt für den Nationalsozialismus] geben zu müssen, die ja ohne-

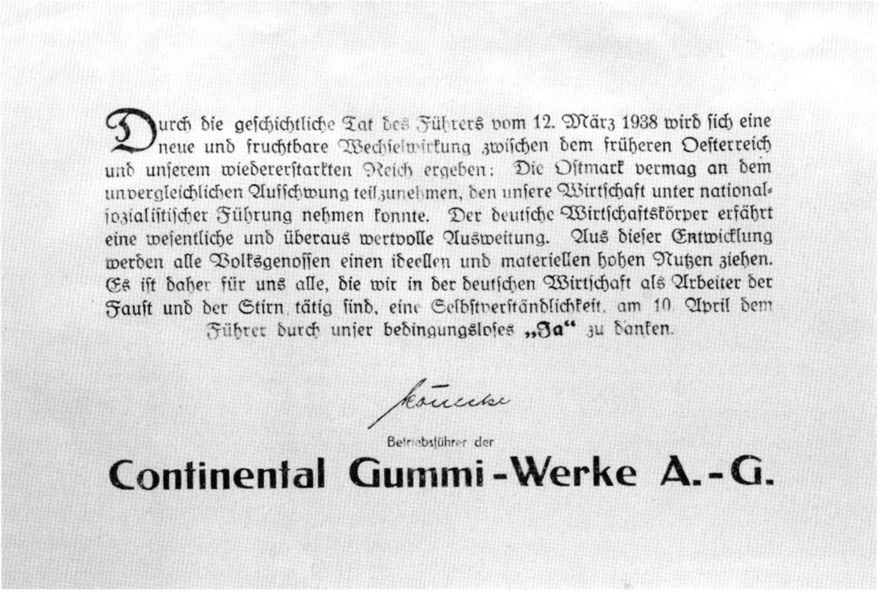

urch die geschichtliche Tat des Führers vom 12. März 1938 wird sich eine neue und fruchtbare Wechselwirkung zwischen dem früheren Oesterreich und unserem wiedererstarkten Reich ergeben: Die Ostmark vermag an dem unvergleichlichen Aufschwung teilzunehmen, den unsere Wirtschaft unter national-sozialistischer Führung nehmen konnte. Der deutsche Wirtschaftskörper erfährt eine wesentliche und überaus wertvolle Ausweitung. Aus dieser Entwicklung werden alle Volksgenossen einen ideellen und materiellen hohen Nutzen ziehen. Es ist daher für uns alle, die wir in der deutschen Wirtschaft als Arbeiter der Faust und der Stirn tätig sind, eine Selbstverständlichkeit, am 10. April dem Führer durch unser bedingungsloses „Ja" zu danken.

Könecke

Betriebsführer der

Continental Gummi-Werke A.-G.

Abb. 30: Anzeige zum Anschluss Österreichs 1938

Regelmäßig wurde anlässlich Hitlers Geburtstags in der großen Eingangshalle des Continental-Verwaltungsgebäudes eine weihevolle Dekoration angebracht. Auch am 1. Mai 1938 marschierte die Continental-Gefolgschaft durch Hannover, das Verwaltungsgebäude wurde reich beflaggt und mit politischen Parolen versehen, und in der Werkszeitung rief Könecke zur „Erneuerung des Treue-Gelöbnisses für den Führer" auf und pries die neue Sinngebung, die die Arbeit im nationalsozialistischen Staat erfahren habe (Abb. 31).[308]

Weiterhin gab sich auch die lokale wie überregionale Parteiprominenz in der Vahrenwalder Straße die Klinke in die Hand und ließen sich die als vorbildlich geltenden Arbeitsprozesse wie sozialpolitischen Betriebsmaßnahmen präsentieren (Abb. 32).

---

hin nur von Nazis gelesen wurde und deren Beeinflussung im Sinne des Führers nicht mehr nötig war." Vgl. Schreiben vom 10.4.1949, in: ebd.
308 Vgl. Die Werksgemeinschaft 3 (1938), S. 2f.

Abb. 31: Propaganda-Beflaggung des Continental-Verwaltungsgebäudes

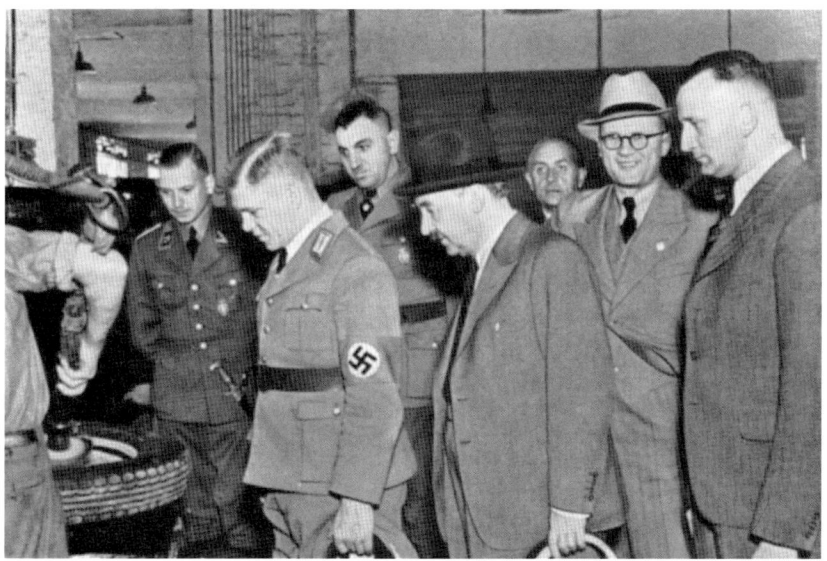

Abb. 32: Werksberichtigung am 10.10.1938 durch den DAF-Gauobmann Fäthe und DAF-Fachwalter Chemie, Dr. Schäfer. Zweiter von rechts: Betriebsleiter Könecke, fünfter von rechts Hauptbetriebsobmann Jahns.

Auch die Leistungen der betrieblichen Sozialpolitik wurden nun in der Öffentlichkeit propagandistisch dargestellt und Continental als Musterbetrieb der DAF-Betriebsideologie und maßgeblicher „Helfer am Sozialwerk der Deutschen Wirtschaft" präsentiert. Im Juni 1935 hatte man sich im Vorstand in dieser Hinsicht noch Zurückhaltung auferlegt, obwohl andere Firmen wie etwa auch die Phoenix AG in den Zeitungen allenthalben über ihre freiwilligen Aufwendungen für Belegschaft und Sonderspenden für als bedürftig angesehene Teile der Volksgemeinschaft berichtete.[309] Dann aber änderte sich die Haltung und eine propagandistische Auswertung der sozialen Tätigkeit rückte in den Vordergrund. Im April 1939 stellte man eine in hoher Auflage gedruckte illustrierte Sozialbroschüre vor, in der über die Menschenführung im Betrieb und die praktizierte Betriebsgemeinschaft, aber auch über das Lehrlings- und Ausbildungswesen sowie die erfolgreiche Teilnahme der Werksjugend am Reichsberufswettkampf, über Arbeitsschutzmaßnahmen und Gesundheitsvorsorge sowie „Schönheit der Arbeit" berichtet wurde. Man pries die eigene Betriebskrankenkasse und die Einrichtung einer Fabrikpflegerin. Und nicht zuletzt widmete die Broschüre ein umfangreiches Kapitel der Continental-Betriebssportgemeinschaft sowie der kulturellen Betreuung, die in enger Zusammenarbeit mit der nationalsozialistischen Gemeinschaft „Kraft durch Freude", einer Unterorganisation der DAF, entwickelt worden war, angefangen von den Kameradschaftsabenden und Betriebsausflügen bis zu der monatlichen Kulturveranstaltung im Kuppelsaal der Stadthalle, wo bis zu 4000 „Continentäler" mit ihren Angehörigen für 10 Pfennig Musik- und Tanzaufführungen erlebten.

Kein Ruhmesblatt konnte sich der Continental-Vorstand allerdings beim Thema Siedlungs- und Wohnungsbau anheften. Bis Frühjahr 1937 hatte man diesbezüglich so gut wie nichts unternommen, erst danach sah man im Vorstand, dass man um eine Beteiligung „nicht herumkommen" werde.[310] Bis 1939 sollten zwei werkseigene Häuser mit 20 Wohnungen gebaut werden, ferner 30 Siedlerstellen finanziell unterstützt, alles in allem mit einem Kostenvolumen von gerade einmal 205 000 RM. Doch im Dezember 1938 war der Druck der verschiedenen kommunalen und regionalen Stellen so groß geworden, dass man ohne Beschädigung des Ansehens in der Öffentlichkeit diese Haltung nicht mehr weiterverfolgen konnte. Nicht nur der hannoverschen Stadtverwaltung war aufgefallen, dass Continental inzwischen ca. 4000 Arbeiter mehr beschäftigte, in dieser Zeit jedoch nur 20 Werkswohnungen erstellt hatte und damit er-

---

309 Dabei mussten die Unternehmen allerdings Acht geben, dass ihre Aktionen nicht als Konkurrenz und damit Kritik am WHW aufgefasst werden konnte. Vgl. Protokoll der Vorstandssitzung vom 11.6.1935, in: CUA, 6603, Zg. 3/85, A 3.

310 Protokoll der Vorstandssitzung vom 13.5.1937, in: CUA, 6603, Zg. 3/85, A 3.

heblich zur allenthalben herrschenden Wohnungsnot in Hannover beitrug. Man müsse, so heißt es denn auch in einem Schreiben des Vorstands an Uebel, „irgendetwas Annehmbares anbieten", die ca. 500 Wohnungseinheiten, die man „bei den berufenen Stellen allen Ernstes" von dem Unternehmen erwartete, hielt man jedoch für weit übertrieben.[311] Allenfalls 150 Wohneinheiten und 20 Siedlerstellen war man bereit zu finanzieren, im Notfall auch 200 Wohnungen, alles in allem mit einem Kostenaufwand von nicht einmal 200 000 RM.[312] Einen Schub für die Festigung der neuen Unternehmenskultur und des neuen Geistes der Continental-Betriebsgemeinschaft bedeutete das schließlich anlässlich des 1. Mai 1939 verliehene „Gaudiplom für hervorragende Leistungen".[313] In einem gemeinsamen Rundschreiben priesen Könecke und Jahns die „allen Werkskameraden und -kameradinnen zuteil gewordene Ehrung", die „uns alle für die Zukunft zum weiteren Einsatz unserer Kräfte am Werk des Führers anspornen [wird]."[314]

Insgesamt erlebte Continental zwischen 1932 und 1939 eine durchaus turbulente Veränderung seiner Corporate-Governance-Verfassung. Im Zuge dessen erfolgte auch eine tiefgreifende Transformation der Unternehmenskultur. Aus einem zwar nicht „roten" Unternehmen, aber doch mit starker gewerkschaftlich orientierter Belegschaft und jahrzehntelang von jüdisch-liberalen Vorstands- und Aufsichtsratsmitgliedern mitgeprägten Leitungs- und Kontrollgremien wurde ein doch sehr „braunes" Unternehmen. Das Mächtedreieck zwischen Vorstand, Aufsichtsrat und Vertrauensrat verschob sich dabei, trotz der oftmaligen Interventionen der Familie Opel als Hauptanteilseigner, zugunsten Ersterem, zentriert in der Person von Fritz Könecke. Continental gehörte zu jenen Unternehmen, die die neue NS-Betriebsgemeinschaft nach innen wie nach außen zelebrierten und sich sehr schnell zu nationalsozialistischen Musterbetrieben wandelten, mit einer starken Ausrichtung nicht nur der Unternehmenskultur, sondern auch der Unternehmenspolitik an den ideologisch-politischen Zielen des NS-Regimes, ohne allerdings die Interessen des Konzerns hintanzustellen. Das Betreiben des operativen Geschäfts wurde für den Continental-Vorstand mit dem nun schwächer auftretenden Aufsichtsrat leichter, allerdings hatten sich die unternehmenspolitischen Zwangslagen und Handlungsspielräume, das Aushandeln von Entscheidungen und die Durchsetzung von Unternehmensinteressen inzwischen schon längst weitgehend der innerbetrieblichen Corporate Governance entzogen.

---

311 Schreiben an Uebel vom 30.12.1938, in: Ordner Korrespondenz mit dem Aufsichtsrat 1936–1942.
312 Ebd.
313 Vgl. den Bericht in: Die Werksgemeinschaft 1939, S. 8.
314 Ebd.

II Continental im Vierjahresplan: Unternehmens-politik im Zeichen von Rohstoffmangel, Wirtschaftslenkung und Rüstungsboom

1 Ressourcenmobilisierung: Deutsche Rohstoffe und der radikale Umbruch der Produktionsbasis

Continental wurde rasch ein Teil der nationalsozialistischen Wirtschaftsord-nung. In einer Gemengelage aus unternehmerischer Selbstmobilisierung und staatlichen Lenkungsmaßnahmen entstand eine neue Marktordnung, in der wirtschaftspolitische Vorgaben und Zwangsmaßnahmen mit privatwirtschaftli-chen Gewinninteressen, Konkurrenzkämpfen und branchenweiten Kartellab-sprachen eine spezifische Verbindung eingingen.[1] Maßnahmen staatlicher Wirt-schaftslenkung und Marktregulierungsbemühungen hatten dabei schon vor 1933 eingesetzt. Am 3. Dezember 1931 etwa war die Wirtschaftsstelle für Kraft-fahrzeugreifen GmbH (Wikrafa) geschaffen worden, deren Ziel die Förderung der gemeinsamen Interessen der Kraftfahrzeugreifenindustrie und -händler so-wie „die Sicherstellung einer lauteren Geschäftsgebarung in der Kraftfahrzeug-reifenwirtschaft" war, mit anderen Worten: Preis- und Produktionsabsprachen unter allen beteiligten Firmen.[2] Knapp ein Jahr später kam es auch bei der Fa-brikation und im Vertrieb technischer Gummiwaren mit der Vereinigung Deut-scher Kautschukwaren-Fabriken (Witeka) zu einer weitreichenden gegenseiti-gen Verständigung. Mit der Wikrafa, in der alle deutschen Reifenhersteller zu-sammengeschlossen waren, formierte sich 1933 unter Führung von Continental ein Reifenkartell, das eine straffere Reglementierung des Reifenmarktes be-schloss. Diese Marktordnungsbemühungen waren vom RWM nicht nur befür-wortet, sondern zum Teil aktiv befördert worden.

Das NS-Regime konnte an diese organisatorischen und marktregulierenden Maßnahmen – auch die Devisenbewirtschaftung und die Bürokratisierung des Außenhandels bestand schon seit 1931 – bruchlos anknüpfen und diese für ihre wirtschaftspolitischen Ziele instrumentalisieren. Nach 1933 erfolgte daher ein ra-scher Ausbau der Lenkungs-, Überwachungs- und Steuerungsstellen. 1934 rief das RWM die Reichsstelle Kautschuk (Reika) ins Leben, an deren Spitze ein eige-ner Beauftragter für Kautschuk, Erich Hammesfahr, eingesetzt wurde. Damit be-

---

1 Vgl. allgemein auch Paul Erker, Industrieeliten in der NS-Zeit. Anpassungsbereitschaft und Eigeninteresse von Unternehmern in der Kriegs- und Rüstungswirtschaft 1936–1945, Passau 1994.
2 Vgl. näher Erker, Vom nationalen zum globalen Wettbewerb, S. 336 f.

https://doi.org/10.1515/9783110646597-003

gann die staatliche Rohstoffbewirtschaftung in der Kautschukindustrie. Die Reika wies als staatliches Lenkungsorgan nicht nur allen Gummiunternehmen die Rohstoffe zu, sondern gab diesen auch Anweisungen über Art und Umfang der Verarbeitung und Produktion.[3] Ihr traten die Unternehmen in der Fachgruppe Kautschukindustrie gegenüber, die als eine Art Zwangskartell Teil der inzwischen in der Reichsgruppe Industrie und ihren verschiedenen sektoralen Hauptgruppen bzw. Wirtschaftsgruppen organisierten Industriewirtschaft war.[4]

Das System von staatlicher Reika und privatwirtschaftlichen Kautschukunternehmen funktionierte in der Folgezeit als permanentes Aushandlungssystem. Die Reichsstelle rief regelmäßig etwa alle Reifenfabriken zu einer Sitzung in Berlin zusammen, gab den ermittelten und politisch gewollten Gesamtverbrauch für die Erstausrüstung wie den Ersatzbedarf bekannt und verteilte dann die jeweiligen Produktionsvorgaben. Vor und nach diesen Sitzungen jedoch bemühte sich jedes Unternehmen, durch Interventionen in den verschiedenen Ämtern möglichst günstige Quoten an Rohstoffzuteilungen wie Produktionsmengen zu erreichen. Die Umsetzung der Bewirtschaftungsmaßnahmen wurde durch ein detailliertes Berichts- und Meldewesen der Unternehmen an die Reika über Art der Reifendimensionen, produzierte Stückzahl und den jeweiligen Rohstoffverbrauch kontrolliert. Neben der Reika existierten noch eine Reihe untergeordneter Überwachungsstellen. Dazu kam das von Reichswirtschaftsminister Schacht implementierte dirigistische Lohn- und Preissystem.[5] Das Marktordnungssystem in der Kautschukindustrie funktionierte allerdings nicht reibungslos zur Zufriedenheit aller Beteiligten. Im Mai 1934 schrieb der Continental-Vorstandsvorsitzende Gehrke an den Aufsichtsrat:

> „Es ist in der Kautschuk-Industrie so, dass beinahe die Gesamtheit der Konkurrenz sowohl wie auch der Händlerschaft die Continental für alles verantwortlich macht, was an Maßnahmen seitens der Witeka, Wikrafa und auch der Chirurka beschlossen wird [...] Das hat in der gesamten Kautschuk-Branche eine gewisse Feindseligkeit gegenüber der Continental hervorgerufen und diese Feindseligkeit würde natürlich noch verschärft werden, wenn nun der Führer der Fachschaft Kautschukindustrie einer der Unsrigen wäre und unter dem Zwang der neuen Vorschriften Einrichtungen treffen müsste, die gewisse Unbequemlichkeiten für die Branche bedeuten."[6]

---

3 Vgl. CIOS Report XXXII-121: Reichsstelle für Kautschuk and Fachgruppe Kautschukindustrie.
4 Vgl. Albrecht Ritschl (Hrsg.), Das Reichswirtschaftsministerium in der NS-Zeit. Wirtschaftsordnung und Verbrechenskomplex, Berlin/Boston 2016, sowie auch Ralf Banken, Hitlers Steuerstaat. Die Steuerpolitik im Dritten Reich, Berlin/Boston 2018, und Adam Tooze, Ökonomie der Zerstörung. Die Geschichte der Wirtschaft im Nationalsozialismus, Bonn 2007.
5 Vgl. Scholtyseck, Der Aufstieg der Quandts, S. 230 ff.
6 Schreiben Gehrke an den Aufsichtsrat vom 15.5.1934, in: Ordner Korrespondenz mit dem Aufsichtsrat 1933–1936.

Aber nicht nur in der Kautschukindustrie, auch insgesamt steuerte das NS-Wirtschaftssystem hinter dem Schein eines als „Wirtschaftswunder" gepriesenen Arbeitsbeschaffungs- und Konjunkturprogramms schon seit 1934 in eine zunehmende Devisen- und Rohstoffkrise, aus der sich das Regime im Oktober 1936 mit der Verkündung des Vierjahresplans zu befreien versuchte. Innerhalb von vier Jahren, so die Ankündigung Hitlers, musste Deutschland die wirtschaftliche und militärische Kriegsfähigkeit durch Autarkie und forcierte Aufrüstung erreichen. Hermann Göring wurde zum „Beauftragten des Reiches für Rohstoff- und Devisenfragen" ernannt schuf in der Folgezeit ein eigenes großes bürokratisches System mit Experten-, Planungs- und Überwachungsstäben. Das Herz dieser Vierjahresplanorganisation bildete das Amt für deutsche Roh- und Werkstoffe, das 1938 in ein Reichsamt für Wirtschaftsausbau überging, geleitet von dem ehemaligen IG Farben-Manager Karl Krauch, der wenig später zusätzlich als „Generalbevollmächtigter Chemie" mit weitreichenden weiteren Kompetenzen ausgestattet wurde.[7] Für die Kautschukindustrie zuständig war Dr. Johannes Eckell, ebenfalls aus der IG Farben kommend. Er war für Könecke und die anderen Unternehmensführer der Branche die zentrale Figur in der NS-Bürokratie, dessen Pläne und Anordnungen tief in die Unternehmenspolitik von Continental eingreifen sollten.[8] Mit dem Vierjahresplan und seiner Behörde erfolgte eine Zäsur in der wirtschaftspolitischen Entwicklung: Die Phase einer massiv staatlich gesteuerten, aber nach wie vor weitgehend privatwirtschaftlich organisierten „vorgezogenen Kriegswirtschaft" begann.[9] Die deutsche Wirtschaft insgesamt wurde von dem NS-Regime in eine Ersatzstoffökonomie verwandelt, für Continental und die Kautschukindustrie bedeutete das aber auch die Unterwerfung unter ein neues „Rohstoffregime".

Schon seit Mitte 1934 litt Continental unter erheblichen Schwierigkeiten mit seiner Rohstoffversorgung. Das Unternehmen brauchte Baumwolle und Ruß aus Amerika, Gummi aus British-Indien und Brasilien sowie Baumwolle aus Ägypten. Besonders kritisch war die Lage bei Naturkautschuk. Noch verfügte man über ausreichende Vorräte, aber Gehrke und Hirschberg waren „dauernd unterwegs, um sich die erforderlichen Einfuhrgenehmigungen zu beschaffen",

---

7 Vgl. Sören Flachowsky, Das Reichsamt für Wirtschaftsausbau als Forschungsbehörde im NS-System. Überlegungen zur neuen Staatlichkeit des Nationalsozialismus, in: Technikgeschichte 82 (2015), H. 3, S. 185–224.
8 Die Bedeutung Eckells, nicht nur in der Buna-Politik des NS-Regimes, ist in der Forschung noch nicht erkannt worden. Vgl. zu seiner Person u. a. Bernhard Lorentz, Paul Erker, Chemie und Politik. Die Geschichte der Chemischen Werke Hüls 1938–1979, München 2003, S. 28 ff.
9 So die Charakterisierung von Jochen Streb, vgl. ders., Das Reichswirtschaftsministerium im Kriege, in: Ritschl (Hrsg.), Das Reichswirtschaftsministerium in der NS-Zeit, S. 533–610, hier S. 537 ff. Allgemein zum Vierjahresplan vgl. Tooze, Ökonomie der Zerstörung, S. 251 ff.

wie es in einer Notiz der Deutsche-Bank-Filiale Hannover hieß.[10] Anfang Dezember 1934 hatte man noch Naturkautschuk-Vorräte für 22 Tage, für Januar 1935 jedoch hatte Hammesfahr seitens der Reika bereits eine empfindliche Kürzung der Zuteilungen um 16 Prozent angekündigt, was eine Drosselung der Produktion, Absenkung der Arbeitszeit von 45 auf 36 Stunden und verzögerte Lieferungen an die Kunden bedeutete.[11] Continental hatte daher schon länger beim RWM die Genehmigung für einen Kredit für zusätzliche Rohstoffimporte über zwei Mio. RM beantragt, gleichzeitig verhandelte Gehrke mit der Hamburger Privatbank Warburg über einen weiteren Kredit von 250 000 Gulden, allerdings verlangte die Bank sechs Prozent Zinsen, hohe Sicherheiten und Verpfändung.[12] Anfangs gab es in der Kautschukindustrie zum Teil durchaus Optimismus, dass mit der Schaffung der Reika und der Einsetzung des Beauftragten für Kautschuk „die Versorgung der Kautschukindustrie mit den erforderlichen Rohstoffen keine Unterbrechung erfahren würde", wie Albert Schäfer Ende Mai 1934 an den Phoenix-Aufsichtsrat geschrieben hatte.[13] Doch die Hoffnungen wurden schnell enttäuscht und im Laufe des Jahres 1935 spitzte sich die Lage bei der Naturkautschuk-Versorgung der deutschen Gummiindustrie rasch zu. Könecke und Schlosshauer waren nun fast wöchentlich in Berlin zu Verhandlungen mit Hammesfahr, um, wie etwa im Januar 1935, zu versuchen, „eine Mehrzuweisung von Rohgummi für Exportzwecke von ca. 200 bis 300 to., oder aber, falls dies nicht durchzuholen ist, den uns versprochenen Kredit in Höhe von 1,5 Mio. RM zusätzlich für uns zu erhalten."[14] Aber mehr als die schlechte Nachricht, dass Hammesfahr hinsichtlich der Rohgummizuteilung für Februar sehr schwarz sah und an eine Kürzung von ca. 40 Prozent dachte, brachten die beiden Vorstände aus Berlin zunächst nicht mit. Immerhin erreichte man dann aber, dass die Reika der Continental doch noch 200 to. Rohgummi mehr bewilligte.

An eine auch nur halbwegs längerfristige Produktionsplanung war unter diesen Umständen permanenter Rohstoffunsicherheit nicht zu denken, zumal die Reika auch noch enge Vorschriften zum Verbrauch der Kontingente machte. Das für Januar mehr zugeteilte Quantum an Naturkautschuk musste etwa ausschließlich für Kraftwagenreifen verwendet werden, so dass die starken Kürzungen für Februar vor allem die Fertigung technischer Gummiwaren treffen würde. Geradezu verzweifelt wurde im Vorstand nach neuen Devisenkrediten Ausschau gehalten. Ende Januar 1935 bestand etwa die Hoffnung, über das

---

10 Notiz vom 14.11.1934, in: HADB F 88/1522.
11 Vgl. Protokoll der Vorstandssitzung vom 3.12.1934 und auch vom 17.12.1934, in: CUA, 6603 Zg. 3/85, A 3.
12 Vgl. ebd.
13 Vgl. Bericht Schäfers vom 28.5.1934, in: HADB F 002/749.
14 Protokoll der Vorstandssitzung vom 7.1.1935, in: CUA, 6603 Zg. 3/85, A 3.

Saar-Gebiet an einen Kredit über sechs Mio. französische Franc zum Kauf von Rohgummi und Baumwolle zu kommen, allerdings dachten, so berichtete Hirschberg von seinen Verhandlungen in Paris, die französischen Geschäftspartner nicht daran, an Continental auch nur ein Kilo Ware zu verkaufen, solange nicht die entsprechenden Kredite bei einer französischen Bank ihrer Wahl sichergestellt waren.[15] Gleichzeitig war Gehrke in Bremen, um mit den dortigen Importeuren zu verhandeln und die bei diesen unter anderem lagernden 400 000 kg Baumwolle für die Continental zu sichern; allerdings war nur die Hälfte gegen Reichsmark erhältlich, die andere Hälfte nur gegen amerikanische Devisen.[16] Ende Januar 1935 war abzusehen, dass für den Folgemonat ca. 50 to Rohgummi fehlen würden und damit empfindliche Einschnitte unausweichlich waren, zumal sich auch die mit dem Bankhaus Mendelssohn in Amsterdam angestrengten Verhandlungen über einen größeren Devisenkredit hinzogen. Man beschloss daher, sich mit Fritz Opel in Verbindung zu setzen, ob dieser nicht seinerseits bereit sei, die Stellung eines Kredits zu übernehmen.[17]

Noch im Frühjahr zeichnete sich ab, dass auf dem internationalen Rohstoffmarkt 10 000 to Rohgummi und ca. 40 000 to Baumwolle gekauft werden konnten, im Gesamtwert von umgerechnet 21 Mio. RM. Um dieses Geschäft zu finanzieren, sollte seitens der Kautschukindustrie ein Konsortium gegründet werden, bei dem die Continental mit 52 Prozent die Mehrheit hatte. Im Vorstand war man sich dabei darüber einig, das Geschäft nur auf legalem Wege zu machen und dass irgendwelche finanziellen Transaktionen erst dann vorgenommen werden sollten, wenn die Risikofrage eindeutig geklärt war.[18]

Grundsätzlich lehnte man es ab, sich im Kampf um die ausländischen Rohstoffe mit den Branchenkonkurrenten abzustimmen oder gar eine gemeinsame Einkaufspolitik zu betreiben. Im RWM jedoch gab es schon längst entsprechende Pläne, unter anderem in Form einer „Zentral-Einkaufs-Gesellschaft GmbH" für die Kautschukindustrie. Continental versuchte die entsprechenden Aktivitäten zumindest zu verzögern, aber bereits am 12. April 1935 wurde die Interessengemeinschaft Deutscher Kautschukwaren-Fabriken GmbH (Ideuka) gegründet. Gesellschafter waren neben Continental die Deutsche Dunlop, die Harburger Gummiwarenfabrik Phoenix sowie die Deka Pneumatik GmbH, Berlin, die mit je 50 000 RM das Stammkapital aufbrachten. Geschäftsführer der Ideuka war Erich Hammesfahr.[19] Ziel der Gesellschaft war die Beschaffung von Rohstoffen

---

15 Vgl. Protokoll der Vorstandssitzung vom 22.1.1935, in: ebd.
16 Vgl. Protokoll der Vorstandssitzung vom 19.1.1935, in: ebd.
17 Vgl. Protokoll der Vorstandssitzung vom 22.1.1935, in: ebd.
18 Vgl. ebd.
19 Vgl. die Notiz vom 23.12.1935, in: BArch R 8136/3064.

für die Bedürfnisse der Fachgruppe Kautschuk-Industrie. Die Entscheidung über Rohstoffkäufe und deren Finanzierung fiel nun nicht mehr allein im Unternehmen, sondern nun redeten die Ideuka, die Reika, die Devisenstellen und die jeweils beteiligten Banken, allen voran die stark involvierte Reichs-Kredit-Gesellschaft, mit. Mitte Dezember 1935 informierte etwa die Berliner Devisenstelle Continental über die Genehmigung eine englischen Pfund-Devisenkredits seitens der Reichs-Kredit-Gesellschaft im Wert von umgerechnet einer Mio. RM, allerdings unter der Bedingung, dass über den Kredit nur verfügt werden durfte, wenn die Überwachungsstelle für Kautschuk keine Bedenken gegenüber dem zu zahlenden Preis hatte. Der mit Hilfe des Kredits eingeführte Kautschuk musste der Ideuka zur Verteilung auf ihre einzelnen Gesellschafter zur Verfügung gestellte werden, und schließlich schrieb man dem Unternehmen auch noch genau vor, mit welchen Deviseneingängen aus Exportgeschäften Continental den Kredit abzudecken hatte und bis wann.[20] Auch dieser Kredit war mit über fünf Prozent Zinsen nicht billig.

Inzwischen hatte sich im Übrigen auch die Deutsche Bank eingemischt, um an den für die Geldinstitute lukrativen Kreditgeschäften beteiligt zu werden. Man vergab zum einen eigene sogenannte Rembours-Kredite für die Finanzierung der Rohstoffimporte, verschaffte Continental Kontakte zu weiteren Geldgebern und Bankhäusern in Holland und vermittelte auch Kompensationsgeschäfte.[21] Nach wie vor bediente sich der Continental-Vorstand aber auch der Dienste des Bankhauses Mendelssohn & Co. in Berlin, mit dem man im Januar 1935 Verhandlungen über einen Rembourskredit von 600 000 Dollar, umgerechnet ca. 1,5 Mio. RM, verhandelte.[22] Der Kredit kam tatsächlich zustande, so dass Continental im Sommer 1935 laut Bericht der Devisenprüfstelle zu diesem Zeitpunkt neben dem 1,5-Mio.-RM-Kredit von Mendelssohn über einen weiteren Kredit von einer Mio. hfl. im Rahmen des deutsch-niederländischen Finanzabkommens (Treudefina) verfügte, dazu kam ein Rohstoffkredit der Amsterdamer Bank Kaufmann's & Co. über 145 860 hfl., für dessen Erhalt Continental als Sicherheit Exportforderungen in dreifacher Höhe des in Anspruch genommenen

---

20 Vgl. Schreiben der Devisenstelle vom 11.12.1935, in: ebd. Der Kredit musste innerhalb eines Jahres vollständig zurückgezahlt werden.
21 Vgl. etwa Schreiben Continental an Aufsichtsrat Rösler vom 7.6.1935, in: BArch R 8119 F/P 02116 sowie die Aktennotiz der Deutsche-Bank-Filiale Hannover vom 17.3.1936, in: HADB F 88/ 1522. Eines der, in der Abwicklung ziemlich komplizierten, Kompensationsgeschäfte lief unter der Einschaltung der Hanomag, in einem anderen Fall der Mannesmann-Röhrenwerke. Vgl. im Detail dazu Briefwechsel vom Juni/Juli 1936, in: ebd., sowie Schreiben Continental an Aufsichtsratsmitglied Rösler vom 25.7.1935, in: BArch R 8119 F/P 02116.
22 Vgl. die ausführliche Besprechungsnotiz vom 14.1.1935, in: BArch R 8119 F/P 02116.

Betrages hatte abtreten müssen.[23] Dass Holland eine zentrale Rolle in den Rohstoffkreditangelegenheiten von Continental spielte, lag daran, dass die bereits 1920 gegründete NV. Internationale Continental-Caoutchouc-Compagnie, kurz Interconti genannt, mit Sitz in Amsterdam als Auslandsgesellschaft und Scharnier für den Import/Export des Konzerns fungierte.

Alles deutet darauf hin, dass Continental es – vor allem aufgrund der großen Expertise von Hirschberg – gut verstand, sich in dem bürokratischen Dschungel der staatlichen Devisen- und Rohstoffüberwachungsstellen auch außerhalb der Ideuka zusätzlich Rohstoffe und die dafür benötigten Finanzmittel zu beschaffen. Die Absicherung von Rohstoffkrediten stand auch hinter einem seit Anfang 1935 gestarteten Aktienrückkaufprogramm. Bis Anfang 1936 befanden sich bereits eigene Aktien im Wert von nom. 1,593 Mio. RM im Depot. Bis Ende des Jahres sollten die Rückkäufe auf 2,5 Mio. RM gesteigert werden, und zweifellos hatten die Aktien als Sicherheiten bei den abgelaufenen Kreditgeschäften einen guten Dienst erwiesen.[24] Auch die im Besitz befindlichen Teilschuldverschreibungen über 2,8 Mio. RM wurden als Unterlagen bzw. Sicherheiten für einen etwaigen ausländischen Rohstoffkredit vorgehalten und eine vorzeitige Tilgung, wie es der Aufsichtsrat vorschlug, wurde vom Vorstand abgelehnt.[25] Letztendlich war es jedoch ein mit Risiko behaftetes, teures und vor allem auch kaum planbares Rohstoffmanagement, bei dem nicht selten, wie etwa im Oktober 1935, als das RWM trotz Beschwerde einen geplanten Rohstoffkredit bei der Reichs-Kredit-Gesellschaft in Höhe von 50 000 britischen Pfund nicht genehmigte, die Bewirtschaftungsbehörden einen Strich durch die Rechnung machten.[26]

Die Bemühungen der Rohstoffbeschaffung waren letztlich ein Tropfen auf dem heißen Stein, denn inzwischen hatte sich die Versorgungslage dramatisch verschlechtert. Ende Juni 1935 verfügte Continental nur noch über Rohgummi-Vorräte für acht bis zehn Tage. Der Vorstand sah sich daher zu massiven Arbeitszeitverkürzungen gezwungen, in einer Reihe von Abteilungen wurde sogar die 5-Tage-Woche eingeführt, was allerdings bei den Behörden, allen voran die Reika und dem Treuhänder der Arbeit, auf Schwierigkeiten stieß, denn die Maßnahmen passten absolut nicht in das propagierte Bild der nationalsozialistischen Wirtschaftspolitik, in der Arbeitszeit- und damit verbunden auch Lohn-

---

23 Vgl. Devisenprüfbericht Interconti vom Juli/August 1935, in: NLA HA Hann. 210, Acc. 2003/ 087, Nr. 113.
24 Vgl. u. a. die Aktennotiz Köneckes über eine Besprechung mit Reichsbankdirektor Blessing im RWM am 24.8.1935, in: BArch R 8119 F/P 02141.
25 Vgl. Schreiben an den Aufsichtsrat vom 4.9.1935, in: BArch R 8119 F/P 02116.
26 Vgl. Vermerk der Kreditabteilung der Reichs-Kredit-Gesellschaft vom 14.10.1935, in: BArch R 8136, Nr. 3064.

kürzungen aufgrund von Rohstoffversorgungsmängeln keinen Platz hatten. Könecke als damals zuständiger Vertriebsvorstand formulierte dennoch zwei Rundschreiben, um die Kunden sowie die Niederlassungen und Verkaufsabteilungen über die Probleme und die damit verbundenen Lieferschwierigkeiten zu informieren. Obgleich wohlweislich in den Schreiben von Materialmangel nicht explizit die Rede war, verließen die Schreiben auf Intervention des Treuhänders der Arbeit nicht das Haus, „weil das Reichswirtschaftsministerium uns ein solches Vorgehen der Kundschaft gegenüber als Sabotage auslegen könnte."[27] Im November 1935 war man mit erneuten Kürzungen der Gewebe- und Rohgummizuteilungen konfrontiert worden, zugleich waren aber bei den wenigen Zusatzkäufen, die man unter anderem an der Hamburger Börse tätigte, empfindliche Preiserhöhungen eingetreten, die zwischen sechs (Rohgummi) und 20 Prozent (Baumwollgewebe) ausmachten und alle bisherigen Rohstoffkalkulationen über den Haufen warfen. Bei Ruß hatte das RWM im November 1935 großspurig die Lieferungsmöglichkeit für 25 Pfg. per kg zugesagt, aber tatsächlich lag schon allein der Herstellungspreis, wie Continental inoffiziell erfahren hatte, bei 46 Pfg.[28]

Inzwischen hatte man in Hannover ein umfassendes Programm zur Einsparung von Rohgummi in Gang gesetzt. Dafür wurden zum einen eine Reihe von Produkten – von Kuponringen über Haushaltsschürzen und Badewannenvorleger bis zu Schwammbehältern – ganz aufgegeben, bei anderen Artikeln wurde die Produktion deutlich reduziert.[29] Zum anderen erhoffte man sich auch Rohstoffeinsparungen durch Konfektions- und Qualitätsänderungen, insbesondere bei Schläuchen. Parallel dazu unternahmen Gehrke und Assbroicher im Mai/Juni 1935 eine ausgedehnte USA-Reise, die dem Ziel diente, die „etwas gelockerten Beziehungen" zu den befreundeten Firmen in Amerika wieder neu anzuknüpfen, sich über den Stand des technischen Fortschritts zu informieren und auch zu untersuchen, ob und inwieweit sich eine eigene Fabrikation in den USA durchführen ließ bzw. Exportreifen für das Amerika-Geschäft bei einem der großen Reifenkonzerne in Lohnfertigung hergestellt werden konnten.[30] Der eigentliche Hauptgrund aber war es, Kredit- und Kompensationsmöglichkeiten für den Bezug von Rohmaterialien zu finden. Obwohl die Aufnahme bei Goodrich, Goodyear und Firestone „sehr freundlich" war und auch Gespräche mit

27 Protokoll der Vorstandssitzung vom 22.7.1935, in: CUA, 6603 Zg. 3/85, A 3. Vgl. auch das Protokoll der Besprechung zwischen Vorstand und Aufsichtsratspräsidium am 11.7.1935 in Rüsselsheim, in: Ordner Protokolle über die Aufsichtsratssitzungen.
28 Vgl. Protokoll der Vorstandssitzung vom 7./8.11.1935, in: CUA, 6603 Zg. 3/85, A 3.
29 Vgl. Programm zur Ersparnis von Rohgummi vom 19.6.1935, in: CUA, 6500 Zg. 1/69, A 8.
30 Vgl. den sechsseitigen Bericht zur Amerika-Reise 4.5.–4.6.1935 durch den Vorstand an den Aufsichtsrat vom 5.6.1935, in: BArch R 8119 F/P 02116.

amerikanischen Banken stattfanden, kehrten Gehrke und Assbroicher mit leeren Händen zurück.[31]

Gegen Ende des Jahres 1935 machte man sich zwar wieder aufgrund der intensiven Gespräche und Interventionen von Könecke bei den Berliner Stellen Hoffnung auf eine verbesserte Rohstoffversorgung, aber schon wenig später erwiesen sich alle Erwartungen als illusorisch. Für Februar 1936 müsse man, berichtete Könecke in der Vorstandssitzung, mit einer Kürzung von mindestens 50 Prozent rechnen.[32] Sobald man von den Behörden die Genehmigung zu Rohkautschukkäufe auf eigene Rechnung bekam, griff man zu, auch wenn das nicht die günstigsten Zeitpunkte waren. Anfang März hatte man etwa Paragummi für 1,42 RM/kg gekauft, während man bisher in London wie Hamburg an der Börse nur etwa 0,86 bis 0,89 RM/kg hatte bezahlen müssen.[33] Das war im Vergleich zu den Rohgummipreisen für Plantagenkautschuk von 1934, als man im Durchschnitt noch unter 0,70 RM/kg bezahlt hatte, eine Verteuerung auf das Doppelte.[34]

Dennoch reichten im Juni 1936 die Vorräte abermals nur noch für wenige Tage. Und es kam noch schlimmer: Im August 1936 hatten sich die Fabrikations- und Lieferschwierigkeiten durch die geringen Rohstoffzuteilungen so weit zugespitzt, dass in weiten Teilen der Fabrik dauerhaft drastische Produktionseinschränkungen und Kurzarbeit eingeführt werden mussten.[35] Dazwischen war man schon immer wieder zu plötzlichen Betriebseinschränkungen gezwungen gewesen, von der bald die gesamte 11000-köpfige Belegschaft betroffen war.[36] Am Montag, dem 12. August 1936, musste Continental sogar den Betrieb vollständig stilllegen, was nach außen hin mit Betriebsstörungen begründet wurde. Anstelle des benötigten Monatskontingents von 1900 to Rohgummi hatte das Unternehmen ganze 130 to zugeteilt erhalten. Und größere Kompensationen auf eigene Faust scheiterten an den Bewilligungen der staatlichen Stellen für die dafür notwendigen Prämienaufschläge.[37] „Die Entwicklung der Dinge in Hannover", schrieb der Aufsichtsratsvorsitzende Uebel an seinen Stellvertreter

---

31 Vgl. die pessimistischen Einschätzungen auf S. 3 des Berichts, in: ebd.

32 Vgl. Aktennotiz Könecke über die Berliner Verhandlungen vom 10.12.1935, in: CUA, 6603, Zg. 3/85, A 3, sowie Protokoll der Vorstandssitzung vom 17.12.1935, in: ebd.

33 Vgl. Protokoll der Vertrauensratssitzung vom 4.3.1936, in: Gefolgschaftsbuch Continental.

34 Vgl. die Angaben zu den Rohgummipreisen für 1934 bis 1939, in: CUA, 6725, Zg. 1/57, A 11,1.

35 Vgl. Protokoll der Vorstandssitzung vom 29.8.1936, in: ebd.

36 Vgl. den besorgten Brief Röslers an Uebel vom 17.8.1936, in: BArch R 8119 F/P 02116.

37 Vgl. Aktennotiz des Direktors der Deutsche-Bank-Filiale Hannover über eine streng vertrauliche Auskunft seitens Gehrke vom 19.8.1936, in: HADB F 88/1522.

Rösler, „hängt jetzt ganz von der Rohstoffzuteilung ab. Die gegenwärtige Lage ist ja leider nicht sehr ermutigend."[38]

Wie verzweifelt die Lage aus Sicht des Vorstands war, zeigt ein Brief, den Gehrke Ende August an den Aufsichtsrat schickte:

> „Leider muss ich Ihnen mitteilen, dass sich die Rohmaterial-Schwierigkeiten noch mehr verschlechtert haben. Alle Verhandlungen und Vorstellungen, die wir in den letzten drei Wochen fast ununterbrochen in Berlin gemacht haben, nützen nichts, im Gegenteil, am Mittwoch-Abend ist im Wirtschaftsministerium entschieden, dass man der gesamten deutschen Gummi-Industrie von jetzt ab nur noch soviel Rohgummi zur Verfügung stellen wird, dass jedes Werk 3 Tage in der Woche arbeiten kann. Dazu wird gesagt, dass es im Oktober voraussichtlich noch schlimmer werden würde. Wir haben versucht, durch drei verschiedene Stellen, nämlich Rudolf Hess, durch Dr. Ley sowie durch v. Blomberg an den Führer zu kommen. Ob das gelingt, ist fraglich und ob der Führer helfen kann, ist auch sehr zweifelhaft."[39]

Mitte September 1936 fand eine weitere Besprechung mit Vertretern der Automobil- und Gummifabriken im RWM statt, in der den Unternehmen seitens des Staates für den Herbst plötzlich großspurig eine 6-tägige Beschäftigung garantiert wurde, aber die Versprechungen waren nicht viel wert. „Wie ich heute erfahren habe", hieß es in einer Notiz vom 1. September,

> „ist bis auf Weiteres die Rohgummieinfuhr stark gedrosselt, weil der vorrätige Devisenbestand und die Devisenneueingänge restlos für die Lebensmittelbeschaffung benötigt werden. Man ist sich über das Ernteergebnis noch nicht im Klaren und will für alle Fälle vorsorgen. Außerdem ist man der Ansicht, dass das Automobilisierungstempo zu sprunghaft ist und so nicht durchgehalten werden kann. Es muss gestoppt werden. Ich hörte noch, dass es gar keinen Zweck habe, immer mehr Autos auf den Markt zu werfen, wenn man weder Gummi noch Betriebsstoff habe."[40]

Für 24. Oktober 1936 war daher bereits der nächste ganztägige Produktionsstillstand vorgesehen.[41]

In ihrer Verzweiflung unternahmen Gehrke und Assbroicher im November 1936 eine weitere Auslandsreise, diesmal zu Dunlop nach England. Was der Continental-Vorstand bei seiner Besichtigung im Hauptwerk in Birmingham zu

---

38 Brief Uebel an Rösler vom 24.8.1936, in: BArch R 2116.
39 Brief Gehrke an Caspar vom 28.8.1936, in: Ordner Korrespondenz mit dem Aufsichtsrat 1936–1942.
40 Schreiben des VDO-Verbindungsmanns in Berlin, Wild, an die VDO-Zentrale in Frankfurt, in: VDO-Archiv, Karton 8.
41 Auch am 31.10. kam es, diesmal allerdings nur in der Technischen Fabrik, zu einer ganztätigen Fertigungseinstellung. Vgl. Protokoll der Vorstandssitzung vom 26.10.1936, in: CUA, 6603, Zg. 3/85, A 3.

sehen bekam, ließ ihn vermutlich vor Neid erblassen. Der europäische Konkurrent kannte keine Versorgungsprobleme mit Rohkautschuk, bei der Arbeiterschaft war eine bedeutend höhere Leistung als bei Continental festzustellen, und auch die Mechanisierung der Fertigungsabläufe war bedeutend weiter getrieben, zumal auch die Beschäftigung von Frauen erheblich höher war als in Hannover, mit entsprechenden senkenden Rückwirkungen auf die Produktionskosten.[42] Und auch die Qualitätsunterschiede der hergestellten Auto- wie Fahrradreifen, die „schon zu Zeiten, in denen uns keine Material-Restriktion störte", bestanden, war enorm.[43] In der Darlegung der Gründe für die große Überlegenheit der Engländer legte sich Assbroicher keine politische Zurückhaltung auf. So verwies er auf die wesentlich günstigere Zusammensetzung des Produktionssolls statt staatlicher Vorgaben, „die völlige Freiheit hinsichtlich der Wahl bestgeeigneten Materials", die unbeschränkte Verdienstmöglichkeit der Stücklohnarbeiter und nicht zuletzt „die absolute politische Freiheit hinsichtlich der Anpassung der Akkorde an den jeweiligen technischen Status und der unbeschränkten Einstellungsmöglichkeit geeigneter, insbesondre weiblicher Arbeitskräfte."[44] Das Einzige, was für Continental in dieser hoffnungslosen Vergleichssituation sprach, war, „dass wir aus ganz wesentlich minderwertigerem Material einen anständigen Reifen zu machen verstehen." Der entscheidende Punkt des Besuchs in England aber war, dass Dunlop offenbar positive Signale für eine von Gehrke vorgebrachte Idee einer Arbeitsgemeinschaft mit gegenseitigen Auftragsfertigungen ausgesendet hatte. Ein zentrales Element dieser Idee war, dass Dunlop Continental mit Naturkautschuk und anderen Rohstoffen für insgesamt 480 000 Pfund belieferte, Continental im Gegenzug ein Viertel dieser Rohstoffe in Reichsmark an die deutsche Dunlop-Tochterfirma in Hanau bezahlte und der Rest innerhalb von drei Jahren von Continental in Devisen direkt an Dunlop beglichen wurde.[45] Für die Absicherung dieses umfassenden Deals waren die zurückgekauften eigenen Aktien von Continental von zentraler Bedeutung. Doch letztlich zerschlug sich diese weitreichende Kooperation sowohl an den Einsprüchen der Londoner wie der Berliner Regierungsstellen.

Gehrke hatte immer auch den Vertrauensrat über die sich dramatisch verschärfende Rohstofflage auf dem Laufenden gehalten, auch über die dagegen unternommenen Interventionsversuche bei Reichswirtschaftsminister Schacht

---

42 Vgl. Protokoll der Vorstandssitzung vom 9.11.1936, in: CUA, 6603, Zg. 3/85, A 3, sowie den ausführlichen Bericht des Vorstands über den Besuch an Fritz Opel vom 14.11.1936, in: Ordner Korrespondenz mit dem Aufsichtsrat 1936–1942.

43 Ebd.

44 Ebd., S. 2.

45 Vgl. hierzu auch Neil Forbes, Doing Business with the Nazis. Britain's Economic and Financial Relations with Germany 1931–1939, London 2000, S. 143 ff.

und Hitlers Wirtschaftsberater Keppler.[46] Die Arbeitszeiten folgten den stark schwankenden Rohstoffzuteilungen und waren geradezu ein direktes Abbild der für jeden „Continentäler" unmittelbar erfahrbaren Rohstofflage, die sich so deutlich von der offiziellen Regierungs-Propaganda unterschied.[47] Die immer häufigere Einführung von Kurzarbeit sorgte im Unternehmen auch deshalb für böses Blut, da davon nur die Arbeiter betroffen waren, während Arbeitszeitverkürzungen auch für die Verwaltungsangestellten, wie es der Vertrauensrat forderte, vom Vorstand mit Hinweis auf den gerade durch die Produktionsprobleme verbundenen erheblich gestiegenen Arbeitsanfall durch Reklamationen, Kundenanfragen und Rohstoffbürokratie strikt abgelehnt wurden.[48] Trotz aller Einschränkungen schreckte der Vorstand vor Entlassungen zurück, wohl auch deshalb, da diese von Seiten des Treuhänders der Arbeit niemals genehmigt worden wären.

Beim Konkurrenten Phoenix in Hamburg war die Lage offensichtlich weit weniger dramatisch. Schäfer berichtete dem Aufsichtsrat regelmäßig, „dass die Gesellschaft mit Rohstoffen gut eingedeckt sei."[49] Im Juli 1936 sah man sich zwar auch empfindlichen Einschränkungen gegenüber, aber schon im September berichtete Schäfer dem Aufsichtsrat, dass „die Lage unseres Unternehmens im Rahmen der Gesamtkautschukwirtschaft als ganz außerordentlich günstig angesehen werden kann."[50] Entweder beschönigte der Phoenix-Vorstandsvorsitzende gegenüber dem Aufsichtsrat die Lage oder er verfügte tatsächlich über bessere Verbindungen als Continental, sei es zu den politischen Stellen in Berlin oder zu den Importeuren in Hamburg, wofür Einiges spricht. Im Juni 1936, mitten in der Rohstoffkrise, hatte man sich im Vorstand bei Continental jedenfalls massive Sorgen um längerfristige Marktanteilsverluste durch die Lieferschwierigkeiten gemacht, die von unerklärlicherweise „lieferfähigen Konkurrenten" entsprechend ausgenützt würden.[51]

Den einzigen auch kurzfristig zu realisierenden Ausweg aus der Rohgummikrise sah der Vorstand in einer massiven Ausweitung der Regeneratherstellung und -verwendung. Die Wiederaufbereitung von Altgummi betrieb Continental schon seit Jahren, allerdings war der so (wieder)gewonnene Werkstoff nur für technische Produkte und Fahrradreifen verwendbar und fand, auch aus Quali-

---

46 Vgl. u. a. Protokoll der Vertrauensratssitzung vom 18.12.1935 sowie auch vom 4.3.1936, in: Gefolgschaftsbuch Continental.
47 Vgl. die regelmäßigen Quartalsberichte des Unternehmens an die IHK Niedersachsen-Kassel in: CUA, 6610 Zg. 1/57, A 6,2.
48 Vgl. Protokoll der Vertrauensratssitzung vom 31.8.1936, in: Gefolgschaftsbuch Continental.
49 Bericht Schäfer an den Aufsichtsrat vom 27.7.1935, in: HADB F 002/749.
50 Bericht Schäfer an den Aufsichtsrat vom 29.9.1936, in: ebd.
51 Vgl. Protokoll der Vorstandssitzung vom 20.6.1936, in: CUA, 6603, Zg. 3/85, A 3.

tätsgründen, in der Autobereifung keine Verwendung. Im November 1935 beschloss der Vorstand angesichts der anhaltenden Versorgungsengpässe dennoch eine umfangreiche Modernisierung und Kapazitätsausweitung des bestehenden Regenerierwerks. Mit einem Investitionsaufwand von 250 000 RM wurde die bisherige Regeneratherstellung von 7 to pro Tag, zudem in minderwertiger Qualität, auf 16 to pro Tag „in edelster Qualität" gesteigert.[52] Damit konnte man, so rechnete man im Februar 1936 dem Aufsichtsrat vor, einen Rohgummi-Ausfall von fast 14 Prozent ausgleichen.[53] Man schlug daher eine zweite Erweiterungsstufe mit einem Kostenaufwand von weiteren 400 000 RM vor, um nicht nur die letzten noch fehlenden drei bis fünf Tonnen an Regenerat für die Deckung des Eigenbedarfs herzustellen, sondern sich letztlich mit einer Tagesproduktion von 50 to stärker von den erheblich schwankenden Rohgummizuteilungen der Reika abkoppeln zu können.[54] Doch das technische Problem des Einsatzes von Regenerat in der Autoreifenfertigung war weiterhin vielfach ungelöst. Unter dem Zwang der Lage hatte man in Hannover dennoch den Regenератgehalt bei Autoreifen von zunächst neun Prozent Anfang 1936 auf bis zu 30 Prozent Mitte November desselben Jahres gesteigert. Daraus hatte zwar eine Mehrproduktion von 20 000 Autoreifen resultiert, allerdings zu deutlich geminderter Qualität.[55] Die Reklamationen der Kunden hatten so stark zugenommen, dass man künftig ein weiteres Vorwärtstreiben des Regenerateinsatzes nur noch äußerst vorsichtig vornehmen konnte, wollte man nicht die jahrzehntelange Qualitätsstrategie der Marke Continental gefährden. Um dem vorzubeugen, startete man daher gleichzeitig eine gezielte Qualitätskampagne.

Auch wenn mit dem verstärkten Regenerateinsatz deutlich höhere Lohn- und andere Kosten verbunden waren, so stieg, wie Tabelle 3 zeigt, der Einsatz und Verbrauch von aufbereitetem Altgummi bei Continental in den Folgejahren weiterhin deutlich an.[56]

---

52 Vgl. das umfangreiche Schreiben und die Kostenkalkulation des Vorstands an den Aufsichtsrat vom 18.11.1935, in: Ordner Korrespondenz mit dem Aufsichtsrat.

53 Vgl. Schreiben vom 14.2.1936, in: ebd.

54 Vgl. Protokoll der Vorstandssitzung vom 12.10.1936, in: CUA, 6603, Zg. 3/85, A 3.

55 Vgl. den Bericht Assbroichers zum Regenerateinsatz bei Continental an Fritz Opel vom 17.11.1936, in: Ordner Korrespondenz mit dem Aufsichtsrat. Bei Riesenreifen, d. h. Lkw-Reifen, war nach wie vor keine Regeneratbeimischung möglich.

56 Vgl. das Schreiben des Vorstands an Uebel vom 5.7.1937 über die Mehrkosten durch Regenerateinsatz, in: Ordner Korrespondenz mit dem Aufsichtsrat 1936–1942.

Abb. 33: Vierjahresplan-Werbung

Tab. 3: Rohgummi-Verbrauch der Continental (1932 bis 1939) in to

Jahr	Naturkautschuk	Regenerat	Synthesekau- tschuk (Buna)
1932	12 900	900	−
1933	16 851	1290	−
1934	20 500	3107	−
1935	22 347	4943	21
1936	24 608	7311	282
1937	32 891	9776	574
1938	38 226	9783	1745
1939	29 911	9174	4400

Quelle: CUA, 6100, Zg. 1/85, A 4. Vgl. auch das Schaubild in: 6600 Zg. 1/58, A 1 sowie Schmidt, Continental, S. 83–87.

Mit der Entwicklung und dem Einsatz von synthetisch in Deutschland herge-
stelltem Kautschuk verbanden sich – zumindest auf Seiten des NS-Regimes und
der Rohstoffbürokraten im RWM – langfristig die größten Hoffnungen, aus dem
Dilemma von notorischer Devisenknappheit und prekärer Rohkautschukversor-
gung herauszukommen. Bei Continental herrschte dagegen im Vorstand wie im
Aufsichtsrat lange Zeit erhebliche Skepsis. „Die in der Presse erschienenen Artikel über die Möglichkeit einer ausreichenden Herstellung von synthetischem
Gummi laufen der Entwicklung weit voraus", hieß es etwa Mitte Februar 1935 in
einer Aktennotiz des Direktors der Deutsche-Bank-Filiale Hannover über einen
Besuch bei Gehrke.[57] Der einzige Hersteller von Buna war die IG Farben, die zu
diesem Zeitpunkt gerade einmal 30 to monatlich produzierte. Der Kautschuk-
Verbrauch von Continental allein betrug *täglich* 75 bis 80 to. Und der Preis für
Synthesekautschuk stellte sich auf ca. 10 RM pro Kilogramm; eventuell war bei
großtechnischer Herstellung, so die Überlegungen bei Continental, mit einer
Preissenkung auf 6 RM/kg zu rechnen, während aber zur gleichen Zeit das Kilo-
gramm Naturkautschuk 0,75 Pfg./kg kostete.[58]

Gummi und Treibstoff waren die beiden größten Rohstoffgruppen, die im
Zentrum der Vierjahresplan-Bürokraten und deren Bemühungen zur Schaffung
von Ersatzstoff-Technologien standen.[59] Seit 1933 schwirrten in der breiten Öffentlichkeit wie auch in den Fachkreisen zahlreiche Vorstellungen darüber um-
her, dass sich Deutschland in der Kautschukgewinnung durch Schaffung eines
„Deutschen Gummis" unabhängig und selbständig machen könnte.[60] Tischbein
waren diese Vorstellungen damals angesichts des Preises und vor allem des
technischen Aufwands sowie nicht zuletzt der „unvollkommenen Eigenschaften" von Synthesekautschuk als völlig abwegig erschienen, und dabei stützte er

---

57 Aktennotiz vom 13.2.1935, in: HADB F 88/1522.
58 Tatsächlich sollte der Preis für Buna S bis 1939 auf 2,30 RM/kg sinken, allerdings auf Druck
des Reichskommissars für Preisbildung.
59 Vgl. allgemein Tooze, Ökonomie der Zerstörung, S. 270 ff. Die Buna-Politik und Synthese-
kautschuk-Entwicklung in der NS-Zeit ist inzwischen eingehend erforscht. Vgl. Lorentz/Erker,
Chemie und Politik, sowie Erker, Vom nationalen zum globalen Wettbewerb, S. 423 ff. Dazu
siehe auch die diversen Studien von Jochen Streb, Der transatlantische Wissenstransfer auf
dem Gebiet der Synthesekautschukforschung in Krieg und Frieden: Freiwillige Kooperationen
und erzwungene Reparationen (1926–1954), in: Technikgeschichte 71 (2004), S. 283–303, und
ders., Technologiepolitik im Zweiten Weltkrieg. Die staatliche Förderung der Synthesekautschukproduktion im deutsch-amerikanischen Vergleich, in: Vierteljahrshefte für Zeitgeschichte 50 (2002), S. 367–397.
60 Vgl. etwa das Schreiben der Redaktion der Kölnischen Zeitung an Generaldirektor Tischbein vom 5.4.1933 mit der Bitte um eine Stellungnahme, in: Ordner Korrespondenz über unsere
Gesellschaft.

sich auch auf die Meinung der Chemiker im eigenen Hause.[61] Dennoch hatten Continental und die IG Farben schon im Oktober 1929 ein Abkommen getroffen, nach dem der Chemiekonzern synthetische kautschukhaltige Stoffe exklusiv nach Hannover geben würde, sofern er zu brauchbaren Forschungs- und Entwicklungsergebnissen käme. Dafür beteiligte sich Continental an den Kosten und koordinierte die weiteren gemeinsamen Entwicklungsarbeiten.[62] Unter dem Druck und auf Geheiß der staatlichen Stellen, allen voran des Reichsbeauftragten für Kautschuk Hammesfahr war die IG Farben jedoch im Juli 1934 gezwungen worden, sämtliche Gummifirmen mit ihrem Know-how zu beliefern, worüber man im Continental-Vorstand deutlich empört gewesen war.[63] Seit Herbst 1935 erfolgte zwar der erste Einsatz von Buna in der Fertigung, insbesondere bei Schläuchen und Gummiwalzen, aber die technische Verarbeitung hatte man ebensowenig im Griff wie die Kalkulation der Kosten. Denn es zeichnete sich schnell ab, dass der Verbrauch von Buna erheblich längere Arbeitszeiten mit sich brachte, die auf Naturkautschuk ausgelegten Maschinen wegen der schwierigen Verarbeitbarkeit deutlich schneller verschliss und die damit hergestellten Produkte gegenüber früher klare Qualitätsmängel aufwiesen. Die versuchsweise im Februar 1936 hergestellten ersten Autoreifen mit Buna-Beimischung wiesen gerade einmal eine Lebensdauer von 10 000 km auf, gegenüber 60 000 km bei aus Naturkautschuk produzierten Reifen. Dazu kam generell ein in der deutschen Öffentlichkeit zu diesem Zeitpunkt weit verbreitetes schlechtes Image der Ersatzstoffwirtschaft und der damit gewonnenen „neuen" Produkte.

Für Skepsis gegenüber der neuen Rohstofftechnologie hatte man daher im Vorstand von Continental allen Grund. Die IG Farben hatte dagegen ein Interesse daran, bei Politikern, Vierjahresplan-Bürokraten und der Öffentlichkeit eine Buna-Begeisterung zu befeuern, und nutzte im Frühjahr 1936 die Internationale Automobil-Ausstellung in Berlin dazu, ihre bisherigen Erfolge bei der Synthesekautschuk-Erzeugung zu präsentieren, gefolgt von einem Artikel ihres Chefchemikers Dr. Ernst Konrad über „Synthetischen Kautschuk" in der „Berliner Börsen-Zeitung" im Oktober 1936, der für weitere große Aufmerksamkeit sorgte.[64] Dagegen machte der für F&E zuständige damalige Continental-Vorstand Stockhardt hinter vorgehaltener Hand keinen Hehl aus seiner kritischen Distanz zu

---

61 Vgl. das ausführliche Antwortschreiben Tischbeins vom 13.4.1933, in: ebd.
62 Der Vertrag von 1929 in: Bayer-Archiv, 019-A-267. Hier auch unter der Signatur 329–0540 weiterer Schriftwechsel zwischen Continental und der IG Farben zu synthetischem Kautschuk für die Zeit 1929 bis 1953.
63 Vgl. Schreiben IG Farben an Continental vom 27.7.1934, in: ebd., sowie Protokoll der Vorstandssitzung vom 20.12.1934, in: CUA, 6603, Zg. 3/85, A 3.
64 Vgl. Pressenotiz vom 15.2.1936 und Abdruck des Artikels von Hoffmann, in: HADB F 002/ 749 bzw. HADB F 88/2028.

dem neuen Werkstoff und die viel zu optimistischen und seiner Meinung nach von Konrad völlig übertriebenen Vorzüge des Synthesekautschuks.[65] Nach außen hin jedoch trug man die Buna-Ideologie des NS-Regimes mit.[66]

Diese Skepsis im Vorstand und bei den Wissenschaftlern und Technikern in den Laboratorien der Continental blieb auch in den folgenden Jahren bestehen, zumal die Reifenindustrie und allen voran Continental von den Vierjahresplan-Behörden nun auch bei der Investition in die direkte Buna-Produktion in die Pflicht genommen werden sollte. Obwohl die IG Farben von den Vierjahresplan-Behörden zu einem raschen Ausbau ihrer Buna-Fertigungskapazitäten gedrängt wurde und in Schkopau und Hüls zwei große Buna-Fabriken errichtet wurden, gab es schon seit Frühjahr 1936 Gerüchte, dass es in den Behörden Pläne für den Bau einer dritten Fabrik gab, an deren Finanzierung die Reifenindustrie bzw. Continental sich beteiligten sollte.[67] Vom Vorstand heftig dementiert, sollten sich diese Pläne bereits ein Jahr später bewahrheiten.

Mitte Januar 1937 berichtete Rösler dem Aufsichtsratsvorsitzenden Uebel über eine vertrauliche „Besprechung im Göring-Stabe", wonach in kürzester Zeit drei Buna-Fabriken mit einer Gesamtkapazität von 6000 Monatstonnen errichtet werden sollten, zu deren Finanzierung auch die Reifenindustrie herangezogen werden sollte. Auf Continental kamen damit zusätzlich zu den bereits erforderlichen hohen Investitionskosten für die Buna-Verarbeitung weitere Kosten für die Herstellung des Synthesekautschuks in Millionenhöhe zu, ganz abgesehen von dem damit verbundenen Risiko, da, wie Rösler schrieb, „derartige Pläne dem gegenwärtigen Stand der Forschung weit voraneilen."[68] Zudem wurde die Kautschukindustrie seit 1937 über neu eingeführte hohe Kautschuk-Einfuhrzölle bereits indirekt zur Finanzierung der IG Farben-Kosten für die Buna-Herstellung mit herangezogen. Anstelle der 0,85 RM je kg Kautschuk zahlten die Gummifabriken nun 2,10 RM, einen Aufschlag von fast 150 Prozent. Im Januar 1938 wurde dann Continental vom Amt für deutsche Roh- und Werkstoffe mit der direkten Forderung zur Finanzierung der dritten Buna-Anlage kon-

---

65 Vgl. Schreiben des Direktors der Deutsche-Bank-Filiale Hannover an Rösler über ein Gespräch mit Stockhardt, in: HADB F 88/2028. Auch in einem eigenen Artikel über „Buna – der neue Werkstoff" äußerte sich Continental in der Werkzeitung deutlich zurückhaltend. Vgl. den Beitrag in: Werksgemeinschaft 1 (1936), Oktober 1936.
66 Vgl. Protokoll der Vorstandssitzung vom 19.6.1935, in: CUA, 6603, Zg. 3/85, A 3.
67 Vgl. das Dementi des Vorstands in einem Schreiben an Rösler vom 23.3.1936, in: BArch R 8119 F/P 02141.
68 Schreiben Rösler an Uebel vom 11.1.1937, in: BArch P 2116, sowie ebd. auch der Antwortbrief Uebels an Rösler vom 14.1.1937, in dem er deutlich machte, dass „kaufmännische Gesichtspunkte man bei allen diesen Erwägungen ja so ziemlich ausschalten [muss], sonst ist man gleich am Ende."

frontiert, die in Fürstenberg an der Oder entstehen sollte.[69] Vorstand und Aufsichtsrat waren sich allerdings einig, dass alle diesbezügliche Ansuchen „von vornherein abgebogen werden sollen."[70] Doch dann knickte man schnell ein, nachdem es Könecke in enger Abstimmung mit den anderen Kautschukfirmen gelungen war, eine Reihe von Bedingungen für eine Kapitalbeteiligung, die inzwischen für die Kautschukindustrie insgesamt auf 10 Mio. RM, für Continental allein auf 5 Mio. RM beziffert wurde, zu stellen.[71] Ein grundsätzliches „Nein", so war man sich schon im Vorfeld einig, würde man gegenüber den Vierjahresplan-Behörden nicht vorbringen können, zumal andernfalls, so hatte man in Berlin gegenüber Könecke unverhohlen gedroht, „Pflichtgemeinschaften" gebildet werden würden.[72]

Letztlich wurden die Pläne zum Bau der dritten Buna-Fabrik dann aber überraschenderweise doch nicht realisiert. Noch im November 1938 hatte Könecke resigniert an Rösler geschrieben, dass alle Verzögerungsversuche gescheitert seien und es durch Entscheidung Görings feststehe, dass die dritte Fabrik nun gebaut werden würde, und zwar nicht mit der bisher vorgesehenen Jahresleistung von 12 000 to, sondern mit 25–30 000 to Buna pro Jahr. Für Continental ergebe sich damit eine erneute Beteiligungsforderung von ca. 2,2 Mio. RM, zusätzlich zu den den Behörden bereits zugestandenen 5 Mio. RM, „bei der ich kein Vorbeikommen sehe."[73] Im März 1939 jedoch war das Thema vom Tisch. Offiziell war von veränderten Prioritäten der Vierjahresplan-Maßnahmen die Rede, tatsächlich jedoch war mit ein wesentlicher Grund dafür, dass in der Buna-Herstellung massive Rückschläge eingetreten waren, die unter anderem zur Stilllegung der IG Farben-Fabrik in Schkopau geführt hatten.[74]

Einem anderen „Vierjahresplan-Werkstoff" und dessen Mitfinanzierung der heimischen Herstellung konnte sich Continental jedoch nicht entziehen. Es ging um den Ersatz von amerikanischem Ruß, der in der Reifenfertigung in er-

---

69 Vgl. Bericht Köneckes auf der Aufsichtsratssitzung vom 4.1.1938, in: Ordner Anlagen zum Aufsichtsrat-Protokollbuch. Vgl. auch Jonas Scherner, Die Logik der Industriepolitik im Dritten Reich. Die Investitionen in die Autarkie- und Rüstungsindustrie und ihre staatliche Förderung, Stuttgart 2008, S. 96 f. Zeitweise war sogar an die Errichtung einer vierten Buna-Fabrik in Dorsten gedacht, die allein von der Automobilindustrie finanziert werden sollte.
70 Ebd.
71 Vgl. Notiz Könecke vom 30.3.1938, in: Ordner Korrespondenz mit dem Aufsichtsrat 1936–1942, sowie Protokoll der Aufsichtsratssitzung vom 5.4.1938, in: Ordner Anlagen zum Aufsichtsrat-Protokollbuch.
72 Vgl. Protokoll der Vorstandssitzung vom 19.3.1938, in: CUA, 6603 Zg. 3/85, A 3, sowie Notiz vom 8.3.1938, in: BArch R 8119 F/P 02140.
73 Brief Könecke an Rösler vom 22.11.1938, in: BArch R 8119 F/P 02117.
74 Vgl. Protokoll der Aufsichtsratssitzung vom 7.3.1939, in: Ordner Anlagen zum Aufsichtsrat-Protokollbuch.

heblichem Umfang eingesetzt wurde und als Füllstoff in den Gummimischungen unabdingbar war, was die schwarze Farbe der Reifen zur Folge hatte. Seit 1934 gab es, auch auf Veranlassung des RWM, bei der Degussa AG fieberhafte Forschungen zur Entwicklung eines deutschen Gasrußes.[75] Aber auch die IG Farben – und Continental – hatten eigene Gasruß-Entwicklungen aufgenommen. Das Pilotprojekt, das Continental zusammen mit Krupp betrieb, war so vielversprechend, dass die Hannoveraner zunächst Pläne für den Bau einer eigenen Gasruß-Fabrik in Hannover entwarfen, die allerdings letztendlich durch die in der Ideuka zusammengeschlossenen Kautschukfirmen gemeinsam betrieben werden sollte.[76] Dahinter stand das Kalkül, „dass die Gummi-Industrie nicht mehr der übersteigerten Preis-Politik der IG Farben bzw. der Degussa ausgeliefert wäre", wie der Vorstand in einem langen Brief zur Gasruß-Politik gegenüber dem Aufsichtsrat formulierte.[77] Als Gesamtkosten wurden bei einer Kapazität von 6000 to im Jahr 3,15 Mio. RM veranschlagt, wovon allerdings Continental entsprechend dem Ideuka-Verbrauchsschlüssel 70 Prozent, d. h. 2,2 Mio. RM, aufzubringen haben würde. Für sorgfältige Kalkulationen und vor allem eine ausgereifte Verfahrenstechnologie blieb jedoch keine Zeit. Die Behörden, allen voran Hitlers Wirtschaftsberater Keppler, machten Druck auf Continental, endlich mit dem Bau zu beginnen, zumal, so der gleichzeitig aus dem RWM erfolgte Hinweis, Devisen für amerikanischen Gasruß künftig nicht mehr zur Verfügung gestellt würden.[78] Alle Einwände, die Versuchsapparatur erst so durchzuarbeiten, „wie es im Interesse des Gestehungspreises für den Gasruß erforderlich wäre, wurden glatt beiseitegeschoben mit dem Hinweis darauf, dass die hierzu erforderliche Zeit nicht mehr zugebilligt werden könnte; es seien weder Devisen vorhanden zur Überbrückung der erbetenen Versuchsperiode noch sei aus militärischen Gründen ein weiterer Aufschub denkbar", hieß es dazu in einem Bericht des Vorstands über die Verhandlungen in Berlin.[79] Unter diesen Umständen sagte der Continental-Vorstand – vorbehaltlich der Genehmigung durch den Aufsichtsrat – gegenüber den Behörden den Bau einer Rußfabrik mit zunächst 3000 to Kapazität zu. „Da die Errichtung der Fabrik aus wirtschaftlichen

---

75 Vgl. näher dazu Peter Hayes, Die Degussa im Dritten Reich. Von der Zusammenarbeit zur Mittäterschaft, München 2004, S. 130 ff.

76 Vgl. Protokoll der Vorstandssitzung vom 22.6.1935, in: CUA, 6603 Zg. 3/85, A 3. Vgl. dazu und zum Folgenden 60200 Zg. 1/71, A 6,3 („Ruß-Akte").

77 Schreiben vom 10.10.1935, in: BArch R 8119 F/P 02116.

78 Vgl. Protokoll der Vorstandssitzung vom 5.10.1935, in: ebd., sowie Schreiben Continental an Hitlers Wirtschaftsbeauftragten Keppler vom 8.10.1935, in: CUA, 6600 Zg. 1/56, A 1,5. Vgl. auch eine Aktennotiz von Assbroicher über einen Besuch Pleigers in Hannover und die damit verbundenen Gespräche vom 5.10.1935, in: ebd., 60200 Zg. 1/71, A 6,2.

79 Schreiben vom 10.10.1935, in: BArch R 8119 F/P 02116.

und militärischen Gründen von den politischen Instanzen gefordert wird bzw. die Devisenzuteilung für ausländische Russkäufe verweigert werden soll, so werden wir uns im Interesse der Conti von einer Beteiligung an dem Objekt nicht fernhalten können", schrieb Aufsichtsratsmitglied Rösler in einem Brief an Uebel:

> Es wäre zu befürchten, dass eventuell eine Pflichtgemeinschaft nach dem Muster der Braunkohle-Benzin gebildet wird, wenn die Gummi-Industrie nicht selbst den Entschluss fände, den Anregungen der Regierung entgegenzukommen. Es schiene mir allerdings nicht richtig, Subventionen der Regierung für den Aufbau der Fabrik in Anspruch zu nehmen, da wir uns dann bei allen betrieblichen und geschäftlichen Maßnahmen auch eine Mitwirkung des Reiches gefallen lassen müssten.[80]

Diese Einschätzung ist geradezu exemplarisch für die selektive Wahrnehmung von unternehmerischen Zwangslagen und Handlungsspielräumen.

In diesem Dilemma sah sich auch der Aufsichtsrat. Uebel beklagte wortreich die Entwicklung, die tief in die ureigenen Belange der Unternehmen eingriff und auf eine staatlich erzwungene Rückwärtsintegration hinauslief. Die Gummifabriken könnten nun wirklich nicht dazu übergehen, ihre Rohstoffe in eigenen Fabriken selbst herzustellen und dafür riesige Investitionen zu tätigen.[81] Andererseits könne man „selbstverständlich" die Wünsche der behördlichen Stellen nicht ignorieren und „wollen ja auch gerne den national-wirtschaftlichen Belangen soweit als möglich Rechnung tragen." Auch Fritz Opel stellte sich quer und äußerte schwerwiegende Bedenken gegen den Plan.[82] Bei Wiederkehr normaler Auslandsbeziehungen, so sein Argument, könne amerikanischer Ruß noch beträchtlich billiger bezogen werden und die hier geschaffene Gasrußfabrik würde ihre wirtschaftliche Daseinsberechtigung schnell verlieren.

In einer eigens anberaumten Besprechung mit Könecke wurde daraufhin im Aufsichtsrat eine Strategie entwickelt, mit der man das Risiko für das Unternehmen möglichst gering halten wollte und zudem anstelle hektischer Aktivitäten auf Zeit zu spielen versuchte. Durch Hereinnahme weiterer Firmen sollte der Finanzierungsanteil der Continental verringert werden und zudem sollte, ehe man endgültig an die Errichtung der Fabrik herangehen würde, mit der IG Farben und Degussa noch einmal versucht werden, zu günstigeren Preisgestaltungen und größeren Bezugsmengen zu kommen.[83] Zunächst gab man daher dem Drängen der Vierjahresplan-Behörden nach und gründete pro forma am 17. Oktober 1935 die Gasruß GmbH mit einem Kapital von 800 000 RM, wovon Conti-

---

80 Brief Rösler an Uebel vom 11.10.1936, in: BArch R 8119 F/P 02116.
81 Vgl. Schreiben Uebel an Rösler vom 15.10.1935, in: ebd.
82 Vgl. Aktennotiz Köneckes vom 12./13.10.1935, in: ebd.
83 Vgl. Notiz Uebel über die Unterredung zwischen Opel und Könecke vom 15.10.1935, in: ebd.

nental knapp 72 Prozent beisteuerte, der Rest verteilte sich auf Phoenix, die Deka AG und Metzeler.[84] Wie groß der politische Druck auf die Reifenunternehmen war, zeigt auch die Reaktion des Phoenix-Vorstands in Hamburg auf die kategorischen Forderungen aus Berlin. „Wir sehen es nur ungern", schrieben Schäfer und Teischinger in ihrem Bericht an den Aufsichtsrat, „dass auf diese Weise ein Teil unseres an sich schon schwach bemessenen Kapitals unserem eigenen Geschäftsbetrieb entzogen und für die Herstellung von Rohstoffen investiert werden muss, können uns aber unter dem Druck der Verhältnisse, wenn wir nicht große Ungelegenheiten riskieren wollen, der Beteiligung nicht entziehen."[85]

Die Bauumsetzung wurde dann jedoch von Continental wie geplant verzögert. Man schreckte nach wie vor angesichts der sich abzeichnenden hohen Herstellungskosten vor hohen Investitionskosten zurück, auch im Hinblick darauf, „dass unsere geldlichen Mittel durch die Verarbeitung von Ersatzstoffen künftig außerordentlich stark beansprucht werden".[86] Im Oktober 1936 setzten die Vierjahresplan-Behörden dann jedoch Continental und der übrigen Reifenindustrie die Pistole auf die Brust: Die Rußfabrik müsse, so berichteten Gehrke und Könecke von Verhandlungen in Berlin, von der Kautschukindustrie endlich erbaut werden, zunächst mit einer Kapazität von 3000 to im Jahr, und bis zum 22. Oktober werde hierzu eine definitive Entscheidung erwartet.[87] Continental brachte daraufhin eine Beteiligung der Degussa ins Spiel, die sich hälftig an dem Bau der inzwischen mit Standort Dortmund geplanten Rußfabrik beteiligen sollte.[88] Bei der Degussa ging man auf das Angebot schnell ein, sah man doch die Chance, damit das eigene Rußverfahren gegenüber dem konkurrierenden Continental-Krupp-Verfahren durchzusetzen.[89] Nach intensiven Verhandlungen kam es schließlich am 26. November 1936 zu einem Abkommen zwischen Degussa und den Kautschukunternehmen und zur Gründung der neu geschaffenen Rußwerke Dortmund GmbH. Neben Continental und Phoenix waren nun sämtliche größeren Gummifirmen an dem Konsortium beteiligt, in dem Continental 29 Prozent der Anteile in Höhe von 1,172 Mio. RM hielt.[90] Die Beteiligung der Degussa stellte sich für Continental bald als kluger Schachzug heraus, nicht zuletzt deshalb,

---

84 Vgl. Protokoll der Vorstandssitzung vom 21.10.1935, in: ebd.

85 Schreiben vom 8.10.1935, in: HADB F 002/749.

86 Vgl. Protokoll der Vorstandssitzung vom 14.9.1936, in: BArch R 8119 F/P 02116.

87 Vgl. Protokoll der Vorstandssitzung vom 17.10.1936, in: ebd.

88 Vgl. den Bericht Köneckes vom 9.9.1936 an den Aufsichtsrat über die Ergebnisse der Besprechungen in Berlin Ende Oktober, in: BArch R 8119 F/P 02116.

89 Vgl. die spätere Debatte, inwieweit Continental dabei geblufft habe und der Degussa-Vorstand über den Tisch gezogen worden sei, Hayes, Die Degussa, S. 136.

90 Vgl. Hayes, Die Degussa, S. 135.

da sich spätestens im Frühjahr 1937 abzuzeichnen begann, dass die Bau- und Investitionskosten völlig aus dem Ruder liefen. Anstelle der ursprünglich veranschlagten vier Mio. RM rechnete man inzwischen mit 7,5 Mio. RM.[91] Im Januar 1938 waren es dann sogar 8,5 Mio. RM. Die Fabrik würde sich damit nicht wie geplant und erwartet in fünf Jahren amortisiert haben, sondern bestenfalls in zehn Jahren oder noch später. Und dabei lagen die voraussichtlichen Gestehungskosten mit über 0,75 RM je kg weit über den vom RWM gegenüber der Kautschukindustrie leichterhand behaupteten 0,25 RM/kg.[92]

Tatsächlich zeigte sich, dass die zahllosen Verhandlungen zwischen der Degussa und der Kautschukindustrie unter dem Eindruck der permanenten und die Beteiligten unter Zeitdruck setzenden Forderungen des Amtes für deutsche Roh- und Werkstoffe, repräsentiert in der Person nicht nur Kepplers und Pleigers, sondern vor allem Eckells, standen, die mal im Hintergrund, mal ganz offen in der Ruß-Angelegenheit die Fäden zogen und das Geschehen orchestrierten. Die Lage für die Unternehmen und den Continental-Vorstand war allerdings auch deshalb kompliziert, weil es zwischen dem RWM und den Vierjahresplan-Behörden bzw. dem Amt für deutsche Roh- und Werkstoffe divergierende Auffassungen über den einzuschlagenden Weg zur Ruß-Autarkie gab. Während das Ministerium eine Fabrik mit 3000 Jahrestonnen Kapazität für absolut ausreichend hielt und alle darüber hinausgehenden Investitionen für durchaus nicht ohne wirtschaftliches Risiko, forderte das Amt 6000 Jahrestonnen und die sofortige Erstellung der Fabrik.[93]

Wie auch immer, die Unternehmen, Degussa ebenso wie Continental, hatten sich unter Zeitdruck setzen lassen und auch den ebenso vagen wie beschönigenden Kalkulationsrechnungen der Behörden geglaubt. Dabei war offensichtlich gewesen, dass zum Zeitpunkt der Gründung der Rußwerke Dortmund GmbH ein betriebsreifes Verfahren für die Rußgewinnung aus Anthrazenrückständen überhaupt noch nicht vorhanden war und daher alle Kosten- und Preiskalkulationen auf fiktiven Zahlen basierten.[94] Zudem war völlig offen, ob seitens des Reichs überhaupt die für die Gasruß-Herstellung benötigten Mengen an Anthrazen-Rückständen zur Verfügung gestellt werden konnten.[95] Jegliche direkte finanzielle Beteiligung durch die staatlichen Behörden lehnte Eckell

---

91 Vgl. Protokoll der Vorstandssitzung vom 13.5.1937, in: BArch R 8119 F/P 02116.

92 Vgl. Erker, Vom nationalen zum globalen Wettbewerb, S. 410 f.

93 Vgl. die Aktennotiz über eine Besprechung der Gasruß-Firmen in Berlin vom 5.11.1936, in: CUA 60200 Zg. 1/71, A 6,3.

94 Vgl. Schreiben des Geschäftsführers der Gasruß-Werke, Georg Kemnitz, an das Amt für deutsche Roh- und Werkstoffe vom 4.1.1938, in: CUA 60200 Zg. 1/71, A 6,3.

95 Vgl. die ausführliche Besprechungsnotiz über die Abstimmung der Verhandlungen unter den Reifenfabriken vom 6.11.1936, in: ebd.

gleichzeitig ab. Selbst als die Reifenunternehmen wenigstens die Zusage einer Reichsbürgschaft zur Absicherung eines größeren Kredits wollten, ließ der Vierjahresplan-Beamte die versammelte Mannschaft der deutschen Kautschukindustrie-Manager im Ungewissen.[96] Zugleich hatten sich aber die Reifenfabriken schon vertraglich zu einer Abnahmegarantie der gesamten Ruß-Produktion der Werke zu festgelegten Preisen für die Dauer von fünf Jahren verpflichten müssen.[97]

Die Anlage zur Gasruß-Herstellung war noch gar nicht fertig, da zeichnete sich schon ab, dass selbst die vom Amt für deutsche Roh- und Werkstoffe anvisierten hohen Kapazitätsleistungen längst nicht ausreichen würden, um den Rußbedarf der deutschen Kautschukindustrie auch nur halbwegs zu decken. Allein schon 1939 würde der Bedarf an heimischem Ruß fast 30 000 to betragen.[98] Mit ein Grund für die rasanten Bedarfssteigerungen war der erhöhte Buna-Einsatz, der im Vergleich zur früheren Naturkautschukverarbeitung einen weit höheren Verbrauch an Ruß erforderte. Die Ersatzstoff-Ökonomie und das neue Rohstoff-Regime hatten mithin einen Teufelskreis in Gang gesetzt. In den Vierjahresplan-Behörden entwickelte Eckell daher umgehend Pläne für die Errichtung weiterer Gasruß-Fabriken.[99] Währenddessen stritten sich Assbroicher und Könecke als Vertreter von Continental im Aufsichtsrat der Gasruß-Werke mit den Degussa-Abgeordneten um die weitere Ausbau- und Finanzierungspolitik. Und dabei waren irgendwie alle Manager noch von dem Irrglauben geprägt, dass man mit ökonomischer Rationalität der von den Vierjahresplan-Behörden beständig nach oben geschraubten Rüstungsspirale mit immer höheren Produktionsvorgaben entkommen konnte.[100] Weit gefehlt – im März 1939 konfrontierte Eckell die Vertreter der Reifenindustrie mit neuen Forderungen zur Errichtung einer weiteren Gasrußfabrik mit einer Kapazität von 5000 Jahrestonnen. Als Kapitaleinsatz der Unternehmen dachte er dabei an vier bis fünf Mio. RM, wobei das RWM Continental gegenüber bereits signalisiert hatte, dass man von dem Unternehmen „die Hergabe eines größeren Kapitals als ihrem Anteil entspre-

---

96 Vgl. den ausführlichen Bericht über die Besprechung der Kautschukindustrie mit Eckell am 20.12.1937 im Berliner Hotel Bristol, in: CUA, 6600 Zg. 1/56, A 1,4.
97 Vgl. die Aktennotiz über die Verhandlungen zwischen Degussa und Continental über den Grundpreis des in der neu zu errichtenden Fabrik herzustellenden Rußes vom 17.11.1936, in: ebd.
98 Vgl. Aktennotiz zur Ruß-Beiratssitzung vom 29.11.1938, in: CUA, 6600 Zg. 1/56, A 1,6, sowie Hayes, Die Degussa, S. 140.
99 Zum weiteren Verlauf der Verhandlungen und Maßnahmen vgl. ebd., S. 141 ff.
100 Vgl. ebd., S. 143, und den Brief Köneckes an das RWM vom 3.2.1939, in dem er nicht nur auf die massiven Versorgungslücken hinwies, sondern auch weitere Reichsgarantien forderte, in: CUA, 6600 Zg. 1/56, A 1,6.

chend" für die Erweiterung erwarte.[101] Auch Continental, obschon man sich nicht wie die Degussa auf die Gasrußproduktion eingelassen hatte, weil man am Bedarf des NS-Regimes mitverdienen wollte, war nun größtenteils zu dessen Gefangenem in der autarkiewirtschaftlichen Ersatzstoffwirtschaft geworden.

Immerhin war Continental dabei nicht wie andere Vierjahresplan-Unternehmen insbesondere der Eisen- und Stahlindustrie in Arisierungsvorgänge verwickelt worden. Im Dezember 1936 war dem Unternehmen die Kasseler Cordweberei Fröhlich & Wolf zum Kauf angeboten worden. Auch der Gewebesektor und die brennende Frage des Ersatzes von ausländischer Baumwolle durch Zellwolle oder Kunstseide stand für die Reifenunternehmen auf der Tagesordnung. Zu diesem Zeitpunkt hatte man sich im Vorstand der Continental noch nicht entschieden, für den gestiegenen Eigenbedarf eine eigene Cordgewebefabrik zu bauen oder eine bestehende Firma zu übernehmen.[102] Fröhlich & Wolf war seit Jahrzehnten der Hauptlieferant für Reifencordgewebe an Continental, und „aus Arisierungsgründen" war die Familie offenbar bereit, ihre Firma zu verkaufen. Die Deutsche Bank versuchte den Vorstand zu diesem in ihren Augen äußerst günstigen Kauf, der nur fünf bis sechs Mio. RM erfordere, zu überreden.[103] Im Juli war es dann tatsächlich zu einer Besichtigung der Firma gekommen, aber kurz darauf lehnte Könecke die Übernahme endgültig ab.[104] Die zersplitterte Textil- und Baumwoll-Spinnerei-Branche, in der es viele jüdische Firmen gab, war auch in der Folgezeit von erheblichen Turbulenzen mit Fusionen, Übernahmen und Firmenaufgaben gekennzeichnet, die in Hannover genau verfolgt wurden. Im Februar 1938 etwa hatte man erfahren, dass ein Aktienpaket der Leipziger Baumwollspinnerei den Besitzer gewechselt hatte und von der Familie Hornschuch erworben worden sein sollte. Die Familie besaß ihrerseits eine Baumwoll-Spinnerei in Württemberg und ihr gehörten auch sämtliche Aktien der Kulmbacher Spinnerei. Da Continental von beiden Spinnereien in großem Umfang Gewebe für Reifen wie Technische Produkte (TP) bezog, war man daher dringend daran interessiert, Näheres über die Transaktion zu erfahren, ohne dass sich daraus aber konkrete Maßnahmen entwickelt hätten.[105]

Auch Phoenix war von der Ruß- und Synthesekautschuk-Politik der Vierjahresplan-Behörden betroffen worden, allerdings bestand hier offensichtlich

---

101 Vgl. Protokoll der Konsortialsitzung vom 23.3.1939, in: CUA, 6600 Zg. 1/56, A 1,3.

102 Vgl. Brief des Direktors der Deutsche-Bank-Filiale Hannover an seinen Kollegen in Kassel über eine Aufsichtsratssitzung bei Continental vom 16.12.1936, in: BArch P 2141.

103 Vgl. Schreiben vom 25.1.1937, in: BArch R 8119 F/P 02117.

104 Vgl. Protokoll der Vorstandssitzung vom 2.6. und vom 12.7.1937, in: CUA, 6603 Zg. 3/85, A 3. Im Jahr 1938 wurde Fröhlich & Wolff dann tatsächlich arisiert und ging in anderweitige Hände.

105 Vgl. Notiz vom 11.2.1938, in: HADB F 88/1522.

weit weniger Skepsis gegenüber der neuen Buna-Technologie und dem „Deutschen Kautschuk". Zwar berichtete auch Teischinger Anfang April 1936 auf der Aufsichtsratssitzung über die allenthalben bestehenden Probleme der Verarbeitung, gleichzeitig jedoch starte man Bemühungen, so früh wie möglich aus dem eigenen Buna-Know-how im internationalen Wettbewerb Kapital zu schlagen.[106] Seit 1935 bestanden intensive Kontakte zu Firestone, General Tire und weitere Gummiunternehmen in den USA, die sich auch in einem gegenseitigen Besuchsprogramm der Techniker und Ingenieure niederschlugen.[107] In diesem Zusammenhang war Teischinger mehrere Male nach Akron/Ohio gereist, der Gummihauptstadt der USA, in der nahezu sämtliche amerikanischen Reifenkonzerne ihren Hauptsitz hatten, um sich dort über die neuen Fertigungstechnologien und den dabei vorgenommen Einsatz der Rohstoffe zu informieren, d. h. konkret, auch um zu erkunden, für welche Arten von Personenwagen-Reifen die Amerikaner Regenerat verwendeten und von welcher Art dieser wiederaufbereitete Kautschuk war. Vor allem aber ging es auch darum, eventuelles Know-how im Austausch gegen das noch junge Buna-Know-how zu erhalten. Die intensivsten Kontakte ergaben sich dabei mit der Raybestos-Manhattan Inc., deren Manager nach einem Besuch in Hamburg im Herbst 1935 großes Interesse daran zeigten, zur weiteren Durchführung eigener Synthesekautschuk-Versuche über Phoenix je 500 to Buna der Sorte S, N sowie Buna 85 in die USA geliefert zu bekommen. Die Hamburger versprachen, sich darum zu kümmern, und nahmen daher in der Folge umgehend Kontakt mit Otto A. Friedrich auf, damals leitender Beamter in der Reika.[108] Die Amerikaner wandten sich auch direkt an Friedrich, und dieser zeigte sich durchaus nicht abgeneigt, die Bunasorten zu liefern und dies gleichzeitig zur Grundlage eines Kooperationsvertrags zwischen Phoenix und Raybestos zu machen, mit intensivem gegenseitigen Austausch von Chemikern und „keeping the exchange of results in the experimental stage confidential".[109]

Was immer die Motive von Friedrich für diese quasi amtlichen Signale gewesen sein mögen – und eigentlich war die Raybestos für Phoenix der falsche Ansprech- und Austauschpartner, denn das Unternehmen stellte nur technische Gummiprodukte und keine Automobilreifen her –, faktisch hätte sich das Ganze

---

106 Vgl. Protokoll der Aufsichtsratssitzung vom 6.4.1936, in: HADB F 002/749.
107 Vgl. Schreiben Teischinger an Firestone vom 30.1.1936 sowie auch Schreiben Teischinger an den General-Tire-Manager Dr. Ulrich, der 1928 noch als Entwicklungsingenieur bei Continental gearbeitet hatte, vom 9.1.1936, in: MDA/SHMH, MAA 2009/021.263 („Amerika-Reisen Direktor Teischinger").
108 Vgl. Schreiben Schäfer an Friedrich vom 1.4.1936, in: ebd.
109 Schreiben Raybestos an Friedrich vom 18.10.1935 sowie Antwortschreiben Friedrich vom 9.11.1935, in: ebd.

zum Nachteil von Continental und zur Positionsverbesserung von Phoenix im technologischen Wettlauf mit dem Konkurrenten ausgewirkt. Ende November 1935 machte man sich jedenfalls auf Seiten von Raybestos wie Phoenix große Hoffnungen, dass die Buna-Lieferungen nach Amerika zustandekommen würden. Am 28. November fand dazu auch eine eigene Besprechung von Schäfer und Friedrich im RWM statt, auf der Schäfer auf die große Bedeutung der geplanten Zusammenarbeit mit den Amerikanern auf dem Gebiet des synthetischen Kautschuks, unter anderem auch für eine Einwirkung auf die Naturkautschuk-Preisbildung, hinwies.[110] Ein Effekt wäre zudem, dass Deutschland insgesamt bei der Kunstkautschukverwendung schneller vorankomme, und daher erbat man dringend die notwendige Zustimmung des RWM, die allerdings auch noch durch ein Ja des Reichskriegsministeriums (RKM) ergänzt werden musste. Was den mögliche Einwand eines Know-how-Abflusses anging und die Vorteile, das Ausland besser weiterhin im Unklaren über den Stand der deutschen Buna-Beherrschung zu lassen, so argumentierte man seitens Phoenix nicht zu Unrecht, dass es in Deutschland mit Dunlop, Tretorn, Michelin und Hutchinson eine Reihe von halbausländischen Werken gebe, die über den Stand der Preis- und Verarbeitungsschwierigkeiten durchaus Bescheid wüssten. Das RWM signalisierte tatsächlich seine Zustimmung und auch die Besprechung im RKM am Tag darauf verlief für die Phoenix-Manager durchaus aussichtsreich. Man bestärkte diese, auch offiziell einen Antrag auf Lieferung von synthetischem Kautschuk nach Amerika bei den Behörden einzureichen.[111] Gleichzeitig empfahl man jedoch auch, diesbezüglich mit der IG Farben Fühlung aufzunehmen.

Im Dezember stellte Schäfer schließlich auch in seiner offiziellen Funktion als Leiter der Fachgruppe Kautschukindustrie an die Überwachungsstelle für Kautschuk bzw. deren Reichsbeauftragten im RWM den Antrag zur Lieferung von Buna nach Amerika, doch dann trat auf Seiten der Behörden plötzlich Funkstille ein.[112] Der Grund war, dass inzwischen akute technische Probleme bei der Buna-Entwicklung aufgetreten waren und man dem Ausland gegenüber verheimlichen wollte, dass die Buna-Forschung in Deutschland keineswegs so weit war, wie man nach außen hin vorgab.[113] In Hamburg sah man aber die Dinge offensichtlich anders. „Heute morgen gingen weitere Photographien von der IG Farbenindustrie über synthetischen Kautschuk hier ein", hatte Schäfer noch im Februar 1936 an Teischinger geschrieben, der sich gerade in Akron aufhielt,

110 Vgl. Aktennotiz über die Besprechung vom 28.11.1935, in: ebd.
111 Vgl. Aktennotiz Teischinger vom 14.12.1935, in: ebd.
112 Vgl. das Scheiben Schäfers vom 17.12.1935 mit einer ausführlichen Begründung, in: HADB F002/749.
113 Vgl. Schreiben Friedrich an Teischinger vom 5.4.1936, in: MDA/SHMH, MAA 2009/021.263.

„die für die Amerikaner interessant sein dürften."[114] Für April 1936 war ein erneuter Besuch des Präsidenten der Raybestos in Hamburg vorgesehen, der sich
vor Ort über den Stand der Synthesekautschuk-Verarbeitung informieren wollte.[115] Und in den Augen des Phoenix-Vorstands sprach nichts dagegen, dass die
Amerikaner die Buna-Verarbeitung bei Phoenix in Augenschein nahmen, zumal
„in den nächsten Wochen hier weitere Fortschritte zu erwarten sind, so dass
sich durch den Einblick eines Ausländers keine nachteiligen Urteile im Ausland
ergeben dürften", wie Teischinger in einer Aktennotiz festhielt.[116]

Doch das von Phoenix mit soviel Aufwand betriebene Projekt „Buna für
Amerika", das sich noch bis Sommer 1936 hinziehen sollte, scheiterte letztlich.
Im April teilte die Überwachungsstelle Kautschuk mit, dass die Versendung von
Buna-Mustern inzwischen unerwünscht sei, allerdings tat man so, als ob die
letztendliche Entscheidung darüber alleine bei der IG Farben lag. Dort legte
man sich allerdings nicht fest, verwies wiederum auf die Kompetenzen der
Überwachungsstelle, und erst im Juli traf in Hamburg ein offizielles Schreiben
von IG Farben-Vorstand Fritz Ter Meer ein, in dem dieser ohne weitere Begründung darauf hinwies, dass die IG nicht bereits sei, synthetischen Kautschuk für
Ausfuhrzwecke zur Verfügung zu stellen.[117] Erst hinterher wurde klar, dass
„sehr einflussreiche Reichsstellen" der IG Farben gegenüber ein deutliches Verbot ausgesprochen hatten, so dass man in Leverkusen, selbst wenn man gewollt
hätte, Phoenix gar keine Exporterlaubnis hätte geben können.

Das Ganze war nur eine kleine, aber nichtsdestotrotz typische Anekdote
dazu, wie die Vierjahresplan-Behörden die Unternehmen gegeneinander auszuspielen verstanden. Der Vorfall führte zu einer tiefgehenden Verstimmung, allerdings nicht etwa gegenüber den Reichsbehörden, sondern zwischen der
IG Farben und Phoenix, bei der die Hamburger massive Vorwürfe über eine angebliche informatorische Bevorzugung von Continental erhoben. Eigentlich sei
man der Meinung gewesen, dass der Exklusivvertrag mit Continental nicht
mehr bestehe und daher einer intensiveren Zusammenarbeit zwischen Phoenix
und der IG Farben nichts mehr im Wege stehe, beschwerte sich Teischinger Anfang August 1936:

> Leider sehen wir uns aber in der letzten Zeit immer wieder enttäuscht. So mussten wir in
> der Sitzung des Reichsluftfahrtministeriums am 31. Juli feststellen, dass wir erst zwei Tage

---

114 Schreiben Schäfer an Teischinger vom 26.2.1936, in: ebd.
115 Vgl. den ausführlichen Bericht über den Besuch bei Phoenix vom 26.3. bis 9.4.1936 in: ebd.
116 Vgl. „Aktennotiz für die nächste Reise nach Berlin" vom 5.2.1936, in: ebd.
117 Vgl. den Schriftwechsel vom April bis Juni 1936, in: ebd. Vgl. Schreiben IG Farben an Schäfer vom 14.7.1936 sowie das ziemlich verärgerte Antwortschreiben des Phoenix-Vorstands an IG
Farben-Vorstand Fritz Ter Meer vom 16.7.1936, in: ebd.

vorher über die neuen Kunststoffe Oppanol B und C verständigt wurden, während die Continental in der bezeichneten Sitzung bereits fertig präparierte Gewebe vorlegen konnte [...] Wir erinnern an die Tatsache, dass wir zur Zeit die einzige Gummifabrik sind, die in der Lage ist, einen Gasanzugsstoff unter weitgehender Verwendung von Buna herzustellen, und wir können deshalb nicht verstehen, warum wir hier auch wiederum verspätet informiert wurden [...] Wir müssen in der ablehnenden Haltung der IG eine gewisse Unfreundlichkeit uns gegenüber erblicken.[118]

Von Buna-Skepsis wie bei Continental konnte bei Phoenix jedenfalls keine Rede sein. Im Februar 1937 pries der Vorstand in seinem Bericht an den Aufsichtsrat die inzwischen angeblich erreichte technologische Vorreiterrolle: „Wir sind wohl die erste Fabrik gewesen, die in der Lage war, der Heeresverwaltung Reifen zum Ausprobieren zur Verfügung zu stellen, die ohne jede Beimischung von Naturkautschuk hergestellt waren, und haben damit auch beachtenswert hohe Kilometerleistungen erzielt."[119] In Verbindung mit dem Vierjahresplan, „für den sich auch unsere Firma mit großer Tatkraft einsetzt", würden besondere Fabrikationseinrichtungen geschaffen, die die Verarbeitung von Buna bedinge, und dafür Investitionen in der Größenordnung von 1,5 bis 2 Mio. RM vorgenommen werden. Und Teischinger hielt auch gegenüber den amerikanischen Geschäftspartnern nicht mit Lobeshymnen über die Phoenix zurück:

Since you saw the Phoenix in connection with the ‚four year plan‘, we have made much progress, especially in our tire and adhesive department. Very interesting is the development in the use of ‚Buna‘, and I am certain that we shall achieve the aim of our ‚Führer‘. It is really a pleasure to notice the ardeur of the German chemists in this object. Nobody wants to remain behind, and therefore it is no wonder that we believe we shall overcome all the difficulties which every new thing brings.[120]

Zur gleichen Zeit beriet man im Vorstand der Continental über das Ergebnis einer Reise von Otto A. Friedrich in die USA, bei der offensichtlich Goodrich gegenüber den Deutschen die Bereitschaft signalisiert hatte, „einer deutschen Gummi-Firma einen mehrjährigen Kredit zur Rohgummibeschaffung zu gewähren, wenn andererseits Goodrich Äquivalente auf dem Buna-Gebiet geboten werden."[121] Nach längerer Aussprache wurde beschlossen, „von einer Förderung dieser Angelegenheit vorerst Abstand zu nehmen."[122]

---

118 Schreiben Teischinger vom 4.8.1936, in: ebd.
119 Bericht an den Aufsichtsrat vom 4.2.1937, in: HADB F 002/749.
120 Brief Teischinger an den Präsidenten der Hood Rubber Company in Watertown/Mass. vom 2.3.1937, in: MDA/SHMH, MAA 2009/021.263.
121 Protokoll der Vorstandssitzung vom 15.3.1937, in: CUA, 6603 Zg. 3/85, A 3.
122 Ebd.

Weit zögerlicher als der Konkurrent Phoenix schwenkte Continental auf den erzwungenen Wechsel der Rohstoffbasis um, allerdings hatte man auch so schon erhebliche Anstrengungen zu eigenen F&E-Arbeiten in diesem Bereich unternommen.[123] Seit 1938 wurden nun sämtliche Ressourcen an wissenschaftlicher Forschung, Entwicklung und Erprobung auf die neue Buna-Technologie und deren Anwendung bei der Produktion von Reifen wie Technischen Produkten konzentriert.[124] Noch vor kurzem einer der größten Skeptiker, präsentierte sich der Konzern nun als Vorreiter dieser Vierjahresplan-Technologie.

Abb. 34: Vierjahresplan-Werbung

123 Vgl. im Einzelnen Erker, Vom nationalen zum globalen Wettbewerb, S. 428–431.
124 Vgl. „Entwicklung der Buna-Verarbeitung auf der Continental" vom 23.10.1937, mit Ergänzungen vom 21.11.1940, in: CUA, 6610 Zg. 1/57, A 20. Die Continental-Techniker reklamierten dabei etwa das entscheidende Verdienst für sich, dass die IG Farben entgegen der ursprünglichen Absicht, vor allem Buna N zu produzieren, im Laufe des Jahres 1938 auf die Herstellung und Weiterentwicklung von Buna S als für die Reifenherstellung zentralem Werkstoff umschwenkte. Der wesentliche Fortschritt der Buna-Verarbeitung wurde demnach erst durch das bei Continental entwickelte Verfahren des thermischen Abbaus möglich. Vgl. auch die Notizen und Einträge im Gefolgschaftsbuch Continental sowie Abschrift des „Buna-Verarbeitungsberichts Nr. 1" vom 26.2.1937, in: CUA, 6500 Zg. 1/69, A 8.

Doch das Tempo der Buna-Forschung wie seines Einsatzes in der Reifenfertigung bestimmte längst der NS-Staat. Mit ihren überhasteten Anordnungen einer sich rasch steigernden Einschleusung von Buna in die Reifenfertigung, von zunächst 30 Prozent Anfang 1937 bis 100 Prozent Ende 1938, ohne die ausreichende Versorgung durch die IG Farben und die technologische Ausgereiftheit der komplizierten Verarbeitung in der Reifenproduktion abzuwarten, hatten die Vierjahresplan-Behörden und Krauch bzw. Eckell mit ihrem Amt für Wirtschaftsausbau die Unternehmen in eine neue Konstellation von Entwicklungswie Produktionsgemeinschaft gezwungen.[125] Die Reichswehr verlangte einen „autarken" Reifen, einen Reifen, der ganz aus deutschem Material – Buna und Kunstseide – hergestellt war. Das technologische Grundproblem war, ein Verfahren zu finden, bei welchem sich Buna und Kunstseide verbanden. Bei der Lösung dieses Problems verließen sich die Vierjahresplan-Behörden ganz auf die F&E-Aktivitäten der Unternehmen, die man längst in einen Rahmen gespannt hatte, innerhalb dessen eine Mischung aus Know-how-Wettbewerb und erzwungener Forschungskooperation und Wissensaustausch herrschte. Nicht zuletzt das NS-Regime die Forschungen auch dadurch anzustacheln, dass man die Firmen in die nationale Pflicht nahm. „Die Behörde drängt mit Energie darauf", hatte Schäfer im Februar 1936 an seinen Vorstandskollegen über eine Sitzung der Kautschukfabriken bei der Reika berichtet, „dass Versuche mit sämtlichen Reifenarten auf das Schnellste durchgeführt werden, und ein Vertreter aus dem Rohstoff-Kommissariat des RWM hat in der letzten Sitzung ausdrücklich darauf hingewiesen, dass in Amerika die Reifenfabriken Versuche mit Ersatz der Baumwolle zu 100 Prozent aus Kunstseide vorgenommen hätten."[126] Während Phoenix sich auch hier umgehend bemühte, sich entsprechende Gewebemuster zu verschaffen, um die behördlichen Forderungen zu erfüllen, hatte sich Könecke im Namen der Continental – noch und zunächst auch mit Erfolg – mit Händen und Füßen wegen der damit drohenden massiven Qualitätsprobleme gegen jeglichen behördlichen Beimischungszwang von Zellwolle in Reifencord-Zwirne gewehrt.[127] Doch das Thema war nur aufgeschoben und sollte schneller, als man es in Hannover erwartet hatte, wieder akut werden.

---

125 Exemplarisch vgl. die Aktennotiz Assbroichers über eine Besprechung der Gummiindustriellen im Amt für Wirtschaftsausbau und im Beisein von Eckell und Krauch vom 23.7.1938, in: CUA, 6500 Zg. 1/69, A 8, sowie die Niederschrift über die Sitzung im RWM vom 12.1.1939, auf der die Reifenindustrie von Eckell mit einem genauen Zeitplan für die weitere Buna-Einschleusung und auch den künftigen von den Behörden erwarteten Produktionsziffern konfrontiert wurde, in: ebd.
126 Schreiben Schäfers an Teischinger vom 27.2.1936, in: MDA/SHMH, MAA 2009/021.263.
127 Vgl. Aktennotiz Könecke über Besprechungen in Berlin vom 10.12.1935, in: CUA, 6603 Zg. 3/85, A 3.

Für Skepsis gegenüber Buna gab es vor allem seitens der Arbeitsschutzstellen und Betriebsärzte einen weiteren Grund. Buna war giftig und seine Verarbeitung bedeutete für die damit befassten Frauen und Männer in der Fabrik erhebliche gesundheitsschädigende Wirkungen – ganz abgesehen davon, dass man auch so gut wie nichts darüber wusste, inwieweit auch die Konsumenten von Buna-Artikeln, von Einkochringen bis Badehauben und Wärmflaschen, im Alltag davon betroffen sein könnten. Die Continental-Forscher hatten auf diesen Aspekt offensichtlich schon früh ihr Augenmerk gerichtet und versucht, weniger gesundheitsschädigende Verfahren zu entwickeln. Mochten andere Firmen wie Metzler oder Phoenix auch im März 1937 auf den ersten Blick schnelle Erfolge vorweisen und sich diese auch patentieren lassen, so erkannte man in Hannover schnell, dass die Patente wegen der Verwendung hochgiftiger chemischer Substanzen und Verbindungen wie Phenylhydrazin oder Nitrose wertlos waren.[128] Insbesondere der thermische Abbau von Buna bereitete den Forschern hinsichtlich der Gewährleistung einer gesundheitlich einwandfreien Verarbeitbarkeit Kopfzerbrechen. Im Phoenix-Laboratorium experimentierte man daher mit einem Verfahren, bei dem die Knetmaschinen, in denen der erste Abbau des Buna vor sich ging, durch Absaugvorrichtungen entlüftet wurden.[129] Durch eingehende pharmakologische und chemische Untersuchungen versuchte man sicherzustellen, dass die aus dem Kneter kommenden Buna-Mischungen genauso unschädlich waren wie Naturkautschuk. „Die groß angelegten Versuche im Eppendorfer Universitätskrankenhaus [...] sind zum Abschluss gebracht worden und haben dazu geführt, dass sowohl die Gesundheitsbehörde in Hamburg als auch die Gewerbeinspektion die Gefahrlosigkeit des Verfahrens anerkannt haben, falls es unter den von uns ausgearbeiteten technischen Bedingungen durchgeführt wird", notierten die Phoenix-Chemiker in ihrem Bericht.[130]

Das Thema blieb weiter auf der Tagesordnung der Gummifabriken, vor allem von Seiten der Hersteller technischer und chirurgischer Gummiprodukte wurde die Frage der physiologischen Einwirkungen aufgeworfen. Obwohl durch die IG Farben bereits verschiedentlich darauf hingewiesen worden war, dass alle bisherigen Untersuchungen keinen gesundheitsschädlichen Einfluss von Buna ergeben hätten, könne von einer endgültigen Klärung des Problems noch nicht gesprochen werden, hieß es in einem Schreiben einer Berliner Gummiwarenfabrik an die Fachgruppe Kautschukindustrie im August 1938, „sodass auf Seiten der Abnehmerschaft noch immer eine nicht zu unterschätzende Skepsis gegenüber der Verwendung von Buna enthaltenden bzw. aus Buna bestehen-

---

128 Vgl. Aktennotiz zu den Verarbeitungs-Berichten vom 10.3.1937, in: ebd.
129 Vgl. Laboratoriums-Bericht Nr. 5 vom 14.5.1937, in: ebd.
130 Ebd.

den chirurgischen Gummiwaren festgestellt werden kann."[131] Es müsse daher geklärt werden, ob neben dem reinen Grundstoff Buna auch der eine oder andere darin enthaltene Zusatzstoff eine ungünstige Wirkung auf den menschlichen Körper, zum Beispiel Reizerscheinungen der menschlichen Haut, hervorzurufen imstande sei.

Noch im selben Monat fand im RWM eine Besprechung mit Vertretern der Überwachungsstelle und der Fachgruppe statt, bei der Continental mit drei Abteilungsdirektoren vertreten war. Dabei äußerten einige Gummihersteller offen Vorbehalte dagegen, aus Buna Produkte wie Operationshandschuhe, Babysauger, Betteinlagen, Einkochringe und auch Regenmäntel herzustellen, wobei schon der spezifische ebenso starke wie unangenehme Geruch eine Gefahr für das Geschäft der betroffenen Firmen darstellte. Die Bedenken liefen der bei den Vierjahresplan-Behörden längst vorherrschenden Tendenz zuwider, den Kreis der Artikel, die aus Buna hergestellt werden sollten, möglichst weit zu ziehen. [132] Die betroffenen Gummifabriken verlangten jedoch von den amtlichen Stellen eine Unbedenklichkeitserklärung, ehe die Verarbeitung von Buna in chirurgischen und ähnlichen Artikeln weiter vorangetrieben werden könne. Man erzwang dazu eine weitere, von Eckell geleitete Sitzung, die im September im Amt für Wirtschaftsausbau stattfand, unter Hinzuziehung des Chefs des Reichsgesundheitsamtes sowie des Leiters des Gewebe-hygienischen Labors der IG Farben, und dabei musste der IG-Wissenschaftler eingestehen, dass es bei Versuchen der IG Farben in gewissen Fällen doch zu einer Schädigung des Menschen, sei es durch Hautreizungen oder Magenbeschwerden, gekommen war.[133] Schließlich wurde beschlossen, zur Erforschung der toxikologischen Eigenschaften des Buna und der verwendeten Weichmacher und Füllstoffe einen eigenen Ausschuss zu bilden. Im Laufe eines Jahres, so der beschwichtigende Tenor Eckells, würden genügend Erfahrungen vorliegen, um die Frage der Verwendung von Buna in chirurgischen Artikeln eindeutig zu beantworten. Für die Behörden war das Thema damit erst einmal auf die lange Bank geschoben und erledigt.

Ungeachtet dessen legten die Behörden kurz darauf umfangreiche Anordnungen für die Steigerung des Buna-Einsatzes in Gummiprodukten des Nicht-Reifenbereichs vor. Mit der IG Farben jedoch blieb Continental über die gesundheitsschädigende Wirkung von Buna weiter im Gespräch und das Problem war ständig Thema bei den häufigen gegenseitigen Besuchen der Wissenschaftler und Ingenieure in Hannover und Leverkusen, etwa Ende April 1939, als es um

---

131 Das Schreiben vom 11.8.1938, in: ebd.
132 Vgl. Aktennotiz zur Besprechung vom 9.8.1938, in: ebd.
133 Vgl. Bericht über die Besprechung vom 13.9.1938, in: ebd.

den Einsatz nichtverfärbender (und damit weniger schädlicher) Bunasorten ging. Die Haltung der IG-Leute war dabei nach wie vor amivalent. Einerseits betonten sie die nachweisliche toxikologische Unbedenklichkeit von Buna, eine entsprechende offizielle Zusicherung wollte man aber nicht geben, und gleichzeitig wies man die Continental-Leute dringend darauf hin, dass die beim Abbau von Buna auftretenden Abgase hygienisch nicht einwandfrei seien und unbedingt in den Fertigungsabteilungen entsprechende Vorsichtsmaßnahmen getroffen werden müssten, um die Gefolgschaftsmitglieder vor Gesundheitsschäden zu bewahren. Ganz ungeklärt sei auch noch die Geschmacks- und Geruchsabgabe bei Buna-Mischungen. Auf alle Fälle werde man bei der Herstellung von Lebensmittel-Qualitäten auf nichtverfärbende Buna-Sorten zurückgreifen müssen.[134]

Seit 1937 allerdings verbesserte sich die Naturkautschuk-Versorgung deutlich, was unter anderem mit deutlich gefallenen Weltmarktpreisen zu tun hatte.[135] Zudem war das Importgeschäft mit französischen Kautschukhändlern in Gang gekommen und nicht zuletzt sorgten verbesserte Exportgeschäfte bei Continental für deutlich gestiegene Deviseneinnahmen. Die verarbeiteten Mengen Naturkautschuk stiegen bei Continental um 33 Prozent gegenüber dem Vorjahr und 1938 um weitere 16 Prozent auf insgesamt fast 40 000 to.[136] Das war knapp das Doppelte des Naturkautschukverbrauchs von 1934. Gleichzeitig war es nach Jahren wieder möglich geworden, kleinere Lagerbestände an Rohstoffen anzulegen. Allerdings waren die Einfuhren inzwischen durch den NS-Staat mit einem 100-prozentigen Wertzoll für Rohgummiimporte belegt worden, was nicht nur deutliche höhere Rohstoffkosten für Continental und die anderen Kautschukfirmen bedeutete, sondern auch neue Unsicherheitsmomente in den künftigen Kalkulationen. Nach außen war die Einführung gleitender Rohkautschuk-Zölle von zunächst 125 RM je 100 kg mit dem erforderlichen Einsatz von Reichsmitteln für die Buna-Herstellung begründet worden.[137] Die Reika rechnete mit monatlichen Einnahmen von acht Mio. RM, die voll in die Bunaverbilligung fließen sollten. Faktisch waren es aber die Kautschukunternehmen, die diese Subventionierung zusätzlich tragen mussten. Continental importierte 1937 für 43 Mio. RM Naturkautschuk, dazu kamen aber nun 26,8 Mio. RM für die Einfuhrzölle; 1938 war das Verhältnis noch extremer, da auf 35,4 Mio. RM Warenwert zusätzlich

---

134 Notiz über einen Besuch bei der IG Farben in Leverkusen am 27.4.1939, in: ebd.
135 Vgl. den Quartalsbericht des Continental-Vorstands an den Aufsichtsrat vom 3.8.1937, in: Ordner Anlagen zum Aufsichtsrat-Protokollbuch.
136 Vgl. Tabelle 3 sowie auch den Bericht Assbroichers und Köneckes an Rösler vom 12.6.1937 zur Versorgungslage, in: BArch R 8119 F/P 02117.
137 Vgl. Bericht in der Berliner Börsenzeitung vom 19.5.1937 sowie Schreiben Rösler an Uebel vom 11.6.1937, in: ebd.

55,8 Mio. RM für Zölle kamen.[138] Phoenix klagte ebenfalls über die massiven finanziellen Belastungen durch die Kautschukzoll-Gesetzgebung.[139]

Die Möglichkeiten zu Kompensationsgeschäften hatten sich jedoch offenbar verbessert. Den Devisenstellen war etwa aufgefallen, dass der Automobilkonzern Opel wiederholt die Exporterlöse seiner indischen Vertriebsstelle, die zugleich diejenige von General Motors war, der Continental zu Kompensationszwecken zur Verfügung stellte.[140] Im Februar 1937 etwa gab es Überlegungen, die aufgrund eines Streiks in der amerikanischen Automobilindustrie verbesserten Exportchancen von Opel dahingehend auszunutzen, dass General Motors ein Amerika-Inlandskonto bei der deutschen Bank eröffnete, der US-Konzern dann an Continental Baumwolle liefert und aus dem Erlös die Exportgegenwerte an Opel gezahlt würden.[141]

Abb. 35: Buna-Propaganda auf einem Continental-Stand 1937

---

138 Vgl. Bilanzunterlagen 1938 in: CUA, 6714 Zg. 2/58, A 5.
139 Vgl. Bericht Schäfer an den Aufsichtsrat vom 14.8.1937, in: HADB F 002/749.
140 Vgl. Devisenprüfbericht vom 19.8.1935, S. 6, in: NLA HA Hann. 210, Acc. 2003/087 Nr. 113.
141 Vgl. die entsprechende Aktennotiz des Direktors der Deutsche-Bank-Filiale Hannover über eine Unterredung mit Hirschberg vom 5.2.1937, in: HADB F 88/1522. Zu weiteren Kreditgeschäften von Continental u. a. mit der Reichs-Kredit-Gesellschaft für Rohstoffimporte vgl. BArch R 8136/3064. Hier etwa die Aufnahme eines neuen Rohgummi-Kredits von 1 Mio. RM, der über 600 000 RM durch die Reichs-Kredit-Gesellschaft und 400 000 RM durch das (jüdische) Bankhaus Mendelssohn & Co. in Amsterdam zur Verfügung gestellt wurde. Vgl. Schreiben Continental an die Hauptstelle Devisen im RWM am 30.6.1938, in: ebd., sowie der Genehmigungsbescheid mit den zahlreichen Bedingungen seitens der hannoverschen Devisenstelle vom 28.10.1938. Bei der Aushandlung des Kredits war noch maßgeblich der Conti-Prokurist Hirschberg beteiligt.

Die Vierjahresplan-Politik des NS-Regimes bedeutete für Continental den Zwang, aber auch deutliche Anreize, massive Investitionen vorzunehmen. Schon vor der Verkündung der Aufrüstungs- und Autarkiepläne waren Jahr für Jahr Millionen in die Finanzprogramme des Vorstands geflossen, in deren Zentrum zunächst Modernisierungsmaßnahmen standen.[142] Im Januar 1936 wurde die Erweiterung der Autoreifenfabrik in einem nun 8-stöckigen Gebäude an der Philippsbornstraße in Hannover angeschlossen, daneben waren Maßnahmen zum Ausbau und zur Modernisierung der Niederlassungen sowie zur Verbesserung der Fertigwarenlager vorgesehen.[143] Auch ein Um- bzw. Neubau des Verwaltungsgebäudes in Limmer, das ganz nach den Kriterien der DAF-Propaganda von der „Schönheit der Arbeit" vorgenommen wurde, wurde in Angriff genommen und sollte 1938 zum Abschluss kommen.[144] Fritz Opel hatte die Programme keineswegs kritiklos abgesegnet. Im Januar 1936 plädierte er vehement für ein „Stillhaltejahr", um die durch die großen Investitionen der Vorjahre ausgelösten Erfolge einer Prüfung zu unterziehen. „Wir wollen die Leistungsfähigkeit der Continental unbedingt auf der Höhe halten, wir wollen andererseits aber nicht überorganisieren. Vor allem müssen wir die Ausgaben abbiegen, die uns keine Vorteile, sondern noch zusätzliche Belastungen bringen."[145]

Doch mit der Verkündung des Vierjahresplans wurden alle Pläne für ein moderates Investitionstempo Makulatur. Die schnell notwendigen umfangreichen Maßnahmen zum Ersatz der alten auf Naturkautschuk-Verarbeitung ausgerichteten Maschinen durch vielfach neu zu konstruierende Kalander-, Knet- und Mischmaschinen, mit denen die Verarbeitung von Buna erst möglich wurde, verschlang weitere Millionen. Hatte das Beschaffungsprogramm 1936 noch sieben Mio. RM betragen, so sprangen die Investitionen für Kapazitätsausweitungen und die Umstellung der Betriebe auf den Vierjahresplan 1937 auf 19,5, ein Jahr später auf 24,4 Mio. RM. Unter anderem war eine Leistungssteigerung der Autoreifenabteilung vorgesehen, deren Ausstoß von 7700 auf 10 000 Stück pro Tag steigen sollte. Dazu wurde die Regenerieranlage erweitert und auch die Mischanlage vergrößert, deren Kapazität auf 260 to täglich gesteigert wurde.[146]

---

142 Vgl. etwa Bericht des Vorstands an den Aufsichtsrat vom 24.9.1934, in: Ordner Korrespondenz mit dem Aufsichtsrat 1933–1936.

143 Vgl. Bericht an den Aufsichtsrat vom 10.1.1936 zum Finanzprogramm 1936, in: BArch R 8119 F/P 02116.

144 Vgl. den Bericht in: Die Werksgemeinschaft 3 (1938), S. 6.

145 Brief Opel an den Vorstand vom 21.1.1936, in: ebd. Darin auch weiterer Briefwechsel zwischen Vorstand und Aufsichtsrat bzw. Opel zur Investitionspolitik.

146 Vgl. Aktennotiz Rösler vom 16.12.1936 sowie Protokoll der Präsidialbesprechung Vorstand/ Aufsichtsrat in Rüsselsheim vom 11.7.1935, in: BArch R 8119 F/P 02116, sowie die weiteren Nie-

Gleichzeitig wurde aber auch der Bau eines völlig neuen Mischsaals für Buna-Mischungen mit Kosten von einer Mio. RM notwendig. Ende 1936 waren sich Vorstand und Aufsichtsrat einig, dass „die Leistungsfähigkeit der Fabrik längst erschöpft ist und dass allein der gestiegene Umsatz zu Erweiterungen zwingt, ganz abgesehen von den Umstellungen, die durch die Verwendung deutscher Rohstoffe erforderlich werden."[147]

Die auf das Unternehmen zukommenden Anforderungen und finanziellen wie organisatorischen Belastungen im Rahmen der Autarkie- und Aufrüstungs-politik des NS-Regimes hinderten den Continental-Vorstand nicht, im Oktober 1936 an Hermann Göring als Beauftragter für den Vierjahresplan und an Reichs-wirtschaftsminister Hjalmar Schacht ein Ergebenheitsschreiben zu schicken. Unter der Überschrift „Mitarbeit der Continental Gummi-Werke AG an der Durchführung des Vierjahresplans" wurden in vorauseilendem Gehorsam die umfangreichen, ganz im Sinne des Regimes stehenden Investitionspläne ausge-breitet. Allerdings wurden auch drei „unabweisbare Voraussetzungen" formu-liert, um die damit verbundenen finanziellen Belastungen zu tragen: Erstens Herstellung von Planungssicherheit bei der allmählichen Ablösung „devisen-haltiger Rohstoffe", zweitens die Vermeidung von Störungen durch bürokrati-sche Maßnahmen „einzelner und unterer Instanzen" und drittens ein quasi staatlich garantierter volkswirtschaftlicher Schutz der neu erstellten Anlagen. „Unsere Gesellschaft glaubt, mit dieser sofortigen Bereitstellung sehr namhafter Mittel gezeigt zu haben, dass sie die Größe der vom Führer und Reichskanzler angestrebten wirtschaftlichen Ziele des Vierjahresplans klar erkennt", hieß es in dem Brief abschließend. „Sie glaubt ferner, allein so ihren Beitrag leisten zu können zur Fortführung der deutschen Motorisierung und damit zur Erreichung der durch sie angestrebten wehrpolitischen Ziele, und nicht zuletzt zur dauern-den Beschäftigung ihrer 13 500 Gefolgschaftsmitglieder."[148]

Doch wenn damit bezweckt worden war, neben den rein politischen Zielen und Interessen auch den betriebswirtschaftlichen unternehmerischen Interes-sen Gehör zu verschaffen, dann sah sich der Vorstand in Hannover schnell ent-täuscht. Anfang Februar 1937 schon kamen Assbroicher und Könecke mit einer langen Liste mit neuen massivenInvestitionsforderungen seitens des Devisen-

---

derschriften über Besprechungen mit dem Aufsichtsrat, u. a. am 2./3.10.1936, in: Ordner Kor-respondenz mit dem Aufsichtsrat 1936–1942.

147 Niederschrift über eine Besprechung zwischen Aufsichtsratspräsidium und Vorstand in Berlin vom 15.12.1936, in: BArch R 8119 F/P 02119; vgl. auch Protokoll der Aufsichtsratssitzung vom 16.12.1936, in: CUA, 6610 Zg. 1/57, A 2, sowie die umfangreiche Aktennotiz Assbroichers vom 20.10.1936 über die Kalkulation des Geldbedarfs für 1937, in: BArch R 8119 F/P 02116.

148 Das Schreiben in: BArch R 8119 F/P 02116.

und Rohstoffstabs aus Berlin zurück. Man erwarte von Continental, dass die Mischkapazitäten in kürzester Zeit um 30 Riesenmischwerke auf eine Kapazität von 750 to/Tag verdreifacht werde.[149] Das implizierte nicht zuletzt angesichts der zu diesem Zeitpunkt noch völlig unerforschten Verarbeitungsprozesse von Buna ein großes Risiko, und Vorstand wie Aufsichtsrat überlegten fieberhaft, wie man diesen Anforderungen der Behörden ohne Nachteil ausweichen oder zumindest die Zahl der anzuschaffenden Mischwerke verringern konnte. Und die sich rasch zeigende hohe Reparaturanfälligkeit der neuen Mischwerke sollte dem Vorstand in seinen Befürchtungen schnell Recht geben. Dabei kam man schon nicht umhin, 1937 das Kraftwerk Limmer neu zu errichten, und auch die Vergrößerung der dortigen Fabrik mit ihrem umfangreichen Fertigungsprogramm von Technischen Gummiwaren stand an.

Das größte Investitionsprojekt betraf die Errichtung einer völlig neuen „Buna-Reifen-Fabrik" in Hannover-Stöcken, vor den Toren der Stadt, dessen Standort bereits unter maßgeblichem Einfluss der staatlichen Behörden unter Luftschutzgesichtspunkten ausgewählt worden war. Für das Projekt waren ca. zehn Mio. RM an Baukosten veranschlagt. Die Anfänge des Projektes gehen bis April 1935 zurück, als Continental ein Grundstück am Nordhafen angeboten worden war, auf dem man, so die Überlegungen des Vorstands, eventuell eine kleinere Fabrik für Zwirnerei und kleinere Reifen erreichten konnte.[150] Im Laufe des Jahres 1937 wurde das Thema aber unter dem Vorzeichen der Vierjahresplan-Politik schnell akut. Zum einen bestanden allenthalben Kapazitätsprobleme im Stammwerk Vahrenwald, dessen Standort zudem von den Behörden wegen seiner Bombengefährdung kritisiert wurde, zum anderen eröffnete sich damit auch eine Lösung, den Forderungen der Vierjahresplan-Bürokraten nach Ausbau der Buna-Verarbeitung nachzukommen.[151] Und dann ergaben sich auch noch durch die Aussicht, die alleinige Reifenproduktion für den künftigen Volkswagen im nahe gelegenen Wolfsburg zu übernehmen, weitere langfristige Perspektiven. Am 23. April 1938 nahm Vorstand Heinz Assbroicher den ersten Spatenstich vor (Abb. 36).

---

149 Vgl. Niederschrift über Besprechung Vorstand/Aufsichtsrat vom 4.2.1937, in: CUA, 6603, Zg. 3/85, A 3.
150 Vgl. Protokoll der Vorstandssitzung vom 25.4.1935, in: CUA, 6603 Zg. 3/85, A 3.
151 Vgl. Protokoll der Vorstandssitzung vom 6.8.1937, in: ebd.

Abb. 36: Spatenstich zum Bau des Werks Nordhafen 23.4.1938

Vorangegangen waren langwierige und zum Teil zähe Verhandlungen mit der Stadt Hannover, nicht nur über den Erwerb des Baugeländes – in unmittelbarer Nachbarschaft baute zur gleichen Zeit auch das zur Quandt-Gruppe gehörende Batterieunternehmen Varta –, sondern auch über die Stromversorgung und den Strompreis. Der letzte Punkt war deshalb von erheblicher Bedeutung, da die Buna-Verarbeitung auch einen weit größeren Stromverbrauch implizierte.[152] Ob dem Vorstand für die Nordhafen-Fabrik die neue und in der Branche weltweit Aufsehen erregende Ford Tire Plant in Dearborn/Michigan als Vorbild vorschwebte, ist nicht sicher. Allerdings befand sich in den relevanten Unterlagen eine Kopie des detaillierten Berichts in den beiden amerikanischen Fachzeitschriften Rubber Age und India Rubber World vom Juni 1938.[153] Außerdem war Assbroicher zusammen mit Weber zwei Mal, im Mai/Juni 1936 und im April/Mai 1938, in die USA gereist, um in einem Mammutprogramm eingehende Besichtigungen in den amerikanischen Reifenfabriken vorzunehmen.[154] Dabei besuch-

---

[152] Vgl. die Notiz Assbroichers an Uebel vom 22.2.1938 über seine Verhandlungen mit der Stadt, in: Ordner Korrespondenz mit dem Aufsichtsrat 1936–1942.
[153] Vgl. CUA, 6500/1 Zg. 1/68, A 4.
[154] Vgl. die Reiseberichte in: CUA, 6500/1, Zg. 1/58, A 1,2.

ten sie auch die neue Fabrik von Ford. „Der von uns vorgesehene Bauplan für den Nordhafen ist in den Grundzügen richtig", hieß es denn auch in einer Notiz, in der die Besuchsergebnisse ausgewertet wurden. „Vermeidung von Geschossen und Gliederung des Fabrikationsprozesses auf einem Flur, Anordnung der Misch- und Vorwärm-Maschinen in einem Hallenbau und Vorbehandlung des Rohgummis nicht in der Mischerei, sondern in dem Lagerhaus."[155]

Neben der Reifenproduktion war in Nordhafen auch eine neue Cord-Zwirnerei für Autoreifendecken geplant, und nicht zuletzt sollte dort ein eigenes großes Kautschukforschungsinstitut entstehen. Auch dies hing mit der Umstellung auf Buna zusammen, denn die zahllosen ungeklärten Fragen zur Verarbeitung des neuen Kunstkautschuks und auch der damit zusammenhängenden Füllstoffe, Lösungsmittel, Weichmacher und anderen Chemikalien erforderten einen massiven Ausbau der unternehmenseigenen Forschungs- und Entwicklungskapazitäten.[156] Auch der Ersatz von Baumwoll-Cord durch Kunstseide und deren Verarbeitung im Reifenaufbau erforderten neue F&E-Anstrengungen, ebenso wie die Regenerierung von Altgummi.[157] Das Werk Nordhafen sollte ein nach modernsten Methoden und Erkenntnissen errichtetes Produktionszentrum des Continental-Konzerns werden (Abb. 37). „Die neuen Fabrikbauten werden die letzten Erfahrungen im modernen Industriebau nicht weniger berücksichtigen

---

155 Vgl. Notiz betr. Bauplan Nordhafen vom 10.12.1938, in: ebd.

156 Vgl. Aktennotiz vom 6.4.1939 betr. Forschungs-Institut Nordhafen, wonach dieses eine Lehrwerkstatt, eine Forschungswerkstatt, ein chemisch-physikalisches Forschungsinstitut, ein Gewebelaboratorium, eine Prüfabteilung sowie einen Vortragsraum umfassen sollte, in: CUA, 6500 Zg. 1/69, A 11. Vgl. zur Vorgeschichte auch Aktennotiz vom 13.1.1938 betr. Errichtung eines Kautschukforschungsinstituts, in: ebd. Kein Vorbild war hier das holländische Reichs-Kautschuk-Institut in Delft, über dessen Einrichtung und Arbeit sich die Continental-Chemiker im Februar 1938 zwar informiert hatten; allerdings kamen sie schnell zu dem Schluss, dass „unsere Continental-Laboratorien bzw. Prüfeinrichtungen bedeutend größer und in ihrer Ausführungsart mannigfaltiger sind. Irgendwelche Anregungen bezüglich der Einrichtung des Instituts [in Nordhafen] haben wir deshalb nicht erhalten." Vgl. Notiz vom 4.2.1938, in: ebd. Auch die Rubber Research Association der britischen Gummiindustrie, über die Otto A. Friedrich nach einem Besuch im März 1938 einen Bericht an die Fachgruppe Kautschukindustrie geschickt hatte, erschien nicht als Vorbild. Vgl. Schreiben vom 6.4.1938 und Antwortschreiben Assbroichers, der offensichtlich eher an das Kautschuk-Forschungslaboratorium der IG Farben in Leverkusen als Vorbild dachte, vom 19.4.1938, in: ebd.

157 Zum Problem der Wiederaufbereitung von Cord-Fäden aus Altreifen hatte Continental etwa im Juni 1938 zusammen mit dem Chemisch-technischen Institut der Technischen Hochschule Aachen ein Forschungsprogramm gestartet und dabei nach geeigneten Entgummierungsverfahren gesucht. Vgl. den von Juni 1938 bis November 1939 hinziehenden Schriftwechsel, in dem auch das RWM und die Reichsstelle für Wirtschaftsausbau involviert waren, in: CUA, 6610 Zg. 1/57, A 14,3. Irgendwelche nennenswerte Erkenntnisse erbrachte das Projekt jedoch nicht.

als den Grundsatz der ‚Schönheit der Arbeit'", pries Könecke das neue Werk auch gegenüber der Belegschaft an.[158]

Abb. 37: Planungsskizze des modernen Werks Nordhafen

Doch im Oktober 1938 kamen dem Vorstand offensichtlich Zweifel. Man war sich nun plötzlich keineswegs mehr sicher, welches Gewicht der neuen Reifenfabrik im Rahmen der gesamten Konzernproduktion zukommen sollte. In Anbetracht der vielleicht möglichen Reduzierung von Heeresaufträgen und der Tatsache, dass der Volkswagen-Reifen vermutlich nur zum Teil bei Continental hergestellt werden würde, ließen, so äußerte Assbroicher auf einer Anfang Oktober Vorstandssitzung, eine allzu weitgehende Ausdehnung des Nordhafen-Reifenfabrik-Projektes bedenklich erscheinen. Um im Falle starker Produktionsrückgänge durch das hohe Investment „kalkulatorisch nicht schief zu liegen", erschien ihm im Augenblick die Ausweitung der Reifenfabrik in der Vahrenwalder Straße richtiger.[159] Man beschloss daher, das ganze Projekt noch einmal mit dem Aufsichtsrat zu besprechen.

---

158 Vgl. Die Werks-Gemeinschaft 3 (1938), S. 5.
159 Vgl. Protokoll der Vorstandssitzung vom 6.10.1938, in: CUA, 6603 Zg. 3/85, A 3.

Zu diesem Zeitpunkt gab es jedoch schon längst keine realistischen Optionen für den Vorstand mehr, den Bau des Werkes zu verzögern oder gar zu stoppen. Die Vierjahresplan-Behörden machten erheblichen Druck, die Baumaßnahmen voranzutreiben und das Nordhafen-Werk mit einer Kapazität von 100 to Mischungen und 7200 Reifen pro Tag auszulegen, was so groß war wie die gesamten bisherigen Fertigungskapazitäten der Continental.[160] Währenddessen begannen jedoch die Baukosten aus dem Ruder zu laufen. Statt zehn Mio. RM war schon Ende 1938 von Kosten in Höhe von 15 Mio. RM die Rede, dazu zeigten sich „in der architektenmäßigen Bearbeitung und Beaufsichtigung der Bauten am Nordhafen [...] große Versäumnisse.“[161] Die Fertigstellung verzögerte sich daher. Wohl auch um die drängenden Behörden ruhigzustellen, setzte Assbroicher am 1. Februar 1939 in einer kleinen Feier die ersten beiden Mischungswerkgruppen in Gang, obwohl der Mischsaal selbst noch gar nicht ganz fertiggestellt war.[162] Am 31. Mai 1939 wurde im Nordhafenwerk das Richtfest des ersten Bauabschnitts gefeiert, doch so futuristisch und modern die Pläne auch aussahen, aufgrund von Material- und Arbeitskräftemangel noch vor dem Kriegsausbruch kam es zu weiteren Verzögerungen. Selbst als im Juli sämtliche anderweitigen Baumaßnahmen bei Continental zugunsten des Nordhafenprojektes eingestellt wurden, um wenigstens die von den Behörden dringend geforderte Produktion von 1000 Volkswagenreifen in Gang bringen zu können, „um im Volkswagen-Reifengeschäft zu bleiben und in den Anteil-Ziffern nicht noch weiter zurückzufallen“, lag die Fertigstellung der Fabrik weiter in der Ferne.[163] Die ersten Autoreifen sollten in Nordhafen erst Ende August 1942 vom Band laufen. Im Prinzip blieb das Werk bis in die 1950er Jahre hinein ein Torso.

Continental setzte dabei allein auf Wachstum aus eigener Kraft, obwohl es nach wie vor immer wieder, sei es durch Initiative der Banken oder der Reichsbehörden, zu Angeboten für eine Übernahme konkurrierender Gummifabriken gab. Die New-York-Hamburger Gummiwaren-Compagnie in Hamburg etwa wurde dem Vorstand gleich mehrere Male zur Übernahme angedient, aber der Vorstand winkte jedes Mal ab.[164] Anfang Januar 1939 bezifferte Könecke die bislang im Rahmen des Vierjahresplans erfolgten Investitionen und Aufwendungen des Unternehmens auf 51 Mio. RM, bis Ende 1939 würden noch einmal

---

160 Vgl. Erker, Vom nationalen zum globalen Wettbewerb, S. 409 f.
161 Vgl. Protokoll der Aufsichtsratssitzung vom 8.11.1938, in: BArch R 8119 F/P 02128, und Schreiben an Assbroicher vom 20.5.1939, in: CUA, 6500/1, Zg. 1/68, A 4.
162 Vgl. die Notizen vom 3.7.1943 zu „Beitrag zur Geschichte der Continental" in: CUA, 6610 Zg. 1/57, A 20.
163 Protokoll der Vorstandssitzung vom 7.7.1939, in: CUA, 6603 Zg. 3/85, A 3.
164 Vgl. Schreiben vom 12.5.1934 und vom 4.6.1936, in: Ordner Korrespondenz mit dem Aufsichtsrat 1933–1936.

knapp 20 Mio. RM dazukommen, und sämtliche Gelder seien, so der Vorstandsvorsitzende, „ohne Inanspruchnahme fremder Mittel" erfolgt.[165] Das stimmte jedoch nur bedingt, denn tatsächlich waren diese hohen Investitionen als Selbstfinanzierung nur durch großzügige staatliche Abschreibungsregelungen, das System der Mefo-Wechsel sowie ein ganzes Paket weiterer staatlicher Maßnahmen zur Reduzierung des privatwirtschaftlichen Investitionsrisikos wie etwa Wirtschaftlichkeitsgarantieverträge möglich.[166]

Dennoch bedeutete das Aufbringen der beträchtlichen Finanzmittel selbst für Continental eine außerordentliche Herausforderung, allerdings war man sich in Hannover gleichzeitig bewusst, dass die Liquidität der Konkurrenten noch mehr darunter litt. „Für schwächere Betriebe unserer Konkurrenz", so Könecke auf einer Besprechung mit den Betriebsführern im Januar 1939, „wirkt sich dies unter Umständen so aus, dass diese ohne entsprechende Hilfestellung überhaupt nicht mehr konkurrenzfähig bleiben können."[167] In der Liquidität des Unternehmens hatten die großen Vierjahresplan-Investitionen letztlich keine Spuren hinterlassen. In den Akten wird zwar deutlich, mit welchem Aufwand die Continental-Verwaltung versuchte, die sich ständig ändernden Rahmenbedingungen und politischen Vorgaben kalkulatorisch zu bewältigen und in einen Rahmen betriebswirtschaftlicher Rationalität zu bringen. Letztendlich war entscheidend, dass die Gewinne sprudelten, und sie sorgten dafür, dass Ende 1938 knapp 60 Mio. RM an flüssigen Mitteln vorhanden waren, davon 35,6 Mio. als stille und 22,6 Mio. RM als offene Reserven, denen kurzfristige Verbindlichkeiten von 33 Mio. RM gegenüberstanden.[168]

---

165 Bericht über die Sitzung des Vorstands mit den Betriebsführern und Betriebsobleuten vom 16.1.1939, in: CUA, 6610 Zg. 1/57, A 8,2.
166 Zur Unternehmensfinanzierung in der NS-Zeit vgl. allgemein Scherner, Die Logik der Industriepolitik, S. 70 ff. und auch S. 83 f., Banken, Hitlers Steuerstaat, S. 404 ff., Streb, Das Reichswirtschaftsministerium im Kriege, S. 549 ff., und auch Scholtyseck, Der Aufstieg der Quandts, S. 358 f. Zur Praktizierung des Mefo-Wechsel-Systems bei Continental – Mitte 1938 waren seitens des Unternehmens Prolongationswechsel im Wert von 9,6 Mio. RM im Umlauf, die zum Großteil erst 1943 zur Einlösung gelangen mussten – vgl. CUA, 6635 Zg. 1/57, A 6.
167 Ebd., S. 2.
168 Vgl. Protokoll der Aufsichtsratssitzung vom 8.11.1938, in: BArch R 8119 F/P 02128. Zur Liquidität vgl. auch Protokoll der Vorstandsbesprechung vom 24.5.1939, in: CUA, 6603 Zg. 3/85, A 3. Im Frühjahr 1937 hatten die offenen und stillen Reserven zusammen erst 30 Mio. RM betragen. Vgl. Aktennotiz Rösler vom 20.3.1937, in: BArch R 8119 F/P 02140. Im Zweifelsfall stand zudem die Deutsche Bank ständig bereit, den großen Kapitalbedarf von Continental zu decken und bei eventuellen kurzfristigen Liquiditätsengpässen einzuspringen. Vgl. Schreiben Röslers an die Direktion der Deutsche-Bank-Filiale Hannover vom 19.8.1937, in: HADB F 88/1522.

Die erheblichen Investitionen machten sich trotz der vielen mittel- und langfristigen Unsicherheiten und Risiken in einem raschen Anstieg der Produktivität bemerkbar. Nicht nur in den Werken Vahrenwald und Limmer, sondern auch im Werk Korbach waren seit 1935 Erweiterungs- und Modernisierungsmaßnahmen erfolgt, seit 1937 erreichte man dort bei Fahrradreifendecken eine Produktion von 32 000 Stück pro Tag, eine Steigerung um über zehn Prozent im Vergleich zum Vorjahr.[169] Könecke beendete denn auch keine seiner Ansprachen, ohne die Notwendigkeit der Leistungssteigerung entsprechend den dem deutschen Volk im Vierjahresplan gesteckten Zielen zu betonen.

In der Belegschaft stieß die ständige Leistungsantreiberei jedoch auf Unmut. Im August 1938 gab es erhebliche Beschwerden darüber, dass in der Autoreifen-Abteilung plötzlich Urlaubssperre herrschte und 30 Tage hindurch im Dreischicht-Betrieb gearbeitet werden musste. Erst nach entsprechenden Vorhaltungen auch des Vertrauensrats rückte Könecke mit der Information heraus, dass dies eine von Berlin aus angeordnete Maßnahme war.[170] Die Besuche bei Goodyear und Goodrich in den USA im Mai 1938 hatten den Continental-Produktionsleuten allerdings ein ungeschminktes Bild vom Stand der eigenen Leistungsfähigkeit im internationalen Vergleich gegeben: Während in Hannover pro Mann und Stunde fünf Reifen der Größe 6,00 – 16 gefertigt wurden, wickelten die Arbeiter bei Goodyear 6,5, bei Goodrich sogar 15 Reifen. Und für eine Tagesleistung von 5000 Reifen und Schläuche derselben Dimension benötigte man in Hannover 1000 Leute, Goodyear dagegen nur 770 und Goodrich 325, d. h., gerade mal ein Drittel.[171] Bis Ende September, innerhalb von nicht einmal einem halben Jahr, hatte man dann allerdings die Produktivitätslücke zu den Amerikanern fast vollständig geschlossen. Jetzt wickelte ein Arbeiter neun Reifen dieser Dimension pro Stunde oder 72 Stück am Tag.[172] Nimmt man die Zahl der pro Kopf in einem Jahr produzierten Gewichtsmenge an Reifen und anderen Gummiwaren als Indikator, so zeigt sich die beeindruckende Steigerung der Produktivität bei Continental noch deutlicher: Im Durchschnitt wurden 1933 3,2 to/Jahr und Kopf der Belegschaft produziert, 1938 waren es 5,7 to, eine Steigerung um 78 Prozent mehr. Die größten Produktivitätsfortschritte wurden bei der Reifenherstellung erreicht, wo 4,4 to (1933) gegenüber 8,5 to. (1938) zu ver-

---

169 Vgl. Notiz Werksleiter Kurpfahl vom 17.6.1937 über eine „Kurze Chronik des Werks Korbach", in: Werksarchiv Korbach, ohne Signatur. Vgl. auch Protokoll der Aufsichtsratssitzung vom 8.11.1938, in: CUA, Ordner Anlagen zum Aufsichtsrats-Protokollbuch.
170 Vgl. Protokoll der Vertrauensratssitzung vom 5.8.1938, in: Gefolgschaftsbuch Continental.
171 Vgl. Besuchsbericht vom Mai 1938, S. 3, in: CUA, 6500/1, Zg. 1/58, A 1,2.
172 Vgl. die Aufstellung für den Vergleich mit der österreichischen Semperit, in: ebd.

zeichnen waren. Bei technischen Gummiwaren waren die Zuwächse im selben Zeitraum mit 2,0 to auf 2,8 to deutlich geringer.[173]

Im Zuge des Vierjahresplans nahmen auch die Rüstungsgeschäfte bei Continental einen deutlichen Aufschwung. Die partielle Militarisierung des Unternehmens hatte schon 1934 eingesetzt, als Ende August der Leiter der Abteilung „Arbeit", Riehm, auch zum Abwehrbeauftragten ernannt worden und unter dessen Leitung eine eigene Abteilung „M" (Mob-Abteilung) eingerichtet wurde, über die nun sämtliche Aufträge von Wehrmacht und Reichsluftfahrtministerium (RLM) zentral abgewickelt wurden.[174] Continental wurde damit von den Behörden offiziell als Rüstungsbetrieb deklariert, was allerdings auch bedeutete, dass das Unternehmen neuen Überwachungs- und Kontrollbürokratien unterworfen wurde.[175] Sämtliche Führungskräfte einschließlich der Aufsichtsratsmitglieder, später dann auch alle Belegschaftsangehörigen, hatten im Juni 1935 auf Anordnung des RKM eine Erklärung zu unterschreiben, in der man sich zur Geheimhaltung sämtlicher firmeninterner Vorgänge im Zusammenhang mit der Ausführung von Wehrmachtsaufträgen verpflichtete.[176] Für sämtliche Werksangehörige wurden nun eigene Ausweise mit Lichtbild eingeführt, die beim Betreten des Fabrikgrundstücks vorgezeigt werden mussten. Auf Geheiß der Reika in Verbindung mit dem Oberkommando der Wehrmacht (OKW) mussten Continental-Niederlassungen zudem im September 1938 sogenannte Reichsreifenlager als Bereitschaftslager für den Mobilmachungsfall eingerichtet werden. Für öffentliche Aufträge bei Rüstungsgütern gab es ein eigenes Preis- und Buchprüfungssystem mit vorher festgelegten kalkulatorischen Gewinnen, Fest- und Richtpreisen.[177]

Am 30. Januar 1938 war zunächst Fritz Könecke, Anfang Oktober 1938 dann auch der für die Produktion zuständige Vorstand Heinz Assbroicher zu Wehrwirtschaftsführern ernannt worden, zu diesem Zeitpunkt noch vom OKW bzw. dem RWM verliehene Titel, die die besondere technische und ökonomische Bedeutung der jeweiligen Unternehmer und Manager sowie ihrer Unternehmen im

---

173 Vgl. die Angaben in: Statistik der Continental, CUA, 6633 versch. Zg., A 3.

174 Vgl. die Bekanntmachung Gehrkes über die Einrichtung, Funktion und Aufgaben der Abteilung „M" vom 26.6.1936, in: CUA, 6621 Zg. 1/2001, A 1.

175 Vgl. Protokoll der Vorstandssitzung vom 15.6.1935, wo man sich über die „so weitgehenden Maßnahmen" beklagte, die von den Abwehrbehörden für die Abwicklung von Heeresaufträgen verlangt wurden, in: CUA, 6630 Zg. 3/85, A 3.

176 Vgl. die Erklärung und das dazugehörende Anschreiben vom 13.6.1935, in: BArch R 8119 F/ P 02116.

177 Vgl. Jonas Scherner, Anreiz statt Zwang. Wirtschaftsordnung und Kriegswirtschaft im „Dritten Reich", in: Norbert Frei, Tim Schanetzky (Hrg.), Unternehmen im Nationalsozialismus. Zur Historisierung einer Forschungskonjunktur, Göttingen 2010, S. 140–155 und auch Scholtyseck, Der Aufstieg der Quandts, S. 450 f.

Rahmen der Vierjahresplan-Politik signalisieren sollte. 1933 machte Continental mit direktem wie indirektem Wehrmachtsbedarf erst einen Umsatz von 0,6 Mio. RM, überwiegende für Lkw-Reifen – gerade einmal ein Prozent des Gesamtumsatzes.[178] Schon 1935 machte sich eine deutliche Zunahme der Wehrmachtumsätze auf 6,23 Mio. RM bemerkbar, doch erst im Kontext des Vierjahresplans verdoppelten sich diese von Jahr zu Jahr und kletterten bis 1938 auf insgesamt 40,3 Mio. RM (davon 31,2 Mio. für Reifen, 9 Mio. für technische Gummiwaren). Dennoch machten die Umsätze mit Wehrmachtbedarf auch jetzt nur 16,2 Prozent des Gesamtumsatzes aus.

Wie alle anderen Unternehmen auch buhlte Continental bei den verschiedenen Wehrmachtstellen um Aufträge, sei es dass man die Fertigung von Patronen- und Gewehrtaschen aus Gummi (anstatt Leder) anbot, von Koppeln, Tragriemen für Tornister und Verschlusskappen für Geschütze, oder aber die Herstellung von Kampftauchanzügen, schusssicheren Treibstofftanks oder Batteriekästen.[179] Wenn man dabei auf lästige Konkurrenten stieß, hatten die Continental-Techniker auch keine Skrupel, diese mit Hinweisen auf deren „nicht-arischen Charakter" bei den Heeresstellen anzuschwärzen und so schnell aus dem Behördengeschäft hinauszukatapultieren.[180] Auch Phoenix bemühte sich um Wehrmachtsaufträge; die Hamburger hatten bei Wehrmachtstiefeln und vor allem Metallgummi-Verbindungen eine starke Marktstellung, mit denen Schwankungen im Maschinen- wie Kraftfahrzeugbau bekämpft wurden. Doch bei Letzterem gab es ein Problem: Das Geschäft mit Metallgummi war 1935 in einer eigenen Metall-Gummiwaren GmbH „Ferroflex" gebündelt worden, allerdings gehörte die Hälfte des Kapitals dem „nicht arischen" Erfinder Max Goldschmidt. Um das Behördengeschäft nicht zu gefährden, ging nun im April 1936 der Anteil Goldschmidts „durch besonderen Vertrag auf Herrn Schäfer über, welcher ihn wiederum durch besonderen Vertrag als Treuhänder für die Phoenix hält", wie das Phoenix-Aufsichtsratsmitglied Willink in einer Notiz festhielt.[181] Aus politischen Gründen habe sich das Ausscheiden des Herrn Goldschmidt als notwendig erwiesen, informierte Schäfer dann auch wenig später den Aufsichtsrat. Die Übertragung der Geschäftsanteile in Höhe von 10 000 RM sei „im Wege freundschaftlicher Vereinbarung" erfolgt, und man habe Goldschmidt auch ein Rückkaufrecht bis zum 31. Dezember 1945 eingeräumt, das

---

178 Vgl. dazu und zum Folgenden die Angaben in: Statistik der Continental, CUA, 6633 versch. Zg., A 3 und A 4.
179 Vgl. etwa Notiz der Technischen Abteilung über Besprechungen im Heereswaffenamt vom 3.12.1936, in: 51201 Zg. 1/2011, A 1.
180 Vgl. Schreiben der Patentabteilung an das Heereswaffenamt vom 13.11.1936, in: ebd.
181 Notiz vom 6.4.1936, in: HADB F 002/749.

aber nicht vor dem 1. Oktober 1939 ausgeübt werden dürfe.[182] Wie freundschaftlich die Übertragung tatsächlich war und wie viel Schäfer an Goldschmidt zahlte, lässt sich nicht genauer eruieren. Eine der damals zu Tausenden im Großen wie in Kleinen ablaufende Form von „Arisierung" jüdischen Eigentums war es allemal. Das Hauptgeschäft von Continental dagegen lief mit dem Oberkommando des Heeres (OKH) zur Belieferung mit Gelände-Riesenreifen und der Entwicklung von schusssicheren Spezialreifen sowie mit dem RLM zur Entwicklung und Belieferung von Flugzeugreifen.[183]

Es gab noch ein weiteres als höchst zukunftsträchtig wie lukrativ erscheinendes Geschäftsfeld mit den Rüstungsbehörden, in das Continental im Frühjahr 1936 einstieg: die Entwicklung und Produktion von Gasmasken. Traditionell größter Hersteller von Gasmasken war die Auer-Gesellschaft in Berlin, ein Tochterunternehmen der Degussa AG, die sich den Markt mit dem Lübecker Konkurrenten Dräger teilte.[184] Zwischen Auer und Continental bestanden seit langem enge Geschäftsbeziehungen, da die Hannoveraner die gummierten Stoffe lieferten. Mit der Wiederaufrüstung und der in diesem Zusammenhang konstruierten „Volks-Gasmaske" zeichneten sich für die Atemschutzhersteller glänzende Geschäfte ab und die Auer-Gesellschaft trug sich daher mit dem Gedanken, eine eigene Gummifabrik zu erwerben, um die Gummikörper selbst herzustellen, wie es der Konkurrent Dräger bereits vorgemacht hatte.[185] Um das zu verhindern, begann Continental im Frühjahr 1936 Verhandlungen mit der als Degea AG firmierenden Auer-Gesellschaft. Beide kamen schließlich überein, in Oranienburg bei Berlin einen Versuchsbetrieb zur Herstellung geformter Gasmasken einzurichten, der unter der Bezeichnung Guma GmbH mit einem Stammkapital von 100 000 RM firmierte und an dem Continental mit 51 Prozent die Mehrheit hielt sowie den Geschäftsführer stellte.[186] Im Aufsichtsrat saßen allerdings je zwei Vertreter von Continental und der Auer-Gesellschaft und auch bei der Verteilung des Gewinn- und Verlustrisikos galt das Verhältnis 50:50. Die

---

182 Protokoll der Aufsichtsratssitzung vom 23.4.1936, in: ebd.
183 Vgl. Notiz vom 25.6.1937, in: CUA, 6603 Zg. 3/85, A 3, sowie der exemplarische Vertrag mit dem OKH über ein Lkw-Gelände-Reifen-Geschäft vom 31.1.1938, das allerdings gerade einmal einen Umfang von 55 000 RM hatte, in: CUA, 6610 Zg. 1/57, A 5,4.
184 Vgl. Bernhard Lorentz, Industrieelite und Wirtschaftspolitik 1928–1950. Heinrich Dräger und das Drägerwerk, Paderborn 2001, und Hayes, Die Degussa, S. 144 ff.
185 Vgl. die Schilderung aus Sicht des für den Vertrieb Technischer Produkte zuständigen Continental-Direktors Henke in dessen Erinnerungen zur Conti-Geschichte, MS S. 58 ff., in: CUA, 6610 Zg. 1/56, A 7.
186 Vgl. Besprechungsnotiz vom 24.3.1936, in: CUA, 6600 Zg. 1/56, A 36,1. Es gibt keinen erkennbaren Bezug zum KZ Oranienburg, das ja bereits im Juli 1934 aufgelöst worden war und erst im Sommer 1936 als KZ Sachsenhausen wiedererrichtet wurde. Die Instrumentalisierung der KZ für Rüstungsaufträge der Unternehmen erfolgte erst im Laufe des Krieges.

Produktionsstätte in Oranienburg sollte allein für die Bedarfsdeckung von Auer zuständig sein, gleichzeitig jedoch behielt sich Continental das Recht vor, die bisher im Werk Limmer gefertigten Gasmasken dort weiter zu produzieren und auch an Dritte abzugeben.

Ehe die Guma-Werkstatt GmbH am 1. Januar 1937 formal gegründet wurde, hatte es noch langwierige und zum Teil höchst kontrovers verlaufende Verhandlungen zwischen beiden Gesellschaften gegeben. Sie betrafen zum einen die künftige Preis- und Kostenkalkulation, zum anderen die Technologie und einen neuen Konkurrenten. Denn plötzlich war auch Phoenix im Atemschutzgeschäft aufgetaucht und hatte im Herbst nicht nur einen aus synthetischer Gummierung bestehenden Gasschutzanzug präsentiert, der dem von Continental gelieferten Stoff überlegen war, sondern auch bereits einen Großauftrag für 4000 Gasschutzanzüge präsentieren können.[187] In Hannover wurden daher die Entwicklungsarbeiten an der „Limmer-Maske" und einem neuen Gasschutzstoff mit Hochdruck vorangetrieben.

Als sich Könecke und Assbroicher am 20. Januar 1937 zur ersten Aufsichtsratsitzung mit den Vertretern der Auer-Gesellschaft trafen, waren die Konflikte jedoch weitgehend ausgeräumt und allenthalben zeichneten sich große Geschäftsmöglichkeiten ab. Von 20 Mio. Volksgasmasken, mit der die Regierung die erwachsene Bevölkerung versorgen wollte, war die Rede, und von den zunächst eine Million in Auftrag gegebenen Stück sollte die Degea innerhalb der kommenden drei bis vier Monate 65 Prozent liefern.[188] Arbeitstäglich sollten, so bereits die konkreten Produktionsvorbereitungen, 25 000 Masken hergestellt werden, je zur Hälfte in Limmer und in Oranienburg. Dort allerdings fehlten bisher die nötigen Maschinen und auch die entsprechenden Arbeitskräfte, und nicht zuletzt auch die von den Behörden freizugebenden nötigen Mengen an Rohgummizuteilungen. Alle standen mithin unter beträchtlichem Zeitdruck, zumal auch seitens des Heeres erste Truppenversuche mit neuen Heeres-Gasmasken angekündigt worden waren und man dort von Continental/Degea bis August 1937 die Lieferung von 5000 Masken erwartete. Doch letztlich gelang es, die Fertigung in Oranienburg wie Limmer rechtzeitig in großem Stil aufzuziehen, nicht zuletzt, da in Limmer mit täglich 12 000 Volksmasken der Hauptteil der Fertigung erfolgte und damit auch die Höchstkapazitätsgrenze erreicht war, während in Oranienburg, wo inzwischen knapp 200 Beschäftigte arbeiteten, nur 3000–4000 Stück produziert wurden.

In der Folgezeit entwickelte sich das Geschäft mit Volks- und Heeresgasmasken jedoch wie erwartet höchst positiv. Die Degea wies im Geschäftsjahr

---

187 Vgl. den Besprechungsvermerk Conti-Auer vom 10.10.1936, in: ebd.
188 Vgl. Protokoll 1 der Guma-Sitzung vom 20.1.1937, in: ebd.

1938/39 einen Gewinn von 64 Mio. RM aus, die Guma GmbH allerdings machte mit den dort insgesamt hergestellten knapp 600 000 Volksmasken und einem Umsatz von einer Mio. RM 1938 nur einen Bruchteil aus, und auch der Gewinn – Continental verbuchte in diesem Jahr für sich einen anteiligen Gewinn von 41 966 RM – hielt sich in Grenzen.[189] Im Januar 1939 kam daher von Auer – stark befördert durch massives Drängen der Behörden – das Thema einer massiven Erweiterung der Oranienburger Werkstätten und des Baus einer kompletten Gummifabrik zur Sprache, was Continental mit der Beteiligung und Kooperation eben hatte verhindern wollen.[190] Während bei Continental mithin vor allem strategische Überlegungen – neben einer gesicherten Auslastung der Gasmaskenfertigung in Limmer – im Vordergrund standen und man alles daransetzte, die Fertigung in Oranienburg in kleinem Rahmen zu halten, drehte die Auer-Gesellschaft im Gasmaskengeschäft ein immer größeres Rad, das die Firma schließlich in große Schulden stürzen und für die Muttergesellschaft Degussa zu einem teuren Sanierungsfall machen sollte.[191]

Unter dem Strich spielte das Rüstungsgeschäft für Continental dennoch zunächst nur eine marginale Rolle. Weit wichtiger war die Positionierung als Produzent und Lieferant zahlloser Verbrauchsgüter des täglichen Bedarfs, womit man sich in den vorangegangenen Jahrzehnten auch das Image als Qualitätsmarke mit Weltgeltung erworben hatte. In der sich entwickelnden nationalsozialistischen Freizeit- und Konsumgesellschaft ergaben sich dabei große Chancen, aber auch erhebliche Herausforderungen für das Unternehmen.

2 Produkte für die nationalsozialistische Freizeit- und Konsumgesellschaft: Marketing, Werbung und Wettbewerb im Schatten der NS-Versorgungspolitik

Continental war eines der wenigen Unternehmen, dessen 3000 Produkte nicht nur im Alltag der NS-Konsum- und Freizeitgesellschaft präsent waren, sondern die Konsumenten praktisch von der Wiege bis zur Bahre begleiteten. Das begann mit dem Gummi-Schnuller, Gummi-Windeln und Gummi-Spielzeug, reichte über Bierflaschendichtungen, Einkochringe, Gummischürzen, Gummi-Handschuhe und modische Gummiabsätze und -schuhe bis zu Fahrrad-, Motorrad-, und Autoreifen, Badehauben, Gummiwalzen von Schreibmaschinen, Wärmefla-

189 Vgl. Bilanzakte 1938, in: CUA, 6600 Zg., 1/60, A 20, und Protokoll der Guma-Sitzung vom 4.11.1938, in: CUA, 6600 Zg. 1/56, A 36,1.
190 Vgl. Protokoll der Besprechung bei der Auer-Gesellschaft vom 10.1.1939, in: ebd.
191 Vgl. Hayes, Die Degussa, S. 144 ff., 148 ff.

schen, Fuß- und Tennisbällen sowie chirurgischen Verbandsstoffen und Bett-einlagen. Continental machte alles. Im Vor-Plastik-Zeitalter war Kautschuk der Konsumgüter-Werkstoff schlechthin und Continental-Produkte waren in so gut wie allen Bereichen der Verbrauchsgüterherstellung beteiligt (vgl. Tabelle 4).

Die schon vor 1933 einsetzende, aber im Zuge der Arbeitsbeschaffungs- und Wiederaufrüstungsmaßnahmen des NS-Regimes verstärkt wirksame „Nachhol-konjunktur" des Dritten Reichs schuf nach den Krisenjahren zunächst allenthal-ben neue Absatzmöglichkeiten.[192] Trotz Versorgungsproblemen, „Fettkrise" und landwirtschaftlichen Erzeugungsschlachten kam es für breite Schichten der deutschen Bevölkerung zu Lohn- und Einkommenszuwächsen und zur Heraus-bildung einer Freizeit- und Konsumgesellschaft, freilich unter nationalsozialisti-schem Vorzeichen. Dennoch wurde die Phase 1933 bis 1938 von vielen Zeitzeu-gen später als „nationalsozialistisches Wirtschaftswunder" und als „gute Jahre" erinnert. Konsum wie Freizeit waren dabei immer politisch im Sinne der neuen Volksgemeinschaft, von den KdF-Reisen über die verstärkte Automobilisierung und das Versprechen des neuen „Volkswagens" bis zu Haushaltsgeräten wie Volkskühlschrank und Volksempfänger.[193] Dass die Steigerung des Lebensstan-dards nicht nachhaltig war und viele Konsumangebote bloße propagandistische Versprechen und Verheißungen des NS-Regimes blieben, war der Mehrheit der Bevölkerung damals nicht bewusst.[194] Continental trug mit seinen Produkten erst einmal dazu bei, dass die neuen Freizeit- und Konsummöglichkeiten als Einzelner, mehr noch aber als Teil einer Betriebs- oder Volks-Gemeinschaft, er-fahrbar wurden. Das Unternehmen war gleichsam Teil des nationalsozialisti-schen Konsumversprechens und der vom NS-Regime geschürten Wohlstands-hoffnungen geworden, aber Continental-Produkte verschafften nicht nur virtu-elle, sondern tatsächliche Konsum- und Freizeitmöglichkeiten. Und die lange Geschichte hatte das Unternehmen auch gelehrt, dass die Verbraucher als Kun-den auf lange Sicht wichtiger waren als der Staat. Man behielt diese daher stets im Blick.

---

192 Zum Charakter des NS-Wirtschaftsaufschwungs, der in der Forschung vielfach diskutiert wurde und wird, vgl. zuletzt u. a. Ritschl (Hrsg.), Das Reichswirtschaftsministerium in der NS-Zeit, S. 666 f.

193 Vgl. Tim Schanetzky, Kanonen statt Butter. Wirtschaft und Konsum im Dritten Reich, Mün-chen 2015, S. 101–114.

194 Zur Entwicklung der nationalsozialistischen Konsumpolitik und dem sich dabei ergeben-den Auseinanderklaffen von Anspruch und Realität vgl. Tooze, Ökonomie der Zerstörung, S. 182 ff., und vor allem die diversen Forschungen von Hartmut Berghoff. Nach wie vor anre-gend auch Hans Dieter Schäfer, Das gespaltene Bewusstsein. Deutsche Kultur und Lebenswirk-lichkeit 1933 bis 1945, München 1981, S. 120 ff.

Tab. 4: Umsatzstruktur Continental AG 1932 bis 1939

Jahr	Gesamt (in Mio. RM)	Reifen (in %)	Technische Produkte (in %)	Zubehör (in %)
1932	72,48	69,6	25,8	4,5
1933	76,38	70,5	23,9	5,4
1934	98,03	69,3	24,7	6,2
1935	116,72	71,1	22,0	6,8
1936	132,12	68,6	24,3	7,1
1937	208,86	71,2	21,8	6,9
1938	262,43	74,1	19,8	6,1
1939	242,09	69,6	24,1	6,2

Quelle: Zusammengestellt und berechnet nach den Angaben in: Statistik der Continental, CUA 6633 versch. Zg., A 3.

Der „Aufbruch in die schöne neue Welt der NS-Konsummoderne" (Berghoff) begann mit dem Automobil und den dafür benötigten (Continental-)Reifen. Der Reifenmarkt war kompliziert und infolge der verschiedenen nationalsozialistischen Marktordnungsmaßnahmen hochgradig reglementiert.[195] In umfangreichen vom RWM orchestrierten Reifenverträgen waren die einzelnen Firmen zu einem Autoreifen-Zwangskartell zusammengeschlossen. Aus der Stellung des RWM, so notierte Könecke im Dezember 1935, sei „klar erkennbar, dass dieses ein freies Geschäft weder in Kraftfahrzeugreifen noch in Fahrradreifen angesichts der Rohgummi-Situation und angesichts der Einstellung des Wehrministeriums für tragbar hält."[196] Continental besaß seit jeher die stärkste Marktposition, auch wenn die Marktanteile seit 1929 von 74,7 Prozent (Pkw-Reifen) bzw. 66 Prozent (Lkw-Reifen) signifikant geschrumpft waren und 1934 nur noch 54,7 Prozent bzw. 49,1 Prozent erreicht werden konnten.[197] Diese Marktanteile wurden von den Behörden quasi eingefroren, wobei bei entsprechendem Verhandlungsgeschick durchaus Abweichungen bei den festgelegten Absatzkontingenten und auch der Verteilung der einzelnen Reifendimensionen möglich waren. Als Könecke etwa Anfang Januar 1937 von Besprechungen in Berlin über die künftige Struktur und den Umfang des Riesenluftreifengeschäfts zurückkam, notierte er, dass die geplante Produktionserhöhung „uns noch nicht ausreichend erscheint, da mir die Erreichung unseres alten Marktanteils von ca. 51 Prozent im Stückumsatz und ca. 55 Prozent im Wert- bzw. kg-Umsatz zugesagt ist."[198]

---

195 Vgl. dazu im Einzelnen Erker, Vom nationalen zum globalen Wettbewerb, S. 403 ff.
196 Notiz Könecke vom 11.12.1935, in: CUA, 6603 Zg. 3/85, A 3. Vgl. auch Fahrzeugreifen-Vertrag 1936, in: Die Gummibereifung 16 (1936), S. 1–3.
197 Vgl. Erker, Vom nationalen zum globalen Wettbewerb, S. 403 f.

Sorgen um ausländische Konkurrenten brauchte man sich in Hannover und Hamburg nicht mehr zu machen. Die amerikanischen Reifenkonzerne hatten sich schon im Zuge der Weltwirtschaftskrise vom deutschen Markt zurückgezogen, die übrigen Tochterfirmen europäischer Gummiunternehmen wie die Deutsche Dunlop in Hanau und Englebert in Aachen wurden auf Drängen des RWM reibungslos in die staatsreglementierte deutsche Markt- und Branchenordnung integriert, nachdem überall deutsche Unternehmensleitungen installiert worden waren. Probleme hatte es nur mit Michelin gegeben. Die Franzosen hatten noch 1930 in Karlsruhe mit einem Grundkapital von 4,4 Mio. RM ein Tochterunternehmen, die Deutsche Michelin Pneumatik AG, gegründet. Die Firma hatte wie alle anderen auch unter den Versorgungsproblemen mit Naturkautschuk zu leiden. Dennoch erwirtschaftete man auskömmliche Umsätze und Gewinne – 1936 betrug Letzterer 203 000 RM –, zumal seit man in diesem Jahr auch mit dem „Stop-Reifen" ein neues Produkt auf den Markt gebracht hatte.[199]

Sowohl der Hauptanteil der Aktien wie vor allem der Vorstand waren jedoch nach wie vor ganz in französischen Händen, Vorstandsvorsitzender war André Machery, Vorsitzender des Aufsichtsrates Marcel Michelin, ein Neffe des Firmengründers. Anfang 1937 geriet das Unternehmen daher in den Fokus der deutschen Behörden, die die Franzosen zunächst offen erpressten und dann systematisch in den Konkurs trieben. „Nachdem wir schon eineinhalb Jahre lang auf die Zuteilung von synthetischem Kautschuk warteten", hieß es im Geschäftsbericht für 1937,

> wurde gleich zu Anfang des Jahres von einem im Namen des Amtes für deutsche Roh- und Werkstoffe sprechenden Beamten die Forderung an die Firma gestellt, die zur Ausbeutung der Lizenz in Karlsruhe beschäftigten französischen Angestellten inkl. des ganzen Vorstands zu entlassen und durch deutsches Personal zu ersetzen. Diese Maßnahme sollte eine Vorbedingung für die Zulassung zur Bunaverarbeitung sein. Aus Rücksicht auf die Geheimhaltung der Fabrikationsmethoden unserer Lizenzgeberin [in Clermont-Ferrand] und zur Bewahrung ihrer Belange war diese Forderung nicht annehmbar.[200]

Die deutschen Behörden schnitten daraufhin Michelin nicht nur von jeglichen Buna-Lieferungen ab, sondern auch von allen gemeinschaftlichen Großversuchen mit Kunstseide-Cord. Auch die zugeteilten Rohkautschuk-Kontingente reduzierte Reika nun auf ein Minimum und schloss die Franzosen von sämtlichen Lieferungen an die Wehrmacht und sonstige Behörden aus. Obwohl das Geschäftsjahr 1937 noch einen Gewinn von 474 000 RM erbrachte, war damit den

---

198 Aktennotiz vom 11.1.1937, in: BArch R 8119 F/P 02141.
199 Vgl. Bericht zum Jahresabschluss 1935 sowie Bericht des Vorstands für das Geschäftsjahr 1936, in. BArch R 3001/10280.
200 Geschäftsbericht des Jahres 1937, in: ebd.

weiteren Aktivitäten der Deutschen Michelin AG die Grundlage entzogen. Im Sommer 1938 stellte der Betrieb seine Fertigung ein und wurde stillgelegt. Immerhin war es den Franzosen noch gelungen, von den deutschen Behörden die Erlaubnis zur zollfreien Ausfuhr und zum Rücktransport des gesamten Maschinenparks nach Frankreich zu erhalten, der umgehend erfolgte. So hatte man immerhin verhindert, dass die deutschen Konkurrenten Einblick in die überlegenen und ganz spezifischen Fertigungsmethoden Michelins bekamen.[201] Continental hatte sich aus diesen Vorgängen gänzlich herausgehalten. Im Juli 1938 hatte man seitens des Amts für deutsche Roh- und Werkstoffe den „Rat" erhalten, sich doch „um den Erwerb der uns interessierenden Maschinen" aus der stillgelegten Fabrik in Karlsruhe zu bemühen und dort eine eigene Fertigungsstätte aufzuziehen, was man jedoch in Hannover ablehnte.[202]

Die nationalsozialistische Motorisierungspolitik hatte dafür gesorgt, dass sich parallel zur Entwicklung des Bestands an Krafträdern und Pkw das Marktvolumen insgesamt zwischen 1933 und 1938 von 2,3 Mio. auf 5,6 Mio. Reifen mehr als verdoppelt hatte.[203] Die Marktausweitung wurde vor allem von den Erstausrüstern, d. h. den Automobilfirmen – allen voran die großen Vier Opel, Daimler-Benz, Auto Union und Adler – getragen, was eine gewisse Umorientierung von der bisher stark auf die Ersatzgeschäfts-Kunden zentrierten Verkaufspolitik notwendig machte.[204] Bei allen Fragen der Beziehungen zwischen Continental zu seinen Großkunden, von der Entwicklung bis zur Belieferung, mischte

---

201 Vgl. Bericht des Vorstands über das Geschäftsjahr 1938, in: ebd. Später wurden die Firma und der nach wie vor bestehende Grundbesitz unter die Bedingungen der Verordnung über die Behandlung feindlichen Vermögens gestellt und einem Sequester unterstellt, was formalrechtlich eigentlich falsch war. Zur weiteren Entwicklung der Zwangsverwaltung vgl. BArch R 87/ 1130 sowie der 20-seitige Bericht über die Verwaltung der Deutschen Michelin Pneumatik AG, Karlsruhe vom 22.6.1946, in: BArch R 87/1132.

202 Vgl. Aktennotiz Assbroicher über eine Besprechung im Amt für Wirtschaftsausbau vom 23.7.1938, in: CUA, 6500 Zg. 1/69, A 8.

203 1933 betrug der Bestand an Krafträdern im Deutschen Reich 850 000, an Pkw 580 000. 1938 wurden dagegen 1,4 Mio. Krafträder und 1,2 Mio. Pkw gezählt.

204 Eine Liste der größten Erstausrüstungskunden von Continental u. a. in dem Bericht der Treuhand-Buchprüfung für 1933, S. 30, in: CUA, 6630 Zg. 1/56, A 33,14. Bemerkenswerterweise hatte Continental auch Aktien der Adler-Werke im Wert von nom. 700 000 RM im Besitz, die den Anteil der Mitbeteiligung an der Sanierung des Unternehmens ausmachten. Manchmal war das Regime seinen nationalistischen Bekundungen in der Reifenpolitik auch nicht treu. Im Oktober 1935 etwa hatte Könecke empört feststellen müssen, dass für die Ausstattung des neuen Zeppelins 129 Landungsreifen vorgesehen waren, für die aber Goodyear-Reifen vorgesehen waren. Um die Erstausstattung dieses prestigeträchtigen Luftschiffes zu bekommen, war man bereit, extra eigene Reifen zu konstruieren, selbst wenn dazu besondere Formen angeschafft werden mussten, die ca. 4000 RM Kosten bedeuteten. Vgl. Protokoll der Vorstandssitzung vom 8.10.1935, in: CUA, 6603 Zg. 3/85, A 3.

aber die Überwachungsstelle Kautschuk des RWM mit. Im Juli 1938 etwa informierte diese Ferdinand Porsche darüber, dass es keine Freigabe für die Bereifung eines neu entwickelten Geländewagens geben werde, dessen Reifen bei Continental gefertigt werden sollten. Die Schaffung einer neuen Dimension sei vom Standpunkt der Rohstoffversorgung nicht wünschenswert, da jede Dimension eine Ausweitung des Reifenfabrikationsprogramms bedinge und produktionshemmend wirke.[205] Während die Behörden blockierten, wurde von verschiedenen Parteistellen, allen voran das NSKK und dessen Führer Adolf Hühnlein (Abb. 38), Druck auf Continental ausgeübt, für den neuen „nationalsozialistischen Rennsport" neue Reifen zu entwickeln und – aus Sicht von Continental zu technisch und wirtschaftlich untragbaren Bedingungen – abzuliefern.

Abb. 38: NSKK-Führer Hühnlein (dritter von links) auf dem Continental-Stand bei der IAA 1933

Continental weigerte sich, und angeblich habe ihm Hühnlein daraufhin, so schildert es zumindest Könecke nachträglich in seinem Entnazifizierungsver-

---

[205] Schreiben der Überwachungsstelle an Porsche vom 21.7.1938, in: CUA, Sammlung Grabe, ohne Signatur.

fahren, mit umgehender Verhaftung gedroht.[206] Tatsächlich verhielt sich das Unternehmen in der Folgezeit höchst ambivalent. Einerseits beschloss man auf der Vorstandssitzung am 17. Dezember 1935 tatsächlich, sich künftig an keinem großen Rennen mehr zu beteiligen, nicht zuletzt, um den großen Anforderungen, die die Automobilhersteller in diesem Zusammenhang an Continental stellten, „zu entgehen." Man sei sich darüber vollkommen klar, „dass wir mit einer alten Continental-Tradition brechen und gewisse Konsequenzen auf uns nehmen", hieß es dazu im Protokoll der Sitzung.[207] Tatsächlich konnten sich aber schließlich selbst die Vorstände einen Ausstieg aus dem Rennsport und der Rennreifen-Entwicklung, den das Unternehmen seit jeher ebenso aktiv wie erfolgreich betrieben hatte, nicht vorstellen. Eigentlich widersprach die Rennreifen-Herstellung auch den Zielen des Vierjahresplans, denn für die Leistungsfähigkeit und die hohen Belastungen dieser Reifen war Naturkautschuk höchster Güte erforderlich. An die Verwendung von Buna verschwendeten die damit befassten Reifeningenieure keinen Gedanken. Andererseits jedoch waren die auch international errungenen Rennerfolge und Geschwindigkeitsrekorde für das Regime politisch-propagandistisch instrumentalisierbar. So kam es dann, dass schon beim Eifelrennen 1936 wieder die Box des Continental-Renndienstes gut besetzt war und der legendäre Continental-Rennreifen-Fachmann Carl Dietrich bei der Internationalen Rekordwoche auf der Autobahn bei Frankfurt den Einsatz der Continental-Hochgeschwindigkeitsreifen Typ „Avus" überwachte.[208] Um zu verhindern, dass sich die Konkurrenten die neuesten Rennreifen beschafften, wurden die Reifen den Rennställen im Übrigen kostenlos zur Verfügung gestellt und sozusagen nur geliehen (Abb. 39 und 40).

Die Großen Preise in Deutschland wie international gewannen zwischen 1935 und 1939 mit überwältigender Häufigkeit Wagen mit Continental-Reifen, wie die legendären „Silberpfeile" von Daimler-Benz. Dazu kamen aufsehenerregende Geschwindigkeitsrekorde. Namen erfolgreicher Rennfahrer wie Caracciola, Henne, Rosemeyer und Stuck wurden mit dem Namen Continental ebenso eng verbunden wie mit dem der Rennställe und Automobilhersteller, für die sie starteten.[209]

---

206 Vgl. Bericht Köneckes vom 10.8.1946, S. 14, in: NLA HA Nds. 171 Hannover Nr. 32086.

207 Protokoll der Vorstandssitzung vom 17.12.1935, in: CUA, 6603 Zg. 3/85, A 3.

208 Vgl. dazu ausführlicher Dieter Tasch, Horst-Dieter Görg (Hrsg.), Es begann in Hannover. Reifen, Raketen, Rekorde, Hannover 2016, S. 56 ff.

209 Vgl. Schmidt, Continental, S. 95, und die kleine Broschüre „50 Jahre Rennreifen" von 1952, in: CUA, ohne Signatur. Vgl. auch ein Glückwunschtelegramm des Daimler-Benz-Vorstands vom 8.10.1936, in: CUA, 6610 Zg. 1/57, A 20. Im Sommer 1939, am Vorabend des Zweiten Weltkriegs, hatten die Rennreifen-Ingenieure bei Continental auch mit neuen Reifenversuchen für einen neuen Geschwindigkeitsrekord begonnen. Dafür war bei Daimler-Benz das legendäre

Abb. 39 u. 40: Continental-Rennreifen-Experte Meister Dietrich, u. a. beim Messen der Reifentemperatur

Die Hauptsorge des Continental-Vorstands galt trotz aller Marktreglementierungen dem Preis. Die neue nationalsozialistische Marktregelung bedeutete, dass das Geld nun vor allem im Erstausrüstungsgeschäft verdient werden konnte, während das Ersatzgeschäft mit den Privatkunden und Großhändlern künftig deutlich weniger abwarf. Vor allem aber trieb die Reifenmanager die Frage um, inwieweit die Behörden es zuließen, dass die im Zuge des Vierjahresplans deutlich gestiegenen Rohstoffkosten auf die Erstausrüstungs- wie Ersatzgeschäftskunden umgelegt werden konnten.[210] Schon 1935 hatte der Preiskommissar einheitliche Rabattsätze für Vorzugsverbraucher festgelegt und umfangreiche Preisschutz-Bestimmungen erlassen, die entsprechende Spielräume für die Unternehmen ausschloss.[211] 1936 hatte Continental einen empfindlichen Gewinnrückgang um über 40 Prozent hinnehmen müssen, der vor allem durch die

---

T-80-Projekt gestartet worden, bei dem ein Flugmotor als Antrieb zum Einsatz kommen sollte. Das verlangte von den Reifen theoretisch, maximale Geschwindigkeiten von 700 km/h auszuhalten. Das Projekt wurde im Krieg jedoch eingestellt. Vgl. https://media.daimler.com/marsMediaSite/de/instance/ko/Mercedes-Benz-T-80-Rekordwagen–die-Geschichte.xhtml?oid=40696890.

210 Vgl. dazu näher Erker, Vom nationalen zum globalen Wettbewerb, S. 416 ff.

211 Vgl. Sonderbeilage zum Continental-Händler Nr. 24, Juli 1935, über die Bestimmungen.

neue Exportabgabe auf Kautschuk bedingt war.[212] Am 26. November 1936 war dann noch eine Verordnung über das Verbot von Preiserhöhungen erlassen worden.[213]

Tatsächlich gaben sich laufend Preisprüfer des Reichspreiskommissars, des RWM und der Wehrmachtstellen in Hannover die Klinke in die Hand, um alle ungerechtfertigt erscheinenden Übergewinne aufzudecken und abzuschöpfen. Mit Wirkung vom 1. Juni 1937 wurde den Unternehmen aber erlaubt, die Kosten des Kautschuk-Zolls in vollem Umfang auf die Preise der Fertigprodukte umzulegen, inklusive eines Zuschlags von fünf Prozent für entstandene Sonderkosten. Für Fabrikabnehmer bedeutete das eine Preiserhöhung von 30 bis 40 Prozent, Händlerabnehmer mussten 20 bis 25 Prozent mehr zahlen und auch die Konsumenten bekamen diese Regelung mit 15 bis 20 Prozent höheren Preisen zu spüren.[214] Zudem hatten die Behörden den Unternehmen auch zugestanden, prinzipiell die Gewinnmarge in eine feste Relation zum Umsatz zu setzen. Als Verdienstsatz hatte man im Vorstand generell sechs Prozent des Umsatzes kalkuliert. Mit den durch Einfuhrzoll und andere Reglementierungen inzwischen aber zum Teil deutlich künstlich aufgeblähten, gleichwohl explodierenden Umsätzen waren die Gewinne jedoch so stark gestiegen, dass dem Vorstand in Hannover eine freiwillige Reduzierung des Gewinns ratsam erschien, um einem direkten Eingreifen der Behörden vorzubeugen. Für Reifen sollten künftig 4,5 Prozent, für das Technische und sonstige Geschäft wegen der größeren Risiken weiterhin sechs Prozent Umsatzanteil als Gewinn festgelegt werden.[215]

Ungeachtet dieser Maßnahme kam es dennoch im Sommer 1938 zu einem regelrechten Machtkampf zwischen den Preisbehörden und der Reifenindustrie. Könecke berichtete im Vorstand, dass es im Amt des Reichskommissars für Preisüberwachung, Karl Goerdeler, Überlegungen gebe, die Grundlage der Gewinnberechnung zu ändern. Künftig sollten den Unternehmern nur noch die Gestehungskosten für die Herstellung zuzüglich eines festen Aufschlags für Betriebszinsen und Gewinn zugebilligt werden.[216] Anfallende bzw. ermittelte Übergewinne sollten in einen Ausgleichsfonds gezahlt werden, der zur Amortisation der Mehrkosten, die durch die Verwendung deutscher Werkstoffe entstanden, für alle Firmen gemeinsam dienen sollte. Das bedeutete schmerzhafte Gewinn-

---

212 Vgl. die ausführliche Kostenanalyse des Vorstands an den Aufsichtsrat vom 20.5.1936, in: BArch P 2140.

213 Vgl. Bericht Köneckes auf der Generalversammlung vom 19.4.1937, in: CUA, 6610 Zg. 1/57, A 2,7.

214 Vgl. Schreiben des Vorstands an Uebel vom 12.6.1937, in: BArch R 8119 F/P 02117.

215 Vgl. Protokoll der Vorstandssitzung vom 18.7.1937, in: CUA, 6603 Zg. 3/85, A 3.

216 Vgl. Protokoll der Vorstandssitzung vom 2.8.1938 und vom 6.10.1938 und auch noch vom 12.4.1939, in: CUA, 6630 Zg. 3/85, A 3.

einbußen und noch stärkere Kontrollen durch die Preisprüfungsbehörden; vor allem hätte Continental bezahlen müssen, während die anderen davon profitierten. Könecke versuchte dennoch den Konkurrenten vor Augen zu führen, „welche Gefahren der Reifenindustrie insgesamt drohen, wenn der Vorschlag des Preiskommissars akzeptiert [wird]."[217] Im Zweifelsfall sähe sich Continental genötigt, sich „von dem Kartellvertrag zu separieren", allerdings war vermutlich allen klar, dass diese Drohung kaum durchsetzbar gewesen wäre und daher als Druckmittel wenig taugte.[218] Anfang November 1938 konnten die Pläne des Preiskommissars nach langen Verhandlungen aber tatsächlich abgebogen werden. Zunächst war damit die Gefahr gebannt, obgleich man sich im Vorstand „darüber klar ist, dass eine Erlös-Schmälerung von ca. 5 Mio. RM per anno eingetreten ist."[219] Besondere Bedingungen und Vorgaben galten auch bei den VW-Reifen. Hier hatten die Behörden von vornherein festgelegt, dass es eine „besondere preisliche Behandlung" geben würde, so dass „ein äußerst niedrig gehaltener Erstausrüstungspreis errechnet werden muss, gegen den eine Erholung im Händler-Preis eintreten soll", wie Könecke im Juni 1939 berichtete.[220]

Letztlich lag man aber dennoch mit den Prinzipien der NS-Preispolitik auf einer Linie. Im Sommer 1938 hielt Könecke vor 40 Teilnehmern eines Lehrgangs künftiger Überwachungsbeamten des Reichspreiskommissariats einen Vortrag über die „Preisbildung in der Kautschukindustrie". Darin bekannte er sich ausdrücklich zu den Prinzipien nationalsozialistischer Preispolitik, in der unter dem Schlagwort „Gemeinnutz geht vor Eigennutz" weniger die betrieblichen Kosten als die gesamtwirtschaftlichen Zusammenhängen und volkswirtschaftlichen Ziele zu berücksichtigen waren.[221] Außer dem eher versteckten Hinweis, dass die aktuellen Preisbildungsvorschriften Gemischtbetriebe wie Continental vor sehr viele Probleme stellten, da für jeden einzelnen Artikel verschiedene Wege der Preisfindung vorgenommen werden mussten, gab es keine kritischen Töne:

> Wir arbeiten mit am Finden des volkswirtschaftlich gerechtfertigten Preises, der weder Schleuder-, noch ein Wucherpreis sein wird, sondern ein wirtschaftlich und politisch gerechtfertigter Preis, welcher die notwendige Investitionspolitik der Wirtschaft ermöglicht. Unter Wahrung dieses Gesichtspunktes ist es die vordringlichste Aufgabe der deutschen

---

217 Protokoll der Vorstandssitzung vom 1.8.1938, in: ebd.
218 Ebd.
219 Protokoll der Vorstandssitzung vom 8.11.1938, in: ebd.
220 Protokoll der Vorstandssitzung vom 5.6.1939, in: ebd. Vgl. verschiedene Notizen des Chefingenieurs der Autoreifenfabrik, Hübener, vom 23.5., 26.5. und 5.6.1939, in: CUA, 6525 Zg 1/65, A 87 bzw. CUA, Sammlung Grabe, ohne Signatur. Vgl. Chris Barber, Der Käfer. Ferdinand Porsche und die Entwicklung des Volkswagens, Bielefeld 2010, S. 77 ff.
221 Vgl. den Vortrag in: Die Werksgemeinschaft 4 (1939), S. 2.

Industrie, jede Möglichkeit der Kosteneinsparung zu benutzen. Nur dann ist die Erfüllung der Forderung des Führers auf Erhaltung der Kaufkraft der breiten Massen möglich, und nur so lassen sich die Verbraucherpreise senken und bei Vermeidung einer Verteuerung deutsche Werkstoffe in die Produktion einsetzen.[222]

Tatsächlich hatte Continental die Fahrrad-, Motorrad- und Pkw-Fahrer keineswegs aus den Augen verloren und dem Ersatzreifen-Geschäft weiterhin große Aufmerksamkeit geschenkt. Und man hatte vor allem 1936 auch neue Reifen auf den Markt gebracht, allen voran den Continental FP 20, einen Allwetterreifen mit Feinprofil und hoher Rutschfestigkeit, sowie den robusten Continental C 14, der gegenüber dem herkömmlichen Ballonreifen zwischen Protektor und Gewebe eine hitzebeständige Gummischicht gegen reifenzerstörerische Temperaturen aufwies – eine Reaktion auf die inzwischen deutlich gestiegenen durchschnittlichen Fahrgeschwindigkeiten und größeren Motorleistungen bei Pkw.

Abb. 41: Reifenwerbung 1936

222 Ebd.

Als dritten neuen Reifen gab es auch einen Continental-Riesenluftreifen für Lastkraftwagen, auch er eine Antwort auf die höhere Reifenbeanspruchungen der Automobilhersteller. Daneben gab es zahlreiche Spezialreifen, von „T-Reifen" (Taxi-Reifen) bis zu Zeppelin-Reifen, ganz abgesehen von Fahrrad- und Motorradreifen in unterschiedlichsten Dimensionen. Und man beschäftigte sich mit Versuchen, einen „Reichsautobahn-Reifen" herauszubringen. Damit wurden die alten Continental-Reifen vom Typ „Ballon" und „Aero" durch vielfach neu konstruierte Reifen mit nahezu verdoppelter Lebensdauer nach und nach abgelöst. Die Vierjahresplan-Reglementierungen hatten dazu geführt, dass sich die Typenvielfalt und die große Zahl der Reifendimensionen infolge staatlicher Normierungsvorgaben radikal verringerte. Stellte Continental allein im Pkw-Reifenbereich 1934 noch 114 verschiedene Sorten her, so waren es 1937 nur noch 38.[223] Im Fahrradreifengeschäft sah es ähnlich aus, und hier hatten die behördlichen Anweisungen auch dafür gesorgt, dass alle Sonderwünsche nach rot, gelb, braun oder blau gefärbten Fahrraddecken aufgegeben wurden.[224] Ein Blick auf die Zahlen im Jahr 1937 zeigt schlaglichtartig die Struktur des Reifengeschäfts, sowohl nach Art der Reifen wie der Abnehmer (vgl. Tabelle 5).

Tab. 5: Struktur des Reifengeschäfts 1937 (Wertumsätze)

Fahrraddecken	14,6 Mio. RM		
Kraftraddecken	2,5 Mio. RM		
Personenwagen-, Lieferwagen- und Elektrokarrenreifen	34,3 Mio. RM	Fabriken (Erstausrüster)	50,7 Mio. RM
Riesenluftreifen	25,0 Mio. RM	Grossisten, Großverbraucher und Händler (Ersatzgeschäftskunden)	68,5 Mio. RM
Massiv- und Transportkarrenreifen	2,1 Mio. RM		
Flugzeug- und Pferdezug-Reifen	1,7 Mio. RM		
Kutschwagenreifen	0,06 Mio. RM		

Quelle: 6630 Zg. 1/56, A 33.

So gut wie keiner dieser Reifen wies Bunabeimischungen auf. Angesichts der allenthalben noch bestehenden Qualitätsmängel und der weit unter den alten Naturkautschukreifen liegenden Fahrleistungen hatte sich Continental so lange wie möglich dagegen gesperrt, Buna-Reifen auch für den allgemeinen Ver-

---

223 Vgl. „Die Reifen im Vierjahresplan", in: Echo-Continental 1938, S. 22.
224 Vgl. „Unser deutsches Reifengeschäft. Organisation – Marktbeobachtung – Kundenpflege", in: Die Werksgemeinschaft 2 (1937), S. 3 f.

brauch zu fertigen und zu verkaufen. Erst am 1. September 1938 startete die Verarbeitung von Buna für Autoreifen, die auch in den privaten Handel gelangten.[225] Laut Absprache mit dem Preiskommissar durften dafür nur die normalen Preise verlangt werden, trotz der weit höheren Rohstoffpreise. Die Gewährleistungsansprüche bei Mängeln waren dabei ungeklärt. Die Wikrafa hatte allerdings schon kurz zuvor den bisherigen Großkunden von Buna-Reifen – OKH, Reichspostministerium, Reichsbahn und Reichsleitung des Arbeitsdienstes – mitgeteilt, dass die üblichen Mangelhaftungsbestimmungen hier nicht galten.[226]

Für besondere Reifennutzer galten ungeachtet aller Vierjahresplan-Politik und -Ideologie eigene Regeln. Im März 1937 schon hatte Continental in enger Zusammenarbeit mit Daimler-Benz die Bereifung für den „Führer-Wagen" und das Dienstauto von DAF-Leiter Ley entwickelt. Das Problem waren hier weniger zu erwartende hohe Geschwindigkeiten als die extrem hohen Gewichte der Führer- und Funktionärslimousinen. Schlechter Buna kam hier nicht zum Einsatz, sondern nur bester Naturkautschuk.[227] Auch für andere Parteiprominenz wie Göring wurden gesonderte Reifen konstruiert. Dennoch beschwerte sich Hitler offenbar über unangenehme kurze Stöße während seiner Fahrten, so dass Vertreter von Continental und Daimler-Benz Ende Januar 1939 zu einer Besprechung in die Reichskanzlei vorgeladen wurden.[228]

Fast noch wichtiger als das Reifengeschäft war für das Image von Continental als Hersteller von alltäglichen Freizeit- und Konsumartikeln bester Qualität das Geschäft mit technischen und anderen Gummiwaren. Der Continental-Katalog „Technische Gummiwaren für Industrie, Verkehr, Gewerbe und Haushalt" umfasste knapp 200 Einzelartikel, neben Fußbodenbelag, Transportbändern und Treibriemen waren es vor allem Schläuche in allen Formen und Anwendungsgebieten – sei es als Gartenwasserschlauch, Schläuche für die Lebensmittelindustrie oder als Benzintank- und Pressluftschläuche.[229] Für die hannoverschen Straßenbahnen wurden als Richtungsanzeiger große Gummihände als Winker hergestellt. Für Spiel und Sport gab es einen eigenen Katalog, unter anderem mit Schwimmwesten, Gummimatratzen, Tennisbällen und weiteren Sportbällen aller Art sowie Faltbooten und dem entsprechenden Zubehör.

---

225 Vgl. Protokoll der Vertrauensratssitzung vom 5.8.1938, in: Gefolgschaftsbuch Continental.
226 Vgl. Rundschreiben der Wikrafa vom 14.4.1938, in: CUA, 6610 Zg. 1/57, A 6,2.
227 Vgl. den Schriftwechsel Continental mit DB vom März 1937, in: CUA, 6525 Zg. 1/65, A 10.
228 Vgl. Notiz über die Besprechung vom 31.1.1939, in: ebd.
229 Vgl. Katalog Technische Gummiwaren, in: CUA, ohne Signatur.

Abb. 42: Continental-Stand auf der IAA Berlin 1939

Abb. 43: Werbung für Continental-Sportartikel

Auch zu den Continental-Gummiwaren für Ärzte, Gesundheitspflege, Kranken-
pflege und für sonstige medizinische Zwecke gab es einen eigenen, umfangreichen Katalog. Umsatzmäßig stand das Geschäft mit Technischen und anderen
Gummiwaren zwar im Schatten des Reifengeschäfts. 1933 machte es mit knapp
20 Mio. RM etwas weniger als die Hälfte davon aus, und bis 1938 sank der Anteil
auf ca. ein Drittel. In seiner Wachstumsdynamik – 1938 wurde ein Umsatz von
55,36 Mio. RM erzielt – und vor allem auch ertragsmäßig hinkte der Nicht-Rei-
fen-Bereich dem Reifengeschäft aber nur wenig hinterher. Um einen Überblick
zu behalten, wurde der große Bereich der Technischen Gummiwaren in neun
Produktgruppen zusammengefasst, und der Überblick zeigt, dass dabei einige
Bereiche durch besonders starkes Wachstum hervorstachen. Der Sektor Fußbodenbeläge, Treibriemen und Transportbänder etwa wies einen Umsatzzuwachs
von etwas über zwei Mio. RM auf fast 13 Mio. RM auf, auch der Bereich der
Schläuche wies ähnliche Zuwachsraten auf. Über verschiedene Produktgruppen
verteilt finden sich auch zahlreiche Zubehörteile, die inzwischen in Automobi-
len Verwendung fanden und von deren verstärktem Einsatz Continental über
die Reifen hinaus maßgeblich profitierte, seien es Keilriemen, die seit etwa 1936
endlos und dimensionsgenau sowie technisch erheblich verbessert hergestellt
wurden, Scheibenwischblätter und Fußgummimatten oder auch die 1933 entwickelten Schwingmetall-Teile, die die Motoraufhängung revolutioniert und damit
die Vibrationen und Geräusche beim Fahren erheblich reduziert hatten.[230]

Auch kleine Artikel – Nischenprodukte im Gesamtfertigungsprogramm,
aber Massenartikel im Verkauf – wie Gummikämme boomten. Jährlich produzierte man in Hannover-Limmer bis zu 13 Mio. Kämme in 420 verschiedenen
Ausführungen, Modellen und Farben, von denen etwas mehr als die Hälfte in
den Export gingen.[231] Bei vielen Produkten wie der Conti-Graphic-Walze und
dem Conti-Drucktuch war das Unternehmen Innovations- und Marktführer, teilweise sogar Monopolist.[232] In einigen Bereichen, etwa dem umsatzmäßig kleinen, aber prestigemäßig wichtigen Geschäft mit Tennisbällen, lieferten sich
Continental und Dunlop einen heftigen Konkurrenzkampf, doch die Briten waren, wie Continental-Ingenieure anlässlich eines Besuchs Mitte März 1937 in der
Tennisball-Abteilung in England anerkennen mussten, fabrikatorisch wie technisch überlegen.[233]

---

230 Vgl. „Continental-Schwingmetall. Seine Bedeutung für die Kraftfahrzeugindustrie", in:
Die Werksgemeinschaft 2 (1937), Nr. 1, S. 1 f.
231 Vgl. den umfangreichen, rückblickenden Bericht der Plan-Abteilung zur Kamm-Fabrika-
tion 1932 bis 1941 vom 24.10.1941, in: CUA, 6600 Zg. 1/58, A 1.
232 Vgl. „Die Conti-Graphic-Walze", in: Die Werksgemeinschaft 2 (1937), Nr. 3, S. 1 f.
233 Vgl. Reisebericht vom 17.3.1937, in: CUA, 6500 Zg. 1/59, A 1.

Tab. 6: Wertumsätze Technische Produkte/Konsumartikel Continental 1932 bis 1939 (in Mio. RM)

Jahr/Produktgruppe	1932	1933	1934	1935	1936	1937	1938	1939
TP 1	2,26	2,44	3,64	4,74	6,2	9,5	12,5	14
TP 2	2,47	3,63	4,53	4,16	6,2	8,8	8,8	10,3
TP 3	1,8	1,7	2,5	2,3	2,5	2,8	2,6	2,27
TP 4/5	1,01	1,42	2,2	2,55	4	5,85	7,9	8,7
TP 6	4,2	4,17	4,45	5,0	6,65	6,92	6,18	6,19
TP 7	1,32	1,41	2,74	2,38	2,56	5,6	8,05	9,8
TP 8	1,3	0,97	0,98	1,15	1,2	1,26	1,5	1,5
TP 9	1,05	1,26	1,49	1,38	1,5	1,83	2,14	2,58
Insgesamt	15,46	16,03	22,03	23,3	29,03	42,56	49,3	55,18

Quelle: Zusammengestellt nach: Statistik der Continental, in: CUA, 6633 versch. Zugänge A 3.
Produktgruppen:
TP 1: Technische Freihandartikel, Fußbodenbeläge, Treibriemen, T
TP 2: Wasserschläuche, Preßluftschläuche, Technische Formart
TP 3: Kämme, Schwämme, Mossgummiartikel, Bürobedarfsartikel, Schreibmaschinenwalzen
TP 4/5: Keilriemen, Akkuksten, Technische Hartgummiartikel
TP 6: Absätze, Sohlen, Absatz- und Sohlenplatten, Schuhartikel
TP 7: Strumpf- und Wäschebänder, Kleidungsstoffe, Technische Stoffe, Berufsschutzkleidung, Kinderwagenreifen
TP 8: Spiel- und Sportartikel, Spielbälle, Tenisbälle, Faltboote
TP 9: Chirurgische Freihandartikel, Wärmeflaschen, Betttücher, Schürzen, Chirurgische

Abb. 44 u. 45: Werbung für Continental-Konsumartikel

Besondere Beachtung schenkten die Manager in Hannover dem Schuhgeschäft, einem der Bereiche, in denen Continental traditionell eine starke Marktposition innehatte, die es seit der Übernahme der Excelsior und deren Werk in Limmer noch weiter ausgebaut hatte. 1933 machte das Geschäft mit Absätzen und Sohlen mit 4,17 Mio. RM sogar noch den größten Umsatz innerhalb der Technischen und sonstigen Gummiwaren aus. Bis 1937 stieg dieser auf knapp sieben Mio. RM, fiel jedoch anteilsmäßig gegenüber den anderen technischen Gummiwaren für Industrie und Gewerbe deutlich zurück. Im Schuhgeschäft herrschte ein starker Konkurrenzkampf, nicht gegenüber anderen Gummifirmen wie Phoenix, einem der Hauptwettbewerber, sondern auch gegenüber der Lederindustrie, allen voran Freudenberg.[234] Im Zuge der Ersatzstoffwirtschaft des Vierjahresplans war Gummi vielfach an die Stelle von teurem Leder getreten, so dass es gleichsam zu einer technischen und materialmäßigen Konvergenz von Gummi- und Lederindustrie gekommen war, zwei Branchen, die vorher kaum etwas miteinander zu tun hatten.[235]

Continental hatte das Schuhgeschäft seit 1906 in einer eigenen Vertriebsgesellschaft, der Schwelmer Gummiwaren GmbH, organisiert, der der Alleinverkauf der Gummiabsätze der Conti-Marken „Endor" und „Cordial" übertragen worden war.[236] Seit der Übernahme der Excelsior, die ihre Absatzmarken „Excelsior" und „Gloria" über die Firma Gebrüder Fiege GmbH vertrieb, besaß man nun zwei Vertriebsgesellschaften, die man jedoch angesichts der weiter betriebenen Mehrmarkenstrategie beibehielt, zumal die eine im Fabrikengeschäft, d. h. bei den Schuhherstellern wie Salamander, die andere im Ersatzgeschäft, d. h. bei Handel und Schuhmachern, eine starke Position besaß. Daneben hatte Continental auch noch in erheblichem Umfang ein eigenes Direktgeschäft mit der Hausschuhindustrie. Bei beiden bis dahin unabhängigen Gesellschaften stieg Continental 1931 zur stärkeren Kontrolle des Geschäfts mit einer Beteiligung von 50 bzw. 51 Prozent als Kommanditist ein.[237] Das Schuhgeschäft war von der Hausschuhherstellung über die Turn- und Sportschuhe bis zu Arbeits- und Straßenschuhen stark fragmentiert und vielfachen Modeerscheinungen un-

---

234 Vgl. umfassend Anne Sudrow, Der Schuh im Nationalsozialismus. Eine Produktgeschichte im deutsch-britisch-amerikanischen Vergleich, 2. Aufl. Göttingen 2013, S. 231 ff., zu Freudenberg, u. a. S. 192 ff. und S. 224 ff.
235 Vgl. ebd., S. 320 ff.
236 Vgl. dazu näher Schmidt, Continental, S. 124 ff.
237 Zur Umsatz- und Gewinnentwicklung der Schwelmer Gummiwarengesellschaft zwischen 1931 und 1939 vgl. CUA, 6704 Zg. 1/67, A 5, und zu den Bilanzergebnissen der Gebrüder Fiege, Hannover vgl. CUA, 6704 Zg. 1/68, A 20,2. Beide Gesellschaften wiesen zusammen Jahr für Jahr über 1 Mio. RM Gewinn aus, mit entsprechender anteilsmäßiger Abführung an Continental.

terworfen sowie von zahlreichen Innovationen gerade im Sohlenbereich geprägt.

Im April 1936 etwa hatte sich Continental die Lizenz für ein patentgeschütztes Verfahren zur Herstellung von Unterstützungskörpern aus Gummi in der Gelenkpartie von Sohlen gesichert. Die Übertragung der Fabrikations- und Vertriebsrechte war höchst lukrativ, denn damit konnte Continental exklusiv Kneipp-Sandalen, Turn- und Tennisschuhe sowie Hausschuhsohlen mit Außengelenkstützen auf den Markt bringen.[238] Was die Sache für Continental allerdings bald kompliziert machte, war die Tatsache, dass der Erfinder und Lizenzgeber, Arthur Fisch aus Heidelberg, Jude war. Continental zahlte monatliche Lizenzgebühren von ca. 1500 RM, aber als Fisch Ende 1938 nach Kanada emigrierte, stand man in Hannover vor dem Problem, wohin die Zahlungen künftig gehen sollten. Bei der Devisenstelle des Oberfinanzpräsidenten in Karlsruhe lief zwar ein Antrag auf Genehmigung der Zahlungen an ein Auswandererkonto bei der Deutsche-Bank-Filiale Heidelberg, jedoch waren bis Juli 1939 in der Continental-Verwaltung bereits über 8000 RM aufgelaufen. Gegenüber den Behörden betonte Continental auch das dringende wirtschaftliche Interesse an der Aufrechterhaltung des Patents und des damit verbundenen Gebrauchsmusterschutzes. Da Fisch jedoch seinerseits weder gewillt noch fähig war, aus Kanada Devisen zum Zweck der Bezahlung der anfallenden Patentgebühren nach Deutschland zu schicken, zumal sein Vermögen von der Gestapo bereits beschlagnahmt war und über kurz oder lang dem Reich verfallen würde, bestand die Gefahr, dass der Patentschutz erlosch, Continental bis dahin aber die fälligen Lizenzgebühren an das Finanzamt Berlin-Moabit zu zahlen hatte.[239]

Continental meldete im Schuhbereich aber auch eigene Entwicklungen zum Patent an. Am 7. Januar 1937 hatte man sich ein Verfahren zur Herstellung einer Sohlenschale mit anvulkanisiertem überstehenden Rand schützen lassen, über das es im September 1938 zu einem Patentkonflikt mit der Hausschuh-Fabrik Romika kam, der im April 1939 vor dem Beschwerdesenat des Reichspatentam-

---

238 Vgl. CUA, 6704 Zg. 1/68, A 7.

239 Das weitere Schicksal des Patentes zog sich über Jahre hin. 1943 wurde das Patent auf das Deutsche Reich überschrieben, 1944 dann, was Continental immer hatte verhindern wollen, auf den Konkurrenten, die Firma Friedrich Wilop in Hamburg, Continental konnte aber nach Verhandlungen mit Wilop ein gleichberechtigtes Miteigentum erwerben. Im Juli 1950 kam es zu einem Restitutionsprozess, bei dem Continental nachweisen konnte, dass man bis Dezember 1943 ordnungsgemäß die Lizenzgebühren (allerdings an das Reich) abgeführt hatte. Es erfolgte dann Anfang der 1950er Jahre die Rückübertragung des Patents auf Fisch und gleichzeitig nahmen Fisch und Continental auch wieder die früheren Geschäftsbeziehungen auf. Vgl. Schreiben Continental an das Wiedergutmachungsamt Hannover vom 18.7.1950, in: NLA HA Nds. 720 Hannover Acc. 2009/126 Nr. 00358.

tes verhandelt wurde.[240] Allerdings besaß der Konkurrent eine schwache Verhandlungsposition, da das Unternehmen jüdische Besitzer hatte und im Zuge der Arisierungsmaßnahmen von den NS-Behörden systematisch in den Ruin getrieben wurde. Am 3. August 1939 erfolgte daher die endgültige Patenterteilung zugunsten von Continental.

Auch im Kunstleder-Bereich war eine der Firmen, die heute zum Continental-Konzern gehört, in Arisierungsvorgänge involviert.[241] Es ging um die Göppinger Firma Netter & Eisig, die 1870 aus einer Korsett- und Schuhdrillweberei entstanden, sich seit den 1920er Jahren mit der Fertigung von Kunstleder eine starke Marktposition aufgebaut und vor allem durch umfangreiche Exportgeschäfte, insbesondere nach England, durchaus bedeutende Umsätze und Gewinne erwirtschaftet hatte.[242] Ludwig Eisig und Heinrich Netter, die die Firma in zweiter Generation führten, gehörten zum alteingesessenen jüdischen Wirtschaftsbürgertum in Württemberg. Bis 1937 hatte die Firma, in der insgesamt 255 Beschäftigte arbeiteten, relativ ungestört wachsende Umsätze und Gewinne machen können.[243] Ende 1937 jedoch beauftragte Eisig unter dem Eindruck der wachsenden Restriktionsmaßnahmen gegen Juden den damaligen Direktor der Schwäbischen Bank AG, Dr. Carl Linder, für die Firma einen Käufer zu suchen. Beide Inhaber überlegten zunächst, die Besitzanteile an „arische" bzw. halbjüdische Familienmitglieder zu übertragen, und diesem Verfahren hatte offensichtlich zunächst auch der zuständige Gauwirtschaftsberater zugestimmt.[244] Doch dann änderten die Parteistellen ihre Meinung und Anfang Juli 1938 nahm die Schwäbische Bank Verhandlungen mit der Kötitzer Leder- und Wachstuchwerke AG aus Dresden auf, einem Unternehmen, das mit einem Monopol auf ein Verfahren zur Herstellung von Zellulose-Pappe im Vierjahresplan in der Leder-Ersatzstoff-Branche gerade einen erheblichen Aufschwung erlebte.[245] Am 25. November 1938, nur kurz nach den Ereignissen der Reichsprogrom-Nacht, wurde der Kaufvertrag abgeschlossen. Für 2,217 Mio. RM gingen sämtliche

---

240 Vgl. Schreiben vom 28.4.1939, in: CUA, 6704 Zg. 1/67, A 4,1.

241 Es ging um die Göppinger Firma Netter & Eisig (als Opfer) und die Kötitzer Ledertuch- und Wachstuchwerke AG (als Täter), die beide im Laufe der 1960er Jahre und später Teil der Benecke-Kaliko-Gruppe innerhalb des Continental-Konzerns werden sollten. Vgl. dazu auch Anm. 249 weiter unten.

242 Vgl. Benecke-Kaliko, 125 Jahre Faszination Oberfläche. Werk Esslingen, Esslingen 2016, sowie vor allem Kathrin Schoch, Die „Arisierung" und Wiedergutmachung jüdischen Eigentums am Beispiel der Göppinger Firma „Netter & Eisig" und ihrer Besitzer, Magisterarbeit Universität Tübingen 2008.

243 1937 wurden ein Umsatz von 3,54 Mio. RM und ein Gewinn von 327 000 RM verbucht. Vgl. die Angaben bei Schoch, Die „Arisierung", S. 193.

244 Vgl. ebd., S. 57 f.

245 Vgl. Sudrow, Der Schuh im Nationalsozialismus, S. 319.

Grundstücke und Gebäude sowie Vorräte und auch alle Schutzrechte an die extra dafür gegründete Firma Göppinger Kaliko- und Kunstlederwerke über. Ohne Zweifel hatten die antisemitischen Ausschreitungen kurz zuvor den Kaufpreis deutlich zu Lasten von Netter & Eisig gedrückt.[246] Von fairen Verkaufsbedingungen konnte keine Rede sein. Die Kötitzer Ledertuch- und Wachstuchwerke AG und deren Vorstand hatten, wie es sich zu diesem Zeitpunkt auch in anderen Wirtschaftsbereichen in Tausenden von Fällen ereignete, eine günstige „Arisierungs-Akquisition" mit lukrativen Gewinnaussichten gemacht. Die vollständige Übernahme zog sich dann jedoch noch – unter anderem erst nach Bezahlung der sogenannten Arisierungsabgabe von 150 000 RM an die Gauleitung der NSDAP in Stuttgart – bis Ende Februar 1939 hin.[247] Zu diesem Zeitpunkt waren in den beiden Werken in Göppingen und Eislingen bereits erhebliche Erweiterungsinvestitionen in Planung, denn im Jahr zuvor hatte Kötitz das Patent für die Verpastung von PVC erworben und ein Streichverfahren zur Kunstlederherstellung aus Kunststoff entwickelt.[248]

Continental selbst setzte zu diesem Zeitpunkt jedoch noch nicht auf die konkurrierenden Kunstleder- und Plastikwerkstoffe. Anders als etwa Phoenix hatte man sich in Hannover auch bei dem im Zuge der Militarisierung der Gesellschaft schnell boomenden Marsch-, Arbeitsdienst- und Militärstiefelgeschäft eher zurückgehalten, auch wenn man hierfür seit 1935 „Continental-Granitabsätze" als Ersatz für die als unmännlich geltenden weichen Gummiabsätze anbot und auch schon mit der Werbung für Kinderschuhe den neuen Verhältnissen Rechnung getragen wurde (Abb. 46).[249]

---

246 Vgl. Schoch, Die „Arisierung", S. 63 f., wo von einer zunächst mit 1,1 Mio. abgegebenen Bewertung der Maschinen die Rede ist, die dann aber letztlich nur für die Hälfte erworben wurden. Ähnlich deutlich unter Niveau lag der Kaufpreis für die Grundstücke.
247 Vgl. Schoch, Die „Arisierung", S. 69 ff.; dort auch zum Rückerstattungs- und Wiedergutmachungsverfahren nach 1945, S. 78 ff. Ludwig Eisig und Heinrich Netter sowie ihre Familienangehörigen waren umfangreichen Diskriminierungs- und Verfolgungsmaßnahmen ausgesetzt, in deren Gefolge ein erheblicher Teil des Verkaufserlöses als „Judenvermögensabgabe" und „Reichsfluchtsteuer" genommen wurde, ehe sie zunächst in die Schweiz bzw. nach Großbritannien emigrieren konnten.
248 Vgl. Benecke-Kaliko, 125 Jahre, S. 21. Direkte Geschäftsbeziehungen zwischen Continental und der Göppinger Firma bestanden zu diesem Zeitpunkt nicht. Erst 1967 sollte Continental zunächst 31 Prozent der Göppinger Kaliko-Werke übernehmen, daneben wurden auch 57,3 Prozent an der Kötitzer Ledertuch Werke AG erworben. Dazu kamen später weitere Akquisitionen wie 1970 der Erwerb der Bamberger Kaliko GmbH und 1993 die J. H. Benecke GmbH Hannover-Vinnhorst, die dann schließlich zur Benecke-Kaliko Gruppe verschmolzen wurden.
249 Vgl. Sudrow, Der Schuh im Nationalsozialismus, S. 430 ff.

Abb. 46: Werbung für Gummi-Schuhabsätze 1936

Ein starker Fokus lag allerdings auf dem modischen Damenschuh-Geschäft und einer Qualitäts-Markenartikel-Strategie, die allerdings infolge der staatlich ge-lenkten Mode und der Typisierungs- und Vereinheitlichungsmaßnahmen, an deren Ende nur noch 43 Einheitsschuh-Modelle standen, bald unter die Räder kam.[250]

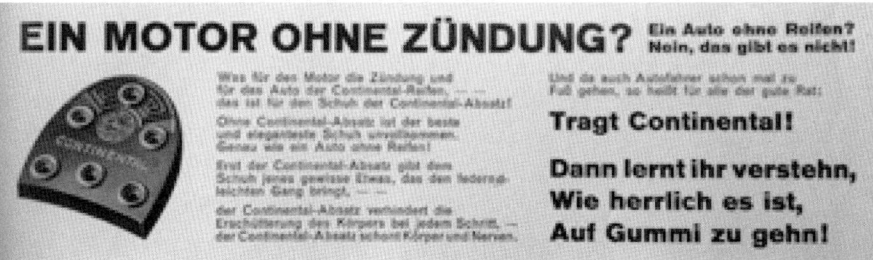

---

[250] Vgl. das ausführliche Memorandum vom 23.8.1943 über „Continental-Absatz- und Sohlen-material" in: CUA, 6704, Zg. 1/68, A 8, sowie Sudrow, Der Schuh im Nationalsozialismus, S. 447 ff.

Abb. 47–49: Markenwerbung für Continental-Gummi-Schuhabsätze

Doch die Qualität der neuen Buna-Sohlen und -Absätze ließ lange Zeit zu wünschen übrig, trotz aller erheblichen Forschungs- und Entwicklungsbemühungen, die im Zuge der Ersatzstoffökonomie unternommen wurden.[251] Continental arbeitet dabei eng mit dem Staatlichen Materialprüfungsamt in Berlin-Dahlem zusammen, wo Abriebprüfungen und andere Festigkeits- und Lebensdauerversuche vorgenommen wurden. Die Überwachungsstelle für Kautschuk und die anderen Vierjahresplan-Behörden hatten jedoch sämtliche Hersteller zwangsweise auch im Bereich der Technischen und anderen Gummiwaren zu Produktions- wie Entwicklungsgemeinschaften zusammengeschlossen. So gab es unter anderem eine Zweiggruppe „Sohlen und Absätze" in der Fachgruppe Kautschukindustrie, deren Leitung der Continental-Ingenieur Karl Stubbendiek innehatte, ergänzt durch einen auf Initiative von Continental Ende 1938 eingerichteten „Ausschuss für Gütefragen", die beide in permanenter Konkurrenz zu den entsprechenden Arbeitsgruppen und Ausschüssen der Fachgruppe Lederwirtschaft standen.[252] Im April 1938 hatte Continental das noch bestehende eigene Fabrikengeschäft in einem neuen Vertrag in die Schwelmer Gummiwarengesell-

---

251 Vgl. Sudrow, Der Schuh im Nationalsozialismus, S. 298 ff. und S. 751 f.
252 Vgl. den Schriftwechsel in: CUA, 6500 Zg. 1/69, A 2,1. Im Januar 1939 wurde etwa auf der Zweiggruppensitzung ausführlich über die Notwendigkeit der Wiederzulassung brauner Absätze diskutiert, was für die Gummiunternehmen deshalb durchaus von Bedeutung war, da ein

schaft eingebracht. Man stellte künftig neben dem paritätisch besetzten Verwaltungsrat durch Entsendung eines Continental-Managers auch einen der beiden Geschäftsführer.[253] An der Verteilung der Gesellschaftsanteile änderte sich jedoch zunächst nichts, was im Krieg für erhebliche Konflikte sorgen sollte. Zudem blieb die Abgrenzung der Vertriebsaktivitäten zur Gebrüder Fiege GmbH ungelöst und sorgte für ständige Reibereien.

Ein Problem war allerdings auch, dass das Schuhgeschäft infolge von nationalsozialistischer Konsumlenkung und erzwungener Verschiebung der Produktionsschwerpunkte zugunsten von Behörden- und Rüstungsgeschäft seit 1938 zunehmend in den Hintergrund gedrängt wurde. Je mehr die Vertriebsgesellschaften unter Nachfragedruck gerieten, desto häufiger mussten – wie etwa in Bezug auf einen Auftrag für 1500 Straßenschuhsohlen und -absätze in weißer Qualität im Dezember 1938 – die Fertigungsabteilungen in Hannover auf Lieferengpässe und anderweitig belegte Mischkapazitäten verweisen.[254] „Die Warenknappheit bei uns wächst sich zur Katastrophe aus", beklagte sich Otto Tillmann, der Gründer und Miteigentümer der Schwelmer Gummiwarengesellschaft, im Juni 1939 bitter bei Könecke.[255] Trotz günstiger Konjunktur und wachsender Nachfrage könne man nur noch teilweise selbst den Bedarf der alten Kundschaft decken, die sich nicht mehr beruhigen und weiter hinhalten wolle, „und täglich haben wir die unangenehmsten Auseinandersetzungen [...] Viele treue Abnehmer, die seit 30 Jahren nur bei uns bezogen haben, haben jetzt Konkurrenzware aufgenommen. Alle Konkurrenzfabriken können jeden Posten prompt liefern." Continental, so der Vorwurf, sei in den vergangenen Jahren eminent gewachsen, aber das Schuhgeschäft habe man dabei sträflich vernachlässigt.[256] Doch nur wenig später sollte mit Kriegsausbruch das gesamte Konsumgüter- und damit auch Schuhgeschäft einen erheblichen Wandel erfahren, der die in Hannover bereits vorgenommenen veränderten Fertigungsprioritäten im Bereich der Technischen und sonstigen Gummiwaren bestätigen sollte.

Für den Verkauf seiner zahllosen Produkte hatte Continental ein schlagkräftiges Vertriebssystem aufgebaut, flankiert durch ausgeklügelte Marketing- und Werbemaßnahmen. In 26 über ganz Deutschland verteilten Niederlassungen, seit 1938 auch einer weiteren in Wien, arbeiteten knapp 1000 Beschäftigte,

---

stärkerer Wechsel der Schuhindustrie zur Ersatzleder-Industrie drohte. Vgl. Protokoll der Sitzung vom 25.1.1939, in: CUA, 6704 Zg. 1/68, A 6.

253 Vgl. CUA, 6704 Zg. 1/67, A 5.

254 Vgl. Schriftwechsel Continental-Hannover mit der Schwelmer Gummiwarengesellschaft vom 20.12.1938 und 31.1.1939, in: CUA, 6704 Zg. 1/67, A 3.

255 Schreiben Tilmann an Könecke vom 1.6.1939, in: CUA, 6704 Zg. 1/67, A 3.

256 Vgl. ebd. sowie dort auch weitere Brand- und Klagebriefe Tillmanns an den Continental-Vorstand und Vertriebsdirektor Fritz Henke.

davon ca. ein Drittel im Außendienst zur Betreuung der wichtigsten Kunden vor Ort. 19 Niederlassungen waren für das Reifengeschäft, sieben Niederlassungen für das TP-Geschäft zuständig, mit je eigenen Fachvertretern.[257] Die größte und wichtigste Niederlassung war dabei mit Abstand Berlin, wo fast die Hälfte des Umsatzes aller übrigen Niederlassungen zusammen erwirtschaftet wurde. Danach folgten mit weitem Abstand Leipzig, Magdeburg und Chemnitz sowie Essen.

Die „Reisenden", eigentlich eine Erscheinung der Verkaufsorganisation aus der Jahrhundertwende und davor, waren nach wie vor von erheblicher Bedeutung. Sie leisteten nicht nur die Kundenpflege und „Verkaufsbelehrung", sondern auch die kontinuierliche Marktbeobachtung und das Einholen von Stimmungsberichten.[258] In Hannover wurden die Niederlassungsaktivitäten von vier Direktoren gesteuert und koordiniert, die die Niederlassungsleiter regelmäßig zur Bekanntgabe der neuesten Richtlinien für das Verkaufsgeschäft und zur Bekanntgabe der Werbemaßnahmen in die Zentrale bestellten.[259]

Abb. 50: Niederlassung Berlin

---

257 Vgl. die Notiz vom 14.2.1939 zu den Personalbewegungen der Reifen- und Technischen Niederlassungen, in: Ordner Personal in den Niederlassungen.
258 Vgl. u. a. den Bericht der Niederlassung Berlin vom 29.10.1936 über die Reisetätigkeiten der Außenmitarbeiter sowie auch Bericht über die Reisetätigkeit ab Januar 1938, in: Ordner Personal der Niederlassungen.
259 Vgl. „Die Verkaufsorganisation der Continental Gummiwerke im Wandel der Zeiten", in: Die Werksgemeinschaft 1 (1936), S 7 f., sowie verschiedene Niederlassungs-Porträts, u. a. zu Berlin und Breslau, in: ebd. Die Direktoren waren Ernst Fellinger (Fabrikanten-Reifengeschäft), Dr. Wilhelm Hoppmann (übriges Reifengeschäft), Fritz Henke und Paul Osterwald (technischchirurgisches Geschäft). Vgl. auch Schreiben Könecke an Rösler betr. Verlaufsleitung vom 18.4.1935 und 24.7.1935, in: BArch R 8119 F/P 02141.

Abb. 50 u. 51: Niederlassung Berlin

Abb. 52: Filialleiter-Treffen 8.12.1938 in Hannover

Bis 1935/36 gab es allerdings keine große Einheitlichkeit des Auftritts in der Öffentlichkeit und gegenüber den Kunden. In zahllosen Prospekten, Plakaten, Broschüren und Schildern spiegelte sich noch die Vielfalt des Konzerns und seiner einzelnen Abteilungen wider.[260] Nicht nur, dass am Verwaltungsgebäude noch immer die alte Firmenbezeichnung „Continental-Caoutchouc- und Gutta-Percha Compagnie" stand, sondern allenthalben prangten an vielen Hauswänden und Leuchtreklamen noch die Werbezüge der inzwischen fusionierten Werke „Excelsior" und „Peters-Union", die erst nach und nach durch die neue Dach- und Kernmarke „Continental" ausgetauscht wurden.[261] Die Verkaufsaktivitäten waren zudem noch sehr technisch von jenen Zeiten geprägt, als Reifen wie Technische Gummiwaren Produkte waren, die einen hohen Anleitungs- und Erläuterungsbedarf hatten. Von der Zentrale in Hannover wurden regelmäßig umfangreiche technische Ringbücher mit den Verkaufsbedingungen, Preisen und Artikelnummern, Abbildungen der Produkte sowie weiteren technischen Erläuterungen herausgegeben.[262] Reifenmontage und -wechsel erforderten aber auch Mitte der 1930er Jahre noch eine gewisse Kunstfertigkeit, so dass alle Niederlassungen eigene Montageabteilungen unterhielten. 1932/33 hatte es zwar offensichtlich schon einmal einen Anlauf gegeben, die Werbe- und Vertriebsstrategie zu ändern und dazu hatte man sich sogar ein Exposé eines Berliner Werbeberaters eingeholt.[263] Da, so der Berater, das Schriftbild der Marke Continental mit den traditionellen Farben durch eine systematische Nutzung „dem Beschauer so außerordentlich geläufig geworden [ist], dass einer der wichtigsten Momente der Werbung, die Beeindruckung durch Neuigkeit, dieser Propaganda völlig genommen ist", müsse man für die neue Kampagne andere Werbewege gehen.[264] Als Vorbild wurde dabei Dunlop gesehen, „die seit ein bis zwei Jahren mit einer suggestiven Qualitätswerbung arbeiteten [...] Genau so wie vor 5 oder 8 Jahren mit Recht die Werbung auf eine bewusste Markenpropaganda abgestellt war, ist es heute erforderlich, eine Werbung vom Standpunkt des Qualitätsprinzips aus aufzuziehen."[265] Tatsächlich scheint man in Hannover

---

260 Vgl. dazu eine systematische und nach Jahren geordnete Sammlung von Prospekten und Werbemitteln in: CUA, 66070 Mappe I–III.

261 Vgl. Protokoll der Vorstandssitzung vom 9.4.1935, in: CUA, 6603 Zg. 3/85, A 3. Der Vorstand beschloss im Übrigen, entgegen den ausdrücklichen Wünschen der Werbeabteilung, an dem alten Namen auf dem Verwaltungsgebäude festzuhalten.

262 Vgl. etwa das Ringbuch für 1934, in: Continental Unternehmensarchiv, ohne Signatur.

263 Vgl. „Exposé über die Erfordernisse der Werbung und Verkaufsorganisation für den Vertrieb der Erzeugnisse der Continental Gummi-Werke AG am Inlandsmarkt", in: CUA, 6745 Zg. 1/1964, A 2.

264 Ebd., S. 1.

265 Ebd., S. 3.

daraufhin die Werbemaßnahmen stärker auf Qualitätsaspekte ausgerichtet zu haben, was sich allerdings auch als eine Art Gegensteuerung zu den Entwicklungen der Ersatzstoff- und Vierjahresplan-Wirtschaft als notwendig erwies.

Seit 1937 wurden jedoch die Stimmen immer lauter, die eine größere Einheitlichkeit der Werbung und Vertriebsmaßnahmen forderten. In der Folgezeit wurde die Continental-Werbung auf vier Grundpfeiler gestellt: Erstens eine systematische Betreuung der Händler, für die es schon seit 1929 eine eigene Zeitschrift gab. Darin wurden nun umfangreiche Werbetipps, etwa zur Gestaltung von Werbebriefen und vor allem einer möglichst ansprechenden Schaufenstergestaltung, gegeben.[266] Zweitens wurden nun Gelb und Blau als Hausfarben verbindlich gemacht; drittens rückte man – trotz partieller Weiterverfolgung einer Mehrmarkenstrategie wie etwa im Schuhabsatz- und auch im Fahrradreifengeschäft – die zentrale Schutzmarke „Continental" mit dem klassischen Emblem des springenden Pferdes in den Mittelpunkt.[267] Viertens schließlich erfand man auch zwei Werbefiguren, durch die Kunden gleichsam personalisiert angesprochen wurden: den „Conti-Buben" für das Automobilreifengeschäft und „Ottokar" im Fahrradreifengeschäft.[268] Ein wirklicher Gegenentwurf zum „Reifenmännchen" von Michelin, der berühmten Bibendum-Figur, war dies allerdings nicht.[269]

---

266 Vgl. etwa Der Continental-Händler Jg. 5(1933), S. 6–10.

267 Continental lieferte 1936 Fahrradreifen unter den auch jeweils in der Qualität verschiedenen Marken „Continental", „Liga" und „Union" sowie eine „Phantasie-Decke" ohne Namen an die Epas, d. h. die damaligen Einheitspreis-Warenhäuser, die von Karstadt 1926 als Niedrigpreis-Warenhaus-Kette gegründet worden waren. Im Juni 1934 hatte Continental dabei noch eine kleine Fahrradreifenfabrik verklagt, da diese behauptet hatte, dass die Hannoveraner nicht, wie behauptet, händlertreu seien und nur an die Fachhändler lieferten, sondern auch verdeckt Warenhäuser belieferten. Im Februar 1936 jedoch ging man genau zu dieser Änderung der Fahrradreifenbelieferung über. Vgl. den ausführlichen Schriftwechsel in: CUA, 6610 Zg. 1/57, A 16.

268 „Conti-Buben" tauchen erstmals schon 1923 bis 1926 in der Echo-Continental auf, für die damals der Schriftsteller Erich Maria Remarque verantwortlicher Redakteur und Texter war. Der sozusagen spätere Conti-Junge wurde zuerst vor allem in der Exportwerbung eingesetzt, ehe er ab Januar 1937 auch forciert in der Inlandswerbung verwendet wurde. Vgl. Notiz vom 27.1.1937, in: CUA, 6714 versch. Zg., A 16.

269 Versuche einer – explizit auch als Konkurrenz zu Michelin verstandenen – Personalisierung der Marke hatte es schon Mitte der 1920er Jahre mit „Der Schwarze" und „Der Unverletzliche" gegeben.

Abb. 53–56: Anzeigen mit den Continental-Werbefiguren 1938.

Dass Continental in diesen Jahren so erhebliche und auch systematisch ausgebaute Werbemaßnahmen betrieb, widersprach eigentlich dem Wirtschaftsverständnis des NS-Regimes, das im Vierjahresplan eine einheitliche Verbrauchslenkung durch die nationalsozialistische Erziehung der Konsumenten zu erreichen suchte.[270] Längst hatte sich im Zuge der Kontingentierungs-Ökonomie ein Verkäufermarkt herausgebildet, in dem bei steigendem Bedarf die Waren weniger verkauft, sondern eher zugeteilt wurden. Vielfach muteten die Werbemaßnahmen von Continental jedoch an, als ob sie die neue Marktordnung des

---

270 Vgl. Sudrow, Der Schuh im Nationalsozialismus, S. 316 f. und Hartmut Berghoff, Von der „Reklame" zur Verbrauchslenkung. Werbung im nationalsozialistischen Deutschland, in: ders. (Hrsg.), Konsumpolitik. Die Regulierung des privaten Verbrauchs im 20. Jahrhundert, Göttingen 1999, S. 77–112.

NS-Regimes ignorierten und noch ganz den früheren wettbewerbsintensiven Zeiten verhaftet waren. Im Sommer 1935 überreichte man etwa den Reifenhändlern ein umfangreiches Heft mit dem „neuen Werbeplan für Ihr Reifengeschäft", in dem unter dem Motto „täglich neue Kunden finden" und „Umsätze nachhaltig steigern" Verkaufserfolge durch systematische Werbearbeit versprochen wurden.[271] Im Zeichen von Rohstoffmangel und Produktionsschwierigkeiten hatten sich ganz neue Herausforderungen für die Vertriebsorganisation ergeben. Dort musste man sich, abgesehen von dem insgesamt gestiegenen bürokratischen Aufwand, mit unsicheren und sich ständig ändernden Preiskalkulationen, Lieferproblemen und nicht zuletzt auch gestiegenen Beschwerden über Produktmängel der aus deutschen Ersatzrohstoffen hergestellten Artikel befassen.[272]

Dass die privatwirtschaftliche Werbung der einzelnen Unternehmen für die eigenen Produkte durch die neue Form der Gemeinschaftswerbung ganzer Branchen und Industriezweige ersetzt wurde, lässt sich für Continental nicht behaupten.[273] Auch wenn die jährlichen Reklamekosten insgesamt zwischen 1934 und 1938 mit ca. 1,5 Mio. RM in etwa konstant blieben – mit einer deutlichen, aber kurzfristigen Erhöhung im Jahr der Olympischen Spiele 1936 –, so zeigten sich dennoch im Detail bemerkenswerte Verschiebungen.[274] Mit der größte Einzelposten waren die Ausgaben für Zeitungsreklame, daneben aber floss das meiste Geld in Rennsport-Reklame, sei es für Werbeplakate an Avus und Nürburgring oder aber direkt für die Sportler. Jeder nationale wie internationale Rennerfolg, ob im Automobil-, Motorrad- oder Fahrradsport, wurde von der Werbeabteilung akribisch gesammelt und notiert (Abb. 57).[275]

---

271 Vgl. die Broschüre „Täglich neue Kunden finden!", in: Registratur Markenrechtsabteilung, Sammlung Schleifer.

272 Vgl. das – streng vertrauliche – Schreiben des Vorstands an die Filialleiter vom 17.9.1936, in dem infolge der Entwicklungen auch eine Änderung des gesamten Provisionsvertragswesen angekündigt wurde, in: Ordner Personal der Niederlassungen.

273 So Sudrow, Der Schuh im Nationalsozialismus, S. 316, und auch Berghoff, Von der „Reklame". Anders Spoerer, C&A, S. 158 ff.

274 Vgl. die Angaben zu den Reklamekosten in den WP-Prüfberichten und Bilanzakten CUA, 6630 Zg. 1/56, A 33 und auch CUA, 6600 Zg. 1/60, A 15,1 und 15,2.

275 Vgl. die Zusammenstellungen in: CUA, 6745 Zg. 1/69, A 1-A 8.

Abb. 57: Anzeige aus: Der Continental-Händler 1935/36.

Es folgten als weitere große Ausgaben die Reklame für Landstraßen, Brücken, Hoch- und Untergrundbahn sowie am Berliner Flughafen. Bemerkenswert waren allerdings auch die erheblichen Mittel, die in Technische Produkte und Haushalts-Gummiwaren flossen, insbesondere in die Wasserschlauchwerbung und die Tennisball-Reklame, für die noch 1939 allein über 30 000 RM bzw. 93 000 RM ausgegeben wurden, während die Zeitungsreklame deutlich zurückgefahren worden war. Mit über 100 000 RM pro Jahr schlugen auch die Kosten für die ebenso traditionelle wie populäre Kundenzeitschrift „Echo Continental" zu Buche, die viermal im Jahr mit einer Auflage von jeweils etwas über 100 000 Exemplaren erschien (Abb. 58).

Abb. 58: Titelblatt von Echo-Continental zur IAA 1935

Ein maßgeblicher Anteil der Werbeausgaben mit 30 000 bis 60 000 RM ging nicht zuletzt in Werbeauftritte im Kontext von Inszenierungen des NS-Regimes, allen voran die Internationale Automobil-Ausstellung in Berlin und auf der Leipziger Messe, die jedes Jahr hunderttausende Besucher anzogen (Abb. 59).

Abb. 59: Continental-Stand auf der IAA Berlin 1935

Diese Auftritte und die dabei zur Schau gestellte Nähe zum NS-Regime sollten nicht zuletzt eine hohe Identifikation zwischen der nationalsozialistischen Motorisierung und dem Reifenkonzern Continental bewirken.[276] Als im Januar 1935 der RDA mit der Idee und Aufforderung an Continental herantrat, dass alle Reifenfabriken ihre Fabrikate gemeinsam ausstellen sollten, reagierte man daher deutlich abweisend, und bezüglich der Frage, „Was stellen wir aus?" kam man im Vorstand überein, synthetische Buna-Reifen nicht zu präsentieren. Man wollte allerdings derartiges Material in Reserve halten, „damit wir es, falls der Führer unseren Stand besucht und nach diesen Dingen fragt – vorweisen können."[277] Zu diesem Zeitpunkt sah man noch deutliche Interessenkonflikte zwischen den Ansprüchen der Qualitätsmarke Continental und der staatlich erzwungenen Fertigung von Buna-Reifen. Noch im Mai 1935 beschloss der Vorstand einmütig, von einer Reifenproduktion mit beigemischtem Synthesekautschuk abzusehen „und zu warten, bis der Zwang seitens der Regierung kommt – damit nicht unter Umständen unsere Kundschaft davon Gebrauch macht und draußen verbreitet, dass wir in unseren Reifen synthetischen Kautschuk verarbeiten – nachdem wir bislang immer das Gegenteil behauptet ha-

---

276 Vgl. die zahlreichen, reich bebilderten Berichte über die jeweiligen Messe-Auftritte in: Echo-Continental sowie in Die Werksgemeinschaft, etwa zur IAA 1934 oder zur IAA 1936.
277 Protokoll der Vorstandssitzung vom 7.1.1935, in: CUA, 6603 Zg. 3/85, A 3.

ben."[278] Man wehrte sich auch strikt dagegen, Gratis-Reifen – besonders auch Buna-Reifen – an irgendwelche Parteistellen abzugeben, die offenbar vermehrt entsprechende Wünsche geäußert hatten. Nur wenige Jahre später hatte man jedoch keine Probleme mehr, sich als Synthesekautschuk-Reifenhersteller zu präsentieren, und im Januar 1938 stellte man Überlegungen an, wie das Wort Buna für eigene Zwecke nutzbar gemacht werden könnte, ohne die Schutzrechte der IG Farben zu verletzen oder dieser gegenüber lizenzpflichtig zu werden.[279]

Anders als man annehmen könnte, behielten Markenrechte, Warenzeichenschutz sowie durch Patentanmeldung und -erteilung abgesicherte Erfindungen auch in der Ersatzstoff- und Mangelwirtschaft der NS-Zeit, in der staatlich vorgeschriebene Gemeinschaftsforschung, Einheitsgummiartikel und für die Volksgemeinschaft normierte „Volks-Produkte" politisch gewollt in den Vordergrund gerückt wurden, ihre Bedeutung. Über die Markenstrategie und Patentschutzmaßnahmen sowie damit zusammenhängende Konflikte zwischen Unternehmen in der NS-Zeit wissen wir allerdings bislang noch wenig. Dabei gab es, wie am Beispiel von Continental im Folgenden gezeigt wird, höchst spannende, langwierige und in ihrer Bedeutung durchaus zeitlos anmutende Markenrechtsauseinandersetzungen.

Continental hatte sich in den 1930er Jahren zahllose Patente für seine vielfältigen Innovations- und Verbesserungsbemühungen bei den einzelnen Produkten erteilen lassen. Allein für Gummiwalzen ist Jahr für Jahr mindestens ein Patent erteilt worden.[280] Das war die klassische Strategie, durch möglichst viele Patente im weiteren technologischen Umfeld eine bestimmte Entwicklung oder ein Verfahren vor Konkurrenz und Nachahmung zu schützen. Im Februar 1934 etwa meldete die Patentabteilung eine neue Reifen-Konstruktion mit einer spezifischen Anordnung des Gewebekerns und einer damit erreichten Verbindung von Lauffläche, Gewebekern und Gewebelagen zum Patent an, die offensichtlich vom Reichspatentamt abgelehnt wurde, jedoch, wie sich später herausstellte, in der Transportband-Herstellung von Bedeutung war. Die daraufhin erneute Anmeldung des Patentanspruchs wurde dann allerdings umgehend von den Konkurrenzfabriken in diesem Bereich, der Kölner Firma Clouth, der Berliner Maschinen-Treibriemenfabrik Adolph Schwartz & Co. sowie der Pahl'schen

---

278 Protokoll der Vorstandssitzung vom 11.5.1935, in: ebd.

279 Vgl. Protokoll der Vorstandssitzung vom 25.1.1938, in: ebd.

280 Vgl. die Patente Nr. CUA, 655188 (Presswalze aus Kautschuk für die Herstellung von Papier o. dgl.) von 1934, Nr. 670824 vom 3.11.1935 und Nr. 677410 vom 17.4.1937. in: Registratur Patentabteilung.

Gummi- und Asbestgesellschaft aus Düsseldorf bestritten.[281] In Bezug auf den neuen „Stop-Reifen" von Michelin, der wie der neue FP 20-Reifen von Continental ein spezifisches Lammellenprofil zur Rutschfestigkeit aufwies, versuchte die Patentabteilung Anfang 1935 Ansätze zum Nachweis einer Verletzung von Continental-Rechten zu finden, und auch gegenüber Dunlop prüfte man entsprechende Einsprüche, allerdings hatte das Reichspatentamt eine in diesem Zusammenhang stehende Patentanmeldung Continentals über Laufstreifen mit Schrägschnitt abgelehnt.[282] Nahezu gleichzeitig geriet man auch mit Phoenix über ein von Continental angemeldetes Patent über Luftreifen mit Gewebe-Einlagen aus Gitter-Cord in Konflikt, ein Verfahren zur Reifenkonstruktion, gegen das auch schon das Reichspatentamt Zweifel hinsichtlich der Neuartigkeit erhoben hatte.[283] Dem Einspruch der Phoenix hatte sich auch die Deka Pneumatik GmbH aus Berlin mit dem Argument der „Nichtneuheit" und „kein Fortschritt" angeschlossen. Wie die Auseinandersetzung ausging, ist aus den Akten nicht mehr ersichtlich.

Wie im Schuhbereich gab es zudem auch in vielen anderen Bereichen Patentprobleme mit jüdischen Erfindern oder Patentinhabern, und die beiden eher zufällig überlieferten Fälle zeigen, dass die Patentabteilung von Continental keine Skrupel hatte, im Zweifelsfall die angebliche oder tatsächliche „Nichtariereigenschaft" des Patentinhabers zu dessen Nachteil bzw. zum Vorteil des Unternehmens geltend zu machen. In dem einen Fall ging es um ein bereits 1929 eingereichtes, jedoch erst im Februar 1936 offen gelegtes Patent des Berliner Ingenieurs Leopold Rado, der sich die Entwicklung eines Schlauches mit Innenauskleidung aus einer Zellulose-Metallverbindung schützen lassen wollte.[284] Das Patent behinderte die umfangreichen Aktivitäten von Continental im Schlauchgeschäft und drohte, das Unternehmen zum Lizenznehmer mit entsprechenden Zahlungen zu machen. Im Dezember 1938 beauftragte die Patentabteilung daher eine Berliner Auskunftei damit, herauszufinden, ob Rado Jude oder „judenstämmig" sei. Kurz darauf kam nicht nur die entsprechende Bestäti-

---

281 Vgl. Schreiben der Fabrikabteilung Reifen an die Patentabteilung vom 26.2.1934, in: CUA, 6525 Zg. 1/56, A 28, sowie der Schriftwechsel vom Juni 1935 bis Januar 1938, in: CUA, 6500 Zg. 1/67, A 31,1.

282 Vgl. Notiz vom 10.10.1938 und Schreiben der Patentabteilung vom 8.3.1939, in: CUA, 6525 Zg. 1/56, A 28.

283 Vgl. Schreiben der Reifenabteilung an die Patentabteilung vom 17.12.1935, in: CUA, 6500 Zg. 1/67, A 31,1, sowie ausführliche Stellungnahme der Patentabteilung zum Einspruch von Phoenix vom 4.8.1936, in: ebd.

284 Vgl. zum Folgenden die dünne Akte ohne Signatur in der Registratur der Patentabteilung. Dem Patentanspruch lag allerdings bereits eine erfolgreiche Gebrauchsmusterschutz-Erteilung von 1930 zugrunde.

gung, sondern auch die Information, dass der Ingenieur 1937 emigriert war und sich inzwischen in London aufhielt. Wie man sich daraufhin bei Continental verhielt, ist nicht überliefert. Was man allerdings nun wusste, war, dass es im Falle einer Patentverletzung niemand geben würde, der entsprechend Einspruch erheben würde.

Der zweite Fall war von größerer Bedeutung, da es hier um die Entwicklung des Continental-Schwingmetalls ging, einer der wichtigen Innovationen im Bereich technischer Gummiartikel. Mit entsprechenden Forschungen und Untersuchungen befasste sich damals der Dipl. Ing. Konrad Oeser, mit dem Continental im Juni 1932 eine enge Zusammenarbeit vereinbart hatte. Man hatte diesem in Hannover ein eigenes kleines Laboratorium eingerichtet, wo Oeser kostenlos Apparate und Versuchsmaterialien für seine Experimente benutzen konnte, bei denen eine Maschine schwingfähig auf Gummilagern aufgestellt wurde.[285] Die Erkenntnisse, die sich durch die Arbeiten Oesers ergaben und sich kaufmännisch durch Aufnahme von Patenten oder Gebrauchsmusterschutz verwerten ließen, waren Eigentum der Continental, allerdings musste bei der Patentstellung der Name Oesers als Bearbeiter genannt werden. Die Forschungen verliefen erfolgreich und Oeser reichte seine Ergebnisse kurz darauf auch als Doktorarbeit an der TH Darmstadt ein. Das Problem war, dass die Patentabteilung die große Bedeutung der Erkenntnisse, vor allem auch die Überlegenheit gegenüber den anderen bereits bestehenden Patentansprüchen zu Gummi-Metall-Verbindungen und die sich daraus ergebenden lukrativen Geschäftsmöglichkeiten, nicht erkannte. „Zu einer Anmeldung noch nicht reif", notierte der damalige Leiter der Patentabteilung Ende August 1932 am Rand eines Briefes Oesers.[286]

Nachdem es auch keinerlei Versuche gegeben hatte, den Ingenieur im Unternehmen zu halten, wurde dieser Mitinhaber einer kleinen „Gesellschaft für technischen Fortschritt" (Getefo), die sich schnell zu einem unangenehmen Konkurrenten von Continental entwickelte. Als man bei Continental im Herbst 1934 den Fehler erkannte, war es zu spät. Die Getefo hatte inzwischen „eine Unzahl von Gebrauchsmusterrechten" zu Gummi-Metall-Verbindungen geltend gemacht, aber da „derartige Wegelagerer-Rechte" nur mit großen Kosten und erheblichem Zeitaufwand zu Fall zu bringen waren, fragte die Patentabteilung beim NS-Vertrauensrat um Auskünfte über Oeser nach. „Es interessiert uns, wie gesagt, in erster Linie, ob Herr Oeser überhaupt arischer Abstammung ist und vermuten wir sogar, dass es sich bei Oeser um einen Juden handelt [...] Es wird ja der Partei sicherlich möglich sein, Entsprechendes in Erfahrung zu brin-

---

285 Vgl. dazu und zum Folgenden den Vorgang in dem kleinen Ordner Vertrag Oeser betr. Gummi als Federungsmaterial, in: Registratur Patentabteilung.
286 Ebd.

gen."[287] Doch von Seiten des Vertrauensrats kamen offenbar keinerlei Informationen, jedenfalls wendete sich die Patentabteilung im April 1936 erneut mit der Frage nach Oesers Rassezugehörigkeit dorthin. Dessen Gesellschaft, so hieß es zur Begründung, „macht uns bei den Behörden und bei den großen Fabriken sowie auch sonst verhältnismäßig viele Schwierigkeiten. Wir sammeln deswegen Unterlagen, um gelegentlich gegen diese Firma gerichtlich vorgehen zu können."[288] Zur Sicherheit hatte man auch gleichzeitig eine Berliner Auskunftei mit Recherchen beauftragt, und im Juli 1936 schon meldete diese ihre Ergebnisse, die jedoch nicht den Hoffnungen der Patentabteilung entsprach: Demnach war Oeser „arischer" Abstammung, seinen Ruf und Charakter beurteilten die befragten Stellen günstig, und auch seine finanziellen Verhältnisse waren geordnet. Peinlicherweise hatte Oeser von den Recherchen der Auskunftei erfahren, allerdings verdächtigte er die IG Farben als Urheber. Erst im Dezember 1936 gestand auch die Patentabteilung sich ein, dass an der arischen Abstammung nicht zu zweifeln war und auch sonst keinerlei Feststellungen vorlagen, „die für uns irgendwie verwendbar wären".[289]

Vor allem das Warenzeichen und die Wort-Bild-Marke „Continental" waren seit jeher so umfassend und weitreichend wie nur möglich geschützt. Die Eintragungen in der Klasse 42 des Warenverzeichnisses umfassten mehrere Seiten.[290] Dazu hatte sich das Unternehmen im Februar 1934 auch noch unter „Conti" ein weiteres Warenzeichen eintragen lassen, das für alle erdenklichen Produkte galt.[291] Das Reichspatentamt hatte allerdings Schwierigkeiten gemacht und von Continental Nachweise darüber gefordert, dass sich der Geschäftsbetrieb auf einen größeren Warenumfang erstreckte, als dies üblicherweise bei einer Gummifabrik vorliege, und dass Continental auch sämtliche angemeldeten Waren selbst herstelle.[292] Tatsächlich beschaffte sich das Unternehmen eine entsprechende Bestätigung der IHK Hannover, allerdings lag bereits eine lange Liste von Widerspruchserklärungen anderer Firmen gegen das „Conti-Warenzeichen" vor.[293] Zunächst schien aber die Sache für Continental gut auszugehen, denn im April 1934 beschied die Prüfungsstelle des Reichspatentamtes die Zu-

---

287 Ebd.

288 Schreiben vom 22.4.1936, in: ebd.

289 Notiz vom 10.12.1936, in: ebd.

290 Vgl. die Urkunde über die Eintragung des Warenzeichens Continental vom 11.1.1935 mit Änderungen vom 11.7.1938, in: ebd.

291 Vgl. Bescheinigung des Reichspatentamtes über die Eintragung eines Warenzeichens „Conti" (WZ 503765) vom 15.2.1934, in: Registratur Patentabteilung WZ 503765/187.

292 Vgl. Schreiben der Patentanwälte Meissner & Tischer vom 26.2.1934, in: ebd.

293 Vgl. dazu im Einzelnen, u. a. zu den Auseinandersetzungen mit Zeiss-Ikon sowie der französischen Kosmetikfirma Coty, in: Registratur Patentabteilung, WZ 503765/187.

lassung des Warenzeichens für sämtliche beantragte Waren. Doch im September wurde der Bescheid wieder aufgehoben, unter anderem offensichtlich unter dem Eindruck einer seit der NS-Machtergreifung erfolgten neuen Rechtsauffassung. „Die durch den deutschen Umbruch neu aufgegebenen Gesichtspunkte der Volksgemeinschaft, Lauterkeit im Verkehr und Gerechtigkeit machten es heute besonders erforderlich, jede Überdehnung des Warenzeichenschutzes zu vermeiden", hieß es dazu in einem Vermerk.[294]

Tatsächlich kam es laufend zu Konflikten und Auseinandersetzungen, wie etwa im Juni 1934, als die IG Farben unter dem Namen „Continuat" ein eigenes Warenzeichen für ein Arzneimittel anmeldete. Da zwischen den beiden Unternehmen im Prinzip freundschaftliche Beziehungen bestanden, hatten die Patentleute in Frankfurt-Höchst die Kollegen in Hannover vorab informiert.[295] Doch diese sahen die Angelegenheit keineswegs so problemlos und monierten eine Verletzung ihres Wortzeichens, denn ungeachtet dessen, dass bereits zahlreiche Produkte unterschiedlichster Art mit dem Wortbestandteil ‚Conti' auf dem Markt waren, bestand inzwischen die Markenstrategie des Unternehmens darin, jegliche Durchbrechung der Marke durch Neuanmeldungen zu verhindern, ohne Rücksicht darauf, für welche Erzeugnisse diese bestimmt waren. Und Ausnahmekonzessionen allein gegenüber der IG Farben schloss man mit dem Argument aus, dass „bekanntlich die Verwässerung einer Marke besonders schwer [wiegt], wenn sie durch Maßnahmen des Zeicheninhabers selbst herbeigeführt wurde."[296] Trotz Verständigungsversuchen von Seiten der IG Farben blieb man in Hannover unnachgiebig; im Juli legte man formell Widerspruch gegen die Anmeldung ein und kurz darauf zog der Chemiekonzern tatsächlich seine Warenzeicheneintragung zurück. Letztendlich gelang es Continental, dass das umfangreiche Warenverzeichnis auch mit dem Namen „Conti" – zunächst bis Anfang 1944 – geschützt wurde.[297] „Es ist erfreulich", schrieb daraufhin die Patentabteilung an die für Continental erfolgreich tätigen Berliner Anwälte, „dass es Ihren Bemühungen gelungen ist, ein derart umfangreiches Warenverzeichnis für die Marke durchzubringen und hoffen, dass dieses Zeichen den Ring bezüglich der Marke ‚Conti' soweit schließt, dass wir für die Folge sämtliche Neuanmeldungen unterbinden können und uns allmählich auch ein 100-prozentiges Alleinrecht an der Marke ‚Conti' verschaffen."[298]

---

294 Stellungnahme Continental vom 20.12.1934 zum Bescheid des Reichspatentamtes vom 20.9.1934, in: ebd.

295 Vgl. Schreiben vom 7.6.1934, in: Registratur Patentabteilung WZ 480148/174.

296 Entwurf des Schreibens von Conti an die IG Farben durch die Berliner Patentanwälte Meissner & Tischer vom 20.6.1934, in: ebd.

297 Vgl. Schreiben der Patentanwälte Meissner & Tischer vom 4.1.1935, in: ebd.

298 Schreiben vom 2.12.1935, in: Registratur Patentabteilung WZ 503765/187.

Es gab daneben jedoch vor allem zwei große Markenschutz-Konflikte, die auch langfristige Nachwirkungen hatten: der ewige Namensstreit mit den Wanderer-Werken und der „Farbenstreit" mit Dunlop. Der Konflikt mit den Wanderer-Werken, einem bedeutenden Hersteller von Fahrrädern, Motorrädern, Autos, Lieferwagen, Werkzeug- und Büromaschinen in Chemnitz, reichte bis in den April 1931 zurück, als diese für eine Schreibmaschine den Namen „Elektro-Continental" angemeldet hatte.[299] Gegen die Verletzung ihrer Wortmarke erhob Continental, obwohl Wanderer ein nicht unwichtiger Erstausrüstungskunde im Reifengeschäft und auch bei Gummiwalzen war, umgehend Einspruch.[300] „Würden wir davon absehen, so würden wir warenzeichenrechtlich ganz empfindlich geschädigt und der Wert der von uns unter großen Kosten seit Jahrzehnten eingeführten Marke ‚Continental' erheblich geschmälert und das Zeichen verwässert."[301] Der Konflikt wurde zusätzlich dadurch aufgeladen, dass Wanderer auch für Fahrräder das Nutzungsrecht der Wortmarke Continental für sich reklamierte.[302]

Die daraufhin erfolgten Verhandlungen, die sich bis Anfang 1933 hinzogen, brachten keine Einigung, und seitens der Patentanwälte auf beiden Seiten wurde der Konflikt schnell zu einer grundsätzlichen Auseinandersetzung hochgeschaukelt. Die Patentleute in Hannover reklamierten, dass Wanderer in früherer Zeit die Benutzung des Zeichens „Continental" nur durch besonderes Entgegenkommen eingeräumt worden sei und der Firma ein selbständiges Recht auf die Marke nicht zustehe. Demgegenüber beharrte Wanderer auf seinem Standpunkt und drohte seinerseits offen damit, dass „wir bei Fortsetzung des Streitverhältnisses gezwungen [wären], gegen Ihre entgegenstehenden Warenzeichen Teillöschungsklagen einzureichen, insoweit unserer Firma die älteren Recht für die betreffenden Waren zustehen."[303] Der Generaldirektor von Wanderer, Hermann Klee, drohte unverhohlen damit, dass bei Fortsetzung der feindlichen Einstellung von Continental die geschäftlichen Beziehungen verringert werden würden

---

299 Vgl. zum Folgenden CUA, 6520 Zg. 1/2009, A 2, sowie ein Aktenkonvolut von drei Bündeln mit Schriftwechseln der Patentabteilung, in: CUA, ohne Signatur. Eigentlich reichte der Konflikt schon bis 1902 zurück, als angeblich damals in mündlicher Vereinbarung die Continental-Leitung den Wanderer-Werken die Namensrechte für eine Schreibmaschine und Zubehörteile unter diesem Namen erlaubte und 1916 Wanderer auch erste entsprechende Produkte auf den Markt gebracht hatte.
300 Vgl. Schreiben Continental an Wanderer vom 10.4.1931, in: CUA, 6520 Zg. 1/2009, A 2.
301 Ebd.
302 Auch diese Warenzeichen-Nutzung hatte eine verwickelte Vorgeschichte. Vgl. „Die neuen Wanderer-Continental-Chrom-Räder", in: Der Deutsche Fahrrad-, Nähmaschinen- und Kraftfahrzeughändler Heft 18/1932, S. 5; Fotokopie des Artikels in: CUA, 6520 Zg. 1/2009, A 2.
303 Schreiben Wanderer an Continental vom 28.10.1932, in: ebd.

und dass er als Aufsichtsrat der Auto Union dafür sorgen werde, dass auch diese eine entsprechende Haltung Continental gegenüber einnähme.[304]

Nachdem sich nun auch der damalige Continental-Generaldirektor Tischbein einschaltete und die Verhandlungen von den beiden Patentabteilungen auf die Vorstandsebene verlagert wurden, schien sich im Laufe des Jahres 1933 eine Einigung derart abzuzeichnen, dass Continental bereit war, seinen Widerspruch gegen die Verwendung der Marke für die Schreibmaschine zurückzuziehen, im Gegenzug jedoch Wanderer den Vertrieb von „Continental-Fahrrädern" einstellte. Eine weitere Verwässerung seiner Kernmarke, auch etwa in der Form einer freundschaftlichen Abgrenzung des unter die Wortmarke fallenden Warenverzeichnisses, konnte und wollte Continental auf keinen Fall zulassen. Doch in Chemnitz blieb man stur und in Hannover drohte man nun – unter Verweis auf die alten Namensrechte auf das Wort „Union" – seinerseits mit einer Klage gegen den neuen Konzernnamen „Auto Union", mit dem Wanderer verflochten war. Damit bahnte sich eine Eskalation des Konflikts an. Für beide Unternehmen ging es um die grundsätzliche Beschädigung bzw. den Fortbestand der jeweiligen Konzernmarke. „Der Kernpunkt der ganzen Streitfrage", schrieben die Continental-Patentmanager im August 1933 nach Chemnitz, „geht leider immer wieder davon aus, dass Sie versuchen, einen immer umfangreicheren Schutz auf das Wort ‚Continental' zu erhalten und unsere jahrzehntelang erworbenen Rechte für das Wort ‚Continental' uns streitig machen. Sie sind tatsächlich die einzige Firma, die derartige Schwierigkeiten uns bei der Aufrechterhaltung und Verteidigung des Schlagwortes unserer Firma macht."[305]

In der Folgezeit übernahmen wieder die Patentabteilungsleiter in Hannover und Chemnitz das Ruder in der wechselseitigen Kommunikation, die von zunehmender Schärfe, aber auch von einem mit Details gespickten patentrechtlichen Schlagabtausch geprägt war. Längst hatten sich auch von beiden Seiten angeheuerte externe Patentanwaltskanzleien eingeschaltet. Im November 1933 machte dann Wanderer mit seiner Drohung ernst und erhob beim Reichspatentamt Teillöschungsklage gegen zwei Continental-Warenzeichen. In den jeweiligen Warenverzeichnissen sollten sämtliche Waren gestrichen werden, die mit der Ware „Fahrrad" als gleich oder als gleichartig zu erachten war. Continental antwortete daraufhin mit einer Erweiterung seines Widerspruchs gegen Wanderer neben Büromaschinen auch auf Fahrräder. Ein persönliches, klärendes Gespräch zwischen Tischbein und Klee, auf das von Seiten Wanderers immer gedrängt worden war, kam letztlich nie zustande.

---

304 Vgl. Aktennotiz der Niederlassung Leipzig über ein Telefongespräch mit Klee vom 24.11.1932, in: ebd.
305 Schreiben vom 14.8.1933, in: ebd.

Zum Jahresbeginn 1935 ging der Konflikt daher in eine neue Runde. Anfang Januar schrieb Wanderer-Generaldirektor Klee an Könecke, der im Continental-Vorstand inzwischen hauptsächlich mit der ganzen Angelegenheit beschäftigt war, und verwies nicht nur darauf, „dass Wanderer seit Jahrzehnten ein originäres Recht auf das Wort ‚Continental' für gewisse Waren hat", sondern sprach auch von einer „Verpflichtung einer Zusammenarbeit unserer beiden Werken zur Verteidigung unserer Continental-Marken", verbunden mit der Aufforderung, die Widersprüche gegen Wanderer beim Reichspatentamt zurückziehen.[306] Da die Frist für die Zurückziehung des Widerspruchs ablief, standen alle Beteiligten eigentlich unter Zeitdruck, zudem beschlichen Könecke zu diesem Zeitpunkt langsam Zweifel, ob man in einer öffentlichen, gerichtlichen Auseinandersetzung mit Wanderer tatsächlich gewinnen würde und daher in der Warenzeichenangelegenheit ohnehin zum Nachgeben gezwungen sein könnte.[307] Ende Januar signalisierte er deshalb ein Entgegenkommen, ohne allerdings den Widerspruch zurückzunehmen, worauf aus Chemnitz – bemerkenswerterweise erst einen Monat später – ein wütendes Schreiben der Patentabteilung auf Köneckes Schreibtisch landete, verbunden mit der Ankündigung, „dass wir genötigt waren, auch gegen Ihre Anmeldung ‚Continental Hausfarben Blau-Gelb' Widerspruch beim Reichspatentamt zu ergeben."[308] Erst im Laufe des März beruhigten sich auf beiden Seiten die Gemüter so weit, dass nun doch endlich über eine Einigung in Form eines Vergleichs verhandelt wurde. Am 24. April 1935 unterzeichneten Continental und Wanderer schließlich eine Vereinbarung. Beide zogen ihre Einsprüche gegen die Warenzeichen- wie Wortzeichenanmeldungen der Gegenseite zurück. Wanderer sagte auch zu, bei gegebener Zeit zu prüfen, die Bezeichnung Continental bei Fahrrädern aufzugeben, und beide erklärten ihre Bereitschaft, bei der Wahrung der Zeichenrechte von „Continental" und ähnlichen Bezeichnungen gegenüber Dritten zusammenzuarbeiten.[309]

Letztlich musste Continental damit eine Niederlage einstecken und einen Rückschlag für ihre eigentlich als kompromisslose Verteidigung und auf eine möglichst große Ausweitung des Schutzbereichs abzielende Marken- und Warenzeichenstrategie hinnehmen. In einer internen Aktennotiz zu dem Abkommen verwies aber Könecke zum einen auf die schwache rechtliche Position von Continental, zum anderen müsse „nach der abweichenden Rechtsprechung befürchtet werden, dass wir mit unserem Geschäftsbetrieb als Gummiwarenfabrik

---

306 Vgl. den Brief vom 10.1.1935, in: CUA, 6520 Zg. 1/2009, A 2.
307 Aktennotiz Niederlassung Chemnitz vom 16.1.1935, in: ebd.
308 Das Schreiben vom 26.2.1935, in: ebd.
309 Vgl. den Vertrag vom 24.4.1935, in: ebd.

noch mit größeren Schwierigkeiten als bisher bei der Verteidigung der Continental-Marke rechnen müssen."[310]

Doch wer gedacht hatte, dass der Konflikt damit bereinigt war, sah sich bald enttäuscht. Die Vereinbarung sorgte bis Frühjahr 1937 für Ruhe, im April aber brachen die Auseinandersetzungen von neuem los. Ein Jahr zuvor hatten die für Continental tätigen Patentanwälte schon mit Befremden registriert, dass Wanderer gegenüber einer Zusatzanmeldung auf das Bildzeichen „Continental" Widerspruch beim Reichspatentamt erhoben hatte – was klar gegen die Abmachung vom April 1935 verstieß.[311] Von Könecke zur Rede gestellt, antwortete Klee mit spitzfindigen Auslegungen des Abkommens, nach denen das Vorgehen gerechtfertigt sei, und schlug gleichzeitig Verhandlungen „zur Erweiterung und Ergänzung" der damaligen Vereinbarung vor.[312] Im Dezember 1937 war der Konflikt wieder voll entbrannt. Der Widerspruch von Wanderer hatte dazu geführt, dass die zusätzliche Zeichenanmeldung „Continental" in großem Umfang, unter anderem sogar für Reifen, vom Reichspatentamt zurückgewiesen worden war. Die Folgen waren sogar noch weitreichender gewesen, da wegen der nicht fristgemäßen Nachweisung der Heimateintragung auch die gleichzeitig erfolgten Warenzeichen-Anmeldungen von Continental in Polen und in Schweden zurückgewiesen worden waren. Damit sah man in Hannover erneut die markenrechtlichen Interessen fundamental bedroht.[313]

In den Augen des Vorstands ließen es die Wanderer-Werke nicht nur „an gutem Willen in dieser Sache" fehlen, sondern dort wurde offensichtlich tatsächlich versucht, die Markenrechtsposition von Continental zugunsten der eigenen Lage systematisch zu schwächen.[314] Das sahen auch die für Continental tätigen Berliner Patentanwälte so, die schon seit längerem die Patentabteilung in Hannover vor jeglichen weiteren Zugeständnissen gegenüber Wanderer im Markenbereich dringend und mit Hinweis auf die dadurch ausgelösten schweren Schädigungen der Kernmarke „Continental" warnten. Ausgangspunkt jeder weiteren Verständigung müsse sein, dass die Wanderer-Werke klar offenlegen müssten, für welche Gebiete bzw. Waren sie die „Continental-Marke" zu verwenden gedachten. Das Abkommen von 1935 müsse wegen seiner letztlich reinen und allgemeinen Natur als gescheitert angesehen werden, und wenn man nicht endlich klaren Tisch mache, werde es immer wieder zu Zusammenstößen

---

310 Aktennotiz vom 25.4.1935, in: ebd.

311 Vgl. Schreiben Meissner & Tischer an die Patentabteilung vom 14.2.1936, in: Registratur Patentabteilung WZ 503765/187.

312 Vgl. das Schreiben vom 21.4.1937, in: ebd.

313 Vgl. Schreiben Könecke an Wanderer vom 24.12.1937, in: ebd.

314 Vgl. ebd.

kommen.[315] Für die Wortzeichen „Conti" wie „Continental" gehe es „um Sein oder Nichtsein", warnten sie. Das Ziel der Wanderer-Werke sei der Versuch, „gewissermaßen eine Gleichstellung in markenrechtlicher Beziehung" mit Continental zu erreichen, selbst immer neue Waren unter dem Zeichen Continental oder mit dem Namensbestandteil „Conti" schützen zu lassen, gleichzeitig dem Unternehmen aber Schwierigkeiten bei allen eigenen Anmeldungen zu machen.[316]

Im März 1938 kam es schließlich zu neuen Verhandlungen zwischen den beiden Unternehmen, und die Patentabteilung hatte Könecke die dringende Mahnung mit auf den Weg gegeben, den Wanderer-Werken bei den Ableitungen der Conti-Marke keinesfalls weiter entgegenzukommen und sich keine markenrechtlichen Zugeständnisse dadurch abpressen zu lassen, dass ansonsten die eingelegten Widersprüche beim Reichspatentamt nicht zurückgezogen würden.[317] Noch während die Gespräche liefen, erhielt die Patentabteilung vom Reichspatentamt fortgesetzt Benachrichtigungen über Neuanmeldungen von Wortzeichen durch die Wanderer-Werke, die durchweg an das Wort Continental anklangen. So schnell konnte Continental gar nicht mir Einsprüchen reagieren, wie Wanderer entsprechende Warenzeichen anmeldete.[318] Im April 1938 wurde schließlich eine neue Vereinbarung getroffen, mit der in den Augen Köneckes endlich eine klare Abgrenzung der Warenbezeichnungen gefunden worden war, in den Augen der Berliner Patentanwälte jedoch nur weitere unnötige Zugeständnisse gemacht wurden, und tatsächlich kam es nur kurz darauf zu unterschiedlichen Auslegungen des Vertrags in Hannover und Chemnitz. Vielleicht hatte Könecke bei seinen letztlich eher nachgiebigen Verhandlungen und Gesprächen auf die kurzfristigen Erfolge geschielt, unter anderem auch bedeutende Erstausrüstungsaufträge aus Chemnitz, dafür aber mittel- und langfristig eine gefährliche Schwächung und Verwässerung der Marke Continental in Kauf genommen. Immerhin hatten die Wanderer-Werke aber ihre blockierenden Einsprüche gegen die Zusatzanmeldung von Continental zurückgezogen. Letztlich beharkten sich Continental und Wanderer im Warenzeichenstreit auch das ganze Jahr 1939 über weiter.[319] Der Kriegsbeginn brachte zunächst einmal eine Atempause, aber schon im April 1941 sollte der Konflikt erneut aufflackern.

---

315 Vgl. Schreiben von Meissner & Tischer an Otto Ihlau, den damaligen Leiter der Patentabteilung, vom 25.1.1938, in: ebd.
316 Ebd.
317 Vgl. Schreiben Ihlau an Könecke vom 23.2.1938, in: ebd.
318 Vgl. Protokoll der Besprechung mit den Wanderer-Werken vom 24.3.1938 in Berlin, in: ebd.
319 Vgl. u. a. die Notiz „Plan für die Besprechung mit den Wanderer-Werken am 27.5.1939" sowie Schreiben der Berliner Patentanwälte an Wanderer vom 24.8.1939, in: ebd.

Der zweite große Konflikt war die Auseinandersetzung mit Dunlop über die Verwendung der Hausfarben Blau und Gelb. Obschon nicht von minder großer Bedeutung für den Markenkern von Continental und dessen Wahrnehmung in der Öffentlichkeit, war der sich zwischen Januar 1936 und April 1937 hinziehende Konflikt weit kürzer und endete vor allem mit einer konstruktiven Vereinbarung. Ende Januar 1936 hatte man in Hannover entdeckt, dass die Deutsche Dunlop Co. ihre Preislisten in fast der gleichen gelb-blauen Aufmachung herausbrachte wie Continental.[320] Man sah darin nicht nur eine Verletzung der eigenen Warenzeichenrechte, sondern auch unlauteren Wettbewerb. Das Unternehmen verwandte seit jeher diese beiden Farben in ihren Werbeanzeigen, allerdings betrachtete man Gelb-Blau erst seit 1934 auch offiziell als Hausfarben und Basis einer einheitlichen visuellen Corporate Identity, denn Ende Mai 1934 hatte man ein entsprechendes Warenzeichen zur Anmeldung gebracht, dessen Vorprüfung durch das Reichspatentamt zwar abgeschlossen war, aber erst im Laufe des Jahres 1936 zur Eintragung gelangen sollte.

Für irgendwelche Einsprüche und Unterlassungsverbote sahen die zunächst zu Rate gezogenen Patentanwälte in Hannover daher keine ausreichende rechtliche Grundlage, zumal man sich auch hinsichtlich der Motive bei Dunlop „für diese plumpe Nachahmung" keinen Reim machen konnte.[321] Im März erfolgte jedoch die Eintragung des Warenzeichens und damit unterlagen die beiden Hausfarben dem Schutz, so dass sich Continental nun berechtigt sah, die Deutsche Dunlop in Hanau zu entsprechender Unterlassung aufzufordern. Dort bestritt man die Rechtmäßigkeit und vor allem auch die Reichweite des Warenzeichenschutzes, zudem habe man sich in Hannover, so das Argument, erst in den letzten zwei Jahren verstärkt der beiden Farben bedient, während Dunlop weit ältere Rechte an dieser Farbverwendung nachweisen könne.[322] Könecke, auch hier als Verkaufs-Vorstand für die Angelegenheit zuständig, reagierte darauf mit ziemlich gereiztem Ton und beschwerte sich gleich noch über die seiner Meinung nach „extremen Behauptungen in Ihrer Reklame", die mit den geltenden Anschauungen und Bestimmungen der Werbung kaum im Einklang stünden.[323]

---

320 Vgl. Schreiben der Patentabteilung vom 22.1.1936, in: Registratur Markenrechtsabteilung, Ordner Dunlop/Conti Farbenstreit 1936/37.
321 Vgl. Schreiben an die Patentabteilung vom 25.1.1936, in: ebd.
322 Vgl. Schreiben Dunlop an Continental vom 9.4.1936, in: ebd.
323 Brief Köneckes vom 5.5.1936, in: ebd.

Abb. 60 u. 61: Continental-Werbefaltblätter 1936

Inzwischen hatte man aber auch die bewährten Berliner Patentanwälte eingeschaltet, und diese rieten dazu, Dunlop sofort eine Klage anzudrohen. Doch die
Patentabteilung in Hannover zögerte. Zwischen Continental und Dunlop bestanden eigentlich freundschaftliche Beziehungen, daher erbat man sich von
den Patentanwälten kein Klagedrohschreiben, sondern eine mehr gutachterli-
che Stellungnahme, die so gehalten war, dass man diese an Dunlop weitergeben konnte, um damit dort ein Einlenken zu bewirken. Im Mai lag das zehnsei-
tige Gutachten dann vor, und darin reklamierten die Anwälte, dass sich die
Farben Blau-Gelb längst in den sogenannten Verkehrskreisen, sprich der Öffentlichkeit, durchgesetzt hätten.

Inzwischen hatte man in der Werbe- und Patentabteilung in Hannover weitere Dunlop-Anzeigen und Plakate entdeckt, die in ihrer farblichen Gestaltung
den blau-gelben Werbematerialien von Continental stark ähnelten, und bewie-
sen, dass Dunlop versuche, „sich an unsere Farben heranzuschleichen", wie es
die Werbeabteilung in einem Brief an Vertriebsdirektor Henke formulierte.[324]
Dunlop antwortete jedoch im Juni 1936 mit einem 26-seitigen Gegengutach-
ten.[325] Es zeigte, dass die Argumentation von Continental hinsichtlich der angeblich älteren Recht auf schwachen Füßen stand, da eine allgemeine Verkehrs-
durchsetzung von Blau-Gelb als Conti-Hausfarben im Rahmen ihrer Gesamtwer-
bung nicht nachweisbar bzw. bislang vom Unternehmen nicht erbracht worden
war. Die Verwendung der blau-gelben Farbkombination lasse sich für Continental, so das Ergebnis der offensichtlich umfangreichen Recherchen von Dunlop,
erstmals für das Jahr 1921 feststellen, aber eine spezielle Konzentration auf diese farbliche Gestaltung sei in den Folgejahren nicht zu erkennen gewesen. Und
wenn man doch einen so weit zurückreichenden Anspruch der Farbverwendung
reklamierte, dann müsse Continental doch erklären, warum man seit 15 Jahren
tatenlos zugesehen habe, dass eine ihrer größten Konkurrenzfirmen gleichfalls
die Farben Blau-Gelb verwendet hatten und erst jetzt einen Ausstattungsschutz
rechtlich geltend mache. Im Übrigen könne Dunlop schon einen entsprechenden farblichen Einsatz in seiner Werbung im Jahre 1899 nachweisen. Als Hausfarben von Dunlop seien spätestens seit den 1920er Jahren Gelb, Blau und
Schwarz festgelegt, was man auch mit entsprechenden Materialien und Unterlagen belegen könne.

Werbeabteilung wie Patentabteilung von Continental sahen sich durch das
Dunlop-Gutachten massiv unter Rechtfertigungszwang gesetzt und begannen

---

324 Schreiben vom 22.6.1936, in: ebd.
325 Gutachten in Sachen Continental Gummiwerke AG gegen die Deutsche Dunlop Gummi
Corp. betreffend Ausstattungsschutz an der Farbzusammenstellung Blau-Gelb vom 20.6.1936,
in: ebd.

erst jetzt auch ihrerseits, das eigene und fremde Werbematerial der zurückliegenden Jahre systematisch zu durchforsten. Gleichzeitig gab Könecke an alle Abteilungsdirektoren die Weisung aus, künftig bei der Reklame, bei der Verpackung, bei Listenanfertigungen und Prospekten möglichst stark mit der Farbzusammenstellung blau-gelb zu arbeiten.[326] Die Auseinandersetzung entwickelte sich in den folgenden Monaten zu einer regelrechten Gutachter- und Rechtsauslegungsschlacht, die allerdings unternehmensintern und außerhalb der Öffentlichkeit ablief. Im September 1936 verfassten die Continental-Anwälte ihre Gegenstellungnahme, in der sie die Argumente von Dunlop zu zerpflücken versuchten.[327] „Die blau-gelbe Farbe der Continental ist bei allen Händlern eingehämmert, sie hat Verkehrsgeltung erlangt [...] Jeder Händler weiß, dass da, wo die blau-gelbe Farbe auftritt, die Continental darunter verstanden wird", notierte dazu auch die Rechtsabteilung. Gleichzeitig zeigte man sich überzeugt, dass die ganze Angelegenheit durch Verhandlungen zwischen Könecke und dem Dunlop-Vorstandsvorsitzenden Bräuning gütlich beigelegt werden konnte.[328] Doch wenig später ging ein von der Patentabteilung formulierter Brief Köneckes an die Dunlop-Direktion heraus, in der in scharfem Ton darauf hingewiesen wurde, dass man auf die aus der Durchsetzung der Verkehrsgeltung für die Hausfarben sich ergebenden und „uns zustehenden Rechte" nicht verzichten werde und, falls Dunlop das Recht auf die Farbenwahl blau-gelb in der Werbung nicht anerkenne, mit rechtlichen Schritten drohte.

Im Februar 1937 kam es dann zu ersten direkten Verhandlungen und Gesprächen zwischen den Unternehmen, und dabei zeigten beide dann doch ein großes Interesse, den Konflikt nicht nur durch detaillierte Regelungen für jedes einzelne Werbematerial zu lösen, sondern zu einer allgemeinen und weitreichenden Regelung der Farben Blau-Gelb zu nutzen. Im April 1937 unterzeichneten beide Seiten schließlich eine „Vereinbarung in Sachen Blau/Gelb", die Richtlinien für die künftige Reklame von Continental und Dunlop enthielt. Beide verpflichteten sich, in der Farbgestaltung ihrer Preislisten, Plakate, Verpackungen, Schaufensterdekorationen und sonstigen Reklameflächen möglichst jede Verwechslungsgefahr auszuschließen. Dazu verwandte Continental künftig als Grundfarbe Gelb, Dunlop dagegen Blau. Dies galt insbesondere für die Firmenbezeichnung, wobei das Wort „Continental" auf gelbem Untergrund blau erscheinen durfte, das Wort „Dunlop" auf blauer Grundfläche in gelb. Continental verzichtete ihrerseits bei der Verwendung von gelb-blau auf den weiteren

---

326 Rundschreiben Könecke vom 17.7.1936, in: ebd.
327 Vgl. das ausführliche Schreiben von Meissner & Tischer vom 2.9.1936, in: ebd.
328 Notiz vom 1.12.1936, in: ebd.

Einsatz von schwarz.[329] Damit war der Konflikt beigelegt und in der Folgezeit hielten sich beide Unternehmen auch an die farblichen Abgrenzungen.

Mit dem damaligen Hauptkonkurrenten Phoenix war Continental patent- wie marken- oder warenzeichenrechtlich nicht in Konflikt gekommen. Allerdings lieferten sich beide Unternehmen ungeachtet aller behördlicher Reglementierungen und Vierjahresplan-Vorgaben einen heftigen Konkurrenzkampf im Reifen- wie im TP-Bereich. Schäfer hatte nach der erfolgreichen Sanierung eine offensive Unternehmenspolitik eingeschlagen und den Umbruch von der ehemals TP-lastigen Gummifabrik zu einem modernen Reifenunternehmen weiter vorangetrieben. In dessen Gefolge schloss die einst weit hinterherhinkende Hamburger Gummifabrik zunehmend zu dem Branchenführer Continental auf.[330] Schon im Mai 1934 hatte Schäfer dem Aufsichtsrat die Wiederaufnahme der Dividendenzahlung versprochen und Ende 1933 einen wenn auch kleinen Gewinn von 67 000 RM ausgewiesen. Allerdings betrug der tatsächliche Betriebsgewinn, wie Hermann Willink, der Vertreter der Deutschen Bank im Phoenix-Aufsichtsrat, notierte, ca. 536 000 RM.[331]

Schäfer setzte mit Phoenix weit stärker als Continental von Anfang an auf das neue Behördengeschäft, insbesondere bei Reifen und Gasschutzstoffen. Hatte man 1932/33 gerade einmal 15 Prozent des Gesamtumsatzes mit dem Verkauf von Autoreifen erwirtschaftet, so kletterte dieser Anteil bis 1938 auf fast 45 Prozent.[332] In absoluten Zahlen bedeutete das, dass aus dem 1933 gerade einmal 2,7 Mio. RM erreichenden Autoreifenumsatz bis 1938 20,3 Mio. RM geworden waren.[333] Daneben besaßen die Hamburger auch eine starke Stellung im Geschäft mit Metall-Gummi-Verbindungen im Flugzeug-, Fahrzeug- sowie Maschinenbau; die entsprechenden Aktivitäten waren in der Tochtergesellschaft Metallgummi GmbH gebündelt, die 1938 einen Umsatz von 1,54 Mio. RM erwirtschaftete.[334] Die Herstellung von Gummiartikeln im Konsum- und Freizeitbereich wurde dagegen deutlich zurückgefahren, auch im Schuhgeschäft, dessen Anteil am Gesamtumsatz von fast 30 Prozent (1933) innerhalb von nur zwei Jahren auf zehn Prozent schrumpfte und auf diesem Niveau auch bis 1938 verharrte

---

329 Vgl. die Vereinbarung vom 3.4. bzw. 14.4.1937, in: ebd.
330 Vgl. Erker, Vom nationalen zum globalen Wettbewerb, S. 420 ff., sowie, allerdings die Entwicklung sehr verklärend, Ernst Samhaber, Hundert Jahre Weltwirtschaft, in: ders./Friedrich, Hundert Jahre, S. 9–60, hier S. 32 ff.
331 Vgl. Notiz Willink vom 29.5.1934, in: HADB F 002/749.
332 Vgl. Notiz Willink über die Sitzung des Aufsichtsrats vom 19.4.1939, in: ebd.
333 Vgl. Notiz Willink über die Aufsichtsratssitzung vom 19.12.1938, in: ebd.
334 Vgl. Schreiben Phoenix an die Hamburger Filiale der Deutschen Bank vom 13.12.1940, in: ebd.

(vgl. Tabelle 7).[335] Absolut gesehen stagnierten die Umsätze dabei mit jeweils 4,67 Mio. RM.

Tab. 7: Umsatzstruktur Phoenix AG 1932 bis 1939 (in Prozentanteilen am Gesamtwertumsatz)

Jahr/Geschäftsbereiche	1933	1934	1935	1936	1937	1938	1939
Autoreifen	15,3	25,9	31	32	36,9	43,2	41,6
Fahrradreifen	14,3	12	11,4	8,5	5	4,6	2
Technische Produkte	18,4	20,3	21,3	21,5	23,5	21,5	26,7
Schuhe	26,7	26,7	12,4	12,8	12,3	9,5	10,6
Diverses	19,7	18,5	19,2	19,8	18,5	17,9	17,3
Export	5,6	4,6	4,7	3,4	3	3,3	0,9

Quelle: Zusammengestellt nach: HStA Hamburg, 621-1/71, Nr. 24 sowie Berichte an den Aufsichtsrat, in: HADB, F 002/749.

Dennoch blieb man in diesem Geschäftsfeld einer der Hauptkonkurrenten zu Continental, gerade auch im Hausschuhbereich. Die sich bei den Schuhfabriken infolge der zahlreichen Arisierungen ergebende Konsolidierung sah man dabei in Hamburg durchaus positiv. Als etwa das Traditionsunternehmen Romika im September 1935 infolge der behördlichen Zwangs- und Verfolgungsmaßnahmen gegen dessen jüdische Besitzer zahlungsunfähig wurde, begrüßte Schäfer diese Entwicklung durchaus und sprach sich auch für keine Wiederbelebung der Schuhfabrik unter „arischer" Leitung aus, da Romika durch Preisunterbietungen der gesamten Branche geschadet habe und daher die Absicht, die Fabrik wieder auf die Beine zu stellen, „im allgemeinen Interesse als höchst unerwünscht bezeichnet werden müsse."[336]

Um den Wandel des Unternehmens auch nach außen hin zu dokumentieren, änderte man 1935 das Logo. Anstelle des in verschlungener Schreibschrift innerhalb einer Raute geschriebenen Schriftzugs „Harburg Phoenix 1856" stand nun in moderner Schrifttype nur noch „Phoenix Harburg" (Abb. 64, 65).[337]

---

335 Vgl. die Meldungen über die Umsatzentwicklung und Umsatzstruktur des Vorstands an den Aufsichtsrat vom 22.10.1934 und vom 15.11.1935, in: ebd.

336 Brief Willink an den Direktor der Deutsche-Bank-Filiale Köln vom 27.9.1935, in: ebd.

337 Vgl. Bericht über das 64. Geschäftsjahr 1935, in: HADB F 002/749.

Abb. 62 u. 63: Phoenix-Werbeanzeigen 1939

Abb. 64 u. 65: Altes und neues Firmen-Logo

Auch die Hamburger waren Jahr für Jahr auf der Internationalen Automobilaus-stellung in Berlin anwesend, 1936 präsentierte man sich dort als „zweitgrößte Gummifabrik Deutschlands" und stellte der Öffentlichkeit nicht nur mit seinem Pkw-Reifen Typ 1000 mit Feinprofilierung einen Konkurrenzreifen zu Continen-tals FP-20-Reifen vor, sondern wies sich auch als Flugzeugreifen-Erstausrüster für die populären Junkers JU-Flugzeuge aus.[338] Wie Continental litt allerdings auch Phoenix bei Automobilreifen unter den „völlig unzureichenden Preisen, welche im Erstausrüstungsgeschäft bezahlt werden."[339] Und auch die hohen Vierjahresplan-Investitionen, die allerdings mit knapp acht Mio. RM zwischen 1934 und 1938 nur einen Bruchteil der Investitionen von Continental ausmach-ten, zehrten an der Liquidität. Dennoch konnte Schäfer dem Aufsichtsrat Jahr für Jahr steigende Umsätze und Gewinne präsentieren. Die Kapazitäten bei der Verarbeitung von Rohgummi, Regenerat und Buna – von Letzterem wurden 1937 erstmals 150 to verarbeitet – hatten sich zwischen 1934 und 1938 auf über

---

338 Vgl. Bericht Schäfer an den Aufsichtsrat April 1936, S. 31, in: ebd., sowie auch den Bericht in den Harburger Anzeigen und Nachrichten vom 20.2.1936.
339 Bericht Schäfer an den Aufsichtsrat vom 29.9.1936, in: ebd.

6000 to mehr als verdoppelt und entsprechend war auch die Zahl der Beschäftigten von knapp 3000 auf knapp 4000 Mitte 1939 gestiegen.[340]

Vergleicht man die Umsatzentwicklung von Continental und Phoenix, so zeigt sich nach wie vor die Markt- und Branchendominanz der Hannoveraner (vgl. Schaubild 1).

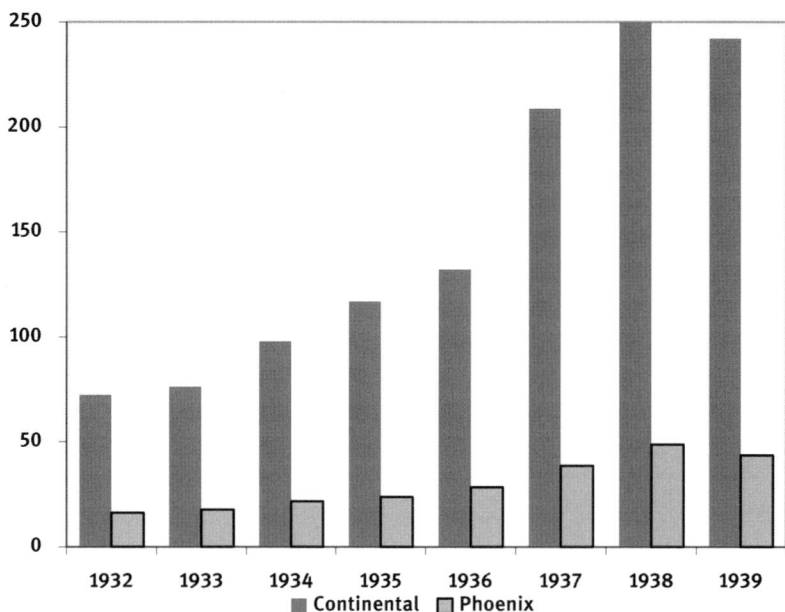

Schaubild 1: Umsatzentwicklung von Continental und Phoenix (in Mio. RM) 1932–1939
Quelle: Zusammengestellt nach: CUA 6600 Zg 2/56, A 1 und 6630 Zg 1/56, A 23 sowie Abt. Rentabilität, in: Phoenix-Archiv, o. Sign.

Auch 1938 erwirtschaftete Phoenix gerade einmal ein Fünftel des Umsatzes von Continental. Wie systematisch Schäfer an einer kontinuierlichen Marktanteilsausweitung zulasten des Konkurrenten arbeitete und wie gefährlich Phoenix den Hannoveranern zu werden drohte, zeigte sich im September 1938, als Phoenix – ohne dass man es bei Continental auch nur ahnte – Kooperations- und Fusionsverhandlungen mit der Deutschen Dunlop aufnahm.[341] Hinter den Plänen stand nicht nur Schäfer mit seiner Expansionsstrategie, sondern auch

---

340 Vgl. Bericht Schäfer an den Aufsichtsrat vom 22.4.1938, in dem er eine Art Zwischenbilanz der Entwicklungen seit 1933/34 zog, in: ebd.
341 Vgl. zum Folgenden StA Hamburg 371-8 II_S XXXIII B 12. An das Archiv des Museums der Arbeit in Hamburg wurden im Zuge der Übernahme von Phoenix durch Continental im Jahr

Eckell vom Reichsamt für Wirtschaftsausbau. Offensichtlich war dem RWM und den Vierjahresplan-Behörden die große Dominanz von Continental, die auch eine gewisse Verhandlungsmacht bei den Aushandlungsprozessen zwischen Unternehmen und Behörden bedeutete, ein Dorn im Auge. Bereits am 18. Oktober 1938 unterzeichneten die beiden Vorstandsvorsitzenden, Bräuning und Schäfer, ein Abkommen, nach dem sich Phoenix und Dunlop zu einer Interessengemeinschaft zusammenschlossen, mit dem Ziel, künftig sämtliche Entwicklungsarbeiten bei den neuen deutschen Rohstoffen auf dem Bereifungsgebiet gemeinsam durchzuführen.[342] Allmonatlich sollten wechselseitig in Hamburg und Hanau gemeinsame Besprechungen zwischen den Technikern und Chemikern stattfinden. Detailliert wurde auch die Verfügbarkeit etwaiger Schutzrechte aus der Entwicklungsgemeinschaft geregelt. Als Laufzeit des Abkommens galten zunächst fünf Jahre, bei Nichtkündigung verlängerte es sich um weitere drei Jahre.

Das Abkommen wurde noch durch ein am selben Tag unterzeichnetes Geheimabkommen ergänzt. Darin wurde die Zusammenarbeit weit über den Charakter einer bloßen Interessengemeinschaft und auch über den Reifenbereich hinaus auf sämtliche anderen Fertigungsbereiche ausgedehnt sowie eine Verständigung in allen verkaufstechnischen Belangen vereinbart.[343] Letztendlich stand dahinter das Ziel, die Kooperation durch Aktienaustausch und Austausch der Mitglieder des Vorstands und der Aufsichtsorgane auch wirtschaftlich zu untermauern und beide Unternehmen zu fusionieren. Doch der Kriegsausbruch verhinderte diese Pläne, zugleich hemmte Kompetenzgerangel innerhalb des RWM die Kooperation zwischen Phoenix und Dunlop, und dann mischte sich auch noch der Reichskommissar für die Verwaltung feindlichen Vermögens mit ein.[344]

Im Zuge der politischen Ökonomie des Vierjahresplans hatten sich auch die organisatorischen Strukturen von Unternehmen wie Phoenix und Continental

---

2004 drei Aktenordner zu den damaligen Verhandlungen und Gesprächen mit Dunlop übergeben, die dort jedoch inzwischen nicht mehr auffindbar sind.

342 Vgl. das Abkommen vom 18.10.1938, in: ebd.

343 Vgl. das Geheimabkommen, in: ebd.

344 Vgl. den internen Vermerk des Reichsstatthalters von Hamburg vom 16.2.1940, in: ebd. Dass zu der Fusion auch die englische Dunlop als Muttergesellschaft ihr Placet geben würde, war höchst zweifelhaft. Allerdings lagen etwa 40 Prozent des Aktienkapitals der Deutschen Dunlop bei der Deutschen Bank in Hanau und Generaldirektor Bräuning hatte darüber die alleinige Verfügungsmacht. Es gibt Indizien dafür, dass inzwischen auch Continental Wind von der Sache bekommen hatte und mit Hilfe ihrer Aufsichtsratsmitglieder von Opel bzw. Lüer beim Gauleiter in Frankfurt auf dem Parteiwege das Zustandekommen der Fusion von Phoenix und Dunlop hintertrieb. Vgl. Schreiben des Reichstatthalters von Hamburg an General von Hannecken im RWM vom 16. Februar 1940, in: ebd.

verändert. Einerseits hatte insgesamt die nationalsozialistische Kommando- und Ersatzstoffwirtschaft für einen starken Bürokratisierungsschub gesorgt. Dutzende Abteilungen befassten sich nun mit dem Behördenverkehr bei Auftragsvergaben wie Rohstoffzuteilungen und Devisenbewirtschaftung. Sieht man sich das Direktions-Reisekonto etwa für 1935 an, in dem akribisch die Dienstreisen der einzelnen Vorstandsmitglieder und deren Kosten festgehalten wurden, so hat man den Eindruck, dass sich auch der Großteil des Vorstands mehr in Berlin als in Hannover aufhielt.[345] Gleichzeitig waren die Unternehmen im Zuge der Zentrierung des NS-Regimes auf Produktionsleistung und Fertigungsausstoß tendenziell diesem Trend gefolgt und stärker produktions- als vertriebsgesteuert gewesen.

Überhaupt hatten sich auch Art und Weise der Unternehmenssteuerung verändert. Extern durch die Behörden und Parteistellen, intern durch Planabteilung, Kalkulationsbüro, die für die Bedaux-Akkorde zuständige Abteilung „Arbeit" sowie ein ausgeprägtes, mit moderner Lochkarten-, Parlographen- und Comptometer-Technologie unterstütztes Berichts- und Statistikwesen wurde ein dichtes Netz an Lenkungs-, Kontroll- und Überwachungsmechanismen über das Unternehmen gelegt, die sich jedoch gerade beim Zusammentreffen externer und interner Steuerungsprozesse gegenseitig behindern oder einander entgegenwirken konnten.[346]

Abb. 66: Blick in die Abteilung Arbeit, ca. 1938

---

345 Vgl. die monatlichen Aufstellungen des Direktions-Reise-Kontos in: BArch P 2141.
346 Comptometer waren neuzeitliche Spezialrechenmaschinen, die in erster Linie die komplizierte Errechnung der Wochenlöhne erleichterten. Vgl. auch „Unsere Comptometer-Abteilung", in: Die Werksgemeinschaft 1 (1936), S. 15.

Insbesondere die finanzielle Unternehmenssteuerung war bei Continental stark ausgeprägt. Das Betriebsabrechnungswesen und die Handlungs-Unkosten-Ermittlung, kurz die Steuerung des Unternehmens über Zahlen, waren legendär und galten schon in den 1920er Jahren als vorbildlich.[347] Neben ausführlichen Quartalsberichten konnten Vorstand wie Aufsichtsrat monatlich und damit sehr zeitnah auf die jeweils aktuellen Entwicklungen sämtlicher wichtigen Kennzahlen zurückgreifen.[348] Auch die Niederlassungen bekamen monatliche Umsatz- und Unkostenaufstellungen, die ihnen einen schnellen Überblick über die Geschäftsentwicklung erlaubten. Dazu hatte man auch schon ein regelmäßiges „Forecasting"-System mit Schätzungen des Erfolgs in einzelnen Bereichen und für unterschiedliche Zeithorizonte entwickelt. 1936 wurde all dies in einem neuen Hauptorganisationsplan (vgl. Schaubild 2) verfeinert und weiterentwickelt.

Das Unternehmen behielt dabei seine funktionale Struktur mit den Vorstandsbereichen Betriebsführung, Finanzen, Verkauf, allgemeine Verwaltung und Fabrikation sowie Export bei, allerdings gab es in den darunter liegenden Abteilungsstrukturen bereits eine stark divisionale, d. h. auf die beiden großen Produktbereiche Reifen und Technische Gummiwaren ausgerichtete Organisation.[349] Mit Fritz Könecke als stark vertriebsgeprägtem Vorstandsvorsitzenden behielt das Unternehmen aber auch danach seine traditionell stark auf das Verkaufsgeschäft ausgerichtete Unternehmenskultur bei. Und weitergehende organisatorische Veränderungen als Reaktion auf die Rüstungspolitik, die etwa bei vielen anderen Unternehmen zur Gründung eigener Tochtergesellschaften für das Rüstungsgeschäft führten, gab es bei Continental nicht.

Unternehmen wie Continental und Phoenix, die in der strategisch wie ökonomisch wichtigen Kautschukindustrie aktiv waren und zudem die innovative Buna-Technologie zu beherrschen begannen, an der zu diesem Zeitpunkt auf der ganzen Welt beträchtliche Forschungs- und Entwicklungsanstrengungen unternommen wurden und ein technologischer Wettlauf zwischen Deutschland und den USA eingesetzt hatte, waren nicht nur für die Großaktionäre wie die Banken und reiche Familien wie Opel interessant.

---

347 Vgl. Schreiben des späteren Finanzvorstands Franz an Tischbein vom 16.6.1933, in: Personalakte Franz, Registratur Personalabteilung.

348 Exemplarisch dazu die 30 Seiten umfassenden statistischen Aufbereitungen allein für den Monat September 1938. Darin waren die genauen Stück-Umsätze für Inland/Ausland enthalten, die Produktion nach Fabrikabteilungen, eine Rohmaterial-Übersicht, Halbfabrikate-Übersicht, Flüssige Mittel und Verbindlichkeiten, Fertigwarenbestände und Lagerbewegungen, die Verkaufsrentabilität sowie die Umsätze, Selbstkosten und Handlungs-Unkosten. Vgl. BArch R 8119 F/P 02128.

349 Vgl. das Schreiben Köneckes an den Aufsichtsrat zum neuen Organisationsplan vom 9.4.1936 sowie Schreiben Uebel an den Vorstand vom 18.4.1936, in: BArch R 8119 F/P 02141.

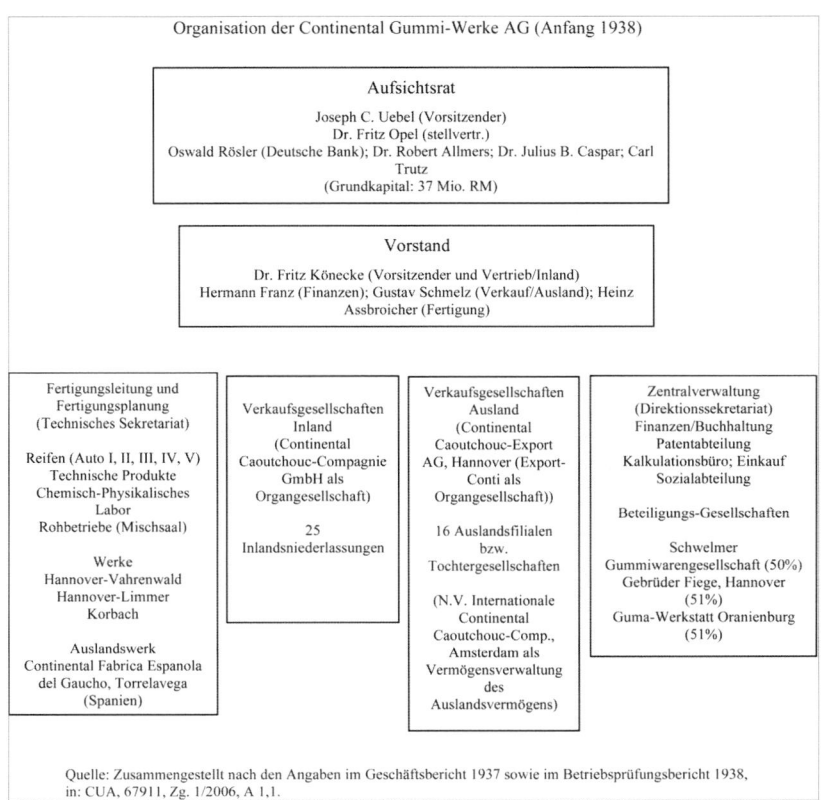

Schaubild 2

Anders, als man annehmen könnte, spielten die Börse und das Aktionärswesen auch in der NS-Zeit lange Zeit eine wichtige Rolle und behielten ihre Bedeutung, auch wenn nationalsozialistische Kapitalmarktregulierungen, Dividendenverordnung und das neue Aktiengesetz von 1937 Aktienhandel und Aktienbesitz ihren spezifischen Stempel aufdrückten. Spekulationen in „Vierjahresplan-Unternehmen", d. h. Firmen, die besonders von den Aufrüstungs- und Autarkieplänen profitierten – allen voran die IG Farben, aber auch die Vereinigten Stahlwerke und die Kraftfahrzeug- und Flugzeugindustrie sowie ihre Zulieferfirmen –, prägten das damalige Bild. Continental-Aktien wurden nicht nur an den Börsen in Hannover und Berlin gehandelt, im Juni 1935 bemühte sich auch die Börse Hamburg um eine Zulassung der Aktien und im Dezember 1938 gab es Pläne zur Einführung der Continental-Aktie an der Wiener Börse.[350] In den einschlägi-

---

350 Vgl. Schreiben Continental an Rösler vom 2.8.1939 über eine entsprechende Anfrage der Österreichischen Creditanstalt-Wiener Bankverein, in: BArch R 88119/2117.

gen Wirtschaftszeitungen und der „Berliner Börsen-Zeitung" erschienen laufend eingehende Bilanzanalysen, auch und gerade zu Continental.[351] Dass viele Unternehmen in der neuen Ära der NS-Wirtschaft glänzende Gewinne einfuhren, konnten die Aktionäre jederzeit in den nach wie vor veröffentlichten Geschäftsberichten und Bilanzen nachlesen.[352] Immerhin schüttete inzwischen auch Phoenix eine Dividende von fünf Prozent aus, ergänzt durch eine Superdividende von drei Prozent aus, 1938 wurden die Zahlungen sogar auf vier bzw. sechs Prozent angehoben.[353] Auch wenn die genauen Börsenkurse nachträglich nur noch schwer und partiell ermittelt werden können, zeigt sich, dass auch die Aktien von Continental wie Phoenix von einer „Vierjahresplan-Hausse" profitierten und deutlich zulegen konnten. Nimmt man den Niedrigstkurs von 1932 zum Ausgangspunkt, so ergab sich bis 1939 bei Continental zeitweise fast eine Verdreifachung des Wertes (vgl. Tabelle 8).

Tab. 8: Kursentwicklung der Continental-Aktie 1932 bis 1939 (in % des Nominalwertes)

	Continental		Phoenix	
Jahr	Höchstkurs	Niedrigstkurs	Höchstkurs	Niedrigstkurs
1932	120	71	-	-
1933	162	116	-	-
1934	158	126	34	23
1935	161	139	40,1 bzw. 123	28,25 bzw. 113
1936	195	158	180,5	121,5
1937	197	170	200	159
1938	220	195,5	169	
1939	208	191	164	

Quelle: Für Continental: Zusammengestellt aus: Notiz Deutsche Bank, Filiale Hannover vom August 1937, in: HADB, P 02143, sowie Handbuch der deutschen Aktiengesellschaften 1960/61, S. 1625. Für Phoenix: Handbuch der deutschen Aktiengesellschaften 1943, S. 3253–3256. 1935 vor bzw. nach der Zusammenlegung 10:3.

---

351 Vgl. etwa die Bilanzanalyse zu 1936 in: Der deutsche Volkswirt vom 25.6.1937, S. 1923–1926, und die umfangreichen Unternehmensbeobachtungen und Analysen in den internen Informationsbüros der Banken; zu Continental die Analyse vom August 1937 durch die volkswirtschaftliche Abteilung der Deutschen Bank in: BArch R 8119 F/P 02143.

352 Im Februar 1936 versuchte der inzwischen in die USA emigrierte langjährige Aufsichtsrat Jakob Goldschmidt seinen Posten an Conti-Aktien in nicht genanntem Umfang für 180 Prozent an die Opel-Gruppe zu verkaufen, was ca. 7 Prozent über dem damals in Berlin notierten Kurs lag, wobei Goldschmidt zur Begründung aber auf die ungewöhnlich starke finanzielle Position, die einzigartige industrielle Stellung und die kräftig abgeschriebenen Anlagen verwies. Vgl. Schreiben Goldschmidt an Uebel vom 7.2.1936, in. Ordner Korrespondenz mit dem Aufsichtsrat 1933–1936.

353 Vgl. Notiz Willink vom 19.4.1939, in: HADB F 002/749.

Inwieweit dabei vor allem Käufe seitens der Familie Opel oder einzelner Banken eine Rolle spielten, ist unklar. Im November 1936 berichtet der „Hannoversche Anzeiger" von auffällig rückläufigen Kursen der Conti-Aktie, die drei Prozent niedriger mit 166 Prozent im Handel waren. „Man spricht an der Börse von Veränderungen im Mehrheitsbesitz der Gesellschaft."[354] Dahinter standen jedoch weit mehr die damaligen Sorgen in weiteren Aktionärskreisen, „dass es unter dem Regime des Vierjahresplans, der die Mittel der einzelnen Unternehmen in erheblichem Maße beanspruchen dürfte, nicht ganz leicht sein wird, ein Dividenden-Niveau von 11 Prozent aufrechtzuerhalten", wie Rösler nach Hannover zurückschrieb.[355] Wenig später waren jedoch alle Befürchtungen verflogen. „Der Kurs der Continental-Aktie hat seit unserer letzten Berliner Besprechung eine ganz merkwürdige Steigerung erfahren", schrieb der Aufsichtsratsvorsitzende Uebel Anfang März 1938 an Rösler. „Die Börse spricht positiv von 14 Prozent Dividende und meine Erkundigungen haben ergeben, dass die Informationen aus dem Hause der Deutschen Bank stammen, die auch starke Käufe in Conti vorgenommen haben soll."[356] Bei Phoenix, wo die Werte jedoch aufgrund des Kapitalschnitts und mehrerer Kapitalerhöhungen schlecht vergleichbar sind, sah es ähnlich aus. Dabei befand sich das Unternehmen trotz der bemerkenswerten, auf Modernisierung und Transformation setzenden Unternehmenspolitik von Schäfer am Vorabend des Krieges noch mitten im Umbruch. „Leider ließ sich das Tempo des Ausbaus der Werke für die Anpassung an die gegebenen Verhältnisse nicht so beschleunigen, dass wir heute fertig gerüstet daständen", berichtete Schäfer Ende August 1939 dem Aufsichtsrat.[357] Und er warnte davor, dass die Zeiten der jährlichen zweistelligen Umsatzsteigerungen zu Ende

---

354 Schreiben der Filiale Hannover der Deutschen Bank an Rösler vom 21.11.1936, in: BArch R 8119 F/P 02141.

355 Schreiben vom 23.11.1936, in: ebd.

356 Schreiben Uebel an Rösler vom 3.3.31938, in: BArch R 8119 F/P 02117. In seiner Antwort gab Rösler tatsächlich tiefere Einblicke in die Kursbewegungen: „Wir haben für Kundschaftsrechnung regelmäßig Geschäfte in Continental-Gummi-Aktien abzuwickeln und dabei festgestellt, dass schon seit Monaten Nachfrage nach Conti-Aktien vorhanden ist, so dass die Bewegung tatsächlich schon seit Monaten auf der Kaufseite liegt. Eine nennenswerte Steigerung des Kurses, der sich zuletzt zwischen 195 und 198 bewegte, konnte vermieden werden, da die Dresdner Bank regelmäßig Abgeber von Conti-Aktien war. Erst vor ganz kurzer Zeit stellte die Dresdner Bank plötzlich ihre Abgaben ein und erschien als Käufer auf dem Markte. Der Kurs wurde dadurch sehr stark nach oben gedrückt, da das Gegengewicht für die bisher vorhandenen Kaufaufträge fehlte und die eigenen Käufe der Dresdner Bank die Aufwärtsbewegung beschleunigten." Schreiben Rösler an Uebel vom 5.3.1938, in: ebd.

357 Bericht Schäfers vom 20.8.1939, in: ebd.

sein könnten und man sich in den nächsten Monaten auf „einen ziemlich starken Rückgang" einstellen müsste.[358]

Abb. 67 u. 68: Continental- und Phoenix-Aktie von 1929 bzw. 1934

Während Phoenix infolge der Entwicklung nach der Sanierung sehr stark auf seine wenigen Großaktionäre orientiert war, hatte man bei Continental seit jeher immer auch die vielen Kleinaktionäre im Blick. Regelmäßig bekam auch jetzt noch die Finanzabteilung besorgte Briefe einzelner Privataktionäre, die nach den Ursachen von Kursschwankungen oder nach der künftigen Dividendenhöhe fragten. Als man im Aufsichtsrat im Lauf des Jahres 1938 im Zuge des Rückkaufs eigener Aktien Pläne für eine Kapitalherabsetzung sowie einen Wechsel des Nennwerts der Conti-Aktie von 100 RM auf nur noch 1000 RM machte, meldete der Vorstand seine Bedenken an, da man „den bodenständigen Kleinaktionär nicht verärgern [möchte]."[359] Es blieb daher, wie auch bei Phoenix, bei einer Aufteilung des Aktienkapitals in Aktien unterschiedlichen Nennwerts.

In Hannover gab es Überlegungen zu einer Kapitalherabsetzung durch Einzug der im Eigenbesitz befindlichen Aktien, die inzwischen drei Mio. RM ausmachten; bei Phoenix dagegen beschloss man auf der Hauptversammlung im Juni 1938 eine Kapitalerhöhung. Durch Ausgabe von 1620 neuen Inhaberaktien im Nennwert von 1000 RM wurde das Grundkapital um 1,62 Mio. RM auf 4,86 Mio. RM heraufgesetzt. Die neuen Stammaktien wurden den Altaktionären im Verhältnis 2:1 zu einem Ausgabekurs von 135 Prozent angeboten. Im März 1939 war die Aktion abgeschlossen.[360] Dass Phoenix das Kapital für die Finan-

---

358 Ebd.

359 Aktennotiz des Direktors der Deutsche-Bank-Filiale Hannover über ein Gespräch mit Finanzvorstand Franz vom 7.3.1938, in: HADB F 88/1522.

360 Vgl. Geschäftsbericht Phoenix 1938, S. 7 ff., sowie Bericht zur Generalversammlung vom 2.6.1938, in: ebd.

zierung der weiteren Vierjahresplan-Investitionen offenbar dringend brauchte und es anders als Continental nicht aus den laufenden Gewinnen finanzieren konnte, zeigt sich daran, dass das RWM, das in der Regel die Neuausgabe von Aktien nicht genehmigte, hier eine Ausnahme machte.[361] Für Kleinaktionäre war die neue Phoenix-Aktie damit unerschwinglich, zumal die ganze Transaktion vom RWM nur unter der Bedingung genehmigt worden war, dass die Aktien bis Oktober 1942 einer Sperre unterlagen und nicht an den Börsen gehandelt werden konnten. Aber das Verzeichnis der auf der damaligen Hauptversammlung anwesenden Anteilseigner zeigt, dass die Kleinaktionäre nur eine verschwindend geringe Gruppe bildeten. Der mit Abstand größte Phoenix-Aktionär war der Aufsichtsratsvorsitzende Moritz Schultze, der Aktien im Nennwert von 1,380 Mio. RM hielt und damit allein die Hälfte des vertretenen Kapitals ausmachte, gefolgt von Oetker-Manager Theo Kaselowsky mit 306 000 RM und Albert Schäfer, der über Aktien im Nennbetrag von 252 100 RM verfügte.[362] Aber auch Phoenix war vor dem Unmut von Privataktionären nicht sicher. Auf der Hauptversammlung meldete sich ein Anteilseigner mit 246 Aktien, der die hohen Rückstellungen massiv kritisierte und mit Rücksicht auf die von den Aktionären bei der Sanierung erbrachten Opfer eine Erhöhung der Dividende um 14 bis 15 Prozent forderte. Mit sämtlichen anderen Stimmen wurde der Antrag allerdings abgeschmettert.[363]

3 Der Sprung nach Spanien: Exportgeschäft, Auslandsfertigung und die erzwungene Kooperation mit Semperit

Lange Zeit setzte Continental wie alle traditionell exportorientierten Unternehmen nach der Erholung der Wirtschaft seit 1933 auf eine Wiederbelebung des Exportgeschäftes, und obwohl die Außenhandelspolitik des NS-Regimes weiter auf Abschottung und Bilateralismus ausgerichtet war, forderten die Behörden nicht zuletzt aus Deviseneinnahmegründen zu entsprechenden Aktivitäten auf.[364] Ein Blick auf die Zahlen zeigt, wie desolat sich die Weltwirtschaftskrise und die folgende NS-Wirtschaftspolitik auf den einst global operierenden Reifen- und Gummikonzern auswirkte, der 1913 noch Auslandsumsätze von

---

361 Vgl. Schreiben der Deutsche-Bank-Filiale Hamburg an Schäfer vom 26.7.1938, in: HADB F 002/751, sowie Bericht Schäfer an den Aufsichtsrat vom 21.12.1938, in: HADB F 002/749.

362 Vgl. die Anwesenheitsliste auf der Hauptversammlung vom 2.6.1938, in: HADB F 002/1853.

363 Vgl. den Bericht von der Hauptversammlung vom 2.6.1938, in: ebd.

364 Vgl. jetzt umfassend Ralf Banken, Die wirtschaftspolitische Achillesferse des „Dritten Reichs". Das Reichswirtschaftsministerium und die NS-Außenwirtschaftspolitik 1933–1939, in: Ritschl (Hrsg.), Das Reichswirtschaftsministerium in der NS-Zeit, S. 111–232.

60,3 Mio. RM erwirtschaftet hatte, 54,5 Prozent des Gesamtumsatzes. Im Jahr 1932 waren die Exportumsätze auf 13,8 Mio. RM bzw. 18,8 Prozent des Gesamtumsatzes geschrumpft, um mit 8,7 Mio. RM oder 9,1 Prozent im Jahr 1934 einen absoluten Tiefstand zu erreichen.[365] Bis 1938 stiegen die Exportumsätze zwar wieder langsam auf 14,1 Mio. RM, der Anteil am Gesamtumsatz schrumpfte dennoch weiter auf 5,4 Prozent. Bei der ebenfalls traditionell stark exportorientierten Phoenix sah es nicht besser aus, im Gegenteil: 1938 erreichte das Export-Geschäft dort gerade einmal 1,6 Mio. RM Umsatz, 3,2 Prozent des Gesamtumsatzes.[366]

Betrachtet man die Auslandsstrategie von Continental genauer, so drängt sich der Eindruck auf, dass man die Auswirkungen der geänderten politischen Bedingungen der staatlichen Außenwirtschaftspolitik mit ihren devisenrechtlichen Reglementierungen, politischen Vorgaben und vor allem auch der starken Hemmnisse infolge der Bürokratisierung des Außenhandels – mit seinem von der Verwaltung der Continental akribisch eingehaltenen System des Zusatz-Ausfuhr-Verfahrens (ZAV)[367] – auf die eigenen Unternehmensinteressen zu ignorieren versuchte und sich ungeachtet aller Hemmnisse geradezu naiv um eine intensive Wiederanknüpfung an die frühere starke Stellung auf den Exportmärkten bemühte.[368] Das Unternehmen verfügte nach wie vor über ein relativ dichtes und gut funktionierendes Netz an Generalagenturen, Vertretern, Attachés, Auslandsniederlassungen und Händlern in über 30 Ländern. Das namentliche Verzeichnis der Vertreter, die über jeweils unterschiedlich umfangreiche Konsignationslager für Reifen und Zubehör sowie technisch-chirurgische Gummiwaren verfügten, umfasste im April 1939 insgesamt knapp 500 Personen, davon 168 in Europa, 132 in Amerika, 94 in Asien, 77 in Afrika (darunter die

---

365 Vgl. die Zahlen in: CUA, 6630 Zg. 1/56, A 33, sowie CUA, 6630 Zg. 1/56, A 77, und die Prüfberichte der Interconti 1927–1938, in: CUA, 6630 Zg. 1/56, A 74. Vgl. auch Statistik der Continental CUA, 6633 versch. Zg. A 4.

366 Vgl. Bericht Schäfers an den Aufsichtsrat vom 17.12.1938, in: HADB F 002/749.

367 Vgl. Bericht über die Prüfung des Zusatz-Ausfuhr-Verfahrens bei der Interconti vom 12.7.1935, in: HA Hann. 210, Acc. 2003/087 Nr. 50.

368 Vgl. zu den allgemeinen Bedingungen Banken, Die wirtschaftspolitische Achillesferse, S. 114 ff. Zu den windmühlenartigen Kämpfen der Continental-Verwaltung mit den Behörden zum Exportgeschäft und gegen die bürokratischen Hemmnisse vgl. im Detail exemplarisch den Schriftwechsel mit dem RWM vom Februar bis Oktober 1933 in: Ordner Korrespondenz über unsere Gesellschaft. Vgl. den Bericht Schmelz vom 11.4.1934 über eine Berlin-Reise. „Zweck der Reise war, der Reichsbank Berlin unsere Situation im Exportgeschäft, die durch das Exportgeschäft resultierenden Devisenablieferungen und unsere opferreichen Bemühungen für Forcierung des Exports vor Augen zu führen, um über die Reichsbank bei verschiedenen Reichsbehörden den Boden vorzubereiten für eine höhere Beteiligung unsererseits an den im Rahmen der Arbeitsbeschaffung erfolgenden größeren Aufträgen", in: ebd.

Deutsch-Ostafrikanische Gesellschaft als Vertreterin der Continental in Ostafrika) und sieben in Australien.[369]

Abb. 69: Continental-Preisliste für China 1934

In Amsterdam, Belgrad, Budapest, Bukarest, London, Madrid, Mailand, Kopenhagen, Stockholm, Paris, Warschau und Zürich gab es Tochtergesellschaften. Die beiden weiteren Tochtergesellschaften in Buenos Aires und Mexiko hatte man zwar 1932 aufgelöst, dafür hatte man aber mit der am 1. Januar 1933 gegründeten Pneumac Rio de Janeiro nach wie vor eine starke Stellung in Südamerika. Anders als viele andere Unternehmen verlor Continental daher trotz des außenwirtschaftlichen Restriktionskurses des NS-Regimes nicht den Kontakt zu den Auslandsmärkten.[370] Doch die regionale Struktur der Auslandsumsätze des Unternehmens zeigten eine deutliche Verschiebung, deren Grund der Positions- und Bedeutungsverlust auf wichtigen früheren Exportmärkten war, insbesondere in Westeuropa. Betrug das Verhältnis von Europa zu den übrigen Erdteilen im Außenhandel 1932 noch 60:40, so verschob es sich bis 1938 zu-

---

369 Vgl. Verzeichnis in: CUA, ohne Signatur.
370 Vgl. allgemein dazu Banken, Die wirtschaftspolitische Achillesferse, S. 231. Vgl. auch „Das Continental-Export-Geschäft. Reifen- und Zubehörgeschäft in den überseeischen Ländern", in: Die Werksgemeinschaft 1 (1936), S. 4 f.

gunsten der außereuropäischen Märkte. Nur noch 52,2 Prozent der Continental-Exporte gingen nach Europa[371] – und hier vor allem nach West- und Nordeuropa –, während 47,8 Prozent der Reifenausfuhren nach Südostasien (21,7 Prozent), Südamerika (11 Prozent) und in den Nahen Osten sowie Afrika gingen.[372]

Als interessantesten europäischen Exportmarkt schätzten die Continental-Manager noch im März 1938 trotz der großen Marktdominanz von Dunlop England ein, wo man mit einer nach Kunden- und Preissegmenten differenzierten Mehrmarkenstrategie (Reifenmodelle C 14, A 1, Liga und Union) auftrat.[373] Mit einem 1935/36 erzielten Umsatz von nur knapp 270 000 RM rangierte das Land allerdings hinter Holland, Belgien, Dänemark und Frankreich sowie sogar Schweden und der Schweiz weit hinten in der Rangliste der Exportländer.[374] Mit Abstand größter und wohl auch lukrativster Einzelmarkt in Europa war Holland, wo man 1935/36 1,4 Mio. RM Umsatz erzielte. Die dort anfänglich herrschenden Marktturbulenzen und auch der scharfe Konkurrenzkampf hatten sich bald gelegt, da es nicht zuletzt auf starke Mitinitiative von Continental im Dezember 1937 gelungen war, ein straffes Reifenkartell der Importeure, bestehend aus Dunlop, Firestone, Goodyear, Michelin, US Rubber und Continental, zu errichten.[375] Doch hier wie auch in den anderen Auslandsmärkten war die Marktposition von Continental prekär und ständigen Schwankungen unterworfen. Auch Schäfer berichtete im April 1935 dem Phoenix-Aufsichtsrat:

---

371 1935/36 etwa erreichte der Reifenexport nach Großbritannien mit 264 000 RM fast wieder das Niveau von 1925. Stark gestiegen war bis 1938/39 auch der Reifenexport von Continental nach Österreich (von 75 900 RM 1932/33 auf 419 700 RM 1938/39). 1935 erzielte Continental die größten Einzelwertumsätze im Export nach Holland (15 Prozent), Bombay/Niederländisch Indien (14,6 Prozent) und in die Schweiz (9 Prozent).
372 Vgl. die Aufstellungen in: CUA, 6714 Zg 1/62, A 1, sowie auch CUA, 6633 versch. Zg. A 3. Siehe auch „Auslandsumsatz der Continental 1936–1940", in: CUA, 6525 Zg. 1/56, A 26.
373 Vgl. die Besprechungsnotiz vom 21.9.1936 und vom 29.3.1938, in: CUA, 6525 Zg. 1/65, A 167.
374 Vgl. die Aufstellung in: CUA, 6714 versch. Zg. A 22.
375 Vgl. die „Holland-Akte" CUA, 6714 No. 13, ohne Signatur. Darin auch die späteren zahlreichen Klagen über das Ausscheren und Unterlaufen von Michelin bezüglich der Kartellbedingungen. Vgl. Erker, Vom nationalen zum globalen Wettbewerb, S. 396 ff. Ein Importeur-Kartell bestand im Übrigen auch in Ägypten mit dem „General Distributeurs Agreement" vom 2.3.1938, dem insgesamt zwölf europäische und amerikanische Reifenkonzerne angehörten. Allerdings litt auch dieses Kartell darunter, dass sich mehrere Mitglieder nicht an die Abmachungen hielten, allen voran neben Michelin und Engelbert hier Pirelli, die, wie der Continental-Vertreter in Kairo im Dezember 1938 nach Hannover berichtete, „seine Preiskampf-Zone immer weiter außerhalb der Hauptstadt auf die Provinz ausdehnt." Vgl. Bericht Barth vom 13.12.1938, in: CUA, Heft No. 10 „Agreement Aegypten" 1938. Schon im Januar 1939 waren sich Dunlop wie Continental, die in enger Abstimmung agierten, einig, dass das Ägypten-Agreement nur noch auf dem Papier existierte.

„Leider haben unsere angestrengtesten Bemühungen, unseren früheren Anteil am Auslandsabsatz wieder zu erreichen, nicht zu dem gewünschten Erfolg geführt. Gerade in denjenigen Artikeln, für welche wir uns seit Jahrzehnten auf die Ausfuhr eingestellt hatten und für die unser Außenhandels-Apparat besonders geschult ist, macht sich der Wettbewerb untervalutarischer Länder, Zollmaßnahmen usw. in einem solchen Ausmasse geltend, dass wir aus einzelnen Exportländern vollständig verdrängt wurden."[376]

Im Frühjahr 1935 leitete Continental eine umfassende Neuausrichtung seiner Exportstrategie ein, mit der auch eigene Fehler in der Vergangenheit behoben werden sollten und eine deutliche Korrektur der nach dem Ersten Weltkrieg von der früheren Unternehmensleitung unter Generaldirektor Tischbein verfolgten zögerlichen und letztlich umsatzhemmenden Exportpolitik vorgenommen wurde. Während die ausländischen Konkurrenten im Laufe der 1920er Jahre in den Importländern eigene Fertigungsstätten errichtet hatten, hatte man sich in Hannover nicht zu ähnlichen Maßnahmen entschließen können und daher auf den Auslandsmärkten erheblich an Boden verloren.[377] Die neue Strategie basierte auf fünf geplanten Maßnahmen: Erstens der Errichtung einer Reifenfabrik in Spanien, zweitens der Gründung weiterer Vertriebsstätten im europäischen und überseeischen Ausland, drittens der Errichtung einer Kämmefabrik in den USA sowie des Baus einer Fabrik für technische Gummiwaren in der Schweiz, viertens des Umbaus der N. V. Internationale Continental-Caoutchouc-Comp., kurz Interconti, in Amsterdam, zu einer reinen Dachgesellschaft für die ausländischen Tochtergesellschaften und fünftens schließlich die Umgründung der alten Übersee Compagnie AG in die Continental Caoutchouc-Export AG, die „Export-Conti", mit Sitz in Hannover, was faktisch die organisatorische Abtrennung bzw. selbständige Organisation des Exportgeschäfts bedeutete.[378] Ergänzend kann noch eine sechste, nicht explizit neue, aber doch konsequent weiterbetriebene Maßnahme genannt werden: Der systematische Ausbau des Marken- und Warenzeichenschutzes in den europäischen und außereuropäischen Ländern und die weitere Absicherung der internationalen Marke „Continental".[379]

Gesteuert wurde das gesamte Auslandsgeschäft durch den dafür zuständigen Vorstand Gustav Schmelz nach wie vor von Hannover aus. Schmelz hatte, wie viele andere Führungs- und Vorstandsmitglieder auch, seine Karriere bei

---

376 Bericht Schäfer vom 8.4.1935, in: HADB F 002/749.
377 Vgl. Erker, Vom nationalen zum globalen Wettbewerb, S. 297 ff.
378 Vgl. Protokoll der Präsidialbesprechung Vorstand/Aufsichtsrat vom 11.7.1935, in: Ordner Protokolle über die Aufsichtsratssitzungen, sowie auch „Das Continental-Export-Geschäft", in: Die Werksgemeinschaft 2 (1937), S. 4 f.
379 Vgl. im Detail den Schriftwechsel mit den Berliner Patentanwälten Meissner & Tischer vom 12.12.1934 und vom Januar/März 1935, in: Registratur Patent- und Markenschutzabteilung, Akte WZ 503765/187 sowie Akte M1.000-001/Reg.Nr. 52672.

Continental mit dem Eintritt als Lehrling im April 1915 gestartet, war dann zum Vorstandsmitglied bei der Interconti aufgestiegen und im April 1936 zunächst stellvertretendes, ab März 1938 ordentliches Vorstandsmitglied des Gesamtunternehmens geworden.[380] Seine rechte Hand und verantwortlich für das operative Auslandsgeschäft war Edmund Dörre, seinerseits seit 1912 bei Continental, 1930 zum Prokuristen und Verantwortlichen für das gesamte Geschäft in Europa, der Levante und im Nahen wie Mittleren Osten ernannt. 1937 rückte Dörre in den Vorstand der Export-Conti auf.[381]

Schmelz und Dörre entwickelten in der Folgezeit erhebliche Aktivitäten, um das Exportgeschäft von Continental voranzubringen. Es gab regelmäßige Versammlungen der Leiter der ausländischen Niederlassungen in Hannover, die von dort mit den Ergebnissen einer ebenso umfangreichen wie regelmäßigen Beobachtung der Märkte versorgt wurden, von deren Situation und Entwicklungen sich auch Dörre durch zahlreiche Reisen selbst ein Bild machte.[382] Osteuropa war dabei, wie die umfangreichen Berichte über Polen zeigen, von Anfang an im Visier der Exportleute, daneben war aber auch Südamerika, mit 1,4 Mio. RM Exportumsatz im Jahr 1935/36 zweitgrößte überseeische Exportregion, im Blickfeld.[383] Auch bei Phoenix ging der Großteil des Exports, insbesondere technischer und chirurgischer Artikel, nach Südamerika. Größter Einzelmarkt war hier Brasilien, das trotz der starken US-Konkurrenz für Continental umsatz- wie ertragsmäßig eines der bedeutendsten Absatzgebiete darstellte. Nachdem es jedoch Mitte der 1930er Jahre laufend Probleme mit dem dortigen Vertreter für Continental-Produkte gegeben hatte, war im April 1937 die Pneumaticos Continental do Brasil mit Sitz in Rio de Janeiro als Vertriebsgesellschaft gegründet worden und damit eine deutliche Stärkung der Marktposition erreicht worden.[384]

---

380 Vgl. die Personalakte Schmelz in: Registratur Personalabteilung.

381 Vgl. Personalakte Dörre, in: ebd.

382 Vgl. gleich mehrere Aktenordner mit den Reiseberichten Dörres zwischen 1934 und 1938 unter CUA, 6714 versch. Zg. A 29,1 bis A 29,4. Hier auch etwa die Berichte über die Informationsreise nach Polen vom 17.1. bis 2.2.1935, in: CUA, 6714 Zg. 1/58, A 1,1. Vgl. auch „Analyse des Fahrradreifen-Exportes von Deutschland 1936–1938", in: CUA, 6714 versch. Zg. A 31.

383 Vgl. den umfangreichen Bericht Dörres zur Lage auf dem Reifenmarkt in Polen und den dortigen Werbe- und Verkaufs-Aktivitäten der in Kattowitz firmierenden Conti-Generalvertretung „Pneumatyk" vom 12.1.1936, in: CUA, 6714 Zg. 1/58, A 1,1. Zu den Länderumsätzen in Süd- und Lateinamerika vgl. CUA, 6714 versch. Zg., A 22.

384 Vgl. die umfangreichen Unterlagen zur Gründung und den weiteren Briefwechsel in: CUA, 6620 Zg. 1/70, A 1. Vgl. auch den Bericht an den Präsidenten des Landesfinanzamtes Hannover vom 27.3.1937, dem die Gründung zur Genehmigung angezeigt werden musste, in: NLA HA Hann. 210, Acc. 2003/087 Nr. 46.

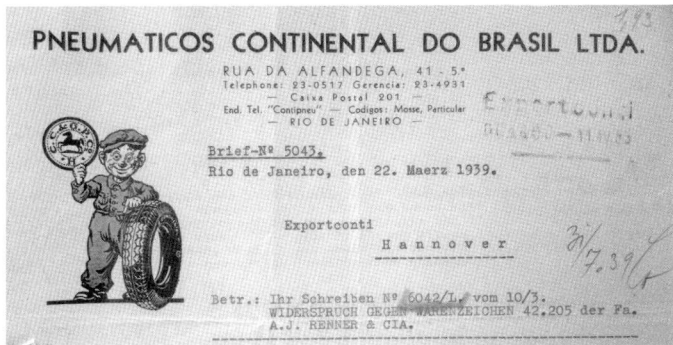

Abb. 70: Briefkopf der Continental-Vertretung in Brasilien

Bei dem daraufhin erfolgten systematischen Aufbau des Brasiliengeschäfts spielte interessanterweise der Marken- und Warenzeichenschutz eine wichtige Rolle.[385] Bei dem entworfenen Stufenplan für den Wiederaufbau des brasilianischen Geschäfts stand die „Einführung unserer Marke" an erster Stelle.[386] Anders als in anderen lateinamerikanischen Ländern hatte man zwar rechtzeitig die Erneuerung der 1934 auslaufenden Markenrechte beantragt, dennoch musste man sich in einer Reihe von Warenklassen mit Ansprüchen bzw. Einsprüchen einzelner örtlicher Firmen herumschlagen, die zum Teil erst im Zuge gerichtlicher Auseinandersetzungen geklärt werden konnten.[387] Continental hatte dabei teilweise eine schwache Rechtsposition, denn eine der Firmen konnte etwa darauf verweisen, dass sie schon seit März 1921 die Rechte an der Marke Continental für Gummischuhe, Sohlen, Absätze, Handschuhe und andere Haushaltswaren besaß, ohne dass Continental damals etwas gegen die fremde Marke unternommen hatte. Auch bei der Warenzeichenanmeldung von „Conti" in Brasilien hatte man Probleme, da diese zunächst von den brasilianischen Behörden wegen Ähnlichkeit mit bestehenden Marken verweigert wurde. Schon im Dezember 1937 konnte aber der Geschäftsführer der Brasiliengesellschaft erste Erfolge melden: „Wir verfügen augenblicklich über ca. 30 gute Agenten über den ganzen Staat verteilt, und es ist zum größten Teil gelungen, die besten Leute her-

---

385 Durch eine nachlässige Markenschutzpolitik hatte Continental in wichtigen Ländern wie Argentinien, Uruguay und Paraguay die Markenrechte für „Continental" in einer Reihe von Warenklassen verloren und musste Lizenzgebühren bezahlen bzw. langwierige Auseinandersetzungen führen. Vgl. Registratur Patent- und Markenschutzabteilung, Akte 1.000-001-M.
386 Vgl. Protokoll der Besprechung vom 26.4.1937 in Rio de Janeiro, in: CUA, 6714 Zg. 1/58, A 6,1.
387 Vgl. den Schriftwechsel mit den Berliner Patentanwälten vom März bis Oktober 1936, in: Registratur Patent- und Markenschutzabteilung Akte BR 50323/50207 – 49063.

auszufischen [...] Um es unseren Agenten, die in der Hauptsache Ford- und Chevrolet-Vertreter sind, zu ermöglichen, die neuen Wagen mit Continental auszurüsten und die abmontierten Konkurrenz-Decken besser unterzubringen, erhalten diese für derartige Tauschlieferungen 5 Prozent Extra-Rabatt."[388] „Im Stadtbetrieb wird unser Reifen als ganz erstklassig beurteilt", hieß es wenig später gleichsam ergänzend dazu. „Es kommen Leistungen vor, die bis zu 100 000 km betragen."[389]

In regelmäßigen Besprechungen zwischen Vertretern der Reifenfabrik und der Export-Conti erfolgte nicht nur eine enge Abstimmung über Art und Umfang der ins Ausland zu liefernden Reifen, sondern auch die komplizierte Festlegung der jeweiligen Autoreifen-Export-Preislisten.[390] In zahlreichen Rundschreiben an die Auslandsvertreter, die ihrerseits regelmäßige Berichte nach Hannover schickten, wurde gleichzeitig der enge Kontakt zu den verschiedenen Märkten in aller Welt gehalten.[391] Im Frühjahr 1939 entwickelte die Export-Conti-Werbeabteilung eine detaillierte, nach Ländern differenzierte Werbestrategie für den Export mit genauen Vorgaben über Art und Umfang etwa der Anzeigenwerbung in Tages- und Fachzeitungen.[392] Regelmäßig präsentierte sich Continental auch mit einem eigenen Stand auf der Automobil-Ausstellung in Amsterdam und vor allem dem großen Automobil-Salon in Paris, zu dem auch Könecke und Weber als Vertriebs- und Produktionsvorstände anreisten, um sich über die neuesten Entwicklungen der Konkurrenten zu informieren.[393]

---

388 Bericht vom 7.12.1937, in: CUA, 6714 Zg. 1/58, A 6,1.

389 Notiz über Brasilien-Besprechung vom 19.8.1938, in: ebd.

390 Vgl. exemplarisch die vertraulichen Aktennotizen über Besprechungen vom 12.2.1936 und vom 8.11.1937, in: 6252 Zg. 1/65, A 207 („Export-Akte Hübener") bzw. CUA, 6714 Zg. 1/58, A 7.

391 Vgl. etwa das Rundschreiben Nr. 256 vom 5.4.1937, in: CUA, 6525 Zg. 1/65, A 207.

392 Vgl. CUA, 6714 versch. Zg., A 14 sowie CUA, 6714 versch. Zg. A 17. Vgl. auch die regelmäßigen Bildberichte über „Wie wir im Ausland werben!" in: Der Continental-Händler, z. B. Oktober 1933 und September 1935.

393 Vgl. den umfangreichen, 12-seitigen Bericht über die Reifenentwicklungen auf der Pariser Ausstellung 1938, in: CUA, 6525, Zg. 1/56, A 68. Als besonders bemerkenswert wurden darin die beiden grundsätzlichen Richtungen der Dessins bei Personenwagenreifen – eine europäische und eine amerikanische – hervorgehoben. Besondere Aufmerksamkeit der Conti-Ingenieure erregte allerdings der neue „Pilote-Reifen" von Michelin.

Abb. 71: Treffen der europäischen Filialleiter 1936 (x Direktor Schmelz; xx Direktor Hanf)

Die unternehmerische Auslandsmarkt-Strategie von Continental korrespondierte scheinbar mit den verzweifelten Exportförderungsversuchen des NS-Regimes nach 1935.[394] Tatsächlich jedoch waren die politischen und wirtschaftlichen Konstellationen für eine derartig grundlegende Neuausrichtung der Export- und Auslandsstrategie von Continental inzwischen denkbar ungünstig. Das RWM verweigerte die Genehmigung zur Gründung einer Ball- und Kämmefabrik in den USA, und die Pläne für die Errichtung der Fabrik für technische Gummiwaren in der Schweiz blieben ergebnislos.[395] Schon im Mai 1936 ließ man das Projekt fallen, nachdem Berechnungen ergeben hatte, dass die Investitionen und laufenden Betriebskosten in einem ungünstigen Verhältnis zu dem zu erzielenden Umsatz standen.[396] Andererseits entwarf man nur wenig später neue Pläne, diesmal für die Errichtung einer kleineren Produktionsstätte in Holland, wo Rohlaufstreifen für die Wiedererneuerung von Altreifen hergestellt werden sollten. Das Projekt gewann schnell an Bedeutung, denn Ende 1937 hatte man erfahren, dass der französische Konkurrent Michelin in Holland eine ganze Rei-

---

394 Vgl. allgemein Banken, Die wirtschaftspolitische Achillesferse, S. 215 ff.
395 Vgl. den Bericht zum Projekt vom 11.1.1936, in: CUA, 6500 Zg. 1/59, A 1.
396 Vgl. Protokoll der Vorstandssitzung vom 4.5.1936, in: CUA, 6603 Zg. 3/85, A 3. Zu den weiteren Schweiz-Plänen, die vor allem unter dem Schatten einer neu errichteten Reifenfabrik des amerikanischen Konzerns Firestone standen, vgl. auch die Notiz Aretz für Könecke vom 20.9.1938, in: CUA, 6600 Zg. 1/56, A 31.

fenfabrik neu errichtete, woraufhin Continental umgehend Verhandlungen mit der holländischen Reifenfabrik Vredestein über eventuelle Kooperationen aufnahm.[397] Konkrete Ergebnisse ergaben sich aber zunächst nicht.

Was die organisatorische Neuausrichtung des Exportgeschäfts anging, so war der Umbau der Interconti zur Holdinggesellschaft zwar von den Reichsstellen gebilligt worden, aber mit komplizierten Auflagen verbunden, da die Finanzbehörden nicht zu Unrecht befürchteten, dass ihnen damit keine Einblicke mehr in das Auslandsgeschäft von Continental möglich sein würden.[398] Hinter der Neukonstruktion standen zudem ambivalente Motive, denn einerseits bedeutete es, dass die Besitzrechte an sämtlichen Tochtergesellschaften im Ausland der Amsterdamer Interconti unterlagen und damit, so das Kalkül des Vorstands, ein Zugriffsrecht auf irgendwelches Continental-Vermögen seitens feindlicher ausländischer Stellen verhindert wurde.[399] Andererseits jedoch verfolgte man mit der Gründung der Export-Conti im In- wie Ausland das Signal, dass es sich um den Export von Produkten eines rein deutschen Unternehmens handelte.[400]

Auch die Neuerrichtung von Vertriebsgesellschaften kam nur schleppend voran, im Dezember 1935 beschloss man sogar, sich aufgrund der dortigen desolaten Lage „vorläufig" vom italienischen Markt zurückzuziehen.[401] Und auch aus überseeischen Exportmärkten drohten die Verdrängung und der Verlust der Marktposition. Die geschäftlichen Aussichten in Britisch- und Holländisch-Indien, so berichtete etwa Schmelz im Mai 1936 in der Vorstandssitzung, seien „außerordentlich trübe". Es bestehe die Möglichkeit, dass schon wenige Wochen

---

397 Vgl. Protokoll der Vorstandssitzung vom 17.11.1936, 25.1.1938 und 31.5.1938, in: CUA, 6603 Zg. 3/85, A 3.

398 Vgl. Devisenprüfbericht vom 19.8.1935, S. 7–10, in: NLA HA Hann.210, Acc. 2003/087 Nr. 113.

399 Vgl. Protokoll der Vorstandssitzung vom 20.12.1934, S. 5 f., in: CUA, 6603 Zg. 3/85, A 3.

400 Vgl. Schreiben des Vorstands an den Präsidenten des Landes-Finanzamtes Hannover vom 23.1.1935, in: NLA HA Hann. 210, Acc. 2003/087 Nr. 75. Vgl. auch das Antwortschreiben des Finanzamtes vom 8.2.1935, in dem offen Zweifel an der Argumentation von Continental hinsichtlich der Umgründung von Interconti und Export-Conti geäußert wurden. „Ob im Falle kriegerischer Auseinandersetzungen dieser dünne rechtliche Schleier, der leicht auch in seinem proforma-Charakter zu durchschauen ist, für die von der Conti AG angestrebte Sicherheit wesentlichen Wert hat, erscheint außerordentlich zweifelhaft", hieß es darin, in: ebd. Im November 1936 schloss man sich offenbar auch im Vorstand dieser Argumentation der Finanzbehörden an und empfahl die Liquidation der Interconti, nahm davon aber wenig später wieder Abstand. Vgl. Protokoll der Vorstandssitzung vom 23.11.1936 und vom 15.12.1936, in: CUA, 6603 Zg. 3/85, A 3.

401 Zur Lage in Italien, die von Kriegsverhältnissen, Einfuhrkontingenten und einem Verfall der Lira geprägt war, vgl. die Reiseberichte und Analysen von Dörre vom 18.11.1935 und vom 10.12.1935, in: CUA, 6714 versch. Zg. A 29,4.

später ein außerordentlicher Konkurrenzkampf eintrete, der dem Unternehmen das Verbleiben im Geschäft unmöglich mache. „In diesem Falle werden durch Liquidation der Geschäfte nicht nur erhebliche Verluste eintreten, sondern auch der Zustrom freier Devisen verloren gehen."[402] Diese Entwicklung war umso dramatischer, als das Gebiet des damaligen Britisch und Niederländisch Indien mit einem Gesamtabsatz von 2,1 Mio. RM die größten und wichtigsten überseeischen Exportländer für Continental waren.[403] Vor allem sah man sich mit der staatlichen Forderung nach Arisierung des Personals in den Auslandsniederlassungen konfrontiert. Tatsächlich hatte die Devisenprüfstelle schon 1935 in ihrem Bericht moniert, dass in den Aufsichtsräten der ausländischen Tochtergesellschaften der Interconti „jüdische und ausländische Personen" säßen.[404]

Eine der Auflagen für weitere Genehmigungen war es daher, dass die nichtdeutschen Treuhänder und Anteilseigner politisch zuverlässige, nach Möglichkeit auch „rein arische" Personen sein sollten. Unter dem Gesichtspunkt der „Rassezugehörigkeit" geriet aber vor allem das Personal in den Auslandsvertretungen der Continental ins Visier der NS-Stellen. Ab Dezember 1938 durften auf Anordnung der Behörden von den Unternehmen keine Zahlungen in Gestalt von Provisionen, Reisespesen oder Gehältern mehr an jüdische Vertreter und Angestellte vorgenommen werden. Davon war, wie das Büro der Export-Conti in Hannover feststellte, ein nicht unerheblicher Teil der Auslandsniederlassungen und Vertretungen betroffen, insgesamt 17, darunter so wichtige Standorte wie Sofia, Kairo, Istanbul, Teheran, Posen und Warschau, Paris, Sydney und New York, ebenso wie die Continental-Vertretung in Wien, die zu diesem Zeitpunkt formal nicht mehr als Ausland galt.[405] Von einem Teil seiner jüdischen Vertreter trennte sich Continental durch Kündigung der Verträge, für eine Reihe von ihnen beantragte man aber für eine Übergangszeit auch Sondergenehmigungen bei der Devisenstelle zur vorübergehenden Weiterzahlung der Provisionen und Gehälter. Betroffen von den Maßnahmen war unter anderem auch Ernest Loe-

---

402 Protokoll der Vorstandssitzung vom 4.5.1936, in: CUA, 6603 Zg. 3/85, A 3. Vgl. Protokoll der Besprechung zur Situation in Indien, u. a. bei der Continental Tyre and Rubber Company, Bombay, vom 18.1.1937 und vom 9.7.1937, in: CUA, 6525 Zg. 1/65, A 167, sowie auch CUA, 6610 Zg. 1/85, A 2.
403 Vgl. die Länderübersicht für 1935/36, in: CUA, 6714, versch. Zg. A 22.
404 Vgl. ebd., S. 7.
405 Vgl. die Zusammenstellung vom 29.11.1938, in: CUA, 6714 Zg. 2/58, A 11,1. Von den Sanktionen war auch der langjährige Continental-Vertreter in Buenos Aires, Ernst Block, betroffen, der seit 1903 in Argentinien lebte, aber in einem Schließfach bei der Dresdner Bank in Hannover noch Aktien im Wert von nom. 12 000 RM liegen hatte, die in der Folgezeit als „dem Reich verfallen" beschlagnahmt wurden. Vgl. NLA HA Hann. 210 Acc. 2004/024 Nr. 429.

ser, der in Paris das französische Geschäft für Continental mit aufgebaut und jahrzehntelang geführt hatte. Im Juni 1933 war mit der Gründung der eigenen Tochterfirma Pneumac SARL Paris zwar eine neue Leitung eingesetzt worden, aber Loeser verantwortete weiterhin das Reifenzusatzgeschäft. Die Pariser Niederlassung befand sich zum Zeitpunkt der antisemitischen Maßnahmen mitten in einer turbulenten Umbruchphase, in der Franc-Abwertung, Steuer- und Zollerhöhungen, Einfuhrkontingentierungen sowie nicht zuletzt eine desaströse Preispolitik von Michelin die Geschäfte immer schwieriger machten.[406]

In Hannover musste man allerdings die unangenehme Erfahrung machen, dass die „Arisierung" seiner Auslandsvertreter keineswegs problemlos verlaufen und mit Komplikationen und empfindlichen Rückwirkungen auf die Auslandsgeschäfte verbunden sein konnte. Ausgangspunkt war die zum Juni 1938 formal ordnungsgemäße Kündigung des Vertretungsabkommens mit Rudolf Gross, dem Continental-Repräsentanten in Wien und damit auch Verantwortlichen für das österreichische Geschäft mit technischen und chirurgischen Produkten, der zudem die entsprechenden Alleinvertretungsrechte in der Tschechoslowakei besaß.[407] Gross stand seit März 1930 in den Diensten von Continental, daneben gab es aber noch eine weitere Continental-Vertretung in Wien, die allein für das Reifengeschäft zuständig war und unter Leitung von Otto Kahn sen. und dessen Sohn stand, beide ebenfalls Juden. Schon im Dezember 1933 hatte Dörre in einem Reisebericht zum österreichischen Markt nicht nur Mängel in der Organisation der Continental-Vertretung kritisiert, sondern auch den jüdischen Familienhintergrund der dortigen Angestellten thematisiert: „Otto Kahn jun. gibt sich wirklich sehr viel Mühe um das Geschäft, und dass er die hervorstechenden Eigenschaften seiner Rasse in der Verkaufstätigkeit zeigt, ist nicht in jedem Falle ein Schaden für uns."[408] Gleichzeitig jedoch sah man angesichts der politischen Verhältnisse Probleme auf das Reifengeschäft zukommen. „Für uns dürfte also, wenn es nicht gelingt, die nationalsozialistische Bewegung ganz zu unterdrücken, was nicht nur ich bezweifle, es notwendig sein, dass wir uns doch umstellen. In Linz z. B. erklärten mir zwei Händler, von denen der eine durch seinen Bruder bei einer großen Autobus-Gesellschaft fühlbaren Einfluss ausübt, dass, solange unser Vertreter Jude sei, in Linz bestimmt

---

406 Vgl. die detaillierte Chronik zum Frankreich-Geschäft in: Ordner Länderchroniken, ohne Signatur, sowie auch CUA, 6714 Zg. 1/95, A 1, und die diversen Besprechungsnotizen, u. a. zu „unsere Linie Frankreich" vom 30.3.1935 zur Neuordnung des Geschäfts und zu dem damals durchaus ernsthaft erwogenen Rückzug aus dem französischen Reifenmarkt, in: CUA, 6714 versch. Zg. A 29,3.
407 Zum Folgenden vgl. die Korrespondenz in: CUA, 6714, Zg. 2/58, A 7,1 und 7,2.
408 Reisebericht Österreich Nr. 17 vom 11.12.1933, in: CUA, 6714 versch. Zg. A 29,3.

keine Continental-Reifen verkauft würden."[409] Die Verbindungen zu den Kahns waren daraufhin offenbar gelöst und das Reifengeschäft einem „arischen" Vertreter übergeben worden, das Geschäft mit technischen und chirurgischen Artikeln unter Gross dagegen hatte man bis zum Jahresbeginn 1938 unberührt gelassen.

Ende Mai 1938 entschloss man sich dann aber auch hier zu einer ordnungsgemäßen Kündigung des Vertretungsabkommens und zur Liquidation des österreichischen Geschäfts, das nicht zuletzt auch infolge des inzwischen vollzogenen Anschlusses von Österreich als Auslandsgeschäft obsolet geworden war. Schmelz und Gross vereinbarten dabei einvernehmlich die Übergabe und finanzielle Ablösung des noch bestehenden Konsignationslagers sowie auch des eigenen Lagers von Gross mit Continental-Artikeln und auch die Ausführung und Verrechnung noch aller schwebenden Aufträge mit den sich daraus ergebenden Provisionsanteilen und weiteren eventuellen Vergütungen.[410] Gross emigrierte daraufhin in die USA, aber am 15. März 1939 landete ein Brief von ihm auf dem Schreibtisch von Conti-Vorstand Schmelz mit der Aufforderung, sämtliche Unterlagen über die endgültige Abwicklung des Geschäfts nach New York zu senden und die noch ausstehenden Provisionszahlungen dorthin zu überweisen. Continental befand sich dadurch in einer Zwickmühle, denn inzwischen hatten die Devisenbehörden sämtliche Unterlagen und die weitere Verfügung über die Geschäftsaufgabe und die Verwertung des jüdischen Vermögens von Gross an sich gerissen. Die Gross aus der Vertragsauflösung bislang zustehenden 2858 RM, zu denen voraussichtlich noch weitere ca. 4000 RM kommen würden, waren daher von Hannover ordnungsgemäß auf ein Sperrkonto bei der Österreichischen Creditanstalt Wien überwiesen worden; eine direkte Überweisung in die USA war nicht möglich.[411]

Das für Continental Prekäre und äußerst Unangenehme war, dass sich Gross, als keine unmittelbare Reaktion aus Hannover kam, seine Forderungen bei einem New Yorker Gericht durch Beschlagnahme bei der dortigen Continental-Vertretung, der Bittner Corporation, geltend machte. Zur Vertretung der eigenen Interessen war man in Hannover daraufhin gezwungen, seinerseits einen Anwalt in New York zu beauftragen, zumal sich inzwischen auch der New Yorker Continental-Vertreter über die entstandene, für das Geschäft höchst missliche Situation beschwert hatte und man bereits die ersten Vorladungen zu Gerichtsanhörungen erhalten hatte. „Wir hatten gestern eine Unterredung mit

---

409 Ebd.

410 Vgl. Schriftwechsel Gross mit Schmelz vom 27.5. und 2.6.1938, in: CUA, 6714, Zg. 2/58, A 7,1.

411 Vgl. Schreiben Continental an die Devisenstelle in Wien vom 3. und 18. April 1939, in: ebd.

dem Anwalt, welcher Gross vertritt", schrieb Bittner nach Hannover, „und diese Leute haben uns ganz offen erklärt, dass sie Ihnen absichtlich so viel wie möglich schaden wollen. Leider sind wir es aber, welche ganz unschuldiger Weise am meisten in Mitleidenschaft gezogen sind, denn unser Kapital ist gebunden, nachdem wir jeden Tag von den Gerichten aufgefordert werden können, die Ihnen schuldenden und fälligen Beträge zu deponieren."[412]

Continental bestürmte denn auch die Wiener Devisenbehörde um Beratung und Abstimmung des weiteren Vorgehens, nicht zuletzt auch um zu verhindern, dass Gross' Vorgehen Schule machte. Doch von dort kam keine Antwort, so dass Continental nun versuchte, das Deutsche Generalkonsulat in New York mobil zu machen. Inzwischen hatte Gross seine Forderungen auf insgesamt knapp 24 000 RM konkretisiert und dafür auch einen offiziellen Pfändungsbeschluss bei der Bittner Corp. für das dort bestehende Konto mit fälligen Zahlungen an Continental, d. h. der dort liegenden Vermögensteile von Continental, erwirkt. Durch die Beschlagnahme des New Yorker Devisen-Guthabens und der Einstellung von Produktlieferungen an Bittner war ein Großteil des Amerikageschäfts von Continental blockiert und zum Erliegen gekommen.

In Hannover war man allerdings immer noch ratlos, wie man reagieren sollte. Inzwischen hatte man das RWM informiert, das jedoch die Angelegenheit an die Reichsstelle für den Außenhandel weitergegeben hatte. Immerhin hatte sich inzwischen die Außenhandelsstelle der IHK Niedersachsen-Kassel auf die Ratsuche gemeldet, allerdings machte man Continental wenig Hoffnung, dass die Angelegenheit vor Gericht zugunsten des Unternehmens beigelegt werden könnte. Weder die spezifisch deutschen und explizit gegen ausgewanderte Juden gerichteten Devisenbestimmungen noch die Bestellung kommissarischer Vermögensverwaltungen für jüdisches Eigentum würden dort als gültig und rechtmäßig anerkannt. „Dann kann ja jeder Jude in den USA gegen Deutschland alles Mögliche einklagen", notierte Schmelz empört an den Rand des IHK-Schreibens.[413] Zu allem Unglück für Continental erwies sich auch der angeheuerte New Yorker Anwalt nicht gerade als übereifrig, den Interessen des Unternehmens Geltung zu verschaffen. Die zuständige Abteilung der Export-Conti informierte daher im August 1939 die Finanzabteilung im Hause, schleunigst sämtliche noch irgendwo bei Banken in New York liegenden Dollar-Guthaben oder Wertpapiere herauszuziehen, um sie nicht der Gefahr weiterer Beschlagnahmungen auszusetzen. Inzwischen hatte Gross beim Supreme Court des Staates New York auch offiziell Klage gegen Continental erhoben. Im November kam es dann zur Verhandlung. Gross bekam Recht, wogegen Continental aller-

---

412 Schreiben Bittner an Continental vom 7.7.1939, in: ebd.
413 Vgl. das Schreiben vom 15.6.1939, in: ebd.

dings umgehend Berufung einlegte. Beide Seiten einigten sich schließlich darauf, Vergleichsverhandlungen aufzunehmen, die sich dann allerdings hinzogen. Das letzte überlieferte Schriftstück in dieser Auseinandersetzung datiert vom 10. Dezember 1941, allerdings mit dem Vermerk versehen „Wegen Kriegsausbruch nicht abgesandt". Damit waren sowieso sämtliche noch bestehenden Devisenguthaben von Continental in den USA verloren.

In ziemliche Turbulenzen geriet Continental auch mit seiner neuen Fabrik in Spanien. Anfang 1935 war im Vorstand einmütig der Entschluss zur Gründung einer Gummireifen-Fabrik in dem südeuropäischen Land gefasst worden, allerdings zogen sich die daraufhin begonnenen Verhandlungen mit einer spanischen Finanzgruppe, auf deren Beteiligung man in Hannover Wert legte bzw. die die Initiative ergriffen und sich an den Continental-Vorstand gewendet hatten, hin. Hinter dem Plan stand mithin kein Vierjahresplan-Konzept des RWM oder einer anderen NS-Behörde, allerdings erfolgten von Anfang an sämtliche Schritte und Planungen in enger Abstimmung mit den staatlichen Stellen, ohne deren Genehmigung keine derartige Investition möglich war. Das Kalkül war zum einen, dass sich der spanische Automobil- und damit Reifenmarkt vielversprechend entwickelte und auch alle Prognosen günstig waren. Allerdings hatten inzwischen sowohl Pirelli wie Michelin und Firestone eigene Fertigungsstätten in Spanien errichtet und damit Continental vom Markt fast vollständig verdrängt, zumal auch hohe Schutzzölle den Import unrentabel machten. Hatte Continental hier 1929 einen Wertumsatz von 1,2 Mio. RM erzielt, so war dieser bis 1934 auf 56 000 RM, d. h. gerade einmal 1040 Stück verkaufte Reifendecken, zur Bedeutungslosigkeit geschrumpft.[414] Vorgesehen war der Bau einer Fabrik mit einer Jahresproduktion von ca. 700 to, also etwa 100 Autoreifen und Schläuche pro Tag. Das dafür benötigte Gesamtkapital von 2,750 Mio. Pesetas, umgerechnet 883 000 RM, steuerte Continental zu 64 Prozent bei, während die spanische Gruppe den restlichen Anteil übernahm und auch das Grundstück, eine stillgelegte Fabrik in Torrelavega in der Region Santander, einbrachte. Die spanische Finanzierungsgruppe hatte sich ihr Engagement von Continental gut entlohnen lassen, denn die Hannoveraner hatten den Investoren vertraglich eine jährliche Brutto-Dividende von 14 Prozent zugesichert. Dennoch erschien das Projekt, wie man der Reichsstelle für Devisenbewirtschaftung in Berlin detailliert darlegte, auch für Continental höchst lukrativ.[415] Der Gesamtaufwand war mit ca. 600 000 RM relativ gering. Man rechnete mit einem Jahresumsatz von umgerechnet 2,1 Mio. RM sowie einem auf Continental entfallenden Bruttoge-

---

414 Vgl. Schreiben Continental an das RWM vom 21.1.1935, in dem ausführlich über das Projekt informiert wurde, in: NLA HA Hann. 210, Acc. 2003/087 Nr. 79.
415 Vgl. Schreiben Continental vom 26.4.1935, in: NLA HA Hann. 210 Acc. 2003/087 Nr. 79.

winn von ca. 160 000 RM pro Jahr.[416] „Wir legen jedoch", so der Vorstand an den Aufsichtsrat, „auf die in der Anlage zum Ausdruck gebrachten Rentabilitätsbetrachtungen nicht so sehr entscheidenden Wert, als vielmehr darauf, dass uns überhaupt die Möglichkeit gegeben wird, im Betriebe einer ausländischen Zweigfabrik praktische Erfahrung zu sammeln."[417]

Abb. 72: Continental-Werbung in Spanien 1936

Am 25. Juni 1935 erfolgte schließlich, nachdem alle mit einer Reihe von Bedingungen verbundenen Genehmigungen der deutschen Behörden vorlagen, die offizielle Gründung der Continental Fabrica Española del Caucho SA; kurz darauf, am 8. Juli, wurde auch die dazugehörige eigene Verkaufsgesellschaft, die Neumaticos Continental SA mit Sitz in Madrid, etabliert.[418] Jedoch erst am 1. März 1936 erfolgte die Fabrikationsaufnahme mit einer Tagesfertigung von je 30 Autoreifendecken und Schläuchen, die von 75 Beschäftigten produziert wurden.[419] Zur technischen wie kaufmännischen Leitung hatte Continental zwei leitende Angestellte und Ingenieure nach Spanien entsandt, allen voran den vormaligen Leiter der Autoschlauch-Abteilung in Hannover, Karl Ebeling, begleitet

---

416 Vgl. die Darstellung des Projektes gegenüber dem Aufsichtsrat vom 26.4.1935, in: Ordner Korrespondenz mit dem Aufsichtsrat.

417 Schreiben vom 26.4.1935, in: ebd.

418 Vgl. den reich bebilderten Bericht Assbroichers zu Torrelavega in: Die Werksgemeinschaft 1 (1935), S. 3.

419 Vgl. Protokoll der Aufsichtsratssitzung vom 16.3.1936, in: BArch R 8119 F/P 02119.

von einer Handvoll erfahrener Meister und Vorarbeiter, die die spanischen Arbeitskräfte anlernen und anleiten sollten. Erstmals wurde Continental damit auch formal wieder ein multinationales Unternehmen.[420] Doch der Start des Unternehmens stand zunächst unter keinem guten Stern. Der verzögerte, ursprünglich schon zum Jahresbeginn vorgesehene Produktionsstart hatte auch die Verkaufsbemühungen gehemmt, trotz aller intensiven Werbemaßnahmen und eines detailliert geplanten „Propagandafeldzuges".[421]

Selbst hier machte sich jedoch der lange Arm der NSDAP bemerkbar. Ende Juni 1936 erhielt die deutsche Firmenleitung in Madrid ein Schreiben, in dem sich ein Sportreferent der NSDAP darüber beschwerte, dass Continental nur in „Linksblättern" inserierte und deutschfreundliche Zeitungen wie die „Mundo-Deportivo" nicht berücksichtige.[422] Auch sonst geriet die neue Fabrik nur wenige Monate nach ihrer Eröffnung in politische und wirtschaftliche Turbulenzen. Im Juli 1936 brach der Spanische Bürgerkrieg aus, in dessen Gefolge nicht nur der Peseta-Kurs rasant verfiel, sondern Torrelavega auch von der Volksfrontarmee erobert wurde. Anstelle des geplanten Millionenumsatzes waren gerade einmal umgerechnet 263 000 RM erwirtschaftet worden. Die Fabrik wurde besetzt, die deutsche Leitung vertrieben, die allerdings auch die Mischungsrezepturen und Spezifikationen mitnahm und in Sicherheit brachte. Die leitenden Angestellten in der Madrider Verkaufsgesellschaft dagegen harrten aus und hielten die Stellung. Eineinhalb Jahre lang wusste niemand in Hannover Bescheid, wie es um die Fertigungsstätte stand, in der die kommissarische Leitung der spanischen Besatzer mehr schlecht als recht eine Fortführung der Reifenproduktion versucht hatte.[423]

Als die stillgelegte Fabrik Ende August 1937 nach der Eroberung Torrelavegas durch die Truppen Francos wieder durch die Deutschen in Gang gesetzt wurde, musste man zwar den langen Umsatzausfall verbuchen, aber die Anlagen selbst waren fast unbeschädigt geblieben.[424] Die weiteren Risiken waren

---

420 Vor dem Ersten Weltkrieg hatte Continental Fertigungsstätten in den USA, in Australien und in Frankreich. Der Aufbau einer Fertigung in Clichy bei Paris etwa war 1907/8 erfolgt.
421 Vgl. das Protokoll der Besprechung vom 10.3.1936, in: CUA, 6714 versch. Zg., A 29,4, sowie zum „Propaganda-Programm" CUA, 6714 versch. Zg., A 27.
422 Vgl. das Schreiben vom 30.6.1936, in: ebd.
423 Vgl. die Notiz vom 20.8.1936 betr. „die augenblickliche Lage unserer beiden Gesellschaften in Spanien", in: Ordner Korrespondenz mit dem Aufsichtsrat, sowie den ausführlichen Bericht von Schmelz über seine geradezu abenteuerliche Reise nach Torrelavega und die dort geführten Verhandlungen mit den kommunistischen Miliztruppen vom 24.8.1936, in: BArch R 8119 F/P 02116.
424 Vgl. die Bewertungen und Berichte in den WP-Prüfberichten der Vertriebsgesellschaften für 1935–1938, S. 14, in: CUA, 67911 Zg. 1/2006, A 1,1. Zur Absicherung der mit ca. 1 Mio. RM veranschlagten Risiken bemühte man sich aber von Seiten der Reichsstellen, allen voran der

nach wie vor hoch, da der Bürgerkrieg noch lange nicht beendet war und bis April 1939 dauern sollte. Allerdings kurbelte man dennoch rasch wieder die Reifenfertigung an. Nach zunächst nur 30 to verarbeiteten Kautschuks im Jahr 1937 schnellte die Fertigung bis Frühjahr 1939, nachdem im Laufe des Jahres 1938 noch Erweiterungsmaßnahmen vorgenommen worden waren, auf 1000 to hoch, gleichzeitig wuchs die Belegschaft, die zunächst auf 50 geschrumpft war, auf über 200 Arbeiter und Angestellte an.[425] Die Gesamtumsätze waren von umgerechnet 82 000 RM im Jahr 1937 auf über drei Mio. RM Mitte 1939 explodiert.[426] Neben Reifen wurde auch die Fertigung von Keilriemen und Schuhabsätzen aufgenommen. Finanziert wurde das Ganze aus den guten Geschäften mit Franco, die schon 1938 zur „Ansammlung nicht unbedeutender Geldmittel" geführt hatten.[427]

Dennoch war unter dem Strich schon 1937 von der neuen Strategie Continentals und dem vielpropagierten „Kampf um Export-Märkte" nicht mehr viel übrig. Der Export war mit der Beschaffung von Devisen vielfach zur Funktion des Inlandsgeschäfts geworden, um die teuren Rohstoffkäufe und -kredite zu finanzieren. Schmelz beschrieb die Unternehmenspolitik auf einer Besprechung im Februar 1937 so:

> Hauptaufgabe des Exports ist, etwaige Produktionstäler der Fabrik zu füllen, was auf der anderen Seite Zurückgehen des Exportgeschäfts bedeutet, wenn das deutsche Geschäft für sich starke Produktionsspitzen wie augenblicklich aufweist. Die Behinderungen, die sich daraus augenblicklich für das Exportgeschäft ergeben in Bezug auf Warenzuteilung müssen in Kauf genommen werden, dennoch ist als Idealziel anzustreben, den Verkaufsapparat des Exportgeschäftes so elastisch zu halten, dass bei Auftreten von Produktionstälern die Absatzmöglichkeiten des Exportgeschäfts sofort der Fabrik nutzbar gemacht werden können. Besondere Beachtung bei dieser elastischen Umsatz-Politik des Exportgeschäfts erfordert die Unkostenfrage[428]

Devisenstelle, eine zumindest teilweise Risikoübernahme zu erreichen. Vgl. Schreiben Continental an die Devisenstelle Hannover vom 15.9. und 25.9.1937, in: NLA HA Hann. 210, Acc. 2003/087 Nr. 75.

425 Vgl. den Bericht „Torrelavega. Unser aufstrebendes Werk in Spanien", in: Die Werksgemeinschaft 4 (1939), S.10 f.

426 Vgl. die Angaben in: CUA, 6630, versch. Zg. A 4, sowie vor allem auch der Bericht über die vier Geschäftsjahre vom 1.1.1936 bis 31.12.1939, in: CUA, Ordner Geschäftsberichte der Tochtergesellschaften, auch in: BArch R 3101/34408.

427 Vgl. Niederschrift der Vorstandssitzung vom 26.8.1938, in: CUA, 6603, Zg. 3/85, A 3. Für 1938 verbuchte die Vertriebsgesellschaft einen Reingewinn von umgerechnet fast 500 000 RM. Spätere Ermittlungen erbrachten für das spanische Geschäft für die Jahre 1935 bis 1941 einen Reingewinn für Continental von 6,2 Mio. Pesetas, d. h. zum damaligen Clearingkurs umgerechnet ca. 1,8 Mio. RM, was einer Rentabilität von fast 44 Prozent im Jahresdurchschnitt entsprach. Vgl. Notiz vom 11.7.1942, in: BArch R 8119 F/P 02140.

Tatsächlich war das Exportgeschäft trotz aller Bemühungen anders als in früheren Jahren fast durchgehend mit erheblichen Verlusten verbunden. Jahr für Jahr verbuchte die Interconti rote Zahlen in Höhe von ca. einer Mio. RM, und die internen Gewinn- und Verlustrechnungen zeigen, dass die tatsächlichen negativen Geschäftsergebnisse im Ausland noch erheblich höher lagen als ausgewiesen.[429] 1936 kamen etwa neben -0,8 Mio. RM noch „besondere Mindererlöse Ausland" in Höhe von 2,25 Mio. RM hinzu, so dass sich der Gesamtverlust in diesem Jahr auf über drei Mio. RM summierte.[430] „Trotz ZAV ist das Exportgeschäft verlustbringend", berichtete der Vorstand Mitte Dezember 1936 auf der Aufsichtsratssitzung. „Die Exportnotwendigkeit mit Forderung nach Rohstoffkrediten und Devisenausfall etc. gebietet aber trotzdem die Weiterführung."[431] Zudem verboten auch politische Gründe eine etwaige Reduzierung des verlustreichen Auslandsgeschäfts. In einer Vorstandssitzung berichtete Schmelz seinen Kollegen von der „Gefahr, dass bei mangelnder Steigerung behördlicherseits eine Erzeugungsquote für den Export festgelegt werden kann."[432]

Auch die vom RWM 1935 eingeführte Export-Abgabe trug mit zu den Verlusten bei. Auf die Kautschuk-Industrie, für die der vom Umsatz zu zahlende Prozentsatz überdurchschnittlich hoch bemessen war, kamen Belastungen von über zehn Mio. RM zu, wovon allein 4,125 Mio. RM auf Continental entfielen.[433] Dass bei den Verhandlungen dazu, deren Ergebnis vom Continental-Vorstand für untragbar gehaltenen wurde, nur Schäfer als damaliger Führer der Fach-

---

428 Besprechungsnotiz Continental-Vorstand vom 18.2.1937, in: CUA, 6714 versch. Zugänge, A 1.

429 Vgl. die Erfolgsrechnungen und Bilanzen der Interconti 1934/35 ff., u. a. in: BArch R8119 F/P 02140 sowie CUA, 6600 Zg. 1/60, A 17.

430 Vgl. WP-Bericht für 1936/37 in: CUA, 6630 Zg. 1/56, A 33, sowie die Debatte im Vorstand über die hohen Exportverluste und die Möglichkeiten, darauf zu reagieren, u. a. durch Rückzug aus besonders verlustbringenden Ländern, die weitere Priorität bei der Produkt-Belieferung des Inlandsgeschäfts sowie – da die größten Verluste in den clearingfreien Ländern entstanden – die Aufhebung des bisherigen Unterschieds zwischen devisenfreien und Clearing-Ländern, „sodass die bisher zur Hebung des Umsatzes nach devisenfreien Ländern gemachten besonderen Anstrengungen in Fortfall kommen." Protokoll der Vorstandssitzung vom 2.2.1937, in: CUA, 6603 Zg. 3/85, A 3.

431 Protokoll der Aufsichtsratssitzung vom 16.12.1936, in: Ordner Protokolle zu den Aufsichtsratssitzungen.

432 Protokoll der Vorstandssitzung vom 24.5.1939, in: CUA, 6603 /g. 3/85, A 3.

433 Vgl. Protokoll der Vorstandssitzung vom 11.6.1935, in: CUA, 6603 Zg. 3/85, A 3. Vgl. allgemein zur Exportabgabe auch Christopher Kopper, Das Ministerium Schacht und sein Einfluss, in: Ritschl (Hrsg.), Das Reichswirtschaftsministerium in der NS-Zeit, S. 76–110, hier S. 106 f. Tatsächlich betrug die Exportabgabe für Continental 1935 nur 2,68 Mio. RM, kletterte dann jedoch in Korrelation zum Gesamtumsatzwachstum bis 1938 auf 5,4 Mio. RM. Vgl. WP-Bericht 1938/39, in: CUA, 6630 Zg. 1/56, A 37.

schaft Kautschukindustrie beteiligt war, ohne dass auch Continental mit eingeschaltet worden wäre, hatte für erhebliche Verstimmung in Hannover gesorgt.[434]

Zwar erreichte Continental 1937 ein halbwegs ausgeglichenes Geschäftsergebnis im Exportbereich und 1938 konnte hier nach langen Jahren erstmals wieder ein Gewinn von 1,2 Mio. RM verbucht werden. Dennoch blieb das Exportgeschäft weiterhin von großen Schwankungen und Unsicherheiten geprägt. Nicht zuletzt häuften sich seit Frühjahr 1937 alarmierende Meldungen aus allen Teilen der Welt über Reifenreklamationen. „Die ablehnende Haltung der hiesigen Kundschaft gegenüber unseren Reifen wegen der dauernden Beanstandungen hiermit veranlasste nunmehr den hiesigen Daimler-Benz-Agenten, zukünftig sämtliche Diesellastwagen unbereift zu importieren und sich dann mit den hiesigen Firestone- und Michelin-Vertretern über besondere Preise bei Montage ihrer Reifen zu verständigen", hieß es etwa in einem Bericht des Vertreters aus Peru im April 1937.[435]

Dabei wurden für die Exportmärkte noch die besten Rohstoffe eingesetzt, die Verwendung von Buna, Kunstseide und anderen deutschen Rohstoffen hatten die Behörden explizit verboten. Das galt nicht nur für Reifen, sondern auch für viele technische und andere Gummiwaren, die, wie etwa Gummihandschuhe oder -spielzeug und einzelne Haushaltsartikel, teilweise regelrechte Exportschlager waren. Die Firmen wurden damit vom Staat geradezu gezwungen, eine Doppelfabrikation bzw. zwei parallele Fertigungszweige einzurichten – minderwertigere Buna-haltige Produkte für den deutschen Inlandsmarkt und hochwertige Naturkautschuk- Artikel für die Auslandsmärkte.[436] „Es liegt auf der Hand, dass wir schon mit Rücksicht auf die politischen Verhältnisse des Auslandes nur mit einem qualitativ überragenden Reifen imponieren können", hieß es dazu in einer internen Notiz vom April 1939.[437] Dass etwa die Hälfte der ins Ausland exportierten ca. 52 000 deutschen Kraftfahrzeuge, wie Continental in einer auf eigene Faust gestarteten Recherche im Februar 1938 festgestellt hatte, Deutschland unbereift verließen und dann in den jeweiligen Ländern mit aus-

---

434 Vgl. Schreiben Gehrke an Rösler vom 13.6.1935, in: Ordner Korrespondenz mit dem Aufsichtsrat 1933–1936.

435 Vgl. dazu und zu weiteren Reklamationsberichten aus aller Welt – besonders drastisch aus Finnland, wonach dort Continental-Reifen bereits nach 2 bis 300 km explodiert an den Händler zurückkamen – die Notiz vom 27.4.1937, in: CUA, 6525 Zg. 1/65, A 207.

436 Vgl. Notiz des Phoenix-Vorstandsmitglieds Kühns vom 12.4.1939 über eine Sitzung der Fachgruppe Kautschukindustrie, in: HADB F 002/749. Dazu auch den ausführlichen Jahresrückblick von Schmelz zum Export-Geschäftsjahr 1936/37 „an die Herren Filialleiter und Attachés im Auslande" vom 15.9.1937, in: CUA, 6714 versch. Zg. A 31.

437 Notiz vom 21.4.1939, in: CUA, 6525 Zg. 1/65, A 207.

ländischen Reifen versehen wurden, war in den Augen des Continental-Vorstandes nachgerade ein Politikum, denn dahinter stand offenbar durchaus ein zumindest stillschweigendes Einverständnis der deutschen Behörden.[438] Auf Drängen von Continental erließ daher das RWM eine Anweisung, nach der künftig sämtliche Personenwagen vollständig bereift zu exportieren waren. Nachdem aber die Automobilfabriken dabei offenbar wenig Sorgfalt aufgebracht hatten und die Kraftfahrzeuge, wie Continental über seine Händler und Vertreter schnell herausgefunden hatte, fast durchwegs zu schwach bereift waren und damit weder den Belastungen noch den Geschwindigkeiten in den jeweiligen Ländern standhielten, wurde letztlich, wie man im Mai 1939 bei einer Besprechung konstatieren musste, das Gegenteil von dem erreicht, was man wollte, und der Ruf der Marke Continental drohte nachhaltig geschädigt zu werden.[439]

Dazu kamen vor dem Hintergrund des boomenden Inlandsmarktes wachsende Kapazitätsprobleme, so dass der Rückstand an Auslandsorders und die damit verbundenen Lieferrückstände im Laufe des Jahres 1938 massiv zunahmen, mit der Folge, dass zahlreiche Geschäfte verloren gingen. Dass das RWM die unübersehbaren Probleme im November 1938 durch eine Anordnung des stärksten Einsatzes aller Reifenfabriken für das Ausfuhrgeschäft und die vordringliche Behandlung von Exportaufträgen zu beheben versuchte, machte die Lage für Continental nicht leichter, sondern verstärkte nur die Zwangslage und Dilemmasituation. Die Bemühungen der Reifenhersteller, die aufgetretenen Schäden und Verzögerungen durch große Kulanz im Umtausch oder beim Preis auszugleichen, setzten einen Teufelskreis in Gang, der nicht nur in Devisenverlusten und roten Zahlen im Auslandsgeschäft mündete, sondern auch in sinkenden Marktanteilen.

Die letztlich schwache Position der deutschen Reifenindustrie insgesamt im internationalen Geschäft, aber auch von Continental, die allein 85 Prozent des deutschen Reifenaußenhandels bestritt, hatte mithin vielfältige, hausgemachte wie externe Gründe. Eine Continental-interne Analyse des weltweiten Autoreifen-Außenhandels im Jahr 1936 machte das ganze düstere Bild der Position der deutschen Reifenindustrie deutlich: Mit gerade einmal einem Anteil von 5,8 Prozent an der Reifenausfuhr der Hauptproduktionsländer stand Deutschland nach

---

438 Vgl. Schreiben Continental an die Prüfungsstelle Chemie vom 9.2.1938, in: CUA, 6525 Zg. 1/65, A 207, sowie die kleine Mappe Nr. 11 „Erstbereifungsaktion bei Deutschen Automobilfabriken", in: CUA, ohne Signatur. Vgl. auch die umfangreiche Aktion zur „Erfassung des Reifen-Ersatzgeschäfts für aus Deutschland eingeführte Automobile" mit zahlreichen Berichten der Conti-Auslandsvertretungen aus den unterschiedlichsten Ländern, in: CUA, Heft No. 14, ohne Signatur.
439 Vgl. Aktennotiz über eine Besprechung vom 25.5.1939, in: CUA, 6525 Zg. 1/65, A 207.

den USA, Kanada, England, Frankreich, Italien und Belgien an letzter Stelle. „Deutschland fällt stark ab, während Italien auf der ganzen Linie im Vormarsch ist", lautete auch das Fazit der Analyse für das Jahr 1937, und 1938 hatte sich, trotz der propagandistisch vom NS-Regime verkündeten Export-Offensive Deutschlands, daran nichts geändert.[440] Inzwischen sorgten auch kriegsbedingte Verhältnisse in vielen Ländern für Turbulenzen und Umsatzausfälle im Exportgeschäft, nicht nur der Bürgerkrieg in Spanien oder der Krieg Italiens in Äthiopien, sondern auch im Fernen Osten. „Das nicht unerhebliche Exportgeschäft mit China ist infolge der dort herrschenden Kriegswirren ganz ausgefallen", berichtete Schäfer im Juni 1938 dem Phoenix-Aufsichtsrat.[441] Letztendlich war aber die Auslandsmarktpolitik von Continental nicht nur Gefangener der Außenhandelspolitik des NS-Regimes, sondern sie ordnete sich trotz aller unternehmensinternen Strategien auch freiwillig der Exportpolitik des NS-Regimes unter, das zeigen nicht zuletzt Inhalt und Duktus der regelmäßigen Rundschreiben, die Schmelz als Vorstand an die Filialleiter und Vertreter im Ausland richtete.[442]

Der Anschluss Österreichs im März 1938 verwandelte den früheren Auslandsmarkt dort in eine Ausweitung des Heimatmarktes. Für Continental und die deutsche Kautschukindustrie bedeutete das einen Einschnitt, da die Semperit Österreichisch-Amerikanische Gummiwerke AG als größter Gummi- und Reifenkonzern nicht nur in die Branche integriert werden musste, sondern auch technische und vertriebspolitische Abstimmungen erforderlich wurden. Die ersten Anfänge des Unternehmens gingen auf das Jahr 1824 und den Unternehmer Johann Nepomuk Reithoffer zurück, 1872 waren durch Fusion mit der Harburger Gummifabrik die Vereinigten Gummiwarenfabriken Harburg-Wien entstanden, die sich 1922 wie erwähnt wieder in die Harburger Gummiwarenfabrik Phoenix AG und die Vereinigten Gummiwarenfabriken Wimpassing aufgespalten hatten.[443] Die Semperit AG selbst war 1889 gegründet worden, woraus dann im Jahr 1912 durch Zusammenschluss verschiedener österreichisch-ungarischer Gummi- und Reifenfabriken der Semperit-Konzern mit Sitz in Wien entstanden war.[444] Seine wichtigsten Produktionsstandorte befanden sich in Traiskirchen, Wimpassing und Wien-Stadlau, dazu kamen eine Reihe von Tochtergesellschaf-

---

440 Vgl. die jährlichen Analysen zum Automobilreifen-Außenhandel der Erde in: CUA, 6714 versch. Zg. A 31.

441 Bericht Schäfers vom 2.6.1938, in: HADB F 002/749.

442 Vgl. etwa das Rundschreiben vom 31.1.1939, in: CUA, 6714 versch. Zg. A 22.

443 Vgl. 150 Jahre Österreichische Kautschukindustrie 1824–1974. Von Johann Nepomuk Reithoffer zur Semperit-Gruppe, Wien 1975.

444 Vgl. ebd. sowie auch die Zusammenstellung der wichtigsten Unternehmensentwicklungen durch Semperit-Wien an die Besatzungsbehörden vom 24.11.1947, in: NARA M 1928. Re-

ten mit Fertigungsanlagen in Krakau, Budapest, Krainburg/Jugoslawien und Engerau in der Slowakei. Alles in allem beschäftigte Semperit 6600 Arbeiter und Angestellte. Hauptanteilseigner war inzwischen mit 54,4 Prozent die Credit-anstalt-Bankverein Wien, 22 Prozent des Aktienkapitals waren im Besitz der Familie Reithoffer. Die restlichen Aktien waren Streubesitz.[445]

Ungeachtet der traditionellen Verbindungen zwischen Phoenix und Semperit – zwischen beiden Unternehmen bestand etwa ein „Rayonnierungsvertrag" zur gegenseitigen Abgrenzung der Exportaktivitäten[446] – hatte es schon 1933 im Zuge der Konzentrationswelle in der deutschen und europäischen Kautschukindustrie in Hannover wie Wien Gedankenspiele zu einer engen Kooperation mit gegenseitiger Aktienbeteiligung gegeben. Die Idee war von der Dresdner Bank sowie der Wiener Mercur-Bank als damaliger Mitanteilseignerin gekommen, allerdings befand sich Semperit in einer schlechten finanziellen Lage, so dass die Continental angebotene Kaufofferte von Semperit-Aktien in Höhe von umgerechnet knapp 3,4 Mio. RM letztlich zu risikoreich erschien, auch wenn der tschechische Gummikonzerns Bata Interesse zeigte und Semperit als potenziellen Übernahmekandidaten ansah.[447] Der österreichische Reifen- und Gummikonzern war nur langsam aus der Weltwirtschaftskrise herausgekommen, fehlende Modernisierungsinvestitionen und ausbleibende Rationalisierungsmaßnahmen führten dazu, dass die Umsätze zwischen 1933 und 1935 kaum stiegen und jährlich marginale Gewinne zwischen 150 000 und 180 000 Schilling, umgerechnet kaum über 100 000 RM, ausgewiesen werden konnten.[448] Die Fertigung, ob bei Reifen oder bei Technischen Produkten, war veraltet, die Arbeitsprozesse unrationell und das Produktportfolio unübersichtlich. „Unser Unternehmen hatte in seiner Gesamtheit im Geschäftsjahr 1935 an der Besserung der

---

cords of the German External Assets Branch of the US Allied Commission for Austria (USACA) Section, Report on Semperit Gummiwerke AG, unter: https://www.fold3.com/image/271413610.

445 Vgl. Gerald D. Feldman, Die Creditanstalt-Bankverein in der Zeit des Nationalsozialismus, 1938–1945, in: ders., Oliver Rathkolb u. a. (Hrsg.), Österreichische Banken und Sparkassen im Nationalsozialismus und in der Nachkriegszeit, Bd. 1, München 2006, S. 23–684, hier S. 549.

446 Vgl. Schreiben Phoenix an die Generaldirektion der Semperit vom 19.12.1935, in: MDA/SHMH, Akte „Verbindungen Phoenix-Semperit" bzw. Akte „Castiglioni".

447 Vgl. Schreiben Mercurbank an Dresdner Bank vom 23.2.1933 und Schreiben Dresdner Bank an Tischbein vom 4.3.1933, in: CUA, 6610 Zg. 1/57, A 5, sowie Erker, Vom nationalen zum globalen Wettbewerb, S. 401.

448 Vgl. 150 Jahre Österreichische Kautschukindustrie, S. 58 ff.; Ein Haus in Traiskirchen, Semperit-Reifen. Die ersten 100 Jahre, Traiskirchen 1996, S. 41, zur Entwicklung der Reifenstückzahlproduktion 1932–1937, sowie Geschäftsbericht der Semperit für 1933 bis 1935, in: NARA M 1928. Records of the German External Assets Branch of the US Allied Commission for Austria (USACA) Section, Report on Semperit Gummiwerke AG, Exhibits to the Report, unter: https://www.fold3.com/image/271413610.

Weltwirtschaftslage nur bescheidenen Anteil [...] Eine grundlegende Änderungen zum Besseren ist noch nicht eingetreten", hieß es denn auch im Bericht des Verwaltungsrates an die Aktionäre.[449]

Im Lauf des Jahres 1936 wurde daher Franz Messner von der Creditanstalt als zunächst externer Berater, dann ab 1937 als neu ernannter Generaldirektor und Vorstandsvorsitzender mit der Sanierung von Semperit beauftragt. Messner war kein Gummifachmann und hatte ein bewegtes Leben als Kaffee-, Baumwoll- und Zuckerhändler mit brasilianischer Staatsbürgerschaft hinter sich.[450] Die Semperit-Werke, so konstatierte Messner, „hatten durch die veralteten Maschinen, die schlechten Arbeitsplätze und die vollkommen fehlende Arbeitsteilung, Arbeitsplanung und Arbeitsorganisation in den Preisen ihrer Fertigprodukte einen Abstand [zu den Konkurrenten], der erschreckend war."[451] Die Konzernstruktur stand allenfalls auf dem Papier und „trug noch immer den Stempel einer teilweisen unvollendeten Verschmelzung einzelner Gesellschaften an sich", wie es selbst in der Hauszeitschrift der Semperit hieß.[452] Messners Sanierungsmaßnahmen schlugen dann langsam an und zeigten erste Erfolge. Bis 1937 kletterte der Reingewinn auf knapp eine Mio. Schilling (umgerechnet 457 000 RM) und nach sechs Jahren wurde wieder eine Dividende von fünf Prozent gezahlt. Der neue Vorstandsvorsitzende war trotz seiner strikten Sanierungsmaßnahmen bei der Belegschaft beliebt und angesehen. Dennoch blieb die Lage, bei stagnierenden Umsätzen, kritisch.[453] Die Eingliederung Österreichs erschien daher als große Chance, die eingeleiteten Restrukturierungsmaßnahmen mit politischem Rückenwind und staatlicher Unterstützung weiter voranzutreiben, und so war es kein Wunder, dass der Verwaltungsrat in seinem Geschäftsbericht das Fallen der Grenzen und Zollschranken zu Deutschland und die Einverleibung der österreichischen Industrie in den Produktionsbereich Großdeutschlands geradezu mit Euphorie bejubelte.[454]

---

449 Vgl. Geschäftsbericht Semperit 1935, in: ebd.

450 Vgl. zu Franz Josef Messner: https://de.wikipedia.org/wiki/Franz_Josef_Messner, zuletzt aufgerufen am 30.4.2019, sowie Feldman, Die Creditanstalt-Bankverein, S. 552 ff.

451 Vgl. Ein Haus in Traiskirchen, S. 44.

452 Vgl. Arbeit & Freizeit, Hausmitteilungen der Semperit-Werke vom Februar 1938, S. 4, in: Privatarchiv Prudic.

453 Vgl. 150 Jahre Österreichische Kautschukindustrie, S. 60 f., u. a. zu der von Messner eingeleiteten Reorganisation der Verkaufsgesellschaften sowie der Bereinigung der unübersichtlichen Beteiligungsstrukturen.

454 Vgl. schon Geschäftsbericht 1937, S. 1, sowie Geschäftsbericht für 1938, S. 1, in: NARA M 1928. Records of the German External Assets Branch of the US Allied Commission for Austria (USACA) Section, Report on Semperit Gummiwerke AG, Exhibits to the Report, unter: https://www.fold3.com/image/271413610.

Tatsächlich kamen im Frühjahr 1938 die Kooperations- und Fusionsüberle-
gungen im Zuge des Anschlusses von Österreich erneut in Gang, allerdings
spielten dabei neben den Banken als Anteilseignerinnen und den beteiligten
Unternehmen nun auch das RWM und diverse NS-Stellen eine maßgebliche Rolle. Art und Weise der folgenden Entwicklungen sind es wert – zumal sie aus
den überlieferten Akten mit allen Verflechtungen und Hintergründen rekonstruiert werden können –, etwas genauer betrachtet zu werden, da sie geradezu exemplarisch für das Verhältnis von Unternehmen und staatlichen Behörden in
dieser Zeit stehen. Sie zeigen, dass sich selbst ein so mächtiger Konzern wie
Continental in einer Mischung aus versuchter Interessenwahrung und Lobbyis-
mus, vorauseilendem Gehorsam und politischen Zwängen den durchaus mit er-
presserischem Charakter verbundenen Vorgaben des RWM im Sinne der NS-Po-
litik und -Ziele unterordnete.

Für Continental erschien Semperit wegen seiner beiden Fabriken in Jugoslawien und Polen interessant, zudem gab es im Vorstand angesichts des Be-
strebens von Semperit, geeignete Ingenieure und Techniker aus dem „Altreich"
und insbesondere von Continental abzuwerben bzw. behördlicherseits zugeteilt
zu bekommen, Überlegungen, „ob es nicht zweckmäßig sei, diese nicht ganz zu
vermeidende Abwanderungen dadurch leichter tragbar zu gestalten, dass die
Continental mit der Semperit irgendwelche wirtschaftlichen Bindungen eingeht.
Die diesbezüglichen Möglichkeiten sollen untersucht werden, insbesondere
wird Dr. Könecke mit der Reichs-Kredit-Gesellschaft in Berlin Fühlung aufnehmen."[455] Zudem hatte sich die Gelegenheit ergeben, über einen Mittelsmann
verdeckt einen ersten Posten an Semperit-Aktien, zunächst 5000 Stück im Wert
von umgerechnet 300 000 RM, zu kaufen, was man in Hannover auch tat.[456] Zu
diesem Zeitpunkt verhandelten jedoch schon längst Schäfer und der Phoenix-
Vorstand „auf Anregung des Reichswirtschaftsministeriums" mit Semperit und
dessen Anteilseigner – was man in Hannover offenbar nicht wusste.

Schon im Mai 1938 war Phoenix-Vorstand Maret nach Wien gereist. Der Anschluss hatte dort erhebliche Turbulenzen und Fluktuationen sowohl im Aufsichtsrat wie im Vorstand und auf der Ebene der leitenden Angestellten von
Semperit nach sich gezogen. Die Wiener Creditanstalt-Bankverein war vollständig „arisiert" worden und im Zuge dessen der Verwaltungsratsvorsitzende ausgetauscht worden, ebenso wie der technische Direktor des Werks Wimpassing,
der Jude war. Die Position von Generaldirektor Messner war jedoch unangefoch-
ten geblieben, zumal dieser es schnell verstanden hatte, sich den neuen Verhältnissen anzupassen. „Die Semperit ist ein arisches Unternehmen", notierte

---

455 Protokoll der Vorstandssitzung vom 31.5.1938, in: CUA, 6603 Zg. 3/85, A 3.
456 Vgl. Aktennotiz Franz vom 18.7.1938, in: CUA, 6610 Zg. 1/57, A 5.

Maret über seinen Besuch in Wien, „allerdings stark durchsetzt von Christlich-Sozialen, was sich schon dadurch äußerte, dass man grundsätzlich Nationalsozialisten nicht duldete. Hierin tritt aber jetzt eine Änderung ein und das Ausscheiden von Dr. Kassner in Wimpassing dürfte hiermit zusammenhängen; denn nach den Äußerungen des früheren Direktors Martens soll die Arbeiterschaft die Einsetzung des Direktors Dr. Liebl, eines alten Parteigenossen, gewünscht haben, der zwar grob, aber gerecht sei.“[457] Auch sonst hatte Messner seine Bemühungen als Generaldirektor schnell darauf gerichtet, Semperit so schnell wie möglich zum nationalsozialistischen Vorzeigeunternehmen im ehemaligen Österreich zu machen, allen voran das unter Liebl als neuen Werksdirektor stehende Werk I in Wimpassing. Bereits im Mai 1938 hatte man dort das erste Gefolgschaftshaus der „Ostmark“ errichtet und mit einem pompösen Festakt unter Teilnahme der gesamten Wiener NS-Prominenz eröffnet.[458]

Abb. 73: Das neue Semperit-Gefolgschaftshaus in Wimpassing 1938

Messner nutzte die Maifeier zu einer eingehenden Inszenierung der neuen nationalsozialistischen Gefolgschaftsideologie und des Betriebsgemeinschaftsdenkens, in dessen Mittelpunkt ein ausführlicher Arbeits- und Rechenschaftsbe-

---

457 Aktennotiz Maret 21.5.1938, in: MDA/SHMH, Akte „Verbindungen Phoenix–Semperit“.
458 Vgl. den ausführlichen Bericht in: Arbeit & Freizeit. Hausmitteilungen der Semperit-Werke Heft 5, Mai 1938, in: Privatarchiv Prudic.

richt als Betriebsführer stand. Die Ansprache strotzte vor Ergebenheitsadressen und Treuebekundungen zu Hitler und der deutschen Volksgemeinschaft, und Messner verpflichtete sich darin auch für die Semperit, an den „gewaltigen Zielen des Vierjahresplans" mitzuarbeiten.[459] Der Semperit-Generaldirektor präsentierte sich dabei als sozialer Mittler zwischen Arbeit und Kapital, zwischen den Aktionären und der Gefolgschaft, die zu diesem Zeitpunkt aus 5000 Arbeitern und 1450 Angestellten bestand, und kündigte dazu die Schaffung eines Wohlfahrtsfonds als Unterstützung aller Semperitler bei Alter, Krankheit oder Arbeitsmangel an. Letztendlich benutzte Messner die NS-Gefolgschaftsideologie wie die Vierjahresplan-Ziele als Grundlage der Neuerfindung der Semperit mit visionären Unternehmenszielen und zur Schaffung einer neuen konzernübergreifenden, gemeinsamen Semperit-Unternehmenskultur. Unter den Schlachtrufen „Du bist ein Semperit-Mann" und „Semperit – immer voran" schuf er ein neues Gemeinschaftsgefühl, verbunden mit Stolz auf das Unternehmen. Messner beschwor am Ende seiner Rede die „Größe und Kraft unserer Firma", die nationalsozialistische Leistungsgemeinschaft und „den Geist völkischer Gemeinschaftsverbundenheit", aus dem „auch unser Unternehmen zu wahrer und echter Gemeinschaft werden wird".[460]

Wenn Maret zu diesem Zeitpunkt bei seinem Besuch in Wien noch den Eindruck hatte, dass bei Semperit „ziemlich Unklarheit [herrschte], was nun eigentlich werden soll", so gab es insgeheim doch bei Messner und den übrigen Vorstandsmitgliedern eindeutige Hoffnungen und Erwartungen, „dass bei dem Schutz, welchen die Österreicher genießen werden, als neues großes Feld das Deutsche Reich erschlossen werden kann, und man will die Vertriebsgesellschaft in Berlin noch in dieser Woche wieder eröffnen [...] Die Herren glauben, in Deutschland ein großes Absatzgebiet vor sich zu haben."[461] Tatsächlich träumte der Semperit-Vorstand von einem geradezu gigantischen, mit einem Investitionsbedarf von 20 bis 30 Mio. RM zu errichtenden neuen Reifenwerk, um die sich in seinen Augen nun in dem neuen großdeutschen Wirtschaftsraum bietenden riesigen Absatzchancen und die „in wenigen Jahren zweifellos bestehenden Betätigungsmöglichkeiten" nutzen zu können. „Die neue Idee Semperits muß also sein", hieß es in einem Memorandum vom Juni 1938, „dem großen Erzeugerkonzern Continental ein Gegenstück an die Seite zu stellen, in welchem die süddeutsche Eigenart am besten und wirkungsvollsten zur Geltung

---

459 Vgl. den Wortlaut der Rede, abgedruckt in: ebd., S. 5–11.
460 Vgl. ebd., S. 10 f.
461 Vgl. Aktennotiz Maret 21.5.1938, in: MDA/SHMH, Akte „Verbindungen Phoenix–Semperit".

kommt."[462] Bei dieser Strategie konnte man sich auch auf einen umfangreichen Gebietsschutz verlassen, den die Reichsstellen der „Ostmarkindustrie" zunächst gewährte, zudem rechnete man in Wien mit staatlichen Hilfen in Millionenhöhe. Nach einer Verordnung des Beauftragten für den Vierjahresplan war ein Erwerb oder die Neuerrichtung von Betrieben in der neuen „Ostmark" für Nichtösterreicher zunächst bis zum 1. Oktober 1938 verboten. Dass mit Semperit ein neuer Konkurrent ins Spiel kam, war den Managern bei Phoenix wie bei Continental durchaus bewusst, allerdings war die angeschlagene fertigungstechnische wie finanzielle Lage von Semperit keineswegs furchteinflößend.

Ungeachtet all dessen waren aber die vom RWM initiierten und auch von der Creditanstalt als Hauptanteilseignerin von Semperit mitgetragenen Verhandlungen mit Phoenix im Sommer so weit vorangekommen, dass ein unterschriftsreifer Vertrag vorlag. Er sah vor, dass Phoenix die Hälfte der im Besitz der Creditanstalt befindlichen Semperit-Aktien erhielt, für die der Bank im Gegenzug Phoenix-Aktien mit entsprechendem Gegenwert überlassen werden sollten.[463] „Die Übernahme war so gut wie perfekt", berichtete Schäfer später dem Phoenix-Aufsichtsrat, als seitens der Creditanstalt plötzlich unerwartete Forderungen gestellt worden seien, die das Projekt letztendlich platzen ließen.[464] Alleine war Semperit jedoch nicht konkurrenz- und überlebensfähig, um vor allem auch den Anforderungen der Vierjahresplan-Behörden fertigungstechnisch wie arbeitsorganisatorisch genügen zu können. Ein deutsches Partner- und Kooperationsunternehmen, von dem man nicht zuletzt das inzwischen beträchtliche Know-how beim Einsatz von Buna und anderen deutschen Ersatzrohstoffen erwerben konnte, war aus Sicht des RWM unumgänglich. Im Oktober 1938 nahm die Creditanstalt daher Verhandlungen mit Continental auf, auch hier zog aber das RWM im Hintergrund die Fäden und hatte Könecke unmissverständlich bedeutet, dass man einen entsprechenden Abschluss eines Kooperationsvertrages zur technischen Hilfeleistung aus staatspolitischen Gründen erwarte. Di Verhandlungsspielräume des Continental-Vorstands waren daher von Anfang an stark begrenzt, denn einerseits wusste man in Hannover, dass die staatlichen Stellen Continental zur Herausgabe und Überlassung des technologischen Know-hows zwingen konnte, andererseits aber keine mehrheitliche Übernahme von Semperit und damit die weitere Vergrößerung der schon dominanten Marktposition von Continental akzeptieren würde. Für Könecke ging es daher darum, in dieser Zwangslage für das Unternehmen das Beste herauszuschlagen.

---

462 Vgl. das 12-seitige Memorandum vom 7.6.1938, in: CUA, o. Sign.
463 Vgl. Feldman, Die Creditanstalt-Bankverein, S. 550.
464 Bericht Schäfer an den Aufsichtsrat vom 19.12.1938, in: HADB F 002/749.

An der finanziellen und technologischen Verfassung des Gummikonzerns hatte sich allerdings wenig geändert. Könecke war nach einem Besuch der Semperit-Fabriken im Oktober 1938 geradezu entsetzt über die veralteten Produktionsanlagen und das im Vergleich zu Hannover um 50 Prozent niedrigere Arbeitstempo.[465] Die tägliche Mischkapazität von Semperit betrug gerade einmal 75 to, ein Bruchteil der 310 to/Tag bei Continental. Besonders das Werk Traiskirchen, in dem ca. 1300 Arbeiter und Angestellte beschäftigt waren, darunter 400 Frauen, war völlig veraltet und besaß mit dem Ingenieur Dr. Alexander Kubai auch einen in den Augen der Conti-Leute wenig geeigneten Werksleiter. Die beiden anderen Werke in Wimpassing unter dem neuen Werksleiter Liebl mit 4000 Beschäftigten, darunter 60 Prozent Frauen, sowie in Engerau, wo unter dem Werksleiter Miksch 2500 Leute beschäftigt waren, auch hier mit einem hohen Frauenanteil von ca. 50 Prozent, kamen etwas besser weg. Könecke fielen dabei auch erhebliche Probleme der Arbeitskräftepolitik, mit hohen Fluktuations- und Absentismusraten sowie politischer Unsicherheit, auf, die sich auf die Arbeitsleistung auswirkten. „Dass [zudem] sehr starke Lohnschwierigkeiten bestehen, zeigte mir eine Akkord-Besprechung, der ich beiwohnte in der Schuhfabrik, wobei sich SA-Führer, Kreisleiter, Gauobleute der Arbeitsfront und andere einmischten."[466]

Dennoch bot Könecke schließlich Semperit die technische Hilfe an, wobei man sich allerdings klar darüber war, dass die von Semperit mit Unterstützung der Behörden geforderte Hilfe weit über eine Beratung hinausging und schlechterdings das Zurverfügungstellen der gesamten technischen und chemischen Erfahrungen, Rezepte und Methoden auf dem Gebiet von Gummi, Buna, Kunstseide und Ruß etc. und schließlich die Hergabe sämtlicher Continental-Erfahrungen bei der Planung und dem Bau von neuen Fertigungsanlagen beinhaltete.[467] Diese technische Unterstützung bedeutete letztlich „die Übernahme der Verpflichtung, in kürzester Zeit die Gesamtfabrikation von Semperit auf unseren hochentwickelten Stand zu bringen."[468] Als halbwegs akzeptables Äquivalent kam dafür in Köneckes Augen – da die Zahlung von Lizenzgebühren wegen der prekären finanziellen Lage von Semperit von vornherein ausgeschlossen war – nur der Erwerb einen Postens von 30 000 Aktien in Frage, was einer Beteiligung

---

465 Vgl. Aktennotiz Könecke vom 19.10.1938, in: BArch R 8119 F/P 02117, auch in CUA, 6600 Zg. 1/56, A 19. Vgl. auch später den Bericht vom Continental-Ingenieuren über eine Besichtigung bei Semperit vom 15.12.1938, in: CUA, 6500 Zg 1/59, A 1.

466 Vgl. Aktennotiz Könecke vom 19.10.1938, in: BArch R 8119 F/P 02117, auch in CUA, 6600 Zg. 1/56, A 19.

467 Vgl. die Aktennotiz mit dem abwägenden Für und Wider der Verbindung mit Semperit vom 20.9.1938, in: CUA, 6610 Zg. 1/57, A 5,3.

468 Aktennotiz Könecke vom 26.10.1938, in: BArch R 8119 F/P 02117.

von knapp 20 Prozent entsprach.[469] Neben dem Hilfsvertrag war auch ein Gentlemen-Agreement vorgesehen, nachdem sich die beiden Vorstandsvorsitzenden von Semperit und Continental künftig einmal im Monat zu einer Besprechung der allgemeinen Geschäftslage und der jeweiligen Geschäftspolitik treffen sollten; sämtliche Vorstandsmitglieder sollten sich zumindest vierteljährlich regelmäßig treffen und zudem sollte eine Einigung und gegenseitige Abstimmung der Verkaufstaktik und der Wettbewerbsmethoden erfolgen, die auch die bisherige Export-Konkurrenz beseitigen sollte. All das waren jedoch letztendlich Maßnahmen, von denen allein Semperit profitieren würde.

So war es denn kein Wunder, dass man in Hannover mit einer derartigen einseitigen Kooperation keineswegs glücklich war und die eigenen Interessen unzureichend gewahrt sah. „Die Vorteile einer möglichen Verbindung", so hieß es in einer Besprechung zwischen Vorstand und Aufsichtsrat am 20. Oktober 1938, „seien im Augenblick nur andeutungsweise sichtbar. Das Ganze bekäme allenfalls dann größeres Gewicht, wenn wir uns vorstellen, dass bei Nichtzustandekommen der Verbindung diese Vorteile dann auf die Seite unserer Konkurrenz zu liegen kommen. Eine Stärkung der Position Phoenix muss unter allen Umständen vermieden werden."[470] Dass zu diesem Zeitpunkt die Verhandlungen zwischen Semperit und Phoenix schon gescheitert waren, wusste man in Hannover offenbar noch nicht und vermutlich haben die Behörden das Szenario einer starken Konkurrenz der Hamburger bewusst aufrechterhalten. Das Problem war allerdings, dass es wie so oft innerhalb der Reichbehörden höchst unterschiedliche und divergierende Haltungen gab. Könecke notierte Ende Oktober:

> Die Situation bei den mitentscheidenden Stellen ist heute ungefähr die folgende: General von Hannecken [Leiter der Hauptabteilung II im Reichswirtschaftsministerium und für den Bereich Chemie zuständig], von mir vorgestern und gestern eingehend bearbeitet, ist 100 %ig mit uns einig und wird sich entsprechend einsetzen. Major Czimatis (Leiter der Reichsstelle Wirtschaftsausbau) ist ebenfalls mit uns einig und ließ diese Ansicht bereits durch Dr. Eckell wiederholt vertreten. Oberregierungsrat Dr. Römer (Finanzbeamter im Reichswirtschaftsministerium) war 100 %ig gegen uns, er macht gerade eine Schwenkung zu unseren Gunsten durch. Ähnlich liegt es mit Ministerialdirigent Mulert samt seinen Mitarbeitern, die durch unsere unnachgiebige Haltung beeindruckt sind.[471]

---

469 Vgl. Aktennotiz Könecke vom 19.10.1938, in: ebd.
470 Besprechungsnotiz Vorstand und Aufsichtsrat am 20.10.1938, in: CUA, 6603 Zg 3/85, A 3.
471 Ebd.

Unklar war allerdings die Haltung von Staatssekretär Brinkmann.

> Wir sind hart an die Grenze der Abwehr gegangen, die wir uns den amtlichen Stellen ge-
> genüber leisten können, wobei ich allerdings durch persönliche Rücksprachen – insbe-
> sondere mit Ministerialdirigent Mulert und Willée – sichergestellt habe, dass uns Animo-
> sitäten für die Zukunft aus unserer Stellungnahme von dorther nicht erwachsen. Wir kön-
> nen nichts weiter tun, als die Entwicklung in den nächsten Wochen abwarten und
> weiterhin unseren Standpunkt zu vertreten [...], der, wenn er sich durchsetzt, bedeutende
> wirtschaftliche Vorteile für die Zukunft bietet.[472]

Die Einschätzungen Köneckes sind interessant, weil sie zeigen, dass dieser die
wechselnden Fronten der unterschiedlichen, miteinander konkurrierenden Stellen im RWM unterschätzte. Der Vorstandsvorsitzende von Continental unterlag
zudem der Illusion, die Behörden letztlich zugunsten der Unternehmensinteressen instrumentalisieren zu können, und daher war er zu diesem Zeitpunkt offenbar noch optimistisch, mit dem Semperit-Deal zumindest langfristig gesehen
einen Coup landen zu können.

Doch die Entwicklung nahm einen anderen Verlauf, als Könecke es sich erhofft hatte. Schon Anfang November hatte sich der Wind im RWM wie im Amt
für Wirtschaftsausbau zuungunsten von Continental gedreht. Es habe sich dort,
so berichtete Könecke dem Aufsichtsrat, eine starke Gegenströmung breitge-
macht, die zu einer Ablehnung jeglicher Beteiligung von Continental an Semperit geführt habe.[473] Die Überlegungen im RWM konzentrierten sich bald nur
noch auf die Zusammenlegung der jeweiligen Auslandsfabriken der beiden Unternehmen, sprich einer 50-prozentigen Beteiligung Continentals an den Semperit-Fabriken in Südosteuropa, allerdings auch vice versa einer Semperit-Beteiligung an der Continental-Fabrik in Spanien, was in den Augen Köneckes kaum
als adäquate Gegenleistung für die technische Hilfe betrachtet werden konnte.
Das RWM interessierte sich allerdings wenig für die Interessen des Unternehmens, vielmehr ging es der Behörde allein in volkswirtschaftlicher Perspektive
um eine neue Südosteuropastrategie und die daraus erwarteten positiven Folgen für das deutsche Exportgebaren und die deutsche Devisenbilanz. Unter dieser Überschrift wurden denn auch Messmer und Könecke wie Schulbuben dazu
verpflichtet, ein entsprechendes Memorandum zu entwerfen.[474]

---

472 Ebd.

473 Vgl. Protokoll der Aufsichtsratssitzung vom 8.11.1938, in: Ordner Anlagen zum Aufsichtsrat-Protokollbuch.

474 Vgl. Messners „Gedanken über die nationalen Vorteile einer Zusammenarbeit der Continental und Semperit in Süd-Ost-Europa" vom 15.11.1938 sowie die Stellungnahme Köneckes für
die Continental, in: CUA, 6600 Zg. 1/56, A 19. Vgl. auch die von Vorstandsmitglied Schmelz

In Hannover beugte man sich zähneknirschend dem Wunsch des RWM und machte dem Aufsichtsrat gegenüber deutlich, dass man sich damit allein staatspolitischen Erwägungen unterwerfe. In der eigenen Fassung des Memorandums stand dann auch, dass man in der Beteiligung an den Auslandsfabriken kein Äquivalent für die umfangreichen Hilfsleistungen sehe. Das sorgte für Unmut im RWM und man verlangte dort eine Streichung des entsprechenden Passus, „da das Wirtschaftsministerium nicht gern später den Eindruck erweckt sähe, als wenn wir zu dieser Transaktion gedrängt wären", wie Könecke in einer Aktennotiz zu einem Anruf aus dem Ministerium festhielt.[475] Da der Vorstandsvorsitzende jedoch nicht nachgeben wollte, kamen die Verhandlungen zunächst zum Erliegen.

Doch schon Ende November war der Druck der staatlichen Stellen auf Continental weiter enorm gewachsen. Im RWM wie in der Vierjahresplan-Behörde verfolgte man im Interesse einer schnelleren Durchführung des Vierjahresplans eine umfassende Neustrukturierung der gesamten Kautschukindustrie, deren Kern neben der bereits erwähnten Idee einer technischen Zusammenarbeit der deutschen Dunlop und Phoenix sowie der Firmen Deka, Englebert, Fulda und Metzeler als sozusagen dritte Gruppe die Kooperation von Continental und Semperit war.[476] „Wir werden augenblicklich außerordentlich gedrängt von den Ministerien, zum Abschluss hinsichtlich der Zusammenarbeit mit Semperit zu kommen", hieß es in einem Schreiben Köneckes an den Aufsichtsrat. „Wir haben jedoch nicht die Absicht, diesem Drängen nachzugeben, jedenfalls sind wir nicht gewillt, die genaue Durcharbeit der Verträge diesem Drängen zu opfern. Trotzdem glauben wir, an einer Zeitungsnachricht, die von Semperit und von den Behörden von uns gefordert wird, nicht vorbeizukommen."[477] Darin wurde die technische Zusammenarbeit, um Semperit in kürzester Zeit in technischer Hinsicht zur Erfüllung des Vierjahresplans zu befähig, bereits als vollzogen gemeldet.

Tatsächlich jedoch war nach eingehenden Gesprächen Messners in Hannover Ende Dezember 1938 erst ein Vorvertrag entworfen worden, der dann mit den zuständigen Behörden besprochen und abgesegnet worden war.[478] Gleichzeitig aber waren zahlreiche Continental-Ingenieure noch mit Besuchen in den verschiedenen Semperit-Werken in Krakau, Engerau, Wimpassing, Traiskirchen und Krainburg unterwegs, um sich ein Bild über Art und Umfang der erforderli-

---

entworfenen „Gedankengänge über den organisatorischen Aufbau und die gemeinsame Behandlung der Semperit-Auslandsfabriken" vom 29.11.1938, in: CUA, 6610 Zg. 1/57, A 5,3.

475 Aktennotiz Könecke vom 21.11.1938, in: BArch R 8119 F/P 02117.
476 Vgl. das entsprechende Schreiben Köneckes an den Aufsichtsrat vom 28.11.1938, in: ebd.
477 Ebd.
478 Der am 20.12.1938 unterzeichnete Vorvertrag in: CUA, 6600 Zg. 1/56, A 18.

chen konkreten Hilfsmaßnahmen zu machen.[479] „Es gehört eine sehr hohe Kapitalzufuhr dazu, um die besichtigten Werke auf einen technisch brauchbaren Stand zu bringen", lautete eine der nüchternen Erkenntnisse.[480] Eindruck auf die Ingenieure aus Hannover machte einzig die unter schlechten technischen Verhältnissen vor sich gehende Frauenarbeit an den Heizpressen und anderen Maschinen. „Die Frauen arbeiten teilweise mit recht schwerer, körperlicher Anstrengung, wobei leider schonende, uns bekannte Einrichtungen keine Anwendung finden", hieß es in einem Bericht.[481]

> Die technische Leitung vermag den Ansprüchen, die die Werke stellen, nicht nachzukommen. Die einzelnen Fabrikdirektoren sind eigentlich keine Fabrikanten. Die Zentralleitung in Wien hat ihrerseits die Fabrik-Direktoren nicht in der Hand, sondern ist ihnen auf Gnade und Ungnade ausgeliefert, wie auch bei den Unter-Instanzen noch eine starke Abhängigkeit von den Meistern und Vorarbeitern vorherrscht [...] Die Preisfindung ist den Fabriken überlassen und ihre Richtigkeit nicht nachprüfbar.[482]

Eine der wichtigsten Forderungen von Continental war es daher, einen erfahrenen Techniker aus Hannover in den Vorstand der Semperit zu entsenden und dort die technische Leitung des Gesamtkonzerns zu übernehmen. Dafür vorgesehen war der Leiter der Fabrik in Limmer, Direktor Hans Karthaus.

Obwohl die wesentlichen Inhalte der technischen Hilfe und Kooperation eigentlich feststanden, verzögerte sich der Abschluss des Vertrags weiter, und zwischen Januar und März 1939 kam es noch einmal zu dramatischen Verhandlungen in Berlin. Streitpunkt war die Forderung von Continental, wenn schon keine sofortige direkte Aktienbeteiligung an Semperit möglich war, dennoch Bestimmungen aufzunehmen, nach denen zum einen sich das Konsortium der Großaktionäre Creditanstalt-Bankverein und Familie Reitthofer für fünf Karenzjahre verpflichtete, keinerlei Semperit-Aktien an Konkurrenzfirmen zu veräußern und nach Ende der Vertragslaufzeit eine Anbietungspflicht an Continental hatte, zum anderen aber der Reichs-Kredit-Gesellschaft und Continental selbst die Freiheit eingeräumt wurde, schon während der fünf Jahre auf eigene Rechnung auf dem freien Markt, soweit verfügbar, Semperit-Aktien kaufen zu können.[483] Über diese Regelung brach innerhalb der verschiedenen Stellen im RWM eine offene Kontroverse aus. Während die einen dies unterstützten und als Zugeständnis an Continental erforderlich sahen – von General von Hanne-

---

479 Vgl. die jeweiligen Besuchsberichte in: CUA, 6500, Zg. 1/59, A 1.
480 Vgl. Zusammenfassung der Eindrücke vom 15.12.1938, in: ebd.
481 Ebd.
482 Ebd.
483 Vgl. Aktennotiz Könecke über eine Besprechung in Berlin vom 13.1.1939, in: CUA, 6600 Zg. 1/56, A 19.

cken hatte Könecke dafür sogar eine formale Zusage erhalten –, kam von anderen eine strikte Ablehnung. Offenbar hatte man dort die Taktik Köneckes durchschaut, der sich mit diesen Bestimmungen über die Hintertür dennoch über kurz oder lang die Anteilsmehrheit an Semperit verschaffen wollte. „Der erzielte Effekt [dieser Bestimmungen] kann uns vollauf genügen", notierte Könecke dazu. „Er bedeutet mehr als die Erreichung unserer ursprünglich gedachten Ziele (Beteiligung von ca. 18 Prozent am Semperit-Kapital). Er sichert uns nicht nur die Freiheit in der Bewegung am Aktienmarkt, sondern vor allem die Möglichkeit, von unserer Option auf den gesamten Semperit-Besitz, der sich beim Syndikat befindet, nach Ablauf der fünfjährigen technischen Hilfeleistung Gebrauch zu machen."[484]

Doch nicht nur große Teile des RWM, sondern auch die Creditanstalt als Semperit-Großaktionärin lief gegen diese Regelung Sturm. Der eigentliche Hintergrund von Köneckes Verhandlungspoker waren allerdings nicht die offensive Expansion und die Schaffung einer ähnlichen Monopolmacht in der Gummiindustrie, wie sie bereits in der Chemieindustrie mit der IG Farben bestand, sondern ein durchaus berechtigtes Interesse des Unternehmens. Es ging darum, durch eine Fülle detaillierter Sicherungsklauseln zu verhindern, dass wertvolles Know-how unkontrolliert an Dritte abfloss und sich etwa Unternehmen wie Opel oder die IG Farben, die zwar noch nicht direkte Konkurrenten waren, aber im Zuge einer durchaus möglichen Diversifikationsstrategie zu solchen werden konnten, die auf Continental- Niveau sanierte und modernisierte Semperit mit Hilfe lukrativer Kaufangebote an die österreichischen Großaktionäre unter Kontrolle brächten, Semperit erwarben und damit die Hilfeleistung „eines Tages zu unseren Ungunsten ausschlagen" könnte.[485] Das einzige Zugeständnis, zu dem Könecke in diesem Punkt bereit war, war, die Karenzzeit und Anbietungspflicht-Phase von fünf auf drei Jahre zu verkürzen. „Das sollte unser letztes Wort sein und ich habe das gestern klar und deutlich sämtlichen Beteiligten gesagt einschließlich Dr. Messner."[486]

Am 7. Februar 1939 wurde Könecke ins RWM bestellt, wo ihm mit Ministerialdirigent Mulert, Staatssekretär Willée, Hans Kehrl, dem einflussreichen Hauptreferenten für den Vierjahresplan im Amt für deutsche Roh- und Werkstoffe des RWM und amtierenden „Ostmark-Beauftragten" im RWM, sowie Dr. Eckell und weiteren Sachbearbeitern eine geballte Macht an Partei- und Ministerialbürokraten gegenübertrat. Könecke wurde die Pistole auf die Brust gesetzt. Die von General Hannecken gemachten Zusagen könnten nicht mehr auf-

---

484 Ebd.
485 Vgl. Notiz Könecke vom 18.1.1939, in: ebd.
486 Ebd.

rechterhalten werden und Continental müsse sich endlich mit einem klaren Ja oder Nein zu dem ursprünglich ausgehandelten Vertrag mit Semperit äußern.[487] Auf die Frage Köneckes nach den Konsequenzen im Falle eines „Neins" erwähnten die Beamten die Möglichkeit, Phoenix erneut zu interessieren oder Semperit eine Gesamthilfe durch die Fachgruppe Kautschukindustrie (deren Leiter pikanterweise inzwischen Könecke war) angedeihen zu lassen. Dass zudem Continental künftig im RWM und der Vierjahresplan-Behörde keine guten Karten mehr haben würde und ein Nein als Affront aufgefasst werden würde, stand unausgesprochen zwischen den Zeilen.

Obwohl auch Messner und die Reithoffer-Gruppe Könecke dazu drängten, den Abmachungen im Sinne des RWM zuzustimmen, blieb Könecke erstaunlicherweise hart – eine Entscheidung, die durchaus Mut erforderte. In seiner Verantwortung gegenüber dem Unternehmen und seiner Belegschaft könne er keiner 100-prozentigen technischen Hilfestellung gegenüber einer Wettbewerbsfirma zustimmen, ohne die bescheidensten Wünsche in Bezug auf Beteiligung und wirtschaftliche Verknüpfung erfüllt zu sehen.[488] Für Continental ging es dabei längst nicht mehr nur um die konkrete Beteiligung an Semperit, sondern um eine industriepolitische Entscheidung von grundsätzlicher und vor allem auch weitreichender Bedeutung. Nachdem Könecke sich auch die Rückendeckung des Aufsichtsrates geholt hatte, schrieb er am 16. Februar ein Telegramm an Messner, in dem er ankündigte, dass er am nächsten Tag im RWM die Verhandlungen für gescheitert erklären werde und „ein Vertragsabschluss zwischen Ihnen und uns nicht zustande kommt".[489] Daraufhin liefen zwischen Wien und Berlin die Drähte heiß, vor allem zwischen den involvierten Banken, allen voran die Creditanstalt, die bei dem Continental-Aufsichtsrat Rösler von der Deutschen Bank entsprechende Interventionen erbat.[490]

Am 18. Februar, zwei Tage nach dem Telegramm Köneckes, fand erneut eine Besprechung in Berlin in Sachen Semperit statt. Allerdings blieben die Fronten verhärtet. Könecke brachte dabei sein Bedauern zum Ausdruck, dass das RWM keine Brücke zwischen berechtigten privatwirtschaftlichen Interessen einerseits und planwirtschaftlichen Gedankengängen des Ministeriums andererseits gefunden habe, „zu denen ja allerdings das Ministerium mehrfach erklärt hatte, die Verantwortung seinerseits dafür nicht tragen zu können". In Klam-

---

487 Vgl. die Aktennotiz Köneckes vom 11.3.1939 über die Besprechung vom 7.2.1939, in: ebd.
488 Vgl. ebd.
489 Das Telegramm vom 16.2.1939, in: CUA, 6600 Zg. 1/56, A 19.
490 Vgl. Telegramm der CA an Rösler vom 16.2.1939 in: BArch R 8119 F/P 02117.

mern, aber mit Ausrufezeichen fügte er hinzu: „Planwirtschaft ohne Mut!"[491] Tatsächlich lehnte die Behörde es auch jetzt noch strikt ab, Continental aus wirtschafts- und wehrpolitischer Überlegungen eine explizite Anordnung zu geben und dafür auch die entsprechende staatliche Verantwortung zu übernehmen. Vielmehr bestand man weiterhin darauf, den Schein zu wahren und dass das Abkommen zwischen den beiden Unternehmen „aus vertraglich völlig freien Überlegungen der beiden Partner selbstverantwortlich" zustande kommen müsse.[492]

Wenig später, am 27. Februar, gelang dann plötzlich doch noch ein Durchbruch in der für alle Seiten verfahrenen Lage. Diesmal fand die Unterredung nicht bei Ministerialrat Mulert, sondern im Büro von General von Hannecken statt, der die Sitzung mit den gleichwohl anwesenden Ministerialbeamten des RWM mit den Worten eröffnete, „dass jetzt endlich Schluss gemacht werden müsste mit der Hintertreibung abgesprochener Wege durch vierte oder fünfte Garnituren im Haus."[493] Er glaube nicht, dass die Auffassung des Ostmark-Beauftragten Kehrl – der nicht anwesend war – in einem Jahr, geschweige nach Ablauf von fünf Jahren noch irgendwie ausschlaggebend sei. Hannecken schlug schließlich drei Zusatzvereinbarungen des Vertrags vor, die als Bedingungen bzw. Voraussetzungen des Vertragsabschlusses vom RWM schriftlich fixiert wurden. Erstens waren die Semperit-Aktien des Syndikats fünf Jahre gebunden und von jeglichem Verkauf ausgeschlossen. Hieran schloss sich, zweitens, eine dreijährige Karenzzeit an, während der die Aktien nur mit Zustimmung des Ministeriums verkauft werden konnten, was im Falle eines Verkaufsangebots an einen Konkurrenten verweigert werden würde, und sofern es sich beim Kaufinteressenten um keine direkten Konkurrenten handelte, war ein Verkauf nur nach Anhörung der Continental möglich. Und drittens war Continental berechtigt, beim Kauf syndikatsgebundener Aktien als Interessent aufzutreten, bedurfte dazu allerdings seinerseits der Genehmigung des Ministeriums. Für die im freien Markt befindlichen Semperit-Aktien bestand keine Bindung, Continental konnte diese frei erwerben.[494] Auf dieser Basis erschien Könecke und dem Aufsichtsrat eine Zustimmung zu dem Hilfsabkommen nun doch noch möglich, zumal General von Hannecken unmissverständlich klar gemacht hatte, dass Continental bei einer erneuten Weigerung mit einem klaren Befehl zur Hilfeleistung zu rechnen hatte und sich endgültig den Unwillen der amtlichen Stellen zuzie-

---

491 Aktennotiz Könecke vom 18.2.1939, in: CUA, 6600 Zg. 1/56, A 19.

492 Ebd.

493 Notiz Köneckes über die Besprechung am 27.2.1939, in: ebd.

494 Vgl. Bericht Köneckes auf der Aufsichtsratssitzung vom 7.3.1939, in: Ordner Anlagen zum Protokollbuch; vgl. auch Aktennotiz Assbroicher vom 28.2.1939 zu einem Anruf Köneckes über die Besprechungen, in: CUA, 6600 Zg. 1/56, A 19.

hen würde. „Wir sollten zustimmen, damit wir in den Mitbesitz der ausländischen Fabriken kommen", argumentierten Könecke und Assbroicher einvernehmlich, zumal zu erwarten sei, dass sich die Auslandsbeteiligung und die technische Hilfeleistung im Laufe der Zeit doch in eine Beteiligung verwandelte, nicht zuletzt dadurch, dass die notwendigen Investitionen für Semperit so groß seien, dass weder die Creditanstalt noch die Reithoffer-Gruppe über genügend Mittel verfügen und Continental im Zuge einer Kapitalerhöhung oder anderweitig einspringen werde.[495]

Am 28. April 1939 wurde schließlich das Kooperationsabkommen zwischen Continental und dem österreichischen Konzern geschlossen, das für die Dauer von fünf Jahren umfangreiche technische und kaufmännische Hilfeleistungen von Seiten der Deutschen vorsah.[496] Semperit wurde nach wie vor als Konkurrent betrachtet, und der einzige konkrete Vorteil war, dass Continental als Gegenleistung eine 50-prozentige Beteiligung an den beiden Semperit-Fabriken in Polen (Krakau) und Jugoslawien (Kranj) eingeräumt wurde. Allerdings rechneten die Finanzleute in Hannover schnell aus, dass sich „die Höhe des von uns für die Beteiligung an den beiden Auslandsfabriken zu investierenden Kapitals" auf insgesamt eine Mio. RM belaufen würde.[497] Und zudem war länger zwischen Semperit und Continental um die Bewertung der beiden Auslandsfabriken gestritten worden, um die entsprechenden Beteiligungsanteile festzulegen und zu bestimmen. „Wir kontrollieren durch diese Erwerbung nunmehr drei Auslandsfabriken und sind daher in der Lage, bei etwaigen Einfuhrschwierigkeiten, Kontingentslücken oder dergleichen für deutsche Waren auf eine andere Produktionsstätte umzuschalten", hieß es dazu dennoch in einem Schreiben des Vorstandes.[498] Dazu waren im Detail zahlreiche weitere Bestimmungen getroffen worden, mit denen verhindert werden sollte, dass Continental-Know-how unkontrolliert weitergegeben wurde. Alle von Semperit nach Hannover entsandten Betriebsangehörigen mussten Geheimhaltungsverpflichtungen unterschreiben, sie wurden von den beiderseitigen Abwehrbeauftragten vorab überprüft, und an Semperit-Mitarbeiter, die keine deutsche Staatsbürgerschaft besaßen, durf-

---

495 Vgl. ebd.

496 Vgl. das Abkommen über technische Hilfsleistung, das Zusatzabkommen über den Beteiligungsvertrag und einen Schiedsvertrag sowie das Genehmigungsschreiben des RWM vom 22.4.1939, in: CUA, 6600 Zg. 1/56, A 18.

497 Notiz vom 10.1.1939, in: CUA, 6600 Zg. 1/56, A 19.

498 Vgl. Schreiben vom 6.3.1939, in: CUA, 6630 Zg 1/56, A 79.

ten keinerlei Informationen, insbesondere zu geheimen Rüstungsaufträgen, herausgegeben werden.[499]

Der große Gewinner dieser ganzen Entwicklung war zweifellos Semperit, und hier zunächst die beiden Großaktionäre. Seit dem Anschluss Österreichs und den Verhandlungen zur Integration in die deutsche Kautschukindustrie hatte sich der Kurs der Semperit-Aktie zu nominell 100 Schilling von einst 40 inzwischen auf über 80 Schilling verdoppelt, und der tatsächliche „innere Wert" der Aktie betrug, wie zumindest Generaldirektor Messner Könecke weiszumachen versuchte, bei deutlich über 200 Prozent.[500] Aber auch Messner selbst konnte sich für sein glänzendes taktisches Verhalten bei den Verhandlungen auf die Schulter klopfen. Ohne wirkliche Gegenleistung hatte er dem Unternehmen Zugang zu dem umfassenden technischen und fertigungsorganisatorischen Know-how des Marktführers Continental verschafft und mit Hilfe von Reichskrediten in Millionenhöhe ein gigantisches Modernisierungs- und Erweiterungsprogramm gestartet.

Bereits im Januar 1939 hatte Semperit von der Deutschen Revisions- und Treuhand-AG (Treuarbeit) namens des Deutschen Reichs bzw. des RWM einen Kredit von 1,720 Mio. RM für Neubauten und Maschinen erhalten und sich dabei, wie es in dem Kreditvertrag explizit stand, verpflichtet, den Betrieb nach den Grundsätzen nationalsozialistischer Weltanschauung zu führen.[501] Zudem war das RWM damit berechtigt, das Unternehmen jederzeit durch eigene Organe oder durch die Treuarbeit einer umfassenden betrieblichen und kaufmännischen Prüfung zu unterziehen. Ergänzend dazu gab es einen weiteren Kreditvertrag mit der Treuarbeit, in dem weitere 2,8 Mio. RM allein für die Modernisierung und Erweiterung des künftigen Musterwerkes Wimpassing gewährt wurden.[502] Es war denn auch kein Wunder, dass mit Ministerialrat Bernhard Willée auch ein Vertreter des RWM in den Aufsichtsrat von Semperit einzog.

---

499 Vgl. Notiz zur Organisation der Besuche von Semperit-Mitarbeitern vom 17.4.1939, in: CUA, 6610 Zg. 1/57, A 5,3, sowie Protokoll der Vorstandssitzung vom 21.3.1939, in: CUA, 6600 Zg. 3/85, A 3.
500 Vgl. Abschrift aus der Broschüre der Deutschen Bank über „Österreich im deutschen Wirtschaftsraum", in: CUA, 6600 Zg. 1/56, A 19.
501 Eine Abschrift des Vertrags vom 12.1.1939, in: NARA M 1928. Records of the German External Assets Branch of the US Allied Commission for Austria (USACA) Section, Report on Semperit Gummiwerke AG, Exhibits to the Report, unter: https://www.fold3.com/image/271413610.
502 Vgl. ebd.

Abb. 74: Die Schuhabteilung im Semperit-Werk Wimpassing April 1938

In der Praxis waren allerdings noch zahlreiche Detailfragen der Zusammenarbeit zu klären, angefangen bei der praktischen technischen Hilfe über die Abgrenzung der künftigen Verkaufspolitik und der Markenrechte bis hin zur Art und Weise der konkreten Aufteilung und Abstimmung des nun gemeinsamen operativen Geschäfts in den Auslandsfabriken, bei denen nun Continental die technische Oberleitung übernahm.[503] In Wien war für die reibungslose Abwicklung der Kommunikation mit Continental eine eigene Zentralstelle eingerichtet worden. In der Folgezeit setzte ein reger Austausch von Personal zwischen Wien und Hannover ein, was für Continental etwa mit der mehrmonatigen Entsendung von Fertigungsingenieuren, Chemikern und erfahrenen Arbeitsorganisationsexperten in die „Ostmark" und nach Polen bzw. Krainburg einen erheblichen Verzicht auf Managementkapazitäten bedeutete. Zudem setzte auch ein umfangreicher, vor allem technischer Schriftverkehr zwischen den einzelnen Abteilungen der beiden Unternehmen ein. Die Ernennung von Continental-Direktor Karthaus zum technischen Gesamtvorstand von Semperit sorgte dafür, dass der Transfer von Maschinen, Rezepturen, Spezifikationen, Reifenformen

---

503 Vgl. die Aktennotiz über eine Besprechung Assbroichers mit Messner vom 13.4.1939, in: ebd.

und auch Zeichnungen rasch in Gang kam.[504] Das Misstrauen auf Seiten der Hannoveraner war allerdings nach wie vor groß, zumal im Juli 1939 die bekanntgewordenen Pläne Messners, in England eine neue Semperit-Fabrikationsstätte zu errichten, für erhebliche Irritationen in Hannover sorgten, wo man das als einen ernsten Bruch der vertraglichen Abmachungen auffasste, nicht zuletzt auch dadurch, dass Messner den Vorstand in Hannover darüber nicht informiert hatte.[505]

Messner selbst, der den weiteren Umbau von Semperit zum nationalsozialistischen Musterbetrieb vorantrieb, konnte bald glänzende Zahlen seines Unternehmens in der neuen Ära vorlegen. 1938 bereits erreichte Semperit einen Reingewinn von knapp einer Mio. RM bei stark angestiegenen Umsätzen.[506] Und auch 1939 schlug sich die Umstellung der Erzeugung auf die Verarbeitung deutscher Werkstoffe und die beschleunigte Angleichung der Herstellungskosten an diejenigen des „Altreichs" in beträchtlich steigenden Umsätzen nieder, bei allerdings letztlich durch den Kriegsbeginn bedingtem Einbruch des Gewinns.[507] Im Rahmen der Vierjahresplan-Ziele und der Rüstungsvorbereitungen verfolgte Messner das ehrgeizige Ziel, die tägliche Reifenherstellung von 300 Stück innerhalb weniger Jahre auf 4000 zu erhöhen.[508] Neben den Reichskrediten pumpte auch die Creditanstalt erhebliche Eigenmittel als Investitionsmittel in das Unternehmen, im September 1938 bereits erstmals 4,6 Mio. RM, ein Jahr später, im Zuge der Annektierung des Sudentenlands und der Errichtung des Protektorats Böhmen und Mähren weitere vier Mio. RM, diesmal für die Modernisierung und den Ausbau des Werkes in Egerau.[509] Im Juni 1939 bemühte sich Messner zudem, Semperit mit Hilfe seiner alten Kontakte nach Brasilien wertvollen Rohkautschuk zu beschaffen. Versehen mit einem offiziellen Auftrag des RWM zum Kauf von 3000 to Naturkautschuk startete er eine Reise in das südamerikanische Land, allerdings sollte er bei seiner Rückreise vom Kriegsausbruch überrascht

---

504 Vgl. die Aktennotiz Assbroichers vom 24.5.1939 über eine Besprechung in Wien mit Karthaus, Messner sowie dem dritten Semperit-Vorstand Hans Frohn, bei der auch bezeichnenderweise Eckell vom Reichsamt für Wirtschaftsausbau dabei war, in: CUA, 6600 Zg. 1/56, A 24,1.
505 Vgl. Schreiben Aretz an den Conti-Vorstand vom 14.7.1939, in: ebd., sowie Schreiben Semperit an Continental vom 3.8.1939, in dem man den dortigen Vorstand offiziell über die entsprechenden Pläne informierte und auf die günstigen Rentabilitätsaussichten insbesondere für die Herstellung von Schwammgummi verwies, in: CUA, 6610 Zg. 1/57, A 5,3.
506 Vgl. Geschäftsbericht Semperit für 1938, in: NARA M 1928. Records of the German External Assets Branch of the US Allied Commission for Austria (USACA) Section, Report on Semperit Gummiwerke AG, Exhibits to the Report, unter: https://www.fold3.com/image/271413610.
507 Vgl. Semperit Geschäftsbericht für 1939, in: ebd.
508 Vgl. 150 Jahre Österreichische Kautschukindustrie, S. 65.
509 Vgl. Feldman, Die Creditanstalt-Bankverein, S. 551.

werden, in französische Gefangenschaft geraten und erst nach mehrmonatiger Internierung im August 1940 wieder nach Wien zurückkehren.[510]

Was den Erwerb von Semperit-Aktien anging, so ergab sich für Continental im Übrigen noch im April 1939 eine erste Gelegenheit, einen größeren Posten aus „nichtarischem Besitz" zu erwerben, worauf man jedoch in Hannover mit Rücksicht auf die noch frische Beteiligungsdebatte und die diesbezügliche Sensibilität der Behörden verzichtete. Mehr als die 7350 Semperit-Aktien, die inzwischen immerhin knapp über 500 000 RM wert waren, aber mit 4,6 Prozent nur einen verschwindend geringen Anteil des gesamten Aktienkapitals ausmachten und weit von der früher anvisierten Beteiligung von 20 Prozent entfernt lag, sollte Continental auch in der Folgezeit nie besitzen. Später ist von der Creditanstalt die Legende in die Welt gesetzt worden, dass es allein ihrer Initiative zu verdanken gewesen sei, dass eine unfreundliche Übernahme von Semperit durch Konkurrenten aus dem „Altreich" verhindert wurde, die sich das Unternehmen nur allzu gern einverleibt hätten.[511] Tatsächlich jedoch waren weder Phoenix noch Continental – nachdem man gesehen hatte, welchen Klotz man sich mit der politisch geforderten Modernisierung des Unternehmens ans Bein gebunden hätte – inzwischen noch sehr erpicht auf eine Beteiligung an Semperit oder gar dessen Übernahme. Schäfer äußerte schon unmittelbar nach dem Scheitern der Verhandlungen keinerlei Bedauern darüber, und Continental hatte letztendlich den Hilfsvertrag nur mit zusammengebissenen Zähnen akzeptiert und suchte nach jeder Gelegenheit, daraus irgendwie wieder herauszukommen – was bereits im Januar 1941 geschehen sollte.

4 Mittelständische Automobilzulieferbetriebe auf dem Weg zu Rüstungsunternehmen: Die Entwicklung von VDO und Teves

Nicht nur Continental, Phoenix und Semperit profitierten als Zulieferer für die Automobilindustrie vom einsetzenden „NS-Wirtschaftsaufschwung" und der Wiederaufrüstung, sondern auch viele kleine und mittelständische Unternehmen. Die Zulieferbranche war höchst heterogen und ausdifferenziert, mit zahl-

---

510 Über die Reise, die von den Wiener NS-Stellen wie auch von Messner selbst propagandistisch groß ausgeschlachtet wurde, erschien u. a. in der Semperit-Werkszeitschrift eine 8-teilige romanhafte Schilderung von Reise, Gefangenschaft und Befreiung. Die Einschätzungen dazu sind widersprüchlich. In dem Wikipedia-Artikel ist, ganz in der Tradition des bis heute verbreiteten Messner-Mythos, kryptisch von einer Flucht unter vorgetäuschten Krankheitsgründen nach Brasilien die Rede. Vgl. https://de.wikipedia.org/wiki/Franz_Josef_Messner, zuletzt aufgerufen am 30.4.2019.
511 Auch Feldman, Die Creditanstalt-Bankverein, S. 549, folgt dieser Darstellung.

reichen ebenso hochspezialisierten wie innovativen Firmen, die, anderes als Continental, vielfach inhabergeführte Familienbetriebe waren. Geradezu exemplarisch dafür stehen die Alfred Teves Maschinen- und Armaturenfabrik sowie die VDO Tachometer AG, beide mit Sitz in Frankfurt. Mit ihnen rücken auch zwei prägende Unternehmerpersönlichkeiten ins Blickfeld: der 1887 geborene, mithin bei der Machtübernahme des NS-Regimes 46 Jahre alte Adolf Schindling und der zu diesem Zeitpunkt bereits 65 Jahre alte Alfred Teves, der Grandseigneur der deutschen Autozulieferindustrie (Abb. 75 und 76). Anders als die von Könecke und Messner repräsentierte jüngere Unternehmergeneration steht Schindling wie Schäfer bei Phoenix für die mittlere Generation, Teves dagegen gehörte wie der mit ihm befreundete Robert Bosch zu einer noch ganz im Kaiserreich sozialisierten Wirtschaftselite. Die Facetten der bisherigen Firmenentwicklung, aber auch die Unternehmenskultur und Unternehmenspolitik, fielen daher höchst unterschiedlich aus, ebenso wie das weitere Schicksal unter den neuen Herausforderungen und Zwängen der NS-Zeit.

Alfred Teves hatte ursprünglich eine Ausbildung als Seemann und Schiffsoffizier hinter sich, ehe er 1898 nach Frankfurt am Main gekommen war und dort als Verkäufer im damals führenden Fahrrad- und Automobilunternehmen Adler tätig wurde.[512] 1906 machte sich Teves, obschon ohne jegliche formale kaufmännische Ausbildung, als Handelsvertreter für Automobilzubehör selbständig, gründete 1909 gemeinsam mit einem befreundeten Ingenieur die Mitteldeutsche Kühlerfabrik und 1912 die Alfred Teves Maschinen- und Armaturenfabrik. Der Ausbruch des Ersten Weltkriegs brachte den ersten großen Durchbruch des kleinen Betriebs, als Teves einen Großauftrag für die Produktion von Geschosszündern annahm und in der Folgezeit seine Belegschaft zeitweise bis auf 2000 Beschäftigte ausdehnte – wovon allerdings 1800 Frauen und ca. 200 bis 300 kriegsuntaugliche Männer waren.[513] Mit einer Mischung aus geschicktem Erwerb von Patent-, Herstellungs- und Vertriebsrechten sowie durch eine entsprechende Personalpolitik mit dem gleichzeitig vollzogenen langsamen Aufbau von eigenem Ingenieur- und Entwicklungs-Know-how gelang es Teves, in den 1920er Jahren an den Erfolg der Kriegsjahre anzuknüpfen. Unter dem einprägsamen Markenzeichen „Ate" stieg Teves zunächst in die Kolbenringfertigung ein, dann, auf der Basis einer im April 1930 erhaltenen Lizenz der amerikanischen Lockheed Corporation, in die Produktion der damals revolutionären

---

512 Vgl. zu Teves die Festschrift anlässlich des Firmenjubiläums: 30 Jahre Werksgeschichte der Firma Alfred Teves GmbH, Frankfurt 1936, S. 7–17, sowie Erik Eckermann, Dynamik beherrschen. Alfred Teves GmbH. Eine Chronik im Zeichen des technischen Fortschritts, Frankfurt 1986, S. 190 f.
513 Vgl. 30 Jahre Werksgeschichte, S. 23.

hydraulischen Bremse – mit Alleinproduktions- und -vertriebsrecht in Deutschland, Österreich, Ungarn und der Tschechoslowakei.[514] Um die große Abhängigkeit von der Autoindustrie zu vermindern, die auch durch die Herstellung weiterer Zubehörteile wie Zylinderlaufbüchsen und Ventilkegel verstärkt worden war, stieg Teves 1928 nach einer Amerika-Reise in die Fertigung von „Haushalts-Kühlmöbeln" sowie gewerblichen Kühlanlagen in der Lebensmittelindustrie ein und entwickelte sein Unternehmen zu einem Pionier der Kältetechnik in Deutschland.[515]

Abb. 75 u. 76: Alfred Teves und Adolf Schindling

Mit diesem diversifizierten Produktportfolio und überlegenem fertigungs- bzw. verfahrenstechnischem Know-how, insbesondere in der Stahl- und Gusseisenverarbeitung, hat Teves, anders als viele andere Unternehmen, die Weltwirtschaftskrise vergleichsweise glimpflich überstanden. Das Unternehmen wies im Mai 1932 knapp 650 Arbeiter und Angestellte auf und war gut beschäftigt, mit

---

514 Vgl. Eckermann, Dynamik beherrschen, S. 90 ff. Genau genommen handelte es sich um eine Unterlizenz des europäischen Hauptlizenznehmers von Lockheed, der britischen Automotive Products (AP) in Leamington Spa.
515 Vgl. ebd., S. 110 f.

deutlichen Umsatzzuwächsen vor allem im Kühlschrank-Geschäft und starken Exportumsätzen.[516] Allerdings kämpfte das Unternehmen mit der komplizierten Devisengesetzgebung und hatte sich, wie die Devisenprüfer 1934 feststellten, in der Vergangenheit einige, allerdings nur kleinere, Verstöße zuschulden kommen lassen.[517] Zu Beginn der Machtergreifung des NS-Regimes stand das Unternehmen daher mit einem breiten, zugleich aber auch hochspezialisierten Produktportfolio da, mit dem man gleichermaßen von der nationalsozialistischen Konsumgesellschaft wie der Motorisierungs- und Aufrüstungspolitik profitieren konnte.

Schon auf der großen Berliner Automobilausstellung 1933 war Teves mit einem eigenen Stand aufgetreten, wo er unter anderem seinen „Ate-Bendix-Kupplungsautomat" präsentierte.[518] Und im Jahr darauf sorgte die „Ate-Centrit-Bremstrommel mit Laufflächen aus Schleuderguss" für große Aufmerksamkeit des Fachpublikums, da damit das lästige Problem der bisher aus Stahlblech gepressten Trommeln und deren häufig auftretenden Deformierungen endgültig beseitigt wurde.[519] Mit inzwischen täglich über 40 000 produzierten Kolbenringen oder fast 13 Mio. Stück im Jahr war Teves 1935 zum größten europäischen Kolbenringhersteller geworden, der über ein weit gespanntes Netz von über 30 Verkaufsniederlassungen verfügte. Das System der hydraulischen Ate-Bremse war inzwischen zu einem ausgereiften und weit verbreiteten technischen Produkt geworden, das in hunderten von Einzelausführungen neben Personenkraftwagen als Vier- oder Sechsradbremse auch in schweren Lastkraftwagen und anderen Fahrzeugen, etwa auch im Schienenbereich, eingesetzt und unter dem Schlagwort der deutschen Präzisions- und Qualitätsarbeit vermarktet wurde.

So wie Continental mit seinen Hochgeschwindigkeitsreifen im internationalen Rennsport Erfolge feierte und sein Markenrenommee pflegte, so nutzte Teves den erfolgreichen Einbau seiner Rennwagen-Hydraulikbremsen bei Audi und Daimler-Benz. Teves-Bremssysteme waren in den „Silberpfeilen" eingebaut und mit den mit modernen Ate-Tandemhauptzylindern ausgestatteten Rennautos belegten Bernd Rosemeyer und Manfred von Brauchitsch beim Grand Prix in England 1937 die ersten Plätze.[520] Teves besaß bei hydraulischen Bremsen fast ein Monopol. Schon 1933 waren knapp 50 Prozent aller Erstausrüstungs-Auto

---

516 Vgl. Schreiben Teves an das RWM vom 4.5.1932, in: HHStAW 519/3, Nr. 34135, sowie den Betriebsprüfbericht für 1934, in: ebd.

517 Vgl. Bericht über die am 8.8.1934 durch die Devisenprüfstelle getroffenen Feststellungen, in: ebd.

518 Vgl. den Bericht in der Ate-Illustrierte Zeitung 2 (1933), Nr. 6, S. 47.

519 Vgl. der Bericht in: Der Ate-Ring, 3 (1934), S. 3 f.

520 Vgl. „Bremsen an deutschen Rennwagen", in: Der Ate-Ring 4 (1935), S. 7 f.

mit Ate-Bremsen ausgestattet, nur wenige Jahre später, 1935, waren es bereits über 90 Prozent aller deutschen Kraftfahrzeuge.[521] Zwischen Continental und Teves bestanden im Übrigen enge Zulieferbeziehungen. Die Hannoveraner lieferten im Lauf des Jahres 1935 20 430 Ventilkörper, 346 240 Ventilringe und 49 780 Ventilplatten nach Frankfurt, neben tausenden von Bremsschläuchen.[522] Die beiden Grandseigneurs Tischbein und Teves kannten sich persönlich, spätestens seit sie Mitte der 1920er Jahre regelmäßig an den jährlichen World-Motor-Transport-Kongressen in Detroit teilnahmen und Tischbein den RDA, Teves den von ihm 1929 mitbegründeten Verband der Kraftfahrzeugteile-Industrie Deutschlands leitete.[523]

Abb. 77 u. 78: Ate-Anzeigen im „Echo Continental"

Teves-Erzeugnisse befanden sich jedoch nicht nur in Autos, sondern auch in vielen Haushalten und Geschäften und waren sichtbare Produkte im täglichen Leben. Die Welle der nationalsozialistisch propagierten „Volks-Produkte" vor-

---

521 Vgl. „Unser Arbeitsfeld im In- und Ausland", in: Der Ate-Ring 4 (1935), S. 3, sowie auch Eckermann, Dynamik beherrschen, S. 139.
522 Vgl. die Produktübersicht in: CUA, 6610 Zg. 1/57, A 30,4.
523 Vgl. Eckermann, Dynamik beherrschen, S. 90 f. und S. 106 f.

aussehend, brachte Teves den „Ate-Volkskühlschrank" in drei Basis-Modellen auf den Markt, der, anders als andere der damals in Deutschland noch wenig verbreiteten elektrischen Haushaltsgeräte wie Geschirrspülmaschinen, reißenden Absatz fand (Abb. 77/78).

Die Lehrküchen der städtischen Hausfrauenvereine waren ebenso mit Ate-Kühlschränken ausgestattet wie die zahllosen auf die Bedürfnisse der jeweiligen Gewerbe- und Industriezweige zugeschnittenen Ate-Kühlanlagen, insbesondere im Lebensmittel-, aber auch im medizinisch-pharmazeutischen Bereich.[524] Selbst auf Hitlers Berghof stand ein Ate-Kühlschrank, was Alfred Teves später den Vorwurf der Nutznießerschaft als „Hoflieferant Hitlers" einbrachte.[525] Er nahm auf jeden Fall geschickt und umgehend jede sich bietende Gelegenheit wahr, sein Geschäft auch unter den neuen Machthabern voranzubringen. Schon das seit 1. Januar 1932 geltende Reichsmilchgesetz, das den Pasteurisierungszwang der Vollmilch und die Tiefkühlung von Marken- und Vorzugsmilch einführte, hatte das Geschäft nicht unerheblich befördert. Daneben aber nutzte er die im Zuge der groß aufgezogenen DAF-Propaganda zur „Schönheit der Arbeit", um die ebenfalls inzwischen von Teves entwickelten „Ate-Klima- und Bewetterungs-Anlagen" zu verkaufen. Die sich an amerikanischer „Air conditioning"-Technologie orientierenden Anlagen sorgten in Büro- und Lagerräumen ebenso wie in Fabrikhallen, aber auch im Bergbau für „reine, hygienisch einwandfreie Atemluft" und „gesundheitliche Temperaturverhältnisse" und steigerten damit ganz im Sinne der DAF-Propaganda die Arbeitsfreude und -leistung.[526]

Es war denn auch kein Wunder, dass Teves bereits 1933 eine zügige Expansionsstrategie einleitete. Zunächst ging er an eine Erweiterung der Frankfurter Fabrikationsstätten. Seine Erwartungen an schnelle und großzügige Unterstützung durch die staatlichen Behörden wurden allerdings schnell enttäuscht. Sein Gesuch um Gewährung von Reichszuschüssen für die geplanten Ergänzungsbauten für seine Fabrik blieb lange unbeantwortet, und auch ein entsprechendes Bittschreiben des Frankfurter Oberbürgermeisters an Göring nach Berlin zeigte keine Wirkung.[527] Im Februar 1934 kam dann der erste ablehnende Bescheid, allerdings hatte Alfred Teves selbst sein Erweiterungsprojekt aufgrund

---

524 Zur kältetechnischen Seite der Ate-Produkte vgl. Eckermann, Dynamik beherrschen, S. 176 ff.

525 Vgl. die Entnazifizierungsakte Alfred Teves, in: HHStAW Abt. 520/11 Nr. 11236/1 und 2.

526 Vgl. einen eigenen Werbeprospekt sowie das Werbeschreiben Teves an Prof. Dr. Bestelmayer von der Akademie der bildenden Künste in München betr. Neubau des Luftamtes in der Prinzregentenstraße vom 27.8.1936, in: ADM.

527 Vgl. das Schreiben vom 29.12.1933, in: Stadtarchiv Frankfurt, Magistratsakten 47/69, Nr. 6.397.

der unübersichtlichen Geschäftsentwicklung im Export zunächst auf Eis gelegt. Wenig später jedoch machte er einen neuen Anlauf, und 1935/36 erfolgte ein grundlegender Neubau von Werkshallen und Verwaltungsgebäude, verbunden mit einer Modernisierung und dem Ausbau der Gießerei.[528] Sie war das Herzstück der neuen Fabrik und sicherte die tägliche Produktion von 60 000 bis 70 000 Stück „Ate-Kolbenringen".

Abb. 79: Ansprache von Alfred Teves an die Belegschaft anlässlich des Spatenstichs zur Erweiterung der Frankfurter Werksanlagen 1934.

Schon vorher, 1934, hatte Teves zudem den entscheidenden Schritt zu einer auch räumlichen Expansion getan und in Berlin die Teveswerke, Motorenteile und Hydraulik-Aggregate GmbH gegründet. Die kaufmännische Leitung des

---

528 Vgl. 30 Jahre Werksgeschichte, S. 28 ff.

Werks übernahm Teves' Sohn Heinz, der allerdings in der Folgezeit kaum anwesend war, so dass die eigentlichen Werksleiter die beiden technischen Direktoren Heinrich Karlein und Herbert Stein waren. Mit welcher Dynamik sich das Unternehmen Teves entwickelte, zeigt der Blick auf die Zahlen: Bis 1938 verdoppelte sich die Belegschaft nahezu alle zwei Jahre, von einst 600 (1932) auf knapp 3500 im Frühjahr 1939 (vgl. Tabelle 9).

Tab. 9: Belegschaftsentwicklung bei der Alfred Teves Maschinen- und Armaturenfabrik GmbH 1932 bis 1939

1932	600
1933	761
1934	1035
1935	1500
1936	2000
1937	2465
1938	3293
Febr. 1939	3456

Quelle: 30 Jahre Werksgeschichte, S. 77, sowie Devisenprüfberichte 1933 ff., in: HHStAW 519/3, Nr. 17124.

Entsprechend rasant entwickelte sich auch der Umsatz, der zwischen 1933 und 1938 von 6,6 Mio. RM auf 33,4 Mio. RM förmlich explodierte (vgl. Tabelle 10).

Tab. 10: Umsatzentwicklung der Alfred Teves Maschinen- und Armaturenfabrik GmbH 1933 bis 1938 (in Mio. RM)

Jahr	Inland	Ausland	Gesamt
1933	5,789	0,888	6,677
1934	9,408	0,877	10,285
1935	13,756	0,895	14,666
1936	18,015	1,078	18,879
1937	24,038	1,375	25,413
1938	32,285	1,138	33,423

Quelle: Devisenprüfbericht 1938, S. 3, HHStAW 519/3, Nr. 17124.

Teves plante dabei zunächst auch einen offensiven Ausbau seines Exportgeschäfts und eine starke Stellung des Unternehmens auf den Auslandsmärkten. Seit jeher waren er oder sein älterer Sohn Heinz zum alle zwei Jahre stattfindenden Internationalen Kältekongress gereist, wie etwa 1934 nach Buenos Aires. Dieser Anlass wurde genutzt, um für den südamerikanischen Markt, insbesondere Argentinien und Brasilien, eine gezielte Werbe- und Verkaufskampagne für die Ate-Kältemaschinen zu entwickeln.[529] Noch im Dezember 1933 unternahm Teves zudem ein erstes direktes Auslandsengagement: Zum 5. Januar 1934 wurde für nom. 12 500 hfl eine 50-prozentige Beteiligung an der Vertriebsfirma N. V. Zuurdeeg übernommen. Das für die genehmigenden Behörden Prekäre daran war, dass Mitbeteiligter der frühere Rechtsberater von Teves, Dr. Fritz Seckel, war, ein „Nichtarier". Zudem zeigte sich schnell, dass die Übernahme der Anteile aufgrund falscher betriebswirtschaftlicher Daten erfolgte und das Engagement scheiterte. Das Geschäft mit Kühlschränken und Kühlmaschinen war sowieso kompliziert und unterschied sich von anderen Geschäften dadurch, dass es sich um Saisonartikel mit verhältnismäßig hohem Wert handelte, die in der Regel nur mit mehrjährigen Ratenzahlungen abgesetzt werden konnten. Seit Oktober 1936 jedenfalls befand sich die holländische Firma in Liquidation, was auch für die Beteiligten insofern bitter war, als sich „der Jude Seckel" als beteiligter Direktor bei der Firma in Rotterdam mit Hilfe von Alfred Teves offenbar „eine neue Existenz hat schaffen wollen", wie die Devisenbehörden wohl nicht zu Unrecht vermuteten.[530]

Die komplizierten devisenrechtlichen Bestimmungen hatten allerdings dazu geführt, dass es noch eine weitere Firmenbeteiligung durch Teves in den Niederlanden gab, die Handels & Financielle Maatschappij Nestor N. V. in Amsterdam. Der Hintergrund war, dass Teves neben der Lockheed-Bremsen-Lizenz auch die alleinigen Vertriebsrechte des Lockheed-Brems-Öls besaß, dessen Ausfuhr nach Österreich, Ungarn und die Tschechoslowakei jedoch durch hohe Zölle derart behindert wurde, dass Teves die Bremsflüssigkeit aus Wettbewerbsgründen nach dem Lockheed-Prinzip in Auftragsfertigung in Prag und Wien herstellen ließ. Eine Überweisung der damit verdienten Gewinne nach Deutschland war aber auf dem Clearingwege ebenso wenig möglich wie die Überweisung der darauf entfallenden anteiligen Lizenzgebühren nach London an die Automotive Products Comp. Um all diese Transaktionen zu ermöglichen, war mit Genehmigung der Devisenbehörden die Nestor N. V. dazwischengeschaltet worden.[531] Später wurde die Nestor dann aber auch als Vertriebsgesellschaft mit Alleinverkaufsrechten für die Ate-Kühlmaschinen für Holland und die holländischen Kolonien genutzt.

Ungeachtet dieser Rückschläge gab es im Januar 1935 neue Pläne, in Frankreich und Ungarn Fertigungsstätten für Kolbenringe zu errichten, im Oktober

---

529 Vgl. „Ate in Südamerika", in: Ate Illustrierte Zeitung (1935), S. 41.

530 Vgl. die eingehende Erörterung dieses Auslandsengagements im Devisenprüfbericht vom 19.5.1938, S. 12 ff., das Zitat auf S. 16, in: HHStAW Abt. 519/3, Nr. 17124, Bd. 1. Vgl. auch die Denkschrift von Seckel vom 14.10.1936 über die Ursachen des Scheiterns, in: ebd.

531 Vgl. Devisenprüfbericht vom 19.5.1938, S. 17 f., in: ebd.

1936 folgte ein Antrag auf Genehmigung zur Errichtung eines Fabrikationsbetriebes für hydraulische Bremsen in der Tschechoslowakei, aber letztlich wurden alle diese Projekte dann doch fallengelassen, zumal das Auslandsgeschäft trotz aller Bemühungen eher magere Zuwächse aufwies. Teves verfügte zwar auch 1938 noch über ein dichtes Netz an Konsignationslagern für Kühlschränke wie Kolbenringe, das über die ganze Welt verteilt war, dennoch machte der Auslandsumsatz 1938 gerade einmal drei Prozent des Gesamtumsatzes aus.[532] Der potenzielle Weg zu einem international agierenden Hochtechnologieunternehmen wurde für Teves durch die fast völlige Absorbierung aller Kräfte durch den boomenden Inlandsmarkt und das schnell wachsende Rüstungsgeschäft kaum mehr gangbar und endete damit vorzeitig.

Die diversen Lizenzzahlungen von Teves an die ausländischen Rechteinhaberfirmen erwiesen sich dabei als erhebliche Belastung, ganz abgesehen davon, dass sie den deutschen Behörden wegen des Abflusses von Devisen ein Dorn im Auge waren. Für jeden Satz oder Teil des Lockheed-Bremssystems musste Teves je nach Absatzumfang zwischen 1,63 und 2,44 Dollar als Gebühr zahlen, was sich allein zwischen Januar 1936 und Dezember 1937 auf insgesamt 402 000 Dollar summierte.[533] Dazu kamen weitere Gebühren für Lizenzen der französischen Bremsenfirma Freins Jourdain Monneret SA in Paris für eine Kombination von mechanischer Servo-Bremse und der hydraulischen Lockheed-Bremse sowie an die Wilkening Manufacturing Comp. in Philadelphia für das moderne Kolben- und Ölabstreifring-Herstellungsverfahren. Zur Aufbringung dieser hohen Lizenzzahlungen musste Teves laufend erhebliche Anstrengungen machen, um durch Auslandsgeschäfte die dafür erforderlichen Devisen zu erwirtschaften. Im Oktober 1938, nach dem Wegfall Österreichs als Exportland, waren daher neue Verhandlungen mit der Automotive Products Comp. in London erforderlich, bei denen Alfred Teves als Ersatz eine alleinige Exportlizenz fertiger Lockheed-Bremsen nach Polen forderte. Unumgängliche Voraussetzung für die Aufrechterhaltung der Lizenzzahlungen nach England sei es, dass der Export in Bremsen, Bremsteilen und Bremsflüssigkeit mindestens dieselbe Höhe hatte wie die Lizenzverpflichtungen selbst.[534] Gleichzeitig machte Teves auch deutlich, dass wegen der hohen Lizenzforderungen seitens der deutschen Behörden und Vierjahresplan-Stellen ein verstärktes Interesse an der Entwicklung einer rein deutschen Hydraulikbremse bestehe und mit allen Mitteln gefördert würde, falls keine Herabsetzung der Lizenzgebühren erfolgte. Für Oktober 1938 waren weitere

532 Vgl. ebd., S. 22 ff.
533 Vgl. ebd., S. 6 f.
534 Vgl. den Bericht in: Devisenprüfbericht vom 25.10.1938, S. 5, in: ebd.

Verhandlungen in Berlin und London anberaumt, von deren Inhalt aber leider nichts überliefert ist.

Tatsächlich war Teves inzwischen in einer besseren Verhandlungsposition, denn das Unternehmen hatte in einem eigenen Laboratorium und mit weiteren Versuchs- und Materialprüfabteilungen erhebliches eigenes Know-how, nicht nur in den mit hoher Präzision erfolgenden und für die Kleinteile so wichtigen Fertigungsverfahren, sondern auch in der technischen Weiterentwicklung und Verbesserung der einzelnen Produkte.[535] Längst hatten die Teves-Ingenieure dutzende von Patenten zur Kältetechnik wie der Bremshydraulik angemeldet und erhalten.[536] Gleichzeitig war Teves allerdings inzwischen angesichts der monopolartigen Stellung bei hydraulischen Bremsen bei den Automobilunternehmen unter Beschuss geraten. Die Kalkulatoren bei der Auto Union hatten etwa Ende 1938 festgestellt, dass bei eigener Herstellung einer hydraulischen Bremsanlage eine Kostenersparnis von 20 Prozent erreicht werden konnte. Basis dieser Eigenentwicklung waren Haupt- und Radbremszylinder eines Auto Union-Ingenieurs, die allerdings technisch nicht ausgereift waren.[537] Das hinderte die Manager Richard Bruhn und William Werner jedoch nicht, im April 1939 in harten Verhandlungen Alfred und Heinz Teves sowie Teves-Geschäftsführer Gustav Dietz mit der Absicht zu konfrontieren, eine eigene hydraulische Bremsfertigung aufzubauen, zumal ihrer Meinung nach kein lückenloser Schutz für die Lockheed-Teves-Patente bestand. Beide Seiten einigten sich schließlich darauf, die patentrechtlich geschützten Teile der Hydraulikbremse nach wie vor aus Frankfurt zu beziehen und nur die übrigen Teile selbst zu fertigen.[538]

Inzwischen hatte sich im Rahmen des Vierjahresplans ein deutlicher Wandel in der Umsatzstruktur ergeben. Mit Errichtung des Werks II in Berlin war eine Verteilung der Fertigungsstrukturen vorgenommen worden, die auch Reaktion auf das sich abzeichnende Rüstungsgeschäft war. Der Aufbau neuer Ferti-

---

535 Vgl. u. a. „Kolbenringe immer besser", in: Der Ate-Ring 7 (1938), S. 15–17.

536 Vgl. eine von Eckermann erstellte Zusammenstellung in: Archiv Continental, Bestand Teves, Sammlung Eckermann. Im Februar 1939 bemühte sich die Stadt Frankfurt mit Verweis auf das einschlägige Wissen bei Teves um die Gründung eines eigenen kältetechnischen Vierjahresplaninstituts, was die Verlegung der bereits an der Technischen Hochschule in Karlsruhe existierenden kältewissenschaftlichen Abteilung bedeutet hätte. Vgl. Schreiben Teves an den Oberbürgermeister Frankfurt a. M. vom 6.2.1939, in: Stadtarchiv Frankfurt, Magistratsakten, 47/69, Nr. 8615. Als das nicht klappte, bemühte man sich in der Frankfurter Stadtverwaltung wiederum mit explizitem Verweis auf Teves um die Ansiedlung eines Erweiterungsbaus des ursprünglich ebenfalls in Karlsruhe residierenden Reichsinstituts für Lebensmittelfrischhaltung, was allerdings bei Alfred Teves selbst auf weniger Gegenliebe stieß. Vgl. Schreiben Teves an den Oberbürgermeister vom 11.8.1939, in: ebd.

537 Zur sogenannten Weihe-Bremse vgl. Eckermann, Dynamik beherrschen, S. 156 f.

538 Vgl. ebd., S. 157.

gungsstrukturen in Berlin war auf Veranlassung des RLM erfolgt, das die dortige Produktion als „von besonderer Bedeutung für die Aufrüstung der Luftwaffe" bezeichnete.[539] Bereits im Sommer 1934 hatte das RLM vom Berliner Werk gefordert, bis 1935 eine Mob-Fall-Kapazität von 50 000 Kolbenringen zu schaffen, die bis April 1938 auf 100 000 Stück zu steigern war.[540] Während im Werk I in Frankfurt künftig weiterhin Kältemaschinen und Kolbenringe gefertigt wurden, erfolgte nun im Werk II in Berlin-Wittenau die Produktion von Flugmotorenventilen und anderen Ventilkegel sowie von Sonderteilen. 1936 wurde auch die Flugmotorenkolbenring-Fertigung von Frankfurt nach Berlin verlegt und damit dort das im Zuge der Wiederaufrüstung stark wachsende Geschäft mit Flugzeughydraulik konzentriert, das nun auch als eigene Abteilung und drittes großes Standbein innerhalb des Fabrikationsprogramms von Teves firmierte.[541]

Ate-Hydraulik war auch vorher schon in den Wehrmachts-Fahrzeugen eingebaut worden, 1934 war unter anderem eine Lenkbremse für Halbkettenfahrzeuge entwickelt worden, die 1937 in die serienmäßige Lieferung von hydraulischen Bremsen für die Zugmaschinen und Panzer der Wehrmacht mündete. Spätestens seit 1937 machte sich das wachsende Rüstungsgeschäft zulasten des Zivilgeschäfts in der Umsatzstruktur bemerkbar, als erstmals Flugzeugteile auftauchen und das noch im Jahr zuvor mit fast 30 Prozent starke Kühlschrankgeschäft nun auf 24,4 Prozent deutlich schrumpfte. Hauptumsatzträger mit Anteilen zwischen 40 und 50 Prozent war aber schon immer das Geschäft mit Bremsen gewesen, die nun immer weniger in Privatautos, sondern in Wehrmachtfahrzeuge eingebaut wurden (vgl. Tabelle 11).

Tab. 11: Umsatzstruktur Alfred Teves Maschinen- und Armaturenfabrik GmbH im Jahr 1937 (in Mio. RM)

Bremsen	11,41 (44,4 %)
Kühlschränke	6,27 (24,4 %)
Ventilkegel	2,61 (10,1 %)
Kolbenringe	2,55 (9,9 %)
Flugzeugteile	1,52 (5,9 %)
Zylinderlaufbüchsen	0,76 (2,9 %)
Sonderteile	0,28 (1,1 %)
Sonstiges	0,32 (1,2 %)
Gesamt	25,72 RM

Quelle: Devisenprüfbericht 1938, S. 3, HHStAW 519/3, Nr. 17124.

---

539 Vgl. Schreiben des RLM vom 22.7.1938, in: BArch Berlin R 4606/2495.

540 Vgl. BArch Freiburg, RL 3/382.

541 Vgl. das Schreiben Teves an den Oberbürgermeister von Frankfurt betr. die RLM-Vorgaben und damit zusammenhängenden weiteren Erweiterungsbaumaßnahmen vom 21.5.1937, in: Stadtarchiv Frankfurt, Magistratsakten 47/69, Nr. 6188.

Im Werk I in Frankfurt war aber nach wie vor der Großteil der Belegschaft beschäftigt. Im Februar 1939 arbeiteten dort 2107 Arbeiter, 457 Angestellte und 138 Lehrlinge, während im Werk II in Berlin 670 Arbeiter, 60 Angestellte und 24 Lehrlinge beschäftigt waren.[542] Doch die Planungen für den weiteren Ausbau des Berliner Werks lagen längst in der Schublade. Allerdings hatte man nicht mit der Bürokratie der verschiedenen Berliner Stellen gerechnet. Bereits im Juni 1938 hatte Teves einen ersten Antrag an den General-Bauinspektor der Reichshauptstadt Berlin gestellt, der aber auch nach Intervention durch das RLM mit Hinweis auf den Flächenbedarf für die weiteren Planungen der Reichshauptstadt abgelehnt wurde.[543] Die Angelegenheit brachte Teves auch deshalb in Bedrängnis, da nicht nur das RLM neue Produktionsforderungen gestellt hatte, sondern auch das OKH das Unternehmen aufgefordert hatte, eine zusätzliche Fabrikationsstätte mit ca. 5000 qm zu errichten, und zu allem Übel stand das bisherige Berliner Werk nur auf einem von den Berliner Verkehrsbetrieben (BVG) gepachteten Gelände. Die BVG teilte Teves im September 1938 mit, dass man den Pachtvertrag allenfalls für weitere vier Jahre und nur unter Vorbehalt verlängern würde. Es bestanden mithin höchst unsichere Fertigungsbedingungen, aber auch ein Jahr später stritten sich RLM, Generalbauinspektor, die BVG und der inzwischen eingeschaltete Enteignungskommissar im Polizeipräsidium Berlin um das weitere Vorgehen. Das RLM hatte die Angelegenheit damit zu beenden versucht, dass man Teves das Recht zur Enteignung der BVG-Grundstücke verliehen hatte, und dann auch gleich ein entsprechendes Verfahren eingeleitet.[544] Erst im Januar 1940 wurde Teves amtlicherseits in alle erforderlichen Grundstücke seines Berliner Werks „vorläufig eingewiesen".[545] Inzwischen hatte Teves schon einen Großteil seiner Neu- und Erweiterungsbauten von Fertigungshalle wie Verwaltungsgebäude vorgenommen. Kurz vor Kriegsausbruch erfolgte schließlich die Einrichtung weiterer Fertigungsstandorte, in Frankfurt-Fechenheim (Werk III für Kleinkälte- und Klimatechnik) sowie in Frankfurt-Bonames (Werk IV), in dem im Schleuderguss-Verfahren Zylinderlaufbüchsen produziert wurden.

---

542 Zu den Angaben vgl. Devisenprüfbericht vom 16.3.1939, in: HHStAW 519/3, Nr. 17124, Bd. II.

543 Vgl. Schreiben des Generalbauinspektors an Teves vom 1.7.1938, in: BArch R 4606/2495.

544 Vgl. Schreiben des Enteignungskommissars an den Generalbauinspekteur vom 15.11.1939, in: ebd.

545 Vgl. Bescheid vom 3.1.1940, in: ebd. Aber auch danach stritten Teves und die BVG weiter um die Höhe einer angemessenen Entschädigung.

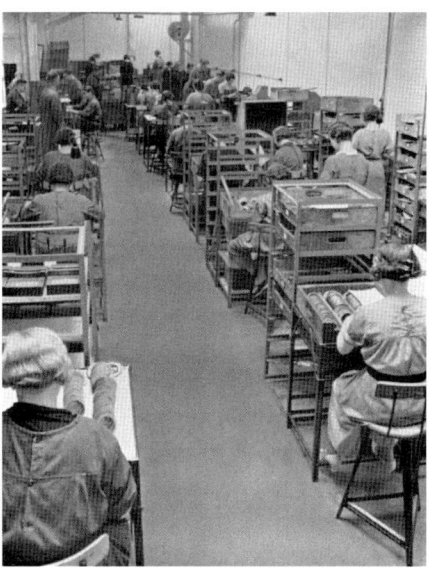

Abb. 80 u. 81: Kolbenring-Fertigung und Kolbenring-Kontrolle im Werk Frankfurt 1935

In der Perspektive der NS-Machthaber und der Vierjahresplan-Behörde verfügte man mit den Teves-Werken über ein innovatives und auch betriebswirtschaftlich effizient arbeitendes Zulieferunternehmen, das für die Realisierung der Ziele nationalsozialistischer Wirtschaftspolitik und den Auf- und Ausbau einer modernen Rüstungsindustrie unabdinglich war. Das Problem allerdings war die politische Einstellung von Alfred Teves wie auch seiner Söhne und das Vorherrschen einer Unternehmenskultur, die von einem nationalsozialistischen Musterbetrieb weit entfernt war. Alfred Teves war ein stark von seinen Amerika-Erfahrungen geprägter Unternehmer, seine Firma basierte zu einem erheblichen Teil auf in den USA erworbenem Know-how und amerikanischen Technologien. Und seine erste Ehefrau, mit er auch seine beiden Söhne hatte, war mütterlicherseits Amerikanerin.[546] Dementsprechend erfolgte auch die Ausbildung seiner Kinder.

Den älteren, 1906 geborenen Sohn Heinz schickte Teves nach einer Ausbildung als Volontär in der eigenen Firma 1928 für zwei Jahre zu einem Praktikum bei General Motors nach Detroit, wo dieser die Fertigungsverfahren in dem damals modernsten Automobilkonzern der Welt studieren sollte.[547] Seit 1930 war Heinz Teves im Betrieb in Frankfurt tätig, wo ihn der Vater zu einer „Kronprin-

---

546 Sie starb jedoch Anfang der 1920er Jahre.
547 Vgl. Eckermann, Dynamik beherrschen, S. 190 und S. 194 f.

zenlaufbahn" unter strenger eigener Regie zwang. Der ebenso sensible wie gutmütige Sohn, der viel lieber Filmregisseur geworden wäre, beugte sich dem Willen des dominanten und impulsiven Vaters, auch bei der Übernahme der Werksleitung in Berlin. Der zweite, 1913 geborene Sohn Ernst A. Teves wurde ebenfalls zur Ausbildung in die USA geschickt. Er studierte 1932 bis 1935 an der Harvard-Universität Geschichte und Volkswirtschaft und ging dann 1935/36 als Praktikant zu einem der führenden amerikanischen Automobilzulieferkonzerne, der Bendix Products Corp. in Indiana. Ernst A. Teves trug sich offenbar ernsthaft mit dem Gedanken, in den USA zu bleiben, doch angesichts der Erwartungen seines inzwischen 68-jährigen Vaters, die Weiterführung des Familienunternehmens zusammen mit seinem Bruder zu übernehmen, kehrte er nach Deutschland zurück und absolvierte 1937/38 an der TH Darmstadt ein Zusatzstudium der Volkswirtschaftslehre und Technik.[548] Der fließend Englisch wie Französisch sprechende Ernst hatte einen großen Freundeskreis aus seinen Zeiten in Harvard, zu dem unter anderem auch David Rockefeller, der Sohn des berühmten Ölmilliardärs gehörte und mit dem er auch von Deutschland aus weiterhin Kontakte pflegte. Für die nationalsozialistische Bewegung und ihre Ideologien hatte keiner in der Familie Teves etwas übrig, und insbesondere der selbstbewusstere, jüngere Ernst hatte die Machtergreifung der NSDAP äußerst kritisch und ablehnend verfolgt.[549]

Weder Alfred Teves noch seine Söhne waren denn auch in die NSDAP oder eine andere Parteiorganisation eingetreten, und auch keiner der engeren Mitarbeiter unter den leitenden Angestellten bei Teves war Parteigenosse. Um die Einsetzung von Betriebsobleuten war auch Teves nicht herumgekommen, allerdings hatten diese einen schweren Stand und einer von ihnen war vom Firmengründer bald wegen aufgedeckter Unregelmäßigkeiten entlassen worden. Über die Details des Wirkens von NSDAP-Betriebsobleuten und des Vertrauensrats wissen wir leider nichts, aber die Fluktuation in diesen Positionen scheint bei Teves ziemlich hoch gewesen zu sein. Und wie allerdings auch bei anderen Unternehmen und ähnlich wie bei Continental erfolgte die 1934 von den Behörden geforderte Bestellung eines Abwehrbeauftragten und Werkschutzleiters mit altgedienten Vertrauenspersonen, von denen eher die Beachtung der Unterneh-

---

548 Vgl. ebd., S. 198, sowie den Lebenslauf in der Entnazifizierungsakte von E. A. Teves, in: Landesarchiv Berlin C Rep. 031-02-09, Karton 152.
549 Vgl. u. a. einen ausführlichen Brief vom 30.3.1939, den E. A. Teves an seine Studienmutter in den USA schrieb, in den Entnazifizierungsunterlagen, in: ebd. In den Akten findet sich allerdings auch der Kauf eines Frankfurter Wohngrundstücks durch Heinz Teves, das er im Dezember 1938 für 53 000 RM aus Arisierungsvermögen erwarb. Inwieweit dabei der Käufer bevorteilt bzw. der Verkäufer benachteiligt wurde, lässt sich nicht feststellen. Vgl. den Vorgang in: Stadtarchiv Frankfurt, Gutachterausschuss I/409, Hansaallee 30.

mensinteressen über den Parteiinteressen erwartet wurde. Bei Teves übernahm diese Funktion zunächst der langjährige Werksingenieur Herbert Stein, nach dessen Wechsel als technischer Leiter nach Berlin bat Alfred Teves den langjährigen Ingenieur und Prokuristen Wilhelm Mohr, den Posten zu übernehmen, „damit keine der Geschäftsleitung fernstehende Betriebsangehörige Einblick in die internen Angelegenheiten erhielt."[550]

Alfred Teves schreckte auch nicht davor zurück, sich beim Frankfurter Oberbürgermeister über ständige Quertreibereien und politisch motivierte Angriffe einzelner DAF-Funktionäre zu beschweren – was im August 1935 zu einem hektischen Briefwechsel zwischen Gauleitung, Oberbürgermeister und Gauwirtschaftsberater bis hin zum Vertrauensmann für Wirtschaftsfragen beim Stellvertreter des Führers, Abtlg. zur Wahrung der Berufsmoral, in Berlin auslöste.[551] Vor allem bei seiner Personalpolitik scherte sich Teves nicht um die neuen nationalsozialistischen Grundsätze. Sein engster Vertrauter, seit 1915 technischer Leiter und zweiter Vater des technischen Aufstiegs von Teves, war der Ingenieur Nathan Stern.[552] Dessen Funktion als Geschäftsführer wurde zwar am 24. April 1933 aus dem Handelsregister gelöscht, aber an seiner Beschäftigung und Bedeutung im Unternehmen änderte sich nichts. Einer der engsten Mitarbeiter Sterns, der bereits erwähnte und als Konstruktionschef tätige Ingenieur Wilhelm Mohr, gab später dazu eine Episode zu Protokoll, die zumindest im Kern offenbar stimmte. Demnach bat Stern ihn sowie den damaligen Leiter der Kälteabteilung darum, in die NSDAP einzutreten „und glaubte damit zu erreichen, dass er, wenn seine engsten Mitarbeiter Parteigenossen waren, bei einer Säuberung der Betriebe dadurch seinen Posten behalten zu können [sic!]."[553]

Die Einträge, die sich die inzwischen längst gleichgeschaltete Industrie- und Handelskammer in Frankfurt unter dem 29. November 1935 dazu auf der Karteikarte zur Maschinen- und Armaturenfabrik Alfred Teves GmbH machte, sind aufschlussreich: „Nach einem uns von der Betriebszellenleitung Gross-Frankfurt übersandten Aktenvermerk kann der Jude Nathan Stern im Betrieb nicht ersetzt werden, da sonst Verrat von Betriebsgeheimnissen zu befürchten

---

550 Vgl. Aussage Mohrs vom 16.10.1945 anlässlich seines Entnazifizierungsverfahrens, in: HHStAW 520/R4703, K. 2167.

551 Vgl. den Vorgang in: Stadtarchiv Frankfurt, Magistratsakten 47/69, Nr. 7415.

552 Vgl. zu Stern ausführlich Erik Eckermann, Nathan S. Stern. Ingenieur aus der Frühzeit des Automobilbaus, Düsseldorf 1985.

553 Aussage Mohr zu seiner Parteizugehörigkeit vom 16.10.1945, in: HHStAW 520/R4703, K. 2167. Die Aussage diente Mohr natürlich zu seiner Entlastung im Entnazifizierungsverfahren, wurde aber von der früheren Sekretärin Steins, die ihrerseits „Halbjüdin" war, bestätigt.

ist. Der Jude Schwarz (Ingenieur) ist ebenfalls für den Betrieb wichtig. Kälte-
fachmann."[554] Gleich darunter folgte wenig später der Eintrag: „Der Firma wird
von maßgebenden Stellen das beste Zeugnis ausgestellt", und dann folgte am
23. März 1936 die Notiz: „Der Jude Stern wird in nächster Zeit aus der Leitung
der Firma ausscheiden. Er wird jedoch die Betreuung der Firma in England
übernehmen. Es soll notwendig sein, Stern an die Firma zu binden, da er sonst
als international anerkannte Kapazität sofort von der ausländischen Konkurrenz angestellt wird. Gefährdung des Exports."[555] Tatsächlich emigrierte Stern
1936 nach England, wo Teves ihn mit Zahlungen aus Frankfurt, die als Berater-
honorare ausgegeben wurden, weiter finanziell unterstützte.

Neben Stern gab es eine Reihe weiterer „nichtarischer" Belegschaftsmitglieder, deren Entlassung, von den Behörden und den Frankfurter Parteistellen zunehmend gefordert, Teves verweigerte. Da halfen auch die Drohungen, andernfalls die Verleihung der goldenen Fahne der DAF für herausragende Betriebe zu
verweigern, nichts. „Die sollen ihren Fetzen hinhängen, wohin sie wollen, ich
mache da nicht mit", zitierte später einer der betroffenen jüdischen Mitarbeiter
die Reaktion von Alfred Teves.[556] Auch bei seinen Geschäftspartnern und Zulieferbetrieben kümmerte sich Teves wenig um die antisemitischen Vorgaben des
RWM und der Parteistellen. Einer seiner Lieferanten für Ventilatoren in den Kältemaschinen war die ebenso namhafte wie traditionsreiche Berliner Firma
Dr. Max Levy. Die Geschäftsbeziehung mit den jüdischen Betriebsinhabern flog
auf, als die Generalvertretung von Teves in München den Auftrag zur Lieferung
sämtlicher Kälteeinrichtungen an den Obersalzberg, Hitlers bayerische Privatre-
sidenz, erhielt und dabei offenbar die Lieferanten politisch durchleuchtet worden waren.[557] In einer Nacht-und-Nebel-Aktion mussten die „jüdischen Ventilatoren" ausgewechselt werden, aber ungeachtet dessen behielt Teves seine Ge-
schäftskontakte weiter aufrecht, bis die Firma 1935 arisiert und unter dem
neuen Namen „Tornado" umgegründet wurde, so dass keine rasseideologischen
Bedenken der Behörden mehr bestanden.

Daneben bestand die Teves-Belegschaft stadtbekanntermaßen auch zu einem erheblichen Teil aus ehemaligen SPD- und KPD-Mitgliedern, die weiter in
ihren jeweiligen Betriebspositionen blieben. Diese deutlich von anderen Unternehmen abweichende Personalpolitik galt nicht nur im alten Frankfurter

---

554 IHK-Karteikarten zu Teves in: Hessisches Wirtschaftsarchiv Darmstadt, ohne Signatur.
555 Vgl. ebd.
556 Abschrift der Zeugenaussage von Max Sons im Entnazifizierungsverfahren gegen Teves
vom 15.12.1945, in. Landesarchiv Berlin C Rep. 031-02-09, Karton 152.
557 Vgl. die Episode bei Eckermann, Dynamik beherrschen, S. 202.

Stammwerk, sondern wurde auch im neuen Berliner Werk praktiziert. Wie Heinrich Schmidt, den ehemaligen Leiter der Stadtwerke Bad Vilbel und wegen seiner Gewerkschafts- wie SPD-Zugehörigkeit als politisch unzuverlässiger Beamter von den Nationalsozialisten entlassen, stellte Teves auch andere unter den neuen politischen Verhältnissen leidende Fachkräfte ein.[558] „1933 bin ich politisch gemaßregelt worden und war bis 1934 arbeitslos", äußerte sich dazu später einer der Betroffenen. „Man vertrat überall die Meinung, dass die Fa. Teves die einzige Firma sei, die tolerant gegen uns politisch Andersdenke sei und so bin ich 1934 zu dieser Firma gekommen und bin auch jetzt noch dort."[559] Unter den „Ate-isten", wie sich die Belegschaftsmitglieder doppelsinnig auch bezeichneten, herrschte ein starkes Zusammengehörigkeitsgefühl und gegenüber dem Firmengründer, der trotz des patriarchalischen Führungsstils Wert auf Nähe zu seinen Arbeitern und Angestellten legte, große Loyalität. Alfred Teves war beliebt und hatte den technischen Stolz auf die Qualitätsprodukte zum Teil der Unternehmenskultur gemacht, mochten seine beiden Leitsprüche, die jeweils in Frankfurt und Berlin über dem Haupteingang des Verwaltungsgebäudes prangten – „Arbeiten und nicht verzweifeln" sowie „Ordnung und Fortschritt" – auch aus einer vergangenen Zeit erscheinen.[560] Es war aber Teves' Art, auf seine Weise und jenseits jeglicher nationalsozialistischer Betriebsgemeinschaftsideologie das gute Einvernehmen zwischen sich und seiner Belegschaft zum Ausdruck zu bringen.

Auch bei Teves gab es zwar eine „Ate-Betriebszelle", die aber bei Aufmärschen nicht uniformiert auftrat, und wenn die NSBO unter dem Motto „Wir gehen in die Betriebe" eine Kommission in die Teves-Werke schickte, dann übernahm die Führung nicht Ernst Teves, sondern einer seiner untergeordneten Prokuristen. Betriebsappelle, die der DAF als Mittel zur Inszenierung und Einmischung dienten, gab es anscheinend bei Teves nicht oder sie waren zumindest äußerst selten.

---

558 Vgl. zu Schmidt dessen Aussage vom 30.8.1946, in: HHStAW 520/R 4707, K. 2939.
559 Aussage des späteren Betriebsratsvorsitzenden Friedrich Heisterkamp anlässlich des Spruchkammerverfahrens, in: ebd.
560 Zu den Wahlsprüchen vgl. auch 30 Jahre Werksgeschichte, S. 30.

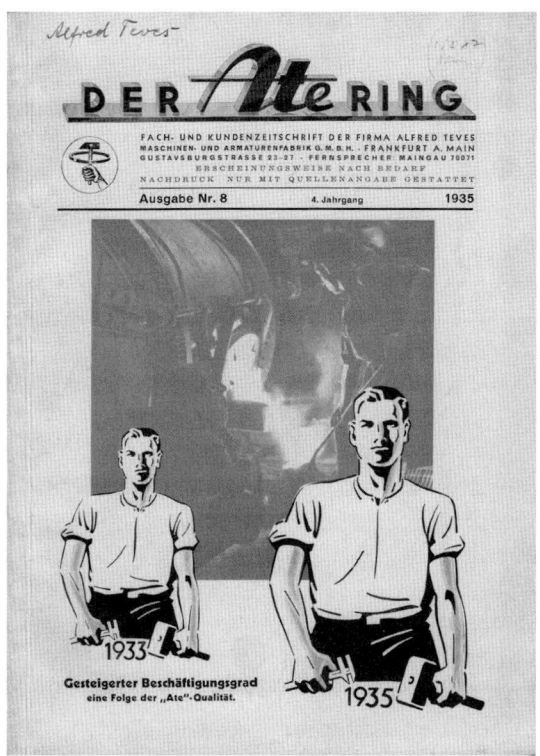

Abb. 82: Titelblatt der Kundenzeitschrift „Ate-Ring" 1935

Auch in seiner Außenkommunikation unterschied sich Teves von den meisten anderen Unternehmen. Zur Pflege des breiten Kundenstamms gab es seit 1933 die vierteljährlich erscheinende „Ate-Illustrierten Zeitung" mit einer Auflage von 50 000 Exemplaren. Als weitere Fach- und Kundenkommunikation gab es zudem die Hauszeitschrift „Der Ate-Ring", die 1932 erstmals erschienen war, damals erst mit einer Auflage von 2000 Exemplaren, die aber bis 1938 auf 8000 Exemplare anstieg (Abb. 82). Anders als andere Betriebs- und Kundenzeitschriften wie etwa bei Continental fanden sich darin vor allem technische Informationen und Artikel über einzelne Ate-Produkte und deren Einsatzbereiche in Industrie, Wirtschaft und Gesellschaft. Beiträge über Betriebsappelle oder mit anderweitigem nationalsozialistischem Inhalt sucht man hier vergeblich. Auch die 1936 anlässlich des 30-jährigen Firmenjubiläums entstandenen Festschrift kommt bemerkenswerterweise ohne die üblichen inszenierten Werksfotos mit reicher Hakenkreuz-Beflaggung aus.

Abb. 83 u. 84: Ventilkegel-Fertigung und Ventilke-
gel-Kontrolle 1935 im Werk Berlin

Angesichts all dessen dauerte es nicht lange, bis die Teves-Werke in Frankfurt
wie in Berlin ins Visier des Sicherheitsdienstes (SD) und der Gestapo gerieten.
Die Angaben dazu in den späteren Aussagen und Erinnerungen von Teves-Mit-
arbeitern sind widersprüchlich und lückenhaft, dennoch gab es offenbar einige
Versuche der Gestapo, Spitzel anzuwerben, um eventuelle politische Umtriebe
innerhalb der Belegschaft aufzudecken. Tatsächlich wurde Anfang 1937 im
Werk Frankfurt ein angebliches Komplott von sieben ehemaligen KPD-Mitglie-
der aufgedeckt, denen im Mai 1937 wegen Hochverrat der Prozess gemacht wurde, bei dem sie zu hohen Haftstrafen verurteilt wurde.[561]

Die lokalen NS-Amtsträger hatten Teves gegenüber denn auch ein höchst
ambivalentes Verhältnis. Einerseits war dem Gauleiter in Frankfurt die politische Unzuverlässigkeit und mangelnde NS-Begeisterung von Unternehmensleitung wie dem Großteil der Belegschaft ein beständiger Dorn im Auge und er
wies darauf auch in der Öffentlichkeit mit mehr oder weniger deutlichen Worten
hin. Andererseits ließen die Parteifunktionäre keine Gelegenheit aus, sich anlässlich von Grundsteinlegungen oder Ausstellungen zusammen mit Teves und
seinem technischen Vorzeigebetrieb zu zeigen – wie etwa 1935 Reichsstatthalter
und Gauleiter Sprenger und der Frankfurter Oberbürgermeister Linder auf dem
„Ate-Stand" der Ausstellung „Die Rhein-Mainsche Wirtschaft", wo man sich vor
großem Presseaufgebot die hydraulische Ate-Vergaser-Fernsteuerung erklären

---

561 Vgl. eine Abschrift der Anklageschrift vom 13.5.1937 in der Entnazifizierungsakte des damals als Spitzel verdächtigten Teves-Mitarbeiters, in: HHStAW Abt. 520/11, Nr. 10556/1.

ließ.[562] Vor allem bei der offiziellen Feier zum 30-jährigen Geschäftsjubiläum am 6. Oktober 1936, die mit der Einweihung der neuen Fabrikanlagen verbunden wurde, gaben sich alle großen wie kleineren NS-Funktionäre die Klinke in die Hand, angefangen vom NSDAP-Ortsgruppenleiter, dem Treuhänder der Arbeit, hohen DAF-Amtsträgern, über den damaligen Frankfurter IHK-Präsidenten Prof. Lür bis hin zu Vertretern des Frankfurter Arbeitsamtes, der Finanz- und Devisenstellen und der örtlichen Wehrwirtschaftsinspektion, aber auch Vertretern des RLM wie des RWM und des Rohstoff- und Devisenstabs der Berliner Vierjahresplanbehörde – „lauter Behörden, mit denen wir innige Fühlung haben", wie Teves bei seiner Festansprache doppeldeutig äußerte.[563] Teves hielt dann eine Eloge auf seine „treuen, klugen und fleissigen Mitarbeiter, die die wenigen Geistesblitze, die man im Leben doch hatte, in zäher, guter Arbeit und oft unter Inanspruchnahme nächtlicher Stunden, ausführten." Dann folgte ein ebenso ausführlicher wie persönlicher Rückblick auf die Entwicklung des Unternehmens. Nach den zahllosen markigen Reden der verschiedenen Amtsträger ergriff Teves noch einmal das Wort zu einer kurzen Abschlussrede, und gerade als Teves mit einem Dank an „unseren großen Führer" enden wollte, kam es zu einem legendären Zwischenfall. Ein Windstoß blies das Redemanuskript vom Pult und weil, wie ein Mitarbeiter später darüber berichtete, Teves kein gutes Namensgedächtnis hatte oder aber auch dies nur zum Anlass nahm, beendete er seinen Satz mit einem dreifachen „Sieg heil" auf unseren Führer „August Hitler".[564] „Man hätte nach diesen Worten eine Stecknadel fallen hören", hieß es in dem Bericht. „Den meisten blieb fast der Atem aus. Es war ungeheuerlich. Aber die Nazi-Prominenz machte gute Miene zum bösen Spiel" und tat so, als ob sie den Fauxpas überhört hätte.[565] Da rein formal Mitte 1937 sämtliche Geschäftsführer und Inhaber „Arier" waren, stand auch, ob Alfred Teves dies wollte oder nicht, der Verleihung des Goldenen Rades der DAF als NS-Musterbetrieb nichts mehr im Wege. Als Vorstufe dazu erhielt das Unternehmen zunächst 1937 die Anerkennung als nationalsozialistische Berufserziehungsstätte verliehen.[566]

---

562 Vgl. den Fotobericht in: Der Ate-Ring 4 (1935), S. 10.
563 Vgl. die Kopie des schreibmaschinengetippten Texts der Ansprache in: Archiv Continental, Bestand Teves, Sammlung Eckermann.
564 Vgl. auf der Basis von damals geführten Zeitzeugeninterviews Eckermann, Dynamik beherrschen, S. 201. Vgl. in Archiv Continental, Bestand Teves, Sammlung Eckermann, auch das Transkript mit dem Zeitzeugeninterview des ehemaligen Teves-Ingenieurs Lothar Bloßfeld.
565 Vgl. ebd.
566 Vgl. Eintrag der IHK in Karteikarten Teves zum 27.1.1938, in: Hessisches Wirtschaftsarchiv Darmstadt, ohne Signatur.

Alfred Teves konnte letztlich auch nicht verhindern, dass die lokalen und regionalen NS-Stellen seinen 70. Geburtstag am 27. Januar 1938 propagandistisch ausschlachteten. Teves erhielt zahllose Ehrungen und es erschienen entsprechende ausführliche Presseartikel. Über die betriebsinterne Feier berichteten ehemalige Mitarbeiter später eine weitere Anekdote. Demnach hatte zunächst der Betriebsobmann eine kurze Rede gehalten, auf die hin Alfred Teves auf die Bühne trat mit den Worten: „Genossen und Genossinnen, was der nicht sagt, sage ich." Daraufhin berichtete er über seine Laufbahn „und zog auf einer feinen Basis die Nazis durch den Dreck."[567] Es waren denn nicht Parteistellen, sondern das RLM, das Alfred Teves per Erlass am 2. Mai 1939 zum Wehrwirtschaftsführer ernennen ließ, ein Zeichen dafür, wie wichtig man das Unternehmen ungeachtet aller politischer Unzuverlässigkeit für die Rüstungswirtschaft hielt. Ob Teves sich zu diesem Zeitpunkt tatsächlich, wie es später ein Zeitzeuge über ein Treffen mit ihm auf der Berliner Internationalen Automobilausstellung zu Protokoll gab, angesichts der drohenden politischen Entwicklung ernsthaft mit dem Gedanken trug, einen Teil seines Industrieunternehmens nach Schweden zu verlegen, um es dem drohenden Zugriff des NS-Regimes und von Zerstörungen im Kriegsfall zu entziehen, lässt sich nicht mehr nachprüfen.[568]

Einen deutlich abweichenden und letztlich weit steinigeren Weg nahm Adolf Schindlings Firma VDO. Schindling, der nach einer kaufmännischen Lehre um 1910 kurze Zeit als Abteilungsleiter erst bei den Gummiwerken Phoenix-Harburg, dann bei der Frankfurter Peters-Union tätig gewesen war und dort die Reifen-Reparaturabteilung geleitet hatte, gründete 1921 zusammen mit einem Partner, Georg Häußler, die Firma OSA-Apparate GmbH, kurz darauf in OTA umbenannt, die Tachometer und andere Messinstrumente wie Benzinuhren für die Automobilindustrie produzierte und verkaufte.[569] Die Belegschaft wuchs bis 1928/29 auf 150 Mitarbeiter, allerdings verschlechterte sich infolge der gesamtwirtschaftlichen Entwicklung bei gleichzeitig heftigem Wettbewerb der zersplitterten, zugleich aber kapitalschwachen Instrumentenhersteller die Lage dramatisch, so dass Schindling Fusionsbemühungen startete, aus denen schließlich

---

567 Erklärung über die politische Einstellung des Herrn Dr. Teves vom 6.10.1945, in: Landesarchiv Berlin C Rep. 031-02-09, Karton 152.

568 Vgl. Eidesstattliche Erklärung August Christ vom 3.12.1946, in: Landesarchiv Berlin C Rep. 031-02-09, Karton 152.

569 Vgl. dazu und zum Folgenden „Wir bei VDO", Sonderausgabe zum 50-jährigen Firmenjubiläum, 2/1979, sowie VDO-Chronik Bd.1, in: VDO-Archiv, ohne Signatur.

im Mai 1929 die VDO Tachometer AG Frankfurt hervorging.[570] Fusionspartner war die Kraftfahrzeuginstrumentensparte der Berliner Deutschen Tachometer-Werke GmbH (Deuta-Werke), dessen Alleingeschäftsführer und Hauptanteils-eigner Wedig Freiherr von Keyserlingk war. Dieser hielt nun mit 50 Prozent zusammen mit Schindling und Häusler, die je 25 Prozent besaßen, die Mehrheit an dem zunächst nur auf 20 000 RM veranschlagten Grundkapital, das erst später auf 600 000 RM erhöht wurde. Doch trotz des Zusammenschlusses, durch den die Belegschaft kurzzeitig auf fast 400 Arbeiter und Angestellte stieg, war VDO im Zuge der Weltwirtschaftskrise in eine Existenzkrise gerutscht. 1932 schloss die Bilanz bei einem Umsatz von knapp einer Mio. RM mit einem Verlust von 133 000 RM ab. Gerade einmal noch 200 Beschäftigte produzierten in zwei Stockwerken des ursprünglich fünf Stockwerke umfassenden Fabrikgebäudes auf vielfach veralteten Maschinen ca. 3000 bis 5000 Tachos pro Monat. Das Unternehmen war bei der Machtergreifung der Nationalsozialisten ein Sanierungsfall und hatte einen ebenso schwierigen wie langwierigen und vor allem auch komplizierten Restrukturierungsprozess vor sich.[571]

Auch in den folgenden Monaten, trotz nationalsozialistischer Motorisierungs- und Arbeitsbeschaffungspolitik, die prinzipiell für eine Ankurbelung des Geschäfts mit Tachos und anderen Fahrzeuginstrumenten sorgte, blieb die Lage der VDO höchst prekär und turbulent. Ein erstes Problemfeld war die eigentümliche Struktur der Unternehmensleitung und der Anteilseigner. Obwohl Keyserlingk als Vorstandsvorsitzender fungierte, war dies eine reine Titular-Position; die eigentliche Arbeit und die Leitung des operativen Geschäfts oblagen Schindling und Häusler, die als Verkaufsvorstände agierten, daneben waren aber auf Betreiben der Deuta-Gruppe Anfang 1933 zwei weitere stellvertretende Vorstandsmitglieder eingesetzt worden, der frühere Prokurist Josef Strzelczyk für den Bereich Verwaltung und Dr. Peter Lertes, von Schindling selbst kurz vorher als technischer Betriebsleiter eingestellt, für den Bereich Technik. Obwohl beide ihrerseits aus der OTA kamen, bezeichnete sie Schindling später als Strohmänner der Deuta-Gruppe, mit der es bald Reibereien geben sollte.[572]

---

570 Das Kürzel leitet sich aus den Namen der Vereinigten Deuta-Ota ab. Vgl. VDO-Chronik, Bd. 1, S. 4. Formal gab es zwei Gründungen, denn die erste, am 1.1.1929 erfolgte Gründung verstieß gegen zahlreiche gesetzliche Bestimmungen, so dass eine zweite Gründung notwendig wurde. Dennoch bestand auch danach noch die spezifische Situation, dass beide Firmen weiterhin selbstständige Rechtssubjekte geblieben waren. Vgl. Buchprüfungsbericht für die Jahre 1929–1931/32 vom 23.2.1933, in: VDO-Archiv Karton 35.

571 Vgl. ebd., S. 14 ff.

572 Vgl. Erklärung Schindlings vom 19.10.1946 anlässlich seines Entnazifizierungsverfahrens über „Meine geschäftliche Entwicklung", in: HHStAW 520/K.2625.

Trotz aller Bemühungen stieg auch 1933 der Verlust auf 284 745 RM, unter anderem aufgrund von Qualitätsreklamationen bei zwei der Hauptabnehmer, Daimler-Benz und Ford, womit bereits nahezu die Hälfte des Aktienkapitals aufgezehrt war.[573] Zu allem Übel waren auch noch erhebliche Steuernachforderungen zu erwarten. VDO war schon 1932 wegen bilanzieller Unregelmäßigkeiten ins Visier der Steuer- und Devisenbehörden geraten, die nun erst recht ein scharfes Auge auf das Unternehmen warfen. In der Not beschloss eine außerordentliche Generalversammlung im August 1933 die Herabsetzung des Aktienkapitals von 2:1, um damit auch die Möglichkeit zum Einstieg eines neuen Kapitalgebers zu schaffen. Zudem wurde beschlossen, dass Häusler und Schindling je 50 000 RM zusammengelegte Aktien unentgeltlich unter der Bedingung zur Verfügung stellten, dass die Steuerbehörde in eine erhebliche Minderung ihrer Nachforderungen einwilligte. Beide Voraussetzungen erfüllten sich jedoch nicht: Der Kapitalgeber blieb aus und der Steuererlass wurde versagt. Häusler und Schindling mussten dennoch erhebliche finanzielle Opfer bringen, so wurden ihre ursprünglich langfristigen Anstellungsverträge in kurzfristige Verträge mit halbiertem Gehalt umgewandelt. Welche Rolle dabei Keyserlingk spielte und ob bzw. inwieweit auch er finanzielle Opfer bringen musste, ist völlig unklar. Auch ob Schindling der Initiator der folgenden Sanierungsversuche war, wofür viel spricht, ist nicht sicher. Jedenfalls entstand nun der Plan, die Finanzen unter anderem durch die Abtrennung der 1932 erst gegründeten französischen Niederlassung in den Griff zu bekommen.

Der französische Markt mit seinem überdurchschnittlichen Motorisierungsgrad war vielversprechend, allerdings stieß eine direkte Belieferung der französischen Automobilunternehmen von Deutschland aus auf nationalistische Vorbehalte und protektionistische Hindernisse. Durch die Gründung der als eigenständige Firma agierenden Niederlassung in Straßburg, als deren Inhaber Georg Häusler firmierte, konnte man dies jedoch umgehen, denn Häusler war elsässischer Franzose, allerdings auch Jude. Die Geschäfte der Straßburger Filiale entwickelten sich zunächst durchaus günstig mit rasch steigenden Umsätzen, unter anderem durch die staatlich angeordnete Ausrüstung sämtlicher französischer Lkw mit Winkern. Doch seit dem vierten Quartal 1933 brach, auch infolge der veränderten Zoll- und Einfuhrpolitik beider Länder, das Geschäft drastisch ein. Die Idee war nun, dass Häusler aus dem Vorstand der VDO ausschied und ab 1. Januar 1934 die Straßburger Niederlassung auf eigene Rechnung übernahm, sich aber verpflichtete, weiterhin ausschließlich VDO-Artikel

---

573 Vgl. Notiz der Wirtschaftsprüfer vom 2.10.1934, in: HHStAW 519/3 Nr. 34470.

zu vertreiben.[574] Für VDO ergaben sich daraus gleich mehrere Vorteile: die Entlastung von möglichen Verlusten der Niederlassung, die zu erwartende Wiederankurbelung des Geschäfts in Frankreich durch die Beseitigung der bisherigen rechtlichen Zwitterstellung und das nunmehrige Agieren als rein französisches Unternehmen auf dem französischen Markt sowie auch eine deutliche finanzielle Entlastung von den Vorstandsbezügen Häuslers, der nur noch für zwei Jahre seine Bezüge in Höhe von etwa einem Drittel gegenüber früher erhielt. Und es gab noch einen unausgesprochenen weiteren Vorteil: VDO entging damit von Anfang an den über kurz oder lang zu erwartenden Problemen im Behördengeschäft mit einem jüdischen Vorstandsmitglied und wurde zu einem rein „arischen" Unternehmen. VDO hatte den entsprechenden Antrag zur Genehmigung der damit verbundenen Transaktionen noch Ende 1933 an die Devisenbewirtschaftungsstelle gerichtet, aber die Angelegenheit war offenbar erst in der zweiten Jahreshälfte 1934 geklärt worden.

Allerdings bestanden seitens der deutschen Behörden gegen Häusler noch Ansprüche auf Steuerschulden von knapp 40 000 RM, die in einem auch noch im Juni 1935 schwebenden Verfahren wegen Devisenvergehens geltend gemacht wurden. Gleichzeitig hatte der Reichsfiskus das gesamte Vermögen Häuslers sperren lassen, das im Wesentlichen aus seinem VDO-Anteil von 150 000 Aktien bestand.[575] Die Sache wurde dadurch noch verkompliziert, dass Schindling sich kurz zuvor ein Darlehen über 40 000 RM verschafft hatte, dessen Geber der im Elsass wohnenden Henry Häusler war, ein Halbbruder von Georg Häusler, der Schindling schon 1932 mit einem Darlehen in gleicher Höhe ausgeholfen hatte. Als Sicherheit dafür hinterlegte Schindling nom. 150 000 Aktien der VDO Tachometer AG, seinen gesamten 25-prozentigen Anteil an dem Unternehmen. Mit Häuslers Steuerschuld stand nun aber plötzlich auch dessen 25-prozentiger VDO-Anteil zur Disposition, denn dessen Verkauf war unerlässlich, um das Steuerverfahren zu beenden. Schindling besaß ein Vorkaufsrecht auf die Aktien, allerdings war er offenbar zu diesem Zeitpunkt, im Frühsommer 1935, nur bereit, höchstens 30 oder 33 Prozent des Nominalwertes zu bezahlen. Letztendlich meldeten nun aber Keyserlingk und die von ihm vertretene Deuta-Gruppe ihr Interesse an dem Häusler-Anteil an, und Mitte Juni kam es zum Abschluss eines Kaufvertrages. Wieviel die Deuta-Aktionäre für den Häusler-Anteil boten, ist nicht bekannt, doch unter dem Strich waren die Berliner Investoren drauf

---

574 Vgl. Bericht VDO an die Devisenbewirtschaftungsstelle bzw. das Finanzamt Frankfurt betr. G. Häusler, Straßburg, vom 5.5.1934, in: ebd. Vgl. auch den Brief Häuslers an die Devisenbewirtschaftungsstelle vom 8.12.1933, in: ebd.
575 Vgl. das Schreiben von Häuslers Rechtsanwälten an die Devisenbewirtschaftungsstelle Frankfurt vom 27.6.1935, in: HHStAW 519/3, Nr. 34470.

und dran, einen finanziellen Coup zu landen, durch den sie über eine 75-prozenige Mehrheit in der VDO verfügen würden, denen Schindling mit seinem zumal verpfändeten Minderheitsanteil in einer deutlich geschwächten Position gegenüberstünde. Schindling sah sich daher gezwungen, doch noch von seinem Vorkaufsrecht Gebrauch zu machen. „Um mich nicht in eine hoffnungslose Minorität drängen zu lassen, musste ich diese Aktien selbst erwerben, und zwar mit Hilfe von Krediten, die mir meine Familie und meine Freunde zur Verfügung stellten", schrieb er später dazu.[576]

Ebenfalls 1934 schmiedete der Reichsverband der Kraftfahrzeugteile-Industrie Pläne, die Tacho-Hersteller zu einem Preiskartell zusammenzuschließen, was mit einer deutlichen Erhöhung der Preise verbunden gewesen wäre. Dahinter stand Keyserlingk, der wie Teves Mitbegründer des Verbandes gewesen war und dessen Vorsitz innehatte. Doch im RWM verweigerte man diesem Plan die Zustimmung.[577] Dennoch war es im Frühjahr 1934 zu Verhandlungen und Preisabsprachen über einen Tachometer-Mindestpreis zwischen VDO und den beiden Tacho-Fabriken Andreas Veigel in Stuttgart sowie J. Schlenker-Grusen in Schwenningen (ISGUS), gekommen, um den nach wie vor herrschenden erbitterten Preiskampf zu beenden.

Eine eindeutige Bewertung all dieser Vorgänge ist schwierig. Einerseits kann man bei Schindling eine vorauseilende Anpassungsstrategie an die NS-Machthaber sehen, mit der er seinen ehemaligen Geschäftspartner opferte und ihm auch noch hohe finanzielle Opfer abverlangte, andererseits ging es um das Überleben von VDO, und zudem ergab sich damit für Häusler auch die Gelegenheit, sich frühzeitig antisemitischen Diskriminierungs- und Verfolgungsmaßnahmen zu entziehen und in Frankreich mit durchaus guten Geschäftsaussichten eine neue Existenz aufzubauen. In späteren Zeitzeugeninterviews ehemaliger VDO-Mitarbeiter überwog letztere Deutung, demnach habe Schindling schon 1931/32 geahnt, was politisch auf Häusler zukommen würde, und ihm deshalb in Frankreich die Niederlassung inklusive kompletter Montageeinrichtung gebaut, um dort eine neue Tachometerfertigung aufzubauen.[578] All diese komplizierten und letztlich intransparenten Finanztransaktionen zur Rettung und Sanierung der VDO zwischen 1932 und 1935 waren den Devisenbehörden

---

576 Vgl. Erklärung Schindlings vom 19.10.1946 anlässlich seines Entnazifizierungsverfahrens über „Meine geschäftliche Entwicklung", in: HHStAW 520/K.2625. Es gab später Vermutungen, dass dabei ein größerer Kredit durch die Preußische Staatsbank eine Rolle spielte, dessen Generaldirektor der Frankfurter Bankier Hermann Schilling war, den Schindling schon seit den 1920er Jahre als damaligen Leiter der Commerzbank-Filiale Frankfurt gut kannte.
577 Vgl. Schreiben des RWM vom 16.12.1933, in: VDO-Archiv Karton 13.
578 Vgl. Transkript des Zeitzeugeninterviews mit Willi Quirin am 11.1.1978, S. 2, in: VDO-Archiv Karton 11.

höchst verdächtig und für sie selbst nicht vollständig nachvollziehbar, und so war man vermutlich erleichtert, als die finanzielle wie auch wirtschaftliche Lage der VDO seit Ende 1935 endlich in geordnete Bahnen zu gelangen schien.[579]

Tatsächlich jedoch ging hinter den Kulissen der Machtkampf zwischen der Deuta-Gruppe und Schindling unvermindert weiter. Gegenstand der Auseinandersetzung war nun die Zusammensetzung des Aufsichtsrates. Dort saßen mit dem Fabrikanten Siegfried Stöckel aus Burg/Magdeburg als Vorsitzendem, einem langjährigen Freund und ehemaligen Geschäftskollegen Schindlings, Direktor Edgar Haverbeck, Berlin, dem Ingenieur Georg Rensch, gleichfalls Berlin, und Wilhelm Breidenstein, Frankfurt, je zwei Vertreter der beiden Aktionärsgruppen. Auf Antrag der Deuta und abgesegnet durch einen Schiedsspruch von Handelskammerpräsident Lüer, erfolgte eine Erweiterung auf fünf Mitglieder. Als neues Mitglied wurde der Direktor der Commerzbank-Filiale in Frankfurt, Gustav Eberle, berufen. Eberle war Parteimitglied und SS-Führer und sorgte dafür, dass die Entscheidungen innerhalb der VDO-Aufsichtsorgane künftig gegen Schindling fielen und dafür die Interessen der Deuta-Gruppe ebenso wie der Partei und NS-Stellen umso stärker berücksichtigt wurden. Schindling führte später aus:

> So kam es, dass mit Wirkung vom 1.1.1937 Herr von Keyserlingk zum ordentlichen Vorstandsvorsitzenden mit Einzelzeichnungsbefugnis und zum Betriebsführer ernannt wurde, als dessen Stellvertreter Dr. Lertes, der später Abwehrbeauftragte wurde. Obwohl ich Gründer des Unternehmens war, mit 50 Prozent an dem Unternehmen beteiligt war und seit Gründung dem Vorstand angehört hatte, war ich jetzt nur mehr einer von vier Vorstandsmitgliedern und hatte einen Vorsitzer als Vorgesetzten, der erst viel später in das Unternehmen gekommen war, und zwei zum Teil auch noch über mich gestellte Kollegen, die früher meine Untergebene waren. Praktisch war ich in der Stellung eines Verkaufsdirektors gerade noch geduldet, während die technische Leitung bei Herrn Dr. Lertes, die kaufmännische bei Herrn Strzelczyk und die Oberleitung bei Herrn von Keyserlingk lag.[580]

Das zweite Problem neben den Corporate-Governance-Strukturen war die Entwicklung des Auslandsgeschäfts. Seit jeher hatte Schindling für sein Unternehmen auch ein Ausrichtung auf ein starkes Auslandsgeschäft und Exporte im Blick, insbesondere mit den großen französischen, italienischen und amerikani-

---

579 Vgl. das kurze Unternehmensporträt in der DAF- bzw. NSBO-Broschüre des Gaus Hessen-Nassau „Ein Querschnitt durch das Rhein-Mainische Wirtschaftsgebiet. Wir gehen in die Betriebe", Frankfurt 1934, S. 66 f.
580 Erklärung Schindlings vom 19.10.1946 anlässlich seines Entnazifizierungsverfahrens über „Meine geschäftliche Entwicklung", in: HHStAW 520/K.2625.

schen Automobilunternehmen als Kunden, über deren Deutschland-Dependancen von Ford und General Motors/Opel sich Anknüpfungspunkte ergaben. Neben der Niederlassung in Straßburg hatte man bereits 1932 ursprünglich auch eine eigene Niederlassung in Mailand errichtet, diese jedoch 1936 wieder geschlossen.[581] Seit 1937 leitete Schindling eine neue Phase intensiver Exportgeschäfte ein, in deren Gefolge vor allem das Ausfuhrgeschäft nach Skandinavien, Belgien und Holland intensiviert wurde.

Im Mittelpunkt der Bemühungen stand zu diesem Zeitpunkt allerdings ein Großauftrag zur Lieferung von 100 000 Tachos im Wert von etwa 600 000 RM an Ford in den USA. Dahinter stand eine in enger Abstimmung mit dem RWM erfolgende komplexe Transaktion von Zubehörteilen an die deutsche Ford-Gesellschaft in Köln, die diese an Ford USA weitertransferierte und im Gegenzug auf dem Verrechnungsweg Kautschuk nach Deutschland lieferte. „Die Preise sind natürlich zunächst für uns sehr gedrückt", schrieb Schindling dazu an einen Geschäftsfreund, „und wir haben an diesem Geschäft nur Interesse, wenn auch gleichzeitig unsere Wünsche Beachtung finden. Wir wollen von den USA Maschinen, Einrichtungen und technische Hilfe kaufen und brauchen dafür die entsprechenden Devisen."[582] Offensichtlich erhoffte man sich mit der Ford-Belieferung einen größeren Einstieg in Exportgeschäfte nach Amerika, daneben beantragte man jedoch auch im April 1937 bei den Behörden die Errichtung einer Filiale in Wien. Zusätzlich bestanden bereits starke Geschäftsverbindungen durch Generalvertreter auch in Amsterdam, Prag und Budapest. Ausländische Vertreter arbeiteten für VDO zudem in 18 weiteren Städten und Ländern, die zum größten Teil, wie die Devisenbehörden in ihrem Prüfbericht vom November 1939 konstatierten, „Arier" waren, mit Ausnahme der Auslandsvertreter in Prag, Budapest und Kattowitz, und auch der VDO-Vertreter in Wien bis zur Gründung der eigenen Niederlassung war offenbar Jude gewesen.

In Amsterdam hatte VDO zwar einen in den Augen der Behörden „rassisch unbedenklichen" Vertreter und zunächst kein eigenes neues Vertriebsgeschäft aufgebaut, sondern eine Beteiligung an einem Automobilinstrumenten-Händler und -Reparateur erworben. Doch von dort erreichte Schindling am 12. November 1938, unmittelbar nach den Ereignissen der Reichspogromnacht, das bemerkenswerte Kündigungsschreiben des holländischen VDO-Vertreters. „Anlass zu meinem Entschluss ist, dass an Hunderttausenden Deutschen fremder Rasse Rache geübt wird wegen des wahnsinnigen Verbrechens eines Menschen des

---

581 Vgl. Schriftwechsel mit den Devisenbehörden vom Herbst 1932, in: HHStAW 519/3, Nr. 34470.
582 Brief Schindling vom 20.1.1937 sowie auch dessen Brief vom 26.1.1937, in: VDO-Archiv Karton 13.

gemeinten Stammes. Es ist mir nicht möglich weiterzuarbeiten an dem deutschen Export, ohne jeden Selbstrespekt zu verlieren und mich mitschuldig zu rechnen an einem Auftreten, das, meinem Gewissen nach, dem elementarsten Rechte und der Menschlichkeit widerstrebt."[583] Daraufhin sah sich VDO gezwungen, zum 15. Dezember 1938 eine eigene holländische Niederlassung zu gründen. Diesen Weg hatte man schon mit der Gründung der Niederlassung in Wien eingeschlagen und Ähnliches plante man nun auch in Prag und Budapest.[584] Auf diesem Wege wurde das Auslandsnetz relativ geräuschlos vollständig „arisiert". Tatsächlich konnte VDO deutliche Exportsteigerungen verzeichnen, aber letztlich sollten sich die mit einem Zuwachs von über 50 Prozent zwischen 1936 und 1938 verbundenen Hoffnungen auf lukrative Auslandsgeschäfte als Strohfeuer erweisen.

Das dritte und größte Problem für VDO und Schindling war es daher, die Fertigung auch langfristig auf eine gesicherte Basis zu stellen und sich von den noch vielfach schwankenden Absatzbedingungen im Erstausrüstungsgeschäft mit den Automobilunternehmen unabhängiger zu machen. Insbesondere die hohe Abhängigkeit von Opel, dessen Aufträge 1934/35 fast 40 Prozent des Gesamtumsatzes ausmachten, barg ein hohes Risiko. Doch der Aufbau des Behördengeschäfts und der Einstieg als Zulieferer der Rüstungsindustrie sollten sich als mühsam und langwierig erweisen. Tatsächlich zeichnete sich schon 1934 ab, dass der bisherige Großkunde Opel verloren gehen würde, nachdem dieser auf Weisung des Anteilseigners General Motors dazu überging, seine Fahrzeuginstrumente selbst zu bauen. Schindling installierte daher umgehend ein VDO-Verbindungsbüro in Berlin, wo der dort als Lobbyist agierende Max Wild die intensive Bearbeitung der verschiedenen Amtsstellen und Behörden auf der Suche nach neuen Aufträgen übernahm. Wie VDO agierten auch viele andere Unternehmen, um in dem nun auf den Korridoren der Behörden und Ministerien stattfindenden Wettbewerb die Nase vorn zu haben. Wie dies im Einzelnen vor sich ging, konnte man bisher quellenmäßig kaum erfassen. Im Fall von VDO liegt nun der fast täglich erfolgende Berichts- und Schriftverkehr zwischen Schindling und Wild für die Zeit von Herbst 1934 bis Anfang 1938 vollständig

---

583 Abschrift des Briefes des holländischen Vertreters, W. van Munster, vom 12.11.1938, in den Akten der Devisenprüfstelle, d. h. in: HHStAW, 519/3, Nr. 18623.
584 Vgl. Prüfbericht der Devisenstelle vom 30.11.1939, in: HHStAW 519/3, Nr. 18623, und die später erhobenen Vorwürfe im Spruchkammerverfahren, u. a. von dem ehemaligen VDO-Mitarbeiter Kalinowsky vom 8.5.1947, in: HHStAW 520/K.2625.

vor und lässt damit tiefe Einblicke in die Strategie, Erfolge wie auch Rückschläge bei der Bearbeitung der staatlichen Ämter zu.[585]

Erste Anlaufstelle für Wild, der offiziell „VDO-Bevollmächtigter für die Bearbeitung der Behörden" hieß, war das Reichswehrministerium, wo er im September 1934 zu erreichen versuchte, dass VDO-Kombinationsinstrumente, also Ein-
blicktachometer, Drehzahlmesser, elektrische oder mechanische Benzinuhr
sowie Ölmanometer, künftig in den Reichswehr-Lkw serienmäßig und behördlicherseits vorgeschrieben eingebaut werden würden.[586] Daneben informierte
Schindling Wild darüber, dass anscheinend die Reichswehr auch bei den
Schlepperfabriken laufend Aufträge platzierte, „und es wäre sehr bedeutend für
uns, bei der betreffenden auftragvergebenden Reichswehrstelle die geeignete
Spezial-Instrumenten-Ausrüstung für Schlepper festzulegen und dafür zu sorgen, dass unser Fabrikat vorgeschrieben wird."[587] Doch die Bemühungen Wilds
um Beschaffungsaufträge waren zunächst wenig erfolgreich: Aus dem Reichswehrministerium kam noch Ende Mai 1935 ein ablehnender Bescheid.

Auch die Auftragslage bei den großen Fahrzeug- und Maschinenbauunternehmen in und um Berlin war im Frühjahr 1935 besorgniserregend: Vom Daimler-Benz-Werk in Berlin-Marienfelde und der Borsig AG lagen keinerlei Aufträge
vor, bei den Magdeburger Grusonwerken der Friedrich Krupp AG und der Kjell-
berg Maschinen GmbH in Finsterwalde hatte man gerade noch Orders über
170 Drehzahlmesser, 136 Magnetlampen, 164 Kraftstoffmesser und Ölstandsan-
zeiger sowie 200 Fernthermometer vorliegen, was alles in allem einem Umsatz-
volumen von 13 580 RM entsprach.[588] Wild wurde daher zur Bearbeitung der
Kunden auch zu entsprechenden Besuchen in die Unternehmen geschickt.[589] Es
dauerte dennoch eine Weile, bis er die richtigen Stellen und die wirklich verantwortlichen Personen kennenlernte. „Bei der Büssing-NAG in Oberschöneweide
war ich das dritte Mal, konnte aber den Einkäufer nicht sprechen und hoffe später herauszubekommen, was dort eigentlich vor sich geht", schrieb er am
14. März 1935 in die VDO-Zentrale nach Frankfurt, und weiter:.

> Bei Borsig waren sie sehr nett, aber bis obenhin zugeknöpft. Empfangstag ist nur donners-
> tags. Heute waren nicht weniger als 179 Vertreter da; ich musste von 10 bis halb 12 Uhr

---

585 Vgl. zum Folgenden Schriftverkehr 1935/36 zwischen A. Schindling und Zentrale mit VDO
Verbindungsmann Max Wild in Berlin, in: VDO-Archiv Karton 8, sowie Schriftverkehr 1937/38
zwischen Schindling und Wild, in: VDO-Archiv Karton 9.
586 Vgl. Schreiben Schindling an das Reichswehrministerium vom 6.9.1934, in: VDO-Archiv
Karton 8.
587 Schreiben Schindling an Wild vom 5.3.1935, in: ebd.
588 Vgl. die Notiz vom 1.3.1935, in: ebd.
589 Vgl. exemplarisch der Besuchsbericht Wilds vom 8.3.1935 sowie die Notiz vom 10.5.1935
betr. Bearbeitung der Lastwagen- und Schlepperfabriken, in: ebd.

warten, bis ich drankam. Bei Daimler spreche ich morgen zum zweiten Male vor und werde versuchen, die Angelegenheit mit der Auftragserteilung zu meinen Gunsten zu regeln. Im Reichswehrministerium habe ich meine Fühler ausgestreckt und kenne jetzt die maßgebliche Stelle. Sonnabend gehe ich wieder hin.[590]

In dieser Situation war es hilfreich, wenn man auf alte und im Lobby-Geschäft bereits erfahrene Bekannte stieß, die in ähnlicher Mission unterwegs waren. „Bei der Fliegerei ist mein Freund Sprungmann von der Conti ausgezeichnet eingeführt“, berichtete Wild. „Er arbeitet für mich vor. Ich hoffe, dass es in der nächsten Woche losgehen kann. Sprungmann besucht sämtliche Flugzeugfabriken und schlug mir vor, ihn auf seinen Fahrten zu begleiten. Er hat ein Dienstauto. Neu ist – streng geheim – die Einrichtung eines Inspekteurs der Kraftfahrtruppen. Es ist ein Oberst, Sprungmanns bester Freund. Ich werde den Herren in der nächsten Zeit kennenlernen.“[591]

Bei diesem Konkurrenzkampf um Behördenaufträge wurde mit harten Bandagen gekämpft. Schindling versorgte Wild etwa im März 1935 mit Informationen über den Brennstoffmesser eines Wettbewerbers, der auf amerikanischer Lizenzfertigung beruhte und inzwischen serienmäßig in allen Ford-Autos eingebaut wurde, was offenbar auch bei BMW und Hanomag geplant war. Mit dem Argument, dass dies aus nationalen wie aus devisenpolitischen Gründen unerwünscht erschien, beauftragte Schindling Wild, „speziell bei den Behörden vorstellig zu werden, die BMW- und Hanomag-Wagen kaufen, um von dort aus auf die beiden Fabriken einwirken zu lassen, dass die Verwendung bzw. der Einbau von KS-Brennstoffmessern unerwünscht sei.“[592] Tatsächlich schrieben die Behörden zu diesem Zeitpunkt den Automobilfabriken noch nur in wenigen Fällen eine bestimmte Ausrüstung vor. Das gelte nur, wie Schindling notierte, „bei Monopolfabrikaten wie Bosch oder Continental“.[593] Seine Strategie war es daher, dass zunächst die Behördenfahrzeuge, letztlich aber dann alle Automobile, im Wege gesetzlicher Vorschrift mit einer bestimmten, einheitlichen Instrumentenausrüstung versehen wurden und dabei VDO an erster Stelle stand.

Anders als die Schweiz war Deutschland noch weit davon entfernt, dass alle Fahrzeuge gesetzlich vorgeschrieben mit Tacho ausgerüstet werden mussten. Damit rückten nicht nur das Reichsverkehrsministerium und die Reichsbahn sowie Reichspost, sondern auch das NSKK ins Blickfeld der Bearbeitung und versuchten Einflussnahme. Allerdings gab es dort bei einer Reihe untergeordneter Stellen prinzipielle Vorbehalte gegen einige Instrumente wie Kilome-

590 Bericht Wilds vom 14.3.1935, in: ebd.
591 Ebd.
592 Schreiben Schindling an Wild vom 30.3.1935, in: ebd.
593 Vgl. Brief Schindling an Wild vom 22.3.1935, in: ebd.

terzähler oder Fahrtenschreiber, die als unerwünschte Kontrollmittel zur Bekämpfung unkontrollierter Abstecher mit dem Dienstauto angesehen wurden, wie Wild nach Frankfurt berichtete.[594] Und auch aus anderen Behörden gab Wild aktuelle Stimmungsbilder wieder: „Interessant war noch die Bemerkung des Reichsbahnrates Solveen", schrieb er im August 1935 an Schindling, „dass die Reichsbahn die einzelnen Instrumente so lange [ausprobiert], bis sie bereits veraltet sind. Er begreift es nicht, dass man sich für den Kienzle-Tachografen entschieden hat."[595] In der Folgezeit verfolgte Schindling mit Hilfe von Wild vor Ort in Berlin beharrlich seine Strategie der Vereinheitlichung, Normierung und gesetzgeberischen Vorschrift, an deren Ende das Ziel einer zumindest marktbeherrschenden Stellung von VDO im gesamten Spektrum der Fahrzeuginstrumente stand. Doch schnelle Erfolge ließen nach wie vor auf sich warten. Erst im September 1935 mit dem Eingang eines Auftrags auf Lieferung von 150 Tachometern für Daimler-Benz in Marienfelde, schien Wild den ersten Erfolg seiner Tätigkeit verbuchen zu können.[596]

Die eigentliche Lobbyarbeit leitete aber Schindling nach wie vor von Frankfurt aus. Im Zuge seiner Bemühungen zum Ausbau des Behörden- und Rüstungsgeschäfts verließ sich Schindling nicht nur auf seinen Berliner Verbindungsmann und Lobbyisten, sondern versuchte auch selbst, in den entsprechenden Behördenstellen und Beschaffungsämtern Verbindungen aufzubauen und zu pflegen, wie etwa zum Leiter der Rüstungsinspektion Wiesbaden, Generalmajor Rüggemann. Wo große Firmen wie die Knorrbremse AG, die ihrerseits Zulieferer ihres Bremssystems mit Doppelmanometer an die Automobilfabriken war, an ihren alten Lieferanten festhielten, versuchte Schindling über einen Umweg doch noch ans Ziel zu kommen. Die Lastwagenfabriken wurden dahingehend bearbeitet, dass sie als Direktlieferant bei VDO tätig wurden, und mit dem Argument, dass Knorr für das Doppelmanometer 25 RM, VDO jedoch nur 12,50 RM verlangte, musste man dazu wenig Überzeugungsarbeit leisten.[597] Für VDO sprach zudem, dass bei vielen Konkurrenzprodukten die geringe technische Qualität für Ärger sorgte. Obwohl man im Reichswehrministerium für Tachos Garantien bis 7000 km forderte, kam es häufig vor, dass sie schon nach 200 km erstmals repariert werden mussten, was aber auch nicht lange. Dennoch war die Lage im Herbst 1935 so, dass VDO kurz davorstand, Entlassungen vorzunehmen zu müssen. In seiner Verzweiflung schrieb Schindling daher einen Bittbrief an die Berlin-Suhler Waffen- und Fahrzeugwerke Simson & Co.: „Herr Mi-

---

594 Vgl. Schreiben Wilds vom 22.5.1935, in: ebd.
595 Brief Wild vom 17.8.1935, in: ebd.
596 Notiz Schindling vom 6.9.1935, in: ebd.
597 Vgl. Schreiben Schindling vom 8.10.1935, in: ebd.

nisterialrat von Zengen [aus dem Reichswehrministerium] glaubt, dass Sie uns Arbeit abgeben können, und wir richten daher hiermit die ergebene Bitte an Sie, diese Anregung doch freundlichst zu prüfen und uns mitzuteilen, ob Sie uns Aufträge überschreiben können."[598] Wild schrieb ihm außerdem frustriert: „Das Ziel, das Sie sich gesteckt haben, durch einen gewissen Druck von oben die Automobilfabriken zum Einbau unserer Instrumente zu veranlassen, ist nach meiner Ansicht nur in ganz geringem Maße zu erreichen. Und wenn ja, dann nur mit einer unendlichen Geduld und einer intensiven, fortgesetzten Bearbeitung."[599]

Und Schindling bewies tatsächlich einen langen Atem. „Wir sind nach den geleisteten Vorarbeiten bei den einzelnen Stellen hinreichend bekannt, so dass wir nunmehr mit positiven Anträgen und Anregungen hervortreten sollten", schrieb er unter der Überschrift „Bearbeitung der Behörden" Ende Januar 1936 an Wild. „Es ist anzunehmen, dass derartige Anträge, wenn sie in den Geschäftsgang gegeben werden, dann eine richtige Bearbeitung finden und es daraufhin zu Entscheidungen kommen muss. Es dürfte dann notwendig sein, dem Lauf unserer Anträge nachzugehen, damit dann die Entscheidung auch richtig ausfällt."[600] Gleich mit seiner ersten Eingabe nahm Schindling nicht nur die von ihm schon lange geforderte Typisierung und Normierung der Fahrzeuginstrumente ins Visier, sondern das nicht minder drückende Problem der Preise, die nach wie vor vielfach von den Erstausrüstern diktiert wurden. Zum Bedauern Schindlings waren die staatlichen Preiskontrollbehörden „noch nicht bis zu unseren Instrumenten vorgedrungen", so dass man sich bei VDO daran machte, eine Dokumentation der tatsächlichen Einkaufspreise der einzelnen Automobilfirmen bei ihren Zulieferfirmen zusammenzustellen und dies zusammen mit den Vergleichspreisen der früheren Jahre und den offiziellen Verkaufskatalogen der Zulieferer – allerdings ohne dass erkennbar wäre, wer der Verfasser des Exposés war – an die Preisprüfungsstellen des RWM zu schicken.[601]

Im Klartext bedeutete das den Versuch, den bislang noch allenthalben geltenden Prozess der Preisgestaltung im Dreieck zwischen beauftragender Reichsbehörde, Automobilfabriken und ihren Zulieferbetrieben aufzubrechen, bei denen Letztere sich als Opfer fühlten. Dem RKM und anderen staatlichen Behörden wurden Wucherpreise für einzelne Zubehörteile in Rechnung gestellt,

---

598 Brief Schindling vom 20.9.1935, in: ebd.
599 Schreiben Wild vom 16.11.1935, in: ebd.
600 Schreiben vom 31.1.1936, in: ebd.
601 Vgl. Schreiben Schindlings an Wild vom 14.9.1936 sowie das zumindest in Teilen fertiggestellte Exposé vom 6.12.1936, in dem auch die Strategie von drei auch in ihrem Kostenbild unterschiedlichen VDO-Qualitäten von Instrumentenausrüstungen entwickelt und durchgerechnet wurde, in: ebd.

von denen die Zulieferer jedoch nur einen Bruchteil erhielten. „Man hat bei der Preisprüfung mit dem Kopf geschüttelt, als man erfuhr, mit welchen Preisen wir abgespeist werden", berichtete Wild im Mai 1936 nach Frankfurt.[602] Zur gleichen Zeit lief gerade wieder eine neue Runde harter Preisverhandlungen, die Schindling mit Krupp in Essen führte, und dieser beauftragte Wild damit, die Interna und unangemessenen Preisvorstellungen Krupps vertraulich direkt an das Reichswehrministerium weiterzugeben, verbunden mit dem Hinweis, dass es „für die genannten Preise unmöglich sei, die Qualität zu liefern, die die Wehrmacht für ihren rauen Betrieb beanspruchen muss."[603] Man hoffte daraufhin endlich ein Eingreifen der Behörden von oben, um die Zulieferbetriebe aus dem als Preisdiktat empfundenen Einkaufsverhandlungen zu befreien.[604]

Tatsächlich wurden Mitte Dezember 1936 die Einkäufer sämtlicher Automobilfabriken ins Preisprüfungsamt des RKM einbestellt, um ihnen eindeutige Richtlinien für den Einkauf von Zubehör und Ausrüstung bekannt zu geben.[605] Daneben allerdings tummelten sich in der nach wie vor stark zersplitterten Tachometer- und Fahrzeuginstrumenten-Branche auch eine ganze Reihe von Konkurrenten, die mit Preisdumping und schlechter Qualität verhinderten, dass Qualitätshersteller wie VDO an Boden gewinnen konnten – allen voran die erst 1930 gegründete Firma Peerboom & Schürmann Tachometer GmbH aus Düsseldorf.[606] Allerdings hatte auch VDO immer wieder mit technischen Problemen einzelner Produkte zu kämpfen. Und dann trat vor allem Opel mit seinen eigenen Instrumenten als großer Konkurrent beim Ergattern von Behördenaufträgen auf, insbesondere des RKM.[607] Daneben rückte als Konkurrent immer mehr die Tachometerfabrik Kienzle ins Blickfeld, die ihrerseits, wie Schindling im Januar 1936 notierte, in der Behördenbearbeitung höchst aktiv war und dabei auch allerlei Erfolge für sich verbuchen konnte. Diese beruhten jedoch nach Ansicht Schindlings vor allem auf einer einseitigen Bevorzugung der Schwenninger Firma durch das RWM.[608]

---

602 Brief Wild vom 10.5.1936, in: ebd.

603 Schreiben Schindling vom 20.5.1936, in: ebd.

604 Vgl. etwa den Bericht Schindlings über Preisverhandlungen bei Henschel & Sohn in Kassel vom 21.9.1936, in: ebd.

605 Schreiben Wild an Schindling vom 5.12.1936, in: ebd.

606 Vgl. Schreiben der VDO-Zentrale an Wild vom 29.6.1936 über einen dadurch verloren gegangenen Auftrag über 500 Tachometer für Heereswagen, in: ebd.

607 Vgl. Notiz Wild vom 30.10.1936, in: ebd.

608 Notiz Schindling vom 31.1.1936, in: VDO-Archiv, Karton 8.

Der Konkurrent, die Kienzle Taxameter und Apparate AG, und deren Gründer Dr. Herbert Kienzle hatten eine nicht minder dramatische und krisenhafte Entwicklung in den Jahren der Weltwirtschaftskrise und auch danach durchlaufen, die 1934 zur Teilung des Familienunternehmens in das Uhren- und Taxametergeschäft geführt hatte.[609] Von der Automobilisierung nach 1933 hatte die kleine Firma, deren Belegschaft in den Krisenjahren bis auf 40 Arbeiter und Angestellte geschrumpft war, vor allem durch die Entwicklung des Tachographen, eines Fahrtenschreibers, profitierten, dessen serienmäßiger Einbau im Sommer 1936 einsetzte. Zudem halfen Kienzle persönliche Kontakte seiner Aufsichtsratsmitglieder; eines von ihnen, Oberbaurat Fritz Schmidt, war zugleich Technischer Direktor im Daimler-Benz-Werk im badischen Gaggenau.[610] Trotz der sich verbessernden Geschäftslage durchlief Kienzle in der Folgezeit eine weit weniger dynamische Entwicklung als VDO, was unter anderem an dem lange fast den gesamten Umsatz dominierenden Fahrtenschreiber-Geschäft lag, weswegen das Unternehmen 1938 in Kienzle Apparate AG, Villingen, umbenannt wurde. 1937 konnte man mit inzwischen wieder 250 Mitarbeitern noch fast einen Gleichstand der Belegschaftsgröße zu VDO aufweisen, jedoch erfolgte in den Folgejahren nur ein langsamer Beschäftigtenzuwachs auf knapp 400 Anfang 1939, und mit knapp einer Mio. RM Umsatz machte Kienzle nur einen Bruchteil des Umsatzes von VDO. Dafür hatte das Unternehmen aber unter Kienzle, der 1933 in die NSDAP eingetreten war und sich in der Folge ganz der nationalsozialistischen Betriebsführer-Ideologie verschrieben hatte, einen deutlichen Wandel der Unternehmenskultur in Anpassung an die neuen politischen Verhältnisse erfahren.[611] Kienzle diversifizierte sein Tachographengeschäft bald in die Entwicklung einer ganzen Reihe von Wirtschaftlichkeitsgeräten für den Betrieb zur Ermittlung und Steigerung von Zeitausnutzung und Leistung, sprich Betriebskontroll- und Überwachungs-Instrumenten, und profitierte so von der nationalsozialistischen Leistungsideologie im Rahmen der Vierjahresplan-Politik.

---

609 Vgl. im Einzelnen Müller, Kienzle, S. 25 ff. Das Unternehmen taucht hier ebenfalls auf, da es in den 1990er Jahren über Mannesmann zunächst mit VDO verschmolzen wurde und dann ebenfalls zum Continental-Konzern kam.

610 Vgl. ebd., S. 44.

611 Vgl. u. a. Kienzles Rede anlässlich der Eröffnung des neuen Verwaltungsgebäudes 1938, auszugsweise zitiert bei Müller, Kienzle, S. 48.

Abb. 85: Kienzle-Ausstellungsstand ca. 1938

Trotz der divergierenden Dynamik und des zunächst auch vielfach unterschiedlichen Produktprogramms überschnitten sich die Wege von Kienzle und Schindling bzw. der VDO zunehmend. Im August 1936 etwa gab es seitens Keyserlingks Überlegungen, bei der Entwicklung des Wegstreckenmessers „in engster Fühlung mit Kienzle" vorzugehen und über ein Gemeinschaftsbüro das Geschäft zusammen zu entwickeln, um damit jede Preisunterbietung des Konkurrenten von vornherein auszuschalten.[612] Ob sich auch Schindling mit diesem Plan hätte anfreunden können und ein derartiges Zusammengehen der beiden von ihrem Charakter offenbar höchst unterschiedlichen Firmengründer überhaupt funktioniert hätte, ist ungewiss. Wild jedenfalls schrieb dazu: „Ich unterschätze keineswegs die bockbeinige und eingebildete Art, mit der Kienzle sich mit diesem Vorschlag befassen wird. Ich bin auch keineswegs überzeugt, dass er diesen Vorschlag mit besonderer Freude aufnehmen wird. Aber schließlich wird er so weit Kaufmann sein, um den Vorteil in diesem Zusammengehen zu sehen."[613] Die Kooperation kam letztlich nicht zustande, aber im Januar 1937 war es seinerseits

---

612 Vgl. Schreiben Wild an Schindling vom 23.8.1936, in: VDO-Archiv Karton 8.
613 Ebd.

Kienzle, der gegenüber Wild ein Zusammengehen beider Firmen zur Sprache brachte. Doch anstelle weiterer Gespräche dazu kam es im Frühjahr/Sommer 1937 zu heftigen Konkurrenzkämpfen um eine Marktdurchsetzung von VDO-Wegstreckenmesser oder Kienzle-Tachograph.[614] „Anscheinend hat Kienzle es verstanden, sich hier wieder eine monopolartige Stellung zu verschaffen. Das dürfen wir keinesfalls zulassen", notierte Schindling dazu.[615] Dass die Wehrmacht dann im Oktober 1937 vorschrieb, Zugmaschinen und Tanks ausschließlich mit Kienzle-Tachographen auszurüsten, war für VDO und Schindling ein schwerer Schlag, zumal in der Folge aus Reaktion darauf auch eine Reihe von Automobilfabriken ihre laufenden Tachometeraufträge bei VDO annullierten.[616]

Immerhin war es aber im November 1936 zu vielversprechenden Verhandlungen mit der Auto Union bzw. Horch gekommen, wo man für den mittleren Einheits-Personenwagen den Einbau des VDO-Hochleistungs-Tachometers vorsah; es ging dabei um 3500 Stück, „eine Angelegenheit von kolossaler Bedeutung", meinte Schindling.[617] Und dann gab es auch positive Signale aus dem RKM, wo ein neuer Schwertachometer von VDO Eindruck gemacht hatte. Doch beide Aufträge waren noch längst nicht in trockenen Tüchern, daher beschwor Schindling Wild Mitte November:

> Ich möchte Sie nochmals persönlich bitten, alles, was Sie überhaupt nur können und was Ihnen persönlich möglich ist, einzusetzen, damit wir in dieser Sache obsiegen. Es geht um das VDO-Prestige in diesem Falle. Die Konkurrenz ist zwar schwer hinter dieser Sache her, aber wir müssen siegen [...] Auch der Horch-Auftrag ist insofern gefährdet, als man seitens des Einkaufs uns vorläufig nur 200 Garnituren bestellen will, bis mit den anderen Konkurrenten die Preise – auf Deutsch gesagt – ausgeschunden sind. Dieses Verfahren müssen wir abbiegen.[618]

Immerhin gab es auch anderweitig Zeichen für eine Besserung der Lage. Im Juni 1936 waren die Bemühungen von VDO, auch als Zulieferer für die Marine zugelassen zu werden, endlich von Erfolg gekrönt, zumindest avisierte die Düsseldorfer Marine-Abnahmestelle eine Besichtigung der VDO-Werke, um dort zu prüfen, ob und inwieweit VDO in der Lage war, Messgeräte in der für die Marine vorgeschriebenen Weise herzustellen.[619] Schließlich ergaben sich mit dem geplanten Bau des Volkswagens neue aussichtsreiche Geschäftsmöglichkeiten.

---

614 Vgl. Schreiben Schindling an Wild vom 15.5.1937 und an die Physikalisch Technische Reichsanstalt vom 11.6.1937, in: ebd.
615 Ebd.
616 Vgl. Notiz vom 8.2.1938, in: VDO-Archiv Karton 9.
617 Schreiben Schindling an Wild vom 2.11.1936, in: VDO-Archiv Karton 8.
618 Schreiben Schindling an Wild vom 12.11.1936, in: ebd.
619 Vgl. Schreiben Wild vom 16.7.1936, in: ebd.

Jetzt sei es an der Zeit, so berichtete Wild im Dezember 1937 nach Frankfurt, „sich mit Herrn Dickhoff [dem Direktor der Gesellschaft zur Vorbereitung des deutschen Volkswagens] in Verbindung zu setzen, wenn man als Lieferant für den Volkswagen berücksichtigt werden will."[620]

Schließlich eröffneten sich auch andere neue Geschäftsfelder. Ende Oktober 1937 etwa lancierte Wild bei Schindling die Anregung „eines mit den VDO-Verhältnissen gut versierten Mannes" aus dem RKM, dass sich die Fabrikation von kleinen und kleinsten Planetengetrieben, die in der Automobilindustrie unter anderem zur Steigerung des Drehmoments eingesetzt wurden, sehr aussichtsreich und geeignet sei. „Der Bedarf in diesem Artikel sei ständig im Wachsen und sei zum Beispiel die Firma Steinbrück in Berlin in diesem Fabrikationszweig außerordentlich lohnend beschäftigt. Da die Firma Steinbrück rein jüdisch sei, sollte es keine Schwierigkeiten machen, sie aus diesem Arbeitsgebiet zu verdrängen."[621] Eine Ausweitung des Geschäfts auf diesem Wege erfolgte dann aber nicht.

Je mehr VDO jedoch seine Produktqualität technisch in den Griff bekam und auch mit innovativen Eigenentwicklungen und Verbesserungen auftrat, desto akuter wurde das Problem des Patentschutzes. Für einzelne Instrumente wie Radstandsanzeiger waren auf Geheiß der Behörden Einheitsbüros und Gemeinschaftsaufträge an die Branche gegangen. Bei anderen Produkten wie Scheinwerfer-Tachometer war VDO von den staatlichen Stellen aufgefordert worden, Zwangslizenzen an die Konkurrenten zu geben, wogegen man sich zunächst wehrte und entsprechende patentrechtliche Prüfungen vornahm.[622] Erhebliche neue technische Herausforderungen ergaben sich dann auch noch durch den von den Behörden geforderten Einsatz von Ersatzstoffen in Fahrzeuginstrumenten. Die Umstellung der Fertigung auf deutsche „Austauschwerkstoffe" machte nicht selten enorme technische Schwierigkeiten, da unter den VDO-Produkten vielfach hochempfindliche Präzisionsinstrumente waren, in denen Teile aus Messing, Aluminium oder Eisen nicht einfach durch Leichtmetall-Legierungen („Polital") oder Bakelit und andere einfache Kunststoffe ersetzt werden konnten.[623]

---

620 Schreiben Wild vom 10.12.1937, in: VDO-Archiv Karton 9.

621 Schreiben Wild vom 29.10.1937, in: ebd.

622 Vgl. Notiz Schindling vom 31.10.1936, in: ebd. Dabei legte man jedoch großen Wert darauf, dass der ausgewählte Berliner Patentanwalt Reinhard Stern „Arier" war, was sich nach entsprechenden Recherchen von Wild nicht bestätigte. Damit wurde die Patentsache an eine andere Patentkanzlei vergeben.

623 Vgl. Schreiben VDO an den RDA betr. Werkstoffschau bei der IAA 1938, in: VDO-Archiv Karton 13.

Im Laufe des Jahres 1938 hatte sich die Preisstruktur für die Zulieferbetriebe der Automobilfabriken nach behördlichen Interventionen so weit gebessert, dass Schindling im Juli 1938 auf 20 Seiten eigene „Verkaufs-Richtlinien" für die Niederlassungsleiter und Reisenden von VDO erließ.[624] Darin spiegelten sich auch die von den Behörden inzwischen erlassenen verschiedenen gesetzlichen Bestimmungen zur serienmäßigen Pflichtausstattung von Fahrzeugen mit Instrumenten wider, wie etwa Wegstreckenmesser, deren Einbau ein Geschäftsvolumen von 50 000 Stück ausmachte, was einem potenziellen Umsatz von 3,5 Mio. RM entsprach. Detailliert entwarf hier Schindling eine Strategie, wie sich VDO ein möglichst großes Stück des Kuchens sichern konnte. Daneben aber ging es auch um das Geschäft mit Zeituhren, Spezialtachometern und Zubehör- bzw. Reparaturteilen. „Es hätte vor wenigen Jahren niemand geglaubt, dass die Spezialanlagen sich in einem solchen Umfange absetzen lassen, wie es bisher erreicht worden ist", schrieb Schindling in den Richtlinien, „und niemand hätte geglaubt, auch hier in Frankfurt nicht, dass sich das Reparaturgeschäft in einem solchen Ausmaße würde steigern lassen."[625] Daneben war auch das Geschäft mit Wehrmachtsaufträgen für das RKM bzw. das OKH in Gang gekommen, von der Fertigung von Einheitsinstrumentenbrettern für die Wehrmachtslastwagen bis zu Großtachometern und Fernthermometern für Geschütze. Vor allem aber war auch der Einstieg ins Flugzeuginstrumentengeschäft gelungen. Tatsächlich hatte Schindling ursprünglich sehr früh die Aufmerksamkeit des RLM erhalten, allerdings sollte sich die endgültige Aufnahme von VDO in die Lieferantenliste des RLM dann noch lange hinziehen. Es gab dabei vor allem hohe technische Hürden, denn jede Neukonstruktion musste vorher ein strenges Zulassungsverfahren bei der Deutschen Versuchsanstalt für Luftfahrt durchlaufen.[626] VDO besaß hier bislang keine Erfahrung und das neue Geschäft stellte zum Teil völlig neue technische Herausforderungen und zwang das Unternehmen, sich in kurzer Zeit entsprechendes technisches Know-how anzueignen oder selbst zu entwickeln.

Im Juli 1935 hatte Schindling auf der händeringenden Suche nach Aufträgen ein langes Schreiben direkt an Göring als Reichsluftfahrtminister gerichtet und seine Dienste angeboten, und Ende Juli hatte man daraufhin tatsächlich die Gelegenheit zu einer eingehenden Besprechung im RLM erhalten, bei der Technikvorstand Lertes mit den jeweiligen Fachbearbeitern eingehende Muster-

---

624 Vgl. die Richtlinien vom 21.7.1938, in: VDO-Archiv, ohne Signatur.
625 Ebd., S. 17.
626 Vgl. u. a. Schreiben VDO an die Versuchsanstalt vom 11.1.1935 betr. Zulassungsantrag eines VDO Drehzahlmessers und VDO-Öldruck-Manometers zur Verwendung in Flugzeugen, in: VDO-Archiv Karton 8.

besprechungen für gewünschte Weiterentwicklungen führte.[627] Doch im August kam dann doch ein negativer Bescheid aus dem RLM. Dennoch hatte man in Frankfurt mit der Neu- und Weiterentwicklung von Vielfachanzeigengeräten und Fernthermometern nach technischen Vorgaben des RLM begonnen. Der Durchbruch kam im Laufe des Jahres 1936, als man im Auftrag des RLM in Lizenz von Telefunken ein Fern-Bedienungsgerät (FPG 1) zur Sicherung des Funksprechverkehrs zwischen Bodenstation und Flugzeug entwickelte und baute, dazu kam ein weiterer Auftrag nach Telefunken-Lizenz zur Produktion eines Peilrahmenantriebsgeräts (PA 144) für die Standortbestimmung des Flugzeugs mittels Peilantennen.[628] Dafür wurde im zweiten Stock des Frankfurter Fabrikgebäudes unter strengster Geheimhaltung eine eigene Sonderwerkstatt eingerichtet.

Allein der Telefunken-Auftrag hatte ein Volumen von ca. einer Mio. RM und machte damals ca. 20 Prozent des Gesamtumsatzes aus. Zählt man die weiteren 20 bis 25 Prozent hinzu, die umsatzanteilig für Heeresaufträge anfielen, dann zeigte sich VDO schon im Frühjahr 1937 als überwiegend auf Rüstungsgeschäfte ausgerichtetes Unternehmen. Dazu winkten weitere Großaufträge des RLM, etwa für die Entwicklung eines Steigungsmessers. Im Frühjahr 1939 begannen dann die Planungen für die Entwicklung und Großserienfertigung von elektrischen Kreiselinstrumenten für die Flugzeugsteuerung (KA 6), die in enger Abstimmung mit den Berliner Askania-Werken, dem damals führenden optischen und feinmechanischen Unternehmen, das seinerseits bereits als reines Rüstungszulieferunternehmen für den militärischen Flugzeugbau tätig war.[629] Mit der Fertigung der Steuerkreisel begab sich VDO trotz der Lizenz von Askania technisch auf absolutes Neuland und ein völlig neues Qualitätsniveau, auf dessen Einhaltung die Abnahmebeamten des RLM akribisch achteten. Und man unterwarf sich dem Diktat des RLM, das sich als Bedingung für die Aufnahme in die Lieferantenliste stark in die unternehmensinternen Abläufe einzumischen begann und nicht nur versuchte, die hohen Entwicklungskosten zum Großteil auf die VDO abzuwälzen, sondern auch aus Luftschutzgründen die Verlegung der Flugzeuginstrumenten-Fertigung aus Frankfurt und den Bau eines neuen Werkes in Thüringen forderte.[630] Unter dem Strich jedoch waren nach langen Jahren mühsamer Behördenbearbeitung die Lobbyarbeit Schindlings und seine

---

627 Vgl. den Besuchsbericht vom 30.7.1935, in: ebd.

628 Vgl. auch Schreiben Wild an Schindling vom 2.9.1936, in: VDO-Archiv Karton 8.

629 Vgl. Schreiben Wild vom 1.2.1937 und 8.9.1937, in: ebd., sowie Transkript des Zeitzeugeninterviews mit Heinrich Passet vom 10.3.1978, in: VDO-Archiv Karton 11.

630 Vgl. Notiz Lertes vom 15.9.1937 über einen Besuch eines RLM-Abteilungsleiters in Frankfurt, in: ebd. Schindling wollte damals, im September 1936, diesen Forderungen nur unter der Voraussetzung nachgeben, dass das RLM für drei Jahre einen festen Lieferantenkontrakt unter-

beharrliche Strategie, VDO zum führenden Instrumentenzulieferer in der Automobil- wie Luftfahrtindustrie zu machen, endlich erfolgreich.

Im Unternehmen arbeiteten inzwischen, nach zunächst noch 300 Beschäftigten im Jahr 1936, fast 1500 Arbeiter und Angestellte. Der hohe und tendenziell weiter steigende Anteil der Angestellten, die etwa 40 Prozent der Belegschaft ausmachten, war ein Indiz dafür, dass hochqualifizierte Präzisionsarbeit vorherrschte, auch wenn die Montage und Kontrolle der Geräte selbst vielfach durch Frauen am Fließband erfolgte.

Abb. 86 u. 87: Tachometer-Fertigung bei VDO ca. 1934

Beim rasanten Wachstum der Belegschaft standen offenbar die erkennbaren Qualifikationen im Vordergrund, während politischen oder rassischen Kriterien keine Beachtung geschenkt wurden. So arbeiteten bei VDO alle Jahre hindurch ebenso eine Reihe von „Mischlingen" wie auch SA-Leute, die etwa im Frühjahr

---

schrieb und zudem einige hunderttausend RM für die Einrichtung des neuen Werkes beisteuerte. Vgl. Notiz Schindling vom 19.9.1936, in: VDO-Archiv Karton 8.

1936 ein Fertigungsleiter und SA-Sturmführer aus seiner SA-Gruppe einstellte.[631] Hintergrund dieser Rekrutierungspolitik war, dass ein zunächst noch freies Stockwerk des VDO-Gebäudes an die SA-Brigade 49 vermietet worden war. Die Vermietung der Firmenräume an die SA und die sich daraus ergebenden und auch wahrgenommenen Gelegenheiten zur Gewinnung von neuen Belegschaftsmitgliedern wurden Schindling später als Affinität zum und Unterstützung des Nationalsozialismus ausgelegt. Doch war dies eher Zufall als bewusste Förderung, auch wenn insgesamt die Anzahl der NSDAP-Mitglieder unter der VDO-Belegschaft überdurchschnittlich gewesen sein mag. Dies erklärte sich aber auch dadurch, dass man infolge der Krise und häufigen Entlassungen über praktisch keinen altgedienten Mitarbeiterstamm verfügte und die Hauptphase des Belegschaftswachstums und der Mitarbeitergewinnung in die Jahre nach 1933 fiel. Unmittelbar danach, so erinnerte sich jedenfalls später ein VDO-Angestellter, setzte eine starke Beeinflussung im nationalsozialistischen Sinne durch die Betriebsobleute Fischer und Glass ein, die Anlass zur Gründung einer sogenannten Kameradschaft war und auch zum Aufbau einer Werkschar führte.[632]

Allerdings ließ sich Schindling selbst als Betriebsleiter nur wenig instrumentalisieren. Betriebsappelle gab es nur auf Anordnung der DAF und Schindling glänzte zu diesen Anlässen oft mit Abwesenheit.[633] Dafür legte er großen Wert auf die Ausbildung eigener Lehrlinge, was systematisch allerdings erst 1937/38 mit der Einrichtung einer zentralen Lehrlingswerkstatt und der Teilnahme an den Reichsberufswettkämpfen begann. Bei diesem lag man, wie der damals zuständige Meister, der zugleich auch der Betriebszellen-Obmann war, später stolz berichtete, 34 Prozent über dem damaligen Reichsdurchschnitt und stand „dicht vor der Auszeichnung eines vorbildlichen Lehrlingsbetriebes".[634] Schindling sorgte bei VDO auch für die Pflege einer Unternehmenskultur, die unter dem Schlagwort der „VDO-Kameradschaft" den Zusammenhalt und ein gemeinsames Bewusstsein der schnell wachsenden Belegschaft schaffen sollte.

---

631 Vgl. Transkript des Zeitzeugeninterviews von Manfred Schuh (später Schindlings Fahrer) vom November 1978, S. 1, in: VDO-Archiv Karton 11, sowie eidesstattliche Erklärung des VDO-Ingenieurs Otto Penschke vom 9.10.1946 anlässlich des Entnazifizierungsverfahrens gegen Schindling, in: HHStAW 520/K. 2625.
632 Vgl. Zeugenaussage Fritz Kremer vom 30.4.1947, in: ebd.
633 Vgl. ebd.
634 Transkript des Zeitzeugeninterviews mit Ludwig Biermann am 10.3.1978, S. 1, in: VDO-Archiv Karton 11.

Abb. 88 u. 89: VDO-Lehrwerkstatt und Betriebsfest

Ungeachtet aller Anteilseignerstrukturen der VDO AG waren die VDO-Arbeiter und -Angestellten wie in einer inhabergeführten Firma ganz auf die Person Schindlings als ihren Unternehmensführer eingeschworen. Anlass, dies weiter zu pflegen, bot Schindling unter anderem sein 50. Geburtstag Anfang November 1937, bei dem er auch seine Verpflichtung zum weiteren Wirken zum Wohle des Unternehmens und der Belegschaft betonte (Abb. 90).

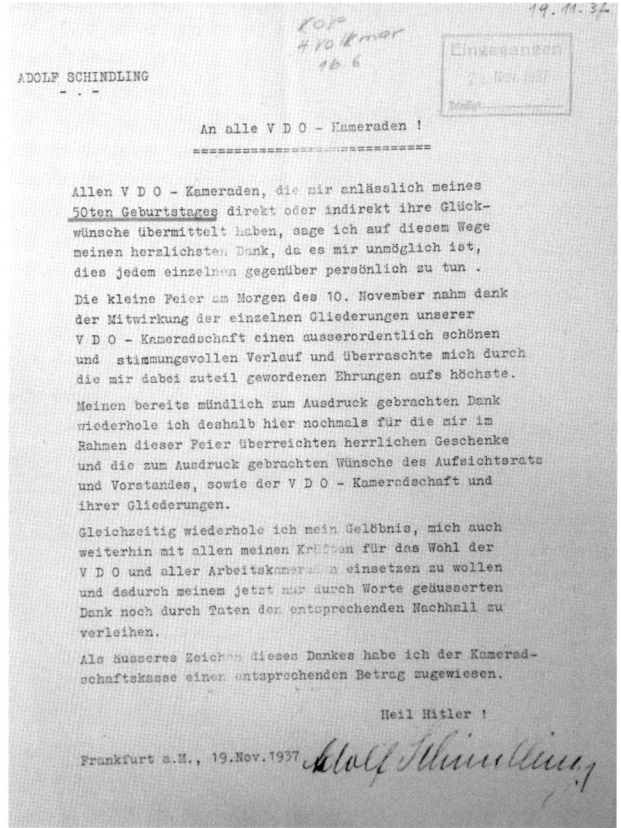

Abb. 90: Schreiben Schindlings an die Belegschaft 1937

Unter der Parole „Durch gemeinsame Arbeit und Kameradschaft zum Aufstieg der VDO Tachometer AG" feierte man nicht nur auf internen Betriebsfeiern, sondern auch bei den offiziellen Aufmärschen zum 1. Mai und aus anderen parteiamtlich vorgegebenen Anlässen die Wiedergeburt und den rasanten Geschäfts- und Bedeutungszuwachs der Firma, der nachgerade exemplarisch das Ergebnis der nationalsozialistischen Automobilisierungs- und Aufrüstungspolitik war.[635] Gleichwohl verstand es jedoch Schindling seinerseits, die sich bietenden Gelegenheiten im Interesse des Unternehmens und dessen weiteren Aufstieg zu nutzen und dafür auch die wirtschafts- und rüstungspolitischen Ziele des NS-Regimes zu instrumentalisieren. Ohne selbst von nationalsozialistischen Ideologien überzeugt zu sein und auch innerbetrieblich eine partei- wie regimepolitische Ausrichtung zu befördern, bemühte sich Schindling nach außen, als nationalsozialistischer Musterbetrieb ausgezeichnet zu werden, was allerdings ebenso wenig erfolgte wie eine etwaige Ernennung zum Wehrwirtschaftsführer.

Dennoch stand VDO als hochspezialisierter Rüstungszulieferer von wachsender Bedeutung unter Beobachtung der Gestapo, deren langer Arm mit Hilfe der Abwehrbeauftragten und DAF-Betriebsobleute auch in das Unternehmen hineinreichte. Das sollte etwa ein langjähriger, als Werkzeugkonstrukteur tätiger VDO-Ingenieur im Frühjahr 1939 erfahren. Dieser hatte zusammen mit einem Kollegen Verbindung zu einem schwedischen Ingenieur aufgenommen, um mit dessen Vermittlung nach Schweden auszuwandern und dort eine Anstellung zu finden, auch um seine „nicht-arische" Ehefrau vor Verfolgung zu schützen.[636] Die Kontakte flogen auf, der Kollege wurde verhaftet, bei dem Betroffenen selbst wurde von der Gestapo eine Hausdurchsuchung unter dem Vorwurf der geplanten Werkspionage durchgeführt. Bei der Gegenüberstellung mit der Gestapo, die im VDO-Werk stattfand, waren auch Lertes und Schindling zugegen.

Das Unternehmen besaß inzwischen als „VDO-Dienst" bezeichnete Filialen in 30 Städten des „Altreichs" und zudem die Österreichische VDO-Tachometer GmbH in Wien, in denen die Fahrzeuginstrumente nicht nur vertrieben, sondern auch repariert wurden.[637] Dass es dem Unternehmen inzwischen nach langem Anlauf und der Bewältigung der Krisen von 1933/34 und 1935/36 tatsächlich gut ging, zeigen die Umsatz- und Gewinnzahlen (vgl. Tabelle 12).

---

635 Vgl. die entsprechenden Fotos von diversen Aufmärschen mit dem VDO-Slogan, in: VDO-Chronik, Bd. 1.

636 Vgl. die Zeugenaussage von August Siedler vom 22.2.1947 anlässlich des Entnazifizierungsverfahrens Schindlings in: HHStAW 520/K. 2625.

637 Vgl. VDO-Chronik Bd.1, S. 35 f.

Tab. 12: Umsatz-, Gewinn- und Belegschaftsentwicklung VDO Tachometer AG 1936 bis 1939

Jahr	Belegschaft	Umsatz insges.	Umsatz Inland	Umsatz Ausland	Gewinn[*]
1936	300	3,4 Mio.	3,126 Mio.	0,274 Mio.	--
1937	741	6,7 Mio.	5,833 Mio.	0,360 Mio.	640 195 RM
1938	1105	8,3 Mio.	7,760 Mio.	0,429 Mio.	572 784 RM
1939	1409	11,0 Mio.	7,990 Mio.	0,361 Mio.	714 135 RM

Quelle: Zusammengestellt nach den Betriebsprüfungsbericht 1941, in: VDO-Archiv, Karton 35 sowie Devisenprüfbericht von 1939 in: HHStAW 519/3 Nr. 18623 und Vermerk des VDO-Wirtschaftsprüfers Richter vom 25.1.1948, in: HHStAW 520/K2625.[638]

Erstmals nach langen Jahren konnte VDO 1937 seine letzten Verluste tilgen und einen Gewinn ausweisen. Die Gesellschaft schüttete acht Prozent Dividende an die Anteilseigner aus. An den prekären und konfliktbehafteten Leitungs- und Kontrollstrukturen bei VDO hatte sich jedoch auch im Herbst 1939 nichts geändert. Schindling besaß die Hälfte des VDO-Grundkapitals von 600 000 RM, die andere Hälfte hielten Keyserlingk bzw. die Aktionäre der Deuta-Werke. Vorsitzender des Vorstands war nach wie vor nominell Keyserlingk, daneben bestand der operative Vorstand weiter aus dem technischen Direktor Dr. Peter Lertes, Adolf Schindling als Verkaufsdirektor Inland und Export sowie Josef Strzelczyk, der als Verwaltungsdirektor fungierte. Politische Probleme bei den NS-Ämtern, Behörden und Ministerien gab es keine mehr, denn Lertes und Strzelczyk waren unmittelbar nach der Machtergreifung der NSDAP beigetreten und Keyserlingk besaß als „Alter Kämpfer" durch seinen NSDAP-Beitritt schon im Februar 1932 sowie seine gleichzeitige SS-Mitgliedschaft und zudem als Vorsitzender des Verbands der Kraftfahrzeugteile-Industrie und Leiter der Fachgruppe Kraftfahrzeugbestandteile und -zubehör innerhalb der Wirtschaftsgruppe Fahrzeugindustrie gute Kontakte in die wichtigsten Ämter bzw. Partei- und Behördenstellen. Schindling selbst, der sich als aktiver Katholik und „Zentrumsmann" bezeichnete, hatte einen Parteieintritt zunächst abgelehnt. Doch er sah sich bald bohrenden Fragen von Seiten der kommunalen NS-Stellen ausgesetzt und mit der unausgesprochenen Drohung konfrontiert, dass andernfalls über kurz oder lang Lertes die Funktion als Betriebsführer bei der VDO übernehmen würde. Um seine Position im Unternehmen nicht weiter zu schwächen, erklärte sich Schindling schließlich im Frühjahr 1934 zum Parteieintritt bereit und wurde daraufhin, weil zu diesem Zeitpunkt offiziell schon eine NSDAP-Beitrittssperre

---

638 *) Gewinn laut Bilanz ausgewiesen 1938: 67 066 RM, tatsächlich laut FA-Prüfbericht 572 784 RM.

galt, rückwirkend zum 1. Mai 1933 als Parteigenosse registriert.[639] 1934 wurde Schindling offiziell zum Betriebsführer und Vorstandsvorsitzenden der VDO bestellt, doch Dr. Lertes wurde ihm gleichsam als Aufpasser beigeordnet. Lertes und Stzelcyk waren noch im Laufe des Jahres 1934 zu ordentlichen Vorstandsmitgliedern ernannt worden. Keyserlingk wechselte in den Aufsichtsrat. 1937 jedoch kam es zu dem erwähnten Revirement in den Leitungs- und Kontrollstrukturen der VDO; Schindling wurde von Keyserlingk als Vorstandsvorsitzender wieder abgelöst. Trotz seiner als Degradierung empfundenen Funktion als Vertriebsvorstand blieb Schindling doch weiterhin der bestimmende Mann im operativen Geschäft; er wurde auch von den Mitarbeitern offenbar weiter als eigentlicher Betriebsführer angesehen und trat als solcher auf.

VDO hatte inzwischen seine technische Basis und sein Fertigungsprogramm erheblich erweitert. Den Großteil machten zwar immer noch Tachos für Personenwagen und auch Motorräder aus, daneben fertigte man inzwischen aber nahezu sämtliche Arten und Typen von mechanischen anzeigenden, kontrollierenden, steuernden, zählenden und schreibenden Messinstrumenten – von Benzinuhren und Drehzahlmessern über Schaltuhren und Druckschreibern bis zu Zeigermanometern für Industriezwecke, Instrumente der Flugüberwachung und -navigation. VDO war damit nicht nur zur größten deutschen Spezialfabrik für Kraftfahrzeuginstrumente geworden, sondern hatte auch im Bereich der Luftfahrt und der übrigen Industrie eine zentrale Position als Zulieferunternehmen erreicht, die im Krieg noch einmal erheblich an Bedeutung gewann, wo VDO in Konzernstrukturen hineinwachsend in zahlreichen Technologiebereichen eine monopolartige Schlüsselstellung einnehmen sollte.

Der Vierjahresplan hatte mit seinen unter politisch-ideologischem Vorzeichen vorgegebenen Zumutungen und Forderungen im Bereich von Rohstoffversorgung, Devisen- und Außenhandel, Leistungssteigerungen und Lenkung der Ressourcen in eine Rüstungs- und Kriegswirtschaft alle Unternehmen mit erheblichen Herausforderungen und Problemen konfrontiert.[640] Deren in den Augen der Unternehmensführungen erfolgreiche Bewältigung unterzog jedoch die Wirtschaft insgesamt wie die Unternehmen selbst einem tiefgreifenden Transformationsprozess, der auf die Ziele des NS-Regimes hin ausgerichtet war. Es war dieses Netzwerk ebenso hochspezialisierter wie in großtechnischer Serienfertigung arbeitender Klein-, Mittel- und Großbetriebe wie Continental, Phoenix,

---

639 So die Darstellung Schindlings in seiner Erklärung vom 19.10.1946 anlässlich seines Entnazifizierungsverfahrens über „Meine geschäftliche Entwicklung", in: HHStAW 520/K.2625.
640 Vgl. auch den Vortrag Köneckes auf der Reichstagung der Fachgruppe Chemie der DAF, die vom 22. bis 25.6.1938 in Mannheim stattfand, abgedruckt unter dem Titel „Betriebsführung in der Chemischen Industrie", in: Die Werksgemeinschaft 3 (1938), S. 2 f. Vgl. auch den Beitrag Köneckes „Ein Werk im Ausbau. Wo wir stehen – was haben wir geleistet?", in: ebd., S. 4 f.

Teves und VDO, die dann als Zulieferindustrie das Rückgrat der nationalsozialistischen Kriegswirtschaft bildeten und für dessen anfängliche Erfolge maßgeblich mitverantwortlich waren.

III Continental im Krieg: Zur Radikalisierung der Produktionsprozesse

1 Aushandlungsprozesse mit Staatsapparat und Wehrmachtstellen: Rationalitäten und Irrationalitäten des Kriegswirtschaftssystems

Der Beginn des Krieges hatte für Continental unmittelbare und drastische Folgen. In Lagern des nun feindlichen Auslands und in Nothäfen neutraler Staaten lagen nun plötzlich Tonnen von Waren und Rohstoffen fest, die eigentlich nach Hannover gelangen sollten. Die gesamten Kriegsschäden aus verlorener Ware und Buchforderungen, so berechnete die Verwaltung umgehend, summierten sich auf 2,650 Mio. RM.[1] Dazu kam, dass von einem Tag auf den anderen Produktionszahlen wie Umsätze massiv einbrachen und auch die Zuteilungen von Rohstoffkontingenten drastisch gekürzt wurden. Hatte man in Hannover im August 1939 noch 212 000 Reifen produziert, so sackten die Fertigungszahlen im September auf 92 000 ab und erreichten im Dezember mit 54 000 Stück einen nie dagewesenen Tiefpunkt.[2] Dass auch der Export um knapp 70 Prozent einbrach, war dabei fast schon von untergeordneter Bedeutung.[3] Gleichzeitig wurde das Unternehmen jedoch von den Behörden mit detaillierten Fertigungsanordnungen konfrontiert. Die „Produktionsaufgabe für die Continental Gummiwerke AG im Oktober 1939" sah unter anderem die Fertigung von 5000 Personenwagenreifen mit ca. 41 775 kg Kautschukgehalt vor, daneben 25 675 Riesenluftreifen mit einem Kautschukgehalt von 590 682 kg, und falls „wir von dem für zivilen lebenswichtigen Bedarf-Kontingent der 18 Artikelgruppen von einer Gruppe in die andere verschieben wollen, so müssen wir erst einen diesbezügli-

---

1 Vgl. Aktennotiz und Protokoll der Aufsichtsratssitzung vom 27.10.1939, in: BArch R 8119 F/P 02140 und Ordner Korrespondenz mit dem Aufsichtsrat 1936–1942, sowie die detaillierte Aufstellung der Kriegsrisiken nach Ländern in: CUA, 6714 Zg. 2/58, A 1. Dem standen allerdings umgerechnet 900 000 RM gegenüber, die Continental seinerseits an Devisenverpflichtungen hatte und denen das Unternehmen erst einmal nicht nachkommen musste.
2 Vgl. die detaillierten Angaben der monatlichen Reifenproduktion 1939 bis 1944, in: ADM, CIOS Report File 23-1, S. 19.
3 Vgl. den Lagebericht für das erste Quartal des Geschäftsjahres 1940 vom 15.6.1940, in: Ordner Anlagen zu den Aufsichtsratsprotokollen.

https://doi.org/10.1515/9783110646597-004

chen Antrag bei der Reika stellen", hieß es in einer Notiz über eine Besprechung mit der Berliner Behörde.[4]

Trotz vorhergehender Fertigung für den Wehrmachtsbedarf war die plötzlich erzwungene Umstellung der Fertigungsbereiche allein nach den Gesichtspunkten der Dringlichkeit für das Heer und heereswichtiger Industriebetriebe für die Fertigungsmanager in Hannover überraschend und radikal. Und mehr denn je mischten sich die Behörden nun direkt in die Unternehmensbelange ein. Continental-Vorstand Assbroicher berichtete schon am 29. September über die Notwendigkeit zur Errichtung einer zweiten Fabrikationsstätte für Flugzeug-Tankschläuche, nach einem entsprechenden „Hinweis" des Waffenprüfamtes des OKH.[5] Das Ganze bedeutete einen Investitionsaufwand von 250 000 RM, und war, da ein reines Rüstungsgeschäft, mit einem erheblichen Kriegsrisiko behaftet, wie Assbroicher explizit betonte. „Bei Nichterrichtung durch uns laufen wir jedoch Gefahr, Rezepte abgeben zu müssen. Damit wäre auch das Friedensgeschäft in diesem Artikel zerschlagen."[6] Dazu wurde von den Behörden nun auch wieder die in Hannover eigentlich für erledigt gehaltene Frage der Errichtung und Beteiligung an einer dritten Buna-Fabrik aufgerollt. In den Augen des Vorstands war jedoch vor allem beunruhigend, dass auch das klassische Reifengeschäft vom Krieg stark betroffen sein würde. Die Reifenproduktion insgesamt, so erfuhr Continental-Direktor Weber bei einer Besprechung mit Walter Jehle, inzwischen Reichsbeauftragter für Kautschuk und Leiter der Reika, am 20. Oktober 1939, werde um 30 Prozent gedrosselt, bei Personenwagenreifen, die als Zivilbedarfsprodukte galten, drohten noch weit größere Einbrüche.

Gleichzeitig drängten die militärischen Stellen darauf, dass Continental in seinem noch im Bau befindlichen Werk Nordhafen eine zusätzliche Reifenfabrikation einplante, um dort eine Ausweichstelle für das hannoversche Werk zu schaffen, obwohl die nach den Mob-Planungen Continental zufallenden Aufträge in Reifen problemlos in Hannover ausgeführt werden konnten. Kostenpunkt dieser erzwungenen Kapazitätsausweitung: ca. 420 000 RM.[7] Ungeachtet dessen waren aber die künftigen Zuteilungsmengen an Rohstoffen zunächst völlig ungewiss.[8] „Der Druck der Ungewissheit über die Weiterentwicklung ist bei der

---

4 Besprechungsprotokoll vom 26.9.1939, in: CUA, 6725 Zg. 1/57, A 2,1. Insgesamt gibt es 8 Bände über „Produktionsprogramme und Rohstoff-Freigaben", darin auch die Produktionsaufgabe für Oktober 1939 vom 23.9.1939.
5 Vgl. Protokoll der Vorstandssitzung vom 29.9.1939, in: CUA, 6630 Zg. 3/85, A 3.
6 Ebd.
7 Vgl. Bericht für die Aufsichtsratssitzung vom 27.10.1939, in: Ordner Korrespondenz mit dem Aufsichtsrat.
8 Vgl. die 6-seitige „streng vertrauliche" Notiz Webers über die Besprechungen in Berlin vom 20.10.1939, in: ebd.

Unzahl der damit für uns zusammenhängenden lebenswichtigen Fragen unmöglich länger zu ertragen, was sicher in der gleichen Weise auch für die übrigen Reifenfabriken zutrifft", schrieb Weber am 26. Oktober geradezu verzweifelt „nach erfolglosen wiederholten telefonischen Bemühungen".[9] Auch Könecke zeichnete auf der Aufsichtsratssitzung vom 27. Oktober 1939 ein düsteres Bild. Nach der Schilderung der durch den Krieg bedingten Umstellungen in der Fertigung und im Verkaufsgeschäft schloss sein Ausblick auf die Preis- bzw. Renditeentwicklung mit der pessimistischen Prognose, „dass die Möglichkeiten zu einer ausreichenden Gewinnbildung zurzeit sehr beschnitten erscheinen."[10] Der Preiskommissar war zudem der Ansicht, so die beunruhigende Nachricht an Könecke schon Ende September, dass die Gummiindustrie die Preise nunmehr ohne Gewinn-Einrechnung kalkulieren müsse.[11] „Während wir Ende Dezember des Vorjahres noch einen Gewinn von 26 Mio. RM auswiesen", schrieb der Aufsichtsratsvorsitzende Uebel am 23. November 1939 an den Vorstand, „werden wir in diesem Jahr vielleicht auf ganze 15 Mio. RM kommen, bei Perspektiven für 1940, an die man kaum zu denken wagt. Der Rückgang des Ergebnisses 1939 gegenüber 1938 wird demnach beachtlich über 40 Prozent ausmachen."[12]

Unter diesem Eindruck und der als erheblich erachteten Kriegsrisiken verordnete Georg von Opel dem Vorstand daher einen drastischen Sparkurs, und „auch die Zahl der beschäftigten Werksangehörigen müsse der Produktionshöhe angepasst werden."[13] Wie wenig auch die Personalabteilung auf den Kriegsausbruch vorbereitet war und von den Ereignissen offenbar völlig überrascht wurde, zeigt ein Rundschreiben an alle Abteilungsleiter vom 8. September 1939: „Um sicherzustellen, dass betriebswichtige Arbeiten auch durchgeführt werden können, wenn der Kriegszustand von längerer Dauer sein sollte, bitten wir Sie, ein Arbeitsprogramm für den äußersten Notfall unter Berücksichtigung folgender Gesichtspunkte zusammenzustellen."[14] Es folgte eine Liste mit detaillierten Fragen unter anderem zur Einschätzung der Kriegswichtigkeit der eigenen Abteilung, nach der Neuorganisation der Arbeitsabläufe, der Anzahl der Mitarbeiter im wehrfähigen Alter und danach, welche Arbeiten durch weibliche Gefolgschaftsmitglieder erledigt werden könnten. Tatsächlich waren innerhalb von nur wenigen Tagen knapp 2300 Arbeiter und Angestellte von Continental zur

---

9 Schreiben Weber vom 26.10.1939, in: ebd.
10 Protokoll der Aufsichtsratssitzung vom 27.10.1939, in: Ordner Korrespondenz mit dem Aufsichtsrat.
11 Protokoll der Vorstandssitzung vom 19.9.1939, in: CUA, 6630 Zg. 1/85, A 3.
12 Schreiben Uebel an den Vorstand vom 23.11.1939, in: Ordner Korrespondenz mit dem Aufsichtsrat 1936–1942.
13 Ebd.
14 Rundschreiben vom 8.9.1939, in: Ordner Personal der Hannoverschen Werke 1935–1939.

Wehrmacht eingezogen worden und fielen nun als Arbeitskräfte aus. Dieser erhebliche Abgang von Arbeitskräften – nachdem im Sommer 1939 noch eine leichte Ausweitung erfolgt war – sorgte für massive Umbrüche in den Fertigungsabläufen.[15] Und dann trat auch noch das Reichsamt für Wirtschaftsausbau mit massiven Forderungen an Continental heran, den Prozentsatz des Buna-Verschnitts, der zu diesem Zeitpunkt bei ca. 50 Prozent lag, in kürzester Zeit drastisch zu erhöhen. „Die diesbezüglichen Wünsche respektive Forderungen des Amtes sind sehr weitgehend", berichtete Könecke in der Vorstandssitzung Mitte November 1939. „Sie führen unter Umständen zur Preisgabe unserer chemischen und technischen Kenntnisse an die übrige Gummiindustrie."[16]

So nahtlos und fließend insgesamt der Übergang des Systems der Rüstungswirtschaft in eine Kriegswirtschaft war, so abrupt vollzog sich dieser Prozess für Continental. Man kann von einem regelrechten Kriegsschock sprechen, von dem sich Continental nur langsam erholte. Tatsächlich kam das ganze Ausmaß der unmittelbaren Kriegsfolgen erst nach Ablauf des ersten Kriegsjahres zum Vorschein. In einer akribischen Zusammenstellung, die die Statistik-Abteilung im Dezember 1940 über „Die Continental im 1. Kriegsjahr" an den Vorstand schickte, fiel der Vergleich zu den letzten Friedensjahren in allen Bereichen – von den Veränderungen in der Belegschaft über die Verwandlung der Wert- wie Gewichtsumsätze bis zu den Verschiebungen des Rohstoffverbrauchs – verheerend aus.[17] Angesichts dessen kam es den Statistikern im Rückblick „fast wie ein Wunder vor, dass das wechselnde Personal mit den sich ändernden Materialien den sich wandelnden Bedarf befriedigen konnte."[18] Kurz- wie auch mittelfristig, so war es dennoch letztlich die Wahrnehmung des Continental-Vorstands, drohten beträchtliche Gefahren und zusätzliche Risiken für das Unternehmen. Über langfristige Folgen machte man sich allerdings im Vorstand keine Gedanken, denn noch bis weit in das Jahr 1940 hinein prägte die Illusion eines schnellen und erfolgreichen Kriegsendes die Haltung des Continental-Vorstands wie auch vieler anderer Unternehmer. Auf einer Versammlung der Fachgruppe Kautschukindustrie am 1. November hatte zwar der Reika-Leiter Jehle den versammelten Unternehmern die künftigen Kriegsmaßnahmen der Kautschukbewirtschaftung präsentiert, die unter anderem eine Schließung zahlreicher kleinerer Firmen vorsah, aber dennoch glaubten viele der Anwesenden,

---

15 Vgl. den Bericht an die Wirtschaftskammer Niedersachsen für die Zeit vom 1.7. bis 30.9.1939, in: CUA, 6610 Zg. 1/57, A 6,2.
16 Protokoll der Vorstandssitzung vom 18.11.1939, in: CUA, 6630 Zg. 3/85, A 3.
17 Vgl. die Zusammenstellung vom 12.12.1940, in: CUA, 6525 Zg. 1/56, A 26.
18 Ebd., S. 7.

dass es sich dabei nur um vorübergehende Maßnahmen handeln würde.[19] Trotz drastisch gekürzten Reklamebudgets machte Continental denn auch weiterhin Werbung mit Blick auf die in Bälde erwartete Nachkriegszeit, und für die „Erfordernisse des Wiederaufbaus unserer Exportorganisation nach dem Kriege" wurden in der Bilanz des Geschäftsjahres 1940 insgesamt fünf Mio. RM als Rückstellung eingestellt.[20] Niemand sah in Hannover zu diesem Zeitpunkt den Krieg als Chance zu Rüstungsprofiten oder gar als Option zu einer Expansion. Das unterschied Continental von anderen Unternehmen, insbesondere der schwerindustriellen Ruhrkonzerne und der Flugzeugindustrie, aber auch der IG Farben.

Die Integration von Continental in das Kriegswirtschaftssystem erfolgte dennoch reibungslos. Die wachsende Komplexität des kriegswirtschaftlichen Systems auch unter Speer, der unter dem Schlagwort der „Selbstverantwortung" der Industrie ein weitverzweigtes Netz von knapp 250 Hauptausschüssen und Ringen mit zahllosen weiteren Unterausschüssen und Arbeitsgruppen schuf, eröffnete den Unternehmen durchaus zahlreiche Handlungsspielräume.[21] Um die zentralen Rüstungsprodukte wie Flugzeuge, Lastwagen, Geschütze und Panzer wurde ein ebenso engmaschiges wie dezentral organisiertes Netz von Zulieferfirmen geknüpft, in dem Continental einen wichtigen Knotenpunkt darstellte.[22] Gleichzeitig aber nahm für die Unternehmen die Zahl der zudem untereinander oft konkurrierenden und voneinander unabhängig agierenden Ansprechpartner und Weisungsgeber aus den staatlichen Behörden und diversen Waffenämtern der Wehrmacht erheblich zu. Könecke als Vorstandsvorsitzender, aber auch Produktionsvorstand Weber und der für die Rohstoffversorgung zuständige Assbroicher waren nun fast häufiger in Berlin als in Hannover, um – allein oder zusammen mit den anderen Vertretern der Gummiunternehmen – bei den Ämtern und Behörden Produktionsanweisungen entgegenzunehmen, Fertigungssolls und Rohstoffzuteilungen auszuhandeln oder sich mit Preisvorgaben auseinanderzusetzen. Die Akteure auf der Gegenseite waren dabei neben Walter Jehle und dessen Stellvertreter Otto A. Friedrich von der Reichsstelle für Kautschuk (Reika), die jeweiligen Leiter der Wehrwirtschafts- und Rüstungsämter des OKW für Heer und Marine sowie des RLM, und mehr denn je Johannes

---

19 Vgl. die Niederschrift des Jehle-Vortrags vom 1.11.1939, in: CUA, 6704 Zg. 1/67, A 3.
20 Vgl. Geschäftsbericht für 1940, S. 7.
21 Zur Organisation der Kriegswirtschaft und der Integration der Unternehmen darin vgl. Erker, Industrieeliten, sowie Tooze, Ökonomie der Zerstörung, S. 643 ff., auch Scholtyseck, Der Aufstieg der Quandts, S. 362 ff., und Streeb, Das Reichswirtschaftsministerium im Kriege, S. 546 ff.
22 Vgl. Paul Erker, Emergence of Modern Business Structures? Industry and War Economy in Nazi Germany, in: Jun Sakudo, Takeo Shiba (Hrsg.), World War II and the Transformation of Business Systems, Tokio 1994, S. 158–178.

Eckell und Karl Krauch, der Generalbevollmächtigte für Chemie, aus dem Amt für Wirtschaftsausbau und dem RWM.

Insbesondere Eckell, gleichsam an der Schnittstelle zwischen RWM und Vierjahresplan-Behörde agierend, dessen Bedeutung nicht nur für die „Bunapolitik", sondern die gesamte Steuerung der Kautschukbranche nicht hoch genug eingeschätzt werden kann, zog dabei im Hintergrund die Fäden und sorgte nicht selten dafür, dass am Ende eines Verhandlungs- und Besprechungstermins in Berlin die Unternehmen und auch Continental als willfährige Befehlsempfänger und Anweisungsexekutoren dastanden.[23] Dazu kamen später noch regionale Wehrkreisbeauftragte, Rüstungskommissionen und Reichsverteidigungskommissare sowie nicht zuletzt Parteiinstanzen wie die jeweiligen Gauleiter. Der bürokratische Dschungel der Kriegswirtschaft mit seinen Lenkungs-, Steuerungs- und Kontrolleffekten unterwarf die Unternehmenspolitik vielfach Zwängen und manövrierte diese zunehmend in Dilemmas und Widersprüche. Je nach Branche und Unternehmen zeigt sich ein unterschiedlich konturiertes, durchaus ambivalentes Bild, das jedoch insgesamt von einem Radikalisierungsprozess des Kriegswirtschaftssystems geprägt war. Continental war diesem Prozess und System als integraler Bestandteil einerseits ausgesetzt, andererseits trieb es diesen seinerseits im Zuge der Selbstmobilisierung phasenweise von sich aus voran.

Im Folgenden werden einige Schlaglichter auf diesen Aushandlungsprozess geworfen, in dem sich Continental befand. Sie machen die Komplexität wie auch Ambivalenz der damaligen Zeit sichtbar. Am 21. November 1939 fand eine Sitzung sämtlicher Reifenfabriken beim Generalbevollmächtigten für Sonderfragen der chemischen Erzeugung (GeBeChem), vertreten durch Eckell, statt. Für Continental nahmen Könecke als Vorsitzender teil, Weber für die Reifenfertigung sowie Baumann, der führende Reifenchemiker des Unternehmens.[24] Den Unternehmen wurde dabei laut Protokoll „die Auffassung der amtlichen Stellen über die nächsten Monate bei den einzelnen Reifengruppen bezüglich des

---

23 Zu Eckell, dessen Bedeutung im Schatten von Krauch vielfach unterschätzt wird, weiß man nach wie vor wenig. Geboren am 26.5.1903 und 1927 in Marburg zu einem elektrochemischen Forschungsthema promoviert, war er bis 1935 in der Forschungsabteilung der IG Farben in Ludwigshafen, dann seit 1936 Abteilungsleiter im Amt für deutsche Roh- und Werkstoffe, später Reichsamt für Wirtschaftsausbau. Erst 1941 offiziell der NSDAP beigetreten, war er bis April 1944 als Angestellter des RWM im Reichsamt tätig und kehrte danach offensichtlich zur IG Farben zurück. Als Mitbeteiligter bei den Plänen für das Buna-Werk Auschwitz war er auch als Zeuge im IG Farben- bzw. Auschwitz-Prozess nach 1945 involviert. Vgl. https://www.ifz-muenchen.de/archiv/zs/zs-1028.pdf.
24 Vgl. die Niederschrift der Sitzung vom 21.11.1939, in: CUA, 6525 Zg. 1/65, A 172. Neben Continental waren auch die Deka GmbH, Dunlop, Englebert, Fulda, Hutchinson, Metzeler, Odenwald, Peter, Phoenix, Semperit, Veith und Vorwerk vertreten.

Kunstkautschukeinsatzes einzuschlagende Linie vermittelt", was im Klartext jedoch hieß, dass Eckell den Firmen die drastische Erhöhung des Buna-Einsatzes auf 70 Prozent bis Jahresende und 85 Prozent bis April 1940 diktierte. Diese Quoten lagen weit außerhalb des damals technisch Machbaren und am Tag zuvor hatte bereits eine interne Besprechung der betroffenen Fabriken für Fahrzeug- und Flugzeugreifen im Hotel Esplanade in Berlin stattgefunden, auf der man sich auf der Basis des technischen Standes auf eine einheitliche Linie beim Zeitplan für die verstärkte Buna-Einschleusung verständigt hatte. Doch Eckell wischte den Plan der Reifenfirmen mit einer Handbewegung beiseite und letztlich akzeptierte die Reifenindustrie dieses Diktat.

Wenig später war Könecke zusammen mit einem Continental-Ingenieur erneut in Berlin, diesmal aber verhandelte er allein zugunsten des eigenen Unternehmens in der Reika-Stelle mit Jehle und Otto A. Friedrich über das Kautschuk-Kontingent, das man ihm – obwohl es sich um einen Wehrmachtsbedarf handelte – „nach anfänglichem Sträuben" für die Herstellung von Batteriekästen genehmigte. Für andere Produkte jedoch wurden zusätzliche Rohstoffkontingente abgelehnt.[25] Die ganze Rohstoffversorgung war längst nur noch mit erheblichem bürokratischem Aufwand zu bewältigen. Fast bis auf das Gramm genau und aufgeschlüsselt nach jedem einzelnen Produkt musste der Reika die Menge des verarbeiteten Natur-, Kunst- und Regeneratkautschuks gemeldet werden. Die monatlichen Kautschukverbrauchsabrechnungen mit immer weiter ausdifferenzierten Artikelgruppen und Bedarfsbereichen und deren Kontrolle bedeuteten bei den Unternehmen wie der Behörde einen riesigen Aufwand.[26]

In rüdem Ton musste sich Continental etwa von der Reika Anfang Februar 1941 vorhalten lassen, dass das Unternehmen die Vorgaben bei den Wochenmeldungen der Reifenbewegung nicht eingehalten habe und die auferlegte Produktionsaufgabe nach eigenem Ermessen geändert worden war – worauf sich der zuständige Sachbearbeiter in Hannover in geradezu unterwürfigem Ton zu rechtfertigen suchte.[27] Mehr Selbstbewusstsein zeigte demgegenüber Produktionsvorstand Weber, dem Jehle im August 1941 ein geradezu beleidigendes Schreiben schickte: „Ich muss leider feststellen, dass trotz immer wieder vorgetragener Bitte der Conti, sie am Marktanteil voll zu berücksichtigen, Sie niemals im Stande sind, die Ihnen übertragenen Produktionsaufgaben zu erfüllen [...] Die Firma Englebert fällt wahrscheinlich für zwei Monate infolge von Luftangrif-

---

25 Vgl. Aktennotiz der Besprechung vom 14.3.1940, in: CUA, 6725 Zg. 1/57, A 2,1.
26 Vgl. exemplarisch das Schreiben der Planungsabteilung von Continental an die Reika vom 9.3.1940, in: ebd.
27 Vgl. Schreiben der Reika an Continental vom 6.2.1941 sowie Schreiben Continental an Reika vom 12.2.1941, in: CUA, 6725 Zg. 1/57, A 2,2.

fen aus. Wo sollen wir diese Produktion hinverlagern, wenn die größte deutsche Reifenfabrik nicht einmal in der Lage ist, ihre Normalaufgabe zu erfüllen".[28] Weber wies diese Anschuldigungen umgehend mit deutlichen Worten zurück und verwies darauf, dass eine wesentliche Ursache der Fertigungsprobleme in den permanent erst in letzter Minute bzw. zu spät eintreffenden Produktionsvorgaben der Behörde mit oft plötzlichen Veränderungen der Soll-Zahlen lag.[29] Zudem war die Rohstoff-Zuteilungspraxis der Reika keineswegs einheitlich. Man konnte, wie die Continental-Manager bald festgestellt hatten, für einzelne Aufträge wie etwa Transportbänder für die Hermann-Göring-Werke durchaus auch Sonderkontingente zugeteilt bekommen, während das RLM wiederum Continental massiv dazu drängte, einen Dreimonatsbedarf an Kunstkautschuk auf Lager anzulegen, was von der Reika jedoch grundsätzlich strikt abgelehnt wurde.[30] Die sich widersprechenden Anordnungen der unterschiedlichen Behörden und Ämter waren bald fester Bestandteil des operativen Geschäfts von Continental.

Der verstärkte Einsatz von Buna im Reifenbau blieb ein Dauerthema und auch zunehmender Konfliktpunkt zwischen Behörden und Unternehmen. Mindestens einmal im Monat trafen sich die Reifenfabriken in Berlin zu internen Vorbesprechungen und offiziellen Sitzungen beim Reichsamt für Wirtschaftsausbau, wo Eckell die Unternehmer unter permanenten Zeitdruck zu setzen verstand. Mit der Verfügbarkeit und Zuteilungshoheit über sämtliche Ressourcen saßen Eckell und die Reika faktisch immer am längeren Hebel gegenüber den Firmen. Diese verlegten sich daher mehr und mehr auf die Strategie, mit Hinweis auf die deutlich schlechtere Produktqualität jegliche Haftung und Verantwortung von sich zu weisen, die Behörden zu gesetzlichen Anordnungen für Tragfähigkeitsreduzierungen der Reifenbelastung sowie deutliche Herabsetzungen der Höchstgeschwindigkeiten auf nur noch 28 km/h für Lastwagen zu bewegen und damit den Schwarzen Peter an diese zurückzugeben.[31]

An der Frage der Geschwindigkeitsbeschränkungen schieden sich allerdings, wie Könecke in einer im Nachhinein geradezu absurd anmutenden Aktennotiz Mitte Mai 1940 festhielt, unter den verschiedenen Behörden die Geister. Nach Verhandlungen in Berlin mit General von Schell, dem Generalbevollmächtigten für das Kraftfahrwesen im Vierjahresplan und Unterstaatssekretär im Reichsverkehrsministerium, der Reichsstelle für Wirtschaftsausbau, dem RWM,

---

28 Fernschreiben Jehle an Weber vom 1.8.1941, in: ebd.
29 Fernschreiben Weber an Jehle vom 1.8.1941, in: ebd.
30 Vgl. Schreiben Conti an die Reika vom 15.12.1939 sowie vom 8.1.1940, in: ebd.
31 Vgl. u. a. Niederschrift der Sitzung der Reifenfabriken vom 27.2.1940 in Berlin, in: CUA, 6525 Zg. 1/65, A 172.

der Reichsstelle für Kautschuk und auch Vertretern des Heeresamtes hielt er fest, dass es „gegen eine starke Opposition, die von dem Oberkommando der Wehrmacht gemacht wurde und von der Automobilindustrie stärkstens unterstützt wurde", gelungen war, bei Schell eine strikte Geschwindigkeitsbegrenzung für die neuen Reifen durchzusetzen.[32] Bei den Verhandlungen hatte sich Könecke schwere Vorwürfe der Wehrmacht anhören müssen, dass die Reifenindustrie „in diesem kritischen Augenblick" nicht in der Lage sei, „frühere Versprechungen einzulösen" und dem Heer 100-prozentige Buna-Reifen auch bei Transport- und Riesenlufttreifen zu liefern. Könecke notierte dazu:

> Ich habe hierauf scharf geantwortet und – abgesehen von den gegenwärtigen Fabrikationsschwierigkeiten der Reifenindustrie auf dem Gebiet der Ungleichmäßigkeit des Bunamaterials, der Kunstseide, auf dem Gebiet der fehlenden Chemikalien und auf dem Gebiet dauernder Sprünge in der Produktionshöhe – betont, dass man von uns nicht verlangen könnte, dass wir Versprechungen einlösen, die wir selbst nie gegeben hätten, sondern die von unverantwortlichen Stellen vor zwei Jahren gemacht seien, die von der Reifenfabrikation nichts verständen.[33]

Während die Continental-Manager mit der Reika um Rohstoffzuteilungen rangen und mit den Heeresämtern um die Qualität der Reifentypen stritten, kam es im Reichsamt für Wirtschaftsausbau zu kontroversen Einschätzungen der Produktionssolls und Steigerung der Reifenfertigung. „Schon am Anfang der Aussprache", so die interne Notiz eines Continental-Direktors über ein Gespräch im Reichsamt am 29. Oktober 1942, „ergaben sich Meinungsverschiedenheiten über die Höhe der geforderten Steigerung der Reifenproduktion."[34] Während der Beamte des Reichsamtes für Continental nur von einer 30-prozentigen Steigerung sprach, hatte man in Hannover intern eine tatsächliche Soll-Steigerung von ca. 80 Prozent errechnet, die das Unternehmen künftig zu erbringen hatte. Zudem bezogen sich die drastischen Steigerungen – wie man Continental ganz beiläufig mitteilte – fast ausschließlich auf den technischen Sektor und die Nicht-Reifen-Produkte, was erhebliche Auswirkungen auf die Dispositionen in den vorbereitenden Abteilungen, den sogenannten Rohbetrieben wie Misch- und Kalandersäle, hatte.[35]

Mit dem OKH hatte man auch sonst allenthalben Probleme. Die entsprechenden Verhandlungen von Continental mit dem Heereswaffenamt lassen geradezu exemplarisch die Art und Weise der Beziehungsabläufe zwischen Unter-

---

32 Aktennotiz Könecke vom 17.5.1940, in: Continental, Registratur Personalabteilung, Ordner Stomil, ohne Signatur.
33 Ebd.
34 Notiz vom 2.11.1942, in: CUA, 6525 Zg. 1/56, A 30,2.
35 Vgl. ebd.

nehmen und Wehrmachtstellen sichtbar werden. Im Vordergrund standen dabei einzelne Produktentwicklungen, die im Auftrag der Beschaffungsämter durchgeführt und von diesem technisch abgenommen wurden.[36] In den Waffenprüfämtern saßen durchaus technische Experten, die bei Aufträgen Wehrmachtsbetrieben wie Continental genaue technische Vorgaben machten und die einzelnen Produkte einer genauen Abnahme unterwarfen, ehe sie diese für die Anwendung in der Wehrmacht freigaben. Schon im Juni 1940 fertigte Continental eine Reihe von Wehrmacht-Spezialreifen, allen voran sogenannte Luka-Reifen, d. h. schusssichere Luftkammer-Reifen und schusssichere Schläuche, Treibrollen und vor allem Gleiskettenpolster für Panzer. Vor allem zu Letzteren gab es zahllose Besprechungen zwischen dem Unternehmen und dem OKH, bei denen Continental durch einen eigens dafür tätigen Verbindungsmann, Dipl. Ing. Klinzner, repräsentiert wurde. Früher als die anderen Gummiunternehmen erfuhr Continental daher von Entwicklungs- wie Produktionsplanungen des OKH. Hauptthema im Januar 1941 waren die rasche Umstellung der Gleiskettenpolster auf Buna und die vom Waffenamt ultimativ geforderten Zusicherungen, „die Fabrikation der Bandagen so zu beherrschen, dass normalerweise Defekte nicht mehr zu erwarten seien."[37] Für Continental waren die Hinweise auf Defizite und Probleme aus dem praktischen Einsatz bei der kämpfenden Truppe wertvolle Hinweise für weitere technische Verbesserungen.[38] Regelmäßig erhielt man auch die Versuchs- und Erprobungsergebnisse der Waffenprüfstelle des OKH. Und nicht zuletzt verschaffte der enge Kontakt zum OKH dem Unternehmen auch Zugang zu den begehrten Beuteprodukten wie amerikanische Flugzeugreifen, Gummipolster und Lkw-Reifen.

Daneben liefen aber auch immer wieder vom OKH unabhängig von den anderen Ämtern und Behörden erteilte Aufträge für Sonderreifenfertigungen ein, im März 1941 etwa benötigte das OKH dringend neu entwickelte Tropen-Reifen, im Juli 1941 flatterte „aufgrund okh-auftrag" eine Bestellung des Volkswagenwerks über 7500 Reifen auf Webers Schreibtisch.[39] Gelegentlich hatten die Continental-Ingenieure dabei auch mit technischem Unverstand bei einigen Heeresstellen zu kämpfen. Im Mai 1941 etwa berichtete Produktionsvorstand Weber über die feste Überzeugung beim OKH, dass beim Übergang von Niederdruckreifen auf Hochdruckreifen wesentlich Gummi gespart werden könnte und da-

---

36 Vgl. allgemein zur militärischen Rüstungsbürokratie Paul Fröhlich, „Der unterirdische Kampf". Das Wehrwirtschafts- und Rüstungsamt 1924–1943, Paderborn 2018.
37 Vgl. Besprechungsnotiz Klinzner vom 29.1.1941, in: CUA, 6525 Zg. 1/65, A 165. Darin auch weitere Besuchsberichte beim OKH in Berlin.
38 Vgl. exemplarisch die Aktennotiz Klinzners über eine Besprechung zusammen mit Weber im Heereswaffenamt vom 16.3.1942, in: CUA, 6525 Zg. 1/56, A 30,2.
39 Vgl. Fernschreiben vom 5.7.1941, in: CUA, 6525 Zg. 1/65, A 46.

her entsprechende Entwicklungsüberlegungen angestellt wurden, die allerdings auf völlig falschen technischen Voraussetzungen und Annahmen basierten.[40]

Die Continental-Ingenieure saßen auch bei allen Neuentwicklungen der Panzerwaffe direkt mit am Tisch. Im Mai 1942 etwa berichtete Klinzner über die Sitzung des Panzer-Ausschusses in Berlin, bei der die Konstruktionseinzelheiten des neuen „Panther" durchgesprochen wurden, für den Continental die Bandagen und Gleiskettenpolster liefern sollte.[41] Klinzner besuchte auch regelmäßig die Kraftfahrversuchsstelle des Heereswaffenamtes in Kummersdorf, wo im Juli 1942 neben einer Reihe von Kampfwagen der neue „Tiger"-Panzer mit Conti-Bandagen erprobt wurde.[42] Im Auftrag des Waffenprüfamtes unternahm Continental auch wissenschaftliche Untersuchungen und Forschungen, etwa über den Einfluss der Gewichtsbelastung auf die Bewegungs- und Geschwindigkeitsverhältnisse von Gleiskettenpolstern.[43] Ein Wermutstropfen allerdings war, dass Continental, das bei der Herstellung von Panzerketten längst führend war, insbesondere durch die Entwicklung von stahlbandlosen Bandagen, im Sommer 1942 vom Heerestechnischen Büro des OKH gezwungen wurde, sein technisches Know-how auch an Nachbaufirmen abzugeben.[44] Dennoch beanspruchte die Verkaufsabteilung gegenüber dem OKH eine angemessene Beteiligung des Unternehmens an den künftigen Großaufträgen, was konkret mindestens 60 Prozent hieß und die Produktion von ca. 10 000 Bandagen pro Monat bedeutete.[45] Anlässlich der Besichtigung der Bandagen-Fabrikation durch den zuständigen Beamten des Waffenprüfamtes im Oktober 1942 versuchte Continental seinerseits das OKH für die eigenen Interessen zu instrumentalisieren. Im Gegenzug zu der Know-how-Weitergabe an die Nachbaufirmen sollte das OKH die Firmen Semperit und Vorwerk, die offenbar gegen ein Bandagen-Patent von Continental Einspruch erhoben hatten, dazu bringen, ihre Ansprüche zurückzuziehen. Die Begründung war klar, denn man konnte von Continental kaum verlangen, mit einer Konkurrenzfirma einen Nachbauvertrag abzuschließen und diese dann sämtliche Details der Fabrikation bekanntzugeben, wodurch diese in die Lage versetzt wurde, das Einspruchsverfahren zu ihren Gunsten zu betreiben. Das einzige, was man jedoch erreichte, war die Zusicherung, dass die Patentabteilung des OKH Continental beim Durchfechten des Patentes keine Schwierig-

---

40 Vgl. die ausführliche Notiz von Weber vom 24.5.1941, in: CUA, 6525 Zg. 1/56, A 59.

41 Vgl. Protokoll der Sitzung vom 5.5.1942, in: CUA, 6525 Zg. 1/56, A 30,2.

42 Vgl. Besuchsbericht Klinzners vom 24.7.1942, in: ebd.

43 Vgl. den umfangreichen Schriftwechsel mit dem OKH in: CUA, 6525 Zg. 1/56, A 36.

44 Vgl. Schreiben des OKH vom 4.9.1942 über den Erfahrungsaustausch über die Haftverfahren bei der Herstellung von Gleiskettenpolstern, in: ebd.

45 Vgl. zum Fertigungsprogramm den Besuchsbericht im OKH vom 20.5.1942, in: ebd.

keiten machen würde, also den Patentanspruch nicht störte, aber auch nicht förderte.[46]

Die Kategorisierung als sogenannter geschützter W-Betrieb hatte im Übrigen auch zur Folge gehabt, dass das OKW Continental im März 1942 von der Einhaltung der handelsrechtlichen Vorschriften befreite und eine Veröffentlichung von Jahresabschluss und Geschäftsbericht aufgrund der großen wehrwirtschaftlichen Bedeutung des Unternehmens strikt untersagte.[47] Gegen diese Anordnung erhob allerdings nicht nur der Continental-Vorstand gegenüber den zuständigen Offizieren der Rüstungsinspektion massive Bedenken. Auch Aufsichtsrat Rösler hielt diese Auflage für zu weitgehend und mit den Pflichten des Unternehmens gegenüber den Aktionären und den Börsenzulassungsstellen für nicht vereinbar.[48] Tatsächlich konnte dann der Geschäftsbericht für das Wirtschaftsjahr 1942 wieder normal erscheinen.

Trotz aller Versuche der unternehmerischen Interessenwahrung und auch kontroverser Auseinandersetzung mit den Behörden und Ämtern waren Könecke wie Weber zugleich selbst integraler Bestandteil des Kriegswirtschaftssystems im Reifen- und Gummibereich; sie repräsentierten dieses System auch nach außen und trugen mit viel Aufwand und Arbeitseinsatz ihren Teil für die Aufrechterhaltung einer zwar schwankenden, aber letztlich doch hohen Produktionseffizienz der deutschen Kriegswirtschaft bei. Könecke als Leiter der Fachgruppe Kautschukindustrie und auch Vorsitzender des Fachgruppen-Beirats war der oberste Vertreter der gesamten Branche und damit auch die zentrale Ansprechperson für die Behörden. In dieser Funktion gab er dann in den zahlreichen Fachgruppensitzungen die entsprechenden Anweisungen weiter und versuchte sie gleichsam in operativ handhabbare unternehmenspolitische Aktivitäten auf die Ebene der einzelnen Fachgruppenmitglieder herunterzubrechen. Könecke war, wenn man so will, die Schnittstelle zwischen NS-Behörden und Unternehmen und dabei permanent mit dem Austarieren von Regime- und Unternehmensinteressen befasst. Ihm war es durch sein Wirken wesentlich mit zu verdanken, dass Eckell schon am 15. Oktober 1941 auf der großen Reifensitzung beim GeBeChem in Berlin, an der neben den Reifenunternehmen und den amtlichen Stellen Reika und Generalbevollmächtigter für das Kraftfahrwesen auch Vertreter des Rüstungsamtes des OKW sowie der IG Farben teilnahmen, einen Erfolg der bisherigen Gemeinschaftsarbeit der Reifenindustrie bei der Verwendung von Kunstkautschuk konstatieren konnte und das vorgegebene Ziel,

---

46 Vgl. Aktennotiz Assbroicher vom 17.10.1942, in: CUA, 6525 Zg. 1/56, A 36.
47 Vgl. Schreiben Franz vom 20.3.1942 an das Reichsjustizministerium, in: BArch R 3001/24176.
48 Schreiben Rösler an die Continental-Direktion vom 28.3.1942, in: BArch R 8119 F/P 02140.

ab November den höchstprozentigen Bunaeinsatz im Reifensektor zu erreichen, in greifbarer Nähe sah.[49] Auch der Mechanismus, dass der behördlicherseits ausgeübte Druck von den Unternehmen im Zuge der Selbstmobilisierung aufgegriffen und quasi in eigener Verantwortung nach unten in die Fertigungsabteilungen weitergegeben wurde, funktionierte reibungslos. Auf der Vorstandssitzung Ende Mai 1942 etwa betonte Könecke, dass das Produktionssoll der Reifenfabrik trotz allseitig bekannter Schwierigkeiten eine bessere Erfüllung finden müsse. Weber werde sich persönlich darum kümmern und „etwa bestehende Hemmungen in der Organisation des Hauses beseitigen."[50]

Ende 1941 wurde Könecke zudem für die hannoversche Industrie zum Rüstungsobmann und Stellvertreter des Rüstungsinspekteurs bzw. zum stellvertretenden Vorsitzen der Rüstungskommission XIa berufen. Angeblich geschah dies gegen seinen Willen und er nahm nur an, um dieses Amt nicht in „wirklich nationalsozialistische Industriellenhände gehen zu lassen", wie er später nachzuweisen versuchte.[51] Um eine rein unpolitische Interessenvertretung der hannoverschen Rüstungsindustrie gegenüber den Behörden und der Partei, wie es Könecke glauben machen wollte, handelte es sich dabei jedoch nicht, sondern vielmehr um die von Speer initiierte und im Laufe des Krieges immer wichtiger werdende dezentral und regional gesteuerte Mobilisierung der Rüstungs- und Kriegsproduktionsanstrengungen. Könecke gewann auch deshalb an Bedeutung, da das Arbeitsgebiet der Fachgruppe Kautschuk im Zuge der vom Staat gesteuerten und von Speer verordneten „Selbstverantwortung" der Wirtschaft ständig vergrößert worden war, unter anderem durch Verlagerung von Aufgaben der Reichsstelle Kautschuk im Bereich der Fertigwarenverteilung und technischer bzw. Gütefragen.[52] Dazu gab es im Herbst 1942 im Speer'schen Rüstungsministerium Pläne, die Fachgruppe organisatorisch aufzuwerten, aus der Wirtschaftsgruppe Chemische Industrie herauszulösen und in eine eigene Wirtschaftsgruppe Kautschukindustrie umzuwandeln. Diese Initiative stieß aber bei Continental auf wenig Begeisterung, da damit auch die Einrichtung und Besetzung neuer Ausschüsse unter anderem für Produktionsplanung und wirt-

---

49 Vgl. Niederschrift der Reifensitzung beim GeBeChem am 15.10.1941, in: CUA, 6525 Zg. 1/56, A 39,2.
50 Protokoll der Vorstandssitzung vom 27.5.1942, in: CUA, 6603 Zg 3/85, A 3. Vgl. die detaillierte Aufstellung der „Planabteilung Reifen" zum Fabrikationssoll vom April 1942, in: CUA, 6525 Zg. 1/56, A 37.
51 Vgl. Erklärung Köneckes bei seinem Entnazifizierungsverfahren, in: NLA HA Nds. 171 Hannover Nr. 32086, Bl. 121–123, 132. Vgl. dagegen die Mitteilung Köneckes an Assbroicher und Weber über seine Berufung durch Speer vom 24.10.1942, in der von Ablehnung und Widerwillen nichts zu finden ist, in: CUA, 6525 Zg. 1/56, A 30,2.
52 Vgl. Aktennotiz Könecke vom 26.9.1942, in: CUA, 6525 Zg. 1/56, A 30,2.

schaftspolitische Fragen bzw. Ein- und Ausfuhr vorgesehen war, und hier als Vorsitzende Otto A. Friedrich von Phoenix und Franz Messner von Semperit vorgesehen worden waren.[53] Im Vorstand von Continental überlegte man daher, wie diese Besetzungen verhindert werden konnten, auch wenn man sich bewusst war, dass „nicht alle wichtigen Posten durch das Haus Continental besetzt werden können."[54] Die Umgründung der Fachgruppe in eine Wirtschaftsgruppe erfolgte letztlich dann doch nicht, allerdings war es typisch für die rüstungsorganisatorischen Aktivitäten des NS-Regimes, dass Könecke beauftragt wurde, „unabhängig von der jetzt oder später erfolgenden offiziellen Einrichtung der geplanten Wirtschaftsgruppe" die entsprechenden organisatorischen Maßnahmen umgehend vorzunehmen.

Könecke war aber auch deshalb gegen diese Umorganisationen, da sie die bereits bestehende Unübersichtlichkeit und damit verbundene Ineffizienz der Rüstungswirtschaft in seinen Augen nur weiter vergrößerte. Hinter den Plänen stand Hans Kehrl, der mit zahlreichen Initiativen die Effizienz der deutschen Rüstungswirtschaft zu steigern suchte und im Herbst 1943 als Leiter des Planungsamtes, kurz danach auch des Rohstoffamtes im RWM und später als Präsident des Rüstungsamtes beim Generalbevollmächtigten für Rüstungsaufgaben, Albert Speer, zum mächtigsten Mann in der nationalsozialistischen Rüstungsbehörde aufsteigen sollte.[55] Dennoch hielt Könecke gegenüber Kehrl offensichtlich mit deutlicher Kritik an den rüstungsorganisatorischen Maßnahmen nicht zurück. In einem internen Aktenvermerk für seine Vorstandskollegen notierte er Ende Juli 1942:

> Ich habe im Kehrl-Ausschuss und Präsident Kehrl selbst gegenüber betont, dass man die Einrichtung solcher Ringe und Ausschüsse auf tatsächliche Engpassgebiete hinsichtlich Kapazität, Arbeitseinsatz oder schlechter Arbeitsmethoden beschränken muss, und dass man diese Ringe und Ausschüsse sowie deren Leiter nur berufen darf unter Verwendung der zuständigen Fachgruppe. Nur auf diese Weise kann vermieden werden, dass unfähige Ringführer da sind, die unnütze Sonderaufgaben stellen, und dass Ringe gebildet werden, die sich in ihren Tätigkeitsbereichen überlappen. Ich halte eine Prüfung dieser Situation auch in unserem Hause, zumal fremde Ringführer uns mehr und mehr dreinreden, für erforderlich.[56]

---

53 Vgl. Protokoll der Vorstandssitzung vom 1.9.1942, in: CUA, 6630 Zg. 3/85, A 3.

54 Ebd. Die Interventionen waren tatsächlich erfolgreich, zumindest in Bezug auf Messner. Vgl. Protokoll der Vorstandssitzung vom 12.9.1942, in: ebd.

55 Zu Kehrl vgl. Rolf-Dieter Müller, Der Manager der Kriegswirtschaft. Hans Kehrl: Ein Unternehmer in der Politik des Dritten Reiches, Essen 1999.

56 Notiz Könecke vom 21.7.1942, in: CUA, 6525 Zg. 1/56, A 30,2.

Könecke spielte in den Organisationsplänen Kehrls trotz seiner Kritik nach wie vor eine feste Rolle und war auch als Wirtschaftsgruppenleiter vorgesehen, allerdings trug sich der Continental-Vorstandsvorsitzende zu diesem Zeitpunkt ernsthaft mit dem Gedanken, zum Jahresende wegen Arbeitsüberlastung seinen Posten abzugeben, und hatte dies Kehrl auch so mitgeteilt.[57] Dass dies kein vorgeschobener Grund war und die aufreibende Tätigkeit im Unternehmen wie als Fachgruppenleiter ihre Spuren an der gesundheitlichen Verfassung des allerdings erst 44 Jahre alten Köneckes hinterlassen hatten, zeigte sich daran, dass er sich Anfang April 1943 in ärztliche Behandlung begeben musste. Die Diagnose lautete akute Herzmuskelschädigung und bedingte eine strengste sechswöchige Behandlung und Ruhezeit. Von einem Tag auf den anderen war damit nicht nur die Fachgruppe Kautschuk, sondern auch Continental führungslos, zumindest was die Wahrung der Unternehmensinteressen bei den wichtigsten Behörden, Ämtern und Gremien anging. Als kurzfristigen Ersatz, aber auch zur längerfristigen Entlastung Köneckes sollte zunächst das Vorstandsmitglied Ernst Fellinger zur ständigen Kommunikation mit den Behörden fest nach Berlin entsandt werden. Nachdem er das jedoch abgelehnt hatte, wurde einer der leitenden Betriebsdirektoren aus der zweiten Führungsriege von Continental, Dr. Hoppmann, in die Reichshauptstadt geschickt.[58] Innerhalb des Unternehmens selbst übernahmen während der Abwesenheit Köneckes die beiden Vorstandsmitglieder Assbroicher und Weber die Führung.

Insbesondere Weber rückte nun schnell auch innerhalb der rüstungswirtschaftlichen Organisation in eine führende und einflussreiche Position. Innerhalb der Fachgruppe Kautschukindustrie gab es eine ganze Reihe von Fachuntergruppen, etwa für Bereifung, daneben aber auch diverse Arbeitsgemeinschaften, unter anderem für Kautschuk sowie Gummierte Stoffe oder auch für Regenerate, die als Schnittstellengremien agierten und ihrerseits wieder in zahllose Haupt- und Unterausschüsse unterteilt waren, jeder letztlich zuständig für ein einzelnes Produkt. Im Unterausschuss Batteriekästen saßen etwa je ein Ingenieur von Continental, Semperit und der Berliner Akkumulatorenfabrik Afa. Daneben konnte es aber immer wieder auch vorkommen, dass nach Gutdünken des Reichsamts für Wirtschaftsausbau bzw. des GebeChem kommissarische Beauftragte mit Sonderaufgaben installiert wurden, wie es etwa Krauch gegenüber Könecke im Dezember 1942angesichts der höchst schwankenden Qualität der einzelnen Kautschukerzeugnisse ankündigte.[59]

---

57 Vgl. Notiz Könecke vom 22.7.1942, in: ebd.
58 Vgl. Protokoll der Vorstandssitzung vom 3.8.1943, in: CUA, 6603 Zg. 3/85, A 3.
59 Vgl. Schreiben Krauch an Könecke vom 9.12.1942, in: CUA, 6525 Zg. 1/56, A 30,2.

Im Februar 1943 ordnete Eckell im Namen des RWM die Konstituierung einer „Arbeitsgemeinschaft Reifen" an, als dessen Leiter „unter behördlicher Patronanz des RWA" Weber ernannt wurde.[60] Die gewaltige Aufgabenstellung war nichts weniger als die Schaffung des Einheitsreifens, was die Festlegung der Hauptdimensionen, die Schaffung einer Einheitskonstruktion und die Bestimmung einer Einheitsrezeptur bedeutete, die die hinzugezogenen wichtigsten Reifeningenieure und Chemiker aus den verschiedenen Unternehmen in diversen fabrikationstechnischen und anderen Unterausschüssen entwickeln sollten.[61] Das dahinterstehende eigentliche Ziel war es, die Voraussetzungen dafür zu schaffen, dass in der Reifenindustrie im Falle von Produktionsstörungen schnell und flexibel eine Austauschbarkeit und Verlagerungsmöglichkeit der Reifenherstellung vorgenommen werden konnte. Der ‚Arge Reifen' war auch ein Beirat zugeordnet worden, um dessen Besetzung es allerdings ein heftiges Gerangel gab, da Semperit, zunächst nicht als Mitglied vorgesehen, auch für sich eine Vertretung dort beanspruchte.[62] Weber war damit aber zu einem der wichtigsten Fertigungsexperten in der Rüstungsindustrie geworden, und seine Bedeutung wuchs noch, als Eckell ihn im Laufe des Jahres 1943 auch noch zum Leiter des Produktionsausschusses Kautschukindustrie bestellte, wogegen sich Weber allerdings offensichtlich zu wehren versuchte und erst nach Drängen Köneckes akzeptierte.[63] Davon, dass Weber in diesen Funktionen nur sachverständig-beratende Funktionen gegenüber den Behörden ausübte, wie er es später glauben machen wollte, konnte keine Rede sein. Tatsächlich war Weber, zumal auch noch als Obmann des wichtigen, von der IG Farben dominierten Buna-Chemiker-Ausschusses, der wichtigste Produktionsmanager geworden, der das scheinbare Speer'sche Rüstungswunder auch in dem strategisch wichtigen Rüstungsgut des Transport- und Riesenluftreifens wahr werden lassen sollte. Nach einer eingehenden Besprechung mit Eckell Anfang März 1943 stellte Weber ein erstes 10-Punkte-Programm auf und machte sich umgehend mit Energie und Eifer an die Arbeit.[64]

---

60 Vgl. Vermerk Eckells vom 26.2.1943, in: CUA, 6525 Zg. 1/65, A 71.
61 Exemplarisch für die dabei zwischen den Unternehmen auftretenden Differenzen, die sich in einer regelrechten Lagerbildung einer Continental-geführten Gruppe versus eine Gegengruppe unter der Führung deutschen Dunlop ausdrückte, ist die Debatte um eine Einheitsqualität für Kunstseidecordgewebe für Kraftfahrzeug- und Flugzeugreifen auf einer Sitzung in München am 9.4.1943. Vgl. das Protokoll in: CUA, 6525 Zg. 1/65, A 19.
62 Vgl. Vermerk vom 8.4.1943, in: CUA, 6525 Zg. 1/56, A 45,1.
63 Vgl. Schreiben Schmelz an Weber im Zusammenhang mit dessen Entnazifizierungsverfahren vom 31.10.1948, in: NLA HA Nds. 171 Hannover-IDEA, Nr. 16060. Darin auch eine allerdings höchst subjektive Erklärung Otto A. Friedrichs zu den damaligen Vorgängen.
64 Vgl. die Notiz Webers vom 6.3.1943, in: CUA, 6525 Zg. 1/56, A 45,1.

In der Folgezeit versuchte Weber in zahllosen Sitzungen der Arbeitsgemeinschaft Reifen, wie etwa im August 1943 im Hotel Frankfurter Hof in Frankfurt am Main, den Erfahrungsaustausch unter den Reifenfirmen weiter zu optimieren und vor allem zunächst einen Überblick über die jeweiligen reifentechnischen Bedingungen und Eigenheiten sowie die bestehenden Fertigungskapazitäten der beteiligten Unternehmen zu gewinnen.[65] Die Organisation einer Fertigungssteuerung im Branchenverbund war allerdings eine herkulische Aufgabe, die schon daran zu scheitern drohte, dass die Reifenfirmen unter dem Vorwand der notwendigen Beweglichkeit in der Fertigungspraxis vehement ihre fertigungsspezifischen Eigenheiten verteidigten und sich an der auf der Sitzung der Arbeitsgemeinschaft eigentlich beschlossenen Praxis, gegenseitige Fabrikbesichtigungsbesuche vorzunehmen, niemand außer Continental und Dunlop beteiligte.

Und dann musste sich Weber wie schon Könecke mit den ständigen Reibereien und Differenzen zwischen Continental und Phoenix befassen, die von deren jeweiligen Ingenieuren in den Arbeitsgruppen und Ausschüssen regelrecht gepflegt wurden und vielfach die Effizienz der Arbeit behinderten.[66] Regelmäßig musste Weber nun in Berlin bei Eckell und Krauch Bericht erstatten, sich dort Rüffel und Kritik an fertigungstechnischen Mängeln und produktionsorganisatorischen Defiziten anhören, um dann versehen mit neuen Anweisungen wieder nach Hannover zurückzufahren.[67] Ihm saß dabei nicht nur Eckell, sondern auch eine Reihe weiterer, fachlich durchaus versierter, verhandlungserfahrener und vor allem ihm weisungsberechtigter Rüstungsbürokraten gegenüber. So schlimm wie die Vorstandskollegen anderer Rüstungsfirmen wie etwa BMW, die angesichts der Krise in der Luftrüstung fast wöchentlich nach Berlin zitiert wurden und im RLM beschimpft und regelrecht systematisch gedemütigt wurden, erging es Weber immerhin nicht.[68]

Im Juni 1944 verkündete Könecke dann seinen Vorstandskollegen den Entschluss, seinen langgehegten Wunsch, die Leitung der Fachgruppe Kautschuk-

---

65 Vgl. Niederschrift vom 11.8.1943, in: CUA, 6525 Zg. 1/56, A 44.

66 Vgl. exemplarisch Aktennotiz des Conti-Ingenieurs Brinkmann vom 25.3.1943 zu einem Schreiben der Phoenix an den Arbeitsausschuss Kautschuk über Ziffern des betrieblichen Leistungsvergleichs, in: CUA, 6525 Zg. 1/56, A 50. Den wichtigen fabrikationstechnischen Unterausschuss in der Arge Reifen leitete etwa Phoenix-Direktor Bobeth, Mitglied war aber auch Karl Hübener, der Chefkonstrukteur und Leiter der Reifenentwicklung bei Continental, die dort ihre technologische Konkurrenz gelegentlich durchaus auslebten.

67 Vgl. Vermerk Webers über die Besprechung beim GebeChem vom 10.9.1943, in: CUA, 6525 Zg. 1/56, A 44.

68 Zum Beispiel BMW vgl. Werner, Kriegswirtschaft und Zwangsarbeit, hier insbesondere S. 66 ff.

industrie niederzulegen, doch noch wahr zu machen. Um der Continental den Posten zu erhalten, schlug er vor, dass dieser nun auch von Weber übernommen werden sollte, auch „um die zusammenliegenden Aufgaben des Fachgruppenleiters und des Produktionsausschussleiters verbindend zu erfüllen."[69] Im Vorstand wurde Köneckes Vorschlag allerdings kontrovers diskutiert und Weber selbst lehnte angesichts der damit verbundenen zusätzlichen Arbeitsbelastung, die letztendlich auch zulasten seiner eigentlichen Aufgaben als Fertigungsvorstand bei Continental gehen würden, eine Nachfolge Köneckes ab. Der potenzielle Schaden für das Unternehmen wog bei weitem schwerer als der Vorteil durch die weitere Besetzung der Fachgruppenleitung. Einigkeit herrschte allerdings darüber, dass man Otto A. Friedrich als Fachgruppenleiter mit allen Mitteln verhindern wollte.[70] Eine Lösung dieses Dilemmas gab es eigentlich nur, wenn Könecke seinen Entschluss zur Amtsaufgabe rückgängig machte, wozu ihn dann auch Uebel im Namen des Aufsichtsrates heftig bedrängte – und damit offensichtlich Erfolg hatte.[71]

Die Furcht im Continental-Vorstand vor einem Machtzuwachs für Otto A. Friedrich, die auch von Uebel als Aufsichtsratsvorsitzendem geteilt wurde, erschien auf den ersten Blick nicht unbegründet. Mit seiner Zwitterstellung als Mitglied im Phoenix-Vorstand und offensichtlicher Ziehsohn von Albert Schäfer auf der einen und als stellvertretender Leiter der Reichsstelle Kautschuk sowie bestens vernetzt in den Berliner Kriegswirtschaftsbehörden besaß Friedrich bereits eine erhebliche Machtposition. Anfang 1943 hatte er nun auch noch für Jehle, der in die Militärverwaltung Frankreich wechselte, die Position des Reichsbeauftragten für Kautschuk übernommen und war damit alleiniger „Kautschuk-Diktator" der Gummiindustrie. Wenn Friedrich nun auch noch Ambitionen auf die Leitung der Fachgruppe Kautschukindustrie hegte, dann sah sich Continental mittelbar einer bedrohlichen Macht von Phoenix gegenüber. Allerdings betonte Könecke selbst immer wieder, dass Friedrich seine Funktion als Reichsbeauftragter bislang peinlich korrekt und objektiv ausübte und von einer Benachteiligung von Continental nichts zu spüren war. Dennoch bleibt die Position und tatsächliche Rolle Friedrichs in der NS-Zeit merkwürdig undurchsichtig. Soweit aus Akten erkennbar, war er sichtlich um eine ausgleichende Behandlung der Gummiunternehmen bemüht und trat auch wesentlich verbindlicher auf als der diktatorisch agierende Jehle. Offensichtlich gelang es ihm, sich erfolgreich zwischen den unterschiedlichen Regime-, Branchen- und

---

69 Protokoll der Vorstandssitzung vom 7.6.1944, in: CUA, 6630 Zg. 3/85, A 3.
70 Vgl. ebd.
71 Vgl. Protokoll der Vorstandssitzung vom 20.7.1944, in: ebd., sowie Brief Uebel an Könecke vom 20.7.1944 und dessen Antwortbrief vom 27.7.1944, in: BArch R 8119 F/P 02141.

Phoenix-Unternehmensinteressen durchzulavieren. Er selbst hat sich später als rein sachlichen, unpolitischen Rohstoffmanager dargestellt.[72] Bei seiner tatsächlichen Tätigkeit, auch und gerade in der Behandlung der ausländischen Kautschukindustrie und der Kautschukbeschaffung aus den besetzten Gebieten im Ausland, ging er wohl nicht zimperlich vor und trug zur Ausbeutung der besetzten Länder ohne Rücksicht auf die dortigen Verhältnisse bei. Otto A. Friedrich wird uns daher im weiteren Verlauf der Untersuchung noch einmal begegnen.

Es gibt noch einen weiteren Aspekt, der im Verhältnis von NS-Bürokratie und Unternehmen von Bedeutung war, im Krieg an Gewicht gewann und ebenfalls einem Aushandlungsprozess unterlag: die Preisregulierung und damit zusammenhängend die Gewinnabschöpfung in Form von Anordnungen zur Abführung von Übergewinnen sowie Begrenzungen der Dividendenausschüttungen. Im Frühjahr 1941 hatte das NS-Regime ein Gesetz zur Dividendenbesteuerung und Kapitalanpassung angekündigt, das drastische Eingriffe in die Kapitalpolitik der Unternehmen erwarten ließ. Da Genaueres zunächst nicht bekannt war, obwohl Continental über seine Verbindungen in die Finanzpolitik durch den Deutsche-Bank-Aufsichtsrat Rösler an die ministeriellen Gesetzesentwürfe zu gelangen versuchte, wurde auf der Bilanzsitzung Anfang April beschlossen, die Dividendenerklärung für das angelaufene Geschäftsjahr vorläufig aufzuschieben.[73] Dieser Beschluss zeigte an der Börse eine bemerkenswerte Reaktion: Trotz insgesamt schwächerer Tendenz stieg der Kurs der Continental-Aktie bei starker Nachfrage um 4,5 Prozent auf 300. Als Begründung hieß es, dass die Börse bzw. das Publikum darüber beruhigt sei, dass die Continental-

---

72 Zu Friedrich vgl. Otto A. Friedrich, Ein Werk im Spiegel der Weltwirtschaft, in: Samhaber/ Friedrich, Hundert Jahre, S. 61–108, hier S. 91 ff., und vor allem Volker R. Berghahn, Paul J. Friedrich, Otto A. Friedrich, ein politischer Unternehmer. Sein Leben und seine Zeit 1902–1975, Frankfurt a. M. 1993. Die Darstellung basiert auf den Tagebüchern Friedrichs und gibt ziemlich unkritisch dessen Sichtweisen vor allem zur Nachkriegsentwicklung wieder, in der Friedrich bezeichnenderweise neben seiner Position als Vorstandsvorsitzender von Phoenix auch als Rohstoffberater der Bundesregierung agierte. Die NS-Zeit wird nahezu komplett ausgeblendet oder folgt in der Darstellung gänzlich der Argumentationsführung von Friedrich in seinem Entnazifizierungsverfahren. Vgl. auch das Interview Friedrichs vom 22.5.1945 bei den Befragungen durch die Besatzungsoffiziere in: ADM, CIOS-Report 22/10 (A), S. 41 ff., bei der es Friedrich ebenfalls gut verstand, seine Rolle in der NS-Zeit zu verschleiern. Deutlich kritischer die Darstellung bei Gotthardt, Die politische Geschichte. Zu Friedrich existiert auch eine dünne Akte im Continental-Archiv (CUA, 6610 Zg. 2/56, A 10), in der sich aber nur Vorgänge bzw. Schriftwechsel bis 1938 befinden.
73 Vgl. Aktennotiz Rösler vom 2.4.1941 sowie „Conti Gummi schiebt Dividendenerklärung auf", in: Hamburger Fremdenblatt vom 2.4.1941, beides in: BArch R 8119 F/P 02140.

Verwaltung keine Beeinträchtigung der Aktionäre beabsichtigte.[74] Die Conti-Aktie war inzwischen auch an der Wiener Börse gelistet und hatte trotz des vom NS-Regime eingeschränkten Börsenhandels durchaus den Status einer breit gestreuten „Volksaktie" erlangt.[75] Tatsächlich drehten sich aber alle Überlegungen im Continental-Vorstand vornehmlich darum, Großaktionäre wie die Opel-Familie vor den negativen Folgen der neuen Dividendenabgabeverordnung und einer Verwässerung ihres Kapitalanteilsbesitzes zu bewahren.

Die Unternehmen wurden allerdings bis 12. Juni 1941 über die Einzelheiten des Gesetzes gegen übermäßige Gewinnausschüttungen im Unklaren gelassen und auch dann fehlten noch wichtige Durchführungsverordnungen, auf die man weiter wochenlang warten musste. Nach eingehenden Überlegungen über das Für und Wider einzelner Kapitalmaßnahmen vollzog Continental schließlich im Juli 1941 ein Bündel komplexer Kapitalberichtigungsmaßnahmen. Das Grundkapital wurde zunächst durch Einzug der eigenen Aktien von 37 Mio. RM auf 34 Mio. RM herabgesetzt, um dann durch Auflösung von stillen Reserven auf 88,4 Mio. RM drastisch heraufgesetzt zu werden. Das bedeutete eine Aufstockung des Grundkapitals um 160 Prozent. Zugleich wurden nun anstelle der bisherigen 14 Prozent Dividende nur noch 5,5 Prozent ausgeschüttet, wovon allerdings 2,5 Prozent als Sondervermögen in einen Treuhandvermögensfonds der Aktionäre eingezahlt wurden. Durch diese Maßnahmen blieb die Rendite für die Aktionäre gleich und sie mussten auch keine Kursverwässerung ihrer Continental-Anteile hinnehmen, denn für jede Altaktie von nominell 1000 RM erhielten sie unentgeltlich weitere Stammaktien von nominell 1600 RM.[76] Entsprechend notierte die Continental-Aktie nach der Umstellung anstelle der 379,25 Prozent vom 20. Oktober 1941 nun zu einem neuen Kurs von 145,86 Prozent. Das Grundkapital des Unternehmens war künftig in 124 400 Aktien eingeteilt, von denen 84 400 Stück über nominell 1000 RM lauteten, daneben aber gab es noch 40 000 Stück über nominell 100 RM.[77]

---

74 Vgl. vertrauliche Mitteilung Röslers an den Continental-Vorstand vom 2.4.1941, in: BArch R 8119 F/P 02118.

75 Zur Wiener Börsennotierung, die der Vorstand anfänglich eigentlich abgelehnt hatte, vgl. CUA, 6635 Zg. 1/57, A 8. Dort auch die Kursnotierungen in Wien vom April bis Dezember 1940. In diesem Zeitraum schwankte der Kurs zwischen 224 und 317 Prozent des Nominalwerts und verzeichnete dabei insgesamt einen Zuwachs von 26 Prozent.

76 Vgl. den ausführlichen Schriftwechsel zwischen Vorstand und Aufsichtsrat vom April 1941, in: BArch R 8119 F/P 02118. Zu den komplizierten unterschiedlichen Überlegungen vgl. vor allem auch Protokoll der Vorstandssitzung vom 30.6.1941, in: CUA, 6603 Zg. 3/85, A 3. Vgl. auch Nachtrag zum Geschäftsbericht 1940 betr. Berichtigung des Gesellschaftskapitals aufgrund der Dividendenabgabeverordnung vom 12.6.1941, in: BArch R 8119 F/P 02143.

77 Um die Zahl der Aktien möglichst klein zu halten, bot die Verwaltung den Altaktionären an, den Bezug der neuen Aktien auch zu einem Umtausch der jeweiligen 100-RM-Aktien zugunsten

Abb. 91: Continental-Aktie 1941

Damit waren die Interessen der Aktionäre gewahrt und die gegen sie gerichteten Maßnahmen des NS-Regimes weitgehend neutralisiert. Dementsprechend änderte sich im Prinzip auch nichts am Aktienanteil der Familie Opel, der im April 1940 30,6 Prozent des Grundkapitals betrug.[78] Dennoch zeigten sich im weiteren Verlauf signifikante Änderungen. Im Juli bzw. Oktober 1941 und damit noch vor der Kapitalberichtigung sank der Anteil des Großaktionärs auf nur noch 17,2 Prozent, danach stockte Georg von Opel in den Jahren 1942 und 1943 den Bestand wieder leicht auf 17,9 Prozent bzw. 18,1 Prozent des Grundkapitals auf.[79] Der Anteil der Opels hatte sich dennoch nahezu halbiert; am prinzipiell bestimmenden Einfluss änderte sich dadurch nichts, jedoch signalisiert der geschrumpfte Anteil doch ein geschwundenes Interesse des Hauptaktionärs.[80]

---

von 1000-RM-Stücken vorzunehmen – eine Maßnahme, die sich eigentlich gegen die Kleinaktionäre richtete. Allerdings waren von den ursprünglich einmal 153 140 Aktien zu nom. 100 RM im August 1944 immer noch 30 000 im Umlauf. Vgl. den entsprechenden Schriftwechsel mit der Zulassungsstelle der Berliner Börse in: BArch R 3118/164.

78 Vgl. die Angaben des auf der Hauptversammlung im April 1940 gemeldeten Kapitals, in: CUA, 6635 Zg. 1/57, A 9.

79 Vgl. Gegenüberstellungen der zu unseren Generalversammlungen angemeldeten Aktien 1939 bis 1943, in: CUA, 6610 Zg. 1/57, A 2,7.

80 Vgl. ebd. Unter den Teilnehmern der Hauptversammlung am 29. April 1942 war neben zahlreichen Banken und einigen persönlich vertretenen Kleinaktionären der Continental-Prokurist Wilhelm Grupe als Vertreter des Unternehmens mit einem Eigenanteil von nominell 14,3 Mio. RM oder 16,1 Prozent des Grundkapitals registriert. Über die Hintergründe dieses Aktienbestandes lässt sich in den Akten jedoch nichts erfahren.

Vom Standpunkt von Continental als Aktiengesellschaft aus allerdings war durch die große Auflösung der Kapitalreserven in Krisenzeiten der Spielraum für die Aufrechterhaltung von Dividendenzahlungen und zur Überbrückung eventueller Liquiditätsengpässe deutlich geringer geworden. Aus der Perspektive des NS-Regimes jedoch waren dennoch alle mit der Verordnung beabsichtigten Ziele erreicht: Die Gewinnausschüttungen wurden begrenzt und die sich in den Bilanzen der Unternehmen befindlichen erheblichen stillen Reserven wurden nun zur Eigenfinanzierung für die Zwecke der Kriegswirtschaft mobilisiert. Das längst viel zu klein ausgewiesene Stammkapital vieler Unternehmen wurde nun auf eine dem wahren Vermögen angemessene Höhe gebracht und damit auch eine gewisse „Bilanzwahrheit" geschaffen.[81] Auch zahlreiche andere Unternehmen nahmen wegen der Dividendenabgabeverordnung Kapitalberichtigungen vor, zum Teil auch, anders als Continental, als echte Kapitalerhöhungen. Aber die Berichtigungsbeschlüsse der Kautschukindustrie mit durchschnittlich 146 Prozent lagen bemerkenswerterweise weit über dem industrieweiten Durchschnitt von rund 60 Prozent.[82] Auch Phoenix hatte eine entsprechende Aufstockung des Grundkapitals – von 4,86 Mio. RM auf 12,15 Mio. RM – vorgenommen.[83] Aber Continental galt als „Musterbeispiel der Unterkapitalisierung", das nun durch die Kapitalberichtigung wieder eine der tatsächlichen Lage entsprechende Kapitalstruktur aufwies.

Das NS-Regime schöpfte aber nicht nur durch Dividendenabgaben und andere Besteuerungsmaßnahmen die Gewinne der Unternehmen ab, sondern diktierte auch durch direkte Einflussnahme auf die Kosten- und Preiskalkulationen der Unternehmen deren Einnahmen. Regelmäßig gingen nun eigene Wehrwirtschaftsprüfer des OKH sowie leitende Mitarbeiter der Kalkulationsabteilung im RLM und Preisprüfer der Wehrmacht in Hannover ein und aus und verlangten bei der Abwicklung der diversen Wehrmachtaufträge Einblick in die Bücher. Für das Jahr 1940 hatte Continental denn auch 3,75 Mio. RM als Übergewinne an das OKW zurückvergüten müssen, 1941 waren es abermals 3,662 Mio. RM. Immerhin hatte Franz bei der Abschlussbesprechung mit der Wehrwirtschaftsprüfstelle herausgehandelt, dass Continental eine um ca. 26 Prozent höhere Leistungsprämie von 2,148 Mio. RM zugestanden wurde, und auch gegen die vom OKH vorgenommene Streichung gewisser Kostenanteile der Niederlassun-

---

81 Vgl. Banken, Hitlers Steuerstaat, S. 415.

82 Vgl. „Ein Jahr Kapitalberichtigungen", in: Die Chemische Industrie Nr. 29/30 vom 24.7.1942, S. 297–299.

83 Vgl. ebd. Dementsprechend notierte die Phoenix-Aktie, die inzwischen einen Kurs von 356 erreicht hatte und damit nahezu auf demselben Niveau wie Continental notierte, nach der Umstellung bei 138 Prozent. Vgl. die Angaben im Handbuch der deutschen Aktiengesellschaften 48. Jg., Berlin 1943, Bd. 4, S. 3253–3256.

gen sowie Sozialkosten wurde mit Erfolg Protest eingelegt und durch deren Anrechnung die Höhe der Übergewinnrückzahlung nochmals gesenkt.[84] Das Problem war, dass je größer der Umsatzanteil der Wehrmacht war – der inzwischen im Juli 1943 offiziell 63,8 Prozent erreicht hatte – und je mehr Kostenanteile von der Wehrmacht für diesen Umsatzbereich nicht anerkannt wurden, der verbleibende Verdienst im zivilen Sektor umso geringer ausfiel. 1943 musste Continental dennoch für das Jahr 1942 rückwirkend sechs Mio. RM als Übergewinn an die Wehrmacht zurückzahlen.[85]

Die Aufstellung der Bilanzen und der ausgewiesene, vom effektiven Verdienst oft erheblich nach unten abweichende Gewinn waren gleichfalls Gegenstand eines komplexen Aushandlungsprozesses intern wie extern Beteiligter, sei es bei der Festsetzung der Handlungsunkosten, Verdienstaufschläge, Abschreibungen oder den Wertberichtigungen der Vorräte, wobei dem allerdings ein immer engeres Korsett an Leitsätzen für die Preisermittlung von öffentlichen Aufträgen sowie Richtlinien für die Ermittlung von Selbstkosten und kalkulatorische Gewinne zugrunde gelegt wurde.[86] Der tatsächlich erwirtschaftete Netto-Überschuss betrug 1941 etwa 26,440 Mio. RM, als Reingewinn ausgewiesen wurden jedoch nur 5,040 Mio. RM, die dann als Dividenden an die Aktionäre und Gewinnanteile bzw. Tantiemen an Vorstand und Aufsichtsrat verteilt wurden.[87] Im Jahr 1942 sah es mit 17,5 Mio. RM bzw. 4,9 Mio. RM ähnlich aus, die das Ergebnis einer eingehenden Besprechung zwischen dem Aufsichtsratsvorsitzenden Uebel und Finanzvorstand Franz „über die Bilanzgestaltung" und die Gewinn- und Verlustrechnung waren. Uebel schrieb an seinen Aufsichtsratskolle-

---

84 Vgl. Protokoll der Vorstandssitzung vom 10.7.1942, in: CUA, 6603 Zg. 3/85, A 3.

85 Vgl. Protokoll der Vorstandssitzung vom 17.7.1943, auf der Franz über die Verhandlungen mit den Wehrwirtschaftsprüfern berichtete, in: ebd. Vgl. auch Protokoll der Vorstandssitzung vom 7.6.1944, in der es zum einen um die Preisbesprechungen mit den Behörden ging und den Wunsch von Continental, die Übergewinne im Keilriemen- und Akkukastengeschäft gegen die im Reifengeschäft vorhandenen Verluste aufrechnen zu dürfen, sowie zum anderen um den Gewinn für 1943 und dessen Schmälerung durch weitere Gewinnabschöpfungen durch die Behörden, in: ebd.

86 Vgl. etwa Protokoll der Vorstandssitzung vom 1.1.1941 mit den Ausführungen von Finanzvorstand Franz zu eigentlich erforderlichen Änderungen in der Kalkulation, in: CUA, 6603 Zg. 3/85, A 3. Vgl. auch Notizen über den Besuch des Preisprüfers des Heeres am 16.2.1942, in dem für die einzelnen Artikel die jeweilige Anwendung von Festpreisen, LSÖ-Preisen (auf der Basis der Leitsätze für die Preisermittlung auf Grund der Selbstkosten bei Leistungen für öffentliche Auftraggeber vom 15.11.1938) oder Gruppenpreisen besprochen wurde, in: CUA, 6525 Zg. 1/56, A 30,2. Allgemein für den Quandt-Konzern vgl. Scholtyseck, Der Aufstieg der Quandts, S. 450 ff.

87 Vgl. Notiz zur Aufsichtsratssitzung vom 2.4.1942, in. Ordner Anlagen zu den Aufsichtsratsprotokollen.

gen Rösler: „Wir haben uns die Dinge hin und her überlegt und glauben, dass die Verwendung zweckmäßig vorgenommen ist und Bilanz und Gewinn- und Verlustrechnung in dieser Form recht gut aussehen.“[88] Rösler antwortete: „Der Erwägung, möglichst reichliche verdeckte bewegliche Reserven zu schaffen, auf die notfalls – insbesondere für die Umstellung auf die Friedenswirtschaft – unauffällig zurückgegriffen werden kann, dürfte durch die Zuweisung von RM 3 Mill. zur Wertberichtigung der Vorräte und 3,6 Mill. zur Erhöhung der Globalrückstellung ausreichend Rechnung getragen sein. Das Bilanzbild macht somit wieder einen recht schönen Eindruck.“[89]

Unter anderem führten staatlich verordnete Preissenkungsaktionen des Preiskommissars bei einzelnen Produkten zu durchaus empfindlichen Verdienstschmälerungen. „Die uns verbliebenen Gewinne“, warnte etwa Könecke im September 1942 nach einer entsprechenden Maßnahme auf der Aufsichtsratssitzung, „nähern sich immer stärker dem Punkt, den wir als äußersten für die Beibehaltung unserer Dividenden-Politik und eines ganz bescheidenen Geldbedarfs für den Ausbau der Werke ansehen müssen.“[90] Ein Alarmsignal war dabei, dass die Konkurrenten dem Preiskommissar gegenüber inzwischen zum Teil niedrigere Gewinne geltend machten als Continental und das Unternehmen auch durch die hohen Gewinnabschöpfungen „auf die niedrigste Verdienstlinie hingedrängt werde“.[91] Im April 1944 musste der Vorstand denn auch eine inzwischen „erhebliche“ Verringerung der flüssigen Mittel konstatieren. „Zwecks Zahlung der Dividende wird es notwendig sein, einen Teil der Wertpapiere zu verkaufen oder Bankkredite aufzunehmen“, hieß es dazu im Protokoll der Vorstandssitzung.[92] Man beschloss, für fünf Mio. RM Reichsschuldverschreibungen zu verkaufen und bei drei Großbanken einen Bereitschaftskredit von je zwei Mio. RM, also insgesamt sechs Mio. RM, zu beantragen.[93]

Entsprechend vorsichtig und mit deutlichen Abstrichen gegenüber der Vorkriegszeit plante der Continental-Vorstand inzwischen die Investitionen und Mittel für die jeweiligen Beschaffungsprogramme. Schon 1939 hatte man von den ursprünglich beim Aufsichtsrat beantragten 32 Mio. RM nur 24 Mio. RM bewilligt erhalten, aber davon auch nur einen Bruchteil tatsächlich ausgegeben; das Jahr 1940 hatte Opel angesichts der wachsenden Unsicherheiten zum Spar-

---

88 Schreiben Uebel an Rösler vom 19.3.1943, in: BArch R 8119 F/P 02140.

89 Schreiben Rösler an Uebel vom 22.3.1943, in: ebd.

90 Protokoll der Aufsichtsratssitzung vom 18.9.1942, in: Ordner Korrespondenz mit dem Aufsichtsrat.

91 Ebd.

92 Protokoll der Vorstandssitzung vom 14.4.1944, in: CUA, 6603 Zg. 3/85, A 3.

93 Vgl. die jeweiligen Schriftwechsel mit der Reichs-Kredit-Gesellschaft in: BArch R 8136 Nr. 3064.

jahr ausgerufen, mit nur noch 11,5 Mio. RM für Beschaffungen, und auch sonst kamen die Investitionen allenthalben ins Stocken. „Eine Planung der Ausgaben, wie sie der Vorstand in früheren Jahren aufgestellt hat, ist im Augenblick nicht möglich", berichtete dazu der Vorstand im April 1941 in der Aufsichtsratssitzung.[94] Bauvorhaben unterlagen strengen Verboten und die Maschinenbeschaffung war durch lange Lieferfristen behindert. An die Stelle längerfristiger Beschaffungsprogramme trat nun eine ad hoc auf die sich ergebenden Gelegenheiten reagierende Investitionspolitik. Gelegenheiten ergaben sich vor allem dann, wenn die jeweiligen Behörden mit eigenen Investitionslenkungsmaßnahmen an das Unternehmen herantraten, wie etwa im März 1941 das RLM. Obwohl sämtliche Bauvorhaben der Rüstungsindustrie von der Organisation Todt gesperrt waren, forderte das RLM von Continental die Errichtung einer Fabrikationshalle für Flugzeugreifen in Korbach, verbunden mit der Zusicherung, dass das Vorhaben vom RLM genehmigt und auch kontingentiert werden würde.[95] Das Beschaffungsprogramm für 1942 umfasste denn auch nur noch zehn Mio. RM und stand, inzwischen ausschließlich auf den Kriegsbedarf abgestellt, ganz unter dem Eindruck der knappen verfügbaren Mittel, der weiterhin verringerten Ausgabemöglichkeiten sowie des erforderlichen Nachweises der Kriegsnotwendigkeit für sämtliche Vorhaben.[96]

Im Mittelpunkt stand dabei die Umstellung der Fertigungslinien innerhalb und zwischen den einzelnen Werken. Der Blick auf die Umsatzstruktur (vgl. Tabelle 13) zeigt, dass der Anteil der einzelnen Produktbereiche signifikanten Veränderungen unterworfen war. Anders, als man es erwarten würde, sank der Anteil des Reifengeschäfts insgesamt deutlich zugunsten der Technischen Produkte.

Tab. 13: Umsatzstruktur Continental AG 1939 bis 1944

Jahr	Gesamt	Reifen (in %)	TP (in %)	Zubehör (in %)
1939	242,1	69,6	24,1	6,2
1940	206,3	61,8	30,2	7,8
1941	223,0	61,4	31,7	7,1
1942	240,6	61,2	31,4	7,4
1943	220,0	60,5	32,5	7,0
1944	231,3	53,9	39,5	6,6

Quelle: Zusammengestellt und berechnet nach den Angaben in: Ordner Anlagen zum AR-Protokollbuch.

---

94 Protokoll der Aufsichtsratssitzung vom 1.4.1941, in: Ordner Korrespondenz mit dem Aufsichtsrat.
95 Vgl. Aktennotiz vom 18.3.1941, in: CUA, 6525 Zg. 1/65, A 46.
96 Vgl. Aktennotiz vom 26.2.1942, in: CUA, 6525 Zg. 1/65, A 1,2.

Vor allem der Pkw-Reifenabsatz brach dramatisch ein, dafür stieg der Anteil der Fahrradreifenfertigung ebenso wie die Herstellung von Flugzeugreifen. Vor allem aber nahm die Nachfrage des Heeres nach Riesenluftreifen deutlich zu. Sie machten 1943 knapp 50 Prozent der gesamten Reifenproduktion aus, der Anteil der Flugzeugreifen betrug zwischen 11 und 13 Prozent, Fahrradreifen knapp zehn Prozent, daneben gewannen auch Treibrollen für Panzer und Geschützreifen mit ca. 15 Prozent erheblich an Bedeutung.[97] Mit 80 Prozent ging fast die gesamte Produktion in die Deckung des Wehrmachtsbedarfs. Fahrradreifen waren nicht nur für das Heer von Bedeutung, sondern waren vor allem für die Rüstungsarbeiter, die als Pendler wegen des Ausfalls von Omnibussen oft lange Anmarschwege auf sich nehmen mussten, von zunehmender Wichtigkeit. Dennoch wurden im Fahrradreifengeschäft, wie Finanzvorstand Franz im November 1942 auf der Vorstandssitzung bekanntgab, monatliche Verluste von 100 000 RM erwirtschaftet.[98] Im Zuge der Zentrierung der Reifenproduktion fast ausschließlich auf Riesenluftreifen für schwere Lkw, durch die allein der große Nachschubbedarf im Osten gesichert werden konnte, erfolgte im Juli 1942 durch die Reika auch eine Änderung des bisherigen Produktionsplanungs-Systems. Anstelle der monatlichen Besprechungen mit den neun wichtigsten Reifenfirmen wurden nahezu die gesamte Produktionsplanungen nur noch auf die fünf leistungsfähigsten Unternehmen – Continental, Dunlop, Fulda, Phoenix und Semperit – ausgerichtet.[99]

Doch so erfolgreich und vergleichsweise schnell die Reifenindustrie bei der Entwicklung und Produktion von 100-prozentigen Pkw-Reifen aus Buna war, so unüberwindlich blieben die fertigungstechnischen Schwierigkeiten bei der Herstellung ihrer Großreifen-Pendants. Letztlich sollte es nicht gelingen, hier einen halbwegs einsatzfähigen Reifen zu fertigen.[100] Da half auch die große Tagung nicht, die Eckell und das Amt des GeBeChem Anfang Februar 1943 im Hause der Continental in Hannover unter Beisein der Reifenfirmen, der IG Farben, der Reichsstelle Kautschuk und der Wehrmacht organisierte, um einen engeren Erfahrungsaustausch herzustellen und damit die Entwicklungsbemühungen wei-

---

97 Vgl. die Zusammenstellung über die Struktur des Reifengeschäfts in der Aufstellung des Inlandsumsatzes 1943, S. 3, in: Statistik der Continental, CUA, 6633 versch. Zg. A 3.

98 Vgl. Protokoll der Vorstandssitzung vom 25.11.1942, in: CUA, 6630 Zg. 3/85, A 3.

99 Dabei ging es vor allem um die Fertigung von Reifen für Dreitonner-Fahrzeuge, bei denen im Juni 1942 eine Bedarfslücke von 50 000 Stück klaffte. Vgl. Aktennotiz über die Reika-Sitzung vom 24.7.1942, in: CUA, 6752 Zg. 1/57, A 2,3. Vgl. auch Notiz über die Sitzung der Produktionsplanung für Januar 1943 bei der Reika in Berlin vom 8.12.1942, in: CUA, 6525 Zg. 1/56, A 30,2.

100 Ein beredtes Bild der entwicklungs- und fertigungstechnischen Probleme geben die ausführlichen Stellungnahmen von Continental und Phoenix, die diese im Februar 1943 an den GeBeChem bzw. Eckell schickten. Vgl. CUA, 6525 Zg. 1/65, A 172.

ter voranzutreiben.[101] Spätestens seit Frühjahr 1943 verschärften sich auch die Produktionsbedingungen infolge von immer häufigeren Ausfällen bei der Materialversorgung, sei es bei Ruß, Buna oder Kunstseide. Vor allem der Produktionsausfall der Buna-Fabrik in Hüls im Juni 1943 machte sich empfindlich bemerkbar. Die Fabrik lebe, so berichtete Assbroicher dem Aufsichtsrat im April, „sehr häufig von der Hand in den Mund und habe des Öfteren nur für wenige Stunden Material."[102] Dringend notwendige Reparaturen geschweige denn Modernisierungen scheiterten zudem längst an dem akuten Eisenmangel.

Der Anteil der verschiedenen technischen Produkte und chirurgischen Artikel in der Fertigung und im Absatz nahm deutlich zu und erreichte 1944 fast 40 Prozent des Gesamtumsatzes. Zahlreiche TP-Artikel wie Tank- und Bremsschläuche, Schwingmetall-Verbindungen, Batteriekästen und gummierte Stoffe für schusssichere Treibstoffbehälter gingen als Zulieferartikel in den forcierten Flugzeugbau.[103] Daneben wurden nun verstärkt Gas- und Atemschutzgeräte, Taucheranzüge, Schwimmwesten, Pilotballone, Bootsstoffe, Keilriemen, Hohlkörper und Enteiser gefertigt, nicht zu vergessen die Ausrüstung für Lazarette und Krankenhäuser. Bei den Technischen Produkten blieb insgesamt der Zivilbedarf-Anteil wie Schuhsohlen, Einkochringen, Flaschenscheiben und Gummischürzen mit knapp 41 Prozent des TP-Umsatzes vergleichsweise hoch. Im November 1941 etwa erhielt Könecke von Jehle als Reika-Leiter den Auftrag, 120 000 Tennisbälle mit einem Materialaufwand von 0,5 to Naturkautschuk und 3,5 to Buna für das Jahr 1942 zu fabrizieren.[104]

Die detaillierte Aufstellung der Produktion der Continental nach Fabrikabteilungen, die Monat für Monat von der Plan- und Statistikabteilung erstellt wurde, zeigt, dass sich das Profil der einzelnen Werke kaum verändert hatte: Im Stammwerk in Hannover-Vahrenwald war die Fertigung von Reifendecken und -schläuchen konzentriert, mit einer kleineren Fertigung von Technischen Artikeln, vor allem Schläuchen und Formartikeln, während das Werk Limmer traditionell den Fertigungsschwerpunkt auf die Technischen Produkte legte, wobei anstelle der einstigen kaum noch überschaubaren Artikelvielfalt eine deutliche Konzentration auf Akkukästen, Gasmasken, Hartgummiartikel und rüstungsre-

---

101 Vgl. die Niederschrift der Sitzung vom 3.2.1943, in: CUA, 6525 Zg. 1/56, A 42.

102 Protokoll der Aufsichtsratssitzung vom 8.4.1943, in: Ordner Schriftwechsel mit dem Aufsichtsrat.

103 So wurde auch die Göppinger Kaliko stark in die Rüstungsfertigung eingebunden. Vgl. Schoch, Arisierung, S. 73 ff.

104 Vgl. Notiz Könecke vom 20.11.1941, in: CUA, 6600 Zg. 1/56, A 32.

levante Spezialartikel erfolgt war.[105] 1941/42 begann man im Auftrag der Afa-
Werke mit der Herstellung von Gummizellen für Flugzeug-Batterien, was in der
Folgezeit immer stärker ausgeweitet wurde. Gleichzeitig war im Laufe des Jahres 1942 die Fertigung der letzten Reste nicht lebenswichtiger Güter aufgegeben
worden, allen voran die Schwamm- und Ballfabrikation sowie die Kammherstel-
lung. „This plant", so hieß es in dem späteren Untersuchungsbericht der britischen Militärregierung, „consists of a number of multi-storied buildings of ra-
ther old fashioned design, in which however, the equipment was fairly modern."[106] In Limmer befand sich auch die Anlage zur Wiederaufbereitung von
Gummi. Das Werk in Korbach seinerseits war nach wie vor auf die Fahrradreifenfertigung ausgerichtet, daneben war aber im Laufe des Krieges auch die Produktion von Autodecken, Spezialschläuchen und Flugzeugreifen hinzugekom-
men.

Die eigentlichen großen Hoffnungen lagen jedoch auf dem neuen Werk
Nordhafen in Hannover-Stöcken. Allerdings kam der Bau nach Kriegsbeginn
nur noch langsam voran. 1940 konnten zwar die Wasserversorgung und der
Neubau der Zwirnerei sowie Gleisanschlüsse und die Halle für die künftigen
Mischwerke fertiggestellt werden, aber ein Termin für das Anfahren der Reifenfertigung, die das Vahrenwalder Werk entlasten sollte, war nicht abzusehen. Im
März 1941 fing immerhin die Zwirnerei mit angeschlossener Kunstseide-Imprä-
gnierung mit der Fertigung an, und 1942 erfolgten, obschon erst die Rohbauten
standen, die ersten Erweiterungsmaßnahmen.[107] Im März 1942 wurde im Keller
der noch immer nicht fertiggestellten Reifenfabrik eine Ausweichstelle für
Schwingmetall eingebaut, im November folgte eine Ausweichstelle für Spezialschläuche für Flugzeuge. Daneben liefen weitere Neu- und Erweiterungsbauten
für andere Auslagerungsproduktionen wie Transportbänder, ehe am 20. August
1942 mit der Aufstellung der ersten vier Autoklaven endlich die Reifenfertigung
startete in bescheidenem Rahmen.[108] Jedoch konnte nur ein Bruchteil der ge-

---

105 Vgl. die Aufstellung der Produktion nach Fabrikabteilungen in den einzelnen Werken für
August 1944, in: BArch R 8119 F/P 02138.
106 ADM, CIOS Report No. 22, File XXIII-I, Continental Gummiwerke AG, Hanover, S. 10 f. Dort
auch die Beschreibung der anderen Werke. Vgl. auch ADM, BIOS Final Report No. 172, Continental Gummiwerke – „Excelsior" Factory Limmer, Hanover, und ebd., BIOS-Report 69, ebenfalls mit den technischen Besuchsberichten und den Beschreibungen der jeweiligen Rüstungsfertigung.
107 Im Zuge dessen erfolgte auch eine Zwangsenteignung von Anliegern. Vgl. die späteren
Ansprüche gegenüber den Entschädigungsämtern in: NLA HA Nds. 720 Hannover Acc. 2009/
126 Nr. 03654.
108 Vgl. die Angaben zum Werk Nordhafen für das Gefolgschaftsbuch in: CUA, 6610 Zg. 1/57,
A 20.

planten Verarbeitung von täglich 100 to Mischungen und der Produktion von 7200 Reifen verwirklicht werden. Das Maximum waren 650 Reifen pro Tag.

Abb. 92 u. 93: Continental-Werbung 1942 in der Zeitschrift Der Vierjahresplan -Zeitschrift für nationalsozialistische Wirtschaftspolitik Jg. 6, Heft 10, Oktober 1942.

Der ursprüngliche Plan der Autoreifenfabrik in Nordhafen war in Anlehnung an die Reifenfabrik der Fordwerke so gedacht gewesen, dass Mischerei, Konfektion und Heizung sich in einem großen Raum befanden. Die Voraussetzung dafür war allerdings, dass die Mischerei absolut staubfrei arbeitete und die Reifenheizung nur in Einzelheizern erfolgte. Beide Voraussetzungen waren jedoch in Nordhafen auch nicht ansatzweise erfüllt und gerade für die Verarbeitung von Buna erwies es sich geradezu als falsch, die Fertigung in einem großen durchgehenden Raum mit Mischsaal unterzubringen. Die Reifenchemiker sprachen von einer regelrechten Staubplage im Werk, durch die die Oberflächen der Buna-Aufbauteile des Reifens verschmutzt wurden, dazu kamen ständige Wechsel der Luftfeuchtigkeit durch den austretenden Dampf beim Öffnen der Autoklaven, wodurch die Qualität der Reifen massiv litt.[109] Letztlich war anstelle der modernen Reifenfabrik ein Torso und Provisorium mit einem aufgrund der aktuellen Kriegsbedingungen wilden Durcheinander von Rohbetrieben, Energie-

---

109 Vgl. Notiz Baumann an Weber vom 11.5. und 19.5.1944 in: CUA, 6500/1, Zg. 1/68, A 5.

und Hilfsbetrieben, Fertigungsabteilungen sowie Verlagerungsproduktionen verschiedener Technischer Produkte entstanden. Zwischen allen vier Fabriken, insbesondere den hannoverschen Werken, bestand daher allenfalls ein leidlicher Fertigungsverbund und ein Netzwerk von Rohbetrieben mit Buna-Verarbeitung und -vorbereitung, Gewebeherstellung, Misch- und Kalandersälen, von Entwicklungs-, Konstruktions- und Prüfabteilungen sowie Forschungslaboratorien und von den eigentlichen Fertigungsabteilungen, in denen die jeweiligen Gummiprodukte entstanden. Das Ganze wurde gesteuert und überwacht durch eine allerdings durchaus ausgeklügelte Verwaltung mit Planabteilung, Kalkulation, Arbeitseinsatzbüro und technischem Sekretariat bzw. Fabrikleitung. Am Beispiel von zwei höchst unterschiedlichen Fertigungsbereichen, die Flugzeugreifen-Fertigung und die Schuhabsatz- und -sohlenherstellung, sollen dabei die jeweiligen Verstrickungen in die kriegswirtschaftlichen Strukturen näher betrachtet werden.

1.1 Zulieferer für die NS-Paradebranche: Die Flugzeugreifen-Fertigung

In der Luftrüstung bildete sich das wohl komplexeste, hoch ausdifferenzierte, zugleich aber auch modernste Zuliefernetzwerk der nationalsozialistischen Rüstungs- und Kriegswirtschaft. Die Luftfahrtindustrie bildete seit Mitte der 1930er Jahre einen „in sich geschlossenen Rüstungsblock, ein staatlich-industrielles Subsystem, das Menschen und Rohstoffe an einem Ende einsaugte, um am anderen Ende Flugzeuge auszustoßen."[110] Um die Flugzeugzellen- und Flugmotorenhersteller herum bildete sich ein hierarchisch abgestuftes System von zahllosen unterschiedlichen klein-, mittel-, aber auch großbetrieblichen Zulieferbetrieben. Sie lieferten als in der Wertschöpfungskette vorgelagerte Firmen zahlreiche Komponenten und einbaufertige Teile, so dass sich die Flugzeugunternehmen auf die Endmontage konzentrieren konnten. Daneben gab es auch Unternehmen, die als verlängerte Werkbank fungierten und als Nachbaufirmen in Lizenzfertigung verlagerte Aufträge zur Entlastung der steigenden Produktionsanforderungen von den Kernunternehmen wie Messerschmitt oder Heinkel übernahmen.[111] Continental, aber auch Teves, VDO und Phoenix waren alle Teil dieses Zuliefernetzwerkes, das bis heute noch nicht in allen Details untersucht

---

110 Budraß, Flugzeugindustrie und Luftrüstung, S. 888.
111 Vgl. im Einzelnen Jonas Scherner, Jochen Streb, Stephanie Tilly, Supplier Networks in the German Aircraft Industry during World War II and their Long-term effects on West Germany's Automobile Industry during the „Wirtschaftswunder", in: Business History 56 (2014), S. 996–1020.

ist. Denn erstaunlicherweise ist die Geschichte der Luftrüstung in der NS- und Kriegszeit bisher ohne die Flugzeugreifenentwicklung geschrieben worden, dabei entwickelte und produzierte Continental, aber auch Phoenix, Schlüsselprodukte, die technologisch den Charakter von „reverse salients" hatten. Die dramatische technische Entwicklung im (Düsen-)Flugzeugbau schlug auch auf die Reifenindustrie zurück bzw. wurde nur durch die dort ebenfalls betriebenen und erreichten rasanten technologischen Verbesserungen überhaupt möglich. Mit anderen Worten: Ohne eine beständige und höchst dynamische Weiterentwicklung der Flugzeugreifen durch Continental in Anpassung an die flugtechnische Entwicklung der NS-Zeit, die durch eine ständige Erhöhung der Fluggeschwindigkeiten und Flugzeuggewichte gekennzeichnet war, hätten die modernen Düsenjäger von Heinkel und Messerschmitt, aber auch die schweren Sturzkampfbomber, nie fliegen können.

Die Entwicklung, Konstruktion und Fertigung von Flugzeugreifen unterschied sich dabei erheblich vom Autoreifen, sie waren nach rein ingenieurmäßigen Erfordernissen entworfene Bauelemente, die bei Hochleistungsflugzeugen wegen ihrer typenbezogenen Leistungscharakteristik als integraler Bestandteil einer Flugzeug-Konstruktion anzusehen waren.[112] Der Flugzeugreifen wurde für hohe Lasten konstruiert, für die Aufnahme harter Stöße und für eine verhältnismäßig geringe Kilometerleistung. Die hohen Start- und Landegeschwindigkeiten erzeugten in der Karkasse hohe Temperaturen, die nahe an die Devulkanisations-Grenzen herankamen, was eigentlich einen hohen Grad an Naturkautschuk und den Einsatz von hochwarmfestem Nylon-Gewebe bedingte. Für die Einschleusung eines hohen Buna-Anteils waren Flugzeugreifen mithin technologisch nicht geeignet, zudem unterlag die Fertigung besonders hohen Anforderungen an die Qualitätsnormen. Flugzeugreifen wurden bei Continental daher in der Regel ursprünglich von besonders ausgesuchten, qualifizierten und auch besonders zuverlässigen Leuten gewickelt.

Bei Continental hatte das Flugzeugreifengeschäft vor dem Krieg lange Zeit nur eine untergeordnete Rolle gespielt. Es wurden zwar bereits zahlreiche Typen und Dimensionen von Hochdruckreifen, Ballonreifen, Hochleistungsreifen, Spezialreifen und Spornreifen gefertigt, allerdings in überschaubaren Stückzahlen.[113] Seit 1938 jedoch, im Zuge der forcierten Aufrüstungsmaßnahmen des RLM und der Luftwaffe, zog das Geschäft deutlich an, anfangs auch noch im

---

112 Vgl. die interne Notiz zu „Probleme des Flugzeugreifenbaus" vom Oktober 1967, in: Ordner Sammlung Grabe.

113 Vgl. „Aufstellung der zugelassenen Flugzeugreifen" vom 1.10.1938, in: CUA, 6714 versch. Zg. A 2, sowie Continental-Flugzeugreifen: Maße, Gewichte und Tragfähigkeiten vom 23.7.1937, in: CUA, 6525 Zg. 1/65, A 74.

Export.[114] „Dieses Geschäft ist bei der Lage der Dinge im Kommen", hieß es dazu in einer internen Aktennotiz. „Es wird umso schneller interessant als es der deutschen Flugzeugindustrie gelingt, im Export festeren Fuß zu fassen, wozu gute Ansätze vorhanden sind."[115] Für den Kontakt und die Vertretung bei den behördlichen und ministeriellen Dienststellen in Berlin, allen voran dem RLM und der Wirtschaftsgruppe Luftfahrtindustrie, der Continental als außerordentliches Mitglied angehörte, aber auch direkt zu den einzelnen Flugzeugunternehmen – außer Junkers auch Focke-Wulf und Heinkel –, hatte man mit dem kaufmännischen Angestellten Fritz Sprungmann und dem Continental-Ingenieur Heinz Laudi zwei eigene Mittelsmänner und Repräsentanten beauftragt. Letzterer begleitete vor allem auch die laufenden Versuche in der Flugzeugerprobungsstelle in Rechlin. Sprungmann war seit 1934 im Bereich Reifenverkauf zur Continental gekommen und dann als Hauptmann a. D. schnell zum „Sonderbeauftragten der Continental auf dem Flugzeuggebiet" aufgestiegen.[116] Der Clou für Continental war, dass Sprungmann aufgrund seiner Kontakte kurz nach Kriegsbeginn zum „Beauftragten des Generalluftzeugmeisters für den Werkstoff Gummi" ernannt wurde und damit eine Schlüsselstellung bei der Steuerung der Flugzeugreifenfertigung erhalten sollte. Laudi war schon seit 1928 bei Continental und hatte gleichzeitig mit Sprungmanns Tätigkeit seit 1935 den gesamten Außendienst im Bereich Flugzeugreifen-Konstruktion übertragen bekommen.

Das RLM steuerte schon damals durch genaue Soll-Vorgaben sowohl für die Erstausrüstung der Flugzeugfabriken als auch für den Ersatzbedarf der Luftwaffe die Fertigung der einzelnen Flugzeugreifen.[117] Vor Ort in Hannover war es dann wie bei den übrigen Reifen Webers Aufgabe, die Aufträge fabrikatorisch umzusetzen. Davor standen aber auch regelmäßige Besprechungen, zu denen das RLM die Continental-Ingenieure zusammen mit Vertretern einzelner Flugzeugfirmen nach Berlin vorlud, wie im Oktober 1938, als es um die Klärung der Spornbereifung für die Ju 88 ging, die auch aus militärischen Gründen im Brennpunkt des Interesses der Behörden stand. „Wir dachten uns ursprünglich", notierte einer der beteiligten Ingenieure, „dass dieses modernste Flugzeug auch die modernste Reifenentwicklung am Sporn bekommt, nämlich einen Halbstromlinienreifen. Dieser Schritt lässt sich jedoch wegen der bestehenden

---

114 Vgl. u. a. den umfangreichen Schriftwechsel zwischen Continental und Junkers betr. Reklamationen ausländischer Fluggesellschaften an Continentalreifen bei Junkers Ju 86 Exportflugzeugen, in: CUA, 6714 versch. Zg. A 2.
115 Notiz vom 14.3.1938, in: CUA, 6714 versch. Zg. A 2.
116 Vgl. Personalakte Sprungmann, in: Registratur Continental Personalabteilung.
117 Vgl. Notiz für Weber zu den Soll-Planungen zwischen Oktober 1938 bis Anfang 1940 vom 22.9.1938, in: CUA, 6525 Zg. 1/56, A 64,1.

Baumasse nicht unterbringen."[118] Die konstruktiven Merkmale mussten daher entsprechend den auf der Besprechung ausgehandelten Abmessungen angepasst werden, und die Conti-Ingenieure verließen das RLM dann mit der Vorgabe, dass der Reifen Anfang Januar abnahmebereit und Ende Januar lieferbereit sein musste. Engen Kontakt hielt Continental bei den Entwicklungsarbeiten auch mit den vier Herstellern von Flugzeugrädern und -fahrwerken, Elektron in Stuttgart, Kronprinz, Argus und Heddernheimer Kupferwerk, die ihrerseits ihre Felgen und Räder auf die Reifenentwicklungen ausrichteten.[119]

Mit Kriegsbeginn gewann das Flugzeugreifengeschäft schnell an Bedeutung, auch wenn es – wie die Zahlen zeigen – umsatzmäßig nie die Bedeutung des übrigen Reifengeschäfts erreichen konnte und zudem der 1938 mit ca. 70 Prozent dominierende Marktanteil von Continental im Laufe der Kriegsjahre auf ca. 64 Prozent schrumpfte (vgl. Tabelle 14).

Tab. 14: Entwicklung des Flugzeugreifen-Geschäfts von Continental 1939 bis 1943

Jahr	Wertumsatz in Mio. RM	Anteil am gesamten Reifengeschäft
1939	5,0	3,1 %
1940	8,4	6,7 %
1941	14,7	11,4 %
1942	16,1	11,6 %
1943	16,0	13,0 %

Quelle: Statistik der Continental, CUA, 6633 versch. Zg., A 3 und A 4 sowie auch 6600 Zg. 2/56, A 5.

Das entwicklungstechnische Hauptproblem war, ungeachtet der voraussehbaren Probleme, die Schaffung von Buna-Flugzeugreifen mit einem möglichst hohen Einschleusungsgrad. Schon Anfang August 1939 hatte Laudi von einer Besichtigungsreise nach Rechlin die Order mitbekommen, Buna-Versuche außerordentlich zu bevorzugen und zu beschleunigen. Man erwartete in kurzer Zeit entsprechende Reifen in verschiedensten Dimensionen, zudem sollte anstelle von Baumwolle nur noch Kunstseide verwendet werden.[120] Zugleich stellten auch die Flugzeugunternehmer massive Forderungen nach technischen Verbesserungen. „Es liegt eine Anfrage von Professor Messerschmitt vor, den Reifen 400x165 Sporn mit etwa 1200 kg. zu belasten", notierte Laudi in seinem

---

118 Notiz über die Besprechung im RLM zusammen mit Junkers vom 25.10.1938, in: CUA, 6525 Zg. 1/56, A 65,1. Vgl. Notiz einer weiteren Besprechung dazu im RLM am 24.10.1938 und bei der Erprobungsstelle der Luftwaffe Rechlin am 25.10.1938, in: CUA, 6525 Zg. 1/56, A 64,1.
119 Vgl. den Schriftwechsel im Januar 1939, in: CUA, 6714 versch. Zg. A 2. Vgl. auch Notiz Laudis über die Entwicklung der Flugzeugreifen. Zur Einführung der BF (= Breitfelgen)-Reifen vom 1.3.1939, in: CUA, 6525 Zg. 1/56, A 64,1.
120 Vgl. Besuchsbericht vom 8.8.1939, in: CUA, 6525 Zg. 1/56, A 68.

Bericht und verwies auf die deutlich ablehnende Haltung Continentals, denn durch die damit verbundene außerordentliche Überlastung waren Reifendefekte im späteren Fahr- bzw. Flugbetrieb vorprogrammiert.[121] „Die Kautschuklage", notierte auch wenig später Sprungmann über eine Besprechung im RLM, „zwingt zu schnellsten Maßnahmen, die Einschleusung von Buna so rechtzeitig in den Flugzeugreifenbau zu regeln, dass keine Unterbrechung in der Belieferung mit diesen Reifen eintritt."[122]

Und die Continental-Ingenieure konnten auf den ersten Blick tatsächlich schnelle Erfolge vorweisen. Schon im Januar 1940 wurde die Erprobungsstelle Rechlin von der Fertigung eines 1180x375-Reifens in 70-prozentiger Buna-Ausführung unterrichtet und in geradezu unterwürfigem Ton darum gebeten, „die mit viel Mühe und mit bestem Erfolg durchgeführten Versuche" für die Fabrikation freizugeben.[123] Doch dann traten schnell Probleme mit sich häufenden Defekten auf.[124] „Continental soll nach Möglichkeit soviele Reifen anfertigen, selbst über das augenblickliche Soll hinaus, wie überhaupt nur möglich, und zwar für die Zeit von 4 Wochen, damit die Luftzeugämter genügend neue Reifen zur Verfügung haben für den Fall vorkommender Defekte oder auch Umtausche", notierte der zuständige Reifeningenieur in Hannover nach einem Telefonat mit Sprungmann.[125] Die weitere Entwicklungsarbeiten zeigten in der Folgezeit ein Hin und Her zwischen Umstellungen zurück zu Naturkautschuk-Qualitäten, unter anderem auch bedingt durch Buna-Mangel, und dem erneuten Hochfahren der Buna-Anteile, insbesondere bei Flugzeug-Schläuchen, die wegen der hohen Kälteempfindlichkeit von Buna besonders anfällig für Defekte waren.[126] Gleichzeitig sahen sich die Flugzeugreifen-Entwickler in Hannover laufend höheren Belastungszumutungen für Reifen etwa der Me 109 gegenüber, deren Radlast in kurzer Zeit von 1000 auf 1700 kg/Reifen angestiegen war. Die Konstruktion des Düsenflugzeugs erlaubte es jedoch nicht, auf größere Bereifungen umzuwechseln, so dass nur eine Verstärkung mit einer höheren Zahl von Gewebeeinlagen, vor allem aber ein Anstieg des Reifenluftdrucks blieben.

Die sogenannten Jägerreifen waren sämtlich Hochdruckreifen, während die Transport- und Bomberreifen Niederdruck- bzw. Breitfelgenreifen waren. „Da die höhere Belastung und der höhere Fülldruck ein sehr starkes Anwachsen des

---

121 Ebd.

122 Niederschrift der Besprechung vom 2.11.1939, in: CUA, 6525 Zg. 1/65, A 46.

123 Schreiben an das RLM/Rechlin vom 10.1.1940, in: CUA, 6525 Zg. 1/56, A 64,1.

124 Vgl. etwa den streng vertraulichen Bericht über einen Besuch bei einem Luftgeschwader in Aalborg vom 20. bis 22.7.1940, in: ebd.

125 Vgl. Notiz vom 31.7.1940, in: ebd.

126 Vgl. Notiz vom 25.7.1942 über „Verarbeitete Qualitäten für Flugzeug-Schläuche seit Beginn des Krieges", in: CUA, 6525 Zg. 1/56, A CUA, 66.

Reifens zur Folge hatte, trat nach verhältnismäßig kurzer Lebensdauer Lösung am Faden und Karkassbruch ein", hieß es in einer rückblickenden Darstellung der Flugzeugreifenentwicklung bei Continental. „Das Anwachsen der Reifenabmessungen war unerlaubt groß und die Unterbringung in der Zelle des Flugzeugs nicht mehr möglich. Wir haben daher Wandverstärkungen durch Wahl erhöhter Einlagenzahlen vornehmen müssen."[127] Der durch die Überlastung der Reifen hohe Luftdruck hatte allerdings, wie die Piloten schnell merkten, einen großen Nachteil: Start und Landungen auf schlechten und feuchten Flugplätzen waren nur noch höchst schwierig auszuführen. „Besonders im Osten ist während der Regen-Periode der Start unserer Flugzeuge auf den dort vorhandenen Plätzen teilweise unmöglich gewesen", erfuhr Laudi aus einer Besprechung im RLM Mitte März 1943.[128] Dazu kam infolge der rasanten Zunahme der Start- und Landegeschwindigkeiten auf bis zu 250 km/h ein weiteres, neues Problem: Die Beanspruchung der Reifen durch starke Tangential- und Seitenkräfte, die an die Festigkeit der Karkasse und an den Reifenwulst besondere Anforderungen stellten.

Die Entwicklung der folgenden Monate und Jahre war eine Mischung aus dem bekannten Mechanismus von behördlichem Druck und reifentechnischen Vorgaben, die auf Unternehmensebene in verstärkten, manchmal auch verzweifelten, in vieler Hinsicht aber dann erfolgreichen Forschung-, Entwicklungsund Konstruktionsanstrengungen mündeten und umgesetzt wurden, begleitet von permanenten Debatten mit den Entwicklungsingenieuren in der Erprobungsstelle Rechlin und der einzelnen Flugzeugunternehmen sowie von einem beständigen Ringen um höhere Buna-Verschnitte. Und dazu wurde das ganze Problem noch durch die auch im Flugzeugreifenbau von den Behörden erzwungene Zusammenarbeit, den Austausch der Formzeichnungen und Spezifikationen und die Vereinheitlichungen zwischen den wichtigsten Flugzeugreifenunternehmen Continental, Phoenix und Dunlop verkompliziert.[129] Ende Januar 1941 bekam Weber vom RLM die Aufforderung, unverzüglich die Entwicklung des Buna-Flugzeugreifens mit 100 Prozent Kunstkautschuk fortzusetzen bzw. wieder aufzunehmen.[130] Das Schreiben hatte Sprungmann als Kautschukbeauftragter Görings verfasst und, was den Druck auf Continental erheblich erhöhte, Weber wenig später streng vertraulich ein Schreiben von Dunlop an das RLM weitergeleitet, in dem die Hanauer in einigen Flugzeugreifen-Dimensionen bereits den angeblichen technischen Durchbruch eines 100-prozentigen Buna-Rei-

---

127 Notiz vom 9.6.1945, in: ebd.
128 Notiz zur Besprechung im RLM vom 11.3.1943, in: CUA, 6525 Zg. 1/65, A 70.
129 Vgl. die diversen Schriftwechsel in: CUA, 6525 Zg. 1/65, A 168.
130 Vgl. Scheiben RLM an Weber vom 29.1.1941, in: CUA, 6525 Zg. 1/65, A 46.

fens verkündeten.[131] In Hannover schrillten daraufhin alle Alarmglocken, denn auch Informationen aus Rechlin über beachtenswerte Erprobungsergebnisse von Dunlop-Reifen legten den Schluss nahe, dass der Konkurrent technologisch die Nase vorne hatte. Gleichzeitig hatte Weber aber Selbstbewusstsein genug, Sprungmann gegenüber zu betonen, „dass es wünschenswert erscheint, dass das RLM von irgendwelchen Vorschriften über den Verschnittsatz absieht, da durch derartige Vorschriften lediglich eine Einengung unserer Beweglichkeit erfolgen würde, die zu Einschränkungen in der Produktion führen könnte."[132]

Ungeachtet dessen reisten aber, wie im März 1941, Vertreter von Rechlin und des RLM regelmäßig nach Hannover, um vor Ort die aktuellen Probleme im Detail mit den Flugzeugreifen-Experten des Unternehmens zu besprechen.[133] Die enge Zusammenarbeit mit der Erprobungsstelle Rechlin erwies sich dabei durchaus als effektiv. „Die Entwicklung der Flugzeugreifen geht in unserem Werk auf das Engste zusammen mit der Erprobungsstelle der Luftwaffe Rechlin. Von dort erhalten wir jeweils die Belastungsangaben für die herzustellenden Reifen und wir treffen hiernach unsere Reifenkonstruktion und Fertigung. Zu jeder Entwicklungsstufe sind Probereifen von der Erprobungsstelle Rechlin genauestens geprüft und hierauf ist die Zulassung für die Serie erteilt", beschrieb Laudi das Procedere in einem Schreiben an die Dornier-Werke.[134] Als weiterer Akteur in dem Netzwerk der Flugzeugreifen-Entwicklung kam die Deutsche Versuchsanstalt für Luftfahrt e. V. in Berlin-Adlershof hinzu, mit der Continental ebenfalls die neuesten Entwicklungsüberlegungen wie etwa Kugel-Reifen austauschte.

Wichtig waren vor allem die laufenden Berichte von den einzelnen Flugzeugunternehmen. Im März 1941 etwa berichtete Heinkel über Reifendefekte bei der He 177 schon bei geringer Radbelastung, so dass man dort ernsthafte Bedenken über die Eignung der Reifen bei höheren Fluggewichten äußerte.[135] Flugzeugunternehmen und Reifenhersteller schoben sich bei der Analyse von Reifendefekten oft gegenseitig die Schuld in die Schuhe.[136] Und dann gab es auch noch häufig Rüffel von der Erprobungsstelle Rechlin, wie etwa im Mai 1941, als man dort monierte, dass sich Continental nicht an die von der Erprobungsstelle vorgeschriebenen Prüfbedingungen hinsichtlich der Belastung der Reifen gehalten habe.[137] Mit der ständigen Entwicklung neuer Flugzeugtypen nahmen

---

131 Vgl. Schreiben Sprungmann an Weber vom 7.2.1941, in: ebd.
132 Schreiben Weber an Sprungmann vom 22.2.1941, in: ebd.
133 Vgl. Aktennotiz über die Besprechung in Hannover vom 8.3.1941, in: ebd.
134 Schreiben Laudi an Dornier vom 13.3.1941, in: CUA, 6525 Zg. 1/65, A 46.
135 Vgl. Schreiben Heinkel an Continental vom 18.3.1941, in: CUA, 6525 Zg. 1/65, A 46.
136 Vgl. Besuchsbericht Laudis bei Heinkel vom 23.5.1941, in: ebd.
137 Vgl. Schreiben Rechlin an Continental vom 5.5.1941, in: ebd.

mithin auch die Zwänge über vorgegebene maximale Reifenabmessungen zu, so dass Continental erhebliche Probleme hatte, im Wettlauf der Flugzeugtechnologien mit der Reifentechnologie Schritt halten zu können. Immerhin gelang es gelegentlich, die Flugzeugunternehmen rechtzeitig zu konstruktiven Veränderungen zu veranlassen, um das Problem von Reifengröße und Startbelastung lösbar zu machen.[138]

Rechlin brachte Continental weniger Verständnis entgegengebracht. „Die beiden in der BF-Reihe geplanten neuen Reifen [...] sind in ihren Abmessungen so, dass wir gerade noch in der Lage sind, mit unseren heutigen Fabrikationseinrichtungen die Herstellung dieser Reifen zu ermöglichen", schrieb Laudi Ende Mai 1941 nach Rechlin. „Reifen in größeren Abmessungen bedürfen eine sehr umfangreiche und zeitraubende Umstellung bzw. Ergänzung unserer Fabrikations-Einrichtung. Wir schätzen, dass dies etwa 1½ Jahre in Anspruch nehmen wird."[139] Wenn der Trend zur Entwicklung großer Flugzeuge mit hohen Gewichten und Flügelfahrgestellen weitergehe, so drohe ein fertigungstechnisches Hindernis. Im Juli 1941 konnten die Continental-Ingenieure immerhin nach Rechlin melden, dass inzwischen die Entwicklung von 95-prozentigen Buna-Flugzeugreifen gelungen sei und die ersten Maschinenprüfungen gute Resultate aufwiesen. Dennoch musste sich Weber im Januar 1942 von Sprungmann im Namen des RLM vorhalten lassen, dass Continental nach den Berichten aus Rechlin zurzeit mit den Entwicklungen hochprozentiger Buna-Flugzeugreifen gegenüber den anderen Reifenfabriken, insbesondere Dunlop, zurückgefallen war.[140] Entwicklungstechnische Verbesserungen auf der Gewebeseite, etwa durch Einsatz moderner Perlon-Fasern zur Verringerung der Reifengewichte, scheiterten zunächst an anderen Engpässen. Seit über zwei Jahren, so schrieb Weber im November 1941 an das Technische Amt des RLM in Rechlin, bemühe sich Continental bei der Direktion der IG Farben vergeblich darum, dieses hochfeste Material für den Flugzeugreifenbau in geeigneter Konstruktion zu bekommen. Man begrüße daher die Zusicherung von Unterstützung durch das Amt.[141]

Eine Aufstellung der Leistungskapazitäten in der Flugzeugreifen-Fertigung vom Oktober 1941 zeigt, wie weit verzweigt und zersplittert, aber auch wie kompliziert die Produktion in diesem Bereich war. Continental fertigte zu diesem Zeitpunkt 61 verschiedene Dimensionen, von denen einzelne nur ganze sechs bis zehn Stück pro Tag im Zweischichtbetrieb hergestellt werden konnten. In

---

138 Vgl. etwa Besprechungsbericht Laudis mit Messerschmitt betr. Bereifung der neuen Me 210 vom 11.12.1941, in: CUA, 6525 Zg. 1/65, A 46. Vgl. ebd. auch Bericht zur Debatte mit Heinkel zur Bereifung der He 177 vom 13.11.1941.
139 Schreiben Laudi an Rechlin vom 21.5.1941, in: ebd.
140 Schreiben Sprungmann an Weber vom 19.1.1942, in: CUA, 6525 Zg. 1/56, A 37.
141 Schreiben Weber an Rechlin vom 6.11.1941, in: ebd.

der gängigsten Version besaß das Unternehmen immerhin eine Tagesfertigungskapazität von 126 Reifen.[142] Regelmäßig schickte Weber auch detaillierte Monatsberichte über die im Flugzeugreifenbereich erfolgten oder noch laufenden Entwicklungsarbeiten. So befasste man sich im Februar 1942 etwa mit der Fertigung von Spornreifen-Laufstreifen aus elektrisch leitfähigem Material, die zur Ableitung der statischen Aufladung eines Flugzeugs während des Fluges notwendig war.[143] Derweil häuften sich von der Ostfront die Meldungen über undichte oder platzende Reifen aufgrund der niedrigen Temperaturen, deren Lösung erst dann zu erwarten war, wenn von Seiten der IG Farben die Entwicklung und Lieferung einer dringend geforderten neuen Buna-Sorte mit höherer Kältebeständigkeit erfolgte.[144] Auf der Agenda stand gleichzeitig aber auch die Verbesserung der Spornreifen der deutschen Jagdflugzeuge in Afrika, wo man zum Missfallen des RLM nach Defekten mit italienischen Ersatzreifen bessere Erfahrungen als mit den deutschen Reifen gemacht hatte.

Gleichzeitig gingen die Forderungen nach Erhöhung der Belastbarkeit der Reifen weiter. Im März 1942 bekam Weber von Rechlin aus die Anweisung einen Reifen für die He 177 mit 10 to Belastung zu entwickeln, was, wie Laudi bald herausbekam, keine Forderung der Flugzeugindustrie an die Entwicklungsstelle gewesen war, sondern einem Wunsch des Generalstabes im RLM entsprang. Die Aufgabe war allerdings an der He 177 nicht zu erfüllen, da diese nur auf eine Maximalbelastung von acht to kam.[145] Dazu kam, dass Felgenhersteller und Reifenhersteller aufgrund von widersprüchlichen Vorgaben mit unterschiedlichen Felgen- bzw. Wulstbreiten arbeiteten. Auf die Diskrepanzen hingewiesen, vertrat Rechlin jedoch den Standpunkt, „hieran nichts ändern zu können, da die Felgen zu Tausenden an Flugzeugen säßen. Nun ist es notwendig, den Reifen mit einer Wulstbreite von 19 mm herzustellen", notierte Laudi im März 1942, um resigniert anzufügen: „Der Mangel an Übersicht über wichtige Dinge macht sich in den Amtsstellen stark bemerkbar und hindert uns sehr."[146] In einer handschriftlichen Notiz für Produktions- und Technikvorstand Weber machte Laudi seiner Kritik am RLM und der Erprobungsstelle Rechlin mit noch deutlicheren Worten Luft:

---

142 Vgl. Bericht zur Kapazität in Flugzeugreifen an das RLM vom 31.10.1941, in: CUA, 6525 Zg. 1/65, A 46.

143 Vgl. Monatsbericht an Rechlin für Januar 1942, in: CUA, 6525 Zg. 1/56, A 66, sowie im Detail die Unterlagen in: CUA, 6525 Zg. 1/56, A 65,1.

144 Vgl. Besprechungsniederschrift über Flugzeugreifen in Hannover vom 11.2.1942, in: CUA, 6525 Zg. 1/56, A 37.

145 Vgl. Besprechungsbericht mit Heinkel vom 26.3.1942, in: ebd.

146 Besuchsbericht in Rechlin vom 27.3.1942, in: ebd.

Nachdem die Erprobungsstelle Rechlin durch die Krankheit des Oberstabsingenieur Fitzer nicht mehr funktioniert und das Amt die Entwicklungsarbeiten wieder in die Hand genommen hat, macht sich der Mangel an Fachleuten im RLM stark bemerkbar. Es kommt vor, dass die Aufgaben, die das Amt bearbeitet, nicht nach einer von oben gegebenen Richtlinie oder nach den von Fachleuten als richtig anerkannten Gesichtspunkten bearbeitet werden, sondern das RLM hält sich bei Problemen an den Meinungen der Industrien und reiht daran Verfügungen, die durch industrielle Interessen gefärbt sind, und bringt in einer Sache bestenfalls einen Kompromiss zustande [...] Es nimmt daher nicht wunder, dass die Ringführer zunächst erst einmal an die eigene Firma denken. Vom geistigen oder nationalen Standpunkt gesehen ist dieser augenblickliche Zustand sehr bedauerlich. Ich bin mir allerdings klar darin, dass wir hier keinen Einfluss nehmen können, jedoch müsste auf dem Reifensektor, dessen Ringführer Sie sind, die Arbeitsrichtung von Ihnen so unterstützt werden, dass keine unsachlichen oder unzureichenden Anordnungen des Amtes die Entwicklung stören oder gar behindern.[147]

Als Beispiel nannte der Continental-Ingenieur seine Besprechungen mit dem RLM zur Bereifung des Jagdflugzeugs Me 209, an deren Ende nach viel Hin und Her deutlich wurde, dass den zuständigen Sachbearbeitern im Amt nicht klar war, wie groß der notwendige Felgendurchmesser überhaupt sein musste, und sie auch nichts darüber wussten, welche Maximalmaße für die Reifen der Einbauraum am Flugzeug zuließ. „Da das Amt nicht in der Lage ist, etwas in dieser fraglichen Angelegenheit zu tun, muss der Entwicklungs-Ring direkten Einfluss nehmen und das Amt muss gezwungen werden, dem Ring die verantwortliche Bearbeitung zu übergeben."[148]

Im Gegenteil zu den Forderungen Laudis hatte das RLM jedoch seine Einflussmaßnahmen auf die Entwicklungsarbeiten in den Unternehmen auszuweiten begonnen und die Firmen hier stärker an die Kandare genommen. In einem Rundschreiben und Erlass an den Wirtschaftsverband der Luftfahrtindustrie hatte Erhard Milch, der Staatssekretär im RLM, Mitte April 1942 angeordnet, dass zur künftigen zentralen Steuerung aller Entwicklungsarbeiten ohne sein Wissen und Zustimmung keinerlei entsprechende Projekte mehr in den Unternehmen vorgenommen werden durften. „Wer gegen diese Anordnung verstößt, wird vor ein Sondergericht gestellt. Den betreffenden Betrieben wird der Gewinn mindestens eines Jahres als Zusatzstrafe gestrichen."[149] Zudem gab es innerhalb des RLM offensichtlich auch eine wachsende Missstimmung und Kritik an Continental. Ende August 1942 jedenfalls reisten vier hohe Abteilungsleiter des RLM zu einer Besprechung mit Weber nach Hannover. Die „offene Ausspra-

---

147 Brief Laudi an Weber vom 3.9.1942, in: CUA, 6525 Zg. 1/56, A 37.
148 Ebd.
149 Anordnung vom 17.4.1942, in: CUA, 6525 Zg. 1/56, A 37. Vgl. die Liste der dann aufgrund der entsprechenden Meldungen durch Continental durch das RLM freigegebenen und genehmigten Entwicklungsaufgaben im Flugzeugreifenbereich vom 18.7.1942, in: ebd.

che" hatte Sprungmann initiiert, der sich Sorgen machte, dass das schlechte Verhältnis zwischen Behörde und Unternehmen letztendlich beiden schaden würde.[150] Die RLM-Beamten brachten denn auch eine lange Liste von Einzelbeschwerden vor, die in dem Vorwurf gipfelten, dass Continental nicht entwicklungsfreudig genug und bei der Durchführung von Entwicklungsaufträgen zu schwerfällig sei. Dazu komme eine technologische Überheblichkeit gegenüber dem Amt, angeordnete Untersuchungen würden nicht durchgeführt, Prüfeinrichtungen fehlten, Berichte würden nicht herausgegeben oder ließen lange auf sich warten.

> Ein Umstand für die schleppende Entwicklung mag der sein, dass Conti vielleicht einen gewissen Vorsprung in der gummiverarbeitenden Industrie hat und glaubt, somit ausschließlich führend zu seien und dass der von Conti seit Jahren eingeschlagene Weg der einzig richtige ist und kein anderer vorhanden ist; man glaubt, alles getan zu haben, und andere Möglichkeiten gäbe es nicht [...] Weiter werden wohl auch erzielte Fortschritte geheim gehalten, damit die Konkurrenz nach Möglichkeit nichts erfährt.[151]

Technikvorstand Weber konterte die Vorwürfe durchaus mit Selbstbewusstsein, aber auch mit der offensichtlichen Überzeugung, dass letztlich die Behörden im Konfliktfall am längeren Hebel saßen. So verwies er zuerst auf die auch von den Behörden unbezweifelte führende Stellung der Continental hinsichtlich ihrer Produktionsleistung, sprich als Lieferfirma für die Serie, „das ist ein Faktum, das jeder hinnimmt und das der Größe unseres Hauses entspricht."[152] Hinsichtlich der Entwicklungsarbeiten des Unternehmen gestand er durchaus unterschiedliche Beurteilungen in den verschiedenen Ämtern und Behörden zu, konnte sich aber den Hinweis nicht verkneifen, dass es doch erstaunlich sei, „dass ich noch Ende vorigen Jahres einen hohen maßgeblichen Offizier sprechen konnte, der noch nichts davon erfahren hatte, dass die Buna-Fabrikation Schwierigkeiten mit sich bringt, die bezüglich der Betriebsleistungen [der Reifen] Einschränkungen mit sich bringen."[153] Letztendlich schloss Weber aber die Unterredung mit dem Versprechen, „dass wir uns alle Mühe gegeben werden, die Amtsanforderungen zu erfüllen und etwaige Hemmungen zu beseitigen."[154] Man vereinbarte, dass ein RLM-Beamter künftig jeden Monat nach Hannover kommen werde, um Entwicklungsfragen durchzusprechen.

---

150 Vgl. das 19-seitige Protokoll der fast dreistündigen Besprechung vom 25.8.1942, in: CUA, 6525 Zg. 1/56, A 37.
151 Ebd., S. 2.
152 Ebd., S. 4.
153 Ebd., S. 5.
154 Ebd., S. 19.

Weber musste die Vorwürfe des RLM nicht zuletzt auch deshalb als unberechtigt empfinden, da man Sprungmann kurz zuvor einen technologischen Durchbruch gemeldet hatte. Ein neu entwickelter Jägerreifen hatte nicht nur 2400 km auf dem Prüfstand in Rechlin zurückgelegt und lief sogar noch weiter, sondern er war auch zu 100 Prozent aus Buna und Kunstseide. „Damit ist in der Geschichte des Flugzeugreifen-Baus das erste Mal ein Reifen aus 100 Prozent Heimstoffen entstanden, der noch dazu eine starke Überlast zu tragen hat und seine Prüfbedingungen erfüllt, ja darüber hinaus noch Reserven hat", hieß es in dem Schreiben vom August 1942. „Wir möchten Sie bitten, auf diesen Umstand [dass ein 100-prozentiger Heimstoff-Reifen von der Continental gebaut wurde] bei den Amtsstellen gebührend hinzuweisen."[155]

Gegen die vom RLM unterstellte defizitäre Entwicklungskompetenz von Continental sprach auch, dass das Ministerium selbst Weber fast zur gleichen Zeit innerhalb einer neu eingerichteten Entwicklungsgruppe „Fahrwerk" zum Ringführer für die Flugzeugreifenentwicklung ernannt hatte. Das Ganze war Teil einer der vielen Umorganisationen in der Luftrüstung, derzufolge im Sommer 1942 neben den bestehenden Fertigungsausschüssen auch die an einer Entwicklung bzw. Konstruktion beteiligten Firmen zu Entwicklungsgruppen zusammengefasst wurden und künftig in engstem Erfahrungsaustausch die entsprechend vom RLM bzw. Rechlin vorgegebenen Weisungen technisch umsetzen sollten. Weber machte sich durchaus mit Eifer an seine neue Aufgabe und wandte sich zur Koordination der jeweiligen Entwicklungsarbeiten mit dem politisch vorgegebenen Ziel der Vereinfachung und Vereinheitlichung umgehend an die beiden anderen Flugzeugreifenfirmen Phoenix und Dunlop. Allerdings musste er schnell feststellen, dass seitens des RLM zunächst nicht viel mehr als die bloße Ankündigung der Organisationsmaßnahmen erfolgt war und ihm auch niemand im Amt als Ansprechpartner genannt werden konnte.[156] Erst im Herbst 1942 formierte sich die Entwicklungsgruppe Fahrwerk mit ihren diversen Untergruppen, zu denen auch Weber gehörte. Dort sah man damit nicht zuletzt endlich auch die Gelegenheit, stärker die Interessen und Probleme der Zulieferbetriebe gegenüber den alles dominierenden Flugzeugkonzernen zur Geltung zu bringen.

Continental hatte dabei durchaus Gründe, die auf seinen Schultern lastende Verantwortung für die Flugzeugreifenentwicklung auch auf andere zu verteilen. Im Januar 1943 stand etwa wieder einmal eine große, zweitägige Entwicklungsbesprechung in Rechlin an, bei der neben dem RLM, der DVL und den Fahr-

---

155 Schreiben Conti an Sprungmann vom 7.8.1942, in: CUA, 6525 Zg. 1/56, A CUA, 66.
156 Vgl. Schreiben Weber an Sprungmann vom 5.9.1942, in: CUA, 6525 Zg. 1/56, A 37, sowie auch in diesem Zusammenhang das Schreiben Webers an Phoenix vom 14.7.1942, in: ebd.

werk-Räderfirmen von den Reifenunternehmen neben Continental auch Phoenix und Dunlop vertreten waren. Hauptthema war die Entwicklung eines einheitlichen „Jägerreifens", wobei man jedoch schnell auch auf grundsätzliche Fragen der Flugzeugreifenentwicklung kam, die in eine Sackgasse zu geraten drohte, wie allen Beteiligten bewusst wurde. „Durch die immer weiter getriebene Überlastung der verschiedenen Flugzeugreifen-Typen sind wir allmählich auf Luftdrücke [bis 5 atü und darüber] geschlittert, die in einer Höhe liegen, dass Bewegungen der Flugzeuge auf normalen Feld-Flughäfen schon fast ausgeschlossen sind", notierte Laudi dazu.[157] Unter den Behörden und Amtsstellen gab es allerdings zwei gegensätzliche Lager, wie man aus diesem Dilemma herauskommen konnte. Eine Gruppe vertrat die Meinung, den Luftdruck nun endgültig so zu steigern, dass die derzeitigen Reifen-Volumen mit noch wesentlich höheren Belastungen ausgenutzt wurden; gleichzeitig sollte aber dem Generalstab eindeutig die Mitteilung gemacht werden, dass nunmehr Starts und Landungen nur noch auf vorbereiteten, festen Bahnen erfolgen konnten. Die andere Gruppe, allen voran das RLM, plädierte dafür, mit welchen technischen Maßnahmen auch immer wieder zu den niedrigeren Drücke von drei atü zurückzukehren. Staatssekretär Milch sei gerade aus dem Osten zurückgekommen, ergänzte der zuständige RLM-Referent sein Plädoyer, „und habe mitgeteilt, dass die Russen häufig bei einem Wetter Flugzeuge einsetzen können, bei dem uns der Einsatz schon unmöglich geworden ist. Der Staatssekretär weiß nicht, dass dieses eigentlich nur eine Luftdruckfrage der Bereifung ist und bei klarer Kenntnis der Dinge durch den Staatssekretär würde ein Sturm losbrechen."[158] Es stand fest, dass die Gegner nach wie vor Flugzeugreifendrücke von drei bis dreieinhalb atü verwendeten und damit von jedem Einsatzflughafen jeder Güte starten konnten. „Es ist uns noch unerklärlich, wie die Ausländer trotz dieser soliden Bauweise zu solchen Flugleistungen kommen."[159]

Tatsächlich wurden von der Erprobungsstelle Rechlin und der Luftwaffenversuchsanstalt in Berlin-Adlershof regelmäßig und systematisch erbeutete Flugzeugreifen, insbesondere amerikanischer Provenienz, analysiert, entsprechende Reifenmuster aber nur an Continental weitergeleitet, um sich auch von dort ein Urteil über die reifentechnischen Details einzuholen.[160] Auf dieses Dilemma und die entwicklungstechnische Sackgasse, in die die Flugzeugreifenentwicklung sich unter dem Diktat der Flugzeugunternehmen, lange Zeit aber

---

157 Notiz Laudi zur Tagung vom 5.3.1943, in: ebd.

158 Ebd.

159 Ebd.

160 Vgl. etwa Bericht Laudi über Reise nach Rechlin zu einer Vorführung von Feindmaschinen und deren Reifen vom 24.6.1943, zu der nur Continental eingeladen worden war, in: CUA, 6525 Zg. 1/65, A 70.

unterstützt vom RLM, hineinbewegte, machte auch Weber im Juli 1943 auf der Vollsitzung der Entwicklungsgruppe Flugzeugfahrwerke in Berlin mit deutlichen Worten aufmerksam. „Die im Flugzeugreifenbau auftretenden Schwierigkeiten sind die immer weiter steigenden Lastzumutungen an Flugzeugen, welche wegen Änderungsunmöglichkeiten bei Reifengrößen bleiben müssen, die teils nach doppelter und dreifacher Verstärkung zur Bewältigung der Last einen Innenluftdruck verlangen, der für den Reifen wie auch für das Flugzeug als ungesund anzusprechen sind", hieß es etwas umständlich in seinem Bericht.[161] Die Lösung waren nur konstruktive Änderungen an den Flugzeugen mit größeren Einbauräumen für Reifen und Fahrgestelle und entsprechend größeren Reifendimensionen oder aber die Anwendung von Mehrfach-Bereifungen statt übergroßer Einzelreifen. Im reifentechnischen Bereich schienen alle Möglichkeiten ausgereizt, zumal die Behörden weiterhin vor allem Continental bedrängten, endlich die höchstprozentige Buna-Einschleusung für Flugzeugbereifungen auch in der großtechnischen Massenfertigung umzusetzen. Bis zum Juli, so verkündete der Leiter von Rechlin, Stabsingenieur Fitjer, Ende März 1943 anlässlich eines Besuchs in Hannover den versammelten Continental-Ingenieuren, müsse die Herstellung von Flugzeug-Decken und Schläuchen auf 100 Prozent Buna stehen.[162]

Continental trug aber nicht nur die Hauptlast der Flugzeugreifen-Entwicklung, sondern mehr noch auch die Hauptlast ihrer Produktion. Der Anteil des Unternehmens an dem gesamten Produktions-Soll betrug zwischen 60 und 70 Prozent, während Dunlop ca. 25 Prozent und Phoenix um die zehn Prozent der gesamten geforderten Fertigungsleistungen zu erbringen hatten. Erst seit Oktober 1943 wurden auf Veranlassung des RLM mit Semperit, Fulda und Metzeler drei neue, bis dahin in diesem Bereich nicht tätige Firmen eingebunden, nachdem das RLM von den Unternehmen ungeachtet der bestehenden Entwicklungs- und Qualitätsprobleme drastische Produktionssteigerungen bei „Jägerreifen" forderte. Hatte das RLM von Continental im Dezember 1942 noch insgesamt 14 660 Flugzeugreifen als Monats-Soll ausgegeben, so waren es im Januar 1943 plötzlich 20 785, eine Steigerung von fast 50 Prozent; im August 1943 waren es dann bereits 35 256, womit das Unternehmen an seine Kapazitätsgrenzen gelangt war.[163] Mit Mühe und Not versuchte man daher in Hannover, die Flugzeugreifenfertigung neben dem Hauptfertigungsstandort Hannover-Vahrenwald

---

161 Vgl. Bericht über die Sitzung der E-Gruppe Fahrwerke vom 23.7.1943, in: CUA, 6525 Zg. 1/65, A 70.
162 Vgl. Notiz zu dem Besuch vom 25.3.1943, in: ebd.
163 Vgl. die Fertigungssolls in: CUA, 6525 Zg. 1/56, A 30,2, und Aktennotiz betr. Besprechung mit Sprungmann zur Steigerung der Flugzeugreifen vom 24.8.1943, in: CUA, 6525 Zg. 1/65, A 70.

auch auf die anderen Werke in Nordhafen, Korbach und auch in Posen zu verteilen. Dennoch konnte man nicht verhindern, dass bis Dezember 1943 ein Fertigungsrückstau von 25 bis 30 Prozent der Soll-Forderungen entstand.

„Unsere Beteiligung am Flugzeugreifen-Geschäft ist zu hoch", warnte die interne Planabteilung. „Der Ausfall Hannover und Korbach, der absolut im Bereich der Möglichkeit liegt, würde für die Belieferung der Luftwaffe zu sehr unangenehmen Konsequenzen führen. Außerdem wird durch das ständig wachsende Flugzeugreifen-Programm unsere übrige Reifenproduktion stark zurückgedrängt."[164] Die Verlagerung der Flugzeugreifenfertigung auf die drei neuen Nachbaufirmen hatte allerdings höchst ambivalente Folgen, denn an Continental lag es nun, die drei Firmen, allen voran Semperit, „auf die Produktion unserer wichtigsten Flugzeugreifen einzuspielen", wie Weber an das RLM Anfang Oktober schrieb.[165] Mit Semperit hatte er diesbezüglich schnell erheblichen Ärger, da dort die Aufnahme der neuen Reifenfertigung eher nachlässig betrieben wurde, jedenfalls lag trotz mehrmaliger und drängender Forderungen Webers noch immer kein Anlaufprogramm für die Flugzeugreifenfertigung in Traiskirchen oder anderswo vor.[166] Stattdessen erhielt er aus Wien eine lange Wunschliste über Mischungsrezepturen, Schablonen und Spezifikationen sowie Pressen und Formen und anderen Spezialmaschinen für die Herstellung dieser Reifengruppe. Continental-Ingenieure mussten daher wieder zur Besichtigung der Fertigungsmöglichkeiten und zur Beratung und Hilfestellung nach Traiskirchen fahren.[167] Dass das RLM bereits im Juli 1943 von Continental gefordert hatte, dass generell der Herstellername bei den Flugzeugreifen zum Fortfall kommen würde und künftig daher neue Reifenformen ohne Herstellername angefertigt werden mussten, hatte man mindestens in der Verkaufsabteilung, in der das alte Konkurrenzdenken nach wie vor fortlebte, als höchst schmerzlich empfunden.[168]

Das reifentechnische Grundproblem im Flugzeugbau war auch im Sommer 1943 noch ungelöst. Der schnelle Verschleiß der „Jägerreifen" hatte ein solches Ausmaß erreicht, dass im RLM nun fieberhaft nach Lösungen gesucht wurde. Währenddessen versuchten sich die Reifen- und Fahrwerkfirmen und die Flugzeugzellenunternehmen nach wie vor gegenseitig die Schuld zuzuweisen. „Wir machen Sie darauf aufmerksam", schrieb Weber im August 1943 an die Focke-Wulf Flugzeugbau GmbH in Bremen, „dass nach dem Stand der heutigen Rei-

---

164 Notiz Garbe vom Juli 1943, in: CUA, 6500/1 Zg. 1/68, A 5.
165 Schreiben Weber an das RLM vom 4.10.1943, in: CUA, 6525 Zg. 1/56, A CUA, 66.
166 Vgl. Telefax Weber an Semperit vom 14.10.1943, in: CUA, 6525 Zg. 1/56, A 29.
167 Vgl. u. a. Schreiben Continental an Semperit betr. Verlagerung von Flugzeugreifen vom 22.10.1943, in: CUA, 6525 Zg. 1/56, A 167.
168 Vgl. die Anordnung vom 10.7.1943, in: CUA, 6525 Zg. 1/65, A 70.

fenentwicklung die Flugzeugindustrie, insbesondere auch Ihr Werk, an den Reifen Zumutungen stellt, die für ihn unerträglich sind, und daher leider auch bei vielen Ihrer Flugzeugtypen zu außerordentlich kurzlebigen Reifen geführt haben."[169] Auch der Leiter der Entwicklungsgruppe Fahrwerke zerbrach sich den Kopf darüber, „wie wir es erreichen, dass die Flugzeugindustrie den Belangen der Einsatzfähigkeit von Reifen Rechnung trägt."[170]

Im Mittelpunkt der Probleme stand die Bereifung der Me 109 sowie der neuen Me 262. In geradezu verzweifelten Schreiben an Messerschmitt hatte Laudi im Juli und August 1943 auf die nicht zu verantwortenden Radlasten der dort neu projektierten Düsenjäger hingewiesen. Dazu kam, dass es aufgrund der hohen Geschwindigkeiten und dadurch notwendigen scharfen Bremsvorgänge zum Blockieren der Reifen kam, verbunden mit hohen Hitzeentwicklungen, die zu umgehenden Reifendefekten führten. „Es gibt keine Möglichkeit, die Gummimischungen widerstandsfähiger gegen solche Wärmeschäden zu machen", schrieb Laudi. Daher müsse der Bremsvorgang selbst grundlegend verändert werden.[171] Doch die Gespräche mit dem Flugzeugkonzern drehten sich offenbar im Kreise, so dass Weber Ende August den ganzen Vorgang entnervt an das RLM abgab. „Die Angelegenheit ist bis zu einem Punkt gediehen, in dem wir von uns aus allein nicht mehr entscheiden und raten können", schrieb er dazu.[172] Das RLM reagierte mit der Anordnung zur Schaffung einer neuen Entwicklungs-Arbeitsgruppe „Reifenbeanspruchung" unter Leitung des Chefingenieurs der Junkers-Werke, daneben mischten sich nun auch Eckell und der Generalbevollmächtigte Chemie ein, und schließlich trat seit März 1944 auch der neu gebildete „Jägerstab" als Akteur auf, der im Rahmen seiner Aufgabe zur „Entfeinerung und Entrümpelung" der Jagdflugzeuge auch eine enge Einbindung der diversen Entwicklungsgruppen betrieb.[173] Weber war über die Einmischung der neuen Entwicklungsgruppe und der Flugzeugindustrie in die Reifenforschung und -entwicklung keineswegs erfreut. Continental sei nicht bekannt, schrieb er im November nach Dessau, dass der Firma Junkers durch die Behörden Aufgaben zugewiesen worden seien, deren Bearbeitung der Reifenindustrie zustehe.[174]

---

169 Schreiben Weber an Focke-Wulf vom 21.8.1943, in: CUA, 6525 Zg. 1/56, A CUA, 66.

170 Schreiben des Entwicklungsgruppenführers Franz Michael an Weber vom 18.8.1943, in: CUA, 6525 Zg. 1/65 A 70.

171 Briefe Laudis an Messerschmitt vom 13.7. und 16.8.1943, in: ebd.

172 Schreiben Weber an das RLM vom 31.8.1943, in: CUA, 6525 Zg. 1/56, A CUA, 66.

173 Zum Jägerstab vgl. Budraß, Flugzeugindustrie und Luftrüstung, S. 869 ff. Vgl. auch Rundschreiben des Jägerstabs vom 19.3.1944, in: CUA, 6525 Zg. 1/56, A 63.

174 Schreiben Weber an Junkers vom 24.11.1943, in. CUA, 6525 Zg. 1/56, A 66.

Doch dann kam zur Jahreswende 1943/1944 entgegen allen Erwartungen Bewegung in die prekäre Flugzeugreifen-Frage. Schon der im Dezember 1943 von Weber vorgelegte Abschlussbericht der Untergruppe Reifen signalisierte Fortschritte bei der Neukonstruktion von „Jägerreifen".[175] Mit einem Bündel von Maßnahmen, von der Einführung dünnen Kunstseidecords, der Erhöhung der Einlagezahlen, Verstärkung der isolierenden Gummischichten zwischen Lauffläche und Unterbau bis zur Verdickung der Lauffläche und vor allem auch Einführung von Profilen gelang es, erheblich verbesserte Flugzeugreifen zu schaffen und die Zahl der Defekte, welcher Ursache auch immer, drastisch zu senken.[176] Anstelle von bislang durchschnittlich maximal 10 bis 15 Starts und Landungen bis zum Reifendefekt wurden nun plötzlich 51 Landungen möglich, und das bei erstmals wieder gesunkenen Luftdrücken.[177] Damit war es gelungen, sich aus der Abhängigkeit von konstruktiven Änderungen der Flugzeugindustrie zu befreien, zugleich war es aber endlich auch gelungen, dass die Flugzeugunternehmen auf einer Sitzung im RLM dazu verpflichtet wurden, für Reifen größere Einbau-Volumen vorzusehen.[178] „Das Bereifungs-Problem an der Me 262 ist gelöst", schrieb Laudi Anfang Oktober 1944 stolz nach Hannover.[179] Auch von Rechlin erhielt das Unternehmen anerkennende Worte, die sich, wie man betonte, „einzig und allein auf das Haus Continental beziehen", was man „in einer taktisch unaufdringlichen Form" auch über Sprungmann umgehend dem RLM zur Kenntnis zu geben beabsichtigte. Dass die reifentechnische Wende insgesamt keine Auswirkung auf die längst in einer tiefen Krise steckende Luftrüstung hatte und der Krieg zu diesem Zeitpunkt längst verloren war, tat dem technologischen Stolz und Ehrgeiz der Flugzeugreifen-Ingenieure bei Continental keinen Abbruch. Sie hatten damit aber letztlich dazu beigetragen, dass der Krieg noch länger dauerte. Das RLM und die anderen kriegswirtschaftlichen Behörden auf der anderen Seite mussten sich in ihrer Strategie, die Unternehmen in einer Mischung aus Zwang und Förderung von Ehrgeiz und Konkurrenz-

---

175 Vgl. Schreiben Weber an Michael vom 14.12.1943, in: CUA, 6525 Zg. 1/65, A 70, sowie Monatsbericht der Continental über Flugzeugreifen-Entwicklung für die Monate Januar und Februar 1944, in: CUA, 6525 Zg. 1/56, A CUA, 66.
176 Vgl. das Protokoll der Besprechung mit der Flugerprobungsstelle Rechlin am 21.9.1944, in der Continental seine Verbesserungen vorstellte, in: CUA, 6525 Zg. 1/56, A 67, und Notiz einer Besprechung bei Focke-Wulf vom 13.9.1944, in: CUA, 6525 Zg. 1/56, A 68.
177 Vgl. dazu allgemein ADM, BIOS Final Report No. 497 „Aircraft Tyre Design and Development in Germany".
178 Vgl. Schreiben Continental an Oberstabsingenieur Klinker im Reichsministerium für Rüstung und Kriegsproduktion über die Besprechungen im RLM vom 31.8.1944, in: CUA, 6525 Zg. 1/65, A 172.
179 Besuchsbericht bei Messerschmitt am 25./26.9.1944, in: CUA, 6525 Zg. 1/56, A 72.

denken zu immer größeren Entwicklungs- und auch Produktionsleistungen anzustacheln, bestätigt sehen.

1.2 Produktentwicklung und Materialprüfung-Outsourcing in das KZ-System: Continental und die Schuhabsatz-Entwicklungen

Auch in einem ganz anderen Geschäftsfeld, dem Schuhabsatz- und -sohlen-Ge-
schäft, das anders als das rein wehrmachtbezogene Flugzeugreifengeschäft eines der wichtigsten noch verbliebenen Konsumgütergeschäfte für den Zivilbedarf darstellte – dabei aber nicht minder kriegswichtig war –, fungierte Continental als Teil eines komplexen Zuliefernetzwerkes. Es war gleichfalls von
Entwicklungsbemühungen und Ringen mit der „Buna-Qualität", mit Produkti-
onsengpässen, Konkurrenzdenken, Konflikten und auch Lenkungs- und Aushandlungsprozessen mit den unterschiedlichen Behörden geprägt, vor allem
aber erfolgte hier keine Verstrickung in einen militärisch-bürokratischen Rüstungsblock, sondern in das von der SS betriebene verbrecherische System der
ökonomischen Instrumentalisierung der Konzentrationslager.

Das Geschäft mit Absatz- und Sohlenmaterial von Continental erfuhr im
Krieg einen deutlichen Aufschwung. Umsatz wie Bruttoerlöse der Schwelmer
Gummiwarengesellschaft, in der das Hauptgeschäft konzentriert war, verdoppelten sich nahezu zwischen 1938 und 1940 auf knapp zwölf Mio. RM, um sich
dann auf dem hohen Niveau einzupendeln und erst 1943 wieder zu schrumpfen.[180] Jahr für Jahr verbuchte Continental hier bis 1942 einen Reingewinn von
ca. 1,5 Mio. RM.[181] Dass der Absatz von Sohlen und Absätzen nach oben schnellte, lag allerdings weniger an einer gestiegenen Nachfrage, sondern war
schlichtweg durch den Ersatz von Leder und Naturkautschuk-Sohlen mit min-
derwertigen Buna-Platten und den damit verbundenen deutlich schnelleren
Verschleiß begründet. Daneben spielte aber auch eine Ausweitung des Absatzmarktes insgesamt infolge der Angliederung Österreichs, des Sudetenlands und
des Protektorats Böhmen und Mähren eine Rolle. Nach wie vor gab es eine deutliche Unterteilung in Fabrikengeschäft, d. h., die – lange vernachlässigte – Belieferung der Straßen-, Haus- und Turnschuhindustrie wie Romika und Salamander, und das Händlergeschäft, also die Versorgung der Schuhmacher und

---

180 Vgl. die statistischen Angaben für 1931 bis 1942, in: CUA, 6704 Zg. 1/67, A 5.
181 Vgl. die Angaben in: CUA, 6704 Zg. 1/68, A 19. Erst 1943 erfolgte ein Einbruch auf 0,9 Mio.
RM, 1944 dann auf 0,36 Mio. RM.

anderer Bereiche des Reparaturbedarfs, die vor allem der Gebr. Fiege GmbH als zweiter Vertriebstochterfirma oblag.[182]

Trotz der formalen Abgrenzung der jeweiligen Geschäftsfelder waren auch im Krieg Konflikte zwischen den beiden Vertriebsgesellschaften und gegenseitige Vorwürfe des Wilderns in Kundensegment des anderen an der Tagesordnung. Und auch der Konflikt zwischen Continental und den Schwelmer Hauptgesellschaftern um die Höhe der jeweiligen Beteiligungsquote war weiterhin virulent. Das Geschäft mit Sohlenplatten war dabei gegenüber dem Absatzgeschäft mit etwa fünf Mal höheren Umsätzen bei weitem dominierend, wobei allerdings lange Zeit der eigentliche Gewinn im Händlergeschäft gemacht wurde, wo auch der Großteil der markentreuen und seit 20 bis 30 Jahren ausschließlich Continental- oder Excelsior-Absätze kaufenden Stammkunden saß. Der Marktanteil von Continental bei Gummiabsätzen lag bei ca. 50 Prozent, bei Sohlen etwas darunter und damit tendenziell sinkend, was unter anderem daran lag, dass das im Krieg boomende Geschäft mit Gummischuhen, d. h. Wasserstiefel für Marine und Fischerei, Gummistiefel für Arbeitsdienst und Landwirtschaft sowie leichte Schuhe für Bevölkerungsgruppen mit geringer Kaufkraft, von Continental traditionell überhaupt nicht bearbeitet worden war, während Phoenix hier eine starke Marktstellung innehatte. Erst im Laufe des Jahres 1942 sollten in Hannover erste längerfristige Überlegungen zum Einstieg in dieses Marktsegment angestellt werden.[183] Dennoch waren die Aussichten für das Nachkriegsgeschäft, für das man sich nach der erhofften baldigen Beendigung des Krieges möglichst günstig positionieren wollte, nach internen Planungen schon allein aufgrund der geringen Konjunkturempfindlichkeit äußerst günstig.[184] Vermutlich kam es Anfang 1941 in diesem Zusammenhang auch zu Überlegungen zur Einführung einer neuen Wort-Bild-Marke Continental, die das veraltete Firmenkürzel ersetzen sollte, wobei das dazu entworfene neue Logo allerdings kaum moderner wirkte (Abb. 94 und 95).[185]

---

182 Vgl. dazu im Einzelnen die Bilanz- und Prüfberichte Schwelm 1942–1945, in: CUA, 6704 Zg. 1/68, A 20,2.
183 Vgl. Notiz Schmelz für Könecke vom 7.1.1942, in: CUA, 6525 Zg. 1/56, A 30,2.
184 Vgl. das umfangreiche Memorandum vom 23.8.1943 über „Continental Absatz- und Sohlenmaterial während des jetzigen Krieges und Überlegungen und Planungen für die Zeit nach dem Kriege", in: CUA, 6704 Zg. 1/68, A 8.
185 Schreiben der Patentabteilung vom 5.2.1941, betr. neue Pferdemarke, in: CUA, 6714 versch. Zugänge A 17.

Abb. 94 u. 95: Die alte und die neue Wortbildmarke

Allerdings tauchten, wie sich schnell zeigen sollte, im Zuge der Ersatzstoffwirtschaft im Schuhbereich neue, ernstzunehmende Konkurrenten aus der früheren Schuhlederbranche auf, allen voran Freudenberg.[186] Dazu war das Schuhgeschäft wie alle anderen Bereiche mit Kriegsbeginn auch durch die Lieferungs- und Absatzregelung der Reika vom 21. September 1939 noch weiter reglementiert worden, wobei nun mit der Reichsstelle für Lederwirtschaft eine konkurrierende Rüstungsbehörde ins Spiel kam. Ähnlich wie im Reifensektor gab es nun ein Gewirr an Ausschüssen, Fachabteilungen, Ringen und Unterausschüssen, in denen zwischen Staat und Unternehmen die Produktentwicklung, Fertigung und Verteilung koordiniert und gesteuert wurde.[187] Im Produktionsausschuss Leder-Ersatzstoffe etwa saßen neben der Firma Freudenberg auch Vertreter von Salamander, IG Farben und der Kötitzer Ledertuch- und Wachstuchwerke AG sowie von J. H. Benecke aus Hannover.[188] Ein zentrales Gremium war die Vereinigung der Gummisohlen- und Absatzfabriken (Gusola), die als Kartell der be-

---

186 Auch die bisherige Schuh- und Lederindustriegeschichte in der NS-Zeit ist erstaunlicherweise ohne Continental geschrieben worden. In der grundlegenden Studie von Sudrow, Der Schuh im Nationalsozialismus, wird Continental nur sporadisch erwähnt, in der Untersuchung von Scholtyseck zu Freudenberg taucht das hannoversche Unternehmen praktisch gar nicht auf. Zu den Marktanteilen vgl. Notiz vom 14.2.1940, in: CUA, 6500 Zg. 1/69, A 2,3.
187 Vgl. für den Schuhsektor insgesamt Sudrow, Der Schuh im Nationalsozialismus, S. 505 ff.
188 Zu dem hannoverschen Unternehmer Otto Benecke, seit 1933 Mitglied der NSDAP und bis 1939 förderndes Mitglied der SS vgl. https://de.wikipedia.org/wiki/Otto_Benecke_(Unternehmer), zuletzt aufgerufen am 19.6.2019. Ansonsten ist zu seinem Unternehmen, das später ebenfalls mit der Kaliko verschmolzen und dann in der ContiTech aufgehen sollte, für die NS-Zeit so gut wie nichts bekannt. Einige Hinweise auf Beteiligung in den diversen Ausschüssen bei Sudrow, Der Schuh im Nationalsozialismus, S. 561.

troffenen Firmen agierte und in der Continental mit knapp 40 Prozent des gesamten Gusola-Umsatzes die führende Position einnahm. Daneben saßen auch Semperit, Otto Körting, Vorwerk & Sohn sowie die Friedrich Wilop GmbH als Mitglieder in dem Gremium. Erstaunlicherweise war die Phoenix AG hier nicht dabei. Dafür sollte im März 1943 die Firma Freudenberg als einer der inzwischen größten Hersteller von Gummisohlen mit aufgenommen werden.

Die Gusola war ein typisches Beispiel für Ineffizienz innerhalb der Kriegswirtschaft, denn sie beschäftigte sich neben der Geheimhaltungspflicht der kommenden Buna-Verarbeitung für Absätze seit Herbst 1940 mit der Schaffung einer Marktordnung für Gummisohlen und -absätze, der Behandlung von Produktmarken sowie der Preisregulierung, und die entsprechenden Verhandlungen sollten sich – ergebnislos – bis Mitte 1944 hinziehen.[189] „Bei den gegenwärtigen Verhältnissen und Zeiten brauchen wir gegen eine Marktordnung ja nichts einzuwenden, wenn sie unseren Gewinn nicht zu sehr beschneidet", notierte dazu der Geschäftsführer der Schwelmer Gummiwaren-Gesellschaft, „sie wird uns keinen Nutzen und keinen Schaden bringen. [...] Die Kundschaft kauft heute alles, auch zu höheren Preisen und fragt nicht mehr nach Marke und Lieferant."[190] Hinter den Beratungen stand denn auch vor allem das Drängen des Preiskommissars, der von den Unternehmen verlangte, die Preisbildung für Konsumgüter des zivilen Bedarfs zu vereinfachen und zu vereinheitlichen, ferner die Frage von Preissenkungen zu prüfen und diese dann auch durchzuführen.[191] Und so bedeutungslos war eine Marktregulierung im Absatz- und Sohlenbereich auch für Continental eigentlich nicht, denn allenthalben verstanden es die zwar kleineren, aber als reine Sohlenfirmen hochspezialisierten Konkurrenten wie Wilop, sich in der Kriegszeit geschickt mit Kautschuk und Buna als Sohlenmaterial einzudecken und Continental bei großen Schuhfirmen wie Salamander Geschäftsanteile abzunehmen. Anfang April 1940 schon lieferte Wilop an Salamander für ca. 30 to Sohlenmaterial, während Continental bzw. die Schwelmer Gummiwaren-Gesellschaft gerade einmal mit der Hälfte dessen lieferfähig war.[192]

Mit dem anderen Konkurrenten, der Firma Otto Körting aus Hameln, lieferte sich die Patentabteilung von Continental seit Januar 1940 einen langwierigen Streit um die Rechteverletzung bei geschützten Herstellungsverfahren, der sich

---

189 Vgl. die diversen Niederschriften der Gusola-Sitzungen in: CUA, 6704 Zg. 1/68, A 5,2 und Aktennotiz des zuständigen Continental-Direktors Henke vom 30.11.1942, in: ebd.

190 Schreiben vom 15.8.1942, in: ebd.

191 Vgl. Schreiben des Continental-Vertreters in der Geschäftsführung der Schwelmer Gummiwaren-Gesellschaft, Wilhelm Würz, an Henke vom 3.12.1942, in: ebd.

192 Vgl. Schreiben Würz an Henke vom 9.4.1940, in: CUA, 6704 Zg. 1/67, A 3, und das Schreiben Henkes an Würz schon vom 16.12.1939, in: ebd.

bis Herbst 1941 hinziehen sollte.[193] Vor allem aber gab es alarmierende Berichte über das Auftreten des früheren Lederfabrikanten Freudenberg, dem es als neuer Konkurrent gelungen war, in das Geschäft mit Gummisohlen einzusteigen und Continental unter den Schuhmachern, d. h. im Händlergeschäft, scharenweise Kunden abzuwerben.[194] Das Unternehmen war keineswegs eine Nicht-Gummifabrik, der das nötige Know-how fehlte, wie es die Schwelmer Vertriebsleute vermuteten. In Weinheim wurden seit Jahren schon Dichtungen auf Kautschuk-Basis hergestellt und das Unternehmen hatte offenbar aus den vielen Fehlern, die es in den vergangenen Jahren in diesem Bereich begangen hatte, gelernt.[195] Mit Entsetzen mussten die Sohlenvertriebsleute in Schwelm und Hannover aber auch feststellen, dass es Freudenberg gelungen war, von der Reichsstelle für Lederwirtschaft das Privileg zu erhalten, die Erstversorgung des Elsass mit entsprechendem Schuh- und Sohlenmaterial durchzuführen.[196] Richard Freudenberg, inzwischen Wehrwirtschaftsführer und bestens vernetzt in der nationalsozialistischen Partei- wie Behördenlandschaft, gelang es zunehmend, auch bei den Verhandlungen und Gesprächen mit den Behörden das Wort zu führen und den Ton anzugeben, wogegen der Schwelmer Geschäftsführer, der die Continental-Interessen zu vertreten suchte, zunehmend hilflos war.[197] „Aus allen Ausführungen ist immer wieder der Wille von Freudenberg erkennbar, den gesamten Sektor Absätze und Sohlen restlos in die Kontrolle der Lederwirtschaft und damit in weitgehendem Masse in seine persönliche Kontrolle zu bekommen", notierte der Schwelmer Geschäftsführer zu den damaligen Besprechungen.[198] Es dauerte denn auch nicht lange, dass Freudenberg Continental durch Aufbau eigener Kapazitäten die Zuteilungsquoten für Gummi-Bodenmaterial streitig machte. Die Reichsstelle für Lederwirtschaft hatte für 1941 einen Bedarf an 44 000 to ermittelt, was bei Freudenberg offenbar zur Überzeugung führte, dass ganz gleich, wie sich die politischen Verhältnisse entwickeln würden, Gummi als Reparatur- wie Sohlenmaterial „nie mehr aus der deutschen

---

193 Vgl. den ausführlichen Schriftwechsel in: CUA, 6704 Zg. 1/67, A 4,1. Mit dem Reichspatentamt selbst stritt man sich in Hannover gleichzeitig um die Erteilung eines Patentes auf ein einvulkanisiertes Marschstiefel-Eisen in Hufeisenform, das erst nach langem Hin und Her im August 1943 erteilt bzw. bekanntgegeben wurde. Vgl. CUA, 6704 Zg. 1/67, A 4,1.
194 Vgl. das Schreiben eines Pirmasenser Schuhmachers an die Geschäftsführung von Fiege vom 30.8.1940, in: CUA, 6500 Zg. 1/69, A 2,3.
195 Vgl. die Notiz des für die Sohlenentwicklung zuständigen Continental-Ingenieurs Karl Stubbendiek vom 27.5.1942, in: CUA, 6500 Zg. 1/69, A 2,3.
196 Vgl. Schreiben Würz an Henke vom 13.11.1940, in: CUA, 6704 Zg. 1/67, A 3.
197 Vgl. dazu ausführlich Scholtyseck, Freudenberg, S. 79 ff. und exemplarisch die Besprechungsnotiz vom 11.1.1940 in der Reichsstelle für Lederwirtschaft, in: ebd.
198 Ebd., S. 2.

Schuhwirtschaft herauskommen werde."[199] Auch bei der Preisfrage zeichnete sich schnell ab, dass Freudenberg die Konkurrenten mit hohen Rabattsätzen auszuhebeln gedachte. Die internen Kalkulationen im Februar 1941 ergaben, dass Continental mit seinen Sohlenplatten 20 Prozent teurer war als das Weinheimer Unternehmen.[200]

Richard Freudenberg hatte aber vor allem auch in der bald gesellschaftspolitisch heiklen Frage der Qualitätskontrolle erhebliche Initiative an den Tag gelegt und Continental bei den entsprechenden Bemühungen in die Defensive zu drängen begonnen. Im November 1939 schon hatte er die Einrichtung einer zentral organisierten Schuhprüfstrecke für die beteiligten Firmen gefordert, in der junge zum nationalsozialistischen Reichsarbeitsdienst herangezogene Männer die entsprechenden praktischen Trageversuche durchführen sollten.[201] Für diese Idee hatte er auch Continental zu gewinnen versucht und im Januar 1940 den zuständigen Continental-Direktor Henke zu einer Besprechung nach Weinheim gebeten, um dort die Frage der laufenden Güteprüfung des Gummisohlenmaterials für Straßenschuhe zu besprechen. Dabei berichtete Freudenberg von der inzwischen bei Krauch und anderen übergeordneten Stellen bestehenden festen Absicht, laufende Prüfungen des Sohlenmaterials durchzuführen, „um zu verhindern, dass dem Verbraucher ungeeignetes Material zugeführt und dadurch Unzufriedenheit hervorgerufen würde."[202]

Freudenberg ging es dabei aber vor allem darum, dass die Straßenschuhhersteller die Schuld bei Beschwerden nicht auf die Sohlenproduzenten schieben konnten. Die Durchführung dachte er sich so, dass die laufenden Werkstoffprüfungen durch das Staatliche Materialprüfungsamt in Berlin-Dahlem vorgenommen wurden, außerdem aber eine weitere Stelle geschaffen würde, die der Reichsstelle für Wirtschaftsausbau unterstellt war und in der „dauernd durch Marschkolonnen das Besohlungsmaterial erprobt wurde." Als Sitz der Stelle schlug er Potsdam vor, „wo Pensionäre zur Verfügung stehen."[203] Continental zeigte sich demgegenüber allerdings zurückhaltend, weniger aus sachlichen als aus politischen Gründen, denn einerseits wollte man sich vor einer Beteiligung dahingehend absichern, wie die Reichsstelle für Kautschuk dem Freudenberg'schen Vorschlag gegenüberstand, und vor allem galt es unbedingt zu verhindern, dass die Kautschukindustrie durch irgendwelche Maßnahmen in

---

199 Notiz Würz über die Besprechungen in der Reichsstelle Lederwirtschaft vom 11.1.1940, in: ebd.

200 Vgl. CUA, 6500 Zg. 1/69, A 1,1.

201 Vgl. Scholtyseck, Freudenberg, S. 329.

202 Bericht Henke an Jehle von der Reika über das Treffen mit Freudenberg vom 13.1.1940, in: CUA, 6704 Zg. 1/67, A 3.

203 Ebd.

die Lage manövriert würde, den Bedarf an Schuhsohlen und Absätzen nicht mehr decken zu können, und die Lederindustrie, allen voran Freudenberg, „ihren Plan zur Errichtung einer eigenen Fabrik zur Herstellung von Sohlenmaterial und Absätzen wieder neu aufgreift."[204]

Tatsächlich war die Reika nicht gewillt, sich die wichtige Frage der Prüfung des Sohlenmaterials von Freudenberg oder der Reichsstelle für Lederwirtschaft aus der Hand nehmen zu lassen, und Continental-Direktor Henke forderte daher Würz und die Schwelmer Gesellschaft auf, sich mit Freudenberg in keine Diskussionen über Zusammenkünfte oder Aussprachen mehr einzulassen und entsprechend instrumentalisiert zu werden.[205]

Die auf den ersten Blick eher unbedeutend erscheinende Schuhsohlen- und -absatz-Frage war in Wirklichkeit tatsächlich von den unterschiedlichsten Seiten hochpolitisch aufgeladen. Kaum, dass sich mit Kriegsausbruch erhebliche „Kalamitäten bei der Versorgung" der Konsumenten, ergänzt durch massiven Abfall der Qualität, ergeben hatten, wurden die verschiedenen Parteistellen und DAF-Ämter mit Beschwerden der Verbraucher überhäuft. Um dem Unmut von Anfang an die potenziell gefährliche politische Richtung zu nehmen und ein Ernstnehmen der Sorgen der „Volksgenossen" zu signalisieren, hatte das hannoversche Gauwirtschaftsamt im Auftrag des Gauleiters als Reaktion darauf auf eigene Faust eine Entnahme von Sohlenplatten aus der laufenden Continental-Produktion und deren Prüfung vorgenommen, allerdings keine Beanstandungen gefunden.[206] Aber sowohl bei der Reichsstelle für Kautschuk und noch mehr bei der Fachgruppe Schuhindustrie der Wirtschaftsgruppe Lederindustrie jagte eine Krisensitzung die andere, um das Qualitäts- wie Lieferproblem in den Griff zu bekommen.[207]

Für zusätzlichen Konfliktstoff sorgte eine öffentliche Stellungnahme des Fachamtes Chemie der DAF, die im Frühjahr 1941 höchst kritisch zur Situation auf dem Sohlen- und Absatzgebiet Stellung genommen hatte und den gegenüber Friedenszeiten stark gesunkenen Haltbarkeitsgrad anprangerte. Dabei waren es die Verarbeitungsanordnungen des Regimes selbst gewesen, die den Herstellern nicht einmal genügend Buna zur Verfügung stellten und so zu den Problemen geführt und den Teufelskreis aus raschem Verschleiß und damit angeheizter Nachfrage erst ausgelöst hatten. Auch für die häufigen Klagen über den unangenehmen Geruch und das Abfärben der inzwischen rein schwarzen

---

204 Schreiben Henke an Würz vom 18.1.1940, in: ebd.
205 Schreiben Henke an Würz vom 22.1.1940, in: ebd.
206 Vgl. Schreiben Gauleitung Südhannover-Braunschweig vom 4.12.1940, in: CUA, 6500 Zg. 1/69, A 1,1.
207 Vgl. etwa das als streng vertraulich und nicht für die Presse bestimmte bezeichnete Rundschreiben der Fachgruppe vom 20.2.1941, in: ebd.

Sohlen – an der Entwicklung einer lederfarbenen braunen Sohle mit 30 bis 40 Prozent Buna-Gehalt arbeitete die Gummiindustrie noch – waren behördliche Vorschriften verantwortlich. Die Schuhsohlen- und -absatzfrage schuf sozusagen eine Vielzahl von Konfliktlinien: zwischen NS-Regime und „Volksgemeinschaft", zwischen der Fachgruppe Kautschukindustrie und der Fachgruppe Lederindustrie und zwischen Continental und Freudenberg. Letztlich war es allein im Bereich Sohlen und Absätze ein ganzes bürokratisches Geflecht von Ausschüssen, Ämtern und Stellen, die involviert waren, angefangen mit dem Reichsamt für Wirtschaftsausbau, Abt. Leder, und der Reichsstelle für Kautschuk, der Reichsstelle für Lederwirtschaft, Abt. Austauschstoffe, der Fachgruppe Schuhindustrie, bis zum Ausschuss für Produktionsfragen im Fachbereich Sohlen und Absätze in der Fachgruppe Kautschukindustrie. Es war kein Wunder, dass innerhalb dieses Durcheinanders an Behörden und Firmen immer auch welche waren, die ihre eigenen Interessen verfolgten. „Wie uns streng vertraulich mitgeteilt worden ist", berichtete der zuständige Continental-Ingenieur Karl Stubbendiek im Oktober 1940 an Henke, „soll die Firma Salamander in Strafe genommen werden, weil sie entgegen der Vorschriften einige Monate hindurch anstelle von Gummi- noch Ledersohlen verarbeitet hat. Es soll nun das schlechte Verhalten der Gummisohle als Entschuldigung angeführt werden. Man braucht sich also nicht zu wundern, wenn Salamander bemüht ist, die Güte der Gummisohle ganz generell herabzusetzen."[208]

Das Qualitätsproblem hatte allerdings auch Continental schon länger umgetrieben und beschäftigt. Auf Initiative des Unternehmens hin war unmittelbar nach Kriegsbeginn bei der Fachgruppe Kautschukindustrie auch ein eigener Güteausschuss im Fachbereich Sohlen und Absätze eingerichtet worden, dessen Leiter der zuständige Continental-Ingenieur Karl Stubbendiek war. Weitere Mitglieder in dem Ausschuss waren Vertreter der Gummifabrik Elbe, Tratorn, Vorwerk & Sohn, Wilop, Otto Körting und nicht zuletzt, aber erst im Juli 1940 erstmals mit berufen, Hans Freudenberg, der das Familienunternehmen vertrat. Die wichtigste Aufgabe des Güteausschusses war es gewesen, einheitliche Richtlinien für die Sohlen- und Absatzmischungen aufzustellen. Auf den Sitzungen des Ausschusses wie etwa im Juli 1940 in Erfurt ging es aber dann auch um Detailfragen, etwa die Aussprache über die Eignung von Holzabsätzen mit Gummiecken, um die Herstellung von Gummisohlen in nähfester Ausführung und um die künftige Behandlung von Reklamationen.[209] Allen Herstellern von Sohlen-

---

208 Aktennotiz Stubbendiek über einen Besuch bei Salamander vom 24.10.1940, in: CUA, 6500 Zg. 1/69, A 2,3. Vgl. dort auch den weiteren Besuchsbericht bei Salamander vom 5.3.1940 mit Besprechungen der Detailprobleme.
209 Vgl. Niederschrift der Sitzung vom 17.7.1940, in: CUA, 6704 Zg. 1/68, A 6.

platten, die keine fortlaufenden Gütekontrollen vornahmen oder sich nicht durch Schnellprüfungen des Staatlichen Materialprüfungsamtes in Berlin-Dahlem ein Urteil über die Güte der hergestellten Platten verschafften, wurden harte Sanktionen angedroht.

Continental hatte auch deshalb ein starkes Interesse an der Qualitätsfrage, da es nicht nur um die Verteidigung des alten Qualitätsmarken-Images ging, sondern man nach wie vor Sohlen und Absätze auch nach Holland, Spanien und insbesondere in die Schweiz zur dortigen Luxusschuhindustrie (Bally) exportierte und sich bis weit in das Jahr 1941 hinein in Erwartung des baldigen Kriegsendes auf dem Nachkriegsmarkt positionieren wollte. In Hannover stand zwar eine ausgeklügelte Abriebprüfmaschine, aber auch Continental stand in engem laufendem Kontakt mit dem Staatlichen Materialprüfungsamt. Eine hohe Meinung von der dortigen Expertise hatte man allerdings nicht. Die Abteilung Kautschuk und Kunststoffe, so berichtete Stubbendiek Mitte Juni 1940 nach einem Besuch in Berlin-Dahlem, „ist außerordentlich primitiv eingerichtet" und auch sonst machte die Einrichtung des Amtes einen „außerordentlich kümmerlichen" Eindruck.[210] Nach Durchsicht einer vom Materialprüfungsamt geplanten Veröffentlichung über „Prüfmethoden für Schuhbesohlungsmaterial aus Leder und Lederaustauschstoffen" im November 1940 hielt es der Continental-Ingenieur für höchst dringlich, aus fachlichen wie auch politischen Gründen von einer Publikation abzusehen. Es sei ansonsten zu erwarten, dass von den verschiedensten Stellen eine heftige Kritik einsetzen werde, „woraus sich dann wieder ein Kampf zwischen diesen beiden Gruppen [der Kautschukindustrie und der lederverarbeitenden Industrie] entwickeln kann."[211] Wie tief die Gräben zwischen den beiden Branchen mit ihren jeweiligen Hauptvertretern Continental und Freudenberg waren, zeigte sich schon auf einer großen Tagung der Fachgruppe für Chemie der Kunststoffe des Vereins Deutscher Chemiker unter dem Titel „Kunststoffe anstelle von Leder" am 11. Juni 1940 in Berlin. Bei der Tagung waren neben diversen Unternehmen sämtliche kriegs- und rüstungswirtschaftlichen Ämter und Behörden, die Rang und Namen hatten, vertreten. Stubbendiek pries in seinem Referat die wesentlichen Vorteile der Gummisohle gegenüber der Ledersohle, insbesondere bei den Abnutzungswerten, was auch Freudenberg eingestand. Allerdings machte dieser sich inzwischen für die Herstellung von Sohlen aus Kunststoffmaterialien, die sogenannte P-Sohle, stark.[212]

Inzwischen hatte das Reichsamt für Wirtschaftsausbau seine Pläne für eine zentrale Schuhprüfstelle umgesetzt und nach eingehenden Beratungen mit dem

---

210 Aktennotiz Stubbendiek vom 15.6.1940, in: CUA, 6704 Zg. 1/67, A 3.

211 Schreiben Stubbendiek an Kluckow vom MPA vom 28.11.1940, in: ebd.

212 Vgl. Sitzungsbericht der Tagung vom 11.6.1940, in: CUA, 6500 Zg. 1/69, A 1,1.

Kaiser-Wilhelm-Institut für Lederforschung, aber auch Richard Freudenberg und anderen Leder- und Schuhherstellern, im KZ Sachsenhausen bei Oranienburg eine Schuhprüfstrecke errichtet.[213] Continental war daran zunächst nicht beteiligt gewesen, auch die ersten auf der Schuhprüfstrecke durchgeführten Trageversuche im Juli 1940 verliefen ohne Material aus Hannover, dafür waren neben Freudenberg auch die Kötitzer Ledertuch- und Wachstuchwerke beteiligt. Schon im August 1940 war aber auch Continental in das Kontroll- und Abriebprüfverfahren des Konzentrationslagers involviert, als Beamte der Reika in Hannover auftauchten und Proben von Sohlenplatten aus der laufenden Fabrikation entnahmen und zur Prüfung an die Reichsstelle für Kautschuk in Berlin, das Materialprüfungsamt sowie das KZ schickten.[214] Im November nahm Stubbendiek dann direkt mit der Kommandantur des KZ Sachsenhausen, Abtl. Prüfstrecke, Kontakt auf und schickte mit der Bitte um Durchführung von Trageversuchen zehn Paar Gummiabsätze dorthin.[215] Die Conti-Absätze waren am 26. November im KZ eingetroffen und schon am 20. Dezember, kaum einen Monat später, lagen die Ergebnisse vor: Die durchschnittliche Tragedauer der zehn Absätze betrug 274 km, einzelne Absätze wiesen aber auch eine Tragedauer von 427 km auf.[216]

In der Folgezeit entwickelte sich ein reger Austausch zwischen Hannover und dem KZ, und auch die Schwelmer Gummiwaren Gesellschaft war dabei einbezogen. Man gab Art und Weise der dort durchzuführenden Trageversuche vor und integrierte die aus Oranienburg eingetroffenen Ergebnisse und Auswertungen in die weitere Sohlen- und Absatzentwicklung. „Die Trageversuche in Gu 40 und 41 werde ich demnächst nach Schneefall und Frost machen lassen", hieß es in einem Schreiben des Schwelmer Geschäftsführers an Direktor Henke, „um den Grad der Gleitneigung praktisch feststellen zu können."[217] Ein Vertreter des Reichsamts für Wirtschaftsausbau hatte inzwischen auch im Güteausschuss über die ersten Ergebnisse der systematischen Trageversuche im KZ Sachsenhausen berichtet, wo auf den verschiedensten Wegarten wie Beton, Sand, Schlacke und Lehm mehr als 100 Männer neue Schuhe mit Doppelsohlen trugen. Je vier Paar Schuhe enthielten das gleiche Bodenmaterial, jeder Schuh trug eine Prüfnummer. Die Träger wechselten demnach jeden Tag, mit einer Laufsumme von täglich ca. 35 km. Beobachtet wurde der erste Spitzenverschleiß, dann der Verschleiß der zwischenzeitlich ausgebesserten Spitze und

---

213 Zu den Planungen vgl. im Detail Sudrow, Der Schuh im Nationalsozialismus, S. 520 ff., und auch Scholtyseck, Freudenberg, S. 330 ff.

214 Vgl. Aktennotiz Stubbendiek vom 31.8.1940, in: CUA, 6500 Zg. 1/69, A 2,3.

215 Vgl. Schreiben Stubbendiek vom 21.11.1940, in: CUA, 6500 Zg. 1/69, A 1,1.

216 Vgl. Schreiben Reichsamt für Wirtschaftsausbau an Continental vom 21.12.1940, in: ebd.

217 Schreiben vom 30.11.1940, in: CUA, 6704 Zg. 1/67, A 3.

endlich die ganze Sohle bis zum Durchlaufen oder Brechen.[218] Das Reichsamt für Wirtschaftsausbau zahlte als „Nutzungsgebühr" sechs RM je Person und Tag an die SS-Wirtschaftsverwaltung, die jeweils aufgelaufenen Gesamtkosten für die Gemeinschaftsprüfungen wurden dann anteilsmäßig auf die einzelnen beteiligten Firmen umgelegt.[219] Rasch weitete Continental, allerdings immer in enger Abstimmung mit dem Reichsamt für Wirtschaftsausbau, das die Gemeinschaftsversuche koordinierte, das Versuchs- und Prüfungsprogramm seiner nach Oranienburg geschickten Sohlen und Absätze aus. Im Januar 1941 erfolgten umfangreiche Klebstoffversuche auf der Schuhprüfstrecke, wenig später sandte man auch Sohlenplatten auf Igelit-Basis, d. h. Kunststoffsohlen, zum Praxistest nach Sachsenhausen.[220]

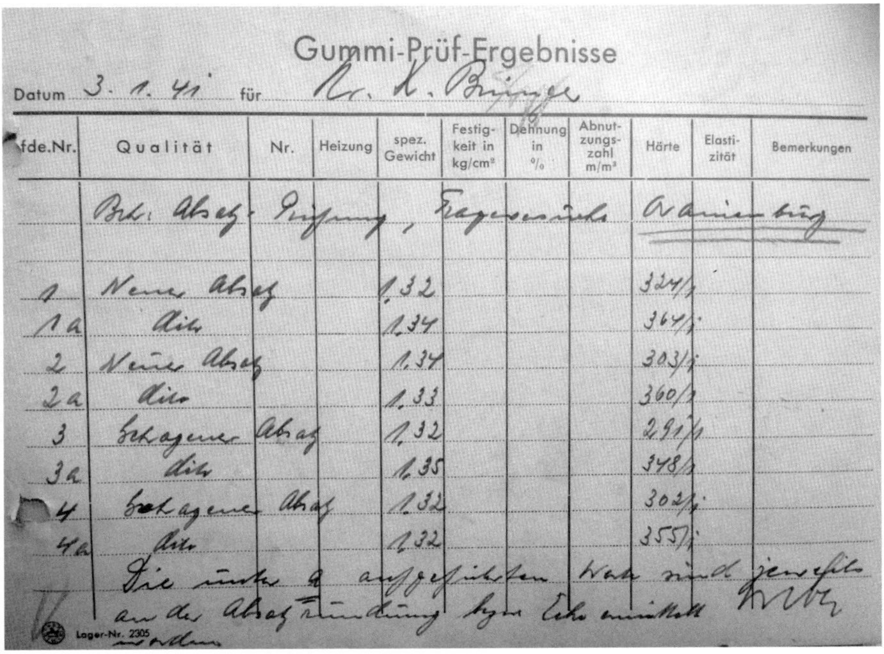

Abb. 96: Prüfergebnisse aus Trageversuchen im KZ Sachsenhausen. Quelle: CUA, 6500 Zg. 1/69, A 1,1.

---

218 Vgl. Bericht auf einer Sitzung über Verarbeitungsfragen für Sohlenplatten vom 6.12.1940, in: CUA, 6704 Zg. 1/68, A 6.
219 Vgl. Sudrow, Der Schuh im Nationalsozialismus, S. 523.
220 Vgl. Schreiben Stubbendiek an Schuhprüfstrecke vom 1.3.1941, in: CUA, 6500 Zg. 1/69, A 1,1.

Der Übergang auf Versuche mit Kunststoffen erfolgte aus reiner Not. Im Februar 1941 hatte Eckell Stubbendiek mitgeteilt, dass in absehbarer Zeit weder Buna noch Regenerat für die Absatzfabrikation zur Verfügung stünden, aber auch Weichmacher waren nach Auskunft Eckells „ausverkauft", womit aufgrund der hohen Bruchanfälligkeit auch Sohlen aus Igelit und anderen Kunststoffen unmöglich gemacht wurden.[221] Angesichts des nach wie vor in Hannover vorherrschenden Selbstverständnisses, „ein einwandfreies Continental-Fabrikat zu liefern und soweit wie möglich das beste Material unserer gesamten Konkurrenz noch zu übertreffen", sah man sich in einem Dilemma und vor der drohenden Gefahr, in naher Zukunft als Absatz- und Sohlenlieferant ganz ausgeschaltet zu werden.[222] Diese Entwicklung musste aber auch den Konkurrenten Freudenberg treffen, und in einer internen Notiz eines im Absatz- und Sohlenbereich eingesetzten Gummichemikers vom 8. April 1941 stand denn auch: „Zusammenarbeit mit Lederindustrie ist gut; Freudenberg ist zurückgedrängt."[223]

Doch in Hannover freute man sich zu früh, denn inzwischen war unter den verschiedenen Ämtern erneut ein Grundsatzstreit darüber ausgebrochen, welchem Schuhsohlen-Material man künftig den Vorrang einräumen sollte, um das mehr denn je drängende Versorgungs- und Qualitätsproblem zu beheben. Die Reika setzte sich für Buna ein, was auch der Haltung von Continental entsprach, das Reichsamt für Wirtschaftsausbau dagegen forderte die Verarbeitung von Igelit, worauf sich auch Freudenberg warf.[224] „Die Produktion von Igelit, soweit sie für die Kabelindustrie und für die Herstellung lostsicherer Gummierung geplant war, scheint gegenwärtig nicht reibungslos untergebracht werden zu können", heißt es dazu in einem vielsagenden Schreiben des Hauptgeschäftsführers der Fachgruppe Kautschukindustrie von Mitte Mai 1941. „Daher ist man höheren Orts, vielleicht sogar auf Vorschlag der IG Farben, zur Erkenntnis gelangt, dass das Igelit-Material der prädestinierte Rohstoff für die Sohlen- und Absatzindustrie ist. Auch hat die Lederindustrie ein großes Interesse daran, sich dieses Rohstoffes zu bemächtigen."[225] Dabei war, wie die IG Farben selbst den Continental-Ingenieuren gegenüber eingestand, zu diesem Zeitpunkt das Igelit weder genügend kältebeständig noch hinreichend dehnbar.

Auf Anweisung durch den GeBeChem und Eckell musste jedoch auch Continental im Frühjahr 1941 mit den Entwicklungsarbeiten für Igelit- bzw. PCU-Soh-

---

221 Vgl. Telefonnotiz Stubbendiek vom 6.2. und 14.2.1941, in: CUA, 6500 Zg. 1/69, A 2,3.
222 Schreiben Stubbendiek an die Schwelmer Gummiwaren-Gesellschaft vom 17.3.1941, in: ebd.
223 Notiz vom 8.4.1941, in: CUA, 6500 Zg. 1/69, A 1,1.
224 Vgl. Notiz Henke an Könecke vom 5.6.1941, in: ebd. Es existiert außerdem ein eigener Ordner zum Schriftwechsel betr. Igelit-Sohlen und Absätze, in: CUA, 6500 Zg. 1/69, A 3.
225 Schreiben vom 14.5.1941, in: ebd.

len beginnen, verbunden mit detaillierten Vorgaben zu den zu erfüllenden Forschungszielen und erheblichem zeitlichen Druck, was eine weitere intensive Nutzung der Schuhprüfstrecke im KZ durch Continental und die anderen involvierten Unternehmen bedeutete, die zahlreiche neue Prüfaufträge nach Oranienburg vergaben.[226] „Mit den von Ihnen eingesandten Platten sind die Trageversuche in Oranienburg in vollem Gange", schrieb das Reichsamt für Wirtschaftsausbau Ende April 1941 nach Hannover. „Die Type LEX trägt sich bisher gut. Nach den mit anderen Werkstoffen vorliegenden Erfahrungen dürften die Sohlen nach einer Tragedauer von 1400 km und nach einer Abnutzung auf etwa 1,5 bis 2 mm in der Ballengegend brechen [...] Sie werden gebeten, nach Oranienburg neues Plattenmaterial einzusenden."[227] Und Continental ließ sich auf diesen von den Behörden inszenierten Wettlauf zwischen den konkurrierenden Firmen ein. „Eine Produktionsaufgabe für Igelit-Sohlen bekommt nur die Firma, die nachweisen kann, dass ihre Sohlenplatte die Prüfbedingungen auf der Schuhprüfstrecke in Sachsenhausen erfüllt hat", notierte Stubbendiek im Mai 1941. „Unsere Igelit-Sohle hat in Sachsenhausen kleine Risse gezeigt, die später zum Bruch führen könnten. Sie muss in dieser Beziehung verbessert werden. Wir müssen daher sofort neue Probeplatten an Sachsenhausen schicken, damit wir baldmöglichst die Genehmigung zur Fabrikation erhalten."[228]

Nicht zuletzt wollte man vermeiden, dass noch einmal der „Fall Freudenberg" eintrat, dass also ein neuer Konkurrent in ein als genuin angesehenen Entwicklungs- und Geschäftsfeld eindrang.[229] Anstelle eines neuen Wettbewerbers traf Continental jedoch auf den alten Konkurrenten. Freudenberg hatte auch diesmal schnell auf den neuen Werkstoff gesetzt. Der Freudenberg'sche Igelit-Absatz, so erfuhr Direktor Henke anlässlich einer Besprechung in Berlin vom Reichsamt für Wirtschaftsausbau, werde demnächst in erheblichem Umfang fabriziert und werde dabei in jeder Beziehung von der Behörde dabei unterstützt.[230] Streng vertraulich erhielt Stubbendiek auch die Mitteilung, dass Freudenberg seine Sohlenplatten-Fertigung um das Doppelte, auf ca. 500 to im Monat, erweitern wollte, und zudem zeichnete sich ab, dass inzwischen auch die Versorgung der Wehrmacht mit Leder nicht mehr möglich war und daher auch diese auf Sohlenmaterial aus Ersatzstoffen übergehen würde, was eine er-

---

226 Vgl. Richtlinien für die Herstellung und Prüfung von PCU-Laufsohlen vom 7.3.1941, in: ebd.
227 Schreiben des Reichsamtes an Continental vom 28.4.1941, in: ebd. Vgl. auch Aktennotiz Stubbendiek vom 16.5.1941 über eine Sitzung im Reichsamt für Wirtschaftsausbau, bei der die neuesten Ergebnisse der Trageversuche in Sachsenhausen vorgetragen wurden, in: ebd.
228 Aktennotiz Stubbendiek vom 16.5.1941, in: ebd.
229 Vgl. Schreiben Stubbendiek an die Fachgruppe Kautschukindustrie vom 17.5.1941, in: ebd.
230 Notiz über die Besprechung vom 12.6.1941, in: CUA, 6500 Zg. 1/69, A 1,1.

hebliche Ausweitung des Sohlen- und Absatzgeschäfts bedeutete. Die Versuche Continentals, den unverhohlenen Expansionsbestrebungen Freudenbergs durch die Entwicklung von sogenannten Eck-Absätzen mit einem qualitativ hochwertigen Drittel und bunafreiem Hauptteil Einhalt zu gebieten, erschienen demgegenüber als wenig aussichtsreich. Dennoch wurde beschlossen, „um die Überlegenheit des Eck-Absatzes gegenüber dem Igelit-Absatz klar herauszustellen, dass im Lager Sachsenhausen praktische Trageversuche vorgenommen werden dergestalt, dass wechselseitig rechts und links je ein Eckabsatz und Igelit-Absatz getragen wird."[231] Im Konkurrenzkampf zwischen Continental und Freudenberg bedienten sich beide Unternehmen mehr denn je der Schuhprüfstrecke des KZ, ohne sich irgendwelche Gedanken über den Ablauf der Trageversuche und das Zustandekommen der Prüfergebnisse zu machen.

Tatsächlich herrschten dort inzwischen mörderische Bedingungen. Igelit-Sohlen zeigten eine Leistungsfähigkeit bis zu 2200 km, was Rückschlüsse auf die Verhältnisse bei den Trageversuchen auf der Schuhprüfstrecke zulässt. Die bei den Trageversuchen eingesetzten Häftlinge wurden gesundheitlich zugrunde gerichtet, viele kamen als direkte oder indirekte Folge ihres Einsatzes um.[232] Die jeweiligen Leiter der Schuhprüfstrecke waren für ihre Brutalität bekannt und es gab zahlreiche Fälle vorsätzlicher Ermordung von dort eingesetzten Häftlingen. Oft entsprachen die an die einzelnen „Schuhläufer" ausgegebenen Schuhe nicht den jeweiligen Fußgrößen, dazu mussten die Schuhe barfuß getragen werden, so dass oft schon nach wenigen Kilometern Verletzungen oder heftige Schmerzen auftraten. Die Trageversuche dauerten täglich in militärischer Marschordnung unter ständiger Aufsicht der SS von 6 Uhr früh bis 17 Uhr nachmittags, unterbrochen nur von einer kurzen Mittagspause.[233] Das Tempo war hoch, einige Runden mussten von den Häftlingen unter Absingen deutscher Marschlieder im Laufschritt zurückgelegt werden. Bei ihren Runden um den Appellplatz mussten die Häftlinge zudem von den SS-Wachmannschaften häufig Schikanen und Prügeleien erleiden, und jede Runde kamen sie am Galgen des KZ-Lagers vorbei. Auf diese Weise legten die Häftlinge am Tag bis zu 48 km zurück.[234] Hatten die durchschnittlich dabei eingesetzten 170 KZ-Insassen in den ersten Jahren der Schuhprüfstrecke noch täglich etwa 32 km, d. h.

---

231 Besprechungsnotiz mit der Reika vom 4.8.1941, in: CUA, 6500 Zg. 1/69, A 2,3.
232 Vgl. Sudrow, Der Schuh im Nationalsozialismus, S. 525 ff.
233 Vgl. ebd., S. 531 ff.
234 Vgl. ebd.

insgesamt 4000 km, zurückgelegt, so waren es nun aufgrund der erheblichen Erhöhung des Laufpensums des Schuhläuferkommandos bis zu 8000 km.[235] Marschiert wurde bis zum Zusammenbrechen, ungeachtet der körperlichen Verfassung des Häftlings, und bei jedem Wetter. Der Arbeitstag eines Schuhläufers war lang und qualvoll, für die Unternehmen war diese Form der Schuhmaterialprüfung jedoch höchst effizient, rationell und billig. Es gibt zwar keine Hinweise, dass Stubbendiek – wie Freudenberg – einmal selbst in Oranienburg war und die dortigen Verhältnisse unmittelbar gesehen hat. Aber als Leiter des Güteausschusses für Sohlen und Absätze war ein Besuch in Berlin-Dahlem und im nahe gelegenen Oranienburg vermutlich Teil seiner Aufgabe. Zudem konnte er als Fachmann sich unschwer ausrechnen, wie die gegenüber den langwierigen früheren Trageversuchen der als Schuhläufer gedungenen Rentner nun vergleichsweise schnell und unter hohen Zeitdruckvorgaben des Reichsamtes erzielten Versuchsabläufe und Prüfergebnisse zustande gekommen waren.

In Hannover machte man sich aber vor allem weiter Gedanken über die anhaltende Konkurrenz zu Freudenberg, die auch die Entwicklung des Schuhsohlengeschäfts von Continental in den folgenden Jahren wie einen roten Faden durchzog. Freudenberg hatte inzwischen seine Strategie geändert. Statt auf Qualität setzte er nun auf Quantität und Produktionskapazitäten. Im Rahmen der Kriegswirtschaft, so sein Argument, stünde nun die Bedarfsdeckung an oberster Stelle und die Berücksichtigung der Gütesicherung erst an zweiter.[236] Man versuchte sogar, Continental als Verfechter des Güteprinzips bei den Behörden zu diskreditieren. „Ich halte es für unverantwortlich", hieß es in einem Schreiben Freudenbergs an alle Beteiligten Mitte Dezember 1942, „Sohlenherstellung aus falscher technischer Besorgnis und Unbeweglichkeit unnötig zu drosseln."[237]

Damit untergrub das Weinheimer Unternehmen auch die Arbeit des Güteausschusses, wie Stubbendiek sich gegenüber der Fachgruppe Kautschukindustrie beschwerte. Dieser war inzwischen „zwecks Durchsetzung der Interessen der Kautschukindustrie gegenüber den Kunststoffe verarbeitenden Fabriken" umbenannt worden und firmierte nun als „Güteausschuss für Sohlen aus Kautschuk und Absätze aus Kautschuk und Kunststoffen". Tatsächlich hatte sich die Stimmung in den Ämtern wie auch in der Öffentlichkeit inzwischen offenbar wieder zugunsten der Gummisohle geändert, so dass die Wirtschaftsgruppe Kautschukindustrie im Februar 1942 plante, dies auch in einer Werbeak-

---

235 Vgl. ebd., S. 532.
236 Vgl. Aktenvermerk über einen Anruf Freudenbergs vom 23.1.1942, in: CUA, 6500 Zg. 1/69, A 1,2.
237 Schreiben vom 16.12.1942, in: ebd.

tion propagandistisch zu nutzen. Allerdings hatte nur wenig später ein Beitrag des Leiters der Oranienburger Schuhprüfstrecke in der Zeitschrift „Der Schuhmachermeister" für erheblichen Wirbel in der Wirtschaftsgruppe gesorgt mit entsprechendem Protest beim Reichsamt für Wirtschaftsausbau, da dieser sich „über das Maß seiner fachtechnischen Zuständigkeit hinaus wirtschaftspolitisch und auch sonst abfällig kritisch mit der Buna-Sohle beschäftigte."[238] Angesichts dessen erwog man daher unter den Gummisohlenherstellern im Juni 1942, eine eigene Sohlenprüfstelle aufzubauen und sich damit von der Schuhprüfstrecke in Oranienburg unabhängig zu machen. Friedrich Wilop schrieb in diesem Zusammenhang an Stubbendiek:

> Die Sohlenplattenindustrie hat es über den Güteausschuss verstanden, ein ihr verlorengegangenes Arbeitsgebiet wieder zu erobern und es gegen die Einflussnahme der Lederindustrie erfolgreich zu verteidigen. Diese Führung der Kautschukindustrie muss für die Zukunft erhalten bleiben und von nicht erwünschten Einflüssen anderer Stellen unabhängig gehalten werden. Daher soll die Sohlenprüfstelle ausschließlich dem Einfluss der Industrie und dem mit ihrem Vertrauen ausgestatteten Geschäftsführer unterstehen.[239]

Inzwischen gab es mit der im Oktober 1942 geschaffenen „Gemeinschaft Schuhe" ein neues Gremium, in dem unter dem behördlichen Diktum der Rationalisierung und Vereinfachung alle mit der Schuhherstellung und der damit zusammenhängenden Warenbewirtschaftung befassten Betriebe und Unternehmen zusammengeschlossen waren. In dessen Beirat saß kein Continental-Vertreter, dafür Otto A. Friedrich als Phoenix-Vorstand, aber auch Richard Freudenberg war nicht mehr persönlich, sondern nur noch über einen Vertreter anwesend.[240] In diesem Gremium liefen nun die vielfältigen Auseinandersetzungen zwischen Unternehmen und Behörden, aber auch unter den Firmen offen und verdeckt ab.

Freudenberg, dessen Expansionsdrang durch die Errichtung der „Gemeinschaft Schuhe" zunächst auch behördlicherseits zurückgedrängt worden war, gewann bald wieder an Einfluss. Im Februar 1944 wurde er zum Leiter des Technischen und Entwicklungs-Ausschusses im Produktionsausschuss Lederaustauschstoffe ernannt, im Juni 1944 dann auch noch zum Mitglied im Produktionsausschuss Leder, Lederaustauschstoffe und Schuhe, wo er mit am Schalt-

---

238 Aktenvermerk der Wirtschaftsgruppe für Stubbendiek vom 3.6.1942, in: CUA, 6500 Zg. 1/69, A 1,2.

239 Schreiben vom 20.6.1942, in: ebd. Vgl. auch Niederschrift der Sitzung des Güteausschusses vom 26.11.1942, in: CUA, 6704 Zg. 1/68, A 6. Die neueste Anordnung der Behörden ging inzwischen dahin, zur weiteren Einsparung von Buna – obwohl diese bei Sohlen und Absätzen nur minimal sein konnten – sogenanntes Tonerde-Gel (TEG) einzusetzen.

240 Vgl. Scholtyseck, Freudenberg, S. 237 ff.

hebel der Rohstoffzuteilung an die Betriebe saß.[241] Der Geschäftsführer der Schwelmer Gummiwarengesellschaft, Würz, berichtete zur selben Zeit von der bevorstehenden Errichtung einer neuen Gummiabsatz-Fabrik in Darmstadt, die „nach Lage der Dinge im Grunde genommen gegen die Continental gerichtet ist" und hinter der niemand anderer als Freudenberg stecken konnte.[242] In Hannover reagierte man darauf umgehend und machte seinerseits den eigenen Einfluss in den diversen Ausschüssen geltend, allen voran der mächtige Produktionsausschuss Kautschuk unter Technik-Vorstand Weber, dem auch Freudenberg, soweit es die Sohlenfertigung betraf, unterstand. Stubbendiek wurde beauftragt, bei Freudenberg im Namen Webers umgehend genaue Unterlagen über den derzeitigen Stand der Fabrikation und seiner etwa noch geplanten Erweiterungen einzuholen, verbunden mit dem ausdrücklichen Hinweis, dass der Produktionsausschuss durchaus das Recht dazu habe, diese Angaben einzuholen, und Freudenberg den Fragen nicht ausweichen könne.[243]

Ansonsten allerdings hatte sich Continental im umkämpften Schuhsohlen- und -absatzgeschäft zu diesem Zeitpunkt weitgehend selbst gelähmt und erhebliche Managementkapazitäten in einem internen Konflikt gebunden. Es ging um neu aufgeflammte Konflikte zwischen Continental und seiner Schuhvertriebsgesellschaft Schwelmer Gummiwaren GmbH. Im Dezember 1942 hatte Continental den Gesellschaftsvertrag zum 31. Dezember 1943 gekündigt, um endlich seine Anteile deutlich aufzustocken und eine 75-prozentige Mehrheitsbeteiligung mit Option auf den Erwerb sämtlicher Anteile und darauffolgender Verlagerung des gesamten Schuhgeschäfts nach Hannover und Eingliederung in den Konzern zu erreichen.[244] Hintergrund war, dass sich seit Vertragsabschluss 1938 die Geschäftsgewinne der Gesellschaft vor allem infolge der Einbringung des Continental-Geschäfts verdreifacht hatten, ohne dass Continental einen entsprechenden Anteil erhielt.

Im April 1943 folgten erste Verhandlungen, bei denen die Schwelmer Alteigentümer durchaus Bereitschaft zur Abgabe weiterer Anteil signalisierten und man zum 1. Januar 1944 die Übernahme von weiteren zehn Prozent Kapitalanteile durch Continental vereinbarte, zugleich aber auf die erheblichen Probleme einer Vertragsbeendigung während des Krieges hinwies.[245] Die Verhandlungen auf Continental-Seite führte Wilhelm Könecke, der jüngere Bruder des Vorstandsvorsitzenden Fritz Könecke, der als Assessor in der Rechtsabteilung des

---

241 Vgl. ebd., S. 241.
242 Schreiben Würz an Continental vom 29.6.1944, in: CUA, 6704 Zg. 1/67, A 3.
243 Schreiben Continental an Würz vom 7.7.1944, in: ebd.
244 Vgl. dazu und zum Folgenden CUA, 6704 Zg. 1/67, A 5 („Schwelmer Prozess").
245 Vgl. Aktennotiz zu den Verhandlungen mit der Schwelmer Gruppe vom 21.4.1943, in: ebd.

Unternehmens arbeitete. Ein neuer Gesellschaftsvertrag kam jedoch nicht zustande, so dass die Entwicklung im Herbst 1943 auf einen offenen und jetzt auch über Anwälte befeuerten Konflikt zusteuerte. Continental wurde dabei von der Schwelmer Gegenseite der Vorwurf gemacht, rechtswidrig und unter Ausnutzung der Kriegsverhältnisse eine grundlegende Änderung der Beteiligungsverhältnisse erzwingen zu wollen.[246] Tatsächlich besaß Continental ein erhebliches Druckmittel, denn mit der Kündigung des Gesellschaftsvertrags war auch die Einstellung der Lieferverpflichtung an Waren verbunden, demgegenüber die Schwelmer Gruppe einen Rechtsanspruch auf weitere Belieferung unter den Bedingungen der Kriegswirtschaft geltend zu machen können glaubte.[247]

Die Schwelmer Gruppe reichte schließlich im November 1943 Klage bei der Zivilkammer des Landgerichts Hannover ein, und die Position der Minderheitsanteilseigner war gar nicht so schlecht, wie sich aus einer Notiz der Patentabteilung an den Vorstand ergab: „Bemerken möchten wir noch in allgemeiner Hinsicht, dass Schwelm bei rigoroser Durchsetzung ihrer Rechte uns noch erhebliche Schwierigkeiten auf dem Warenzeichengebiet bereiten kann".[248] Zudem war der Streitwert auf drei Mio. RM festgesetzt worden, was signalisierte, dass die ganze Angelegenheit für Continental durchaus mit einem hohen finanziellen Risiko verbunden war. In Hannover gab es daraufhin Gedankenspiele, die jüngsten Erlasse des Speer-Ministeriums skrupellos zu nutzen, durch die das nicht mehr zeitgemäße Gebilde Schwelmer Gummiwaren-Gesellschaft stillgelegt und der Betrieb für Zwecke der Rüstungsindustrie freigemacht werden könnte.[249] Zugleich bot sich damit die Gelegenheit, neue, sprich höhere Preise und Konditionen festlegen zu können. Eigentlich waren sich allerdings beide Seiten durchaus einig, dass der Prozess aus Gründen der „Kriegsunwichtigkeit" bis nach Kriegsende ausgesetzt werden sollte. Dennoch zog sich die Angelegenheit weiter hin und im März 1944 erging schließlich ein Urteil des Landgerichts, nach dem die Kündigung von Continental rechtens war und auch keine Verpflichtung zur weiteren Warenbelieferung mehr bestand. Gleichzeitig liefen aber bereits Vergleichsverhandlungen, die nach viel Hin und Her – begleitet von diversen Ultimaten und Widerspruchsklagen – erst im September 1944 erfolgreich zum Abschluss kommen sollten. Demnach wurde dem zweiten Geschäftsführer und Mitbegründer der Schwelmer Gesellschaft, Otto Tillmann, bis Kriegsende eine Weiterbeschäftigung zugestanden, aber mit der Zusage verbun-

---

246 Schreiben des Schwelmer Anwalts an den Rechtsvertreter von Continental vom 2.9.1943, in: ebd.
247 Vgl. Notiz Henkes zum Streit mit Schwelm vom 21.9.1943, in: ebd.
248 Schreiben vom 22.12.1943, in: ebd.
249 Vgl. Schreiben Assessor Könecke vom 20.12.1943, in: ebd.

den, danach die gesamten Anteile an Continental zu verkaufen.[250] Damit war
die Neuregelung des Schuhbedarfsgeschäfts erst einmal auf die Nachkriegszeit
verschoben.

2 Ambivalente Innovationsprozesse und nationalsozialistische Forschungsorganisation

Die Rohstoffversorgung von Continental im Krieg stand ganz im Zeichen des
grundlegenden Umbruchs von Naturkautschuk auf Synthesekautschuk und einer weiterhin schwankenden Belieferung und Zuteilung durch die Behörden
(vgl. Tabelle 15).

Tab. 15: Rohstoffverbrauch der Continental (1939–1944) in to

Jahr	Naturkautschuk	Buna	Regenerat	Gesamt
1939	29 911	4 400	9 174	43 485
1940	9 528	12 251	9 794	31 573
1941	7 694	15 119	8 445	31 258
1942	9 017	18 052	6 728	33 797
1943	1 476	22 156	7 800	34 432
1944	777	22 344	1 992	25 113

Quelle: Statistik der Continental, CUA, 6600 Zg. 2/56, A 1 und 6633 versch. Zg. A 3.

Während die Verarbeitung von Naturkautschuk drastisch zurückging und nur
vereinzelt durch Beschlagnahme in besetzten Ländern, vor allem in Frankreich,
sowie erfolgreiche Blockadebrecher mit Plantagenkautschuk-Lieferungen aus
Asien eine kurzzeitige Besserung erfolgte[251], nahm der Einsatz von Buna rasant
zu und vervierfachte sich zwischen 1939 und 1944 von 4400 auf über
22 000 to.[252] Vor allem 1943 sackte die Zuteilung von Naturkautschuk plötzlich

---

250 Vgl. Abschließende Aktennotiz zum Schwelm-Prozess vom 8.9.1944, in: ebd.
251 Insgesamt erreichten Deutschland während des Krieges nach späteren Recherchen der
amerikanischen Militärregierung nur 75 000 to Naturkautschuk, die letzte Lieferung waren
4000 to im Januar 1943, danach kam so gut wie kein Naturkautschuk mehr ins Deutsche Reich.
Vgl. ADM, CIOS Target Report 22/10, Miscellaneous Chemicals, The Harburger Gummiwarenfabrik Phoenix AG, S. 39 f.; Das Deutsche Reich und der Zweite Weltkrieg, Bd. 5/2: Organisation
und Mobilisierung des deutschen Machtbereichs, Stuttgart 1999, S. 542.
252 Dennoch waren die Ausgaben von Continental für Naturkautschuk höchst schwankend,
wie die Wirtschaftsprüfberichte zeigen: 1939 wurden für den Rohstoff noch 25,9 Mio. RM aufgewendet, 1940 nur noch 12,18 Mio. RM; 1941 waren es dann 15 Mio. RM und 1942 21,44 Mio.
RM, ehe die Ausgaben hierfür 1943 auf 3,5 Mio. RM absackten. Vgl. die Angaben in den WP-

aufgrund der erfolgreichen Blockademaßnahmen der Alliierten dramatisch von 9017 auf 1476 to ab und setzte das NS-Regime unter massiven Zwang, die Buna-Produktion auszuweiten. Die große Umstellung von Naturkautschuk auf Buna erfolgte daher eigentlich erst in diesem Jahr.[253] Von erheblicher Bedeutung blieb für Continental trotz tendenziellem Absinken auch der Verbrauch von Regenerat, d. h. wiederaufbereitetem Altgummi, Weichgummimehl und Hartgummistaub. Insgesamt sank der Umfang der verarbeiteten Rohstoffe jedoch deutlich: 1939 waren in Hannover und Korbach noch 43 485 to Rohstoff zu Produkten verarbeitet worden, 1941 waren es nur noch 31 258 to, knapp 30 Prozent weniger. Die Zulieferungen aus den Buna-Werken der IG Farben in Schkopau, Hüls und Ludwigshafen waren oft erheblichen Schwankungen unterworfen gewesen, nicht nur in der Quantität, sondern auch in der Qualität.[254] Bei einem durchschnittlichen Tagesverbrauch an Buna von 34 to sackte der Vorrat im Dezember 1940 auf nur noch fünf Tage und auch in den Folgemonaten und -jahren unterlag die Versorgungslage erheblichen Schwankungen, die seit 1943 infolge der zunehmenden Luftangriffe noch zunahmen. Die Continental-Angestellten in der Verwaltung haben später für die Militärregierung einen detaillierten monatlichen Verlauf der zwischen August 1939 und Februar 1945 in den Continental-Werken produzierten Güter und verbrauchten Kautschuk- und Buna-Mengen erstellt, das wie in einer Fieberkurve die Entwicklung wiedergibt (Abb. 97).[255]

Das Buna von 1939 hatte allerdings mit dem Synthesekautschuk aus den IG Farben-Werken von 1943/44 nicht mehr viel gemein. Im Laufe des Krieges wurden zahlreiche Spezialsorten von sogenannten Zahlen- und Buchstaben-Buna entwickelt, dazu kamen eine Reihe von Weichmachern und anderen Zusatz- bzw. Hilfsstoffen, die für die Verarbeitung von Buna notwendig waren. Wie in anderen strategischen Werkstoffen und Rüstungsgütern auch entwickelte sich hier unter Kontrolle und Steuerung der Behörden ein Forschung- und Entwicklungsnetzwerk, das Merkmale moderner Großforschung aufwies und Ähnlichkeiten zu den gleichzeitig sich in den USA entwickelnden Strukturen von ‚big science' aufwies. Neben der IG Farben war Continental zentraler Bestandteil dieses Netzwerkes, dessen Knotenpunkt nicht nur der Buna-Chemiker-Ausschuss (BCA) war, in dem sowohl Continental-Chemiker wie Continental-Pro-

---

Berichten in: CUA, 6630 Zg. 1/56, A 33. Die Ausgaben für Buna kletterten dagegen rasant von 19 Mio. RM (1939) auf 57,5 Mio. RM (1943).

253 Vgl. Bericht O. A. Friedrichs an die Militärregierung, in: ADM, CIOS Target Report 22/10, Miscellaneous Chemicals, The Harburger Gummiwarenfabrik Phoenix AG, S. 54 ff.

254 Entgegen einer nach wie vor weit verbreiteten Annahme wurde im IG-Farben Werk Auschwitz nie Buna produziert, somit erhielt auch Continental keine Rohstoffe von dort.

255 Vgl. die Zusammenstellung in: CUA, 6633 versch. Zg., A 4, und die Angaben in Statistik der Continental für 1942/43, S. 10–12, in: ebd.

duktionsleute saßen, sondern auch zahlreiche direkte Kontakte und Erfahrungsaustausch zwischen Hannover und Leverkusen stattfanden.[256]

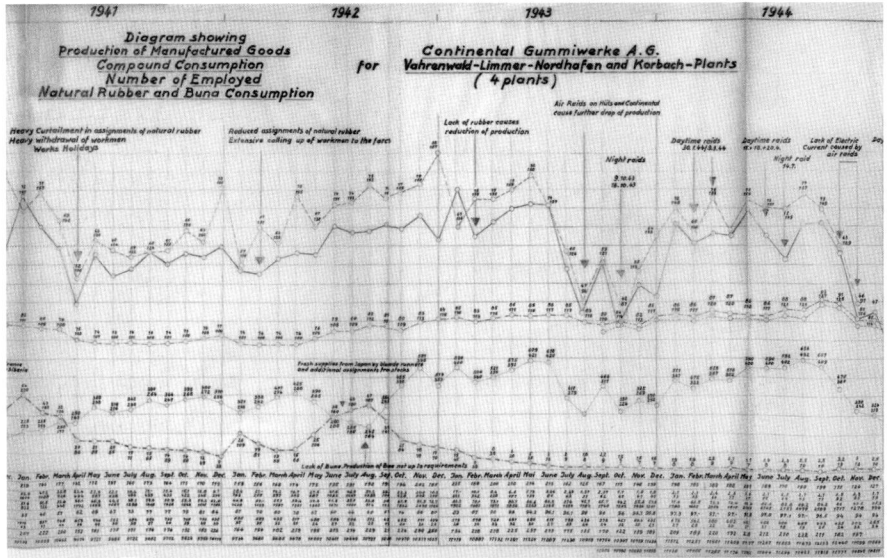

Abb. 97: Diagramm der monatlichen Fertigung Januar 1941 bis Dezember 1944.

Dabei zeigte sich oft eine höchst unterschiedliche Herangehensweise der F&E-Bemühungen. Während die IG Farben-Chemiker immer neue Buna-Sorten und -Typen mit einer verbesserten gummitechnischen Güte zu entwickeln versuchten, ging es den Continental-Chemikern um eine Verbesserung der Verarbeitbarkeit oder, wenn man so will, der fertigungstechnischen Güte des Kunstkautschuks. Im Juni 1942 etwa konstatierten die Continental-Vertreter im BCA, dass sie mit unter rein chemisch-technischen Gesichtspunkten schlechten Buna-Sorten aufgrund einer besseren Verarbeitbarkeit beachtliche Leistungserhöhungen erzielt hatten.[257] Offenbar gelang es aber nicht, die F&E-Aktivitäten der IG Far-

---

256 Vgl. u. a. Bericht über die Besprechung in Leverkusen vom 7./8.1.1942 sowie Bericht über die Besprechung mit den Herren der Buna-Werke Schkopau vom 20.3.1942, in: CUA, 6525 Zg. 1/ 56, A 30,2. Siehe auch den Schriftwechsel zu Buna in: Bayer-Archiv 329-0540 sowie 329-1199-01 und 314-013. Die Protokolle des BCA auch in: CUA, 6500 Zg. 1/69, A 10. Vgl. dazu auch Protokoll der Vorstandssitzung vom 22.4.1940, bei der man sich Gedanken über die Weitergabe von eigenem Buna-Know-how im BCA machte, etwaige Bedenken jedoch „gegenüber der höheren Aufgabe der Gummi-Industrie" zurückstellte.
257 Vgl. Protokoll der BCA-Sitzung am 30.6./1.7.1942, in: CUA, 6525 Zg 1/56, A 58,1.

ben auf diese anwendungstechnischen Ziele hin umzulenken.[258] Und die Continental-Chemiker konnten dabei durchaus mit eigenen nennenswerten Entwicklungen und Know-how aufwarten, zumal inzwischen auch Georg von Opel als Großaktionär seine anfängliche starke Skepsis gegen den neuen Werkstoff aufgegeben hatte und die konzerninterne Buna-F&E unterstützte.[259] Vor allem hatte man mit der Entwicklung von sogenanntem ölverstrecktem Kunstkautschuk zunächst für technische Gummiwaren, dann auch für den potenziellen Einsatz in der Reifenherstellung eine zukunftsweisende Synthesekautschuk-Sorte gefunden, deren weltweiter Durchbruch allerdings erst in den Nachkriegsjahren durch General Tire auf der Basis des bei Continental vorgefundenen Knowhows erfolgen sollte.[260]

Continental wurde aber auch noch über eine weitere Institution in eine enge Kooperation mit der IG Farben gezwungen: die vom Heereswaffenamt Ende 1940 initiierte und dann von den verschiedenen Behörden massiv vorangetriebene Gründung der Versuchswerke für Kautschukverarbeitung GmbH in Leverkusen. In Hannover war man von Anfang an wenig begeistert über die Pläne des Heereswaffenamtes gewesen, da sich damit für den IG Farben-Konzern ein Einfallstor in das genuine Geschäftsfeld der Kautschukindustrie eröffnete.[261] Das federführende OKH bestimmte jedoch nicht nur, dass die Führung der Versuchswerke in den Händen der IG Farben lag, sondern auch, dass sich Continental daran aktiv finanziell, mit Fachwissen und personell beteiligen sollte. Auch wenn die IG ausdrücklich erklärte, dass die geplante Fabrik ausschließlich als Versuchswerk fungieren würde, unterschrieb Continental-Vorstand Könecke dennoch mit höchst gemischten Gefühlen am 9. Januar 1941 den zwischen dem OKH, der IG Farben und Continental als Vertreter der Kautschukindustrie abgeschlossenen Konsortialvertrag.[262]

Darin verpflichteten sich IG und Continental bzw. die Fachgruppe Kautschukindustrie, ihre sämtlichen bestehenden und in Zukunft gesammelten Erfahrungen auf dem Gebiet der Verarbeitung von synthetischem Kautschuk ge-

---

258 Vgl. näher Erker, Vom nationalen zum globalen Wettbewerb, S. 439 ff.

259 Vgl. den Briefwechsel zwischen Opel und Weber vom September 1941, in dem dieser den Aufsichtsratsvorsitzenden auf eine entsprechende Anfrage hin über die wichtigsten technischen Details der Synthesekautschuk-Forschung informierte, in: CUA, 6525 Zg. 1/56, A 59.

260 Vgl. Rainer Karlsch, Entscheidungsspielräume und Innovationsverhalten in der Synthesekautschukindustrie. Die Einführung des Kaltkautschukverfahrens in den Chemischen Werken Hüls und im Buna-Werk Schkopau, in: Johannes Bähr, Dietmar Petzina (Hrsg.), Innovationsverhalten und Entscheidungsstrukturen. Vergleichende Studien zur wirtschaftlichen Entwicklung im geteilten Deutschland 1945–1990, Berlin 1997, S. 81–97.

261 Vgl. Protokoll der Vorstandssitzung vom 19.11.1940, in: CUA, 6603 Zg. 3/85, A 3.

262 Vgl. den Vertrag in: Ordner IG Versuchswerke, CUA, 6621 Zg. 2/92, A 1, sowie den entsprechenden Schriftwechsel in: Bayer-Archiv 151-008.

genseitig zur Verfügung zu stellen.[263] Continental stellte zwar zwei Aufsichtsratsmitglieder in dem achtköpfigen Kontrollgremium der Versuchswerke, dennoch blieb man gegenüber der Forschungsmacht der IG Farben misstrauisch, und das mit gutem Grund. Denn im Juni 1942 kam es über die Frage, inwieweit die Erfahrungen bei der Buna-Verarbeitung als anteiliges geistiges Besitztum der Reifenindustrie zu gelten hatten, zu einem heftigen Konflikt. Die IG vertrat den Standpunkt, „alles, was sie über die Buna-Verarbeitung wisse, aus Eigenem erschaffen zu haben", und fühlte sich daher berechtigt, „von diesem ihrem Gut vollkommen frei zu verfügen und z. B. an irgendjemand im Ausland weiterzugeben."[264] Tatsächlich jedoch, so monierten die Reifenunternehmen unter Führung der Continental in einem Schreiben an den Leiter des IG-Zentrallabors,

> geht seit Jahren ein sehr lebhafter Strom des Austausches zwischen den verschiedenen Gummifabriken und Ihren Laboratorien. Es ist gerade das Charakteristikum einer Arbeitsgemeinschaft oder eines engen Zusammenarbeitens, daß im Austausch der Nöte und Erfahrungen Anregungen weitergegeben und weiterverarbeitet werden. Der bisherige Brauch, diese Arbeitsgemeinschaft zu pflegen, müßte notgedrungen über kurz oder lang gestoppt werden, wenn Sie aus irgendwelchen Überlegenheitsvorstellungen heraus die Gesetze der deutschen Arbeitsgemeinschaft glauben nicht anerkennen zu brauchen zu Gunsten einer ‚internationalen' Einstellung.[265]

Im Februar 1943 beschloss schließlich der Continental-Vorstand, mit der Degussa Verhandlungen über eine engere Verbindung bei der Entwicklung und Lieferung von chemischen Hilfsstoffen aufzunehmen, um der „Einkreisungspolitik seitens der IG" entgegenzuwirken.[266] Mit ihrem Buna-Know-how, dem eigenen Reifenwerk (Versuchswerk Leverkusen) und ihrer Finanzkraft war die IG Farben im Krieg potenziell zu einem langfristig gesehen gefährlichen Konkurrenten der Continental herangewachsen.[267]

---

263 Genau genommen gab es einen Konsortial-Vertrag und einen Gesellschaftsvertrag, in dem dann die organisatorischen Details der Versuchswerke GmbH geregelt wurden. Dazu gab es noch einen dritten Vertrag in Form eines Abkommens zwischen Continental und der Fachgruppe Kautschukindustrie hinsichtlich der gemeinschaftlichen Wahrnehmung der Interessen der Kautschukindustrie an den Versuchswerken vom 30.10.1942. Die spezifische Komplikation der ganzen Transaktion ergab sich dadurch, dass die maschinelle Einrichtung der Versuchswerke durch Abtransport aus dem Werk Debica der polnischen Reifenfabrik Stomil stammte, das wiederum Continental kurz zuvor erworben hatte.
264 Schreiben des Continental-Vorstandes Dr. Weber an Dr. Konrad, den Leiter des IG-Kautschuklaboratoriums vom 23.6.1942, in: CUA, 6525 Zg 1/56, A 58,1.
265 Ebd.
266 Protokoll der Vorstandssitzung vom 12.2.1943, in: CUA, 6603 Zg 3/85, A 3.
267 Daran hatte auch das OKH wesentlich Anteil, denn die Behörde hatte sich schon im Juli 1942 in die Organisation der Versuchswerke eingemischt und Könecke gezwungen, die zwischen Continental und der Fachgruppe Kautschukindustrie bzw. den darin vertretenen übrigen

Die Mischung aus behördlichen Vorgaben, bilateralen Verhandlungen mit anderen Unternehmen, mit denen man in Produktions- und Entwicklungsgemeinschaften gezwungen wurde, und der Einbindung und Verflechtung in komplexe Forschungs-, aber auch Ausbeutungsnetzwerke verschiedener Parteistellen, staatlicher Behörden und militärischer Ämter zeigte sich auch in zwei weiteren Bereichen: der Rußversorgung und der Züchtung und Verarbeitung von Pflanzenkautschuk (Kok-Sagys). Die Gasruß-Produktion in dem gemeinschaftlich von Continental und der Degussa geführten Dortmunder Werk lief im Herbst 1940 nicht so, wie sich das Eckell und das Reichsamt für Wirtschaftsausbau vorgestellt hatten. Weber berichtete Mitte September gegenüber seinem Vorstandskollegen Assbroicher von einem regelrechten Wutausbruch Eckells, in dem er die Dortmunder Geschäftsführung für unfähig erklärte, ein solch kriegswichtiges Unternehmen zu leiten.[268] Dabei verfolgte das Reichsamt selbst eine höchst schwankende Ruß-Strategie. Einerseits erklärte Eckell bei einer Besprechung Continental-Finanzvorstand Franz gegenüber, dass für die Rußwerke Dortmund eine Produktion von monatlich 500 to völlig ausreiche, keine zehn Tage später jedoch drängte er in der Aufsichtsratssitzung des Unternehmens auf eine schnelle und deutliche Erhöhung der Produktion auf 800 to und mehr, und er brachte den Plan der Errichtung einer dritten Rußfabrik ins Spiel.[269] Bei den Gesellschaftern der Gasrußwerke, Continental wie Degussa, stieß dies auf wenig Gegenliebe, da zum einen schon die ausreichende Belieferung der Dortmunder Werke mit Anthrazen als notwendiges Vorprodukt für die Rußherstellung Schwierigkeiten machte, zum anderen damit aber auch erhebliche Investitionskosten verbunden waren, zumal für den als neuen Standort vorgesehenen revierfernen in Oberschlesien, und drittens schließlich herrschte die Befürchtung, dass damit Überkapazitäten geschaffen wurden, die nach dem erwarteten baldigen Kriegsende durch den dann vorauszusehenden Import großer Mengen an amerikanischem Gasruß unrentabel werden würden.

Dennoch setzten sich Eckell und das Reichsamt durch und im Spätsommer 1941 wurde mit den Bauarbeiten für das dritte Werk in Gleiwitz/Oberschlesien

---

Firmen ursprünglich in Form eines Schutzgemeinschaftsvertrages abgeschlossene Vereinbarung zur Wahrung der gemeinsamen Interessen aufzugeben und eine Neuformulierung vorzunehmen, in der der Aufgabenbereich des Konsortialausschusses zu Lasten der Kautschukindustrie deutlich begrenzt war. Vgl. Niederschrift über die Sitzung des Konsortialausschusses der Versuchswerke vom 13.7.1942, in: Ordner Versuchswerke, ohne Signatur. Vgl. darin auch das Schreiben Köneckes an das OKH vom 2.2.1942, in dem er sich gegen die Änderungen (vergeblich) zu wehren versuchte.

268 Vgl. Brief Weber an Assbroicher vom 13.9.1940, in: CUA, 6525 Zg. 1/65, A 201.

269 Vgl. Aktennotiz des Dortmunder Geschäftsführers Kemnitz zu einer Besprechung vom 9.7.1940, in: CUA, 6600 Zg. 1/56, A 1,7.

begonnen. Überhaupt knirschte es auch im Verhältnis der beiden Hauptgesellschafter der Gasrußwerke. Die Degussa und die Reifengruppe unter Führung von Continental stritten sich permanent über die zu zahlenden Ruß-Preise und Leistungsvergütung für die Degussa. Das Geschäftsjahr 1941 der Deutschen Gasrußwerke GmbH schloss dennoch mit einem Produktionsrekord – allein im Dezember wurden 1182 to hergestellt – sowie einem Betriebsgewinn von 3,9 Mio. RM ab.[270] Das Geld floss allerdings nicht in die Taschen der Gesellschafter, sondern wurde als erste Rate für den Neubau in Gleiwitz verwendet, zu dessen Finanzierung eine erste Kapitalerhöhung der Gasrußwerke GmbH von sechs auf neun Mio. RM erfolgte.[271] Da schon abzusehen war, dass die Kosten der neuen Fabrik den damaligen Aufwand für Dortmund wesentlich übersteigen würden, war auch für 1942 sowohl mit einer weiteren Erhöhung des Gesellschaftskapitals als auch der Aufnahme von Bankkrediten zu rechnen. Nach dem Stand der Kalkulationen vom März 1942 würde die Gleiwitzer Fabrik 22,9 Mio. RM kosten, was sogar den Continental-Aufsichtsratsvorsitzenden Uebel erschrecken ließ, zumal eine weitere Art der Finanzierung der Investitionskosten darin bestehen sollte, die Rußpreise zu erhöhen, was eine zusätzliche einseitige Belastung der Kautschukindustrie bedeutete.[272]. Und dabei sollten sich die endgültigen Kosten für Gleiwitz auf fast 30 Mio. RM belaufen.[273] Schließlich sorgten auch noch seit Herbst 1942 zunehmende Versorgungs- und Qualitätsprobleme in den Reifenunternehmen für eine kritische Lage. „Die Russ-Lage ist nunmehr so angespannt, dass Maßnahmen zur Einsparung von Aktivruss ergriffen werden müssen, die nicht mehr ohne Qualitätsminderungen durchführbar sind", hieß es in einer internen Notiz der hannoverschen Rohbetriebe vom 11. September 1942. „Es muss daher eine Entscheidung darüber herbeigeführt werden, wer die Verantwortung hierfür übernimmt."[274] Einem durchschnittlichen Tagesverbrauch von 12,8 to Ruß für den Reifensektor und 2,2 to für technische Produkte standen gerade einmal 10 bis 12 to tatsächlich verfügbarer Ruß gegenüber.

---

270 Vgl. Bericht über das Geschäftsjahr 1941, in: CUA, 6600 Zg. 1/56, A 40.

271 Dass der Übergewinn aus Dortmund steuerfrei für die Finanzierung von Gleiwitz verwendet werden konnte, war keineswegs selbstverständlich und erst nach „mehrstündigen schwierigen Verhandlungen" mit dem Preiskommissar erreicht worden. Vgl. Aktennotiz Kemnitz an die Gesellschafter vom 18.2.1942, in: CUA, 6600 Zg. 1/56, A 1.3. Die Degussa hielt weiterhin die Mehrheit von 50 Prozent, Continental 27,6 Prozent, während sich die übrigen Anteile auf die restlichen neun Reifenfirmen verteilten. Dunlop hielt demnach 5,6, Phoenix 2,7 und Semperit 1,9 Prozent der Anteile. Vgl. Notiz vom 1.7.1942, in: CUA, 6600 Zg. 1/56, A 1,3.

272 Vgl. Schreiben Uebel an den Continental-Vorstand vom 17.3.1942, in: Ordner Anlagen zu den Aufsichtsratsprotokollen; Protokoll der Aufsichtsratssitzung der Deutschen Gasrußwerke vom 13.5.1942, in: CUA, 6600 Zg. 1/56, A 1,2.

273 Vgl. Hayes, Die Degussa, S. 225.

274 Aktennotiz vom 11.9.1942, in: CUA, 6525 Zg. 1/65, A 1,1.

Währenddessen mischten sich Eckell und das Reichsamt immer wieder in die Rußherstellung ein, und Eckell verstand es dabei meisterhaft, die beiden Gesellschafter Degussa und Reifenindustrie gegeneinander auszuspielen. Anfang 1944 drohte er etwa der Degussa angesichts deren Weigerung zum Bau einer Ausweichfabrik für die Flammruß-Herstellung damit, die gesamte Rußproduktion den Kautschukunternehmen zu übertragen und damit den Marktanteil der Frankfurter empfindlich zu schwächen.[275] Der Degussa-Vorstand fügte sich den Anordnungen, dabei hätte man durch Nachfrage bei den Gummiunternehmen, allen voran Continental, schnell feststellen können, dass Eckells scheinbare Erpressung tatsächlich nur leere Drohungen waren. Allerdings hatte sich Continental inzwischen durchaus weiter eigenes Know-how bei der Rußherstellung erworben und im Frühjahr 1944 etwa ein innovatives Perlruß-Verfahren entwickelt. Im August 1944 liefen dazu verschiedene Versuche, eine Großanlage für Gleiwitz in Anlehnung an den Continental-Versuchsapparat war bestellt, aber noch nicht geliefert.[276] Immerhin lieferte das Werk in Gleiwitz trotz anhaltender Baumaßnahmen seit 1943 steigende Rußmengen und erzielte auch Erlöse in Millionenhöhe, die jedoch unter dem Strich bei weitem nicht die hohen Investitionskosten deckten.[277]

Dass dabei in den Dortmunder Werken allein 1942 längst insgesamt 134 französische Kriegsgefangene und knapp 50 weitere zivile Zwangsarbeiter die ebenso gefährliche wie schmutzige Arbeit verrichteten und beim Bau wie nach der Inbetriebnahme der Gleiwitzer Rußfabrik im Verlauf des Jahres 1943 auch KZ-Häftlinge zum Einsatz kamen und sich dort zu Tode schuften mussten, war für die Gasruß-Gesellschafter in Frankfurt und Hannover eher nebensächlich, solange die Produktion sichergestellt war. Das KZ Auschwitz hatte in Gleiwitz sogar ein eigenes Außenlager eingerichtet, in dem 740 männliche und 371 weibliche Häftlinge in den Gasrußwerken arbeiteten, Erstere vor allem beim Bau, Letztere vor allem in der Rußherstellung.[278] Der Bau und Betrieb der Rußwerke Gleiwitz fiel zwar in die alleinige Verantwortung der Degussa, aber als Mitgesellschafter war auch Continental mittelbar in die dortigen Vorgänge involviert.

Ähnliche Verstrickungen ergaben sich auch in einem anderen Rohstoffbereich: der Gewinnung von Gummi aus anderen Pflanzen als den Gummibäumen wie dem „russischen" Löwenzahn, der ebenso pauschal wie unscharf als

275 Vgl. Hayes, Die Degussa, S. 228.
276 Vgl. Protokoll der Arbeitsausschuss-Sitzung der Gasrußwerke vom 24.8.1944 in Potsdam, Palast-Hotel, bei der Assbroicher zum Stand des Conti-Verfahrens berichtete, in: CUA, 6600 Zg. 1/56, A 1,6.
277 Zur „Rentabilität" des Werks Gleiwitz, das letztlich nie ganz fertiggestellt worden war, vgl. Hayes, Die Degussa, S. 281.
278 Vgl. zum Zwangsarbeitereinsatz in Gleiwitz Hayes, Die Degussa, S. 208 ff.

„Pflanzenkautschuk" bezeichnet wurde. Am 28. November 1940 war es zu einer Besprechung in Hannover gekommen, bei der neben Technik-Vorstand Weber und den beiden leitenden Kautschuk-Chemikern von Continental, Dr. Baumann und Müller, zwei führende Direktoren des Generalbevollmächtigten für das Kraftfahrtwesen und des Kaiser-Wilhelm-Instituts für Züchtungsforschung teilnahmen. Gegenstand des Gesprächs war der Stand der vom NS-Regime schon seit einigen Jahren betriebene Züchtung und Erprobung kautschukhaltiger Pflanzen, allen voran das sogenannte Kok-Sagys.[279] Die Arbeiten, so wurde den Continental-Managern erklärt, waren nun so weit gediehen, dass an die unmittelbare Gewinnung und Verarbeitung von Kautschuk gedacht werden könne, und dafür sei die Mitarbeit der Kautschuk-Experten von Continental notwendig, wozu Weber im Namen des Unternehmens „bereitwilligst" seine Bereitschaft erklärte.[280] Es dauerte nicht lange, bis sich auch Eckell und das Reichsamt für Wirtschaftsausbau einschalteten. Dennoch kam es erst im Oktober 1941 dazu, dass Continental über die Reika „auf Veranlassung des Wirtschaftsführungsstabes Ost" aus dem Bestand einer Pflanzenkautschuk-Fabrik im ukrainischen Uman die ersten 350 kg Kok-Sagys-Kautschuk zu Versuchszwecken erhielt.[281] Die dann tatsächlich in Hannover eintreffende Menge betrug jedoch gerade einmal 67 kg und war daher für umfangreiche Reifenversuche zu gering, zudem war das Urteil über dessen praktischen Einsatz in der bisherigen Forschung mit Pflanzenkautschuk geradezu vernichtend negativ, wie die Continental-Ingenieure nach entsprechenden Recherchen feststellen mussten.[282] Dennoch wurde mit den Versuchen in Hannover begonnen, ohne zu wissen, dass sich schon seit März 1941 die SS unter persönlicher Einschaltung von Reichsführer Heinrich Himmler das Pflanzenkautschuk-Gebiet unter den Nagel zu reißen versuchte und vor Ort in den besetzten Gebieten erhebliche Aktivitäten dazu entwickelt hatte.[283]

---

279 Wenn man so will, waren das die Vorläuferbemühungen zu einem in jüngster Zeit gestarteten umfangreichen Forschungsprojekt Continentals zur Entwicklung eines „Löwenzahnreifens" aus Taraxagum. Vgl. https://www.continental-reifen.de/specialty/unternehmen/sustainability/taraxagum/continental-tires-dandelion-taraxagum.
280 Vgl. Aktennotiz Müller zu der Besprechung vom 5.12.1940, in: CUA, 6525 Zg. 1/56, A 52.
281 Vgl. Schreiben der Reika an Könecke vom 14.10.1941, in: 6020 Zg. 1/71, A 5,1. Zum wissenschaftlichen und auch politischen Kontext der Pflanzenkautschukforschung im NS vgl. Susanne Heim, Kalorien, Kautschuk, Karrieren. Pflanzenzüchtung und landwirtschaftliche Forschung in Kaiser-Wilhelm-Instituten 1933 bis 1945, Göttingen 2003, S. 125 ff. Die früher getroffene Annahme bei Erker, Vom nationalen zum globalen Wettbewerb, S. 439, Anm. 150, dass sich Continental an den Pflanzenkautschuk-Forschungen nicht beteiligt habe, muss, wie die Ausführungen hier zeigen, revidiert werden.
282 Vgl. Notiz Müller an Odenwald vom 17.7.1941, in: CUA, 6500 Zg. 1/69, A 13.
283 Vgl. Heim, Kalorien, S. 134 ff.

Anfang 1942 wurden unabhängig davon und orchestriert von der Reichsstelle für Wirtschaftsausbau umfangreiche Maßnahmen zur organisatorischen
Institutionalisierung der diversen Pflanzenkautschuk-Aktivitäten vorgenommen. Bei der Fachgruppe Kautschukindustrie sollten, so die Planungen, eine
Kautschukverarbeitungs-Ost GmbH sowie eine Ostgesellschaft für Pflanzenkautschuk mbH gegründet werden, an denen neben dem Reichsamt für Wirtschaftsausbau und der Fachgruppe Kautschukindustrie auch eine Reihe von sogenannten Betreuungsfirmen beteiligt sein sollten, allen voran Continental, das in
den Vertragsentwürfen neben Phoenix und Semperit mit je 5000 RM als Mitgesellschafter in der Kautschukverarbeitungs-Ost-Gesellschaft auftauchte.[284] Gegenstand und Ziele der Gesellschaft war die Wahrnehmung von Aufgaben, die
ihr vom Reich oder von den Gesellschaftern für den Wiederaufbau, die Inbetriebnahme und die treuhänderische Verwaltung von kautschuk- und gummi-
verarbeitenden Betrieben im besetzten Ostgebiet zugewiesen wurden.

Wie immer machten Eckell und das RWM angesichts der ausbleibenden
Kautschukimporte aus dem Fernen Osten massiven Druck, als Ersatz die Pflanzenkautschuk-Frage schnell und energisch in Angriff zu nehmen. Immerhin
war es aber dabei auf Initiative von Continental gelungen, den Behörden gegenüber die Forderung nach Freistellung von jeglichem finanziellem Risiko, das
unter anderem auch infolge der möglichen Übernahme der Betriebsführung in
einer der russischen Fabriken entstehen konnte, durchzusetzen.[285] Die anfängliche Skepsis bei Continental gegenüber der Gewinnung und Eignung russischen
Pflanzenkautschuks war inzwischen einer deutlich positiven Haltung gewichen.
„Wir müssen uns", schrieb Könecke an die Geschäftsführung der (von ihm ja
geführten) Fachgruppe Kautschukindustrie, „an der Gewinnung, an den Versuchen und auch an der späteren Verarbeitung von Pflanzenkautschuk als Industrie schon deshalb positiv beteiligen, um uns auf diesem Gebiet nicht Vorwürfen
auszusetzen und um auch die nach dem Kriege zweifellos bleibenden autarki-
schen Bestrebungen insofern zu unterstützen, als Pflanzenkautschuk im angemessenen Verschnitt durchaus neben Buna verarbeitbar erscheinen muss."[286]
Auch die Continental-Chemiker signalisierten, dass sich vom technischen Standpunkt keine unüberwindlichen Schwierigkeiten mehr böten. „Die Qualität des
Pflanzenkautschuks ist etwa vergleichbar mit der eines normalen Sekunda-Na-
turkautschuks, d. h. er ist für die Herstellung der meisten Gummiartikel durchaus geeignet", hieß es in einem Schreiben aus der Forschungsabteilung in Han-

---

284 Vgl. den Vertrag sowie die Notiz von Ass. Könecke vom 14.1.1942, in: 6020 Zg. 1/71, A 5,1.
285 Vgl. Aktennotiz über eine Besprechung in Berlin vom 8.10.11.1941, in: CUA, 6600 Zg. 1/56,
A 35.
286 Schreiben Könecke vom 23.2.1942, in: 6020 Zg. 1/71, A 5,1.

nover.[287] Und man informierte entsprechend auch gleich die Erprobungsstelle der Luftwaffe in Rechlin.

Inzwischen hatte das RWM in Person von Eckell, unabhängig davon, dass die geplanten „Ostkautschuk"-Gesellschaften noch nicht gegründet worden waren, weitergehende Pläne zur Forcierung der Pflanzenkautschuk-Frage entwickelt und die Gründung einer „Pflanzenkautschuk-Aufbereitungs-Gesellschaft" betrieben, zumal offenbar bereits im Warthegau, in Galizien und in der Nordukraine in größerem Umfang mit dem Anbau von Kok-Sagys begonnen worden war. Unter dem Dach der Kautschukverarbeitungs-Ost-Gesellschaft sollten zudem auch bei allen Reichskommissariaten des Ostens sogenannte Ring-Gesellschaften eingerichtet werden, um unter Mithilfe der Betreuungsfirmen aus dem Reich vor Ort eine einheitliche Ausrichtung der Pflanzenkautschukverarbeitung sicherzustellen.[288]

Anders als Continental, das letztlich nirgendwo in den Ostgebieten bei der Übernahme oder Betreuung von Gummifabriken beteiligt war, hatte Phoenix hier ein deutlich größeres Interesse gezeigt und war bei der Gummifabrik „Quadrat" in Riga entsprechend aktiv geworden. Könecke erschien es demgegenüber zunächst als vordringlicher, eine Zusammenführung aller mit der Sache beschäftigten Stellen vorzunehmen, d. h. unter Einbeziehung auch von SS, der DAF, des GebeChem, des Generalbevollmächtigten für das Kraftfahrwesen, des Reichernährungsministeriums sowie der involvierten Kaiser-Wilhelm-Institute (KWI) und der Kautschukunternehmen.[289] Tatsächlich beschäftigten sich innerhalb des Deutschen Reichs in Müncheberg/Mark, wo das KWI für Züchtungsforschung saß, sowie in Löwenberg in Schlesien, wo ein Außeninstitut des KWI existierte, das jedoch von der DAF übernommen worden war und in enger Verbindung zum Generalbevollmächtigten für das Kraftfahrwesen (GBK) bzw. dessen „Sonderstab Ost" stand, unabhängig voneinander zwei wissenschaftliche Züchtungseinrichtungen mit dem Pflanzenkautschuk.

Längst befassten sich aber auch die Continental-Chemiker und -Ingenieure intensiv mit dem Pflanzenkautschuk, allen voran mit dem noch völlig ungeklärten Problem, ein möglichst einfaches, zugleich aber effizientes Verfahren zu finden, um aus den Pflanzen einen hohen Gehalt an Kautschuk zu gewinnen.[290] Dafür hatte man unter anderem erste Versuche im Regenerierwerk in Limmer gemacht. Continental nahm aber auch in den Überlegungen des Reichsamtes

---

287 Schreiben Müller an die Geschäftsführung der Fachgruppe Kautschukindustrie vom 25.2.1942, in: ebd.

288 Vgl. Bericht Ass. Könecke über den Stand der „Ostkautschuk"-Verhandlungen im RWM vom 13./14.4.1942, in: CUA, 6525 Zg. 1/56, A 30,2.

289 Vgl. Schreiben Könecke an Eckell vom 20.4.1942, in: ebd.

290 Vgl. Schreiben Assbroicher an Eckell vom 20.5.1942, in: CUA, 6020 Zg. 1/71, A 5,1.

für Wirtschaftsausbau, die Verfahrensforschungen andernorts voranzutreiben, eine zentrale Rolle ein. Auf einer Besprechung im RWM, bei der neben drei Vertretern des Wirtschaftsstabes Ost als Industrievertreter nur Continental anwesend war, wurde eine ganze Liste von umgehend zu startenden Projekten besprochen, bei der die maßgebliche Unterstützung durch das Unternehmen unabdinglich war, angefangen von der Instand- und Inbetriebsetzung der Versuchsanlage in Münchberg über die Errichtung provisorischer Pflanzenkautschuk-Fabriken in Lemberg oder Tarnopol bis zum Bau und Betrieb weiterer entsprechender Fabriken in der Ost- und Nordukraine.[291] Im Juni 1942 startete denn auch eine vielköpfige, geradezu abenteuerlich anmutende sechswöchige Expedition einer Reihe von Militärs, Pflanzenzüchtungsexperten des KWI, des GeBeChem sowie der Zentralhandels-Gesellschaft Ost und nicht zuletzt des Continental-Ingenieurs Volker Wiesemann zu einer Russlandreise, um vor Ort die Bedingungen des Pflanzenkautschuk-Anbaus und dessen Gewinnung zu studieren.[292] Die Reisegruppe legte auf ihrer Reise kreuz und quer durch die Ukraine insgesamt über 5000 km zurück, und als Ergebnis zeichnete sich ab, dass Militärs wie RWM den Aufbau gigantischer Pflanzenkautschuk-Plantagen planten, die den landwirtschaftlichen Anbau von Nahrungsmitteln massiv verdrängen würden.

Inzwischen drängten Eckell und das Reichsamt darauf, zum einen eine Entscheidung über die konkurrierenden Gewinnungsverfahren von Kautschuk aus Kok-Sagys zu treffen und das günstigste Verfahren aufzufinden, zum anderen endlich die lange bestehenden Pläne zur organisatorischen Bewältigung der „Ostkautschuk-Frage" umzusetzen. In Münchberg arbeitete inzwischen maßgeblich ein Continental-Chemiker an den Versuchen mit und versuchte dort endlich systematische Forschungsreihen auf den Weg zu bringen, was bei den dortigen KWI-Wissenschaftlern auf wenig Begeisterung und erheblichen Widerstand stieß, da man den sicher geglaubten Forschungserfolg nicht dem Unternehmen überlassen wollte.[293] Gleichzeitig wurden zwischen Juli und September 1942 insgesamt fünf Pflanzenkautschuk-Gesellschaften gegründet, mit jeweils unterschiedlichen Gesellschaftern, aber vielköpfigen Verwaltungsräten und zahlreichen Arbeitsausschüssen, was geradezu paradigmatisch die kriegswirtschaftliche Organisationswut des NS-Regimes zeigt. Am 2. Juli 1942 wurde die Kautschukverarbeitungs-Gesellschaft Ost mbH gegründet, verbunden mit der Errichtung einer Ostland-Kautschukverarbeitungsgesellschaft (Ostland-Ring in

---

291 Vgl. Besprechungsnotiz vom 7.5.1942, in: ebd.
292 Vgl. den detaillierten Reisebericht vom 21.8.1942, in: CUA, 6500 Zg. 1/69, A 13.
293 Vgl. Notiz Müller vom 18.7.1942, in: CUA 6020 Zg. 1/71, A 5,1, sowie die zur Klärung des Konfliktes am 11.8.1942 anberaumte Besprechung beim GeBeChem, in: ebd.

Riga) und einer Ukraine-Kautschukverarbeitungsgesellschaft (Ukraine-Ring in Kiew); zeitgleich erfolgte die Gründung der Ost-Gesellschaft für Pflanzenkautschuk mbH, dann folgte noch am 22. September die Pflanzenkautschuk-Forschungsgesellschaft.

Continental, allen voran Könecke als Leiter der Fachgruppe Kautschukindustrie, saß dabei in gehobener Position immer mittendrin: Bei der Kautschukverarbeitungsstelle neben Eckell als stellvertretender Verwaltungsratsvorsitzender, bei der Ostgesellschaft für Pflanzenkautschuk neben Albert Schäfer von Phoenix als Verwaltungsratsmitglied und bei der Pflanzenkautschuk-Forschungsgesellschaft als Verwaltungsratsvorsitzender, wo er neben Eckell und Schäfer auch auf Hauptmann Naglo von der Hauptabteilung Ost des GBK, Professor Hess von der Forschungs- und Verwertungsgesellschaft in Berlin, zwei Vertretern des Reichsnährstandes bzw. des Reichsernährungsministeriums, zwei hohen Beamten des Reichsministeriums für die besetzten Ostgebiete, Professor Rudorf vom KWI für Züchtungsforschung und nicht zuletzt SS-Oberführer Dr. Josef Caesar vom SS-Hauptamt in Auschwitz traf, der dort in Raisko als Außenlager des KZ auf einem SS-Gutshof Kok-Sagys-Forschung betrieb und dabei etwa 300 weibliche Häftlinge einsetzte.[294] Letztlich verlief zwischen den zahlreichen Beteiligten eine deutliche Konfliktlinie, bei der auf der einen Seite der GeBeChem, das KWI in Müncheberg und auch Continental standen, auf der anderen Seite das GBK, das zum Ärger Eckells auf eigene Faust Besichtigungsfahrten zu Kautschukfabriken in der Ukraine unternommen hatte, das KWI in Löwenberg sowie die SS.[295]

Die Continental-Chemiker waren dabei inzwischen von der Überlegenheit des von ihr in Limmer wie Müncheberg entwickelten chemischen „Verfahren[s] zur Gewinnung von Kautschuk aus Pflanzenteilen, vorzugsweise Pflanzenwurzeln", so überzeugt, dass man es mit der Bitte an die Patentabteilung weiterleitete, umgehend einen Patentanspruch für Großdeutschland mit Prioritätsansprüchen für die anderen Länder anzumelden.[296] Und die Kalkulationsabteilung im Werk Nordhafen machte sich gleichzeitig Gedanken über die geschätzte Kostenzusammenstellung für die Errichtung einer Fabrik zur Gewinnung von Kau-

---

294 Vgl. die Organisationsstrukturen und Zusammensetzung der verschiedenen Gremien in: ebd., und Heim, Kalorien, S. 172 ff.

295 Vgl. Heim, Kalorien, S. 167.

296 Vgl. Schreiben Assbroicher an die Patentabteilung vom 28.8.1942, in: 6020 Zg. 1/71, A 5,2. Zu den unterschiedlichen Verfahren und ihren Technologien vgl. Aktenvermerk über die 2. Sitzung des Arbeitsausschusses Chemie der Pflanzenkautschuk-Forschungsgesellschaft vom 2.9.1942, in: ebd. Vgl. vor allem auch „Bericht über den Stand der Aufbereitung von Kok-Sagys-Wurzeln in der Anlage Müncheberg bzw. bei der Continental in Hannover und Vorschläge für den Einsatz der verschiedenen Methoden für das Jahr 1943" vom 30.10.1942, in: ebd.

tschuk aus Kok-Sagys-Wurzeln mit einer Leistung von 500 kg Kautschuk pro Tag und einer Besetzung von 20 Mann im Drei-Schicht-Betrieb.[297] Man kam dabei auf Grundstück-, Gebäude- und Anlagekosten von insgesamt 146 000 RM, dazu kamen Betriebsunkosten von 7100 RM pro Jahr, was unter dem Strich Erzeugungskosten von knapp 64 RM je kg Kautschuk bedeutete. Angesichts der inzwischen nahezu aussichtslosen Versorgung mit Naturkautschuk erschien dieser Preis letztendlich belanglos. Als jedoch im Laufe des Herbstes 1942 die ersten Transporte mit Kok-Sagys-Wurzeln aus dem Warthegau und anderen Anbaugebieten im Werk Limmer eintrafen, zeigte sich schnell, dass sich viele Parameter der Kalkulation als unrealistisch und viel zu optimistisch herausstellten. Weder waren die angelieferten Wurzeln hinreichend getrocknet, noch konnte in der Regelrieranlage in Limmer die ursprünglich als täglich verarbeitbar angesehene Menge von 30 bis 40 to eingebracht werden, ohne die bestehenden und dringend benötigten Kapazitäten für die normale Regenerat-Herstellung zu gefährden.[298] Und dann zeigte sich, dass der Grad des aus den Wurzeln gewonnenen Kautschuks deutlich niedriger war als erwartet und es zudem erhebliche Differenzen zwischen den Pflanzenkautschuk-Lieferungen aus Russland und dem Warthegau gab. Aus 8,2 to Kok-Sagys, die bis Dezember 1942 in Limmer verarbeitet worden waren, hatte man gerade einmal 650 kg Kautschuk gewonnen, was 9,3 Prozent der Trockenwurzelmasse entsprach. Aus dem Warthegau waren 132 to Wurzeln eingetroffen, aus denen jedoch gerade einmal 1,9 to Kautschuk extrahiert worden waren, was etwa 5,3 Prozent der Wurzelmasse entsprach und damit nur einen Bruchteil dessen, was man ursprünglich als verfahrenstechnisch möglich angenommen hatte.[299] Anstatt von theoretisch zehn Prozent Gummigehalt in einer Kok-Sagys-Wurzel hatte man in den bei Continental verarbeiteten Wurzeln Kautschukanteile von 1,4 bis maximal zwei Prozent festgestellt. „Das außerordentlich niedrige Ergebnis wirkte auf sämtliche anwesenden Herren ziemlich ernüchternd, vor allen Dingen auf diejenigen, welche von dem Pflanzenanbau im Warthegau erheblich höhere züchterische Ergebnisse erwartet hatten", notierte Assbroicher nach einer Sitzung der Pflanzenkautschuk-Gesellschaft Anfang Dezember 1942.[300]

Immerhin waren in Hannover die fertigungstechnischen Versuche, Reifen und Schläuche mit einem Gemisch aus Pflanzenkautschuk und Buna herzustellen, in den Augen der Ingenieure durchaus zufriedenstellend verlaufen. Unge-

---

297 Vgl. die Kalkulation vom 28.8.1942, in: ebd.
298 Vgl. den Bericht Müllers an den GBK, Hauptabteilung Ost, vom 16.11.1942, in: ebd.
299 Vgl. den Bericht Odenwalds und Müllers vom 2.12.1942 an die Vierjahresplanbehörde in Berlin in: ebd.
300 Aktennotiz vom 7.12.1942, in: CUA, 6525 Zg. 1/56, A 30,2.

achtet der unklaren Lage schlugen die Continental-Ingenieure daher den Berliner Behörden dennoch den Aufbau einer Großversuchsanlage mit einer Jahresleistung von 300 to Kautschuk vor, die natürlich nach dem Continental-Verfahren arbeiten und vor allem am Standort Limmer errichtet werden sollte.[301] Allerdings stand eine ausreichende Rohmaterial-Versorgung der potenziellen Fabrik in den Sternen, denn die Pflanzenkautschuk-Ernte in der Ukraine wie im Warthegau war weit unter den optimistischen Schätzungen der Behörden geblieben. Anstelle von 6000 to hatte man in der Ukraine bis zum Jahresende nur 1600 to ernten können, bei einem Durchschnittsertrag von etwa 120 kg Kok-Sagys je Hektar. Für 1943 planten die deutschen Behörden daher eine massive Ausweitung der Anbauflächen von 13 000 auf über 40 000 ha und auch im Reichsamt für Wirtschaftsausbau entwarf Eckell schon wieder gigantische Visionen mit dem Bau von drei neuen Pflanzenkautschuk-Werken in der Ukraine und Verarbeitungskapazitäten von insgesamt 90 000 to, bei Investitionskosten von sechs Mio. RM, deren Grundlage allerdings Entwürfe aus Hannover waren.[302] „Die von Direktor Assbroicher, Continental, eingereichten Vorschläge werden als Ausgangspunkt für die neuen Fabriken genommen", hieß es dazu in einem Aktenvermerk über eine Besprechung im RWM Anfang Januar 1943.[303]

So stark man von Seiten des Unternehmens letztlich die überzogenen Erwartungshaltungen in den Ämtern an den Einsatz von Pflanzenkautschuk mit beförderte und damit auch ebenfalls zu verantworten hatte, so versuchte man doch in Hannover gegenüber der SS die dort seinerseits bestehenden optimistischen Einschätzungen zu Kok-Sagys zu dämpfen. Ende Dezember 1942 hatte SS-Sturmbannführer Caesar bei Könecke angefragt, ob Continental nicht einen aus reinem Kok-Sagys-Kautschuk hergestellten Automobilreifen für den Reichsführer SS Heinrich Himmler herstellen könnte. Nach einiger Verzögerung und „sachlich eingehender Prüfung" lehnte Könecke dieses Ansinnen jedoch mit der Begründung ab, „dass die Zurverfügungstellung 100 %iger Kok-Sagys-Reifen an den Herrn Reichsführer geeignet wäre, ein nicht zutreffendes Bild über den künftigen Einsatz von Kok-Sagys zu geben."[304]

Während eine Kommission unter Leitung eines Continental-Ingenieurs erneut auf Besichtigungstour in der Ukraine war, um dort geeignete Standorte für

---

301 Vgl. Aktennotiz des Entwicklungs- und Konstruktionsbüros Werk Limmer zur Besprechung über das Projekt vom 11.12.1942, in: ebd.

302 Vgl. Bericht des Continental-Ingenieurs aus Uman an Odenwald vom 11.11.1942, in: CUA, 6525 Zg. 1/56, A 23,2, sowie Notiz Assbroicher über eine Besprechung mit Eckell vom 11.12.1942, in: ebd.

303 Vgl. Schreiben Assbroicher an Eckell vom 30.12.1942 sowie Aktenvermerk vom 6.1.1943, in: 6020 Zg. 1/71, A 5,2.

304 Schreiben Könecke an Caesar vom 10.2.1943, in: ebd.

die geplanten Pflanzenkautschuk-Fabriken zu finden und dafür auch eine Reihe von Zuckerfabriken, Spritwerke und Brauereien identifiziert hatte, machte man sich andererseits in der Verwaltungsratssitzung der Ost-Gesellschaft für Pflanzenkautschuk Ende März 1943 ernsthaft Gedanken darüber, wie die künftige Preisbildung bei Kok-Sagys-Kautschuk aussehen könnte. Bei einem von Eckell über den Daumen gepeilten Gestehungspreis von 20 bis 25 RM je kg würden gegenüber dem von der Reika festgesetzten Naturkautschukpreis von 2,30 RM, der auch für Kok-Sagys-Kautschuk galt, eine Differenz von 17,70 bis 22,70 RM je kg zu überbrücken sein, was mithin bei der angenommenen Pflanzenkautschuk-Produktion von 1000 to pro Jahr zwischen 17 und 23 Mio. RM an Subventionen ausmachte, die nur aus Staatsmitteln kommen konnten.[305] Der Aufbereitungspreis für Pflanzenkautschuk aus dem Warthegau lag allerdings mit 60 bis 80 RM je kg noch weit höher.

Inzwischen war man in den Ämtern auch schon bei Anbauflächen und Ertragsberechnungen für Pflanzenkautschuk in den besetzten Gebieten von zehntausende Hektar und 100 000 to angekommen, allerdings zeigten die internen Berechnungen bei Continental im April 1943, dass aufgrund der Kriegsereignisse bestenfalls noch 40 000 to zu erwarten waren, und das bei einem vermutlichen Ertrag von 40 kg/ha, was weit unter dem ursprünglich von den Russen dort erwirtschafteten Kok-Sagys-Erträgen von ca. 100 kg/ha lag.[306] Unter dem Strich hatte Continental bis zu diesem Zeitpunkt in Limmer knapp 2500 to KS-Wurzeln verarbeitet und daraus genau 55,7 to Kautschuk gewonnen, wovon man immerhin 34,4 to für den eigenen Verbrauch verwenden durfte.

Währenddessen stritten sich die Reika unter Leitung von Otto A. Friedrich, die Continental-Chemiker sowie das KWI für Züchtungsforschung immer noch um das ihrer Ansicht nach beste Gewinnungsverfahren. Und dann machte sich auch die SS daran, das gesamte Pflanzenkautschukgebiet an sich zu reißen und eine neue Zusammenfassung der auf diesem Gebiet arbeitenden Gruppen unter Führung der Reichsführung SS vorzunehmen, nachdem sich Himmler Anfang Juli 1943 zum Sonderbeauftragten für Pflanzenkautschuk hatte ernennen lassen.[307] Die SS kündigte denn auch einen baldigen Besuch in Limmer zur Besichtigung der Regenerieranlage und des Continental-Verfahrens an. Könecke wollte den Machtwechsel in der Pflanzenkautschuk-Frage eigentlich zum Anlass nehmen, seinen Verwaltungsratsvorsitz in der Kautschuk-Forschungsgesell-

---

305 Vgl. Protokoll der Sitzung vom 31.3.1943, in: ebd.
306 Vgl. Aktennotiz vom 8.4.1943, in: ebd. Die faktischen Erträge kamen letztlich nur auf 13 000 to.
307 Vgl. Sitzung des Verwaltungsrates der Pflanzenkautschukgesellschaft im RWM vom 22.7.1943, in: ebd., sowie Heim, Kalorien, S. 151 f.

schaft niederzulegen und an die neuen Hauptverantwortlichen zu übertragen, aber nach dem eindeutigen Votum der übrigen Verwaltungsratsmitglieder über seine bisherige Leitungsarbeit und auch einem entsprechenden Placet der SS erklärte Könecke sich bereit, das Amt weiterzuführen. Es war denn auch nicht die Industrie, sondern der Vertreter des RWM, der auf derselben Tagung bemerkenswerterweise die Frage aufwarf, ob es denn angesichts der zweifellos bestehenden großen technischen Schwierigkeiten beim Kok-Sagys-Anbau und der Ausbeute noch sinnvoll und überhaupt so notwendig wäre, dass die Inanspruchnahme von großen Anbauflächen in Kauf genommen werden müsse. Die Antwort von Eckell darauf war typisch: Herr Prof. Krauch könne unter den heutigen Umständen auf keinen Fall auf eine möglichst hohe Erzeugung von KS-Kautschuk verzichten.[308]

Die Übernahme des gesamten Pflanzenkautschuk-Bereichs durch die SS hatte dann auch zur Folge, dass Continental doch noch einen „Himmler-Reifen" aus Kok-Sagys herstellen musste, und auch DAF-Führer Ley wollte für sich einen entsprechenden Satz Reifen haben.[309] Anstelle des Continental-Verfahrens erhielt nun allerdings plötzlich das in Löwenberg bei der KWI-Außenstelle entwickelte konkurrierende, aber in den Augen der Continental-Ingenieure nachteilige Verfahren zur Gewinnung von Kautschuk aus Kok-Sagys den Vorrang, was zu einer deutlich verschlechterten Qualität des so gewonnenen Kautschuks führte. Die Mischung aus Löwenberger Kautschuk hatte außerordentlich starke Klebkraft und Weichheit, so dass sich das hergestellte Gewebe für Reifenzwecke nicht verarbeiten ließ. „Die Anfertigung von Reifen aus reinem Kok-Sagys-Material ist noch nicht voll beherrscht", notierten die Ingenieure im Juli 1944. „Wir halten die Reifen nicht für sicher genug, sie an das Fahrzeug des Herrn Reichsführers der SS anzubringen."[310]

Könecke behauptete später in seinem Entnazifizierungsverfahren zur Untermauerung seiner angeblichen Widerstandstätigkeit gegen Maßnahmen des NS-Regimes, dass er gegen den Ersatz von Naturkautschuk durch Kok-Sagys gekämpft habe und Continental die entsprechenden Aktivitäten des Reichsamts für Wirtschaftsausbau nicht unterstützte. Davon konnte jedoch, wie die tatsächliche Aktenlage zeigt, keine Rede sein. Ohne die kautschuktechnischen Versuche und Verfahrensentwicklungen von Continental hätten Eckell und das RWM ihre großspurigen Pflanzenkautschuk-Pläne im Osten gar nicht vorantreiben können. Vielmehr verfolgte man in Hannover mit dem Engagement in der Pflanzenkautschukfrage offensichtlich die Strategie, sich die Option für ein womög-

---

308 Vgl. Protokoll der Verwaltungsratssitzung vom 22.7.1943, in: CUA, 6020 Zg. 1/71, A 5,2.
309 Vgl. Schreiben vom 7.2. und 10.2.1944, in: CUA, 6525 Zg. 1/56, A 52.
310 Schreiben vom 25.7.1944, in: ebd.

lich durchaus vielversprechendes Verfahren zum Ersatz von teurem Naturkautschuk-Import durch riesige Plantagenpflanzungen im Osten offenzuhalten. Dass die Vision des RWM, in der Ukraine entsprechende Monokulturen anzubauen, nicht nur mit einer Zerstörung weiter landwirtschaftlicher Gebiete im Osten sowie vor allem auch mit erheblichem Einsatz von Zwangsarbeitern für Aussaat, Aufzucht und Ernte verbunden war, spielte dabei keine Rolle.[311] Dabei war offensichtlich, dass es sich aufgrund des doch eher geringen Kautschukgewinnungsgrades und auch eher minderwertiger Qualität um ein höchst unwirtschaftliches Verfahren handelte, das nur unter der Voraussetzung einer Ausbeutung der ukrainischen Bevölkerung und Raub ihrer Agrarflächen funktionieren konnte.

Die vorangestellten Beispiele zeigen, dass und wie es den Behörden erfolgreich gelang, mit einer Mischung aus Zwang und Anreizgebung sowie scheinbaren Kompatibilitäten zwischen den Zielen des NS-Regimes und den Unternehmensinteressen auch die F&E-Aktivitäten von Continental zu mobilisieren. Der Ausbau und die Ausrichtung der konzerneigenen F&E-Kapazitäten stand bei Continental ganz unter dem Eindruck der Konkurrenz zur IG Farben. Schon im Gefolge der Fusion war die Industrieforschung bei Continental quantitativ wie qualitativ gewachsen und hatte ein Geflecht zentraler und dezentraler F&E-Strukturen entstehen lassen. Eine Reihe von Schnittstellen-Gremien verband dabei die F&E-Abteilungen mit den relevanten übrigen Konzernstellen. So fanden beispielsweise regelmäßige „Autoreifen-Konferenzen" statt, an denen der Continental-Vorstand, die Fertigungsleitung, F&E-Ingenieure, Reparatur-Abteilung, Verkauf und die Export-Conti-Vertreter teilnahmen.[312]

Im Zuge der Ersatzstoff-Forschung ergab sich ein weiterer, erheblicher Bedarf an F&E-Kapazitäten, der allerdings mehr und mehr an personelle Grenzen stieß. Insbesondere mit Phoenix lieferte sich Continental einen regelrechten Kampf um qualifizierte Chemiker und Ingenieure, und schon 1935 hatte sich der hannoversche Konzern durch verschärfte Konkurrenzklauseln in den Verträgen seines wissenschaftlich-technischen Leitungspersonals gegen unerwünschte Abwerbungsversuche zu schützen gesucht. Im Zuge der Innovationspolitik des NS-Regimes, die Unternehmen zunehmend in Gemeinschaftsforschungsprojekte zu zwingen, befand sich Continental neben den zahllosen Ausschüssen und Arbeitsgruppen, in denen man mit den Konkurrenten aus der Kautschukindustrie zusammensaß, längst mitten in einem komplexen Geflecht unterschiedlicher F&E-Kooperationen, sei es zwischen dem Reifen-Prüflaboratorium und Daimler-Benz, wo man gemeinsam Versuche im Kälteraum des Gaggenauer Werks unternahm, aber daneben auch eng mit der Technischen Hochschule Berlin und an-

---

311 Zum Zwangsarbeitereinsatz in diesem Bereich vor Ort vgl. Heim, Kalorien, S. 152 ff.
312 Vgl. die Protokolle in: CUA, 6525 Zg 1/65, A 187.

deren Universitäten zusammenarbeitete, oder dem Gewebe-Prüflaboratorium und der Reifenchemie-Abteilung, die in allen Fragen des Einsatzes von Zellwolle und Kunstseide anstelle von Baumwolle eng mit den Forschungslaboratorien der IG Farben in Wolfen, Bobingen und Rottweil, vor allem aber dem Kautschuk-Zentrallaboratorium in Leverkusen, zusammenarbeitete.[313] Zahlreiche Kontakte und Know-how-Austausch gab es auch mit der zentralen Forschungsführung des RLM und der SS-Kraftfahrtechnischen Versuchsabteilung in Oranienburg.[314] Daneben stützte sich Continental auch im Krieg weiter auf ausländisches Know-how in Form von zum Teil schon lange laufenden Lizenzverträgen wie etwa der britischen John Bull Rubber Co. im Bereich Torsionsschwingdämpfer, der Hydraulic Brake Co. aus Detroit bei der Mitbenutzung des Öldruckschlauch-Patents sowie der Firestone Tire & Rubber Co. in Akron bei Schwingmetall.[315] Solange es ging, bezog das Continental-Laboratorium auch regelmäßig den wissenschaftlich-technischen Informationsdienst des Reifenberatungsunternehmens V. L. Smithers Laboratories in Akron/Ohio, ehe der Kriegseintritt der USA im Dezember 1941 den weiteren Zugang abschnitt.

Abb. 98: Das Gummitechnische Prüflaboratorium

---

313 Vgl. Prüfbericht vom 25.8.1942, in: CUA, 6525 Zg. 1/56, A 30,2. Zu den IG Farben-Gewebeprüf-Kontakten vgl. diverse Besuchsberichte und Besprechungsprotokolle in: 6030 ohne Zg., A 1.
314 Vgl. CUA, 6525 Zg. 1/65, A 114.
315 Vgl. eine Zusammenstellung der Lizenzverträge und Schutzrechte aus den Jahren 1940 bis 1944, in: CUA, 6610 Zg. 1/57, A 5,4.

Die Bedeutung der höchst dynamischen F&E-Aktivitäten bei Continental hatte im Laufe der Jahre derart zugenommen, dass dem auch organisatorisch Rechnung getragen wurde. Schon im Juni 1941 schlug der Vorstand dem Aufsichtsrat die Berufung des Continental-Chemikers und Leiters des Zentralen Forschungslaboratoriums in Hannover, Dr. Hans Odenwald, als zunächst stellvertretendes Mitglied in den Vorstand vor.[316] Der zu diesem Zeitpunkt 48 Jahre alte Chemiker war 1920 bei der Excelsior eingetreten und im Zuge der Fusion zu Continental gekommen. Allerdings erfolgte das Votum nur unter der Voraussetzung, dass Odenwald „seine bisherige mehr oder weniger passive Einstellung zu den Aufgaben auf chemischem Gebiete verlässt und in höchstem Maße aktiv und schöpferisch arbeitet."[317] Daher wurde zunächst eine Karenzzeit zum Zwecke der Beobachtung vereinbart, die bis Sommer 1942 dauern sollte, später dann aber bis September verlängert wurde.[318] Die tatsächliche Ernennung Odenwalds zum F&E-Vorstand erfolgte denn auch erst zum 1. Oktober 1942, wobei Könecke ihm klar bedeutete, dass nicht nur eine enge Zusammenarbeit mit Technikvorstand Weber und dem für die Rohbetriebe zuständigen Vorstand Assbroicher erwartet wurde, sondern diese ihm auch in Zweifelsfragen übergeordnet waren. Damit besaß Continental nun einen insgesamt siebenköpfigen Vorstand.

Odenwald erfüllte dann offenbar doch die Erwartungen Köneckes und seiner Vorstandskollegen, im Januar 1943 etwa präsentierte er auf einer Hochschultagung ein umfangreiches Konzept und detailliertes Bild der vielfältigen kautschukchemischen F&E-Aktivitäten bei Continental.[319] Für die zahlreichen vor allem auf reifentechnischem Gebiet zu verzeichnenden Innovationen, die das Unternehmen in den Kriegsjahren schuf und sich damit gegenüber den Konkurrenten einen deutlichen Entwicklungsvorsprung verschaffte, waren allerdings die Entwicklungs- und Konstruktionsingenieure, allen voran der Oberingenieur und Chefentwickler Karl Hübener, verantwortlich. In dessen Abteilung wurden nicht nur zahlreiche Sonderreifen für Repräsentanten des NS-Regimes entwickelt und gefertigt – angefangen von Spezialreifen für Fahrzeuge hoher SS-Leute in Panzerausführung, die aufgrund der hohen Radlasten eigene Konstruktionen erforderten, bis zu eigenen, „sorgfältigst aus reinem Naturkautschuk" gefertigten „Führer-Reifen" für die Fahrzeuge der Reichskanzlei.[320] Hübener trug vor allem die Last der konstruktiven und in den jeweiligen Spezifika-

---

316 Vgl. Protokoll der Vorstandssitzung vom 17.6.1941, in: CUA, 6603 Zg. 3/85, A 3.
317 Ebd.
318 Vgl. Protokoll der Vorstandssitzung vom 13.3.1842, in: ebd.
319 Vgl. den Vortrag vom 27.1.1943, in: CUA, 6525 Zg. 1/65, A 172.
320 Vgl. Bericht Hübener an Weber vom 15.8.1942, in: CUA, 6525 Zg. 1/65, A 1,1, sowie Schreiben Weber an Eckell vom 18.7.1942, in: CUA, 6525 Zg. 1/65, A 10,1. Vgl. auch Erker, Vom nationalen zum globalen Wettbewerb, S. 440 f.

tionen sich niederschlagende Umsetzung der behördlichen Vorgaben nach 100-prozentigen Buna-Reifen sowie der seit 1943 propagierten „Sparreifen" und ging daher auch bei den wichtigsten Erstausrüstern wie Opel und Daimler-Benz ein und aus.[321]

Daneben warteten die Reifenentwickler aber auch mit bemerkenswerten Fortschritten grundsätzlicher Art auf, die die weitere Reifentechnologie auf Jahrzehnte hinaus prägen sollten. Im Zuge der vom Heereswaffenamt angeordneten Entwicklungs- und Fertigungsvorgabe von schusssicheren „Wehrmachtsreifen" waren zum einen die sogenannten Luka-Reifen mit speziellen Luftkammern entwickelt worden, die als „run flat tire construction" später auch die Anerkennung der amerikanischen Technikoffiziere finden sollten.[322] Zum anderen waren sogenannte Stahlcord-Reifen sowie auch ein schlauchloser Reifen entwickelt worden. Alle drei Reifeninnovationen beinhalteten wegweisende technologische Merkmale, die zum Teil erst Jahrzehnte später Eingang in die allgemeine Reifenentwicklung finden sollten. Die zum Teil abenteuerliche und wechselvolle Geschichte dieser Reifentechnologien wäre eine eigene Untersuchung wert. In ihr treten weitsichtige und kreative Reifeningenieure, ignorante Wehrmachtoffiziere und Heeresämter, Verrat übende Reifenexperten des Konkurrenten Michelin im besetzten Frankreich, ein mit Alltagsproblemen überlasteter Vorstand und nicht zuletzt ein allzu zögerliches Reichspatentamt auf.[323] Die komplexen technischen Details lassen sich jedoch letztlich auf den Sachverhalt verdichten, dass die Innovationsfähigkeit von Continental in Krieg und NS-

---

321 Vgl. exemplarisch Besuchsbericht bei Mercedes-Benz in Stuttgart vom 7.5.1942, in: CUA, 6525 Zg. 1/56, A 30,2, sowie Niederschrift über die Beratung von Fahrzeug- und Reifenfabriken über die Entwicklung kautschuksparender Ersatzbereifung vom 21.3.1941 im Hause der Continental, in: CUA, 6525 Zg. 1/56, A 40,1.

322 Vgl. zu den Luka-Reifen und deren Weiterentwicklungen und Verbesserungen im Laufe der Kriegsjahre Notiz Hübener vom 4.10.1944, in: CUA, 6525 Zg. 1/56, A 66, sowie ADM, CIOS Report 22/XXIII-1, Continental Gummiwerke Hanover, S. 108 ff. sowie auf S. 119 ein Foto des inneren Luka-Reifenaufbaus.

323 Vgl. Erker, Vom nationalen zum globalen Wettbewerb, S. 442–445. Zum Drahtcord-Reifen und der Konkurrenz zum „Metallic-Reifen" von Michelin vgl. CUA, 61012 Zg. 1/89, A 1. Continental ließ sich darauf am 28.12.1943 als „Stahlseil-Reifen, insbesondere für Fahrzeuge" vom RPA ein Patent erteilen. Eigentlich besaß Continental bereits seit 4.8.1934 einen als Geheimpatent erteilten Erfindungsschutz auf „Drahtcord", und 1942 hatte die Firma sich auch den Namen „Drahtcord" warenzeichenrechtlich schützen lassen. Vgl. CUA, 6525 Zg. 1/56, A 59. Zum schlauchlosen Reifen, der wie der ölverstreckte Kautschuk erst Anfang der 1950er Jahre durch General Tire aufgrund der bei Continental gefundenen Unterlagen „wiederentwickelt" wurde und als Reifeninnovation aus den USA nach Deutschland zurückgelangte, vgl. CUA, 6525 Zg. 1/ 56, A 28. Continental hatte dazu am 2.9.1943 eine Patentanmeldung in Berlin vorgenommen, aber erst 1950 rückwirkend zum 7.9.1943 das Patent erteilt bekommen. Vgl. dazu auch CUA, 6525 Zg. 1/65, A 207 und 6013 Zg. 2/68, A 3,3.

Zeit trotz der Unterordnung unter die Vorgaben des NS-Regimes und deren Kriegsbürokratie durchaus bemerkenswert war, deren Zentrum angesichts der Zeitumstände jedoch in den Abteilungen lag, die mit praktischer Entwicklung und Konstruktion befasst waren, und nicht in den Odenwald unterstehenden zentralen, auf Kautschukchemie zentrierten F&E-Laboratorien.

Auch bei den im Frühjahr 1941 wieder aufgenommenen und seit 1942 intensiv betriebenen Bemühungen zur Gründung eines Vierjahresplan-Instituts für Kautschukforschung spielte der neue F&E-Vorstand Odenwald keine Rolle, vielmehr war es hier vor allem Assbroicher, der die Angelegenheit vorantrieb. Im April 1941 legte dieser in einem Memorandum unter Bezugnahme auf die vorangegangenen Überlegungen ein Konzept zur Errichtung eines Kautschukforschungsinstituts vor, dessen wesentliches Merkmal die enge Verzahnung von unternehmenseigenen Laboratorien mit wissenschaftlichen Einrichtungen der Technischen Hochschule Hannover sein sollte.[324] Dafür wurden im Finanzprogramm 1941/42 zwei Mio. RM vorgesehen. Zwischen Continental und der TH bestanden schon länger enge Beziehungen, unter anderem in Form von Lehraufträgen einzelner Continental-Chemiker wie Dr. Bünger und Dr. Loges. Mit dem Institut für Hochfrequenztechnik der TH erfolgten auch gemeinsame Vulkanisationsversuche. Im Mai 1941 gewann Assbroicher offiziell auch den Rektor der Hochschule für seinen Plan und kündigte darauf umgehend eine Fühlungnahme mit den Reichsstellen sowie der deutschen Kautschukindustrie insgesamt an, um auch von dort Unterstützung einzuholen. „Sollten diese Bestrebungen scheitern", so Assbroicher, „wäre die Firma Continental von sich aus bereit, die Gründung eines Instituts mit der TH Hannover in die Wege zu leiten, dessen hauptsächliche Aufgabe die Grundlagenforschung sein soll, während die eigentlichen Betriebsarbeiten, die schnell und weitgehend geheim zu erfolgen hätten, von der Firma selbst ausgeführt werden würden."[325]

Assbroichers Initiative wurde aber umgehend von Eckell und dem Reichsamt für Wirtschaftsausbau aufgegriffen, wobei dieser zum einen eine Einbeziehung der gesamten Kautschukindustrie, zum anderen jedoch eine Klärung der

---

324 Vgl. Bericht Assbroichers vom 23.4.1941, in: CUA, 6500 Zg. 1/69, A 11. Das Memorandum auch in: NLA HA, Hann. 146 A Acc. 10/85, Nr. 186. Vgl. allgemein auch Michael Jung, „Voll Begeisterung schlagen unsere Herzen zum Führer". Die Technische Hochschule Hannover und ihre Professoren im Nationalsozialismus, Hannover 2013, sowie Nationalsozialistische Unrechtsmaßnahmen an der Technischen Hochschule Hannover. Beeinträchtigungen und Begünstigungen von 1933 bis 1945, hrsg. vom Präsidium der Gottfried Wilhelm-Leibnitz-Universität Hannover, Petersberg 2016, dort auf S. 134 auch zu Assbroicher, der im September 1940 zum „Ehrenbürger der TH Hannover" ernannt wurde.
325 Aktenvermerk über das Gespräch Assbroichers mit der TH-Leitung vom 20.5.1941, in: ebd. Zum Folgenden vgl. auch bereits Erker, Vom nationalen zum globalen Wettbewerb, S. 434 ff.

prinzipiellen Ausrichtung als ein Hochschulinstitut oder als reines Industrie-Institut forderte.[326] Daraufhin entbrannte innerhalb der Fachgruppe Kautschukindustrie ein langwieriger und heftig geführter Disput über Ausrichtung, Organisation und Aufgaben des Forschungsinstituts. Denn unter dem Eindruck der aktuellen Entwicklungen kristallisierte sich heraus, dass Continental mit der Institutsgründung drei bemerkenswerte Ziele verfolgte: erstens die Ausbildung von geeigneten Fachleuten für die Industrie, da die komplizierte Buna-Technologie rapide steigende Qualifikationsanforderungen an Chemiker, Techniker und Ingenieure erzwang, und das in Zeiten, in denen die Reifenindustrie durch Einberufungen mehr und mehr ihre wissenschaftlich-technischen ‚human resources‘ verlor. Zweitens ging es darum, sich einen mittel- bis langfristigen Wettbewerbsvorteil gegenüber den Konkurrenzunternehmen, insbesondere gegenüber der Phoenix, zu verschaffen, und es war daher auch kein Wunder, dass die anderen Reifenunternehmen, allen voran das Hamburger Unternehmen, vehement gegen den Institutsstandort Hannover protestierten. Otto A. Friedrich merkte auf der Beiratssitzung der Fachgruppe Kautschukindustrie Mitte Juli 1941 kritisch an:

> Die Continental gewinnt mit der Errichtung des Kautschukinstituts in Hannover zwei ganz entscheidende Vorsprünge, mit denen man sich auseinandersetzen muss: a) Die Continental gewinnt eine vollständige Überschau über den Nachwuchs, und zwar auch über solche Nachwuchskräfte, die nicht in ihren Betrieb gelangen. Jeder anderen Firma fehlt dieser Überblick. b) Gemäß dem von Dr. Eckell gemachten Vorschlag soll sich eine intensive Zusammenarbeit zwischen der in Hannover befindlichen Industrie und dem Hochschulinstitut entwickeln. Die Ergebnisse der Laborarbeiten sind trotz ihrer Belastung für die Continental sicher befruchtend. Kleinere und mittlere Firmen werden kaum in der Lage sein, für derartige Aufgaben ständig zur Verfügung zu stehen. Die Continental würde bei der schon herrschenden Übergewichtsstellung einen weiteren Vorsprung gewinnen, der für die übrigen Industriebetriebe bedenklich und abträglich sein muss.[327]

Auch Semperit in Person seines Vorstandsvorsitzenden Messner war gegen Continental. Dagegen suchte Assbroicher um Unterstützung bei Krauch persönlich nach, von dessen Amt durchaus Sympathie für die Continental-Position signalisiert wurde. Assbroicher dürfte Krauch gegenüber allerdings kaum, wie gegenüber den TH-Rektor, offen seine Meinung darüber geäußert haben, dass die künftige Institutsleitung keinesfalls von einem Herren der IG Farben gewählt werden dürfe, „da das Institut zum Teil den Zweck habe, die Gummiindustrie

---

326 Notiz Assbroicher vom 12.6.1941, in: CUA, 6500 Zg. 1/69, A 11.
327 Vgl. Protokoll der Sitzung der Beiräte der Fachgruppe Kautschukindustrie und Fachuntergruppe Bereifung am 15.7.1941, in: CUA, 6500 Zg 1/69, A 11.

allmählich von ihrem Lieferanten IG Farbenindustrie unabhängig zu machen."[328]

Tatsächlich wollte Continental offenbar mit der Gründung des Instituts für Kautschukforschung eine Wende in seiner Forschungsposition einleiten – das hieß zu dem damaligen Zeitpunkt aber nichts anderes, als dass man offen der Buna-Forschungs-Dominanz der IG Farben den Kampf ansagte. Schon im Juli 1941 hatte Continental-Vorstand über das geplante Forschungsinstitut geschrieben:

> Die IG Farben hat der deutschen Gummi-Industrie gegenüber eine führende Stellung eingenommen, in geistiger Hinsicht durch Errichtung eines großen Kautschuk-Laboratoriums, das wohl das stattlichste der ganzen Welt sein dürfte, in materieller Hinsicht, indem sie die dominierende Lieferantin der wichtigsten Roh- und Hilfsstoffe der deutschen Kautschukindustrie, allen voran des Kunstkautschuks, ist und darin eine unanfechtbare Monopolstellung inne hat [...] Aus Gründen der Selbstbehauptung ergibt sich daher für die Continental die Aufgabe, den Einfluss der IG, die sich mit ungemeiner Konsequenz immer mehr in die den Gummiwaren-Fabriken vorbehaltenen Gebiete hineindrängt, auf ein tragbares Maß zu begrenzen. Diese Aufgabe kann nur mit den gleichen Mitteln gelöst werden, die die andere Seite bei ihrem Kampfe um die Vormachtstellung einsetzt. Ein Vergleich dieser Mittel fällt aber so stark zu Ungunsten der Continental aus, daß es Zeit wird, diese Schwächen zuzugeben und die Folgerungen zu ziehen.[329]

Im Kuratorium und Technischen Beirat des im Juni 1942 dann im Rahmen einer großen, aber als geheim deklarierten wissenschaftlichen Tagung offiziell eröffneten Forschungsinstituts saßen denn auch neben Gauleiter Hartmann Lauterbacher Otto A. Friedrich als Kommissarischer Reichsbeauftragter für Kautschuk, Vorstandsvertreter von Continental, Phoenix und Metzeler, zwei Vertreter der Vierjahresplan-Behörde und der Präsident der TH Hannover, aber kein IG Farben-Repräsentant.[330] Bei den Kautschuk-Chemikern von Continental war diese Haltung des Vorstands allerdings auf massive Kritik gestoßen. In einem gemeinsamen Brief an Assbroicher schrieben sie:

> Wir halten es für gefährlich, wenn bei der IG [...] der Eindruck entstehen würde, dass die Continental ohne Zusammenarbeit mit der IG an der Hannoverschen Technischen Hochschule ein Konkurrenzinstitut errichtet. Das der Continental zustehende Gebiet der Kautschukchemie-Entwicklung und -Zweckforschung ist so klar von der Grundlagenforschung, wie sie von der IG betrieben wird, getrennt, dass eine reibungslose Zusammenar-

---

328 Aktennotiz der Besprechung zwischen Assbroicher und der TH vom 19.1.1942, in: NLA HA, Hann. 146 A Acc. 10/85, Nr. 186.
329 Schreiben vom 23.7.1941, in: CUA, 6500 Zg. 1/69, A 11.
330 Vgl. I. Bericht über die Entwicklung des Vierjahresplan-Instituts für Kautschukforschung vom 1.8.1942, in: CUA, 6500 Zg 1/63, A 4,1, sowie die Liste der geplanten Aufgabengebiete in der Notiz vom 9.1.1943, in: CUA, 60200 Zg. 1/71, A 13.

beit der beiden Firmen ohne weiteres möglich ist. Wir sind bei unserer Entwicklungs- und Zweckforschungsarbeit so sehr auf die Ergebnisse der Grundlagenforschung der IG angewiesen, dass wir uns es nicht erlauben können, die Zusammenarbeit mit der IG zu gefährden.[331]

Dennoch wurde auf Vorschlag Assbroichers und in enger Abstimmung mit Eckell vom Reichsamt für Wirtschaftsausbau die Leitung des Instituts dem Continental-Ingenieur Adolf Loges übertragen, der im Unternehmen der Chefentwickler für die Transportbänder war.[332] Trotz der inzwischen vorangetriebenen Baumaßnahmen auf einem von der TH überlassenen Grundstück kam das Institut jedoch in der Folgezeit über den Stand einer behelfsmäßigen und nur provisorisch eingerichteten Forschungseinrichtung nie hinaus.[333]

Ungeachtet der kontroversen Einschätzung über die Ausrichtung des Kautschukforschungsinstituts hatte ein ganz anderes Problem Vorstand wie F&E-Manager bei Continental weit mehr umgetrieben: das der praktischen Verwertbarkeit des wertvollen Continental-Know-hows und die Gefahren von dessen unkontrolliertem Abfluss an Konkurrenten, sprich: die Folgen des staatlich erzwungenen Hilfsabkommens mit Semperit. Der Technische Hilfsvertrag von 1939 hatte Wirkungen entfaltet, die schnell in die von Continental befürchtete Richtung gingen. Dabei ging es nicht nur um Differenzen über die Entsendung eines neuen technischen Leiters aus Hannover in die gemeinsame Krakauer Fabrik, die man in Wien als unnötig ablehnte, sondern um immer neu erhobene Ansprüche um Mitbenutzung von Continental-Patenten, insbesondere im ebenso sensiblen wie hoch lukrativen Geschäft mit Schläuchen für Flugzeuge und Wehrmachtbedarf. Eine Reihe von Patenten in diesem Bereich waren Geheimpatente und damit auch für Semperit nicht zugänglich, dennoch versuchte der Semperit-Vorstandsvorsitzende Messner mit Verweis auf das Abkommen entsprechende Verpflichtungen von Continental abzuleiten und ebenfalls in dieses

---

331 Schreiben vom 7.5.1942, in: CUA, 60200 Zg. 1/71, A 13.

332 Die Personalakte von Loges bei der TH Hannover, wo dieser – nach 1945 im Übrigen auch Vorstandsmitglied geworden – zum Honorarprofessor ernannt wurde, in: NLA HA, Hann. 146 A Acc. 4/85, Nr. 402.

333 Vgl. zur personellen und instrumentellen Ausstattung sowie den geplanten sowie tatsächlichen Forschungsvorhaben den Zweiten Bericht über die Entwicklung des Vierjahresplaninstituts vom 5.10.1943, in: CUA, 6500 Zg. 1/63, A 4,1. Vgl. auch Schreiben des TH-Rektors an Loges vom 26.5.1944, in dem dieser über die Klagen des Gauleiters berichtet, dass das Kautschuk-Institut mit seinem Auf- und Ausbau nicht wesentlich weitergekommen sei, in: NLA HA, Hann. 146 A Acc. 10/85, Nr. 185.

bisher bei Semperit noch kaum entwickelte Geschäftsfeld einzudringen.[334] Im August 1940 erfuhr man in Hannover auch vertraulich aus Berlin, dass der dortige Semperit-Vertreter beim Oberkommando der Marine wiederholt vorstellig geworden war und versucht hatte, das Amt dazu zu bewegen, Continental die Auflage zu machen, Semperit sämtliche Fabrikationsunterlagen für mineralölbeständige Spezialschläuche zur Verfügung zu stellen, „damit die Semperit Vorbereitungen treffen könne, um sich später in dieses Geschäft einzuschalten."[335] Im Vorstand sorgte diese Information auch deshalb für Aufregung und Alarmstimmung, da der Semperit-Vertreter auch vom Neubau eines entsprechenden Schlauchsaals in Wimpassing gesprochen und damit geprahlt hatte, dass dieser dann die modernste Anlage Europas sein werde. „Die maßgebenden Herren von der Semperit [wollen] nicht nur unsere Schutzrechte für bestimmte Fabrikationsverfahren, sondern auch neben Artikel-Schutzrechten unsere Warenzeichen und Geschmacksmuster in Anspruch nehmen", hieß es dazu in einer internen Notiz der Patentabteilung an den Vorstand.[336]

Vor allem war es für Continental höchst unangenehm, dass Semperit nicht nur die gleichen Kunden mit Transportbändern und Schläuchen mit dem Conti-spezifischem Cordkantenschutz belieferte, sondern dass aufgrund fertigungstechnischer Probleme in Wimpassing bald reihenweise Reklamationen wegen Defekten auftraten, ohne dass die Kunden unterscheiden konnten, dass die schlechten Bänder von Semperit und nicht aus Hannover kamen. Ähnliche Aktivitäten hatte Semperit auch im lukrativen Geschäft mit der Herstellung von Batteriekästen unternommen. Es war offensichtlich, dass Messner systematisch sämtliche sich durch das technische Hilfsabkommen, das eigentlich vor allem auf das Know-how bei der Buna-Einschleusung im Reifenbereich gedacht war, eröffnenden Möglichkeiten zu seinen Gunsten ausnutzen wollte und damit den anfänglichen Vorsprung der Gummi- und Reifenunternehmen des Altreichs so schnell wie möglich aufzuholen versuchte. In Hannover sah man darin eine klare Verletzung der Bestimmungen und einen Verstoß gegen den Geist des Hilfsabkommens.

---

334 Vgl. Protokoll der Continental-Vorstandssitzung vom 15.1.1940, in: CUA, 6603 Zg. 3/85, A 3, und interne Notiz zu den Schlauchpatenten vom 31.7.1940, in: CUA, 6600 Zg. 1/56, A 18.
335 Notiz vom 9.8.1940, in: ebd.
336 Notiz vom 30.8.1940, in: ebd.

Abb. 99: Titelblatt der Semperit-Werkszeitschrift 1940

Continental und Semperit stritten sich in der Folgezeit um die Auslegung des Hilfsabkommens und die Continental-Rechtsabteilung bemühte sich zusammen mit der Patentabteilung um eine Ab- und Begrenzung der Patentherausgabepflicht, unter anderem durch Verweis auf die vom Vertrag betroffenen Verfahrenspatente, denen jedoch, so die Meinung, niemals auch Gegenstandspatente unterliegen sein konnten.[337] Aus Wien kam umgehend ein deutlicher Widerspruch und man pochte mehr denn je auf die in den Augen von Semperit nicht weiter auslegungs- und interpretationsfähige Globalverpflichtung, die am Anfang des Abkommens stand und in der es hieß: „Die Continental verpflichtet sich, der Semperit und ihren Tochtergesellschaften die gesamten technischen und chemischen Unterlagen und Erfahrungen, welche sich in den Betrieben und Laboratorien des Unternehmens befinden, zur Verfügung zu stellen zum Zwecke der Übertragung auf die Semperit-Unternehmungen", wobei Messner aber wohlweislich den noch folgenden Halbsatz in seiner Replik unterschlug, der da lautete: „nach Maßgabe der nachstehenden Bestimmungen."[338] Vor diesem Hintergrund, aber auch angesichts des generellen, von den Behörden im Zuge der propagierten Gemeinschaftsforschung erzwungenen Austausches von eigenem Know-how, nahm der Continental-Vorstand auf Initiative des neuen

---

337 Vgl. Schreiben an den Semperit-Vorstand vom 19.8.1940, in: CUA, 6500 Zg. 1/67, A 31,1.
338 Schreiben Semperit an Continental vom 20.9.1940 sowie Notiz Assessor Könecke an seinen Bruder Fritz zur Auslegung des Abkommens vom 23.9.1940, in: CUA, 6600 Zg. 1/56, A 18.

Leiters der Patentabteilung, Kurt Kühne, eine Neuausrichtung der jahrzehntelang praktizierten Patentstrategie vor. „Mit der Einreichung von Patentmeldungen auf Herstellungsverfahren und Fabrikationseinrichtungen war man in unserem Hause besonders zurückhaltend, da man die Gefahr der unerkannten Benutzung unserer Patentbeschreibungen durch andere Firmen wesentlicher einschätzte als die Schutzwirkung", hieß es in dem Schreiben Kühnes an den Vorstand.[339] Diese Auffassung bedürfe dringend einer Revision, da durch die Gleichartigkeit der gestellten Aufgaben oft die gleichen Fortschritte gemacht würden, eine Patent beantragende und erhaltende Firma jedoch unter anderem dadurch Vorteile habe, dass sie von den anderen Unternehmen Lizenzzahlungen einfordern konnte. Dementsprechend wollte man künftig auch gegenüber Semperit verfahren und zu künftig möglichst vielen Patentanmeldungen auf chemischem und mechanischem Gebiet zu gelangen.[340]

Das eigentliche Ziel jedoch war, so schnell wie möglich das Abkommen überhaupt zu kündigen und damit aus den sich abzeichnenden kurz-, mittel- wie langfristigen Nachteilen des technischen Hilfsabkommens wieder herauszukommen. Das Risiko, dadurch auch die Beteiligung an den beiden Auslandsfabriken zu verlieren, die das hauptsächliche Motiv für die Akzeptanz des Hilfsvertrages gewesen war, erschien demgegenüber inzwischen längst vernachlässigbar. Könecke hatte daher die zahlreichen Berichte über die einseitige Ausnutzung des Abkommens durch Semperit sammeln lassen und mit der Randnotiz versehen: „Das ist Material für die Beeinflussung von amtlichen Stellen für unseren Standpunkt, Semperit-Vertrag sei jetzt reif zur Aufhebung."[341] Noch im Herbst 1940 nahm Könecke direkte Verbindung zu Messner auf, um eine entsprechende Neuregelung zu verhandeln. Der Continental-Vorstandsvorsitzende sah inzwischen auch anderweitig gute Gründe für eine Aufhebung des Semperit-Vertrags, da die Österreicher sich eifrig und eilfertig bei der Bestimmung von Treuhändern für ausländische Fabriken in den besetzten Gebieten gemeldet hatten. Damit traten die Bestimmungen des Hilfsleistungsvertrags in Kraft, wonach kein Abfluss von Continental-Know-how an Dritte zulässig war, und zudem hatte der Hilfsvertrag offensichtlich seine Dienste erfüllt, wenn sich Semperit bereits stark genug fühlte, gegenüber anderen Unternehmen als Treuhänder und Berater aufzutreten.[342]

---

339 Schreiben vom 18.4.1941, in: CUA, 6525 Zg. 1/56, A 59.
340 Aktennotiz einer Besprechung o. Datum, in: CUA, 6600 Zg. 1/56, A 18.
341 Notiz für Könecke vom 17.9.1940 in: ebd.
342 Vgl. Protokoll der Vorstandssitzung vom 11.10.1940 und vom 16./17.10.1940, in: CUA, 6603 Zg. 3/85, A 3. Vgl. auch Protokoll der Vorstandssitzung vom 19.11.1940, bei der kontrovers über die weitere Strategie (Konzessionen bei der Know-how-Weitergabe an Dritte gegen eine deut-

Doch die Gespräche, die im RWM stattfanden, gestalteten sich schwierig. Messner beharrte auf seinem „krassen Standpunkt", dass die Übernahme der treuhänderischen Verwaltung von Fabriken im besetzten Gebiet nichts mit der Durchführung des ihm auf fünf Jahre zugesicherten technischen Hilfsabkommens zu tun hätte und Continental daher den Vertrag auch noch die restlichen dreieinhalb Jahre vollumfänglich erfüllen müsse.[343] Messner war, wie Könecke erst später bemerkte, ein versierter und ebenbürtiger Verhandlungsgegner. „Er versucht jetzt die Taktik einzuschlagen, nicht mehr stur jedes Eingehen auf unsere Forderungen abzulehnen, sondern durch Nachgeben in einigen Punkten sich die Sympathie der Behörden zu sichern, die ihm dann helfen sollen, die übrigen Forderungen unseres Hauses abzulehnen", notierte Könecke dazu.[344] Die geballte Macht von Continental, die zu den entscheidenden Verhandlungen am 7. November 1940 mit vier Vorständen angereist war, und auch die Haltung von Eckell und dem RWM, die Könecke inzwischen auf seine Seite zu bringen verstanden hatte, brachten Messner dann aber in die Defensive. Er erklärte sich bereit, den Beteiligungsvertrag zum Ende Dezember 1940 aufzulösen und das Werk in Krainburg gegen Continentals Rückzug aus Krakau ganz zu überlassen, und vor allem war er auch mit der Kürzung des technischen Hilfsvertrages auf nur noch knapp ein Jahr einverstanden, ebenso mit der deutlichen Begrenzung der Hilfsleistungen auf einige wenige Produkte wie Autodecken und -schläuche sowie Gummiwalzen, Schürzen und Fußballblasen. Vor allem vereinbarte man auch ein Verbot der Weitergabe von Conti-Know-how an Dritte während der Vertragsdauer, inklusive einer Karenzzeit von weiteren fünf Jahren.[345]

Damit waren praktisch alle Forderungen, die Continental im Vorfeld der Verhandlungen aufgestellt hatte, erfüllt, wobei Messner es sich nicht nehmen ließ, eine Aufstellung über die „Opfer der Semperit laut ihrem neuen Vertragsentwurf gegenüber dem alten Vertrag" zu erstellen und sich entsprechend bei den Behörden darzustellen. Und die damit verfolgte Taktik ging auch auf, denn in dem dann am 18. Januar 1941 endgültig unterzeichneten Abkommen über die Auflösung des Beteiligungsvertrags und des Hilfsabkommens ließ sich Könecke noch einmal eine Reihe von Zugeständnissen abringen, wie etwa den Einbezug der Mischerei und von Regenerierverfahren sowie die deutliche zeitliche Herabsetzung des Verbots technischer Hilfe an Dritte bis 1942 (ausländische Firmen) bzw. 1944 (Unternehmen im Reichsgebiet), die zudem keinerlei Restriktionen

---

liche Verkürzung der Vertragslaufzeit oder keinerlei Konzessionen, um möglichst starken Druck zu einer umgehenden Vertragsaufhebung aufzubauen) diskutiert wurde.
343 Aktennotiz Könecke über die Gespräche vom 29.10.1940, in: CUA, 6600 Zg. 1/56, A 18.
344 Ebd.
345 Vgl. Aktennotiz Könecke vom 26.11.1940 sowie Abschrift einer Aktennotiz Messners vom 8.11.1940 über die Verhandlungen in Berlin, in: ebd.

unterlag, sobald Semperit eine Beteiligung von 15 Prozent oder mehr erwerben konnte.[346] Immerhin hatte Könecke aber seinerseits durchgesetzt, dass zum einen nun die Gesamtzahl der Besuchstage von Semperit-Ingenieuren in Hannover ab 1. Januar 1941 auf maximal 500 begrenzt wurde und Semperit vor allem nach Ablauf des Hilfsvertrages für sämtliche patentierte Verfahren und Artikel, auf deren Weiterbenutzung bzw. Weitererzeugung es Wert legte, Lizenzzahlungen leisten musste.

Seit dem 31. Dezember 1941 waren Continental und Semperit endlich wieder geschieden. Während die Österreicher die drei Jahre der Vertragsdauer weidlich zu nutzen verstanden, hatte Continental eine Schwächung seiner Position hinnehmen müssen. Die Behörden, auf deren Druck das Abkommen erst zustande gekommen war, konnten jedoch aus kriegswirtschaftlicher Perspektive durchaus zufrieden sein, da sie ihr Ziel einer möglichst schnellen Mobilisierung der Produktionspotenziale des österreichischen Unternehmens für Rüstung und Krieg erreicht hatten. Doch auch nach Ablauf des Abkommens gingen die Reibereien und Konflikte zwischen Semperit und Continental weiter, insbesondere nach dem sogenannten Führererlass vom 10. Januar 1942, in dem Hitler unter dem Schlagwort der Rationalisierung und Zusammenfassung aller Kräfte die Unternehmen zu Erfahrungsaustausch und Patentgemeinschaften zwang. Semperit glaubte, damit ein Schlupfloch gefunden zu haben, durch das man den künftigen kostenpflichtigen Lizenzzahlungen entgehen konnte.[347]

Das zusätzliche Problem für Continental war, dass man in Hannover gar keinen Überblick darüber hatte, welche Verfahrens- und Konstruktions-Patente sowie anderen Schutzrechte Semperit nach Ablauf des Vertrages weiter benutzte, und war dabei auf entsprechende Mitteilungen bzw. Zusammenstellungen aus Wien angewiesen. Dort ließ man sich jedoch mit einer Beantwortung Zeit. Trotz mehrmaliger Mahnungen hatte man im Dezember 1942 immer noch keine entsprechenden Informationen von Semperit erhalten. Dazu war es den Österreichern gelungen, bei den Bedingungen einzelner von den Behörden geforderter Nachbauverträge, etwa für Flugzeugtank-Schläuche, die Behörden und Continental gegeneinander auszuspielen. Bei den dazu im September 1942 anberaumten Gesprächen im RLM war Semperit schon tags zuvor „mit 4 Herren im RLM erschienen, um dadurch für sich eine vorteilhaftere Position als bisher zu schaffen, was ihr auch gelungen ist", notierte der Continental-Vertreter hin-

---

346 Vgl. Protokoll der Vorstandssitzung vom 14.12.1940, in: CUA, 6603 Zg. 3/85, A 3, und das Abkommen vom 18.1.1941 sowie den Nachtragsvertrag mit selbem Datum, in: CUA, 6600 Zg. 1/56, A 18.
347 Vgl. Schreiben Semperit an Continental vom 14.2.1942, in: ebd.

terher in seiner Besprechungsnotiz.[348] Bei dem Gespräch war als Schlichter auch ein Vertreter der Patentstelle der Wirtschaftsgruppe Luftfahrtindustrie anwesend, dennoch verlief die Besprechung über Art und Umfang der Continental-Schutzrechte ziemlich kontrovers.[349] Am Ende behielt sich das Technische Amt des RLM eine endgültige Entscheidung vor, für die Continental-Vertreter jedoch ergab sich die Schlussfolgerung, „dass wir in unserer grundsätzlichen Einstellung zu Lizenzverträgen eine Änderung eintreten lassen müssen wegen der sich auch von der Wirtschaftsgruppe Luftfahrtindustrie durch die Praxis gegebenen neueren engen Auslegung solcher Verträge."[350]

Welche Rolle in dieser Beziehungsgeschichte der Continental-Ingenieur Hans Karthaus gespielt hat, der als technischer Vorstand nach Wien gewechselt war, ist unklar. Vermutlich befand er sich bei den Auseinandersetzungen zwischen Hannover und Wien vielfach in der Zwickmühle. In Hannover scheint man ihm jedoch keinen Vorwurf daraus gemacht zu haben, dass er mit Vehemenz seine Aufgabe in Angriff genommen hatte, Semperit so schnell wie möglich fertigungstechnisch auf den hohen Continental-Stand zu bringen. Tatsächlich war es Semperit gelungen, mit Hilfe der umfassenden technischen wie personellen Hilfe seine veralteten Produktionsanlagen und Fertigungsmethoden umfassend zu modernisieren. Im Dezember 1940 war der Umzug der Autoreifen-Fabrikation in das neue Fabrikgebäude in Traiskirchen erfolgt, womit nun die Modernisierung der „recht rückständigen Fahrradreifenfertigung" in Angriff genommen werden konnte.[351] Karthaus war dabei aber auf Schwierigkeiten und internen Widerstand gestoßen, insbesondere als er infolge seines harten Sanierungskurses bis Frühjahr 1940 die Entlassung von über 2500 Arbeitern durchsetzte, begleitet von Arbeitszeitverkürzungen und der Einstellung des Baus einer Schuhfabrik.[352] Durch all dies machte sich Karthaus die örtlichen DAF-Funktionäre zu erbitterten Feinden und im Frühjahr 1942 wurde ein „Ehrengericht" gegen ihn angestrengt, das mit einer Verurteilung endete. Die „Karthaus-Affäre" führte letztlich dazu, dass dessen Vertrag in Traiskirchen zum Juni 1942 nicht mehr verlängert wurde und er daraufhin wieder zu Continental zurückkehrte. Die ursprünglich in den strategischen Überlegungen des Vorstands so wichtige Frage einer sukzessiven Aktienbeteiligung an Semperit war im Übrigen zu diesem Zeitpunkt bereits irrelevant geworden. Zunächst hatte man

---

348 Notiz über die Besprechung im RLM am 10.10.1942 betr. Lizenz-Vertrag Conti-Semperit über Conti-B-Schläuche, in: ebd.
349 Vgl. ebd.
350 Ebd.
351 Vgl. Aktennotiz über diverse Besuchsberichte in und aus Österreich vom 31.12.1940, in: CUA, 6600 Zg. 1/56, A 18.
352 Vgl. Feldman, Die Creditanstalt-Bankverein, S. 552.

durchaus noch Gelegenheiten zum Kauf weiterer Semperit-Aktien genutzt und im Januar 1940 etwa 2450 Stück zum Durchschnittskurs von 68,85 RM erworben, womit sich der Gesamtbestand bis April 1942 auf 7550 Stück über nominell 110 000 RM belief, was einem Buchwert von ca. 540 000 RM entsprach.[353] Danach änderte sich jedoch an der Semperit-Beteiligung bis Kriegsende nichts. Im Gegenzug hatte auch der Großaktionär von Semperit, die Wiener Creditanstalt, für einige Tausend RM Continental-Aktien erworben, zumal diese wie erwähnt seit Frühjahr 1940 auch an der Wiener Börse eingeführt worden waren. Auch hier blieb die Beteiligung jedoch unter einem Prozent.

Bei der Harburger Gummiwarenfabrik Phoenix AG hatte Schäfer währenddessen seine dominierende Rolle weiter ausgebaut. Weit mehr als Könecke bei Continental bestimmte er die Ausrichtung und Politik der Firma sowohl gegenüber den anderen Vorstandsmitgliedern als auch gegenüber dem Aufsichtsrat. Das Fertigungsprogramm wurde weiter auf den Kriegsbedarf ausgerichtet, neben Flugzeugreifen wurden Gummiisoliermatten für U-Boote produziert, dazu Schläuche und Förderbänder; vor allem aber deckte Phoenix nahezu den gesamten Bedarf der Flugzeugindustrie an Metallgummi-Schwingungsaggregaten, die in der ausgelagerten Tochtergesellschaft hergestellt wurden. Auch Phoenix produzierte, in technischer Kooperation mit dem Hamburger Drägerwerk, Gasmasken für Heeres- und Zivilbedarf sowie Gasschutzbekleidung. „About 7 or 8 percent of their work was on articles connected with chemical warfare", befand später der Final Report der britischen Militärregierung.[354] Daneben blieb aber auch die Herstellung von Gummischuhen bedeutend; 1943 betrug der Ausstoß an Schuhen mit Gleitschutz für Militär, Industrie und Landwirtschaft zwischen 40 000 und 50 000 Stück pro Monat.[355] An der Nutzung der Schuhprüfstrecke im KZ Sachsenhausen war Phoenix allerdings offenbar nicht beteiligt. Die Entwicklung der Umsatzstruktur zwischen 1939 und 1944 zeigte dabei einerseits die deutliche Veränderung im Verlauf der Kriegsjahre, andererseits aber vor allem zwischen 1943 und 1944 einen sprunghaften Trendwechsel. Der Anteil der Reifen sank zunächst von 47 Prozent der Gesamtproduktion auf 37,9 Prozent (1943), erhöhte sich dann aber im Zuge der Konzentration auf Flugzeugreifen im Jahr 1944 auf 41,5 Prozent.[356] Der Anteil der Schuhproduktion blieb mit ca. acht bis neun Prozent annähernd gleich, während Technische Artikel, Stoffe,

---

353 Vgl. Protokoll der Vorstandssitzung vom 23.1.1940 sowie vom 21.4.1942, in: CUA, 6600 Zg. 1/56, A 18.

354 ADM, BIOS Final Report No. 70, Harburger Gummiwaren-Fabrik Phoenix, S. 3 ff.

355 Vgl. ADM, CIOS Report 22/10 (A), The Harburger Gummiwarenfabrik Phoenix AG, S. 31 ff., und ADM, BIOS Final Report No. 173, Gummiwaren Fabrik Phoenix Harburg/Hamburg.

356 Vgl. die statistische Aufstellung im Fragebogen für die Militärregierung vom 19.7.1945, in: StA Hamburg, 621-71/40.

Chirurgische Artikel, Gummi-Hohlkörper und vor allem Metallgummi-Polster ihren Fertigungsanteil deutlich von 27 Prozent (1939) auf knapp 45 Prozent (1943) steigerten, um dann 1943 wieder auf 42 Prozent zurückzugehen.[357] Die Menge der jährlich verarbeiteten Kautschukmischungen war dabei bemerkenswerterweise deutlich gesunken, von 10 273 to (1939) auf 8144 to (1943) bzw. 7611 to (1944), d. h. um 26 Prozent, was darauf hinweist, dass es Phoenix anders als Continental nicht gelungen war, die Fertigungskapazitäten im Krieg insgesamt zu erhöhen.[358]

Auch in der Kapitalstruktur passte Schäfer Phoenix an die neuen Bedingungen an. Aufgrund der Verordnung zur Begrenzung von Gewinnausschüttungen, d. h. der Dividendenabgabenverordnung vom 12. Juni 1941, wurde das Grundkapital durch Ausgabe zusätzlicher Aktien von 4,860 Mio. RM um 7,290 Mio. RM auf 12,150 Mio. RM, also um 150 Prozent erhöht.[359] Auf jede alte Aktie über 1000 RM entfielen eine Zusatzaktie über 1000 RM sowie fünf Zusatzaktien über je 100 RM. Erst nach Ablauf einer bis 20. Januar 1942 dauernden Frist wurden alte und neue bzw. zusätzliche Aktien gleichermaßen gewinnanteilsberechtigt. Nach Aufhebung der ursprünglich bis 1. Oktober 1942 vom Reichswirtschaftsminister ausgesprochenen Sperrverpflichtung wurden zudem auch die im Geschäftsjahr 1939 zur Ausgabe gelangten Stammaktien über 1,620 Mio. RM an den Börsen in Berlin und Hamburg zugelassen und handelbar. An der Struktur der Kapitalbeteiligung änderte sich dadurch jedoch nichts: Nach wie vor hielt der Aufsichtsratsvorsitzende Moritz Schultze mit 53,45 Prozent die Mehrheit der Phoenix-Aktien, 13,2 Prozent besaß Theo Kaselowsky, der Oetker-Vorstandsvorsitzende, 5,6 Prozent hielt Albert Schäfer, der auf der entscheidenden Aufsichtsratsitzung jedoch auch noch weitere 2,2 Prozent aus Fremdbesitz vertrat, und drei Prozent der Anteile hielt Carl Maret. Der Rest verteilte sich auf drei Großaktionäre aus Hamburg, darunter Erich Fischer, Vorsitzender des Vorstandes der Zuckerraffinerie Genthin A. G., der bei Phoenix wie bei der Commerzbank im Aufsichtsrat saß; etwa 12,5 Prozent der Phoenix-Anteile waren Streubesitz.[360]

Ende 1942 hatte Schäfer auch einen Umbau und eine Erweiterung des Vorstands vorgenommen. An die Stelle von Emil Teischinger und Carl Maret trat

---

357 Ebd. Vgl. die Umsatzentwicklungsberichte Schäfers an den Aufsichtsrat vom Dezember 1941 und Dezember 1942 sowie Januar–Dezember 1943/1944, in: HADB F 002/750.

358 Vgl. die statistische Aufstellung im Fragebogen für die Militärregierung vom 19.7.1945, in: StA Hamburg, 621-71/40.

359 Das nötige Kapital stammte einerseits aus offenen freien und gesetzlichen Rücklagen, andererseits aus dem Unterschiedsbetrag zwischen Handels- und Steuerbilanz. Vgl. Geschäftsbericht Phoenix 1940, S. 7 f., in: HADB F 002/750.

360 Vgl. Notiz zur 69. Ordentlichen Hauptversammlung vom 29.11.1941, in: HADB F 002/679, und Aktennotiz zur 71. Hauptversammlung vom 26.6.1943, in: HADB F 002/1853.

nun als neuer Technikvorstand Dr. Albert Koch, vorher Leiter der Kautschuk-Entwicklungslaboratorien bei der IG Farben in Leverkusen. Koch scheint allerdings die an ihn und sein Buna-Know-how gestellten hohen Erwartungen nicht erfüllt zu haben, da er, wie es in einer späteren Notiz hieß, „zu sehr Theoretiker und zu wenig Praktiker ist."[361] Zusammen mit Carl W. Kühns und Otto A. Friedrich, dessen Vorstandsmandat jedoch seit Mai 1943 mit der Übernahme der Leitung der Reichsstelle Kautschuk formal ruhte, stand Schäfer nun einem vierköpfigen Vorstand vor, den er noch durch drei stellvertretende Vorstandsmitglieder – Dipl. Ing. Eduard Stübinger, der Chefingenieur der Reifenentwicklung, Karl Sturm und Dipl. Ing. Fritz Schmidt, die Geschäftsführer der Tochtergesellschaften Metallgummi GmbH bzw. Internationale Galalith-Gesellschaft, erweitert hatte.[362]

Abb. 100: Der Phoenix-Vorstand Ende 1942. Von links nach rechts: Karl Sturm, Carl Maret jr., Otto A. Friedrich, Albert Schäfer, Carl W. Kühns, Eduard Stübinger, Emil Teischinger.

---

361 Notiz Willink vom 13.12.1945, in: HADB F 002/750.
362 Vgl. Geschäftsbericht für 1942, S. 1, in: ebd.

Formal waren die Phoenix-Vorstände – mit Ausnahme von Kühns, der 1940 NS-DAP-Mitglied wurde und bis Ende 1942 auch allgemeines Mitglied der SS war, sowie Otto A. Friedrich, der im Juli 1942 aus Karrieregründen in die Partei eintrat – keine Parteimitglieder, was Schäfer jedoch nicht daran hinderte, mit den Hamburger Parteistellen gute Beziehungen zu pflegen und auch in den staatlichen Rüstungsämtern und Kriegsbehörden gut vernetzt zu sein.[363]

Schäfer schreckte auch nicht davor zurück, 1941 in einen offenen Konflikt mit dem Großanteilseigner und Aufsichtsratsvorsitzenden Moritz Schultze zu treten. Dieser hatte bereits im April 1940 angekündigt, sich allmählich aus seiner aktiven Tätigkeit zurückzuziehen, und vorgeschlagen, Paul Hampf, Direktor der Commerzbank und Verwalter seiner Interessen, in den Aufsichtsrat von Phoenix zu wählen, was auch geschah.[364] Im Frühjahr 1941 kam es jedoch zu einem ersten Konflikt zwischen Schäfer und Schultze, da der Aufsichtsratsvorsitzende bei der anstehenden Emission der Phoenix-Aktien von 1939 in Höhe von 1,620 Mio. RM neben der Deutschen Bank auch eine angemessene Beteiligung der Commerzbank forderte.[365] Schäfer jedoch lehnte eine entsprechende Mitwirkung „absolut und mit sehr energischen Ausdrücken" ab.[366] Schultze nahm dem Vorstandsvorsitzenden dabei vor allem übel, dass dieser die Einführung der jungen Aktien in großer Eile und ohne Schultze zu informieren betrieb.[367] Schäfer scheute aber auch keine Auseinandersetzung mit der Deutschen Bank; auf der Hauptversammlung im Juni 1941 hatte er vor allen Anwesenden Hermann Willink, den Vertreter der Deutschen Bank im Phoenix-Aufsichtsrat, bloßgestellt und zu Zugeständnissen bei der Regelung von Kreditangelegenheiten regelrecht zu erpressen versucht.[368] Als Schultze, der noch immer Aufsichtsratsvorsitzender war und auch bis Kriegsende entgegen seiner Ankündigung von diesem Posten nicht zurücktrat, im Juni 1943 vorschlug, Ministerialrat a. D. Dr. jur. Erich Katter, Generaldirektor der Fahlberg-List-AG in Magdeburg, in den Aufsichtsrat zuzuwählen, ignorierte Schäfer diesmal den Wunsch und es gelang ihm, dafür im Aufsichtsrat auch Unterstützung zu erhal-

---

363 Vgl. die jeweiligen Entnazifizierungsakten von Karl Sturm (StA Hamburg, 221- I (TL) 1756), Carl Kühns (StA Hamburg, 221-11, I (C) 2409), Albert Schäfer (StA Hamburg, 221-11/Ad. 7130) und Otto A. Friedrich (StA Hamburg, 221-11 Misc. 1924).

364 Vgl. Notiz Willink vom 4.4.1940, in: HADB F 002/750.

365 Vgl. Notiz Willink vom 6.3.1941, in: ebd.

366 Schreiben der Commerzbank-Filiale Hamburg an Schultze vom 22.1.1941, in: ebd.

367 Zu den damaligen Diskussionen und Schriftwechseln mit den Behörden über die Zulassung der Aktien vgl. HADB F 002/688.

368 Vgl. die umfangreiche Aktennotiz des Direktors der Deutsche-Bank-Filiale Hamburg vom 11.2.1942, in: HADB F 002/750.

ten.[369] In seinem Entnazifizierungsverfahren hat Schäfer später den Konflikt mit Schultze, der seinerseits kein Parteimitglied war, in völliger Verdrehung der Tatsachen in eine politisch aufgeladene Auseinandersetzung umzudeuten versucht und Schultze, der wenige Wochen zuvor verstorben war und sich nicht mehr wehren konnte, entsprechend denunziert.[370]

Schließlich plante Schäfer mit der bereits erwähnten Fusion mit der deutschen Dunlop, zu der noch 1940 Verhandlungen liefen, den großen Wurf, Phoenix auf Augenhöhe zum großen Konkurrenten Continental zu bringen, wozu auch – wie noch gezeigt wird – eine weit aggressivere Expansionspolitik im besetzten Ausland gehörte, als sie die Hannoveraner betrieben. Es war unübersehbar, dass Schäfer mit Geschick, aber auch einer gehörigen Portion Vorsicht gegenüber den verschiedenen Vorgaben der Behörden und Ämter zu lavieren versuchte, um erfolgreich die Unternehmensinteressen durchzusetzen. Mitte November 1940 berichtete er dem Aufsichtsrat:

> Die Angelegenheit Dunlop, bei der die Reichsbehörden den dringenden Wunsch äußern, dass eine Vollfusion möglichst schnell zustande kommen soll, bei welcher die Vorherrschaft nur bei der Phoenix liegen kann und soll, wird von mir mit noch größerer Aufmerksamkeit verfolgt. In diesem Fusionsprojekt ist, wenn wir nicht überrannt werden sollen, besonders große Vorsicht am Platze, da sich politische Einflüsse geltend zu machen drohen, die es gilt, mit ganz besonderer Vorsicht und Delikatesse aus dem Wege zu räumen. Aus diesem Grunde kann eine Berichterstattung über den Stand der Dinge heute noch nicht erfolgen.[371]

3 Prekäre Regelung der Unternehmensnachfolge, die große Entflechtung und Konflikte mit Partei- und Behördenstellen: Teves und VDO im Krieg

Das Unternehmen von Alfred Teves wurde mit seiner Ate-Hydraulik für die Wehrtechnik des Heeres wie für die Luftfahrtindustrie schnell zu einem ‚key supplier' in der deutschen Kriegswirtschaft und repräsentierte einen wichtigen Knotenpunkt in den sich um diese Rüstungsbereiche gruppierenden Zuliefer-

---

369 Vgl. Schreiben Schultze an Willink vom 23.6.1943, in: ebd.
370 Durch seine „klare Einstellung zum Nazitum", so Schäfers Version, habe er sich damals die Feindschaft des Aufsichtsratsvorsitzenden zugezogen, der nichts unversucht gelassen habe, ihn von seinem Posten als Vorstandsvorsitzender zu entfernen, und sich mit dem Gedanken trug, ihn bei den Nazis wegen Defätismus und anderem zur Anzeige zur bringen. Vgl. Rechtfertigungsschreiben Schäfers vom 23.9.1946 (Moritz Schultze war am 26.2.1946 gestorben), S. 4, in: StA Hamburg, 221-11 AD. 7130.
371 Bericht Schäfer an den Aufsichtsrat vom 14.11.1940, in: ebd.

netzwerken. Sämtliche Jagd- wie Bomberflugzeuge von Junkers bis Messerschmitt und Heinkel wurden mit hydraulischen Geräten von Teves ausgestattet und basierten auch auf dessen Bremssystemen, die wie die Reifentechnologie im Zuge der rasant zunehmenden Gewichte und Geschwindigkeiten im Flugzeugbau ihrerseits eine dynamische technische Entwicklung vollzogen. Ein Indiz dafür ist, dass sich der in den hydraulischen Leistungssystemen auftretende Arbeitsdruck innerhalb kurzer Zeit von 6 auf 80 atü steigerte.[372] Die flughydraulische Produktpalette umfasste Steueraggregate für die Betätigung von Fahrwerken, Landeklappen, drehbaren Waffenständen und Sturzflugbremsen. Ate-Öldruck- und Luftdruckbremsen befanden sich aber auch in allen Heereslastwagen und Panzern, daneben wurden Kälte- und Klimageräte für Bunker, unterirdische Stationen und Betriebe sowie Gefrierräume auf U-Booten produziert, für die Teves außerdem hydraulische Schaltungen für das Ausfahren der Sehrohre baute.[373] Dazu war Teves auch im vergleichsweise neuen Bereich der Fernhydraulik aktiv, wo entsprechende Geräte für den Einsatz im Bergbau, als Fernbetätigung für elektrische Hochspannungstrennschalter oder Schwenkkräne und Motorengetriebeschaltungen hergestellt wurden.[374] Dazu produzierte Teves Bremsflüssigkeiten.

Für die Fertigung dieser komplexen technischen Geräte und Systeme waren zahlreiche Teilefertiger ihrerseits wiederum Zulieferer für Teves, darunter Continental mit Hochdruck- und Bremsschläuchen sowie Dichtungsteilen. Continental- und Teves-Ingenieure saßen gemeinsam in einigen der zahlreichen Ringe und Ausschüsse und beschäftigten sich dort unter anderem mit der Kältebeständigkeit von Bremsschläuchen.[375] Alfred Teves pries dabei seinen alten und neuen Kunden in den verschiedenen Ämtern und Behörden gegenüber seine Produkte und Entwicklungen wie zu Vorkriegszeiten als technische Höchstleistung an. 1941 erstellte er eigens ein umfangreiches „Ate-Hydraulik-Handbuch", in dem er wohl auch seinerseits in Erwartung des baldigen Kriegsendes die vielfältigen zukunftsträchtigen Anwendungsmöglichkeiten seiner Hydrauliken hervorhob. „Der Einsatz in der Wehrwirtschaft befasst uns mit einer Fülle von Sonderaufgaben, die bei Rückkehr zur Friedenswirtschaft für manche Gebiete der Technik von grundlegender Bedeutung sein werden", schrieb er in der Einleitung. „Dieses Handbuch sei ein Zeichen unserer Bereitschaft im friedlichen Wettbewerb um Höchstleistungen der deutschen Industrie mit vollem Einsatz

---

372 Vgl. den Artikel „Flughydraulik" in der Sondernummer Hydraulik Der Ate-Ring 10. Jg. Nr. 14, März 1941, S. 15.

373 Vgl. Eckermann, Dynamik beherrschen, S. 204 ff.

374 Vgl. Firmenkatalog Ate-Fern-Hydraulik vom 8.5.1942.

375 Vgl. Schreiben Teves an Continental vom 30.8.1943, in: CUA, Bestand Teves, Ordner Korrespondenz Karlein.

mitzuwirken."[376] Aber auch in den späteren Kriegsjahren behielt Teves seine betont fachtechnische und damit scheinbar unpolitische Präsentation seiner Produkte bei. Die Sonderausgabe des 12. Jahrgangs der Fach- und Kundenzeitschrift „Der Ate-Ring" vom Januar 1943 war der „Ate-Bremse im Kriegseinsatz" gewidmet.[377]

Durch die rechtzeitig vor Kriegsbeginn in Gang gesetzten Erweiterungsbauten in den Werken in Frankfurt und Berlin konnte Teves die rasch steigenden Fertigungsanforderungen von RLM und OKH zunächst problemlos bewältigen. Ende Juli 1940 wurde das Richtfest für die Neubauten der Fabrik in Berlin gefeiert, zu der die dortigen Werksleiter Stein und Karlein den damaligen Generalbauinspektor für die Reichshauptstadt, Albert Speer, persönlich einluden.[378] Das Werk wurde gleichzeitig umbenannt und firmierte nun unter „Deutsche Hydraulik- und Präzisionswerke Alfred Teves GmbH, Berlin". Aus der einstigen Zweigniederlassung wurde damit ein selbständiges Tochterunternehmen. Neben Frankfurt wurde in dem neuen Werksteil die Massenfertigung hydraulischer Bremsen, insbesondere für die Flugzeugindustrie, aufgenommen und dort zentralisiert.[379] Obwohl die Initiative zum Werksausbau vom RLM gekommen war, hatte Teves die Finanzierung der dafür veranschlagten 1,9 Mio. RM weitestgehend unter sukzessiver Erhöhung des Gesellschaftskapitals von ursprünglich 200 000 RM auf zunächst 500 000 RM mit Planung einer weiteren Kapitalzuführung auf 750 000 RM bis spätestens Oktober 1941 alleine unternommen. Das RLM beteiligte sich in Form einer einmaligen öffentlichen Beihilfe mit gerade einmal 650 000 RM, für die restlichen mehr als eine Million RM verwies man Teves zu Kreditverhandlungen an die Luftfahrtkontor GmbH (LFK) bzw. die Bank der deutschen Luftfahrt, die als verlängerter Arm des RLM dessen direktes und indirektes Engagement des Reichs in die Luftfahrtindustrie bankmäßig organisierte und verwaltete.[380] Der tatsächliche Investitionsaufwand für das erweiterte Berliner Werk explodierte im Mai 1940 auf 3,8 Mio. RM und die Forderung des RLM nach einer umgehenden neuerlichen Kapitalerhöhung auf eine Mio. RM konnte erst dadurch abgebogen werden, dass das Unternehmen auf den Status von Alfred Teves als persönlicher Gesellschafter verwies „und die Erhöhung mithin aus seinem zu versteuernden Entnahme bei Teves finanziert werden müsse."[381] Das RLM war allenfalls zu einer Aufstockung der Beihilfe auf 800 000 RM bereit. „Da die Firma bereits jetzt 900 000 RM aus eigenen Mitteln

---

376 Ate-Handbuch Hydraulik, Frankfurt 1941, S. X 4.
377 Vgl. Der Ate-Ring, 12. Jahrgang, Heft 15/16, Januar 1943.
378 Vgl. Schreiben vom 18.7.1940, in: HHStAW Nr. 469.
379 Vgl. BArch, R 4606/2495, darin auch ein Auszug aus dem Handelsregister.
380 Vgl. Schreiben RLM an Teves vom 20.10.1939, in: ebd.
381 Vermerk über die Besprechung im RLM vom 24.4.1940, in: ebd.

ausgegeben hat und finanziell sehr angespannt ist", wurde ein neuer LFK-Kredit notwendig.[382] Doch die Finanzierung war damit noch immer nicht gesichert. Aufgrund des erhöhten Ausbringungsprogramms, sprich der Höhe des vom RLM geforderten Fertigungssolls, hatten sich die Investitionskosten bis Februar 1941 um weitere 500 000 RM auf nun insgesamt 4,3 Mio. RM erhöht, zu deren Finanzierung das RLM zu einer weiteren Erhöhung der staatlichen Beihilfe auf nun insgesamt eine Mio. RM bereit war, womit allerdings immer noch gerade einmal 23 Prozent der Gesamtinvestitionen abgedeckt wurden.[383] Letztendlich hatte Alfred Teves aus eigenen Mitteln 1,8 Mio. RM für die Erweiterungsmaßnahmen aufgebracht.

Im Zuge der Erweiterung der Produktionsanlagen wurden die Ausbringungszahlen der Fertigung tatsächlich rasant erhöht. Hatte man bislang im Werk Berlin monatlich ca. 27 000 Ventilkegel für Flugmotoren produziert, was einem Monatsumsatz von 600 000 bis 700 000 RM entsprach, so waren es nun 42 000 Ventile bei einem auf knapp eine Mio. RM angestiegenen Monatsumsatz.[384] Erweiterungen erfolgten im Verlauf des Krieges auch in Frankfurt, insbesondere im Werk Bonames, wo man Ende Juli 1940 aus Arisierungsvermögen der Deutschen Nähmaschinen-Fabrik Jos. Wertheim AG, dessen man sich bereits im Januar 1939 für das Werk Fechenheim bedient hatte, für 170 000 RM weitere Grundstücke erwarb.[385] Im Zuge all dieser Erweiterungen stiegen auch die Zahl der Beschäftigten, der Umsatz und der Gewinn, für die allerdings, da Bilanzen nur bruchstückhaft überliefert sind, keine fortlaufenden Angaben möglich sind. 1941 verzeichnete man allein in den Frankfurter Werken 4230 Beschäftigte, davon 3308 Arbeiter und 922 Angestellte, dazu kamen noch etwa 2000 Beschäftigte in Berlin.[386] Im Laufe des Jahres 1942 stieg die Zahl der Frankfurter Teves-Beschäftigten auf knapp 5000 an, was gegenüber 1939 sowohl in Frankfurt wie in Berlin nahezu eine Verdoppelung der Beschäftigten bedeutete. Der Umsatz stieg 1942 auf 53,8 Mio. RM, was allein gegenüber 1941 einen Zuwachs von 18 Prozent ausmachte; entsprechend entwickelten sich auch die ausgewiesenen Gewinne, die von 2,1 Mio. RM im Jahr 1941 auf 5,5 Mio. RM im nächsten zunahmen.[387]

---

382 Ebd.

383 Vgl. Vermerk über die Besprechung im RLM vom 12.2.1941, bei der diesmal auch Alfred Teves selbst sowie sein Sohn Heinz anwesend waren, in: ebd.

384 Vgl. die Angaben im Kredit-Protokoll der LFK vom 24.6.1940, in: ebd.

385 Vgl. den Kaufvertrag in: Institut für Stadtgeschichte Frankfurt, Gutachterausschuss I/4 66 Homburger Landstraße.

386 Vgl. die Angaben in den Erläuterungen zum Jahresabschluss bzw. zur Bilanz für 1942, in: Institut für Stadtgeschichte Frankfurt, S 1, NL Tausend, 387, Nr. 2.

387 Vgl. ebd.

Alfred Teves' Sorge galt angesichts dieses rasanten Wachstums nicht nur der Finanzierung und Liquidität, sondern auch der „inneren Organisation" der Betriebsverhältnisse. Am 7. Mai 1940 hatte er sich diesbezüglich in einer Ansprache an seine Abteilungsleiter gewandt.[388] Durch die stetige Vergrößerung und Entwicklung sei an allen Ecken und Enden Unordnung und Schlamperei eingerissen, die weit von den früher vorbildlichen Betriebsverhältnissen entfernt seien, kritisierte er. Es sei daher notwendig, eine Organisation einzuführen, die in anderen Großbetrieben bereits selbstverständlich sei. „Wir sind schließlich kein kleines Fabrikchen mehr mit 60 bis 70 Leuten, die man ohne weiteres übersehen kann, sondern ein Werk mit über 3000 Gefolgschaftsmitgliedern. Außerdem ist Krieg und viele unserer guten Mitarbeiter haben einrücken müssen und der eingestellte Ersatz war nicht immer zum Besten. Wir mussten schließlich nehmen, was wir bekamen."[389] Die „unnützen Besprechungen" müssten daher ebenso verschwinden wie die allgemeine Unpünktlichkeit und auch die vielen Überstunden. Die Firma Teves habe schon lange nicht mehr den guten Ruf wie früher, und auch das Überhandnehmen des Lokalbesuchs mit Kunden müsse unterbunden werden. „Unsere Gäste sind häufig Herren der Wehrmacht und es macht wirklich keinen guten Eindruck, wenn diese noch in allen möglichen Lokalen herumgezogen werden. Solche Einladungen brauchen durchaus nicht im ,Clou' oder sonstigen Frankfurter Bars zu enden. Diese Einladungen sollen immer einem würdigen unserer Firma zukommenden Rahmen stattfinden."[390]

Irgendwelche Formeln nationalsozialistischer Betriebsgemeinschaft oder gar kriegspolitischer Regime-Loyalität suchte man in dieser von patriarchalischem Führungsstil geprägten Rede ebenso vergeblich wie ein abschließendes „Sieg Heil" auf Adolf Hitler. Die kritische Distanz zum NS-Regime und seinen politischen Repräsentanten war deutlich zwischen den Zeilen spürbar, und in dieser Haltung konnte sich Alfred Teves auch gegenüber seinen Direktoren, Handlungsbevollmächtigten und Prokuristen als leitende Mitarbeiter sicher sein, angefangen vom technischen Leiter Dr. Josef Dornauf über die kaufmännischen Direktoren Ernst Engel und Carl Augustin, den Verkaufsdirektor Emil Haas bis zum Personalchef Hans Kraney.[391] Der Großteil dieser leitenden Ange-

---

388 Niederschrift der Ansprache vom 7.5.1940, in: CUA, Bestand Teves, Sammlung Eckermann.

389 Ebd.

390 Ebd., S. 7.

391 Zu den leitenden Mitarbeitern bei Teves vgl. auch Eckermann, Dynamik beherrschen, S. 212 ff.

stellten war, soweit es sich anhand der Entnazifizierungsakten nachträglich feststellen lässt, kein Mitglied der NSDAP.[392]

Dennoch sah sich Teves zu Zugeständnissen an das NS-Regime gezwungen. Im Verlauf des Jahres 1941 traten er und auch seine Söhne der NSDAP bei, allerdings, wie Teves später auf seinem Entnazifizierungsbogen vermerkte,

> durch Gauleiter Sprenger zum Anwärter gezwungen, aber nie als Mitglied anerkannt, weil politisch verdächtig [...] Ich sollte als Betriebsleiter 1941 abgesetzt werden und der spätere Gauwirtschafts-Kammerpräsident Gamer sollte Generaldirektor werden. Schließlich wurde mit Ende 1944 ein Kommissar für meine sämtlichen Werke übergeordnet. Blieb trotz meines hohen Alters von 75 Jahren unentwegt bis zuletzt auf meinem Posten trotz größter Feindschaft seitens Gauleiter Sprenger, um meinen Betrieb vor totaler Nazifizierung zu schützen.[393]

Alfred Teves' Schicksal korrespondiert mit ähnlichen Entwicklungen auch bei anderen Unternehmern, die sich vor allem seit 1942 Kampagnen wegen Defätismus und politischer Unzuverlässigkeit von regionalen Parteistellen, Gauleitern und auch aus den Reichsbehörden ausgesetzt sahen.[394] Hintergrund war der schleichende Machtverlust des RWM zugunsten des Reichsministeriums für Bewaffnung und Munition unter Albert Speer. Aber auch SS und Reichssicherheitshauptamt gewannen ebenso wie die Gauleiter an Macht und Einfluss innerhalb des NS-Regimes. Infolgedessen war eine Reihe von älteren Unternehmern verdrängt und auf die verbliebenen massiver Druck ausgeübt worden, so dass es schließlich in den Jahren 1941/42 zu reihenweisen Eintritten bislang noch parteiloser Unternehmer in die NSDAP kam. Die dabei wie im Falle Teves nachträglich als Rechtfertigung angeführte Sorge vor der drohenden Einsetzung eines nationalsozialistischen Treuhänders oder gar der Entfernung aus der Unternehmensleitung und der Enteignung oder Verstaatlichung wurde nachgerade zu einem Topos der Selbstentlastung der Unternehmer, ohne dass jemals der konkrete Nachweis tatsächlicher entsprechender Aktivitäten des NS-Regimes erbracht wurde.[395] Auch die zweifellos vielerorts entstehenden Konflikte mit den jeweiligen Gauleitern, die zunahmen, je mehr das NS-Regime im Verlauf des Krieges seine zentralistische Macht zugunsten der regionalen Regime-Repräsentanten und Machthaber verlor, wurden später von zahlreichen Unternehmern

---

392 Carl Augustin war allerdings zwischen 1933 und 1938 allgemeines Mitglied der SS gewesen. Vgl. HHStAW 520/11, Nr. 2218/1–2.

393 Vgl. HHStAW 520/11, Nr. 11263/1–2.

394 Vgl. Scholtyseck, Freudenberg, S. 316 f.

395 Zu Freudenberg vgl. ebd., S. 317. Ähnlich war auch die spätere Argumentation etwa des Allianz-Vorstands und zahlreicher weiterer Unternehmer. Vgl. allgemein dazu auch Erker, Industrieeliten.

zu grundsätzlichem politischen Widerstand hochstilisiert und umgedeutet. Wir werden das später auch am Beispiel von Continental und Könecke noch sehen.

Was wirklich in Falle von Alfred Teves geschah, lässt sich nur teilweise und vielfach ausschließlich auf der Basis seiner eigenen Darstellung im Entnazifizierungsverfahren rekonstruieren. Demnach war Teves im Herbst 1939 unmittelbar nach Kriegsausbruch auf einer Zusammenkunft mehrerer bedeutender Wirtschaftsführer des Rhein-Main-Gebietes von Jakob Sprenger, dem Gauleiter von Hessen-Nassau, zugleich auch Reichsstatthalter und Reichsverteidigungskommissar, mit deutlichen Worten und „in sehr ungehaltenem Ton" darauf aufmerksam gemacht worden, dass er noch nicht Parteimitglied sei.[396] Sprenger gab demnach seinem Adjutanten den Auftrag, Teves in der NSDAP anzumelden. Nach mehreren Monaten erhielt der Unternehmer dann aber von Seiten der zuständigen Ortsgruppe die Auskunft, dass die NSDAP-Reichsleitung in München Bedenken gegen eine Parteiaufnahme geäußert hatte. Von der Ortsgruppe erhielt Teves eine Interimskarte, mit der Begründung, dass er damit nunmehr weiterhin an den wirtschaftlichen Besprechungen teilnehmen könne. Das fehlende Parteiabzeichen, das üblicherweise von den Betriebsführern zumindest anlässlich ihrer Betriebsappelle getragen werden sollte, wurde Teves nach dessen Aussage von dem Betriebsobmann im Frankfurter Werk geliehen. Tatsächlich findet sich in den Akten allerdings schon Mitte Mai 1939 ein Schreiben von Alfred Teves an die Gauleitung der NSDAP in Frankfurt „betr. Aufnahme in die Partei", in dem er in der Anlage den ausgefüllten Aufnahmeantrag, der ihm von dort bereits Ende März zugegangen war, übersandte.[397] Dennoch kann die Darstellung von Teves über seine formale NSDAP-Mitgliedschaft erst im Laufe des Jahres 1941 angesichts der parteiinternen Bürokratie durchaus zutreffen.

Der Hintergrund war die sich für Alfred Teves dringend stellende Frage der Unternehmensnachfolge. Teves war inzwischen 73 Jahre alt und wollte sich schon länger aus dem anstrengenden operativen Geschäft zurückziehen und es an seine beiden Söhne übergeben. Schon 1940 hatte er daher als Alleininhaber von den nominell 200 000 RM Anteilen an der Alfred Teves GmbH im Wege einer Schenkung je nom. 48 000 RM an seine beiden Söhne Heinz und Ernst August sowie nom. 24 000 RM an seine Frau Maria Teves übertragen. Damit wurde verhindert, dass im Fall eines Todes des Unternehmensgründers die volle Erbschaftssteuer anfiel.[398] Dennoch entstanden dadurch Schenkungssteuern in

---

396 Vgl. dazu und zum Folgenden Schreiben des Verteidigers von Teves an den öffentlichen Ankläger der Spruchkammer Frankfurt a. M. vom 18.2.1947, in: HHStAW 520/11, Nr. 11263/2.
397 Vgl. das Schreiben vom 15.5.1939, in: ebd.
398 Vgl. Schreiben Heinz Teves an die Spruchkammer vom 23.2.1948, in: HHStAW 520/11, Nr. 14767/2, sowie zu den Details der Umgründung auch Brief Teves an Staatsfinanzrat Schilling vom 10.12.1941, in: Institut für Stadtgeschichte Frankfurt, S 1, NL Tausend, 387, Nr. 2.

Höhe von 2,8 Mio. RM, die Teves eigentlich aus den Mitteln seines Unternehmens hätte bestreiten müssen, was jedoch weitere exorbitante Steuerbelastungen für die Firma ausgelöst hätte. Somit blieb als Ausweg nur die Umwandlung der GmbH in eine Kommandit-Gesellschaft, in der nun Teves sowie seine beiden Söhne als persönlich haftende Gesellschafter amtierten, wobei die Söhne je 33 1/3 Prozent der Anteile, Alfred Teves selbst mit seinen 2,3 Mio. RM nur noch 16 2/3 Prozent innehatte. Als Kommanditistin mit einer Einlage von 2,3 Mio. RM und damit den rechtlichen 16 2/3 Prozent am Gesellschaftskapital fungierte Maria Teves. Die Eröffnungsbilanz wies einen Überschuss der Aktiven über die Passiven von 20,439 Mio. RM aus.[399] Im Oktober 1942 erfolgte die entsprechende Eintragung ins Handelsregister, wonach das Unternehmen in Frankfurt nun in die Alfred Teves Maschinen- und Armaturenfabrik KG umgewandelt worden war. Auch im Berliner Werk war im Zuge dessen eine neuerliche Umbenennung erfolgt: Das dortige Werk trug nun den Namen „Teveswerke Motorenteile und hydraulische Aggregate GmbH".[400]

Für Alfred Teves war das ein durchaus einschneidender Schritt, vor allem in zweifacher Hinsicht. Zum einen war diese Maßnahme unter dem wachsenden Druck von Parteistellen erfolgt, die gegen ihn wegen seines fortgeschrittenen Alters zunehmend hetzten, auch wenn oder gerade weil ihnen die große Bedeutung des Unternehmens als Rüstungslieferant bewusst war. 1940 hatte der Rüstungsobmann und Beauftragte des Gauleiters für die Wirtschaft des Rhein-Main-Gebiets, Wilhelm Avieny, eine aufsehenerregende Rede im Haus der Wirtschaft gehalten, in der er forderte, dass anstelle von alten Leuten junge nationalsozialistische Aktivisten dem Unternehmen vorstehen müssten. Avieny war im Windschatten von Gauleiter Sprenger zu einem der einflussreichsten NS-Wirtschaftsfunktionäre in der Region aufgestiegen, hatte aktiv an den Arisierungen in und um Frankfurt mitgewirkt und sollte wenig später nicht nur SS-Obersturmbannführer, sondern auch Aufsichtsratsvorsitzender bzw. Generaldirektor der Metallgesellschaft AG werden. Wenig später wurde dem kaufmännischen Direktor von Teves, Dr. Dietz, vom damals amtierenden Präsidenten der Gauwirtschaftskammer Prof. Dr. Lüer mitgeteilt, dass der Gauleiter und Avieny beabsichtigten, Alfred Teves als zu alten Betriebsführer abzusetzen und den damaligen Leiter der Handwerkskammer Gamer als neuen Betriebsführer einzusetzen.[401] Dahinter steckte offenbar auch das Kalkül Avienys, kurzfristig das Unter-

---

399 Vgl. eine Abschrift des KG-Vertrags vom 21.3.1943 in: ebd.
400 Vgl. die entsprechenden Mitteilungen vom Mai 1942 und vom Oktober 1942, in: Landesarchiv Berlin C Rep 309, Nr. 3332, sowie CUA, Bestand Teves, Ordner Korrespondenz Karlein.
401 Vgl. Schreiben des Verteidigers von Teves an den öffentlichen Ankläger der Spruchkammer Frankfurt a. M. vom 18.2.1947, in: HHStAW 520/11, Nr. 11263/2.

nehmen Teves dem von ihm geleiteten Konzern der Metallgesellschaft einzuverleiben. Alfred Teves widersetzte sich vehement diesen Forderungen, nahm die Drohungen jedoch zum Anlass, 1941 formell die Betriebsführung der Frankfurter Werke auf seinen jüngeren Sohn Ernst August zu übertragen.[402] Und dieser trat nun – wie auch sein Bruder Heinz als Berliner Betriebsführer – unter dem Zwang der Verhältnisse ebenfalls der NSDAP bei.[403]

Den Absetzungsbemühungen der Parteistellen war damit die Grundlage entzogen, aber der Gauleiter richtete nun seine Angriffe auf den Sohn, und Alfred Teves konnte nicht verhindern, dass dieser auf Betreiben von Sprenger im Januar 1942 zur Wehrmacht eingezogen wurde. Der Gauleiter hatte offenbar mehrmals bei den zuständigen Wehrmachtstellen dahingehend interveniert, dass die Einstufung des Betriebsleiters Ernst August Teves als uk (unabkömmlich) aufgehoben werden sollte. Ende 1941 erhob er dann in einem Schreiben an die Dienststelle des Chefs des Rüstungsstabes, General Thomas, offene Anschuldigungen über die angeblich fehlende politische Zuverlässigkeit von Alfred Teves, nicht zuletzt auch aufgrund dessen „amerikanischer" Prägung und einer angeblich zur Schau gestellten „englandfreundlichen Haltung".[404] Dadurch werde nicht nur der Arbeitsfriede im Unternehmen gestört, sondern auch dessen Kriegsleistung behindert. Ob auch die im näheren Umfeld von Ernst A. Teves durchaus bekannte Homosexualität als Diskriminierungsargument angeführt wurde, ist nicht bekannt, dürfte aber bei der von dem Gauleiter hartnäckig betriebenen Demontage des Teves-Sohnes unterbewusst eine Rolle gespielt haben.[405]

---

402 Vgl. die in Englisch geschriebene Darstellung von Alfred Teves zu den damaligen Entwicklungen und zur Entkräftung der gegen ihn im Entnazifizierungsverfahren erhobenen Vorwürfe vom 14.8.1945, in: ebd.

403 Auch hier gibt es zeitliche Diskrepanzen, denn nach Recherchen der Spruchkammer erfolgte ein Parteieintritt von E. A. Teves bereits im Oktober 1939, Teves selbst hatte als Datum den 1.10.1940 angegeben. Vgl. HHStAW 520, Nr. R 4707, Karton 2939. Dort auch die ausführliche Darstellung von E. A. Teves über „Meine Parteizugehörigkeit" vom 14.1.1946. Für Heinz Teves erfolgte die Registrierung als NSDAP-Parteimitglied zum 1.12.1939 unter der Nummer 7 342 777. Vgl. Landesarchiv Berlin C Rep 031-02-09, Karton 152.

404 Vgl. die Schilderung in den Unterlagen der Entnazifizierungsakte E. A. Teves vom 31.1.1948, in: Landesarchiv Berlin C Rep. 031-02-09, Karton 152.

405 Vermutlich dürfte bei den Aktivitäten des Gauleiters gegen Alfred Teves auch die große Rivalität zwischen Sprenger und dem NS-Oberbürgermeister von Frankfurt, Friedrich Krebs, eine Rolle gespielt haben, denn durch die Bekämpfung eines zur damaligen Zeit berühmten und angesehenen Sohnes der Stadt Frankfurt traf er mittelbar auch dessen Oberbürgermeister. Vgl. Stephanie Zibell, Jakob Sprenger (1884–1945). NS-Gauleiter und Reichsstatthalter in Hessen, Darmstadt 1999, sowie https://www.frankfurt1933-1945.de/nc/beitraege/show/1/thematik/stadtregierung/artikel/konsens-im-dissens-oberbuergermeister-und-gauleiter/.

Organisation der Alfred Teves Maschinen- und Armaturenfabrik KG, Frankfurt a.M. 1942

Kommanditist und Gesellschafter
Dr. Alfred Teves, Ernst A. Teves, Heinz Teves,
Maria Teves

Geschäftsführer/Betriebsführung
Betriebsdirektion Dr. Alfred Teves; Direktions-
Sekretariat

Kaufmännische Direktion

Betriebsabrechnung; Buchhaltung;
Devisen und Steuer; Hollerith;
Nachkalkulation; Lohnbüro
Rechtsabteilung; Revision; Statistik

Finanzendirektion

Personaldirektion
Lehrlingsabteilung
Abwehrbeauftragter;
DAF-Betriebsobmann

Technische Direktion

Einkauf; Elektrische Abteilung; Vorkalkulation
Bremsen Fertigung; Bremsen TB (Technisches Büro); Bremse
Versuch; Druckluftbremsen
Flughydraulik Fertigung; Flughydraulik TB; Flughydraulik Versuch;
Wehrmachthydraulik; Fernhydraulik
Kälte Fertigung; Kälte-Arbeitsvorbereitung; Kälte TB; Kälte Versuch;
Klimatechnik
Kolbenring Fertigung; Zylinderlaufbüchsen-Fertigung; Ventilkegel-
Fertigung
Gießerei; Schlosserei; Schreinerei
Laboratorium
Werkzeug-/Vorrichtungs- und Maschinenbau; Patente;
Materialverwaltung; Mechanische Werkstatt;
Technisches Büro: Maschinen und Bauten;
Werkluftschutz; Werkschutz; Wehrwirtschaftsbüro

Verkaufsdirektion
Bremse Verkauf;
Ersatzteile Auto
Verkauf;
Flughydraulik
Verkauf;
Export und
Verlagerung;
Kontingente;
Versand;
Kälte Verkauf;
Motorenteile Verkauf

Werk I (Frankfurt a.M.)	Werk II (Berlin) Teveswerke GmbH	Werk III Frankfurt-Fechenheim	Werk IV Frankfurt-Bonames: Gießerei

Schaubild 3

Ernst A. Teves wurde immerhin, soweit reichte der Einfluss des Vaters wohl
doch noch, nicht an die Front geschickt, sondern war bei einer Kraftfahrpark-
Ersatztruppe im besetzten Polen eingesetzt und versah dort einen Bürodienst.

Erst im Lauf des Jahres 1944 wurde er zumindest für kurzzeitige Arbeitsaufent-
halte beurlaubt, um in Frankfurt wenigstens vorübergehend den Vater im Unternehmen zu entlasten. Die Unternehmensführung war dennoch insgesamt
deutlich geschwächt, da Alfred Teves bereits damit begonnen hatte, Teile seiner
Führungsaufgaben und des operativen Geschäfts in Frankfurt auf die Schultern
des jüngeren Sohnes zu übertragen. „Dass mein Sohn Ernst im Laufe der letzten
Woche eingerückt ist, haben Sie ja wohl schon gehört. So muss ich in meinen
alten Tagen das Zepter wieder selbst in die Hand nehmen", schrieb Teves dazu
in einem Brief an einen seiner Geschäftsfreunde.[406] Ob dem Unternehmen durch
die stark auf Frankfurt konzentrierten Querelen auch bei den verschiedenen
Berliner Stellen und Ämtern, vom OKH bis zum Sonderausschuss Kraftfahrzeugteile, Nachteile entstanden und dort gegen Teves „ein wahres Kesseltreiben" inszeniert wurde, wie es der Unternehmensgründer später behauptete, lässt sich
nicht nachweisen. Dem widersprach auch, dass Heinz Teves als Leiter der Berliner Tochtergesellschaft als Leiter des Arbeitskreises Kolbenringe sowie Ringführer für die Ventilkegelfertigung wichtige Funktionen innerhalb der Speer'schen
Kriegswirtschaftsorganisation innehatte, wofür ihm 1942 auch das Kriegsverdienstkreuz verliehen wurde, und sich weder die Heeres- noch Luftfahrtämter
ein Ausschalten von Teves und eine Schwächung von dessen Produktionsfähigkeit leisten konnten.

Durch die Umwandlung in eine KG ergab sich neben der Hereinnahme der
Söhne für Alfred Teves nun auch die Auflage, einen dreiköpfigen Unternehmensbeirat bilden zu müssen, und dessen Besetzung sowie vor allem auch Befugnisse bereiteten ihm einiges Kopfzerbrechen. Der Beirat, so ließ Teves explizit im Gesellschaftsvertrag und den Statuten festhalten, „hat nicht die Stellung
eines Aufsichtsrates. Sein Zweck ist vielmehr lediglich der, die persönlich haf-
tenden Gesellschafter sowie die Geschäftsführung auf Aufforderung zu beraten."[407] Als Leiter des Beirats war Hermann Schilling festgesetzt, Staatsfinanzrat
bei der Preußischen Staatsbank in Berlin, den Teves vermutlich aus dessen Zeit
als Leiter der Commerzbankfiliale Frankfurt kannte. Mit ihm pflegte der Unternehmensgründer einen regen Briefkontakt, in dem er alle möglichen Probleme
der Unternehmensleitung erörterte. Daneben berief Teves als weiteren Beirat
seinen alten Freund Hans Stein, der Diplomingenieur und technischer Direktor
der Klöckner-Humboldt-Deutz AG war, sowie den Berliner Rechtsanwalt
Dr. Friedrich Koppe, der offenbar schon oft die Teves-Interessen in der Reichshauptstadt vertreten hatte. „Ich glaube", schrieb Teves im Juli 1941 an Schilling,

---

406 Brief Teves an Schilling vom 22.1.1942, in: Institut für Stadtgeschichte Frankfurt, NL Tausend, 387, Nr. 2.
407 KG-Vertrag, S. 12, in: Institut für Stadtgeschichte Frankfurt, S 1, NL Tausend, 387, Nr. 2.

„dass wir damit eine gute Gruppe bilden, in welcher Bank, Technik und Jura vertreten sind."[408]

Die Kompetenzverteilung war für Teves auch deshalb so wichtig, da der Beirat in Zukunft auch bei der Unterstützung der beiden Söhne in der Unternehmensführung eine zentrale Rolle spielen sollte, wozu ihm allerdings weitergehende Rechte eingeräumt werden müssten, wie Schilling Teves gegenüber andeutete.[409] Doch Teves wies dies zurück: „Wir sind doch keine AG, in der der Aufsichtsrat mit derartigen Vollmachten ausgestattet ist wie in Ihrem Entwurf, sondern eine GmbH im Familienbesitz, die, so Gott will, auch noch recht lange von den Familienmitgliedern geleitet wird, und aus der höchstens ich in absehbarer Zeit wohl ausscheiden werde, weil ich [...] selbst fühle, dass ich etwas langsamer machen muss."[410] Dass Teves als drittes Beiratsmitglied Koppe bestimmt hatte und nicht, wie ursprünglich einmal beabsichtigt, Generaldirektor Hagemeier von den Adler-Werken, bedauerte Schilling, weil „Anwälte dem Werk nicht sehr viel nutzen können."[411]

Neben dem Beirat kümmerte sich Alfred Teves im Zusammenhang mit der Firmenumbildung und der Übergabe der Betriebsführung an seine Söhne auch um eine weitere personelle Verstärkung auf der Ebene der leitenden Angestellten und Werksdirektoren. Das Unternehmen besaß mehr denn je eine auf technische Leistung und Qualität ausgerichtete Unternehmenskultur, die im Laufe der Jahre noch stärker geworden war, wogegen die kaufmännische Seite vor allem im Zuge der rasanten Expansion der vergangenen Jahre eher unterentwickelt geblieben war. Um dieses Defizit zu beheben, warb Alfred Teves im März 1941 von der Commerzbank in Frankfurt den dort tätigen Abteilungsdirektor Martin Tausend ab und machte ihn zum Finanzdirektor. Der zu diesem Zeitpunkt 44-jährige Tausend war zwar seit 1933 Mitglied der SA und 1937 auch der NSDAP, aber er war kein politisch überzeugter Parteigänger und brachte beachtliche Referenzen mit, unter anderem von Continental-Vorstandsmitglied Ernst Fellinger.[412] Tausend wurde schnell zur Vertrauensperson für Teves; er

---

408 Brief Teves an Schilling vom 17.7.1941, in: ebd.

409 Vgl. Brief Schilling an Teves vom 20.3.1941, in: ebd.

410 Schreiben Teves an Schilling vom 2.7.1941, in: ebd.

411 Brief Schilling an Teves vom 6.8.1941, in: ebd.

412 Vgl. Schreiben Fellinger vom 29.11.1940, in: Institut für Stadtgeschichte Frankfurt, S 1, NL Tausend, 387, Nr. 3. Eine weitere kuriose Verbindung zwischen den späteren Continental-Konzerngesellschaften ergab sich dadurch, dass Tausends Frau Wilhelmine im Krieg bei VDO in Frankfurt dienstverpflichtet war. Zur Parteimitgliedschaft vgl. das Schreiben von Tausend an die Frankfurter Militärregierung vom 4.4.1946 im Rahmen seines Entnazifizierungsverfahrens sowie auch schon das ausführliche Rechtfertigungsschreiben als Anlage zum Fragebogen vom 14.8.1945, in: ebd., Nr. 6.

sollte 1942 zum stellvertretenden Betriebsführer ernannt werden und 1943 zum kaufmännischen Direktor für die gesamten Teves-Aktivitäten aufsteigen, d. h. auch für die Tochterfirma in Berlin. Seine einflussreiche Schlüsselstellung im Unternehmen sollte sich sich bis weit in die Nachkriegszeit erstrecken.

Die Animositäten und Konflikte der Frankfurter Parteistellen mit Teves hinderten diese jedoch nicht, den am 27. Januar 1943 anstehenden 75. Geburtstag von Alfred Teves groß zu inszenieren und das hohe technische Renommee seines Unternehmens und seiner Produkte auch als Aushängeschild erfolgreicher nationalsozialistischer Politik zu instrumentalisieren. Zu Ehren des Unternehmensgründers organisierte die Gauwirtschaftskammer unter Leitung von Gauleiter Sprenger zunächst einen großen Betriebsappell im Hauptwerk Gustavsburgstraße mit direkter Übertragung nach Berlin-Wittenau, bei der – so zumindest die Planungen – der Wehrkreisbeauftragte und IG Farben-Vorstand Prof. Kränzlein Teves als Anerkennung für besondere Leistungen in der deutschen Rüstungsindustrie das Kriegsverdienstkreuz I. Klasse verleihen sollte.[413] Dann folgten ein Empfang der Gäste und die Entgegennahme der Glückwünsche im Arbeitszimmer von Teves, und schließlich fand im Hotel Frankfurter Hof ein großer Empfang statt mit weiteren Ehrungen, bei dem alle Frankfurter Partei- wie Rüstungsfunktionäre mit Rang und Namen geladen waren.

Aus Berlin kam von amtlicher Seite bemerkenswerterweise niemand.[414] Und dazu gab es geradezu einen Eklat, denn die Verleihung des Kriegsverdienstkreuzes wurde im letzten Augenblick zurückgezogen. Wer und was dahintersteckte, war Alfred Teves selbst ein Rätsel. „Der Gauleiter steckt bestimmt nicht dahinter, denn er hatte die Sache ja selbst befürwortet", notierte er in einem Brief an Schilling.[415] Er wusste nur, dass es im Vorfeld zwischen dem Rüstungskommando als Vertreter des OKH und dem Wehrkreisbeauftragten, der das Speer'sche Reichsministerium für Bewaffnung und Munition repräsentierte, nicht nur ein eifersüchtiges Gerangel, sondern sogar „starke Spannungen und Auseinandersetzungen" gegeben hatte. Teves schrieb verbittert an Schilling:

> „Nicht etwa, dass ich der Sache nachtrauerte, denn schließlich kann man keine allzu große Hochachtung vor einer solchen Dekoration haben, wenn es bei derselben möglich ist, dass die Belohnung für ein langes Leben voll unausgesetzter, schwerster Arbeit und größter Erfolge durch irgend eine unkontrollierbare Nachricht irgend eines Lumpen ohne weiteres zunichtegemacht werden. Aber es ist doch immer sehr gut, wenn man weiß, wo man

---

413 Vgl. dazu und zum Ablauf Schreiben an Staatsrat Schilling vom 19.1.1943, in: Institut für Stadtgeschichte Frankfurt, S 1, NL Tausend, 387, Nr. 2.
414 Vgl. die verschiedenen Zeitungsberichte zum Geburtstagsjubiläum in: ebd.
415 Schreiben Teves an Schilling vom 23.2.1943, in: ebd.

seine Widersacher zu suchen hat und sie erkennt, und aus diesem Grunde wäre es mir außerordentlich wertvoll zu wissen, von welcher Seite wohl die Sache verhindert wurde."[416]

Abb. 101: Feier anlässlich des 75-jährigen Geburtstags von Alfred Teves. Zweiter von links: Martin Tausend, vierter von links: Alfred Teves.

Die Konflikte und Reibereien zwischen Teves und den staatlichen wie Parteistellen wurden mit der Jubiläumsfeier nur kurzzeitig und oberflächlich verdeckt. In der Folgezeit prägte schnell wieder der Alltag des operativen Geschäfts in der von der zunehmenden militärischen Defensive geprägten Kriegswirtschaft das Leben von Teves und seinen Mitarbeitern. Schon im April 1942 hatte man sich in Frankfurt etwa mit der vom Heereswaffenamt oktroyierten Entwicklung und Fertigung der sogenannten Weihe-Bremse auseinandersetzen müssen. Teves hatte, obwohl man die Erfindung des ehemaligen Auto Union-Ingenieurs als technisch wenig tragfähig ansah, an den Erfinder bislang für die Überlassung der Patente und Erfahrungen über 700 000 RM zahlen müssen, denen dann allerdings die Preisprüfstelle des OKH die Anerkennung als Kosten versagte. Ende April 1942 war daher Alfred Teves zusammen mit seinem Sohn Heinz und zwei

---

416 Ebd.

weiteren Teves-Direktoren zu einer Besprechung ins Heereswaffenamt nach Berlin gefahren, um endlich eine angemessene Kostenbeteiligung des Staates auszuhandeln.[417] Kurz darauf gab es erheblichen Ärger im Unterausschuss Druckluftbremse. Obwohl der Leiter des Arbeitsausschusses Bremsen ein Teves-Ingenieur war, zeigte der den Unterausschuss führende Vertreter des Konkurrenten Knorr-Bremse Bestrebungen, Teves und auch Bosch aus diesem Bereich der Bremsentechnologie „vollständig auszuschließen", wie Teves in einem Brief an Staatsrat Schilling verärgert schrieb. „Hierzu scheint es uns, dass durch seine Verbindungen hauptsächlich höhere Stellungen bearbeitet werden, denn sonst könnte der Mann ganz unmöglich einen solchen Unfug vorschlagen. Für uns bedeutet aber die Ausschaltung auf dem Gebiet der Druckluftbremse einen ganz untragbaren Schlag, umso mehr, als wir auf diesem Gebiet ganz Bahnbrechendes in den letzten Jahren geleistet haben."[418] Teves bat Schilling daher, seine „vorzüglichen Verbindungen" dafür einzusetzen, „dass wir auch einmal Gelegenheit [erhalten], den betreffenden Stellen, hauptsächlich den entsprechenden Referenten des Munitions- und Waffenamtes von Prof. Speer [respektive ihm selbst] ebenfalls Vortrag zu halten."[419] Doch das war nicht die einzige Klage und Kritik von Teves am Speer'schen System der Rüstungsproduktion:

> Auch in der Entwicklung der Flugzeughydraulik sind wir neuerlich durch den Gruppenführer in ähnlicher Weise aufgrund eigener Interessen ausgeschaltet worden. So segensreich diese Ringführung hätte sein können, so ist es gänzlich übersehen worden, dass es so ideale Menschen in dieser schlechten Welt kaum gibt, die eine derartige Chance, für sich selbst zu sorgen, nicht ausnutzen. Es ist daher aus einer idealen Sache nichts anderes geworden als eine konzessionierte Werksspionage, die den betreffenden Ringführern, die meistens mit ihren Fabrikationsmethoden zurückgeblieben sind, Gelegenheit gibt, das Geistesgut anderer fleißiger und erfindungsreicher Firmen für sich kostenlos auszunutzen und dadurch sich die größten Vorteile herauszuziehen.[420]

Während der Gauleiter und die regionalen Parteistellen inzwischen offenbar ihren Frieden mit Teves gemacht hatten[421] und regelmäßig zu Betriebsappellen und Werksbesichtigungen in das Unternehmen kamen (Abb. 102), rückten vor

---

417 Vgl. Notiz Tausend zu der Besprechung vom 25.4.1942, in: Institut für Stadtgeschichte Frankfurt, S 1, NL Tausend, 387, Nr. 2.
418 Brief Teves an Schilling vom 15.12.1942, in. ebd.
419 Ebd.
420 Ebd.
421 Das lag vermutlich auch daran, dass Alfred Teves den Unternehmensbeirat inzwischen auf 6 Personen aufgestockt hatte und neben Maria Teves, Stein, Schilling und Koppe inzwischen auch Handwerkskammerpräsident Gamer und IHK-Präsident Carl Lüer in den Beirat berufen hatte. Bei der anstehenden Neuberufung des Beirats im April 1943 verzichtete Teves dann aber auf Lüer, der ja auch Aufsichtsratsmitglied bei Continental war und im Frühjahr 1943 Vor-

allem Fragen der Finanzierung, Liquidität, von Übergewinnen und Investitionen zunehmend in den Mittelpunkt und damit Verhandlungen und Auseinandersetzungen mit den Behörden in Berlin, allen voran dem OKH und dem Preiskommissar. Im Zuge dessen rückte auch Tausend als Finanzchef, der die entsprechenden zahlreichen Gespräche in Berlin führte, in den Vordergrund. Das Hauptproblem war, wie schon bei Continental, die Aushandlung über die Überlassung der Übergewinne und die gleichzeitigen immer neuen Anforderungen der Rüstungsstellen nach Ausweitung der Kapazitäten und neuen Investitionen durch das Unternehmen. Im Dezember 1942 ging es etwa zwischen Teves, OKH und Preiskommissar immer noch um die Überlassung des Übergewinns von 694 000 RM aus dem Jahr 1939, gegen deren Abführung sich Teves wehrte, zumal dieser für weitere Investitionen verwendet werden sollte, unter anderem für den Kauf eines großen Erweiterungsgrundstücks in Frankfurt-Fechenheim für das dortige Werk.[422] Die Preisprüfer des OKH und des RLM waren gerade erst in Frankfurt gewesen und hatten insgesamt 7,5 Mio. RM an Mehrerlösen zurückgefordert. Zusammen mit den hohen KG-Umwandlungskosten waren dem Unternehmen damit in kurzer Zeit 13,7 Mio. RM an flüssigen Mitteln entzogen worden, deren Aufbringung Teves jedoch auch deshalb möglich war, da die Gewinne aus den Heeresgeschäften weiter sprudelten und sich allein im Laufe des Jahres 1942 bereits wieder ein Mehrerlös von fünf Mio. RM angesammelt hatte.

Ärger gab es auch mit dem Finanzamt in Berlin, das bei der Berechnung der Gewinnabführung für 1941 statt des in diesem Jahr getätigten Ist-Umsatzes einfach den von den Behörden auferlegten Soll-Umsatz zugrunde gelegt hatte. Erhebliche Sorge bereitete Alfred Teves jedoch vor allem, dass die Behörden und Ämter in Berlin von ihm nun auch ein verstärktes Engagement außerhalb des Reichsgebietes verlangten. Vom OKH hatte man den Auftrag erhalten, für Bremsen eine Zweitfertigungsstätte im Osten zu errichten, „was ohne Zweifel wiederum recht beträchtliche Anforderungen an unsere finanzielle Leistungskraft auslösen wird."[423] Tatsächlich kamen die Finanzleute bei Teves bei der Berechnung des Liquiditätsstatus Anfang April 1943 unter Veranlagung von geschätzten neuerlichen Preisberichtigungen von OKH und RLM sowie Steuernachzahlungen von insgesamt 8,5 Mio. RM auf einen negativen Zahlungsstatus von -5,233 Mio. RM.[424] Mit ein Grund dafür war ein verändertes Zahlungsverhalten der privatwirtschaftlichen Großkunden. Im November 1942 erhielt man vom

---

standsmitglied bei der Dresdner Bank in Berlin wurde. Vgl. Schreiben Teves an Schilling vom 27.4. und 7.5.1943, in: ebd.

422 Vgl. Schreiben Teves an Schilling mit Berichten über die Verhandlungen vom 29.12.1942, in: ebd.

423 Ebd.

424 Vgl. die Notiz vom 5.4.1943, in: ebd.

Flugmotorenhersteller BMW in München unter Berufung auf entsprechende Erlasse des Reichsfinanzministeriums die lapidare Mitteilung, dass man künftig die Lieferungen nicht mehr in bar, sondern in Dreimonatsakzepten bezahlen werde.[425] Das erforderte umständliche und zeitraubende Maßnahmen, bis Teves wirklich an sein Geld kommen würde; vor allem war zu erwarten, dass das Beispiel BMW Schule machen könnte und auch andere Abnehmer zu dieser Zahlungsweise übergehen wollten.

Abb. 102: Gauleiter Jakob Sprenger zu Besuch bei einem Betriebsappell bei Teves am 17.11.1943

Die OKH-Order an Teves zur Errichtung einer Zweitfabrik für Bremsen „im Osten" entwickelte sich in der Folgezeit nachgerade zu einem grotesken Musterbeispiel für das Verhältnis von Unternehmen und Behörden im Krieg. Viel mehr als den grundsätzlichen Auftrag und den allgemeinen Rat, das neue Werk nicht

---

425 Vgl. die Schilderung des Vorfalls im Brief Teves an Schilling vom 17.9.1943, in: ebd.

im Generalgouvernement, sondern eher im Protektorat Böhmen und Mähren zu errichten, da dort eher die erforderlichen Arbeitskräfte sowie günstige Lohnverhältnisse bestünden, gab es aus Berlin nicht. Den besten Eindruck vom weiteren Gang der Dinge bekommt man, wenn man Alfred Teves selbst zu Wort kommen lässt, wie er seine Sicht Staatsrat Schilling im Februar 1943 schilderte; wobei aus heutiger Perspektive weniger die Irrationalitäten der Rüstungsbürokratie als der hohe Grad an vorauseilendem Gehorsam und willfähriger Selbstmobilisierung des Unternehmens bestürzt, das sich mit großem Einsatz ungeachtet aller Schwierigkeiten bemühte, den Anordnungen des OKH nachzukommen und diese konkret umzusetzen:

> Wie gewöhnlich haben die damit betrauten Herren des OKH, an die wir uns wenden sollten, restlos versagt. Schon im September vorigen Jahres begannen wir uns zu bemühen, wurden aber auf den Instanzenweg verwiesen, ebenso wurden unsere persönlichen Bemühungen, in Prag usw. zurückgewiesen oder als unerwünscht bezeichnet. Stattdessen wurden wir an das dortige, für diese Sachen zuständige Amt verwiesen, dieses verwies uns wiederum nach Berlin, und schließlich landeten wir bei der Dienststelle des Hauptmann Niebuhr, mit dem wir uns dann 3 Monate herumschlugen, um die entsprechende Liste von den zur Verfügung stehenden Objekten zu erhalten. Als dann die Sache soweit gediehen war, dass Hauptmann Niebuhr nun endlich glaubte, uns die Liste übermitteln zu können, wurde er abberufen und die Angelegenheit wieder in neue Hände gelegt, so dass das Theater von vorne begann und wir daher auf keinerlei Hilfe oder Anregung von dieser Seite rechnen können. Wir haben uns daher mit einer Anzahl Agenten in Verbindung gesetzt und Dutzende von Objekten genannt bekommen, die sich aber jedes Mal bei näherer Prüfung als für unsere Zwecke völlig ungeeignet erwiesen haben. Dabei fließt einem die Zeit unter den Händen weg, und man weiß wirklich nicht, wie wir die uns vom OKH gemachte Auflage rechtzeitig erfüllen sollen, denn eine Fabrik für die Einrichtung unserer Bremsenfertigung aufzuziehen, erfordert mindestens, günstig gerechnet, 9 bis 11 Mio. RM, ehe man anfangen kann. Wir werden uns weiter bemühen und haben jedenfalls sorgfältig das ganze Beweismaterial über die Unfähigkeit der betreffenden Stellen, uns zu unterstützen, sauber geordnet gesammelt.[426]

Die behördliche Order zur Errichtung der Zweitfabrik war nicht die einzige. Anfang 1943 hatte Teves vom RWM die Aufforderung zur Übernahme eines Patenwerks in Kiew erhalten, wogegen sich der Unternehmer offenbar zunächst wehrte. Aber nach der Besichtigungsreise eines Teves-Ingenieurs in die Ukraine und einer Besprechung im Reichsministerium für die besetzten Ostgebiete in

---

426 Brief Teves an Schilling vom 23.2.1943, in: ebd. Zum täglichen Kampf mit der Kriegsbürokratie vgl. auch den Schriftwechsel mit der Reichsstelle Chemie zwischen September 1943 und September 1944 über die Zuteilung und Bezugsgenehmigung von Derminol, Paraffin, Talg, Schmierseife und Rizinusöl als Schmier- und Hilfsmittel für die Herstellung und Bearbeitung von Stahl und Bremszylinder sowie vor allem weitere Schmier- und Mineralölstoffe zur Herstellung von Bremsflüssigkeit, in: BArch R 8/V Nr. 387, Bd. 1.

Berlin, das Heinz Teves und Martin Tausend Ende März 1943 führten, signalisierte man doch die prinzipielle Bereitschaft, das dortige Werk bzw. die „Patenschaft" dafür zu übernehmen.[427] Das bedeutete zwar kein finanzielles Risiko, aber, was zu diesem Zeitpunkt als Belastung weit mehr zählte, die Entsendung von mindestens einer Handvoll erfahrener Ingenieure und Werkmeister sowie Buchhalter. Deren Aufgabe war es dann, nicht nur mit den vorhandenen sowie erst noch zu beschaffenden erforderlichen Maschinen eine möglichst rationelle Fertigung von Motoren- und Traktoren-Zubehörteilen aufzuziehen, sondern auch „die vorhandenen Arbeitskräfte gegen alle Widerstände zusammenzuhalten."[428]

Letztlich wurden weder das Bremsenwerk im Protektorat noch die Übernahme des Patenwerks in Kiew tatsächlich realisiert. Dafür war Teves im Laufe des Krieges jedoch anderweitig auf Veranlassung der Behörden aktiv geworden. Schon lange war das Unternehmen vor allem in Südosteuropa aktiv, noch im Frühjahr 1940 hatte man auf der Gaststätten- und Konditorei-Fachschau in Athen sowie auf der Mustermesse im bulgarischen Plovdiv die Teves-Kühlschränke und -Kühlanlagen präsentiert, und Alfred Teves hatte auch den Titel eines Generalkonsuls von Bulgarien inne. Im Laufe des Jahres 1941 unternahmen Teves-Ingenieure, vermutlich auf Anordnung der Reichsstellen, auch Besichtigungsfahrten zu verschiedenen Kolbenringfabriken im verbündeten Italien sowie im besetzten Frankreich.[429] Mit einer Reihe französischer Firmen, zu denen man schon früher Geschäftsbeziehungen gehabt hatte, darunter die beiden Pariser Firmen Société Industrielle de Chemises de Moteurs und Freins Hydraulique „Lockheed" SA in St. Ouen, vereinbarte man dann Unterlieferanten-Aufträge, etwa einen über 80 000 Zylinderlaufbüchsen, der ein Volumen von knapp 800 000 RM hatte.[430]

Damit relativiert sich etwas die spätere Aussage von Ernst August Teves, der sich in seinem Entnazifizierungsverfahren der systematischen Sabotage gegen jede Art von Verlagerung oder Einrichtung von Zweigbetrieben in den besetzten Ländern rühmte. Er behauptete, es sei allein ihm zuzuschreiben gewesen, dass kein Betrieb in der Ukraine, in Polen, der Tschechoslowakei, Österreich, dem Elsass etc., „die uns von Rüstungsstäben und Wehrmachts-

---

427 Vgl. Protokoll der Besprechung vom 24.3.1943, in: ebd.

428 Ebd.

429 Vgl. die Hinweise in der Entnazifizierungsakte des damaligen Leiters der Kolbenringfertigung, August Büchel, in: HHStAW Abt. 520/11 Nr. 8781/1–2.

430 Vgl. den Liefervertrag zwischen Teves und der SICM vom 22.9.1943, in: Institut für Stadtgeschichte Frankfurt, S 1, NL Tausend, 387, Nr. 2.

dienststellen immer wieder angeboten wurden", erworben wurden.[431] Im Kern traf die Aussage von Teves jedoch durchaus zu, und vor allem attestierte der französische Generaldirektor von Freins Hydrauliques später Teves, dass sich die Deutschen während der Besatzungszeit dem Unternehmen gegenüber immer äußerst korrekt verhalten hätten.[432]

Vielfach anders verlief die Entwicklung bei VDO, obwohl auch Adolf Schindling mit zahlreichen massiven Forderungen der Rüstungsbehörden konfrontiert wurde und vor allem auch mit einschneidenden unternehmensorganisatorischen Maßnahmen befasst war, um das Weiterbestehen seiner Firma zu sichern und nicht aus dem von ihm gegründeten Betrieb herausgedrängt zu werden. Mit Ausbruch des Krieges war das Geschäft im Kraftfahrzeugbereich zunächst fast vollständig zum Erliegen gekommen, so dass der Luftfahrtsektor und die im Auftrag der Telefunken und von Askania für das RLM erfolgte Fertigung von Kontroll- und Steuergeräten nun das Geschäft fast vollständig dominierte. Im Laufe der Kriegsjahre dehnte sich dann aber das OKH-Wehrmachtgeschäft auf den Heeres- und Marinesektor aus und auch die Produktion von Geräten für Kraftfahrzeuge, unter anderem Tarnscheinwerfer, nahm wieder zu, ohne jedoch jemals wieder den früheren Umfang zu erreichen. Um die stark wachsenden Fertigungsanforderungen zu bewältigen, wurden die beiden Frankfurter Hauptwerke in der Königstraße und Mainzerlandstraße erweitert, Letztere im Oktober 1940 unter anderem im Zuge eines Grundstückskaufs aus der „Arisierungsmasse" des zuvor von den Reichsbehörden enteigneten jüdischen Kaufmanns Ernst Fliersheim.[433] Dazu wurden zwei neue Werke in Offenbach errichtet. In dem einen wurden vor allem Lkw-Heizungen gefertigt, daneben aber auch die sogenannte List-Montage, ein Hochfrequenzrelais für ein Wehrmachts-Funksprechgerät, in dem anderen Geräte für die Luftabwehr. Beide Fabriken wurden nicht neu errichtet, sondern von bestehenden Unternehmen übernommen und gemietet. Die Überlegung Schindlings für den Standort war zum einen, dass die neuen Werke auch für die im nahen Frankfurt wohnende Belegschaft leicht erreichbar waren, zum anderen sollten sie auch im Fall von Luftkriegszerstörungen der Frankfurter Hauptwerke als Ausweichmöglichkeiten dienen.

---

431 Schreiben E. A. Teves an die Spruchkammer vom 16.3.1948, in. HHStAW Abt. 520/R 4707, K 2939.
432 Bestätigung von Generaldirektor Louis Costalen vom 31.1.1946, in: Landesarchiv Berlin, C Rep. 031-02-09, Karton 152.
433 Vgl. den Kaufvertrag vom 21.10.1940, in: Stadtarchiv Frankfurt, Gutachterausschuss I /670. Die endgültige Abwicklung des Kaufes sollte sich dann aber bis Februar 1941 hinziehen, so dass VDO bis dahin nicht über das Grundstück verfügen konnte.

Die wichtigste Erweiterungsmaßnahme war aber die Errichtung eines großen Zweigwerks in Burgstädt in Sachsen, in der Nähe von Chemnitz. Im Juli 1940 wurde dort eine stillgelegte Textilfabrik übernommen und die komplette, inzwischen fertigungstechnisch beherrschte Lizenzherstellung der Askania-Steuergeräte aus Frankfurt hierher verlagert. Maschinen, Einrichtungen und Material sowie ein erheblicher Teil der hochqualifizierten Belegschaft kamen aus Frankfurt, daneben waren aber auch ca. 200 Männer und Frauen aus der früheren Textilwerk-Belegschaft nach entsprechenden Umschulungs- und Qualifizierungsmaßnahmen übernommen worden.[434]

Abb. 103: Die Fabrikleitung am Werkseingang, dahinter die DAF-Auszeichnungsplakette als NS-Musterbetrieb.

Initiator der Fertigungsverlagerung war das RLM gewesen, das die rüstungswichtige Fertigung aus dem potenziell luftkriegsbedrohten Frankfurt an einen sichereren Standort verlagert wissen wollte. Die Finanzierung der Betriebsmittelausstattung des neuen Werks, für die ca. 1,5 Mio. RM veranschlagt wurden, musste VDO trotz intensiver Verhandlungen im RLM allerdings weitgehend aus

---

434 Vgl. Geschichte des VDO-Werkes Burgstädt in Sachsen, in: VDO-Archiv Karton 10, sowie Zeitzeugeninterview Heinrich Passet vom 10.3.1978, in: ebd., Karton 11.

eigenen Mitteln, über einen Kredit durch die Bank der Deutschen Luftfahrt, aufbringen; das Grundstück selbst gehörte dem Reich, so dass das Werk Burgstädt rüstungsorganisatorisch als Pachtwerk des RLM firmierte.[435] Das Werk wurde bald mit zunächst 1300, dann über 2000 Beschäftigten das größte VDO-Werk, und es wurde auch zum rüstungspolitischen Vorzeigewerk, denn hier zog VDO wenig später die Fertigung der kompletten Steuerungsgeräte für die V-1-Waffen sowie seit 1942 auch Horizontkreisel bzw. Wendezeigerkreisel für die Luftwaffe auf. Die regionale NS-Prominenz, allen voran der Gauleiter von Sachsen, Martin Mutschmann, schmückten sich denn auch bei häufigen Besuchen mit dem hochtechnologischen Musterrüstungsbetrieb.

Abb. 104: Besuch von Gauleiter Mutschmann (links) im Werk Burgstädt, zweiter von rechts: VDO-Vorstand Dr. Lertes, daneben der Betriebsobmann.

VDO war Teil eines komplexen rüstungswirtschaftlichen Fertigungsnetzwerkes. Schon die innerbetriebliche Struktur und Verteilung der zahlreichen unterschiedlichen Fertigungslinien war komplex und erforderte eine enge Zusammenarbeit von Fertigungsingenieuren, Werkzeugkonstrukteuren und Arbeitsvorbereitungsexperten innerhalb und zwischen den verschiedenen Werken. Allein die Kapazität des Werkes in Frankfurt betrug Anfang 1943 365 000 Tachometer und Drehzahlmesser, 140 000 Fernthermometer, 200 000 Manometer, 754 000 Antriebswellen und übrige Instrumente, 30 400 Tarnscheinwerfer, 57 000 Stellungsanzeiger mit Antriebswellen, 7500 Drehmomentanzeiger und 8500 Kreisel-Läufer.[436]

---

435 Vgl. Kreditprotokoll vom 4.7.1941, in: BArch R 8121/307, sowie Aktenvermerk über die Verhandlungen des MOB-Kredites vom 21.1.1941, in: ebd.
436 Vgl. Bericht an die IHK Frankfurt vom 22.3.1946, in: VDO-Archiv Karton 13.

Der Koordinierungs- und Steuerungsaufwand der Fertigung war aber umso höher, als der Großteil der VDO-Produktion in Lizenzfertigung erfolgte, also zunächst Know-how und Zeichnungen von den jeweiligen Lizenzgebern beschafft werden mussten, verbunden mit oft mehrwöchigen Studien der Produktion vor Ort, ehe dann in den VDO-Werken die Umsetzung in die Serienfertigung erfolgte, mit hochpräzisen Arbeitsanforderungen an die Belegschaft wie Sauberkeit, Staubfreiheit und Temperaturbeständigkeit, wozu eine sogenannte Nullserien-Abteilung errichtet wurde, in der zusammen mit den Einrichtern und Bandführern die Fertigungsmethoden und Werkzeuge zunächst erprobt wurden, ehe die Großserienfertigung anlief. VDO, mit dem Privileg der höchsten Dringlichkeitsstufen S und SS der Rüstungsbehörden versehen, gab seinerseits aber auch wiederum zahlreiche Fertigungsaufträge an Unterlieferanten mit feinmechanischem Fertigungswissen weiter, seien es die Vereinigten Grabe- und Schrägerwerke in Meißen oder die Exakta-Kamerawerke und Balda-Kamerawerke in Dresden.[437] Für die Fertigung der Steuerungsgeräte der V-Waffen, von denen über die Einrichtung einer eigenen neuen Fertigungsstraße in kurzer Zeit nahezu 1000 Stück pro Monat produziert wurden, vergab VDO Unteraufträge an die Frankfurter Firmen Vereinigte Schuhmaschinen und Torpedo.[438] Im Laufe des Krieges beauftragte VDO ganze Unterlieferantenstäbe von Gesellschaften mit der Fertigung von Einzelteilen, die VDO selbst nur noch montierte und weiterlieferte. Die Eigenfertigungstiefe des Unternehmens war damit relativ niedrig, der Anteil fremder Fertigung betrug 1943 ca. 40 Prozent, im Jahr darauf sogar 65 Prozent. Der erhebliche Durchlauf von Fremdfertigung schlug sich denn auch in der rasanten Umsatzentwicklung nieder.

Tab. 16: Umsatz-, Gewinn- und Belegschaftsentwicklung VDO Tachometer AG 1939 bis 1944

Jahr	Belegschaft	Umsatz ges.	Gewinn
1939	1409	11,0 Mio.	78 000 RM
1940	1840	13,6 Mio.	714 135 RM
1941	2560	25,1 Mio.	1,547 Mio.
1942	2740	27,8 Mio.	1,160 Mio.
1943	3000	45,5 Mio.	ca. 4 Mio.
1944	2000	--	---

Quelle: Zusammengestellt nach dem Betriebsprüfungsbericht 1943, in: VDO-Archiv, Karton 35, sowie Vermerk des VDO-Wirtschaftsprüfers Richter vom 25.1.1948, in: HHStAW 520/K2625. Vgl. auch die Bilanzen für 1940, 1941 und 1942, in: BArch R 8121/307.

---

437 Vgl. Zeitzeugenbericht Erich Kaiser vom 10.4.1978, in: VDO-Archiv Karton 11.
438 Vgl. Zeitzeugeninterview Erich Linde vom 6.3.1978, in: ebd.

Innerhalb von nur wenigen Jahren vervierfachte sich der Umsatz (vgl. Tabelle 16), eine Entwicklung, der die organisatorischen wie personellen Strukturen kaum folgen konnten. Zwischen 1939 und 1943 verdoppelte sich die Belegschaft, erst recht explodierten die Gewinne, was trotz strikter Überwachungs- und Kontrollmaßnahmen von OKH und RLM auf die Monopolstellung hinweist, in die Schindling die VDO zunehmend gezielt hineinsteuerte.

Abb. 105: Betriebsfeier im Werk Burgstädt

Die Lobbyarbeit in Berlin und der Kontakt zu den verschiedenen Behörden und Ämtern waren inzwischen personell neu aufgestellt worden. Die Führung hatte Helmut Spies, Leiter der Berliner VDO-Niederlassung, jedoch nicht NSDAP-Mitglied, der später in den VDO-Vorstand aufsteigen und einer der wichtigsten Vertrauten Schindlings werden sollte. Für die neue Berliner Geschäftsstelle hatte man in der Kantstraße ebenfalls aus enteignetem jüdischen Besitz 1941 ein Grundstück erworben. Zur Übernahme der mühevollen Arbeit, bei den Berliner Stellen täglich vorstellig zu werden, war seit Mai 1939 Freiherr Adolf-Friedrich von Maltzan eingestellt worden, eigentlich ein gelernter Landwirt und auch nicht NSDAP-Mitglied. Was Schindling zu diesem Schritt veranlasst haben mag, ist unklar, zumal über Maltzan ein wenig günstiges graphologisches Gutachten vorlag.[439] Bis sich der neue VDO-Lobbyist einen Überblick über die zahllosen Ämter und Behördenstellen verschafft hatte und seine Antrittsbesuche, unter anderem beim SS-Hauptamt und dem dortigen Sachbearbeiter für technische Fragen, gemacht hatte, hatte der Kriegsbeginn vielfach neue Regeln des Behörden- und Rüstungsgeschäfts mit sich gebracht.[440]

Zu den konkreten Verhandlungen reiste regelmäßig Fertigungsvorstand Dr. Lertes persönlich nach Berlin. Schindling selbst war als Vertriebsvorstand immer weniger involviert und versuchte von Frankfurt aus dennoch die Fäden in der Hand zu behalten. Auf Veranlassung von Schindling bemühte sich Maltzan etwa im Oktober 1939 im Heereswaffenamt, für VDO eine Baulizenz für ein Nacht-Marschgerät zu bekommen. Spies und Lertes pflegten inzwischen gleichzeitig ihre eigenen Kontakte und Besprechungen. Die Konkurrenz zu Kienzle spielte dabei keine erkennbare Rolle mehr, auch wenn sich Lertes und Kienzle nun als Leiter oder Mitglieder der diversen Ringe und Ausschüsse der Speer'schen Rüstungswirtschaft begegnen sollten. Auch Kienzle hatte seine Fertigung inzwischen nahezu ausschließlich als Lizenzproduktion aufgezogen, insbesondere im Bereich der sogenannten Kommandogeräte, d. h., Höhengemisch- und Ladedruckregler für die Luftwaffe.[441] Kienzle war damit ebenfalls ein zentraler Zulieferer in der Luftrüstung geworden, allerdings erreichte man erst 1944 mit 13 Mio. RM den Umsatz, den Schindling mit VDO schon 1940 erwirtschaftet hatte. Auch in den Beschäftigtenzahlen konnte Kienzle mit ca. 1200 Arbeitern und Angestellten im Jahr 1943/44 nur einen Bruchteil von VDO erreichen.

Die Tätigkeit von Maltzan dauerte letztlich nur bis Juli 1940. Zum einen dominierten Spies und Lertes die Kontakte zu den Ämtern und Behörden in Berlin, während Schindlings Machtposition im Unternehmen schwächer wurde; zum anderen war VDO insgesamt inzwischen so stark im Rüstungsgeschäft positioniert, dass die Lobbyarbeit alten Stils nicht mehr notwendig war. Das wichtigste Ergebnis waren die umfangreichen Verhandlungen mit dem RLM gewesen, die noch im Herbst 1939 eingesetzt hatten und bei denen es um die Verlegung der rüstungswichtigen Kreiselfabrikation aus Frankfurt gegangen war. Die RLM-Beamten versuchten dabei, die VDO-Führung zu einer Auslagerung nach Prag und den dafür notwendigen Erwerb der ehemaligen tschechischen Firma Prema

---

439 Vgl. Schreiben Keyerlingk an Spies vom 2.5.1939, in: VDO-Archiv Karton 9. Darin auch der Vertrag mit Maltzan.

440 Vgl. etwa Bericht Nr. 7 von Maltzan an Schindling über einen Besuch im RLM am 18.9.1939, in: ebd. Dort auch Bericht Nr. 8 vom 6.10.1939 über „meine Bemühungen, bei der Marine den VDO-Drehzahlmesser anzubieten".

441 Vgl. Müller, Kienzle, S. 49 ff.

zu drängen.[442] Schindling selbst war von sich aus sofort bereit, die notwendigen Maßnahmen zu ergreifen, auch hinsichtlich der dafür zuerst noch erforderlichen „Arisierung" der Prager Firma, allerdings unter der Voraussetzung der vor allem finanziellen Unterstützung durch das RLM. Doch daran hakte es. Schindling schrieb Ende November 1939 an Maltzan:

> Durch das fortgesetzte Hin und Her geht immer wieder neue, kostbare Zeit verloren. Tatsache ist doch, dass das RLM hinsichtlich der Kreiselgeräte-Fabrikation in großer Verlegenheit ist, und deshalb sollte man doch beim RLM interessiert daran sein, die Sache voran zu treiben. Dies kann aber nur dadurch geschehen, dass uns das RLM die Mittel zur Verfügung stellt [...] Wir sind gewillt und in der Lage, sofort zu handeln, und die Fabrikation in Prag schnellstens aufzuziehen. Wir glauben sogar, dass, wenn kurzfristig gehandelt wird, die Fabrikation in Prag schon im Januar [1940] anlaufen könnte. Um dies zu erreichen, gehört aber dazu, dass das RLM sich voll einsetzt und uns das zur Verfügung stellt, was wir dazu brauchen, das ist in erster Linie: die notwendigen Geldmittel. [...] Weiter brauchen wir eine Bestätigung, wonach wir beauftragt werden, durch Arisierung der Firma Prema oder auf eine andere Weise in Prag eine Fabrikation auf Kreisel- und andere Geräte aufzumachen.[443]

Erst im Januar 1940 jedoch erhielt VDO vom RLM und dem Leiter der Prager Wehrwirtschaftsstelle grünes Licht dazu, „dass die Angelegenheit Prema nun soweit gediehen sei, dass die VDO zu 50 Prozent die Firma übernehmen könnte."[444] Doch dann verlief die ganze Sache letztlich im Sande, im RLM wurden neue, andere Verlagerungsstandorte für die zu gründende Kreiselgeräte GmbH gehandelt, unter anderem in einer leeren Strumpffabrik im Erzgebirge, ehe dann schließlich kurzfristig der dann auch gewählte Standort Burgstädt in Sachsen ins Spiel kam.

Der Aufbau von luftschutzsicheren Verlagerungswerken und zusätzlichen Fertigungskapazitäten in den besetzten Gebieten und im verbündeten Ausland sowie auch der Standort Prag blieben aber weiter akut und gewannen im Laufe des Krieges an Bedeutung. In kurzer Zeit errichtete VDO in Wien, Prag, Budapest, Amsterdam, Paris und Brüssel neue Verkaufsfilialen und Büros oder gründete dort aus den bereits bestehenden Niederlassungen Tochtergesellschaften, von denen aus der Geschäftsverkehr mit neuen Unterlieferanten vor Ort gesteuert wurde, wobei in Wien und Prag neben den Vertriebsfunktionen auch kleinere eigene Fertigungsstrukturen bestanden, von denen aus wichtige Großkunden wie etwa Tatra oder Skoda direkt beliefert wurden. Die im Frühjahr 1940 neu

---

442 Vgl. Bericht Maltzan über eine Besprechung im RLM vom 22.11.1939, in: VDO-Archiv Karton 9.

443 Brief Schindling vom 24.11.1939, in: ebd.

444 Bericht Maltzan vom 9.1.1940, in: ebd.

gegründete Prager VDO-Tachometergesellschaft mbH entstand dabei im Zuge eines Arisierungsverfahrens durch Umwandlung der am 20. Januar 1940 zum Kaufpreis von 10 000 Tschechischen Kronen erworbenen Anteile von Alfred Brichta, dem früheren jüdischen Auslandsvertreter von VDO.[445]

Inwieweit Schindling und die VDO sich dabei fair verhalten haben und ihrem langjährigen Vertreter im Zuge der Übernahmeverhandlungen „die schonendste und würdige Behandlung" zukommen ließen, wie Schindling später in seinem Entnazifizierungsverfahren betonte, ist nicht ganz klar. Unstreitig setzten das OKH und auch die Devisenbehörden VDO unter erheblichen Druck, die jüdische Vertreterfirma zu arisieren und deren Betriebseinrichtungen und Lagerbestände schnellstmöglich zu übernehmen, „da der Jude Brichta die Frankfurter Firma als wehrwichtigen Betrieb nicht weiter vertreten kann" und zudem in Böhmen und Mähren unter dem Namen „VDO-Brichta" vertriebene Erzeugnisse bereits in erheblichem Umfang in Heeresfahrzeuge eingebaut worden waren.[446] Auch die Durchführung der Übernahme und vor allem die Anteilsbewertung und Preisbildung bestimmte maßgeblich die Protektoratsregierung, so dass, so argumentierte zumindest Schindling in einer später erstellten persönlichen Stellungnahme zu dem Fall, die VDO darauf wenig oder gar keinen Einfluss hatte. Außerdem hatte „ich seit 1936 nicht mehr den bestimmenden Einfluss im VDO-Vorstand und war zum Verkaufsdirektor abgestiegen."[447] Entlastungszeugen bescheinigten Schindling, dass er sich damals entschieden dafür eingesetzt habe, „die Wünsche des Herrn Brichta in der Verkaufsfrage voll zu berücksichtigen."[448] Brichta selbst konnte keine Stellungnahme dazu abgeben. Er war zusammen mit seiner Familie im KZ Auschwitz umgekommen.

Im Juli 1941 erfolgte dann auch die Umgründung der Amsterdamer VDO-Niederlassung in „Nederlandsche VDO Apparatebouw N. V.", eine Aktiengesellschaft holländischen Rechts. Zu diesem Zeitpunkt hatte VDO bereits ein weit gespanntes Netzwerk an Unterlieferanten auch in den besetzten Ländern aufgebaut, darunter etwa die Kopenhagener Instrument Fabriken AIFAR A/S sowie Simonen & Nielsen A/S, daneben aber vor allem eine Reihe französischer Feinmechanikfirmen wie die Pariser Horlogerie et Instruments de Précision Jaeger.[449] Die Beziehungen verliefen dabei nie direkt, sondern immer über den von

---

445 Vgl. Betriebsprüfbericht des FA vom 5.2.1941, in: VDO-Archiv Karton 35.
446 Vgl. Anhang zum Devisenprüfbericht vom 10.11.1939, in: ebd.
447 Persönliche Stellungnahme Schindlings vom 15.1.1948, in: HHStAW 520/K2625.
448 Vgl. Schreiben an den Öffentlichen Kläger der Spruchkammer Frankfurt vom 15.1.1948, in: ebd., sowie die Erklärung des damaligen Vorstandsmitglieds Strzelczyk vom 12.1.1948 zu den damaligen Verhandlungen, in: ebd.
449 Vgl. die späteren dänischen Restitutionsforderungen von 12 638 RM, in: VDO-Archiv Karton 411.

den deutschen Besatzungsbehörden eingesetzten Sequester. Die Unternehmensleitung von Jaeger bescheinigte VDO nach Kriegsende, gegenüber dem Unterlieferanten immer korrekt gewesen zu sein.[450] „Eine Sache könnten wir Herrn Schindling allerdings vorhalten", hieß es in dem Schreiben, „und zwar den imperativen Befehl, den er uns durch die deutsche Besatzungsbehörde geben ließ, ihm den ganzen Urkundenbeweis eines unserer Patente auszuliefern, welches übrigens 1 ½ Jahre später zum Verfall kam. Herr Schindling hatte jedoch die Anständigkeit, einen Entschädigungsvertrag auszustellen, den wir gezwungener Weise unterschrieben, der aber [...] nicht zur Durchführung kam."[451]

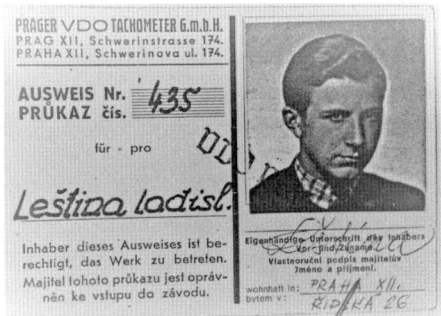

Abb. 106: Werksausweis eines Gefolgschaftsmitglieds der Prager VDO Tachometer GmbH

Die wichtigste „Auslandsinvestition" war – ebenfalls auf Initiative und Anordnung des RLM –die Errichtung eines großen Werkes in dem seit Kriegsbeginn stillgelegten Zweigwerk der Schweizer Thermostat- und Regelgerätefirma Sauther AG in St. Ludwig im Elsass im August 1941, das unter dem Namen „Elpawerk GmbH" (Elsässische Präzisions-Apparatebau GmbH) firmierte. Vorangegangen waren zahllose Gespräche zwischen VDO und dem RLM, die sich vor allem um die rechtliche Stellung und Finanzierungsart drehten. Als Investitionsaufwand für die dort aufzuziehende Luftschraubenregler-Fertigung insbesondere für den Junkers-Konzern wurden 2,6 Mio. RM veranschlagt, aber noch im Mai 1941 war völlig offen, ob das neue Unternehmen als Zweigwerk und im Rahmen der Mutterfirma VDO oder als selbständige GmbH mit Reichsbeteiligung und unter bloßer Betreuung von VDO aufgezogen werden sollte.[452] Im RLM stellte man sich die Finanzierung mit öffentlichen Beihilfen von nur

---

450 Vgl. Schreiben Jaeger an das Großhessische Staatsministerium für Wiederaufbau und politische Befreiung vom 9.4.1947, in: HHStAW 520/K 2625.
451 Ebd.
452 Vgl. Notiz des RLM, Abtl. LF 3, vom 2.5.1941, in: BArch R 8121/307.

500 000 RM vor, der gleiche Betrag sollte aus Eigenmitteln von VDO kommen und der Rest von 1,6 Mio. RM würde über einen von VDO zu übernehmenden Investitionskredit der Bank der Deutschen Luftfahrt zu finanzieren sein.

Angesichts der gerade auch im neuen Werk Burgstädt anfallenden Kapitalaufwendungen fehlten VDO jedoch praktisch jegliche Eigenmittel, so dass die geforderten Investitionen die Finanzkraft des Unternehmens überforderten, was man auch im RLM sah. Das neue Werk sollte daher in erheblich kleinerem Umfang errichtet werden und von den nun vorgesehenen eine Mio. RM Investitionsaufwand zunächst nur seitens VDO ein Stammkapital von 250 000 RM aufgebracht werden – wobei 240 000 RM durch VDO, 10 000 RM durch Schindling persönlich eingezahlt wurden –, der Rest sollte später über einen Kredit gedeckt werden. Als Geschäftsführer fungierte Adolf Schindling. Nach Durchführung diverser Um- und Ergänzungsbauten sollten in St. Ludwig mit einer Belegschaft von 600 bis 1000 Mann monatlich 800 bis 1000 Luftschraubenregler gebaut werden. Zunächst war als Startfertigung die Ausbringung von 500 Junkers-VS-Reglern pro Monat vorgesehen. Ungeachtet der finanziellen Neuberechnungen des RLM veranschlagte man bei VDO jedoch nach wie vor Gesamtkosten von 2,9 Mio. RM. Mit der Errichtung des Werkes wurde mithin begonnen, ohne dass die Finanzierungsfrage endgültig geregelt worden wäre. Da Grund und Boden jedoch zunächst aus reichsfeindlichem Vermögen mit Vorkaufsrecht gepachtet worden war, stimmten die Kalkulationen auf dem Papier. Im Oktober 1941 nahm VDO dann einen Kredit von 800 000 RM auf, „als Besicherung wird gemäß den gehabten Verhandlungen wohl eine Zession zunächst aufgrund der dem Elpawerk vorliegenden Aufträge, und bei Fortschreiten der Fertigung aufgrund der durch das Elpawerk geschaffenen Außenstände in Frage kommen."[453] Die Tilgung des Kredits, so rechnete man sich in Frankfurt aus, würde bei einem erwarteten Jahresumsatz von vier Mio. RM aus Gewinn und Abschreibungen innerhalb von vier Jahren möglich sein, allerdings setzte VDO beim RLM durch, dass eine Tilgungsdauer von fünf bis sechs Jahren zugestanden wurde.

Doch schon im November 1941, kaum dass das neue Werk mit der Fertigung begonnen hatte, waren seitens des RLM Auflagen und Anordnungen getroffen worden, die Fertigung innerhalb kürzester Zeit von ca. 600 auf 1200 Regler pro Monat zu steigern, zusätzlich monatlich 1000 Luftschraubenregler-Reparaturen durchzuführen und außerdem in erheblichem Umfang Ersatzteile für den Frontbedarf zu liefern. Mit den verdoppelten Fertigungssolls schnellte auch der voraussichtliche Umsatz auf 12 Mio. RM hoch, was einen neuen finanziellen Betriebsmittelbedarf von 1,3 Mio. RM auslöste. VDO sah sich zur Finanzierung dieser neuen Aufwendungen nicht mehr in der Lage und forderte daher ultimativ

---

453 Schreiben VDO an den Vorstand der Bank der deutschen Luftfahrt vom 7.10.1941, in: ebd.

einen kapitalmäßigen Einstieg des RLM über eine Reichsbeteiligung.[454] Davor, dass VDO an die Grenzen seiner Finanzkraft gelangt war und sich in einer prekären Liquiditätslage befand, konnte auch das RLM seine Augen nicht verschließen. Allerdings kam es zunächst zu längeren Kontroversen zwischen VDO und der Bank der deutschen Luftfahrt über die ausreichende Besicherung der zur Verfügung gestellten bzw. beantragten Betriebsmittelkredite, und dann erwog Schindling offenbar kurzzeitig, das Werk in Gänze selbst zu übernehmen. Letztendlich aber übernahm Mitte 1942 die Bank der deutschen Luftfahrt die von VDO geleitete Gesellschaftseinlage von 250 000 RM und führte gleichzeitig eine Kapitalerhöhung auf eine Mio. RM durch.[455] Damit war das Werk nun formell ganz Reichseigentum geworden, VDO sicherte aber die weitere Produktion zu und stellte auch die technische und kaufmännische Leitung des Werkes. Mit Hilfe der inzwischen aufgestockten Belegschaft war es dabei tatsächlich gelungen, die vom RLM geforderte drastische Erhöhung der Reglerausbringung bereits ab März 1942 zu erfüllen. Der damalige Werksleiter Friedrich Sixt war später noch stolz auf die zahlreichen Anerkennungsschreiben, die er und offenbar auch Schindling vom Generalluftzeugmeister Milch persönlich erhalten hatten für die „Pionierleistung, in so kurzer Zeit eine Fabrik zu schaffen, die in der Lage war, solche hochpräzisen Geräte zu schaffen und das mit Facharbeitern, die in dieser Sparte noch nie tätig waren."[456]

Es spricht einiges dafür, dass Schindling mit dem Elsässer Werk eigene und über die Rüstungsproduktion und den Krieg hinausgehende Pläne verfolgt hatte. Wie fast alle Unternehmer erwartete auch er zu diesem Zeitpunkt noch ein schnelles Kriegsende, und der Standort des Werkes lag günstig nahe der Schweizer Grenze. Er war somit geeignet, dort später einmal eine Zeituhrenfertigung zu errichten. Die VDO-Ingenieure der Abteilung Fertigungsplanung hatten aus dem heruntergekommenen Zweigwerk der Schweizer Firma in kurzer Zeit mit Hilfe der RLM-Kredite ein hochmodernes Werk nach typischer Bosch-Montagesystematik konzipiert und umgesetzt, für das auch zahlreiche Spezialmaschinen aus der Schweiz gekauft wurden.[457] Und VDO hatte bei einer Schweizer Uhrenfabrik noch 30 000 bis 40 000 Rohwerke für Zeituhren für Automobile liegen, die nun nach St. Ludwig gebracht wurden und dann in einem Nebengebäude außerhalb der offiziellen RLM-Fertigung zu Zeituhren montiert wurden. Erst als das Rüstungskommando in Straßburg von dieser unerlaubten

---

454 Vgl. Schreiben VDO an das RLM vom 14.11.1941, in: ebd.

455 Vgl. Vermerk über eine Besprechung vom 17.6.1942 zwischen Spies als VDO-Vertreter und der Kreditabteilung der Bank der dt. Luftfahrt, in: ebd.

456 Zeitzeugeninterview Friedrich Sixt vom 10.8.1978, in: VDO-Archiv Karton 9.

457 Vgl. ebd.

Fertigung ziviler Produkte Wind bekam, wurde die Uhrenherstellung eingestellt. Dabei konnte das Werk auch auf die hochqualifizierten Werkzeugmacher der dortigen Schweizer-Elsässer Region zurückgreifen. Schindling plante daher offenbar, neben der Fertigung auch noch einen großen Werkzeugbau zu errichten, um dort die für das Hauptwerk in Frankfurt benötigten Maschinen und Werkzeuge in Eigenfertigung herstellen zu lassen. Doch alle weitreichenden Pläne Schindlings, aus dem Rüstungswerk und der verlängerten Werkbank für die Junkers Motorenwerke in Dessau später eine moderne Nachkriegsfabrik für zivilen Bedarf aufzubauen, zerschlugen sich sowohl mit der alleinigen Kapitalübernahme durch das Reich wie mit der Dauer des Krieges.

Dazu kam es auch innerhalb des Unternehmens zu wachsenden Spannungen zwischen Schindling und den übrigen Anteilseignern, zwischen und innerhalb des Vorstands und mit dem von der Deuta-Gruppe dominierten Aufsichtsrat, die schließlich 1942/43 in die große Entflechtung von VDO und Deuta mündeten. Seit Anfang 1942 schmiedete Schindling Pläne, wie VDO entflochten werden, dabei die Aktionärsgruppe der Deuta abgefunden werden und er wieder als Alleininhaber das gesamte strategische und operative Geschäft unter seine Führung bringen konnte. Ende Juli 1942 präsentierte er den Deuta-Aktionären wie dem RLM, dessen Zustimmung zu einer derartigen Transaktion unabdingbar war, einen ersten Vorschlag. Er lief darauf hinaus, das Unternehmen in das alte Kerngeschäft und das neue Rüstungsgeschäft zu teilen. Durch den Kauf des Deuta-Anteils an den VDO-Aktien von nom. 900 000 RM sollten ihm die Werke in Frankfurt und Offenbach sowie die Filialorganisation von VDO übertragen werden, die Deuta-Gruppe ihrerseits erhielt im Gegenzug das neue Werk Burgstädt, das damit aus dem bisherigen VDO-Verbund ausgegliedert werden sollte.[458] Diese Aufteilung bedeutete, dass an Schindling mit der „neuen" VDO mit ca. 19 Mio. RM Umsatz und knapp 2000 Beschäftigten der Großteil des früheren Geschäfts überging, während die Deuta-Aktionäre neben der Auszahlung ihres Aktienanteils, der ca. zwei Mio. RM wert war, und dem Werk Burgdorf mit seinen zu diesem Zeitpunkt 870 Gefolgschaftsmitgliedern und ca. 7,5 Mio. RM Umsatz nur einen Bruchteil erhielten, der dann in die alte Deuta-Werke GmbH eingebracht werden konnte.

Von einer paritätischen Abgrenzung der übertragenen Vermögensanteile und Verbindlichkeiten entsprechend dem buchmäßigen Reinvermögen von VDO inklusive seiner erheblichen stillen Reserven konnte mithin keine Rede sein. Keyserlingk und die Deuta-Aktionäre lehnten den Vorschlag daher ab, vor allem drängten sie auf eine angemessene Bewertung der VDO-Aktien zum Ta-

---

458 Vgl. Notiz mit einer Stellungnahme der Deuta-Gruppe zum Vorschlag Schindlings vom 28.10.1942, in: BArch R 8121/308.

geswert auf der Basis eines Gutachtens von zwei Wirtschaftsprüfern sowie deutlichen Zugeständnissen seitens des Reichsfinanzministeriums bei der Berechnung der dabei fälligen Besteuerung des Veräußerungsgewinns bzw. der Körperschaftssteuer. Es folgten langwierige Verhandlungen zwischen den beiden Aktionärsgruppierungen, dem RLM sowie auch der Bank der deutschen Luftfahrt, bei der Schindling um finanziellen Rückhalt für die Entflechtung, für die er voraussichtlich 1,5 Mio. RM benötigte, nachsuchte.[459] Tatsächlich signalisierte die Bank und damit indirekt auch das RLM ihre Unterstützung, allerdings nur unter der Bedingung, dass das Übergangsstadium, in dem die Bank durch die Finanzierung des Aktienerwerbs im Unternehmerrisiko stand, auf eine Mindestzeit begrenzt wurde und ihr auch ein Aufsichtsratsmandat zugestanden wurde, was Schindling versprach. Aus den Akten lässt sich nicht klar erkennen, ob und inwieweit das RLM die VDO-Entflechtung initiiert oder betrieben hat. Angesichts der stürmischen Auftrags- und Nachfrageentwicklung und der finanziellen Probleme des Unternehmens, dies allein zu stemmen, machte rüstungspolitisch die Entflechtung der Geschäftsbereiche im Sinne VDO für den Automobilsektor und Deuta für den Bereich Schiene und Luftfahrt durchaus Sinn. In einem späteren Schreiben an die NSDAP-Gauleitung Hessen-Nassau vom Juni 1943 sprach Schindling explizit von „der auf Verlangen des RLM betriebenen VDO-Entflechtung".[460]

Wie auch immer, die Fäden der Entwicklung hielt das RLM in der Hand, und unter dessen Moderation kam es schließlich am 10. Februar 1943 zu einer Vereinbarung: Die Bank der deutschen Luftfahrt übernahm für Schindling und die VDO für einen Kaufpreis von 3,450 Mio. RM den Deuta-Anteil von nom. 900 000 RM, davon wurden jedoch 2,2 Mio. RM abgezogen, die die Deuta für die Übernahme des Werkes Burgdorf an VDO zahlte. Der Verkauf des Werkes erfolgte mit Wirkung zum 1. Januar 1943.[461] Gleichzeitig nahm Schindling bei VDO, dessen Kapital erst kurz zuvor, am 12. Juni 1941, um 1,2 Mio. RM auf 1,8 Mio. RM erhöht worden war, nun eine Kapitalherabsetzung um 800 000 RM auf eine Mio. RM vor.[462] Es war alles in allem eine komplizierte und für Schindling auch

---

459 Vgl. Notiz der Bank der deutschen Luftfahrt über eine Besprechung mit Schindling vom 4.11.1942, in: ebd.

460 Schreiben vom 18.6.1943, in: HHStAW 483/11095.

461 Vgl. eine Abschrift des Rahmenvertrags vom 10.2.1942, in: ebd., ebenso in: VDO-Archiv Karton 401. Die neue Gesellschaft in Burgstädt wurde am 8.4.1943 als „DGB Deuta-Gerätebau GmbH Burgstädt" gegründet. Geschäftsführer waren Freiherr von Keyserlingk und Oberingenieur Karl Dürr, der Werksleiter. Das Betriebsvermögen des Werks wurde am Tag der Entflechtung dabei auf 4,576 Mio. RM veranschlagt.

462 Vgl. Schreiben Schindling an die Bank der deutschen Luftfahrt vom 23.3.1943, in: BArch R 8121/308 sowie auch Protokoll der Hauptversammlung VDO vom 17.6.1943, in: ebd.

gewagte Transaktion, bei der er sich allerdings im Wesentlichen mit seinen Interessen durchsetzen konnte und vor allem auch die Bank der deutschen Luftfahrt und das RLM für seine unternehmenspolitischen Ziele hatte instrumentalisieren können. Schindling hatte im Übrigen auch die Deutsche Bank mit eingeschaltet, die im Juni 1943 auf seinen Wunsch und auf seine Rechnung hin sukzessive für nom. 300 000 RM die ersten VDO-Aktien aus dem Bestand der Bank der deutschen Luftfahrt erwarb. Auch der Aufsichtsratsvorsitzende und Schindling-Vertraute Siegfried Stöckel spielte in den verwickelten Aktienkäufen und -übertragungen eine zentrale Rolle.

Das große Ziel, wieder Alleininhaber von VDO zu sein, war für Schindling damit erreicht. Ende 1943 hielten er und seine Frau Charlotte Schindling VDO-Aktien über je nom. 500 000 RM. Schindling trennte sich zudem auch umgehend von den beiden Vorstandsmitgliedern für Technik und Finanzen, Dr. Lertes und Strzelczyk, und übernahm die alleinige Geschäftsführung. Auch im Aufsichtsrat waren nun alle Deuta-Mitglieder und vor allem auch der Schindling verhasste und ihm in seinen Augen als Parteimann oktroyierte Gustav Eberle ausgeschieden. Gleichzeitig holte sich Schindling seinen Prokuristen Helmut Spies nach Frankfurt an seine Seite. Spies wurde zum 4. Mai 1943 die Leitung des gesamten Vertriebsgeschäfts übertragen, gleichzeitig übernahm er die kaufmännische Leitung des Werkes Frankfurt-Königsstraße, unbeschadet dessen, dass er auch weiterhin Leiter der Geschäftsstelle Berlin blieb.[463] Die Betriebsführergeschäfte wurden vom Prokuristen Peter Urban in einem „Betriebsführer- und Wehrwirtschaftsbüro" unter Weisung Schindlings ausgeübt, daneben gab es ein Gefolgschaftsbüro. Eine zentrale Funktion nahm auch der Fertigungsleiter Karl Schickedanz ein, seit 1923 bei VDO und verantwortlicher Arbeitseinsatz-Ingenieur. Er vertrat Schindling bei Abwesenheit als Betriebsführer.[464]

Nach Kriegsende hat Schindling seine Transaktion und das Ziel der Entflechtung als Maßnahme darzustellen versucht, um das ungeliebte Rüstungsgeschäft abzustoßen. Das „sehr moderne", der Luftwaffenfertigung gewidmete Werk Burgdorf habe er zugunsten der restlichen, weit weniger modernen Stammwerke abgetreten, „die aber die zivile Stammfertigung enthielten".[465] „Nachdem ich nunmehr mit meiner Familie alleiniger Inhaber des, wenn auch um die Hälfte verkleinerten Unternehmens war, habe ich alles daran gesetzt, um die unter der Leitung meiner Vorgänger erfolgte Aufblähung des Unterneh-

---

463 Vgl. Rundschreiben Nr. 32/43 vom 4.5.1943, in: VDO-Archiv Karton 405.

464 Vgl. Vorstandsanweisung Nr. 4 Schindlings zur Geschäftsordnung vom 17.12.1943, in: VDO-Archiv Karton 13

465 Stellungnahme Schindlings über „Meine geschäftliche Entwicklung" vom 19.10.1946, in: HHStAW Wiesbaden 520/K 2625, S. 3.

mens durch Rüstungsaufträge möglichst wieder abzubauen", schrieb er.[466] Zudem habe er sich mehr und mehr aus dem Unternehmen zurückgezogen und Zeit in seinem Jagdhaus im Taunus verbrachte. Doch das entsprach nicht den Tatsachen. Denn zum einen war das lukrative Geschäft mit dem RLM nur zum Teil weggefallen und bald sollte die neue VDO auch wieder im Geschäft mit Steuerungsgeräten eine Rolle spielen. Zum anderen setzte Schindling alles daran, das verbliebene Hauptgeschäft mit seinen Spezialinstrumenten für das Heer und die Marine monopolartig auszubauen. Und die luxuriös ausgebaute Jagdhütte diente Schindling als Ausweichbüro und der Kontaktpflege zu den örtlichen Rüstungs- und Parteistellen.

Ein Gutachten vom März 1943, das sich auf Veranlassung des Rüstungsministeriums und des Heereswaffenamtes mit den Geschäftspraktiken der VDO am Beispiel der Zentralen Ersatzteillager (ZEL) beschäftigte, wirft ein Schlaglicht darauf, dass und wie Schindling sich offensichtlich systematisch auf das Instrumentengeschäft mit der Wehrmacht konzentrierte und daraus erheblichen Nutzen für sich und die VDO zog.[467] Hintergrund war eine Anzeige eines VDO-Konkurrenten Ende November 1942 beim OKW mit Durchschlag an den Hauptausschuss Kraftfahrzeugindustrie, den Sonderausschuss Kraftfahrzeugteile und den Arbeitsausschuss Messinstrumente sowie vermutlich auch an die Gestapo, in dem VDO unlautere Machenschaften bei der Belieferung der Wehrmacht vorgeworfen wurden.[468] Die Vorwürfe gipfelten in der Anschuldigung, dass VDO seinen Umsatz dadurch vervielfachte, dass es einen Bedarf vorspiegelte, der in Wahrheit gar nicht bestand, dass man dabei der Wehrmacht ausgesprochene Ladenhüter verkaufte und die Kriegslage dazu ausnutzte, sich langfristig ein Monopol auf dem Gebiet der Kraftfahrzeuginstrumente zu verschaffen. Konkret ging es darum, dass es Schindling offenbar tatsächlich gelungen war, den Geschäftsverkehr mit den ZEL der Wehrmacht so weit zu monopolisieren, dass dort riesige Mengen an VDO-Instrumenten und -Ersatzteilen, zudem in unzähligen Varianten und Typen, vorgehalten wurden.

Die Bestandsaufnahme der ZEL-Lagerlisten durch den Gutachter erbrachte die auch für diesen verblüffende Gesamtzahl von rund 60 000 Tachos und 160 000 Antriebswellen. Und allein von den Tachos mit einem Durchmesser

---

466 Ebd.

467 Das 16-seitige Gutachten vom 31.3.1943 über den Instrumentenbestand der ZEL von Oberingenieur H.-A. Brandt, in: HHStAW 520/ K 2625.

468 Vgl. die abermals im Rahmen des Entnazifizierungsverfahrens gegen Schindling erhobenen Vorwürfe durch den ehemaligen VDO-Mitarbeiter Kalinowski über „Die Entwicklung der VDO Tachometer AG von einer mittelgroßen Spezialfabrik für Kraftfahrzeuginstrumente zu einem deutschen Rüstungs-Großbetrieb in der Feinmechanik" vom 1.7.1946 sowie die Stellungnahme Spies vom 30.10.1947, in: ebd.

von 80 mm existierten 102 verschiedene Ausführungen. Für jeden Sachverständigen war klar, dass es sich hier um eine fiktive Typenverschiedenheit zur Erhöhung des Bedarfs handelte. VDO war es mithin gelungen, die Ersatzteil-Lagerhaltung und -Organisation für die Wehrmacht quasi als Dienstleistung vorzunehmen und durch ihre Vertriebsorganisation das ganze Geschäft fest in der Hand zu halten. Für die Wehrmacht wurden bei den Ersatzteillagern besondere Instrumentenlager, sogenannte VDO-Boxen, eingerichtet. Man organisierte den gesamten Instrumentennachschub, indem man alles ausschließlich auf VDO-Produkte abstellte, so dass in kürzester Zeit der Anteil der Konkurrenten gerade noch schätzungsweise zehn Prozent ausmachte. Unter Ausnutzung aller möglichen Umstände war es dem Unternehmen daher gelungen, ohne Rücksicht auf den tatsächlichen Bedarf extrem viele Instrumente und Typen an die ZEL bzw. die Wehrmacht zu verkaufen. Das Gutachten stellte fest:

> VDO verfügt über einen außerordentlich umfangreichen, vorzüglich organisierten und vorzüglich geleiteten Vertriebsapparat. Ihre Vertreter bzw. Reisenden sind bei den Wehrmachtstellen nicht nur eingeführt, sie scheinen diese sogar zu beherrschen. Denn z. B. wurde Herrn K. der Zutritt zu einem ZEL aus Wettbewerbsgründen verboten, während VDO in den Schriftwechseln des OKH mit Konkurrenzfirmen Einblick erhält. Bei einer solchen Sachlage [...] konnte VDO verkaufen, wie und was sie wollten.[469]

Dass diese Vorwürfe nicht aus der Luft gegriffen waren, zeigt sich auch daran, dass der VDO-Umsatz im Jahr 1943 trotz vorheriger Abspaltung des RLM-Geschäfts um 64 Prozent auf 45,5 Mio. RM regelrecht explodierte.

Von den Kontrahenten wurde offenbar versucht, aus den Anschuldigungen einen veritablen „VDO-Skandal" zu inszenieren, was aber nicht gelang. Sowohl Parteistellen wie Behörden schalteten sich nicht weiter ein, allerdings wurde offenbar als Folge davon das Beschaffungswesen geändert. Die Belieferung der Wehrmacht-Ersatzteillager wurde im Laufe des Jahres 1943 in die Hände der Wehrmacht selbst gelegt und der Einkauf erfolgte durch sogenannte Wehrmacht-Ersatzteil-Büros. Und diese hätten, so berichtete es jedenfalls später der VDO-Prokurist Spies, ihre Gesamtbestellungen auf alle Firmen gleichmäßig verteilt.[470] Dennoch war VDO inzwischen die größte Spezialfabrik für Fahrzeugmessinstrumente vermutlich in ganz Europa. Insofern war der später gegen Schindling erhobene Vorwurf des Nutznießertums der NS-Herrschaft und Profiteur der Kriegswirtschaft nicht unbegründet. Anders als Alfred Teves verstand er es auf seine Weise, die Handlungsspielräume der nationalsozialistischen

---

469 Gutachten vom 31.3.1943 über den Instrumentenbestand der ZEL von Oberingenieur H.-A. Brandt, S. 5, in: HHStAW 520/ K 2625.
470 Vgl. Stellungnahme Spies dazu vom 30.10.1947, in: ebd.

Kriegswirtschaft zu nutzen, ohne aber mit dem NS-Behördenapparat ernsthaft in Konflikt zu geraten, da er weiterhin als Zulieferer von kriegswichtig erachteten Instrumenten und Produkten durchaus im Sinne des NS-Regimes funktionierte.

IV Die vielen Gesichter des Ausländereinsatzes: Arbeitsorganisation und Zwangsarbeit bei Continental

Der Krieg veränderte Arbeitsorganisation und -bedingungen in den Continental-Fabriken und -Abteilungen tiefgreifend. Die Belegschaftsstruktur änderte sich nachhaltig im Zuge der laufenden Abgabe von erheblichen Teilen der qualifizierten männlichen Arbeiter und Angestellten zur Wehrmacht, den verstärkten Einsatz von deutschen Frauen durch Zwangsverpflichtungen und den zunächst vereinzelten, dann schnell wachsenden Einsatz von ausländischen Arbeitskräften – von italienischen „Jungfaschisten" und slowakischen Arbeitern aus den verbündeten Ländern über belgische und dänische Leiharbeiter sowie französische Kriegsgefangene, holländische Zwangsarbeiter und „Ostarbeiter" bis hin zu KZ-Häftlingen. Damit war auch die Unternehmenskultur einem starken Wandel unterworfen, die von Zersplitterung und Heterogenisierung auf der einen Seite, zugleich aber verstärkten Versuchen zur Schaffung neuer Loyalitäten im Zeichen einer „neuen Kriegs-Betriebsgemeinschaft" als Leistungsgemeinschaft unter den Bedingungen des vom NS-Regime ausgerufenen totalen Krieges geprägt war. Die Unternehmensführung reagierte darauf mit spezifischen Strategien der Arbeitskräftemobilisierung und wendete erhebliche Bemühungen auf, um den Ausländereinsatz möglichst erfolgreich und reibungslos in das bestehende Produktionssystem und die Fertigungsabläufe zu integrieren. Auch die Zwangsarbeiter wurden daher ungeachtet der gleichzeitig sich vollziehenden Hierarchisierung der Arbeitsabläufe dem spezifischen, nach wie vor vom Bedaux-System geprägten Produktionskonzept von Continental unterworfen, ihre Leistung nach B-Werten und dem bestehenden Akkord- und Leistungslohnsystem bewertet.

Der Einsatz von Zwangsarbeit in deutschen Unternehmen ist inzwischen oftmals untersucht und beschrieben worden.[1] Dennoch ergibt sich für jedes Unternehmen – zumal es auch in den einzelnen Werken abhängig von den jeweiligen Fertigungsprogrammen und Abteilungsstrukturen vielfache Differenzen ga-

---

[1] Vgl. zuletzt Thomas Urban, Zwangsarbeit bei Thyssen. „Stahlverein" und „Baron-Konzern" im Zweiten Weltkrieg, Paderborn 2014; Silke Schumann, Kooperation und Effizienz im Dienste des Eroberungskrieges. Die Organisation von Arbeitseinsatz, Soldatenrekrutierung und Zwangsarbeit in der Region Chemnitz 1939 bis 1945, Göttingen 2016; Sven Feyer, Die MAN im Dritten Reich. Ein Maschinenbauunternehmen zwischen Weltwirtschaftskrise und Währungsreform, Baden-Baden 2018, insb. S. 263 ff. Zu Frankreich vgl. vor allem Patrice Arnaud, Les STO. Histoire des Francais requis en Allemagne nazie 1942–1945, Paris 2010. Nach wie vor grundlegend Mark Spoerer, Zwangsarbeit unter dem Hakenkreuz, München 2001.

https://doi.org/10.1515/9783110646597-005

ben – eine spezifische Konstellation von Art, Umfang und Charakter der Zwangsarbeiter-Beschäftigung. Es lohnt sich daher, die einzelnen Akteure und deren Umgang mit den neuen Bedingungen – unter anderem das Verhalten der deutschen Belegschaftsangehörigen am Arbeitsplatz in Form von Solidarität, Sanktionen oder gar Misshandlungen – jeweils detailliert nachzuzeichnen. Die – obschon stark verstreuten – Quellen erlauben es dabei im Fall von Continental, den jeweiligen Prozessen und Abläufen auch echte Gesichter zu geben: Da sind der Hauptbetriebsobmann Gustav Jahns und der französische Zwangsarbeiter Pierre Destenay, der bereits 1948 seine Erfahrungen niedergeschrieben hat; der Oberlagerführer sämtlicher Continental-Ausländerlager Wilhelm Busch und der im Unternehmen für den Ausländereinsatz zuständige Prokurist Wilhelm Garbe oder die französische KZ-Arbeiterin Stéphanie Kuder, die im Werk Limmer Gasmasken herstellen musste; der für den Zwangsarbeiter-Einsatz bei Phoenix zuständige Prokurist (und spätere Bundesfinanzminister) Rolf Dahlgrün und Gertrude Lübke, die damalige Phoenix-Arbeiterin, die wegen angeblich unzulässiger Beziehung zu einem französischen Kriegsgefangenen entlassen und von der Gestapo verhaftet wurde, die gerade 20-jährige russische Landarbeiterin Walentina Seminowa, die in den Hamburger Phoenix-Werken Zwangsarbeit leisten musste, der Russe Felix Vasil Kalyniak, Kolonnenführer von ca. 50 russischen Kriegsgefangenen, die in der Gießerei von Teves in Frankfurt arbeiteten, das französische Ehepaar Roger und Monique Ney, beide französische Zivilarbeiter bei Teves in Frankfurt, die wegen Fluchthilfe für kriegsgefangene Landsleute verurteilt wurden, sowie der bei Teves in Berlin beschäftigte Werkmeister Wilhelm Daene, der für die dort beschäftigten jüdischen Arbeiterinnen zuständig war.

Sie repräsentieren vielfach die beiden Extreme als Täter oder Opfer, während die vielen Mitglieder der damaligen Continental-Belegschaft, die sich einer eindeutigen Zuordnung entziehen, aber weit mehr für die damals vorherrschende Realität der vielen Schattierungen des Arbeitseinsatzes im Unternehmen stehen, anonym bleiben. Aus den Quellen lässt sich dennoch ein weitgehend umfassendes Bild mit vielen Konturen der Arbeitsorganisation bei Continental rekonstruieren und nachzeichnen, in dem deutsche wie ausländische Beschäftigte zusammen vorkommen. Das prägende Bild ist dabei ein gemeinsamer Arbeitsalltag, der für Deutsche wie Zwangsarbeiter von Leistungstreiberei, Arbeitszeitausdehnungen zur 60-Stunden-Woche und Zwängen der vorgeschriebenen Fertigungs-Solls geprägt war, daneben aber von dem bald alles überragenden gemeinsamen Trauma der erfahrenen Lebensbedrohung durch die Luftangriffe.

1 Arbeitskräftemobilisierung und Heterogenisierung der Belegschaft: Konturen eines neuen Produktionsregimes

Innerhalb des Unternehmens rückte im Kontext der kriegswirtschaftlichen Arbeitsorganisation eine Reihe von Funktionsträgern und Führungskräften in den Vordergrund, die in vielen Firmen auch das Netzwerk der Zwangsarbeiterunterdrückung bildeten und das innerbetriebliche Überwachungs- und Sanktionsregime repräsentierten, in einzelnen Fällen bis hin zu regelrechten Terrorregimes: Arbeitseinsatz-Ingenieure für die Ausländer, Abteilungsleiter der neu geschaffenen Ausländerbüros, Werkschutz und Abwehrbeauftragte, NS-Betriebsobleute und Lagerleiter in den neu errichteten Ausländerunterkünften. Bei Continental ergaben sich keine unheilvollen Konstellationen eines systematischen Unterdrückungssystems, aber dennoch kam es zu Eigendynamiken einzelner dieser Funktionsträger, zu Machtverschiebungen und Kompetenzkonflikten und vor allem zu Parallelwelten für die Zwangsarbeiter zwischen Lagerleben und Arbeitsleben. Der Arm der Unternehmensverwaltung reichte oft nicht bis über die Werkstore hinaus, so dass kaum eine Kontrolle über die Zustände in den einzelnen Wohnlagern bestand.

Wie bei anderen Unternehmen auch war bei Continental bereits mit Kriegsbeginn der Werkschutz aufgestockt und hauptamtlich organisiert worden. Er hatte Polizeigewalt, war durch eigene Uniform besonders erkennbar und stand unter dauernder Kontrolle der Polizeibehörden außerhalb des Betriebes. Ihm oblagen unter Führung des Werkschutzleiters Hermann Holtz auch im Zuge der Ausländerbeschäftigung Bewachungs- und Kontrollfunktionen. Besonders hervorgetreten ist der Conti-Werkschutz aber nicht. Das galt auch für Wilhelm Garbe, den Leiter des Ausländerbüros, der für die Rekrutierung der Arbeitskräfte zuständig war, was vor allem den ständigen Kontakt mit den Wehrmachtstellen und dem hannoverschen Arbeitsamt bedeutete, über die Continental seinen Arbeitskräftebedarf geltend machen musste und von denen es die Zuweisung deutscher wie ausländischer Arbeitskräfte erhielt. Eine zentrale Position besaß auch der 48-jährige Karl Riehm, seit 1921 bei Continental, erfahrener Arbeitszeit-Ingenieur und zuständig für die Akkorde im Unternehmen.[2] Riehm unterstanden daneben nicht nur die Sozialabteilung von Continental, die Lehrlingsausbildung, Betriebsärzte und Werkschule sowie die Abteilung gewerbliche Gefolgschaft, sondern er war auch Abwehrbeauftragter und Leiter der dafür geschaffenen Abteilung „M". Formal unterstanden die Abwehrbeauftragten den örtlichen Staatspolizeistellen, über sie verschaffte sich die Gestapo, die auch

---

2 Zum Werdegang vgl. Personalakte Riehm in: Registratur Personalabteilung Continental, sowie die Entnazifizierungsakte Riehms in: NLA HA Nds. Hannover-IDEA Nr. 20960.

die formale Ernennung vornahm, oft einen direkten Zugang in die Unternehmen und versuchte, Spitzelsysteme zur politischen Überwachung der Belegschaft aufzubauen. Nach den offiziellen Richtlinien für Abwehrbeauftragte war es deren Aufgabe, allen innerbetrieblichen Vorgängen von Unruhestiftung, Aufwiegelung sowie Verrats- und Sabotagehandlungen nachzugehen und diese umgehend der Gestapo zu melden. Anders als in vielen anderen zeigte Riehm jedoch keinerlei „politischen Verfehlungen" oder andere Vorfälle bei der Gestapo an. „Politische Angelegenheiten waren", erklärte er später vor dem Entnazifizierungsausschuss, „ein dem Hauptbetriebsobmann Jahns ausdrücklich vorbehaltenes Gebiet. Auf die Trennung dieser gegebenen Kompetenzen legte sowohl er wie ich ganz besonderen Wert."[3]

Abb. 107: Betriebsappell mit Gauleiter Lauterbacher am 17. Oktober 1941. Links vom Rednerpult Jahns, rechts davon Könecke.

---

3 Schreiben Riehms an den Entnazifizierungsausschuss vom 29.11.1947, in: NLA HA Nds. 171 Hannover, Nr. 20322.

Die beiden zentralen Figuren, die Continental auch im Krieg nach außen wie nach innen – der eine politisch, der andere betriebswirtschaftlich – als Führungsfiguren repräsentierten und prägten, waren Hauptbetriebsobmann Gustav Jahns und Betriebsführer Fritz Könecke. Beide traten bei den zahlreichen Appellen und Aufmärschen gemeinsam auf, wie etwa Anfang 1940 zusammen mit dem DAF-Gauobmann Fäthe oder im Oktober 1941 mit Gauleiter Lauterbacher.

Beide bekamen auch fast gleichzeitig vom Gauleiter das Kriegsverdienstkreuz 1. Klasse verliehen – Könecke im Juni, Jahns im Oktober 1942, wobei Letzterer im November 1943 auch noch das Kriegsverdienstkreuz 1. Klasse mit Schwertern erhielt und damit in der Kriegsverdienst-Rangfolge des NS-Regimes noch über seinen Betriebsleiter gestellt wurde.[4] Zwischen Könecke und Jahns herrschte mehr denn je eine einvernehmliche komplementäre Arbeitsteilung bei der Mobilisierung der Belegschaft im Krieg, die Könecke bereits im September und November 1939 mit einem „Ersten" und „Zweiten Kriegsappell der Betriebsführung" auf die neuen Bedingungen einzuschwören versucht hatte.[5] An dem Verhältnis zu Jahns änderte sich auch nichts, als Könecke im September 1942 für sich den Titel „Generaldirektor" beanspruchte und damit innerhalb des Vorstands wie auch im Aufsichtsrat kurzzeitig für einigen Wirbel gesorgt hatte. Auslöser der Forderung, seine Stellung als Primus inter pares mit dem neuen Titel stärker Ausdruck zu verleihen, waren offensichtliche Differenzen mit anderen Vorstandsmitgliedern über deren Auftreten und verschiedene Äußerungen außerhalb des Unternehmens gewesen, die Könecke als Schmälerung seiner Autorität als Betriebsführer von Continental empfunden hatte. In einem langen, leider nicht erhaltenen Brief an den Aufsichtsrat listete Könecke 16 entsprechende Vorgänge auf, die seiner Meinung nach die Verleihung des Titels Generaldirektor begründeten. „Meine Stellung als Vorsitzender des Vorstandes des größten Hauses der Branche", hieß es ergänzend in Köneckes Antrag, „[erfordert] die offizielle Berechtigung zum Führen des erwähnten Titels, um meine umfangreichen Aufgaben wirksamer als bisher erfüllen zu können."[6]

Es ist zu vermuten, dass es Könecke bei der Titularverleihung auch darum ging, sich in die Reihe der legendären Generaldirektoren von Continental nach Sigmund Seligmann und vor allem seinem Ziehvater Willy Tischbein einzurei

---

4 Vgl. die von Gauleiter Lauterbacher, vor allem aber Könecke gehaltenen Reden anlässlich des eigens zur Verleihung an Jahns abgehaltenen Betriebsappells vom 10.10.1942, bei der Könecke die besondere, enge Verbindung zwischen der Betriebsleitung und Jahns als Hauptbetriebsobmann betonte, in: CUA, 6610 Zg. 1/57, A 20.

5 Vgl. zum 1. Kriegsappell vom 12.9.1939 den Eintrag im Gefolgschaftsbuch, in: CUA, 6610 Zg. 1/57, A 20. Zum 2. Kriegsappell der Betriebsführung vgl. den Bericht in: Die Betriebs-Gemeinschaft 5 (1939), S. 2.

6 Vgl. Protokoll der Vorstandssitzung vom 3.11.1942, in: CUA, 6603 Zg. 3/85, A 3.

hen. Der Aufsichtsrat stimmte nach längeren Beratungen prinzipiell Köneckes Wunsch zu, allerdings nur unter einer Reihe von Voraussetzungen: Erstens sollte damit keine Vergrößerung der Entscheidungsbefugnisse verbunden sein und auch keine Änderung der bestehenden Unternehmensgeschäftsordnung erfolgen, zweitens müssten sich die übrigen Vorstandskollegen mit der Titelvergabe einverstanden erklären, drittens sollte – dies war ein ausdrücklicher Wunsch von Geheimrat Opel, der offensichtlich die technische Betriebsführung bei Continental gestärkt sehen wollte – Assbroicher als stellvertretender Betriebsführer auch die Kennzeichnung als „stellvertretender Generaldirektor" erhalten und viertens sollte keine Plakatierung oder großartige Bekanntmachung dieser Kennzeichnung Köneckes in der Öffentlichkeit wie innerhalb des Unternehmens erfolgen.[7] Nach einigem Hin und Her und ebenso offenen wie sachlichen Diskussionen auf einer Reihe von Vorstandssitzungen gaben die übrigen Vorstandsmitglieder tatsächlich die geforderte Zustimmungserklärung, allerdings wurde in einem Entwurf dazu auch explizit festgehalten, dass

die Mitglieder des Vorstands es zur Vermeidung noch weiterer Meinungsverschiedenheiten im Hause für dringend notwendig halten, dass Herr Dr. Könecke als der von ihnen berufene Betriebsführer in den Vorstandssitzungen über die von ihm geplante Ausrichtung der Betriebsführungsangelegenheiten dem Gesamtvorstand Kenntnis gibt. Eine diesbezügliche Abstimmung ist unerlässlich und wird in allen Gefolgschaftsfragen eine stärker betonte einheitliche Willensbildung herbeiführen.[8]

Könecke seinerseits wehrte sich vehement gegen die gleichzeitige Titelverleihung an Assbroicher – „wenn Herr Geheimrat von Opel auf dem Standpunkt steht, dass an die Spitze dieses Hauses ein Techniker gehört, dann soll der Aufsichtsrat einen Techniker an die Spitze des Hauses setzen und nicht mich" – und konnte sich damit auch nach einer entsprechenden Konzession Assbroichers durchsetzen.[9] Am 25. November 1942 verkündete der Aufsichtsratsvorsitzende Uebel dem Vorstand offiziell den Beschluss zur Berechtigung der Führung des Titels „Generaldirektor" für Könecke, den dieser dann ab Dezember auch verwendete. Köneckes Position im Unternehmen war damit trotz fehlendem formellen Machtzuwachs weiter gefestigt, dennoch war, wie sich im Frühjahr 1943 zum Glück für das Unternehmen herausstellte, das Funktionieren der

---

7 Vgl. Schreiben Uebels an Rösler vom 22.10.1942 sowie auch schon vom 12.9.1942, in: BArch R 8119 F/P 02141.
8 Notiz Franz/Fellinger vom 2.10.1942 sowie Schreiben der Vorstandsmitglieder an den Aufsichtsrat vom 6.11.1942, in: ebd.
9 Vgl. Stellungnahme Köneckes zur Frage des Stellvertretenden Generaldirektors vom 6.11.1942, in: CUA, 6603 Zg. 3/85, A 3, sowie Protokoll der Vorstandssitzung vom 25.11.1942, in: ebd.

Entscheidungsabläufe und gerade auch die Repräsentation von Continental gegenüber den Behörden und rüstungswirtschaftlichen Gremien nicht von dessen Person abhängig. Denn Könecke erkrankte wie erwähnt im April 1943 an einer akuten Herzmuskelschädigung und musste sich für vier Monate aus allen Geschäften zurückziehen und bis August einer Kur unterziehen. Könecke selbst hatte dafür gesorgt, dass die wichtigsten Aufgaben und Behördenauftritte zur „Wahrung der Hausinteressen" durch Assbroicher und Weber übernommen wurden und das Unternehmen daher keineswegs führungslos dastand.[10] Und innerhalb der Continental sorgte Hauptbetriebsobmann Jahns dafür, dass der Betrieb nicht aus dem Ruder lief und die Belegschaft weiter ihre kriegswichtigen Produktionsaufgaben erfüllte.

Jahns hatte es in der Zwischenzeit verstanden, seinen innerbetrieblichen Machtbereich sukzessive auszuweiten. Im Dezember 1940 auch zum Ratsherrn der Stadt Hannover berufen, hatte Jahns die „politische Betreuung" der Continental-Belegschaft, unter anderem durch die Etablierung eines „Politischen Stoßtrupps" der Continental im März 1940, nach und nach intensiviert und seinen direkten Draht zu Könecke, auch in den regelmäßigen Sitzungen des Vertrauensrates mit dem Betriebsführer, weiter gepflegt.[11] Gelegentlich gab es Kompetenzüberschreitungen einzelner Vertrauensratsmitglieder wie im November 1941, als Produktionsvorstand Weber sich über die „Unbotmäßigkeit eines Vertrauensmannes in der Abteilung Auto IV" beschwerte, der dort am Sonnabend „unter fälschlicher Berufung auf den Hauptbetriebsobmann die Abteilung stillgelegt hat".[12] Dennoch dachte Jahns nie an eine Art Nebenregierung innerhalb der Continental, auch wenn er durchaus einen gewissen Personenkult mit regelmäßigen Berichten in der Werkszeitung über seine schwere, opferreiche und verantwortungsvolle Arbeit für die betriebliche Ordnung im Unternehmen, die „Selbstüberwindung, Zivilcourage und revolutionäre Kraft erfordert", genoss.[13] Bei der Belegschaft war Jahns durchaus beliebt mit seiner betont unideologischen, jovialen und vor allem den Eindruck vermittelnden Art, die Unternehmensinteressen nicht irgendwelchen Parteiinteressen unterzuordnen.[14] Die Krönung für ihn war daher die im Februar 1943 von Könecke betriebene Ernennung

---

10 Vgl. Protokoll der Vorstandssitzung vom 6.5.1943, in: ebd. Vgl. auch Schreiben Köneckes an den Aufsichtsratsvorsitzenden Uebel vom 14.5.1943, in: Ordner Personalakte Könecke, Registratur Personalabteilung Continental.

11 Vgl. den Bericht „Appell des Politischen Stoßtrupps der Continental-Gummi-Werke", in: Die Betriebsgemeinschaft März 1940, S. 2.

12 Vgl. Protokoll der Vorstandssitzung vom 10.11.1941, in: CUA, 6603 Zg. 3/85, A 3.

13 Vgl. Der Betriebsobmann, in: Die Betriebsgemeinschaft Jg. 7, Nr. 2 vom April 1942, S. 9.

14 Vgl. die diversen Aussagen in Jahns Entnazifizierungsverfahren in: NLA HA Nds. 171 Hannover Nr. 20322.

zum Prokuristen und Übergabe der Leitung des Sozialbüros und damit sämtlicher sozialer Angelegenheiten bei Continental.[15] Jahns war damit auch Leiter der Pensionskasse sowie der Betriebskrankenkasse mit ihren 15 000 Mitgliedern des Unternehmens. Der rasante Aufstieg Jahns ging mit einer Degradierung Riehms einher, der Großteile seines früheren Aufgabengebiets an diesen abgeben musste. „Mit der Zeit wurde Jahns aber immer großspuriger und einflussreicher. Er verstand es, seinen Einfluss im Betrieb so zu steigern, dass er in sozialpolitischen Fragen neben dem Generaldirektor der wichtigste Mann war", notierte Riehm später rückblickend.[16]

Die Entmachtung Riehms fiel Könecke umso leichter, als gegen diesen in seiner Funktion als Arbeitszeitingenieur Vorwürfe bei der Akkorderstellung wie vor allem auch wegen angeblicher regimekritischer Äußerungen vorgebracht worden waren. Während Könecke Erstere als unbegründet erachtete, hielt er die ihm hinterbrachten politischen Äußerungen Riehms für höchst bedenklich und erteilte diesem dafür einen offiziellen strengen Verweis, verbunden mit der Auferlegung einer Bußzahlung von 500 RM zugunsten des Winterhilfswerkes und der Aufforderung, „im Interesse des Ansehens unseres Hauses solche Äußerungen [...] für die Zukunft zu unterlassen."[17] Jahns verstand es dabei offenbar, aus diesen Vorfällen insoweit Nutzen zu ziehen, dass er Riehm mit weiteren Untersuchungen und der Eröffnung eines Parteigerichtsverfahrens drohte und regelrecht erpresste, wodurch dieser, wie er später selbst formulierte, „in ein Hörigkeitsverhältnis zu dem Hauptbetriebsobmann gezwungen wurde."[18] Jahns mischte letztlich auch direkt in allen Fragen des Zwangsarbeiter-Einsatzes mit. „Die Behandlung der gesamten Ausländer-Angelegenheiten, wie Unterbringung, Verpflegung usw. untersteht jetzt dem Hauptbetriebsobmann", hieß es im Protokoll der Vertrauensratssitzung vom 16. November 1943. „Soweit der Arbeitseinsatz in Frage kommt, stimmt sich Pg. Jahns mit Herrn Garbe ab."[19] Letztlich gab es mithin eine doppelte Schiene des Managements der Ausländerbeschäftigung bei Continental – die eine verwaltungstechnischer, die andere mehr parteiamtlich-ideologischer Natur. Die spätere Äußerung des Continental-Oberlagerführers Busch, er habe sich in seiner Tätigkeit nie Garbe untergeordnet gefühlt, sondern allein Jahns gegenüber verantwortlich gesehen, zeigten symptomatisch die damaligen Gegebenheiten. Jahns, so fasste Riehm später sei-

---

15 Vgl. Protokoll der Vorstandssitzung vom 2.2.1943, in: CUA, 6603 Zg. 3/85, A 3.
16 Schreiben Riehms vom 25.7.1949 an den Entnazifizierungsausschuss, in: NLA HA Nds. 171 Hannover Nr. 20322.
17 Abschrift des Schreibens Köneckes an Riehm vom 30.4.1942, in: ebd.
18 Erklärung Riehms vom 23.7.1946, S. 3, anlässlich seines Entnazifizierungsverfahrens, in: NLA HA Nds. 171 Hannover-IDEA, Nr. 20960.
19 Protokoll der VR-Sitzung vom 16.11.1943, in: CUA, 6610 Zg. 1/57, A 20.

ne Einschätzung des Hauptbetriebsobmanns zusammen, „hatte einen enormen Einfluss in der Firma und genoss ein großes Vertrauen. Er war human, nicht aggressiv, er war eine Respektsperson in der Continental.“[20]

Letztendlich jedoch gab es die zwei Gesichter des Hauptbetriebsobmanns. Schon anlässlich seiner Beförderung, die innerhalb des Vorstands ziemlich umstritten und am Ende von Könecke geradezu durchgedrückt worden war, hatte Jahns sein Selbstbewusstsein demonstriert, als er sich mit dem vom Vorstand zugebilligten neuen Prokuristengehalt nicht einverstanden erklärte. Bei Continental mit einem einfachen Arbeitereinkommen von 3000 RM pro Jahr gestartet und inzwischen in seiner Funktion als Hauptbetriebsobmann ein aufgestockten Jahresgehalt von knapp 7000 RM erhaltend, forderte und erhielt Jahns künftig ein monatliches Gehalt von 1500 RM, was ihn zusammen mit den ihm nun zustehenden Gratifikationen für hohe Angestellte in eine ganz neue Gehaltsdimension von 22 000 RM im Jahr katapultierte.[21] Jahns Beförderung war, wie Weber auch später betonte, allein auf die Initiative Köneckes erfolgt, der dies vor den Vorstandskollegen damit begründete, dass Gauleiter Lauterbacher es über den DAF-Gauobmann Fäthe gefordert habe, wogegen allerdings ein Schreiben Köneckes an Fäthe vom 27. August 1943 spricht, in dem Argumente für die Beförderung Jahns und die damit verbundene Gehalterhöhung aufgelistet waren.[22] Continental hatte dafür auch beim Reichstreuhänder der Arbeit eigens eine Ausnahmegenehmigung vom Lohnstopp einholen müssen.[23] Nach Webers Meinung dürfte dabei die Abtragung einer gewissen Dankesschuld eine Rolle gespielt haben, da Jahns sich sehr dafür eingesetzt hatte, dass Könecke Generaldirektor geworden war; „auch sonst unterstützte Herr Jahns Herrn Direktor Könecke in all seinen Bestrebungen. Dies war auch umgekehrt der Fall.“[24]

So belegschaftsverbunden sich Jahns auch gab, so verfolgte und sanktionierte er doch offensichtlich Verhaltensweisen politisch Andersdenkender im Unternehmen. In den Akten finden sich zwei Fälle, in denen Jahns in Verhaftungen und Sanktionen gegenüber Belegschaftsmitgliedern involviert war. Bei

---

20 Aussage Riehm anlässlich der öffentlichen Sitzung des Spruchausschusses am 16.6.1950, in: NLA HA Nds. 171 Hannover, Nr. 20322.

21 Vgl. die Debatte in der Vorstandssitzung vom 6.5.1943, in: ebd. Weber und die anderen Vorstände hatten Jahns allenfalls 1200 RM zugestanden, nach Intervention Köneckes jedoch nachgegeben. Jahns konnte es sich daher auch leisten, sich während des Krieges u. a. mit Hilfe von Conti-Darlehen über 36 000 RM zwei Häuser zu bauen.

22 Vgl. Schreiben Könecke an DAF vom 27.8.1943, in: Personalakte Jahns in: Registratur Personalabteilung.

23 Vgl. ebd.

24 Aktennotiz vom 27.10.1948 über eine Vernehmung Webers vor dem Entnazifizierungsausschuss, in: NLA HA Nds. 171 Hannover Nr. 32086.

einem Angestellten sorgte er nach massiven Auseinandersetzungen für die fristlose Entlassung und eine Anzeige mit Vernehmung bei der Gestapo. Kurz darauf erfolgte auch die Einberufung des Betroffenen zur Wehrmacht. In einem anderen Fall wurde eine Continental-Arbeiterin ebenfalls der Gestapo gemeldet und wegen abfälliger Äußerungen über das NS-Regime zu einer Gefängnisstrafe von zwei Jahren verurteilt. Allerdings konnte in beiden Fällen keine direkte Beteiligung Jahns oder von ihm selbst an die Gestapo vorgenommene Meldung nachgewiesen werden.

Es gab keine systematische Bespitzelung der Belegschaft durch den Hauptbetriebsobmann, aber allein die offensichtlich zahlreichen Denunziationen von Arbeitern und Angestellten durch Belegschaftsangehörige, andere Vertrauensratsmitglieder und Betriebsobmänner, die Jahns politisch unkorrekte Äußerungen oder Arbeitsplatzabwesenheit meldeten, erforderten von diesem zumindest nach außen hin Reaktionen und Sanktionen, sei es in Form von Ermahnungen bzw. „Abkanzelungen" oder implizit und explizit geäußerte Drohungen mit der Weitermeldung an die Gestapo. Das sorgte erfolgreich für die von Jahns eingeforderte Loyalität und Disziplinierung und wahrte zugleich sein Gesicht.[25] Es spricht vieles für die Einschätzung des späteren Vorsitzenden des Entnazifizierungsausschusses, der Jahns zwei Gesichter attestierte: „Auf der einen Seite gaben Sie den Amtswaltern der Conti den Auftrag, die Arbeiter scharf anzufassen und Widerspenstige zu melden und wenn diese Arbeiter sich dann bei Ihnen beschwerten, lehnten Sie die Verantwortung darüber ab und gaben die Schuld lediglich den Amtswaltern, um sich dadurch in ein gutes Licht bei der Belegschaft setzen zu können."[26] Es gab weit skrupellosere Hauptbetriebsobleute in den deutschen Unternehmen als Jahns, die regelrechte Schreckensherrschaften ausübten.

Vor allem versuchte Jahns, außerbetriebliche NS-Stellen und Organisationen wie Gestapo und SS aus dem Unternehmensbereich herauszuhalten und Konflikte und Probleme intern zu regeln. „Es ist wirklich so gewesen", beteuerte der für die Belegschaftsangelegenheiten zuständige Prokurist Garbe, „dass Jahns auf dem Standpunkt stand, dass alle Fälle erst einmal im Werk bereinigt wurden. Wenn Fälle von Denunziationen vorkamen, hat sich Jahns immer erst mit den Abteilungsleitern in Verbindung gesetzt und hat sich die einzelnen Fälle schildern lassen. Waren die Äußerungen von nicht so schwerer Bedeutung,

---

25 Vgl. die Schilderung solcher Denunziationen durch Zeugen im Rahmen der öffentlichen Sitzung des Spruchausschusses im Fall Jahns am 16.6.1950, in: NLA HA Nds. 171 Hannover, Nr. 20322.
26 Protokoll der Spruchkammersitzung vom 28.7.1949, Anlage 6, in: ebd.

verliefen sie im Sande und wurden nicht weiter bearbeitet."[27] Jahns selbst bestritt denn auch später, irgendwelche Fälle an die Gestapo weitergemeldet zu haben. „Die Gestapo kam oft ins Werk und hat irgendwelche Gefolgschaftsmitglieder verhört. Als ich davon erfuhr, habe ich die Anweisung gegeben, die Gestapo-Beamten nicht durchzulassen. Ich wollte es unterbinden, dass die Gestapo ohne mein Wissen ins Werk kam".[28] Ein Arbeiter war etwa nach abfälligen politischen Äußerungen von den beiden Frauenschaftsleiterinnen des Unternehmens bei Jahns angezeigt worden. Nach anfänglicher Drohung mit der Meldung an die Gestapo wurde er jedoch entsprechend den Möglichkeiten der innerbetrieblichen Sanktionsmöglichkeiten mit einer Geldstrafe von 100 RM zugunsten der NS-Volkswohlfahrt belegt – was angesichts der niedrigen Löhne trotzdem noch eine empfindliche Strafe war – und der Konflikt damit intern beigelegt. Jahns erklärte in seinem Entnazifizierungsverfahren:

> Gestapo, Arbeitsamt und Treuhänder haben mich häufig eindringlich aufgefordert, von der Arbeit fern gebliebene Gefolgschaftsmitglieder für eine Verschickung in ein Arbeitserziehungslager abzuurteilen. Dieses Ansinnen habe ich stets ganz energisch abgelehnt. Darauf wurde mir eröffnet, wenn ich der Gerichtsbarkeit im Betriebe nicht stattgäbe, würde ich meines Amtes enthoben. Ich habe erwidert, man solle mich ablösen oder einsperren. Niemals gäbe ich jedoch meine Hand dazu, dass ein Gefolgschaftsmitglied im Betriebe abgeurteilt würde.[29]

Es gab später tatsächlich eine ganze Reihe von Belegschaftsmitgliedern, die Jahns in seiner Rolle entlasteten, wie etwa ein Reifen-Kontrolleur, der von Kollegen zu Jahns gebracht worden war, nachdem er im Betrieb einmal anstatt „Heil Hitler" mit „Halbe Liter" gegrüßt hatte. Jahns habe daraufhin die Vermittler-Rolle gespielt „und erklärt, dass der andere sich sicherlich verhört habe. Nachdem ich später auch die ukrainischen Jungs unter die Arme griff und ihnen von Zuhause Essen mitgebracht hatte, wurde mir damals vorgeworfen, dass ich mit Ausländern sympathisiere und dieses bei Jahns angezeigt. Auch hier hat Herr Jahns sein Bestes getan."[30] Dennoch hat Jahns auf seine Weise maßgeblich dazu beigetragen, dass und wie Continental zum NS-Musterbetrieb wurde und funktionierte. „Herr Jahns", so beschrieb es später einer der ihm untergeordneten Amtswalter, „hat von uns verlangt, dass wir die Arbeitskameraden zur Arbeit anregen und die Arbeiter, die nicht arbeiten wollten, ihm gemeldet werden

---

27 Aussage Garbe in: ebd., Anlage 7.
28 Äußerung Jahns anlässlich der öffentlichen Sitzung des Spruchausschusses am 16.6.1950, in: NLA HA Nds. 171 Hannover, Nr. 20322.
29 Erklärung Jahns vom 7.1.1947, in: ebd.
30 Zeitzeugenaussage, in: ebd., S. 7.

sollten."[31] Und womöglich gab es auch einen Prozess der schleichenden Radikalisierung von Jahns, der mit zunehmender Kriegsdauer und den sich für Continental und seine Belegschaft daraus ergebenden Folgen in seinen Funktionen und Aufgaben an die Grenzen seiner physischen wie psychischen Belastung gelangte. Im Laufe des Jahres 1944 sind jedenfalls Äußerungen des Hauptbetriebsobmanns überliefert, in denen er Betriebsangehörigen gegenüber bei Vorhaltung von diversen Verfehlungen damit drohte, dass „wenn ich Lust hätte, könnte ich in das (KZ)-Lager Ahlem kommen und dort eine Zeitlang drin bleiben."[32]

Zunächst jedoch waren Jahns wie Könecke und seine zuständigen Verwaltungsangestellten in der Personalabteilung und dem Arbeitseinsatz-Management mit dem Problem der Arbeitskräftemobilisierung vor dem Hintergrund der Heterogenisierung der Beschäftigten, hoher Fluktuation und wachsender Unsicherheit in der Personalplanung konfrontiert (vgl. Tabelle 17).

Tab. 17: Entwicklung der Belegschaftsstruktur der Continental AG 1939 und 1944

	1939	1940	1941	1942	1943	1944
Deutsche Arbeiter	9 712	10 496	9 217	7 201	7 502	6 708
Deutsche Angestellte	3 444	3 437	3 554	3 361	3 225	2 787
Männer	9 218	9 869	9 448	7 563	7 162	k. A.
Frauen	3 938	4 014	3 323	2 999	3 565	k. A.
Zwangsarbeiter	‑‑	902	2 100	4 713	5 449	4 474
davon						
Männer		746	1 477	3 311	4 014	2 779
Frauen		156	623	1 402	1 435	1 695
Gesamt	13 156	14 835	14 871	15 788	16 176	13 969

Quelle: Zusammengestellt nach den Angaben für 1944 nach der Beschäftigungsmeldung Industrie vom 7.2.1945, in: CUA, ohne Signatur.

Durch die Einberufungen zur Wehrmacht musste ein erheblicher Teil der Arbeiter abgegeben werden, wodurch das Unternehmen auch massiv Know-how und Qualifikationen verlor. Bis Januar 1943 waren es knapp 2929 „Continentäler". An ihre Stelle rückten zunächst zwangsweise dienstverpflichtete Deutsche, vor allem Frauen aus anderen, als nicht kriegswichtig eingestuften Betrieben, bis April 1940 zunächst 856 Arbeiterinnen, dann Ende 1941 insgesamt 1175 Personen, die zunächst aber erst angelernt oder umgeschult werden mussten. Die „Hannoversche Zeitung" brachte im März 1943 eine eigene Reportage über eine bei Continental dienstverpflichtete frühere Schneiderin, in der sich zwischen

---

31 Zeitzeugenaussage in: ebd.
32 Zeugenaussage in: ebd.

den Zeilen die harten und ungewohnten Arbeitsbedingungen der Akkordarbeit in der Schlauchfertigung, verbunden mit dem durchdringenden Geruch („Conti-Parfüm") erahnen lassen.[33] In der Continental-Betriebszeitung wurden die Frauen als „neue Arbeitskameradinnen" an den bisherigen Männerarbeitsplätzen vielfach gebührend gewürdigt.[34]

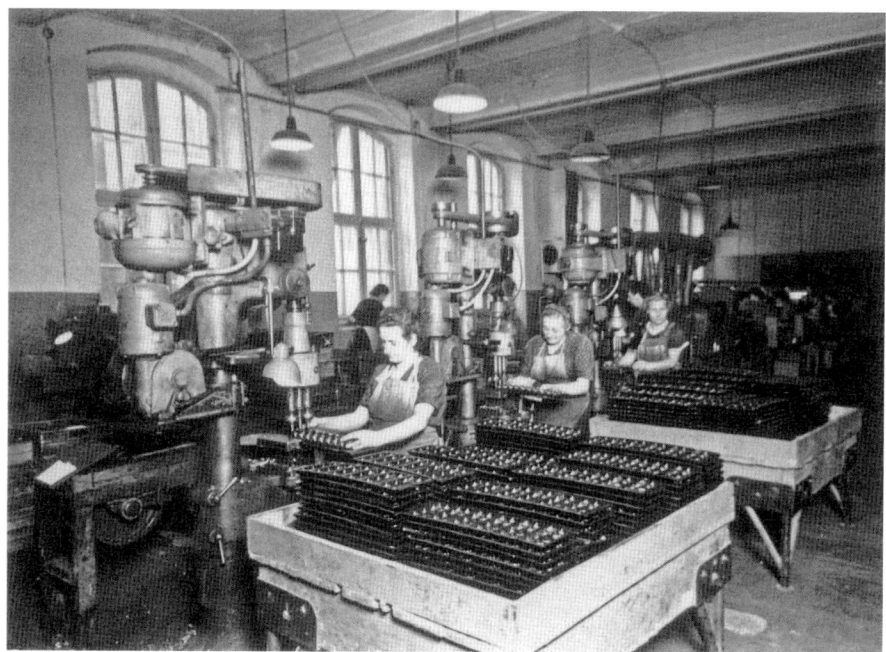

Abb. 108: Frauenarbeit bei Continental: Hier Herstellung von Absätzen

Die damit verbundenen Probleme wurden dabei jedoch verschwiegen. Fälle wie die einer jungen Arbeiterin in Frankfurt, die nach mehreren Stationen in verschiedenen Unternehmen und ebenso häufigem wie systematischem Fernbleiben von der Arbeit im August 1940 bei VDO dienstverpflichtet worden war, dort aber trotz mehrmaliger Vorladung nicht erschien und schließlich in Schutzhaft genommen, später wegen Arbeitsverweigerung zu drei Monaten Gefängnis ver-

---

33 Vgl. „Frau K. arbeitet jetzt auf der Conti", in: Hannoversche Zeitung vom 6./7.3.1943, S. 4.
34 Vgl. „Frauen am Arbeitsplatz", in: Die Betriebsgemeinschaft 1940, S. 8 f., sowie „Frauen helfen mit! Werkskameradinnen an der Arbeit", in: Die Betriebsgemeinschaft 1941, S. 5 f.

urteil wurde, waren keine Einzelfälle und passierten wohl auch in Hannover.[35] Könecke selbst äußerte sich denn auch Mitte März 1943 in der Vertrauensratssitzung ziemlich kritisch zur Eingliederung der Arbeitskräfte im Zuge des totalen Krieges, der eine neue Welle an dienstverpflichteten deutschen Frauen für die Continental gebracht hatte. Der Generaldirektor, so hieß es dazu in dem Protokoll,

> schildert die auftretenden Schwierigkeiten betreffs der neu aufzunehmenden Frauen und weist auf die Gefahren hin, die sich in Bezug auf unsere schon länger im Werk tätigen Frauen einzustellen drohen. Es ist erforderlich, den neuen Frauen klar zu machen, dass sie hier dringend kriegswichtige Arbeiten zu erledigen haben. Die bisher eingestellten 175 Frauen haben wir in schlichter Form eingeführt und sie vor allem auf die Unfallgefahren hingewiesen. Auf Grund genauer Überlegungen wollen wir zunächst 500 Frauen neu aufnehmen.[36]

An die Stelle des Rohstoffmangels war nun das alles überschattende Problem der Arbeitskräfteknappheit getreten. Bis weit in das Jahr 1940 hinein waren die Unternehmen dabei von einem schnellen Kriegsende und damit vorübergehenden Turbulenzen des Personalmanagements ausgegangen. Doch dann wurde der Mangel an Arbeitskräften und die Rekrutierung von ausländischen Arbeitskräften – bis Ende 1943 über 5000 bei Continental – zu einem sich verschärfenden Dauerproblem. Im Zuge dessen stieg nicht nur der Anteil der Fremdarbeiter, sondern auch der Frauen deutlich an. Und dazu verschob sich infolge von innerbetrieblicher Fluktuation zwischen den Werken die Verteilung der Gefolgschaft deutlich zugunsten der Zweigwerke in Limmer, Nordhafen und Korbach und weg aus dem Hauptwerk in Vahrenwald.

Trotz der zunehmenden Mechanisierung etwa in der Reifenkonfektion und Vulkanisation und dem Einsatz von Maschinen hatte die Gummiverarbeitung nach wie vor den Charakter einer personalintensiven Fertigung mit überwiegender Handarbeit behalten, und dieser Trend war durch die Umstellung auf Buna und die dabei auftretenden Produktionsprobleme mit zusätzlich erforderlichen Fertigungsschritten noch erheblich verstärkt worden. Jeder neue erhöhte Buna-Verschnittsatz erforderte mehr Arbeitskräfte und die damit auch verbundenen starken Abwandlungen von einer Reifenart auf die andere zogen umfangreiche innerbetriebliche Umschulungen nach sich, die Zeit beanspruchten.[37] Die Planabteilung Reifen hatte jedes Mal alle Hände voll zu tun, den entsprechenden

---

35 Vgl. den Fall als Form von Arbeiterwiderstand bei Sven Beckert, Bis zu diesem Punkt und nicht weiter. Arbeitsalltag während des Zweiten Weltkriegs in einer Industrieregion Offenbach-Frankfurt, Frankfurt a. M. 1990, S. 153.
36 Protokoll der Vertrauensratssitzung vom 16.3.1943, in: CUA, 6610 Zg. 1/57, A 20.
37 Vgl. etwa die Notiz der Autoreifenfabrik vom 30.7.1941, in: CUA, 6525 Zg. 1/56, A 39,2.

Personalbedarf als Ausgleich für die sinkenden Leistungsziffern zu berechnen und für Ausgleich zu sorgen. Im Januar 1941 etwa schätzte man einen Bedarf von ca. 100 bis 120 Leuten zusätzlich, vor allem Wickler für Riesen-Reifen, wobei ein Teil des Mehrbedarfs auch durch Arbeitszeitverlängerungen ausgeglichen werden konnte.[38]

Die Arbeitskräftelenkungs-Bürokratie aus Unternehmen, Arbeitsämtern, Wehrmachtstellen und Sonderausschüssen in ihrem Zusammen- und Gegeneinander-Spiel von Bedarfsmeldung, Bedarfsprüfung, angekündigten und zahlenmäßig meist abweichenden tatsächlichen Zuteilungen von Arbeitskräften, deren Ausdruck unter anderem das komplizierte „Rotzettelverfahren" war, erwies sich dabei als schwerfällig und ineffizient.[39] Bei Continental hatten die Verwaltung und vor allem die erst kurz vor Kriegsausbruch professionell organisierte Personalabteilung versucht, sich so gut es ging auf die bevorstehenden Veränderungen einzustellen. In einem erst im November 1939 ergangenen Rundschreiben an die Abteilungsdirektoren hieß es:

> Zur Wahrung einer genauen Übersicht darüber, welche unserer Arbeitskräfte bei der Mobilmachung ihre Arbeit bei uns niederlegen müssen, werden Sie gebeten, dafür Vorsorge zu treffen, dass diese Gestellungsbefehle […] der Personalabteilung, andernfalls der Abteilung ‚M', vorgelegt werden, damit sie im Falle der Mobilmachung nicht vor die Tatsache gestellt werden, unentbehrliche Arbeitskräfte abgeben zu müssen, ohne dass von zentraler Stelle aus für uns unbedingt wichtige und wertvolle Kräfte bei den Wehrbezirkskommandos reklamiert wurden. Sie werden deshalb gebeten, gleich mitzuteilen, ob der Angeforderte auch entbehrlich ist oder aber ob wir ihn schon jetzt vorsorglich reklamieren müssen.[40]

Gleichzeitig wurde ein umfangreiches innerbetriebliches Umschulungsprogramm gestartet, das mit erheblichen Fluktuationen zwischen den Abteilungen verbunden war. Auf Veranlassung von Produktionsvorstand Assbroicher, der seine Erfahrungen aus dem Ersten Weltkrieg zugrunde legte, wurden in erster Linie Frauen „mit gutem Erfolg aus den Produktionsabteilungen herangezogen für Arbeiten welche bisher ausschließlich von Facharbeitern bzw. angelernten Facharbeitern ausgeführt worden sind", wie es in einer Notiz über „Umschulung von Ersatzkräften" vom 28. November 1939 hieß.[41] So weit es ging, wurden

---

38 Vgl. Aktennotiz der Planabteilung Reifen vom 6.1.1941, in: ebd.

39 Vgl. u. a. Swantje Greve, Das „System Sauckel". Der Generalbevollmächtigte für den Arbeitseinsatz und die Arbeitskräftepolitik in der besetzten Ukraine 1942–1945, Göttingen 2019.

40 Rundschreiben vom November 1939, in: Registratur Continental, Ordner Personal der Hannoverschen Werke.

41 Vgl. CUA, 6500/1, Zg. 1/68, A 4.

auch bestimmte Arbeitsgänge so spezialisiert, dass diese nun anstelle der Fachkräfte von angelernten Frauen übernommen werden konnten.

Das Problem war allerdings auch, dass die Personalabteilung sich nicht nur mit Einziehungen zur Wehrmacht, sondern im Zuge der Kriegswirtschaft auch mit Kündigungsgesuchen von qualifizierten Facharbeitern konfrontiert sahen, die lukrativere und mit Beförderungen verbundene Stellen bei den nahe gelegenen Hermann-Göring-Werken oder der Heeresverwaltung annehmen wollten. In Abstimmung mit dem Arbeitsamt wurden daraufhin einer Reihe von Obermonteuren, Obermaschinisten und Oberheizern zu Meistern bzw. Hilfsmeistern ernannt, womit gleichzeitig die Übernahme ins Angestelltenverhältnis verbunden war. Damit konnte den Abwanderungstendenzen Einhalt geboten werden.[42] Im Januar 1941 wurden dazu erstmals auch „Grundsätze für die Behandlung von Personalangelegenheiten der Gefolgschaftsmitglieder im Lohnverhältnis" entworfen und verabschiedet.[43] Darin wurde nicht nur die Personalüberwachung unter anderem in Form von täglichen Eintragungen in Listen bei Schichtbeginn sowie im Fall von Absentismus die Meldung an Riehms Abteilung „M" geregelt, der auch die Führung der Personalakten und Arbeitsbücher oblag, sondern auch die Frage von Versetzungen und Entlassungen geregelt sowie Urlaubsregelungen und ein eigenes Formular für etwaige Lohn-Reklamationen.

In den Mittelpunkt des Personalmanagements rückte damit auch der ständige Kampf um die uk-Stellung der qualifizierten Facharbeiter- und Angestelltenschaft und der Versuch, von den Rüstungskommandos die der Reifenindustrie entzogenen Arbeitskräfte wieder zurückzuholen. Nach jeder neuen Vorgabe zur Produktionssteigerung durch die Behörden klaffte eine Lücke von hunderten Arbeitskräften in den Betrieben, die zur Erfüllung der Fertigungssolls notwendig waren.[44] Zunächst versuchte man sich dadurch zu behelfen, dass für diejenigen Abteilungen, die nicht im Drei-Schicht-System arbeiteten, die Zehn-Stunden-Schicht eingeführt wurde, damit die freiwerdenden Leute der Autoreifen-Fabrik zur Verfügung gestellt werden konnten.[45] Gleichzeitig waren die Planabteilungen geradezu verzweifelt darum bemüht, Auftragseingänge und Arbeitskräfteeinsatz zu koordinieren und zu steuern. Zusätzliche Heeresaufträge, die auch Produktionssteigerungen und zusätzliche Arbeitskräfte bedeuteten, sollten daher so weit wie möglich vermieden werden.[46] Bereits im November 1940 war aber auch eine aus Vertretern externer Behörden – allen voran Ar-

---

42 Vgl. die Notiz vom 29.10.1940, in: ebd.

43 Vgl. die 24-seitige gedruckte Broschüre in: CUA, 6600 Zg. 3/56, A 2.

44 Vgl. exemplarisch Niederschrift über die Reifensitzung beim GeBeChem am 15.10.1941 in Berlin, in: CUA, 6525 Zg. 1/56, A 39,2.

45 Vgl. Protokoll der Vorstandssitzung vom 23.2.1940, in: CUA, 6603 Zg. 3/85, A 3.

46 Vgl. Aktennotiz vom 19.2.1941, in: CUA, 6525 Zg. 1/65, A 19.

beitsamt, Rüstungskommando (RüKo), Wirtschaftskammer und DAF – zusammengesetzte Kommission zur Prüfung des Arbeitseinsatzes im Continental-Hauptwerk aufgetaucht, um die Rüstungs- und Kriegsrelevanz des Fertigungsprogramms dahingehend zu untersuchen, ob und inwieweit Personal abgegeben oder aber auch weitere Arbeitskräfte zugeteilt werden mussten.[47] Als die Aufteilung der Produktionslinien nach Dringlichkeitsstufen und die dementsprechend zugeordnete Belegschaft überprüft wurden, kam es schnell zu erheblichen Differenzen in der jeweiligen Zuordnung und Beurteilung, die der Continental-Verwaltung eigentlich erst richtig ins Bewusstsein rückten, dass künftig massive Ein- und Zugriffe von außen in die einzelnen Fertigungslinien wie die Belegschaftsgruppierungen zu erwarten waren und damit harte Kämpfe um die Arbeitskräfte bevorstanden. Mitte April 1941 sah sich Continental denn auch mit der Forderung der Arbeitseinsatzbehörden und des Rüstungskommandos konfrontiert, sofort 1500 Gefolgschaftsmitglieder zur anderweitigen Verwendung freizustellen.[48]

Das Unternehmen, obschon nach der Hanomag zweitgrößter Betrieb in Hannover, konkurrierte bei der Arbeitskräftelenkung mit einer Reihe weiterer großer Rüstungsfirmen wie den AFA-Akkumulatorenwerken oder der Maschinenfabrik Niedersachsen Hannover (MNH) um die immer knapper werdenden Fachkräfte, und die Arbeitseinsatzbehörden entwickelten dabei ihre eigenen Prioritäten. So war denn auch ein erheblicher Teil der angeforderten Continental-Beschäftigten gar nicht zur Wehrmacht, sondern an die Hanomag abzugeben. Durch massive Interventionsversuche bei den entsprechenden Behörden in Berlin und Hannover machte sich der Vorstand allerdings noch Hoffnungen, den Beschluss vom April wieder aufzuheben und in der Form abzuändern, dass man mit der Abgabe von 400 bis 500 Gefolgschaftsmitgliedern durchkommen würde.[49] Aber im Mai 1941 war die Kommission schon wieder bei Continental, um zu prüfen, ob die bislang bestehende Sperre der Entnahme technischer Angestellter aufgehoben werden konnte, was für das Unternehmen die Gefahr eines weiteren Verlustes von Expertise bedeutete. Könecke war es dann aber gelungen, das hannoversche Arbeitsamt dazu zu bewegen, dass Continental in Bälde ca. 600 Arbeitskräfte zugeteilt werden würden. Es sei ihm als auch dem Hauptbetriebsobmann Jahns die Zusicherung gegeben worden, dass jede greif-

---

47 Vgl. die Aktennotiz vom 2.11.1940, in: CUA, 6500/1, Zg. 1/68, A 4.

48 Vgl. Notiz der Personalabteilung vom 17.4.1941, in: Ordner Personal der Hannoverschen Werke.

49 Vgl. Bericht des Vorstands an den Aufsichtsrat vom 1.4.1941, in: Ordner Korrespondenz mit dem Aufsichtsrat. Tatsächlich konnte der Vorstand Anfang September 1941 dem Aufsichtsrat melden, dass die jüngsten Maßnahmen der Auskämmkommission aufgehoben waren. Vgl. Protokoll der Aufsichtsratssitzung vom 5.9.1941, in: ebd.

bare Arbeitskraft von Seiten des Arbeitsamtes zuerst der Continental überwiesen werden solle, so versicherte Könecke in der Sitzung des Vertrauensrates.[50] Man sei bisher um die Abgabe der eigenen Arbeitskräfte an andere Industrien nicht herumgekommen, lautete sein Argument für die frühere Nachgiebigkeit gegenüber den Behörden, „und es wäre auch bei dem damaligen Stand der Beschäftigung nicht ratsam gewesen, sich gegen diese Abgabe von Arbeitskräften zu stemmen".[51] Die Firma habe mit der Abgabe guten Willen gezeigt, zu helfen, daher könne man jetzt mit Konzessionen der Behörden rechnen und vermutlich in allernächster Zeit 250 bis 300 Arbeitskräfte für die Continental wieder frei bekommen.

„Durch vorsorgliche Personal-Politik und dauernde Fühlungnahme mit den Arbeitseinsatzbehörden ist es uns bisher gelungen, ernsthafte Personalschwierigkeiten abzuwenden", hieß es daher in einer internen Notiz der Personalabteilung vom 31. Juli 1941. „Bei der prekären Lage auf dem Arbeitsmarkt können wir für die Zukunft jedoch nicht mehr damit rechnen, dass uns von den Arbeitseinsatzbehörden noch irgendwelches brauchbares Personal zur Verfügung gestellt wird."[52] Alle Abteilungsdirektoren wurden daher aufgefordert, die Arbeitsvorgänge in ihren Abteilungen so weit wie irgend möglich zu vereinfachen, damit die Ausfälle keine nachteilige Wirkung auf die Produktion hatten; zudem sollten die ihnen unterstehenden Arbeitskräfte auf entsprechende Umsetzungsmöglichkeiten und die alleinige Beschäftigung mit kriegswichtigen Aufgaben hin überprüft werden.[53] Da mit der Kontrolle der uk-Stellungen der Facharbeiter gerechnet werden musste, sei es zudem unbedingt erforderlich, dass bei Versetzungen innerhalb der Abteilungen und damit verbundenen Änderungen der Tätigkeiten weiterhin die Kriterien für eine uk-Stellung erfüllt sein mussten. Die umfangreichen innerbetrieblichen Personalumschichtungen bedeuteten auch oft, dass Angestellte aus dem Verwaltungsbereich in die Betriebe versetzt wurden und dort mit Produktionsaufgaben befasst waren, was einen Wechsel in den Arbeiterstatus bedeutete. Um den Betroffenen damit jedoch keine Nachteile zu verschaffen, behielten die umgesetzten Gefolgschaftsmitglieder gehalts- wie versicherungsmäßig ihren Angestelltenstatus, was bei den Arbeiterkollegen am neuen Arbeitsplatz für Unmut sorgte.[54]

---

50 Vgl. Protokoll der Vertrauensratssitzung vom 9.7.1941, in: CUA, 6610 Zg. 1/57, A 20.
51 Ebd.
52 Vgl. Notiz vom 31.7.1941 sowie Notiz vom 12.9.1941, in. CUA, 6621 Zg. 1/2001, A 1.
53 Zu den in der Folge vorgenommenen Produktionsumstellungen vgl. exemplarisch die Aktennotiz vom 26.5.1941 des Zentralbüros Technisch-Chirurgisch, in: CUA, 6500 Zg. 1/69, A 1,1.
54 Vgl. Notiz Riehm vom 11.10.1944, in: 65910 Zg. 1/70, A 1,2, sowie auch schon Protokoll der Vertrauensratssitzung vom 26.3.1941, in: CUA, 6610 Zg. 1/57, A 20, zu der Lohn- und Gehaltsregelung.

Spätestens seit 1942 verschärfte sich die Arbeitskräftelage weiter. Die Continental-Verwaltung hatte zwar frühzeitig eine umfangreiche und laufend aktualisierte Liste von Wanderpersonalkarten der Belegschaft, farbig unterteilt nach den Kategorien Schlüsselkräfte, Fachkräfte und Ungeschützte erstellt – Ende 1942 fielen unter Erstere knapp 2000 Beschäftigte, in der zweiten Kategorie wurden 1056 aufgeführt und unter Sonstige fielen 3817 „Continentäler"[55] – aber Sicherheit, dass sich Arbeitsamt und Wehrkreiskommando daran hielten und etwa auch den für die Continental-Belegschaft geltenden Spezialbetriebsschutz respektierten, gab es nicht. Willkürliche und unvermittelte Aufhebungen von uk-Stellungen waren trotz der seit Juni 1942 erlassenen Verordnung zur Sicherung des Gefolgschaftsstandes in der Kriegswirtschaft, unter die explizit auch Continental fiel, an der Tagesordnung.[56] Von der überraschenden Aufhebung von uk-Stellungen war im Januar 1942 selbst der Aufsichtsratsvorsitzende Uebel nicht verschont geblieben, allerdings wurde nach entsprechender Intervention auch seitens Köneckes davon wieder Abstand genommen.

Bereits im Januar 1942 hatte sich für das Unternehmen die Lage insofern dramatisch zugespitzt, als Riehm und Weber von einer Anweisung des hannoverschen Wehrbezirkskommandos überrascht wurden, dass das Unternehmen über die anstehenden Einziehungen von 200 Belegschaftsmitgliedern hinaus zusätzlich 400 Beschäftigte abzugeben hatte.[57] „Einflussnahme auf Auswahl unsererseits sehr beschränkt. Infolgedessen in einer Anzahl von Fällen recht unangenehme Auswirkung (Reifenwickler, Mischer, Kalanderführer, Schlauchmacher, vereinzelt Ingenieure). Halten vorsorgliche Unterrichtung der Reichsstelle für Kautschuk und Büro Dr. Krauch über diesen Tatbestand für unumgänglich", hieß es dazu in dem von Riehm und Weber umgehend an den in Berlin weilenden Könecke geschickten Telegramm.[58] Der Abzug von 53 Reifenwicklern, rechnete Weber aus, bedeutete für das Unternehmen einen unvermittelten Rückgang der Reifenproduktion um 25 Prozent, wenn es nicht gelang, durch Gegenmaßnahmen eine Änderung der Arbeitskräfteabgabe zu erreichen. Dabei hatte die Reika gerade von Continental eine Produktions*steigerung* um 25 Prozent gefordert. Damit klaffte eine drohende Leistungslücke von 50 Prozent. In einem regelrechten Brandbrief an die Reika, an Eckell im RWM, den Chef des Heereswaffenamtes sowie General von Schell, den Generalbevollmächtigten für das Kraftfahrwesen, bat Könecke dringend darum, wenigstens die

---

55 Vgl. die Zusammenstellung vom 31.12.1942, in der das Werk Korbach nicht mit einbezogen ist, in: CUA, 6525 Zg. 1/65, A 19.
56 Vgl. den entsprechenden Bescheid des Arbeitsamtes Hannover vom 6.7.1942, in: CUA, 6525 Zg. 1/56, A 30,1.
57 Vgl. Telegramm vom 8.1.1942, in: CUA, 6525 Zg. 1/56, A 30,1.
58 Ebd.

ca. 100 Männer umfassende Gruppe der zur Einziehung vorgesehenen Reifenwickler und Mischer zu verschonen, ansonsten würden die Behörden unweigerlich mit dem Produktionsausfall, für den Continental jegliche Verantwortung ablehnte, zu rechnen haben.[59]

Einen unmittelbaren Erfolg hatte die Intervention Köneckes offenbar nicht, jedoch hatten seine Briefe dafür gesorgt, dass unter den Rüstungsproduktionsbehörden, allen voran in Speers Ministerium, eine gewisse Alarmstimmung ausgebrochen war. In einer Notiz an Assbroicher, Garbe, Riehm und Weber berichtete Könecke Mitte Juni 1942 von einem Anruf General von Schells, wonach Speer seinem Arbeitseinsatzberater Nicolai den Auftrag gegeben habe, außer dem jeweiligen sofortigen Ersatz eingezogener Arbeitskräfte der Kautschukindustrie schnellstens 1000 ausländische Arbeitskräfte zusätzlich zu geben, um damit in der Lage zu sein, das Minus gegenüber den Produktionsanforderungen zu überbrücken.[60] Könecke hielt fest:

> Bezüglich dieser Leute habe ich Schell, Nicolai und Jehle gegenüber schon vorher betont, dass davon 500 Leute uns zustehen. Ich habe allen Beteiligten zudem erneut gesagt, dass die Unterschreitungen der Produktionsanforderungen erst dann und in einem Umfang aufgeholt werden können, als zusätzliche Arbeitskräfte effektiv ins Werk kommen und als Zeit benötigt wird, um diese einigermaßen an Stelle von Fachleuten einzuarbeiten, aber auch dann bliebe immer noch ein Minus von ca. 30 bis 40 Prozent in der Leistung gegenüber deutschen Facharbeitern selbst nach Einarbeitung übrig.[61]

Im Juli 1942 konnte Könecke dem Vertrauensrat von einer gewissen Entspannung auf dem Arbeitskräftefeld berichten. Man habe alle in Frage kommenden Stellen mobilisiert und erreicht, dass Continental die höchste Dringlichkeitsstufe erhalten habe, „dass von unseren Männern möglichst wenig zum Heeresdienst einberufen werden und dass wir mit bevorzugter Einstellung weiterer ausländischer Arbeitskräfte rechnen können."[62] Die innerbetriebliche wie gesamtbetriebliche Fluktuation war nach wie vor erheblich. Die Personalstelle der Autoreifen-Abteilung verzeichnete im ersten Quartal 1942 176 Abgänge und 175 Zugänge, was bei insgesamt 1519 dort Beschäftigten eine Fluktuationsquote von 23 Prozent bedeutete.[63] Zugleich hatte man, um die weiter drohenden Einziehungen von Belegschaftsmitgliedern durch die Wehrmachtstellen besser steuern zu können, eine interne eigene Kommission, bestehend aus Garbe,

---

59 Vgl. Schreiben vom 10.1.1942 in: ebd., sowie Schreiben vom 21.1.1942, in: CUA, 6525 Zg. 1/56, A 30,2.
60 Vgl. Notiz Könecke vom 10.6.1942, in: CUA, 6525 Zg. 1/56, A 30,2.
61 Ebd.
62 Protokoll der Vertrauensratssitzung vom 3.7.1942, in: CUA, 6610 Zg. 1/57, A 20.
63 Vgl. Notiz vom 26.3.1942, in: CUA, 6525 Zg. 1/65, A 1,1.

Riehm und Asbahr – interessanterweise ohne Jahns – gebildet, die sich mit allen Fragen der Freimachung und Umsetzung von Arbeitskräften befasste und gleichsam in einer internen Auskämmaktion in den verschiedenen Abteilungen des Unternehmens entsprechende Einsparpotenziale an Arbeitskräften zu identifizieren suchte.[64]

Knapp ein Jahr später, im März 1943, wurde eine weitere konzerninterne Kommission mit Bezug auf die uk-Stellungen eingesetzt, der diesmal neben Garbe und Riehm auch Jahns angehörte. Sie entschied allein darüber, ob eine Kern- bzw. Spitzenkraft unbedingt zu behalten war oder nicht.[65] Eine größere Machtbefugnis und Entscheidungsgewalt über das Schicksal der einzelnen männlichen Continental-Beschäftigten gab es zu diesem Zeitpunkt eigentlich nicht.[66] Aufgabe der Kommission war es zudem, für die noch einzuberufenden uk-Gestellten rechtzeitig Ersatz heranzuschaffen bzw. dafür zu sorgen, dass genügend Kräfte umgeschult wurden.

Seit Frühjahr 1943 verschlechterten sich die Bedingungen des Arbeitskräfteeinsatzes wieder. Sowohl durch die Einziehungen zur Wehrmacht als auch die Mobilmachung neuer Arbeitskräfte infolge der verschärften Gesetzlage wurden abermals massive Lücken in den Kreis der bislang verschonten Jahrgänge der Continental-Arbeiter sowie Meister und Vorarbeiter gerissen. Prekär für Continental war dabei, dass sich nun auch immer stärker die lokalen und regionalen Wehrmachts- und Parteistellen einmischten und das Unternehmen dabei ins Visier des Gauleiters geriet. Mitte Juni 1943 erhielt das Rüstungskommando Hannover Kenntnis von angeblichen Verzögerungen der Einberufungen von Gefolgschaftsmitgliedern der Continental, was von der Gauleitung sofort an Goebbels und Generalfeldmarschall Keitel gemeldet wurden.[67] Erst nach mehrmaligen Besprechungen zwischen Gauleitung, Rüstungskommando und Continental konn-

---

64 Vgl. u. a. den ersten Bericht der Kommission vom 23.4.1942 über die Auskämmung im Bereich „Verkauf", in: Ordner Personal der Hannoverschen Betriebe.

65 Vgl. Protokoll der Vertrauensratssitzung vom 16.3.1943, in: CUA, 6610 Zg. 1/57, A 20.

66 Das genaue Procedere sah so aus, dass die Prüfung, ob ein Gefolgschaftsmitglied uk gestellt wurde, vom zuständigen Abteilungsleiter vorgenommen wurde und bejahendenfalls zu begründen war. Die Stellungnahme des Abteilungsleiters wurde dann von der Kommission geprüft. Sofern dabei kein Einvernehmen erzielt wurde, entschied der Betriebsführer, also Könecke selbst, oder sein Stellvertreter Assbroicher. Vgl. Protokoll der Vorstandssitzung vom 24.6.1943, in: CUA, 6603, Zg. 3/85, A 3, und eine Beschwerde Riehms bei der NSDAP-Kreisleitung Burgdorf über die Einberufung eines uk-gestellten Continental-Arbeiters. Auf Nachfrage stellte sich heraus, dass „dieses Gefolgschaftsmitglied auf Anordnung des politischen Beauftragten Pg. Jahns nach Vortrag stichhaltiger Gründe in der Kommission der Wehrmacht zur Einziehung aufgegeben wurde". Vgl. Notiz vom 20.5.1944, in: Personalakte Riehm, Registratur Personalabteilung.

67 Vgl. Kriegstagebuch des RüKo Hannover vom 11.6.1943, in: BArch RW 21-27/3.

ten die Differenzen ausgeräumt werden. Doch Ende 1943 sorgte ein neuer Vorstoß von Gauleiter Lauterbacher für Wirbel. Diesmal forderte er im Zuge der allgemeinen Bemühungen der NS-Stellen zur Reduzierung von Vorstandsmitgliedern bei großen Aktiengesellschaften auch von Könecke entsprechende Maßnahmen und die Entlassung von Ernst Fellinger, den er als Verkaufs- und „Reisedirektor" für überflüssig hielt, aber auch von Technikvorstand Assbroicher, des dienstältesten Continental-Vorstands.[68] „Wir stehen vor der Einberufung von weiteren 1730 Männern zur Wehrmacht", hatte es schon im Februar 1943 alarmierend in einer internen Notiz geheißen.[69] Als Ausgleich blieben nur die schon vielfach ausgeschöpften Gegenmaßnahmen wie innerbetrieblicher Ausgleich, die Weiterbeschäftigung von Mitarbeitern über das 65. Lebensjahr hinaus, weitere dienstverpflichtete deutsche Männer und Frauen aus anderen Betrieben und Verwaltungsstellen sowie von sogenannten Rüstungsurlaubern, aber nicht zuletzt vor allem der Einsatz von Ausländern.

2 Freiwillige, Leiharbeiter, Kriegsgefangene, Zwangsarbeiter und KZ-Häftlinge: Die Vielfalt des Ausländereinsatzes

Die Rekrutierung und der Arbeitseinsatz von Fremdarbeitern war durch eine Vielzahl von unterschiedlichen Arbeitsverhältnissen gekennzeichnet, deren Umfang und Charakter im Laufe der Zeit erheblichen Dynamiken und Veränderungen unterworfen war, vor allem auch hinsichtlich der Freiheits- bzw. Zwangsgrade.[70] Für Continental lässt sich dieser Prozess ganz gut nachzeichnen, er steht nachgerade repräsentativ für die ähnlichen Entwicklungen in vielen anderen Großunternehmen. Über die Begrifflichkeiten und Kategorisierungen soll dabei, obschon es darüber nach wie vor Diskussionen gibt, nicht weiter reflektiert werden.[71] Auch das System des Zwangsarbeitereinsatzes im NS-Re-

---

68 Vgl. zu dieser Episode Schreiben Fellinger an Assbroicher vom 23.1.1948, in: NLA HA Nds. 171 Hannover Nr. 17522, Erläuterungen Assbroichers zu seinem Fragebogen in seinem Entnazifizierungsverfahren und Briefwechsel Assbroicher mit Könecke zu diesem Vorfall vom 20.6.1947, in: ebd.
69 Vgl. Notiz Assbroichers vom 16.2.1943, in: CUA, 6525 Zg. 1/65, A 19.
70 Vgl. Spoerer, Zwangsarbeit, S. 10 ff.
71 Vgl. ebd., S. 16 f., wo die drei Hauptkategorien Zwangsarbeiter, Kriegsgefangene und KZ-Häftlinge in vier Schicksalsgruppierungen unterteilt werden: „freiwillige ausländische Zivilarbeiter", d. h. vor allem Arbeitskräfte aus verbündeten Ländern wie Italien, Bulgarien und Kroatien, „Zwangsarbeiter mit Einfluss auf ihre Existenzbedingungen", d. h. Arbeitskräfte aus den besetzten westeuropäischen Ländern, etwa Belgien, Frankreich und die Niederlande, „Zwangsarbeiter ohne Einfluss auf die Existenzbedingungen", d. h. Arbeiter aus Polen, Russland und der Ukraine sowie italienische Kriegsgefangene, und schließlich Zwangsarbeiter ohne jeglichen

gime und die darin involvierten zahlreichen staatlichen, militärischen, kommunalen und parteiamtlichen Behörden, Organisationen und Verwaltungen sollen hier nicht näher beschrieben, sondern auf die bestehende Forschungsliteratur verwiesen werden.[72] Der Prozess des Fremd- und Zwangsarbeitereinsatzes erschließt sich auch aus der Perspektive eines einzelnen Großunternehmens wie der Continental hinreichend und anschaulich.[73]

Die Zahlen zeigen zum einen die erhebliche Dynamik des Zwangsarbeitereinsatzes in dem Unternehmen, von einigen hundert im Jahr 1940 bis knapp 5500 zum Jahresende 1943, ehe dann zunächst ein deutlicher Rückgang einsetzte, dem jedoch innerhalb des Jahres 1944 unter deutlichen Schwankungen ein erneuter Anstieg – insbesondere der KZ-Häftlinge und Kriegsgefangenen, während der Anteil der übrigen Zwangsarbeiter weiter zurückging – folgte. Für März 1945 verzeichnete die Continental-Verwaltung immer noch 3700 Ausländer in ihren Werken (vgl. Tabelle 18). Dynamisch entwickelte sich dabei vor allem der Anteil der ausländischen Frauen, die 1940 zunächst nur etwas über 150 Arbeitskräfte stellten, deren Zahl dann aber rasch auf über 1400 anstiegen. In den Zahlen kommt auch nicht die erhebliche Fluktuation infolge der unterschiedlichen Wellen des Fremdarbeitereinsatzes zum Ausdruck. Innerhalb eines Jahres wurden zahlreiche Zwangsarbeiter zu anderen Betrieben versetzt, viele kamen

---

Einfluss auf ihre Existenzbedingungen, im englischen Sprachgebrauch oft auch als *slave labourer* bezeichnet, d. h. sowjetische Kriegsgefangene, KZ-Häftlinge, aber auch Häftlinge aus AEL. Vgl. Marc Buggeln, Unfreie Arbeit im Nationalsozialismus. Begrifflichkeiten und Vergleichsaspekte zu den Arbeitsbedingungen im Deutschen Reich und in den besetzten Ländern, in: Wildt/Buggeln (Hrsg.), Arbeit im Nationalsozialismus, S. 231–252, sowie die Debatte auf der Berliner Konferenz vom Dezember 2015 über „Die Ordnung unfreier Arbeit im Europa des Zweiten Weltkriegs", in: H-Soz-Kult, 18.01.2016, www.hsozkult.de/conferencereport/id/tagungsberichte-6331. Im Folgenden werden die Begriffe Zwangsarbeiter, ausländische Arbeitskräfte, Zivilarbeiter und Fremdarbeiter synonym gebraucht, ohne dass damit eine unterschiedliche Bewertung verbunden wird und etwa der letztlich doch bestehende Zwangscharakter des Arbeitsverhältnisses irgendwie relativiert werden soll.

72 Vgl. etwa Friederike Littmann, Ausländische Zwangsarbeiter in der Hamburger Kriegswirtschaft 1939–1945, Hamburg 2006, insb. S. 73 ff.; Schumann, Kooperation und Effizienz; Greve, Das „System Sauckel".

73 Die bisherige Forschung zu Zwangsarbeit in Hannover hat sich fast ausschließlich mit dem Einsatz von KZ-Häftlingen und den Bedingungen in den jeweiligen Lagern befasst, wenig jedoch mit dem Arbeitseinsatz in den Betrieben und den anderen Formen des „normalen" Zwangsarbeitereinsatzes. Vgl. Rainer Fröbe u. a. (Hrsg.), Konzentrationslager in Hannover. KZ-Arbeit und Rüstungsindustrie in der Spätphase des Zweiten Weltkriegs, Teil I, Hildesheim 1985; Anschütz/Heike, Feinde im eigenen Land; dies., „Wir wollten Gefühle sichtbar werden lassen." Bürger gestalten ein Mahnmal für das KZ Ahlem, Bremen 2004, sowie dies., Man hörte auf, ein Mensch zu sein. Überlebende aus den Frauen-Konzentrationslagern in Langenhagen und Limmer berichten, Hamburg 2003.

aus dem Urlaub nicht mehr zurück oder flohen und wurden durch neue ersetzt. Und zahlreiche französische und italienische Kriegsgefangene wechselten 1943/ 44 ihren Status und wurden in zivile Zwangsarbeiterverhältnisse überführt.

Tab. 18: Zwangsarbeitereinsatz bei Continental 1940 bis 1944

Jahr	Gesamt	Ausländer	Kriegsgefangene	KZ-Häftlinge
1940	902	902 (746 Männer; 156 Frauen)	---	---
1941	2100	2051 (1428 Männer; 623 Frauen)	49	---
1942	4713	4200 (2798 Männer; 1402 Frauen)	513	---
1943	4546 Zum Jahresende: 5449	4564 (3111 Männer; 1435 Frauen)	576 (IMI)	---
1944	3242 (31.4.) 4474 (31.12.)	3859 (2655 Männer; 1204 Frauen)	1106 (31.3.) 279 (31.10.)	1184 (31.10.) Ca. 500 (31.12.)
März 1945	3702			

Quelle: Zusammengestellt und berechnet nach: Statistik der Continental, CUA, 6633 versch. Zg. A 3 und A 4, sowie Aufsichtsrats-Unterlagen für 1944.[74]

Die Tabelle gibt auch nicht den gesamten Umfang des Zwangsarbeitereinsatzes bei Continental mit seinen Werken in Vahrenwald, Limmer, Korbach und Nordhafen wieder, wobei auch eine Aufschlüsselung auf die einzelnen Werke nicht möglich ist, da sich der jeweilige Stand vermutlich allein aufgrund der häufig

---

74 Die einzelnen Zahlenangaben schwanken und differieren zum Teil in den unterschiedlichen Quellen, etwa der formalen Statistik und den laufenden Berichten des Vorstands an den Aufsichtsrat. Diesem berichtete der Vorstand etwa am 15.1. 1943 von einer Zahl der ausländischen Gefolgschaftsmitglieder von 3285 sowie 380 beschäftigten (Kriegs-)Gefangenen. Vgl. Brief an den Aufsichtsrat vom 15.1.1943, in: Ordner Korrespondenz mit dem Aufsichtsrat. In einem Schreiben der Continental-Verwaltung an die Stadt Hannover vom 13.4.1949 wurden für Ende 1940 erst 250 Ausländer angegeben, dann für Juni 1943 insgesamt 3423 Personen, im Oktober 1944 4367 Zwangsarbeiter und im März 1945 wie erwähnt immer noch 3702 ausländische Arbeiter. Vgl. das Schreiben vom 13.4.1949, in: Registratur Rechtsabteilung, Aktenkonvolut Nr. 1421/1422, sowie auch CUA, Sammlung Grabe.

wechselnden Arbeitseinsatzbereiche von einem zum anderen Werk einer genauen statistischen Erfassung entzieht. Für August 1941 lässt allein eine Übersicht über die errichteten Wohnbaracken bei den jeweiligen Werken und deren Belegungskapazitäten einen gewissen Rückschluss auf die Verteilung zu. Demnach waren im Hauptwerk Hannover-Vahrenwald 1548 Zwangsarbeiter eingesetzt, im Werk Limmer 288, in Nordhafen 684 sowie in Korbach erst 240 Ausländer.[75] Diese Konstellationen änderten sich jedoch im Laufe der kommenden Monate grundlegend, in Korbach betrug der Anteil der deutschen Arbeiter und Angestellten später nur noch 49 Prozent, in Nordhafen, wo nur eine Handvoll deutscher Meister und Vorarbeiter tätig war, vermutlich sogar unter 10 Prozent und damit der Zwangsarbeitereinsatz an die 90 Prozent der insgesamt im Werk Arbeitenden.

Nicht in den Zahlen enthalten sind auch die Beschäftigten in der Zweigfabrik in Posen, die aufgrund der damaligen territorialen Zugehörigkeit zum Reich auch als normales Continental-Werk angesehen wurde und wo knapp 1000 polnischen Beschäftigten nur eine Handvoll deutscher Meister sowie die Werkleitung gegenüberstanden.[76] Ebenso nicht enthalten sind die eingesetzten Arbeiter in den gepachteten Auslandswerken in Holland und Belgien, deren Zwangscharakter beim Arbeitseinsatz unstrittig ist. Zudem muss man mittelbar auch die zu erheblichem Teil für Continental produzierenden Beschäftigten in den „Betreuungsfabriken" in Dänemark und Frankreich (deren Zahl aber nicht bekannt ist, etwa 1000 Arbeiter und Angestellte) hinzurechnen, und genau genommen gehörten auch die Arbeiter dazu, die in den Beteiligungswerken der Continental wie der Gasma (Prag) und Guma (Oranienburg) sowie in den Gasrußwerken eingesetzt waren, sowie nicht zuletzt die Häftlinge der Schuhprüfstrecke im KZ Sachsenhausen und die Bau-KZ-Häftlinge im Zuge der Untertageverlagerungen in Ahlem. Von der Zwangsarbeit all dieser Menschen hat Continental profitiert oder war anderweitig direkt oder indirekt in deren Einsatz involviert. Insgesamt mögen es daher tatsächlich etwa 10 000 Zwangsarbeiter gewesen sein, die kurzzeitig oder länger, direkt oder indirekt bei und für Continental beschäftigt waren, wie es auch schon in einer internen Notiz 1956 gestanden hatte, die dann aber als übertrieben verworfen wurde.[77]

Die ersten ausländischen Arbeitskräfte kamen im April 1940 nach Hannover, angeworben – ob vom örtlichen Arbeitsamt oder vom Unternehmen selbst,

---

75 Vgl. die Baracken-Übersicht (jede Baracke war für 144 Mann ausgelegt) in: CUA, 6100 Zg. 1/69, A 2,2.
76 Vgl. dazu genauer in Kapitel V.
77 Vgl. Notiz vom 7.2.1956 betr. Rückstellungen für Ansprüche von ehemaligen KZ-Häftlingen, in: Registratur Rechtsabteilung, Aktenkonvolut Nr. 1421/1422.

ist unklar – aus der verbündeten Slowakei. Könecke schrieb in seinem Bericht an den Aufsichtsrat:

> Die Beschaffung geeigneter Arbeitskräfte ist unsere stete Sorge. Wir haben in letzter Zeit auf ausländische Arbeiter (Slowaken) zurückgreifen müssen und werden das neuerdings ebenfalls wieder tun (Italiener, Slowaken, Holländer). Die Unterbringung und Versorgungsfrage fremder ausländischer Arbeitskräfte bereitet gewisse Schwierigkeiten und ist mit besonderen Geldausgaben verbunden. Wir müssen aber auf diesem Gebiet alles tun, um unsere Anlagen den Bedürfnissen entsprechend weitgehend auszunutzen und um unsere Position halten zu können.[78]

Zur Betreuung der Lager wurde erstmals die Position eines Lagerführers geschaffen. Wie viele Slowaken beschäftigt wurden, ist nicht klar. Ende 1943 verzeichnete die interne Statistik nur 24 Landsleute, es ist aber zu vermuten, dass bis dahin bereits wieder eine erhebliche Anzahl von ihnen in die Heimat zurückgekehrt war. In Hannover bemühten sich Könecke und Jahns jedenfalls anfangs sehr um das Wohlergehen der neuen Gefolgschaftsmitglieder, Mitte November 1941 sollte auch der slowakische Gesandte in Deutschland seinen Landsleuten bei der Continental einen offiziellen Besuch abstatten, der in Anwesenheit von Gauleiter Lauterbacher mit großem propagandistischem Aufwand inszeniert wurde.[79] Die slowakischen Arbeitskräfte tauchen in den Quellen später nur noch zwei Mal auf: einmal im Zusammenhang mit dem Transfer ihres Lohns nach Hause und einem dabei gegen einen der Beschäftigten von der Devisenbehörde eingeleiteten Verfahrens, da dieser anstelle der erlaubten 70 RM tatsächlich 100 RM an seine Frau geschickt hatte[80]; zum anderen hatte es im Oktober 1941 einen Vorfall gegeben, in dem der in der Mechanischen Werkstatt als Formenschlosser beschäftigte B. nach wiederholten Lohnforderungen und wegen schlechter Arbeitsleistungen mehrmals versetzt worden war und einen Streit mit tätlichen Angriffen auf seinen deutschen Arbeitskollegen und auch den hinzueilenden Meister vom Zaun gebrochen hatte.[81]

---

78 Schreiben Köneckes an den Aufsichtsrat vom 13.6.1940, in: Ordner Anlagen zu den Aufsichtsratsprotokollen.

79 Vgl. „Im Zeichen guter Kameradschaft", in: Niedersächsischer Anzeiger vom 17.11.1941, Kopie in: CUA, 6610 Zg. 1/57, A 20. Darin auch die Reden von Lauterbacher, dem Gesandten Cernak und Jahns.

80 Vgl. NLA HA Hann. 210 Acc. 2004/059 Nr. 50, sowie eine Reihe von Überweisungsbelegen slowakischer Arbeiter für die Zeit zwischen 1941 und 1945, in: CUA, 65910 Zg. 1/70, A 9.

81 Vgl. Schreiben an den für den Arbeitseinsatz zuständigen Prokuristen Garbe vom 23.10.1941, in: CUA, 6500/1, Zg. 1/68, A 4. Der Betroffene wurde in dem Schreiben zwar als Kalmück (d. h. aus einem Teil der Sowjetunion stammend) bezeichnet, aber gleichzeitig explizit als Gefolgschaftsmitglied angesprochen und trug vor allem mit der Stammnummer 31148

Abb. 109 u. 110: Einweisung italienischer „Jungfaschisten" als Arbeitskräfte durch Hauptbetriebsobmann Jahns

Der nächste Zustrom von ausländischen Arbeitskräften bei Continental lässt sich für Oktober 1940 nachweisen, als – gleichfalls mit einigem Propagandaaufwand begleitet – 144 „Jungfaschisten" aus Italien nach Hannover kamen, von dem entgegengereisten Hauptbetriebsobmann Jahns ab der deutschen Grenze im Zug nach Hannover begleitet und als vollwertige neue Kräfte der Continental-Betriebsgemeinschaft begrüßt. Der Werkzeitung war dies denn auch einen eigenen Bericht mit Fotos von der Registrierung und dem Anlernen mit Hilfe von Dolmetschern wert.[82] Von der anfänglichen Begeisterung über die neuen Arbeitskräfte war jedoch schon wenig später nicht viel übrig. Im November 1941 beschwerte sich ein Abteilungsleiter aus Limmer bei Jahns massiv über die mangelnde Arbeitsbereitschaft der zugewiesenen Italiener. Trotz der besonderen Unterstützung seitens der Betriebsleitung und der Meister bei der Einführung in ihre Arbeitsgebiete hätten mit Ausnahme von zwei Fällen „diese jungen Leute absolut keine Neigung zur Arbeit. Die dauernden Ermahnungen, die durch die schlechte Verständigung natürlich sehr erschwert werden, sind erfolglos. Die jungen Leute geben an, dass ihnen eine Stellung zu höheren Verdiensten in Deutschland angeboten ist und dass sie deswegen kein Interesse zur Arbeit hätten."[83] Der Abteilungsleiter listete namentlich acht Italiener auf, die allerdings tatsächlich erst zwischen 16 und 18 Jahre alt waren und die er wegen völlig fehlender handwerklicher Fähigkeiten umgehend loswerden wollte.

Inzwischen waren weitere ausländische Arbeitskräfte angeworben worden. Im Juli 1941 berichtete Könecke bei der Diskussion um die Arbeitseinsatzlage

---

eine den Slowaken zugeordnete Erfassung. Die Stammnummern für Zwangsarbeiter begannen erst ab 51 000.

82 Vgl. „Italienische Werkskameraden", in: Die Betriebsgemeinschaft 3 (1940), S. 4.
83 Schreiben vom 20.11.1941, in: CUA, 6500/1, Zg. 1/68, A 4.

auf der Vertrauensratssitzung, dass er sich angesichts der bestehenden Lücke „auch nach ausländischen Kräften aus Belgien und Kroatien umgesehen" habe und die entsprechenden Verhandlungen seien soweit gediehen, dass mit deren Ankunft in den nächsten Tagen zu rechnen sei.[84] Neben der Wohnbaracke mit den Italienern wurde im Werk Limmer nun eine zweite Baracke für weitere 144 Ausländer, diesmal Belgierinnen und Französinnen, aufgestellt, in Nordhafen und Korbach wurden im Laufe des Jahres 1941 zudem slowakische und spanische Gefolgschaftsmitglieder eingesetzt, dazu auch Dänen, Litauer und Holländer. „Die intensiven Bemühungen, weitere Arbeitskräfte heranzuholen – besonders Ausländer – gehen weiter", hieß es in einem Bericht des Vorstands an den Aufsichtsrat Anfang September 1941.[85]

Einen Kern der teils selbst neu angeworbenen, teils vom Arbeitsamt zugeteilten ausländischen Arbeitskräfte bildeten dabei zunächst 67, dann 75 hochqualifizierte Facharbeiter – Mauerer, Schlosser, Schweißer, Elektriker und Dreher – die Garbe im Juli 1941 in Brüssel von der dortigen Leiharbeiterfirma van Damme angeheuert hatte. Der belgische Handwerker-Trupp wurde vor allem für die Montage von Maschinen für die Buna-Verarbeitung eingesetzt und sollte bis Kriegsende in allen Continental-Werke entsprechend unterwegs sein. Der Vertrag mit der Leihfirma, der zunächst nur für die Dauer von drei Monaten galt, sah vor, dass je geleisteter Arbeitsstunde zwischen 1,35 und 1,80 RM, für die beiden Chefmonteure 2,10 RM, gezahlt wurden, dazu kamen 4,50 RM pro Tag für die Chefmonteure bzw. 3,50 RM für alle übrigen Handwerker, die als Auslösung gezahlt wurden.[86] Das waren über den Tariflohnsätzen der deutschen Arbeiter liegende Vergütungen, auch unter Einrechnung von Akkordzuschlägen. Garbe und die Arbeitseinsatzingenieure von Continental waren über die gelungene Rekrutierungsmaßnahme umso erleichterter, als die gleichzeitig ebenfalls in Brüssel betriebenen Bemühungen zur Anwerbung von 150 ungelernten Arbeitern gescheitert waren. Garbe notierte Anfang August 1941:

> Es ist heute sehr schwer, in Belgien Leute für uns zu werben. Der Eintritt Russlands in den Krieg, die englischen Luftangriffe auf die flandrische Küste und deutsche Städte sind Gründe für die geschwundene Bereitwilligkeit [...] Trotzdem werde ich unseren Antrag auf Gestellung von 150 Leuten nicht zurückziehen. Die Herren des Arbeitseinsatzes in Brüssel wollen uns nach besten Kräften unterstützen, ohne uns aber bestimmte Aussichten machen zu können.[87]

---

84 Protokoll der Vertrauensratssitzung vom 9.7.1941, in: CUA, 6610 Zg. 1/57, A 20.
85 Protokoll der Aufsichtsratssitzung vom 5.9.1941, S. 4, in: Ordner Anlagen zu den Aufsichtsratsprotokollen.
86 Vgl. den Vertrag vom 31.7.1941, in: CUA, 6500/1, Zg. 1/68, A 4.
87 Aktennotiz Garbe vom 4.8.1941, in: CUA, 6525 Zg. 1/56, A 22,2.

Für Unterbringung und Verpflegung der van-Damme-Leute war Continental zuständig. Diese Arbeiter sollten bis zu 60 Stunden in der Woche arbeiten, für Mehrarbeit über 48 Stunden sowie Arbeit an Sonn- und Feiertagen gab es dabei einen Zuschlag von 25 bzw. 50 Prozent. Arbeits- wie versicherungsrechtlich galten für die Belgier dieselben Verordnungen wie für die deutschen Arbeitskräfte. Wie die Deutschen bekamen die Belgier auch Trennungsgeld und hatten entsprechende Urlaubsansprüche, später gab es auch Arbeitsausfallvergütungen bei Fliegeralarm. Bereits im August 1941 nahm die belgische Handwerker-Kolonne unter Führung eines eigenen Lagerführers und Vorarbeiters die Montagearbeiten in der Autoreifenfabrik im Werk Nordhafen auf.[88] Aus Sicherheitsgründen durften sie jedoch nur an den Stellen beschäftigt werden, an denen noch keine Fertigprodukte hergestellt wurden.

Als die erste Vertragsverlängerung im November 1941 anstand, sah sich die Arbeitskräfteverwaltung von Continental jedoch damit konfrontiert, dass die belgische Leihfirma die Vertragsverlängerung unvermittelt ablehnte, „weil die belgischen Arbeiter auf dem Werk Nordhafen nicht gerecht behandelt werden".[89] Hektisch lud Garbe daraufhin 23 Belgier in sein Büro und die Befragung ergab tatsächlich eine Reihe von Beschwerden. Im Mittelpunkt standen dabei die Verpflegung und offensichtliche Beleidigungen der in der Kantine in Nordhafen eingesetzten deutschen Frauen, die etwa auch „das Herausgeben von zusätzlichem Essen von der Mitbringung von Strümpfen und Schokolade abhängig machten."[90] Über die Arbeitsbedingungen selbst und die Zusammenarbeit mit den deutschen Meistern und Vorarbeitern gab es keinerlei Klagen, diese beschwerten sich ihrerseits allerdings vor allem über den belgischen Lagerführer, der mit der Wohnbetreuung der Landsleute überfordert schien, zumal es offenbar auch zwischen dieses als Flamen und Wallonen Konflikte gab. Garbe schlug daher nicht nur den Zukauf von Salat, Gemüse und Kartoffeln, sondern auch die Einrichtung „ablenkender Maßnahmen" wie Lagerabende und Musikdarbietungen vor. Schließlich kam dann doch noch eine Verlängerung des Vertrags mit der belgischen Leihfirma zustande, mit einer weiteren Verlängerung im April 1942.[91] Der Lagerführer wurde jedoch ausgewechselt und die Größe der Kolonne auf 43 Handwerker verringert. Chefmonteur und auch neuer Lagerführer in der im Ausländerlager Stöcken untergebrachten Belgier wurde der 37-jährige Joseph Chapelle.[92] Kleinere Konflikte gab es dabei nach wie vor, sei es,

---

88 Vgl. Arbeitsverteilung der ausländischen belgischen Handwerker vom 11.8.1941, in: ebd.
89 Notiz vom 24.10.1941, in: ebd.
90 Vgl. Notiz über die Befragung der Belgier vom 24.10.1941, in: ebd.
91 Vgl. den Vertrag in: 65910 Zg. 1/70, A 7.
92 Vgl. die Liste mit Namen, Geburtsdatum, Alter, Einstellungsdatum, Lohn und Beschäftigungsfunktion der Belgier vom 1.4.1942, in: ebd.

dass sich einzelne belgische Handwerker und auch die Leihfirma van Damme über falsche Lohnberechnungen und fehlende Überstundenbezahlung beschwerten sowie auch die Bezahlung von Arbeitspausen verlangten oder dass von den deutschen Abteilungsmeistern unentschuldigtes Fehlen moniert wurde – insbesondere vor längeren Feiertagen waren einige Belgier vorzeitig und ohne sich abzumelden nach Hause gereist.[93] Nach erneuter halbjähriger Arbeit bei Continental war der Vertrag im Januar 1943 zunächst abgelaufen, die Handwerker reisten auf Continental-Kosten wieder zurück nach Brüssel, um dann nach Aushandlung eines neuen Vertrages zum Juli 1943 wieder in Hannover einzutreffen. In der Folgezeit kam es dann öfter vor, dass der eine oder anderer Handwerker auf Verlangen der Leihfirma oder auch auf eigenen Wunsch nach Belgien zurückbeordert wurde und „ohne weiteres aus unseren Diensten ausscheidet", wie es in einer Notiz des Ausländer-Personalbüros vom 26. Mai 1944 hieß.[94]

Im Lauf des Jahres 1942 erfolgte eine neue große Welle des Zwangsarbeiter-Einsatzes bei Continental, allen voran Franzosen. Seit Fritz Sauckel im März zum Generalbevollmächtigten für den Arbeitseinsatz ernannt worden war, setzte nicht nur eine Zentralisierung der Arbeitskräftelenkung ein, sondern auch eine Radikalisierung und Intensivierung der zwangsweisen Verschleppung von Arbeitskräften, insbesondere aus Frankreich und den besetzten Gebieten in Osteuropa.[95] Insgesamt waren zunächst bis September 1941 knapp 50 000 französische Arbeitskräfte über noch auf weitgehende Freiwilligkeit beruhende Anwerbemaßnahmen ins Deutsche Reich gekommen, mit den massiven Betriebsschließungen in Frankreich durch die deutschen Besatzungsbehörden im Frühjahr 1942 und dem erpresserischen Auftreten von Sauckel gegenüber dem kollaborierenden französischen Präsidenten Laval kamen weitere ca. 150 000 französische Arbeiter nach Deutschland, ehe mit der Einführung des Service du Travail Obligatoire (STO) Mitte Februar 1943 die systematische Verschickung ganzer Geburtsjahrgänge einsetzte, an deren Ende rund 850 000 französische

---

93 Vgl. Notiz vom 21.5.1942 über eine Reklamation van Damme, in: ebd.
94 Vgl. die Notiz in: ebd. Im Sommer 1944 erfolgte zudem eine Änderung der Lohnverrechnung und -auszahlung. Hatte Continental bisher den vollen Lohn an die Leihfirma nach Brüssel überwiesen, die diesen dann an die dortigen Familienangehörigen auszahlte, während die Handwerker selbst nur einen Abschlag von 20 RM pro Woche erhielten, so wurde den Betroffenen nun der volle Lohn direkt ausgezahlt. Sie hatten dann die Möglichkeit, die Lohnersparnisse durch das Ausländer-Personalbüro an die Angehörigen zu transferieren. Die Leihfirma erhielt nur noch den sogenannten Unternehmergewinn. Vgl. Notiz zur Lohnverrechnung vom 26.8.1944, in: ebd.
95 Vgl. dazu allgemein Marx, Die Verwaltung, S. 249 ff.

Arbeiter und Arbeiterinnen in Deutschland Zwangsarbeit leisteten, dazu kamen rund eine Million französischer Kriegsgefangener ().[96]

„Im Arbeitseinsatz fällt der deutsche Mensch, wenn man von Sonderaktionen absieht, nicht mehr nennenswert ins Gewicht", hieß es dazu im Kriegstagebuch des hannoverschen Rüstungskommandos für das dritte Quartal 1942.[97] Knapp 35 000 Zwangsarbeiter waren inzwischen in und um Hannover eingesetzt und in einer Reihe von Betrieben konstatierte das Rüstungskommando bereits einen als besorgniserregend bezeichneten Überfremdungseffekt mit Ausländeranteilen an der Gesamtbelegschaft von 50 Prozent und mehr. Seit Ende 1942 war vor allem der Anteil der Ostarbeiter aus den sowjetisch besetzten Gebieten, aber auch der russischen Kriegsgefangenen im Verwaltungsbereich des Rüstungskommandos Hannover massiv gestiegen.[98] Schon wenig später berichteten die Arbeitseinsatzbehörden jedoch für das erste Quartal 1943, dass der Zugang an Ostarbeitern „restlos versiegt" sei, dafür im Zuge der Sauckel-Aktion der Einsatz westlicher Ausländer einen deutlichen Zuwachs erlebe.[99]

Auch bei Continental waren inzwischen neben weiteren ausländischen Arbeitskräften aus Frankreich, Holland, Belgien, Polen und Italien die ersten Ostarbeiter eingetroffen, wobei je nach Herkunftsregion von den NS-Behörden eine für die betroffene Arbeitseinsatzverwaltung stark differenzierte und verwirrende Unterscheidung in der arbeits- wie lagermäßigen Behandlung getroffen wurde. Arbeitskräfte aus dem ehemaligen Litauen und Lettland wurden anders kategorisiert als jene aus den besetzten Gebieten Russlands, der Ukraine und Weißrussland. Im April 1942 etwa kündigte das Oberkommando des Heeres der Continental-Verwaltung die Zuweisung von 76 Gummiarbeitern aus Weißruthenien an, d. h. der Gegend um Minsk, um gleichzeitig darauf hinzuweisen, dass diese auf keinen Fall wie Sowjetrussen zu behandeln seien, sondern wie Arbeitskräfte aus den besetzten baltischen Ostgebieten „und anderer freie ausländische Arbeitskräfte. Da es für die nachfolgenden Werbungen unbedingt erforderlich ist, dass die zuerst nach Deutschland überwiesenen Weißruthenen gute Berichte über Unterbringung usw. nach Hause senden, wird gebeten, die Unterbringungsfrage schnellstens zur Zufriedenheit dieser Arbeitskräfte zu klären."[100] Das Unternehmen beschäftigte zu diesem Zeitpunkt bereits rund 2300 Auslän-

---

96 Vgl. Marcel Boldorf, Die Wirtschaftsabteilung des Militärbefehlshabers in Frankreich. Regulierung und Lenkung durch die deutsche Besatzungsbürokratie (1929/40–1944), in: Ritschl (Hrsg.), Das Reichswirtschaftsministerium, S. 319–356, hier S. 347 ff., und Arnaud, Les STO.
97 Vgl. BArch Freiburg RW 21-27/1, S. 21.
98 Vgl. ebd., S. 70 ff.
99 Vgl. Kriegstagebuch des Rüstungskommandos Hannover für Januar bis März 1943, S. 28, in: BArch Freiburg RW 21-27/2.
100 Schreiben des OKH an Continental vom 2.4.1942, in. 65910 Zg. 1/70, A 5.

der, weitere 1500 bis 1700 Russen waren, wie Könecke auf der Vertrauensratssitzung Anfang Juli 1942 verkündete, in Aussicht gestellt, was bedeutete, dass dann ca. 33 Prozent der gesamten Belegschaft Fremdarbeiter sein würden.

Um die ordnungsgemäße Betreuung dieser großen Anzahl Ausländer zu gewährleisten, wurde eine eigene „Abteilung Ausländer" geschaffen, deren Leitung Garbe und Jahns gemeinsam übernahmen.[101] Im Vergleich zu anderen Großunternehmen war Continental mit dieser spezifischen verwaltungsorganisatorischen Maßnahme des Arbeitseinsatzes und der Unterbringung der Fremdarbeiter spät dran. Für das neue Ausländerbüro wurde eine umfangreiche Aufgabenliste erstellt und vor allem auch das genaue Procedere bei der Einstellung, Überwachung und auch Entlassung bzw. Rückbeförderung ausländischer Gefolgschaftsmitglieder festgelegt, wobei der durchgängig verwendete Duktus darauf hinweist, dass man die Zwangsarbeiter ohne rassische oder nationale Differenzierungen durchaus als Teil der großen Gesamtgefolgschaft von Continental begriff. Allerdings war zumindest verwaltungstechnisch deutlich, dass die Ostarbeiter, denen auch keine Stammnummer zugeteilt wurde, hier nicht dazugehörten.[102] Nach der rechtzeitigen Meldung über das Eintreffen des Transportes durch den Hauptlagerführer wurde zunächst je nach Größe des Transports entschieden, ob die Aufnahme-Formalitäten im Lager oder im Büro vorgenommen wurden. Dann erfolgte die Einteilung der Ausländer auf die Betriebsabteilungen, die Ausstellung eines Werksausweises mit Foto, die Aufnahme der Personalien, Aufenthaltsanzeige und polizeiliche Meldung, Erstellung eines Personalbogens und Arbeitsbuches, zu unterschreibende Verpflichtungserklärung und Zuteilung der Stammnummer. Dann schloss sich eine Untersuchung des Betriebsarztes an und nichtarbeitseinsatzfähige Ausländer wurden unter Beifügung des ärztlichen Befundes wieder dem Arbeitsamt zur Verfügung gestellt. Das Ausländerbüro war aber auch für die Annahme und Bearbeitung der Fehlmeldungen einschließlich Urlaub, Heimfahrten, Krankheiten zuständig, Meldung von fehlenden Fremdarbeitern am Arbeitsplatz gingen auch an Riehm und den jeweiligen Lagerführer.

Im Juni 1942 kamen die ersten ca. 600 Ostarbeiter zu Continental. Für sie wurde eine frühere Spinnerei in der Stader Chaussee gemietet und in ein eigenes „Russen-Lager" umgebaut. „Nachdem nunmehr auch sowjetrussische Arbeitskräfte in unserem Werk zum Einsatz kommen, geben wir Ihnen nachstehend die Verhaltensvorschriften bekannt, welche genau zu beachten sind", hieß es in einem als streng vertraulich gekennzeichneten Schreiben Garbes an

---

101 Protokoll der Vertrauensratssitzung vom 3.7.1942, in: CUA, 6610 Zg. 1/57, A 20.
102 Vgl. die Liste mit den Arbeitsgebieten des Ausländerbüros vom Juli 1942, in: 65910, Zg. 1/70, A 5.

die Abteilungsleiter sowie einige der mit dem Arbeitseinsatz der Ostarbeiter vor Ort befassten Meister und Vorarbeiter.[103] Darin wurde auf das „Beschäftigungsverhältnis besonderer Art" hingewiesen, die Russen standen außerhalb der deutschen Arbeitsordnung, und „diese Arbeitskräfte werden nicht als Gäste behandelt, wie dies bei sonstigen Ausländern geschieht".[104] Der Arbeitseinsatz sollte kolonnenweise und unter möglichster Absonderung von den ausländischen Zivilarbeitern und vor allem auch von allen Kriegsgefangenen erfolgen, und es war auch explizit verboten, „dass die russischen Zivilarbeiter sich mit deutschen Arbeitskameraden bzw. Arbeitern anderer Nationalitäten unterhalten. Sie dürfen auch nicht während der Frühstückspause in denselben Gemeinschaftsräumen untergebracht werden Es müssen ferner gesonderte Garderobe und besondere Toiletten vorgesehen werden."[105] Auch bei der Entlohnung gab es Sonderbestimmungen, insbesondere bestand im Falle von unterdurchschnittlicher Arbeitsleistung die Verpflichtung, das Arbeitsentgelt dem Grade der Minderleistung entsprechend zu kürzen („auch an eine Verkürzung der Essensrationen ist zu denken"). Für die Einhaltung all dieser Vorschriften war in jeder Abteilung ein Meister verantwortlich, wobei diesem wiederum je nach Anzahl der eingesetzten Ostarbeiter Vorarbeiter oder politisch einwandfreie deutsche Arbeiter zur Überwachung der Russen zur Seite zu stellen waren. „Die Geheime Staatspolizei ist angewiesen, die Überwachung der Arbeitskräfte zu übernehmen und verlangt von uns ebenfalls eine namentliche Liste der zur Überwachung in unserem Betrieb bzw. in unseren Lägern bestimmten Personen."[106] Dies waren keine Continental-spezifischen Verhaltensvorschriften, sondern die von den NS-Behörden allgemein vorgegebenen Regeln zum Umgang mit den Ostarbeitern. Tatsächlich wurde den Abteilungsleitern auch zusätzlich ein dreiseitiges Schreiben der Gestapo über „Richtlinien für den Einsatz sowjetrussischer Zivilarbeiter und Arbeiterinnen" an die Hand gegeben, verbunden mit der Maßgabe, diese in ihrem jeweiligen Bereich genauestens zu beachten und durchzuführen.[107]

Mitte Juli 1942 stellte die Unternehmensleitung in Ergänzung dazu auch eigene „Grundsätze für die Behandlung von Personalangelegenheiten der Gefolgschaftsmitglieder im Lohnverhältnis für Ausländer" auf.[108] Sie regelten noch

---

103 Schreiben vom 6.6.1942, in: Registratur Personalabteilung, Personalakte Wilkening.
104 Ebd.
105 Ebd.
106 Ebd.
107 Vgl. Schreiben Garbe vom 10.7.1942 sowie die Richtlinien in: Ordner Personal der Hannoverschen Werke.
108 Vgl. die 23-seitige gedruckte Broschüre in: CUA, 65910 Zg. 1/70, A 8.

einmal detailliert sämtliche Aufgaben des „Ausländerbüros" und alle Maßnahmen zur Frage, wie die für die ausländischen Arbeitskräfte geltenden Bestimmungen angewandt und durchgeführt werden sollten. Noch vor den einleitenden Worten Köneckes stand in der Broschüre an erster Stelle der Hinweis, dass im Zuge der Anordnung des Generalbevollmächtigten für den Arbeitseinsatz zur Übertragung der gesamten Betreuung der ausländischen Arbeitskräfte an die DAF Hauptbetriebsobmann Jahns im Hause der Continental die zuständige Person war. In den Grundsätzen wurde nicht nur das genaue Procedere über die „Beschaffung ausländischer Gefolgschaftsmitglieder" mit Bedarfsermittlung und Beschaffungsanforderung an das Rüstungskommando sowie das Arbeitsamt dargelegt, sondern auch die Personalüberwachung, das Vorgehen bei unentschuldigtem Fehlen oder Zuspätkommen sowie strafbaren Handlungen unter sich oder gegenüber deutschen Gefolgschaftsmitgliedern sowie auch Krank- und Gesundmeldungen bzw. evtl. Arbeitsunfähigkeit („Die ausländischen Gfm. sind bis auf die Russen in der deutschen Sozialversicherung pflichtversichert und den inländischen Gfm. gleichgestellt"), aber auch Urlaub und Heimfahrten.[109] Tatsächlich stand den ausländischen Arbeitskräften – mit Ausnahme von Russen und Polen – nach einem halben bzw. einem Jahr Tätigkeit ein Heimfahrtanspruch zu. Einen erheblichen Raum nahm auch die Regelung der Geldüberweisungen der ausländischen Arbeitskräfte an die Familienangehörigen in der Heimat ein. Für Franzosen, Belgier, Serben, Kroaten, Ungarn und Spanier stellte das Ausländerbüro entsprechende Lohnersparnisüberweisungen aus, wobei maximal 120 RM (für Unverheiratete) bzw. 160 RM (für Verheiratete) nach Hause geschickt werden durften. Italiener und Slowaken (Letztere durften jedoch nur bis zu 70 RM nach Hause schicken) verfügten über eigene Einzahlungshefte, die holländischen Arbeiter konnten ihre Einzahlungen bei der Post persönlich und zudem in unbegrenzter Höhe vornehmen. Die spezifische Hierarchisierung und unterschiedliche Bewertung der einzelnen Zwangsarbeiter-Gruppierungen zeigte sich auch in diesen Bestimmungen.

Dass die Handhabung dieser Grundsätze und Regelungen im Zuge des Krieges durchaus einem Wandel unterworfen waren und der Arbeitseinsatz immer stärkeren Zwangsbedingungen unterlag, zeigte sich etwa an der Urlaubs- und Heimfahrtbestimmung. Schon in der allerersten Bestimmung der Grundsätze hatte es geheißen, dass „Geflüchtete und vom Urlaub nicht zurückgekehrte Ausländer monatlich dem Abwehrbeauftragten Dip. Ing. Riehm getrennt nach Nationen gemeldet [werden]."[110] Und tatsächlich nahmen die entsprechenden Meldungen, ohne dass dazu genaue Zahlen vorliegen, im Laufe des Jahres 1943

---

109 Ebd., S. 15.
110 Ebd.

deutlich zu. „Die bisher fließenden Quelle der Kräftegewinnung sind nahezu völlig versiegt", notierte das Rüstungskommando Hannover im Dezember 1943. „Weder der Osten noch der Westen brachten einen nennenswerten Zustrom [...] Dabei darf nicht unerwähnt bleiben, dass der stille Kräfteschwund der nicht vom Urlaub zurückkehrenden Ausländer einen kaum tragbaren Umfang angenommen hat."[111] Seit September 1943 galt daher für alle französischen Zivilarbeiter eine generelle Urlaubssperre.

Continental bediente sich zur Beschaffung von Zwangsarbeitern inzwischen auch inländischer Arbeitskräftevermittler und bemühte sich unter Umgehung des Arbeitsamtes direkt bei anderen Firmen um die leihweise Überlassung und Gestellung von entsprechenden Arbeitskräften. Im September 1943 etwa lieh man sich von der Steinhuder Firma Schäker 20 Ukrainerinnen, die im Werk Limmer angelernt werden sollten. Gleichzeitig erhielt die Firma den Auftrag, sich um die Beschaffung weiterer 30 Arbeitskräfte zu bemühen.[112] Schäker übernahm gegen entsprechende Bezahlung durch Continental die täglichen Transporte vom Werk zum Bahnhof sowie auch die Verpflegung, den Sicherheitsdienst und die Aufsicht. Continental stellte aber auch seinerseits immer wieder Arbeitskräfte aus dem eigenen Kontingent tages- oder auch wochenweise für Arbeiten außerhalb der Fabrik leihweise zur Verfügung, was nicht nur der Arbeitseinsatzabteilung, sondern vor allem der Lohnabteilung erheblichen bürokratischen Aufwand bereitete. Im Dezember 1942 etwa waren 48 „Ostrussen" auf einer Baustelle in Hannover-Vinnhorst zum Barackenbau eingesetzt, im August 1943 wurden 22 Continental-Arbeiterinnen unterschiedlicher Nationen an das Paketpostamt Hannover ausgeliehen, mit ihnen auch 32 deutsche Arbeiterinnen; sechs Russen arbeiteten im Herbst 1943 vorübergehend bei einem Bergbauunternehmen in Dollbergen bei Lehrte, im Juli 1944 arbeiteten 20 Russinnen von Continental auf Anweisung des Rüstungskommandos für drei Tage bei Bahlsen, im Oktober/November 1944 stellte man zehn Italiener für zwei Wochen der landwirtschaftlichen Brandkasse Hannover zur Verfügung und gleichzeitig wurden auf Anordnung des Arbeitsamtes sechs ehemalige militärinternierte italienische Bäcker, die inzwischen in den Status des Fremdarbeiters und damit auch formellen Gefolgschaftsmitglieds gewechselt waren, bei der Hannoverschen Brotfabrik Franz Harry eingesetzt.[113] Die inner- wie zwischenbetriebliche

---

111 Kriegstagebuch des RüKo Hannover vom 1.10. bis 31.12.1943, in: BArch Freiburg RW 21-27/ 5, S. 50.
112 Vgl. Aktennotiz über eine Besprechung vom 28.9.1943, in: CUA, 6500/1, Zg. 1/68, A 5.
113 Vgl. die entsprechenden Schriftwechsel und auch namentlichen Auflistungen mit Arbeitszeit und zustehendem Lohn, in: 65910 Zg. 1/70, A 1,2. Darin auch weitere Ausleihungen, etwa von französischen Arbeitern und Russen an einen örtlichen Sattlermeister, d. h. kleinere Betriebe.

Fluktuation der Zwangsarbeiter war mithin erheblich gewachsen, ganz zu schweigen von der nationalen Heterogenität. Tabelle 19 zeigt, wie sich die Ende 1943 in der Continental-Statistik als zivile Ausländer geführten Zwangsarbeiter auf Herkunftsländer verteilten.

Tab. 19: Zwangsarbeiter nach nationaler Herkunft bei Continental (Stand Dezember 1943)

Land	Zivile Ausländer männlich	Zivile Ausländer weiblich	Kriegsgefangene	Ausländer insgesamt
Belgien	198	97		295
Bulgarien	13	19		32
Dänemark	77	22		99
England	1			1
Frankreich	1011	95	86	1192
Griechenland		3		3
Niederlande	296	15		311
Italien	106	3	817	926
Jugoslawien	83	90		173
Litauen	84	58		142
Norwegen	1			1
Polen	639	487		1126
Rumänien	1			1
Russland	461	508		969
Schweiz	2	1		3
Slowakei	22	2		24
Spanien	21	1		22
Tschechien	2	1		3
Türkei	1			1
Ukraine	9	9		18
Ungarn	5	10		15
Staatenlose	78	12		90
Gesamt	3111	1435	903	5449

Quelle: Statistik der Continental, S. 3, in: CUA, 6600 Zg. 2/56, A 2.

Die Franzosen stellten mit 21,8 Prozent der Zwangsarbeiter die bei weitem größte Gruppierung, alle „Westarbeiter" zusammen machten sogar knapp 52 Prozent aus, während die „Ostarbeiter" deutlich unterrepräsentiert waren, da nahezu alle 1126 aufgeführten Polen auf die Belegschaft im neuen Zweigwerk in Posen entfielen.[114] In den hannoverschen Werken Vahrenwald, Limmer und Nordhafen, aber auch in Korbach, waren ganz überwiegend westeuropäische Zwangs-

---

114 Vgl. umfangreiche namentliche Listen der kurz vor Kriegsende noch eingesetzten Zwangsarbeiter nach Nationalität, Stammnummer, Geburtsdatum, Heimatadresse und Netto-Lohn, die für die nachträgliche endgültige Lohnabrechnung im Februar 1951 zusammengestellt worden

arbeiter eingesetzt, was vermutlich erheblich mit dazu beitrug, dass – wie noch zu zeigen sein wird – die Behandlung am Arbeitsplatz wie in den Lagern weitgehend konfliktarm und ohne größere Übergriffe oder Misshandlungen erfolgte. KZ-Häftlinge waren zu diesem Zeitpunkt noch keine eingesetzt.

In der Statistik sind auch die Kriegsgefangenen enthalten, denn diese konnten – soweit es sich um Franzosen und Italiener handelte – später in den Zivilarbeiter-Status wechseln. Auffälligerweise gab es bei Continental keine russischen Kriegsgefangenen, obwohl bereits Anfang April 1942 „in nächster Zeit" mit deren Beschäftigung gerechnet wurde und die Abteilung Arbeit vorsorglich schon eine Besprechung mit den zuständigen Abteilungsleitern angesetzt hatte, um sich rechtzeitig Gedanken über Art und Ort des Arbeitseinsatzes und die Überwachung zu machen.[115] Doch dann waren die russischen Kriegsgefangenen offenbar doch einem anderen Unternehmen zugeteilt worden, so dass erst am 11. August 1942 die ersten 80 französischen Kriegsgefangenen zur Continental gekommen waren und dort im zweiten Stock der noch im Bau befindlichen Autoreifenfabrik im Werk Nordhafen, mithin auf dem Fabrikgelände, in einem geschlossenen Lager untergebracht wurden. Bald darauf waren dort nach weiteren Transporten ca. 200 französische Kriegsgefangene untergebracht.[116] Soweit es ging, bemühte sich Riehm als zuständiger Arbeitseinsatzleiter dabei darum, auf eventuelle familiäre Verbindungen zwischen den französischen Zivilarbeitern und den Kriegsgefangenen Rücksicht zu nehmen. Eine bei Continental beschäftigte Französin hatte etwa im April 1942 den Kommandeur des Kgf.-Lagers im Wehrkreis Hannover um die Freilassung ihres dort gefangenen Ehemannes gebeten. Eine Freilassung war zwar nicht möglich, aber nach Einschaltung von Riehm erklärte sich der Kommandeur zu einer Versetzung des Betroffenen in ein Arbeitskommando in Hannover bereit. „Da unsere Autoreifen-Abteilung sich bereit erklärt hatte, den D. als Reifenwickler anzusetzen, so ist der Kommandeur damit einverstanden, wenn wir D. unter Beibehaltung seiner Eigenschaft als Kgf. als Reifenwickler ausbilden und einsetzen. Ich bitte Frau D. von

---

waren, in: CUA, 65910 Zg. 1/70, A 5. Die Liste der niederländischen Arbeiter enthält etwa 168 Namen, die der Franzosen 773.

115 Vgl. Aktennotiz Garbe vom 9.4.1942, in: CUA, 6525 Zg. 1/65, A 1,2, wobei darin bemerkt wurde, dass die Gefangenen arbeitsmäßig als gut beurteilt würden und hauptsächlich 20–25-jährige Männer waren.

116 Vgl. Notiz der Lohn-Abteilung vom 12.8.1942, in. 65910 Zg. 1/70, A 2, und auch die entsprechenden Eintragungen im sogenannten Gefolgschaftsbuch der Continental, das vom Vertrauensrat geführt wurde, in: CUA, 6610 Zg. 1/57, A 20. Vgl. auch die Verträge vom 30.9.1942 und vom 2.7.1943 zwischen Continental und dem Stalag über die Überlassung von 113 bzw. 192 „westlichen Kgf." als Industriearbeiter, in: 65910 Zg. 1/70, A 2.

dieser Entscheidung zu unterrichten", hieß es in einer Notiz Riehms Ende April 1942 dazu.[117]

Der Continental-Arbeitseinsatz-Ingenieur sah sich auch in einem anderen Fall eines französischen Kriegsgefangenen zu einem Einmischen gezwungen. Es ging dabei um das zeitaufwändige Procedere des Abholens und Wiederhinbringens des seit Februar 1942 bei Continental eingesetzten Franzosen durch den Werkschutz zwischen dem Lager in der Kirchwenderstraße und dem fast zehn Kilometer entfernten Werk Limmer.[118] Um Zeit zu sparen, hatte Continental dem Kriegsgefangenen einen Sonderausweis zur Benutzung der Straßenbahn beschafft, der aber von den zuständigen Direktoren der Verkehrsbetriebe nicht anerkannt wurde. Riehm versuchte das Problem durch eine Verlegung in ein näher gelegenes Kgf.-Lager zu lösen, die ganze Angelegenheit wurde dann jedoch dadurch hinfällig, dass Continental den betroffenen Kriegsgefangenen im Juli 1942 wegen ungebührlichen Benehmens den Arbeitseinsatzbehörden wieder zur Verfügung stellte. Mitte Juli 1943 erging dann ein Erlass des Speer'schen Rüstungsministeriums, nach dem französische Kriegsgefangene „zur Bereinigung von Arbeitskommandos, in denen französische Kriegsgefangene gemeinsam mit französischen Zivilisten arbeiten, sowie zur zweckmäßigen Einsparung von Wachpersonal" einen „erleichterten Status" erhalten konnten.[119] Wie viele der Kriegsgefangenen bei Continental davon Gebrauch machten, ist nicht bekannt. Angesichts der damit verbundenen Verbesserungen bei Lohn, Unterkunft und Verpflegung dürfte jedoch für viele Betroffene eine Statuswechsel bzw. die damit letztlich auch verbundene Überführung in ein Zivilarbeitsverhältnis sinnvoll erschienen sein.

Russische Kriegsgefangene kamen auch später nicht mehr bei Continental zum Einsatz. Dafür trafen im Oktober 1943, nach dem vorübergehenden Sturz Mussolinis und der Kapitulation Italiens, wodurch die einstigen Verbündeten zu vielfach als Verräter gehassten Feinden wurden, die ersten italienischen Militärinternierten (IMI) in Hannover ein. Von der Continental-Verwaltung abschätzig auch als „Badoglio-Gefangene" bezeichnet, wurden zu deren Bewachung 14 Arbeiter aus der eigenen Belegschaft – ausgesuchte SA-Leute – abgestellt.[120] In der Knaben- und Mädchenschule Alemannstraße richtete Continental im November 1943 für die bis dahin eingetroffenen 715 Italiener ein eigenes „IMI-Wohnlager" ein. Im Januar 1944 waren unter anderem durch das Stammlager (Stalag) Fallingbostel weitere 115 italienische Kriegsgefangene an Continental

---

117 Schreiben Riehms vom 30.4.1942, in: ebd.
118 Vgl. Schreiben Werk Limmer an Riehm vom 12.5.1942, in: ebd.
119 Vgl. den Erlass vom 14.6.1943, in: ebd.
120 Vgl. Aktennotiz Riehm vom 16.10.1943, in: ebd.

überführt worden.[121] Nach der Befreiung Mussolinis durch die deutschen Truppen war für die dort Internierten jedoch wieder der Wechsel in das zivile Arbeitsverhältnis möglich, was offenbar auch viele wahrnahmen.[122] „Den Continental-Gummiwerken wird hiermit bescheinigt", hieß es in einem Schreiben des Arbeitseinsatzoffiziers Hannover, „dass sämtliche Militärinternierte aus dem Arb.Kdo 6166 Alemannstr. und Kdo. 6203 Lindener Hafen ab 10. September 1944 in das zivile Arbeitsverhältnis überführt sind."[123] Bei der verwaltungstechnischen Betreuung der Kriegsgefangenen war im Übrigen das Ausländerbüro bis Mai 1944 nicht involviert, sondern allein die Abteilung Arbeit bzw. Arbeits-Einsatz von Riehm und das Lohnbüro zuständig. Dann jedoch wurde auf entsprechende Monita Jahns das Ausländerbüro auch hier zuständig und eingeschaltet, zumal es inzwischen häufig auch um die Eingliederung der französischen wie italienischen Kriegsgefangenen in die Gesamtbelegschaft ging.[124]

Exemplarisch für das Schicksal eines französischen Zwangsarbeiters bei Continental ist die Geschichte des damals 20 Jahre alten Pierre Destenay.[125] Im November 1941 in Hannover angekommen, durchlief dieser eine regelrechte Odyssee sowohl durch verschiedene Werks-Abteilungen wie durch die unterschiedlichen Zwangsarbeiter-Wohnlager der Continental. Er fing in der Kalander-Abteilung im Werk Vahrenwald an, wo er nach einer Anlernzeit von 6 bis 14 Uhr im Schichtbetrieb die schweren Gummibahnen zwischen die großen Walzmaschinen schieben musste, wofür ihm eine zusätzliche Schwerarbeiterkarte bei der Essensversorgung sowie ein halber Liter Milch pro Tag zustand.[126] Neben ihm arbeiteten ein Belgier, ein Spanier und ein erst 15-jähriger russischer Junge; der Kalanderführer und verantwortliche Leiter der kleinen Arbeitsgruppe war Deutscher. Destenay nahm Continental als moderne Fabrik mit sauberen Arbeits-, Speise- und Pausenräumen und frischer Luft wahr, aber dann wurde er im Frühjahr 1943 in eine andere Arbeitsgruppe versetzt, in der er nun ohne Tageslicht den gesamten komplexen Prozess der Gewebewalzung bis zur Beschichtung und der Kunstseideverarbeitung überwachen muss.

„Mein Platz in der neuen Arbeitsgruppe war der undankbarste, da ich die Verantwortung gegenüber dem Kalanderführer hatte", schrieb Destenay in seinen Erinnerungen, da der ebenfalls in der neuen Arbeitsgruppe arbeitende „Kalmücke" und der deutsche Arbeiter unter dem Vorwand der fehlenden Ge-

---

121 Vgl. den entsprechenden Vertrag vom 18.1.1944, in: ebd.
122 Vgl. eine Liste von 354 ehemaligen IMIs vom 29.1.1945, in. ebd.
123 Abschrift des Schreibens vom 9.9.1944, in: ebd.
124 Vgl. Aktennotiz vom 16.6.1944, in: ebd.
125 Vgl. zum Folgenden dessen Erinnerungen: Pierre Destenay, Babel Germanique, Paris 1948.
126 Vgl. ebd., S. 34 f.

schicklichkeit ihm die meiste Arbeit aufgeladen hatten.[127] Der neue Arbeitsplatz bedeutete auch Nachtschichten, bei denen es häufiger bei älteren deutschen Arbeitern wie auch während der Arbeit eingeschlafenen anderen Fremdarbeitern immer wieder zu Unfällen mit Verletzungen und Schäden an den Maschinen kam. Mit den deutschen Arbeitskollegen gab es dabei neben Konflikten durchaus auch offene politische Diskussionen („Sieg ist vorbei, m'a-t-il déclaré, wir haben zu viele Feinde").[128] Dann erfolgte eine weitere Versetzung, diesmal in die Abteilung 5060 oder „Auto 3", in der Vollgummireifen hergestellt wurden, wo Destenay gummierte Räder transportieren musste. Obwohl er die Arbeit als schwerer empfand als die vorherige, bekam er dafür keine zusätzliche Lebensmittelkarte für Schwerarbeiter mehr, zumal er nun oft auch in der Nachtschicht arbeiten musste und die Arbeitszeit inzwischen zehn Stunden am Tag betrug.[129] Der dortige Abteilungsmeister übte eine stille Herrschaft mit Schikanen aus, indem er alle ihm Unterstellten, aber vor allem die Ausländer, ständig zu mehr Leistung antrieb. Obwohl Destenay sich inzwischen ein Attest des Lagerarztes beschafft hatte, das ihn von Schwerarbeit befreite, musste er unter dem tausend Mal am Tag gehörten Kommando „Destenay! Komm her!" vielfältige schwere Arbeiten verrichten, ehe er sich schließlich weigerte und dann doch einer Arbeitsgruppe von „Leichtarbeitern" zugeordnet wurde.[130] Zusammen mit zwei jungen deutschen Arbeiterinnen und zwei Russen bedient er eine Maschine, an der sogenannte Reifenkerne hergestellt wurden.

Von der Fabrik in Vahrenwald wechselte Destenay dann gegen Ende 1943 in das Werk Stöcken, wo er unter gesundheitsschädlichen Bedingungen in einem stickigen Kellerraum Säcke mit Ruß verladen musste. Nach einigen Stunden versuchte er sich dieser Arbeit zu entziehen und aus dem Keller zu entkommen, doch der polnische Arbeiter in seiner Gruppe denunzierte ihn beim Meister und er wurde ohne weitere Maßnahmen wieder in den Arbeitsraum zurückgebracht. Im Februar 1944 kehrte Destenay wieder in die Abteilung 5060 zurück, Gruppenchef war dort ein Russe, unterstützt von einem Ukrainer, da der deutsche Meister in Urlaub war. „Un Russe chef d'équipe, on verra tout", wunderte sich selbst der Franzose.[131] Im Juni 1944 meldete sich Destenay erneut krank und wurde schließlich einer „Fegerkolonne" zugeteilt, die – überwiegend aus über 60 Jahre alten Deutschen und einigen Russen bestehend – zu Aufräumarbeiten nach Bombenangriffen eingesetzt wurde.[132]

---

127 Ebd., S. 38.
128 Vgl. ebd., S. 52.
129 Vgl. ebd., S. 56, 73.
130 Vgl. ebd., S. 103 ff.
131 Ebd., S. 139.
132 Vgl. ebd., S. 175.

Vielen französischen Zwangsarbeitern schlug bei ihrer Ankunft in den Betrieben von den deutschen Beschäftigten zunächst Misstrauen entgegen, das unter anderem in der Furcht begründet war, durch diese ersetzt und an die Front geschickt zu werden.[133] Ähnlich dürfte es auch den Holländern ergangen sein, die zunächst über Werbekampagnen freiwillig, dann aber zunehmend zwangsrekrutiert nach Deutschland kamen.[134] Einer von ihnen war Henricus Carbaat, der im Frühjahr 1943 auf der Basis eines Dienstverpflichtungsbescheids nach Hannover geschickt wurde. Er wurde in der Fabrik Vahrenwald einer Unterabteilung der Autoreifenabteilung zur Herstellung gummierter Stoffe zugeteilt, wo im Dreischichtbetrieb breite Stoffbahnen per Flaschenzugmaschine in ein Bad mit Gummilösung getaucht wurden.[135] Auch hier gab es offenbar offene politische Diskussionen mit den deutschen Mitarbeitern bzw. dem Meister und Vorarbeiter, die trotz der deutlichen Kritik für den Holländer ohne Folgen blieben. Im Ausländerbüro wurde Carbaat „von einem strengen Kerl und natürlich auch Parteimitglied, aber immer korrekt zu den Ausländern" in seinen Bemühungen, aus familiären Gründen einen Heimaturlaub zu erhalten, unterstützt.[136]

Abb. 111 u. 112: Werksausweis Henri Carbaat (1943)

133 Vgl. Patrice Arnaud, „Ein so naher Feind". Französische Zwangsarbeiter und ihre deutschen Kollegen in den Industriebetrieben des Dritten Reiches, in: Andreas Heusler u. a. (Hrsg.), Rüstung, Kriegswirtschaft und Zwangsarbeit im „Dritten Reich", München 2010, S. 179–197, hier S. 179.
134 Insgesamt waren es rund 500 000 Niederländer. Vgl. Almuth Heck, Niederländische Zwangsarbeiter, in: Zwangsarbeit in Berlin, S. 262–268.
135 Vgl. Henk Carbaat, Amsterdam, Hannover und zurück. Mein Leben als Zwangsarbeiter während des Zweiten Weltkriegs, Hannover 2012, S. 58.
136 Vgl. ebd., S. 60 f.

Später wurde Carbaat in die Abteilung „Auto 2" versetzt, wo er in einem riesigen Lager mit noch unvulkanisierten Reifen regelmäßige Kontrollgänge durchführen musste. Wenn sich einer der Felgenränder gelöst hatte, musste er diesen mit Klebstoff einschmieren und wieder fest andrücken. Bei Nachtschichten beobachtete er dabei offensichtlich auch vereinzelte Sabotageaktionen und melde diese auch, allerdings verspätet. Danach wurde Carbaat in die Abteilung „Auto 3" versetzt, wo er an Wickelmaschinen Lkw-Reifen herstellte. Während die deutschen Arbeiter in einer Achtstundenschicht ca. 22 Reifen herstellten, brachte es der Holländer auf 12 bis 14 Reifen. Und anstelle von acht wickelte Carbaat absichtlich immer wieder auch nur sieben Gewebelagen in die Reifenkarkasse. „Der Meister in dieser Abteilung war kein Nazi. Das hatte er Henk zu Anfang gleich gesagt. Er bevorzugte Ausländer in seiner Abteilung. Aber trotzdem hatte Henk doch nie einen größeren Sklaventreiber erlebt als diesen Meister."[137] Wegen seiner schlechten Wickelleistungen wurde Carbaat nach einiger Zeit wieder in die Abteilung „Auto 2" zurückversetzt. Die Sabotage und Qualitätsmängel seiner Reifen wurden nicht aufgedeckt. Sein Meister in der alten Abteilung behandelte, wie auch die meisten deutschen Arbeiter, die ausländischen Zwangsarbeiter wie Kollegen. Er war Freidenker und als früherer Inhaber eines Lebensmittelgeschäfts selbst seit Kriegsbeginn zur Arbeit bei Continental dienstverpflichtet worden. „Er trat immer für seine jungen ausländischen Arbeiter ein. Ob Ukrainer, Belgier, Franzosen oder Holländer, das machte keinen Unterschied."[138] Carbaat schildert jedoch auch eine Episode aus dem Arbeitsalltag, als er sich völlig naiv mit einem deutschen Vorarbeiter ein Wortgefecht über die Zerstörung Rotterdams durch die deutschen Truppen lieferte und darüber ein handfester Streit entstand. Nur durch das Eingreifen eines deutschen Maschinenführers, „ein riesiger Kerl und eigentlich Metzger", ebenfalls zwangsdienstverpflichtet zu Continental, dem man zudem nachsagte, dass er Kommunist sei, konnte Carbaat vor der Meldung an die Gestapo gerettet werden.[139]

Ein anderer holländischer Zwangsarbeiter war der 21-jährige Marinus H., der Anfang Januar 1943 nach Hannover kam und nacheinander in verschiedenen Verwaltungsabteilungen, insbesondere der Rechnungsabteilung, eingesetzt wurde, deren Leiter „immer in Uniform [war]".[140] Später wurde er in die Planabteilung für Rohstoffe versetzt, wo das Mischprogramm für die Walzwerke geschrieben wurde, eigentlich eine rüstungs- und fertigungspolitisch sensible Tä-

---

137 Ebd., S. 64.
138 Ebd., S. 80.
139 Vgl. die Episode ebd., S. 81.
140 Vgl. Antonie Marinus H., „Wir Niederländer kamen nicht freiwillig, sondern wurden gezwungen", in: Anschütz/Heike, Feinde im eigenen Land, S. 145.

tigkeit. Ab September 1944 durften generell keine Ausländer mehr mit Büroarbeiten befasst werden, und so wurde auch H. in die Fabrik versetzt, wo er Rohstoffe abwog und „Papiertüten mit allerlei chemischen, manchmal giftigen Pulvern abfüllte und deswegen auch eine sogenannte Schwerarbeiter-Lebensmittelkarte [erhielt].“[141]

Viele der ausländischen Arbeiter berichteten zunehmend kritisch über die sich zu ihren Ungunsten verändernden Arbeits- und Lebensbedingungen nach Hause. Aber es gab zumindest in den ersten Jahren auch durchaus positive Berichte. Mitte Oktober 1942 hatte das Continental-Ausländerbüro unter Garbe, das den privaten Schriftverkehr offensichtlich überwachte, die Briefe von zwei Franzosen an den Direktor des deutschen Werbebüros in Paris herausgepickt. Darin berichtete ein bereits zum zweiten Mal per Arbeitskontrakt zu Continental geschickter Franzose, der ursprünglich Schlachter war, über die Lohn- und Arbeits- sowie Lebensbedingungen in Hannover und malte dabei alles in geradezu rosaroten Farben. Im Laufe der vergangenen sechs Monate habe er 55 RM die Woche verdient, wovon er 40 RM oder umgerechnet insgesamt 20 000 Francs an seine Ehefrau zu Hause schicken konnte. „Dieses Ergebnis hätte man in Frankreich nie erzielen können.“[142] Die Arbeit sei nicht einfach, aber man überanstrenge sich nicht, und „nach der Arbeit haben wir die gleichen Freiheiten wie die Deutschen. Die Ernährung ist viel reichlicher als in Frankreich […] Unter diesen Gesichtspunkten – Lohn, Arbeit und Leben – bin ich über meinen wiederholten Aufenthalt in Deutschland sehr befriedigt und ganz besonders über die Continental, wo man immer sehr gerecht und zuvorkommend zu mir war. Ich empfehle allen Kameraden in Paris nach der Continental zu kommen, sie werden es nicht bedauern.“[143] „Es liegen noch weitere Briefe ähnlichen Inhalts vor“, notierte Garbe geradezu begeistert. „Wir werden diese Briefe bei der Anwerbung französischer Arbeitskräfte verwenden. Herr Hahne wird zu diesem Zwecke in den nächsten Tagen nach Paris fahren und sich des Abiturienten Folliot als Dolmetscher bedienen.“[144]

Tatsächlich scheint sich Continental bei der Behandlung der Fremdarbeiter nicht nur um korrekte Einhaltung der gesetzlichen Regelungen bemüht zu haben, sondern kümmerte sich auch darüber hinausgehend um ausreichende Verpflegung und die Integration am Arbeitsplatz in die „neue“ Betriebsgemeinschaft. Die Lohnsätze unterlagen wie bei den Deutschen den Tarifbestimmun-

---

141 Ebd., S. 146.
142 Abschrift bzw. deutsche Übersetzung des Briefes an das Deutsche Werbebüro in Paris (ohne Datum), in: CUA, 6525 Zg. 1/65, A 1,2.
143 Ebd.
144 Notiz Garbe vom 15.10.1942, in: CUA, 6525 Zg. 1/65, A 1,2.

gen, je nach Einarbeitungs- bzw. Anlernzeit bestanden dabei in den ersten sechs bis acht Wochen Übergangsregelungen, ehe danach mit der Übernahme in Akkordarbeit die entsprechenden Leistungszuschläge wie für die deutschen Arbeitskollegen galten.[145] Dadurch konnten bei einem Grundlohn von durchschnittlich 85 Pfg. in der Stunde letztlich Akkordstundenlöhne von 1,50 RM und mehr erreicht werden. Ausländische Gefolgschaftsmitglieder, bei denen sofort nach der Einstellung festgestellt wurde, dass sie nicht einsatzfähig waren, hatten während ihrer Zeit der Zugehörigkeit zur Continental, d. h. dem Tag der Einstellung bis zum Tag der Entlassung, sogar Anspruch auf Lohn, weil sie als an sich arbeitsbereit galten. Andererseits hatte Continental an die Betroffenen oftmals bereits Vorschüsse gezahlt sowie Ausgaben für Verpflegung und Unterkunft gehabt.[146] Die Lohnunterschiede zwischen Handwerkern, Fabrikationsarbeitern und vor allem zu den weit schlechter bezahlten Frauen setzten sich auch bei den Zwangsarbeitern fort. Im Akkordlohn beschäftigte Arbeiterinnen konnten maximal 57 Pfg./Std. als Grundlohn erreichen, entsprechend niedriger – immer etwa die Hälfte der Männerlöhne – war die Bezahlung für die in sogenannter unproduktiver Arbeit eingesetzten Frauen.[147] Dennoch gab es offene und versteckte Diskriminierungen. So mussten die Ausländer nicht nur Beiträge zur deutschen Sozialversicherung leisten, sondern auch zur DAF, ohne dass sie dort eine Mitgliedschaft oder irgendwelche Rechte erwarben.[148] Und die Regelung, dass Angestellte, die aus Verwaltungsabteilungen in Fertigungsabteilungen versetzt wurden, weiterhin ihren Angestelltentarif erhielten, galt explizit nicht für holländische Zwangsarbeiter im Angestellten-Status. Sie wurden als Lohnempfänger behandelt.[149] Vor allem aber wurde auch bei Continental die rassisch-ideologisch motivierte Diskriminierung der Ostarbeiter und Polen, die Sonderabzügen in Form der sogenannten Ostarbeiterabgabe – Sozialausgleichs- bzw. Lohnausgleichsabgaben – angewandt.[150] „Polen und Russen erhalten nach den tariflichen Bestimmungen im Gegensatz zu den übrigen freien ausländischen Arbeitskräften nur die wirklich geleistete Arbeit bezahlt", hieß es in ei-

---

145 Vgl. u. a. „Vorläufige Bezahlungsrichtlinien für fremdstämmige Fabrikationsarbeiter" vom 19.6.1940 und „Werks-Lohntafel für fremdstämmige Arbeiter" vom 13.1.1942, in: CUA, 65910 Zg. 1/70, A 5, sowie „Bezahlungsrichtlinien für fremdstämmige Handwerker, Helfer und ungelernte Arbeiter" vom 1.7.1941, in: CUA, 6500/1 Zg. 1768, A 4.
146 Vgl. Notiz der Lohnabteilung vom 19.5.1943, in: CUA, 6500/1 Zg. 1768, A 5.
147 „Entlohnung der fremdstämmigen Arbeiter" vom 19.1.1944, in: CUA, 65910 Zg. 1/70, A 2.
148 Vgl. die entsprechende Notiz des Werkleiters in Korbach vom 5.11.1941, in: CUA, 6525 Zg. 1/65, A 19.
149 Vgl. Notiz der Abt. Arbeit vom 18.10.1944, in: 65910 Zg. 1/70, A 1,2.
150 Vgl. Notiz der Lohnabteilung vom 8.5. und 19.5.1942, in: ebd. Allgemein dazu auch Spoerer, Zwangsarbeit, S. 151 ff.

nem Rundschreiben der Abteilung Arbeit Anfang Juli 1942.[151] Das konnte dazu führen, dass bei jugendlichen Ostarbeitern und Ostarbeiterinnen aufgrund ihrer niedrigen Verdienste nach Abzug der Ostarbeiterabgabe und der Verpflegungskosten ein Minusbetrag blieb, der dann von Continental übernommen wurde und als Verlust gebucht wurde.[152] In einer umfangreichen Zusammenstellung der einschlägigen Bestimmungen über „die arbeitsrechtliche Behandlung der Arbeitskräfte aus den neu besetzten Ostgebieten" wurden dabei die jeweiligen Abteilungen informiert und auf inzwischen eingetretene Änderungen hingewiesen.[153]

Arbeits- wie Lohnabteilung von Continental machten sich mithin zu akribischen Exekutoren der diskriminierenden Arbeitsordnung des NS-Regimes. Es gab immerhin eine bemerkenswerte Ausnahme: Es ging um die Lohnauszahlung an die russischen Zwangsarbeiter, die durch die beiden Dolmetscher im „Russenlager" der Continental gegen Quittung erfolgte. Die Lohnabteilung setzte im Januar 1943 eine Änderung durch. „Wir wollen die Gewissheit haben, dass [dem Russen] der in der Lohntüte enthaltene Nettobetrag auch tatsächlich ausgehändigt wird", heißt es in einem Vermerk.[154] Deshalb gab man den Betroffenen künftig neben dem baren Geld auch den Hollerithstreifen mit der Stammnummer, der Abteilung, dem Abschlagsprozentsatz, den Arbeitstagen, den Arbeitsstunden und dem Nettoverdienst. Damit wurde für diese eine Nachprüfung des ausgezahlten Lohnes möglich. Da aber nach den gesetzlichen Bestimmungen die Russen keine Verdienstabrechnung erhalten durften, behalf man sich mit dem Trick einer Abtrennung der gesamten Abrechnung auf dem Hollerithstreifen und der handschriftlichen Ergänzung des Nettolohnes, womit man formal den Vorschriften Genüge getan hatte.

Auch die Löhne der Kriegsgefangenen standen in einem festen Bezug zu den deutschen Normalarbeiterlöhnen, und sie unterlagen auch den tariflichen bzw. Continental-spezifischen Kriterien für Überstunden- und Akkordzuschläge. Der Continental-Verwaltung bereiteten die komplizierten und jeweils unterschiedlich zu handhabenden Ver- und Berechnungen der Löhne der einzelnen Zwangsarbeitergruppen und nicht zuletzt auch der Kriegsgefangenen allerdings erhebliches Kopfzerbrechen. „Die Netto-Lohnverrechnung der Ausländer ist sehr unübersichtlich, vielfach sogar unklar", klagte die Lohnabteilung im Mai

---

151 Schreiben Riehm vom 4.7.1942, in: 65910 Zg. 1/70, A 5.
152 Vgl. Notiz Lohnabteilung vom 14.4.1943, in: ebd.
153 Vgl. die Zusammenstellung vom 14.4.1942, in: ebd. Wesentlich war dabei, dass künftig nicht mehr die Volkszugehörigkeit bei der unterschiedlichen arbeitsrechtlichen Behandlung ausschlaggebend war, sondern pauschal das Herkunftsland bzw. die Herkunftsregion. Vgl. „Die polizeiliche Behandlung der Arbeitskräfte aus dem Osten" vom 16.4.1942, in. ebd.
154 Notiz vom 12.1.1943, in: ebd.

1942 und versuchte sich eine eigene Übersicht über die jeweiligen Unterschiede bei den Russen („Russentabelle"), Polen, den Ausländer aus dem Generalgouvernement und aus dem Reichskommissariat Ostland (Estland, Lettland, Litauen und Weißruthenien) sowie allen übrigen, als „frei angeworbene Ausländer" kategorisiert, zu verschaffen.[155]

Im Fall der Kriegsgefangenen mussten die jeweiligen Löhne und etwaige Zulagen noch mit der Zahlmeisterei des zuständigen Kriegsgefangenen-Lagers Stalag XI b in Fallingbostel abgerechnet werden. Dort monierte man etwa im November 1942, dass einem französischen Kriegsgefangenen für Oktober eine Zulage von 8,60 RM in dessen Funktion als Kommando-Ältester gezahlt worden war.[156] Auch um die Akkordverrechnung und deren Basis – als Tarifsatz wurden 69 Pfg./Stunde für einen deutschen Normalarbeiter zugrunde gelegt, von dem aus dann für Kriegsgefangene als Lohnarbeiter 60 Prozent, als Akkordarbeiter 80 Prozent errechnet wurden – gab es häufige Diskussionen.[157] Die so berechneten Löhne wurden mit dem Stalag verrechnet, etwaige weitere Leistungszulagen etwa für Überstunden wurden jedoch direkt an den Betroffenen bzw. über deren jeweiligen Lager-Vertrauensmann in voller Höhe in sogenanntem Lagergeld ausgezahlt. Für die 200 im Oktober 1942 beschäftigten französischen Kriegsgefangenen zahlte das Unternehmen insgesamt ca. 14 000 RM, d. h. durchschnittlich 70 RM pro Kopf, allerdings rechnete man hier intern mit einer baldigen deutlichen Steigerung, da die von den Kriegsgefangenen erzielten Überverdienste dauernd stiegen.[158]

Prinzipiell betrug der Tages- bzw. Grundlohn bei westlichen und südöstlichen Kriegsgefangenen 0,70 RM, bei polnischen Kriegsgefangenen0,52 RM und bei sowjetischen 0,20 RM.[159] Die mit der Leistungserfassung wie der Lohnverrechnung befassten Continental-Meister und Angestellten wurden von Riehm explizit darauf aufmerksam gemacht, dass die Kriegsgefangenen in der Art der Verrechnung „genau wie alle anderen bei uns beschäftigten Leute zu behandeln sind, d. h. dass ihre Arbeitszeit, ihr Arbeitsplatz und die Leistung für die Verrechnung aufzugeben und die Berechnung bis zum Verdienstergebnis durchzuführen ist."[160] In den Akten sind noch eine Reihe von Abrechnungslisten zwischen Continental und dem Stalag Fallingbostel erhalten, etwa für das Arbeitskommando 1857, eingesetzt in Hannover-Stöcken im August 1942 und Ja-

---

155 Vgl. die Übersicht vom 7.5.1942, in: ebd.
156 Schreiben des Stalag an Continental vom 23.11.1942, in: CUA, 65910 Zg. 1/70, A 2.
157 Vgl. Notiz Riehm vom 25.6.1942 sowie vom 29.6.1942, in: ebd.
158 Notiz der Lohnabteilung vom 13.10.1942, in: ebd.
159 Vgl. Notiz Riehm, Abteilung Arbeit, vom 8.10.1942, in: ebd.
160 Notiz Riehm vom 22.8.1942 sowie die Bezeichnungen und Verrechnungen für die im März 1943 in der Autoreifenfabrik eingesetzten acht Arbeitskommandos von Kgf., in: ebd.

nuar bis Oktober 1944, insgesamt 75 namentlich aufgeführte Personen und deren Monatslöhne. Sie zeigen, dass bei 17 Arbeitstagen im Monat und zwischen 135 und 145 geleisteten Arbeitsstunden – einige Kriegsgefangene erreichten auch über 150 Arbeitsstunden – ein Gesamtmonatslohn zwischen 58 und 68 RM erzielt wurde.[161]

Die Unterlagen zeigen, dass die Kriegsgefangenen selbst sehr wohl die genauen Entlohnungsbestimmungen kannten und auf deren Einhaltung pochten, wenn sie den Eindruck hatten, das Lohnbüro habe sich verrechnet. Im März 1943 etwa war die Abteilung Arbeit von französischen Kriegsgefangenen auf verschieden hohe Auszahlungen aufmerksam gemacht worden, worauf eine detaillierte Untersuchung einsetzte. Das Ergebnis war, dass „die Transport- und Bedienungsleute durch falsche Anschreibung von Wickelwert-Vorgangs-Nummer zu den höchsten Verdiensten gekommen sind und somit eine Reklamation der Kriegsgefangenen-Wickler durchaus gerechtfertigt ist."[162] Nennenswerte Lohnkosteneinsparungen machte Continental durch den Einsatz der Kriegsgefangenen nicht. In einer Aufstellung über „für Arbeit der französischen Kgf. gegenüber eigenen Gefolgschaftsmitgliedern weniger gezahlten Löhnen" kommt die Lohnabteilung insgesamt für die Zeit von Oktober bis Dezember 1942 auf bis auf die Pfennigbeträge akribisch errechnete 28 696,39 RM, für das erste Quartal 1943 wurden 24 470,87 RM errechnet. Angesichts eines Lohn- und Gehaltsvolumens von knapp 40 Mio. RM waren das kaum erwähnenswerte Beträge.[163]

Die Entlohnungspraktiken der Zwangsarbeiter und Kriegsgefangenen bei Continental entsprachen den auch in anderen Rüstungsgroßunternehmen angewandten Grundsätzen, dagegen zeigte sich jedoch ein besonderes Bemühen des Unternehmens bei der „Auslese" sowie Weiterbildung, Umschulung und Qualifizierung der Fremdarbeiter hinsichtlich ihrer Fähigkeiten und ihrem bestmöglichen Einsatz im Arbeitsprozess und dem Continental-spezifischen Produktionssystem. Schon vor Kriegsbeginn hatte das Unternehmen im Zuge der Arbeitskräfterekrutierung erhebliche Anstrengungen zur innerbetrieblichen Berufsausbildung gemacht, in deren Mittelpunkt 1935/36 die Nachschulung leistungsschwacher Gefolgschaftsmitglieder sowie die systematische Anlernung neuer Arbeiter und Angestellten standen, die oft mit branchenfremdem Berufs- oder Ausbildungshintergrund zur Continental kamen.[164] Die dabei unter anderem unter dem Stichwort der „Eignungsbegutachtung von Frauen" gemachten

---

161 Vgl. die Lohn- und Abrechnungslisten in: ebd.
162 Notiz vom 17.3.1943, in. ebd.
163 Vgl. die Aufstellungen vom 31.1.1943 und vom 31.3.1943, in: ebd.
164 Vgl. die Zusammenstellung der Gummi-Lehrwerkstatt über die „Chronologische Folge der Berufsausbildungsmaßnahmen im Gummibetrieb" zwischen 1935 und 1943, in: CUA, 6610 Zg. 1/57, A 20.

Erfahrungen wurden dann ebenso auf die zwangsverpflichteten deutschen Arbeitskräfte wie die ausländischen Zwangsarbeiter angewendet. 1940 war eine Gummi-Lehrwerkstatt für Jungwerker eingerichtet worden, im März 1942 wurde ein „Berufserziehungswerk der Continental" mit einem umfangreichen Aus- und Weiterbildungsprogramm, Vorarbeiter- und Meisterkursen sowie sogenannten Lehrgemeinschaften und Aufbaukameradschaften für alle Gefolgschaftsmitglieder aus der Taufe gehoben;[165] vor allem aber wurden nun auch die Fremdarbeiter systematischen Anlern- und Umschulungs- sowie Qualifizierungsmaßnahmen unterworfen. Für Kriegsgefangene wie zivile Fremdarbeiter wurde gleichermaßen „eine verkürzte Anlernung in der Reifenfabrik [entwickelt], mit dem Ziel, die erforderliche Leistung in kürzester Zeit zu erreichen. Dazu wurde beim Eintritt eines Neulings ein Kurvenblatt herausgegeben, das Angaben über die Eignung und den Leistungsfortschritt bei der Einübung enthielt."[166] Hauptbetriebsobmann Jahns wurde nun zum Zentralausbildungsleiter der Continental ernannt und konnte sich denn auch wenig später mit dem durch die DAF dem Unternehmen verliehenen „Silbernen Leistungsabzeichen für vorbildliche Berufserziehung" brüsten.

Tatsächlich stellte der massive Zustrom an Zwangsarbeitern, über deren Eignung, berufliche Erfahrung und Fähigkeiten man nichts wusste, und die Notwendigkeit, diese möglichst schnell und effizient in die bestehenden Arbeitsabläufe und Produktionssysteme zu integrieren, die Unternehmen vor erhebliche Herausforderungen. Solange noch die Phase der systematischen Anwerbung ziviler Arbeitskräfte in den besetzten Ländern vorherrschte, war es für die Personalabteilung bzw. die Abteilung Arbeit noch leichter gewesen, sich ein Wissen über die Qualifikationen der Fremdarbeiter zu verschaffen. „Wie ich in Erfahrung gebracht habe", hieß es etwa in einer Notiz an einen Abteilungsleiter im Oktober 1940, „beschäftigen Sie in der Abteilung 7080 einen Holländer mit Namen Johann Boumann, [Gefolgschaftsnummer] 34015. Dieser Mann soll Schlosser und Metalldreher von Beruf sein. Um derartige Fachkräfte sind wir außerordentlich verlegen und geht meine Bitte dahin, denselben für die Abteilung des Herrn Gärtner, Werk Nordhafen, abgeben zu können."[167]

Mit der Zunahme des Zwangscharakters der Arbeitskräfterekrutierung veränderte sich jedoch das Bild. Die deutsche Industrie hatte das Problem, „dass man die Qualifikation von mehreren Millionen Deportierten und Kriegsgefangenen, die die deutsche Kriegsproduktion aufrechterhalten sollten, nicht kann-

---

165 Vgl. die 14-seitige Broschüre „Berufserziehungswerk der Deutschen Arbeitsfront. Continental Gummi-Werke AG", in: CUA, ohne Signatur.
166 Ebd.
167 Notiz vom 3.10.1940, in: CUA, 6500/1, Zg. 1/68, A 4.

te."[168] Die DAF entwickelte daher 1942 in ihrem Institut für Arbeitspsychologie und Arbeitspädagogik ein umfangreiches und weitgehend standardisiertes Verfahren zur praktischen Durchführung eines Ausleseverfahrens für den Ausländereinsatz, das in hunderten Unternehmen auch eingesetzt wurde.[169] Bei dem Verfahren wurden allgemeine Intelligenz, Raumanschauung, technische Begabung und Handgeschicklichkeit geprüft und getestet. Die Testunterlagen waren in Französisch, Italienisch, Polnisch, Russisch und Ukrainisch erhältlich. Auch bei Continental, mit seiner im Zuge der Bedaux-Einführung ausgeprägten Tradition für die Rationalisierung von Arbeitsprozessen und die industrielle Psychotechnik, kannte man mit Sicherheit dieses Verfahren, das man aber entsprechend den spezifischen Gegebenheiten der Gummi- und Reifenfertigung abgewandelt hatte.

Die einschlägige weitere, durchaus umfangreiche Literatur der DAF zum Problembereich „Anlernung und Umschulung" hielten Riehm und seine Mitarbeiter der Abteilung Arbeit für zu umständlich und auch zu theoretisch, wie es in einer internen Notiz vom 12. November 1942 an einen der für die Ausbilder der Autoreifenfabrik zuständigen Oberingenieure hieß. Vielmehr präferierte man ein einfaches fünfstufiges Verfahren: Erstens sollte bei der Einführung ins Werk eine persönliche Betreuung gewährleistet sein, zweitens wäre dann zu überlegen, ob vor der speziellen Unterweisung an dem jeweiligen Arbeitsplatz ein Grundlehrgang über Werkzeuge und Materialien vorgenommen werden sollte. Danach kam drittens die Spezialunterweisung am Arbeitsplatz, wobei hierbei der Hinweis auf korrekte Arbeit, die Erzielung von Qualität und schließlich die Leistungssteigerung notwendig war. Viertens ging es in Bezug auf die ausländischen Arbeiter um die Klärung der Frage der besseren Verständigung. „Es hat sich an manchen Stellen als praktisch erwiesen, eine Art Lexikon aufzustellen über die wichtigsten Fachausdrücke und die wichtigsten Arbeitsbegriffe. Ich verweise hierbei auf unseren Schlauchsaal, wo man ein solches Lexikon bereits aufgestellt hat. Allerdings hat es sich in der Praxis meist als überflüssig erwiesen, weil man mit Zeichensprache und sonstiger Verständigung im Allgemeinen

---

168 Ulfried Geuter, Das Institut für Arbeitspsychologie und Arbeitspädagogik der Deutschen Arbeitsfront. Eine Forschungsnotiz, in: 1999. Zeitschrift für Sozialgeschichte der 20. und 21. Jahrhunderts, 2 (1987), S. 87–95, hier S. 93.

169 Vgl. Maria Schorn, Die praktische Durchführung eines Ausleseverfahrens für den Ausländereinsatz, in: Industrielle Psychotechnik 19 (1942), H. 7/9, S. 207–216; Heinz L. Ansbacher, Testing, Management and Reactions of Foreign Workers in Germany during World War II, in: American Psychologist 5 (1950), S. 38–49; Geuter, Das Institut für Arbeitspsychologie, S. 94 ff.; Martin Wieser, Norbert Thumb und der Aufstieg der angewandten Psychologie in der „Ostmark", in: Psychologie in Österreich 1&2 (2019), S. 106–115.

schneller weitergekommen ist."[170] Fünftens schließlich stand allen Ausbildern die Einsicht in die Jahrbücher der DAF mit ihren einschlägigen Artikeln zum Problemfeld zur Verfügung. „Ich halte es für vorteilhaft", fasste Riehm zusammen, „wenn Sie – entsprechend der Zahl der auszubildenden und anzulernenden Deutschen oder Ausländer – eine Ausbildergruppe zusammenstellen und diese grundlegend von Herrn Oesterwind [aus der Abteilung Arbeit] unterweisen lassen."[171] Zwischen Deutschen und Ausländern machte man mithin keinen Unterschied. Dass diese Qualifizierungs- und Anlernstrategie bei Continental durchaus erfolgreich war, zeigt eine Beschäftigtenmeldung des Unternehmens an die Arbeitseinsatzbehörden vom Februar 1945. Demnach waren unter den darin aufgeführten 3074 Zwangsarbeitern sieben Angestellte, 907 Facharbeiter (30 %), 1437 angelernte Arbeitskräfte (46,8 %) und nur 788 (25 %) waren ungelernte Hilfsarbeiter.[172]

Den Continental-Arbeitseinsatzingenieuren war es darüber hinaus gelungen, bereits im Vorfeld gezielt aus den zugewiesenen insbesondere französischen Kriegsgefangenen jene herauszufiltern, die explizite Qualifikationen als Gummiarbeiter besaßen und zuvor in einem der zahlreichen französischen Gummi- und Reifenunternehmen gearbeitet hatten. „Hinsichtlich der Beschaffung weiterer Arbeitskräfte", hatte sich die zuständigen Arbeitsingenieure auch gegenüber der Reika und den übergeordneten Behörden stark gemacht, sollten die Kriegsgefangenen – „auch die sowjet-russischen" – nochmal ausgekämmt werden nach ausgesprochenen Facharbeitern aus der Kautschuk-Industrie.[173] Zwischen 1941 und 1942 waren allein ca. 100 der französischen Kriegsgefangenen bei Continental ehemalige Arbeiter der Reifenfabrik Goodrich-Colombes, zu der im Zuge der Buna-Strategie in den besetzten Ländern eine enge Beziehung bestand, auch direkt zwischen Könecke und dem französischen Fabrikdirektor Boyer. Für diese Arbeitskräfte bemühte sich der Continental-Generaldirektor um eine besondere bevorzugte Behandlung, wohl nicht zuletzt auch mit dem Hintergedanken, aus der Goodrich-Colombes-Belegschaft weitere zivile Arbeitskräfte nach Hannover locken zu können. So bemühte man sich um die Erlaubnis, dass auch die französischen Kriegsgefangenen zusätzliche Lebensmittelpakete aus der Heimat erhalten konnten, wie die zivilen Fremdarbeiter. Die entsprechenden Verhandlungen des Continental-Ausländerbüros mit der Ver-

---

170 Notiz Riehm an Oberingenieur Wilkening vom 12.11.1942, in: CUA, 6525 Zg. 1/65, A 1,1.
171 Ebd.
172 Vgl. die Zusammenstellung vom 7.2.1945, in: BArch R 121/103.
173 Notiz zu einer Besprechung in Berlin bei der Reika/Jehle vom 3.3.1942, in: CUA, 6525 Zg. 1/56, A 30,2.

waltung des Kgf.-Lagers führten jedoch wegen der bestehenden offiziellen Regelungen zu keinem Ergebnis.[174]

Andere Maßnahmen, das Lagerleben zu erleichtern, waren dagegen erfolgreicher. So schrieb Boyer am 25. März 1943 an Könecke:

> Wir erfuhren durch einen unserer Arbeiter, der kürzlich in Urlaub gekommen ist, dass die Continental unserem gegenwärtig in Hannover arbeitenden Personal eine Summe von 30 000 FF [frz. Franc] zum Ankauf von Musikinstrumenten zur Verfügung gestellt hat. Wir möchten nicht verfehlen, Ihnen hiermit für Ihr Wohlwollen unseren verbindlichsten Dank auszusprechen und sind überzeugt, dass unsere Arbeiter und Kriegsgefangene Ihre Handlungsweise voll zu würdigen wissen. Sie haben ohne Zweifel Kenntnis davon, dass die Absicht besteht, Maßnahmen hinsichtlich des Einsatzes der Kgf. als zivile Arbeiter zu treffen. Falls Sie, wie wir annehmen, mit den Leistungen unserer Gefangenen zufrieden sind, hoffen wir gerne, dass es Ihnen möglich sein wird, denselben diesen Vorteil zugute kommen zu lassen.[175]

Könecke ermöglichte 1942 sogar einen Besuch Boyers bei dessen Landsleuten in Hannover, bei dem der Continental-Direktor selbst eine – allerdings nur von ihm selbst später in seinem Entnazifizierungsverfahren wiedergegebene – Ansprache hielt. Demnach könnten sich die französischen Kriegsgefangenen darauf verlassen, „dass wir Sie menschlich im Unterkommen, in der Ernährung und in der von Ihnen verlangten Arbeit behandeln. Unsere freundschaftlichen Gefühle zur französischen Nation und zur französischen Firma Goodrich werden ihren Niederschlag finden in unserer Einstellung Ihnen gegenüber".[176] Im selben Atemzug jedoch mahnte Könecke auch entsprechende Leistungserbringung an.

Tatsächlich hatte man die Bezahlung der französischen Kriegsgefangenen inzwischen so geregelt, dass ein erheblicher Leistungsanreiz bestand. Neben den Vergünstigungen, die auch die zivilen Fremdarbeiter sowie die deutschen Arbeiter erhielten – wie Lang- und Schwerarbeiterzulagen oder Gelegenheit zu höheren Verdiensten durch Akkordverrechnung –, waren den Betroffenen auch „gewisse Hoffnungen auf eine spätere Austauschmöglichkeit nach Frankreich gemacht worden."[177] Dennoch hatten diese Maßnahmen nur partiell gefruchtet, „wir haben den Eindruck, dass die Leute mehr leisten könnten, als sie es tun", wie Weber im Dezember 1942 vermerkte.[178] Riehm hielt dazu fest:

---

174 Vgl. Notiz Weber vom 15.12.1942, in: CUA, 6525 Zg. 1/56, A 30,2.
175 Schreiben Boyer an Könecke vom 25.3.1943, in: CUA, 6525 Zg. 1/56, A 24,1.
176 Zitat aus der Verteidigungsschrift Köneckes anlässlich seines Entnazifizierungsverfahrens 1946 betr. „Ausländerbehandlung", Anlage 3, S. 4, in: NLA HA Nds. 171 Hannover Nr. 32086.
177 Notiz der Autoreifenabteilung an Riehm vom 24.3.1943, in: CUA, 6525 Zg. 1/65, A 19.
178 Notiz Weber vom 15.12.1942, in: CUA, 6525 Zg. 1/56, A 30,2.

„Mit unbestimmten Zusagen in dieser Richtung sind die Leute aus ihrer Passivität nicht herauszubekommen, und da Bestrafungen und Druckmittel nach den gemachten Erfahrungen auch nichts fruchten und wegen der allgemeinen Behandlungsgrundsätze für die Kgf. auch nicht wirksam zur Anwendung kommen können, bleibt uns wohl nur die Wahl, entweder mit einer etwa 30 %igen Minderleistung zufrieden zu sein oder aber zu versuchen, die bestehenden Möglichkeiten für einen Austausch bzw. die Überführung ins Zivilarbeiterverhältnis mit aller Energie und möglichen Beschleunigung auch für uns nutzbar zu machen".[179]

Qualifikations- und Anreizmaßnahmen korrespondierten aber auch mit einem Disziplinierungssystem. Die Möglichkeiten der betrieblichen und staatspolizeilichen Sanktionen gegen Zwangsarbeiter zur Disziplinierung, Unterdrückung, Leistungserzwingung und zur Verfolgung wegen Fehlverhaltens oder Verstößen gegen Vorschriften und Verordnungen waren vielfältig. Ein Hauptaugenmerk der Gestapo waren die mit den Kriegsjahren wachsenden Bemühungen zur „Niederhaltung der Fremdarbeiter", und in zahllosen Betrieben ergaben sich in der Praxis enge Verflechtungen von staatspolitischem und werksinternem Strafsystem.[180] Im Vergleich zu anderen Großunternehmen wie etwa dem IG Farben-Werk in Ludwigshafen, wo ein explizites Strafbuch für Ostarbeiter mit drakonischen Maßnahmen existierte, waren die Verhältnisse bei Continental jedoch moderat.[181]

Die Verflechtung von staatspolizeilichen und innerbetrieblichen Ordnungskräften gab es aber auch hier. Neben dem hauptamtlichen Werkschutz agierten auch nebenamtliche Werkschutzleute, für deren Einsatz und Aufgaben das Rüstungskommando Hannover im August 1943 „in Anbetracht der steigenden Zahl der ausländischen Arbeitskräfte" und „zum Schutz der Rüstungsbetriebe, ihrer Produktion und der in ihnen arbeitenden deutschen Gefolgschaftsmitglieder" von Continental neue organisatorische Maßnahmen forderte.[182] In den Betrieben und Abteilungen musste nun ein Hallen-Werkschutz gebildet werden, der für die Aufrechterhaltung der Arbeitsdisziplin und Befolgung der Betriebsordnung zuständig war und vor allem „den ausländischen Teil der Gefolgschaft in Bezug auf Sabotageversuche" zu überwachen hatte. Zweckmäßigerweise sollte diese Funktion ein Obermeister oder Meister sowie dessen Vorarbeiter als Stellvertreter übernehmen, die damit auch Kompetenzen wie Hilfspolizeibeamte erhielten.[183] Für jede Werkshalle und Schicht wurde nun ein sogenannter Ordner-

---

179 Notiz der Autoreifenabteilung an Riehm vom 24.3.1943, in: CUA, 6525 Zg. 1/65, A 19.
180 Vgl. u. a. Eginhard Scharf, „Man machte mit uns, was man wollte." Ausländische Zwangsarbeiter in Ludwigshafen am Rhein 1939–1945, Heidelberg 2004, S. 202 ff.
181 Zur IG Farben Ludwigshafen und dem Strafsystem für Ostarbeiter vgl. ebd., S. 210 ff.
182 Vgl. Schreiben Riehm vom 24.8.1943, in: Ordner Personal der Hannoverschen Werke.
183 Vgl. ebd.

trupp, eine Saalreserve, ein Stoßtrupp und eine Wachschutz-Reserve eingerichtet. Der hauptamtliche Werkschutz dagegen war unter anderem für die Aufsicht und Kontrolle der Kantinen zuständig, und ein von Henk Carbaat in seinen Erinnerungen geschilderter Vorfall verweist darauf, dass es hier wieder zu Auseinandersetzungen kam:

> Es gab viele Fabrikgebäude, und jedes Gebäude hatte eine eigene kleine Essensausgabe [...] Das Essen wurde in großen Kesseln dorthin gebracht. Wenn einer leer war, wurde er vor die Theke gestellt. Aus dem Nichts tauchte dann oft irgendein hungernder Badoglio-Italiener auf und kratzte mit einem Löffel, den diese Männer immer dabei hatten, den letzten Rest aus dem Kessel. Der Wachmann vom Werkschutz, ‚Onkel Otto‘, der an dem Tag die Kantine beaufsichtigte, ging gleich mit seinem Gummiknüppel auf den Italiener los, um ihm erbarmungslos auf den Rücken zu schlagen. [...] ‚Verhungern sollen sie, diese Verräter‘, schrie ‚Onkel Otto‘. Er gönnte den armen Schluckern nicht einen Bissen.[184]

Er schlug immer wieder auf den Jungen ein, bis Henk ihn von hinten fasste und wegzog, worauf der Italiener aus der Kantine fliehen konnte. Daraufhin richtete sich die Wut des Wachmanns gegen den Niederländer, dem er zudem vorwarf, sich durch eine Beziehung zu einem der Küchenmädchen zusätzliches Essen ohne Marken verschafft zu haben. Da dieser aber auch seinerseits ohne Marken in der Kantine aß, was Henk wusste und mit der Meldung an die Fabrikleitung drohte, entkam er ohne weitere Sanktionen.

Widersetzliches Verhalten von Zwangsarbeitern war durchaus an der Tagesordnung und auch oft Gesprächsthema in der Vertrauensratssitzung. Ende Januar 1942 etwa wandte sich Jahns mit der dringenden Bitte an Könecke, sich besonders für den Bau von Kantinen und Baracken einzusetzen, „da die Ausländer rumoren und sich weigern, noch weiterhin in der Mischsaal-Kantine zu essen.“[185] Im April 1942 beschwerte sich Jahns bei Könecke, „dass die Ausländer von der am Sonntag, den 12.4. angesetzten Sonntagsarbeit zu fast 90 Prozent ferngeblieben sind, und dass diese Handlungsweise dazu angetan ist, unsere deutschen Arbeitskameraden vor den Kopf zu stoßen.“[186] Könecke schlug daraufhin vor, „einige dieser verantwortungslosen Burschen herauszugreifen, ihnen mit Strafe zu drohen und evtl. die Lebensmittel-Zusatzmarken zu entziehen.“[187] Kleinere Konflikte und Verstöße gegen die Betriebsordnung versuchte man offensichtlich intern zu regeln, wenn jedoch größere Delikte gemeldet wurden, allen voran Arbeitsvertragsbruch, worunter Arbeitsverweigerung ebenso

---

184 Vgl. Carbaat, Amsterdam, S. 95 f.
185 Protokoll der Vertrauensratssitzung vom 30.1.1942, in: CUA, 6610 Zg. 1/57, A 20.
186 Protokoll der Vertrauensratssitzung vom 13.4.1942, in: ebd.
187 Ebd.

wie Arbeitsniederlegung und alle Formen ungenügend erachteter Arbeitsleistung fielen, mischte sich jedoch die hannoversche Gestapo ein.

Diese hatte seit Sommer 1940 in Liebenau an der Weser eines ihrer berüchtigten Arbeitserziehungslager (AEL) eingerichtet. Ursprünglich und vor allem für arbeitsunwillige Deutsche wie Ausländer der benachbarten Firma Wolff & Co. errichtet und für ca. 150 Häftlinge konzipiert, waren dort 1942 weit über 500 Menschen inhaftiert und einem Terrorsystem aus Schikanen und Misshandlungen bis hin zu Hinrichtungen ausgesetzt.[188] Die Mehrzahl waren Ostarbeiter, aber bei allen Zwangsarbeitern hatte das AEL Liebenau einen entsprechenden Ruf, so dass allein die Drohung mit der Meldung an die Gestapo und der folgenden Deportation nach Liebenau durchaus eine abschreckende Wirkung besaß. „Liebenau est un mot terrible. Il èvoque un enfer, Arbeit, lisez: le bagne, et une menace, Strafe, lisez: la faim", schrieb Pierre Destenay in seinen Erinnerungen. „Refusez-vous d'accomplir une tàche quelconque? Liebenau! Etes-vous pris en flagrant delit de marché noir? Liebenau!"[189] Bei Continental gab es allerdings offenbar nur einen einzigen Fall, bei dem ein russischer Zwangsarbeiter, „weil er von seiner Arbeitsstelle ausgerückt war", ins AEL gekommen war.[190] Wilhelm Garbe, der Leiter des Ausländerbüros, hielt sich später zugute, dass er eine Reihe von arbeitsvertragsbrüchigen Zwangsarbeitern vor dem berüchtigten AEL bewahrt habe.[191] Allerdings berichtet Destenay davon, dass „einige nach Liebenau gegangen sind, und einige nach mehr oder weniger langer Zeit wieder zurückgekommen sind, ‚squelettiques et exténués'".[192]

Dass es auch unter den Hallen-Werkschutzleuten durchaus einige gab, die die Zwangsarbeiter drangsalierten, beschimpften und bedrohten, zeigt der Fall von Karl H., der auch Vertrauensratsmitglied und Amtswalter bei Continental war. Gegen ihn erhob ein Belastungszeuge nach Kriegsende schwere Vorwürfe und berichtete dabei von einer Episode, in der er während der Nachtschicht als Reifenwickler seinen offensichtlich erkrankten französischen Arbeitskollegen zum Ausruhen aufforderte und die Schicht alleine beendete. Der Vorfall wurde später durch den Vorgesetzten an den Vertrauensrat gemeldet, worauf der Rei-

---

188 Vgl. im Einzelnen Rolf Wessels, Das Arbeitserziehungslager in Liebenau 1940–1943, Nienburg/Weser 1990.
189 Destenay, Babel, S. 31 f. („Liebenau ist ein schreckliches Wort. Es ruft eine Hölle hervor, Arbeit, sprich: das Gefängnis, und eine Drohung, Strafe, sprich: Hunger. Weigern Sie sich, eine Aufgabe auszuführen? Liebenau! Wurden Sie auf dem Schwarzmarkt aufgegriffen? Liebenau!")
190 Vgl. Zeugenaussage zum Entnazifizierungsverfahren gegen Jahns, Anlage 10, in: NLA HA Nds. 171 Hannover Nr. 20322.
191 Vgl. Aussage des damaligen Garbe-Mitarbeiters Hermann Wiehe vom 29.10. 1946 im Entnazifizierungsverfahren gegen Garbe, in: NLA HA Nds. 171 Hannover Nr. 50919.
192 Destenay, Babel, S. 32.

fenwickler der Sabotage und Ausländerbegünstigung bezichtigt wurde, verbunden mit wüsten Schmähungen gegen die Ausländer, die als „Vieh- und Dreckszeug" bezeichnet wurden. „Wenn H. sich bei dem Umschwung nicht monatelang versteckt gehalten hätte, wäre von ihm seitens der Ausländer bestimmt Hackfleisch gemacht worden."[193]

Weit schwerer wog allerdings das Verhalten von Dr. Hans Odenwald, stellvertretendes Vorstandsmitglied und inzwischen auch für die Rohbetriebe zuständig. Odenwald unterstanden die Abteilungen, in denen die Mischwerke und die schweren Walzenkalander standen und wo die schwersten und schmutzigsten Arbeiten verrichtet wurden, weshalb hier auch der Anteil der eingesetzten Zwangsarbeiter und Kriegsgefangenen überdurchschnittlich hoch war. Von mehreren deutschen Arbeitern in den Rohbetrieben wurden nach Kriegsende eine ganze Reihe massiver Vorwürfe gegen Odenwald erhoben, der „allgemein als brutaler, sadistischer Menschenschinder bekannt" war und dessen Opfer aber nicht nur Ausländer, sondern auch deutsche Gefolgschaftsmitglieder aus der Angestelltenschaft waren.[194] „Die ausländischen Arbeiter mussten täglich 12 Stunden arbeiten, dazu auch noch an den Sonntagen. Wenn Ausländer, besonders Russen, wirklich nicht mehr konnten und die Aufsicht bei Dr. Odenwald und dessen Assistenten Thierry wegen besserer Verpflegung baten, wurde von beiden Herren geantwortet, nehmt nicht so viel Rücksicht auf diese Bolschewisten. Wenn sie tot sind, gibt's neue." Dazu ließ sich Odenwald fast täglich, mitunter auch nachts, von seinem Chauffeur zu diversen Bier- und Weinstuben Hannovers fahren und kam dann betrunken in den Betrieb, wo er von den Untergebenen später in einer Mischung aus Blut, Kot und Erbrochenem gefunden wurde.

Die schlechte Behandlung und Verpflegung der Kriegsgefangenen und Zivilarbeiter in den Rohbetrieben der Werke Hannover, Limmer und Nordhafen waren offenbar allgemein bekannt. „Die Zustände waren derart katastrophal", berichtete später einer der Obermeister, „dass die Ausländer infolge ihrer Entkräftung weinend zusammengebrochen seien und zum Teil in einer Ecke im Mischsaal gelegen haben."[195] Als es einmal zu Produktionsausfällen aus wel-

---

193 Zeugenaussage im Entnazifizierungsverfahren gegen Jahns vom 12.11.1947, in: NLA HA Nds. 171 Hannover, Nr. 20322. Das Perfide war offenbar, dass H. die von ihm gezeigte Einstellung gegenüber den Zwangsarbeitern Jahns zu unterstellen suchte und diesen damit belastete.
194 Vgl. die umfangreiche Entnazifizierungsakte zu Odenwald, in: NLA HA Nds. 171 Hannover, Nr. 16704.
195 Aussage vom 4.12.1946 vor dem Entnazifizierungsausschuss in: ebd. In der späteren Verhandlung des Berufungsverfahrens wurde dieser Vorfall dahingehend konkretisiert, dass es um Beschwerden von fünf oder sechs litauischen Zwangsarbeitern gegangen war, die wie alle anderen in den Rohbetrieben Arbeitenden keine Zusatzverpflegung erhalten hatten.

chen Gründen auch immer gekommen war, hatte Odenwald offenbar seinen deutschen Betriebsleiter dazu aufgefordert, die Leute mit dem KZ zu bedrohen, „dann werden sie schon arbeiten."[196] Irgendwelche politische Affinitäten hatte Odenwald dabei nicht, letztlich spricht vieles dafür, dass sich der stellvertreten-de Vorstand aus Arbeitsüberlastung und Verweigerung jeglicher Verantwor-tungsübernahme in den Alkoholkonsum geflüchtet hatte, mit seiner Aufgabe der drei Rohbetriebswerke heillos überfordert war und vor den desolaten Zu-ständen in den ihm unterstellten Abteilungen die Augen verschloss. Er küm-merte sich nicht um die Arbeits- und Ernährungsbedingungen dort, sondern verschanzte sich in seinem Büro und, wie es in einer der Zeugenaussagen hieß, isolierte sich von allem, ließ sich in den Betrieben nie sehen, sondern überließ das operative Geschäft seinen Assistenten. Inwieweit Könecke und die Vor-standskollegen, denen das Verhalten Odenwalds und die Zu- und Missstände in den Rohbetrieben eigentlich nicht verborgen bleiben konnten, von alldem wussten, lässt sich aus den Akten nicht herauslesen.

Das Arbeitsleben und die Verhältnisse in den Wohnlagern, die Continental im Laufe der Zeit zur Unterbringung der Zwangsarbeiter errichtet hatte, waren getrennte Erfahrungsbereiche mit oft auch unterschiedlichen Regeln und Ord-nungsstrukturen für die Betroffenen. Allerdings verwischten sich auch hier im Zuge des Bombenkrieges und der damit einhergehenden teilweisen oder gar völligen Zerstörung der Lager die Grenzen. Mehr und mehr Zwangsarbeiterun-terkünfte wurden provisorisch in verschiedenen Teilen der Fabrikgebäude ein-gerichtet, mit entsprechenden Folgen für die sanitären und hygienischen Ver-hältnisse. Im Werk Nordhafen etwa gab es ein eigenes Kgf.-Lager, nachdem dort bereits 1942 im zweiten Stock des Autoreifenhochbaus 200 französische Kriegsgefangene untergebracht und dort eingesetzt worden waren. Eigentlich hätte das Lager gesondert gesichert werden müssen und das Unternehmen hat-te, wie Könecke in der Vertrauensratssitzung Anfang Juli 1942 berichtete, auch alles in die Wege geleitet, dass das Lager mit einem Drahtzaun umgeben wurde, was jedoch an den „größten Schwierigkeiten betr. der Herbeischaffung des hier-zu notwendigen Materials" scheiterte.[197] Ebenfalls im Werk Nordhafen wurden in der Zwirnerei im ersten Stock Räume für ca. 65 Belgierinnen, Kroatinnen und Litauerinnen eingerichtet.[198] Daneben mietete Continental in Hannover ver-schiedene Gebäude und Grundstücke wie etwa das Lokal Rosengarten, das für

---

Nach der Beschwerde erhielten sie dann entsprechende Essensmarken, so dass sich mithin die Zustände dort verbessert hätten. Vgl. Zeugenaussagen vom 11.4.1949, in: ebd.

196 Zeugenaussage des Betriebsleiters Alfred S. vom 5.12.1946, in: ebd.

197 Protokoll der Vertrauensratssitzung vom 3.7.1942, in: CUA, 6610 Zg. 1/57, A 20.

198 Vgl. den Eintrag im Gefolgschaftsbuch zur „Unterbringung ausländischer Gefolgschafts-mitglieder" vom 22.12.1942, in: CUA, 6610 Zg. 1/57, A 20.

die Unterbringung von 84 Arbeiterinnen, vor allem Französinnen und Belgierinnen, ausgebaut wurde. Die frühere Ravensberg'sche Spinnerei an der Stader Chaussee wurde ebenfalls gemietet, umgebaut und dort das „Russenlager" der Continental für ca. 600 Ostarbeiter errichtet. Im Lindener Hafen pachtete man zudem von der Firma Holzmann AG eine Baracke zur Unterbringung von 164 Franzosen. „Für obengenannte Barackenlager werden die entsprechenden Verwaltungsräume, Kantinen, Revierstuben usw. eingebaut", hieß es dazu ergänzend durch die Continental-Bau-Abteilung. „Ferner erhalten sämtliche Gefolgschaftsmitglieder in den Baracken Schutz vor Fliegerangriffen durch splittersichere Luftschutzdeckungsgräben, die in der Nähe der Baracken errichtet werden."[199]

Die Suche nach geeigneten Plätzen für die Erstellung von Arbeiterwohnbaracken hatte schon im Juli 1941 begonnen und sich für das Unternehmen als äußerst mühsam herausgestellt. Bei den Werken Nordhafen und Limmer konnte die Platzfrage auf eigenen Grundstücken schnell gelöst werden, dagegen war man für das Hauptwerk in Vahrenwald auf das Anmieten städtischen Grundes angewiesen. Nach langwierigen Verhandlungen mit dem kommunalen Grundstücksamt der Stadt Hannover wurde Continental nur ein Gelände hinter der SA-Reitschule angeboten, das jedoch eigentlich der NSDAP bzw. SA zur Nutzung überlassen worden war, die keine Bereitschaft zeigten, für Continental-Wohnbaracken Platz zu machen. Das Gelände war aber auch aus Sicht des Unternehmens wegen der großen Entfernung zum Werk ungeeignet. Die ausländischen Arbeiter hätten in der Regel schlechtes Schuhzeug und keine Fahrtmöglichkeit, so dass sie im Winter die langen Anmarschwege zum Werk nicht gehen könnten.[200] Schließlich fand man ein Gelände an der Büttnerstraße, wo das Unternehmen, trotz großer Bedenken wegen der Luftkriegsgefährdung, in kurzer Zeit einen großen Lagerkomplex für 1200 ausländische Arbeitskräfte errichtete, was faktisch die Aufstellung von acht bis neun Baracken mit je 144 Betten bedeutete. Schon im November 1942 war man sich allerdings in der Abteilung Arbeit und dem Ausländerbüro der Continental bewusst, dass die bestehenden Lagerkapazitäten bei weitem und schon in naher Zukunft nicht reichen würden und Erweiterungen dringend notwendig waren.[201] Bereits für Anfang des Jahres 1943 rechnete man mit einem „Bestand an Ausländern" von 5000 Menschen, dem jedoch zu diesem Zeitpunkt in eigener Regie betriebene Unterkünfte von

---

199 Ebd.
200 Vgl. den ausführlichen Schriftwechsel zwischen der Continental-Verwaltung und der Stadt Hannover vom Sommer 1941, in: Stadtarchiv Hannover 1_HR_07, Nr. 1509, und die einführenden Bemerkungen von Heike über das Zwangsarbeiterlager Vahrenwald, in: Carbaat, Amsterdam, S. 40 ff.
201 Vgl. Notiz Garbe vom 25.11.1942, in: CUA, 6525 Zg. 1/65, A 1,2.

nur ca. 2905 Fremdarbeitern gegenüberstanden, und selbst nach Fertigstellung der in Bau befindlichen Unterkünfte kam man allenfalls auf 3860 Plätze.[202] Die Spezifika des damaligen „human resource management" mit seiner kaum planbaren Koordination von angeworbenen und zugeteilten Arbeitskräften, aber zugleich der Sicherstellung deren Unterkünfte, sollte sich in den folgenden Monaten und Jahren noch erheblich verschärfen.

Insgesamt errichtete und unterhielt Continental in Hannover und Umgebung bis Kriegsende neun über das Stadtgebiet verteilte Wohnlager für Zwangsarbeiter. Allerdings gab es wie etwa in Limmer zahlreiche Unterlager, die aber teilweise nur für begrenzte Zeiträume bestanden.[203] Dazu kam ein weiteres Wohnlager, die „Russensiedlung" in Korbach in unmittelbarer Nähe des dortigen Werks. Die Struktur der Belegung und auch die Zahl und Art der Lagerinsassen variierten dabei erheblich. Die Hauptlager an der Büttnerstraße, in der Stehlinger Straße in Stöcken und der Stader Chaussee wiesen jeweils bis zu 1500 Arbeiter unterschiedlicher Nationen auf, in einigen Lagern waren dagegen nur zwischen 100 und 300 Zivilarbeiter untergebracht. In Stöcken bestand etwa zeitweise ein Lager für Polen, später eines für Spanier, außerdem wurde dort auch das erwähnte Lager für kriegsgefangene Franzosen geführt. In der Alemanstraße waren zunächst Zivilarbeiter, dann aber vor allem italienische Militärinternierte untergebracht, während es ebenfalls an der Stader Chaussee ein eigenes „Ostarbeiterlager" für Männer mit ca. 600 bis 800 Lagerbewohnern gab, in Limmer in der Wunstorferstr. dagegen ein nur für Ostarbeiterinnen errichtetes Lager.[204] Für beide „Russenlager" galten seit Oktober 1942 aus Sicherheitsgründen eigene Decknamen – das erste wurde als Lager Braunsberg geführt, das zweite als Lager Wesselsgarten. Wegen des zeitraubenden Ab- und Antransports der Russen aus dem Lager Braunsberg zum Werk Nordhafen gab es im Februar 1944 Pläne, dort ein eigenes Russenlager einzurichten.

Je nach Belegung des Lagers änderten sich auch die Zuständigkeiten, zumindest bei der Überwachung, die im Fall der Unterbringung von Kriegsgefangenen vom Werkschutz auf die Wehrmacht überging. Die Fluktuation innerhalb wie zwischen den Lagern war dabei erheblich. Der französische Zwangsarbeiter

---

202 Vgl. Notiz Garbe vom 16.11.1942, in: ebd.

203 Die Standorte waren: Alemanstraße, Büttnerstraße, Halkettstraße, Limmer, Rosengarten, Stader Landstraße, Stelinger Landstraße, Stöcken/Nordhafen, Welfengarten. Vgl. Schreiben Continental an die Stadt Hannover vom 13.4.1949, in: Ordner Zwangsarbeit, ohne Signatur; Schreiben Continental an den Stadtkämmerer vom 3.6.1949, in: ebd.

204 Vgl. eine Zusammenstellung und versuchte quantitative wie nationenspezifische Zuordnung durch Anschütz/Heike, die offenbar im Rahmen einer Anfrage an Continental erstellt worden war, in: Ordner Zwangsarbeit; außerdem Notiz der Abt. 6488 betr. Postverkehr der Ostarbeiter vom 30.10.1942, in: ebd.

Paul Destenay machte im Zuge seiner diversen Arbeitsplatzwechsel auch eine regelrechte Odyssee durch die verschiedenen Continental-Wohnlager durch. Zunächst im großen Gemeinschaftslager in Stöcken zusammen mit vielen Fremdarbeitern unterschiedlichster Nationen untergebracht, musste der Franzose im Laufe des Jahres 1942 ins Lager an der Büttnerstraße wechseln; nach dessen teilweiser Zerstörung durch Bombenangriffe mit dutzenden von Toten wurde er wieder in die als sicheres Lager geltenden Wohnbaracken in Stöcken verlegt, ehe er im Juni 1944 in das wegen der dort inzwischen herrschenden schlechten hygienischen Zustände berüchtigte frühere „Russenlager" Lager Reitschule umquartiert wurde, wo „Westarbeiter" keine Vorrechte genossen und es auch offenbar regelmäßige Lagerappelle gab.[205] Unter den Zwangsarbeitern gab es dort auch Kollaborateure, die sich in der Lagerverwaltung „nützlich" machten und Teil des Überwachungs- und Kontrollsystems wurden.[206] Nach neuen Bombenangriffen und Lagerschäden „wohnte" Destenay im Februar 1944 inzwischen im vierten Stock in einem Gebäude des Werks Vahrenwald, wo in einem vormaligen Gummilager provisorische Unterkünfte eingerichtet worden waren. Kurz vor Kriegsende wechselte er dann wieder in das Lager in Stöcken.

Zu der Unübersichtlichkeit des Lagersystems trug bei, dass ein Teil der Lager nicht ausschließlich unter Regie von Continental betrieben und verwaltet wurden, sondern gemeinsam von mehreren Firmen organisiert wurden, die sich seit November 1942 in der „Lagergemeinschaft Hannover e. V." zusammengeschlossen hatten. Insgesamt etwa 170 Unternehmen verwalteten dabei „Belegungsmöglichkeiten" für ca. 10 000 Arbeitskräfte und teilten sich den finanziellen wie organisatorischen Aufwand des immer schwieriger werdenden „Lager-Managements".[207] Das in den ehemaligen Räumen der Mechanischen Weberei Ravensberg in der Stader Chaussee 41 errichtete Ostarbeiterlager etwa war zunächst als Gemeinschaftslager einer Anzahl hannoverscher Firmen errichtet und organisiert worden, seit September 1942 jedoch war das Lager in eigene Regie der Continental übergegangen und firmierte nun verwaltungsmäßig als „Russenlager" mit eigener Continental-Kostenstellennummer.[208] Continental besaß in der Lagergemeinschaft eine dominierende Rolle, Finanzvorstand Franz war zumindest bis Ende 1943 deren Vorsitzender. Im Juni 1943 herrschten dort jedoch offenbar chaotische Zustände, denn Franz informierte seine Kollegen im Continental-Vorstand darüber, dass „entweder die Continental sich von der

---

205 Vgl. Destenay, Babel, S. 153 ff.
206 Vgl. ebd., S. 184.
207 Vgl. Anschütz/Heike, Feinde im eigenen Land, S. 33 ff., sowie die einführenden Bemerkungen von Heike über das Zwangsarbeiterlager Vahrenwald, in: Carbaat, Amsterdam, S. 43 ff.
208 Vgl. Notiz vom 16.9.1942, in: 65910 Zg. 1/70, A 5.

Führung dieser Lagergemeinschaft zurückziehen solle, weil die Verhältnisse in derselben ihrem Ansehen Abbruch tun können, oder aber dass bei Verbleiben von Herrn Franz als Vorsitzender die Geschäfte der Lagergemeinschaft wenigstens solange es notwendig ist und soweit leitende Stellungen in Frage kommen, durch die Continental zu erfolgen haben, da nur auf diese Weise Gewähr für die zu schaffende Ordnung gegeben sei."[209] Zudem machte Franz sein Verbleiben in der Führung der Lagergemeinschaft davon abhängig, „dass Rüstungskommando und Rüstungsinspektion ihm die Plattform für ein ersprießliches Arbeiten geben".[210]

Die rein finanziellen Aufwendungen für die Wohnlager waren für Continental eher gering (vgl. Tabelle 20). In den Bilanzen tauchen die Kosten für Unterkunft und Verpflegung sowie Bekleidung mit zunächst 141 000 RM (1942) auf, dem allerdings bis 1944 eine erhebliche Steigerung auf über 600 000 RM folgte. Allerdings wurden den Zwangsarbeitern pro Kopf und Tag 0,50 RM (Russen) bzw. 0,75 RM (übrige Ausländer) für Miete und eine RM für Verpflegung vom Lohn abgezogen.

Tab. 20: Bilanzielle Aufwendungen im Zusammenhang mit dem Zwangsarbeitereinsatz

Jahr	Unterkunft und Verpflegung im Russenlager	Unterkunft und Verpflegung für in der Lagergemeinschaft untergebrachte Ausländer	Unterkunft und Verpflegung für italienische Militärinternierte	Bekleidung für ausländische Arbeiter
1942	140 824 RM	---	--	739 RM
1943	287 906 RM	63 412 RM	--	23 808 RM
1944	329 756 RM	226 055 RM	47 495 RM	--

Quelle: WP-Berichte 1942 bis 1944, Anlage 4, in: CUA, 6630, Zg. 1/56, A 33, Bd. 10 ff.

Zumindest in den größeren Lagern gab es auch einen eigenen Lagerarzt. Der dafür 1942 nicht nur wegen seiner früheren Tätigkeit als praktischer Arzt in Kosmanos bei Prag, sondern auch wegen seiner Beherrschung einer Vielzahl osteuropäischer Sprachen im Lager Büttnerstraße eingestellte tschechische Arzt Dr. Gregor Masyk bescheinigte später Hauptbetriebsobmann Jahns, dass dieser ihn vor allem in der medizinischen wie hygienischen Versorgung immer unterstützt habe und unter anderem für kranke und bedürftige Ausländer extra Milchrationen besorgt habe.[211] Tatsächlich hatte der Direktor des hannoverschen Gesundheitsamtes Ende Juni 1942 den sanitären Einrichtungen für aus-

---

209 Protokoll der Vorstandssitzung vom 17.6.1943, in: CUA, 6603 Zg. 3/85, A 3.
210 Protokoll der Vorstandssitzung vom 17.7.1943, in: ebd.

ländische Arbeiter „und besonders für Zivilrussen" bei Continental einen Inspektionsbesuch abgestattet und sich dabei vor allem anerkennend über die mustergültige neue Entlausungsanstalt in Limmer geäußert.[212] Auch die Werksküchenanlagen in Limmer lobte der Gesundheitsbeamte, nach den neuesten Vorschriften musste dabei künftig das ausländische Küchenpersonal, in diesem Fall Franzosen und Belgier, halbjährlich auf Typhusbazillen untersucht werden. „In der russischen Frauenbaracke in Limmer und in der russischen Männerbaracke in der Büttnerstraße überzeugte sich der Obermedizinalrat durch zahlreiche Fragen vom Wohlergehen der Insassen", hieß es dazu in der Notiz Garbes. „Zur Ausstattung der Stuben bemerkte Dr. Miesbach wörtlich, er hätte noch nichts Ähnliches gesehen, was so zweckmäßig und großzügig sei."[213] Im Anschluss ermahnte der Gesundheitsamtsleiter die verantwortlichen Lagerführer und -führerinnen vor der Gefährlichkeit des Fleckfiebers, verbunden mit der Ankündigung, dass bei Auftreten von Seuchen die Kranken künftig in den Revierstuben des Lagers behandelt werden mussten. Aufnahmen in Krankenhäusern sollten nicht mehr erfolgen. Ebenso waren bei Fliegerangriffen sämtliche Schwer- und Leichtverletzte im Lager zu behalten. In den Krankenhäusern würden nur noch deutsche Volksgenossen untergebracht.

Continental bekam damit zumindest zu diesem Zeitpunkt gleichsam amtlich bestätigt, dass bei der Unterkunft und Versorgung „seiner" Fremdarbeiter vorbildliche Zustände herrschten, und da die Aktennotiz nur für den internen Zweck verfasst und allein an Produktionsvorstand Weber zur Kenntnisnahme gegangen war, war deren Inhalt auch nicht von propagandistischem Duktus durchdrungen, sondern spiegelte die tatsächliche Sichtweise des Ausländerbüro-Leiters von Continental wider. Im Prinzip waren Unterkunft und Verpflegung der Ausländer in den bereits oben erwähnten „Grundsätzen für die Behandlung" genau geregelt, angefangen von der allgemeinen Lagerordnung bis zur Ausgabe von Lebensmittelkarten, der Zuteilung von Seifen und Rauchmitteln bis hin zur Beschaffung von Bezugsscheinen für Spinnstoffe und Schuhwaren.

Infolge der wachsenden Überbelegung der Lager sollten sich aber die hygienischen Zustände ebenso wie die Verpflegungssituation bald verschlechtern. Darauf deutet nicht zuletzt hin, dass in einer Liste der in den Continental-Lagern an Krankheiten gestorbenen Zwangsarbeiter von den dort aufgeführten 35 Fällen die überwiegende Mehrheit an Tuberkulose und Lungenentzündung

---

211 Vgl. Schreiben Masyk an den Betriebsarzt von Continental vom 16.1.1947, in: NLA HA Nds. 171 Hannover, Nr. 20322. Zu Masyk vgl. auch CUA, 6621 Zg. 1/2001, A 4.
212 Vgl. Aktennotiz Garbes über den amtlichen Besuch vom 25.6.1942, in: CUA, 6525 Zg. 1/65, A 1,1.
213 Ebd.

gestorben war und auch ein Fall von Typhus vermerkt wurde.[214] Die Hälfte der Gestorbenen waren zudem Ostarbeiter, die generell und offenbar auch bei Continental schlechteren Bedingungen ausgesetzt waren. Bei der Ausstattung der Lager und der Versorgung der Insassen mischten sich allerdings auch vielfach die übergeordneten Behörden ein. Im August 1941 etwa informierte ein Beamter der Vierjahresplanbehörde das Unternehmen, dass Kriegsgefangenen und ausländischen Arbeitskräften – die damit bemerkenswerterweise gleichgestellt wurden – aufgrund einer neuen Verordnung nur je eine Wolldecke und eine Grobgarndecke überlassen werden durfte und Continental daher aufgefordert wurde, die bereits als Barackeneinrichtungsgegenstand zugeteilten 576 Wolldecken nur für die deutschen Arbeitskräfte zu verwenden.[215]

Faktisch bestanden jedoch dennoch für das Unternehmen zahlreiche Möglichkeiten, unter Missachtung oder Umgehung der offiziellen Verordnungen für eine Verbesserung der Verpflegung wie Versorgung der Zwangsarbeiter zu sorgen. Inwieweit diese wahrgenommen wurden, lässt sich jedoch nicht mehr feststellen. Wilhelm Garbe ließ sich später in seinem Entnazifizierungsverfahren von Entlastungszeugen bestätigten, dass er sich insbesondere für die Ostarbeiter eingesetzt und manche Verbesserung ihrer Lebens- und Arbeitsbedingungen erreicht habe.[216] Selbst bei Urlaubssperren für Ausländer habe er zudem Beurlaubungen in die Heimat durchgesetzt, selbst auf das Risiko, dass mit ihrer Rückkehr nicht zu rechnen war. Garbe sei auch der einzige der leitenden Herren gewesen, der den Mut hatte, Jahns und seinem politischen Führerkorps entgegenzutreten, und sei deshalb oft mit diesem in Konflikt geraten. Das war der übliche Duktus der Persilscheine, aber vieles spricht dafür, dass sich Garbe als Leiter des Ausländerbüros und Arbeitseinsatzingenieur nichts zuschulden hatte kommen lassen und das schwierige Management der Ausländerunterkünfte so gut es ging und korrekt entsprechend der amtlichen Vorschriften zu bewältigen versuchte.

Aus den Erinnerungen von Henk Carbaat geht hervor, dass die westeuropäischen Zwangsarbeiter durchaus viele Freiheiten bei den Ein- und Ausgangszeiten im Lager genossen und einige, wenn sich anderweitig Gelegenheiten fanden, dort nicht regelmäßig übernachteten.[217] Die Fremdarbeiter waren zudem, aus welchen Quellen auch immer, erstaunlich gut über die jeweiligen politischen und militärischen Entwicklungen informiert, auch wenn die Nachrichten aus offiziellen und von deutschen Stellen extra für die Fremdarbeiter herausge-

---

214 Vgl. die Zusammenstellung vom 9.6.1949, in: Ordner Zwangsarbeit, ohne Signatur.
215 Vgl. das Schreiben vom 29.8.1941, in: CUA, 65910 Zg. 1/70, A 1,4.
216 Vgl. Zeugenaussage Wiehe vom 28.10.1946, in: NLA HA Nds. 171 Hannover Nr. 50919.
217 Vgl. Carbaat, Amsterdam, S. 65 ff.

gebenen Zeitungen wie die unter den französischen Arbeitern weit verbreitete und im Lager offenbar regelmäßig verteilte „L'echo de Nancy" stammten.[218] Die oft laxe Behandlung beim Lagerleben wie auch im Arbeitseinsatz konnte jedoch unvermittelt in existenzielle Bedrohungen, Schikanen durch die Lagerleitung, Gestapoverhaftung und Arbeitslager-Einweisung umschlagen. Henk Carbaat entging mehrmals nur knapp und durch Zufall solchen Sanktionen.

Eine zentrale Rolle spielten dabei die jeweiligen Lagerführer. Je nach Größe gab es einen Lagerführer mit einem oder mehreren Stellvertretern bzw. Unterlagerführern; die Überwachung und Kontrolle übten hauptamtliche Werkschutzleute des Unternehmens aus. Bereits im Dezember 1941 beantragte Jahns bei Könecke für die zu diesem Zeitpunkt sechs Lagerführer bzw. eine Lagerführerin aufgrund ihrer „unermüdlichen Tätigkeit" und „großen Opferbereitschaft" auch außerhalb ihrer Dienststunden eine einmalige Sonderzahlung von 30 RM, die Könecke auch bewilligte.[219] Die Lagerführer übten dabei je unterschiedlich ihre Leitungs- und Kontrollfunktionen aus. Destenay berichtet, dass es in einem der Lager öfter vorkam, dass der stellvertretende Lagerführer die Pakete für die Zwangsarbeiter mit Lebensmitteln und anderem aus der Heimat öffnete oder insgesamt stahl; zugleich erwähnt er aber an anderer Stelle die Herstellung und Verwendung gefälschter Lebensmittelkarten, offenbar ein häufig praktiziertes Verhalten, das, vom Lagerführer entdeckt, außer dem ernsten Hinweis auf das potenziell hohe Strafrisiko ohne weitere Sanktionen blieb.[220] Auch die von Zwangsarbeitern ebenso häufig praktizierte Strategie der Arbeitsverweigerung durch Krankschreibungen scheint in den Continental-Lagern funktioniert zu haben.

Doch es gab auch schwarze Schafe unter den Lagerleitern, allen voran der ab September 1941 zum Oberlagerführer sämtlicher Continental-Wohnlager aufgestiegene und direkt Jahns unterstellte Wilhelm Busch. Seit 1931 als Vulkansierer und Stoffstreicher bei Continental und bis 1933 auch SPD-Mitglied, war Busch im Mai 1935 in die NSDAP eingetreten und im April 1940 zunächst zum Lagerführer in einem der ersten Ausländerlager ernannt worden, wodurch er auch ins Angestelltenverhältnis aufstieg.[221] Von Busch werden mehrere Fälle von Übergriffen und Misshandlungen an Zwangsarbeitern berichtet. In einer Baracke, so lautete einer der Vorwürfe, verprügelte er zwei Italiener derart, dass ihnen das Blut aus der Nase floss, und drohte den übrigen Anwesenden des

---

218 Vgl. u. a. Destenay, Babel, S. 86.
219 Vgl. das Schreiben vom 1.12.1941, in: NLA HA Nds. 171 Hannover Nr. 50919.
220 Vgl. Destenay, Babel, S. 111 und 207.
221 Vgl. die Angaben in der Entnazifizierungsakte von Busch, NLA HA Nds. 171, Hannover-IDEA, Nr. 9618.

Vorfalls dasselbe. In einem anderen Fall brüstete er sich selbst gegenüber den Lager- und Unterlagerführern damit, dass er sich einen Belgier „gestern Abend vorgenommen" habe. Man habe die Türe fest verschlossen und diesen dann „fertiggemacht".[222] Das Verhalten des Hauptlagerführers war offenbar weithin bekannt und sorgte dafür, dass sich sogar Hauptbetriebsobmann Jahns zu einem Eingreifen gezwungen sah. Zeugen berichteten jedenfalls von einer lautstarken Zurechtweisung Buschs durch Jahns, „weil letzterer ausländische Arbeiter geschlagen hatte."[223] Irgendwelche Sanktionen oder gar eine Abberufung als Hauptlagerleiter erfolgten jedoch nicht, und Busch selbst brüstete sich noch in seinem Entnazifizierungsfragebogen damit, dass er eine besondere Eignung zur Menschenführung habe.[224]

Infolge der Zerstörungen durch den Luftkrieg geriet jedoch die bereits schon prekäre Lagerstruktur der Continental völlig aus den Fugen und brach zusammen. Im Oktober 1943 etwa war das Lager Steinfeld total zerstört worden, so dass die dortigen Insassen in Fabrikräumen der Werkes Limmer untergebracht werden mussten, die Männer in Gebäude III/4. Stock, die Frauen in Gebäude 17/3. Stock. Die Lager im Werk Nordhafen wurden bereits erwähnt, und als nach weiteren schweren Luftangriffen Anfang 1945 auch die Wohnlager Braunberg, Büttnerstraße und Rosengarten total zerstört wurden, erfolgten auch Belegungen von Fabrikräumen im fünften und siebten Stock des Hauptwerkes in Vahrenwald.[225] Anstatt in Wohnlagern hauste ein Großteil der Zwangsarbeiter inzwischen innerhalb der Werke und damit praktisch direkt neben oder in den Produktionshallen. Continental rechnete dabei nicht nur die bei den Zerstörungen aufgetretenen Sachschäden beim städtischen Kriegssachschädenamt ab, sondern dort wurden auch die akribisch von den jeweiligen Continental-Lagerleitungen registrierten vernichteten Habseligkeiten der Zwangsarbeiter aufgenommen und entsprechende Entschädigungen ausgezahlt.[226] Die nach der Zerstörung des Lagers Steinfeld nahe des Werks Limmer im Oktober 1943 eingereichten Entschädigungsanträge zeigten dabei, dass bei den Angriffen durchaus erheblicher persönlicher Besitz vernichtet wurde, insbesondere Bekleidung und auch Schmuck, der zum Teil über 1000 RM ausmachte. Die tatsächlich vom Kriegssachschädenamt nach Prüfung erfolgten Entschädigungszahlungen betrugen mit Summen zwischen 150 und 450 RM al-

---

222 Aktennotiz mit Zeugenaussagen im Entnazifizierungsverfahren vom 23.9.1947, in: ebd.
223 Ebd.
224 Vgl. Aussage Busch vom 28.8.1947, in: ebd.
225 Vgl. die Angaben der Continental-Verwaltung vom 6.6.1945 betr. Sicherstellung von Vermögenswerten, in: Ordner Zwangsarbeit, ohne Signatur.
226 Vgl. den Schriftwechsel mit dem Kriegssachschädenamt in: Stadtarchiv Hannover, Kriegssachschädenamt Nr. 6163.

lerdings nur einen Bruchteil davon.[227] Auffälligerweise waren unter den Antragstellern und damit auch Entschädigten nur Westarbeiter; Ostarbeiter waren von den Entschädigungen offenbar ausgeschlossen. Für Ostarbeiter, die von den Lagerzerstörungen betroffen worden waren, stellte Continental aus eigenen Beständen die notwendigen Kleidungsstücke, verrechnete diese jedoch ihrerseits inklusive 0,52 RM pro Paar Fußlappen als Ausgaben gegenüber dem Kriegssachschädenamt.[228]

3 Leistungssteigerungen, betriebliche Sozialpolitik und Arbeitsbedingungen: Versuche zur Formierung einer neuen Betriebsgemeinschaft

Die Bemühungen zur Integration der Zwangsarbeiter in die Produktionsabläufe waren nur ein Teil der Maßnahmen der Unternehmensführung von Continental, die Gesamtbelegschaft des Unternehmens vor dem Hintergrund des gewaltigen Zustroms an Ausländern und dem gleichzeitigen Verlust von innerem Zusammenhalt der deutschen Arbeiter- und Angestelltenschaft zu verstärkten Arbeitsleistungen zu bringen, um die Kriegsproduktionsvorgaben erfüllen zu können. Dazu wurde eine Mischung aus Anreiz- und Identifikationssystemen wie Lohn, Auszeichnungen und betriebliche Sozialpolitik sowie Sanktionsmechanismen und Leistungsvorgaben, insbesondere auch durch ständige Ausweitung der Arbeitszeiten, eingesetzt. Das Prekäre der Entlohnung war allerdings, dass durch die nationalsozialistische Lohnstoppverordnung etwaigen Steigerungen prinzipiell eine Barriere vorgeschoben war, die nur durch Akkordzulagen abhängig von Leistungssteigerungen zu durchbrechen war, wobei hier die deutschen Arbeiter von den Leistungen der in der Abteilung und Produktionsgruppe mitbeschäftigten Fremdarbeiter abhängig waren. Der Tariflohn eines einfachen Gummiarbeiters bei Continental betrug 66,5 Pfg./Std., im Akkordlohn 76,8 Pfg., wozu allerdings Leistungszulagen von durchschnittlich 0,57 Pfg. kamen, so dass die Durchschnittsstundenlöhne 1941 bei 1,15 RM lagen; ein qualifizierter Reifenwickler oder ein Handwerker kam im Durchschnitt auf 1,20 RM pro Stunde und mehr.[229] Frauen wurden dabei, wie erwähnt, trotz gleicher Arbeitsleis-

---

227 Vgl. Stadtarchiv Hannover, Kriegssachschädenamt Nr. 376, Nr. 2607, Nr. 5770 und Nr. 2581.
228 Vgl. ebd., Nr. 6162.
229 Vgl. die Statistik der Lohnabteilung zur Entwicklung der Durchschnittsverdienste zwischen 1933 und 1942 vom 24.3.1943, in: CUA, 6525 Zg. 1/65, A 19. Vgl. auch ADM, CIOS-Report File 23-1, S. 8 f.

tung bis zu 60 Prozent schlechter bezahlt. Bei Continental betrug der Durchschnittsverdienst einer Arbeiterin 71,6 Pfg. Selbst un- und angelernte (männliche) Arbeitskräfte verdienten mit 0,80 RM bzw. 1,05 RM/Std. noch deutlich mehr.

Zudem gab es deutliche Unterschiede zwischen den Werken und eine Differenzierung zwischen Hauptbetrieben (Vorbereitende und Fabrikations-Betriebe) und Hilfsbetrieben (Rohmaterial-Lager, Transport-Abteilung, Kraftfahrer und Feuerwehr sowie Verwaltungs-Abteilungen, krafterzeugende Betriebe, technische Betriebe und Instandhaltung). Die in Letzteren Beschäftigten erhielten ca. acht bis neun Prozent niedrigere Löhne. An der Spitze der Verdienste unter den Werken stand interessanterweise nicht etwa das Hauptwerk, sondern das Werk Limmer, in dem ein Facharbeiter 1942 im Durchschnitt 118,1 Pfg./Std. erhielt, was fünf Prozent über dem Lohnsatz in Vahrenwald lag. Im Werk Nordhafen kam ein männlicher Gummiarbeiter auf 103,3 Pfg./Std. und das Werk Korbach lag, da einem anderen, vielfach ländlich geprägten Tarifbezirk zugehörend, mit 94,2 Pfg./Std. deutlich am Ende der Skala.[230] Diese Entwicklung, die auch Ergebnis der nicht einheitlichen Verwaltungspraxis des Reichstreuhänders war, widerstrebte den Bemühungen der Lohn- und Personalabteilung, im Interesse der Gesamtbelegschaft unter anderem bei zwischenbetrieblichen Versetzungen einen einheitlichen „Conti-Lohn" für Arbeiter bzw. entsprechend für Angestellte durchzusetzen.[231] Im Mai 1941 etwa hatte der Vertrauensrat gegenüber Könecke über Unstimmigkeiten in der Autofabrik wegen der Übergangsbezahlung bei kriegsbedingten Versetzungen berichtet.[232] Überhaupt gab es offenbar zu diesem Zeitpunkt in vielen Abteilungen erhebliche Unruhe unter der Belegschaft aufgrund von Bezahlungsregelungen, die in deutlichen Reklamationen einzelner Vertrauensräte auf den gemeinsamen Sitzungen mit Könecke mündeten. Die Zwischenleinenzentrale etwa war die einzige Abteilung, in der die mit Abstand niedrigste Lohnklasse gezahlt wurde, daneben monierten auch die Packer am Banbury ihre Verdienste. Sie mussten alle 8 bis 10 Minuten 200 kg packen, bei einem Verdienst von 1,04 RM, was im Verhältnis zu den übrigen Verdiensten im Mischsaal deutlich weniger war.[233] Reklamiert wurde auch die Bezahlung der Männer am Buna-Abbauschrank, die dort einspringen mussten, wenn von den eigentlich dort beschäftigten Frauen welche fehlten. Der Verdienst betrug 0,96 RM/Std., wogegen diese Arbeiter an ihren eigentlichen Arbeitsplätzen zwi-

230 Vgl. ebd.
231 Vgl. Schreiben Liesegang an den Reichstreuhänder vom 5.12.1942, in: NLA HA Hann. 275, Nr. 571.
232 Vgl. Protokoll der Vertrauensratssitzung vom 9.5.1941, in: CUA, 6610 Zg. 1/57, A 20.
233 Vgl. Protokoll der Vertrauensratssitzung vom 9.7.1941, in: ebd.

schen 1,15 und 1,18 RM/Std. verdienten. Eine eigene Versetzungsregel, die den jeweiligen Arbeitern ihre ursprünglichen Verdienste garantierten, versuchte dem Abhilfe zu verschaffen.

Es galten generell zum Teil gravierende Unterschiede zwischen Arbeitern und Angestellten. Bis Ende April 1941 etwa war es für Letztere möglich, durch Arbeitsplatzwechsel höhere Gehaltsstufen zu erreichen und damit die Lohnstoppbestimmungen zu umgehen. Für betriebstreue Arbeitskräfte dagegen waren Lohn- und Gehaltserhöhungen ausgeschlossen. Von den seitdem verschärften Bestimmungen zur Lohnstoppverordnung, die auch diesen Möglichkeiten einen Riegel vorschoben, war auch Continental betroffen, aber dort hatte man mit einem geschickten Schachzug vorher noch bei einem Großteil der kaufmännischen und technischen Angestellten umfangreiche Gehaltserhöhungen zur Durchführung gebracht. Könecke verkündete Anfang Juli 1941 in einem Rundschreiben:

> Es ist uns durch Vorlage eines umfangreichen kaufmännischen und technischen Berufsbildes mit internen, über die tarifliche Gebarung hinausgehenden Bezahlungsrichtlinien gelungen, den Reichstreuhänder der Arbeit für das Wirtschaftsgebiet Niedersachsen davon zu überzeugen, dass diese Bezahlungsrichtlinien durch die Unzulänglichkeit des Tarifs notwendig waren, seit geraumer Zeit Anwendung gefunden haben und dadurch betriebsüblich geworden sind. Wir haben infolgedessen trotz der verschärften Lohnstoppverordnung die Genehmigung erhalten, diese Bezahlungsrichtlinien [auch künftig] zur Anwendung zu bringen.[234]

Damit hatte man vermieden, dass jede einzelne Gehaltserhöhung im Detail – etwa aufgrund der Erweiterung des Aufgabengebietes, verbunden mit größerer Verantwortung – gegenüber dem Reichstreuhänder begründet werden musste. Auch danach gelang es der Personal- und Lohnabteilung, bei dem Reichstreuhänder die eine oder andere Sonderregelung für Beschäftigte zu erreichen, wie etwa im Dezember 1943 mit einer Ausnahmegenehmigung zur Entlohnung des Werkschutzes und dessen Gleichstellung in der Bezahlung mit der Werksfeuerwehr.[235]

Ein nach wie vor hochsensibler und für die Arbeitsmotivation wichtiger Bereich war die Zuteilung der außertariflichen Gratifikationen. Insgesamt schüttete das Unternehmen 1941 dafür 1,518 Mio. RM aus, wobei davon allerdings die Angestellten und vor allem auch die Geschäftsführer, Prokuristen und der Vorstand selbst deutlich mehr profitierten als die große Masse der Lohnempfänger. Während die Angestellten durchschnittlich 213,5 RM an Gratifikation erhielten,

---

234 Schreiben Köneckes vom 4.7.1941, in: Ordner Personal der Hannoverschen Werke, Bd. 3.
235 Vgl. Schreiben der Personalabteilung an das Arbeitsamt Hannover vom 6.10.1943 und Schreiben des Treuhänders vom 13.12.1943, in: HA Hann. 275, Nr. 571.

entfielen auf jeden Lohnempfänger nur 61,4 RM.[236] Gefolgschaftsmitglieder, die einen KZ-Aufenthalt hinter sich hatten oder durch häufige Bummelei aufgefallen waren, erhielten jedoch, wie Könecke im November 1942 gegenüber dem Vertrauensrat betonte, keine Gratifikation.[237] Zur Begründung legte er eine Liste von 17 Beschäftigten vor, die im laufenden Jahr 100 und mehr Tage unentschuldigt gefehlt hatten.[238] Die leitenden Angestellten wie Riehm oder Garbe kamen auf 4000 bis 5000 RM Jahresgratifikation.[239] Bei Finanzvorstand Franz machten die Gratifikationen bzw. Tantiemen 1943 dagegen über 53 000 RM aus, Generaldirektor Könecke strich sogar knapp 65 000 RM ein.[240]

Die Tantiemenregelung, aber auch eine Erhöhung der Vorstandsbezüge – explizit ohne Genehmigungseinholung beim Treuhänder – sowie weitreichende Versorgungszusagen für die Vorstandsmitglieder hatten den Aufsichtsrat bereits seit Herbst 1940 intensiv beschäftigt. Beharrlich hatte Könecke eine angemessene Erhöhung der Vorstandsgehälter auf das in anderen kriegswichtigen Branchen und Großunternehmen geltende Niveau gefordert, verbunden mit im Zuge des Bombenkriegs vehement vorgetragenen Forderungen nach Versorgungszusagen bei Ausscheiden oder für die Angehörigen im Todesfall.[241] Der Aufsichtsrat verschloss sich den Gehaltswünschen des Vorstands nicht, hatte jedoch Zweifel an dessen Argumentation, dass Vorstandsgehälter nicht der Lohnstoppverordnung unterlagen und daher problemlos vorgenommen werden konnten.[242] Es wurde daher unter anderem erwogen, Vorstandsmitglieder in den Beirat bzw. Aufsichtsrat einer der Beteiligungs- und Auslandsgesellschaften zu entsenden und damit eine zusätzliche Vergütung zu ermöglichen. Schließlich fand man aber auch durch Neufassung sämtlicher Vorstandsverträge zum Jahresende 1942 Möglichkeiten, die Bezüge Köneckes und seiner Kollegen zu erhöhen, obwohl prinzipiell inzwischen die zweite Durchführungsverordnung der Dividendenabgabeverordnung auch eine Verringerung der Vorstandstantiemen bedeutete.[243] Der Aufsichtsrat von Continental jedenfalls hatte im Laufe des

---

236 Vgl. die statistische Aufstellung für 1940 und 1941 vom 30.12.1941, in: Ordner Korrespondenz mit dem Aufsichtsrat.

237 Vgl. Protokoll der Vertrauensratssitzung vom 25.11.1943, in: CUA, 6610 Zg. 1/57, A 20.

238 Vgl. dazu schon Protokoll der Vertrauensratssitzung vom 12.12.1941, in: ebd.

239 Vgl. die Liste mit den „Einkommensbezügen der 100 höchstbezahlten Herren" vom 16.2.1942, in: Ordner Personal der Hannoverschen Werke.

240 Vgl. Personalakte Franz und Personalakte Könecke, in: Registratur Personalabteilung.

241 Vgl. u. a. Schreiben Uebel an Rösler vom 27.11.1940, in: BArch R 8119 F/P 02141, sowie vor allem Uebel an Rösler vom 10.8.1943, in: ebd.

242 Vgl. die Debatte im Brief Uebel an Rösler vom 18.11.1941, in: ebd.

243 Vgl. Schreiben Uebel an Rösler vom 9.12.1942, in: BArch R 8119 F/P 02141, sowie die entsprechenden Verträge – Könecke erhielt zuletzt noch zum 1.7.1944 einen weiteren Vertrag mit höherer Dotierung – in der Personalakte Köneckes, in: Registratur Personalabteilung. Zu den

Krieges eine deutliche Schrumpfung seiner Jahrestantiemen hinnehmen müssen. 1941 hatte Uebel als Aufsichtsratsvorsitzender noch über 63 000 RM erhalten, Georg von Opel und Geheimrat Dr. von Opel je 31 000 RM; im Jahr darauf waren es nur noch 25 800 bzw. 12 900 RM.[244]

Der wesentliche Hebel zur Leistungssteigerung war jedoch nicht über Löhne und Gehälter erfolgt, sondern durch die sukzessive Erhöhung der Arbeitszeit. War bei Beginn der Krieges aufgrund des vorübergehenden Beschäftigtenrückgangs die Arbeitszeit von 48 Std./Woche auf 43,5 Std. herabgesetzt worden, so erfolgte Mitte März 1940 wieder die Erhöhung auf das alte Niveau, da, wie Könecke in einem Rundschreiben begründete, beim Arbeitsamt schlecht Forderungen nach Zuweisung dienstverpflichteter Arbeitskräfte geltend gemacht werden konnten, während man allgemein bei Continental noch an der 43,5-Std.-Woche festhalten wollte.[245]

Mit der Arbeitszeitdisziplin gab es allerdings Probleme. Ende Dezember 1941 beschwerte sich Könecke gegenüber dem Vertrauensrat, dass wiederholte Beobachtungen ergeben hätten, eine ganze Anzahl von Gefolgschaftsmitgliedern verlasse vorzeitig den Arbeitsplatz bzw. die Fabrik, und daher ab sofort verschärfte Kontrollen an den Fabrikausgängen durchgeführt würden.[246] Eine Stichprobe des für den Arbeitseinsatz in der Autoreifenfabrik zuständigen Ingenieurs für den 24. März 1941 ergab, dass von der 1491 Personen umfassenden Gesamtbelegschaft der Abteilung 12,8 Prozent oder 191 Arbeiter als krank oder in Urlaub gemeldet waren, um 6 Uhr zur ersten Schicht aber nur ca. 500 angetreten waren, d. h., 50 Prozent fehlten. Selbst um 8 Uhr fehlten noch 93 Beschäftigte, d. h. 10,2 Prozent. „Die Heizung hatte bis 8 Uhr noch keinen Dampf!", notierte der Ingenieur unter dieser für die Unternehmensleitung niederschmetternde Statistik.[247] Vergleicht man diese Erhebung mit einer weiteren Stichprobe zum Belegschaftsbestand in der Reifenfabrik am 27. und 28. Oktober 1943, so zeigt sich, dass sich die Quote der unentschuldigt Fehlenden noch vergrößert hatte.[248] Von den inzwischen dort beschäftigten 1701 Arbeitern fehlten 291 wegen Krankheit oder Urlaub, unter ihnen 114 Ausländer (84 krank bzw. 30 Urlaub). Zur Arbeit erschienen waren 1153 Beschäftigte – 685 deutsche und 468 ausländi-

---

Abmachungen betr. der Versorgungsleistungen an die Vorstandsmitglieder vgl. u. a. Notiz vom 12.1.1943, in: Ordner Schriftwechsel mit dem Aufsichtsrat 1942–1956.
244 Vgl. die Zusammenstellung für 1938 bis 1942 vom 31.3.1943, in: Ordner AR-Vergütungen 1936–1959.
245 Vgl. Schreiben Könecke an Wilkening vom 23.2.1940, in: Ordner Personal der Hannoverschen Werke.
246 Vgl. Protokoll der Vertrauensratssitzung vom 12.12.1941, in: CUA, 6610 Zg. 1/57, A 20.
247 Handschriftliche Zusammenstellung vom 24.3.1941, in: CUA, 6525 Zg. 1/65, A 19.
248 Vgl. zum Folgenden die Zusammenstellung vom 29.10.1943, in: ebd.

sche Arbeiter –, was einer Präsenzquote von 67,8 Prozent entsprach. Ohne Entschuldigung von der Arbeit ferngeblieben waren 244 Männer und Frauen, d. h. 14,3 Prozent, wobei die Mehrheit mit 160 Beschäftigten die Deutschen waren, vor allem 110 deutsche Frauen, während von den Fremdarbeitern 67 Männer und nur 17 Frauen fehlten. Bezogen auf ihren Anteil an der Gesamtbelegschaft der Autoreifenfabrik war die Absentismusquote der Zwangsarbeiter mit knapp 18 Prozent jedoch hoch, wenn man sie nicht in Relation zur Absentismus der Deutschen (23,3 Prozent) setzt, sondern an die hohen Risiken potenzieller Sanktionen für dieses Verhalten denkt. Manchmal steckten hinter den registrierten Fehlzeiten der Fremdarbeiter allerdings auch bloß verwaltungstechnische Abstimmungsprobleme zwischen Wohnlager und Fabrik. Einige Fremdarbeiter waren nicht zur Arbeit erschienen, da sie auf Heimaturlaub waren, was jedoch die Lagerverwaltung den Fabrikabteilungen nicht oder erst auf Nachfrage verspätet gemeldet hatte.[249]

Erhebliche Probleme gab es auch mit der zunehmenden Einführung von Zwei- und Dreischichtbetrieb und damit der Nachtarbeit sowie der zunächst noch nicht generell, sondern von Fall zu Fall angeordneten Sonntagsarbeit. Vor allem der Ausweitung der Nachtarbeit von Frauen standen noch erhebliche restriktive Bestimmungen der Berliner Behörden im Wege, und „ausländische Arbeiterinnen seien", wie Jahns auf der Sitzung des Vertrauensrats im Oktober 1941 polemisch bemängelte, „für die Nachtarbeit überhaupt nicht geeignet."[250] Das war eine Einschätzung, die offenbar auch Könecke teilte, denn er betonte ergänzend dazu seinerseits, „dass es nach den bisher gemachten Erfahrungen unzweckmäßig sei, Frauen aus dem Ausland heranzuziehen; sie verderben mehr als sie nützen."[251] Könecke machte aber noch mehr die Arbeitsmoral bei den angesetzten Sonntagsschichten zu schaffen. Während dazu im Oktober 1941 in den Mischsälen die Arbeiter fast vollzählig erschienen waren, hatte es in anderen Abteilungen, allen voran der Autoreifenfabrik, grobe Disziplinlosigkeiten in Form von hohen Absentismusraten gegeben, und das betraf nicht nur ausländische Arbeiter, sondern offenbar mehr noch die deutschen Belegschaftsmitglieder. Künftig, so kündigte Hauptbetriebsobmann Jahns an, „der ja die Arbeitszeiten sowieso kontrolliert und überwacht", werde man daher den unentschuldigt Fehlenden die Zusatzessensmarken für Schwer- bzw. Langarbeiter entziehen.[252]

---

249 Vgl. Schreiben des Zentralbüros Techn.-Chirurg. an die Abteilung Arbeit vom 29.6.1943, in: CUA, 6590/1 Zg. 1/70, A 5.
250 Protokoll der Vertrauensratssitzung vom 20.10.1941, in: ebd.
251 Ebd.
252 Ebd.

Verbreiteten Unmut gab es immer wieder auch über in den Augen der Arbeiter „unerlaubte und unberechtigte" Akkordsätze und Arbeitswert-Veränderungen.[253] All dies hatte nicht nur Auswirkungen auf die Produktivität, sondern vor allem auch auf die Qualität der Fertigung. Spätestens seitdem die Fertigungs- und Arbeitseinsatzingenieure bemerkt hatten, dass die Reifenfertigung auf der Basis von Buna erheblich geringere Fehlertoleranzen hatte und von den Arbeitern hohe Genauigkeit forderte, wurden in den Werken die Bemühungen zur Qualitätssicherung massiv verstärkt.[254] Man hatte schon genug mit extremen Schwankungen der Fertigungsabläufe aufgrund der Rohstoffversorgung und der Ungleichmäßigkeiten der Mischungen zu kämpfen. Zwischen 10. und 20. April 1942 war man etwa gezwungen gewesen, aufgrund einer plötzlichen Rohgummiverknappung allgemeine Betriebsferien einlegen zu müssen, und hatte die Beschäftigten in Zwangsurlaub geschickt. Was während dieser Zeit mit den Zwangsarbeitern geschah, ist unklar. Vermutlich wurde ein Großteil ebenfalls beurlaubt, oder aber, wie Könecke in der Vertrauensratssitzung vorgeschlagen hatte, für Barackenbauarbeiten und andere Instandhaltungsarbeiten in den Werken eingesetzt.

Wie auch immer, die Maßnahmen zur Kontinuität und Verbesserung der Arbeitsabläufe zeigten durchaus Erfolg. Schon Anfang 1941 gelang es etwa, den Prozentsatz fehlerfreier Flugzeugreifen, der im Durchschnitt des Jahres 1940 bei 82,6 Prozent lag, auf über 90 Prozent zu steigern.[255] Liest man die Wochenberichte der „Planabteilung Reifen", die in der Autoreifenfertigung für die regelmäßige Kontrolle der Soll- und Ist-Produktion und der Suche nach möglichen Gründen für deutliche Abweichungen zuständig war, so zeigt sich eine Vielzahl von Faktoren, die auf die Produktionsentwicklung einwirkten: In den ersten vier Lohnwochen des Jahres 1941 etwa klaffte eine Lücke von 20 bis 25 Prozent zwischen den Anforderungen der Reichsstellen und der tatsächlichen Fertigung. In der einen Abteilung fehlten eingearbeitete Leute, in anderen mussten wegen Verarbeitungsschwierigkeiten Rezeptänderungen vorgenommen werden, dazu kam eine insgesamt überdurchschnittlich hohe Krankenziffer von sieben Prozent – in der Fahrradschlauchabteilung mit einem hohen Frauenanteil lag sie sogar bei 20 Prozent – und dann waren auch noch von den 65 in der Autoabteilung befindlichen ausländischen Arbeitern 20 Slowaken und fünf Holländer

---

253 Vgl. die Aktennotiz Riehms über eine entsprechende Beschwerde vom 21.7.1942, in: Ordner Personal der Hannoverschen Werke, Bd. 3.

254 Vgl. etwa die Aktennotiz der Reifen-Chemie-Abteilung vom 23.8.1944, in: CUA, 6525 Zg. 1/ 65, A 4.

255 Vgl. Notiz der Autoreifenfabrik an Weber vom 17.11.1941, in: CUA, 6525 Zg. 1/65, A 19, sowie bereits zur Qualität der produzierten Reifenarten im Januar 1941 den Wochenbericht der Werksleitung vom 1.2.1941, in: CUA, 6525 Zg. 1/65, A 1,1.

aus dem Weihnachtsurlaub nicht zurückgekehrt.[256] Vor dem Hintergrund, dass die Behörden dem Unternehmen innerhalb des kommenden Jahres eine Produktionssteigerung von 90 Prozent verordnet hatten, trieb dies den Arbeitszeit-Ingenieuren erhebliche Sorgenfalten auf die Stirn.[257] Später sorgte dann der oft unvermittelte Einzug von eingearbeiteten und erfahrenen Reifenwicklern zur Wehrmacht dafür, dass die Produktionsziffern häufig hinter den Soll-Anforderungen zurückblieben. Dazu kamen seit 1943 ständige massive Änderungsorders der amtlichen Stellen bei einzelnen Reifenarten und -dimensionen, „die zu kaum überbrückbaren Fabrikationsschwierigkeiten" und Umstellungen der Fertigung in und zwischen den Werken führten.[258]

Einer der „Gewinner" im Wettstreit der Continental-Werke um die Bedeutung für die Gesamtproduktion war das Werk Korbach. Das räumlich abgelegene, kleinste und vielfach im Schatten der großen hannoverschen Konzernwerke Vahrenwald und Limmer stehende Werk erfuhr im Laufe des Krieges eine erhebliche Expansion. 1939 vor allem als Fahrradreifenwerk konzipiert, kamen bis 1944 durch Verlagerungen aus den Hannoverschen Werken zahlreiche neue rüstungsrelevante Produktionslinien hinzu wie etwa die Flugzeugreifenherstellung, die Fertigung von technischen Schläuchen, Brennstoffbehältern und Panzerkettenpolstern. Doch im Zuge dieser Entwicklung wurde Korbach vorübergehend auch zum fertigungsorganisatorischen Problemfall unter den Continental-Werken. Werksleiter war der bei Kriegsbeginn 53-jährige Dipl. Ing. Willy Kupfahl, seit 1914 bei Continental, 1930 als Betriebsleiter und ausgewiesener Fahrradreifenfachmann nach Korbach versetzt und 1937 zum Betriebsdirektor des Werkes ernannt.[259] Der Korbacher Betriebsführer war seit 1933 NSDAP-Mitglied und zwischen 1936 und 1939 auch förderndes Mitglied der Allgemeinen SS gewesen, trat allerdings unpolitisch und unideologisch auf und galt im Werk als sozial denkender Vorgesetzter.[260] Wöchentlich berichtete er über die Produktions- und Belegschaftsentwicklung nach Hannover, und dabei zeigten sich seit Anfang 1941 zunehmende Diskrepanzen insbesondere zwischen dem täglich zu fertigenden Soll und den abgelieferten Fahrraddecken.[261]

---

256 Vgl. Wochenbericht in der Autoreifenfabrik vom 1.2.1941, in: CUA, 6525 Zg. 1/65, A 1,1.

257 Vgl. Notiz der Plan-Abteilung Reifen vom 19.6.1941, in: ebd.

258 Vgl. Notiz der Autoreifenabteilung vom 23.2.1943, in: CUA, 6525 Zg. 1/65, A 19. Vgl. auch die umfangreiche „Produktions-Vorschau I. Halbjahr 1943" der Plan-Abteilung vom September 1942, in der versucht wurde, die Soll-Zahlen mit den vorhandenen Maschinen und dem Arbeitskräftebestand bzw. Arbeitskräftebedarf zu koordinieren, in: ebd.

259 Vgl. Personalakte Kupfahl in: Registratur Personalabteilung.

260 Vgl. Notiz der Spruchkammer anlässlich dessen Entnazifizierungsverfahrens vom 19.6.1947, in: ebd.

261 Vgl. etwa Bericht für die 1. bis 4. Woche vom 28.1.1941, in: CUA, 6525 Zg. 1/65, A 19.

Korbach hatte Ende 1940 fast 1100 Beschäftigte, davon 388 Frauen und 701 Männer, dazu kamen zu diesem Zeitpunkt 17 Kriegsgefangene, die mit Hofarbeiten beschäftigt wurden. Hatte man im Januar 1941 noch 17 300 Fahrraddecken pro Tag hergestellt, so war die Fertigung bald auf 14 700 und schließlich im Juni 1941 auf 10 200 abgesunken, so dass in Hannover, zunächst in der Reifen-Verkaufs-Abteilung, alle Alarmglocken schrillten und man vor der größten Bedrängnis warnte, wenn Korbach seine Fahrradreifenherstellung nicht auf mindestens 13 000 Decken pro Arbeitstag hochfahren würde und damit wenigstens das Minimum an Produktionsvorgaben einhielt.[262] Dabei hatte kurz zuvor noch ein Reifeningenieur, der aus Hannover zu einem Kontrollbesuch nach Korbach gefahren war, den dortigen Produktionsleuten zumindest qualitativ eine gute Leistung attestiert. Die Korbacher Fahrradreifen hielten oft mehr als 20 000 km, während die Konkurrenzdecken alle weniger als 10 000 km lang hielten, im Durchschnitt sogar nur 5000 km.[263]

Der Grund für den Produktionseinbruch lag allerdings auf der Hand, denn im Zuge der Übernahme der kriegswichtigen Fertigung und dafür fehlender Arbeitskräfte hatte man die Fahrraddecken-Abteilung als Puffer benutzt. Dazu kam die „Eigenart der ländlichen Belegschaft", die gerade im Sommer ihren Urlaub beanspruchte, sowie Materialprobleme, wie Kupfahl entschuldigend nach Hannover schrieb.[264] Doch trotz der Einstellung von 23 dienstverpflichteten Frauen sackte die Fahrradreifenherstellung in den folgenden Wochen weiter auf nur noch wenig mehr als 9000 Stück ab. „Korbach hat im ganzen Jahr noch nicht ein einziges Mal das gegebene Fabrikationssoll in Fahrraddecken eingehalten", hieß es in einer internen Aktennotiz vom 7. Oktober 1941.[265] Der permanenten Unterlieferung von 20 Prozent und mehr standen allerdings Forderungen nach kurzfristiger Erhöhung der Tages-Fertigung von zunächst 14 000 Fahrraddecken bis Ende Oktober gegenüber, ab 1. November sollten sogar 16 000 Stück gefertigt werden. Doch die Produktion kletterte nur langsam nach oben, auch wenn sich die Belegschaft inzwischen mit 1057 Beschäftigten, davon 45 Dänen und vier Holländer – die ersten Zwangsarbeiter in Korbach – sowie 50 Kriegsgefangene, erhöht hatte.[266] „Männer sind durch die Einstellung von Kgf. und Dänen genügend vorhanden", berichtete der Werksleiter auf der Sit-

---

262 Vgl. Schreiben vom 11.6.1941, in: CUA, 6525 Zg. 1/65, A 19.

263 Besuchsbericht vom 14.5.1941, in: ebd.

264 Schreiben Kupfahl an Könecke vom 21.6.1941, in: ebd.

265 Vgl. Notiz vom 7.10.1941, in: ebd.

266 Vgl. Bericht des Werkes Korbach über Produktion und Belegschaft in der 43. Woche vom 27.10.1941, in: ebd. Allerdings waren 134 Arbeitskräfte als krank, in Urlaub oder fehlend gemeldet, und 19 Beschäftigte waren als Werkschutzleute tätig. Vgl. auch die Meldekarteien einer Reihe von Zwangsarbeitern, die im Stadtarchiv Korbach überliefert sind.

zung des Korbacher Vertrauensrates, „jedoch besteht an weiblichen Arbeitskräften ein erheblicher Mangel. Es soll durch Annoncieren versucht werden, weibliche Arbeitskräfte für 6-stündige Arbeitszeit zu gewinnen."[267] Dabei betreute auch eine eigene Betriebsfrauenwalterin die beschäftigten Arbeiterinnen, es gab eine eigene Werksfürsorgerin und einen Werkskindergarten.

Dem Werksleiter waren durch Arbeitsamt und NSDAP-Kreisleitung auch slowenische Arbeitskräfte angeboten worden, „einzudeutschende Familien und rassisch einwandfreie Bewohner der Südsteiermark und Kärnten", die von der SS umgesiedelt wurden, für die aber das Werk im Fall der Übernahme die notwendigen Wohnbaracken stellen musste, wie Kupfahl nach einem Besuch der SS in Kassel berichtete.[268] Aber während die Firma Henschel für den Flugmotorenbau 750 Familien „angefordert" hatte, ging man in Korbach offenbar nicht weiter auf das Angebot der SS ein. Dennoch gelang es dem Werksleiter in der Folgezeit, weitere Zwangsarbeiter und auch Kriegsgefangene zu rekrutieren und zugeteilt zu bekommen. Im November 1943 verzeichnete die Gesamtbelegschaft des Werkes 1738 Beschäftigte, davon nur noch 850 Deutsche, 688 Ostarbeiter und sonstige zivile Ausländer sowie 200 Kriegsgefangene[269] Mit einem Anteil von 51,1 Prozent war der „Überfremdungsgrad" der Korbacher Belegschaft daher höher als in Limmer oder Vahrenwald.

Über die Unterbringung der Zwangsarbeiter und Kriegsgefangenen und deren Integration in die Korbacher Fertigung weiß man kaum etwas. Anders als in Hannover waren die Kriegsgefangenen in Korbach offenbar überwiegend Russen. Für sie wurde eine zur Rußlagerung benutzte Baracke entsprechend hergerichtet und das Gelände mit einem Stacheldrahtzaun umgeben.[270] Ein früheres Sportplatz-Umkleidegebäude diente als Wachlokal für die Soldaten, die die Gefangenen geschlossen zur Arbeit ins Werk brachten und von dort wieder abholten. Ein ehemaliger Werksarbeiter erinnerte sich: „Wir gaben den Gefangenen oft ein Stück Brot, obwohl das nicht gestattet war. Ich erinnere mich, dass der russische Lagerleiter, ein großer blonder Mann, bei dieser Gelegenheit vor uns salutierte. An den Gesang schwermütiger Lieder, die zur Abendzeit aus dem Lager erklangen, erinnere ich mich ebenfalls."[271] Daneben waren aber auch französische und italienische Kriegsgefangene in Korbach eingesetzt, wobei Erstere Anfang Juni 1943 „ausgekleidet" und als Zivilarbeitskräfte in den unterneh-

---

267 Protokoll der Vertrauensratssitzung vom 25.10.1941, in: CUA, 6525 Zg. 1/65, A 19.
268 Aktennotiz Kupfahl vom 24.9.1941, in: ebd.
269 Vgl. Bericht Kupfahl vom 28.12.1943, in: ebd.
270 Vgl. den Bericht in: Christina Behringer, Karl Wilke, Die Kolonie (1907–1967). Die ehemalige Werkssiedlung der Continental Gummiwerke in Korbach, Korbach 2000, S. 146.
271 Ebd.

menseigenen Barackenlager untergebracht wurden.[272] Auch die Italiener wurden offenbar relativ schnell wieder in Zivilarbeitsverhältnisse übernommen, nachdem Mussolini am 12. September 1943 von den deutschen Truppen befreit worden war. „Ich kann mich daran erinnern, dass aus diesem Anlass im Lager, dessen Tor jetzt geöffnet wurde, eine Feier stattfand, bei der die Fahnen beider Länder gehisst und Reden gehalten wurden. Die Italiener arbeiteten dann weiterhin in der Fabrik".[273] Unter den zivilen Zwangsarbeitern, die zwischen 1942 und 1943 nach Korbach kamen, stellten Franzosen und Dänen mit je ca. 300 Männern die Mehrheit, allerdings gab es offenbar vor allem unter Letzteren eine hohe Fluktuation.[274] Daneben waren ca. 70 zivile Ostarbeiter im Werk Korbach tätig und – in einem eigenen Barackenlager auf einem ehemaligen Fußballplatz untergebracht – auch etwa 60 Ostarbeiterinnen, unter ihnen die damals 15-jährige Aliaksandra Schuiskaja und ihre Schwester. Ihr tägliches Soll an Fahrraddecken betrug 50 Stück, die Arbeitszeit betrug acht Stunden in zwei Schichten.[275]

Auf welche Weise auch immer, Kupfahl hatte tatsächlich das Kunststück fertiggebracht, dass er für Ende November 1941 die Fertigung von 16 208 Fahrraddecken nach Hannover melden konnte.[276] Doch bald traten neue Produktionsprobleme auf. Im Januar 1942 hatten die Behörden eine 50-prozentige Strombeschränkung angekündigt, die einen entsprechenden Einbruch der Fertigung nach sich zog. „Da unsere Akkordwerte eine wesentliche Steigerung der Arbeitsleistung kaum zulassen", bemerkte Kupfahl dazu, „kann in unserem Werk der Ausfall nur durch Verlängerung der Arbeitszeit und Neueinstellungen von Ausländern ausgeglichen werden."[277] Anfang April 1942 sah sich schließlich auch Technikvorstand Assbroicher zu einem Inspektionsbesuch in Korbach veranlasst, um einen ganzen Katalog von Maßnahmen zur Mobilisierung der Arbeitskräfte und gegen das Absinken der Arbeitsleistung zu besprechen, die unter anderem durch die Rückkehr der 65 Dänen in die Heimat wieder akut gewor-

---

272 Aus diesem Anlass erfolgte auch eine Besichtigung der Barackenlager durch den Korbacher Vertrauensrat. Vgl. Protokoll der Vertrauensratssitzung vom 2.6.1943, in: CUA, 6525 Zg. 1/65, A 19.
273 Bericht in: Behringer/Wilke, Die Kolonie, S. 147.
274 Vgl. ebd. auf der Basis einer Auswertung der im Korbacher Stadtarchiv erhaltenen Meldekarten. Vgl. die dortige in mehreren Kartons befindliche „Ausländerkartei". Schriftliche Auskunft des Stadtarchivs Korbach vom 19.5.2017.
275 Vgl. den kurzen Zeitzeugenbericht in: Andreas Hermann, Korbach gibt Gummi. Von Louis Peter zur Conti: 100 Jahre Gummi- und Reifenwerk in Korbach, Gudensberg-Gleichen 2007, S. 24.
276 Vgl. Bericht Kupfahl vom 1.12.1941, in: CUA, 6525 Zg. 1/65, A 19.
277 Protokoll der Vertrauensratssitzung Korbach vom 26.1.1942, in: CUA, 6525 Zg. 1/65, A 1,2.

den war.[278] Zum Ausgleich hatte die Werksleitung zwar umgehend Anträge auf Zuweisung von 170 neuen Däninnen und Dänen sowie 150 bis 200 russischen Kriegsgefangenen gestellt, aber mit einer schnellen Verbesserung der Arbeitseinsatzlage war nicht zu rechnen, so dass zunächst, wie Assbroicher den versammelten Abteilungsleitern und Meistern mitteilte, nur das erneute Auskämmen der unproduktiven Abteilungen und Arbeitsgänge im Werk blieb, eventuell ergänzt durch ein Prämiensystem und vor allem der vollen Ausnutzung der inzwischen gesetzlich zulässigen Arbeitszeit von zehn Stunden/Tag.[279]

Dazu wurden weibliche Arbeitskräfte in leichtere Männerarbeit, unter anderem bei der Flugzeugschlauchherstellung, eingesetzt und insgesamt versucht, die Arbeitsgänge weiter zu vereinfachen. „Der augenblicklich herrschende Notstand wäre nicht eingetreten", klagte Kupfahl Anfang Mai 1942 gegenüber dem Vertrauensrat, „wenn die von uns im Januar angeforderten 100 dänischen Ersatzkräfte vom Landesarbeitsamt Frankfurt nicht abgelehnt wären mit dem Bemerken, wir sollten versuchen, die Verträge der [früheren] dänischen Arbeiter zu verlängern."[280] Die Tagesproduktion von Fahrradreifen war inzwischen wieder anstatt der geforderten 15 000 Stück auf 8800 abgesackt. Zur Unterstützung Korbachs wurde daher eine Reihe von Arbeitsingenieuren aus Hannover abgestellt, die die Arbeitsabläufe in den einzelnen Abteilungen genauer unter die Lupe nahmen. Dabei zeigte sich vor allem, dass mit dem Einsatz neuer Arbeitskräfte, Deutscher wie Ausländer, der Kontrollaufwand zur Qualitätssicherung erheblich gestiegen war. „Die Leute – auch die Ausländer – sind anstellig", hieß es in einem der Besuchsberichte, „nur muss immer wieder tagtäglich ein systematischer Kontrollgang [in der Konfektions-Abteilung der Flugzeugreifen] durchgeführt werden."[281] Gleichzeitig wurde Korbach aber mit neuen Fertigungsanforderungen konfrontiert, nicht nur im Fahrradreifenbereich, sondern auch bei der Produktion von Vollreifen-Bandagen, für die der Leiter der Autoreifenfabrik in Hannover ungeduldig eine Steigerung des Korbacher Anteils – von gegenwärtig 900 bis 1000 pro Tag auf 1500 bis 1800 – einforderte.[282] „Nachdem im Werk Korbach allerlei Mängel festgestellt worden sind", berichtete Könecke denn auch in der Sitzung des Vertrauensrates Anfang Juli 1942, „haben wir diesem Werk jetzt unser besonderes Interesse zugewandt; es sollen entsprechende

---

278 Vgl. Aktennotiz Assbroicher vom 7.4.1942, in: CUA, 6525 Zg. 1/56, A 30,2.

279 Vgl. Protokoll über die Aussprache Assbroichers mit dem Korbacher Vertrauensrat vom 7.4.1942 sowie Besprechung mit sämtlichen Abteilungsleitern und Meistern am 9.4.1942, in: CUA, 6525 Zg. 1/65, A 1,2.

280 Protokoll der Vertrauensratssitzung über „Produktion, Arbeitseinsatz und Leistungssteigerung im Werk Korbach" vom 1.5.1942, in: ebd.

281 Reisebericht nach Korbach vom 29./30.6.1942, in: ebd.

282 Vgl. Notiz vom 29.8.1942, in: ebd.

Summen bereitgestellt und auch dieser Betrieb ähnlich dem Hauptwerk ausgerichtet werden."[283]

Doch im Oktober 1942 musste die hannoversche Reifen-Verkaufsabteilung einen neuen Tiefstand der Fahrraddeckenfertigung in Korbach konstatieren. Der Rückgang lag dabei allerdings auch an weiteren Einziehungen der deutschen Korbacher Arbeiter zur Wehrmacht, die von den damit befassten Behörden inzwischen oft mit der nicht genügend rüstungswirtschaftlichen Relevanz und Bedeutung der Fahrradreifen begründet wurden. Könecke hatte sich daher schon Ende April 1942 in einem Fernschreiben mit der Warnung an den Leiter des Wehrwirtschaftsstabes beim OKW in Berlin gewandt, dass bei weiterem Absinken der Fahrradreifenfertigung eine empfindliche „Störung der Zuführung der Rüstungsarbeiter an ihre Arbeitsplätze" eintreten würde und dieser Produktionsbereich daher künftig wieder von der „Abdisposition von Arbeitskräften" freigehalten werden sollte.[284] Erst gegen Jahresende entspannte sich die kritische Produktionslage in Korbach. Im November erhielt man sogar vom Reichsministerium für Bewaffnung und Munition eine „Anerkennungsurkunde für vorbildliche Fertigungsergebnisse".[285] Die Fahrraddeckenfertigung hatte inzwischen wieder das Soll von knapp 16 000 Stück erreicht, wenn auch die Schwankungen weiter hoch blieben. Im März 1943 konnten nur 14 000 Stück hergestellt werden, „inzwischen ist jedoch eine größere Anzahl französischer und dänischer Zivilarbeiter eingetroffen, so dass sich in nächster Zeit die Produktion wieder steigern wird", berichtete Kupfahl nach Hannover.[286]

Anfang März 1943 war Assbroicher zusammen mit Uebel zu einem abermaligen Besuch nach Korbach gereist, wobei diesmal mehr die organisatorischen und infrastrukturellen Voraussetzungen der weiter geplanten Produktionsverlagerungen aus Hannover im Mittelpunkt standen. Durch die Bereitstellung neuer Baracken hatte man Unterbringungsmöglichkeiten für zusätzliche 250 Zwangsarbeiter geschaffen, und alle Signale aus dem Arbeitsamt waren günstig, so dass in den kommenden zwei Monaten schon mit einer deutlichen Erhöhung der Produktion gerechnet wurde. „Wir beabsichtigen", schrieb Assbroicher in seinem Besuchsbericht, „auf 20- bis 22 000 Decken pro Tag zu gehen."[287] Das Werk war inzwischen aber eigentlich an seine Kapazitätsgrenzen gelangt. Viele der Maschinen waren stark überlastet, „Korbach fährt den Weichgummi mit 2,5 mm. Stärke, um das Soll halten zu können. Die Stärke 2,5 mm. ist unzulässig

---

283 Protokoll der Vertrauensratssitzung vom 3.7.1942, in: CUA, 6610 Zg. 1/57, A 20.
284 Fernschreiben Köneckes an das OKW vom 30.4.1942, in: CUA, 6525 Zg. 1/56, A 30,2.
285 Vgl. der Eintrag im Gefolgschaftsbuch.
286 Bericht vom 8.3.1943, in: CUA, 6525 Zg. 1/65, A 19.
287 Aktennotiz vom 8.3.1943, in: ebd.

und es müsste Korbach verboten werden, weiterhin diese Stärke zu fahren", notierte einer der hannoverschen Fertigungsingenieure nach einem Besuch im Werk.[288] „Durch die in Hannover geschaffenen Verhältnisse", schrieb jedoch im Oktober 1943 der Korbacher Werksleiter, „sind wir gezwungen, die Produktion in Flugzeugreifen weiter zu steigern. Außerdem ist die Verlagerung weiterer Fabrikationszweige geplant."[289]

Während hier zwischen den Zeilen auch eine gute Portion Skepsis mitschwang, äußerte sich der Werksleiter im Jahre 1943 in einem Bericht an die Unternehmensleitung in Hannover über die Entwicklung des Werks Korbach deutlich euphorischer. Fast sämtliche Abteilungen waren vergrößert und mit zusätzlichen Maschinen, darunter allein zehn Autoklav-Einzelheizer für „Jägerreifen", ausgestattet worden, gleichzeitig hatte man die in diesem Jahr ebenfalls erfolgte Neueinstellung von 400 zivilen Ausländern und 200 italienischen Militärinternierten erfolgreich bewältigt. „Die Continental Gummiwerke in Korbach sind totaler Rüstungsbetrieb und werden von der Luftwaffe betreut", heißt es geradezu stolz in dem Bericht.[290]

Blickt man wieder auf den Gesamtkonzern, so zeigt sich, dass die Produktivität insgesamt relativ stabil gehalten werden konnte, allerdings unter erheblichen, durch unterschiedlichste Ursachen bedingte Schwankungen, wie etwa im Herbst 1942, als man aufgrund eines hohen Krankenstandes, langer Anlernzeiten der Dienstverpflichteten und Minderleistungen der ausländischen Arbeiter mit einem 20-prozentigen Leistungsabfall zu kämpfen hatte. Die von der Statistik-Abteilung erstellten Zahlenreihen zeigen ein höchst amivalentes Bild. Nimmt man die Produktion je Kopf der Gesamtbelegschaft ohne Differenzierung von deutschen oder ausländischen Beschäftigten, so zeigte sich bis 1943 ein Rückgang von 5,5 to (1939) auf 4,4 to, wobei aber der eigentliche Einbruch bereits 1940 mit 4,2 to erfolgt war, dem dann bis 1942 eine leichte Steigerung auf 4,8 to folgte, ehe 1943 ein erneuter Rückgang einsetzte.[291] Die Entwicklung der Produktion verlief in den Bereichen Reifen und TP unterschiedlich: während der Reifensektor vor allem zwischen 1939 und 1940 mit 7,8 zu 5,3 to Produktion pro Kopf massive Rückgänge zu verzeichnen hatte, gab es im Bereich TP bzw. allgemeine Gummiwaren im selben Zeitraum kontinuierlich leichte Zunahmen.

Die Entwicklung ist dabei auch für die verschiedenen Werke sehr unterschiedlich verlaufen. Das Hauptwerk in Hannover-Vahrenwald wies deutliche

---

288 Aktennotiz vom 30.6.1943, in: ebd.

289 Protokoll der Vertrauensratssitzung Korbach vom 29.10.1943, in: CUA, 6525 Zg. 1/65, A 19, sowie die Aktennotiz Kupfahls vom 1.10.1943, in: CUA, 6500/1, Zg. 1/68, A 5.

290 Der Bericht in: CUA, 6610 Zg. 1/57, A 20.

291 Vgl. die Angaben in der Statistik der Continental für 1943, S. 3, in: CUA, 6633 versch. Zg., A 4.

Produktionsrückgänge auf, während die Produktion in Limmer und Korbach während des Krieges gestiegen war. Eine Index-Reihe mit 1938 als Basis 100 zeigt für Hannover im Jahr 1942 nur noch 62, für Limmer dagegen 119, für Korbach 120.[292] 1943 verstärkte sich dieser Trend noch deutlich, nachdem in Vahrenwald durch Produktionsausfälle ein Rückgang von über 25 Prozent allein gegenüber dem Vorjahr verzeichnet werden musste, während Limmer 6,2 und Korbach 9,6 Prozent mehr produzierten. Den stärksten Anstieg wies aber das Werk Nordhafen im Zuge des inzwischen erfolgten Anlaufens der Fertigung auf, wo 1943 von den Continental-Statistikern mit 4751 to ein Plus von 434 Prozent vermerkt wurde.[293]

Hinter den Zahlen verbergen sich massive, bombenkriegsbedingte Verschiebungen einzelner Produktionszweige zwischen den vier großen Werken.[294] Es gab aber auch vor Ort in den Werken zahlreiche Produktivitätsfortschritte, unter anderem durch die Entwicklung einer neuen Reifenwickelmaschine, durch die die Anlernzeiten für Wicklerinnen wesentlich verkürzt werden konnten.[295] Und im Vergleich zu den anderen Reifenunternehmen stand Continental hinsichtlich seiner Produktionsleistung nach wie vor an der Spitze. Im Mai 1944 trafen sich etwa Vertreter von Continental, Dunlop und Phoenix in Göttingen zu einer „Leistungsbesprechung", deren Ziel es war, die beiden Konkurrenzfirmen „auf einen Leistungsstand zu bringen, der möglichst nahe an unsere Leistung herankommt, die augenblicklich in verschiedenen Größen besonders in der Wickelei ein Mehrfaches [beträgt]."[296]

Inzwischen war die Arbeitszeit seit März 1943 von 48 auf 51 Wochenstunden heraufgesetzt worden und diese Arbeitszeitregelung blieb bei Continental im Wesentlichen bis Kriegsende bestehen, ungeachtet der Tatsache, dass die NS-Behörden 1944 eine weitere Ausdehnung auf 12 Stunden pro Tag verlangten. Im Frühjahr 1942 hatte man zur Leistungssteigerung auch eine 20-köpfige Rationalisierungs-Kommission unter Leitung von Garbe, Riehm und Asbahr eingerichtet, die am 18. März erstmals tagte.[297] Unter den insgesamt acht beratenen und geplanten Maßnahmen war nicht nur die Verstärkung von Heimarbeit, sondern auch die gerechte Akkordisierung, allerdings weniger aus der Perspektive der

---

292 Vgl. ebd., S. 2.
293 Vgl. „Die Produktion der Continental im Jahre 1943 gegenüber 1942 und den vorhergehenden Jahren" vom 24.2.1944, in: ebd.
294 Vgl. die detaillierten Ausführungen, in: „Statistik der Continental für 1943", S. 34 ff., in: CUA, 6633 versch. Zg., A 4.
295 Vgl. Aktennotiz des Konstruktions- und Entwicklungsbüros in Nordhafen vom 16.4.1941, in: CUA, 6525 Zg. 1/56, A 59.
296 Protokoll der Leistungsbesprechung vom 16.4.1944, in: CUA, 6525 Zg. 1/56, A 72.
297 Vgl. Niederschrift der Sitzung vom 18.3.1942, in: CUA, 6525 Zg. 1/56, A 30,2.

Arbeiter, sondern der Unternehmensleitung. Riehm als zuständiger Arbeitsorganisations-Ingenieur verwies dabei mit eindringlichen Worten darauf, dass „falsche Akkorde" unbedingt aus Arbeitskraft- und Materialsparnisgründen „in Ordnung zu bringen [seien], obwohl die Belegschaft gerne ihren alten Akkord halten möchte. Es sei das Prinzip, mengenmäßig und qualitätsmäßig eine ausreichende Produktion zu bekommen, natürlich nur unter Berücksichtigung des richtigen Akkordes, und nicht bei einem zu günstigen Akkord für die Arbeiterschaft zu verbleiben."[298] Die Verantwortung für den richtigen Akkord gegenüber der Belegschaft trug der jeweilige Abteilungsleiter in Abstimmung mit dem Vertrauensrat; der Belegschaft müsse deutlich gemacht werden, dass Änderungen im Akkord notwendig seien, und das habe seinen Ursprung nicht in der Abteilung Arbeit, sondern im Produktionsgang. Im Mai 1942 hatte die Autoreifenabteilung daraufhin für sich ein Rationalisierungsprogramm entworfen, das vor allem Leistungssteigerungen durch Mechanisierung, verstärkte Akkordisierung, Vereinfachung der Arbeitsgänge, Vereinfachung der Reifenkonstruktion und schließlich Einschränkungen der Qualitäten und Materialsorten umfasste.[299] Ergänzend dazu hatte aber auch Assbroicher als Technikvorstand erhebliche Aktivitäten entwickelt, das Betriebsvorschlagwesen neu zu organisieren und zu forcieren, um „alle schöpferischen Kräfte der Gefolgschaft zu mobilisieren", aber auch „aus dem einzelnen Menschen das Höchstmögliche an Arbeitsleistung herauszuholen", wie Könecke auf der Vertrauensratssitzung Mitte April 1942 betonte.[300]

Dreh- und Angelpunkt bei all diesen Bemühungen zur Leistungssteigerung blieben aber die Zwangsarbeiter und deren Arbeitsbereitschaft bzw. Arbeitsfähigkeit. Im Januar 1943 etwa war die Reifenfabrik seitens des OKH im Bereich der Luka-Reifenherstellung mit einem neuen Fertigungssoll von 2000 Reifen pro Monat bis Jahresende konfrontiert worden. Die für die Fertigungssteuerung zuständige Planabteilung hatte daraufhin bei dem zuständigen Oberingenieur angefragt, ob und wie diese Vorgabe zu erreichen wäre, worauf sie einige schnell hingeworfene Notizen und Aufstellungen erhielt, in denen nicht nur die Beschaffung umfangreichen Formenmaterials, sprich Maschinen, vermerkt war, sondern auch der notwendige Übergang zu einem Dreischichtbetrieb und vor allem der Einsatz von 21 bzw. 32 „neuen Russen" als zusätzliche, noch anzulernende Arbeiter.[301]

---

298 Ebd., S. 4.
299 Vgl. Schreiben Wilkening an Weber vom 28.5.1942, in: CUA, 6525 Zg. 1/65, A 1,1.
300 Protokoll der Vertrauensratssitzung vom 13.4.1942, in: CUA, 6610 Zg. 1/57, A 20, sowie die 4-seitige Denkschrift Assbroichers dazu vom 18.4.1942, in: CUA, 6525 Zg. 1/56, A 30,2.
301 Vgl. die Skizze vom 16.1.1943, in der Mappe „In Arbeit befindliche Briefe und Akten", CUA, Abt. Reifenkonstruktion, ohne Signatur.

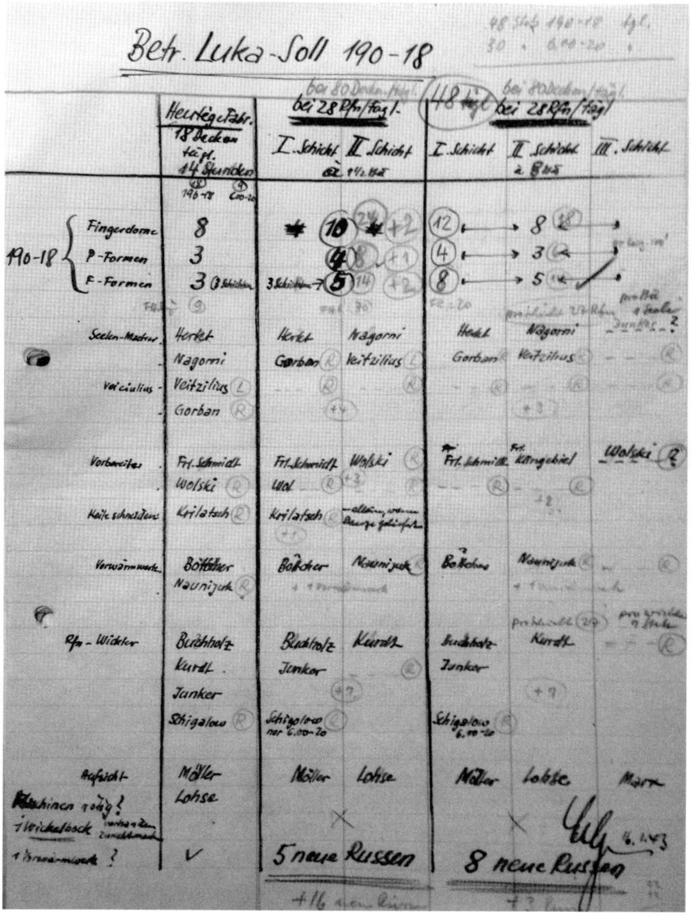
Betr. Luka-Soll 190-18

	Heutige Fabr. 18 Decken tägl. 14 Stunden	bei 28 Rfn/tägl. I. Schicht	II. Schicht	bei 28 Rfn/tägl. I. Schicht	II. Schicht	III. Schicht
190-18 Fingerdorne	8	10		12	8	
P-Formen	3	4		4	3	
F-Formen	3	5		8	5	
Seelen-Macher	Herbst, Nagorni, Veitzilius, Gorban	Herbst, Gorban	Nagorni, Veitzilius	Herbst, Gorban	Nagorni, Veitzilius	
Vorbereiter	Frl. Schmidt, Wolski	Frl. Schmidt	Wolski	Frl. Schmidt	Kringebiel	Wolski
Kalteschneider	Krilatsch	Krilatsch				
Vorwärmer	Böttcher, Nauniyuk	Böttcher	Nauniyuk	Böttcher	Nauniyuk	
Rfn-Wickler	Buchholz, Kurdt, Junker, Schigalow	Buchholz, Junker, Schigalow	Kurdt	Buchholz, Junker, Schigalow	Kurdt	
Aufsicht	Möller, Lohse	Möller	Lohse	Möller	Lohse	Marx
		5 neue Russen		8 neue Russen		

16.1.43

Abb. 113: Handschriftliche Notiz des Fertigungsingenieurs zur arbeitskräftemäßigen Kalkulation neuer Reifen-Solls vom 16.1.1943

Diese Planung bzw. Produktionskonzept war insofern erstaunlich, da es sich bei den Luka-Reifen um Spezialreifen für die Wehrmacht handelte, deren Fertigung unter strengste Geheimhaltung fiel. Überhaupt beschäftigte sich die Arbeitseinsatz-Abteilung der Autoreifenfabrik auffallend intensiv gerade mit dem Einsatz und der Arbeitsleistung der russischen Zwangsarbeiter. In einer Notiz von Mitte Dezember 1942 wurden dabei die ersten Erfahrungen festgehalten: Für den gesamten Reifensektor bei Continental waren zu diesem Zeitpunkt 244 Russen eingesetzt, von denen allerdings nur noch 173 tatsächlich anwesend waren. 19 waren geflüchtet, 21 entlassen und 31 innerhalb des Unternehmens versetzt worden.[302] Der Bericht hielt fest:

> Von einer Eignung der Russen als Industriearbeiter kann man nur in wenigen Fällen sprechen, denn dieselben sind von Haus aus fast alle Land- oder Erdarbeiter. Außerdem ist der größte Teil jugendlich, die an sich nur bedingt einsatzfähig sind. Das geht auch schon daraus hervor, dass von den seinerzeit aus Broistedt geholten 150 Russen 50 Prozent abgelehnt werden mussten, weil jugendlich bzw. absolut nicht einsetzbar. Werden die Leute in Gruppen eingereiht, so gelingt es unter gewissen Umständen und Schwierigkeiten, sie mitzureissen, sodass sie auf eine 75 B[edaux]-Stunde kommen. Werden sie dagegen als Einzelarbeiter beschäftigt, so tritt außer dem Mangel, den die uns zugewiesenen Russen fast sämtlich haben, aufgrund der oben geschilderten Umstände ‚schlechte Eignung für Maschinenarbeit' [ein]. Wie aus obiger Aufstellung hervorgeht, haben wir 12 Russen heute noch mit Reifenwickeln beschäftigt. Die Zahl war anfangs wesentlich höher, doch mussten wir die Leute, da sie ungeeignet waren, austauschen. Lediglich einer hat bis heute eine 80 B-Stunde erreicht. [Der Rest lag zwischen 35 und 50 B]. Spricht man mit ihnen darüber, warum sie nicht mehr leisten, so bekommt man die Antwort: ‚Ich kann nicht mehr, bitte, mehr Essen.' Es ist empfehlenswert, auch noch weiterhin Auswechslungen vorzunehmen, um die Russen auf für sie geeignetere Arbeitsplätze zu bringen. Wir wissen aus anderen Betrieben sowie auch aus unserem Werk Korbach, dass es auch für unsere Zwecke geeignetere Russen gibt. Bei der weiteren Zuweisung von Russen muss hierauf noch weitgehender Rücksicht genommen werden.[303]

Den eigentlich naheliegenden Vorschlag, unternehmensseitig die Essenrationen zu erhöhen, machte der Arbeitsingenieur nicht. Dabei hatte Könecke kurz zuvor in der Vertrauensratssitzung explizit darauf hingewiesen, dass die ursprünglich herausgegebenen strengen Vorschriften in Bezug auf die Russen gelockert werden sollten, „um diese zum willigen Arbeitseinsatz zu gewinnen."[304] Das Problem wurde im November 1942 auch Thema einer Vorstandssitzung. Franz legte dabei eine Liste vor, aus der hervorging, dass von den zu diesem Zeitpunkt eingesetzten 616 Russen 217 in Stundenlohn, der Rest in Akkordlohn beschäftigt wurden. Im Akkord lagen dabei 152 Leute, also über die Hälfte, unter der 60er-Leistungsgrenze, und das Verhältnis wurde noch schlechter, wenn man die in Limmer beschäftigten russischen Arbeiter unberücksichtigt ließ.[305] Die Mehrheit von ihnen – 428 – arbeiteten im Hauptwerk, hier insbesondere in der Autofabrik (202), 101 im Bereich TP und 35 in den Rohbetrieben, im Werk Nordhafen waren nur 18 russische Zwangsarbeiter eingesetzt, während in Limmer 170 russi-

---

302 Vgl. den Bericht Wilkenings vom 12.12.1942, in: CUA, 6525 Zg. 1/65, A 1,1.
303 Ebd.
304 Protokoll der Vertrauensratssitzung vom 11.9.1942, in: CUA, 6610 Zg. 1/57, A 20.
305 Vgl. Protokoll der Vorstandssitzung vom 6.11.1942, in: CUA, 6630 Zg. 3/85, A 3, und die Statistik vom 17.11.1942 mit der genauen Aufschlüsselung der in den jeweiligen Abteilungen eingesetzten Russen, in: 65910, Zg. 1/70, A 5.

sche Arbeiterinnen beschäftigt wurden, die bemerkenswerterweise auch verglichen mit den russischen Männern weit über dem Durchschnitt liegende Leistungswerte aufwiesen. Vermutlich hat die Unternehmensleitung doch auch mit einer Verbesserung der Ernährungslage der russischen Zwangsarbeiter auf diese Zahlen reagiert. Denn Mitte Juni 1943 wurde eine erneute Erhebung vorgenommen, die nun deutlich verbesserte Leistungswerte zeigte. Demnach waren inzwischen 676 Russen in den Continental-Werken eingesetzt, 28 in Nordhafen, 280 in Limmer und 368 im Hauptwerk, davon nach wie vor die Mehrheit (163) in der Autoreifenfertigung.[306] 222 russische Zwangsarbeiter wurden in Lohn beschäftigt, von den 454 im Akkord arbeitenden Russen erreichten jedoch nur noch 17,6 Prozent nicht die als Normalarbeitsleistung angesehene 60er-Leistungsgrenze, während 347 oder 76,4 Prozent inzwischen als Einzelarbeiter (53), aber vor allem innerhalb einer gemischten Arbeitsgruppe (294) über den als Mindestanforderung erachteten Akkordleistungen lagen und damit deutlich bessere Arbeitsleistungen aufwiesen.

Die Planabteilung nahm diese Erhebung auch zum Anlass für eine umfangreichere Studie mit dem Thema „Verdienste, Leistungen, produktiver Ansatz der Belegschaft der Autoreifenfabrik unter spezieller Berücksichtigung des Einsatzes von Ausländern".[307] Das Ausmaß des Ausländereinsatzes war dort bereits erheblich: Von den 1228 Köpfen der Reifenfabrik waren 67 Prozent Deutsche, 22 Prozent Ausländer, 8,5 Prozent Russen und 2,5 Prozent Kriegsgefangene. Gegenüber dem Vorkriegsstand waren die Durchschnittsverdienste und damit auch die Lohnkosten insgesamt von 1,16 RM auf 1,07 RM gesunken, wobei die deutschen Arbeiter 1,16 RM erhielten, für die ausländischen Arbeiter dagegen 0,99 RM und für die Russen 0,67 RM verrechnet wurden. Die Kopfleistung pro Tag und Kilogramm war gleichzeitig im Allgemeinen von 88 kg auf 69 kg gesunken, d. h. um 22 Prozent, allerdings war für 13 Prozent der Leistungsminderung die Verarbeitung der Ersatzstoffe verantwortlich, so dass nur ca. neun Prozent der Leistungseinbußen der Minderleistung der Ausländer zuzuschreiben war. Generell zeigten die Ausländerleistungen etwa 80 Prozent der Leistung eines deutschen Arbeiters bei den zivilen Zwangsarbeitern, bei Russen und Kriegsgefangenen lag der Anteil jedoch nur bei 40 Prozent, wobei sich das Leistungsbild Letzterer im Laufe der Zeit noch erheblich verbesserte, da diese sich zum Erhebungszeitpunkt noch mehrheitlich in der Einarbeitungs- und Anlernphase befanden.[308] Ein Vergleich des produktiven mit dem unproduktiven Arbeitseinsatz zeigte zudem, dass die Ausländer aufgrund der mangelnden Eignung für die

---

306 Vgl. die Aufstellung der Abt. 6550 vom 21.6.1943, in: ebd.
307 Vgl. Notiz vom 6.11.1942, in: CUA, 6525 Zg. 1/65, A 19.
308 Vgl. ebd.

Autoreifenfertigung verhältnismäßig häufig nur unproduktiv zum Einsatz kamen. Die Auswirkungen auf das Kostenbild waren eindeutig: Hatte die Produktion von einem Kilogramm Autoreifen in der Vorkriegszeit noch 9,3 Pfg. gekostet, so waren es nun 14,5 Pfg., ein Anstieg um 51 Prozent. Spezifikationsmäßig waren davon 16 Prozent durch Kunst- und Ersatzstoff-Verarbeitung zu erklären. „Es bleibt also eine effektive Verteuerung der Lohnkosten um 35 Prozent bestehen, welche durch Leistungsverlust und erhöhte Unproduktivität zu erklären ist."[309] Auch in den anderen Betriebsabteilungen, insbesondere in den Rohbetrieben, waren diese Kostensteigerungen zu verzeichnen.

Tab. 21: Monatliche Lohnkostenentwicklung (pro Kopf/RM) 1939 bis 1942 in einzelnen Abteilungen des Werk Vahrenwald und Limmer

Monat Januar bzw. Juni	Rohbetriebe (Mischsäle und Kalandersäle)		Autoreifenfertigung (Va) bzw. Technische P. (Li)		Insgesamt (Produkt.- u. Verwaltgsabt.)	
	Vahrenwald	Limmer	Vahrenwald	Limmer	Vahrenwald	Limmer
1939	7,28	7,47	6,02	6,10	5,06	5,72
1940	10,13	11,00	8,32	7,19	6,44	6,96
1941	8,73	10,39	8,18	6,84	5,73	6,30
1942	12,70	10,03	9,48	7,49	7,23	6,29

Quelle: CUA, 65910 Zg. 1/70, A 6. In Limmer 2235 Beschäftigte, in Vahrenwald 5876 Beschäftigte insgesamt. In den Rohbetrieben Va waren 384 Beschäftigte, in Li waren es 140. In der Autoreifenfertigung Va arbeiteten 1335 Beschäftigte, in der TP-Fertigung Li waren es 816.

In der Abteilung Arbeit hatte man sich aber nicht nur über die Arbeitsleistungen und Arbeitsanreize für die russischen Arbeiter Gedanken gemacht, sondern auch über die bestehende Akkordverrechnung der französischen Kriegsgefangenen in der Autoreifenfabrik. Nach detaillierten Erhebungen im November 1942 kamen die Arbeitseinsatz-Ingenieure zu dem Schluss, dass dort aus Sicht der Produktionsleitung falsche und für die Kriegsgefangenen zu günstige Akkordverrechnungen erfolgten.[310] Nach den offiziellen Vorschriften standen die Verdienste der Kriegsgefangenen in einer festen Beziehung zu den Normalverdiensten des deutschen Arbeiters, was konkret bedeutete, dass ihre Einkommen unverändert blieben, unabhängig davon, ob sie nur eine 20er-, 40er- oder 50er-Bedaux-Leistungsstunde erreichten. Ein Leistungsanreiz setzte nach den geltenden Regelungen erst nach Überschreiten der 60er-B-Stunde ein, was der Leitung der Autoreifenfabrik „für das auf Leistung bringen der Kgf. unerwünscht [er-

---

309 Ebd.
310 Vgl. Notiz vom 18.11.1942, in: CUA, 6525 Zg. 1/56, A 30,2.

scheint]".[311] Man schlug daher dringend vor, die bestehende Akkordgarantie für die Kriegsgefangenen gänzlich in Wegfall zu bringen, was bedeutete, dass für die Betroffenen bereits ab einer Leistung von 37 Akkordminuten in der Stunde ein Verdienstanreiz einsetzte. Allerdings war man sich dabei durchaus bewusst, dass damit zunächst erheblicher Unmut ausgelöst werden würde. „Es ist zu bedenken, dass wir bisher die Kgf. die in Akkord eingesetzt sind, nach der für sie günstigeren Rechnung ausbezahlt haben und beim Heruntergehen unserer Auszahlung naturgemäß erneut eine Verärgerung eintritt, weil dann eine Anzahl Kgf. außer ihres Mindestgeldes von 70 Pfg.pro Arbeitstag keinerlei Akkordzuschlag mehr erhalten würde, bis sie die 37er bzw. 50er Leistungsstunde überschritten hätten."[312] Diese Berechnungen und Überlegungen stehen geradezu exemplarisch dafür, dass die Unternehmensleitung die Steuerung der Leistungserbringung allein über Lohn und Verdienst vornahm, ein Zeichen auch dafür, wie stark die Continental-Arbeitsingenieure ihrer traditionellen betriebswirtschaftlich und arbeitstechnisch geprägten Denkwelt verhaftet waren. Eine Hinterfragung des Leistungsprinzips oder alternative Anreizsysteme vor dem Hintergrund des Zwangsarbeitereinsatzes spielten, wenn überhaupt, nur eine untergeordnete Rolle.

„Wieviele Arbeitsplätze müssen unbedingt von deutschen Arbeitskräften besetzt bleiben?", fragte man sich im Februar 1943 in der Rationalisierungskommission vor allem auch vor dem Hintergrund der verstärkten Einziehung von immer jüngeren Jahrgängen unter den Arbeitern zur Wehrmacht, und kam insgesamt auf eine Zahl von 3400.[313] Das waren immerhin 1400 deutsche Arbeitskräfte weniger, als zu diesem Zeitpunkt noch bei Continental beschäftigt waren, es blieb also theoretisch noch ein Puffer von 1400 Arbeitsplätzen, die nach den Gedankenspielen der Rationalisierungsexperten bei Continental durch ausländische Zwangsarbeiter besetzt werden konnten. Doch wenn die Einziehungen in vollem Umfang wie bisher durchgeführt wurden, dann klaffte bald eine deutliche Lücke und es drohte die Überschreitung der als kritisch für das Weiterbestehen des Unternehmens angesehenen personellen Schmerzgrenze.

Das Verhältnis zwischen deutscher Belegschaft und den verschiedenen Gruppen der Zwangsarbeiter wurde aber nicht nur vom gemeinsamen Arbeitsalltag geprägt, sondern auch von den Bemühungen der Unternehmensleitung, trotz der großen Heterogenität der Beschäftigten ein übergreifendes Continental-Bewusstsein zu fördern, mit zahlreichen Identifikationsangeboten zur Schaffung einer „neue Betriebsgemeinschaft". Einen ersten großen Anlass bot dafür die Feier

---

311 Ebd.
312 Ebd.
313 Vgl. Notiz vom 16.2.1943, in: CUA, 6525 Zg. 1/65, A 19.

des 70-jährigen Unternehmensjubiläums im Oktober 1941. Könecke und Jahns richteten dazu in der Werkszeitschrift einen Aufruf zur „vollsten Einsatzbereitschaft und unermüdlichem Pflichtbewusstsein" an die Belegschaft und verwiesen mit Stolz und „Siegeszuversicht in unserem Rüstungswerk" auf das bisher Erreichte.[314] Zusammen mit Gauleiter Hartmann Lauterbacher wurde am 2. Oktober 1941 ein großer Betriebsappell abgehalten, verbunden mit einem anschließenden Rundgang durch das Werk. Die Kultur der „alten" Continental wurde dabei mit keinem Wort beschworen, zumal auch ein Großteil der Belegschaft diese gar nicht mehr kannte; stattdessen wurden die Werte einer „neuen" Continental ganz im Dienste der Ziele des NS-Staates und des Krieges hervorgehoben.

Abb. 114: Übergabe der DAF-Fahne anlässlich der Auszeichnung zum NS-Musterbetrieb

Bereits kurz darauf, im Mai 1942, erfolgte die Auszeichnung von Continental als „NS-Musterbetrieb" – angeblich als erster hannoverscher Betrieb und als einer der ganz wenigen Groß- bzw. Rüstungsbetriebe im Reich, wie Könecke verkündete – verbunden mit einem erneuten groß inszenierten Betriebsappell, bei dem feierlich die „Goldene Fahne" übergeben wurde, die Könecke und Jahns im Namen der gesamten Belegschaft mit sichtbarem Stolz und der gleichzeitigen

---

314 Vgl. die beiden Aufrufe in: Werksgemeinschaft Oktober 1941, S. 1.

Selbstverpflichtung zur weiteren „Gemeinschaftsleistung" entgegennahmen.[315] Könecke und Jahns versicherten sich dabei in der aus gleichem Anlass kurz zuvor abgehaltenen Sondersitzung des Vertrauensrates gegenseitig ihrer großen Verdienste bei der Berücksichtigung von Continental mit dieser „hohen Auszeichnung". Und man pries auch die „tadellose Zusammenarbeit und gute Kameradschaft" innerhalb des Unternehmens. „Bei mehreren Betriebsbesichtigungen haben sich führende Männer der Partei dahingehend geäußert", betonte Jahns, „dass in keinem anderen Betrieb innerhalb des Gaues so viel freudige Gesichter der Gefolgschaft zu sehen sind, wie bei der Continental."[316] Die in dem Bericht der Werkszeitschrift zu dem Betriebsappell abgebildeten Mienen der Continental-Angehörigen drücken allerdings eher Skepsis und Erschöpfung aus (Abb. 115/116).

315 Vgl. den Ordner Gratulationen zum NS-Musterbetrieb, in: CUA, 6610 Zg. 1/57, A 21. Die Originalurkunde der Auszeichnung in: CUA, 6610 Zg. 1/57, A 20.
316 Protokoll der Vertrauensratssitzung vom 4.5.1942, in: CUA, 6610 Zg. 1/57, A 20. Vgl. Ansprache Köneckes vom 2.12.1942 an die leitenden Mitarbeiter des Werkes über „akute Unternehmensfragen", Führungsfragen und „die noch bessere Ausrichtung auf gemeinsame Aufgaben", in: Die Betriebsgemeinschaft Dezember 1942, S. 3 f.

Abb. 115 u. 116: Betriebsappell bei Continental im Mai 1942

In diese Inszenierungen der neuen Betriebsgemeinschaft waren zweifellos auch die ausländischen Arbeitskräfte und Zwangsarbeiter zwar nicht sichtbar, aber doch implizit miteingeschlossen. Die damit von der Unternehmensführung vermutlich erhofften Loyalisierungseffekte dürften jedoch eine Illusion gewesen sein. Und es war bezeichnend, dass Continental bei der Bewerbung um die Auszeichnung gegenüber der DAF auf Angaben zu sozialpolitischen Leistungen verzichtete und ausschließlich produktionsbezogene Leistungsdaten aufführte.[317] Das widerspricht der späteren Darstellung Köneckes, der im Rahmen seines Entnazifizierungsverfahrens behauptete, dass DAF-Führer Ley und Gauleiter Lauterbacher die Ernennung zum Kriegsmusterbetrieb von einer größeren Parteispende des Unternehmens abhängig gemacht hätten. Er habe Jahns daraufhin mitgeteilt, dass er es nicht verhindern könne, wenn die Continental aufgrund ihrer sozialen Leistungen Musterbetrieb werden solle; „aber sagen Sie Dr. Ley und Lauterbacher, dass ich mich weigere, auch nur eine einzige Mark als Eintrittsgeld in die Liste der Musterbetriebe zu zahlen."[318]

---

317 Vgl. Schreiben Könecke an die DAF vom 18.7.1942, in: CUA, 6525 Zg. 1/56, A 30,1.
318 Aussage Könecke vom Dezember 1946, S. 3, Bl. 26 betr. Spenden an die Partei, in: NLA HA Nds. 171 Hannover Nr. 32086.

Bei den freiwilligen sozialen Leistungen wandte man nach wie vor namhafte Beträge auf – 1943 waren es 3,756 Mio. RM –, die allerdings zunehmend von einer kriegsbedingten Sozialfürsorge geprägt waren.[319] An Witwen und Kinder sowie Eltern von unverheirateten gefallenen Wehrmachtsoldaten wurden Sterbegeld-Beihilfen gezahlt, den Hinterbliebenen von in Kampfhandlungen oder durch Bombenangriffe Gestorbenen wurde eine laufende Kriegshilfe und einmalige Waisenunterstützungen gewährt.[320] Angesichts der wachsenden Zahl von ausgebombten Gefolgschaftsmitgliedern beschloss man zudem im Frühjahr 1944 den Bau von 200 bis 300 Behelfsheimen.[321] Daneben gab es freiwillige Zuwendungen an Einberufene, Zuschüsse für Wöchnerinnen und auch (maximal vier Tage) unbezahlten Urlaub für Arbeiterinnen während der Zeit des Fronturlaubs der Ehemänner. Jahns organisierte nicht zuletzt auch regelmäßige Verkaufsaktionen für „Beute-Ware", d. h. Schuhwaren, Bekleidungsstücke und sonstige Textilien aus den besetzten Gebieten, die über die DAF und das Wirtschaftsamt Hannover zur Verteilung kamen.[322]

Eine wichtige, von der Unternehmensleitung massiv benutzte und offenbar auch zur Loyalisierung und Identifizierung durchaus wirkungsvolle Maßnahme war die Verleihung von Kriegsverdienstkreuzen und Kriegsverdienstmedaillen an Belegschaftsangehörige der unterschiedlichsten Beschäftigungsgruppen. Jahns, Weber und Riehm schickten regelmäßig umfangreiche Vorschlagslisten an die zuständigen Parteistellen, verbunden mit ausführlichen Begründungen.[323] Die entsprechenden Ehrungen kamen nicht nur den leitenden Angestellten zugute, sondern bezogen auch Meister und Vorarbeiter sowie Arbeiter und Arbeiterinnen mit ein, wegen vorbildlicher Pflichterfüllung, Fleiß und Pünktlichkeit. Ausgezeichnet wurden auch eine Reihe von Vertrauensratsmitgliedern und Werkschutz- und Lagerleitern, darunter Wilhelm Busch, aber bemerkenswerterweise tauchen in den Listen auch sieben Zwangsarbeiter unterschiedlicher Nationalitäten auf, die sich in den Augen der Unternehmensleitung vor allem als Dolmetscher und Lagerälteste bei den einzelnen Nationalitätsgruppen verdient gemacht hatten.[324] Zur Begründung der Auszeichnung für den slowaki-

---

319 Vgl. Bericht des Vorstands an den Aufsichtsrat vom 31.3.1944, S. 6, in: Ordner Korrespondenz mit dem Aufsichtsrat.

320 Vgl. u. a. Protokoll der Vorstandssitzung vom 30.11.1942, in: CUA, 6630 Zg. 3/85, A 3.

321 Vgl. Eintragung im Gefolgschaftsbuch sowie auch betr. der Errichtung von 102 Volkswohnungen mit Hilfe von Conti-Darlehen durch die DAF, die in Stöcken ursprünglich die Errichtung einer „DAF-Stadt Hannover-Stöcken" geplant hatte. Die bis 1943 errichteten Wohnungen wurden als Ausweichwohnungen nach Ausbombung für Continental-Angehörige umgenutzt, in: NLA HA Hann. 180 Hannover b Nr. 247/2.

322 Vgl. Eintrag im Gefolgschaftsbuch.

323 Vgl. die entsprechenden Listen in: CUA, 6610 Zg. 1/57, A 8,1.

schen Gummiarbeiter Adalbert W. im April 1943 hieß es: „W. arbeitet seit 3 Jahren bei uns und gilt im Mischsaal Nordhafen als der fleißigste, intelligenteste Arbeiter, der stets pünktlich zur Stelle ist. Er hat 8 Landsleute aus seiner Heimat für unseren Betrieb geworben. W. ist ein treuer Anhänger des Führers."[325] Und zu dem italienischen Gummiarbeiter Giordano E., der seit August 1940 bei Continental arbeitete, wurde vermerkt, dass dieser in der Arbeit nicht nur Gelegenheit zum Geldverdienen sehe, sondern dies als Faschist auch aus ethischen Gesichtspunkten bewerte. „Für seine Kameraden ist er im Lager der gute Geist und immer willige Mittler."[326] Bei den jeweiligen Verleihungszeremonien beschworen Könecke und Jahns die Ausgezeichneten mit markigen Sprüchen als Vorbilder der Betriebsgemeinschaft und „Führerkorps der Kriegsarbeit".[327] Tatsächlich standen auch den Fremdarbeitern laut amtlicher Verfügung Weihnachtsgratifikationen zu, allerdings mit Ausnahme von Juden, Polen und Ostarbeitern. Prinzipiell aber galten die von Könecke auf einer Besprechung mit allen leitenden Mitarbeitern Anfang Dezember 1942 aufgestellten Prinzipien „des Umgangs mit Ausländern seitens deutscher Arbeitskameraden". Er forderte, „dass mit ihnen zwar korrekt, aber sparsam in Worten und Mitgefühl umgegangen werden solle, so dass dem Grundsatz Rechnung getragen würde, dass sie zwar Anspruch hätten auf Achtung ihrer Menschenrechte und ihrer Arbeitskraft – aber nicht auf mehr."[328]

Es folgten weitere Auszeichnungen, Betriebsappelle und Inszenierungen der Betriebs- und Leistungsgemeinschaft der Continental. Am 30. Januar 1943 wurde das Unternehmen zum „NS-Kriegsmusterbetrieb" ernannt, zu diesem Anlass besuchte Anfang Februar 1943 auch DAF-Führer Ley erneut das Werk in Hannover (Abb. 117). Und bei den regelmäßigen Leistungswettkämpfen der deutschen Betriebe wurde Continental und seiner Betriebsgemeinschaft für jeweils ein weiteres Jahr die Berechtigung zur Führung der Auszeichnung „NS-Musterbetrieb" verliehen (Abb. 118).[329]

---

324 Vgl. Liste Riehms vom 4.7.1944, in: ebd.
325 Liste Riehm vom 22.4.1943, in: ebd.
326 Ebd.
327 Vgl. die Ansprachen anlässlich der Verleihungen am 13.1.1942, in: ebd.
328 Rede Köneckes vom 2.12.1942, in: Die Betriebsgemeinschaft 12/1942, S. 4.
329 Vgl. etwa die entsprechende Urkunde Leys vom 1.5.1944, in: CUA, 6610 Zg. 1/57, A 21. Zum Besuch Leys vgl. auch den Bericht in Die Betriebsgemeinschaft 2/1943, S. 4 f.

Abb. 117: Besuch Leys am 5.2.1943, vierter von links: Jahns, 6. von links: Ley, 7. von links: Könecke. Ganz rechts: Gauleiter Lauterbacher.

Von Mustergültigkeit weit entfernt waren zu diesem Zeitpunkt allerdings vielfach die Arbeitsbedingungen, und ihnen unterlagen nicht nur die Zwangsarbeiter, sondern gleichermaßen große Teile der deutschen Belegschaft. In der Autoreifenfabrik in Vahrenwald, in den Mischbetrieben in Nordhafen und der Schlauch- sowie Gasmaskenfertigung in Limmer etwa arbeiteten Fremdarbeiter, Kriegsgefangene und deutsche Arbeiter, Meister und Vorarbeiter in den einzelnen Kolonnen und Arbeitsgruppen vielfach zusammen. Die enge Zusammenarbeit begann oft schon in der gemeinsamen Benutzung der Toiletten, Kantinen und Garderoben, was, wie etwa im November 1942, unter den deutschen Arbeiterinnen in Limmer zu Unmut geführt hatte. Die deutschen Arbeitskameradinnen, so trug Jahns auf der Vertrauensratssitzung vor, „beklagen sich nach wie vor bitter darüber, mit den zum Teil arg verlausten und schmierigen Ausländerinnen gemeinsame Garderoberäume benutzen zu müssen, so dass immer wieder die Gefahr besteht, Ungeziefer in die eigene Wohnung zu verschleppen.“[330] Mit Mühe war es der Arbeitsabteilung auch gelungen, von den Behörden eine

---

330 Protokoll der Vertrauensratssitzung vom 24.11.1942, in: CUA, 6610 Zg. 1/57, A 20.

Ausnahmegenehmigung zur Einrichtung sogenannter Rauchräume zu erhalten, um das wegen der akuten Brandgefahr streng verbotene heimliche Rauchen vor allem auch der ausländischen Arbeiter in den Ecken und auf den Toiletten einzudämmen. Deutsche wie Ausländer erhielten auch die entsprechenden Lästigkeits-, Erschwernis- und Gefahrenzulagen, die pauschal mit 0,21 RM je Stunde zum Conti-Akkordlohn hinzugeschlagen wurden.[331] Zur Begründung schrieb Riehms an den Reichstreuhänder:

> Die Lästigkeit besteht darin, dass gewaltige Mengen Ruß und anderer Chemikalien in die Maschinen eingebracht werden müssen. Die gesundheitsgefährdende Einwirkung ist aus gleichem Anlass gegeben, so dass teilweise Atemmasken getragen werden müssen. Besondere Gefahren liegen auch dadurch vor, dass bei Arbeiten am Fülltrichter der Bediener in den Trichter hineinstürzen kann, da die Arbeit auf einer Beschickungsbühne vonstattengeht.[332]

Der Kampf gegen Luftverunreinigungen innerhalb wie außerhalb des Werkes, gegen Unfallgefahren und gesundheitsschädliche Arbeitsbedingungen hatte bei Continental nicht erst im Krieg begonnen, mit dem zunehmenden Einsatz von Buna jedoch akut an Bedeutung gewonnen. Der Einsatz des Kunstkautschuks zog die Verwendung zahlreicher höchst giftiger Stoffe, Lösungsmittel und Zusatzchemikalien nach sich und sorgte auch in unmittelbarer Nähe der Werke für Gestank und schlechte Luft bei den Anwohnern. Schon im Mai 1939 war es daher zu Besprechungen mit dem örtlichen Gewerbeaufsichts- und Gesundheitsamt wegen „Geruchserscheinungen in der Umgebung unseres Zweigwerkes Limmer" gekommen.[333] Die Untersuchungen ergaben, dass es eine ganze Reihe von Ursachen an unterschiedlichen Stufen des Fertigungsprozesses gab und auch im Werk Vahrenwald Ähnliches zu beobachten war. Die größte Geruchsbelästigung trat jedoch beim sogenannten Abbau von Buna auf, und dagegen hatte man trotz intensiver Versuche und Experimente auch im Juli 1942 kein hinreichendes Mittel gefunden.[334]

---

331 Vgl. Schreiben Riehms an den Reichstreuhänder vom 26.2.1944, in: NLA HA Hann. 275 Nr. 571.

332 Ebd.

333 Schreiben Continental an die Landesanstalt für Boden-, Wasser- und Lufthygiene in Berlin-Dahlem vom 20.5.1939 sowie Aktennotiz der Besprechung vom 16.5.1939, in: BArch R 154/11995, Bd. 1.

334 Vgl. etwa Schreiben Continental an die Reichsstelle für Wasser- und Luftgüte in Berlin-Dahlem vom 11.7.1942, in: ebd.

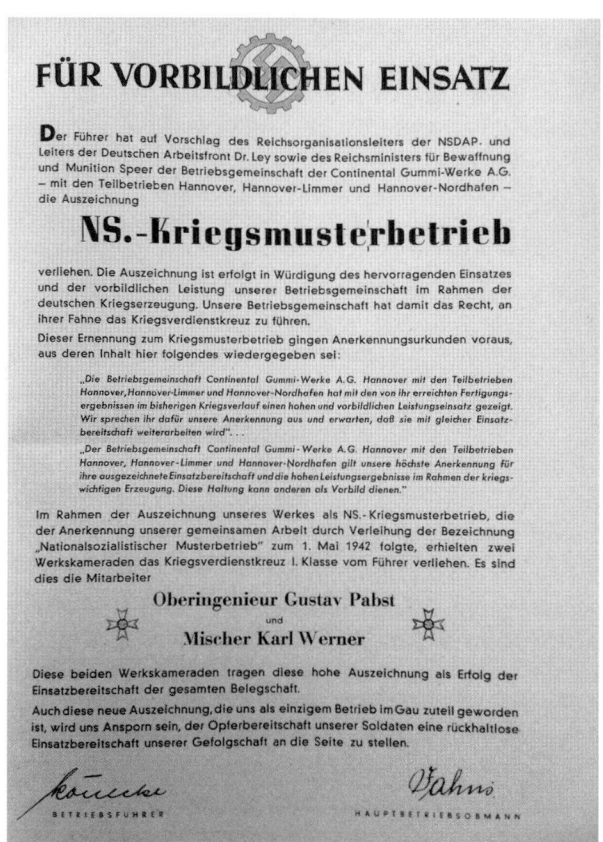

Abb. 118: Gemeinsame Erklärung von Könecke und Jahns anlässlich der Ernennung zum NS-Kriegsmusterbetrieb

Der Hauptkampf der in der Abteilung Arbeit für Schutzmaßnahmen zuständigen Ingenieure beschäftigte sich zu diesem Zeitpunkt jedoch vor allem mit dem Einsatz organischer Lösungsmittel, allen voran Benzol. Noch im Juli 1940 hatte Riehm an den Sicherheitsdienst des Reichsführers SS auf dessen Anfrage über die Gesundheitslage der Continental-Belegschaft berichtet, dass nach Aussage der Betriebsärzte die Berufskrankheiten nicht zugenommen hätten und auch die Umstellung auf die neuen Ersatzstoffe keine Steigerung der Erkrankungen bewirkt habe.[335] Davon konnte längst keine Rede mehr sein. Beim Einstreichen der Laufflächen waren bei niedrigen Buna-Einschleusungssätzen noch weniger

---

[335] Schreiben Riehm an den SD vom 16.7.1940, in: Ordner Korrespondenz über unsere Gesellschaft 1936–1942.

gefährliche benzinhaltige Lösungen zum Einsatz gekommen, die jedoch bald bei 90- oder 100-prozentigen Buna-Reifen durch Benzollösungen hoher Konzentration abgelöst werden mussten, um eine genügende Verschweißfähigkeit und reibungslose Konfektionierung zu gewährleisten. „Wir kennen heute noch keinen Weg, der es ermöglicht, [ohne Benzol und andere aromatische Lösungsmittel] hochwertige Mischungen aus Buna S ausreichend klebrig zu gestalten", schrieben die Reifenchemiker im März 1941 an Fertigungsvorstand Weber.[336] Der Einsatz von Lösungsmitteln hatte sich im Unternehmen von knapp 2000 to im Jahr 1938 bis 1942 mehr als verdoppelt.[337]

Zur krebserregenden Gefahr des Benzols kam eine hohe Feuergefahr während des Verarbeitungsprozesses. Dazu traten häufig Hauterkrankungen als Begleiterscheinung von Lösungsmitteleinsatz auf. Das amtliche Zentralblatt für Gewerbehygiene und Unfallverhütung empfahl als Schutzmaßnahme unter anderem die ausgiebige Raumentlüftung und den Einsatz von Gebläsen, allerdings waren Benzoldämpfe schwerer als Luft und daher durch Absaugeinrichtungen allein nicht ausreichend zu bekämpfen.[338] Im Januar 1941 waren daher unter anderem im Werk Korbach erste Fälle von Benzolschädigungen und Benzolvergiftungen vorgekommen, wie überhaupt dort auch die Zahl der leichten und schweren Arbeitsunfälle zugenommen hatten – auch als Folge des Einsatzes unerfahrener dienstverpflichteter deutscher wie ausländischer Arbeitskräfte.[339] Das bis dahin in Korbach wie in Vahrenwald praktizierte Öffnen der Fenster des Fabrikationssaales während der Pausen reichte offensichtlich bei weitem nicht aus, so dass umgehend der Einbau einer Lüftungsanlage insbesondere in der Abteilung für Flugzeugschlauchfertigung betrieben wurde. Zwar waren die betroffenen Arbeitskräfte bereits zum Tragen von Schutzmasken angehalten worden, verbunden mit Sonderrationen an Milch und Vitamin C, aber da viele die Masken nicht trugen und die Maschinen dicht gedrängt angeordnet waren, war es trotzdem zu den Gesundheitsschädigungsfällen gekommen.[340]

Auch in den anderen Werken hatten sich die Arbeitsbedingungen deutlich verschlechtert. Im März 1941 bat einer der Vertrauensleute im Hauptwerk dringend um den Einbau einer Be- und Entlüftungsanlage in der Hartgummi-Abteilung, wo unter anderem 60 Frauen beschäftigt waren, für die auch eine Schmutzzulage gefordert wurde.[341] Besonders anstrengende und auch durch Staub- und Lärmbelästigung gesundheitsschädliche Arbeitsbedingungen

---

336 Schreiben vom 19.3.1941, in: CUA, 6525 Zg. 1/65, A 1,1.
337 Vgl. Statistik der Continental.
338 Vgl. Notizen der Abteilung Reifen-Chemie vom April 1941, in: CUA, 6525 Zg. 1/65, A 1,1.
339 Vgl. Protokoll der Vertrauensratssitzung vom 17.1.1941, in: CUA, 6525 Zg. 1/65, A 19.
340 Vgl. Reisebericht betr. Lüftungsanlage in Korbach vom 2.1.1941, in: ebd.
341 Vgl. Protokoll der Vertrauensratssitzung vom 26.3.1941, in: CUA, 6610 Zg. 1/57, A 20.

herrschten in den Misch- und Rohbetrieben, wo der Einsatz der Fremd- und Zwangsarbeiter dazu führte, dass die deutschen Arbeiter versuchten, von dort in andere Abteilungen versetzt zu werden. Den Rußmischern in Korbach war es zudem aufgrund der Verschmutzungen der Arbeitskleidung verwehrt, im allgemeinen Aufenthaltsraum ihre Frühstückspause einzunehmen, sie mussten eine eigene Ruß-Garderobe benutzen. Allerdings erforderten die Präzision und Erfahrung des Misch- und Walzvorgangs zur Herstellung qualitativ hochwertiger Mischungen hier nach wie vor den Einsatz deutscher Meister und Vorarbeiter.

Das galt trotz seines überdurchschnittlich hohen Ausländeranteils auch für das Werk Nordhafen. Das große Problem dort war, dass aufgrund der ursprünglichen Planungen Mischerei, Konfektion und Reifenheizung in einem einzigen großen Raum unterbracht waren, was allerdings nur unter den Bedingungen friedensmäßiger Arbeitsorganisation die entsprechenden Rationalisierungseffekte ergab. Unter den Bedingungen des Krieges und der auch baulich nur partiellen Fertigstellung des Werkes ergaben sich „unmögliche Zustände", wie ein Fertigungsingenieur im Mai 1944 monierte.[342] Der Mischsaal war weit davon entfernt, staubfrei zu arbeiten, und trotz einer provisorischen Trennwand aus alten Brettern und Zwischenleinen verschmutzte Staub die Oberflächen der Halbfabrikate und führte bei den Arbeitern zu Hautekzemen. Der beim Öffnen der Autoklaven austretende Dampf führte zudem zu fortgesetzten Erhöhungen der Luftfeuchtigkeit, was den Prozess der Reifenkonfektionierung massiv beeinträchtigte. Vielen Beschäftigten musste es daher geradezu als Hohn erscheinen, dass im Frühjahr 1941 in der Werkszeitung die Verleihung des DAF-Leistungsabzeichens für „Vorbildliche Sorge um die Volksgesundheit" gefeiert wurde und dazu ein ausführlicher, reich bebilderter Artikel mit den zahlreichen Maßnahmen auf dem Gebiet der Gesundheitsfürsorge in den Continental-Betrieben erschien.[343] „Gut durchkonstruierte mechanische und handliche Schutz- und Sicherungsvorrichtungen an den verschiedenen Maschinenanlagen verhelfen zu größtmöglicher Betriebssicherheit", hieß es darin. „Unfallvertrauensmänner und Arbeitsschutzwalter, die in unseren Werken für alle Fabrikationszweige eingesetzt werden, überprüfen durch regelmäßige Revisionen und Begehungen der Betriebe den Sicherheitszustand der einzelnen Abteilungen."[344]

Dem Continental-Vorstand und vor allem den jeweiligen Werksleitern waren die erheblichen gesundheitsgefährdenden Arbeitsbedingungen der Gummiverarbeitung durchaus bewusst, aber dennoch bestanden trotz der bereits durchgeführten Maßnahmen weiterhin erhebliche Mängel. Ein Großteil der schlechten

---

342 Vgl. Aktennotiz vom 11.5.1944, in: CUA, 6500/1 Zg. 1/68, A 5.
343 Vgl. „Gesundes Arbeiten", in: Die Betriebs-Gemeinschaft 2/1941, S. 5 f.
344 Ebd.

und gesundheitsgefährdenden Arbeitsbedingungen betraf Arbeitsprozesse, in denen Frauen eingesetzt waren. Unter ihnen war schon allein durch die Überforderung der Doppelbelastung mit der zusätzlichen Versorgung von Mann, Kindern und Haushalt – die für die in der Nachtschicht Eingesetzten faktisch unmöglich war – durchgehend eine hohe Krankenrate zu verzeichnen gewesen.[345] Schon die Begründungen für die Verleihung eines Kriegsverdienstkreuzes oder einer Kriegsverdienstmedaille werfen ein Schlaglicht auf deren Arbeitsbedingungen: „Frl. G. ist bei der fabrikatorischen Vorbereitung von Buna tätig, bei welcher sowohl eine körperlich anstrengende als auch eine in Bezug auf Geruchsbelästigung und Wärme wenig angenehme Arbeit zu verrichten ist".[346] – „Frau B. hat sich in der Galvanisierungsanlage für Schwingmetall durch außerordentlichen Fleiß und Umsicht besonders ausgezeichnet. Die Arbeit ist durch Nässe und das Auftreten gesundheitsschädigender Säure-Dämpfe gefährlich."[347] Auch die Fertigung in der Enteiser-Fabrikation für die Luftwaffe „durch Frau S. ist durch Verwendung gesundheitsschädlicher Lösungsmittel besonders erschwert und kann nur mit Gasmaske verrichtet werden." Ob als Arbeiterin in der Gewebewickelei, wo Zwischenleinen in permanenter Nässe weiterverarbeitet wurde, oder als Helferin in der Heizung von Gummiartikeln, wo der Arbeitsplatz unter stetiger Einwirkung von starker Hitze und der Zerstäubung von in Flüssigkeit aufgeschlämmten Pudermitteln stand – allenthalben herrschten höchst gesundheitsgefährdende Bedingungen der Frauenarbeit bei Continental. Aber auch bei den männlichen Gummiarbeitern stand oft in den Begründungen „sehr unangenehme, schmutzige und nasse Arbeit" oder „die Arbeit ist besonders anstrengend und wegen Geruchsentwicklung unangenehm".[348]

Aus arbeitsgesundheitlicher Sicht höchst problematische Bedingungen herrschten nicht zuletzt in der Gasmasken-Fertigung in Limmer, wo neben deutschen Frauen inzwischen auch viele Zwangsarbeiterinnen eingesetzt waren. Die Fertigung von Volks-Gasmasken (VM) und Heeresmasken (G. M. 38) war seit Kriegsbeginn erheblich ausgeweitet worden. Im Frühjahr 1940 waren noch pro Tag 10 000 VM und 1000 GM produziert worden, wobei insgesamt 480 Frauen und 23 Männer eingesetzt wurden.[349] Im Guma-Werk in Oranienburg wurden zur gleichen Zeit 5000 bzw. 50 Masken täglich gefertigt. Hier waren 250 Frauen und 13 Männer eingesetzt. Heeresmasken konnten nicht aus 100 Prozent Buna gefertigt werden, da eine entsprechende Gummimischung nicht kältefest war.

---

345 Vgl. die Debatten dazu auf der Sitzung des Vertrauensrats vom 9.7.1941, in: CUA, 6610 Zg. 1/57, A 20.
346 Vgl. Vorschlagsliste vom 4.8.1941, in: CUA, 6610 Zg. 1/57, A 8,1.
347 Liste vom 2.1. 1942, in. ebd.
348 Vgl. ebd.
349 Vgl. die Aufstellung vom 26.4.1940, in: CUA, 6600 Zg. 1/56, A 36,2.

Insofern kamen weniger Lösungsmittel zum Einsatz, dennoch wurden zum Einstreichen der Maskenteile erhebliche Mengen an Benzol verwendet. Der wachsende Bedarf an Arbeitskräften war zunächst durch dienstverpflichtete deutsche Frauen sowie Heimarbeiterinnen gedeckt worden, ehe dann auch in größerem Umfang Zwangsarbeiterinnen zu Einsatz kamen. Bis Ende 1941 hatte Limmer die Heeresmaskenproduktion auf 2000 Stück/Tag verdoppelt, mit Ziel einer Steigerung auf 3000 Masken, während die Volksmaskenproduktion leicht auf 8000 Stück gesenkt worden war.[350] 1940 war dann in Zubri bei Prag gemeinsam mit der Auer-Gesellschaft unter dem Namen Gasma AG eine weitere Gasmaskenfabrik hochgezogen worden, die bald ebenfalls auf eine Tagesleistung von 3000 Masken gebracht worden war, wobei aber die Fertigung in Limmer weiter hoch blieb.[351]

Bis Ende 1942 wurden die Kapazitäten in Limmer auf 1500 Heeresmasken und 15 000 VM ausgeweitet. Die Arbeit war hochgradig durchrationalisiert und in zahlreichen einzelnen Arbeitsschritten von der Herstellung der Mischungen über das Kalandrieren der Platten und Gummieren der Gewebe bis zur Herstellung von Maskenkörper und Augenringen aufgeteilt. Als Arbeitsaufwand pro 100 Stück Herstellung eines Maskenkörpers hatten die Continental-Arbeitszeitingenieure 2800 Akkordminuten veranschlagt.[352] Den gesamten Fertigungsprozess hatte die Abteilung Arbeit dabei in 14 Einzelarbeitsschritte zerlegt und detailliert die damit verbundenen Akkordminuten sowie die Lohnkostenkalkulationen errechnet. Ein Vergleich der Kalkulationen zwischen Dezember 1941 und Dezember 1944 zeigt deutlich, dass und wie stark die Herstellungskosten durch den Zwangsarbeitereinsatz gesenkt werden konnten. Wurden zunächst noch für 100 Masken 32,50 RM angesetzt, so betrugen die Kosten drei Jahre später nur noch 15,60 RM.[353]

Regelmäßige Messungen des Aromatengehalts in der Luft waren im Schlauchsaal und den anderen Arbeitssälen in Limmer bereits seit Herbst 1939 vorgenommen worden. Die Arbeitsingenieure fanden damals bereits eine Konzentration an Benzol und Homologen von 5 mg pro Liter Luft am Pult des Vorar-

---

350 Vgl. Protokoll der Sitzung des Arbeitsausschusses Auer/Continental vom 25.6.1942, in: CUA, 6600 Zg. 1/56, A 36,2.
351 Vgl. zur Gasma AG CUA, 6600 Zg. 1/56, A 37, sowie die Geschäftsberichte 1940/41 ff. in: CUA, 6600 Zg. 1/56, A 38.
352 Vgl. Schreiben auf eine Anfrage des OKH vom 14.3.1942, in: CUA, 6500 Zg. 1/69, A 15.
353 Vgl. Mitteilungsblatt und Kalkulation der Abteilung Arbeit für Dezember 1941, 1942 und 1943, in: ebd.

beiters, bei den Einstreichern sogar von 6 mg.[354] Ohne Gasmasken war ein Aufenthalt in diesen Arbeitsräumen daher höchst gesundheitsschädlich, da Arbeitsmediziner für Arbeitsräume einen Grenzwert von 0,1 mg/l ansetzten. Trotz der kritischen Werte änderte sich jedoch an den hohen Benzolgehalten in der Fabrikluft kaum etwas. Mitte Juli 1940 maßen die Chemiker in der Schlauchkleberei der Abteilung Auto VI in Vahrenwald am Schlauchklebe-Drehtisch in Kopfhöhe des Arbeiters einen Wert von 2,5 bis 3 mg Benzol/l, das 30-Fache des zulässigen Höchstwertes.[355] Große Teile der Beschäftigten mussten daher mit Atemmasken arbeiten, wobei es auch hier schon Probleme damit gab, die kontaminierten Maskenfilter stets rechtzeitig auszuwechseln. Ob tatsächlich von den Vorarbeitern und Meistern, aber auch von den Arbeiterinnen selbst, die strengen Anordnungen zum Maskentragen sowie von regelmäßigen Lüftungspausen befolgt wurden, dürfte bezweifelt werden. Im Januar 1941 etwa gab es deutliche Klagen über auffallende Ermüdungserscheinungen bei den Arbeitern in der Abteilung Auto IV, und erst der Einbau einer Absauganlage brachte eine deutliche Senkung der kritischen Werte auf 0,2 bis 0,3 mg/l.[356] Zur gleichen Zeit wurden im Schlauchsaal in Limmer jedoch weiterhin an den Einstreichständern und Schlauchspritzmaschinen Konzentrationswerte von 2,5 mg/l festgestellt.

---

354 Vgl. Notiz vom 7.11.1939, in: CUA, 60200 Zg. 1/71, A 8,2 („Ordner Benzolprüfungen").
355 Vgl. Notiz vom 16.7.1940, in: ebd.
356 Vgl. Notiz vom 2.5.1941, in: ebd.

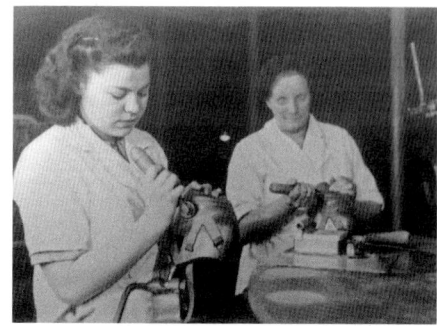

Abb. 119–121: Gasmasken-Fertigung im Werk Limmer ca. 1943

Auch in der Folgezeit wurden regelmäßige Benzol- und Benzingehaltprüfungen vorgenommen und dabei schwankende, oftmals nach wie vor deutlich über den Grenzwerten liegende Konzentrationen festgestellt. Insgesamt lagen die Werte aber selbst in der Auto-Abteilung des Werkes Nordhafen gegenüber den früheren Jahren erheblich niedriger und kaum noch im gesundheitsschädlichen Bereich.[357] Dazu trug allerdings auch eine Änderung der Grenzwerte bei. „Nach den Erfahrungen der Continental" und in Abstimmung mit der Gewerbeaufsichtsbehörde wurden im Oktober 1943 inzwischen allgemein 0,2 mg Benzol/l und damit höhere Werte als erträglich für Arbeiten ohne Atemschutzmaske angesehen.[358] Gleichzeitig waren allerdings auch im Zuge von Rationalisierungsmaßnahmen und der dabei vielfach erfolgten Vereinfachung der Fertigungsabläufe seit 1942 in einer Reihe von Arbeitsabläufen die Gesundheitsgefährdungen weggefallen oder hatten sich deutlich reduziert, sei es durch die Einführung des automatischen Einstreichens von Schläuchen, den Fortfall des Färbens von Schläuchen mit Nitro-Zellulose-Lacken, die Aufgabe des Schlauchputzens und damit den fehlenden Abrieb, Staub sowie Einsatz von Waschbenzin und Lack oder die Einsparung von Zinkstearat durch Änderung der Fertigungsabläufe.[359]

---

357 Vgl. etwa die Messungen vom 18.2.1943 in der Autoabteilung im Werk Nordhafen, in: ebd.
358 Schreiben Stubbendiek an die Fachgruppe Kautschukindustrie vom 22.10.1943, in: ebd.
359 Vgl. den Eintrag im Gefolgschaftsbuch zu Rationalisierungsmaßnahmen im Krieg unter dem 8.10.1942, in: CUA, 6610 Zg. 1/57, A 20.

Die Unfallstatistik hielt sich, verglichen mit 1938/39, als im Werk Hannover 1100 Unfälle bzw. 1,19 Unfälle auf 100 Vollarbeiter gezählt worden waren, mit 706 (1941) bzw. 723 (1942) auf einem erstaunlich niedrigen Niveau, wenn man sich die seitdem eingetretenen potenziellen Unfallfaktoren von vermehrter Frauenarbeit, Einstellung ausländischer Arbeiter (für die Ausländer gab es Übersetzungen der Continental-Unfallverhütungsvorschriften in Kroatisch, Französisch und Polnisch), Gefahren durch die Verdunkelung und ungenügende Nachtruhe der Arbeiter durch Fliegeralarme vor Augen führt.[360] Der Großteil der Arbeitsbedingungen bei Continental, ob in der Reifen-, Schlauch- oder Gasmaskenfertigung, geschweige denn in den Misch- und Kalandersälen der Rohbetriebe, waren dennoch nach wie vor körperlich schwer, gefährlich und gesundheitsschädlich oder monoton.

Abb. 122 u. 123: Flugzeugtank- und Reifenfertigung im Werk Korbach im Krieg

Die Arbeitsbedingungen waren jedoch im Laufe des Krieges nicht nur durch die fertigungstechnischen Abläufe geprägt, sondern veränderten sich vor allem infolge des zunehmenden Bombenkrieges geradezu dramatisch. Die ersten Bomben waren bereits im Februar 1941 auf Hannover und die Continental gefallen, ohne zunächst größeren Schaden anzurichten.[361] Am 26. Juli 1943 jedoch war es mitten am Tag zu einem großen Fliegerangriff gekommen, der zu großen Zerstörungen an der Fabrik und vor allem erheblichen Opfern unter der Belegschaft führte: Das Kriegstagebuch des Rüstungskommandos Hannover verzeichnete

---

360 Vgl. Notiz und Erhebung der Unfallabteilung vom 19.11.1940 sowie 16.11.1942, in: CUA, 6610 Zg. 1/57, A 20.

361 Vgl. den detaillierten Bericht Riehms vom 11.2.1941, in: CUA, 6610 Zg. 1/57, A 20, sowie den Schriftwechsel mit dem Kriegssachschädenamt, in dem sich auch zahlreiche Fotodokumente der Zerstörungen befinden, in: Stadtarchiv Hannover, Kriegssachschädenamt Nr. 6161. Vgl. auch Brief des Aufsichtsratsvorsitzenden Uebel an Rösler vom 14.2.1941, in: BArch R 8119 F/ P 02118.

für Continental 110 Tote, ca. 100 Schwer- und 130 Leichtverletzte sowie eine Reihe von Vermissten. Dieser Angriff wirkte auf die Unternehmensleitung wie die Belegschaft, gleich ob deutscher oder ausländischer Herkunft, nachgerade traumatisch.[362] Ausländische wie deutsche Arbeiter waren nach den ersten Fliegeralarmen gemeinsam in die Luftschutzkeller der Fabrik gegangen, allerdings getrennt nach Abteilungen, die ihre je eigenen Kellerräume hatten. Trotz der strikten Anweisungen zur Benutzung der Luftschutzkeller war es üblich gewesen, dass immer wieder einige Zwangsarbeiter den Alarm zu nutzten, in das Gewebelager auf dem Firmengelände zu verschwinden, um dort auf den Stoffballen zu schlafen. Während das bei den bisherigen Alarmen und Angriffen gut ging, wurde das Stofflager diesmal bei dem schweren Angriff voll getroffen und vernichtet und die dortigen russischen und auch französischen Kriegsgefangenen getötet. Aber auch zahlreiche deutsche Continental-Arbeiter kamen bei dem Angriff um.

In Reaktion darauf beriefen Jahns und Könecke Mitte August eine außerordentliche Vertrauensratssitzung ein, zu der auch der Aufsichtsratsvorsitzende Uebel, die übrigen Vorstandsmitglieder sowie die Abteilungsleiter, Ingenieure, Meister, Amtswalter und Arbeiter derjenigen Fabrik-Abteilungen eingeladen waren, in denen der Angriff die größten Opfer gefordert hatte. Der Generaldirektor und sein Hauptbetriebsobmann beschworen die Solidarität und den Zusammenhalt der Belegschaft auch unter den Bedingungen des totalen Krieges.[363] Eine Reihe von Belegschaftsangehörigen war zudem für ihren tapferen Einsatz beim Fliegerangriff ausgezeichnet worden, und Jahns machte in den folgenden Tagen zusammen mit Könecke Besuche in den Krankenhäusern, wo verletzte Continental-Angehörige lagen. In den Quellen lässt sich noch zwischen den Zeilen geradezu mit den Händen greifen, wie tief bei der Unternehmensleitung wie der Belegschaft der Schock des Angriffs saß. Auch einen Monat danach waren die Aufräumarbeitern trotz „tatkräftiger Unterstützung der Wehrmacht und unter Heranziehung von Kgf." nur etwa zu drei Viertel beendet, unter den Trümmern eines der Gebäude wurden noch die Leichen von vier bis fünf vermissten Arbeitern vermutet.[364] Insgesamt war die Fertigung zwar schneller und in größerem Umfang als gedacht wieder in Gang gekommen, dennoch wurden nun auch umfangreiche Maßnahmen zur Verlagerung von Fabrikationsabteilungen und vor allem der Rohstoff-, Halb- und Fertigwarenlager in Angriff genommen.

---

362 Vgl. Kriegstagebuch des RüKo Hannover vom 1.7.–30.9.1943, S. 61, in: BArch Freiburg RW 21-27/4. Vgl. dazu und zum Folgenden die Schilderungen bei Carbaat, Amsterdam, S. 71 ff. Vgl. auch Destenay, Babel, S. 77 f., und den schockierten Bericht des Aufsichtsratsvorsitzenden Uebel an Rösler über die Folgen des Angriffs vom 30.7.1943, in: BArch R 8119 F/P 02118.
363 Vgl. Protokoll der ao. Vertrauensratssitzung vom 18.8.1943, in: CUA, 6610 Zg. 1/57, A 20.
364 Protokoll der Vertrauensratssitzung vom 25.8.1943, in: CUA, 6610 Zg. 1/57, A 20.

Das Thema Fliegerangriffe stand von nun an sowohl bei den Vertrauens-rats- wie bei den Vorstandssitzungen fast ständig auf der Tagesordnung und man hat rückblickend den Eindruck, dass das Unternehmen in Gänze gleichsam in einen Krisenmodus umschaltete. „Aufgrund der gesammelten Erfahrungen", verkündete Könecke im August 1943, „sollen Sicherungsmaßnahmen in jeder nur erdenklichen Art getroffen werden".[365] Die Maßnahmen sahen unter anderem eine Verstärkung der Luftschutzräume durch Ziehen von Seitenwänden und Unterteilungen vor, jedes Gefolgschaftsmitglied musste künftig genau wissen, in welche Räume es im Alarmfall zu gehen hatte, „damit Stauungen, wie solche nach dem letzten Angriff entstanden, vermieden werden."[366] Zudem wurde die ärztliche Versorgung neu organisiert, die Ausstattung der Luftschutzräume mit Wasser, Verbandszeug und Notbeleuchtung verbessert, und dem Luftschutzleiter wurden mehr verantwortungsvolle Leute zur Seite gestellt, um ein Durcheinander zu verhindern. Im September 1943 wurde schließlich eine vielköpfige Kommission, bestehend aus Könecke und weiteren Vorstandsmitgliedern sowie allen wichtigen Abteilungsleitern, dem Leiter der Abteilung Arbeit, einer Reihe von Oberingenieuren sowie den Werksleitern, einberufen, die sich künftig zentral gesteuert mit allen wichtigen Fragen zur Verminderung der Auswirkungen von Luftangriffen befasste.[367] Die koordinierende Verantwortung hatte der für die Rohbetriebe zuständige stellvertretende Vorstand Dr. Odenwald.

In der Folge wurden vor allem die organisatorischen Fragen der vorzunehmenden Fertigungsverlagerungen innerhalb und zwischen den Werken und vor allem auch zu den als luftschutzsicher geltenden Werken in Nordhafen und Korbach, aber auch eine Auflockerung der unternehmenseigenen und beim letzten Bombenangriff fast völlig zerstörten Energieversorgung besprochen.[368] In der Verwaltung wurde eine zentrale Fliegerschäden-Abteilung eingerichtet, die die bombengeschädigten Gefolgschaftsmitglieder unterstützen sollte. Außerdem erhielten Frauen der durch Luftangriffe getöteten Arbeiter künftig vom Unternehmen eine monatliche Rente von 30 RM. Vor allem wurden umfassende Maßnahmen in Angriff genommen, die Luftschutzbauten nach modernstem Stand herzurichten, sowohl in Hannover und Limmer wie in Nordhafen, und dafür 60 bis 75 Arbeiter aus als weniger rüstungswichtig erachteten Abteilungen abgestellt.[369] Erheblicher Nachholbedarf bestand vor allem in Limmer und

---

365 Ebd.
366 Ebd.
367 Die erste Sitzung fand am 7.9.1943 statt. Vgl. das Protokoll in: CUA, 6500/1, Zg. 1/68, A 5.
368 Vgl. das umfangreiche Protokoll der Besprechung vom 14.9.1943, in: ebd.
369 Vgl. Notiz Könecke vom 9.11.1943, in: CUA, 6500/1 Zg. 1/68, A 5.

Nordhafen, wo es keine ausreichenden Schutzräume gab.[370] Das hatte unter anderem zur Folge gehabt, dass „sich [dort] die Franzosen weigern, in die Splittergräben zu gehen, weil beim letzten Angriff eine Brandbombe durch die Deckung hindurchgefallen ist und die Holzverschalung eines Grabens in Brand gesetzt hat. In die Kellerräume können die Ausländer jedoch nicht hineingebracht werden, weil diese mit deutschen Arbeitern gefüllt sind."[371] Demgegenüber waren noch jene 400 Fremdarbeiter vergleichsweise sicher, die im Dezember 1943 nach dem Brand im Wohnlager Vahrenwald im Dachgeschoss der Fabrik untergebracht worden waren und im Alarmfall die dortigen, kapazitätsmäßig ausreichenden Schutzräume benutzen konnten. Für die Werkschutzleute waren diese Ausländerlager auf Firmengelände aber ein erhebliches Problem, da die Zwangsarbeiter sich nicht oder nur unzureichend an die Verdunkelungsordnung hielten und damit im Zweifelsfall das Werk gefährdeten.

Ende 1943 wurde in Vahrenwald auch eine Belüftungsanlage für die dortigen Luftschutzräume gebaut. „Wir haben unsere Luftschutzmaßnahmen nach jeder Beziehung ergänzt und auf schwerste Belastungsproben neuartiger Bombardements einzustellen versucht", zog Könecke im Dezember 1943 auf einer Versammlung seiner leitenden Angestellten und Abteilungsleiter eine Art Zwischenfazit des „Luftkriegs-Managements" bei Continental.[372] Eine der offenbar als äußerst wichtig erachteten Maßnahmen war dabei die bewusste Mischung der Belegschaftsgruppierungen nach Betriebswichtigkeit und Qualifikation. So wurden nun „nach reiflichen Überlegungen" im Alarmfall auch die Gefolgschaftsmitglieder aus den Verwaltungsabteilungen in den Schutzräumen unter den Fabrikationsräumen untergebracht, und aus Gründen der Risikoverminderung erfolgte eine Mischung von Lohn- und Gehaltsempfängern sowie hochwertigen Spezialarbeitern, was zur Folge hatte, dass nun im Alarmfall nicht mehr auf eigene Faust der nächste Luftschutzraum aufgesucht werden durfte, sondern nur noch genau zugewiesene Luftschutzräume, deren Belegung von den mit zusätzlichen Kompetenzen ausgestatteten Luftschutzwarten strikt und im Unterlassensfall unter Androhung strengster Strafen kontrolliert wurde. Jahns hatte ursprünglich das Gegenteil vorgeschlagen, also bei der Belegung der Luft-

---

370 „Die im Werk Limmer beschäftigten rund 3000 Menschen sind bei Fliegeralarm nach den neuesten Erkenntnissen vollkommen unzulänglich geschützt", schrieb ein zuständiger Angestellter aus Limmer in einem regelrechten Brandbrief an Könecke und forderte die umgehende Einstellung der laufenden Luftschutzmaßnahmen im Werk Vahrenwald zugunsten von Limmer. Vgl. Brief vom 6.11.1943, in: CUA, 6525 Zg. 1/65, A 19.
371 Niederschrift der Besprechung vom 2.11.1943, in: ebd.
372 Vgl. den Bericht und die Rede Köneckes auf der Versammlung vom 7.12.1943, in: Die Betriebsgemeinschaft 1/1944, S. 1f.

schutzräume nach Lohn- und Gehaltsempfängern zu trennen.[373] Allerdings war das Problem der ungenügenden Luftschutzräume in Limmer, zu dessen Behebung inzwischen Pläne für den Bau eines Großbunkers entworfen wurden, nach wie vor ungelöst.[374] Die Luftschutzräume des Werkes Vahrenwald wurden dagegen später auch den Angehörigen der Continental-Belegschaft zugänglich gemacht und dafür zunächst 500, dann 800 Berechtigungskarten ausgegeben.

Wie notwendig all diese Maßnahmen auch aus unternehmenspolitischer Sicht im Hinblick auf die weitere Mobilisierung der Belegschaft und zur Wahrung der Arbeitsdisziplin waren, zeigte sich auch daran, dass die Krankmeldungen unmittelbar nach dem Bombenangriff um fast 100 Prozent in die Höhe geschossen waren und auch noch Wochen später auf einem hohen Niveau blieben. Jahns und Könecke wollten dagegen „energisch vorgehen" und es schien ihnen erforderlich, „die Zügel etwas straffer anzuziehen", mit schärferen Maßnahmen zu drohen und gegebenenfalls die Entziehung der Zulagenkarte ins Auge zu fassen.[375] Es wurde, auch auf Anordnung der DAF, eine eigene Versäumnis-Kartei eingerichtet, um alle Arbeitskräfte möglichst schnell „wieder zu ihren Arbeitsplätzen zurückzuführen", wie es dazu in einer Sitzung des Vertrauensrats hieß.[376] Das unentschuldigte Fehlen am Arbeitsplatz, das gerade auch im Werk Limmer zu beobachten war, betraf deutsche wie ausländische Frauen.

Im Prinzip empfanden die Zwangsarbeiter die Luftalarme während der Arbeit als willkommene Unterbrechung; in den Kellern der Fabrik konnte man sich relativ gut geschützt ausruhen. Zudem wurde die Zeit während des Alarms doppelt gezahlt; die Fremdarbeiter erhielten wie ihre deutschen Kollegen den Lohnausfall bei Luftangriffen ersetzt.[377] Continental zahlte dabei auch an Polen und Ostländer, d. h. Litauer und Letten, Lohnausfälle, nicht jedoch, entsprechend den Vorschriften, an Russen und Kriegsgefangene. Bei Luftangriffen nachts in den Wohnlagern war die Gefahr von Bombentreffern und damit die Angst vor den Luftangriffen ungleich höher. Die überall eingebauten Splittergräben boten nur unzureichenden Schutz, weit sicherer war es in nahe gelegenen öffentlichen Luftschutzbunkern. Hier hatten die ausländischen Arbeitskräfte zwar eigentlich keinen, aber im Durcheinander der Flucht und Schutzsuche

---

373 Vgl. Protokoll der Vertrauensratssitzung vom 16.11.1943, in: CUA, 6610 Zg. 1/57, A 20.

374 Vgl. Niederschrift der Kommission betr. Fragen der Verminderung der Auswirkungen von Luftangriffen vom 1.3.1944, in: CUA, 6500/1 Zg. 1/68, A 5. Erst im Juni 1944 lag offenbar eine Genehmigung der Behörden für den Bau eines 1000-Mann-Bunkers in Limmer vor.

375 Vgl. Protokoll der Vertrauensratssitzung vom 25.8.1943, in: CUA, 6610 Zg. 1/57, A 20.

376 Protokoll der Vertrauensratssitzung vom 16.11.1943, in: ebd.

377 Vgl. die Abschrift eines Bescheids des Generalbevollmächtigten für den Arbeitseinsatz vom 17.10.1942, in: CUA, 65910 Zg. 1/70, A 2.

kümmerte sich niemand weiter um eine Kontrolle.[378] Durch List gelang es westeuropäischen Zwangsarbeitern wie Carbaat auch, in den Genuss der reichhaltigen „Bunkersuppe" zu gelangen, die nach Bombenangriffen von den städtischen Behörden und Parteistellen zur Aufrechterhaltung der Moral an die betroffene Zivilbevölkerung verteilt wurde.[379] Auf Seiten der deutschen Arbeiter gab es inzwischen allerdings gegenüber den Fremdarbeitern wachsenden Unmut, da im Zuge des Bombenkriegs die höchst unbeliebten innerbetrieblichen Zusatzdienste für Werksfeuerwehr, Luftschutzdienst, Werksschutz und auch als „Flakwehrmann der Continental" massiv ausgeweitet worden waren, zu denen man zudem oft auch nachts oder an Sonn- und Feiertagen verpflichtet wurde. Aus politisch-ideologischen Gründen waren die Fremdarbeiter von diesen Diensten ausgeschlossen, was viele Gefolgschaftsangehörige als ungerecht empfanden – ganz zu schweigen von den damit auch verbundenen erheblichen Arbeitszeit- und Verdienstausfällen.[380]

Nur wenig später, am 9. Oktober 1943, und in der Nacht vom 18. auf den 19. Oktober erfolgten neue und in ihren verheerenden Zerstörungen weit größere Luftangriffe auf Hannover, mit abermals großen Zerstörungen und einer Reihe von Großbränden auf dem Werksgelände, insbesondere in den Rohbetrieben; allerdings waren diesmal nur 17 Leichtverletzte zu beklagen.[381] Während aber das Rüstungskommando Hannover in seinem Bericht zum Angriff notierte, dass bei Continental alle wichtigen Abteilungen nach den Aufräumarbeiten schnell wieder in Produktion gegangen seien, enthielt die entsprechende Aktennotiz der Plan-Abteilung Reifen, in der die Auswirkungen der Angriffe beschrieben wurden, für Produktionsvorstand Weber geradezu Hiobsbotschaften. Die Fabrikation war auch eine Woche nach den Angriffen noch stark behindert, in der Schlauchheiz-Abteilung wurden gerade einmal 15 Prozent der Normalfertigung erreicht, in der Autoreifenfabrik kam man nur auf 50 Prozent des Solls.[382] Ende Oktober schrieb Könecke sichtlich schockiert an den Aufsichtsrat: „Wenn die Continental hinsichtlich ihrer Werksanlagen noch relativ glimpflich davon gekommen ist, so sieht die Stadt dagegen, man kann wohl sagen, katastrophal aus."[383]

---

378 Vgl. Carbaat, Amsterdam, S. 75.
379 Vgl. ebd., S. 99. Ähnliches berichtete auch Destenay, Babel, S. 195.
380 Vgl. zur Missstimmung im Betrieb das Protokoll der Vertrauensratssitzung vom 15.6.1943, in: CUA, 6610 Zg. 1/57, A 20, sowie auch schon Aktennotiz vom 17.9.1942, in: CUA, 6525 Zg. 1/65, A 1,2.
381 Vgl. den Schadensbericht Riehms vom 9.10.1943, in: CUA, 6610 Zg. 1/57, A 20, sowie die Information des Vorstands an den Aufsichtsrat über die Folgen des Angriffs vom 12.10.1943, in: BArch R 8119 F/P 02118.
382 Vgl. Notiz vom 14.10.1943, in: CUA, 6525 Zg. 1/65, A 19.
383 Schreiben Könecke an den Aufsichtsrat vom 28.10.1943, in: BArch R 8119 F/P 02118.

Am 30. Januar 1944 gab es einen erneuten Luftangriff auf Hannover, der im Werk Vahrenwald erhebliche Gebäudeschäden in der Mischanlage verursachte, die vorübergehend ausfiel, weswegen die Fertigung auf die anderen Werke verlagert werden musste. Trotz weiterer Schäden in der Autoreifen-, Flugzeug- und Panzerketten-Fertigung und auch Beeinträchtigungen am Verwaltungsgebäude konnte die Produktion jedoch schon nach wenigen Tagen wieder aufgenommen werden. Bei dem Angriff wurde offenbar nur ein französischer Arbeiter schwer verwundet.[384] Dagegen erhielt das Italienerlager von Continental in der Alemanschule bei einem Luftangriff auf Hannover Mitte Juni 1944 einen Volltreffer, durch den ein Toter und sieben Verletzte zu beklagen waren.

Spätestens seit Anfang 1944 rückten für Könecke im Zusammenhang mit den Luftangriffen wieder mehr die Fragen von Leistungssteigerung und Arbeitsdisziplin in den Vordergrund. Im Januar 1944 berichtete er auf der Sitzung des Vertrauensrates ausführlich über die inzwischen getroffenen Maßnahmen zur Sicherung der Arbeitsmoral. Continental stehe vor erheblichen Steigerungen in der Produktion und somit habe man auch mit vermehrter Sonntagsarbeit zu rechnen.[385] Schon im November 1943 war in allen Abteilungen ein von Könecke unterzeichneter Aushang über „Maßnahmen zur Bekämpfung unberechtigter Arbeitsversäumnisse sämtlicher Gefolgschaftsmitglieder" angebracht worden, in dem scharfe Kontrollmaßnahmen sowie Sanktionen für Unpünktlichkeit sowie unberechtigtes Krankfeiern angekündigt wurden – von ihm und Jahns gemeinsam letztverantwortlich überwacht.[386] Die Maßnahmen korrespondierten mit einer von Seiten der DAF gestarteten Kampagne gegen Bummelanten und Arbeitsverweigerer, die auch eine Reaktion darauf war, dass infolge des Bombenkriegs in den Betrieben nicht nur die Krankenziffern nach oben schossen, sondern es auch nach jedem Bombenalarm immer länger dauerte, bis die Belegschaft wieder an die Arbeitsplätze zurückkehrte, und viele Arbeiter auch gar nicht mehr ins Werk zurückkehrten. Angeblich, so behauptete Könecke später, seien alle Großbetriebe durch Befehl des Reichsverteidigungskommissars dazu angehalten worden, diese Arbeitsverweigerer – ob Deutsche oder Ausländer – im Betrieb selbst durch eine Art Sondergerichtsbarkeit aus der örtlichen Gestapo, dem zuständigen Reichstreuhänder der Arbeit und dem jeweiligen Landesarbeitsamt aburteilen zu lassen und für Wochen oder gar Monate in die AEL der Gestapo zu schicken. Für die Continental habe er eine derartige Praxis strikt ab-

---

384 Vgl. Kriegstagebuch des RüKo Hannover für das erste Quartal 1944, S. 8, in: BArch Freiburg RW 21-27/7, und die „bombing information" auf der Basis einer Befragung von Produktionsvorstand Weber, CIOS Report Continental Gummiwerke AG, No. 22/File XXIII, S. 17 ff.
385 Vgl. Protokoll der Vertrauensratssitzung vom 19.1.1944, in: CUA, 6610 Zg. 1/57, A 20.
386 Vgl. den Aushang vom 9.11.1943, in: CUA, Ordner Personal der Hannoverschen Werke.

gelehnt und keine einzige derartige Sanktion gegen Werksangehörige ermöglicht.[387] Das entsprach jedoch nicht der Wahrheit, denn in einer Notiz von Könecke vom 8. März 1944, die als Durchschlag an die beiden für Technik und Fertigung zuständigen Vorstandsmitglieder Assbroicher und Weber sowie an Riehm, Garbe und Jahns ging, sprach er unter dem Stichpunkt „Strengstes Durchgreifen bei bummelnden Frauen ist angeordnet" offen von der Notwendigkeit, „in einigen markanten Fällen" nicht nur mit Betriebsstrafen, sondern auch mit Meldung an die DAF und in letzter Instanz mit Meldung einiger weniger markanter Fälle an Dr. Maercken, den zuständigen Treuhänder der Arbeit, durchzugreifen, „mit dem ich auch persönlich über diese unsere Maßnahmen gesprochen habe, damit dieser einige Exempel statuiert, die wir zu veröffentlichen haben".[388]

Letztlich erwies sich Könecke mithin als willfähriger Exekutor der vielfältigen Maßnahmen des NS-Regimes, die letzten Leistungsressourcen der Kriegswirtschaft zu mobilisieren und die Arbeiter und Angestellten in den Rüstungsbetrieben zu höheren Leistungen anzutreiben. Ende März 1944 appellierte er auf der Sitzung des Vertrauensrats an die Vertrauensratsmitglieder sowie politischen Leiter, „alles zu tun, um dort, wo noch Leistungssteigerungen möglich sind, diese mit allen nur erdenklichen Mitteln durchzuführen."[389] Die tägliche Arbeitszeit bei Continental liege im allgemeinen noch bei zehn Stunden. Es müsse aber überall dort, wo es irgendwie möglich sei, versucht werden, eine zwölfstündige Arbeitszeit zu erreichen, was bereits in einer Reihe von Abteilungen praktiziert werde.[390] Gegen das „Bummelantentum" müssten die härtesten Maßnahmen angewandt werden, wie ja auch inzwischen die „Sondermaßnahmen zur Verringerung des Krankenstandes" sich sehr gut bewährt hätten und

---

387 Vgl. Schreiben Köneckes im Zusammenhang mit seinem Entnazifizierungsverfahren vom 27.11.1945, Bl. 181, in: NLA HA Nds. 171 Hannover Nr. 32086.

388 Notiz Köneckes vom 8.3.1944, in: CUA, 6500/1 Zg. 1/68, A 5.

389 Protokoll der Vertrauensratssitzung vom 31.3.1944, in: CUA, 6610 Zg. 1/57, A 20.

390 Vgl. ebd. Dies widerspricht klar den späteren Behauptungen Köneckes und auch Garbes, dass man bei Continental die Einführung der 12-stündigen Arbeitszeit verweigert habe. „Wir haben dies grundsätzlich abgelehnt", so erklärte Garbe dazu später, „weil wir und klar darüber waren, dass starke Ermüdungserscheinungen oder Entkräftigungen der Leute folgen mussten." Nur „ganz ausnahmsweise" und auch nur für ganz kurze Zeit sei „für kleinere Beschäftigtengruppen" eine 12-stündige Arbeitszeit zur Anwendung gekommen. Erklärung Garbes im Rahmen des Entnazifizierungsverfahrens von Odenwald vom 29.7.1947, in: NLA HA Nds. 171 Hannover Nr. 16704. Auch Jahns behauptete später, dass es auf seine Veranlassung hin nach schweren Kämpfen mit der Kreisleitung und der Gauverwaltung gelungen sei, die 60-Stunden-Woche bei Continental nicht einzuführen. Vgl. Aussage Jahns in: NLA HA Nds. 171 Hannover, Nr. 32086.

dieser inzwischen wieder auf 6,8 Prozent gesunken sei.[391] Tatsächlich zeigten die verschärften betrieblichen Maßnahmen auch gegen das „Bummelantentum" rasche Erfolge. Mitte August 1944 waren die Bummelstunden von zehn auf sechs Prozent, zuletzt sogar auf 2,5 Prozent gesunken, wie Könecke zufrieden dem Vertrauensrat berichtete.[392] Der Continental-Generaldirektor ließ sich dabei auch über die „schändlichen Vorgänge des 20. Juli" aus, um hieraus „die Folgerungen für uns abzuleiten: alle Kräfte anzuspannen und das Letzte an Leistungen aus der Gefolgschaft herauszuholen."[393] Für alle, gleich wo sie beschäftigt seien, werde die 60-Stunden-Woche festgesetzt, dazu sollten leistungssteigernde, aber berechtigte Akkorde angestrebt werden, da neue Arbeitskräfte – außer KZ-Leuten – nicht zur Verfügung stünden.[394] Die neuen Arbeitszeiten galten allerdings nur für die Arbeiter, bei den Angestellten wurde erst im Oktober 1944 ebenfalls die Wochenarbeitszeit heraufgesetzt, aber auch dann nur auf 57 ½ Stunden. Aus Sicht Köneckes wie Jahns, aber offensichtlich auch des Gauleiters und Reichsverteidigungskommissars Lauterbacher, hatten die Maßnahmen zur Disziplinierung der Continental-Belegschaft durchaus Erfolg. Jahns zeigte sich auf der Vertrauensratssitzung im Oktober 1944 zufrieden damit, dass die Belegschaft sämtlicher Werke diszipliniert und arbeitsbereit sei, und kurz zuvor hatte der Gauleiter auf einem Betriebsappell der gesamten Belegschaft der Continental seinen Dank und seine Anerkennung für die rastlose und disziplinierte Arbeit sämtlicher Gefolgschaftsmitglieder ausgesprochen.[395] Eine Aufschlüsselung der geleisteten und ausgefallenen Arbeitsstunden für Dezember 1944 zeigt allerdings, dass die von der Unternehmensleitung gepriesene Arbeitsordnung höchst prekär war. Den 1,4 Mio. geleisteten Lohnstunden standen 444 000 Ausfallstunden (31 Prozent) gegenüber, von denen 18,7 Prozent durch Fliegeralarm und 7,9 Prozent durch sonstige Feindeinwirkung verursacht waren, 42 Prozent jedoch auf Krankheit, 12,6 Prozent auf Zuspätkommen und Ver-

---

391 Ebd.

392 Vgl. Protokoll der Vertrauensratssitzung vom 11.8.1944, in: CUA, 6610 Zg. 1/57, A 20, und das Rundschreiben „an sämtliche leitenden Herren" vom 29.8.1944 zu den Maßnahmen im Einzelnen, in: CUA, 6621 Zg. 1/2001, A 1.

393 Ebd.

394 Vgl. ebd. und auch Protokoll der Vorstandsbesprechung vom 20.3.1944, in der Könecke den gleichen Ton anschlug, in: CUA, 6603, Zg. 3/85, A 3. Vgl. zur Durchführung der 60-Std.-Woche hinsichtlich der Arbeitszeiten für Frauen und Jugendliche die Notiz Garbes vom 15.8.1944, in: Personalakte Wilkening, Registratur Personalabteilung.

395 Vgl. Protokoll der Vertrauensratssitzung vom 24.10.1944, in: CUA, 6610 Zg. 1/57, A 20, sowie Bekanntmachung der Belobigung vom 28.9.1944, als Abschrift in: NLA HA Hann. 275, Nr. 571.

säumnis und 18,9 Prozent auf sonstige Gründe wie Beurlaubung, Notdienst oder andere betriebliche Gründe zurückzuführen waren.[396]

Heftige innerbetriebliche Debatten verbunden mit erheblichem Unmut in der betroffenen Belegschaft gab es dabei nach wie vor über die Organisation der Luftschutzmaßnahmen für die Angehörigen des Werkes Limmer. Da sich der versprochene Neubau eines Bunkers verzögerte und mit einer Fertigstellung in absehbarer Zeit nicht zu rechnen war, waren die Gefolgschaftsmitglieder an die Werksleitung und die dortigen Vertrauensratsmitglieder mit der Forderung herangetreten, bei Fliegeralarm das Werk verlassen zu dürfen, um in der Umgegend, etwa auch im nahe gelegenen Ahlemer Stollen, Deckung zu suchen und damit nicht mehr allein auf die unzulänglichen und zu kleinen Luftschutzkeller im Werk angewiesen zu sein.[397] Könecke hatte sich jedoch vor einer Entscheidung gedrückt und die Verantwortung auf den Kreisleiter, dieser wiederum an den Gauleiter weitergegeben. Die bisher gepflogene und von der Unternehmensleitung auch akzeptierte Praxis war so, dass bei Alarm in Limmer etwa 450 Frauen in den nahe gelegenen städtischen Bunker gehen konnten und die Jugendlichen sowie mit einem Fahrrad ausgestatteten Frauen (etwa 250) in den weiter entfernten Ahlemer Stollen. Gegen ein Verlassen des Werks durch weitere Arbeitskräfte jedoch erhob die Verwaltung in Hannover Bedenken, vor allem, weil zu befürchten war, dass die Gefolgschaft nach einem Alarm nicht rechtzeitig und vollständig ins Werk zurückkehrte.[398] Im August 1944 entschied der Gauleiter, dass die Gefolgschaft in sämtlichen Werken während des Fliegeralarms auf dem Gelände verbleiben musste, was bei der Belegschaft in Limmer ebenso wie den dortigen Vertrauensräten erheblichen Unmut auslöste – dies umso mehr, als sich herumgesprochen hatte, dass dies bei der Hanomag und den Edelstahlwerken nicht galt und diese Betriebe ihre Gefolgschaft bei Luftalarm aus den Werken herausließ.[399] Beim nächsten Bombenalarm hielt sich denn auch nur eine kleine Minderheit an das Verbot. Bis auf 120 Männer als Einsatzkräfte, 350 weitere deutsche Arbeiter, 150 deutsche Frauen und 420 Ausländer, die in Limmer verblieben waren, hatte der Rest der über 3600-köpfigen Belegschaft das Werk verlassen, was zumindest von Hauptbetriebsobmann Jahns stillschweigend gebilligt worden war.[400]

---

396 Vgl. Beschäftigtenmeldung der Continental an die IHK vom 7.2.1945, in: BArch R 121/103.
397 Vgl. Protokoll der Vertrauensratssitzung vom 11.8.1944, in: CUA, 6610 Zg. 1/57, A 20.
398 Vgl. Niederschrift der Besprechung über Fragen der Verminderung der Auswirkung von Luftangriffen vom 30.8.1944, in. CUA, 6500/1, Zg. 1/68, A 5.
399 Vgl. Niederschrift der Besprechung vom 20.9.1944, in: ebd.
400 Vgl. Niederschrift der Besprechung vom 4.10.1944, in: ebd.

Anders als in der Frage des Verbleibs der Werksangehörigen bei Luftalarm riskierten aber Könecke und der Continental-Vorstand bei der Regelung von Alarm und Arbeitsunterbrechung den offenen Konflikt mit den Behörden, allen voran mit dem Rüstungskommando. Dieses hatte im März 1944 gefordert, zur Verringerung der Arbeitszeitverluste durch Luftalarme sämtliche Continental-Werke aus der allgemeinen Alarmierung herauszunehmen und einen sogenannten Werksalarm einzuführen. Konkret bedeutete dies, dass bei allgemeinem Luftalarm noch weitergearbeitet werden musste und die Belegschaft erst verspätet und nach einem gesonderten Werksalarm, wenn Angriffe auf das jeweilige Werk abzusehen waren, die Arbeitsplätze verlassen und die Werksluftschutzkeller aufsuchen durfte. In einem gemeinsam von Könecke, Jahns und dem Werksluftschutzleiter der Continental, Holtz, unterzeichneten Brief an das Rüstungskommando Hannover lehnte man diese Maßnahme kategorisch und mit Verweis sowohl auf die Verantwortung gegenüber der Sicherheit der Belegschaft wie die vorauszusehenden desaströsen Auswirkungen auf die Arbeitsmoral der Arbeiter ab.[401] Später hielt sich Könecke diese Weigerung als großartigen Widerstand gegen das NS-Regime zugute, verbunden mit der Ausschmückung, dass er, vom Gauleiter als Reichsverteidigungskommissar auf einer großen Industriellen-Sitzung wegen der Weigerung zur Rede gestellt, geantwortet habe, dass ihm 500 deutsche Arbeiterleben wertvoller seien als 5000 gerettete Produktionsstunden.[402]

Es gab nachweislich einen weiteren Konflikt mit den Behörden im Zusammenhang mit dem Luftkriegs-Management bei Continental. Es ging um eine großzügige von Könecke und der Personalabteilung im März 1944 erlassene Urlaubsregelung, wonach den Gefolgschaftsmitgliedern in den Niederlassungen mit Rücksicht auf die schweren Luftangriffe und die Belastungen, die sich aus der Häufigkeit der Tages- und Nachtalarme ergaben, über die Tarifordnung hinausgehende Urlaubstage gewährt wurden. Dagegen übte der Treuhänder der Arbeit, vor allem aber der Gauobmann der DAF in Hannover massive Kritik. Er wies darauf hin, dass durch dieses eigenmächtige Vorgehen der Continental bereits in anderen Betrieben erhebliche Unruhe entstanden sei, und forderten eine sofortige Rücknahme der Bestimmungen – was nach längerem Hin und Her trotz eingehender Begründung der Sonderregelung durch Könecke durch autoritativen Erlass des Treuhänders Ende Mai 1944 auch geschah.[403]

---

401 Vgl. das Schreiben vom 21.3.1944, in: CUA, 6500/1, Zg. 1/68, A 5.

402 Rechtfertigungsschreiben Köneckes vom 10.8.1946, S. 8, Bl. 125, in: NLA HA Nds. 171 Hannover, Nr. 32086.

403 Vgl. Schreiben Köneckes an den Präsidenten des Gauarbeitsamtes und Reichstreuhänder der Arbeit vom 3.5.1944 sowie Schreiben des Treuhänders vom 22.5.1944, in: NLA HA Hann. 275, Nr. 571.

Die mit den Bombenangriffen einhergehenden Produktionsausfälle bedeuteten für Continental auch, dass der mühsam beschaffte Bestand an Arbeitskräften welcher Art und Herkunft auch immer zersplittert wurde und die Arbeitseinsatzbehörden personelle Abgaben an andere, produktionsintaktere Firmen verlangten. Ende März 1944 waren es 1083 Personen, die von der Continental-Belegschaft an andere Unternehmen dienstverpflichtet worden waren.[404] Schon nach den ersten schweren Luftangriffen im August 1943 war durch entsprechende Anordnungen der Reika gezwungen gewesen, die anderen Flugzeugreifenunternehmen nicht nur maschinell und beratungsmäßig, sondern auch durch Arbeitskräfte zu unterstützen. An Dunlop wurden 147 Mitarbeiter, 35 gelernte Reifenwickler, acht Mischer, weitere 69 ungelernte Arbeiter sowie 35 Frauen abgegeben.[405] Entsprechende Forderungen auch von der Fulda Reifen GmbH sowie der Gummifabrik Metzeler nach über 150 Gummiwerkern lehnte Könecke dann aber im November 1943 kategorisch ab.

Mitten in diese Phase einer allenthalben prekären und sich zerfasernden „neuen Betriebsgemeinschaft" erfolgte auch bei Continental im Frühjahr 1944 die Zuteilung und Aufnahme von KZ-Häftlingen als letzte verbliebene Arbeitskräftereserve, die das NS-Regime und die über diese Humanressourcen monopolartig verfügende SS in die bereits allenthalben zusammenbrechende Kriegswirtschaft pumpte. So entstanden in und um Hannover eine Reihe von Nebenlagern des KZ Neuengamme, deren Insassen bei den verschiedenen hannoverschen Großunternehmen eingesetzt wurden, zuerst im Juli 1943 in der Akkumulatorenfabrik der AFA, für die in Stöcken bis zu 1500 KZ-Häftlinge interniert wurden.[406] „Die Zukunftshoffnungen hinsichtlich des Arbeitseinsatzes", notierte dazu das Rüstungskommando Hannover im Frühjahr 1944, „beruhen auf dem Einsatz von italienischen Offizieren, rumänischen Jüdinnen und Konzentrationslagerhäftlingen."[407] Der Einsatz von KZ-Häftlingen in den Unternehmen markierte nicht nur das letzte Stadium der sicht- und erfahrbaren Radikali-

---

404 Vgl. Bericht des Vorstands an den Aufsichtsrat vom 31.3.1944, in: Ordner Korrespondenz mit dem Aufsichtsrat, und Schreiben vom 18.6.1944 über den Sondereinsatz von Continental-Arbeitskräften bei den Hydrierwerken Pölnitz AG sowie der Deutschen Erdöl-Raffinerie Deurag vom Juli 1944, in: CUA, 65910 Zg. 1/70, A 1,1.
405 Vgl. Aktennotiz vom 3.8.1943, in: CUA, 6525 Zg. 1/56, A 29, sowie Aktennotiz Könecke vom 1.11.1943, in: ebd.
406 Vgl. Fröbe u. a. (Hrsg.), Konzentrationslager in Hannover, S. 12 ff., sowie darin der ausführliche Beitrag von Hermann Schröder, Das erste Konzentrationslager in Hannover. Das Lager bei der Akkumulatorenfabrik in Stöcken, S. 44–106.
407 Kriegstagebuch des RüKo Hannover vom 1.4. bis 30.6.1944, S. 3, in: BArch Freiburg RW 21-27/7.

sierung des Arbeitseinsatzes, sondern signalisierte oft auch eine Deformation der Unternehmenskultur.

Continental war dabei mit den Besonderheiten des Einsatzes von KZ-Häftlingen, was brutale Bewachung, schwerste Arbeitsbedingungen und desolate Versorgungs- und Unterkunftssituation anging, mittelbar bereits 1942/43 befasst gewesen. Zum einen war die Continental-Führung und vor allem Vorstandsmitglied Assbroicher bei seinen häufigen Besuchen im Gasrußwerk in Gleiwitz mit dem dort seit März 1943 einsetzenden KZ-Häftlingseinsatz in Berührung gekommen.[408] In den Jahresberichten der Deutschen Gasrußwerke sowie Protokollen der gemeinsamen Arbeitsausschuss-Sitzungen von Degussa und Continental, die auch über den Schreibtisch von Assbroicher gingen, war zum Teil detailliert über den unter fertigungstechnischer Perspektive allerdings wenig positiv beurteilten Einsatz von KZ-Häftlingen die Rede.[409] Im direkten Einflussbereich von Continental selbst erfolgte danach seit November 1943 ein Einsatz von ca. 150 weiblichen Häftlingen aus dem KZ Vught in dem von Michelin als Pachtfabrik übernommenen Werk im holländischen 's-Hertogenbosch, wohin ein Teil der Gasmaskenproduktion des Konzerns verlagert worden war.[410] Seit März 1944 war klar, dass KZ-Häftlinge nun auch direkt im Unternehmen in Hannover eingesetzt werden würden. Von wem die Initiative dazu ausging, lässt sich nachträglich nicht mehr klären. Am 28. März 1944 waren der Werksleiter von Limmer, Schmitz, sowie einer der leitenden Abteilungsdirektoren zu einer Besprechung ins KZ Ravensbrück gefahren, um dort den Einsatz von 500 weiblichen KZ-Häftlingen zu besprechen.[411] Dabei wurden umfangreiche und detaillierte Abmachungen getroffen. Die Kosten für die Unterbringung wie Betten, Stühle sowie die gesamte Kücheneinrichtung trug Continental, ebenso wie für die Sicherungsmaßnahmen und laufenden Unterhaltskosten des Lagers. Die Verpflegung der Wachmannschaften wie der Häftlinge erfolgte durch die Lager-Küche unter SS-Aufsicht, aber die Verpflegung selbst musste ebenfalls Continental beschaffen. Vor allem aber: Auch das SS-Wachpersonal wurde aus der Continental-Belegschaft rekrutiert. Anfang April war ein SS-Hauptsturmführer für eine Aufseherinnenwerbung nach Limmer gefahren.[412] Für die Bewa-

---

408 Vgl. allgemein dazu Hayes, Die Degussa, S. 268 ff.

409 Vgl. etwa auch den Technischen Ergänzungsbericht über den bisherigen Betriebsverlauf im Jahre 1944 im Werk Gleiwitz, als Anlage zum Protokoll der Sitzung vom 24.8.1944, in: CUA, 6600 Zg. 1/56, A 1,6.

410 Vgl. hierzu noch genauer weiter unten S. 702 ff..

411 Vgl. Schreiben des KZ Ravensbrück vom 5.4.1944 an Continental betr. Besprechung vom 28.4.1944, in: Registratur Rechtsabteilung, Aktenkonvolut Nr. 1421/1422, ebenfalls in: CUA, 65910, Zg. 1/70, A 10.

412 Vgl. ebd.

chung der Häftlinge waren dabei 25 Aufseherinnen vorgesehen, deren Gewinnung offenbar problemlos verlief.[413] Von einer Zuständigkeit der SS für das neue KZ-Außenlager Limmer konnte daher allenfalls formalrechtlich die Rede sein, faktisch lagen praktisch alle Verantwortlichkeiten für die Faktoren, die die unmittelbare Lage der Häftlinge bestimmten, direkt oder indirekt beim Unternehmen. Das KZ Ravensbrück trug allein die Kosten der Bekleidung für Wachmannschaften und Sträflinge, sie vereinnahmte die von Continental zu zahlenden Löhne, die vier RM pro Tag je Häftling ausmachten, und sie garantierte die kontinuierliche Versorgung mit Arbeitskräften. Kranke KZ-Häftlinge wurden ins Haupt-KZ nach Ravensbrück zurückgeschickt und gegen neue Arbeitskräfte ausgetauscht.[414]

Die Frage der Unterbringung der KZ-Häftlinge war dabei allerdings ungeklärt geblieben. Darum kümmerte sich Hauptbetriebsobmann Jahns als für den Arbeitseinsatz Zuständiger. Er schrieb einen Brief an den Rektor der TH Hannover, in dem er davon berichtete, dass „das Reichsluftfahrtministerium uns für vordringliche Kriegsproduktion 500 weibliche Häftlinge zugeteilt [hat], die allerschnellstens in den Arbeitsgang einzusetzen sind" und für die das Unternehmen nun eine passende Unterkunft suchte.[415] Dafür vorgesehen habe man die inzwischen umgewidmeten Räume des unfertigen Kautschuk-Forschungsinstituts der TH Hannover am Welfengarten. „Die strenge Bewachung und Lagerordnung", versprach Jahns dem Rektor, „wird unangenehme Begleiterscheinungen, die bei der Einlagerung von ausländischen Arbeitskräften auftreten könnten, vermeiden." Dazu sei es allerdings auch erforderlich, einen Stacheldrahtzaun aufzustellen, auch sei der Bau eines Deckungsgrabens vorgesehen, bis zu dessen Fertigstellung die KZ-Insassen jedoch die Luftschutzkeller der Hochschule mitbenutzen müssten. Der Rektor weigerte sich aber und verwies in seinem Antwortschreiben darauf, dass er der Umwidmung des Kautschukinstituts und Belegung durch Continental nur unter der Bedingung zugestimmt habe, dass dort keine ausländischen Arbeitskräfte untergebracht würden. Von der angekündigten Belegung mit 500 weiblichen KZ-Häftlingen sah er sich daher „peinlich überrascht", lenkte dann aber prinzipiell ein, allerdings unter dem Vorbehalt, dass die Abwehrstelle wegen der in unmittelbarer Nähe laufenden kriegswichti-

---

413 Vgl. Claus Füllberg-Stollberg, Frauen im Konzentrationslager. Langenhagen und Limmer, in: Fröbe u. a. (Hrsg.), Konzentrationslager in Hannover, S. 277–329, hier S. 318 f., wo eine der Aufseherinnen näher beschrieben und ihre spätere Darstellung der Rekrutierung und Ausbildung zitiert wird. Allerdings gibt es eine Reihe von Hinweisen, dass die ehemaligen Continental-Arbeiterinnen nicht als KZ-Aufseherinnen nach Limmer zurückkehrten, sondern anderweitig eingesetzt wurden. Vgl. ebd., S. 319.
414 Vgl. ebd.
415 Schreiben vom 31.3.1944, in: NLA HA Nds. Hann. 146 A, Acc. 10/85, Nr. 185.

gen und geheimen Aufgaben zu informieren sei. Zudem verweigerte er kategorisch die Öffnung der Luftschutzkeller der Hochschule für die Lagerinsassinnen.[416] Es folgten langwierige und kontroverse Verhandlungen zwischen Continental, der Universität und dem Reichsverteidigungskommissar, bei denen vor allem auch die Wissenschaftler der betroffenen Hochschulinstitute regelrecht Sturm gegen die Errichtung des KZ-Außenlagers liefen.[417] Am Schluss gab Continental nach, indem Vorstand Assbroicher dem Rektor versprach, in dem neuen Continental-Lager Welfengarten nur solche ausländischen Arbeitskräfte unterzubringen, „die in jeder Beziehung – charakterlich und auch in ihrem Äußeren – einwandfrei sind."[418] Es bestehe sogar der Plan, „aus dem Lager eine Mustereinrichtung zu schaffen, bei welcher nur ausgesuchte ausländische Belegschaftsmitglieder untergebracht werden" – was dann offensichtlich auch geschah.[419]

Das Nachgeben des Unternehmens hatte vor allem damit zu tun, dass für die KZ-Häftlinge inzwischen ein Lager mit drei Baracken in unmittelbarer Nähe des Werks Limmer errichtet worden war.[420] Aus Ravensbrück waren im Juni 1944 zunächst doch nur 266 weibliche KZ-Häftlinge nach Hannover transferiert worden, der Großteil von ihnen Französinnen, die als Resistance-Kämpferinnen verhaftet worden waren. Daneben waren unter den Häftlingen aber auch 44 Russinnen, einige Italienerinnen, Belgierinnen, fünf Spanierinnen und eine Luxemburgerin.[421] Zu ihnen sollten im August 1944 weitere 500 ungarische Jüdinnen kommen, die Fertigungsvorstand Weber von der Reichsstelle Kautschuk in einem von Otto A. Friedrich unterzeichneten Schreiben „angeboten" worden waren, der bereits einen Tag später darauf hinwies, zur „Abgabe weiterer Jüdinnen en block unter denselben Voraussetzungen" bereit zu sein.[422] Garbe hatte deren Übernahme wegen der fehlenden Unterbringungsmöglichkeiten allerdings abgelehnt, obwohl die Berliner Stellen weiter auf den Einsatz der KZ-Häftlinge gedrängt hatten.[423] Erst im Dezember 1944 wurden daher dem Arbeitslager Lim-

---

416 Schreiben des Rektors an Continental vom 3.4.1944, in: ebd.

417 Vgl. den ausführlichen Schriftwechsel vom Sommer und Herbst 1944 in: ebd.

418 Schreiben Assbroichers an den Rektor vom 7.7.1944, in: ebd.

419 Ebd.

420 Zur Lage des Lagers im Detail Füllberg-Stollberg, Frauen im Konzentrationslager, S. 307 f.

421 So die Angaben der ehemaligen KZ-Arbeiterin Stephanie Kuder. Vgl. Stéphanie Kuder, Von Ravensbrück nach Hannover-Limmer und nach Bergen-Belsen, in: Universität Straßburg (Hrsg.), De l'université aux camps de concentration, Straßburg 1996 (ursprünglich bereits 1947 niedergeschrieben), online unter https://www.kz-limmer.de/files/pdf/geschichte/kuder.pdf. Zur Herkunft der Frauen auch Füllberg-Stollberg, Frauen im Konzentrationslager, S. 299.

422 Vgl. Telegramm Weber aus Berlin an Assbroicher und Garbe vom 15.8.1944 sowie Schreiben Friedrichs vom 6.8.1944, in: Ordner KZ-Häftlingseinsatz Limmer, Registratur Rechtsabteilung.

423 Vgl. Schreiben Garbe vom 9.8.1944, in: ebd.

mer weitere 250 weibliche Häftlinge „zugewiesen", so dass nun im Durchschnitt etwa 516 Frauen eingesetzt waren.[424]

Die KZ-Frauen wurden in Limmer vor allem in der Gasmaskenherstellung beschäftigt. Über die Arbeitsbedingungen berichtete später eine der französischen KZ-Insassinnen:

> 12 Stunden Arbeit am Fließband. Man muss im Rhythmus eines rollenden Bandes 3 kg. schwere Gußeisenformen im Tempo von 3 Stück pro Minute heben und das von 6 Uhr morgens bis 6 Uhr abends. Die Luft in der Abteilung war nicht zu atmen: Dünste von Benzin, von Gummi, die Luft auf 35 Grad Celsius, ohne Möglichkeit zu lüften wegen des Luftschutzes [...] Das Fließband ist unerbittlich. Ständig führt es neue Köpfe heran. Man kann sich keine überflüssige Bewegung leisten, wenn die Maske nicht bis zum Ende der Kette vorbeilaufen soll, wo die ‚Maus' [die Aufseherin] aufpasst. Ihre Zurückweisung bedeutet gleichzeitig Strafe.[425]

Darüber hinaus machten einige Frauen schwere Männerarbeit: Bedienen der Presse, Transport der Masken auf schlecht geölten Karren und Beschickung der Vulkanisieröfen. In der Gasmaskenproduktion waren aber nach wie vor auch deutsche Arbeiterinnen eingesetzt, beide Gruppen hatten den gleichen Arbeitsplatz und waren dem gleichen Akkordsystem und den entsprechenden Arbeitsbedingungen unterworfen. Das führte zu Beginn, wenn einzelne Häftlinge den Leistungsanforderungen nicht gewachsen waren und dies von den Zivilarbeiterinnen den SS-Frauen gemeldet wurde, zu häufigeren Misshandlungen durch die KZ-Aufseherinnen.[426] Diese führten mithin in Limmer und erst recht im Lager ein regelrechtes Schreckensregime.[427] Doch es gab im Laufe der Zeit offenbar eine zunehmende Solidarisierung der deutschen Frauen, die im gleichen Raum mit den Häftlingen entweder als einfache Arbeiterin oder als Vorarbeiterin beschäftigt waren. Zum einen wurden heimlich Nachrichten über den Kriegsverlauf ausgetauscht und „jeden Morgen, versteckt unter Gummiplatten",

---

424 Schreiben der Lohnabteilung vom 27.12.1944, in: ebd.

425 Kuder, Von Ravensbrück, S. 390 f., zitiert nach Füllberg-Stollberg, Frauen im Konzentrationslager, S. 324 f. Die Berichte der damaligen Zeitzeugen zum KZ-Häftlingseinsatz in Limmer sind schon mehrmals anderweitig wiedergegeben worden. Nach wie vor grundlegend und mit einer differenzierten Auslegung der verschiedenen Quellen Füllberg-Stollberg, Frauen im Konzentrationslager. Vgl. auch Anschütz/Heike, Feinde im eigenen Land. Zwangsarbeit in Hannover im Zweiten Weltkrieg, Bielefeld 2000 und diess., „Wir wollten Gefühle sichtbar werden lassen", Bremen 2004 und jüngst auch, allerdings ohne neue empirische Erkenntnisse zu den hannoverschen KZ-Außenlagern und zur Verstrickung von Continental, Marc Buggeln, Arbeit & Gewalt. Das Außenlagersystem des KZ Neuengamme, Göttingen 2009.

426 Vgl. Füllberg-Stollberg, Frauen im Konzentrationslager, S. 327.

427 Vgl. ebd., S. 318 f. und vor allem S. 322 ff.

Zeitungen weitergegeben.[428] „Hitler Scheiße" äußerten in der Erinnerung einer damaligen Conti-Arbeiterin die deutschen Frauen, und bekamen zur Antwort: „Stalin Scheiße, Hitler Scheiße, nix gut, wir bald wieder nach Hause."[429] In der Fabrikhalle machte sich zudem Protest gegen die Übergriffe und Schläge der KZ-Aufseherinnen breit. Diese schleppten die Opfer nun in die Toiletten, in abgeschiedene Räumlichkeiten oder verschoben die Strafaktionen bis zur Rückkehr ins Lager.[430] Schließlich intervenierte auch die Werksleitung und verbot, die Häftlinge in der Fabrik zu schlagen. Auf dem Boden des Unternehmens hörte damit der Terror der SS-Aufseherinnen schließlich ganz auf. Nicht zuletzt kam es auch hinsichtlich der Fertigungsorganisation zu offenen Konflikten zwischen den deutschen Beschäftigten und den SS-Aufseherinnen:

> Die endgültige Kontrolle der Gasmasken wird von deutschen Zivilarbeitern der Fabrik gemacht [...] Bald kam es zu Uneinigkeit zwischen der SS und den Zivilarbeitern. Die ‚Mäuse' [Aufseherinnen] wollten sich in die Arbeitskontrolle einmischen. Die zivilen Vorarbeiter waren aber darauf bedacht, ihre Unabhängigkeit zu wahren und die ‚Mäuse' auf ihre offizielle Aufgabe, die Bewachung der Gefangenen, zu beschränken. ‚Wir profitierten von diesem Kompetenzstreit.'[431]

Andererseits gab es bei den NS-Amtswaltern und Vertrauensratsmitgliedern erheblich von der nationalsozialistischen Untermenschenideologie geprägte Verhaltensweisen gegenüber den KZ-Häftlingen, wenn es sich um Osteuropäerinnen handelte. Eine Vorarbeiterin hatte bei einem Vorgesetzten um leichtere Schuhe für die Häftlinge gebeten, die an Maschinen mit Fußbedienung arbeiten mussten. Dieser wandte sich an den zuständigen Betriebsobmann, wurde jedoch mit der Bemerkung abgewiesen: „Was, leichte Schuhe, das sind doch keine Menschen, das sind Viecher, denen auch noch was Gutes tun, soweit kommt das."[432]

Für die Lohnabteilung wie die Abteilung Arbeit waren die Häftlinge namenlos, sie kannten nur die Lagernummer, unter der diese dann auch auf den Verwaltungsbögen auftauchten.[433] Darauf wurden täglich Anwesenheit und Kran-

---

428 Kuder, Von Ravensbrück, S. 386, sowie vgl. Füllberg-Stollberg, Frauen im Konzentrationslager, S. 313.
429 Zitiert nach Füllberg-Stollberg, Frauen im Konzentrationslager, S. 328.
430 Vgl. ebd., S. 313.
431 Kuder, Von Ravensbrück, S. 391, zitiert nach Füllberg-Stollberg, Frauen im Konzentrationslager, S. 313, Anm. 10.
432 Zeitzeugenerinnerung, zitiert nach Füllberg-Stollberg, Frauen im Konzentrationslager, S. 328.
433 Die erhaltene Nummernliste der Insassinnen im „Arbeitslager Limmer" vom 25.7.1944 umfasste allerdings nur 287 Eintragungen, eine weitere Liste vom 1.10.1944 erfasst 261 Nummern. Vgl. in: ebd.

kenstand notiert, aber auch die offensichtlich durchaus beträchtliche Fluktuation. Bereits für Juli 1944 wurde etwa notiert, dass Nummer 27782 in der Nacht vom 14. zum 15. Juli 1944 geflüchtet war und die beiden Nummern 39058 und 39246 am 11. Juli 1944 ins Stammlager zurückgebracht wurden.[434] Der handschriftliche Notizzettel über das „SS-Arbeitslager" vom 25. Juli 1944 erfasste 267 Häftlinge, von denen 238 in Arbeit standen, 18 waren im Lager und elf krank gemeldet.[435] Verfolgt man die auf diesen Zetteln festgehaltenen Anwesenheits- und Krankmeldungen, so zeigt sich eine deutliche Entwicklung: Für den 18. Dezember 1944 wird ein Bestand von inzwischen 516 Häftlingen angegeben, von denen 426 in Arbeit, 15 im Lager, sieben krank und 88 als „nicht eingesetzt" vermerkt wurden. Am 19. Januar 1945 lauteten die Zahlen 516 Bestand, 447 in Arbeit, 30 im Lager und 39 krank, am 24. Februar 1945 betrug der Bestand 513, in Arbeit befanden sich aber nur 211, während 30 Frauen im Lager, 66 krank waren und 206 nicht eingesetzt wurden. Diese hohen Krankenraten blieben auch in den folgenden Wochen bestehen. „Die Krankheiten resultierten aus der Erschöpfung. Wir sind zu Skeletten abgemagert, viele von uns leiden an unerklärlichen Fieberanfällen", notierte eine der Betroffenen.[436] Hinter diesen Zahlen verbargen sich erhebliche Verschlechterungen der Arbeits- und Versorgungslage der KZ-Arbeiterinnen und sie waren nicht zuletzt auch Zeichen der völligen Überbelegung des Lagers, in das nach Bombardierungen hunderte von weiblichen KZ-Häftlingen aus anderen Außenlagern verlegt worden waren so dass dort, obwohl nur für ca. 260 Personen konzipiert, über 1000 Häftlinge untergebracht waren.[437] Die Regelarbeitszeit betrug zwölf Stunden am Tag und lag damit angesichts der schlechteren Ernährungslage über der bereits schon an die Grenze der physischen und psychischen Belastung reichenden Arbeitsbelastung der übrigen deutschen wie ausländischen Arbeiter.

Dennoch hatte die Abteilung Arbeit nach wachsenden Klagen der Werksleitung über die schlechte Arbeitsleistung der weiblichen Häftlinge ganz in der Denktradition, die Arbeitsleistung allein über Anreize und Leistungsprämien zu steuern, schon kurz nach deren Ankunft ein Prämiensystem auch für die Häftlinge in Limmer entwickelt. Demnach konnte jeder Häftling, dessen Leistung 83 Prozent und mehr der Normalleistung betrug, also wenn 60 Akkordminuten pro Arbeitsstunde mit den bestehenden Akkorden erarbeitet wurden, eine Prä-

---

434 Vgl. Notiz für die Lohnabteilung vom 21.7.1944, in: ebd.
435 Die kleinen handschriftlichen Erfassungszettel sind für die Zeit von 25.7.1944 bis 12.3.1945 überliefert, vgl. in: ebd.
436 Zitiert nach Füllberg-Stollberg, Frauen im Konzentrationslager, S. 316, dort auch weitere Details zur medizinischen Versorgung.
437 Vgl. ebd., S. 297 f.

mie erhalten.[438] Die Prämienbeträge variierten je nach Leistung zwischen 0,50 RM/Woche bei der als Mindestleistung angesehenen 50er- bis 54er-Leistungsstunde und 6,50 RM/Woche bei einer 85er-Leistungsstunde, was einer Leistung von 140 bis 150 Prozent der definierten Normalleistung entsprach. Die am Leistungsvermögen der deutschen Belegschaft orientierte Normalleistung von 60 Akkordminuten wurde mit zwei RM/Woche honoriert. In größeren Akkordgruppen, „wo der Leistungsentfaltung des einzelnen Häftlings durch Taktverfahren, welches auf den Durchschnitt der Arbeitenden abgestimmt ist, Grenzen gesetzt sind und keine Normalleistung erreicht wird", konnte besonders leistungswilligen Häftlingen „auf Antrag" eine Prämie von zwei RM/Woche gezahlt werden.[439] Um den Häftlingen eine Übersicht zu geben, mit welchen Stückzahlen eine 50er-, 60er- oder 80er-Leistungsstunde erarbeitet werden konnte, waren entsprechende Tabellen für die verschiedenen Arbeitsvorgänge im Betrieb ausgehängt. Das Perfide des Systems war aber, dass die Anweiserinnen je nach Zahl der unterstellten Häftlinge (zwischen 10 und 25 Frauen) und deren erreichten Leistungsstunden ebenfalls Prämien erhalten konnten, damit sie die Arbeiterinnen zu besseren Leistungen antrieben. Was die Continental-Arbeitsingenieure auch nicht mitbedacht hatten, war, dass die SS-Aufseherinnen so Einblick in die jeweiligen Arbeitsleistungen der einzelnen Häftlinge erhielten. „Bis jetzt haben die ‚Mäuse', von der Kontrolle unserer Arbeit ausgeschlossen, keinerlei Überblick über unsere individuellen Leistungen gehabt. Die Schwachen, die Müden, wurden auf diese Weise geschützt. Wenn wir Prämien erhalten, wird die Arbeit jeder einzelnen bekannt. Diejenigen, die am wenigsten leisten, werden dann allen Schikanen ausgesetzt sein und vor allem der schlimmsten, dem Essensentzug", notierte dazu rückblickend eine der Betroffenen.[440]

Bei den Häftlingen war dieses Prämiensystem als Antreiber- und Ausbeutungssystem auf Widerstand gestoßen und sie hatten sich ihm offen widersetzt. Bemerkenswerterweise versuchten sie dabei zunächst, die Zuständigen aus dem Unternehmen und der Fabrik auf ihre Seite zu ziehen und Continental dazu zu bringen, das Prämiensystem von sich aus wieder aufzugeben. „Alle jene, die Deutsch sprechen können, reden heimlich mit den Vorarbeitern, mit den Ingenieuren, und alle Zivilisten wissen bald, dass wir kein Geld wollen, weil wir Französinnen sind, die gezwungen wurden, für den Feind zu arbeiten", hieß es

---

438 Vgl. die Notiz zur Prämienzahlung für AL-Häftlinge in Limmer vom 1.8.1944, in: ebd.
439 Ebd.
440 Kuder, Von Ravensbrück, S. 391, zitiert nach Füllberg-Stollberg, Frauen im Konzentrationslager, S. 314.

in dem späteren Bericht einer der Betroffenen.[441] Dennoch begann die Lagerleitung eines Tages mit der Verteilung der Prämienbons.

> Man ruft die mit Prämien Bedachten auf. Die erste lehnt ab. Sie wird auf den Boden geworfen. Die zweite lehnt ab. Sie wird geschlagen. Die dritte nimmt an, zerknüllt aber ihren Prämienschein. Eine Ohrfeige, erinnert sie daran, dass sie nicht frei ist. Die vierte nimmt an, ohne zu reagieren und wir anderen folgen ihr alle beschämt, indem wir die Hand ausstrecken. In unseren Stuben zurück machen wir ein Paket von allen Prämienbons. Es wird geschlossen, mit Band verschnürt. Wir werden nichts von dieser erzwungenen Bezahlung annehmen.[442]

Doch die überlieferten Prämienlisten deuten darauf hin, dass sich die große Mehrheit der weiblichen KZ-Häftlinge letztlich doch dem Anreizsystem unterwarf und im Durchschnitt Zusatzauszahlungen von drei bis sechs RM/Woche erhielt, mit dem sie im Lager unter anderem zusätzliche Lebensmittel oder andere Verbrauchsgüter erwerben konnten. Hätten die Häftlinge weiterhin die Annahme der Prämienscheine verweigert oder deren Einlösen abgelehnt, hätte die Continental-Lohnabteilung wohl kaum das aufwändige Ausrechnen der Prämien weiterbetrieben. Die Prämienauszahlungsliste für die 48. und 49. Kalenderwoche, also Anfang Dezember 1944, weist 269 Häftlingsnummern auf, von denen bei 72 (26,7 Prozent) keine Prämie vermerkt wurde, während es auch einige, allerdings wenige, Häftlinge gab, für die Leistungsprämien von sechs bis neun RM/Woche vermerkt waren.[443] Wie stark die Arbeitsleistung der Häftlinge jedoch infolge der sich verschlechternden Bedingungen und der zunehmenden Entkräftung nachließ, zeigte sich daran, dass auf der Prämienauszahlungsliste für Mitte Januar 1945 meist nur noch 0,50 RM/Woche vermerkt wurde, also nach den Kriterien der Arbeitsingenieure bestenfalls noch 50er-Leistungsstunden oder 80 Prozent der Normalleistung erreicht wurden.[444]

Arbeitszeitingenieur Riehm war dennoch nach Kriegsende, ohne sich des entwürdigenden Ausbeutungssystems bewusst zu sein, noch stolz darauf, dass er das Prämiensystem für die KZ-Häftlinge in Limmer erfunden und angeblich gegen den Widerstand der SS praktiziert hatte und so, sein Glaube, zu einer Verbesserung der Lage der KZ-Arbeiterinnen beigetragen habe. Dabei hätte das Unternehmen auch einfach die Lebensmittelversorgung im KZ-Lager oder die Verpflegung der Häftlinge innerhalb des Unternehmens während der Arbeitszeit verbessern können. Tatsächlich war die Verpflegung der Häftlinge jedoch

---

441 Ebd.
442 Ebd.
443 Vgl. Prämienauszahlungsliste vom 10.12.1944, in: ebd.
444 Vgl. Prämienauszahlungsliste für AL-Häftlinge vom 23.1.1945, in: ebd.

katastrophal, was auch an der wachsenden Überbelegung des Lagers lag.[445] Offen bleibt, inwieweit Continental auch nach der Einquartierung der weiteren, nicht im Unternehmen beschäftigten KZ-Häftlinge zum Jahresende 1944 noch für die Lebensmittelversorgung verantwortlich war. Unterlagen über diesbezügliche Auseinandersetzungen mit der Verwaltung im KZ Neuengamme gibt es nicht, dafür kam es allerdings zu ständigen verwaltungstechnischen Reibereien über die Berechnung der abzuführenden Löhne. Im Februar 1945 etwa machte die KZ-Lagerverwaltung bei der Lohnabteilung in Hannover unbezahlte Forderungsnachweise von knapp 170 000 RM geltend.[446]

Anfang September 1944 kamen dann auch männliche KZ-Häftlinge nach Hannover und insbesondere im Werk Nordhafen zum Einsatz. Produktionsvorstand Weber sprach in einer Notiz Mitte August zunächst von „in naher Aussicht stehenden ca. 700 KZ-Leuten für den Nordhafen", letztendlich handelte es sich aber um 1000 jüdische Häftlinge, die aus dem Ghetto Lodz stammten und nun vom KZ Auschwitz aus von der SS zu Arbeitseinsätzen angeboten wurden.[447] Vor der Übernahme schickte Continental allerdings den Leiter der Planabteilung direkt nach Auschwitz, um dort die ausgewählten Häftlinge hinsichtlich ihrer Arbeitsfähigkeit genauer unter die Lupe zu nehmen. Dabei stellte er fest, dass von den 1000 angebotenen Häftlingen bestenfalls 300 körperlich arbeitsfähig waren, allerdings wurde der Continental-Ingenieur nach eigenen Angaben von den dortigen KZ-Insassen geradezu angefleht, sie sofort zum Einsatz nach Hannover mitzunehmen, um dem Gräuel in Auschwitz zu entkommen.[448] Continental erklärte sich in Anbetracht der Fertigungsauflagen und des Drängens der Behörden bereit, die 300 arbeitsfähigen KZ-Häftlinge zu übernehmen, in Hannover kam dann jedoch, angeblich ohne Wissen des Unternehmens, wenig später das gesamte Kontingent von 1000 Männern an. Angesichts der schlechten körperlichen Verfassung erfolgte, so die spätere Darstellung Köneckes, nur eine langsame und etappenweise Einschleusung der Häftlinge in die Fertigung. Untergebracht wurden sie in dem eilends von der Continental-Bauverwaltung nach den Vorgaben der SS umgebauten vormaligen Fremdarbeiterlager des Unternehmens in Stöcken, das nun mit Stacheldraht und Wachtürmen versehen wurde.[449]

---

445 Vgl. dazu näher Füllberg-Stollberg, Frauen im Konzentrationslager, S. 310 f.
446 Vgl. Schreiben der KZ-Verwaltung an Continental vom 22.2.1945, in: ebd.
447 Vgl. Telegramm Weber an Assbroicher und Garbe vom 15.8.1944, in: Registratur Rechtsabteilung, Aktenkonvolut Nr. 1421/1422.
448 Vgl. die Darstellung Köneckes im Rahmen seines Entnazifizierungsverfahrens 1946, S. 5, Bl. 34, in: NLA HA Nds. 171 Hannover Nr. 32086.
449 Vgl. Christoph Gutmann, KZ Ahlem. Eine unterirdische Fabrik entsteht, in: Fröbe u. a. (Hrsg.), Konzentrationslager in Hannover, S. 331–406, hier S. 338 f.

In der Folgezeit firmierte das Lager als Außenlager des KZ Neuengamme und stand unter Leitung von Otto Fritz Harder, einem ehemaligen deutschen Fußballnationalspieler, der dort mit seiner 60 Mann starken Wachmannschaft ein Schreckensregime errichtete. Anders als im KZ-Außenlager Limmer war das Unternehmen in dem neuen Lager nicht weiter involviert. Ein Mitarbeiter von Garbe in der Abteilung Arbeit schilderte später, dass die Häftlinge dort weitgehend abgeschottet von den anderen deutschen wie ausländischen Arbeitern vor allem im Mischsaal eingesetzt wurden:[450]

> Man beobachtete von Fenstern im Werk Stöcken, wie die Männer morgens direkt vom Lager über ein Grundstück durch einen Hintereingang in den Arbeitssaal gebracht und nachmittags auf dem gleichen Weg zurückgebracht wurden, immer scharf bewacht. Über die Arbeitspausen war nichts bekannt. Vor jeder Tür des Mischsaals, die während der Arbeitszeit immer verschlossen waren, standen Posten mit Gewehren, ebenso in den Gängen und natürlich im Arbeitssaal. Niemand wurde zugelassen. Die Güte der Mischungen wurde sehr verschieden beurteilt. Den Häftlingen fehlten die Übung und Erfahrung, den Wachmannschaften das Fachwissen. Die Arbeit im Mischsaal mit den durchdringenden Gummigerüchen war nicht leicht. Schwächlinge hätten das nicht geschafft.[451]

Vieles an dieser Darstellung ist nachweislich falsch und ganz von dem Versuch geprägt, das Unternehmen von jeglicher Verflechtung und damit auch Verantwortung freizusprechen.[452] Tatsächlich waren im Werk Nordhafen zwischen 1000 und 1500 Beschäftigte tätig, neben den dort in der Produktion eingesetzten ca. 700 KZ-Häftlingen gab es also noch weitere 300 bis 700 Arbeiter, die überwiegende Mehrheit allerdings ausländische Zwangsarbeiter und die erwähnten in einem Obergeschoss untergebrachten 200 französischen Kriegsgefangenen, die u. a. in der Reifenfertigung sowie Weberei und Spinnerei tätig waren. Als deutsche Arbeitskräfte dürften dort nur ca. 150 Arbeiter und Angestellte

---

450 Vgl. Aussage von Hermann Wiehe vom 18.5.1971, in: Registratur Rechtsabteilung, Aktenkonvolut Zwangsarbeit.

451 Ebd.

452 Wiehe spricht auch von einer angeblichen Beschlagnahme des Lagers durch die SS und davon, dass die SS dem Unternehmen weitere Befehle hinsichtlich des Umbaus gegeben habe. Harder selbst sprach später bei seiner Aussage vor dem Kriegsgericht der britischen Militärregierung davon, dass „das Lager für diese 1000 Leute von der Werksleitung vorbereitet war." Vgl. Record of the Proceedings of Military Court held at Hamburg 16.4.1947, Trial of Klebeck, Harder, Harden, Damann, Streit, NARA Washington/Kew, WO 235348, Attachment 31/32, Bl. 263. Gleichzeitig suggeriert aber der Hinweis auf die Härte der Arbeitsbedingungen, dass von den Häftlingen durchaus nennenswerte Arbeitsleistungen erbracht werden konnten, was aufgrund der schlechten Ernährungslage und den Bedingungen im Lager sowie den überlangen Arbeitszeiten – die Rückführung der Häftlinge konnte auch nicht „am Nachmittag" erfolgt sein – nicht möglich war.

gewesen sein, die in der Werksleitung, als Fertigungsingenieure, Vorarbeiter und Meister, aber auch im Werkschutz tätig waren.

Einen abgeschlossenen und damit auch der Kontrolle des Unternehmens weitestgehend entzogenen Bereich stellte das Werk Nordhafen keineswegs dar, vor allem war auch die Qualität der Mischungen für die Reifenherstellung viel zu wichtig, als dass man sie allein schnell eingewiesenen SS-Wachmannschaften und oberflächlich angelernten KZ-Häftlingen überlassen hätte. Einer der Häftlinge erinnerte sich später auch, dass Meister von der Continental ins Lager kamen und sich Leute zum Arbeiten aussuchten, was eine unzweifelhafte Kooperation von SS und Continental bedeuten würde.[453] Das Werk Nordhafen gewann auch als Produktionsstätte der dort erst seit kurzer Zeit angelaufenen Flugzeug- und Lastwagenreifen eine wachsende Bedeutung innerhalb des Fertigungsverbunds des Gesamtkonzerns. Dennoch scheint es so zu sein, dass die SS-Wachmannschaften und vor allem auch die dort eingesetzten Kapos im Mischsaal, obwohl er unternehmenseigenes Gelände war, ungestört eine Willkür- und Schreckensherrschaft nach eigenem Recht errichten und praktizieren konnten. Die Wachmannschaften bestanden dabei zu einem großen Teil aus ukrainischen SS-Männern, die Kapos waren deutsche Schwerkriminelle, die zu KZ-Haft verurteilt worden waren. In einer Reihe von Fällen waren bei den Misshandlungen aber auch Continental-Meister mitbeteiligt.[454]

Tatsächlich bestätigten später der damals im Mischsaal von Werk Nordhafen zur Überwachung der Arbeit eingesetzten Meister und dessen Hilfsmeister, dass Mängel in der Arbeit der Häftlinge den Kapos gemeldet werden mussten, die je nach der Schwere der Fälle selbst „eingriffen" oder den Ober-Kapo und schließlich den SS-Mann einschalteten. „Continentälern" sei es verboten gewesen, selbst zu handeln und Sanktionen vorzunehmen; außerdem, so versicher-

---

453 Vgl. Zeitzeugenerinnerung von Srol Jakubowitsch, in: Forschungsstelle für die Geschichte des NS in Hamburg, Nachlass Hans Schwarz. Vgl. dazu auch die Klage eines ehemaligen KZ-Häftlings gegen Continental vom Dezember 1957 auf entgangenen Lohn und Schmerzensgeld, die aber von der Entschädigungskammer des Landgerichts Hannover als unbegründet abgewiesen wurde, in: NLA HA Nds. 729, Hannover Acc. 2007/112, Nr. 1284.

454 Demnach hatte der zuständige Werkmeister während der Tagschicht Mitte Dezember 1944 einen Kapo angewiesen, einen der Häftlinge wegen unzulänglicher Arbeitsleistung zu züchtigen. Der Kapo schlug den Häftling mit einem Stück Rohr 10 bis 12 Mal auf den Kopf, bis er blutüberströmt und bewusstlos zusammenbrach. Vgl. Schreiben des Anwalts des ehemaligen Häftlings vom 28.6.1954 an Continental, in: Registratur Rechtsabteilung, Nr. 1421/1422. Auch andere Häftlinge berichten davon, dass sie öfter von einem Meister mit einem Gummiknüppel geschlagen worden waren. Vgl. Schreiben vom 10.2.1957 und vom 29.6.1954, in: ebd. Ein weiterer Fall von Misshandlung durch einen Meister schildert auf der Grundlage einer Zeitzeugenaussage Gutmann, KZ Ahlem, S. 342.

ten beide, hätten sie sich geschämt, diese Menschen zu melden.[455] Dass jedoch die Vorwürfe gegen einzelne Meister wegen Misshandlungen durchaus nicht aus der Luft gegriffen waren, zeigte sich etwa daran, dass einer der namentlich von den Häftlingen genannten Meister aus dem Schlauchsaal trotz seines Alters von erst 44 Jahren, guter Beurteilung durch seinen Vorgesetzten und über 12-jähriger Unternehmenszugehörigkeit bei Kriegsende unvermittelt auf eigenen Wunsch ausgeschieden war – was darauf hindeutet, dass er, wie bei anderen Unternehmen häufig der Fall, Racheakte der ehemaligen und von ihm drangsalierten KZ-Häftlinge befürchtete.[456] Anderen Berichten zufolge erfolgten die Bestrafungen wegen ungenügender Arbeitsleistungen jedoch nicht in der Werkshalle, sondern erst abends im Lager. Die Kapos hatten während der Arbeit eine Liste der Häftlinge aufgestellt, die entsprechend aufgefallen waren; daraufhin erfolgte eine Bestrafung mit mindestens 25 Schlägen mit einem Gummiknüppel.[457]

Aber es gab offensichtlich auch hier eine Art Prämiensystem, das in zweifacher und unterschiedlicher Form praktiziert wurde. Einmal errechnete das Unternehmen bei Erreichen von 83 Prozent der Normalleistung eine gestaffelte Prämie, die man der SS-Lagerleitung in bar zur Weitergabe an die Häftlinge aushändigte.[458] Daneben berichten die Betroffenen später aber auch von einem Prämiensystem, das von den Kapos nach deren willkürlicher Handhabung erfunden worden war.[459] Demnach wurden sonntags nach dem Appell Prämien entsprechend der Empfehlungen der Kapos verteilt. Es gab drei Kategorien: zwei Zigaretten, etwas Kautabak und eine saure Gurke. Von den Häftlingen wurden diese „Prämien" dann als Tauschobjekte eingesetzt. Es bestanden aber auch andersartige Vorwürfe gegen das Unternehmen. Einer war, dass für die KZ-Häftlinge im Werk kein eigener Essraum zur Verfügung gestellt wurde, wie es im Werk Vahrenwald für die dort gleichfalls im Misch- und Kalandersaal eingesetzten Zwangsarbeiter erfolgt war. In den Arbeitsräumen selbst war wegen der dort herrschenden Hitze, Staub und Lärm keine Essenspause möglich, so dass diese von den Häftlingen bei Schnee und Regen im Freien verbracht wer-

---

455 Schreiben des Belegschaftsbüros vom 13.7.1954 zu einer entsprechenden Befragung der beiden Meister nach den von den ehemaligen Häftlingen erhobenen Vorwürfen, in: ebd.
456 Vgl. die entsprechende Notiz des Belegschaftsbüros vom 27.11.1954, in: ebd.
457 Vgl. Gutmann, KZ Ahlem, S. 343.
458 So die Schilderung in einem späteren Schreiben der Continental an die IHK Hannover vom 2.8.1946, in: Registratur Rechtsabteilung, Ordner Aktenkonvolut Nr. 1421/1422.
459 Vgl. Erinnerungsbericht Moshe Miedzinski, in: Anschütz/Heike, (Hrsg.), Wir wollten Gefühle sichtbar machen, S. 30.

den musste.[460] Die späteren Schreiben ehemaliger Häftlinge an Continental und die Schilderungen des eigenen Schicksals geben dabei auch einen Hinweis darauf, dass die Häftlinge keineswegs nur geschlossen in den Misch- und Kalandersälen eingesetzt wurden, sondern auch in der Schlauch- und Autoreifenfertigung beschäftigt waren. Einige Häftlinge, darunter ein Vater mit seinem Sohn, arbeiteten in der Schlosserei und waren für die Wartung und das Schmieren der Maschinen zuständig. Die Schlosserei unterstand einem Meister, der sich den ihm unterstellten Häftlingen gegenüber anständig benahm und diesen häufig warmes Essen und auch Brot und Wurst gab, während es dort auch einen deutschen Vorarbeiter gab, der allgemein als gefährlich angesehen wurde.[461]

Viele der überwiegend noch jugendlichen KZ-Häftlinge wie der damals erst 18-jährige Katriel M. berichteten später, dass es vor allem die schwere Schichtarbeit, der Umgang mit Chemikalien – „ich schleppte dort meist 90 Kilogramm schwere Säcke mit Chemikalien vom Lager zu den Maschinen. Manchmal musste ich auch Kohlen zu den Kesseln tragen" – in Verbindung mit der unzureichenden Ernährung waren, die viele Häftlinge schnell physisch und psychisch überlasteten.[462] Einige Häftlinge waren auch in der Galvanisierungsabteilung eingesetzt und mussten dort Stahlteile in großen Körben beladen und mit Aufzügen in säurehaltige Tanks heranlassen, später wieder entfernen und zu anderen Kesseln mit chemischen Lösungen zur Reinigung bringen. „Ich arbeitete mit deutschen Zivilisten", erinnerte sich ein Zeitzeuge, „sie alle trugen Schutzkleidung, spezielle Gummischürzen, -stiefel und -handschuhe, Gesichtsschutz gegen Säurespritzer und die schädlichen, stinkenden Dämpfe, die von den Säuretanks ausgingen. Wir erhielten nichts dergleichen. Bei dieser gefährlichen Arbeit trugen wir dieselbe Häftlingskleidung, die wir in Auschwitz erhalten hatten."[463] Ein zweiter berichtet:

> Am häufigsten gab es zwei Sorten von Menschen bei der Continental Gummi-Werken. Entweder waren sie weiß wie Schnee oder schwarz wie Schornsteinfeger. Die Schwarzen arbeiteten bei der Gummimischung [...] Die Häftlinge arbeiteten dort mit Staub. Es gab ohnehin weder Wasser noch Seife, also keine Möglichkeit zum Waschen. Sie sind schwarz gestorben [...] Die anderen KZ-Häftlinge waren weiß und arbeiteten mit Talk. Auf das

---

460 Nach anderen Aussagen nahmen die Häftlinge ihr Essen jedoch in der Werkskantine ein, die währenddessen für alle anderen Arbeitskräfte gesperrt war. Vgl. Gutmann, KZ Ahlem, S. 342 f.
461 Vgl. Schreiben an Continental vom 23.5.1957, in: ebd. Weitere Berichte über die Arbeitsbedingungen und das Verhalten der deutschen Vorarbeiter und Meister u. a. bei Moshe Miedzinski, in: Anschütz/Heike, (Hrsg.), Wir wollten Gefühle sichtbar machen, S. 29.
462 Vgl. Bericht Katriel M, in: ebd., S. 34.
463 Vgl. Bericht Benjamin Sieradziki, in: ebd., S. 41. Vgl. auch der Zeitzeuge, aufgeführt bei Buggeln, Arbeit & Gewalt, S. 566 ff.

Gummi wurde Talk aufgetragen, damit es nicht verklebte. Auch sie konnten sich nicht waschen und blieben weiß. Die Schwarzen hießen bei uns ‚Rußkommando' und die Weißen ‚Talkkommando'.[464]

Wie viele Häftlinge bei der Arbeit im Werk aus Entkräftung zusammenbrachen, lässt sich nicht mehr feststellen. Aus dem Lager wurden innerhalb weniger Wochen mindestens 55 Todesfälle berichtet, 80 bis 85 Häftlinge waren zudem wegen Arbeitsunfähigkeit ins KZ-Hauptlager Neuengamme zurückgeschickt worden, wo sie vermutlich ebenfalls umkamen.[465] Die Flucht aus dem Lager gelang offenbar nur einem einzigen Häftling, der zudem als Kapo eingesetzt war. Im Oktober 1944 wurde in diesem Zusammenhang eine deutsche Continental-Arbeiterin aus dem Werk Nordhafen von der Gestapo wegen angeblicher Fluchthilfe verhaftet und längeren Vernehmungen unterzogen.[466]

Letztlich blieb der Einsatz von KZ-Häftlingen bei Continental im Werk Nordhafen nur auf wenige Monate, von Anfang September bis Mitte November 1944, beschränkt. Die Gründe für den Abzug waren unterschiedlicher Art. Zum einen versuchte wohl die Werks- und Unternehmensleitung, die letztlich aus produktionspolitischer Sicht wenig leistungsfähigen KZ-Häftlinge möglichst schnell wieder loszuwerden. „Außer den Frauen im Werk Limmer beschäftigten wir ca. 5 Monate lang noch rund 900 männliche KZ-Häftlinge (Juden) im Werk Nordhafen", zog die Unternehmensleitung nach Kriegsende dazu eine Art Fazit. „Ein Teil der Männer erreichte die Normalleistung ebenfalls nach ungefähr drei Monaten, allerdings nicht in dem Umfange wie die Frauen. Infolge schlechter körperlicher Verfassung zeigten sie erhebliche Minderleistungen. Nur etwa 100 bis 120 brachten es knapp über die Normalleistung und erhielten die letzten Monate eine geringe Prämie."[467]

Ausschlaggebend für den Abzug der KZ-Häftlinge war jedoch die Verschiebung der fertigungsorganisatorischen Prioritäten bei den Rüstungsbehörden. Ins Zentrum der Aufmerksamkeit war die Untertageverlagerung der Produktionskapazitäten der Rüstungsindustrie gerückt, auch der Reifenindustrie. Mitte November 1944 wurde das KZ-Außenlager Stöcken der Continental aufgelöst und die dort Inhaftierten in das nahe gelegene Ahlem gebracht, wo sie in einem rasch hochgezogenen neuen Außenlager im Untertageausbau der dortigen

---

464 Bericht Katriel M, in: Heike/Anschütz (Hrsg.), Wir wollten Gefühle sichtbar machen, S. 31.
465 Vgl. Gutmann, KZ Ahlem, S. 345.
466 Vgl. Zeugenaussage vom 20.9.1951 in einem Verfahren gegen einen hannoverschen Gestapo-Beamten, in: NLA HA Nds. 721 Hannover, Acc. 3/76, Nr. 33/1. Der Vorfall auch ausführlich bei Gutmann, KZ Ahlem, S. 343 f.
467 Schreiben der Continental an die IHK Hannover vom 2.8.1946, in: Registratur Rechtsabteilung, Ordner Aktenkonvolut Nr. 1421/1422.

Asphaltgrube eingesetzt wurden und daher mit den direkten Produktionsabläufen im Unternehmen nichts mehr zu tun hatten. Auf das Schicksal der KZ-Häftlinge, insbesondere die Verhältnisse in den Lagern und deren Behandlung und Verpflegung, so die spätere Darstellung des Unternehmens, habe man keinerlei Einfluss gehabt, da dies allein der SS unterstand. Dennoch waren die Verquickungen von Continental mit dem Schicksal der KZ-Häftlinge, wie gezeigt, tatsächlich weit enger und vielfältiger. Das begann mit dem von der Continental-Bauverwaltung verantworteten Bau des Außenlagers Stöcken, das im Zuge von Umbaumaßnahmen eines früheren Conti-Zwangsarbeiterlagers entstand, reichte über die von der SS-Hauptverwaltung des KZ Neuengamme geforderte Rekrutierung von KZ-Aufsichtspersonal aus der Reihe der Continental-Belegschaft und führte bis zu den Maßnahmen zur Einführung von Leistungsanreizen für die KZ-Häftlinge. Letztendlich bleibt die Feststellung, dass sich der Einsatz der Häftlinge für das Unternehmen arbeitsorganisatorisch und produktionspolitisch nicht rechnete, es sich aber mit der Akzeptanz und Praktizierung dieser radikalen Form des Arbeitskräfteeinsatzes des NS-Regimes tiefer in dessen Verbrechen verstrickte.[468]

Während die Organisation und Handhabung des Einsatzes der zivilen Zwangsarbeiter wie auch der Kriegsgefangenen bei Continental nach damaligen Maßstäben weitgehend regelkonform und ohne größere Übergriffe angelaufen war, hielt mit dem Einsatz von KZ-Häftlingen und den Übergriffen der SS-Wachmannschaften nicht nur in den Lagern, sondern auch in den unternehmenseigenen Produktionsbereichen in weiten Teilen des Unternehmens, vor allem aber in den Werken Limmer und Nordhafen, Gewalt, Unrecht und brutale Ausbeutung Einzug, denen die Unternehmensleitung nichts entgegensetzte. Viele Continental-Beschäftigte bekamen direkt die Gewaltmaßnahmen und Übergriffe der SS-Bewacher mit, die in der Regel und am häufigsten im rechtsfreien Raum des KZ-Außenlagers stattfanden, aber auch vor Ort an den Arbeitsplätzen im Werk und damit in dem Bereich begangen wurden, der eigentlich allein der Verantwortung des Unternehmens unterlag. Vor allem wusste man auch in der Abteilung Arbeit und im Vorstand über die dortigen Zustände Bescheid, ohne jedoch nachhaltig einzugreifen. Das zeigt auch der vergleichende Blick auf die entsprechenden Konstellationen in anderen Unternehmen.

---

468 Vgl. Rüdiger Hachtmann, Fordism and Unfree Labour. Aspects of the Work Deployment of Concentration Camp Prisoners in German Industry between 1941 and 1944, in: International Review of Social History 55 (2010), S. 485–513, hier S. 506.

4 Widerstandsaktionen und Zwangsarbeit: Arbeitsorganisation und Unternehmenskultur bei Phoenix, Teves, VDO und Semperit

Die Informationen über den Zwangsarbeiter-Einsatz bei Phoenix sind leider nur bruchstückhaft. In Hamburg waren seit Frühjahr 1940 Frauen und Männer als Fremdarbeiter eingesetzt worden, zunächst vor allem Dänen, Holländer und polnische Kriegsgefangene. Auch hier erfolgte die Rekrutierung zunächst noch über Anwerbungsmaßnahmen, allerdings klagte das Rüstungskommando Hamburg schon im September 1940 darüber, dass „bedauerlicher Weise einige Betriebsführer absolut kein Verständnis für eine ordentliche Unterbringung der Holländer gezeigt [haben]. Man habe die Leute teilweise wie Gefangene behandelt, absolut unbrauchbare Quartiere angewiesen und eine sehr schlechte Verpflegung geliefert. Die Folge davon ist, dass ein Teil dieser Leute aus Deutschland zurückgekehrt ist und nun in Holland eine sehr unangenehme Propaganda treiben."[469] Dennoch stieg die Zahl der Fremdarbeiter schnell an, im Frühjahr 1941 waren dem Hamburger Arbeitsamt auch 17 000 italienische Arbeiter zugewiesen worden, die damals im Prinzip noch als befreundete Gefolgschaftsmitglieder eines verbündeten Staates angesehen und behandelt wurden. Faktisch gab es jedoch schnell Probleme und Konflikte mit den deutschen Kollegen.[470] Aus den knapp 6000 in Hamburg eingesetzten ausländischen Arbeitskräften im Sommer 1940 wurden bis Juli 1943 73 000, ehe im Gefolge des Bombenkriegs ein Rückgang auf 65 000 Ende September 1944 einsetzte.[471] Sie waren in annähernd 560 Lagern über das gesamte Stadtgebiet verteilt untergebracht.[472] Anders als in Hannover spielten französische und italienische Zwangsarbeiter wie Kriegsgefangene eine untergeordnete Rolle. Die größten „Arbeitgeber" waren die Großwerft Blohm & Voss, der Hamburger Hafen, die Klöckner Flugmotorenbau GmbH, die Norddeutsche Affinerie und nicht zuletzt auch die Phoenix Gummiwerke, die mit den anderen Betrieben um die knappen Arbeitskräfteressourcen konkurrieren mussten.

Die genaue Zahl, Entwicklung und Struktur des Zwangsarbeitereinsatzes bei Phoenix und auch Art und Umfang der firmeneigenen Lager lassen sich nur rudimentär ermitteln. Einer der ersten Hinweise ergibt sich aus einer Eintragung des Hamburger Rüstungskommandos, das im Dezember 1941 vermerkte:

---

469 Auszug aus einem Reisebericht vom 8.10.1940, in: Kriegstagebuch des RüKo Hamburg vom September bis Dezember 1940, Bl. 79 f., in: BArch Militärarchiv RM 21/26-4.
470 Vgl. Littmann, Ausländische Zwangsarbeiter, S. 158 ff.
471 Zu den Phasen ebd., S. 287 ff.
472 Vgl. ebd.

„Die Harburger Gummiwarenfabrik Phoenix AG ist bereit, 80 russische Kriegsgefangene zusätzlich einzustellen. Unterbringungsmöglichkeit auf einem unbe-
bauten Platz in der Nähe des Werksgeländes ist vorhanden."[473] Das Unternehmen hatte schon vorher bei den Arbeitseinsatzbehörden einen erheblichen Personalbedarf an ausländischen Arbeitskräften gemeldet und dafür mit der
Errichtung eines umfangreichen Barackenlagers begonnen. „Westarbeiter" und
andere zivile Arbeitskräfte aus dem befreundeten oder besetzten Ausland waren
aber offensichtlich noch nicht eingestellt worden. Albert Schäfer informierte in
seiner Eigenschaft als Vorstandsvorsitzender den Phoenix-Aufsichtsrat erstmals
Anfang Februar 1942 offiziell über den Fremdarbeitereinsatz. „Wir sind damit
beschäftigt, Kriegsgefangene – Franzosen und Sowjetrussen – in unserem Betrieb einzuarbeiten", hieß es in dem Bericht:

> Für den Einsatz einer größeren Anzahl bestand jedoch insofern noch ein Hindernis, als es
> bisher an ausreichenden Unterbringungsmöglichkeiten fehlte. Wir sind aber jetzt, nach-
> dem wir entsprechende Räumlichkeiten gemietet haben, dabei, für die Gefangenen ein
> den Vorschriften entsprechendes Lager einzurichten. Ferner besteht die Absicht, im Rah-
> men einer Arbeitsgemeinschaft interessierter Hamburger Firmen ein Barackenlager für
> 300 ausländische Arbeitskräfte zu errichten, von denen der größte Teil in unserem Werk
> beschäftigt werden soll.[474]

Seit Oktober des Vorjahres bemühte man sich dabei federführend um die Zuteilung von Baustoff-Kontingenten. Ende März 1942, so hoffte Schäfer, könnte das
neue Wohnlager bezugsfertig sein.

Tatsächlich meldete Schäfer dem Aufsichtsrat Mitte August 1942, dass im
Werk inzwischen ausländische Arbeiter und Arbeiterinnen aus neun verschiedenen Nationen arbeiteten, die allerdings, so beklagte er im selben Atemzug,
keinen vollwertigen Ersatz der zur Wehrmacht eingezogenen deutschen Phoenix-Arbeiter darstellten.[475] Dazu kamen wie bei Continental inzwischen auch
eine Reihe von zugewiesenen „Zivilrussen" und russische Frauen zum Einsatz.
„Wegen ihres mangelhaften Ernährungszustandes und jugendlichen Alters"
fänden diese jedoch nur als Hilfsarbeiter Verwendung. „Trotzdem wird ihr Arbeitseinsatz bei uns", so die Erwartung Schäfer, „zu einem positiven Ergebnis
führen, wenn die Anlernzeit, in der wir zurzeit noch stehen, überwunden
ist."[476] Bemerkenswerterweise war es Phoenix wie Continental mit Hilfe der
Reichsstelle Kautschuk und des OKW gelungen, französische Kriegsgefangene,

---

473 Kriegstagebuch des RüKo Hamburg Oktober bis Dezember 1941, Bl. 17, in: BArch Militärarchiv, RW 21-26/8. Vgl. Littmann, Ausländische Zwangsarbeiter, S. 125 f.
474 Bericht Schäfer vom 4.2.1942, in: HADB F 002/750.
475 Vgl. Bericht Schäfer an den Aufsichtsrat vom 18.8.1942, in: ebd.
476 Ebd.

die früher in der französischen Kautschukindustrie tätig waren, nach Hamburg in Einsatz zu bringen. „Es handelt sich durchweg um qualifizierte Kräfte, die hervorragend arbeiten und sich an fast allen Arbeitsplätzen leicht anlernen lassen", hieß es dazu in dem Bericht Schäfers.[477]

Im Gefolge des Bombenkriegs, vor allem nach dem verheerenden Großangriff auf Hamburg am 24./25. Juli 1943, wurde auch bei Phoenix die Arbeitskräftelage zunehmend schwierig. Der Wille zum Arbeitseinsatz unter den Gefolgschaftsmitgliedern, klagte Schäfer, sei sehr niedrig, in den ersten Tagen nach dem Angriff waren zahlreiche Arbeitskräfte, vor allem die Frauen, nicht im Betrieb erschienen. Infolge der einsetzenden Evakuierungsmaßnahmen hatte man einen erheblichen Teil der weiblichen Beschäftigten überhaupt für dauernd freistellen müssen und die entstehende Lücke nur mühsam mit Zwangsarbeitern schließen können.[478] Die Belegschaftsentwicklung war daher bei knapp 3000 Arbeitern und Angestellten – von denen 1845 Männer und 1120 Frauen waren – weitgehend stagniert, wovon inzwischen über die Hälfte Arbeitskräfte ausländische Zwangsarbeiter waren. Über deren genauere nationale Zusammensetzung weiß man leider nichts, in einer statistischen Notiz vom 1. Dezember 1943 sind nur gesondert 250 weibliche und 250 männliche Ostarbeiter vermerkt.[479]

Insgesamt lassen sich neun Arbeitslager der Phoenix in und um Hamburg feststellen.[480] Das größte Lager, das zugleich das „Russenlager" der Phoenix war, bestand am Kapellenweg mit ca. 600 Insassen, dazu gab es noch ein Lager am Sperlsdeich, wo knapp 200 Ostarbeiter untergebracht waren, sowie ein weiteres, überwiegend mit ca. 100 Ukrainern belegtes Lager am Kapellenweg. In der Vogteistraße im Stadtteil Rönneburg hatte man, in einer ehemaligen Gaststätte und bewacht vom Werkschutz, ein weiteres Lager für ca. 150 Ukrainerinnen und Russinnen eingerichtet, daneben existierte noch ein Gemeinschaftslager mit 400 Insassen.[481] Summiert man die damaligen Lagerkapazitäten, so kommt man auf bis zu 1800 Insassen, von denen allem Anschein nach über 1000 aus Russland und der Ukraine kamen. Der Anteil der Ostarbeiter an der

---

477 Ebd.

478 Vgl. Bericht Schäfer an den Aufsichtsrat vom 9.10.1943, in: ebd.

479 Vgl. die Notiz vom 1.12.1943, in: MDA/SHMH, Bestand Phoenix, ohne Signatur, sowie StA Hamburg 621-71/40.

480 Vgl. die Erhebungen mit digitalem Verzeichnis der Lager im Stadtgebiet durch die Landeszentrale für politische Bildung, Hamburg, Zwangsarbeit in der Hamburger Kriegswirtschaft, in: http://www.zwangsarbeit-in-hamburg.de/, zuletzt aufgerufen am 20.9.2019.

481 Darüber hinaus betrieb die Internationale Galalith Gesellschaft, eine Tochtergesellschaft von Phoenix, ein Lager für 111 holländische Zwangsarbeiter und für ca. 120 Kgf. in der Seestraße. Vgl. Gotthardt, Die politische Geschichte.

Phoenix-Belegschaft war daher deutlich höher als bei Continental. Zu ihnen gehörten die junge Russin Walentina Semionowa, geboren am 3.2.1922 in Drosdow
und von Beruf Landarbeiterin, mit der Lagernummer 302 und der Erkennungsnummer 7742 sowie Smirnowa Porgshewa, ebenfalls Russin, geboren am
27.10.1914 in Gudow und von Beruf Hausfrau, mit der Lagernummer 369 und
der Erkennungsnummer 7705.

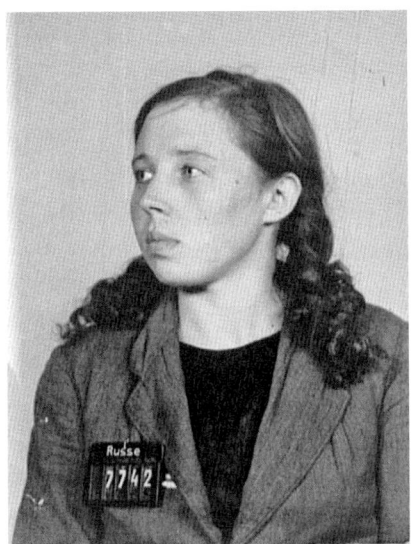 

Abb. 124 u. 125: Zwei russische Zwangsarbeiterinnen bei Phoenix: Walentina Semionowa und
Smirnowa Porgshewa.

Sie waren im Ostarbeiterlager Vogteistraße in Rönneburg untergebracht, von
dem das Erkennungsbuch erhalten geblieben ist.[482] Darin befinden sich die mit
Fotos versehenen Eintragungen von 127 Zwangsarbeiterinnen, 58 aus der Ukraine und 59 aus Russland, dazu auch zehn russische Männer. Die meisten der
Frauen und Mädchen wiesen keine oder aus der Perspektive der Phoenix nur
geringe Qualifikationen auf, bei den meisten war entweder „Kolchos" oder
„Schülerin" vermerkt. Daneben gab es je eine Schneiderin, Stickerin und Nähe-
rin, eine Agrartechnikerin, eine war Laborarbeiterin gewesen, eine andere
Schaffnerin, nur bei einer stand „Gummiarbeiterin". Einige der Ostarbeiterinnen waren zu Jahresanfang 1945 in das Lager am Kapellenweg verlegt worden;
nicht zuletzt war, nach den Einträgen im Erkennungsbuch zu schließen, einer

---

482 Vgl. StA Hamburg 621-1/71, 38a.

Reihe von Zwangsarbeiterinnen im Februar/März 1945 die Flucht geglückt. Eine Lagerinsassin wurde zudem als verstorben registriert.

Über die Arbeitsbedingungen der Zwangsarbeiter und das Verhältnis am Arbeitsplatz zwischen ihnen und der deutschen Phoenix-Belegschaft ist so gut wie nichts bekannt. Zeitzeugenberichte existieren nicht. Ganz anders als Continental besaß Phoenix einen unscheinbaren Betriebsobmann, der dort als kleiner Angestellter tätig gewesen war und sich auch nach der eher zufälligen Übernahme des Amtes als Betriebsobmann im Jahr 1940 politisch nicht weiter exponierte. Obwohl „im allgemeinen nach jeder Seite hin nachgiebig", stellte er eher die Unternehmensinteressen über die Parteiinteressen.[483] Offenbar lehnte er es auch ab, enger mit der Gestapo zusammenzuarbeiten, wenn es um regimekritische Äußerungen im Unternehmen ging.[484] Der am 16. Oktober 1942 erlassene Tagesbefehl Nr. 18, in dem es um Werkschutzangelegenheiten, aber auch um die Haltung gegenüber den Ostarbeitern geht, war denn auch nicht von dem Betriebsobmann unterzeichnet, sondern von Schäfer als Betriebsführer sowie dem Leiter des Werkschutzes, Alfred Bergmann.[485] Darin wurde ausdrücklich angeordnet, dass jeglicher persönliche Verkehr, jede Schenkung, Verkauf und Tausch usw. mit Ostarbeitern verboten war. Sämtliche Fälle würden vom Werk der Gestapo mitgeteilt:

> Über Verstöße und Schwierigkeiten mit den Russen ist sofortige Mitteilung an den Werkschutz notwendig. Die Ostarbeiter werden im Rahmen des Möglichen ausreichend mit Verpflegung, Bekleidung und Tabakwaren versorgt. Mängel und Anregungen in der wirtschaftlichen Versorgung sind der Zentralstelle für Ausländer und Kriegsgefangene (Dr. Dahlgrün) mitzuteilen. Jede Selbsthilfe führt zu Ungleichmäßigkeit und damit zu Missstimmungen unter den Russen.[486]

Damit wollte man offenbar verhindern, dass die Belegschaft weiterhin den Ostarbeitern heimlich Lebensmittel und andere Dinge zusteckte.

Der eigentliche starke und über das Schicksal der Zwangsarbeiter bei Phoenix bestimmende Mann war tatsächlich der zu diesem Zeitpunkt 34 Jahre junge Rolf Dahlgrün, Jurist, seit 1933 NSDAP-Mitglied und 1936 als Justiziar zur Phoenix gekommen.[487] Dass Dahlgrün, der nach 1945 Bundesfinanzminister werden sollte, bei Phoenix auch ohne Vorstandsposten schnell Karriere machte und erheblichen Einfluss hatte, zeigte sich etwa daran, dass sein Gehalt rasch von ur-

---

483 Vgl. Entlastungsschreiben vom 4.3.1948 in der Entnazifizierungsakte von August Siemann, in: StA Hamburg 221-11/02458.
484 Vgl. ebd.
485 Schreiben vom 16.10.1942, in. MDA/SHMH, Bestand Phoenix, ohne Signatur.
486 Ebd.
487 Vgl. die Entnazifizierungsakte Dahlgrüns in: StA Hamburg 221-11/ I (TL) 814.

sprünglich 3500 RM/Jahr (1936) auf 13 000 RM (1944) kletterte und er im Krieg zu zahlreichen geschäftlichen Besprechungen in Wien, Riga und Prag unterwegs war.[488] Dahlgrün war auch Leiter eines der von der Hamburger Gauleitung errichteten 17 „Industrieblocks", in denen die großen Hamburger Industrieunternehmen zusammengeschlossen waren. Er saß damit nicht nur an einer zentralen Schnittstelle zum Hauptwirtschaftsamt und der Versorgung der Belegschaften, sondern verfügte auch für seinen „Block" und dessen Unternehmen über weitreichende Kompetenzen in allen Fragen des Arbeitseinsatzes, verbunden mit engstem Kontakt zu den Kreisleitern und anderen Funktionsträgern der NSDAP.[489] Zu Dahlgrüns Industrieblock 15 in Hamburg-Harburg gehörten 3093 männliche und 600 weibliche Zwangsarbeiter, über deren kurzfristigen Arbeitseinsatz er jederzeit bestimmen konnte.

Dahlgrün sorgte dafür, dass die nationalsozialistischen Regeln zum Umgang mit Fremdarbeitern, Kriegsgefangenen und Russen bei Phoenix auch eingehalten wurden. Unter anderem meldete er daher etwa im November 1942 der Gestapo-Außenstelle Harburg die „unzulässige Beziehung" einer kaufmännischen Angestellten zu einem französischen Kriegsgefangenen.[490] Das Techtelmechtel zwischen der Angestellten und dem Kriegsgefangenen mit heimlichem Zettelwechsel und Austausch kleiner Geschenke hatte offenbar bereits eine ganze Weile gedauert, denn Schäfer hatte die Betroffene bereits in Gegenwart des Betriebsobmannes und der Sozialreferentin „ernstlich verwarnt", allerdings ohne nachhaltige Wirkung. Auf Dahlgrüns Denunziation bei der Gestapo erfolgte die umgehende Verhaftung der Angestellten mit anschließenden Verhören. Schließlich wurde sie zu einem Monat Gefängnis oder ersatzweise 150 RM Geldstrafe verurteilt.[491] Zudem hatte Phoenix sie vorher schon fristlos entlassen. In die Fänge der Gestapo geriet – ob durch Mithilfe von Dahlgrün, ist nicht ersichtlich – auch der Phoenix-Arbeiter Willy M., der seit Mai 1938 Vorarbeiter in der Gummifabrik war, im Oktober 1942 jedoch als überzeugter Kommunist und wegen Feindbegünstigung verhaftet und im Januar 1944 im Gefängnis hingerichtet wurde.[492] Im November 1942 wurde auch der Phoenix-Arbeiter Alfred R. der Ge-

---

488 Vgl. ebd.

489 Vgl. Littmann, Ausländische Zwangsarbeiter, S. 404 ff.

490 Vgl. Schreiben Dahlgrün vom 26.11.1942, in. StA Hamburg 213-11/21CUA, 66/43, und Christian Gotthardt, Denunziant Dr. Dahlgrün, in: http://www.harbuch.de/frische-themen-artikel/denunziant-dr-dahlgruen.html.

491 Vgl. Urteil vom 4.1.1943, in: ebd.

492 Offiziell lautete der Todesgrund auf Selbstmord. Vgl. der Vorgang in: StA Hamburg 351-11/18769.

stapo übergeben, allerdings wegen eines Diebstahls von Stoffballen aus der Stoffstreicherei, wo dieser beschäftigt war.[493]

Über etwaige Vergehen und Sanktionen gegen die Zwangsarbeiter findet sich in den überlieferten Akten nichts. Auch über deren Lager und die dort herrschenden Bedingungen wissen wir kaum etwas. Die hygienischen Bedingungen waren zumindest im Russenlager am Sperlsdeich im Juni 1942 allerdings derart desolat, wie die zuständige „Zentrale für Ausländer" bei Phoenix unter Beisein von Direktor Teischinger und einem Vertreter des Hamburger Hygienischen Instituts anlässlich einer Besichtigung feststellte, dass umgehend Abhilfe notwendig wurde.[494] In dem Lager waren zu diesem Zeitpunkt 260 russische Zivilarbeiter untergebracht, für die es jedoch nur eine Kübelabortbaracke gab. Bislang hatte dieses Provisorium in dem von der Obersten Bauleitung der Reichsautobahnen in Hamburg gemieteten und seit Februar 1942 unter Verantwortung von Phoenix stehenden Lager ausgereicht, da es mit nie mehr als 60 bis 90 Mann belegt war. Nach der inzwischen erfolgten Zuweisung weiterer Russen hatten sich jedoch Zustände entwickelt, die eine ernste Gesundheitsgefahr für die Insassen darstellten.[495] Das Unternehmen machte sich daher daran, „koste es was es wolle", die sanitären Bedingungen zu verbessern und eine Abwasserkläranlage einzubauen, dem jedoch die städtische Bauverwaltung die Genehmigung verweigerte. Anstelle einer umfassenden Sanierung spielte man daher bei Phoenix mit dem Gedanken einer kompletten Verlegung des Lagers, zumal die Arbeiter wegen der großen Entfernung zur Fabrik in Harburg mit offenen Lastwagen zu ihren Arbeitsplätzen transportiert werden mussten, was bei den Ostarbeitern zu „fortgesetzten Erkältungskrankheiten" führte, zumal die Arbeiter im Betrieb selbst dann wieder starker Wärme ausgesetzt waren.[496] Schließlich ist dann aber offensichtlich doch der Einbau einer Entwässerungsanlage durch Phoenix erfolgt. Im August 1942 hatte das Unternehmen im Hamburger Stadtteil Langenbeck auch den Bau eines Lagers für zunächst 42 russische Zivilarbeiterinnen in Angriff genommen, allerdings dafür die Auflage der Gestapostelle Hamburg erhalten, aus das Lager sicherheitspolitischen Gründen mit einem 2,20 Meter hohen Maschendrahtzaun zu umgeben.[497]

---

493 Vgl. StA Hamburg 213-11_0681/44. Der Arbeiter wurde dafür zu zwei Jahren Zuchthaus verurteilt.

494 Vgl. den handschriftlichen Bericht der Besichtigung vom 10.6.1942, in: StA Hamburg 324-1/ K 10916.

495 Vgl. Schreiben Phoenix an das Reichsministerium für Bewaffnung und Munition, Außenstelle Hamburg vom 4.6.1942, in: ebd.

496 Vgl. Aktenvermerk der Hamburger Planungsbehörde vom 20.6.1942, in: ebd.

497 Vgl. StA Hamburg 324-1_K 6364 Langenbeck 13, 1942.

Seit 1944 erfolgte auch in Hamburg in großem Stil der Einsatz von KZ-Häftlingen; allein im Hamburger Stadtgebiet gab es 20 Außenlager des KZ Neuengamme. „Jüdische Mischlinge" waren schon vorher ins Visier des Hamburger Gauleiters geraten. Dieser hatte Namenslisten mit den entsprechend noch in Hamburger Unternehmen Beschäftigten erstellen lassen und die Firmen aufgefordert, diese aus allen wichtigen Stellen in der Verwaltung oder im Betrieb zu entfernen.[498] Darunter waren auch die Phoenix Gummiwerke. Ob und inwieweit die Anweisungen des Gauleiters dort von Dahlgrün umgesetzt wurden, ist nicht bekannt. Schäfer rühmte sich später in seinem Entnazifizierungsverfahren dafür, dass er sich schützend vor drei im Unternehmen unter anderem als Abteilungsleiter beschäftigte jüdische Mitarbeiter gestellt habe, allerdings offenbar nur bis 1944, als die Betroffenen auf Druck der Kreisleitung doch entlassen wurden oder gar untertauchen mussten.[499] Zudem tauchte das Harburger Unternehmen im August 1944 in einer anderen Aktion mit Juden auf: Nach Notizen des Hamburger Werftunternehmers Rudolf Blohm hatte Phoenix-Harburg „1000 KZ-Leute angefordert".[500] Schäfer stellte später den Vorgang entsprechend dem inzwischen üblichen Exkulpationstopos anders dar. Demnach wollte man Phoenix mit allen Mitteln zwingen, 500 KZ-Häftlinge zu beschäftigen und im Werk selbst unterbringen. „Der Leiter der zuständigen Abteilung erhielt von mir den Auftrag, dieses KZ zu bauen, worauf die ersten Maßnahmen zur Herrichtung dieses Lagers in Angriff genommen wurden."[501] Dann sei jedoch die Fertigstellung bewusst auf Anordnung Schäfers verzögert worden, so dass der Einsatz nicht erfolgte. So oder so waren Phoenix anders als bei Continental die arbeitsorganisatorischen Vorgänge um den Einsatz von KZ-Häftlingen im Unternehmen mit ihren verbrecherischen Implikationen erspart geblieben.

Auch bei Semperit in Wien und den anderen Werken war es zu keinem Einsatz von KZ-Häftlingen gekommen. Der Einsatz von Zwangsarbeitern gehörte jedoch auch hier zu dem von Generaldirektor Messner forcierten neuen Produktionskonzept, bei dem die Betriebsgemeinschaft in eine effiziente Leistungsgemeinschaft transformiert werden sollte. Wir verfügen leider auch hier über nur bruchstückhafte Informationen. Im Juni 1940 war der Vorstandsvorsitzende Franz Messner wie erwähnt aus der französischen Kriegsgefangenschaft zurückgekommen und hatte unter dem Schlagwort „Semperit-Familie" mit der intensiven Propagierung der neuen Betriebsgemeinschaft als umfassende, auch über den engeren Betriebsalltag hinausgehende Gemeinschaft begonnen, bei der

---

498 Vgl. Littmann, Ausländische Zwangsarbeiter, S. 606.
499 Vgl. die Erklärung Schäfers vom 23.9.1946, S. 5, in: StA Hamburg 221-11, Ad. 7130.
500 Vgl. ebd., S. 596.
501 Ebd, S. 6.

auch auf eine regelrechte Verschmelzung von Markenname, Qualitätsbegriff und Werksbelegschaft abgezielt wurde. „Die nationalsozialistische Auffassung von der Gemeinschaft des Volkes schließt in sich auch die Pflege des Gemeinschaftsgedankens", hieß es dazu unter anderem in der Werkszeitung. „Zuerst war der Einzelne. Mit der Familie baut er eine Zelle zur Gemeinschaft und mit der Betriebsgemeinschaft eine größere Zelle zu jener allergrößten, wunderbaren Zusammengeschlossenheit, die die Volksgemeinschaft ist."[502] Unter Bezugnahme auf die lateinische Übersetzung des Firmennamens wurde die Parole „Immer Vorwärts" ausgegeben, mit dem klaren Ziel, wie es Messner auf einem Betriebsappell im Juli 1940 betonte, das Unternehmen habe „an Qualität der Waren, an Güte der fabrikatorischen Leistungen und an Güte der Kundschaftspflege an erster Stelle unter den Firmen unserer Branche in Deutschland zu stehen. An Bedeutung, Macht, Einfluss und Größe wollen wir zumindest zu den bedeutendsten Firmen Deutschlands und damit Europas gehören. Von diesem Ziel kann uns niemand abbringen [...] Semperit geht einer glanzvollen Zukunft im europäischen Großraum entgegen."[503] Die Werkszeitung „Der Semperitler" veranstaltete gleichzeitig ein Preisausschreiben zur Frage „Wie stellst Du Dir die beste Betriebsgemeinschaft vor? Wie entwickeln wir den Semperit-Familiensinn? Und Warum sind Semperit-Erzeugnisse der Inbegriff für Qualitätswaren?"[504] In der Werkszeitschrift wurde zudem die enge Verbindung zwischen den Semperitlern in den Werken und „Semperit-Helden" im Kriegseinsatz intensiv gepflegt und inszeniert. Seitenlang berichteten Letztere über ihre Fronteinsätze und Kriegserlebnisse, in denen allenthalben auch rassische Vorurteile verbreitet wurden, verbunden mit Endsieg-Parolen und Hinweisen zur Überlegenheit der deutschen Kultur.[505]

Es ist ein später vom Unternehmen gepflegter und immer wieder verbreiteter Mythos, dass sich Messner mit dem Begriff der „Semperit-Familie" aus innerer Opposition zum NS-Regime bewusst gegen den Gedanken der nationalsozialistischen Betriebsgemeinschaft gestellt habe.[506] Tatsächlich handelte es sich je-

---

502 Der Semperitler Heft 7/1940, S. 16.

503 Rede Messners vom Juli 1940, in: Der Semperitler Heft 7/1940, S. 10.

504 Vgl. Der Semperitler Heft 7/1940, S. 16.

505 Vgl. etwa den Bericht in Der Semperitler Heft 6/1940, S. 5 f. Zwischen 28.6. und 7.7.1940 fand auch im Gefolgschaftshaus des Werkes Wimpassing die rassepolitische Ausstellung des Gaues Niederdonau statt, in der „in regelmäßigen Führungen die gesamte Gefolgschaft durch die Ausstellung geleitet wurde und in einem einstündigen Vortrag mit dem Wesen des rassepolitischen Gedankens der NSDAP vertraut gemacht wurde." Vgl. „Der Semperitler" Heft 6/ 1940, S. 12.

506 So explizit auch noch in der Jubiläumsschrift von 1996, Ein Haus in Traiskirchen, S. 62 f., unkritisch übernommen von René Harather, 190 Jahre Semperit, Wimpassing 2014, S. 56 f.

doch bestenfalls um eine österreichische oder Semperit-spezifische Variante der NS-Gefolgschaftsideologie, die Messner – wenn man die entsprechenden Entwicklungen bei Continental vergleicht – erheblich aggressiver und mit weit mehr Pomp inszeniert umzusetzen versuchte. Im Nachhinein drängt sich der Eindruck auf, dass Messner mit großer Kraftanstrengung in wenigen Monaten all das an Neuausrichtung der Unternehmenskultur an der nationalsozialistischen Gedankenwelt und Transformation zum NS-Musterbetrieb nachzuholen versuchte, was bei Continental schon seit sieben Jahren im Gange war.

Sichtbar wurde das schon im Januar 1941 anlässlich des „ersten Semperit-Familientages", bei dem auch die Eröffnung der Wimpassinger Werksküche, eines Semperit-Erholungsheimes, der Spatenstich zur Kinderkrippe, die Übergabe von Siedlungshäusern im Werkswohnungsbau Wimpassing sowie die Fertigstellung des Werksneubaus in Traiskirchen gefeiert wurden. Per Werksrundfunk waren zu dem Großappell in Wimpassing alle anderen Gefolgschaftsmitglieder in Wien, Wimpassing, Egerau und Stadlau zugeschaltet. Vor allem war die gesamte lokale und regionale NS-Prominenz, allen voran der Reichsstatthalter und Gauleiter von Niederdonau Dr. Hugo Jury mit seiner Entourage, gekommen.[507] Messner bekannte sich dabei zum nationalsozialistischen Betriebsführerprinzip ebenso wie zur Betriebs- und Leistungsgemeinschaft, und wie bei Continental zuvor schon wurde auch in Wimpassing der gegenseitige Treue- und Leistungsschwur zwischen Unternehmensleiter und Gefolgschaft inszeniert, allerdings noch dramaturgisch erheblich gesteigert durch einen entsprechenden Ruf Messners an seine von fern zugeschalteten Werkleiter, deren Verpflichtungsschwüre ihrerseits per Funktechnik in die Festhalle in Wimpassing übertragen wurden.[508] Messner hatte auf dem Großappell auch den Erlass einer neuen Betriebsordnung angekündigt, „als Dokument unserer nationalsozialistischen Betriebsgemeinschaft", und gleichzeitig war auch ein Semperit-Schulungswerk eingerichtet worden, das neben der Lehrlingsausbildung das Anlernen von neu eingestellten ungelernten Arbeitskräften zu Gummiarbeitern vornehmen sollte.[509] „Der Volksgenosse, der dieser Gemeinschaft angehören will", stand in der Präambel der Betriebsordnung, „muss stets innerhalb und außer-

---

507 Vgl. den ausführlichen, mit Bildern versehenen Bericht und die Reden Messners und Jurys in: Der Semperitler Heft 1/1941, S. 9–17.

508 Vgl. ebd., S. 15 ff.

509 Zu den wichtigsten Inhalten der neuen Betriebsordnung, die u. a. die Einführung einer Kinderbeihilfe sowie die Anpassung der Löhne und Gehälter an die Reichstarifordnung vorsah, vgl. Der Semperitler Heft 2/1941, S. 10 f. Zur Schulungsarbeit im Semperit-Konzern und dem Semperit-Berufserziehungswerk vgl. die Beiträge in: Der Semperitler Heft 1/1941, S. 23 f., und ebd., Heft 2/1942, S. 1–3.

halb des Betriebes nationalsozialistisch und kameradschaftlich handeln".[510] Gauleiter Jury war offensichtlich begeistert und pries in seiner Ansprache den ihm gerade vorgeführten Semperit-Familiengeist und die Semperit-Betriebsgemeinschaft als „Musterbeispiel nationalsozialistischer Volks- und Opferbereitschaft".[511] Er erschien denn auch mit noch größerer Gefolgschaft beim zweiten Semperit-Familientag am 7. Februar 1942, der ungleich größer in der mit einem Wald von Hakenkreuzfahnen geschmückten Gefolgschaftshalle gefeiert wurde.[512] „Vor uns steht ein neues großes Ziel", gab Messner zur Mobilisierung der Leistung als neue Parole aus, „über uns ist der Geist Adolf Hitlers; in uns lebt der Semperit-Familiensinn – darum wissen wir es heute schon: so wie wir es bisher geschafft haben, so werden wir es weiter schaffen."[513]

Fremdarbeiter kamen in dieser neu inszenierten Betriebsgemeinschaft mit keinem Wort vor. Das lag vermutlich auch daran, dass, soweit feststellbar, bei Semperit erst vergleichsweise spät Zwangsarbeiter zum Einsatz kamen und es sich dabei nur um wenige „Westarbeiter" aus Frankreich, Holland oder Belgien handelte. Der überwiegende Anteil waren südosteuropäische Arbeitskräfte sowie russische und polnische Ostarbeiter. Semperit war damit exemplarisch für den Zwangsarbeitereinsatz in der „Ostmark", der sich in Ablauf, Umfang und Struktur in Manchem von dem Fremdarbeitereinsatz im Altreich unterschied, im Kern aber nicht weniger mit Ausbeutung und Übergriffen verbunden war.

In der gesamten „Ostmark" waren im Sommer 1940 erst knapp 50 000 Fremdarbeiter eingesetzt, zunächst auch über Anwerbungen aus verbündeten Staaten wie der Slowakei, Italien und Kroatien.[514] Der Anteil an Arbeitskräften aus Südosteuropa blieb auch in der Folgezeit weit höher als im „Altreich", deren Zahl insgesamt war bis Juli 1942 auf 280 000 angestiegen. Wann und in welcher Zahl die ersten ausländischen Arbeitskräfte zu Semperit kamen, ist unklar. In der Werkszeitung wurden sie erstmals im Zusammenhang mit einem großen Apell im Werk III in Engerau, das im Zuge der Zerschlagung der Tschechoslowakei als frühere Betriebsstätte der Matador-Werke im slowaki-

---

510 Vgl. ebd., S. 11, und Bericht des Vorstands im Geschäftsbericht Semperit für 1940, S. 6 ff., in: Semperit Gummiwerke AG, Vienna from GEA Branche (German External Assset Branch) of the US Allied Commission for Austria (USACA), https://www.fold3.com/search/#s_surname=Semperit&ocr=1.
511 Ebd., S. 17.
512 Vgl. den ausführlichen, wiederum mit zahlreichen Bildern geschmückten Bericht in: Der Semperitler Heft 2/1942, S. 10–22.
513 Ebd., S. 17.
514 Vgl. Florian Freund, Bertrand Perz, Zwangsarbeit von zivilen AusländerInnen, Kriegsgefangenen, KZ-Häftlingen und ungarischen Juden in Österreich, in: Emmerich Talos u. a. (Hrsg.), NS-Herrschaft in Österreich. Ein Handbuch, Wien 2001, S. 644–695.

schen Preßburg zum Konzern gekommen war, im August 1942 erwähnt. Wie immer war auch hier Gauleiter Jury zu Besuch, der im Anschluss an die Feier auch das Ostarbeiterlager besichtigte, „das einige Minuten außerhalb des Ortes sauber gehalten, von einem Garten umgeben, die ausländischen Arbeiterinnen beherbergt."[515] Daneben waren auch im Werk Traiskirchen polnische Arbeiterinnen eingesetzt worden, die aus ihrer Heimat verschleppt worden waren, und vor ihnen offensichtlich auch schon belgische Fremdarbeiter in der Fertigung eingesetzt.[516] Im September 1942 feierte das Werk II in Traiskirchen unter dessen Werksleiter Dr. Alexander Kubai, einem überzeugten NS-Anhänger, erstmals neue Höchstleistungen bei der Reifenproduktion, was auch auf den Einsatz dieser und weiterer rekrutierter Zwangsarbeiter zurückzuführen war, denn Kubai rühmte dabei die besondere Leistung seiner Werksangehörigen, die, als die neuen Arbeitskräfte eintrafen, „auch intensivste Anlern- und Erziehungsarbeit geleistet [haben]."[517]

In diesem Zusammenhang rückte auch das Semperit-Leistungsertüchtigungswerk stärker in den Fokus der Unternehmenspolitik. Durch die Erstellung eines umfangreichen Anlernplanes mit Zeitplanungen, moderner Arbeitstechnik und stärkeren Aufgliederung der Arbeitsprozesse wurde versucht, die nun in größerem Umfang herangezogenen einheimischen Frauen, vor allem aber die Fremdarbeiter möglichst schnell in die Fertigungsprozesse zu integrieren. Im Januar 1943 war es daher auch dem Werk I in Wimpassing unter dessen Werksleiter Dr. Josef Liebl „trotz Einstellung und Anlernung von ausländischen Arbeitskräften" gelungen, die Durchschnittsproduktion gegenüber dem Vorjahr um 23 Prozent zu steigern, was einen Besuch des Gauleiter nach sich zog, der dem Werksleiter unter einem großen Banner mit der Aufschrift „Durch Leistung zum Sieg" eine Urkunde für hervorragende Leistung überreichte.[518] Dabei setzte auch Semperit stark auf die Erkenntnisse der Betriebspsychologie und Psychotechnik zur Auslese der Fremdarbeiter, die die DAF und deren Arbeitsleistungsexperten propagierten. Die Unternehmensleitung sicherte sich dazu die Kompetenzen von Norbert Thumb, einem ausgewiesenen Vertreter der praktischen Psychologie und wissenschaftlichen Mitarbeiter am entsprechenden Lehrstuhl an der Universität Wien.[519] Thumb war bis Frühjahr 1945 als Berater für Semperit tätig und seine Arbeit mit Kurztests zur Auslese und Einweisung von Arbeitern und Arbeiterinnen war offenbar so erfolgreich für das Unternehmen, dass

---

515 Der Semperitler Heft. 4/1942, S. 11, mit einem großen, bebilderten Bericht zu dem Appell.
516 Vgl. Ein Haus in Traiskirchen, S. 48.
517 Bericht zum Appell, in: Der Semperitler Heft. 5/1942, S. 9.
518 Vgl. den Bericht in: ebd., Heft 1/1943, S. 3 f.
519 Vgl. Der Semperitler Heft 4/1943, S. 16, sowie Wieser, Norbert Thumb, S. 111 f.

es im Dezember 1944 einen Antrag an den Reichsforschungsrat in Berlin zur Finanzierung eines entsprechenden Forschungsauftrages am Wiener Institut zur „Einsatzplanung und Einsatzlenkung in der Gummiindustrie" stellte.[520]

In den Folgejahren stieg auch bei Semperit die Zahl der Zwangsarbeiter. Mitte 1943 war in Traiskirchen ein neues Lager mit drei Wohnbaracken, einer Wasch- und Latrinenbaracke sowie einer Wirtschaftsbaracke errichtet worden, in dem wenig später die ersten Transporte ganzer russischer Familien – Männer, Frauen und Kinder – aus dem Raum Stalingrad eintrafen.[521] Den anlässlich des dritten „Semperit-Familientags" Anfang Februar 1943 Feiernden aus der Semperit-Führung wie den auch diesmal zahlreich anwesenden NS-Größen von Kreisleitung, Kreisobmann und Vertreter der Stadtgemeinde, die diesmal neben Generaldirektor Messner auch von Hauptbetriebsobmann Alfred Schurek begrüßt wurden, war dies trotz abermaliger Beschwörung der Semperit-Betriebsgemeinschaft nach wie vor keine Erwähnung wert.[522] Im Juli 1944 waren 11 217 Beschäftigte im Semperit-Konzern verzeichnet, von denen 44 Prozent Zwangsarbeiter, also über 5100 weibliche und männliche Arbeitskräfte aus verschiedenen Ländern, waren.[523] Im Vergleich zu Continental war daher der Zwangsarbeiteranteil bei Semperit höher. Bis Ende des Jahres 1944 war auch die erste Ausbaustufe des Werkes Traiskirchen abgeschlossen worden und das Werk erreichte mit seinen 1860 Beschäftigten trotz oder besser gerade wegen des hohen Zwangsarbeiteranteils neue Höchstproduktionszahlen an Autoreifen, ehe im Zuge des Bombenkriegs und der rasch nahenden Front die Fertigungszahlen sanken.

Auch über die Arbeitskräftemobilisierung im Krieg und den Zwangsarbeitereinsatz bei VDO wissen wir wenig. Eigentlich war die feinmechanische Präzisionsindustrie für den größeren Einsatz von ungelernten Fremdarbeitern wenig geeignet, da hier bei den betrieblichen Arbeitskräften ein hohes Maß an technischer Fertigkeit verbunden mit langjähriger beruflicher Erfahrung erforderlich war. Der Verlust an hochqualifizierten Fachkräften durch die Einziehung zur Wehrmacht war daher besonders schwerwiegend und nur schwer zu kompensieren, allerdings war der Anteil von entsprechend qualifizierten Frauen bei

---

520 Vgl. ebd., S. 112. Vgl. auch Karl Harmer, Vom Lehrling über den Facharbeiter zum Unterführer und Führer im Gummi-Betrieb, Wien 1943, S. 21.

521 Vgl. Ein Haus in Traiskirchen, S. 48.

522 Vgl. den ausführlichen und wieder reich bebilderten Bericht in: Der Semperitler Heft 3/ 1943, S. 11–14. Messner präsentierte dabei noch einmal ausführlich die sechs Säulen seines unternehmenspolitischen Konzeptes: Die Pflege der Betriebsgemeinschaft (Semperit-Familie), das Semperit-Lohnsystem, das Semperit Schulungs- und Erziehungswerk, die Intensivierung des betrieblichen Erfinderwesens, die Pflege des Wettbewerbsgeistes und schließlich die Gewinnverteilung.

523 Vgl. den Hinweis auf die Zahlen bei Feldman, Die Creditanstalt-Bankverein, S. 310.

VDO wie Kienzle überdurchschnittlich hoch. Schindling hatte den wachsenden Arbeitskräftemangel daher zunächst durch Einstellung von Studentinnen und anderen dienstverpflichteten deutschen Frauen zu bekämpfen gesucht. Im Juli 1941 etwa hatte das Frauenamt der DAF in Frankfurt dem Betriebsobmann von VDO die Übersendung einer Reihe von Studentinnen zu einem zehnwöchigen „ehrenamtlichen Fabrikeinsatz" angekündigt, die eine entsprechende Anzahl erholungsbedürftiger Frauen am Arbeitsplatz ablösen sollten.[524]

Im Laufe des Jahres 1942 kamen dann aber die ersten russischen Kriegsgefangenen, die vor allem in den Abteilungen Dreherei, Fräserei und Bohrerei eingesetzt wurden, aber auch im Bereich des Spritzgusses, wo sie unter Leitung eines deutschen Meisters oder Vorarbeiters arbeiteten. Die im 1. Stock des Frankfurter Hauptwerkes untergebrachten Abteilungen wurde dafür mit Gittern von den übrigen Abteilungen abgetrennt. „Die Russen waren im Lager Biegwald untergebracht", erinnerte sich ein Zeitzeuge, „sie sind jeden Tag hingebracht worden und mussten dann laufen. Man hat sie schon gehört an den Holzschuhen, wenn sie gekommen sind. Ein Jahr später wurden dann auch Russenmädchen eingesetzt, aber die kamen mehr in die Montage zum Einsatz."[525] Der tägliche Hin- und Rücktransport vom Werk Frankfurt-Bornheim zum ca. zehn km entfernten Wohnlager war ein erhebliches Problem, denn der Transport war nicht nur zeitaufwändig, oftmals verweigerten die Deutschen den Zwangsarbeitern auch die Mitfahrt in der Straßenbahn. „Die Deutschen haben alle gesagt: Lauft! Wie soll aber ein Mann vom Biegwald bis nach Bornheim laufen; also haben wir sie beruhigt und die Russen konnten doch mitfahren", so erinnerte sich später einer der Vorarbeiter.[526] Die Ausstattung der Zwangsarbeiter war dabei so schlecht, dass sich der VDO-Hauptbetriebsobmann Nicolaus in einem Anschlag an alle Gefolgschaftsmitglieder wandte und gegen Bezahlung dringend Altkleider für Ostarbeiterinnen und Männerhosen für Ostarbeiter suchte.[527]

Mitte 1943 waren bei VDO insgesamt ca. 370 Zwangsarbeiter eingesetzt, unter ihnen 140 französische und 80 russische Kriegsgefangene, daneben 50 polnische Zwangsarbeiter, die offenbar im Herbst 1942 die ersten Insassen des umgebauten Gasthauses in Biegwald gewesen waren, ehe später dort auch 110 russische Kriegsgefangene einquartiert wurden, sowie ca. 100 Ostarbeiterinnen aus der Ukraine.[528] Später stieg die Zahl auf insgesamt knapp 580 Zwangsarbeiter:

---

524 Vgl. Schreiben der DAF vom 26.7.1941, in: VDO-Archiv, Karton 12.
525 Zeitzeugenbericht H. Eise vom 17.2.1977, Transkript S. 7, in: VDO-Archiv Karton 9.
526 Ebd., S. 8.
527 Vgl. den Aushang, ohne Datum, in: VDO-Archiv, Karton 12.
528 So die Angaben in der Entnazifizierungsakte Spieß, HHStAW Abt. 520/ F (NB) Nr. 98204 R. 4708 K. 3318. Vgl. auch Topographie des Nationalsozialismus in Hessen, http://www.lagis-hessen.de/subjects/gsrec/current/2/sn/nstopo?q=Biegwald.

167 Franzosen, 316 Ostarbeiter, 66 Polen und 28 Belgier. Sie waren zum einen im bereits erwähnten „Russenlager" Biegwald untergebracht, zum anderen gab es zwei Kriegsgefangenenlager in Ziegenhain und am Isenburgring in Offenbach sowie je ein großes Gemeinschafts-Ausländerlager in Offenbach und Frankfurt, wo ebenfalls ein Teil der bei VDO eingesetzten Ausländer wohnte.[529] Dazu kamen aber noch eine Reihe von deutschen wie ausländischen Strafgefangenen aus den berüchtigten Gestapo-AEL bzw. Strafgefangenenlagern in Rodgau-Dieburg und Heddernheim, aus denen VDO einen erheblichen Teil seiner Fremdarbeitskräfte rekrutierte.[530] Bereits Ende März 1942 waren für VDO Frankfurt aus dem Lager Rodgau 50 Arbeitskräfte vorgesehen, der Großteil der insgesamt 2000 Häftlinge dort war jedoch an Opel und die Adlerwerke sowie die Reichsbahn und die IG Farben in Hoechst verliehen, mit denen VDO um die knappen Arbeitskräfte konkurrierte.[531] Wie viele Gefangene des AEL Heddernheim als zeitweilige Arbeitskommandos bei VDO eingesetzt wurden, ist nicht bekannt. Das Lager selbst war vor allem mit Ausrichtung auf die nahe gelegenen Vereinigten Deutschen Metallwerke (VDM) organisiert, ursprünglich für ca. 200 wegen diverser Vergehen verurteilte Zwangsarbeiter eingerichtet, aber zeitweise mit bis zu 500 Gefangenen belegt.[532] Vermutlich kamen sie bei VDO erst ab etwa 1944 im Zuge der Verlagerungen in Form von Außenkommandos zum Einsatz. Die ca. 140 französischen Kriegsgefangenen waren dabei vor allem in den beiden Offenbacher Werken von VDO eingesetzt, machten also einen nennenswerten Anteil an der Gesamtbelegschaft von 550 Arbeitern und Angestellten aus.

Über den Arbeitseinsatz und die Behandlung der Zwangsarbeiter bei VDO gibt es nur bruchstückhafte Hinweise in den Quellen. Im späteren Entnazifizierungsverfahren gegen Adolf Schindling und auch in der offiziellen VDO-Chronik wurde wie üblich betont, dass die ausländischen Arbeitskräfte gut behandelt wurden und keine Ungerechtigkeiten oder gar Misshandlungen vorgekommen seien.[533] Zur viel erzählten VDO-Geschichte in der NS-Zeit, die bald fester Be-

---

529 Vgl. die Liste der DAF-Hauptstelle Arbeitseinsatz vom 1.4.1943, in der für VDO in Frankfurt eine Sammelunterkunft Biegwald (36 Polen) sowie ein Forsthaus Biegwald (110 Sowjet, 30 Polen) verzeichnet sind, für VDO in Offenbach ein Lager am Isenburgring (28 Flamen), an der Brandbornstr. (96 Russen) sowie im Park-Hotel (11 Russen), in: HHStAW 483/Nr. 7327–7328.
530 Zum AEL Heddernheim vgl. https://www.frankfurt1933-1945.de/nc/beitraege/show/1/thematik/zwangsarbeit/artikel/das-arbeitserziehungslager-heddernheim/
531 Vgl. Schreiben des Reichstatthalters Hessen zum Einsatz von Strafgefangenen im Rodgau vom 30.3.1942, in: HStA Darmstadt G 24, Nr. 2281/2282.
532 Vgl. ebd. sowie Gabriele Lofti, KZ der Gestapo. Arbeitserziehungslager im Dritten Reich, Stuttgart 2000, S. 190 f.
533 Vgl. Zeugenaussage Fritz K. im Entnazifizierungsverfahren Schindling in: HHStAW 520/K 2625, sowie VDO-Chronik, Bd. 1.

standteil der unternehmensinternen Identifikation war, wurde eine Anekdote, nach der Schindling persönlich an Weihnachten 1943 die 140 französischen Kriegsgefangenen im Kellerraum besuchte und an sie Weihnachtsgebäck seiner Frau verteilte.[534] Es mag sein, dass sich die Geschichte so zugetragen hat, allerdings taucht das „Unternehmensleiter-Weihnachten-Zwangsarbeiter-Narrativ" häufiger als Entlastungstopos in diversen Entnazifizierungsverfahren von Firmeninhabern oder Vorständen auf.

Dass der nähere Umgang mit den französischen Kriegsgefangenen verboten war, musste jedenfalls auch eine bei VDO seit 1940 dienstverpflichtete Arbeiterin erfahren. Sie wurde im November 1943 vom Sondergericht Darmstadt wegen verbotenen Umgangs mit einem französischen Kriegsgefangenen verhaftet und zu einem Jahr und drei Monaten Gefängnis verurteilt.[535] Später gab es auch zumindest einen ehemaligen VDO-Beschäftigten, der schwere Vorwürfe zwar nicht gegen Schindling, aber gegen seine beiden Werksleiter in Frankfurt und Offenbach, Schickedanz und Hirschmann, sowie gegen einzelne Meister und auch Werkschutzangehörige erhob.[536] Beide Werksleiter seien überzeugte Parteigenossen und Menschenschinder gewesen, so der Vorwurf, dazu komme noch der Meister der Werkstatt namens Eck. „Viele Fälle von Ausländermisshandlungen sind mir von beiden bekannt. Mir selbst ist bekannt, ich kann es als Augenzeuge zu jeder Zeit auf meinen Eid nehmen, dass E. unter Zuhilfenahme von Eisenstangen auf die Russen eingeschlagen hat. [Außerdem] schlugen auch Angehörige des Werkschutzes der VDO mit Gummiknüppel auf uns ein."[537]

Für Kienzle, wo 367 Zwangsarbeiter eingesetzt wurden, deren größter Teil sich offenbar aus „Westarbeitern" zusammensetzte, und nur ein kleiner Teil (40) Russen sowie weitere osteuropäische Arbeitskräfte waren, gibt es auch Hinweise auf Konflikte zwischen deutschen und ausländischen Belegschaftsangehörigen.[538] Demnach hatte ein Franzose einmal eine Akkordarbeit viel schneller als die deutschen Arbeitskollegen gemacht, worauf Vorwürfe über angeblich

---

534 Vgl. Zeitzeugenbericht Altmann vom 3.5.1977, Transkript S. 1, in: VDO-Archiv Karton 9.

535 Der Vorgang in: HStA Darmstadt G 24, Nr. 955/2. Der Kgf. hatte es mit dem Versprechen einer gemeinsamen Flucht und späterer Heirat fast geschafft, dass die Arbeiterin ihr gesamtes Spargeld von der Bank zur Finanzierung von Fluchtpapieren abhob. Dann waren dieser jedoch Bedenken gekommen, sie hatte die Kontakte dem Vorarbeiter gemeldet und dieser dann die Werksleitung bzw. Gestapo informiert.

536 Vgl. Vernehmungsaussage Willi Thalmann vom 4.12.1946, in: HHStAW 520/ K 2625, Bl. 60.

537 Ebd. Der Zeuge war Schweizer Staatsangehöriger und seit 1944 bei VDO als Kraftfahrer tätig. Er sah auch sich selbst als Zwangsverschleppten an.

538 Vgl. Müller, Kienzle, S. 53 ff. Ein Großteil dieser Arbeitskräfte war in einem „Industriearbeitsgemeinschaftslager Osteinsatz" untergebracht, das zunächst zweigeteilt in ein Westarbeiterlager mit 400 Plätzen und ein „Russenlager" mit 390 Plätzen konzipiert worden war, dann aber vor allem nur mit Polen und Russen belegt wurde. Vgl. Stefan A. Aßfalg, Fremdarbeiter in

falsche Akkorde und unberechtigte Mehrverdienste des Franzosen erhoben wurden. Letztendlich entschieden der Betriebsobmann und Kienzle selbst offenbar einvernehmlich, dass dem Fremdarbeiter der erarbeitete Mehrverdienst auch voll ausgezahlt werden musste.[539] Belgier und Franzosen standen aber nicht nur an denselben Maschinen wie die Deutschen, sondern durften auch in der Werkskantine mit den Deutschen an einem Tisch sitzen, während die Russen und Polen „getrennt gehalten wurden."[540] Und dann „haben wir noch vier Holländer gehabt in der Vorrichtekonstruktion, die waren teilweise aufsässig."[541]

Die Entwicklung der Zwangsarbeit und des Arbeitseinsatzes bei Teves in Frankfurt und Berlin, die sich aus den Akten etwas detaillierter rekonstruieren lässt, weist gegenüber dem bisher Dargestellten weitere Facetten und Problemaspekte auf. Es zeigt sich zum einen, dass es durchaus Beispiele von mutigem Verhalten unter den Belegschaftsangehörigen wie der Firmenleitung gegenüber den Verfolgungen und Drangsalierungen von zwangsweise Beschäftigten gab. Zum anderen existierten auch Handlungsspielräume der Unternehmensführer und Werksleiter, um das Schicksal der Zwangsarbeiter abzumildern. Teves ist aber auch ein Beispiel dafür, was geschah, wenn es einem Unternehmen nicht gelang, die vielfach politisch aufgeladenen Konflikte innerhalb der Belegschaft und zwischen Unternehmensleitung und Arbeiterschaft unternehmensintern zu regeln, wie es bei Continental weitestgehend gelang, sondern ein über die Unternehmensgrenzen hinausgehendes Spitzel- und Denunziationssystem entstand, das ständige Ein- und Übergriffe der Gestapo in den Unternehmensbereich mit sich brachte. Auch bei Teves war die Zahl der Beschäftigten im Laufe des Krieges deutlich von ca. 3000 auf 4775 Arbeiter und Angestellte im Jahr 1942 gestiegen, wovon allerdings 843 zur Wehrmacht einberufen worden waren und damit ein erheblicher Know-how-Abfluss erfolgt war.[542] Alfred Teves zeichnete sich auch weiterhin in seiner Personalpolitik durch Einstellungen politisch Verfolgter aus und gab in mehreren Fällen haftentlassenen Personen ungeachtet ihrer vom NS-Regime sanktionierten Vergehen eine Beschäftigung.[543]

Villingen während des Zweiten Weltkrieges, in: Villingen-Schwenningen. Geschichte und Kultur, hrsg. von der Stadt Schwenningen 1999, S. 463–493, hier S. 470.

539 Vgl. Zeitzeugenbericht Karl Vögtlin vom 17.7.1995, Transkript S. 3 ff., in: Kienzle-Archiv Villingen-Schwenningen, Unterlagen Müller.

540 Transkript des Zeitzeugeninterviews mit Karl Vögtlin vom 15.2.2005, S. 11, in: Kienzle-Archiv Villingen-Schwenningen, Unterlagen Müller.

541 Ebd.

542 Vgl. Erläuterungen zum Jahresabschluss 1942, in: Stadtarchiv Frankfurt, NL Tausend.

543 Vgl. etwa Erklärung Anton R. vom 13.5.1947 anlässlich des Entnazifizierungsverfahrens gegen Martin Tausend, in: Stadtarchiv Frankfurt, NL Tausend 387, Nr. 6.

Abb. 126: Arbeit in einer Teves-Fabrik 1940/41

Dabei war man seitens der Firmenleitung im Frankfurter wie im Berliner Werk mit einer Reihe expliziter Widerstandsaktionen aus den Reihen der Belegschaft konfrontiert, die das bei den NS-Behörden, bei Gestapo und Parteistellen als „rote Teves" verschriene Unternehmen verstärkt ins Visier von Überwachungsmaßnahmen geraten ließ. Anfang 1941 etwa legten zahlreiche Arbeiter, die sich selbst als ehemalige Kommunisten, Anhänger der Sozialdemokratie wie der Zentrumspartei bezeichneten, in der Gießerei aus Protest gegen eine staatlich angeordnete Akkordüberprüfung und die damit verbundene Antreiberei kurzzeitig die Arbeit nieder.[544] In der Kolbenringabteilung, wo große Aufträge für die U-Boot-Zulieferung bearbeitet wurden, wandten sich Arbeiter offen gegen die Kantinenverpflegung und den Krieg. Auch bei dieser Aktion wirkten Mitglieder einer Widerstandsgruppe der KPD mit, die neben Teves noch in einer Reihe weiterer Frankfurter Betriebe aktiv war.[545] Ein Großteil von ihnen wurde im Februar und Juli 1941 bei einer großen Säuberungs- und Verhaftungsaktion der Gestapo unter der Teves-Belegschaft festgenommen, brutal verhört und wegen Hochverrats zu mehrjährigen Haftstrafen verurteilt. Einer von ihnen war der Te-

---

544 Vgl. Beckert, Bis zu diesem Punkt, S. 158.
545 Vgl. ebd.

ves-Arbeiter Jakob Schäfer, der als Kraftfahrer arbeitete und zusammen mit acht weiteren Kollegen, die als Fräser und Dreher bei Teves in der Kolbenring-Abteilung beschäftigt waren, Mitte Februar 1941 verhaftet worden war.[546]

Die Gestapo hatte schon seit Januar 1940 über bei Teves eingeschleuste V-Leute erfahren, dass sich dort „in zunehmendem Maße staatsfeindliche Kräfte betätigten".[547] Als die Lang- und Nachtarbeiter im Sommer 1940 aufgrund eines Erlasses des Reichsernährungsministeriums dazu gezwungen wurden, an der Werksküchenverpflegung teilzunehmen, und die entsprechenden Abschnitte an den Lebensmittelkarten einbehalten wurden, weigerte sich ein Großteil der Arbeiter, die gekürzten Lebensmittelkarten entgegenzunehmen. Sie marschierten zur Kantine, wo sie lautstark die Rückgabe ihrer einbehaltenen Kartenabschnitte forderten. Erst nach längeren Verhandlungen und mit Mühe war es der Werksleitung gelungen, die protestierenden Arbeiter zu beruhigen.[548] Akribisch hatte die Gestapo über ihre Spitzel bei Teves auch eine Reihe regimekritischer Äußerungen unter den Arbeitern festgehalten, wie etwa anlässlich einer Führerrede im Dezember 1940 („Was wird der uns schon Neues sagen! Wir werden den Krieg nicht gewinnen. Bald sind die Nationalsozialisten kaputt") und bei der innerbetrieblichen Debatte über neue Akkordregelungen („Wir halten zusammen wie ein Mann. Da kann uns keiner zwingen, mehr zu leisten. Man kann wirklich sehen, wie auf den Arbeiter alles abgewälzt wird.").[549] Die Urteile in dem anschließenden Prozess fielen mit Haftstrafen zwischen drei und acht Jahren drakonisch aus.

Ähnlich rigoros ging die Gestapo gegen weitere zehn Teves-Arbeiter vor, die im Juli 1941 als illegale Betriebsgruppe der KPD ausgehoben und verhaftet wurden. Als ihr Anführer galten der Dreher Karl Stock und der Kontrolleur Jean Simon, Ersterer seit 1934, Letzterer erst seit August 1940 bei Teves beschäftigt.[550] Auch hier stand die Gruppe offenbar schon länger unter Beobachtung, so dass den Angeklagten eine ganze Liste mit hochverräterischen Äußerungen vorgehalten wurde, verbunden mit „kommunistischer Mundpropaganda".[551] Die Urteile lauteten zwischen zwei und zehn Jahre Zuchthaus. Nicht nur die Frankfurter Teves-Werke, sondern auch das Werk in Berlin galt als ausgesprochen antinationalsozialistischer Betrieb und zählte, wie offenbar auch Ermittlungen der

---

546 Vgl. die umfangreiche Strafgefangenen-Personalakte Schäfers mit den diversen Unterlagen des gegen ihn angestrengten Verfahrens und der Anklageschrift in: HHStAW 409/4, Nr. CUA, 661.

547 Urteilsbegründung, S. 5, Bl. 15 der Personalakte, in: ebd.

548 So die Darstellung in: ebd.

549 Ebd., S. 14.

550 Vgl. die Strafgefangenen-Personalakte Jean Simon mit den Anklageschriften in: HHStAW 409/4, Nr. 7298.

551 Vgl. ebd., Bl. 12.

Gestapo ergeben hatten, unter der fast 2000-köpfigen Belegschaft nur 30 Parteigenossen.[552]

Der massive Einsatz von Zwangsarbeitern veränderte in den Teves-Werken in Frankfurt und Berlin zwar erheblich die Belegschaftsstrukturen, ohne aber die Unternehmenskulturen nachhaltig zu verändern. Teves sollte auch weiterhin mit Widerstandsaktionen im Fokus der NS-Überwachungsapparate bleiben, mit direkten oder indirekten Bezügen zum Zwangsarbeitereinsatz. In Frankfurt waren in den Kriegsjahren zwischen 25 000 und 50 000 Fremd- und Zwangsarbeiter eingesetzt, in Berlin waren es mit ca. 400 000 ungleich mehr.[553] Bei Teves waren insgesamt knapp 1850 Zwangsarbeiter eingesetzt, 1148 in Frankfurt, 708 in Berlin (vgl. Tabelle 22).

Tab. 22: Zwangsarbeiter bei Teves (1. April 1943)

	Teves-Frankfurt	Teves-Berlin
Juden im „geschlossenen Arbeitseinsatz"	–	120
Ostarbeiter	146	Keine Unterscheidung nach Nationen. Insgesamt 538 Ostarbeiter; Russen, Serben, Italiener Holländer, Belgier, Franzosen
Polen	1	
Litauer	49	
Franzosen	158	
Belgier (Flamen)	214	
Holländer	20	
Bulgaren	17	
Kroaten	4	
Ungarn	2	
Italiener	230	
Sonstige	23	
Kriegsgefangene	227 Russen; 57 Franzosen	50 Russen
Strafgefangene (AEL Heddernheim)	Genaue Zahl unklar	---
Zwangsarbeiter gesamt.	1148 (1083 Männer, 65 Frauen)	708 (davon ca. 250 Frauen)

Zusammengestellt nach den Angaben in: HStAWW 483/Nr. 7327.

---

552 So die spätere Aussage im Spruchkammerverfahren gegen Heinz Teves vom 20.3.1947, in: HHStAW 520/11, Nr. 14767/1.

553 Vgl. u. a. Helmut Bräutigam, Zwangsarbeit in Berlin 1938–1945, in: Zwangsarbeit in Berlin, S. 17–62, hier S. 30 ff., sowie zu Frankfurt https://www.frankfurt1933-1945.de/nc/beitraege/show/1/thematik/zwangsarbeit/artikel/die-ganze-stadt-war-ein-zwangsarbeiterlager-zwangsarbeit-in-frankfurt-am-main/.

Der größte Teil von ihnen kamen als verschleppte Zivilarbeiter oder Kriegsgefangene aus Russland, daneben war auch bei Teves der Anteil der Franzosen und Belgier sowie der Italiener sehr hoch. Mit 28 bzw. 30 Prozent der Belegschaft in Frankfurt bzw. Berlin war der Ausländeranteil insgesamt aber verglichen mit den anderen Rüstungskonzernen eher gering. Zu ihrer Unterbringung hatte Teves in Frankfurt neun, in Berlin vier Lager errichtet. Die größten Frankfurter Lager bestanden Am Städelshof, wo 160 Ausländer aus unterschiedlichen Ländern wohnten, sowie an der Ackermannwiese und der Homburger Landstraße, die als „Westarbeiter-Lager" galten, während das Lager in einer Turnhalle an der Marburger Straße, das auch als Sammellager für mehrere Frankfurter Betriebe fungierte, als „Russenlager" organisiert war, in dem für Teves 142 Ostarbeiter, darunter 64 Frauen, untergebracht waren.[554] Dort war es im Dezember 1942 zum Ausbruch von Fleckfieber und Typhus gekommen, deren Ausbreitung derartige Ausmaße annahm, dass die DAF Überlegungen zu einer völligen Schließung und Auflösung des Lagers anstellte, dann aber doch nicht umsetzte und dem Problem stattdessen durch rigide Entlausungsmaßnahmen Herr zu werden versuchte.[555]

In Berlin hatte die Teves-Leitung im Frühjahr 1942 in unmittelbarer Werksnähe ein größeres Wohnlager errichtet, das im August um weitere fünf neben den bereits bestehenden sieben Wohnbaracken erweitert und damit auf eine Gesamtkapazität von 600 Insassen gebracht wurde.[556] „Die Baracken sind für ausländische Arbeiter und Arbeiterinnen und für 40 Ehepaare bestimmt", hieß es zu Begründung. „Diese Ausländer werden als Ersatz für Juden eingesetzt und für die Produktionserweiterung; außerdem werden Arbeitskräfte als Austausch für Deutsche gebraucht, die in Kürze mit ihrer Einberufung zum Militär rechnen müssen."[557] Anfang Juni 1943 erfolgte ein weiterer Ausbau der Wohnbaracken, diesmal an der Hermsdorfer Str. in Berlin-Wittenau für 440 Mann, wobei mitten in den Bauarbeiten von den Berliner Behörden ein Erlass zur Stilllegung von Barackenbauvorhaben erging, gegen den sich Teves mit Hinweis auf die bereits

---

554 Vgl. die Liste der DAF-Hauptstelle Arbeitseinsatz vom 1.4.1943, in: HHStAW 483/Nr. 7327–7328. Zu den Berliner Teves-Lagern vgl. die Liste betr. ärztliche Versorgung der Ausländerarbeitslager in: Landesarchiv Berlin C Rep. 375-01-08, Nr. 7818 A. 06. Zum Lager Ackermannwiese vgl. auch https://www.frankfurter-info.org/news/prasentation-zum-zwangsarbeiterlager-ackermannwiese-der-firma-alfred-teves.
555 Vgl. Aktenvermerk der DAF Hessen-Nassau, Abt. Raum- und Quartierbeschaffung, vom 22.12.1942, in: HHStAW 483/705. Darin auch Schreiben der Teves-Rechtsabteilung vom 30.4.1943 über die künftige Nutzungsplanung des Lagers.
556 Vgl. die Baupläne in: BArch R 4606/4937.
557 Baubeschreibung vom 24.8.1942, in: ebd. Vgl. allgemein dazu auch Katarzyna Woniak, Zwangswelten. Emotions- und Alltagsgeschichte polnischer „Zivilarbeiter" in Berlin 1939–1945, Paderborn 2020.

zu 95 Prozent fertiggestellten Unterkünfte massiv wehrte.[558] Im Oktober 1943 erfolgte dann auch der Umbau des Ausländerlagers mit der euphemistischen Bezeichnung „Seeschloss" in der Junostraße in ein Kgf.-Lager, um dort die zugewiesenen 130 italienischen Militärinternierten unterzubringen. Inwieweit die Wehrmacht für Bewachung und Verpflegung zuständig blieb, ist unklar, denn künftig firmierte das Lager dort als „Kriegsgefangenenlager der Teveswerke in Berlin-Hermsdorf".[559]

KZ-Häftlinge kamen bei Teves weder in Frankfurt noch in Berlin zum Einsatz. Allerdings waren im Berliner Werk schon seit Ende 1940 Juden als Zwangsarbeiter eingesetzt worden. Es handelte sich dabei um 120 jüdische Frauen, die im Rahmen des vom NS-Regime verkündeten „geschlossenen Arbeitseinsatzes" in der Berliner Rüstungsindustrie zwangsverpflichtet worden waren.[560] Auch Teves hatte in diesem Zusammenhang eine „Judenabteilung" im Berliner Werk eingerichtet, denn der Arbeitseinsatz musste kolonnenweise in Gruppen, abgesondert von der übrigen Belegschaft, erfolgen. Die jüdischen Zwangsarbeiterinnen unterlagen einem besonderen Arbeitsverhältnis, das sie gegenüber den „normalen" Arbeitern und Angestellten erheblich schlechter stellte.[561] Zuständiger Werksmeister für die zwangsverpflichteten Jüdinnen war Wilhelm Daene, als ehemaliger Gewerkschaftssekretär des Deutschen Metallarbeiterverbandes seinerseits bereits mehrfach verhaftet und 1935 schließlich bei Teves untergekommen.[562] Er behandelte die ihm unterstellten jüdischen Arbeitskräfte nicht nur gerecht, sondern ließ ihnen auch anderweitig Hilfe zukommen, um sie vor allem vor der täglich drohenden Verhaftung und Deportation zu bewahren. Dabei konnte er sich auch der zumindest moralischen Unterstützung des Berliner Werkleiters Heinrich Karlein sicher sein, der sich als alter Sozialdemokrat bei Teves hochgearbeitet hatte und trotz der veränderten Verhältnisse seinen politischen Überzeugungen treu geblieben war, ohne dies aber nach außen hin offen zu zeigen. Die Teves-Beschäftigten in Berlin wussten dennoch um die Haltung ihres Werksleiters. Mit dessen Rückendeckung war es gelungen, eine große An-

---

558 Vgl. Schreiben Teves an den Generalbauinspektor für die Reichshauptstadt, Albert Speer, vom 18.8.1943, in: ebd.

559 Vgl. den Umbauantrag vom 5.10.1943, in: ebd.

560 Vgl. ausführlich Wolf Gruner, Der geschlossene Arbeitseinsatz deutscher Juden. Zur Zwangsarbeit als Element der Verfolgung 1938–1943, Berlin 1997, sowie ders., Judenverfolgung in Berlin 1933–1945. Eine Chronologie der Behördenmaßnahmen in der Reichshauptstadt. Stiftung Topographie des Terrors, 2. Aufl. Berlin 2009.

561 Vgl. ebd. sowie Bräutigam, Zwangsarbeit in Berlin, S. 23.

562 Vgl. dazu und zum Folgenden Wilhelm Daene, Ein Werkmeister erzählt, in: Kurt R. Großmann, Die unbesungenen Helden, Berlin 1964, S. 32–48. Vgl. auch Hans-Rainer Sandvoß, Die „andere" Reichshauptstadt. Widerstand aus der Arbeiterbewegung in Berlin von 1933 bis 1945, Berlin 2007, S. 575 ff.

zahl ehemaliger Gewerkschafter und Sozialdemokraten in den Betrieb einzu-
schleusen, die auch in gehobene Stellungen in Verwaltung und Produktion gelangten, so dass bald eine starke illegale Betriebsgruppe aktiv werden konnte.

Was die Behandlung der zwangsverpflichteten Juden anging, so bekam
Daene durch eine Reihe weiterer Betriebsangehöriger direkte wie indirekte Hilfe, etwa den Kantinenleiter, die Betriebskrankenschwester und den Betriebsarzt, die, obwohl verboten, auch den jüdischen Arbeitskräften zusätzliche Verpflegung und ärztliche Versorgung zugute kommen ließen. Zu Beginn des
Jahres 1942 kamen dennoch die ersten Jüdinnen nicht mehr zur Arbeit, da sie,
wie Daene über seine deutschen Vorarbeiterinnen, die ihn ebenfalls unterstützten, in Erfahrung gebracht hatte, von der Gestapo verhaftet worden waren.[563]
Anstelle willkürlicher Verhaftungen gab es bald darauf Deportationslisten, die
bei den Mobilisierungsbüros der Betriebe, die für den Arbeitskräfteeinsatz zuständig waren, eingereicht wurden. Als die ersten Jüdinnen auf den gefürchte-
ten Listen auftauchten, wurde Daene bei dem zuständigen Verwaltungsangestellten im Unternehmen vorstellig und forderte von diesem – obwohl er ein „alter Kämpfer" der NSDAP war und als eingefleischter NS-Anhänger galt –, sich
bei der Gestapo für die umgehende Streichung der betroffenen Arbeiterinnen
von der Liste und die Aufhebung der Deportation einzusetzen. Von dem Verbleib der zur Deportation bestimmten Jüdinnen, so machte er klar, hänge die
Erfüllung des Produktionssolls ab, und im Zweifelsfall würde er sich daher über
den Büroleiter bei der Werksleitung beschweren. Die Aktion gelang und wurde
auch in der Folgezeit erfolgreich praktiziert. Doch gegen Jahresende 1942 wurden die Verhaftungs- und Deportationsaktionen der Gestapo immer intensiver,
so dass der Aufwand, die Betroffenen von den Listen streichen zu lassen und
als unabkömmlich für den Betrieb darzustellen, wofür Daene auch im Namen
von Teves eigene Bestätigungen ausstellte, immer größer und der Erfolg immer
geringer.[564]

In einem Fall gelang Daene aber noch in letzter Minute, eine seiner jüdischen Arbeiterinnen aus dem Sammellager der Gestapo und dem Gewahrsam
der SS herauszuholen. Er ging schließlich dazu über, einige der verfolgten Jüdinnen bei sich zu Hause zu verstecken, wobei er auch hier Unterstützung
durch eine der deutschen Vorarbeiterinnen fand, die ihrerseits ebenfalls Jüdinnen versteckte. Dennoch konnte Daene letztlich nicht verhindern, dass am
27. Februar 1943 um 10 Uhr morgens starke SS-Einheiten das Teves-Werk besetzten, alle anwesenden Jüdinnen zusammentrieben und zur Deportation auf
Lastwagen verluden. Eine starke SS-Wache blieb zurück, um auch die Nachmit-

---

563 Vgl. ebd., S. 34.
564 Vgl. mit exemplarischen Einzelschicksalen ebd., S. 38 f.

tags- und die Nachschicht abzufangen. Einzig der in Daenes Abteilung ebenfalls arbeitende und für die schweren Arbeiten zuständige jüdische Mann blieb durch Zufall von der SS unentdeckt und konnte später fliehen.[565]

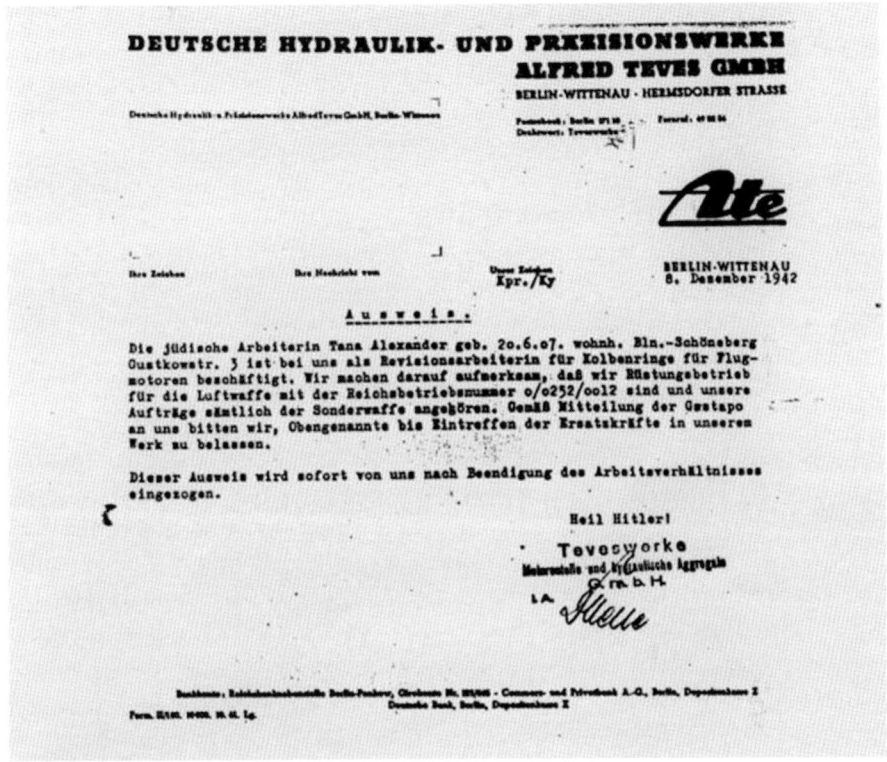

Abb. 127: Von Wilhelm Daene ausgestellter Ausweis für Lola („Tana") Alexander als Arbeiterin der Teves-Werke

Daene berichtet allerdings nicht nur von breiter Unterstützung unter der Teves-Belegschaft, sondern auch davon, dass die Werksschutzleute bei Teves in Berlin allgemein verhasst waren und als Handlanger der Gestapo fungierten, ohne dass die Werksleitung dagegen etwas hatte unternehmen können: „Der Leiter

---

565 Offensichtlich gab es allerdings doch weitere männliche jüdische Zwangsarbeiter bei Teves, die bei dieser Aktion ebenfalls verhaftet und deportiert wurden. Vgl. die Recherchen von Andreas Lorenz nach dessen schriftlicher Auskunft gegenüber dem Autor vom 2.1.2017 und auch eine nachträglich am 22.5.1953 durch die Teveswerke ausgestellte Bescheinigung für den als jüdischer Zwangsarbeiter seit 1940 bis zum 27.2.1943 eingesetzten Hugo Lewandowski, in: Privatunterlagen Lorenz.

des Werkschutzes, ein gewisser Schäfer, lief im Betrieb mit der Reitpeitsche herum und schlug Juden und Ausländer, wenn sie ihm nicht aus dem Wege gingen. Schäfer war im ganzen Betrieb gehasst und gefürchtet".[566] Im August 1944 flog die bei Teves bestehende kommunistische Betriebszelle und ihre Widerstandstätigkeit auf, die auch überbetriebliche Kontakte zur sogenannten Saefkow-Jacob-Bästlein-Gruppe hielt, die mit ca. 500 Akteuren die größte Widerstandsgruppe im NS darstellte, über die die KPD durch straffe Lenkung den Sturz des NS-Regimes zu erreichen suchte. Im Zuge dessen wurde auch Daene zusammen mit 17 weiteren Kollegen verhaftet. In einem „Bericht über die illegale Tätigkeit bei der Firma Alfred Teves, Wittenau" hielt der als Kopf der Zelle geltende Betriebselektriker Otto Klubach später die Entwicklungen fest.[567] Demnach war die Gruppe bereits seit 1934 mit illegalen Flugblattaktionen aktiv gewesen, hatte – allerdings vergeblich – wegen der Lohn- und Akkordsätze einen Streik anzuzetteln versucht und war dabei auch schon der Gestapo wie den Betriebsobleuten bei Teves aufgefallen. Es war zu eingehenden Verhören gekommen, ohne dass aber weitere Sanktionen folgten. Danach hatte sich die Gruppe unauffälliger verhalten, und war erst wieder seit März 1944 aktiv geworden, als eines der Mitglieder, der Teves-Betriebsschlosser Emil Nehring, den Auftrag bekam, „bei der Firma Alfred Teves durch Organisieren einer Bewegung auf breiter Grundlage, in welcher die Kommunisten die Führung in der Hand behalten sollten, die raschere Beendigung des Krieges herbeizuführen."[568] Dazu sollte über Gespräche mit den Kollegen unter anderem versucht werden, „die Produktion merklich herabzudrücken", und „weiter wurde darauf hingearbeitet, die ausländischen Arbeiter als unsere Leidensgenossen zu betrachten und mit ihnen in näheren Kontakt zu kommen."[569] Obwohl die Teves-Widerstandsgruppe, die insgesamt ca. 40 Mann umfasste, so organisiert war, dass es in jeder Abteilung des Betriebes nur Dreiergruppen gab, die sich nicht untereinander kannten und nur durch Verbindungsleute koordiniert wurden, gelang der Gestapo im August 1944 im Zusammenhang mit der gleichzeitig erfolgten Zerschlagung der Saefkow-Gruppe auch die Aufdeckung und Verhaftung sämtlicher oppositioneller Arbeiter bei Teves. 18 Arbeiter wurden im Dezember 1944 angeklagt, zwei,

---

566 Daene, Ein Werkmeister erzählt, S. 44.
567 Der Bericht, ohne Datum, in: BArch SAPMO NY 4049/14.
568 Ebd., S. 2.
569 Ebd., S. 3.

darunter auch Daene, freigesprochen, gegen zehn wurden hohe Zuchthausstrafen verhängt und sechs Teves-Arbeiter zum Tode verurteilt und hingerichtet.[570]

Doch nicht nur im Teves-Werk Berlin, sondern auch in den Frankfurter Werken gab es neben Widerstand auch einige wenige leitende Personen, die, soweit es sich aus den Entnazifizierungsakten rekonstruieren lässt, unterhalb der direkten Betriebsführung von Alfred Teves für Repressionen und Leistungserfüllung im Sinne des NS-Regimes zu sorgen versuchten. Obwohl der Betriebszellenobmann offensichtlich auch SS-Oberscharführer war, tat er sich innerhalb des Werks nicht weiter vor und ging auch nicht gegen die wenigen bei Teves insbesondere im Laboratorium, d. h. unter den wissenschaftlich-technischen Angestellten, nach wie vor tätigen „Halbjuden“ vor.[571] Eine weit undurchsichtigere Rolle spielte dagegen wie im Werk Berlin der Frankfurter Abwehrbeauftragte und Werkschutzleiter Wilhelm Mohr. Seit 1919 bei Teves und inzwischen zum Oberingenieur aufgestiegen, war Mohr bereits vor Kriegsbeginn im Zusammenhang mit der Verfolgung des jüdischen Chefkonstrukteurs von Teves, Nathan Stern, in den Akten aufgetaucht. Für die Kriegsjahre wurden ihm jedoch nun Spitzeldienste für die Gestapo zum Vorwurf gemacht und ihm zudem auch die Verantwortung für mehrere Säuberungswellen und Verhaftungen in der Teves-Belegschaft zugeschoben.[572] „Der Betroffene wird von den Arbeitern der Firma Alfred Teves als Aktivist bezeichnet, er legte eine bewusste nationalsozialistische Haltung an den Tag, und war der Verbindungsmann mit der Gestapo gewesen, mit der er auch gut gearbeitet hat“, lautete das Urteil des Ermittlers im Spruchkammerverfahren gegen Mohr.[573] Ein Belastungszeuge sagte, er sei vermutlich auf Betreiben Mohrs im Jahre 1941 aus dem Betrieb heraus von der Gestapo wegen Vorbereitung zum Hochverrat verhaftet worden. Nach acht Monaten Untersuchungshaft war das Verfahren jedoch eingestellt worden; als er sich danach wieder an seinem Arbeitsplatz meldete, wurde er umgehend an Mohr verwiesen, der sich zunächst über seine Freilassung erstaunt zeigte und dann erklärte, dass er als politisch Unzuverlässiger nicht mehr im Betrieb arbeiten könne. „Nach zwei Tagen bekam ich meinen Einberufungszettel zum Militär.“[574]

Auch ein anderer Teves-Arbeiter war unter dem Vorwurf des Hochverrats verhaftet worden. Er sagte aus, nachdem er die ihm vorgeworfenen Delikte be-

---

570 Vgl. Abschrift der Urteilsverkündung in: ebd., und Sandvoß, Die „andere“ Reichshauptstadt, S. 577.
571 Vgl. Aussage des damaligen Laboratoriumsangestellten S. vom 8.2.1946 im Entnazifizierungsverfahren Mohr, in: HHStAW 520/ R 4703, K 2167.
572 Vgl. ebd.
573 Aktennotiz vom 3.10.1946, in: ebd.
574 Zeugenaussage Adolf R. vom 3.10.1946, in: ebd.

stritten habe, habe ihm der vernehmende Gestapo-Beamte entgegengehalten, dass Leugnen keinen Wert habe, „da wir Sie schon über ein Jahr von Herrn Mohr beobachten lassen."[575] Es gab aber auch Zeugen, die Mohr entlasteten, so dass seine Rolle im Unternehmen letztendlich undurchsichtig bleibt, an der Tatsache eines – ganz anders als bei Continental – verbreiteten Spitzelsystems bei Teves, das der Gestapo gleichsam einen langen Arm ins Unternehmen hinein verschaffte, besteht aber kein Zweifel. Vor den Verhaftungen der Gestapo war auch der Teves-Justiziar Lindner nicht verschont geblieben. Anfang 1943 war gegen ihn eine Anzeige wegen partei- und staatsfeindlichen Verhaltens erhoben worden, da Lindner sich bei einer Besprechung offensichtlich kritisch über das NS-Regime geäußert hatte, wovon umgehend die Gestapo Kunde erhielt. Der Vorfall bewog schließlich Alfred Teves selbst, sich einzuschalten und zusammen mit Martin Tausend und dem bulgarischen Konsul den Justiziar vor Schlimmerem zu bewahren.[576]

Teil des Spitzelsystems waren offensichtlich auch der Betriebsobmann Oskar G., „ein Prasser, Schieber und Faulenzer", wie ihn einer der Belastungszeugen beschrieb, sowie der Schleifer Rudolf R., schon seit 1932 NSDAP-Mitglied, im Zuge der Arbeitskräftemobilisierung 1943 von den Adler-Werken zu Teves zwangsverpflichtet und nach Aussagen von Belegschaftsmitgliedern „ein gefürchteter Nationalsozialist", und der Werkluftschutzleiter Hugo R., der zugleich der Leiter der Presse- und Propagandaabteilung bei Teves war.[577] R. war seit 1936 bei Teves in Frankfurt und hatte bei der unter den Arbeitern wegen der häufigen Dienstzeit an den arbeitsfreien Sonntagen höchst unbeliebten Einteilung zum Luftschutz offenbar ein einseitiges Begünstigungssystem praktiziert, Gefolgschaftsmitgliedern willkürlich den Zutritt zum bombensicheren Luftschutzbunker verwehrt, war öfter betrunken zum Dienst erschienen und hatte dabei die Leute mit seiner Schusswaffe bedroht.[578] R. hielt sich zu seiner Verteidigung allerdings auch zugute, dass auf seine Initiative und nach Absprache mit dem Werksleiter bei Fliegeralarm die Werkstore geöffnet wurden und der

---

575 Zeugenaussage Hans R. vom 3.10.1946, in: ebd. Zu den Spitzeldiensten und damit verbundenen Vorgängen bei Teves vgl. auch die Verhandlungen der Spruchkammer Main-Taunus vom 1.7.1947, Anlage S. 2 ff., in: ebd.

576 Vgl. Entnazifizierungsakte Lindner, in: HHStAW Abt. 520/F (A–Z) Lindner, Erwin R. 4703 K. 2014, sowie Eckermann, Dynamik beherrschen, S. 216.

577 Vgl. die Entnazifizierungsakte Balke, in: HHStAW 520/11, Nr. 10580–10582. Eine dubiose Figur war auch ein Teves-Angestellter in der Personalabteilung, zu dem ein umfangreicher Akt überliefert ist, vgl. StA Darmstadt N 1, Nr. 759. Zu R. vgl. die Entnazifizierungsakte in: HHStAW 520/11, Nr. 8878/1 und 2.

578 Vgl. die von mehreren Belastungszeugen unterzeichnete Aussage vom 14.2.1946 in der Entnazifizierungsakte Hugo R., in: HHStAW 520/11, Nr. 8924/1und 2.

Gefolgschaft die Erlaubnis zum Verlassen des Werkes gegeben wurde, um Schutz unter anderem im städtischen Hochbunker an der nahe gelegenen Ackermannschule suchen zu können.[579]

Teil des Repressions- und Denunziationssystems bei Teves waren aber auch einige der Abteilungs- und Werksdirektoren. Vor allem gegen den Leiter der Kolbenringabteilung, August Büchel, dem auch die Gießerei unterstand, sowie Werksdirektor Dr. Josef Dornauf gab es massive Vorwürfe. Beide versuchten auf ihre Weise die Belegschaft zu immer neuen Leistungssteigerungen anzutreiben, was deutsche wie ausländische Arbeitskräfte gleichermaßen betraf. Büchel war 1939 zu Teves gekommen und bald als Menschenschinder bei den Arbeitern verschrien:

> Er versuchte unter ständiger Drohung mit der Gestapo die Arbeit über das menschliche Maß hinaus anzukurbeln. Er trug ständig das Parteiabzeichen [und] auf Betreiben von B. wurden die festgesetzten Akkordleistungen von einem von ihm bestimmten Kalkulator ständig überprüft. Bei Nichterfüllung wurde mit der Verhaftung durch die Gestapo gedroht. Über jeden einzelnen Arbeiter führte B. privates Buch, woraus die Leistungen eines jeden hervorgingen. Somit hatte er eine ständige Kontrolle, um zur gegebenen Zeit bei Nichterfüllung die Gestapo in Kenntnis zu setzen. Die bei uns beschäftigten Fremdarbeiter wurden von uns in Anbetracht der knappen Ernährungslage öfter mit Esswaren versorgt. Als B. hiervon erfuhr, fand er keine anderen Worte zur Entgegnung als immer nur die der Drohung mit der Gestapo.[580]

„Als neue Fremdarbeiter in unsere Werkstatt kamen", berichtete ein anderer Belastungszeuge, „wurden zum Anlernen auch mir verschiedene zugeteilt."[581] Er habe diese dann über die spezifischen Arbeitsleistungsmethoden, die in der Firma auf Büchels persönliches Betreiben hin praktiziert wurden, aufgeklärt, worauf ihn einer der deutschen Kollegen beim Meister anschwärzte, dieser wiederum meldete den Vorfall Büchel und wenig später erfolgte die Verhaftung durch die Gestapo und der Vorwurf der Sabotage. Nach stundenlangen Verhören, aber letztlich ungenügender Beweislage zur Erhärtung der Vorwürfe kehrte der betroffene Arbeiter wieder zu Teves zurück. In der Folgezeit drohte Büchel ihm dann bei kleinster Gelegenheit mit erneuter Verhaftung durch die Gestapo. Es war kein Wunder, dass Büchel mit seinen Methoden der Leistungsantreiberei und des Drückens der Akkordlöhne bei allen Arbeitern seiner Abteilung regelrecht verhasst war. Bei Produktionsdirektor Dornauf stand er damit jedoch in gutem Licht, der seinerseits die Abteilungsleiter zu strengeren Vergaberegeln für das Erreichen der Leistungsnormen aufgefordert hatte. Büchel selbst aller-

---

579 Vgl. Rechtfertigungsschreiben R. vom 4.3.1946, S. 6, in: ebd.
580 Vernehmungsniederschrift vom 13.12.1945, in: HHStAW Abt. 520/11, Nr. 8781/1 und 2.
581 Vernehmungsprotokoll Paul B. vom 13.12.1946, in: ebd.

dings belastete den Betriebsdirektor Alfred Bessler, der 1943 Dornauf als oberster Produktionsleiter der Teves-Werke in Frankfurt abgelöst hatte. Dieser habe
ihn im Zusammenhang mit den Anordnungen des Treuhänders der Arbeit 1944
zur Umsetzung sogenannter lohnordnender Maßnahmen gezwungen. Ein halbes Jahr lang habe die Kalkulationsabteilung an den damit verbundenen neuen
Akkordsätzen gearbeitet, die mit erheblichen Leistungssteigerungen bei gleichzeitigen Lohnkürzungen verbunden waren. Er habe sich jedoch gegen die Einführung dieses „Akkordschwindels" gewehrt und nach massiver Unruhe in der
Belegschaft seien die Maßnahmen wieder zurückgenommen worden.[582]

Dass bei Teves tatsächlich ein Klima unbedingter Leistungssteigerung der
Rüstungsfertigung zur loyalen Erfüllung der „zugewiesenen Kriegsaufgaben"
herrschte, zeigt ein im Mai 1944 verfasster Bericht, in dem detailliert die erreichten Leistungssteigerungen nachgezeichnet wurden:

> In der Überzeugung, dass jede Leistungssteigerung zunächst von dem Leistungswillen
> der Gefolgschaft abhängig ist, wurde erstens in regelmäßigen Betriebsappellen dieser Wil-
> le bei der Gefolgschaft unter stetigem Hinweis auf das erstrebte Ziel hochgehalten; zwei-
> tens durch Schulungen der betrieblichen Unterführer und der DAF-Walter als die berufe-
> nen Organe, dieselben mit der ausschlaggebenden Aufgabe der Menschenführung ver-
> traut gemacht, und drittens wurde das innerbetriebliche Vorschlagwesen nach den
> Richtlinien der DAF eingerichtet.[583]

Verbunden mit einer umfassenden betrieblichen Sozialpolitik unter anderem in
Form von DAF-Erholungsheimen und einer „regen KdF-Tätigkeit" in Form von
Freizeitangeboten, die „auch bei den ausländischen Arbeitskräften ihre Anwendung findet", sowie lohnordnenden Maßnahmen in Richtung einer angemessenen Differenzierung der ausgeübten Tätigkeiten hatte man unter dem Strich in
den Kriegsjahren eine effektive Leistungssteigerung von zunächst 14 Prozent
(1941), dann 47 Prozent (1942) und schließlich weiterer 76 Prozent im Jahr 1943
erreicht.[584] Gemessen wurde dies an der Zahl der Produktiv-Arbeiter in Bezug
auf die Ausbringung in Mio. RM, wobei die durchschnittlich geringere Arbeitsleistung der Zwangsarbeiter und Kriegsgefangenen mitberücksichtigt worden
war.[585] Der Verfasser rühmte dabei die Schaffung des 51 Mann starken Werkschutzes allein für die drei Frankfurter Werke, aber auch „die Erstellung und

---

582 Vgl. ergänzende Aussagen Büchels vom 6.1.1947, S. IIIf., Bl. 35 f., in: ebd.
583 Vgl. die Zusammenstellung vom Mai 1944, in: CUA, Ordner E. A. Teves, Situations- und
Tätigkeitsberichte 1944.
584 Ebd. in Verbindung mit einer „Tabelle der Leistungssteigerungen".
585 Nachdem dazu festgestellt wurde, dass der in der Ausbringung enthaltene Anteil von bezogenen Gütern von 1938 bis 1943 prozentual gleich geblieben war, wurde die Erhöhung der
Ausbringung ausschließlich der Mehrleistung der eigenen Werke zugeschrieben.

Bereitstellung von Lägern für zivile und kriegsgefangene Ausländer, die in ihrem Großteil von den betreffenden Amtsstellen als mustergültig anerkannt werden."[586] Daneben wurde auch die große Bedeutung der Mitwirkung am Speer'schen System der Ringführungen sowie die Leitung der Entwicklungsabteilung insbesondere bei der Ausstattung von Panzern und Flugzeugen mit modernster Hydraulik hingewiesen. Der Bericht gab sich alle Mühe, Teves in jeder Hinsicht als nationalsozialistischen Kriegsmusterbetrieb erscheinen zu lassen, auch wenn die entsprechende Auszeichnung durch die Behörden ausblieb.

Was vor dem Hintergrund dieses Selbstverständnisses wirklich in den Teves-Werken in Frankfurt geschah, lässt sich aus den späteren gegenseitigen Vorwürfen im Rahmen des Entnazifizierungsprozesses letztlich mehr erahnen als empirisch belegen. Werksdirektor Bessler etwa erhob später unter anderem im Zusammenhang mit seiner 1943 erfolgten Ablösung als Leiter der Kälte-Abteilung Vorwürfe gegen die Unternehmensleitung. Der Wechsel der Abteilungsleitung hatte offenbar mit Missständen bei der Bewältigung der auferlegten Fertigungsleistungen zu tun, und Ernst August Teves hatte anstelle Besslers einem niederländischen Ingenieur namens Langbroek die Leitung übertragen, den Bessler jedoch später als Funktionär der Mussert-Bewegung, der niederländischen Faschistischen Partei, bezeichnete. Der neue Abteilungsleiter habe alle seine bewährten Mitarbeiter durch Parteigänger, Betriebsobleute und „Volksgenossen der Parteiwirtschaft" ersetzt, so dass die Kälte-Abteilung bald zur „nationalsozialistischen Muster-Abteilung" mutiert sei.[587]

Es war ein gängiges Muster, dass innerbetriebliche Konflikte im Nachhinein politisch aufgeladen wurden und mit parteipolitischen Diskreditierungen der Gegner verbunden wurden. Vorwürfe wegen ungerechter Behandlung von Zwangsarbeitern oder gar Misshandlungen wurden bemerkenswerterweise jedoch gegenüber keinem der Teves-Beschäftigten oder gegen Alfred Teves und seine leitenden Direktoren erhoben. Im Gegenteil finden sich in den Entnazifizierungsakten bei den unterschiedlichsten belasteten Personen bemerkenswerterweise auch eine ganze Reihe von expliziten Entlastungsaussagen ehemaliger Teves-Zwangsarbeiter. Das betraf etwa Willy Abbé, seit Juli 1942 als kaufmännischer Angestellter bei Teves im Lohnbüro und gleichzeitig auch Leiter der Ausländerabteilung und damit für den Arbeitseinsatz der ausländischen Arbeitskräfte zuständig. Ihm oblag zudem die Betreuung und Verantwortung für die vier Teves-Ausländerlager, wofür er offenbar aufgrund der Beherrschung meh-

---

586 Ebd.
587 Vgl. Schreiben Besslers vom 29.1.1946, in: StA Hamburg 520/11, Nr. 8924/2.

rerer Sprachen ausgewählt worden war.[588] Abbé war politisch im Unternehmen nie hervorgetreten und nach eigenen Angaben auch erst 1941 NSDAP-Mitglied geworden. Er hatte sich nach Kriegsende im Vorfeld seines Entnazifizierungsverfahrens selbst per Postkarte an verschiedene ehemals bei Teves beschäftigte und in den Firmenlagern untergebrachte Fremdarbeiter gewandt und diese um ein Urteil über sein Verhalten in Bezug auf die Ausländer in der Zeit zwischen 1942 und 1945 gebeten. Tatsächlich erhielt er daraufhin von einer Reihe ehemaliger Zwangsarbeiter aus Frankreich, Holland, Polen und Italien entsprechende kurze „Zeugnisse". Darin wurde ihm etwa von dem damaligen Kriegsgefangenen Louis V. bescheinigt, dass er sich immer korrekt und anständig verhalten habe und „nicht ein Franzose durch Ihre Fehler oder in Ihrem Namen Strafe erlitten [hat]."[589] „Ich erkläre hiermit freiwillig und kann für diese Ausführungen noch anderer Kameraden (ausländische Arbeiter) namhaft machen", hieß es in einem Schreiben eines ehemaligen Zwangsarbeiters aus Holland vom 30. Juli 1945, „dass Herr Willy Abbé sich als Leiter der Ausländer-Abteilung der Firma Alfred Teves KG Frankfurt sich stets mit allen Mitteln für das Wohl der bei dieser Firma beschäftigt gewesenen ausländischen Arbeiter eingesetzt hat. Es ist mir bekannt, dass er von Seiten der deutschen Belegschaft als „Liebling der Ausländer" angefeindet wurde."[590] Und in einer Erklärung eines polnischen Arbeiters hieß es gleichsam ergänzend dazu: „Er hat alles, was an Kleidung, Schuhen, Rauchwaren etc. möglich war, herangeholt und es gleichmäßig an alle ausländischen Arbeiter zur Verteilung gebracht."[591]

Abbé selbst führte zu seiner Entlastung eine ganze Reihe von Begebenheiten mit Zwangsarbeitern bei Teves an, von denen zwei herausgegriffen werden sollen.[592] In dem einen Fall ging es um einen jungen Kroaten, der für Abbé als Russisch-Dolmetscher tätig war. Dieser war von der Gestapo immer wieder massiv bedrängt worden, Reichsdeutscher zu werden, wovon ihm Abbé mit Hinweis auf die dann unmittelbar drohende Einziehung zur Wehrmacht deutlich abriet. Als der Kroate im Juli 1944 wieder einmal in die berüchtigte Gestapo-Zentrale in der Frankfurter Lindenstraße bestellt wurde und längere Zeit nicht mehr zur Arbeit erschien, setzte Abbé alle Hebel in Bewegung, seinen Dolmetscher freizubekommen, was allerdings, weil inzwischen eine Verdächtigung eines Wachdienstmannes vorlag, nicht gelang. In einem anderen Fall ging es um drei französische Zwangsarbeiter, die 1944 von der Arbeitsstelle verschwunden waren

---

588 Vgl. die Entnazifizierungsakte in: HHStAW 520/11, Nr. 6, 1–2.
589 Schreiben im Original und übersetzt vom 7.9.1946, in: ebd.
590 Ebd.
591 Ebd.
592 Schriftliche Aussage Abbés vom 22.10.1946, in: ebd.

und Tage später in Karlsruhe von der Gestapo verhaftet und drei Wochen interniert wurden. Teves schickte schließlich einen Wachdienstmann nach Karlsruhe, um die drei Franzosen abzuholen und nach Frankfurt zurückzubringen. Nach deren Rückkehr ermahnte Abbé sie, sich künftig beim Betriebsleiter abzumelden, und schickte sie zurück an ihre Arbeitsplätze, wo sie jedoch, wie Abbé nach Nachfragen eines DAF-Amtswalters feststellen musste, nicht angekommen waren. Zusammen mit zwei Angestellten und dem französischen Vertrauensmann der Zwangsarbeiter startete er daraufhin eine Suchaktion, die schließlich gegen Abend zur Festnahme der drei Franzosen in einer Wirtschaft führte. Sie wurden daraufhin der Gestapo übergeben.[593]

Die Episoden werfen nicht nur ein Bild auf die Zwänge und begrenzten Handlungsspielräume eines für die Betreuung und Arbeitsorganisation der Zwangsarbeiter in einem Großunternehmen zuständigen Angestellten, sondern geben auch einen Hinweis darauf, dass die jeweils Verantwortlichen mit der Kontrolle und Überwachung der Zwangsarbeiter, aber ebenso auch des unterstellten deutschen Wach- und Lagerleitungspersonals, oft überfordert waren. So berichtet etwa ein ehemaliger holländischer Zwangsarbeiter in einem Brief an seinen damaligen deutschen Vorgesetzten:

> Es war mir immer angenehm, mit Ihnen zu verkehren, weil Sie mir und den anderen Ausländern gegenüber immer sehr freundlich waren, was ich leider nicht von allen Deutschen im Werk sagen kann. Besonders dem Zimmermann, Lagerführer des Ausländerlagers der Firma Teves in Brombach, und dem Wachmann Mahlsacher, die mich damals an die Gestapo ausgeliefert haben, kann ich nicht verzeihen und ich hoffe, dass die von der französischen Besatzungsbehörde noch immer festgehalten werden.[594]

Gleichzeitig zeigt das Beispiel eines französischen Zwangsarbeiter-Ehepaars, dass diese bei Teves auch oft viele Freiheiten hatten und auch hinsichtlich der Kriegsgefangenen ein oftmals laxer Umgang seitens der Firma praktiziert wurde. Diese Freiheiten, soweit sie aus der Perspektive der NS-Behörden in Delikte und Verstöße mündeten, konnten dann aber auch schnell von existenziellen Bedrohungen verdrängt werden. Roger und Monique N. aus Reims, 1943 gerade erst 19 bzw. 20 Jahre alt, waren im September 1942 als französische Zivilarbeiter zu Teves in das Werk Gustavsburgstraße gekommen, Ende Februar 1943 jedoch von der Gestapo in ihrer Wohnung verhaftet worden.[595] Beide standen im Verdacht, französischen Kriegsgefangenen zur Flucht verholfen zu haben, indem sie für diese bei Teves falsche Ausweispapiere beschafft oder angefertigt hatten.

---

593 Vgl. ebd., S. 2.
594 Brief vom 13.5.1946, in: Entnazifizierungsakte Wilhelm Mehr, in: HHStAW 520/F, Nr. 334363.
595 Zum Folgenden vgl. den Akt im HHStAW Nr. 469/6, Nr. 1198.

Mit in die Angelegenheit verwickelt war ein weiterer französischer Teves-Zivilarbeiter, der sich allerdings auf der Flucht befand. Letzterer war offensichtlich nicht nur ein Herzensbrecher, der mehrere wechselnde Verhältnisse mit belgischen Zwangsarbeiterinnen ebenso wie mit deutschen Arbeiterinnen von Teves hatte, sondern auch mit eigenen und gefälschten Urlaubsscheinen und Zivilarbeitsverträgen mit retuschierten Namen und Geburtsdaten einen schwunghaften Handel mit französischen Kriegsgefangenen trieb, denen er diese Papiere verkaufte.[596] Der Franzose prahlte gegenüber dem Ehepaar damit, dass er schon zahlreichen Kriegsgefangene bei Teves zur Flucht verholfen habe, und versuchte, die beiden aufgrund der Bürostellung für seine Geschäfte einzuspannen, was auch gelang. Zwei französische Kriegsgefangene, die der Drahtzieher auch mit Zivilkleidern ausgestattet hatte, die er sich zuvor über eine ebenfalls bei Teves beschäftigte Französin beschafft hatte, erhielten neue Papiere, die sie als Zivilarbeiter mit Berechtigung zur Urlaubsheimfahrt auswies. Doch diese nutzten die neue Freiheit zunächst für unerlaubte Stadtausflüge aus dem Kgf-Lager. „Die Gefangenen ziehen sich im Lager Zivil an und die Uniform darüber", steht dazu im Verhörprotokoll. „Dann gehen sie unter eine Brücke und ziehen dort die Uniform aus, die sie bei der Rückkehr aus der Stadt wieder überziehen, bevor sie ins Lager zurückgehen. Wie sie ferner erzählten, ist ihr Lager durch eine mit einem Schrank verstellte Tür mit der Unterkunft von polnischen Arbeitern verbunden, die für die Gefangenen die Zivilkleidung aufbewahren."[597]

Dass dieses und ähnliche Verfahren bei den Kriegsgefangenen weit verbreitet und offensichtlich auch mit Erfolg praktiziert wurden, zeigt auch die Vernehmungsaussage eines der Kriegsgefangenen, der bereits wegen Flucht 21 Tage verschärften Arrest und eine weitere Bestrafung wegen verbotenen Umgangs mit französischen Zivilisten verbüßt hatte.[598] Die Masche war, sich Ausweispapiere und Zivilkleidung zu verschaffen, sich bei deren Ankunft am Hauptbahnhof in Frankfurt unter die französischen Zivilarbeiter zu mischen und sich dann als Zivilarbeiter anwerben zu lassen. Wie auch immer die abenteuerliche Geschichte weiterging, für das französische Zivilarbeiterehepaar ging die Sache im Vergleich zu anderen Leidensgenossen noch glimpflich aus: Sie wurden zu je drei Monaten Gefängnis verurteilt, die mit der Untersuchungshaft verbüßt waren, und kehrten zu Teves zurück. Die Deportation in eines der berüchtigten AEL blieb ihnen erspart.

Eine eher laxe Kontrolle und Aufsicht über die Zwangsarbeiter herrschte aber nicht nur in den Wohn- und Kgf.-Lagern von Teves, sondern auch an den

---

596 Vgl. Zeugenaussage der belgischen Fremdarbeiterin Irene B. vom 24.2.1943, in: ebd.
597 Vgl. Vernehmungsprotokoll vom 25.2.1943, Bl. 8, in: ebd.
598 Vgl. Vernehmungsschrift vom 8.5.1943, in: ebd.

Werkstoren der Firma. Dass Zivilarbeiter, aber auch Kriegsgefangene und die bei Teves ebenfalls eingesetzten Strafgefangenen aus AEL oder Zuchthäusern Mittagspausen oder Fliegeralarme dazu nutzten, während der Arbeitszeit das Werk zu verlassen und zu fliehen, scheint öfter vorgekommen zu sein. Am 18. Juli 1943 etwa entwich der belgische Zwangsarbeiter George B., der wegen Diebstahls zu diesem Zeitpunkt als Strafgefangener bei Teves arbeitete, während der Essenszeit unter Zurücklassung von Rock und Weste aus dem Werk, und die daraufhin gestarteten Nachforschungen im Werk und der Umgebung durch den Werksschutz waren erfolglos, so dass schließlich Meldung an die Strafanstalt und Gestapo erging.[599] Im Hauptstaatsarchiv Wiesbaden sind insgesamt 14 Personalakten von Strafgefangenen überliefert, die bei Teves eingesetzt waren, und die wegen gescheiterten Fluchtversuchen der zusätzliche Prozess wegen Arbeitsvertragsbruch gemacht wurde, darunter neben Franzosen und Belgier auch viele Deutsche.[600]

Entlastungsschreiben ehemaliger Zwangsarbeiter konnten auch Alfred Teves und seine beiden Söhne Ernst August und Heinz bei den jeweiligen Entnazifizierungsverfahren vorweisen. Die eidesstattliche Erklärung allerdings, die ein ehemaliger russischer Kolonnenführer in der Gießerei abgab und in der er die gute Behandlung ebenso wie die ausreichende Verpflegung der Ostarbeiter bei Teves in höchsten Tönen lobte (Abb. 128), erscheint dann doch maßlos übertrieben und zeichnete keineswegs ein Bild der tatsächlichen Situation, zumal ein Arbeiter im Zuge des Verfahrens auch davon berichtet hatte, dass bei Teves „russische Kgf. auf Veranlassung eines Betriebsingenieurs geschlagen worden [sind]."[601]

Tatsächlich überschlugen sich aber auch die Darstellungen einer Reihe weiterer Entlastungszeugen aus dem Unternehmen dabei, die persönliche Sorge von Alfred Teves um das Wohlergehen der Zwangsarbeiter und vor allem der Kriegsgefangenen hervorzuheben. Der Unternehmenschef habe dafür „bestens eingerichtete und hygienisch gut ausgerüstete" Wohnbaracken errichtet, die mit „kostspieligen bombensicheren Splittergräbern" versehen wurden, so dass diese von der Frankfurter DAF bald zum Musterlager erklärt worden seien – ein häufiger Topos bei der nachträglichen Schilderung der Wohnbaracken durch Unternehmen.[602] „Wie sehr sich Herr Dr. Teves für das Wohlergehen der Leute

---

599 Vgl. den Vorgang in: HHStAW 409/4, Nr. 7123.

600 Vgl. HHStAW 409/4, Nr. 649, 787, 1005, 2444, 6109, 6437, CUA, 6614, 6759, 6834, 7000, 7031, 7123, 7298 und 8000.

601 Einlage 1 des Protokolls der Spruchkammerverhandlung vom 28.2.1947, in: HHStAW Abt. 520/11 Nr. 11236/2.

602 Vgl. Erklärung des damaligen Personalsachbearbeiters von Teves vom 13.12.1945, in: Landesarchiv Berlin C Rep. 031-02-09, Karton 152. Teves und seine Söhne mussten sich wegen des

einsetzte", so hieß es dazu weiter, „geht daraus hervor, dass er anordnete, alle 14 Tage eine Gewichtsüberprüfung vorzunehmen. Hierbei wurde eine allgemeine merkliche Gewichtszunahme innerhalb weniger Wochen von 15 bis 20 Pfund festgestellt."[603] Außerdem, hieß es in einer anderen Entlastungsaussage, sei ihm anlässlich seines 75. Geburtstages ein Bild überreicht worden, welches ohne sein Wissen von einem russischen Kriegsgefangenen gemalt worden war.[604]

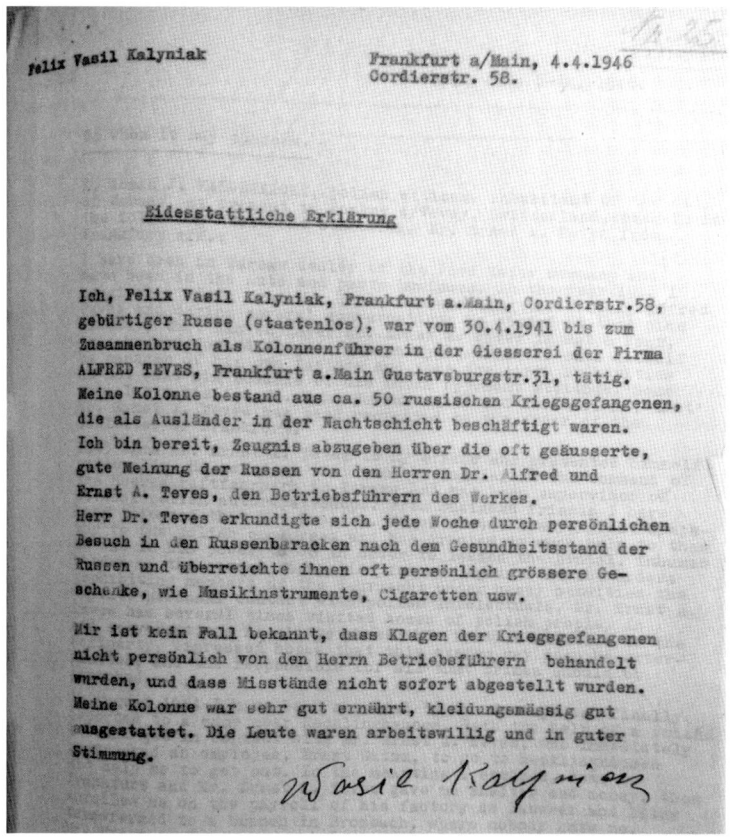

Abb. 128: Faksimile des Entlastungsschreibens eines ehemaligen russischen Zwangsarbeiters

Berliner Werkes auch in Berlin im damaligen französischen Sektor einem zweiten Entnazifizierungsverfahren unterwerfen, so dass sich im Berliner Landesarchiv ebenfalls Entnazifizierungsakten befinden, in denen allerdings viele Kopien und Abschriften von Dokumenten des vorher schon in Frankfurt stattgefundenen Verfahrens befinden.

603 Ebd.

604 Eidesstattliche Erklärung vom 21.2.1947, in: ebd.

Ob und inwieweit sich Alfred Teves wirklich persönlich um die Versorgung der Zwangsarbeiter gekümmert oder entsprechende Anordnungen gegeben hat, lässt sich im Nachhinein nicht mehr feststellen. Viel spricht dafür, dass es mehr sein Sohn Ernst August war, der sich in den Frankfurter Werken um das Schicksal der Fremdarbeiter und Kriegsgefangenen kümmerte, zumindest reklamierte dieser in seinem Entnazifizierungsverfahren für sich die Errichtung von mustergültigen Baracken und Wohnungen, verbunden mit der Schilderung gleich einer ganzen Reihe von Fallbeispielen, in denen er entflohene Zwangsarbeiter versteckt und dann bei Teves im Betrieb eingestellt oder vor der Meldung an die Gestapo und der Deportation in das berüchtigte AEL Heddernheim bewahrt habe. „Mit Stolz", so E. A. Teves, „denke ich an die Behandlung, die in meinem Betrieb den ausländischen Zwangsarbeitern und Kriegsgefangenen zuteilwurde. Kein Betrag war mir zu hoch, um deren Lebenslage zu verbessern."[605] Doch es gab zumindest einen ehemaligen Ingenieur, der in der Gießerei im Werk Bonames gearbeitet hatte und von katastrophalen Verpflegungs- und Versorgungszuständen der dort eingesetzten ca. 100 kriegsgefangene Russen berichtete. Vor allem seit März 1944, als das Russenlager durch Bombenangriffe zerstört worden waren, mussten die Kriegsgefangenen im Werk auf Tischen und Stühlen der Werkskantine schlafen, an denen mittags dann die Belegschaftsangehörigen ihr Essen einnahmen. „Herr Teves hat sich um die Abstellung dieser Zustände niemals bemüht, trotzdem ich wiederholt bei ihm aus diesem Grunde vorstellig geworden bin."[606] Schließlich habe er auf eigene Faust versucht, die Lage zu verbessern, was ihm eine Anzeige bei der Gestapo mit nachfolgenden Vernehmungen und dem Vorwurf der Begünstigung von Kriegsgefangenen und politischen Häftlingen einbrachte.

Auch E. A. Teves legte eine lange Liste von Entlastungsschreiben ehemaliger Zwangsarbeiter vor, darunter Polen, Russen, Belgier und Franzosen.[607] Vor allem aber trug ein damaliger kaufmännischer Angestellter im Werk Bonames mit der Schilderung einer Episode über das Verhalten des berüchtigten Lager-

---

605 Schriftliche Stellungnahme E. A. Teves vom 16.3.1948 zu seinem Spruchkammerverfahren, S. 5, in: HHStAW 520/ R 4707, K. 2939.
606 Vernehmungsniederschrift Wilhelm K. vom 5.9.1947, in: ebd.
607 „Ich, der unterzeichnete André Chouette, französischer Arbeiter war bei Herrn Teves angestellt", hieß es etwa in einer der Erklärungen. „Die Behandlung, die mir und allen Arbeitern, gleich welcher Nationalität zuteilwurde, war wie zu einem direkten Freunde. Wir sind immer gut behandelt worden, in einem Lager, das sauber, mit Gas und elektrischem Licht sowie Waschgelegenheiten versehen war, alles aufs Modernste eingerichtet. Ich danke Herrn Teves sehr und aufrichtig für das gute Einverständnis zwischen der Direktion und mir selbst". Frankfurt a. M. den 14.4.1945, in: ebd.

leiters Zimmermann und die Reaktion von E. A. Teves darauf dazu bei, ein positives Licht auf dessen Verhältnis zum Zwangsarbeitereinsatz zu werfen:[608]

> In Brombach wurde eines Abends in den Dorfschenken von dem Lagerleiter Zimmermann eine Razzia angehalten, bei der ein Litauer ermittelt wurde, der über die Zeit hinaus dem Lager ferngeblieben war. Von dem Lagerleiter Zimmermann, der in betrunkenem Zustand die Razzia durchgeführt hatte, zur Rede gestellt, entgegnete der Litauer, dass er nicht unter die Bestimmungen der Ostarbeiter falle, sondern als Litauer über seine Freizeit nach eigenem Ermessen verfügen könne. Da Zimmermann dieses Argument nicht gelten ließ, kam es zu einem Wortwechsel, bei dem der Lagerleiter den Litauer tätlich angegriffen hatte und dieser sich zur Wehr setzte. Am anderen Morgen, nachdem Zimmermann wieder nüchtern war, muss ihm scheinbar eingeleuchtet sein, dass er sich gegen die damaligen Vorschriften dem Ausländer gegenüber vertan habe, weshalb er durch eine Anzeige bei der Gestapo der Beschwerde des Litauers zuvorkommen wollte. Vermutlich hat Zimmermann den Vorgang entsprechend entstellt der Gestapo zur Anzeige gebracht, jedenfalls kamen wenige Tage nach diesem Vorfall drei Gestapo-Beamte zur Untersuchung in das Lager und nahmen sich den Litauer vor. Derselbe soll nach Berichten von Augenzeugen nackt auf einen Tisch gelegt worden sein und mit einem sogenannten Ochsenziemer derart misshandelt worden sein, dass er genötigt war, vierzehn Tage lang im Krankenhaus ärztliche Hilfe in Anspruch zu nehmen. Herr Teves hat von dieser Angelegenheit Bericht nach Frankfurt bekommen und sich eilends zur Untersuchung des Vorfalls nach Brombach begeben. Dort ließ Herr Teves den damaligen Direktor, Herrn Hormel, seinen Stellvertreter, Herrn Mende und den Lagerleiter zu sich kommen und soll mit folgenden Worten sein Missfallen über die Misshandlung des Ausländers zum Ausdruck gebracht haben: ‚Solange ich Betriebsführer der Firma Alfred Teves bin, dulde ich in keiner Weise, dass Ausländer misshandelt werden. Eine solche Misshandlung ist dem Ruf des Hauses Teves nicht würdig.'[609]

Über Sanktionen gegenüber dem Lagerleiter berichtete der Angestellte allerdings nicht.

Es gibt einen weiteren Bericht vom Schicksal eines belgischen Zwangsarbeiters, der ein starkes Indiz für das mutige Eintreten von E. A. Teves auch gegenüber den NS-Stellen und der Gestapo für die bei ihm beschäftigten Zwangsarbeiter ist. Der damals 29-jährige Arbeiter, der seit Oktober 1942 bei Teves zwangsverpflichtet war, berichtete:

> Ende 1944 begann ein Kesseltreiben gegen mich, da man mir mangelnde Arbeitsfreudigkeit und ungenügendes Interesse an meiner Werksarbeit vorwarf. Außerdem erhob man die schwersten Anschuldigungen gegen mich, weil ich mit einer deutschen Familie im Gallusviertel eng befreundet war und ich wegen dieses Verkehrs schon verschiedentlich angezeigt wurde. Ich war bereits einmal zur Strafe in das Arbeitslager für Ausländer in

---

608 Zum Folgenden vgl. Erklärung von Carl P. vom 7.4.1948 zum Spruchkammerverfahren von E. A. Teves, in: ebd.
609 Ebd.

Heddernheim eingewiesen worden, und die Anschuldigungen gingen schließlich so weit, sowohl seitens einiger deutscher Familien als auch Angehöriger der Firma Teves, dass ich erneut verhaftet wurde. Erst kam ich auf das Polizeirevier Mainzer Landstraße, dann in das Polizeihauptquartier Gutleutstraße, danach in das Arbeitslager Heddernheim, welches mich an die Gestapo in der Lindenstraße überwies. Da ich verhaftet worden war, ohne meine Papiere bei mir zu haben, ließ man mich noch einmal frei, worauf die Firma Teves mich in das Arbeitslager Heddernheim schicken sollte, um von dort aus in ein Konzentrationslager überwiesen zu werden. Zu diesem Zeitpunkt hörte Herr Ernst Teves von der ganzen Angelegenheit; er ließ mich zunächst zu sich rufen, um den ganzen Sachverhalt kennen zu lernen, und bestellte mich dann noch einmal zu sich, um mir mitzuteilen, dass weder er noch seine Firma sich dazu hergeben würde, einen Ausländer in ein Arbeitslager oder gar anschließend in ein Konzentrationslager zu bringen. Somit ist es klar, dass ich einzig und allein dem energischen und mutigen Dazwischentreten es Herrn E. Teves meine Freiheit und mein Leben verdanke.[610]

Das korrekte Verhalten und die hilfsbereite Einstellung gegenüber den Zwangsarbeitern praktizierte E. A. Teves auch im Rahmen seines Wehrmachteinsatzes. Dort war er seit Ende 1941 in Warschau in einem Kraftfahrkorps eingesetzt, zu dem auch eine Autoreparaturwerkstatt gehörte, in der neben den polnischen auch jüdische Arbeiter – darunter eine Reihe vormaliger Doktoren und Rechtsanwälte – zwangsweise eingesetzt wurden. Sich deren Schicksal bewusst, hatte er vielen geholfen und versucht, deren Los zu erleichtern. Als die Juden nicht mehr zur Arbeit erschienen, hatte er noch lange Zeit Nachforschungen angestellt, was ihm die misstrauische Aufmerksamkeit der Vorgesetzten eingebracht und schließlich zu seiner Versetzung geführt hatte.[611]

Über Heinz Teves, obschon formal verantwortlicher Betriebsführer in Berlin, aber letztlich weit weniger im Werk präsent, wo das operative Geschäft und damit auch die Praxis des Zwangsarbeitereinsatzes weitgehend der Verantwortung des Werksleiters überlassen wurde, ist dazu weit weniger bekannt. Eine Reihe von Arbeitern bestätigten ihm in einer kollektiven Erklärung später, dass er sich auch um die im Betrieb beschäftigten Ausländer gekümmert habe und versuchte, deren Los zu erleichtern. „Bei Festlichkeiten der Ausländer unterstützte er diese finanziell, so dass sie ihm aus Dankbarkeit Weihnachten 1944 mit einem selbstgemalten Bild erfreuten".[612] Das waren fast wortwörtlich die gleichen Entlastungstopoi wie bei Alfred Teves. Zugleich findet sich auch in den Entnazifizierungsunterlagen von Heinz Teves ein langes Schreiben eines ehemaligen französischen Zwangsarbeiters, der dank der Intervention des Betriebsführers aus einem Arbeitslager in Düsseldorf in das Berliner Teves-Werk

---

610 Eidesstattliche Erklärung des Ludwig van T. vom 2.4.1947, in: ebd.
611 Vgl. dieSchilderung einer damals in Warschau Beschäftigten vom 21.3.1946, in: ebd.
612 Erklärung vom 22.7.1946, in: Landesarchiv Berlin C Rep. 031-02-09, Karton 152.

geholt wurde und dem Ernst Teves offenbar auch bei der Flucht gegen Kriegsende geholfen hatte.[613]

Unter dem Strich bleibt letztendlich trotz der vielen, zum Teil aber widersprüchlichen Befunde, dass auch das Bild über den Zwangsarbeitereinsatz bei
Teves mithin ambivalent ausfällt, auch wenn sich das Verhalten des Firmenin-
habers und seiner Söhne doch von dem der Unternehmensverantwortlichen bei
Continental, Phoenix, VDO und Semperit abhebt. Das System der Zwangsarbeit
als neues Produktionsregime der deutschen Kriegswirtschaft aber funktionierte
letztendlich im Sinne des radikalisierten NS-Regimes.

---

[613] Abschrift und Übersetzung eines Briefes von Serge O. an den Entnazifizierungsausschuss
vom 13.8.1946, in: ebd.

V Von der Expansion zur Implosion: Der Aufbau eines großraumwirtschaftlichen Kriegsproduktionsverbundes in verbündeten und besetzten Ländern, Verlagerungsaktionen und gescheiterte Untertagefertigung

Continental und die deutschen Unternehmen haben nicht nur die Arbeitskräfte aus den verbündeten und besetzten Ländern abgezogen und in ihre deutschen Werke deportiert, sondern gingen ihrerseits auch dazu über, im Windschatten der Wehrmachtstruppen und weitgehend vom RWM orchestriert, eine Expansions-, Beherrschungs- und Ausbeutungsstrategie in der sich scheinbar unter deutscher Dominanz herausbildenden europäischen Großraumwirtschaft operativ umzusetzen.[1] Diese Expansion wies mit Kooperation, direkter und indirekter Kontrolle in Form von Pachtverträgen, kapitalmäßiger Beteiligung oder völliger Übernahme, Ausschalten von früheren Konkurrenten, Ausbeutung der materiellen wie personellen Ressourcen, Enteignung von Patenten, Instrumentalisierung der Produktionskapazitäten als verlängerte Werkbank bis hin zu technischer Beratung und Betreuung mindestens ebenso viele verschiedene Facetten auf wie der Zwangsarbeitereinsatz. Am Ende erfolgte jedoch so oder so eine regerechte Implosion des nur wenige Jahre bestehenden und angesichts der wechselnden Kriegsereignisse höchst prekären transnationalen Produktionsnetzwerkes und das Ende des in vielen Vorstandsetagen lebendigen Traums von der Vorherrschaft in der europäischen Großraumwirtschaft. Die Entwicklungen bei Continental sind exemplarisch für diese Prozesse. Das Unternehmen zerfaserte unter den Zerstörungen des Bombenkriegs in eine Vielzahl von Fertigungsstätten; an zahllosen Verlagerungsstandorten wurde es mit kaum lösbaren Transport- und Koordinierungsproblemen konfrontiert, bis sich die Strukturen mehr und mehr auflösten. Bis zuletzt jedoch wurde für Rüstung und Krieg weiterproduziert.

---

[1] Vgl. zu dieser spezifischen „Besatzungsökonomie" Marcel Boldorf, Neue Wege zur Erforschung der Wirtschaftsgeschichte Europas unter nationalsozialistischer Hegemonie, in: Buchheim/Boldorf (Hrsg.), Europäische Volkswirtschaften, S. 1–26, sowie Hein Klemann, Sergei Kudryashov, Occupied Economies. An Economic History of Nazi-Occupied Europe, 1939–1945, London 2012.

https://doi.org/10.1515/9783110646597-006

1 Buna-Know-how als Vehikel der Beherrschung: Entwicklung und Struktur des internationalen Fertigungs- und Vertriebsnetzwerks der Continental

Erste Pläne zur Ausweitung des Auslandsgeschäfts im Kontext der sich durch den Kriegsausbruch ergebenden Optionen hatte der Vorstand schon Mitte Dezember 1939 erwogen. Sie standen allerdings noch ganz in der Kontinuität der schon früheren regionalen Ausweitung des Geschäfts auf der Basis eigener Produktionsstätten. Es sollten demnach kleinere Fabrikationsbetriebe für Sohlen, Absätze, Vulkanisationen und Reparaturen in Holland und der Schweiz errichtet werden.[2] Auf Polen und die Ostgebiete gerichtete Pläne gab es zunächst nicht, überhaupt war man eher vorsichtig und wartete die weitere Entwicklung ab. „Eine längere Aussprache über unsere Interessen in den besetzten Gebieten", hieß es dazu auch noch im August 1940 auf einer Vorstandssitzung, „bringt das Ergebnis, dass im Augenblick ein erfolgversprechendes Vorgehen bezüglich Betreuung oder Beteiligung bei den Gummifabriken u. a. in Belgien und Frankreich nicht möglich ist. Die Angelegenheit soll sorgfältigst weiterverfolgt werden, um zu gegebener Zeit über eine finanzielle Beteiligung Einfluss zu gewinnen."[3] Auch in Holland, wo sich inzwischen die Gelegenheit zum Erwerb von Aktien einzelner Unternehmungen ergab, hielt man sich zunächst zurück. Selbst dem Kauf von Michelin-Aktien, die Continental von einigen Banken angeboten wurden, wollte man erst einmal nicht nähertreten.[4]

Doch schon im Spätherbst 1940 hatte sich das Bild deutlich geändert. Ende Oktober berichtete Könecke dem Aufsichtsrat über die Pläne des Vorstands bezüglich der sich „im Großdeutschen Raum" eröffnenden Möglichkeiten, und dabei zeichneten sich deutlich ganz konkrete Maßnahmen und Aktivitäten ab, sowohl im ehemaligen Polen als auch in Holland, Belgien, dem Protektorat, sprich der ehemaligen Tschechoslowakei, sowie nicht zuletzt in Frankreich.[5] Im von Könecke als „neuer Ostwirtschaftsraum" bezeichneten ehemaligen Gebiet Polens hatte man die Stomil AG mit ca. 300 Beschäftigten erworben und war dabei, deren Werk in Posen-Luisenhain unter der neuen Bezeichnung „Gummiwerke Posen" in den Konzern zu integrieren. Auch in Bezug auf die westlichen besetzten Gebiete hatte man die Zurückhaltung aufgegeben. Nach Absprache mit den amtlichen Stellen war vorgesehen, mit der holländischen Gummi- und

---

2 Vgl. Protokoll der Vorstandssitzung vom 16.12.1939, in: CUA, 6603, Zg. 3/85, A 3.
3 Protokoll der Vorstandssitzung vom 30.8.1940, in: ebd.
4 Vgl. Protokoll der Vorstandssitzung vom 6.1.1941, in: ebd.
5 Vgl. Protokoll der Aufsichtsratssitzung vom 31.10.1940, in: Ordner Korrespondenz mit dem Aufsichtsrat 1936–1942, darin auch als Anlage 35 die genauen Ausführungen Köneckes.

Reifenfirma Vredestein, die immerhin 2000 Beschäftigte aufwies, einen Vertrag über technische Hilfeleistung abzuschließen, für die Continental neben Lizenzzahlungen auch eine angemessene Beteiligung forderte. Vor allem aber gab es die Option und dazu auch in Kürze beginnende Verhandlungen mit den zuständigen Treuhändern, die Michelin-Fabriken in Brüssel, 's-Hertogenbosch und Prag zunächst produktionsmäßig zu betreuen, dann aber nach und nach auch in die „technische Verwaltung" von Continental zu übernehmen.[6] Daran sollten sich auch später Verhandlungen mit der Mutterfirma in Clermont-Ferrand, das inzwischen in der besetzten Zone Frankreichs lag, anschließen.

Könecke hat später zu seiner Entlastung behauptet, dass er gegenüber der Forcierung der Auslandsaktivitäten im Krieg ständig gebremst habe, da er den Kriegsausgang vorausgesehen und dies auch unbeirrt auf jeder Vorstands-, Aufsichtsrat-, oder Industriesitzung vertreten habe, was ihm vor allem auch innerbetrieblich in scharfen Gegensatz zu seinen Exportleuten gebracht habe.[7] Doch davon kann, wenn man sich die Quellen ansieht, keine Rede sein, auch wenn einige der Konkurrenten, vor allem Phoenix und Semperit, auf diesem Feld deutlich offensiver vorgingen. Wie auch immer, bis 1942 gelang es Continental auf unterschiedlichsten Wegen, ein transnationales Fertigungs- und Vertriebsnetzwerk aufzubauen, das in der bisherigen Geschichte des Unternehmens auch hinsichtlich seiner Feinmaschigkeit einmalig war (vgl. Schaubild 4).

Das Schaubild zeigt, dass nicht nur über Beteiligung, Betreuung, Pacht oder Beratung ein Produktionsnetzwerk und komplexer Fertigungsverbund errichtet wurde, sondern dass auch das in- wie ausländische Vertriebsnetzwerk mit zahlreichen neugegründeten Niederlassungen, wie etwa im Oktober 1940 in Posen und Warschau, im April 1941 in Prag und im September 1941 in Straßburg, ausgeweitet wurde.[8] Gleichzeitig waren im Osten zur Versorgung der Wehrmacht „fliegende Reifenlager" in Posen, Danzig, Bromberg, Krakau und Litzmannstadt errichtet worden. Und schließlich gab es noch eine Reihe selbständiger Handelsvertreter bzw. Alleinverkäufer vor allem im Bereich technischer Gummiwaren (Treibriemen, Walzen, Keilriemen, Schläuche, Sohlen und Absätze, Schwingmetall etc.) in der Türkei, Bulgarien, Griechenland, Luxemburg, Mexiko, Südafrika, Australien.[9]

---

6 Vgl. ebd.

7 Vgl. Rechtfertigungsschreiben Könecke vom 10.8.1946, S. 16, Bl. 133, in: NLA HA Nds. 171 Hannover, Nr. 32086.

8 Dazu existierten noch formal die kriegsbedingt geschlossene Continental Rubber Co. Ltd. in London sowie in Indien die Continental Tyre & Rubber Co. mit Niederlassungen in Bombay, Delhi, Madras und Colombo (Ceylon).

9 Vgl. die Aufstellung „Stand unserer Organisation per 1. Mai 1942" sowie „Verzeichnis der Alleinverkäufer", in: CUA, 6600 Zg. 1/56, A 40. Darin auch die Bilanzen der zur Interconti

Das internationale Fertigungs- und Vertriebsnetzwerk der Continental im Krieg (1942)

(Ausländische Tochtergesellschaften (TG), Beteiligungs-Fabriken, Pachtfabriken, Betreuungsfabriken und Beratungsfabriken)

Finnland	Reifenvertretung sowie technisch-chirurgische Vertretung in Helsinki
Schweden	Continental Caoutchouc Co. AB Stockholm (Vertriebstochtergesellschaft)
	Svenska Gummifabriks AB Gislaved ⎱ Buna-Lizenzverträge
	Skandinaviska Gummi AB Viskafors ⎰ und Fertigungskooperationen
Dänemark	Continental Caoutchouc Co. AS Kopenhagen (Vertriebstochtergesellschaft)
	Schionning & Arvé AS, Kopenhagen Betreuungsfabrik
Niederlande	N.V. Internationale Continental Caoutchouc Comp. Amsterdam (Vertriebs-Tochtergesellschaft und zugleich Holding der Auslandsvertretungen)
	N.V. Rubberfabriek „Rufay", Amsterdam (Beteiligungsfabrik)
	N.V. Michelin, Hertogenbosch (Pacht-Fabrik)
	N.V. Rubberfabriek Vredestein (Beteiligungsfabrik)
Belgien	N.V. Pneumac, Brüssel (Vertriebs-Tochtergesellschaft)
	S.A. Belge du Pneumatique Michelin, Zuen b. Brüssel (Pacht-Fabrik)
Frankreich	Pneumac S.A., Paris (Vertriebstochtergesellschaft)
	Goodrich Pneumatique et Caoutchouc Manuf., S.A. Colombes/Paris (Betreuungs-Fabrik)

> **Continental AG, Hannover**
>
> **Werk Vahrenwald, Limmer, Nordhafen, Korbach**
>
> **Werk Posen (Warthegau); Werk Krainburg (Reichsgau Kärnten)**

Reichsgau Ostmark (Österreich)	Semperit, Traiskirchen (Lizenzvertrag und Fertigungskooperation mit geringem Aktienanteilsbesitz)
Protektorat	Gasma AG, Zubry/Rosenau (Beteiligungsfabrik)
	Continental Caoutchouc GmbH, Prag (Vertriebstochtergesellschaft)
Generalgouvernement	Continental Caoutchouc GmbH, Warschau (Vertriebstochtergesellschaft)
	Continental Runderneuerungsbetrieb, Krakau
Spanien	Neumaticos Continental S.A., Madrid (Vertriebstochtergesellschaft)
	Continental Fabrica Espanola del Caucho, S.A., Torrelavega (Beteiligungsfabrik)
	Fabril y Comercial Peninsular S.A., Madrid (Betreuungsbetrieb)
Italien	S.A. Lombarda, „Alpa", Mailand (Vertriebstochtergesellschaft)
	Mediterranea Gomma, S.A., S.Vittore/Mailand (Beteiligungsfabrik)
	Pirelli S.A., Mailand (Lizenzvertrag und Fertigungskooperation)
Schweiz	Continental Caoutchouc Comp. AG, Zürich (Vertriebstochtergesellschaft)
Kroatien	Continental Kaucuk, Zagreb (Vertriebstochtergesellschaft)
Serbien	Continental Guma, Belgrad (Vertriebstochtergesellschaft)
Ungarn	Continental Gummi kft, Budapest (Vertriebstochtergesellschaft)
Rumänien	Continental Caoutchouc SAR, Bukarest (Vertriebstochtergesellschaft)
	SAR Banloc (Goodrich), Bukarest (Betreuungsfabrik)
Brasilien	Pneumaticos Continental do Brasil, Rio de Janeiro (Vertriebs-Tochtergesellschaft)
Argentinien	Continental Compagnie Transatlantica de Caoutchouc S.A. Buenos Aires

Schaubild 4

---

gehörenden Tochter- und Zweiggesellschaften. Zum damit umfangreichen Beteiligungsbestand vgl. auch Notiz vom 15.9.1941, in: CUA, 6600 Zg. 1/56, A 34.

Angesichts dieses weit gespannten Netzes war es denn auch kein Wunder, dass auch das Exportgeschäft nach dem drastischen Einbruch zu Beginn des Krieges einen neuen Aufschwung erlebte, der allerdings eng mit dem Verlauf des Krieges in Verbindung stand und daher einen sehr spezifischen Charakter aufwies. Einerseits waren die Geschäfte in vielen westeuropäischen Staaten, allen voran Großbritannien und im Zusammenhang damit auch in Britisch-Indien, zusammengebrochen. Die Continental-Niederlassungen waren, wie in Indien, einem „controller of enemy firms" unterstellt worden, das Vermögen wurde beschlagnahmt und das Geschäft musste eingestellt werden.[10] Ein Indiz für die Zukunftserwartungen im Unternehmen war, dass man sich in der Exportabteilung in Hannover gleichzeitig schon Gedanken über die Wiederingangsetzung des British-Indien-Geschäfts nach Beendigung des Krieges machte.[11] Auch für China war, wie eine eigens dazu angesetzte Besprechung in großem Kreis Ende November 1940 zeigt, „nach Kriegsende" eine großangelegte Kampagne zum „Wiederbekanntmachen des Namens Continental" geplant.[12] Gleichsam flankierend dazu hatte man eine Patent- und Markenschutz-Strategie entwickelt. „Nachdem im Hause die Bestrebungen vorhanden sind", so eine interne Notiz vom 15. Mai 1940, „im Auslande der Continental gehörende Gummifabriken zu errichten, besteht der Wunsch, jetzt möglichst viel Patente für Artikel oder Verfahren anzumelden, da man dann in der Lage ist, von diesen ausländischen Fabriken Lizenzen an das Stammhaus abzuführen, d. h. also, man ist dann in der Lage, eine gewissen Verdienst schon vorab zu erhalten."[13] Zur Absicherung des Markenschutzes ließ man zudem beim Berner Markenamt „Continental" international registrieren, neben einer Reihe von europäischen Ländern auch in Uruguay und Ägypten.[14]

Noch im Mai 1941 war man in Hannover mit intensiven Vorarbeiten für den Wiederaufbau des Exportgeschäfts in Europa wie in Übersee beschäftigt und hatte dazu eine Reihe von detaillierten Länder- und Artikel-Analysen erstellt und sich auch um die rechtzeitige Mobilisierung der Auslandsvertretungen Ge-

---

10 Vgl. u. a. Schreiben der Continental Tyre & Rubber Co. in Bombay an den Verwalter für Feindvermögen vom 15.9.1939 sowie den Abschlussbericht zum Geschäft in Britisch-Indien vom 1.11.1939, in: CUA, 6714 versch. Zg., A 16.

11 Vgl. Besprechungsnotiz vom 2.11.1939, in: ebd. Zu den Details der im Juli 1941 bereits ausgearbeiteten „Indien-Kampagne" vgl. Notiz vom 23.7.1941, in: CUA, 6714 versch. Zg., A 17.

12 Vgl. Besprechungsnotiz vom 25.11.1940, in: CUA, 6714 versch. Zg., A 16.

13 Notiz vom 15.5.1940, in: CUA, 6500 Zg. 1/67, A 31,1.

14 Vgl. Schreiben an die Berliner Patentanwälte vom 14.5.1940, in: ebd., sowie Registratur der Patent- und Markenschutzabteilung, 1.000-001-M, Nr. 233.192.

danken gemacht, von denen monatliche Lageberichte eingefordert wurden.[15] In vielen Ländern, unter anderem auch Südamerikas, hatte zwar zunächst das Geschäft gelitten, da, vor allem in Uruguay, auf Druck der Briten schwarze Listen von deutschen und anderen Unternehmen kursierten, mit denen die Banken und Handelspartner keine Geschäfte mehr machen durften.[16] Aber der Krieg verschaffte Continental auf einer Reihe von Auslandsmärkten auch unmittelbar eine neue Ausgangsbasis und Marktposition. Norwegen etwa wurde, wie es in einer internen Notiz vom 1. Juli 1941 über die Gesamtorganisation Auslandsgeschäft hieß, als Importmarkt wesentlich interessanter als früher, da die starke amerikanische und englische Konkurrenz weggefallen war.[17] Im neutralen Schweden war die Lage wegen des dort nach wie vor herrschenden starken Zollschutzes für die heimische Gummiindustrie zwar nach wie vor schwierig, aber man hoffte auf einen über kurz oder lang erfolgenden Beitritt des Landes zum neuen „Großeuropäischen Wirtschaftsraum" unter deutscher Vorherrschaft. In Holland und Belgien hatte man durch die verschiedenen Interessennahmen eine erhebliche Verbesserung der „Verkaufsschlagkraft" erreicht und war zudem zu einem niederländischen bzw. belgischen Fabrikanten geworden, was nicht zuletzt auch im Hinblick auf den niederländischen und belgischen Kolonialbesitz von erheblichem Vorteil war.[18]

Tab. 23: Entwicklung der Auslandsumsätze der Continental im Krieg (1939 bis 1943, in Mio. RM)

Jahr	Deutsche Erzeugnisse	Ausländische Erzeugnisse	Gesamt
1939	13,251	3,546	16,8
1940	5,349	4,961	10,3
1941	11,420	4,157	15,6
1942	13,416	11,919	25,3
1943	15,533	25,575	41,1
1944	28,395*	k. A.	k. A.

Quelle: Statistik der Continental, in: CUA, 6630, versch. Zg., A 4. *Nur Wertumsätze Reifen. Vgl. CUA, 6630 Zg. 1/56, A 77.

---

15 Vgl. etwa Besprechungsnotiz vom 2.5.1941, in: CUA, 6714 versch. Zg., A 54, sowie das Rundschreiben „an unsere Herren Mitarbeiter im Auslande!" vom 16.3.1942, in: CUA, 6714 versch. Zg. A 31, und ein weiteres Rundschreiben an die Auslandsvertreter vom 12.5.1942, in: CUA, 6714 versch. Zg. A 23.
16 Vgl. Schreiben des Continental-Vertreters in Montevideo an die Export-Conti in Hannover vom 2.4.1940, in: CUA, 6714 versch. Zg., A 16.
17 Vgl. den ausführlichen Bericht vom 1.7.1941, in: CUA, 6600 Zg. 1/56, A 3.
18 Vgl. ebd.

Wie auch immer die kurz- und längerfristigen Pläne waren, die Zahlen der als Auslandsumsätze verbuchten Continental-Erzeugnisse gingen zwischen 1939 und 1943 insgesamt rasant nach oben, was vor allem den Fertigungen in den verschiedenen Auslandsfabriken zu verdanken war (vgl. Tabelle 24).[19] Die Struktur des Exportgeschäfts hatte sich dabei deutlich verschoben. Waren 1938 noch fast 50 Prozent der Produkte in außereuropäische Länder gegangen, so sank deren Anteil bis 1942 auf 0,4 Prozent, während das „Europa-Geschäft", das 1938 noch 52,2 Prozent ausgemacht hatte, inzwischen 99,6 Prozent umfasste. Innerhalb dieses Sektors war es ebenfalls zu deutlichen Verschiebungen gekommen. Dies schlug sich allerdings keineswegs in eine bloße Ausrichtung auf ost- bzw. südosteuropäische Länder nieder, sondern zeigte, bis auf Frankreich und England, auch deutliche Zunahmen in den westeuropäischen Ländern und Skandinavien.[20] Im Zuge dessen gewannen die Auslandswerke, allen voran aber das neue Werk in Posen – obschon formal ja inzwischen im sogenannten Warthegau, der diejenigen ehemals polnischen Gebiete umfasste, die inzwischen dem Deutschen Reich eingegliedert waren, und damit auf Reichsgebiet lag – ein wachsendes Gewicht innerhalb des Continental-Konzerns, sowohl was die Zahl der Beschäftigten anging, mehr noch aber hinsichtlich der Produktionskapazitäten und Fertigungsleistungen – und nicht zuletzt auch hinsichtlich der Profitabilität und des Gewinns.

Tab. 24: Entwicklung der Belegschaft in den Auslandswerken

Jahr	Auslandsfabriken[*]	Posen	Krainburg	Gesamt
1939	613	-	-	613
1940	595	-	-	595
1941	663	550	322	1535
1942	1116	624	435	2175
1943	1425	836	406	2667
1944 (März)	1290	1356	440	3086

Quelle: Zusammengestellt nach den Angaben in: CUA, 6633 versch. Zg. A 4, Bl. 82 ff. und 6600 Zg. 1/56, A 3.[21]

---

19 Zu detaillierten Einzelanalysen vgl. etwa den umfangreichen Bericht über das technisch-chirurgische Geschäft im Export-Conti-Geschäftsjahr 1941/42, in: CUA, 6714 versch. Zg. A 54. Vgl. auch Auslandsumsatz der Continental von 1932 bis 1942, in: CUA, 6633 versch. Zg. A 3, Bl. 67 ff. Zum im Krieg deutlich gewachsenen Schweiz-Geschäft vgl. auch die Geschäftsberichte der Continental-Zürich für 1940 bis 1944, in: CUA, 6620 Zg. 1/70, A 7.
20 Vgl. im Einzelnen Auslandsumsatz der Continental von 1932 bis 1942, in: CUA, 6633 versch. Zg. A 3, Bl. 69. Ergänzend dazu auch für 1943 die Zusammenstellung der Auslandsumsätze im Jahre 1943, Notiz vom 23.6.1944, in: ebd., Bl. 30 ff.
21 *) Zuen und Brüssel; 's-Hertogenbosch; Krakau, Torrelavega; San Vittore-Olina.

Das Geschäft in den Auslandswerken warf im Krieg schnell hohe Profite ab, wie eine Aufstellung für den Aufsichtsrat für den Zeitraum Oktober 1939 bis Juli 1940 zeigte. In der spanischen Fabrik wurde ein Umsatz von umgerechnet 2,37 Mio. RM erzielt, mit dem ein Gewinn von 544 074 RM erwirtschaftet wurde, was einer Rendite von 22,7 Prozent entsprach. Auch in Krain und Posen, obwohl dort die Produktion unter Continental-Verantwortung jeweils erst anlief, wurden Renditen von 18,1 Prozent bzw. knapp 25 Prozent erzielt.[22] Es war also kein Wunder, dass Finanzvorstand Franz noch im November 1942 einer bevorzugten Lieferung des Auslandsgeschäfts das Wort redete, „weil die Verdienste in diesem Geschäftszweig höher sind und zur Zeit noch nicht der Gewinnabschöpfung unterliegen."[23]

Die Expansionspolitik und -strategie von Continental war allerdings längst kein Bereich mehr, in dem das Unternehmen und sein Vorstand Entscheidungsautonomie besaßen. Sie erfolgte vielmehr in engem Zusammenhang mit dem inzwischen im RWM in Person des umtriebigen Krauch-Mitarbeiters Eckell für die Gummi- und Reifenindustrie entworfenen, groß angelegten Konzept zur künftigen Branchenentwicklung, dessen Ziel die gesamteuropäische Hegemonie der deutschen Unternehmen war. In den Führungsetagen der deutschen Reifenunternehmen wie im RWM war man sich einig über die voraussichtliche weltwirtschaftliche Lage nach Kriegsende, nämlich dass

> eine gewisse Autarkie der Großräume Ostasien – Amerika – Europa auf dem gummiverarbeitenden Wirtschaftssektor unausbleiblich sein [wird]. Für Europa bzw. Deutschland hat dieses besondere Bedeutung. Die starke Anhäufung von Gummi-Industrien in Europa, darunter auch größter, leistungsfähigster Konzerne, wird sich mit verstärkter Kraft auf dem europäischen Markt bemerkbar machen, da die Produktion für Übersee-Exporte – bei Michelin erheblich – zum großen Teil fortfallen könnte. Vorauszusehen ist daher eine große Konkurrenz auf dem europäischen Markt. Anzunehmen ist auch, daß die Japaner als künftige Besitzer des Rohgummi-Monopols die Preise für Rohgummi diktieren können, vielleicht sogar die Lieferung gleichzeitig von der Lieferung von Fertig-Produkten abhängig machen könnten.[24]

Dieses globalwirtschaftliche Wettbewerbsszenario führte im März 1942 dazu, dass auf Initiative des RWM die Vertreter der deutschen, italienischen und französischen Reifenindustrie zusammenkamen und erste Vorgespräche über eine eigene europäische Vereinigung der Kautschukindustrie berieten. Intensiv wur-

---

22 Vgl. die Aufstellung als Anlage 36 zum Protokoll der Aufsichtsratssitzung vom 31.10.1940, in: Ordner Korrespondenz mit dem Aufsichtsrat.
23 Protokoll der Vorstandssitzung vom 30.11.1942, in: CUA, 6603 Zg 3/85, A 3.
24 Protokoll der Vorstandssitzung vom 3.3.1942, in: CUA, 6603 Zg 3/85, A 3. Vgl. dazu und zum Folgenden auch bereits Erker, Vom nationalen zum globalen Wettbewerb, S. 457 ff.

de dabei zum einen die Frage einer Vereinheitlichung der Reifenabmessungen, Felgenzuordnungen und der Tragfähigkeitszahlen beraten, d. h. die Schaffung einer ‚technischen Europa-Norm' in der bislang zersplitterten und daher auch den dominierenden amerikanischen Reifennormen unterlegenen europäischen Reifenindustrie.[25] Zum anderen ging es auch darum, „die Anwendung des synthetischen Kautschuks jetzt und auch späterhin nach einheitlichen bzw. vergleichbaren Grundsätzen fortführen zu können" und gleichsam eine europäische Rohstoff-Norm für die Kautschukindustrie zu schaffen.[26] Insbesondere mit der französischen Gummi- und Chemieindustrie wurden dazu in Paris lange Vorverhandlungen geführt, ehe diese ihre „grundsätzliche Bereitschaft [erklärte], innerhalb der europäischen Vereinigung der Kautschukindustrie mitzuarbeiten."[27]

Im Continental-Vorstand waren die Pläne Eckells allerdings auf erhebliche Skepsis und Zurückhaltung gestoßen. In dessen Absicht, langfristig die europäische Rohgummieinfuhr zu monopolisieren und die verschiedenen europäischen Staaten hinsichtlich der aus Deutschland kommenden Buna-Lieferungen auf Jahre hinaus abnahmepflichtig zu machen, sah Könecke mehr Gefahren und Risiken für das Continental-Geschäft als Vorteile.[28] „In der Gesamtfrage", so beschloss der Vorstand, „soll vorerst ein zurückhaltende Stellung eingenommen werden, um später zur Ablehnung der Pläne überzugehen".[29] Die geringe Begeisterung für die Aktivitäten des Amts für Wirtschaftsausbau lag auch daran, dass Eckell in diesem Zusammenhang direkte Gespräche mit Pirelli als starkem Verbündeten suchte, wodurch der Konkurrent potenziell zu Lasten von Continental an Einfluss gewinnen könnte.[30] Allerdings hatte Könecke auch schnell gemerkt, dass die Europablock-Pläne Eckells innerhalb des RWM höchst umstritten waren und darüber ein regelrechter Machtkampf zwischen Eckell und dem Reika-Leiter Jehle entbrannt war. Jehle bekämpfte die Bildung des Blocks, „indem er sich meinen bekannten Argumenten anschließt, insbesondere im Hinblick darauf, dass man Frankreich nicht kopfscheu machen solle durch Un-

---

25 Vgl. u. a. Protokoll des Industrieausschusses bei der Fachgruppe Bereifung vom 12.2.1942 und vom 5.5.1942, in: CUA, 6525 Zg 1/56, A 41.

26 Vgl. Memorandum vom 16.9.1942, in: CUA, 6525 Zg 1/65, A 169.

27 Vgl. die Notiz über die Verhandlungen in Paris am 12.-21.10.1942, in: CUA, 6620 Zg 1/70, A 12. Zur Verweigerung Michelins vgl. Lionel Dumond, L'épopée Bibendum. Une entreprise à l'epreuve de l'histoire, Toulouse 2002, S. 27.

28 Vgl. Protokoll der Vorstandssitzung vom 1.9.1942, in: CUA, 6602 Zg. 3/85, A 3.

29 Ebd.

30 Allerdings machte man sich darüber im September 1942 noch keine Sorgen, da „ein negatives Resultat [dieser Verhandlungen Eckells] anzunehmen ist", wie es auf der Vorstandssitzung am 1.9.1942 hieß. Ebd.

terbreitung der Friedenspoolpläne, sondern Frankreich im Vertrauen zu unserer starken Buna-Position lassen sollte, um auf diese Weise jetzt während der nächsten Kriegsjahre durch Frankreich Rohkautschuk zu bekommen", wie Könecke in einer Aktennotiz über seine Berliner Besprechungen Ende September 1942 festhielt.[31] Darüber hinaus gab es auch im Reichsaußenministerium starke Kritik an Eckell, „weil mit der Bildung des Europablocks eine hochpolitische Angelegenheit ins Rollen gekommen ist, und man erstmalig Frankreich gleichberechtigt an den Verhandlungstisch holte. Die Sache liegt jetzt bei [Reichsaußenminister] Ribbentrop zur Entscheidung".[32]

Dennoch liefen zunächst die Aktivitäten Eckells unter dem weniger auffälligen Signum „Arbeitsgemeinschaft für Kautschuk" weiter. Im April 1943 fand in Heidelberg die erste formelle Zusammenkunft der drei am „Europa-Block" beteiligten Länder Deutschland, Italien und Frankreich statt. Man richtete ein eigenes Generalsekretariat und drei Hauptausschüsse (Ausgangsstoffe und Prüfmethoden; Reifen; technische Gummiwaren) unter Leitung des aus Fritz Könecke, Alberto Pirelli und dem Vertreter der französischen Kautschukindustrie, Henry Balay, gebildeten Vorstandes ein und begann mit den Beratungen.[33] Dabei zeigte sich allerdings schnell, dass ein Beschluss, die drei Länder dazu zu verpflichten, neue Autoreifentypen künftig nur im gegenseitigen Einverständnis zu schaffen und dabei einheitliche Formabmessungen anzuwenden, kaum je gefasst werden würde.[34] Nicht nur mit der französischen Delegation gab es darüber kontroverse Debatten, sondern auch die europäischen Automobilunternehmen als Erstausrüster, ohne deren Zustimmung eine Normierung von vornherein zum Scheitern verurteilt war, wollten sich zu diesem Zeitpunkt nicht in dieser so weitreichenden Frage festlegen lassen.[35] So blieben die Abstimmungs-

---

31 Aktennotiz vom 29.9.1942, in: CUA, 6525 Zg. 1/56, A 30,2.

32 Notiz Köneckes vom 6.11.1942, in: ebd.

33 Vgl. das ausführliche Protokoll der Heidelberger Tagung mit dem vollständigen Text der Eröffnungsrede Eckells, in: CUA, 6525 Zg. 1/56, A 51, und auch schon den Entwurf einer Satzung einer „Europäischen Kautschukwaren-Vereinigung" vom 1.10.1942, in: CUA, 6525 Zg. 1/56, A 30,2.

34 Vgl. allerdings das Schreiben Eckells an Weber vom 24.4.1943, in dem er auf der Heidelberger Tagung die Basis für eine erfolgreiche Konstituierung des Europa-Blocks gelegt sah, in: CUA, 6525 Zg. 1/56, A 41, sowie Brief Köneckes an Alberto Pirelli vom 20.3.1943, in: ebd.

35 Vgl. die Sitzungsprotokolle der Arbeitsgemeinschaft Kautschuk sowie der diversen Hauptausschüsse vom 14./15.4., 13.5., 29./30.6. und 3./4.8.1943, in: CUA, 6525 Zg 1/56 A 44 und A 51. Vgl. auch Niederschrift über die Sitzung des Beirates der Fachgruppe Kautschukindustrie vom 13.5.1943, auf der eine Stellungnahme zu der Frage der Zusammenarbeit Deutschlands, Italiens und Frankreichs auf dem Kautschukgebiet verfasst wurde, bei der Eckell auch eine ausführliche historische Darstellung der bisher geführten Verhandlungen vortrug, in: CUA, 6525 Zg. 1/56, A 44. Als künftige Mitglieder der deutschen Delegation wurden dabei neben einem Vertreter

gespräche letztlich ohne greifbare Ergebnisse, auch wenn im August 1943 erneute Vorgespräche in München stattgefunden hatten und mit Hochdruck an den Vorbereitungen für die nächste große Sitzung der Arbeitsgemeinschaft im September in Paris gearbeitet wurde, die dann aber nicht mehr zustande kam.[36]

Seit Herbst 1940 hatte das RWM zudem im Kontext der Großraumplanungen ein anderes Konzept zur Durchsetzung der langfristigen Dominanz der Deutschen in der europäischen Kautschukindustrie entwickelt, mit dem Könecke und die anderen Gummi- und Reifenindustriellen konfrontiert wurden. Dabei ging es darum, die technologische Überlegenheit der Deutschen bei der Buna-Herstellung und -verarbeitung als Vehikel dazu zu nutzen, um über ein Netz von Lizenzverträgen und der Unterordnung unter deutsche Betreuungsfirmen die europäischen Gummiunternehmen in Abhängigkeit zu bringen und auf die deutschen Fertigungsstrukturen wie Rüstungsbedürfnisse auszurichten. Die Planungen sahen vor, dass Continental entsprechend für Vredestein und Michelin in Brüssel, 's-Hertogenbosch und Prag sowie „evtl. später Clermont-Ferrand" zuständig sein sollte, Phoenix wurden die Unternehmen Hevea in Holland, Askim in Norwegen sowie „evtl. später Dunlop-Konzern" in England zugeordnet, Semperit der französische Hersteller Hutchinson sowie die belgische Reifenfirma Englebert, und Vorwerk schließlich die französische Firma Bergougnan.[37]

Die Aufstellung zeigt, dass es Messner mit Semperit erfolgreich gelungen war, obschon noch selbst unter der technischen Beratung und Betreuung von Continental stehend, in den Kreis der führenden großdeutschen Betreuungsunternehmen der Kautschukindustrie einzudringen, und sich damit einen dominierenden Platz in der nach dem Willen des RWM geformten künftigen europäischen Kautschukbranche gesichert hatte. Tatsächlich hatte Messner nach seiner Rückkehr aus der französischen Kriegsgefangenschaft im August 1940 weitreichende Expansionspläne entworfen. Anfang Februar 1941 legte er dem Aufsichtsrat in einem überschwänglichen Bericht die weitere Strategie des Unternehmens vor.[38] Im Protektorat und der Slowakei habe man eine bedeutende

---

des RWM und der Reika ein Vertreter der IG Farben sowie für die Gummiindustrie Könecke, Schäfer und Messner bestimmt.

36 Vgl. „Arbeitsgemeinschaft Kautschuk. Bericht für 1943" vom 12.2.1944, in: CUA, 6525 Zg. 1/ 56, A 51, sowie darin den umfangreichen Schriftwechsel zwischen den einzelnen Delegationen, insbesondere auch der Franzosen, außerdem den detaillierten Bericht des Generalsekretärs der Arbeitsgemeinschaft für Kautschuk über seine Reise nach Paris Ende November 1943 und die dort geführten Gespräche mit verschiedenen Vertretern der französischen Kautschukindustrie, aus dem u. a. hervorgeht, dass eine Verschiebung der Pariser Tagung auf den Februar 1944 geplant war, in: ebd.

37 Vgl. Protokoll der Vorstandsbesprechung vom 29.10.1940, in: CUA, 6603 Zg. 3/85, A 3.

38 Vgl. dazu und zum Folgenden Feldman, Die Creditanstalt-Bankverein, S. 553 ff.

Marktposition und den großen einheimischen Konkurrenten Bata zurückgedrängt, auch in Ungarn mache man „schöne Fortschritte" und in Polen sei man
mit der Krakauer Gummiwerke AG nun mit eigener Produktion präsent. Insgesamt entwarf er ein ehrgeiziges „Südosteuropa-Programm", aber das in der Folgezeit von Messner aufgebaute, weitgespannte Netz an direkt oder indirekt beherrschten Gummifabriken in den verschiedensten europäischen Ländern ging
weit darüber hinaus: Angefangen mit der Einverleibung der Matador Gummiwerke Prag und deren Zweitfabrik in Preßburg über die Betreuung des belgischen Englebert-Konzerns, untermauert durch eine direkte Kapitalbeteiligung,
und der Einflussnahme beim französischen Gummiunternehmen Hutchinson
bzw. dessen spanischem Tochterunternehmen in Madrid, an dem man sich mit
30 Prozent finanziell beteiligte, bis hin zu Einflussnahmen – die der Hauptak-
tionär Creditanstalt-Bankverein kapitalmäßig massiv unterstützte – in einer Reihe von ungarischen Gummiunternehmen, allen voran der Ungarischen Gummireifen AG, Budapest, über die Semperit auch Zugriff auf eine Tochterfabrik in
Rumänien erhielt.[39] Dazu kamen Niederlassungen in Krakau, Sofia, Istanbul,
Zagreb, Mailand und Zürich. Semperit-Direktor Kastner saß auch in der Kautschukverarbeitungs-Gesellschaft und war damit Mitglied im sogenannten
„Ukraine-Ring" der Gesellschaft, deren Ziel wie erwähnt die treuhänderische
Übernahme, Führung oder Errichtung von kautschukverarbeitenden Betrieben
in der Ukraine war.

In Hannover hatte man die offensive Expansionspolitik von Semperit mit
Argwohn und wachsender Verärgerung gesehen und daher von Anfang an massiv bei Eckell und dem RWM darauf gedrängt, dass im Falle einer Betreuung
von Englebert und Hutchinson sichergestellt werden musste, dass eine Weitergabe des an Semperit zugeflossenen Continental-Know-hows „unmöglich gemacht wird" – was allerdings scheiterte, denn im Oktober 1941 berichtete Messner nach Hannover von einer umfangreichen Liste von Unternehmen, an die
man „im Sinne der vom Reichswirtschaftsministerium erhaltenen Aufträge unsere Buna-Erfahrungen inclusive der von Ihnen bezogenen Buna-Erfahrungen
[weitergegeben habe]".[40] Um sein neues Selbstverständnis als Teil der neuen
deutschen Kautschukindustrie unter dem NS-Regime auch nach außen hin zu
dokumentieren, hatte Messner im Juli 1941 auch eine Änderung des Unterneh-
mensnamens vornehmen lassen: Aus dem ursprünglichen vollständigen Namen
„Semperit. Österreichisch-amerikanische Gummiwerke AG" wurden die beiden
Länderangaben ausgemerzt und nur noch der einfache Namen Semperit Gum-

---

39 Vgl. die Aufstellung in: Harather, 190 Jahre, S. 47.
40 Vgl. Protokoll der Vorstandsbesprechung vom 29.10.1940, in: CUA, 6603 Zg. 3/85, A 3, sowie Schreiben Semperit an Continental vom 1.10.1941, in: CUA, 6600 Zg. 1/56, A 18.

miwerke AG, Wien, geführt.[41] Teil der offensiven Marktstrategie Messners war auch ein mit Phoenix im Oktober 1941 geschlossenes Warenzeichenabkommen zur gegenseitigen Abgrenzung der Begriffe und Schutzrechte, um sich später auf den verschiedenen Märkten nicht ins Gehege zu kommen.[42] Am 17. April 1941 überreichte denn auch der zuständige Reichsleiter Baldur von Schirach Franz Messner für seine Verdienste um die deutsche Kriegswirtschaft das Kriegsverdienstkreuz II. Klasse mit Schwertern, dazu auch ein Bild von Reichswirtschaftsminister Funk mit einer persönlichen Widmung, wenig später gefolgt von der Verleihung des Kriegsverdienstkreuzes I. Klasse.[43] Und im Mai 1941 wurde Semperit als erstes Unternehmen der „Ostmark" auch zum NS-Musterbetrieb erklärt. Semperit war unter Messner mithin offensichtlich dabei, nicht nur innerhalb des Deutschen Reichs zu den großen deutschen Konkurrenten Phoenix und Continental aufzuschließen, sondern bestrebt, diesen mit Hilfe und durch Instrumentalisierung der Buna-Lizenz-Strategie des RWM auch in der europäischen Expansions- und Beherrschungspolitik das Feld streitig zu machen.

Das Buna-Beratungskonzept, die Politik der Betreuung ausländischer Firmen und die führenden deutschen Kautschukunternehmen waren allerdings Gegenstand eines neuen Machtkampfes zwischen Eckell und Jehle geworden, wobei sich Eckell auch hier mit der Einrichtung einer „Kommission zur Kontrolle des Buna-Verbrauchs und der Fertigprodukte der deutscherseits betreuten Fabriken in den besetzten und befreundeten Gebieten" durchsetzte. Könecke war wie schon beim „Europa-Block" auf der Seite Jehles gewesen, konnte aber nach entsprechenden Interventionen im Februar 1942 beruhigt konstatieren, dass die Kommission – bestehend aus einem Vertreter des Reichsamts für Wirtschaftsausbau, einem IG Farben-Manager und einem Vertreter der Fachgruppe Kautschukindustrie – „völlig neutralisiert" sei, sich zunächst nur auf die Feststellung der nötigen Hilfsstoffe und Maschinen konzentriere und Verhandlungen „nur in Anwesenheit und möglichst unter geistiger Führung der deutschen Patronatsfirmen" führe.[44] Damit waren aus Sicht der Betreuungsunternehmen

---

41 Später wurde seitens des Unternehmens behauptet, dass die Umbenennung auf Drängen des RWM erfolgt sei. Vgl. Bericht Semperit an die Besatzungsbehörde vom 24.11.1947, S. 2, in: https://www.fold3.com/search/#s_surname=Semperit&ocr=1, Report on Semperit Gummiwerke AG, Vienna from GEA Branch (German External Asset Branch) of the US Allied Commission for Austria (USACA), Exhibits 10 to 17.
42 Vgl. Mappe Verträge 1922–1950, in: MDA/SHMH.
43 Vgl. Der Semperitler Heft 5/1941, S. 9, und ebd., Heft 4/1942, S. 10. Im Juni 1942 übernahm Messner auch selbst die Leitung der Hauptabteilung Erzeugung bei Semperit und machte die Fertigungspolitik zur „Chefsache". Vgl. Nachrichten aus dem Konzern, in: Der Semperitler Heft 3/1942, S. 14.
44 Notiz Könecke für Assbroicher und Weber vom 18.2.1942, in: CUA, 6620 Zg. 1/70, A 13.

wie Continental unerwünschte Eingriffe des Reichsamts bzw. des RWM erst einmal weitgehend ausgeschlossen, vor allem aber auch potenzielle, allenthalben drohende Einmischungen durch die IG Farben. Diese hatte zunehmend darauf gedrängt, „nicht mehr abgehalten zu werden von der Beratung auf dem Buna- und Hilfsstoffgebiet bei den Kautschukverarbeitern außerhalb Deutschlands, weil es sich um den Ruf dieser von ihr gelieferten Materialien und um hohe Millionensummen investierten Kapitals auf diesem Gebiet handelt", wie Könecke die Argumentation der IG Farben wiedergab.[45]

Die amtliche Federführung bei der Umsetzung des Pacht- und Betreuungssystems hatte denn auch in der Folgezeit nicht Eckell, sondern die Reika unter Jehle, und nach dessen Ablösung seit Juni 1943 Otto A. Friedrich, der regime- und behördenseitig die zentrale Figur bei der Beschaffung und Organisation der Kautschukressourcen in den besetzten wie verbündeten Gebieten war. Friedrich reklamierte später für sich, dass es sich dabei immer um faire und auch unter friedensmäßigen Bedingungen so ausgehandelte Betreuungs- und Pachtverträge handelte. Dass die „betreuten" und gepachteten Unternehmen jedoch keine Möglichkeit hatten, sich der technischen und fabrikatorischen Dominierung und Instrumentalisierung zu entziehen, und diese Art der Ressourcenmobilisierung auch deutlichen Ausbeutungscharakter hatte, verschwieg er.[46] Vor allem war das Lizenz- und Beratungsgeschäft für die „Patronatsfirmen" Continental, Phoenix und Semperit höchst einträglich. 1942 verbuchte man in Hannover dafür Einnahmen von 567 278 RM, 1943 war es mit 1,367 Mio. RM mehr als doppelt so viel, 1944 sanken die entsprechenden Gebührenerträge auf immer noch 863 000 RM.[47] Im Dezember 1944 kamen die Finanzleute in Hannover zu dem vorläufigen Fazit, dass Continental mit den Buna-Lizenzverträgen seit Zustandekommen im September 1942 insgesamt 3,122 Mio. RM vereinnahmt bzw. noch zu erhalten hatte.[48]

Die Betreuung bedeutete allerdings auch einen erheblichen personellen Aufwand und ein ausgeklügeltes „Patronats-Management". Es galt, Koordinati-

---

45 Ebd.

46 Vgl. Erklärung Friedrich vom 20.9.1946 anlässlich seines Entnazifizierungsverfahrens, in: StA Hamburg 221-11, Misc. 1924. Der Mythos des fairen Verhaltens und der gerechten Verträge wurde auch in der späteren Phoenix-Festschrift weitergepflegt und unreflektiert auch in der von Friedrich (einem Sohn) und Berghahn später erstellten Biographie (Berghahn/Friedrich, Otto A. Friedrich) übernommen und weiterverbreitet.

47 Vgl. die Angaben in den WP-Prüfberichten und Bilanzakten 1942 bis 1944, Bl. 8, 67, 54, in: CUA, 6600 Zg., 1/60, A 25, sowie CUA, 6630, Zg. 1/56, A 33, Bd. 19 f.

48 Vgl. Notiz vom 11.12.1944, in: CUA, 6714 versch. Zg., A 8. Dabei waren hier die zu Continental gehörenden ausländischen Fabriken und Tochterunternehmen nicht einbezogen, denen man aus Gründen der Gewinnabschöpfung ebenfalls Lizenzgebühren auferlegt hatte.

ons- und Integrationsprobleme bei der Eingliederung in den Fertigungsverbund und zugeschnitten auf die Erfüllung der Soll-Vorgaben in den vier Continental-Hauptwerken zu überwinden. Erfahrene Fertigungsingenieure, Reifentechniker, Buna-Chemiker und Verwaltungsfachleute mussten als Werksleiter und Beratungsingenieure abgegeben werden, um die Werke möglichst schnell auf Continental-Niveau zu bringen, obwohl sie in den heimischen Werken eigentlich dringend gebraucht wurden; außerdem musste die Abgabe von Continental-Erzeugnissen und Halbfabrikaten an die auswärtigen Fabriken zur Weiterverarbeitung oder Weiterleitung an die zivilen oder militärischen Abnehmer in den jeweiligen Ländern organisiert werden.[49] Erst recht schwierig war die Verlegung ganzer Fertigungsaufträge einzelner Rüstungsprodukte, die aus kapazitätspolitischer oder als Folge von Zerstörungen durch Luftangriffe an die Auslandsfirmen gegeben wurden. Probleme gab es auch beim Kapitaltransfer, sei es in Form von Investitionsmitteln aus Hannover oder bei der Rückführung der Gewinne nach Deutschland, die durch die komplizierten Gesetze und die alles kontrollierende Bürokratie der Devisenüberwachungsstellen erheblichen Schwierigkeiten ausgesetzt waren.[50] Nicht zuletzt gab es das Problem, die Versorgung der betreuten und unter Lizenznahme stehenden Firmen mit Buna, Hilfsstoffen und Gewebe sowie Maschinen aus dem Deutschen Reich sicherzustellen, wobei sich die absurde Situation ergab, dass dafür knappe Kontingente der auch in den eigenen Heimatwerken prekären Rohstoffversorgung zur Verfügung gestellt und ins Ausland abgegeben werden mussten, während die Reika und die deutschen Besatzungsbehörden erst kurz zuvor bei denselben Werken die Rohstofflager, Rohkautschukvorräte, Maschinen und weitere Mangelstoffe geplündert und nach Deutschland geschafft hatten.[51] Das galt vor allem für Frankreich. Die Steuerung der Rohstoffversorgung in den „betreuten" Firmen und die Überwachung und technische Organisation der Buna-Einschleusung bei den Auslandsfabriken erzeugten komplexe bürokratische Prozesse der Besatzungsökonomie.[52] Vor allem aber galt es zunächst die vielfältigen Hindernis-

---

49 Vgl. die umfangreiche Aufstellung entsprechender „Sondergeschäfte" vom 11.1.1943, in: CUA, 6170 Zg. 1/85, A 2,3. Die Continental-Statistiker erfassten bei einer im Oktober 1941 erstellten Übersicht über „Bezug und Absatz der auswärtigen Fabriken" 12 Fertigungsstandorte. Vgl. Notiz vom 1.10.1941, in: CUA, 6600 Zg. 1/56, A 3.
50 Vgl. den umfangreichen Schriftverkehr mit der Devisenüberwachungsstelle Hannover in: NLA HA, Hann. 210, Acc. 2003/087, Nr. 46–49 und Nr. 76–78.
51 Vgl. die Aktennotiz eines leitenden Continental-Angestellten über eine Besprechung im RWM vom 17.3.1942, in: CUA, 6525 Zg. 1/65, A 1,1.
52 Vgl. etwa die regelmäßigen Berichte der Firmen an die Reika über die jeweils in den einzelnen Ländern eingesetzten Mengen an Naturkautschuk, Buna und Regenerat, hier Continental vom 7.2.1942, in: CUA, 6725 Zg. 1/57, A 2,3, sowie Bericht an die Reika über den Stand der

se zu überwinden, um die Verträge abzuschließen und die Kooperationen, Pachtverhältnisse und den Erwerb unter Dach und Fach zu bringen, die dann je nach Unternehmen, wie noch zu zeigen sein wird, ganz unterschiedlich funktionierten. „Im Einvernehmen mit dem Reichswirtschaftsministerium und in Erfüllung der uns auferlegten Betreuungspflichten ausländischer Gummifabriken (Ingangsetzung stillgelegter Fabriken und Einschleusung deutscher Werkstoffe) führten wir mit einer Reihe ausländischer Firmen entsprechende Vertragsverhandlungen", hieß es dazu in einem Bericht des Continental-Vorstands an den Aufsichtsrat.[53]

Könecke und Weber, aber auch eine Reihe weiterer leitender Angestellten und Reifenfachleute aus Hannover reisten in der Folgezeit fast monatlich nach Frankreich, Belgien, Holland und in die ehemaligen polnischen Gebiete.[54] Dabei konzentrierte sich das Interesse der Continental-Manager zunächst auf die beiden neuen und, da inzwischen auf Reichsgebiet gelegen, als echte fünfte und sechste Continental-Fabrik und Fertigungsstandorte fungierenden Werke in Posen und Krainburg, die möglichst schnell in den Produktionsverbund des Konzerns integriert werden mussten.

2 Zwei neue „heimische" Konzernwerke: Die Posener Gummi- werke GmbH und das Werk in Krainburg/Kärnten

Schon kurz nach der Kapitulation und Besetzung Polens hatte das RWM Continental die Verpflichtung zur technischen, aber auch geschäftlichen Betreuung der Posener Reifenfirma Stomil auferlegt. Die ersten näheren Auskünfte, die Continental über die polnische Gummifabrik erhielt, als man im November 1939 bei der Reichs-Kredit-Gesellschaft entsprechend angefragt hatte, waren dabei durchaus vielversprechend. Demnach gab es bedeutende Aktiva, neben dem Aktienkapital von 1,8 Mio. Zloty bestanden Reserven von 1,8 Mio. Zloty, zudem schlugen vor allem Immobilien, insbesondere die Fabrik in Posen-Luisenhain, im Wert von 3,24 Mio. Zloty, zu Buche.[55] Das Gummiunternehmen war ver-

---

Buna-Einschleusung in den Auslandsfabriken von Continental vom 8.2.1943, in: CUA, 6525 Zg. 1/65, A 19.

53 Quartalsbericht für August bis November 1942 vom 15.1.1943, in: Ordner Anlagen zu den Aufsichtsratsprotokollen.

54 Vgl. die später für die Militärregierung erstellten Itinerare von Könecke und Weber in ihren jeweiligen Entnazifizierungsakten, in: NLA HA Nds. 171 Hannover-IDEA, Nr. 16060, bzw. Registratur Personalabteilung, Personalakte Könecke.

55 Auskunftsschreiben der Reichs-Kredit-Gesellschaft vom 2.11.1939, in: Registratur Rechtsabteilung, Ordner Stomil und Gründung der Posener Gummiwerke GmbH.

gleichsweise jung, erst 1928 auf Veranlassung der Posener Straßenbahn AG gegründet, die auch Alleinaktionär war. Die Produktion umfasste Gummimäntel sowie Reifen und Schläuche für Autos, Flugzeuge, Motorräder und Fahrräder. Dank der guten Qualität hatte das Unternehmen schnell Gewinne erzielt und war mithin profitabel. In Debica in der Nähe von Krakau war daher ein Zweigwerk errichtet worden.

Bei Könecke und seinen Vorstandskollegen überwogen dennoch zunächst erhebliche Skepsis und Vorbehalte – angefangen mit den noch ungeklärten Besitzverhältnissen und der zu diesem Zeitpunkt noch vielfach unsicheren Lage der gesellschaftlichen, wirtschaftlichen und politischen Verhältnisse in diesem ehemals polnischen Gebiet. Formaler Besitzer von Stomil war inzwischen die unter deutscher Führung stehende und zur „Gauhauptstadt" erklärte Stadt Posen und dessen neuer deutscher Oberbürgermeister, daneben spielten aber auch die Haupttreuhandstelle Ost sowie die deutsche Wehrmacht-Besatzungsbehörde eine maßgebliche Rolle. Continental war vom RWM freigestellt worden, über Art und Weise der Betreuung direkte Vorverhandlungen aufzunehmen, die jedoch sämtlich, vor allem sobald es um konkrete vertragliche Grundlagen ging, dem RWM unterbreitet werden mussten. Könecke hatte dort von Anfang an klar gemacht, dass man auf jeden Fall vermeiden wollte, wieder in die gleichen Diskussionen und Probleme zu geraten, wie sie sich beim Abschluss der Zusammenarbeit mit Semperit abgespielt hatten. Man sei zu einer technischen wie geschäftlichen Führung von Stomil nur bereit, wenn eine vertragliche Grundlage gefunden werde, nach der „wir Einfluss auf die Geschäftsführung ausüben könnten, d. h. nach der wir zu einer Beteiligung kämen."[56] Als praktischer Weg schlug er zunächst einen Pachtvertrag vor, verbunden mit der Option auf den Erwerb eines einflusssichernden Aktienanteils. Und man machte auch von vornherein klar, dass man nur Interesse an der Fabrik in Posen-Luisenhain habe. Der zuständige Leiter der Haupttreuhandstelle Ost machte Könecke allerdings schnell deutlich, dass die alleinige Entscheidungsbefugnis über die Frage, ob und inwieweit sich Continental an Stomil beteiligen könnte, bei ihm lag.[57]

Im April 1940 waren die Verhandlungen immerhin so weit gediehen, dass Continental-Finanz-fachleute und -Ingenieure nach Posen reisten, um sich vor Ort ein Bild von Stomil zu machen. Das Unternehmen war, wie sie dabei entdeckten, bis Kriegsausbruch nicht nur profitabel gewesen und hatte stattliche Reingewinne erwirtschaftet, sondern auch – ausgestattet mit neuen (und zum

---

56 Aktennotiz Könecke betr. Stomil vom 24.1.1940, in: ebd.
57 Aktennotiz Könecke über Verhandlungen in der Haupttreuhandstelle Ost vom 29.2.1940, in: ebd.

Teil noch nicht bezahlten) Maschinen aus Großbritannien auf der Basis eines Investitionskredits der polnischen Regierung in Höhe von 21,4 Mio. Zloty sowie technischem Know-how von dem amerikanischen Reifenkonzern General Tire – höchst leistungsfähig.[58] Zu diesem Zeitpunkt arbeiteten allerdings nur noch ca. 80 Arbeitskräfte in Luisenhain, wo sie täglich ca. 50 Kraftfahrzeugreifen und 500 Fahrradreifen herstellten. Aber die Aussichten waren höchst vielversprechend, zumal inzwischen mit der Gründung des Reichsgaues Posen, ab 1940 als Warthegau firmierend, und dessen Eingliederung in das Deutsche Reich auch die politisch-rechtlichen Unsicherheiten verschwunden waren. In diesen ehemaligen Gebieten Polens setzte eine umfangreiche Germanisierungspolitik des NS-Regimes ein, verbunden mit der Ansiedlung von Volksdeutschen und der Zwangsdeportation von Juden und „Nationalpolen" in das Generalgouvernement.

Für die Continental-Führung gab es daher durchaus viele gute, im eigenen Unternehmensinteresse liegende Gründe, den Betreuungsauftrag des RWM durchzuführen: Es handelte sich um eine vergleichsweise moderne Fabrik in einem nach dem Krieg vielversprechenden neuen Absatzgebiet, zudem konnte man damit auch ein Pufferwerk zur dringend erforderlichen Entlastung der hannoverschen Hauptwerke schaffen, zumal der Bau und die Produktionsfähigkeit im Werk Nordhafen nicht weiter vorankamen. Der erste Vertragsentwurf von Seiten Continentals sah zunächst nur eine Treuhänderschaft und die Option auf Kapitalübernahme von 51 Prozent innerhalb von zwei Jahren vor, wobei die Vertreter der Stadt Posen offenbar auf eine sofortige und vollständige Aktienübernahme durch die Hannoveraner drängten.[59] Doch dann tauchten plötzlich Komplikationen auf. Das Oberkommando des Heeres reklamierte Stomil als Regie-Betrieb der Wehrmacht unter Leitung der IG Farben, „damit der Reifenindustrie Impulse gegeben würden zur kommenden Schaffung eines 100%igen Buna-Reifens für Lkw", wie Könecke empört – da damit eine deutliche Abwertung der technologischen Kompetenz von Continental verbunden war – notierte.[60] Für den Generaldirektor war das nicht nur deshalb eine beunruhigende Entwicklung, da Continental leer auszugehen, sondern auch noch die IG Farben als direkter Konkurrent aufzutreten drohte. Er versicherte sich daher zur Verteidigung der Ansprüche von Continental der Unterstützung Eckells und des RWM. „Wenn man der IG einen Regiebetrieb geben will für die Wehrmacht, mit

---

58 Vgl. u. a. die 6-seitige Notiz vom 8.4.1940 zum Status der Stomil AG, in: ebd.
59 Vgl. Schreiben Könecke an Eckell zum Stand der Verhandlungen vom 8.5.1940, in: ebd.
60 Notiz Könecke vom 15.5.1940 zu den Berliner Verhandlungen im Mai 1940, in: ebd. Vgl. zu den internen Beratungen und Diskussionen über den Stomil-Vertrag auch Protokoll der Vorstandssitzung vom 22.4.1940, in: CUA, 6603 Zg. 3/85, A 3.

dem sie uns zeigt, wie man Reifen baut", betonte er, solle man das in Debica machen, an dem Continental sowieso kein Interesse hatte.[61] Im Übrigen empfahl er seinem Vorstandskollegen Weber, „ein paar Liebhaber-Exemplare" von 100-prozentigen Buna-Lkw-Reifen zu fabrizieren – ähnlich, wie es die IG getan habe –, um den Vorwürfen in Berlin, die IG könne auf diesem Gebiet mehr als Continental, den Boden zu entziehen.

Probleme gab es auch mit dem neuen Oberbürgermeister von Posen, der offenbar mit der Abwicklung dieses „kommunalfremden Geschäfts" überfordert war und auf die Übernahmeangebote von Continental lange gar nicht und dann erst mit erheblicher zeitlicher Verzögerung reagierte, so dass Könecke Eckell dazu drängte, „den Posener Herren etwas Feuer unter den Frack zu machen".[62] Und Ende Mai trat dann plötzlich – die IG war inzwischen als Betreiber der Stomil ausgeschieden – mit den Gummiwerken Vorwerk ein neuer Konkurrent auf, der womöglich einen höheren Kaufpreis bot. Continental legte umgehend ein konkretes Kaufangebot für sämtliche Stomil-Aktien in Höhe von 1,4 Mio. RM vor und war intern bereit – „bei der Wichtigkeit des Objektes sollte es auf 50 000 RM nicht ankommen" –, notfalls bis zu 1,5 Mio. RM zu gehen.[63] Darin eingeschlossen war auch das Werk Debica, das jetzt im Generalgouvernement lag, denn das RWM und das OKH hatten sich inzwischen darauf geeinigt, dass Stomil nur als Ganzes verkauft werden konnte. Continental verpflichtete sich aber dazu, Debica zu gegebener Zeit zu einem angemessenen Preis an die Wehrmacht abzugeben. Die Angelegenheit war aufgrund der vielen verschiedenen Akteure und deren unterschiedlichen Interessen reichlich kompliziert, so dass es letztlich bis 17. Juli 1940 dauerte, bis der förmliche Kaufvertrag zwischen der Stadt Posen und Continental bzw. der dafür neu gegründeten Tochtergesellschaft Posener Gummiwerke GmbH, an die die Stomil-Anteile übertragen wurden, unterschrieben werden konnte.[64] Nach weiteren Komplikationen wurde

---

61 Notiz Könecke vom 15.5.1940 zu den Berliner Verhandlungen im Mai 1940, in: Registratur Rechtsabteilung, Ordner Stomil und Gründung der Posener Gummiwerke GmbH.

62 Ebd. sowie auch Notiz vom 11.5.1940, in: ebd.

63 Notiz Aretz vom 29.5.1940, in: ebd.

64 Vgl. auch das notarielle Verkaufs-, Übertragungs- und Gründungsprotokoll sowie den Kaufvertrag vom 12.7., 16.7. und 17.7.1940, in: Registratur Rechtsabteilung, Ordner Stomil und Gründung der Posener Gummiwerke GmbH, ebenfalls in: CUA, 6621 Zg. 2/92, A 1. Der faktische Kauf- und Übertragungsvorgang war im Detail noch erheblich komplizierter, denn zunächst blieb die Stomil AG erhalten, mit dieser schloss Continental einen Vertrag zur technischen und verwaltungsmäßigen Kontrolle, wobei zunächst auch die Marke Stomil erhalten blieb und das Werk ca. ein Drittel der Produktion für den Vertrieb in das Generalgouvernement verfügen konnte. Stomil räumte Continental zudem das Recht ein, innerhalb von zwei Jahren zu verlangen, das Werk Luisenhain in eine neu zu gründende Gesellschaft einzubringen, bei der Continental 51 Prozent der Anteile hielt. Vgl. den 23 Punkte umfassenden Vertrag ohne Datum in: Ordner

das Werk Debica im Mai 1941 an das OKW abgetreten – das dann später komplett demontiert werden sollte, nach Leverkusen verbracht und als Grundlage für das von IG Farben und Continental gemeinsam betriebene Versuchswerk Kautschuk diente.[65] Die Hannoveraner zahlten dabei letztlich zwei Mio. RM an die Stadt Posen bzw. die Posener Straßenbahn AG für die Übernahme des gesamten Aktienkapitals.[66] Das Unternehmen seinerseits verpflichtete sich, das Werk Luisenhain weder während noch nach dem Krieg teilweise stillzulegen und einzelne Fertigungszweige nach Hannover oder Korbach zu verlegen. „Im Gegenteil erklären wir", so hieß es in dem Vertrag, „dass es unser Bestreben ist, das Werk Luisenhain so zu fördern und zu erweitern, wie es im Rahmen der Entwicklung unseres Gesamtunternehmens und der Gesamtwirtschaft möglich ist. Dabei werden wir das Bestreben haben, die wirtschaftliche Bedeutung des Werkes Luisenhain für die Stadt Posen und darüber hinaus für den Warthegau zu steigern."[67]

Anfang August 1940 meldete Könecke dann dem Aufsichtsrat erfolgreichen Vollzug des Erwerbs von Stomil. „Unser Entschluss, die Fabrikationsstätte zu erwerben", so hieß es darin, „war begründet damit, dass sehr ernsthafte Kaufangebote unserer Konkurrenz vorlagen und dass uns eine Festigung unserer Position im Osten durch diesen Erwerb ermöglicht wurde."[68] Der Gesamtkaufpreis von zwei Mio. RM sei „als außerordentlich günstig" zu bezeichnen, nachdem interne Prüfungen einen Gesamtwert der Anlagen und Maschinen von 2,65 Mio. RM ergeben hatten und in diesem Wert bereits reichlich Abschreibungen steckten. Zudem stand zu erwarten, dass mit dem Verkauf von Debica an

---

Posener Gummiwerke GmbH. Die Stomil AG wurde offiziell zum 1.1.1942 aufgelöst und liquidiert. – Zu dem Verkauf hatte u. a. der deutsche Generalgouverneur in Warschau wegen der Lage von Debica seine Zustimmung erteilen müssen, wobei sich aber wiederum erhebliche Konflikte zwischen dem Heereswaffenamt in Berlin und dem Generalgouverneur ergaben. Vgl. Notiz Könecke vom 24.8.1940, in: ebd.

65 Vgl. den Schriftwechsel u. a. mit dem RWM vom 28.1.1941, in: CUA, 6525 Zg. 1/56, A 22,1.

66 Vgl. Schreiben Continental an den Oberbürgermeister der Stadt Posen vom 1.6.1940 sowie Antwortschreiben vom 22.6.1940, in: ebd. Dabei verwies der Oberbürgermeister darauf, dass bei ihm eine „Gruppe baltendeutscher Herren unter Führung eines Vertreters der Deutschen Umsiedlungs-Treuhandgesellschaft" vorgesprochen habe und sich dafür interessierte, „kapitalmäßig und personell in den wieder in Gang zu setzenden Betrieb [der Stomil AG] eingebaut zu werden."

67 Schreiben Continental an den Oberbürgermeister der Stadt Posen vom 1.6.1940, in: ebd. Vgl. Protokoll der Vorstandssitzung vom 24.6.1940, in: CUA, 6603 Zg. 3/85, A 3.

68 Schreiben des Vorstands an den Aufsichtsrat vom 6.8.1940, in: Registratur Continental, Ordner Korrespondenz mit dem Aufsichtsrat 1936–1942.

das OKH wieder ca. 1,2 Mio. RM des Kaufpreises zurückvereinnahmt würden, so dass die ganze Transaktion Continental nur 0,8 Mio. RM, aus steuerlichen Gründen in Form eines Darlehens des Unternehmens an seine neue Posener Tochtergesellschaft, kosten würde.

Abb. 129: Briefkopf der Reifenfabrik Stomil, Posen 1940

Continental machte sich tatsächlich schnell daran, die Fertigung in Posen hochzufahren und auf Continental-Standard zu bringen. Schon nach wenigen Wochen war die Produktion auf täglich 100 Großreifen und 800 bis 1000 Fahrradreifen gesteigert worden, mithin eine Verdoppelung gegenüber dem Übernahmezustand. Aus Hannover wurden eine Reihe von erfahrenen Meistern, Vorarbeitern, Chemikern und Ingenieuren sowie auch Verwaltungsfachleuten nach Posen geschickt, allen voran Karl Ebeling, der als Werks- und Betriebsleiter die operative Geschäftsführung übernahm. Der zu diesem Zeitpunkt 39-jährige Techniker war schon seit 1922 als Entwicklungsingenieur bei Continental, hatte seit 1935 die Autoschlauchabteilung im Werk Vahrenwald geleitet und wie erwähnt den Aufbau des Continental-Werkes in Torrelavega in Spanien durchgeführt.[69] Unter Ebeling wurde die Zahl der Beschäftigten in Posen rasch ausgebaut und von ursprünglich knapp 300 Arbeitern und Angestellten (1940) auf erstmals über 1000 im Oktober 1943 und schließlich 1772 (1944) mehr als verfünffacht (vgl. Tabelle 25).

---

69 Vgl. Personalakte Ebeling in: Registratur Personalabteilung.

Tab. 25: Entwicklung der Beschäftigten in den Posener Gummiwerken 1940 bis 1944

Jahr	Gesamt	Arbeiter/Angestellte		Männer/Frauen	
1940 (Sept.)	284	263	21	186	55
1941	634	589	45	385	249
1942	781	712	69	501	280
1943	1128	1049	79	587	462
1944 (Juli)	1772	1664	108	1028	744

Quelle: Zusammengestellt und berechnet nach: CUA, 6633 versch. Zg. A4, sowie Monatsberichte in: CUA, 6525 Zg 1/56, A 14,1 und A 22,1. Vgl. auch Ordner Gummiwerke Posen GmbH.

Die Rekrutierung der Belegschaft erfolgte zu weiten Teilen aus der noch bestehenden oder früheren polnischen Stomil-Arbeiterschaft, die qualifiziert war und sich nun zum Großteil nach der kriegsbedingten Stilllegung und Entlassung bei der Geschäftsführung der Posener Gummiwerke um Wiedereinstellung bewarben.[70] Der Reichstatthalter in Warschau hatte zwar Continental zur Bedingung zu machen versucht, bei der Einstellung von Personal vorzugsweise Volksdeutsche und Baltendeutsche zu berücksichtigen, aber letztlich hatte Continental freie Hand. „Unsere Ingenieure haben im allgemeinen einen guten Eindruck von dem Personal der Fabrik", hieß es dazu in einer internen Notiz vom 19. Juli 1940.[71] Explizit nicht übernommen wurde dagegen eine Reihe von deutschen Treuhändern und Verwaltungsangestellten, die sich in der Übergangsphase bei Stomil und im Werk Luisenhain breitzumachen versucht hatten, und auch in Bezug auf die von Seiten des Oberbürgermeisters angedienten Baltendeutschen hatte man sich in Hannover ausbedungen, nur jene anzustellen, „die für uns brauchbar sind".[72]

Aus den erhaltenen Namenslisten der Belegschaft in den Gummiwerken Posen lässt sich auch ein Einblick in die nationale Zugehörigkeitsstruktur des Personals gewinnen, wobei schon die Differenzierung der Deutschen vielfach verwirrend war: Demnach arbeiteten im September 1940 263 Polen, 18 Balten- und Volksdeutsche und drei Reichsdeutsche im Werk Luisenhain, im November 1941 waren es 499 Polen, zwei staatenlose Ausländer und 30 Deutsche.[73] Es war klar, dass von den insgesamt 34 leitenden Angestellten die überwiegend Zahl Deutsche waren und aus Hannover abgestellt worden waren, allerdings waren

---

70 Vgl. dazu bereits die zahlreichen, überwiegend auf Deutsch geschriebenen Bewerbungsschreiben vom Oktober bis Dezember 1939, in: Stadtarchiv Poznan, Stomil 331 und Stomil 223.
71 Notiz Aretz vom 19.7.1940, in: Ordner Stomil.
72 Ebd.
73 Vgl. auch die Zusammenstellungen in: Stadtarchiv Poznan, Stomil 223, sowie die Statistik vom 4.11.1942, in: CUA, 6610 Zg. 1/57, A 8,2.

unter den Polen auch neun männliche und zwölf weibliche Angestellte verzeichnet. Im August 1943 wurden bereits insgesamt 1081 Belegschaftsangehörige verzeichnet, davon 45 Reichsdeutsche (von ihnen acht Frauen), fünf Schwarzmeerdeutsche, vier Baltendeutsche und 24 Volksdeutsche, dazu fünf Ukrainer, drei staatenlose Ausländer und der Rest, 995 Personen, waren Polen, unter ihnen bemerkenswerterweise 28 männliche Angestellte im technischen wie kaufmännischen Bereich sowie 35 polnische Frauen im Angestelltenverhältnis. Im November 1944 schließlich arbeiteten im Werk Luisenhain 1770 Arbeitskräfte, 1700 von ihnen Polen, 33 Reichsdeutsche, 24 Volksdeutsche, drei Baltendeutsche, drei Schwarzmeerdeutsche, dazu kamen noch ein holländischer Zwangsarbeiter, der als Angestellter arbeitete, zusammen mit einem ebenfalls als Angestellter geführten Russen und einem staatenlosen Ausländer, sowie acht lettische Arbeiter und fünf Ukrainer bzw. Russen als Ostarbeiter.[74] Die Belegschaftsstruktur war mithin trotz der weiterhin fast polnischen Belegschaft auch im Werk Posen heterogener geworden und wies vermutlich auch unterschiedliche Grade des Zwangscharakters des Arbeitseinsatzes auf. Für die meisten arbeitsfähigen Bewohner Posens war es auf jeden Fall erheblich attraktiver, in dem ehemaligen Stomil-Werk bei Continental unterzukommen, als zwangsweise als Arbeitskraft in das Deutsche Reich deportiert zu werden.[75]

Für sämtliche Beschäftigte galten die Bestimmungen der Tarifordnung für die gewerblichen Gefolgschaftsmitglieder der Chemischen Industrie im Reichsgau Wartheland, was allerdings für den Großteil erhebliche Lohneinbußen gegenüber früher bedeutete. Der Durchschnittsverdienst der Männer betrug 0,74 RM/Std., der der Frauen 0,43 RM/Std., für Polen ergaben sich dabei Abschläge von 15 Prozent und mehr. „Die Anpassung der Löhne an die in der Tarifordnung vorgeschriebenen konnte, obgleich es sich dabei verschiedentlich um Lohnsenkungen bis zu 30 Prozent handelte, ohne allzu große Schwierigkeiten durchgeführt werden", notierte Ebeling lapidar in einem Bericht nach Hannover Mitte September 1940.[76] Von einer generellen Diskriminierung der polnischen Arbeitskräfte, wie sie die Zwangsarbeiter in den deutschen Werken erfuhren, konnte jedoch keine Rede sein. Bestimmungen wie die Exklusion von der Betriebsgemeinschaft, der Ausschluss von Maßnahmen betrieblicher Fürsorge und Sozialpolitik sowie die Unterwerfung unter Sonderbelastungen und Lohnabzüge wie die Sozialausgleichsabgabe hätten im Werk Posen kaum sinnvoll angewendet werden können, zumal es auch behördlicherseits eine Vielzahl

---

74 Vgl. Stadtarchiv Poznan, Stomil 223.
75 Vgl. eine Reihe erhalten gebliebener Bewerbungsschreiben vom März 1942, in: Stadtarchiv Poznan, Stomil 331.
76 Schreiben Ebeling vom 14.9.1940, in: Ordner Posener Gummiwerke GmbH.

ideologisch begründeter, faktisch jedoch verwirrender und arbeitsrechtlich kaum anzuwendender Definitionen und Begriffsbestimmungen der Polen gab.[77] So gab es Schutzangehörige und Staatenlose polnischen Volkstums, daneben aber auch – je nach Eintragung in die Abteilungen der deutschen Volksliste, über die ehemals polnische Staatsangehörige Bescheinigungen zur Nichtzugehörigkeit zum polnischen Volkstum erhalten konnten – eindeutschungsfähige Polen, die wie reichsdeutsche Inländer zu behandeln waren. Schon in den hannoverschen Werken hatte es daher eine Zweiteilung der polnischen Beschäftigten gegeben, von denen nur ein Teil das stigmatisierende Kennzeichen „O" auf der Arbeitskleidung tragen musste, während es eine Reihe anderer Polen – „ausschließlich für die Belange der Abteilung M geschaffen" – gab, die kein P-Zeichen tragen mussten und sich wie alle anderen Ausländer frei bewegen konnten.[78]

Entsprechende Unterscheidungen gab es offensichtlich auch in der Belegschaft des Werkes Posen, wo Ebeling auch die Regeln der nationalsozialistischen Betriebsordnung umsetzte, unter anderem in der Bestellung eines Betriebsobmannes und von Vertrauensmännern. Im November 1941 wurde daher der Meister Josef Maciol zum Betriebsobmann und der Wachmann Arno Kietzmann zum Arbeiter-Vertrauensmann ernannt, mit je einem Vertreter: der eine ebenfalls Meister und jüngere Bruder Paul Maciol, der andere Robert Lanske und Wachschutz-Kollege von Kietzmann.[79] Während die beiden Vertrauensmänner und Wachschutzleute Reichsdeutsche waren, stammten die Brüder Maciol aus der einheimischen polnischen Belegschaft und waren seit Juli 1940 bei den Posener Gummiwerken. Obwohl beide in der „grünen Volksliste 3" eingetragen waren – und damit in der nationalsozialistischen Volkstumshierarchie als sogenannte Stammesdeutsche galten, d. h. als Menschen, die angeblich deutscher Abstammung waren, obwohl sie in der Regel nicht mehr Deutsch sprachen, oder Angehörige sogenannter Zwischenschichten waren und daher nur die deutsche Staatsangehörigkeit auf Widerruf erhalten konnten –, erhoben sich von Seiten der DAF oder dem zuständigen Reichstreuhänder keine Einwände gegen deren Betriebsobmann-Tätigkeit.

Ebeling brachte mit Hilfe aus Hannover die Produktionsleistung des Werkes schnell auf immer neue Höhen. Hatte man im Herbst 1940 noch nur 150 to Gum-

---

77 Vgl. die interne Zusammenstellung der wichtigsten Bestimmungen zu „Stellung der Polen im Betrieb" vom 26.2.1942, in: CUA, 65910 Zg. 1/70, A 5.
78 Vgl. Notiz der Lohnabteilung betr. Verrechnung der Polen im Brutto- und Nettolohn vom 24.4.1942, in: ebd.
79 Vgl. Schreiben Ebeling an den Reichstreuhänder für den Warthegau vom 4.11.1941, in: CUA, 6610 Zg. 1/57, A 8,2.

mimischungen pro Monat verarbeitet, so waren es Mitte 1944 schließlich 644 to (vgl. Tabelle 26).

Tab. 26: Monatliches Fertigungsvolumen der Posener Gummiwerke GmbH (1940 bis 1944)

Jahr	Tonnen	Autodecken (in Stück)	Fahrraddecken (in Stück)
1940	150	4 516	39 530
1941	210	5 195	36 077
1942	328	9 480	104 369
1943	495	14 340	141 000
1944	644	12 119	96 995

Quelle: CUA, 6610 Zg. 1/56, A 3; Leistungsübersicht über die Auslandsfabriken sowie Monatsberichte Ebeling an das Büro „Auslandsfabriken" in: CUA, 6525 Zg 1/56, A 14,1.

Bereits Ende August 1940 war Technikvorstand Assbroicher nach Posen gereist, um dort nicht nur die Einführung neuer Reifen-Spezifikationen vorzunehmen und zu überwachen sowie das Formenmaterial auf das erweiterte Fabrikationsmaterial anzupassen, sondern auch „die Conti-Disziplin" einzuführen. „Zweifellos sind die Kräfte der Posener Fabrik als geschulte Fachleute anzusprechen", schrieb Reifen-Chefingenieur Hübener, „und es zeigen im Großen und Ganzen die Reifen den Gütegrad des Handwerks."[80] Dennoch sei es notwendig, die Disziplinen des Hauses Continental möglichst schnell zu übertragen, die sich vor allem in einer gleichmäßigen Qualität der Reifen zeige, daher sei „zur Erleichterung der Einführung von Conti-Disziplinen daran gedacht, Meister Erdmann für einige Zeit nach dort zu entsenden."[81]

In der Folgezeit entwickelte sich neben dem personellen vor allem auch ein reger telefonisch wie schriftlich geführter Austausch zwischen Hannover und Posen, nicht zuletzt zwischen Ebeling und Produktionsvorstand Weber. Dabei ging es um die zahllosen technischen Details bei der fertigungstechnischen Angleichung und Anpassung der Posener Reifenherstellung an die Continental-Normen, die die Voraussetzung dafür waren, dass das Werk möglichst rasch in den Fertigungsverbund des Konzerns integriert werden konnte.[82] Stolz berichtete der Posener Werkleiter im November 1940 nach Hannover, dass die Leistung pro Mann sich so gesteigert habe, dass erstmalig 17 Reifen in acht Stunden gefertigt worden waren, was allerdings noch weit unter den Wickelleistungen in

---

80 Notiz Hübener vom 30.8.1940, in: ebd.
81 Ebd.
82 Vgl. den Schriftwechsel in: CUA, 6525, Zg. 1/56, A 13,1, sowie u. a. Besuchsbericht eines Reifeningenieurs in Posen vom 14. bis 21.1.1941, in: CUA, 6525 Zg. 1/56, A 22,1.

den hannoverschen Werken lag.[83] Zugleich wurde ein ehrgeiziges Fertigungs-programm mit erheblichen Kapazitätsausweitungen entworfen. Die Fahrrad-schlauchproduktion etwa sollte in kurzer Zeit auf 4000 Stück vervierfacht wer-den, und dafür wurden auch zahlreiche Maschinen von Hannover nach Posen geschickt. Es war dabei bezeichnend für den Planungshorizont der Fertigungs-ingenieure zu diesem Zeitpunkt, dass man nicht sicher war, ob das Aufziehen einer neuen Fahrradschlauch-Fertigungsgruppe auch langfristig Sinn machte, da sich die Anschaffung der nötigen Einrichtung mindestens auf ein Jahr hin-ziehen würde und es somit noch offen war, „ob nach Kriegsschluss Fahrrad-schläuche in Posen bleiben sollen oder nicht."[84]

Zu diesem Zeitpunkt waren aber bereits die Grundsätze und Form der Be-triebsabrechnung nach Continental-System in Posen weitgehend eingeführt und mithin die verwaltungsorganisatorische Integration zum Großteil bereits vollzogen. Damit waren auch die Möglichkeit zu betriebswirtschaftlichen Kalku-lationsvergleichen zwischen Hannover und Posen gegeben. Der Vergleich fiel allerdings kostenmäßig keineswegs einseitig aus, sondern zeigte ein durchaus ambivalentes Bild: Zwar lagen die Stundenlöhne in Posen zwischen 13 und 30 Prozent niedriger als in Hannover, dafür lagen die Mischlöhne ca. 40 Prozent höher, ebenso wie die Löhne für das Plattenziehen und die Gewebeverarbei-tung, die 20 Prozent über den hannoverschen Lohnausgaben lagen. Für das Rei-fenwickeln ermittelten die Continental-Kalkulatoren mit 0,64 RM/Decke in Po-sen gegenüber 0,80 RM in Hannover etwas niedrigere Sätze, dafür waren die Lohnsätze für die Herstellung von Fahrraddecken und -schläuchen in Posen et-was höher als in Korbach und Hannover.[85]

Von Seiten des Vorstands war das Werk Posen jedoch zunächst nur als Aus-weich- und Entlastungswerk vor allem im Bereich der Fahrradreifenherstellung gedacht. Damit konnte die Produktion in Korbach entlastet und dorthin wieder-um Fertigungsverlagerungen aus den hannoverschen Werken vorgenommen werden. Größere Investitionssummen flossen daher, entgegen der Zusage an die Stadt Posen im Kaufvertrag, noch nicht. Im Laufe des Jahres 1941 wurde Könecke aber mit massiven Forderungen des Amts für Wirtschaftsausbau kon-frontiert, das Werk Posen erheblich zu erweitern und die dortigen Produktions-kapazitäten, unter anderem im Bereich der Gleiskettenpolster-Fabrikation für Panzer, drastisch zu erhöhen bzw. neu aufzubauen. Continental wurde aufge-fordert, dem RWM einen Plan für den endgültigen Ausbau des Posener Werks

---

83 Vgl. Notiz über Anruf Ebelings vom 13.11.1940, in: CUA, 6525, Zg. 1/56, A 13,1.
84 Aktennotiz vom 5.12.1940, in: ebd.
85 Vgl. Kalkulationsunterlagen für Direktor Weber betr. Posener Gummi-Werke vom 5.2.1941, in: CUA, 6525 Zg. 1/56, A 22,1.

vorzulegen, was man im August 1941 tat, allerdings nur in sehr rudimentärer Form. Die Planungen sahen eine Kapazität von 3000 bis 5000 Reifen pro Tag bei einer Belegschaft von 2000 bis 3000 vor, allerdings waren dafür erhebliche infrastrukturelle Vorleistungen durch die Stadtverwaltung notwendig.[86] Ebeling hatte auch den Vorstand in Hannover auf die Notwendigkeit hingewiesen, gleichzeitig Werkswohnungen für die Arbeiter und Angestellten zu errichten und entsprechendes Siedlungsgelände in Fabriknähe zu erwerben. Allein die nötigen Investitionen für Kraftanlagen und Mischkapazitäten sowie Reifenwickelmaschinen veranschlagten Assbroicher und Weber im November 1941 auf fünf bis sechs Mio. RM, was das gesamte damals zur Eigenfinanzierung zur Verfügung stehende Investitionsbudget von Continental ausmachte.[87] Im Vorstand gab es daher eingehende Diskussionen darüber, inwieweit den großen Ausbauplänen Eckells für Posen aus betriebswirtschaftlichen Erwägungen heraus tatsächlich gefolgt werden sollte. Vor allem Assbroicher wies wiederholt darauf hin, dass sich das Werk rein terrainmäßig nicht für eine größere Erweiterung eignete. „Während am Nordhafen die produktive Mehrleistung ohne weiteres gesichert sei, müssten in Posen mehrere Millionen Reichsmark aufgewendet werden, ohne dass damit eine wirklich gute Fabrikanlage geschaffen wäre", argumentierte er auf einer Vorstandssitzung im November 1941.[88] Das Ergebnis der Aussprache war, dass man die Pläne des RWM kaum in vollem Umfang umstoßen konnte. „Bis zu einem gewissen Grade und mit der nötigen Elastizität wird man ihnen folgen müssen. Eine zweckmäßige Ausweitung der Ostproduktion ist auch für die Continental richtig, aber spätere Untersuchungen müssen ergeben, ob je nach der Größe der Maßnahmen der Standort Posen der richtige sein wird."[89]

Das waren deutlich skeptischere Stimmen als noch eineinhalb Jahre zuvor. Zudem gab es in Hannover Bestürzung über die Regelung der Rohstoffversorgung, denn Otto A. Friedrich von der Reika hatte Könecke schon im Mai 1940 bedeutet, dass für das neue Werk der Continental keine zusätzlichen Kautschuk- und Buna-Kontingente zur Verfügung gestellt werden würden, sondern

---

86 Vgl. Aktenvermerk vom 7.8.1941 zur Besprechung bei der Stadtverwaltung Posen, in: CUA, 6621 Zg. 2/92, A 2.

87 Vgl. Protokoll der Vorstandssitzung vom 1.11.1941, in: CUA, 6003, Zg. 3/85, A 3.

88 Protokoll der Vorstandssitzung vom 10.11.1941, in: ebd.

89 Ebd. Absurderweise hatte früher schon Semperit mit Verweis auf den noch bestehenden Beteiligungsvertrag mit Continental den Anspruch erhoben, ebenfalls an der Posener Gummiwerken GmbH beteiligt zu werden, was mit dem Verweis auf den inzwischen bestehenden Status als Inlandswerk zum Zeitpunkt der Gründung vom Tisch gewischt, aber dennoch in Hannover als ärgerliches Störfeuer empfunden wurde. Vgl. rechtsgutachtliche Notiz für Könecke vom 31.10.1940, in: Ordner Posener Gummiwerke GmbH.

der entsprechende Bedarf aus dem bestehenden Gummikontingent des Konzern abgezweigt werden müsste.[90] Tatsächlich wurde das Werk Posen von Hannover aus für die Reifenherstellung mit umfangreichen Materialien wie Rohgummi, Buna, Regenerat, Gasruß, Kreide, Beschleuniger und Fahrradventile sowie weitere Halbfabrikate, insbesondere Batches und Mischungen, beliefert und versorgt. Erst mit einiger Verzögerung merkten die für die Rohstoffversorgung Zuständigen in Hannover, dass das Werk in Posen einen deutlich höheren Rohgummiverbrauch hatte als etwa das Werk Korbach und daher im Dezember 1941 aufgefordert wurde, umgehend den Verbrauch unter die zulässige Grenze zu drücken.[91]

In der Folgezeit nahm Continental dennoch ganz im Sinne Eckells und des Reichsamtes für Wirtschaftsausbau erhebliche Investitionen in Posen vor. Am 9. Februar 1942 wurde das Gesellschaftskapital der Posener Gummiwerke von 100 000 RM auf eine Mio. RM heraufgesetzt, dazu kamen im Jahr 1943/44 weitere 2,55 Mio. RM als Finanzierungsprogramm, unter anderem für eine Erweiterung der Autoreifenfabrik, den Neubau einer Halle zur Flugzeugschlauchfertigung, die maschinelle Einrichtung der Autoreifenfabrik, insbesondere die Übernahme eines Riesenmischwerkstranges aus dem Werk Nordhafen sowie weitere Investitionen.[92] Das gesamte Investitionspaket für das Posener Werk betrug 10,9 Mio. RM, wovon bis Ende 1943 fast fünf Mio. RM verausgabt waren; für 1944 waren weitere 3,5 Mio. RM geplant.[93] Längst standen die Erweiterungen in Posen dabei unter dem Eindruck der Produktionseinbrüche in den hannoverschen Werken infolge des Bombenkriegs und der damit erfolgten Fertigungsverlagerungen.

Im Zuge dessen gewann nicht nur das Werk in Korbach, sondern auch das als sicher geltenden Werk in Luisenhain erheblich an Bedeutung. Die frühere Skepsis im Vorstand gegen Posen war damit spätestens seit Anfang 1942 einer nun auch auf den eigenen Unternehmensinteressen basierenden Forcierung der Ausbau- und Modernisierungsmaßnahmen gewichen. Ende Januar drängte nun auch Assbroicher bei der Durchführung der Posener Pläne, insbesondere dem Neubau der Reifenfabrik mit Mischhalle, zu größter Eile, um die Grundlage für

---

90 Vgl. Notiz Köneckes vom 17.5.1940, in: Registratur Rechtsabteilung, Ordner Stomil und Gründung der Posener Gummiwerke GmbH. Könecke hatte daraufhin mit der Frage gekontert, aus welchem Kontingent dann die Wehrmacht den Bedarf für ihren geplanten Regiebetrieb in Debica decken würde.
91 Schreiben vom 15.12.1941, in: CUA, 6525 Zg. 1/56, A 22,1.
92 Vgl. Schreiben des Aufsichtsratsvorsitzenden Uebel vom 1.7.1943, in: BArch R 8119 F/P 02118.
93 Vgl. die Aufstellung vom Januar 1944 in dem Bericht an den Aufsichtsrat, in: Ordner Korrespondenz mit dem Aufsichtsrat.

die Verlegung größerer Fertigungsaufträge zu schaffen.[94] Dazu wurden nun auch, da keine neuen Maschinen beschafft werden konnten, bestehende Fertigungsstränge und vor allem Mischwerke aus dem Werk Nordhafen demontiert und nach Posen geschickt. Dementsprechend änderte sich auch die Fertigungsstruktur. Hatten 1940/41 die Kraftfahrzeugreifen (in zwei Dimensionen) noch 72,6 Prozent des Umsatzes ausgemacht und der Rest sich auf Fahrradreifen, Luftschläuche und die erst im Januar 1941 begonnene Herstellung von Sohlen und Absätzen verteilt, sah es 1944 deutlich anders aus: Neben Autoreifen (in sechs Dimensionen) und Fahrradreifen wurden nun auch Flugzeugreifen, Lkw-Reifen, Luftschläuche, Sohlenplatten, Gleiskettenpolster, Keilriemen und Wulstbänder hergestellt. Der Wertumsatz vervierfachte sich nahezu, während die abgeführten Gewinne stagnierten. Allerdings waren diese aufgrund von erheblichen Steuererleichterungen praktisch steuerfrei.[95]

Tab. 27: Umsatz- und Gewinnentwicklung bei den Posener Gummiwerken (1941–1944, in Mio. RM)[96]

Jahr	Umsatz	Gewinn[*]
1941	8,070	1,006
1942	11,694	0,310
1943	16,635	0,421
1944	22,159	0,553

Quelle: Zusammengestellt aus den Bilanzangaben in: Conti-Registratur, Ordner Posener Gummiwerke GmbH, o. Sign.; Betriebsprüfungsberichte des Finanzamtes 1942 und 1943, in: CUA, 6791 Zg. 1/2006, A 1,3.[97]

Hinter diesen Zahlen standen erhebliche Produktionsfortschritte infolge der vergrößerten maschinellen wie personellen Ausstattung des Werks, aber auch gestiegene Leistungsanforderungen bei den einzelnen Beschäftigten. Schon im Februar 1941 hatte Ebeling die Steigerung der Fahrradschlauchfertigung auf künftig 6000 Stück pro Tag verkünden können und für April 1941 war eine weitere Erhöhung auf 9000 Stück mit einer weiteren Steigerung auf letztendlich

---

94 Vgl. Aktennotiz Assbroichers vom 23.1.1942 über eine Besprechung mit Eckell in Berlin, in: CUA, 6525 Zg. 1/56, A 30,2.
95 Vgl. Notiz vom 7.1.1941, in: CUA, 6525 Zg. 1/56, A 22,1.
96 Für das Geschäftsjahr 1944 wurde nach Kriegsende nachträglich ein bilanzieller Verlust von 2,552 Mio. RM, u.a. bedingt durch Abschreibungen auf das verlorene Anlagevermögen von 3,977 Mio. RM ausgewiesen. Dazu kamen noch offene Verbindlichkeiten gegenüber der Continental AG, Hannover von 5,555 Mio. RM.
97 *) Ausgewiesener Reingewinn, der lt. Gesellschaftsvertrag an die Continental AG, Hannover abgeführt wurde.

12 000 Stück geplant; die tägliche Fertigung von Autodecken betrug inzwischen fast 300 Stück.[98] Auch die Qualität hatte sich deutlich verbessert. Von sämtlichen überprüften Reifendecken waren 94 Prozent fehlerfrei, bei den Fahrraddecken waren die Fehlerquoten jedoch noch relativ hoch.[99] Die in Posen hergestellten Fahrraddecken wurden auch im „Altreich" vertrieben, und hier hatte es im Frühjahr 1941 aus den Niederlassungen zahlreiche Reklamationen und Beschwerden über die schlechte Qualität gegeben, woraus sich eine regelrechte Fertigungskrise mit verstärkten Interventionen aus Hannover entwickelte, die erst im Sommer 1941 durch den Ersatz der noch in Gebrauch befindlichen alten Stomil-Formen und -Heizer durch Continental-Formen gelöst werden konnte.[100]

Gleichzeitig jedoch war Mitte Mai 1941 eine hochkarätig besetzte Delegation leitender Mitarbeiter aus Hannover nach Posen gereist, weil „die in Posen gefertigte Laufflächenmischung einen günstigeren Eindruck macht, als die im Hauptwerk hergestellte".[101] Dabei fiel den Besuchern nicht nur der gute Gesamteindruck des Werks auf, sondern auch Arbeitstempo und Arbeitswilligkeit der dort zu diesem Zeitpunkt beschäftigten 525 Polen wurden lobend erwähnt.[102] Dennoch war klar, dass das Werk nie die Fertigungsleistungen der hannoverschen Werke erreichen würden. Ein Continental-Ingenieur berichtete nach einer Inspektionsreise, bei der ermittelt werden sollte, wie weit es möglich war, dort in der Reifenfabrikation auf höhere Buna-Prozentsätze umzustellen:

> Obwohl die Posener Arbeiter verhältnismäßig gut arbeiten, haben sie im Durchschnitt jedoch nicht das Tempo wie die unsrigen. Die bei der Größe 32x6 Zoll erreichte Leistung von 15 Stück in 8 Stunden würde bestimmt von unseren Wicklern auf 20 gebracht werden (bei gleichen Maschinen- und Reifenverhältnissen). Damit soll gesagt werden, dass mit ziemlicher Wahrscheinlichkeit ein Posener Arbeiter bei Anfertigung des Reifens 190-20 nach unserer Manier nie 30 Reifen in 8 Stunden erreichen würde.[103]

Allerdings registrierten die Arbeitsorganisations-Ingenieure in Hannover im Januar 1943 einigermaßen erstaunt, dass sich trotz der inzwischen einheitlich von Hannover aus gesteuerten Fabrikationsvorschriften eine Differenz der Herstellkosten für Reifen von 13,84 RM pro Decke (oder 17,2 Prozent) zugunsten von Po-

---

98 Vgl. Monatsbericht Ebelings für Januar 1941, in: CUA, 6525 Zg. 1/56, A 22,1.

99 Vgl. ebd., S. 5 f.

100 Vgl. den umfangreichen Schriftwechsel mit den Niederlassungen vom April bis August 1941, in: ebd.

101 Reisebericht vom 20.5.1941, in: ebd. Siehe dazu auch den „Bericht des Meisters Schönemann über den Stand der Fahrraddecken-Fabrikation in Posen-Luisenhain" vom 23.12.1941, in: CUA, 6525 Zg. 1/56, A 22,1.

102 Vgl. ebd.

103 Reisebericht vom 17.11.1941, in: CUA, 6525 Zg. 1/56, A 14,1.

sen ergab, die nicht in Lohnunterschieden bzw. Lohnkosten begründet war, sondern mit den niedrigeren Gemeinkosten in Posen und höheren Reifengewichten in Hannover zusammenhing.[104]

Über die Arbeitsverhältnisse selbst ist im Werk Luisenhain wenig bekannt. Den Schwerarbeitern oder mit anderen ungesunden Arbeitsprozessen Beschäftigten wie Veloreifen-Vulkanisator oder Kalanderführer und Mischer waren schon vor der Übernahme durch Continental Fett- und Butter-Zusatzkarten gewährt worden, und unter der Regie von Continental dürften sich die Versorgungs- und Ernährungsverhältnisse eher verbessert haben.[105] Allerdings monierte einer der Continental-Ingenieure bei einem seiner Inspektionsbesuche, dass durch die schlechte Beleuchtung des Fabrikationssaales für die Fahrradreifen sehr viele Fehler vorkamen.[106] „Auch die Ordnung und Sauberkeit der Arbeitsplätze sowie an den Maschinen ließen viel zu wünschen übrig."[107] Auf Arbeitssicherheit wurde aber auch in Posen geachtet und so im April 1942 etwa – auch zur Steigerung der Leistung – für die Bedienung im Buna-Abbauraum das Tragen von Gasmasken eingeführt.[108] Ende September 1942 war auch eine großangelegte Impfaktion der Belegschaft gegen Typhus und Cholera durchgeführt worden. Im Laufe des Jahres 1942 wurde außerdem der Neubau eines Küchengebäudes mit Speiseräumen und Garderobe- und Waschräumen fertiggestellt worden, aber auch eine neue Schwingmetallabteilung mit Galvanisierungsanlage, Neutralisierungsgrube und Entgiftungsanlage, was darauf hinweist, dass im Zuge der Ausweitung des Fertigungsprogramms im Vergleich zu früher gesundheitsschädlichere und mit höherem Unfallrisiko verbundene Arbeitsprozesse eingeführt wurden. Da die Erweiterungsinvestitionen mit neuen Maschinen und Arbeitssälen jedoch langsamer als die auferlegten Fertigungssolls und hochzuschraubende Monatsproduktion wirksam wurden, arbeitete die Fabrik längst an der Kapazitätsgrenze, vor allem im Mischsaal, wo die Maschinen im Dreischichtbetrieb die ganze Woche hindurch liefen – mit entsprechenden Rückwirkungen auf die Arbeitszeiten und Arbeitsbelastung der Beschäftigten.[109]

Die Continental-Ingenieure hatten sich im August 1942 höchst anerkennend über die bemerkenswerten Leistungssteigerungen in Posen von ca. 30 Prozent

---

104 Vgl. Kalkulationsvergleich und dessen Erörterung vom 14.1.1943, in: CUA, 6525 Zg. 1/56, A 24,3.

105 Vgl. Schreiben an das Ernährungsamt vom 12.2.1940, in: Stadtarchiv Poznan, Stomil 223.

106 Vgl. Bericht über die Fahrradschlauch-Fabrikation Posen vom 2.1.1942, in: CUA, 6525 Zg. 1/57, A 1.

107 Ebd.

108 Monatsbericht Ebelings für März 1942 vom 12.4.1942, in: CUA, 6725 Zg. 1/57, A 1.

109 Vgl. Notiz des Büros Auslandsfabriken über Anruf Ebelings vom 9.6.1942, in: CUA, 6525 Zg. 1/56, A 23,1.

innerhalb nur eines Jahres geäußert.[110] Der durchschnittliche Krankenstand war mit Werten zwischen sechs und zehn Prozent relativ niedrig und lag zum Teil unter den Werten in den hannoverschen Werken. Die Continental-Werksleitung hatte wie in Hannover auch in Posen jeden Beschäftigten bei Arbeitsantritt eine Verpflichtungserklärung unterschreiben lassen, worin dieser nicht nur die Geheimhaltung sämtlicher innerbetrieblicher Abläufe bezeugte, sondern auch versprach, die tägliche Arbeitszeit einzuhalten, die anvertrauten Arbeiten treu und gewissenhaft auszuführen und insbesondere nicht mit der Arbeit zurückzuhalten oder bewusst fehlerhafte oder schlechte Arbeit zu liefern.[111] Bei wiederholter Feststellung „absolut ungenügender Leistungen" reagierte Ebeling mit Lohnentzug, d. h. einer Minderentlohnung von 70 Prozent des Tarifgehalts und Anzeige beim Arbeitsamt, verbunden mit der unverhüllten Drohung, im Wiederholungsfall „entsprechende Schritte bei der Gestapo zu unternehmen."[112] Ob tatsächlich Verhaftungen der Gestapo im Werk Posen vorkamen, lässt sich aus den Akten nicht feststellen. Die regelmäßigen Berichte des Werksleiters nach Hannover geben jedenfalls keinen Hinweis darauf, dass es größere Auseinandersetzungen oder Konflikte zwischen der deutschen Werksleitung und den polnischen Beschäftigten gegeben hätte. In den hunderten von Berichten und Besprechungsnotizen der Ingenieure über die Fertigung in Posen ging es letztendlich immer nur um fertigungstechnische Probleme, arbeitsorganisatorische Konflikte werden nirgends erwähnt.

Im Laufe des Jahres 1943 beherrschte man auch im Werk Posen weitgehend die komplizierte Buna-Reifen-Technologie und lieferte Decken mit befriedigenden Laufleistungen nach Hannover.[113] Und Ebeling konnte gleichzeitig immer neue Fertigungsrekorde melden.[114] Die Tagesproduktion betrug im August 1943 ca. 400 Autodecken und 300 Schläuche, 4000 Fahrraddecken und 9000 Fahrradschläuche und zudem erhebliche Mengen an Fertigprodukten in den inzwischen neu hinzugekommenen weiteren Produktionsbereichen. „Die erste Gruppe der Keilriemen-Anlage ist so gut wie fertiggestellt und wird sofort in die Versuchsfabrikation eintreten", hieß es in einem Bericht vom November 1943. „Eine Produktion von 4000 Riemen pro Tag in drei Schichten kann nach Inbetriebnahme des neuen Kalanders, d. h. per Ende des Monats Dezember, als gesichert angesehen werden. Auch hier werden nach Möglichkeit nur Frauen einge-

---

110 Vgl. Aktennotiz vom 8.9. 1942 mit den entsprechenden statistischen Werten, in: ebd.

111 Vgl. die entsprechende Verpflichtungserklärung einer polnischen Arbeiterin, die am 11.11.1943 eingestellt wurde, in: Stadtarchiv Poznan, Stomil 224.

112 Vgl. die beiden gleichlautenden Abmahnungsschreiben vom 24.9.1942 an eine Arbeiterin bzw. einen Arbeiter, in: ebd., Stomil 223.

113 Vgl. Monatsbericht Ebelings vom April 1943, in: CUA, 6525 Zg. 1/56, A 24,3.

114 Vgl. Telegramm Ebeling an Weber vom 1.9.1943, in: ebd.

setzt, die bis zu dem vorgenannten Zeitpunkt angelernt werden."[115] Seit September 1943 waren bereits in erheblichem Umfang einzelne Fertigungen von Hannover nach Posen verlegt worden, vor allem Auto- und Flugzeugreifen, Schwingmetall- und Formartikel, Sohlenplatten und Flugzeugschläuche.[116] Während die Werke in Hannover im September 1944 mit kriegsbedingten Fertigungseinbrüchen zu kämpfen hatten, lief die Produktion in Posen auf vollen Touren.[117] Die kontinuierlichen Kapazitätserhöhungen waren mehr ein Problem der maschinellen Beschaffung und Ausstattung, der gleichzeitige Ausbau der Belegschaft stellte, anders als in Hannover, infolge der hinreichenden Rekrutierungsmöglichkeiten aus der arbeitsfähigen Bevölkerung Posens im Gefolge der dort von den Deutschen eingeführten Arbeitspflicht nach wie vor kein Problem dar.[118] Und auch in Bezug auf Arbeitsdisziplin, Sorgfalt und Leistung der Gefolgschaft zeigte sich Produktionsvorstand Weber bei einem Besuch im August 1943 ein „günstiges Bild".[119]

Das Werk war zu einem zentralen Pfeiler der Kriegsproduktion von Continental geworden und stand mit 6000 to Fertigwaren oder 8,5 Prozent der Gesamtkonzernerzeugung hinter Korbach, aber noch vor Nordhafen, an vierter Stelle innerhalb des Konzernverbundes.[120] Allein zwischen 1942 und 1943 war Ebeling eine Steigerung der Fertigungsleistung um 46,2 Prozent gelungen, im Jahr darauf eine weitere um ca. 30 Prozent. Er konnte daher nicht ohne Stolz auf eine Reihe von DAF-Auszeichnungen für sein Werk verweisen: das Leistungsabzeichen in Bronze für vorbildliche Sorge um die Volksgesundheit, die Urkunde für besondere Anerkennung im Kriegsleistungskampf und eine Anerkennungsurkunde für besondere Fertigungsleistungen.[121] Die besonderen Leistungen Ebelings und seiner Belegschaft gestand auch Eckell zu, als er Mitte Dezember 1943 zu einem Besuch nach Posen kam, um die Ergebnisse der von ihm vorangetriebenen Ausbaupolitik zu begutachten.[122] Die große neue Halle der

---

115 Bericht vom 10.11.1943, in: CUA, 6525 Zg 1/56, A 24,3.

116 Vgl. die Aufstellung vom 10.9.1943, in: CUA, 6500/1, Zg. 1/68, A 5.

117 Vgl. etwa Monatsbericht Ebeling für August 1944 mit der detaillierten Monatsproduktion, in: CUA, 6525 Zg. 1/56, A 14,1.

118 Vgl. exemplarisch die Aktennotiz über eine Unterredung betr. Produktionssteigerung in Posen vom 19.8.1943, in: CUA, 6525 Zg. 1/56, A 29. Zur Entwicklung des Maschinenbestands in Posen zwischen 1940 und 1943 vgl. die Aufstellung in: CUA, 6633 versch. Zg., A 3.

119 Aktennotiz zum Besuch vom 24.8.1943, in: CUA, 6525 Zg. 1/56, A 29.

120 Vgl. die Angaben zu Produktion der Continental in: Statistik der Continental vom 24.2.1944, Bl. 15, in: CUA, 6633, versch. Zg. A 4. Vgl. auch die Leistungsübersicht der Auslandsfabriken 1942 und 1943, in: CUA, 6600 Zg. 1/56, A 3.

121 Vgl. die entsprechenden Eintragungen im Gefolgschaftsbuch Continental, ohne Signatur.

122 Vgl. den 9-seitigen Bericht Webers über seinen Aufenthalt in Posen zusammen mit Eckell vom 15.12.1943, in: CUA, 6525 Zg. 1/56, A 24,3.

Autoreifenfertigung war zwar noch nicht ganz fertig, aber imponierte dennoch allein durch ihre Größe und die solide, „in jeder Hinsicht friedensmäßige Ausführung". Von der Misch- und Kalanderhalle allerdings war Eckell „zunächst irgendwie enttäuscht". Bis zum 1. Juli 1944, so seine lapidare Forderung, müsse das vom ihm bzw. dem GeBeChem initiierte Bauprojekt „Erweiterung Posen" endgültig abgeschlossen sein.

Doch dann rückten auch für das Werk Luisenhain das Problem der Bombenkriegsgefährdung und der Schutz von Maschinen wie Belegschaft in den Vordergrund. Im Mai 1944 kam eine mit Werkluftschutz befasste Gruppe von Ingenieuren nach Posen, wo sie feststellen mussten, dass wie in Limmer im Fall eines Luftangriffs höchst ungenügende Schutzmaßnahmen existierten. Nur für etwa 500 Personen der ca. 1300 Beschäftigten gab es Deckungsmöglichkeiten, während der Rest der Gefolgschaft nicht wusste, wohin er sich im Gefahrenfalle begeben sollte.[123] Bei den Besprechungen zwischen dem zuständigen Oberingenieur aus Hannover, dem Werkluftschutzleiter in Luisenhain und dem Rüstungskommando in Posen, bei der von Seiten Continentals explizit darauf hingewiesen wurde, dass man zunächst den Schutz der Gefolgschaft und erst dann den Schutz der Maschinen durchführen werde, konnte man sich jedoch auf keine Lösung des Problems einigen.[124] Es blieb daher bei einem Provisorium mit dem Bau einfacher Deckungsgräben und der Herausführung zumindest der Frauen aus dem Werk bei Alarm.[125]

Ende 1944 betrug der Wert des Fertigungsstandortes Posen-Luisenhain 7,256 Mio. RM, was zeigt, dass gegenüber dem Zeitpunkt des Erwerbs durch Continental knapp 6,4 Mio. RM nach Posen gepumpt worden waren. Das Werk war noch vor dem Werk Nordhafen zeitweise die modernste Fertigungsstätte von Continental, war voll in den Fertigungsverbund des Konzerns integriert und galt auch von seinem Standort wie Selbstverständnis her nicht als Auslandswerk, sondern als neues fünftes Inlandswerk. Dies und die oben nur teilweise geschilderte komplizierte und langwierige Übernahme von Stomil zeigt, dass es keine einfache Okkupation und Aneignung des Werks Posen durch Continental gab, sondern ein komplexes Wechselspiel unterschiedlicher Akteure und Interessen erfolgte. Nach dem damaligen Verständnis und unter den damaligen Verhältnissen war mit dem Kauf von Stomil und dem Werk Luisenhain in

---

123 Bericht des Besuchs vom 18.5.1944, in: CUA, 6500/1, Zg. 1/68, A 5.

124 Vgl. ebd.

125 Gerügt wurde von der Delegation aus Hannover auch der Umstand, dass bislang der Werkluftschutzleiter in Posen nach eigenem Gutdünken und ohne Absprache mit dem Werksleiter und Betriebsführer ge- und entwarnt hatte, dazu noch dergestalt, dass eine laut hörbare Trompete bedient wurde, weil Sirenen nicht vorhanden waren und auch diejenigen der Stadt Posen nicht im Werk gehört wurden. Vgl. ebd.

den Augen des Vorstands ein rechtmäßige Ankauf bei fairer Bewertung erfolgt, was aber am letztendlichen Zwangscharakter der ganzen Transaktion unter deutscher Oberhoheit nichts ändert.

Dennoch hob sich das Unternehmen in seinem Vorgehen und Umgang mit dem Werk und den dort beschäftigten überwiegend polnischen Arbeitern und Angestellten deutlich von dem Verhalten anderer deutscher Unternehmen bei ihrer Expansion in die Gebiete des ehemaligen Polen, sei es im Warthegau oder im Generalgouvernement, ab. Der Quandt-Konzern hatte ebenfalls in Posen für die zum Unternehmensverbund gehörende Deutsche Waffen- und Munitionsfabriken AG gleich drei Werke übernommen bzw. errichtet, wo über 20 000 polnische Frauen und Männer arbeiteten, aber unter weit problematischeren Bedingungen, mit stacheldrahtumzäunten Wohnlagern und von erheblichen Zwängen bestimmten Arbeitsverhältnissen, was, so die Klagen der dortigen deutschen Werksleitung, zu weitverbreiteter Leistungsunwilligkeit und Gleichgültigkeit gegenüber der Arbeit durch die polnische Arbeiterschaft führte.[126] Die Gummifabrik Vorwerk & Co. hatte einen Teil seiner Fertigung in das ebenfalls im Warthegau gelegene Litzmannstadt verlegt, wo man nicht nur vor Luftangriffen sicher schien, sondern auch vom Arbeitskräftepotenzial des nahe gelegenen Ghettos profitierte. Und es gab eine Reihe kleinerer Firmen und deren Inhaber, die sich die Verhältnisse in den besetzten polnischen Gebieten skrupellos zu Nutze machte, wie die ebenfalls in Litzmannstadt von dem dubiosen Unternehmer Fritz Ries auf der Basis von Zwangsarisierungen errichteten „Gummiwerke Wartheland".[127]

Anders als viele andere Unternehmen, vor allem auch im Unterschied zu Phoenix, hielt sich Continental mit weitergehenden „Ostraum-Aktivitäten" in den besetzten Gebieten Polens und Russlands zurück. Nach der Errichtung des Generalgouvernements hatte sich die Export-Conti zwar um eine Konzession zur Gründung einer Fabrik bemüht und im November 1940 auch erhalten. Nach langen Überlegungen und Verhandlungen mit den örtlichen Behörden wurde dann im Oktober 1941 ein kleines Runderneuerungswerk in Krakau errichtet. Als Arbeitskräfte standen elf ungelernte Polen und ein deutscher Continental-Angestellter zur Verfügung.[128] Bis Ende 1942 wurden dort zwischen 300 und

---

126 Vgl. ausführlich Scholtyseck, Der Aufstieg der Quandts, S. 571 ff., S. 659 f.

127 Mit dieser kam auch Continental bzw. Ebeling in Berührung, als es im November 1943 um die Beschaffung von Maschinen ging. Vgl. Schreiben Weber an Eckell vom 12.11.1943, in: CUA, 6525 Zg. 1/56, A 29. Zu Ries vgl. https://de.wikipedia.org/wiki/Fritz_Ries, zuletzt aufgerufen am 2.10.2019.

128 Vgl. die Chronik zum Krakauer Betrieb in: CUA, 6714 versch. Zg. A 25. Die Errichtung des Runderneuerungsbetriebs stand auch im Zusammenhang mit dem Zurückverkauf der von Semperit erhaltenen Anteile an den Krakauer Gummiwerken an die Österreicher.

500 Runderneuerungen von Reifen pro Monat von letztendlich 22 polnischen Arbeitern vorgenommen, mit denen es allerdings, anders als in Posen, häufige und „größte Schwierigkeiten" durch passiven Widerstand wie häufiges Fehlen und Krankmeldung gab, aber auch infolge der Verknappung von Arbeitskräften durch die „Sauckel-Aktionen" des Zwangsarbeiter-Einsatzes im „Altreich".[129] Anfang 1942 war auch die frühere Continental Caoutchouc Compagnie GmbH in Warschau nach Krakau verlegt worden und fungierte dort als Vertriebsstelle.

Hinter der Errichtung der Krakauer Betriebsstätten stand eine auch in anderen besetzten Ländern angewandte Strategie der Plattformbildung. Angesicht der ungewissen politischen und militärischen Lage war es zunächst völlig unklar, ob die Krakauer Plattform später einen wie auch immer gearteten Ausbau erfahren würde. Zunächst hatte man aber damit gleichsam einen Fuß in der Tür.[130] Das galt vor allem auch für Russland, einschließlich der Ukraine und den als Ostland bezeichneten Teilen Litauens und Lettlands. Das RWM hatte hier im Juli 1941 nach bewährter Besatzungs- und Beherrschungspolitik die deutsche Kautschukindustrie aufgefordert, bei den russischen Gummifirmen die technische und verwaltungsmäßige „Betreuung" zu übernehmen, um diese schnellstens in die Bewirtschaftung zugunsten des Reichs nehmen zu können.[131] Zusammen mit Semperit und Phoenix stellte Continental dem Ministerium zwei Fachleute zur Verfügung, die als Sonderführer die entsprechenden Vorbereitungen treffen sollten. „Wenn die Randstaaten und große Teile des russischen Raumes wirtschaftlich von Deutschland betreut werden", so ein internes Strategiepapier zum Continental-Auslandsgeschäft, „werden wir bei der Neugliederung dieser Gebiete fabrikatorische Ansprüche anmelden müssen".[132] Irgendwelche weitere Aktivitäten unternahm man in Hannover jedoch diesbezüglich nicht, bis auf eingehende Überlegungen zur Errichtung einer kleinen Runderneuerungswerkstatt für Autoreifen in Charkow im Herbst 1942, die dann jedoch zu einer negativen Einschätzung führte, verbunden mit einer entsprechenden Absage an den Wirtschaftsstab Ost.[133]

Albert Schäfer und die Phoenix dagegen waren im Hinblick auf das Engagement im Osten und die Übernahme einer der ehemaligen russischen Gummifa-

---

129 Ebd.

130 Vgl. die Überlegungen zur Gesamtorganisation Auslandsgeschäft vom 1.7.1941, in. CUA, 6600 Zg. 1/56, A 3.

131 Vgl. Niederschrift der Sitzung der Beiräte der Fachgruppe Kautschukindustrie und der Fachuntergruppe Bereifung vom 15.7.1941, S. 6 f., in: CUA, 6500 Zg. 1/69, A 11.

132 Überlegungen zur Gesamtorganisation Auslandsgeschäft vom 1.7.1941, in. CUA, 6600 Zg. 1/56, A 3.

133 Vgl. das Scheiben vom 13.11.1942 in: CUA, 6714 versch. Zg., A 23, sowie die Notiz der Export-Conti-Abteilung dazu vom 16.11.1942, in: CUA, 6714 versch. Zg. A 25.

briken inzwischen weniger zurückhaltend. Mitte November 1940 hatte Schäfer sich in einem Bericht gegenüber dem Aufsichtsrat eher vorsichtig geäußert:

> Die Schaffung des gesamteuropäischen Wirtschaftsraumes wird uns vor neue, für die Zukunft bedeutungsvolle Aufgaben stellen. Die Behörden verlangen, dass wir Einfluss bei gewissen, außerdeutschen Unternehmungen unserer Branche gewinnen. Wir sind uns klar darüber, dass bei den ungeklärten wirtschaftlichen Verhältnissen im gesamteuropäischen Raum solche Interessennahmen unter Umständen mit erheblichen Risiken verbunden sein können, wissen aber auch, dass die Bedeutung unseres Hauses mit zunehmender Einflussnahme in den neu hinzukommenden Gebieten wachsen wird. Wir studieren deshalb alle an uns herangetragenen Projekte mit großer Aufmerksamkeit, haben bereits die Fühlung mit Italien und Norwegen aufgenommen und stehen im Begriff, dies auch für Holland zu tun.[134]

Anfang 1942 jedoch bemühte er sich aktiv um die treuhänderische Betriebsleitung bei der Gummifabrik Quadrat in Riga, die erst in den 1920er Jahren von geflüchteten Aktionären der verstaatlichten russischen Gesellschaft Treugolnik in St. Peterburg gegründet worden war und in der vor allem Gummischuhe und technische Gummiwaren hergestellt wurden. Angesichts der luftgefährdeten Lage Hamburgs sollte dort eine Ausweichproduktion für einen Teil der Wehrmachterzeugnisse eingerichtet werden. Im Juli 1942 übernahm Phoenix die Rigaer Fabrik pachtweise vom zuständigen Reichskommissar für das Ostland, benannte sie in Gummiwerke Phoenix GmbH, Riga, um, womit sie quasi zur Tochtergesellschaft wurde, und schickte Vorstandsmitglied Stübinger als „treuhänderischen Betriebsleiter" dorthin. Der geplante endgültige, auch kapitalmäßige Erwerb der Fabrik war allerdings völlig offen, da nach den Verfügungen der Behörden eine Verwertung der industriellen Ostobjekte zugunsten von reichsdeutschen Firmen für die Dauer des Kriegszustandes grundsätzlich nicht erfolgen sollte.[135] Aber auch ein schneller Wiederaufbau der Fertigung und eine Integration in den Fertigungsverbund von Phoenix scheint nicht zustande gekommen zu sein, denn Ende Mai 1943 berichtete Schäfer dem Aufsichtsrat, dass besondere Umstände den organisatorischen Aufbau dieser Betriebsstätte verzögert hätten.[136]

---

134 Bericht Schäfer an den Aufsichtsrat vom 14.11.1940, in: HADB F 002/750.
135 Vgl. Bericht Schäfers an den Aufsichtsrat vom 4.2.1942, in: ebd.
136 Vgl. Niederschrift der Aufsichtsratssitzung vom 25.5.1943, in: ebd.

Abb. 130: Albert Schäfer (ca. 1942)

Dennoch profitierte auch Phoenix von einer Reihe inzwischen abgeschlossener Buna-Lizenzverträge mit Firmen in Frankreich, Norwegen, Belgien, dem Ostland (Riga) und im Protektorat (Prag), die sich „sehr ertragreich" auswirkten.[137] Schon 1942 erzielte man damit Einnahmen von etwa 0,5 Mio. RM, im Folgejahr kletterten die Lizenzabgaben zugunsten von Phoenix sogar auf knapp eine Mio. RM. Gegen Ende des Jahres 1943 konnte auch die Fertigung in der Rigaer Fabrik bei weiterhin bestehendem offiziellen Pachtverhältnis aufgenommen und auf die Bedürfnisse der Phoenix-Produktion in Hamburg ausgerichtet werden, so dass dort im Folgejahr 1943 bereits ein bemerkenswerter Gewinn von 100 000 RM verbucht werden konnte.[138] Auch Phoenix hat dafür offenbar erhebliche Summen in Riga investiert. In einem späteren Bericht der amerikanischen Militärregierung ist von einer Mio. RM die Rede, die über die Commerzbank als Betriebsmittelkredit nach Riga geflossen sei. Schon im Mai 1943 waren 50 000 RM als Gesellschaftskapital von Hamburg nach Riga transferiert worden, wobei bemerkenswerterweise davon nur 40 000 RM durch das Hamburger Unternehmen, 10 000 RM jedoch durch Albert Schäfer selbst in Treuhänderschaft für Phoenix eingezahlt worden waren.[139] Genaueres über die Beschäftigungsver-

---

137 Bericht Schäfer auf der Aufsichtsratssitzung vom 10.4.1942, in: ebd.
138 Vgl. Bericht Schäfers an den Aufsichtsrat vom 24. 5.1944, in: ebd.
139 Vgl. OMGUS External Assets Investigation, Report on Hamburger Gummiwaren Fabrik, S. 2, in: https://www.fold3.com/image/286879144.

hältnisse sowie die Lebens- und Arbeitsbedingungen im Rigaer Phoenix-Werk weiß man leider nicht, jedoch steht zu vermuten, dass man, wie auch die übrigen dort ansässigen Industriebetriebe, von dem Arbeitskräftereservoir der im Rigaer Ghetto zusammengepferchten litauischen Juden profitierte, die seit August 1943 unter anderem in ein KZ-Außenlager in der nahe gelegenen Gummifabrik Provodnik deportiert worden waren.

Von weit geringerer Bedeutung für Continental war das zweite neue „Heimatwerk" im früheren jugoslawischen Kranj/Krainburg, das im Zuge der Vertragsauseinandersetzung mit Semperit im Frühjahr 1941 zum Konzern kam und seit Juni 1941 als Krainburger Gummiwerke GmbH firmierte.[140] Bis dahin hatten Continental und Semperit das Werk gemeinsam betrieben und verwaltet, in dem von etwas mehr als 400 Beschäftigten zahlreiche technische Gummiwaren, darunter sogenannte Opanken (Gummischuhe), Absätze, Fußbodenmatten und technische Schläuche, aber auch Fahrradreifen gefertigt wurden. Die technische und fabrikatorische Hoheit besaß Continental, das mit Wilhelm Brey, einem Nicht-Parteimitglied und erfahrenen Fertigungsingenieur, auch den Fabrikdirektor und Werksleiter sowie den späteren Geschäftsführer stellte.[141] Doch die gemeinschaftliche Betriebsführung hatte bald zu erheblichen Reibereien, Kompetenzstreitigkeiten und fertigungsorganisatorischen Abgrenzungsproblemen zwischen den beiden Unternehmen geführt. „Wenn man bedenkt, dass das bei unserem Eintritt Vorgefundene wenig taugte und ein dauernder Wandel in Konfektion, Beschäftigungsgrad, Preisbasis sowie Lohn- und Gehaltsniveau stattfand, so darf man sagen, dass inzwischen viel geleistet worden ist", hieß es dazu in einem Besuchsbericht eines Continental-Managers Ende November 1940.[142] Dann aber war die Fabrik 1940/41 in die chaotischen Kriegsverhältnisse des Balkanfeldzugs der Deutschen Wehrmacht und der folgenden Aufteilung Jugoslawiens geraten, in deren Folge eine Reihe unabhängige, jedoch mit dem Deutschen Reich verbündete Staaten entstanden sowie einzelne Gebiete, darunter auch die slowenische Region um Kranj, in den Reichsgau Kärnten eingegliedert wurden.[143] Im April 1940 war die künftige Situation der Fabrik daher völlig

---

140 Die Eintragung ins Handelsregister Klagenfurt konnte dann allerdings erst am 4.11.1942 erfolgen.

141 Vgl. das Zeugnis für Brey in der Personalakte, in: Registratur Personalabteilung.

142 Besuchsbericht vom 30.11.1940, in: CUA, 6600, Zg. 1/56, A 24,1.

143 Vgl. bereits Notiz vom 3.5.1939 über die Besetzung der Leitung von Kranj, in: CUA, 6600 Zg. 1/56, A 23, sowie Bericht über Besprechung mit Semperit vom 16.5.1939, in: CUA, 6600 Zg. 1/56, A 24,1, und Schreiben Continental an den Semperit-Vorstand betr. Kranj vom 7.3.1940, in: ebd. Vgl. weiterhin Schreiben Semperit an Continental vom 18.1.1940 mit Klagen über die Produktionsentwicklung, in: CUA, 6525 Zg. 1/56, A 22,1. Vgl. auch Notiz über telefonischen Anruf Brey vom 19.9.1940 zur Lage in Kranj, in: CUA, 6600 Zg. 1/56, A 24,1.

ungewiss, da noch nicht feststand, ob Kranj zu Deutschland, Italien oder Kroatien kommen würde.

Nach der alleinigen Übernahme des Werks durch Continental hatte es zunächst erhebliche Unsicherheiten über die künftige fabrikatorische Ausrichtung gegeben. „Der künftige Zweck der Fabrik wird der eines kleineren Gemischtbetriebs zum Zwecke der Versorgung der Südostgebiete sein", hieß es dazu in einer Vorstandsbesprechung in Hannover.[144] Tatsächlich wurden durch den Zerfall Jugoslawiens die Karten im Reifen- und Gummiartikel-Geschäft des gesamten südosteuropäischen Raums, in dem Continental nur eine eher schwache Marktposition innehatte und unter der starken Konkurrenz von Pirelli, der amerikanischen Goodrich sowie dem tschechoslowakischen Bata-Konzern und nicht zuletzt Semperit gelitten hatte, nun neu gemischt. Intern hatte man in Hannover bereits im Jahr 1940 Prognosen für den Reifenmarkt im Südosten unter besonderer Berücksichtigung des Zerfalls Jugoslawiens erstellt und strategische Überlegungen für die Durchsetzung der Belange und Interessen von Continental in den ehemals jugoslawischen Gebieten angestellt.[145] Demnach war durchaus mit mittel- bis langfristig wachsenden Automobil- und damit Reifenmärkten zu rechnen. Es galt daher, im Südosten grundsätzlich dort, wo nicht schon Gummifabriken vorhanden waren, Neugründungen zu unterbinden und die bestehenden Reifenfirmen, wenn überhaupt, nur mit größter Vorsicht weiter auszubauen. Den Strategen im Büro Auslandsfabriken erschien es daher nach Lage und Fertigungsprogramm „sehr zweckmäßig, unser Werk Krainburg nicht als Ausweich-Fabrikation für Hannover zu betrachten, sondern die Fabrik als Export-Werk für die in Frage kommenden Gebiete des Südostens zu bestimmen."[146]

Aber nicht nur mit den Krainburger Gummiwerken, sondern auch mit seinen bereits bestehenden Vertriebsgesellschaften in Belgrad und Zagreb besaß Continental nun eine hinreichend starke Marktpositionen, um bei dieser umfassenden Neuordnung des südosteuropäischen Wirtschaftsraumes ein gewichtiges Wort mitzureden. Die Niederlassung in Zagreb wurde daher im Herbst 1941 in eine eigenständige Tochtergesellschaft umgewandelt und unter anderem der kroatische Direktor des Bankvereins Zagreb, Fran D. Favale, in den neu gebilde-

---

144 Protokoll der Vorstandsbesprechung vom 25.4.1941, in: CUA, 6603 Zg. 3/85, A 3.
145 Vgl. die Prognosen (ohne genaues Datum) in: CUA, Mappe „Süd-Ost", ohne Signatur, sowie das Protokoll über die Besprechung betr. Behandlung unserer Belange in den ehemals jugoslawischen Gebieten vom 5.6.1941, in: CUA, 6600 Zg. 1/56, A 21. Auch zahlreiche andere Branchen der deutschen Industrie machten sich Gedanken über die künftige Aufteilung Südosteuropas, koordiniert und gebündelt in einem eigenen Südost-Ausschuss der Reichsgruppe Industrie, in dem Continental und auch andere Reifenfirmen nicht vertreten waren.
146 CUA, Mappe „Süd-Ost", ohne Signatur.

ten Verwaltungsrat gewählt. Im April 1942 jedoch bekam der in Hannover für das Auslandsgeschäft zuständige Continental-Prokurist Edmund Dörre ein langes Schreiben der Auslands-Organisation der NSDAP, der massive Vorwürfe gegen Favale vorbrachte und dessen umgehende Ablösung forderte. Favale sei trotz mäßiger Fähigkeiten nur durch seine engen freundschaftlichen Beziehungen zu den verschiedenen maßgeblichen Juden des seinerzeitigen Jugoslawischen Bankvereins in der Bank hochgekommen und zudem mit einer Jüdin verheiratet.[147] Als Verwaltungsratsmitglied einer deutschen Tochtergesellschaft sei dieser daher untragbar und Dörre solle dafür sorgen, dass er durch eine einwandfreie Persönlichkeit ersetzt werde. Dieser sagte denn auch umgehend zu, „dass wir selbstverständlich bei nächstbester Gelegenheit Herrn F. eliminieren werden."[148]

Ins Zentrum der Südosteuropa-Planungen waren aber die Krainburger Gummiwerke gerückt, zunächst vor allem in kurzfristigem Blick auf die bestehenden Kriegsverhältnisse. Überlegungen, eine Reifenrunderneuerungsanlage für die Wehrmacht aufzuziehen, waren bald fallen gelassen worden, „da man dabei erfahrungsgemäß nicht viel verdient".[149] Auch den Aufbau einer Autoreifenfertigung mit einer Produktion von 100 bis 200 Reifen pro Tag, wie es die Reichsstelle Kautschuk in Berlin wünschte, hielt man in Hannover wegen der dafür erforderlichen größeren Investitionen nicht für sinnvoll, dagegen zeichneten sich vielversprechende Möglichkeiten der Produktion diverser Gummi-Formartikel für das Luftfahrtgerätewerk in Berlin-Hakenfelde ab, das in Krainburg ein Zweigwerk betrieb. Man plante daher den Auf- und Ausbau einer eigenen Regenerat-Anlage mit einer Monatserzeugung von 35 to. „Kapazität noch nicht voll ausgenutzt, erwarten jedoch Heeresaufträge", hieß es in einer Mitteilung an die IHK Kärnten vom Oktober 1941.[150] Dazu rechnete man mit der baldigen Aufnahme von Exportgeschäften nach Kroatien, Serbien, Griechenland und Rumänien.

Probleme gab es aber zunächst mit der Personalentwicklung. Die Belegschaft bestand überwiegend aus Slowenen, die in der nationalsozialistischen Rasseideologie den Deutschen gleichgestellt waren und damit auch dieselben arbeitsrechtlichen wie sozialgesetzgeberischen Rechte genossen. Im Zuge der Kriegsereignisse in Jugoslawien waren aber eine Reihe von früheren Arbeitern, auch Fachkräfte, von den deutschen Besatzungsbehörden verhaftet worden, einige Betriebsangehörige waren in Kriegsgefangenschaft geraten, andere muss-

---

147 Das Schreiben vom 11.4.1942, in: CUA, 6600 Zg. 1/56, A 22,1, sowie Abschrift des Schreibens, das auch an die für Kapitalverflechtungen in Kroatien zuständige Devisenstelle des Oberfinanzpräsidenten Hannover ging, in: NLA HA Hann. 210, Acc. 2003/087 Nr. 79.
148 Schreiben Dörres vom 16.4.1942, in: CUA, 6600 Zg. 1/56, A 22,1.
149 Aktennotiz des Büros Auslandsfabriken vom 7.6.1941, in: CUA, 6600 Zg. 1/56, A 24,1.
150 Vgl. die Mitteilung in: CUA, 6600 Zg. 1/56, A 24,2.

ten, wie etwa der Leiter der Planabteilung, an die neu aufgebaute Zivilverwaltung abgegeben werden.[151] Der Gesamtbelegschaftsstand sackte daher vorübergehend um fast ein Drittel auf 322 Arbeiter und Angestellte ab, etwa jeweils zur Hälfte Männer und Frauen.[152] Damit verbunden war auch ein deutlicher Einbruch in der Produktionsleistung, ehe Continental Fertigung wie Belegschaftsstand im Werk wieder rasch auf den Vorkriegsstand brachte und weiter ausbaute. Mit 156 Monatstonnen war die Fertigungsleistung bereits im Mai 1942 auf den Höchststand gebracht worden, die maximale Zahl an Beschäftigten wurde im November 1944 mit 550 Arbeitern und Angestellten erreicht. Der Durchschnittsverdienst lag dabei, weil die überwiegende Zahl der Beschäftigten nur im Stunden- und nicht im Akkordlohn im Zwei-Schicht-System arbeitete, bei 55,8 Pfg./Std. für Männer und 34,9 Pfg./Std. bei Frauen.[153]

Tab. 28: Belegschaft und Fertigung in den Krainburger Gummiwerken (1939 bis 1944)

Jahr	Belegschaft	Monatstonnen	Umsatz in Mio. RM
1939	438	108	k. A.
1940	422	82,3	k. A.
1941	322	68	1,70
1942	435	140	3,77
1943	472	152	4,07
1944	542	148	3,98

Quelle: Zusammengestellt und berechnet nach den Angaben in: CUA, 6600 Zg. 1/56, A 3 und A 40, sowie Monatsberichte in: CUA, 6620, Zg. 1/70, A 5.

Im Bereich einzelner Produktionslinien, insbesondere bei Fahrradreifen, Gummiabsätzen und technischen Pressartikeln, fungierte das Krainburger Werk in der Folgezeit als Entlastung der entsprechenden Produktionsaufträge in Limmer und Korbach. Schon im September 1941 wurde die Fertigung von 1000 Fahrraddecken/Tag von Korbach und 1000 Fahrradschläuchen/Tag von Posen nach Krainburg verlagert, verbunden mit der Entsendung der entsprechenden Maschinen sowie – „um das Fabrikations-Niveau im dortigen Werk zu heben" – eines erfahrenen Meisters.[154] Für einige der als Fachkräfte aus Hannover nach Krainburg abgeordneten Arbeiter wie etwa den in Hannover im Mischsaal eingesetzten Vorarbeiter, der nun in Krainburg Mischsaal-Meister wurde, bedeutete die Abordnung eine Beförderung.

---

151 Vgl. Notiz Breys über Personal-Fragen vom 30.6.1941, in: CUA, 6525 Zg. 1/56, A 22,2.
152 Zur genauen Qualifikationsstruktur der Krainburger Gummiwerke zum 1.10.1941 vgl. den statistischen Bericht an die IHK Kärnten, in: CUA, 6600 Zg. 1/56, A 24,2.
153 Vgl. Monatsbericht Brey für Oktober 1941, in: CUA, 6525 Zg. 1/56, A 22,2.
154 Notiz vom 19.9.1941, in: CUA, 6525 Zg. 1/56, A 22,2.

Anders als bei den Posener Gummiwerken GmbH bestand zwischen Continental und den Krainburger Gummiwerken kein Gewinnabführungsvertrag, die Tochtergesellschaft war gesellschaftsrechtlich selbständiger. Zur Koordination der Zubehör- und Technischen Gummiwarenartikel wurde im Februar 1942 jedoch ein eigenes Verbindungsbüro Krainburg geschaffen, dazu oblag in technischer, chemischer und organisatorischer Hinsicht, sprich bei Einkauf, Verwaltung und Abrechnung, die Verantwortung für die Krainburger Gummiwerke dem Büro Auslandsfabriken in Hannover. Dementsprechend musste sich Werksleiter Brey im Januar 1942 einen massiven Rüffel wegen des viel zu hohen Kautschukverbrauchs, der auch schon die Kritik der Behörden gefunden hatte, gefallen lassen.[155] Nennenswerte Qualitätsprobleme bei der Umstellung auf die neuen Continental-Mischungen wie in Posen scheint es dagegen nicht gegeben zu haben.

Dennoch war Ende Februar, Anfang März 1942 ein Fertigungsingenieur nach Krainburg geschickt worden, um die dortige gesamte Fahrraddecken-Fertigung, soweit es die Verhältnisse zuließen, an die Korbacher Fabrikationsmethode anzugleichen.[156] Die Leistungen der Frauen an den Konfektionsmaschinen waren dabei zwar von 112 auf 135 Fahrraddecken in acht Stunden deutlich gestiegen, aber die Unterschiede gegenüber den Arbeiterinnen in Korbach, die in der gleichen Zeit 280 Decken konfektionierten, nach wie vor erheblich. Die niedrigeren Leistungen hingen, wie ein Angestellter des Büros Auslandsfabriken nach einem Besuch in Krainburg ungeschminkt notierte, nicht zuletzt auch mit einer niedrigen Arbeitsmoral angesichts des Terrors der deutschen Besatzungsherrschaft und des anhaltenden Partisanenkriegs in der Region zusammen:

> Während meines 10tägigen Aufenthalts in Krainburg wurden von der deutschen Polizei 60 Geiseln als Vergeltungsmaßnahmen erschossen. Diese Maßnahmen greifen auch in die Belegschaft unseres Krainburger Werkes hinein, und zwar wurden verhaftet der Meister aus dem Preßhaus, der Meister aus der Mischerei, darüberhinaus wurde die Schwester der Chemikerin Frau Z als Geisel erschossen, ebenso der Bruder einer Sekretärin von Herrn Brey.[157]

Dem Continental-Vorstand schien es angesichts dessen denn auch nicht ratsam, anlässlich eines geplanten Kameradschaftsabends mit einem Grußworttelegramm in Erscheinung zu treten. Zudem wurde Brey von Hannover aus ein gewisser Spielraum für Lohn- und Gehaltserhöhungen eingeräumt. Gleichzeitig

---

155 Vgl. Notiz des Büros Auslandsfabriken vom 20.1.1942 über ein Telefonat mit Brey, in: ebd.
156 Vgl. Besuchsbericht vom 31.3.1942, in: ebd.
157 Aktennotiz zu Krainburg vom 30.4.1942, in: ebd.

hielt man sich trotz einer im April 1942 erfolgten Kapitalerhöhung um 900 000 RM mit größeren Neuinvestitionen zurück, was allerdings Rückwirkungen auf die Arbeitsbedingungen hatte; denn selbst Vorstandsmitglied Franz war bei einem Besuch im Oktober 1942 ein sehr starker Benzindunst in der Streicherei sowie die mit Talkum stark geschwängerte Luft in der Schlauchspritzerei aufgefallen, die auf defekte Rückgewinnungsanlagen bzw. fehlende Talkiereinrichtungen zurückzuführen waren.[158] Ansonsten waren im März 1942 entsprechend den Anordnungen der DAF auch im Krainburger Werk ein Betriebsobmann sowie weitere DAF-Sachwalter bestimmt worden, allerdings war die Besetzung des Betriebsobmannes, wie Brey nach Hannover berichtete, „etwas ungewöhnlich. Sie resultiert aus der Tatsache, dass wir keine reichs- bzw. volksdeutsche Arbeitskräfte für die Besetzung dieses Postens zur Verfügung haben", so dass der slowenische Ingenieur Max Mavrovic zum Betriebsobmann ernannt wurde, der dafür erst noch die endgültige Bestätigung bzw. Anerkennung durch Hauptbetriebsobmann Jahns benötigte, die dieser dann aber offenbar erteilte.[159] Eigentlich wäre, nachdem im Zuge der amtlichen Anerkennung von einzelnen slowenischen Volksgruppen als Reichsdeutsche im März 1943 auch die Zahl der deutschen Gefolgschaftsmitglieder im Krainburger Werk von zunächst 16 auf 298 gestiegen war, die Bildung eines Vertrauensrates notwendig gewesen, worauf aber Brey trotz mehrmaliger Mahnungen aus Hannover mit Hinweis auf das in Krainburg nicht geltende Gesetz zur Ordnung der nationalen Arbeit verzichtete.[160]

Das Fertigungsprogramm in Krainburg umfasste schließlich bis Mai 1943 insgesamt 34 einzelne Gummiprodukte, allen voran Fahrraddecken, von denen inzwischen über 30 000 Stück im Monat hergestellt wurden, daneben aber auch Kanisterdichtungen, Absätze, Wasser- und Benzinschläuche sowie Süßmostkappen, letztlich viele Artikel, die auch noch für den geringen Zivilbedarf hergestellt wurden.[161] Im April 1943 allerdings waren das Kärntner Rüstungskommando und das Gauwirtschaftsamt Klagenfurt unter Hinweis auf die große Luftgefährdung Hannovers mit der dringenden Aufforderung an Betriebsleiter Brey herangetreten, in Krainburg eine große Ausweichfabrikation von Continental aufzuziehen.[162] Dahinter standen durchsichtige Motive der Kärntner Behörden und Parteistellen, die unter dem Vorwand der Luftkriegsgefährdung anderer Regionen langfristig Industrie in das eigene, bislang vielfach unterentwickelte Ge-

---

158 Aktennotiz Franz vom 20.10.1942, in: ebd.
159 Bericht Brey nach Hannover vom 30.3.1942, in: ebd. Vgl. darin auch Schreiben an Brey vom 27.5.1942.
160 Vgl. u. a. Schreiben an Brey vom 29.3.1943, in: ebd.
161 Vgl. die Zusammenstellung für Oktober 1942 bis Juni 1943, in: CUA, 6714 versch. Zg., A 8.
162 Vgl. Aktennotiz Assbroicher vom 22.4.1943, in: CUA, 6500/1, Zg. 1/68, A 5.

biet ziehen wollten. Und im Continental-Vorstand war man durchaus geneigt, „an eine Verlagerung der Fertigung im Sinne der uns behördlicherseits gemachten Auflagen heranzugehen."[163]

Doch nicht zuletzt die weiteren Berichte Breys nach Hannover über die schlechte allgemeine Lage in Krainburg ließen den Vorstand dann doch von weiteren Verlagerungsplänen nach Kärnten Abstand nehmen. Die Zuteilung neuer Arbeitskräfte war durch das entsprechende Engagement der Gauwirtschaftskammer zwar kein Problem, aber im April 1943 hatte etwa die erforderliche Umgruppierung von Männer- auf Frauenarbeit zu erheblichen Fertigungsausfällen geführt.[164] Dazu kamen hohe Krankenstände, durch die ganze Abteilungen lahmgelegt wurden. „Die Arbeitsdisziplin hat in der letzten Zeit ziemlich nachgelassen", berichtete Brey im Juni 1943 nach Hannover, „was auf die politischen Verhältnisse zurückzuführen ist. Die erforderlichen Gegenmaßnahmen sind von uns getroffen, und es ist abzuwarten, wieweit dieselben eine Verbesserung hervorrufen. Im Allgemeinen ist die Leistung in unserem Betrieb noch nicht schlecht und unterscheidet sich im guten Sinne von den übrigen Fabriken."[165] Dennoch machten plötzlich auftretende Risse in den produzierten Fahrradschläuchen Probleme, zudem wurde auch durch eine sich verschlechternde Kautschukversorgung eine Reduktion der Fertigungssolls unumgänglich. „Arbeitskräfte vom Arbeitsamt werden uns nicht mehr zugeteilt. Wir bemühen uns um französische Kriegsgefangene", schrieb Brey lapidar in seinem Monatsbericht für Juni 1943.[166] Zu allem Unglück aus Sicht des Betriebsleiters war auch noch im September 1943 die Gestapo im Werk erschienen und hatte von Brey ultimativ die Entfernung eines engen Mitarbeiters des Betriebsleiters aus dem Werk gefordert.[167]

Und schließlich sorgte das Kriegsgeschehen für eine Zuspitzung der Lage. Anfang November 1943 sah sich Brey zu einem regelrechten Hilferuf veranlasst, den er in einem als streng vertraulich gekennzeichneten Fernschreiben an die Direktion der Continental nach Hannover schickte:

> Die politischen Verhältnisse haben sich durch die Partisanengefahr in den letzten Tagen dermaßen zugespitzt, dass eine ernste Bedrohung des Betriebes und der Fertigung vorliegt. Da keine durchgreifenden Maßnahmen von hiesigen verantwortlichen Stellen durchgeführt werden, bitten wir Sie, unverzüglich eine Meldung im obigen Sinne heute noch nach Berlin weiterzugeben. Dieser Entschluss, mit Ihrer Hilfe Berlin anzusprechen, entsteht aus einer Besprechung im Kreise verschiedener Krainburger deutscher Betriebs-

---

163 Ebd.
164 Vgl. Monatsbericht für April 1943, in: CUA, 6600 Zg. 1/56, A 24,3.
165 Monatsbericht Brey für Mai 1943 vom 9.6.1943, in: CUA, 6600 Zg. 1/56, A 24,1.
166 Bericht vom 8.7.1943, in: ebd.
167 Vgl. Aktennotiz des Büros Auslandsfabriken vom 24.9.1943, in: ebd.

führer. Das Luftfahrtgerätewerk Krainburg unternimmt die gleichen Maßnahmen und schickt sie an das Stammwerk Berlin zwecks Weitergabe an das RLM. Sofortige Maßnahmen sind unbedingt erforderlich. Gummiwerke gez. Brey.[168]

Nach der Zuspitzung der politischen und militärischen Verhältnisse in Krainburg und an der Ostgrenze der „Ostmark" entspannte sich jedoch die Lage offenbar wieder und die Fertigung im Krainburger Gummiwerk ging nicht nur weiter, sondern Brey verhandelte im September 1944 mit dem Gauhauptmann und dem Gauwirtschaftsberater sogar über die Aufnahme neuer Fabrikationslinien.[169] Das Werk verbuchte einen Monatsumsatz von knapp 400 000 RM, wovon Waren im Wert von 214 000 RM nach Hannover geliefert worden waren, 175 000 RM wurden von den im Werk noch immer beschäftigten 441 Arbeitern und Angestellten im Geschäft mit anderen Kunden erwirtschaftet.[170] „Die Pumpenschlauch-Fabrikation wurde zu Ende des Monats 3-schichtig doppelt besetzt, um die Wünsche des hannoverschen Verkaufs restlos befriedigen zu können", notierte Brey in seinem Monatsbericht für Oktober 1944.[171] Die Zulieferung von Rohstoffen und vor allem auch von Halbfabrikaten wie Fahrradschlauchventilen oder Ösen für die Gasmaskenfertigung aus Hannover wurde allerdings immer schwieriger und erfolgte unregelmäßig. Die Fertigungsstruktur wies daher inzwischen wachsende Diskrepanzen zwischen Soll- und Ist-Produktion auf, was aber zunehmend auch an den immer häufigeren Stromabschaltungen lag. Bis auf das Tochterwerk des Luftfahrtgerätewerks Berlin-Hakenfelde und die Krainburger Gummiwerke lagen im Dezember 1944 sämtliche Fabriken der Umgebung still. Rein betriebswirtschaftlich hat sich für Continental der Erwerb und Betrieb der Krainburger Gummiwerke dennoch gerechnet: Ohne große Investitionen erwirtschaftete das Werk Jahr für Jahr Reingewinne von knapp 200 000 RM.[172]

---

168 Abschrift des Fernschreibens sowie Notiz von Produktionsvorstand Weber, der das Vorgehen Breys trotz der darin offen geäußerten Kritik an den verantwortlichen Stellen unterstützte, in: ebd.
169 Vgl. Notiz vom 4.9.1944, in: ebd.
170 Vgl. Monatsbericht für September 1944, in: CUA, 6620 Zg. 1/70, A 5.
171 Monatsbericht für Oktober 1944, in: ebd.
172 Vgl. die Bilanzen für 1941 bis 1944, in: CUA, 6600 Zg. 1/56, A 40.

3 Fertigungskooperationen in verbündeten und neutralen Ländern: Spanien, Italien, Rumänien sowie Skandinavien

3.1 Spanien

Auch das Zweigwerk in Spanien, ursprünglich als Ausgangspunkt zur besseren Marktdurchdringung in Südeuropa konzipiert, blieb auf einem relativ niedrigen Stand bei Beschäftigten wie Produktionskapazität stehen und spielte im neuen Konzernverbund von Continental eine eher untergeordnete Rolle. Trotz des Endes des Bürgerkriegs lief die Fertigung in Torrelavega nur langsam an. Nach dem Zusammenbruch Frankreichs war auch Spanien von den englischen Kontrollmechanismen bei der Rohstoffeinfuhr betroffen, so dass die Beschaffung von Kautschuk, Baumwolle und Ruß nur unter größten Schwierigkeiten, verbunden mit großen Unsicherheiten und Schwankungen, erfolgen konnte.[173] Immer wieder stand die Fabrik wegen fehlender Rohstoffe still, so auch im Dezember 1940, als Technikvorstand Assbroicher nach Torrelavega reiste, um durch die Beschaffung von Regenerat die Fertigung wenigstens wieder in Gang und auf eine Monatsleistung von 35 bis 40 to zu bringen.[174] Für die in Bälde erwartete Friedenswirtschaft war eine Kapazität von ca. 220 Monatstonnen geplant und darauf sollte auch die fabrikatorische Einrichtung zugeschnitten werden, was Investitionen von 2,5 Mio. Peseten, umgerechnet ca. 625 000 RM, erforderte. Tatsächlich erfolgten in den folgenden Monaten entsprechende Erweiterungsbauten, darunter eine neue Regeneratanlage, durch die man weniger von den schwankenden Rohstoffimporten abhängig wurde, aber noch im Mai 1941 lief die Fabrik erst auf Minimalbetrieb mit 55 Monatstonnen Leistung und knapp 100 Beschäftigten.[175]

Am 26. September 1940 war ebenfalls in Madrid die Fabril y Comercial Peninsular S. A. gegründet worden, über die versucht wurde, Rohkautschuk zu kaufen. Da die beiden spanischen Tochtergesellschaften von Continental auf der schwarzen Liste der Briten standen, sollte die neue Gesellschaft als quasi anonymer Käufer auftreten; zudem war geplant, über diese spanische Verbindung Geschäftsmöglichkeiten auszunutzen, bei denen man mit dem Namen Conti-

---

173 Vgl. den Lagebericht im Geschäftsbericht der Continental-Vertriebsgesellschaft in Madrid für 1940/41, in: Ordner Geschäftsberichte Tochtergesellschaften 1936–1942, ohne Signatur.
174 Vgl. Protokoll der Vorstandssitzung vom 23.12.1940, in: CUA, 6603 Zg.1/85, A 3.
175 Vgl. Protokoll der Vorstandssitzung vom 13.5.1941, in: ebd. Fotos der erstellten Neubauten in Torrelavega sowie der eingerichteten Fertigungssäle für Riesenluftreifen und Keilriemen siehe im Anhang des Geschäftsberichts der Continental Fabrica Española del Caucho S. A., Madrid für 1940, in: CUA, 6525 Zg. 1/56, A 22,2, und auch in: Ordner Geschäftsberichte Tochtergesellschaften 1936–1942, ohne Signatur.

nental nicht in Erscheinung treten wollte.[176] Auch die beiden Vertriebstochtergesellschaften in Madrid waren von den kriegsbedingten Unsicherheiten betroffen, so dass der Vorstand in Hannover hier zunächst den ebenfalls ursprünglich geplanten Ausbau der Verkaufsorganisation zurückstellte.[177] Ende 1941 erfolgte dann aber doch, finanziert über eine Kapitalerhöhung um eine Mio. Peseten (umgerechnet 236 000 RM) auch hier ein Ausbau. Später erfolgten weitere Kapitalerhöhungen, die im Wesentlichen aus den erzielten Gewinnen finanziert wurden, da der Transfer nach Deutschland Restriktionen unterlag.[178] Aufgrund der spanischen Gesetzgebung, nach der mindestens 75 Prozent des Kapitals von neugegründeten Gesellschaften in den Händen von Spaniern oder spanischen Gesellschaften sein musste, waren dabei auch komplizierte Aktien- und Beteiligungstranskationen sowohl zwischen den einzelnen Tochtergesellschaften als auch mit den von Anfang an mit ursprünglich knapp 30 Prozent beteiligten spanischen Aktionären notwendig.[179] Um dies zu umgehen, hatte die Muttergesellschaft Ende 1941 auch mit der spanischen Tochtergesellschaft einen umfassenden Lizenzvertrag abgeschlossen, über den immerhin ein Teil der erzielten Gewinne nach Hannover floss.

Die Produktions- und Absatzbedingungen der Continental-Fabrik in Spanien litten erheblich unter dem taktischen Hin und Her Francos gegenüber dem NS-Regime zwischen Verbündetenstatus und Neutralitätspolitik und den damit verbundenen Unsicherheiten infolge anhaltender Embargomaßnahmen der Alliierten. Vor allem aber war man eng eingebunden und getrieben von der Wirtschaftspolitik der spanischen Regierung, die mangels einheimischer Gummi- und Reifenindustrie den vier ansässigen ausländischen Produzenten – neben

---

176 Vgl. den als Geheim gekennzeichneten Bericht von Continental an den Oberfinanzpräsidenten Hannover vom 25.10.1940 betr. Gründung einer neuen Gesellschaft in Spanien, verbunden mit dem Gesuch um Genehmigung, sowie den Genehmigungsbescheid vom 12.11.1940, in: BArch R 3101/34408.

177 Neben der Continental Fabrica Española del Caucho S. A. gab es die Neumaticos Continental S. A.

178 Vgl. den Schriftwechsel mit den Devisenbehörden in Hannover in: BArch R 3101/34408. Zum Kontext der deutsch-spanischen Wirtschafts- und Handelsbeziehungen im Krieg vgl. Das Deutsche Reich und der Zweite Weltkrieg, Bd. 5/2, S. 514 ff.

179 Vgl. etwa Schreiben Continental an Devisenstelle Hannover vom 25.10.1940 betr. Abtretung eines Teils der uns gehörenden Aktien der spanischen Fabrik an unsere spanische Verkaufsgesellschaft, in: BArch R 3101/34408, und später die umfangreichen Ermittlungen der amerikanischen Besatzungsbehörden, die im sogenannten Projekt Safehaven die verdeckten Auslandskapitalverflechtungen der deutschen Industrie aufzudecken versuchten. Hier Safehaven Report Nr. 256 vom 27.9.1945 betr. Continental Fabrica Espanola de Gaucho, in: https://www.fold3.com/image/286874329, sowie Safehaven Report Nr. 618 vom 6.10.1948, in: https://www.fold3.com/image/286874812.

Continental auch Pirelli, Firestone und Michelin – genaue Vorgaben über die zugeteilten und zu verarbeitenden Rohstoffe sowie Art und Umfang der Reifen und anderen Gummiartikel machte. So kam es zu der absurd anmutenden Situation, dass die vier Vertreter der miteinander konkurrierenden und sogar verfeindeten Reifenfabriken regelmäßig zu Besprechungen nach Madrid zitiert wurden, an einem Tisch sitzend die neuesten Anordnungen der spanischen Regierungsbehörden entgegennahmen und um die knappen Rohstoffzuteilungen buhlten.[180]

Im Februar 1942 wurden die Reifenhersteller dabei von einem Dekret der Regierung überrascht, durch das ab 1. März die bisherige Autoreifenfertigung praktisch eingestellt werden musste und die künftige Produktion nur derjenigen Fabrik zugesprochen werden sollte, die durch eine größere Verwendung von Regenerat den besten Reifen für Höchstgeschwindigkeiten von 40 km/h herstellte.[181] Um die knappen Rohgummibestände Spaniens so weit wie möglich zu strecken, durften künftig nur noch 30 Prozent der bisherigen Naturkautschukmenge eingesetzt werden, was bedeutete, dass Continental nun in Hannover und vor Ort – zusätzlich zu den Buna-Reifen-Forschungen – umgehende Forschungs- und Entwicklungsarbeiten zur Schaffung des geforderten „Regenerat-Reifens" in Angriff nehmen musste, mit entsprechender Ausarbeitung neuer Spezifikationen und Mischungsrezepturen.[182] Oskar Müller, der Werkleiter in Torrelavega, versuchte angesichts dessen bei Eckell und den deutschen Behörden auch für die spanische Fabrik von Deutschland aus Buna zu erhalten, „wenn wir nicht", wie Weber bei einer entsprechenden Unterredung in Berlin erklärte, „die Initiative an Firestone verlieren wollen. Unter Hinweis auf die zur Zeit in Spanien benötigten 150 to. Kautschuk habe ich 75 Monatstonnen Buna verlangt. Eckell hat mir darauf erklärt, dass eine solche Menge völlig undiskutabel sei, hat sich aber schließlich bereit erklärt, uns 15 to. Buna je Monat fest zuzusagen."[183] Und falls Pirelli Buna nach Spanien liefern sollte, bat Eckell um sofortige Mitteilung, da er alsdann die Buna-Lieferungen aus Deutschland für Pirelli sperren werde.

Aufgrund der Rohstoffpolitik der spanischen Regierung kam zunächst die Reifenfertigung in Torrelavega zum Stillstand. Ein erheblicher Teil der Arbeiter

---

180 Vgl. etwa Bericht einer Besprechung in Madrid vom 17.6.1942, in: CUA, 6525 Zg. 1/65, A 169.

181 Vgl. Schreiben aus Torrelavega an Weber vom 3.2.1942, in: CUA, 6525 Zg. 1/65, A 169.

182 Vgl. Notiz vom 6.3.1942 sowie auch Aktennotiz über eine Besprechung mit Technikvorstand Assbroicher vom 7.3.1942, in: ebd. Vgl. auch Aktennotiz zu einer Reise Assbroichers nach Spanien vom 1. bis 18.6.1942, in: CUA, 6525 Zg. 1/56, A 30,2.

183 Bericht vom 12.7.1942 sowie schon Besprechungsnotiz vom 19.5.1942, in: CUA, 6525 Zg. 1/56, A 30,2.

war damit ohne Beschäftigung, aber aufgrund der bestehenden Gesetze konnte Continental sie nicht entlassen. Man versuchte das Problem daher mit der Einführung einer 4-Tage-Woche bzw. 32-stündigen Arbeitszeit für ca. 100 Beschäftigte zu lösen, während die damals beschäftigten weiteren 62 Arbeiter und Angestellte weiterhin an sechs Tagen arbeiteten.[184] Im Laufe des Jahres 1942 stabilisierte sich dann die Beschäftigungslage wieder, aber im Dezember musste man in Torrelavega im Zuge der Teilmobilisierung des Militärs in Spanien unvermittelt den Abzug von 56 Arbeitern hinnehmen. Dennoch gelang es, mit der Herstellung einer Reihe von zivilen Verbrauchsartikeln wie Sohlen und Absätzen, vor allem aber mit der Ausrüstung von Francos Armee mit Reifen und Schläuchen glänzende Geschäfte in Spanien zu machen. Im Durchschnitt konnte Jahr für Jahr ein Reingewinn von umgerechnet ca. 500 000 RM verbucht werden, von dem Continental seinen Anteil allerdings wie erwähnt nur zum Teil nach Deutschland transferieren konnte.[185]

Im Januar 1942 erfolgte daher eine erneute Kapitalerhöhung bei der Continental Fabrica Española in Torrelavega um 3,25 Mio. auf nun insgesamt sechs Mio. Peseten, d. h. umgerechnet knapp 1,5 Mio. RM.[186] Damit hatte sich der direkte und indirekte Besitzanteil von Continental auf 72,83 Prozent erhöht. Als Begründung verwies man gegenüber den deutschen Devisenbehörden auf die Notwendigkeit, „mit den großen Konkurrenzfabriken in Spanien, Firestone, Michelin und Pirelli, einigermaßen Schritt zu halten", zudem sei die Ausfuhr von Gummiartikeln und Reifen aus Deutschland nach Spanien praktisch unmöglich, und schließlich habe sich das spanische Geschäft „als sehr gewinnbringend erwiesen".[187] Gegenüber dem Tiefstand von ca. 100 Beschäftigten stieg die Zahl der Belegschaftsangehörigen in Torrelavega bis März 1943 auf 354, bei einer inzwischen immerhin auf 180 Monatstonnen gesteigerten Produktionsleistung (vgl. Tabelle 29).[188]

---

184 Vgl. Fabrikationsbericht für Februar 1942, in: CUA, 6525 Zg. 1/65, A 169.
185 Zu den Bilanzen im Einzelnen vgl. CUA, 6600 Zg. 1/56, A 40.
186 Vgl. Mitteilung und Genehmigungsgesuch an die Devisenstelle in Hannover vom 17.11.1941, in: NLA HA Hann. 210, Acc. 2003/087 Nr. 79.
187 Ebd.
188 Von den im Januar 1942 beschäftigten 174 Belegschaftsangehörigen waren 139 Männer und 35 Frauen. Vgl. Fabrikationsbericht Februar 1942 vom 6.3.1942, in: CUA, 6525 Zg. 1/65, A 169.

Tab. 29: Belegschaft und Fertigung bei Continental/Torrelavega 1939 bis 1944

Jahr	Belegschaft	Monatstonnen	Umsatz in Mio. RM
1939	175	85	k. A.
1940	150	67	1,586
1941	130	65	1,503
1942	223	126	2,200
1943	330	187	3,667
1944 (Mai)	150	65	k. A.

Quelle: Zusammengestellt und berechnet nach den Angaben in: CUA, 6600 Zg. 1/56, A 3 sowie 6600 Zg. 1/56, A 3. Für Mai 1944 vgl. die statistische Zusammenstellung der Monatsproduktion in: CUA, 6714 versch. Zg. A 8.

Die durchschnittliche Arbeitszeit war allerdings im Vergleich zu den hannoverschen Werken niedrig. Sie betrug im Februar 1942 nur 6,76 Stunden pro Tag, die Arbeitsleistung 2,108 kg/Std., was weit unter den entsprechenden Leistungen in den Werken in Hannover und auch Posen lag. Daran änderte sich auch in der Folgezeit kaum etwas.[189] Die Belegschaft zählte dabei im März 1942 noch erst 198 Beschäftigte, davon 127 Arbeiter, 32 Arbeiterinnen, ein Meister, vier Vorarbeiter, neun Aufsichtsleute und 18 Angestellte, von ihnen sechs Frauen. Bis auf sieben Deutsche – die mit Dr. Oskar Müller als Betriebsleiter, Walter Weber als kaufmännischer Leiter sowie je einem Ingenieur, Chemiker, Obermeister und Meister die Betriebsführung stellten – waren alle Spanier.[190] Im Zuge der Umstellung der Fertigung auf Regenerat-Reifen erfolgte dann ein weiterer Ausbau der Fertigungskapazitäten, eine entsprechende Neuordnung des Maschinenparks und der Fertigungsanlagen sowie die Aufstockung der Belegschaft.[191] Im April 1943 arbeiteten nun 354 Arbeiter und Angestellte in Torrelavega, von der deutschen Betriebsleitung waren allerdings inzwischen nur noch Werksleiter Müller sowie sein kaufmännischer Leiter und ein Chemiker vor Ort. Die durchschnittliche Arbeitszeit betrug knapp acht Stunden, die Leistung pro Kopf und Stunde war aber mit 2,13 kg. nach wie vor niedrig.[192] Dennoch arbeitete die Fabrik an ihren Kapazitätsgrenzen, sowohl was die Kapazitäten für Reifenheizung,

---

189 Im September 1942 betrug die durchschnittliche Arbeitszeit 7,4 Std/Kopf, die Leistung 2,95 kg/Kopf und Stunde. Vgl. Fabrikationsbericht für September 1942, in: CUA, 6525 Zg. 1/65, A 169.
190 Vgl. Fabrikationsbericht Torrelavega für März 1942, in: CUA, 6525 Zg. 1/65, A 169.
191 Vgl. dazu im Einzelnen auch das umfangreiche Planungsprogramm für Torrelavega durch das Büro Auslandsfabriken vom 27.4.1942, S. 2, in: CUA, 6525 Zg. 1/56, A 30,2.
192 Vgl. Fabrikationsbericht für April 1943, in: CUA, 6525 Zg. 1/56, A 24,3.

die Regeneratherstellung als auch die Mischkapazitäten anging.[193] In Hannover trug man sich inzwischen mit Plänen für einen weiteren Ausbau, zum einen hinsichtlich einer Aufnahme der Fertigung von Flugzeugreifen, verbunden auch mit dem Bau einer neuen Autoreifenfabrik, mit einer Kapazität von 15 000 Reifen im Monat oder 300 Monatstonnen, was gegenüber der aktuellen Fertigung von gerade einmal 3000 Reifen im Monat eine Verfünffachung bedeutete.[194] Im Zuge dessen waren weitere Kapitalerhöhungen geplant, unter anderem auch bei den Verkaufsgesellschaften. Der Umsatz der Tochtergesellschaft Neumaticos war 1943 mit 14,8 Mio. Peseten (umgerechnet ca. 3,4 Mio. RM) allein in den ersten sechs Monaten des Geschäftsjahres regelrecht explodiert und betrug inzwischen beinahe das Fünffache des Aktienkapitals.[195] Die Expansionspläne betrafen zum anderen auch die Belegschaft. So sollten in der Nähe der Fabrik fünf Häuser für die Angestellten erworben und eine Arbeiterkolonie errichtet werden. Zudem räumte man Werksleiter Müller größere Spielräume in der Lohnpolitik ein, was bedeutete, dass auf die Grundlöhne ein 20-prozentiger Zuschlag als Teuerungszulage gezahlt wurde sowie auch Leistungszulagen.[196]

Doch nur wenig später wurden alle Pläne durch die militärischen und politischen Entwicklungen Makulatur. Im Mai 1944 machte man sich in Hannover wie in Madrid und Torrelavega ernsthaft Gedanken darüber, wie man sich auf die inzwischen drohende Unterbrechung der Verbindungen zwischen Deutschland und Spanien einstellen konnte. Dem Leiter der spanischen Verkaufsgesellschaft hatte man daher uneingeschränkte Vollmacht erteilt, über die Vermögenswerte und Interessen von Continental zu verfügen und diese Vollmacht gegebenenfalls auch auf einen Spanier als Vertrauensperson zu übertragen.[197] Aus dem Verwaltungsrat der spanischen Tochtergesellschaft war zudem ein deutsches Mitglied ausgetreten und hatte einem Schweizer Platz gemacht. Dazu versuchte man sich im Frühjahr 1944 durch eine Reihe von Aktientransaktionen vor den inzwischen von der spanischen Regierung in Antizipation der deutschen Niederlage massiv betriebenen Verstaatlichungsmaßnahmen zu schützen.[198] Die in diesem Zusammenhang geplante weitere Kapitalerhöhung bei der Continental Fabrica Española in Torrelavega und die im Zuge dessen vorgesehe-

---

193 Vgl. Aktennotiz zu der Spanienreise von Assbroicher vom 23.5.1943, in: ebd.

194 Vgl. Notiz vom 26.8.1943 betr. Planung der neuen Autoreifenfabrik, in: ebd.

195 Vgl. Schreiben Continental an die Devisenstelle Hannover vom 3.9.1943, in: NLA HA Hann. 210, Acc. 2003/087 Nr. 79.

196 Vgl. Aktennotiz Schmelz vom 24.5.1943, in: ebd.

197 Vgl. Schreiben Aretz vom 16.5.1944, in: Safehaven Report, https://www.fold3.com/image/286874790.

198 Vgl. Safehaven Report, Notiz vom 6.10.1948, in: https://www.fold3.com/image/286874819, sowie Notiz vom 18.6.1946, in: https://www.fold3.com/image/286874603.

ne Reise von zwei leitenden Angestellten aus Hannover nach Spanien kam dann infolge der militärischen Ereignisse im Mai/Juni 1944 und der damit verbundenen Unterbrechung der Zug- wie Flugverbindungen schon nicht mehr zustande.[199]

3.2 Italien

Kompliziert waren für Continental auch die Entwicklungen im eigentlich lange Zeit verbündeten Italien, wo sich durch die Konfrontation mit dem alten Konkurrenten Pirelli eine besondere Konstellation ergab. Das Unternehmen war im Zuge der Mussolini-Politik inzwischen erheblich erstarkt und hatte im Windschatten des faschistischen Regimes in Rom eine expansive Politik betrieben.[200] Sein Präsident und gleichzeitig auch Repräsentant der Inhaberfamilie, Alberto Pirelli, hatte schon während des Ersten Weltkrieges als Leiter der Auslandsabteilung im Ministerium für Waffen und Munition wichtige Funktionen an der Schnittstelle zwischen Unternehmertum und Regierungspolitik innegehabt und war unter Mussolini nach anderen einflussreichen Positionen 1938 in den Rang eines Staatsministers erhoben worden, wobei allerdings seine Haltung gegenüber dem Duce und dessen Regime ambivalent war. Mit dem damals bereits 58-jährigen Pirelli und dem gerade erst 41-jährigen Könecke trafen zwei unterschiedliche Unternehmergenerationen aufeinander, der eine weltgewandt, diplomatisch erfahren und Grandseigneur der italienischen Industriewirtschaft, der andere durchaus auch im Lavieren zwischen Unternehmens- und Regimeinteressen versiert, die Autorität des Älteren anerkennend, aber sich auch der Überlegenheit und größeren Macht des NS-Regimes gegenüber dem kleineren Verbündeten Italien bewusst.

Aus der Perspektive von Continental ergaben sich dabei durch die europäische Großraum-Politik Eckells und des RWM in Bezug auf Buna höchst unangenehme Konstellationen, durch die sich die Hannoveraner in die Defensive gedrängt sahen. Könecke berichtete dem Aufsichtsrat im April 1940:

> Das RWM hat Pirelli Zusagen gemacht, nach denen die chemischen und technischen Erfahrungen bei der Buna-Verarbeitung auf Pirelli kostenlos übertragen werden sollen. Gegengabe: Bereifung für deutsche Automobil-Exporte nach dem Balkan, wofür allerdings von Deutschland Rohstoffe zu liefern sind. Besichtigung unserer Fabrik demnächst durch

---

199 Vgl. ebd., https://www.fold3.com/image/286874622.
200 Zur Unternehmensentwicklung Pirellis vgl. Carlo Bellavite Pelligrini, Pirelli. Technology and Passion 1872–2017, Mailand 2018, sowie zu Alberto Pirelli die Biographie von Nicola Tranfaglia, Vita di Alberto Pirelli (1882–1971). La politica attraverso l'economia, Rom 2010.

Pirelli-Leute. Es wird vom Vorstand darauf hingewiesen, dass in privatwirtschaftlichen Verhandlungen mit günstigeren Bedingungen im vorigen Jahr ein Abkommen für eine Zusammenarbeit – Lizenz – kurz vor dem Abschluss stand. Sie wurde durch das RWM gestoppt. Die durch das Ministerium somit auferlegte Preisgabe von Erfahrungen wird zur Kenntnis genommen.[201]

Am 27./28. Juni 1940 war denn auch tatsächlich eine größere Industriedelegation unter Leitung Alberto Pirellis, begleitet von Vertretern des RWM, der Reichsstelle Kautschuk und der Reichsgruppe Industrie, in Hannover gewesen. Könecke war als Verhandlungsleiter seinerseits aber bereits mehrmals in Mailand gewesen und hatte dort die Pirelli-Fabriken besichtigt, von denen er sich vor allem in Hinblick auf die chemischen und technischen Versuche in den Laboratorien und Forschungsabteilungen höchst beeindruckt zeigte, „gegenüber denen im Vergleich unsere Einrichtungen sehr bescheiden sind", wie er seinen Vorstandskollegen berichtete.[202] Auch sonst war bei der Besichtigung im Juli dem dabei fast vollständig vertretenen Continental-Vorstand bewusst geworden, dass aus dem einst belächelten und kaum ernstzunehmenden Konkurrenten inzwischen ein vielfach übermächtig erscheinender Wettbewerber geworden war. Allein von der Nutzfläche der Produktionsstätten war Pirelli fast doppelt so groß wie Continental, mit den konzernweit beschäftigten 42 000 Arbeitskräften ebenfalls weit größer, dazu besaß das Unternehmen drei eigene Baumwollspinnereien und auf Java eine kleine Naturkautschuk-Plantage.[203] Geradezu verzweifelt redeten sich die Continental-Manager demgegenüber dennoch ein, dass das Werk Nordhafen die Pirelli-Fabrik bei weitem übertreffe, wobei sie geflissentlich den Umstand verdrängten, dass Erstere sich noch mitten im Bau befand, während Letztere längst produzierte.

Das schließlich am 30. Juli 1940 getroffene Abkommen zwischen der Fachgruppe Kautschukindustrie, der Wirtschaftsgruppe Chemische Industrie und der Firma Societa Italiana Pirelli zu Mailand sah eine von freundschaftlichem Geiste getragene Zusammenarbeit vor, die den Italienern einen Zugang zu den Buna-Erfahrungen der Deutschen verschaffte, während Pirelli dafür keine finanzielle Entschädigungen leistete, sondern Gegenleistungen technisch-chemischer und kommerzieller Art, wie die Zusammenarbeit in Exportfragen, Preisrespektierungen auf den eigenen Märkten und anderes.[204] Das Abkommen war für die Dauer von zwei bis drei Jahren geschlossen, die Details über die prakti-

---

201 Protokoll der Aufsichtsratsitzung vom 9.4.1940, in: Ordner Korrespondenz mit dem Aufsichtsrat 1936–1942.
202 Protokoll der Vorstandssitzung vom 5.8.1940, in: CUA, 6603 Zg. 3/85, A 3.
203 Vgl. den Besuchsbericht Asbahrs vom 2.8.1940, in: CUA, 6500 Zg. 1/59, A 1.
204 Das Abkommen als Anhang zu dem Protokoll der Vorstandssitzung vom 5.8.1940, in: ebd.

sche Art und Weise des Erfahrungsaustauschs waren weiteren Verhandlungen zwischen Pirelli und den einzelnen Mitgliedsfirmen der Fachgruppe Kautschukindustrie überlassen. Pirelli hatte sich so mit diplomatischem Geschick und in den Augen Continentals ohne nennenswerte Gegenleistungen Zugang zu dem wichtigen Buna-Know-how der Deutschen – also letztlich von Continental – verschafft und damit einen strategischen und technischen Vorsprung der Hannoveraner zunichte gemacht. Dass diese Befürchtungen sich nur zu schnell bewahrheiteten, zeigte sich daran, dass Pirelli umgehend ausführliche Fragebogen an Continental schickte und zugleich bei der Reichsstelle für Kautschuk vorstellig wurde, um dort die Belieferung mit allen möglichen Hilfsmitteln und anderen Rezepturbestandteilen, von deren Bedeutung Pirelli durch die Auskünfte in Hannover erfahren hatten, zu fordern.[205] Im Vorstand hatte es daher erhebliche Vorbehalte gegeben und man war sich darin einig, die Bekanntgabe der chemischen und technischen Erfahrungen zunächst auf das Reifengebiet zu beschränken, im Bereich der technischen Gummiwaren jedoch auf Zeit zu spielen.[206]

Für Könecke besaß der Vertrag allerdings eine weiterreichende Bedeutung. Durch eine engere Verbindung zwischen Continental und Pirelli könnten, so argumentierte er, durchaus „Vorteile anderer Art entstehen".[207] Tatsächlich eröffneten sich für Continental erhebliche Chancen, auf dem bis dahin völlig abgeschotteten italienischen Reifen- und Gummimarkt endlich Fuß fassen zu können. Im Mai 1940 hatte man in Mailand die Societa Anonima Lombarda Alpa gegründet. Die Gesellschaft diente als Plattform für getarnte Einfuhrgeschäfte, war aber auch als Basis für die Verwertung von Patenten, Lizenzen und Warenzeichen in Italien gedacht.[208] Hinter der Gründung standen nicht nur Interessen von Continental, sondern vor allem auch der Reichsstelle Kautschuk, die die eigentliche Initiatorin des Vorhabens war.[209] Das Unternehmen verband mit der Plattform-Gesellschaft in Italien jedoch bald auch eigene und weitreichende Pläne.

Im März 1941 informierte man die Devisenbehörde in Hannover darüber, dass man sich über die Mailänder Tochtergesellschaft von Osram 1,5 Mio. Lire (umgerechnet 250 000 RM) beschaffen wollte, von denen 300 000 Lire zur Verstärkung der Betriebsmittel bei der Alpa, die übrigen 1,2 Mio. Lire jedoch zum

205 Vgl. Fragebogen Pirelli vom 14.9.1940 sowie Notiz Könecke über eine entsprechende Klage des Reika-Vorsitzenden Jehle vom 26.11.1940, in: CUA, 6500, Zg. 1/69, A 14.
206 Vgl. Protokoll der Vorstandssitzung vom 11.10.1940, in: ebd.
207 Ebd.
208 Vgl. Notiz Schmelz vom 29.5.1940, in: CUA, 6600 Zg. 1/56, A 14.
209 Vgl. Schreiben Continental an die Devisenstelle in Hannover vom 14.5.1940, in: CUA, 6600 Zg. 1/56, A 17.

Ankauf von Aktien der italienischen Gummifabrik Ferrari & Cattania AG in der Nähe von Mailand Verwendung finden sollten.[210] Die kleine Fabrik war schon im Dezember 1940 von einem italienischen Geschäftspartner als Strohmann für Continental erworben worden, von dem das Unternehmen nun offiziell 40 Prozent erwarb, um dort eine eigene Produktionsstätte aufzuziehen. Als Käufer trat Continental dabei aber nicht in Erscheinung, sondern der Erwerb erfolgte über die Alpa, der dafür nach außen hin der Anstrich einer aktiven Gesellschaft gegeben werden musste, „mit regulärem Büro, einem Tippfräulein, Schreibmaschinen, Einrichtungsgegenständen, Karten, Zeichnungen und Plänen etc."[211] Im Hinblick darauf, so begründete man das Vorhaben gegenüber den Devisenbehörden,

> dass der italienische Markt nicht nur für uns, sondern die gesamte Kautschukindustrie bereits in Friedenszeiten durch Schutzzölle und scharfe Kontingentierungsmaßnahmen so gut wie verschlossen ist, wir auf der anderen Seite die Möglichkeit sehen, in Italien und den italienischen Kolonien nach Eintritt normaler Verhältnisse unter Benutzung unserer Marken und Schutzrechte und der beim italienischen Publikum feststellbaren großen Beliebtheit von Continental-Gummiwaren größere Geschäfte zu machen, glauben wir dem uns gemachten Angebot [des Aktienerwerbs] entsprechen zu sollen.[212]

Die Fabrik, die vor allem als Hersteller von Hartgummiartikeln bekannt war, lag zu diesem Zeitpunkt vorübergehend still, war jedoch inzwischen von der italienischen Regierung als kriegswichtig erklärt worden und mit der Lieferung einer Reihe von Heeresartikeln wie Akkumulatorenkästen, Marinestiefeln, Hartgummiröhren und -stäben beauftragt worden. Die Rohstoffversorgung war daher langfristig gesichert, und für die Kriegszeit rechnete Continental mit einem Umsatz von sieben bis zehn Mio. Lire pro Jahr, während für die Nachkriegszeit „bei entsprechender Führung der Fabrik mindestens wieder die Vorkriegsumsätze in Höhe von etwa 20 bis 30 Mio. Lire herausgeholt werden können."[213] „Ein Verkauf in der Fabrik neu aufzunehmender Artikel gegen Pirelli und die mit Pirelli verbundenen sonstigen Gummifabriken", so hieß es gleichsam ergänzend dazu in einer Notiz der Export-Conti-Abteilung, „dürfte auf keine besonderen Schwierigkeiten stoßen, da Pirelli bei der Händlerschaft nicht sehr beliebt ist und außerdem als schwerfällige Fabrik gilt."[214] Als erster Direktor und kaufmännischer

---

210 Vgl. Schreiben Continental an die Devisenstelle Hannover vom 29.3.1941, in: ebd. Zu der aufgrund der herrschenden Devisengesetze erforderlichen komplizierten Finanztransaktion über Osram vgl. Notiz vom 9.6.1941, in. CUA, 6600 Zg. 1/56, A 14.
211 Vgl. Notiz über Besprechungen Alpa vom 11.6.1941, in: ebd.
212 Ebd.
213 Schreiben Continental an die Devisenstelle vom 31.3.1941, in: ebd.
214 Notiz vom 14.12.1940, in: CUA, 6600 Zg. 1/56, A 16.

Leiter der Firma waren zwei italienische Manager vorgesehen, mit denen Continental schon langjährige Verbindungen hatte, der technische Direktor und Werksleiter kam dagegen aus Hannover. Von den einst 300 Beschäftigten arbeiteten zu diesem Zeitpunkt erst wieder ca. 50 Mann, Continental plante jedoch eine rasche Erhöhung der Belegschaft auf 100 bis 120 Arbeiter und Angestellte, um schließlich „bei Wiedereintritt normaler Verhältnisse" wieder auf die Arbeiterzahlen der Vorkriegszeit zu kommen.[215] Im Februar 1941 war auch Technikvorstand Assbroicher nach Mailand gekommen, hatte die Fabrik inspiziert und ein auf 25 Monatstonnen Mischkapazität ausgerichtetes Fertigungskonzept aufgestellt.

Im April 1941 erfolgte schließlich die Umbenennung der Fabrik in Mediterranea Gomma S. A. in San Vittore/Mailand und mit Investitionen von umgerechnet knapp 550 000 RM für die Maschinenausstattung und die Herrichtung des Firmengeländes begann der Auf- und Ausbau der neuen italienischen Tochtergesellschaft trotz der nach wie vor bestehenden Minderheitsbeteiligung von 40 Prozent. Im Dezember 1941 wurden eine Reihe von erfahrenen Fertigungsingenieuren aus Hannover nach Mailand geschickt, unter anderem „zur Schaffung einer Grundlage für ein gesundes Akkordwesen", der Anordnung der Maschinen „im Hinblick auf einen kontinuierlichen Arbeitsfluss" sowie zum Aufbau und Einfahren der Fertigung von Fahrradreifen und -schläuchen, mit dem Ziel, eine Monatskapazität von 5000 Decken und 2500 Schläuchen zu schaffen.[216] In vier Etappen, so die Planungen Assbroichers, sollte der weitere Ausbau der Fabrik vor sich gehen. An deren Ende sollte eine deutliche Steigerung der Fabrikation unter anderem durch Einbau eines modernen Vierwalzenkalanders stehen, bei gleichzeitiger „möglichst aussichtsreicher Ausrichtung" auf die Friedenszeit. Dabei galt es aber, „die Mentalität von Pirelli zu berücksichtigen [...] und der Fabrik nicht zu früh eine Ausrüstung zu geben, die etwa Pirelli zu einer Kampfstellung zu uns veranlassen würde."[217]

Pirelli hatte allerdings längst mitbekommen, dass Continental sowohl hinter der Alpa wie der Hartgummifabrik steckte. Man hatte daher seinerseits vergeblich versucht, durch Kauf der Firma den Deutschen zuvorzukommen und damit eine Sesshaftwerdung des Konkurrenten auf dem italienischen Markt zu verhindern.[218] Im Continental-Vorstand hatte man im Januar 1941 offensichtlich Angst vor der eigenen Courage bekommen, denn eine mögliche Reaktion Pirel-

---

215 Ebd.
216 Vgl. die Notiz Assbroichers betr. San Vittore vom 22.12.1941, in: CUA, 6525 Zg. 1/56, A 22,1.
217 Ebd., S. 4.
218 Vgl. Notiz über eine Besprechung mit dem Continental-Vertrauten Boggiani, der dann auch als Käufer aufgetreten war, vom 6.1.1941, in: CUA, 6600 Zg. 1/56, A 16.

lis auf das Fußfassen Continentals in Italien war, dass sich die Italiener in gleicher Weise in Deutschland betätigen würden. Auf einer Vorstandssitzung wurde daher noch einmal ausführlich das Für und Wider der italienischen Beteiligung diskutiert und schließlich beschlossen, gegenüber Pirelli mit offenen Karten zu spielen und entsprechend über die weiteren Pläne zu informieren. „Die künftige Einstellung zu unseren fabrikatorischen Plänen in Italien soll von der Aufnahme, welche unsere Mitteilung an Pirelli macht, abhängig gemacht werden", hieß es dazu im Protokoll der Vorstandsbesprechung.[219] Pirelli betrachtete das italienische Engagement von Continental dennoch als unfreundlichen Akt, wie Alberto Pirelli Könecke im Juni 1941 bedeutete.[220] Allerdings bewies Könecke inzwischen erheblich mehr Selbstbewusstsein und teilte Pirelli „endgültig und eindeutig" mit, „dass wir auf diese Beteiligung angesichts vorliegender Verpflichtungen nicht verzichten können."[221] Dadurch sollte jedoch, so appellierte Könecke an Pirelli im selben Atemzug, die übrige Zusammenarbeit nicht zum Scheitern gebracht werden, die sich für die kommenden normalen Zeiten ohnehin als notwendig erweisen würde. Continental besaß dabei inzwischen auch mit der Hergabe von Buna-Erfahrungen an die von Pirelli verwaltete Michelin-Fabrik in Turin ein gewisses Druckmittel. Jedenfalls, so berichtete Könecke nach Hannover, habe Pirelli daraufhin wörtlich erklärt, dass er zu jeder Absprache mit Continental bereit sei, sei es auf dem Preisgebiet, auf dem Gebiet der Exportkontingentierung oder der Respektierung von Märkten, und sich dazu auch in vertraglicher schriftlicher Form binden würde.[222]

Unterdessen war der Know-how-Transfer zur Herstellung von Buna-Reifen zwischen Continental und Pirelli in Gang gekommen. Regelmäßig erschienen nun Pirelli-Ingenieure und -Chemiker in Hannover und studierten dort die entsprechenden Spezifikations- und Fertigungsmethoden.[223] Im Juni 1941 hatte Pirelli bei Continental in diesem Zusammenhang auch um die Zusendung höherer Buna-Mengen aus Deutschland gebeten. „Die Bestrebungen von Pirelli, mehr Buna als wir ihnen zugestanden haben, zu bekommen, kenne ich", telegraphierte Könecke dazu im Juni 1941 aus Berlin, „die beiderseitigen Staatssekretäre haben eingegriffen und unser Verhandlungsergebnis ist dadurch in Frage gestellt. Hierüber sollten wir aber von uns aus Pirelli gar nichts sagen, sondern das ist Angelegenheit der amtlichen Stellen."[224] Durchaus beeindruckt hatte man in Hannover im Dezember 1941 anerkennen müssen, dass die Italiener die

219 Protokoll vom 18.1.1941, in: CUA, 6603 Zg. 3/85, A 3.
220 Vgl. Notiz Könecke vom 14.6.1941, in: CUA, 6600 Zg. 1/56, A 32.
221 Ebd.
222 Vgl. ebd.
223 Vgl. Notiz Baumann vom 17.3.1941, in: CUA, 6525 Zg. 1/56, A 22,1.
224 Telegramm Könecke vom 24.6.1941, in: ebd.

Buna-Technologie schnell zu beherrschen und anzuwenden gelernt hatten.[225] Aber auch Continental war an einer Reihe von Pirelli-Verfahren stark interessiert, allen voran die patentgeschützte Produktion von Regenerat.[226]

Es war unübersehbar, dass die ganze Angelegenheit des Erfahrungsaustausches nicht nur hochpolitisch war und unter ständiger Beobachtung und Einmischung der jeweiligen Behörden stand, sondern auch zwischen den beiden Unternehmen von einem permanenten strategisch-taktischen Hin und Her geprägt war. Längst hatte sich das Interesse Pirellis, wie von den Continental-Managern befürchtet, auch auf das Know-how jenseits des Reifengebiets im Bereich der technischen Gummiwaren, insbesondere des Schwingmetallverfahrens, ausgeweitet. In einem als dringend und geheim markierten Schreiben warnte das für das Auslandsgeschäft zuständige Vorstandsmitglied Gustav Schmelz Könecke und seine Kollegen dringend vor einer entsprechenden Lizenzvergabe, da Pirelli damit die Möglichkeit in die Hände bekommen würde, den Ausbau dieses Geschäfts in der Mediterranea Gomma zu behindern.[227] Während Pirelli immer neue technische Informationen zu bekommen versuchte, hielten die Italiener ihrerseits Continental bei der Frage des Regeneratverfahrens hin und spielten auf Zeit.

Continentals Lage und seine Interessen wurden noch durch die Anordnungen der Reichsstelle Kautschuk nachteilig beeinflusst und unterminiert, dass im Juni 1942 von Hannover eine Verlagerung der Fertigung von monatlich 5300 Reifen nach Mailand zu Pirelli zu erfolgen habe, zunächst nur für zwei Monate, aber mit Option auf eine Ausdehnung auf sechs Monate.[228] Das bedeutete für Continental nicht nur eine gewisse Abhängigkeit von Pirelli und das Eingeständnis unzureichender Fertigungskapazitäten – wobei man in Hannover bemüht war, die tatsächliche Verlagerungsaktion so lange wie möglich hinauszuzögern –, sondern bedeutete auch das Einschalten und Mitmischen dutzender Behörden der Rüstungs- und Kriegsbürokratie, allen voran der Preisprüfungsstelle des Rüstungsamtes, „das in sturer und heftiger Form von uns Preiserläuterungen in der Annahme zu erhalten versucht, dass sich in den Reifen-Verkaufspreisen an das OKH wesentliche Gewinne verbergen", wie in einer Notiz

---

225 Vgl. etwa den ausführlichen Besuchsbericht eines Continental-Reifenchemikers vom 16.– 18.12.1941, in: CUA, 6525 Zg. 1/56, A 30,2.
226 Vgl. Schreiben Pirelli an Continental vom 19.5.1941 betr. einen entsprechenden Wunsch Webers sowie Aktennotiz zum Regenerier-Versuch nach dem Pirelli-Verfahren vom 2.12.1941, in: CUA, 6525 Zg. 1/56, A 22,1, außerdem den Schriftwechsel zwischen Alberto Pirelli und Könecke vom Januar und Februar 1942, in: CUA, 6525 Zg. 1/65, A 169.
227 Das Schreiben vom 28.2.1942, in: CUA, 6525 Zg. 1/65, A 169.
228 Vgl. Notiz des Büros Auslandsfabriken vom 27.6.1942 sowie Schreiben Schmelz an Pirelli vom 30.6.1942, in: ebd.

der Finanzabteilung beklagt wurde.[229] Die neue Zusammenarbeit im Fertigungsbereich hielt Pirelli aber nicht davon ab, gleichzeitig hinter den Kulissen seinen Einfluss bei den italienischen Behörden spielen zu lassen und die Mediterranea Gomma wegen angeblicher Qualitätsmängel, Verstoß gegen die Herstellanweisungen, nicht eingehaltener Produktions-Solls sowie zu hoher Preise bei Fahrraddecken und Weichgummi-Spritzartikeln anonym zu denunzieren oder offen anzuzeigen, mit dem Ergebnis, dass die italienische Staatsanwaltschaft tatsächlich gegen einige Verantwortliche Anklage erhob.[230] Misstrauisch hatte man in Hannover auch registriert, dass es unter dem Deckmantel der künftigen Neuordnung der europäischen Kautschukindustrie und der Sitzung eines inzwischen ins Leben gerufenen deutsch-italienischen Ausschusses für Kautschukfragen zu häufigeren direkten Gesprächen zwischen Alberto Pirelli und Eckell in Berlin und am Gardasee gekommen war. Unter diesen Umständen hatte die italienische Fabrik von Continental mehr denn je einen schweren Stand.

Im Mai 1942 begann man daher in Hannover mit Vorbereitungen für die Gründung einer offiziellen Continental-Tochtergesellschaft in Italien. In die neue Gesellschaft mit dem Namen Continental Gomma S. A. sollte dann die bestehende Alpa mit ihrer Beteiligung an der Mediterranea Gomma aufgehen. Damit trug man zum einen der Tatsache Rechnung, dass die ursprünglichen Gründe für die Gründung der Alpa hinfällig geworden waren, vor allem aber wurde durch die Umgründung eine Legalisierung erreicht, die auch den angekündigten aktienrechtliche Verordnungen der italienischen Behörden zum Verbot von Treuhändern in Aktiengesellschaften und der alleinigen Geltung von Namensaktien Rechnung trug.[231] Doch die deutschen Behörden, allen voran Eckell vom RWM, verweigerten eine schnelle Zustimmung und forderten eine ausführliche Begründung.[232] Und nicht zuletzt machten die italienischen Behörden, die die Neugründung ebenfalls genehmigen mussten, Schwierigkeiten, dabei hatte man in Hannover in einem ausführlichen Memorandum über den „Wert der italienischen Patente der Firma Continental für die italienische Wirtschaft" die erhebliche wehr- wie volkswirtschaftliche Bedeutung der neuen Gesellschaft herauszustellen versucht.[233] Durch Umstellung der vorhandenen Fabrikationseinrichtung habe man in der Fabrik in San Vittore eine 100-prozentige Leis-

---

229 Notiz vom 11.7.1942, in: CUA, 6600 Zg. 1/56, A 14.

230 Vgl. Besprechungsnotiz in San Vittore vom 24.7.1942, in: CUA, 6525 Zg. 1/65, A 169.

231 Vgl. Schreiben Continental an die Devisenstelle vom 15.5.1942, in: CUA, 6600 Zg. 1/56, A 17.

232 Vgl. Schnellbrief Eckells an Continental vom 24.8.1942 und der ausführliche Antwortbrief des Unternehmens vom 27.8.1942, in: ebd.

233 Vgl. das Memorandum vom Sommer 1942 sowie auch Schreiben der Patentabteilung über neue Anmeldungen in Italien vom 9.5.1942, in: CUA, 6600 Zg. 1/56, A 14.

tungssteigerung, eine Kostensenkung um 50 Prozent und eine 20-prozentige Materialersparnis erreicht.

Doch alle Überzeugungsversuche halfen nicht. Im Juni 1943, als man von italienischer Seite immer noch nichts zu dem Gründungsantrag gehört hatte, ging man „fast mit Bestimmtheit davon aus", dass das Gesuch abgelehnt werden würde. Das zuständige italienische Ministerium hatte zu dem Antrag Continentals drei Gutachten erstellen lassen, die alle negativ ausfielen; zudem hatte man hinter vorgehaltener Hand erfahren, dass auch ein Schreiben Pirellis beim Ministerium vorlag, das deutlich zur Ablehnung aufforderte.[234] Wenig später hatte man in Hannover dann das offizielle Ablehnungsschreiben in der Hand. Für die geplante Gründung der italienischen Tochtergesellschaft interessierte sich im Übrigen auch die Leitung der Auslands-Organisation der NSDAP, die ihrerseits von Continental eingehende Begründungen der geplanten Maßnahme und vor allem detaillierte Auskünfte über die rassische und nationale Zugehörigkeit des dort eingesetzten Führungspersonals forderte.[235] Nach eingehender Auskunftserteilung konnte sich Schmelz einer abschließenden Bemerkung nicht enthalten: „Wir dürfen noch darauf hinweisen, dass die Frage unserer italienischen Beteiligung uns außerordentlich viel Sorgen und Kopfzerbrechen bereitet hat, da wir mit dem außerordentlich großen Widerstand unseres italienischen Hauptkonkurrenten, der Firma Pirelli, dauernd zu kämpfen haben, dem es durch entsprechende Einflussnahme auf italienische Behördenstellen bisher immer noch gelungen ist, uns Knüppel zwischen die Beine zu werfen."[236]

Wie stark Pirelli das Engagement von Continental in Italien nach wie vor als Bedrohung ansah und daher weiterhin mit allen Mitteln dagegen ankämpfte, zeigte sich daran, dass die Italiener das Thema im Herbst 1942 offiziell auf die Tagesordnung der bilateralen Verhandlungen mit den Hannoveranern gesetzt hatten. Und von beiden Seiten waren in dem Ringen um die Marktbeherrschung auch die weiteren Einflussgebiete des jeweiligen Konkurrenten auf dem europäischen Markt mit einbezogen worden.[237] In Hannover waren etwa Gedankenspiele dazu entworfen worden, bei Pirelli durch das Angebot eines Aufsichtsratssitzes in der zu gründenden neuen italienischen Gesellschaft von Continental ein Einlenken zu erreichen, als Äquivalent jedoch Gleiches von Pirelli für Continental in Belgien zu fordern. Andere, von Könecke favorisierte Überlegungen gingen demgegenüber dahin, „als Mittel zur Befriedung" die Beteili-

---

234 Vgl. Notiz zum Geschäftsjahr 1942/43 der „Alpa" vom 2.6.1943, in: ebd.

235 Vgl. Schreiben der NSDAP vom 15.5.1942, in: CUA, 6600 Zg. 1/56, A 17.

236 Schreiben Schmelz an die NSDAP vom 19.5.1942, in: ebd.

237 Vgl. etwa Schreiben Pirelli an Continental vom Oktober 1941 über einen geplanten Besuch von Pirelli-Leuten in der inzwischen unter Continental-Regie stehenden ehemaligen Michelin-Fabrik in Brüssel, in: CUA, 6525 Zg. 1/65, A 169.

gung in Italien abzustoßen, dafür aber von Pirelli eine Beteiligung an der Michelin-Fabrik in Turin, für die die Italiener als Sequester eingesetzt waren, einzuhandeln.[238] Bei den wenig später erfolgten direkten Gespräche zwischen Könecke und Pirelli drängte Letzterer dazu, eine vertragliche Vereinbarung über die gegenseitige Respektierung der Heimatmärkte zu treffen, was Könecke jedoch ablehnte. Pirelli drohte daraufhin unverhohlen mit dem Hinweis, dass Semperit ihm angeblich ein Angebot zur hälftigen Beteiligung an der italienischen Fabrik des französischen Gummiunternehmens Hutchinson gemacht habe – für die die Österreicher als vom Reich eingesetzte Treuhänder fungierten – und dafür mit Pirelli eine gemeinsame Produktionsstätte in Deutschland errichten sowie bei den Aktivitäten auf dem Balkan gemeinsame Sache machen wollte.[239] Könecke ließ sich jedoch davon nicht beeindrucken und brachte eine 45-prozentige Beteiligung an der Turiner Michelin-Fabrik ins Spiel, was jedoch wiederum Pirelli mit Verweis auf anderweitige Pläne der italienischen Behörden als unmöglich bezeichnete.

Ende November 1942 war der Vorstand in Hannover dann aber offenbar plötzlich wieder zu Zugeständnissen bereit. In einem Beschluss zur weiteren Verhandlungsführung mit den Italienern wurde bekundet:

> Die Continental legt größten Wert auf enge und verständnisvolle, die Interessen beider Häuser stützende Zusammenarbeit. Es ist nicht die Absicht der Continental, durch ihre Fabrikationsstätte Störungen im italienischen Markt herbeizuführen. Wichtig ist für die Continental, dass nach dem Kriege Preisbindungen zwischen Pirelli und Continental auf dem Exportmarkt getroffen und gehalten werden. Gegen solche Zusicherungen, die beiden Firmen nur Vorteile bringen können, ist die Continental bereit, ihr Fabrikationsrecht bei der Mediterranea Gomma aufzugeben bzw. in dieser Richtung liegende Beschlüsse, die Pirelli befriedigen, zu fassen.[240]

Doch auch die Überlegungen zu einem Teilverkauf der Mediterranea-Aktien an Pirelli, was auf eine gemeinsamen Beteiligung an der Fabrik hinausgelaufen wäre, scheiterten, diesmal an der Weigerung des italienischen Hauptaktionärs, so dass schließlich Continental wie Pirelli sich darauf verständigten, die ganze Angelegenheit auf das Kriegsende zu verschieben.[241]

Der detaillierte und intensive Erfahrungsaustausch im Bereich der Buna-Technologie war unbeschadet dieser Entwicklungen weitergelaufen, und das RWM in Person Eckells hatte Continental im Zusammenhang mit seinen Plänen

---

238 Protokoll der Vorstandssitzung vom 24.10.1942, in: CUA, 6603 Zg. 3/85, A 3.
239 Vgl. Aktennotiz Könecke vom 6.11.1942, in: CUA, 6525 Zg. 1/56, A 30,2.
240 Protokoll der Vorstandssitzung vom 30.11.1942, in: CUA, 6603 Zg. 3/85, A 3.
241 Vgl. Notiz Schmelz vom 25.12.1942 über die Verhandlungen mit Pirelli, in: CUA, 6525 Zg. 1/65, A 169.

für die Naturkautschukversorgung und Reifenproduktionsvorgaben in Italien explizit zur weiteren Unterstützung Pirellis aufgefordert.[242] Doch im Sommer 1943 kam es zu einer dramatischen Veränderung der ganzen Situation, als Italien mit dem Sturz Mussolinis plötzlich vom Verbündeten zum Gegner Deutschlands wurde. Auch Pirellis Position war damit erheblich geschwächt. Von deutscher Seite übernahm nun ein Beauftragter für die Kautschukwaren-Erzeugung in Italien die Oberhoheit über die italienische Reifen- und Gummiindustrie. Er war Teil des sogenannten Italienstabs Speers und dem Generalbeauftragten für Italien des Reichsministeriums für Rüstung und Kriegsproduktion unterstellt; damit hatte er auch gegenüber Pirelli Weisungsbefugnis. Dass diese Funktion Continental-Direktor Schmelz übertragen worden war und daneben auch Hans Karthaus, der ehemalige Continental-Werksleiter, für die Reichsstelle Kautschuk in Italien eingesetzt wurde, erwies sich jedoch nicht als Vorteil für Continental und wurde, soweit aus den Akten ersichtlich, von ihm auch nicht ausgenutzt. Im Zuge der Besetzung Italiens durch die deutschen Truppen war Schmelz Ende September auch nach Mailand gereist, um dort Gespräche mit Pirelli über die künftige Ausrichtung der Fertigung zu führen. „Allgemeine Lage verworren! Niemand weiß, wer das Land regiert. Rückkehr Mussolinis als Regierungschef wird hier für unwahrscheinlich gehalten", notierte er in einem Bericht nach Hannover.[243]

Plötzlich hatte man in Italien freie Hand und theoretisch auch Zugriff auf sämtliche Pirelli-Niederlassungen und Fabriken. Im Zuge der Ausrichtung der italienischen Industrie auf die deutsche Kriegswirtschaft begannen die deutschen Behörden tatsächlich auch umgehend mit Verlagerungen von Niederlassungen und der Auflösung von Lagerbeständen und führten umfassende Fabrikationskontrollen bei Pirelli durch. Anfang November 1943 war Karthaus in Rom, um, wie Schmelz nach Berlin berichtete, den Abbau der dortigen Pirelli-Fabriken zu überwachen, gleichzeitig kümmerte sich Schmelz um die weitere fabrikatorische Überwachung Pirellis. Anfang Februar 1944 ordnete er an, dass Pirelli die Herstellung von Reifendecken einer bestimmten Dimension wegen Qualitätsmängeln einzustellen hatte und dafür die Produktion einer anderen Reifendimension nach den von den Deutschen vorgegebenen Normen und technischen Daten vornehmen sollte.[244] Er berief sich dabei explizit auf die ihm vom Speer-Ministerium erteilte Vollmacht und nahm Bezug auf technische Bespre-

---

242 Vgl. Schreiben Eckell an Könecke vom 27.5.1943 sowie dazu auch den Briefwechsel zwischen Produktionsvorstand Weber und seinem Pendant bei Pirelli, Prof. Poli, vom Frühjahr 1943, in: CUA, 6525 Zg. 1/56, A 24,2.
243 Schreiben vom 20.9.1943, in: CUA, 6525 Zg. 1/56, A 29.
244 Schreiben Schmelz an Pirelli vom 2.2.1944, in: CUA, 6525 Zg. 1/56, A 6.

chungen, die Produktionsvorstand Weber vorher offenbar in Mailand mit Pirelli geführt hatte. Die Vorzeichen in den Italienaktivitäten von Continental hatten sich damit zwar ebenso wie die unternehmerischen Handlungsspielräume Pirellis zu dessen Nachteil verändert, aber für nachhaltige Veränderungen in den Einflussbereichen der beiden Unternehmen war die Zeit zu kurz und offenbar erfolgten auch durch die Deutschen keine weitergehende Einschnitte in die Struktur des italienischen Gummikonzerns.

In San Vittore hatte man zwar Ruhe vor dem großen Konkurrenten, aber letztendlich war man hier mit eigenen Sorgen beschäftigt, allen voran Schutzmaßnahmen gegen drohende Bombenangriffe. Und zudem setzte man sich bereits mit dem Szenario auseinander, dass infolge des weiteren Kriegsverlaufs die Verbindungen zwischen Deutschland und Italien gekappt werden könnten.[245] Continental hatte bis dahin konsequent den sukzessiven Ausbau der Mediterranea Gomma vorangetrieben. Das Geschäft entwickelte sich aufgrund des großen „Warenhungers auf dem Kautschukgebiet" schnell dynamisch. Vor allem im Bereich von Schwingmetall für die italienische Marine und von Continental-Flugzeugschläuchen, die durch die Anwesenheit der deutschen Luftwaffe in Italien den einschlägigen Kreisen bekannt geworden waren, eröffneten sich vielversprechende Geschäftsmöglichkeiten, da diese den von Pirelli hergestellten Schläuchen überlegen waren.[246] Die Hereinnahme von möglichst vielen Heeresaufträgen war für die Firma angesichts des nach wie vor unsicheren gesellschaftsrechtlichen Status von entscheidender Bedeutung gewesen, da man damit „als Heereslieferant legalisiert wird" und die nötigen Rohstoffe zur Aufrechterhaltung der Produktion erhielt.[247] Zur Finanzierung der weiteren Investitionen war im April 1942 eine Kapitalerhöhung um drei Mio. Lire auf nun insgesamt sechs Mio. Lire erfolgt. Bis 1944 wurde die Belegschaft auf 325 fast verdreifacht und die Fertigungsleistung auf über 100 Monatstonnen gebracht (vgl. Tabelle 30).

---

245 Vgl. Schreiben Schmelz an Eckell vom 9.11.1943, in: ebd., sowie zu den Szenarienüberlegungen Notiz vom 17.8.1943 über die entsprechenden Gespräche mit den italienischen Mitanteilseignern, in: CUA, 6600 Zg. 1/56, A 17.
246 Vgl. Ergänzungsbericht zum Geschäftsjahr 1941/42 betr. Flugzeugschläuche vom 4.3.1942, in: ebd.
247 Vgl. Aktennotiz Assbroicher über einen Besuch in Mailand vom 14.3.1942, in: CUA, 6525 Zg. 1/56, A 30,2.

Tab. 30: Belegschaft und Fertigung bei Continental-Mediterranea Gomma/San Vittore (1941 bis 1944)

Jahr	Belegschaft	Monatstonnen
1941 (Dezember)	143	30
1942	168	54
1943	219	72
1944 (September)	325	108

Quelle: Zusammengestellt und berechnet nach den Angaben in: CUA, 6600 Zg. 1/56, A 3 sowie CUA, 6500 Zg. 1/69, A 12 und CUA, 6525 Zg. 1/56, A 23,1.

Letztlich war die italienische Fabrik für Continental aber vor allem von strategischer Bedeutung, als Fertigungsstandort innerhalb des Konzernverbunds spielte sie kaum eine Rolle. Finanziell rechnete sich zwar das Engagement, denn die Fabrik war profitabel und warf jährliche Bruttogewinne von 800 000 bis eine Mio. Lire ab, die allerdings wie bei der spanischen Fabrik nur zu einem Bruchteil nach Deutschland transferiert werden konnten. Pirelli hat dafür gesorgt, dass Continental in Italien letztlich nie richtig ins Geschäft kam und dort kaum Fuß fassen konnte, daran änderte sich auch durch die chaotischen politischen und militärischen Entwicklungen zwischen Herbst 1943 und Ende 1944 nichts.

3.3 Rumänien und Ungarn

Wie Italien war auch Rumänien mit dem Deutschen Reich verbündet. Das Land befand sich seit 1940 fest im Griff der deutschen Außenhandelspolitik, vor allem die Reserven an Getreide und Erdöl machten Rumänien für das RWM zu einem interessanten Verbündeten, dessen langfristiger Einbau in die deutsche Großraumwirtschaft fester Bestandteil der entsprechenden Planungen in Berlin war.[248] Die Handelsbeziehungen zwischen Berlin und Bukarest waren allerdings nicht konfliktfrei, da die rumänische Regierung und vor allem auch das rumänische Militär durchaus eigenständige Interessen verfolgten und sich vor allem gegen die Tendenzen wehrten, von Deutschland nicht als Bundesgenosse, sondern wie ein Vasallenstaat behandelt zu werden. Continental besaß nur eine kleine Vertriebsgesellschaft in Bukarest, die zwar schon vor dem Krieg über eine steigende Nachfrage nach Reifen berichtete, die jedoch aufgrund der staat-

---

248 Vgl. zu den Rahmenbedingungen Das Deutsche Reich und der Zweite Weltkrieg, Bd. 5/2, S. 530 ff.

licherseits erlassenen rigiden Einfuhr-Kontingentierung nicht befriedigt werden konnte.

Dahinter standen massive Schutzmaßnahmen der rumänischen Regierung für die 1937 gegründete Gummifabrik Banloc, die zusammen mit dem amerikanischen Goodrich-Konzern betrieben wurde, der auch die maschinelle Ausrüstung und das Fertigungs-Know-how lieferte. Hauptaktionäre waren zum einen rumänische Industrie- und Finanzkreise, daneben aber auch das rumänische Königshaus, das ca. zehn Prozent der Aktien von insgesamt 100 Mio. Lei, umgerechnet 1,7 Mio. RM, hielt, dazu gab es einen Streubesitz von etwa 30 Prozent der Anteile, die jedoch, so vermutete man zumindest in Hannover, zum Teil mit den königlichen Aktienanteilen verbunden waren.[249] Die Fabrik, ausgestattet mit dem Privileg des Liefermonopols bei Reifen für das Heer und die Staatsverwaltung, hatte Mitte 1939 mit der Produktion begonnen und war einer der modernsten Reifenhersteller in Südosteuropa, ausgelegt auf eine Kapazität von 60 000 Reifen jährlich, wobei, wie man in Hannover vermutete, auch eine rasche Ausweitung auf 90 000 Reifen pro Jahr möglich war.[250]

Die Banloc befand sich allerdings 1940, nachdem die amerikanischen Berater das Land überstürzt verlassen hatten, in einer kritischen Lage. Die Fertigung war aufgrund der fehlenden Rohstoffzufuhr stillgelegt, zudem fehlte jegliches Fachpersonal, das die Produktion wieder in Gang setzen konnte. Offensichtlich hatte es Versuche gegeben, dies mit Hilfe der französischen Reifenfirma Goodrich-Colombes, dann auch Semperits zu schaffen, aber alle Maßnahmen waren schnell gescheitert. Auf Forderung der inzwischen in Rumänien herrschenden autoritären Regierung, aber vermutlich auch unter Einschaltung des RWM, begannen daher Bemühungen seitens der Anteilseigner, sich in Deutschland ein Patronatsunternehmen zu suchen.[251] Im November 1940 war dazu eine erste Anfrage an Continental ergangen, und in Hannover zeigte man sich einem entsprechenden Engagement gegenüber nicht abgeneigt. Mitte Dezember reiste Direktor Edmund Dörre von der Export-Conti nach Bukarest, um erste Gespräche mit dem maßgeblichen Verwaltungsratsmitglied und gleichzeitigem Großaktionär,

---

249 Vgl. Notiz Schmelz zur Lage und Entwicklung der Banloc vom 10.2.1942, in: CUA, 6525 Zg. 1/56, A 18.

250 Vgl. die Länderstudie zu Rumänien der Exportconti-Abteilung, S. 5, in: CUA, 6600 Zg. 1/56, A 28.

251 Vgl. das im Mai 1943 erstellte „Memorandum über die Entwicklung der Beziehungen zwischen den Continental-Gummi-Werken AG Hannover und der SAR Banloc, Bukarest" unter dem Titel „Hilfeleistung zur Verarbeitung von Buna", in: CUA, 6714 versch. Zg., A 28, sowie das Transkript eines 1970/71 geführten Zeitzeugeninterviews mit dem von Continental als Werksleiter nach Bukarest entsandten Ingenieur Heinrich Baddenhausen (ohne Datum), hier Bl. 5, in: CUA, Sammlung Grabe.

dem Bauingenieur Emil Prager, zu führen und zugleich die Fabrik zu besichtigen. Man einigte sich schließlich nach weiteren Gesprächen auf die wesentlichen Eckpunkte eines Vertrages: Continental leistete Banloc chemisch-technische Hilfe, um die Fabrik wieder in Gang zu bekommen. Diese Hilfeleistung sollte gemeinschaftlich mit einem Betrag bewertet werden, für dessen Gegenwert die hannoverschen Gratisaktien und damit eine maßgebliche Beteiligung erhalten sollten. Darüber hinaus sollte Continental die Möglichkeit eingeräumt werden, weitere Aktien käuflich zu erwerben. Gedacht war dabei, so stand dazu in einer in Klammer gesetzten Notiz, an ein Paket, welches sich zur Zeit noch in jüdischem Besitz befand.[252]

Der Abschluss eines Vertrags verzögerte sich dann jedoch, und erst Ende September 1941, auf Drängen des RWM und der rumänischen wie deutschen Militärs, wurden die Gespräche wieder aufgenommen, diesmal als Teil eines von Eckell inzwischen entworfenen größeren Plans zur Einschleusung von Buna in die rumänische Wirtschaft.[253] Die Planer im RWM forderten Continental auf, umgehend eine Kommission nach Bukarest zu schicken und so schnell wie möglich einen Vertrag zur technischen Hilfe abzuschließen, zudem „regte man an", Continentals Chefreifeningenieur Hübener mit der Fabrikleitung der Banloc zu betrauen, der dort den auf Drängen der Deutschen entlassenen bisherigen jüdischen Fabrikleiter ersetzen sollte.[254] Von der von Continental geforderten Aktienübertragung war dabei nur noch in Form einer „irgendwie gearteten Beteiligung" die Rede, ganz abgesehen davon, dass die tatsächliche Abordnung von Hübener einen massiven Rückschlag für die eigenen, anhaltenden Entwicklungsanstrengungen in Hannover bedeutet hätte. Ungeachtet des weiter ausstehenden Vertrags liefen in Hannover jedoch umfangreiche Maßnahmen zur Vorbereitung der Produktionsleitung bei der Banloc an. Assbroicher und Hübener reisten im Oktober nach Bukarest, wo sie eine genaue Bestandsaufnahme der Fertigungseinrichtungen vornahmen, auf deren Basis dann ein Anfertigungsprogramm für die möglichst rasche Einschleusung von Buna erstellt wurde, zunächst mit dem Ziel einer Produktionsleistung von 72 Reifen pro Tag.[255] Dabei zeichnete sich allerdings ein erstes Problem ab, denn die Rumänen fühlten sich noch stark an die Verpflichtungen des Goodrich-Beratungsvertrages gebunden und sperrten sich gegen eine Herausgabe der Goodrich-Spezifikationen an Con-

---

252 Vgl. Memorandum, S. 2, in: CUA, 6714 versch. Zg., A 28. Vgl. zur Vorgeschichte auch Notiz Schmelz vom 10.2.1942, in: ebd.
253 Vgl. Notiz Dörre über die Besprechungen im RWM vom 29.9.1941, in: CUA, 6525 Zg. 1/56, A 16,1.
254 Ebd. Es handelte sich dabei um den Ingenieur Karl Hertzel, der früher bei Semperit gearbeitet hatte und als politischer Flüchtling nach Rumänien gegangen war.
255 Vgl. Besuchsbericht vom 15.10.1941, in: ebd.

tinental, was bei anhaltender Weigerung die Schaffung völlig neuen Formen-materials und vollkommen neuer Spezifikationen und Konstruktionsunterlagen bedeutete.

Zwischen Continental und den Banloc-Großaktionären war inzwischen wei-terverhandelt worden. Die Hannoveraner hatten dabei für eine chemisch-tech-nische Hilfeleistung unmissverständlich den Erwerb von 25 Prozent des Aktien-kapitals gefordert, verbunden mit der Zahlung einer Lizenzgebühr von zehn Prozent auf den Wert pro Kilogramm Buna frei deutscher Grenze sowie die Be-rechtigung der Continental, 35 Prozent der Banloc-Produktion für eigene Ferti-gungszwecke nutzen zu können.[256] Banloc hatte jedoch mit Verweis auf die gel-tenden Bestimmungen zum Aktienbesitz von Ausländern eine direkte Beteili-gung abgelehnt, worauf Continental mit deutlich höheren Lizenzgebühren – bei einer Belieferung von 30 to Buna monatlich und einem Kilopreis von 2,50 RM fielen demnach jährlich Gebühren von 180 000 RM an – und einem Anteil an der Banloc-Fertigung von 50 Prozent zu günstigen Preisen reagierte. Gegenüber dem RWM begründete man den Gegenvorschlag so:

> Wie aus Obigem ersichtlich, sind wir in den Verhandlungen sowohl in Bezug auf die Li-zenz-Höhe als auch bei der Aufteilung des Verkaufs bzw. Gewinnberechnung zu verhält-nismäßig hohen Sätzen gelangt, um dafür eine Abgeltung zu erhalten, dass der Verwal-tungsrat der Banloc eine Aktienbeteiligung verweigerte und im Hinblick darauf, dass zu-nächst nur ein dreijähriger Vertrag vorgesehen ist. Wir sind darauf angewiesen [...] das Maximum an wirtschaftlichen Effekten herauszuholen, um eine angemessene Entschädi-gung für die unsererseits zu leistende technisch-chemische Hilfeleistung sicherzustel-len.[257]

Continental sah sich aber auch aus finanztechnischen Gründen dazu gezwun-gen, auf den Beteiligungserwerb zu verzichten, denn weder die Reichs-Kredit-Gesellschaft in Berlin noch eine andere Bank sahen eine Möglichkeit, Kapitalbe-träge für Aktienkäufe von Deutschland nach Rumänien zu transferieren oder in Bukarest selbst dafür kreditweise Kapitalbeträge vorzulegen. Dennoch wollte man in Hannover die Absicht der Kapitalbeteiligung und des Aktienerwerbs an der Banloc nicht gänzlich aufgeben. Seitens des rumänischen Königshauses war die Bereitschaft signalisiert worden, an den übrigen Großaktionären vorbei mit Continental in Verhandlungen über die Überlassung eines Teils der Grün-dungsaktien zu treten, allerdings unter der Voraussetzung eines Aktien-Pool-Vertrages.[258] Bei all diesen Verhandlungen hatten sich die Continental-Leute laufend der Zustimmung der deutschen Wehrwirtschaftsmission in Bukarest

---

256 Vgl. den ausführlichen Bericht an das RWM vom 10.12.1941, in: CUA, 6600 Zg. 1/56, A 28.
257 Ebd.
258 Vgl. ebd.

versichert.[259] Dort wie auch im RWM war man offenbar bereit, Continental wegen der Verweigerung der Beteiligung zu unterstützen und die Banloc bei anhaltender Weigerung von den Buna-Lieferungen abzuschneiden und „auf Eis zu legen", so dass sie als Produzent für den rumänischen Bedarf ausfiel und der rumänische Bedarf von Deutschland aus durch Fertigwarenimporte gedeckt würde.[260] Doch Könecke sprach sich dagegen aus, dass gegenüber den Rumänen auf diese Weise die Daumenschrauben angesetzt werden würden.

Es sollte dann aber noch bis April 1942 dauern, bis es endlich zu einem Vertragsabschluss zwischen Continental und Banloc kam und vor allem auch die Genehmigungen der deutschen wie rumänischen Regierungsstellen vorlagen, so dass der Vertrag in Kraft treten konnte.[261] Auf beiden Seiten hatten sich die Regierungs- und Militärstellen eingemischt, da gleichzeitig offizielle deutsch-rumänische Regierungsverhandlungen über die weitere wirtschaftliche Zusammenarbeit liefen. Diese waren im März vorübergehend zum Stillstand gekommen, so dass ein Vertragsabschluss zwischen Banloc und Continental ebenfalls auf Eis gelegt werden musste und auch die bereits im RWM für Bukarest disponierten Materialen und Rohstoffe gestoppt wurden.[262] Als Werkleiter war der Ingenieur Heinrich Baddenhausen nach Bukarest geschickt worden, der schon Anfang März 1942 eingetroffen war, um die vordringlichste Aufgabe in Angriff zu nehmen, die vorhandenen Fabrikationseinrichtungen so herzurichten, dass Reifen mit 100-prozentigem Buna-Laufstreifen und 50-prozentigem Buna-Unterbau angefertigt werden konnten. Da die Mischungen aus Hannover jedoch nicht eintrafen, konnte er erst im Mai offiziell die Fertigung anlaufen lassen.[263] Später erfolgte der Transport von Reifenmaschinen und Heizformen aus Hannover nach Bukarest, um dort die Continental-Reifen anfertigen zu können, während die Banloc-Reifen auf den Goodrich-Maschinen hergestellt wurden. Baddenhausen hatte nicht nur mit erheblichen Nachschubproblemen bei Fabrikationsmaterialien, Chemikalien und anderem zu kämpfen, sondern musste sich auch mit zahllosen fertigungstechnischen Problemen herumschlagen, wie etwa der Verwendung rumänischen Gasrußes, der nach dem amerikanischen Verfahren her-

---

259 Vgl. u. a. Aktennotiz der Besprechungen bei der Deutschen Wehrwirtschaftsmission vom 28.1.1942, in: CUA, 6525 Zg. 1/56, A 16,1.
260 Vgl. Notiz Könecke über eine Besprechung im RWM vom 12.12.1941, in: CUA, 6600 Zg. 1/56, A 35.
261 Vgl. den zweisprachig abgefassten Lizenz- sowie Liefervertrag vom 25.4.1942, in: CUA ohne Signatur sowie auch in: CUA, 6525 Zg. 1/56, A 23,2.
262 Vgl. die ausführliche Aktennotiz von Assbroicher vom 4.3.1942, in: CUA, 6525 Zg. 1/56, A 30,2.
263 Vgl. Reisebericht Baddenhausen vom 1.4.1942, in: CUA, 6525 Zg. 1/56, A 29, sowie die Wochenberichte nach Hannover ab 2.3.1942, in: CUA, 6525 Zg. 1/65, A 169.

gestellt wurde, sich dadurch jedoch mit Buna nicht gut vertrug, so dass erhebliche Qualitätsprobleme auftraten. Zur Lösung des vertraglichen Dilemmas von Banloc gegenüber Goodrich waren im Übrigen die Fertigungsingenieure beider Seiten einvernehmlich übereingekommen, die in Händen der Banloc befindlichen, aus dem geistigen Eigentum der B. F. Goodrich Corp. in Akron herrührenden Rezepte, Spezifikationen, Zeichnungen und sonstigen Unterlagen in einem versiegelten Paket zu sammeln und dieses bei der schweizerischen Botschaft in Bukarest zu hinterlegen.[264]

Mit den rumänischen Arbeitern und Angestellten der Banloc gab es keinerlei nennenswerte Probleme. Antipathien oder gezielte Konflikte gegenüber der deutschen Werksleitung und den anderen aus Hannover abgeordneten Fachkräften blieben offenbar aus. Das Arbeitstempo der ca. 380 Beschäftigten war zwar, wie Baddenhausen notierte, im Mittel etwa halb so hoch wie in Hannover, aber bei entsprechender Anlernung und Einführung der Akkordarbeit würde sich die Leistung erheblich steigern lassen. Bereits im Juni lag die Leistung bei 110 Reifen/Tag, allerdings erfolgten weitere Steigerungen nur schleppend, da die Reifenwickler trotz Akkordverrechnung die täglichen Stückzahlen kaum erhöht hatten.[265] Dabei war aber schon im Juni 1942 das rumänische Rüstungsministerium mit der Forderung nach einer Kapazitätserhöhung auf 175 to pro Monat und bis 1944 sogar 240 to/Monat aufgetreten, was gegenüber den gerade einmal erzielten ca. 80 to/Monat einer Vervierfachung bedeutete und vor allem erhebliche Investitionen für die dafür notwendigen Erweiterungsbauten erforderte. Die Continental-Leute hatten dennoch den Eindruck, dass die Einheimischen eifrig und willig waren und „gut mitziehen" würden, allerdings erwarteten sie im Gegenzug auch Gegenleistungen bei Lohn, Gehalt und betriebssozialpolitischen Maßnahmen.

Zur Absatzorganisation des 50-prozentigen Anteils der hergestellten Reifen wurde am 30. März 1942 in Bukarest eine eigene Vertriebstochtergesellschaft gegründet, wobei darauf Wert gelegt wurde, dass diese nach außen hin einen rein rumänischen Charakter hatte.[266] Es handelte sich dabei um eine Gründung, die vornehmlich im Kriegsinteresse geschehen war, um die rumänische Armee mit Reifen zu versorgen. Die Aufbringung des nötigen Gesellschaftskapitals von drei Mio. Lei war dabei offenbar ohne Probleme über einen Kredit der Rumänischen Kreditbank und eine Bürgschaft der Reichs-Kredit-Gesellschaft erfolgt.[267]

---

264 Vgl. Notiz vom 26.5.1942, in: CUA, 6600 Zg. 1/56, A 28.
265 Vgl. Wochenbericht Baddenhausen vom 13.6.1942, in: CUA, 6525 Zg. 1/65, A 169.
266 Vgl. Schreiben des Geschäftsführers Josef Woblick nach Hannover vom 7.3.1942, in: CUA, 6600 Zg. 1/56, A 29
267 Vgl. Schreiben der Reichs-Kredit-Gesellschaft vom 17.3.1942, in: BArch R 8136/3064.

Im RWM gab es inzwischen wieder einmal weitergehende eigene Pläne. Eckell drängte Technikvorstand Assbroicher – getrieben von großen Befürchtungen über bevorstehende Luftangriffe auf Hannover – dazu, Produktionsaufträge in großem Stil nach Rumänien zu verlegen. Er brachte gegenüber den Rumänen daher wieder die Kapitalbeteiligung von Continental, die inzwischen offenbar auch das RWM als im Interesse Deutschlands liegend sah, auf die Tagesordnung. Bei einer Besprechung in Berlin mit Oberst Slatineanu, dem Vertreter des rumänischen Rüstungsministeriums, forderte Eckell ihn auf, nach der Rückkehr in Bukarest die Angelegenheit mit den zuständigen Stellen zu besprechen und in deutschem Sinne beizulegen.[268] Doch die Banloc-Eigner sträubten sich nach wie vor mit Händen und Füßen gegen die geplante Ausweitung der Fabrik und die von Continental verlangte Aktienbeteiligung. Auch das rumänische Rüstungsministerium sah sich nicht imstande, diese Haltung zu ändern und Druck im Sinne der Deutschen auf die Banloc auszuüben.[269] In vertraulichen Gesprächen schlug man den Continental-Managern dagegen vor, eine zweite Reifenfabrik in Rumänien zu bauen, woran auch der rumänische Staat zur Brechung des Banloc-Monopols ein Interesse habe, was jedoch in Hannover nicht weiter verfolgt wurde.

Flankierend dazu hatte Continental versucht, auf dem Wege einer Kapitalerhöhung bei Banloc auf die gewünschte Anteilsbeteiligung von 25 Prozent zu kommen. Das Grundkapital der Firma sollte, so die Pläne, von 300 auf mindestens 400 Mio. Lei erhöht werden, und die Continental Gummiwerke in Hannover sowie die Continental Caoutchouc in Bukarest das Recht erhalten, jeweils so viele der neuen Aktien zu übernehmen, bis der entsprechende Anteil von 12,5 Prozent erreicht würde.[270] Continental war bereit, die gesamten prognostizierten Einnahmen aus dem rumänischen Geschäft der Jahre 1943 und 1944 voll zu investieren, also umgerechnet knapp eine Mio. RM. Aber auch jetzt spielte der Verwaltungsrat der Banloc auf Zeit. Er befasste sich zwar mit dem Projekt und äußerte an sich großes Interesse an der auch aus unternehmenspolitischer Sicht notwendigen Kapitalerhöhung, „die Hergabe von Aktien aber möchten [die Herren] vermeiden", wie Schmelz dazu notierte.[271] In einer als streng vertraulich gekennzeichneten Aktennotiz des Büros Auslandsfabriken gab es daher auch Überlegungen, bei der über kurz oder lang unausweichlichen Kapitalerhöhung der Banloc mit Hilfe von „wirklichen Aktionären", die für Continental als

---

268 Vgl. Bericht Schmelz vom 10.10.1942, in: CUA, 6525 Zg. 1/56, A 30,2.
269 Vgl. Reisebericht Schmelz vom 23.11.1942, in: CUA, 6525 Zg. 1/56, A 30,2.
270 Vgl. Schreiben Continental an die Direktion der Banloc vom 12.11.1942, in: CUA, 6714 versch. Zg. A 28.
271 Notiz Schmelz vom 10.10.1942, in: CUA, 6600 Zg. 1/56, A 28.

Käufer auftraten, aber auch von Strohmännern zum Zuge zu kommen.[272] „Mit diesen Aktionärsgruppen sind entsprechende Verträge abzuschließen, die uns die Möglichkeit geben, innerhalb unserer Firma das zu tun, was wir wollen."[273]

Bis Ende 1943 stieg die Belegschaft in der Banloc auf 534 Beschäftigte an, davon 162 Frauen, die knapp 170 to an Automobil- sowie inzwischen auch Flugzeug- und Fahrradreifen und eine Reihe von technischen Gummiwaren im Monat herstellten. Der Buna-Prozentsatz in der Reifenherstellung war dabei mit 60 Prozent deutlich niedriger als in Deutschland, aber „bei der großen Anzahl ungelernter Arbeiter bei der Banloc wäre es auch kaum zu vertreten, so schnell auf einen derartig hohen Prozentsatz an Buna [wie in Deutschland] überzugehen", wie einer der in Bukarest eingesetzten Continental-Ingenieure notierte.[274] Das Arbeitsniveau bezüglich Disziplin und Leistung hatte sich gegenüber den Anfangsmonaten deutlich gebessert. Wie lukrativ das Geschäft mit der Reifenversorgung der rumänischen Armee geworden war, zeigte die Bilanz der Bukarester Vertriebsgesellschaft von Continental, die für das Geschäftsjahr einen Gewinn von 67,7 Mio. Lei, umgerechnet 1,13 Mio. RM, auswies.[275] Obwohl die Lohnkosten mit umgerechnet 0,15 Pfg./kg niedrig waren, verzeichnete Banloc mit rund acht RM/kg vergleichsweise hohe Selbstkosten, die im Preis für das Material begründet lagen.[276] Die Hilfeleistungen von Continental richteten sich dabei nicht nur auf die Fertigung in der Banloc, sondern man stellte auf Bitten des rumänischen Rüstungsministeriums auch zwei Spezialisten für Kautschukfragen an die Behörde ab, die dort als Berater für organisatorische und technische Maßnahmen fungierten.[277]

In der Folgezeit kam es dann aber zu verstärkten Reibereien und Kompetenzkonflikten der deutschen mit den rumänischen Behörden, die vor dem Hintergrund zu sehen sind, dass es seit Ende 1942 einen wachsenden Dissens zwischen Berlin und Bukarest gab, nachdem die Deutschen mit versprochenen Waffenlieferungen weit zurücklagen und die Niederlage in Stalingrad bei der rumänischen Regierung das Bewusstsein dafür schärfte, dass die Achsenmächte

---

272 Vgl. Notiz vom 22.9.1942, in. CUA, 6714 versch. Zg., A 28.
273 Ebd.
274 Aktennotiz vom 20.6.1942, in: CUA, 6525 Zg. 1/56, A 23,2. Im November 1942 waren 276 Männer und Frauen in der Produktionsabteilung tätig, 86 in den Hilfsbetrieben, 6 im Laboratorium und 41 im Magazin und Lager. Daneben gab es 31 technische und kaufmännische Angestellte und 10 Planer, Meister und Vorarbeiter. Vgl. Monatsbericht Baddenhausen für November 1942, in: CUA, 6525 Zg. 1/65, A 169.
275 Vgl. die Bilanz für 1943, in: CUA, 6600 Zg. 1/56, A 3.
276 Vgl. Notiz Hübener vom 6.10.1942, in: CUA, 6525 Zg. 1/56, A 16,1.
277 Vgl. Schreiben an das Rüstungsministerium in Bukarest vom 2.11.1942, in: CUA, 6714 versch. Zg., A 28.

den Krieg verlieren würden. Der Ton zwischen den beiden Regierungen wurde deutlich rauer, und das bekam auch die Continental-Manager in Banloc zu spüren. Weber und Assbroicher als zuständige Vorstände sowie Werksleiter Baddenhausen vor Ort wurden einerseits von Berlin zur Verarbeitung höherer Buna-Sätze aufgefordert, andererseits bekamen sie anderslautende Produktionsvorgaben aus Bukarest, wo das Rüstungsministerium unter anderem die Belieferung mit schusssicheren Reifen forderte.[278] Die Rumänen forderten von Continental im Mai 1943 auch eine explizite Erklärung, in der das Unternehmen die Qualität der mit höherem Buna-Anteil erzeugten Reifen garantieren sollte.[279]

Nichtsdestotrotz hatte Continental im Juni 1943 einen weiteren Versuch gestartet, mit Hilfe der deutschen Behörden in Berlin und Bukarest eine direkte Aktienbeteiligung bei der Banloc zu erhalten. Dazu wurde ein ausführliches Memorandum erstellt, in dem die bisherige Entwicklung und vor allem die umfangreichen Hilfeleistungen Continentals für die rumänische Reifenindustrie dargestellt wurden, verbunden mit der unverhohlenen Drohung, dass das Unternehmen nach dem Vertrag durchaus das Recht habe, den technischen Leiter abzuberufen, was, dessen waren sich auch die Rumänen bewusst, einen rapiden Leistungsabfall wenn nicht gar Stillstand der Banloc bedeuteten würde.[280] Doch weder die deutsche Militärmission in Bukarest noch Eckell und das RWM sahen sich in der Lage, Continental bei den Beteiligungsanstrengungen zu unterstützen, die nun plötzlich als „privatwirtschaftliche Wünsche" des Unternehmen abgetan wurden.[281] In Hannover sah man sich daher nicht zu Unrecht von den deutschen Behörden im Stich gelassen. Man versuchte es gegen Jahresende noch einmal mit direkten Verhandlungen bei den rumänischen Banloc-Aktionären, wobei man geradezu als Bittsteller auftrat und zudem erst aus der Zeitung von unmittelbar bevorstehenden Plänen zu einer Kapitalerhöhung erfahren hatte, die hinter dem Rücken von Continental geschmiedet worden waren.[282] Doch auch diesmal scheiterte der Versuch.[283]

---

278 Vgl. Schreiben Weber an Könecke vom 14.1.1943, in: CUA, 6714 versch. Zg. A 28, und Notiz Assbroicher über Besprechungen in Berlin zur Banloc vom 11.5.1943, in: CUA, 6525 Zg. 1/56, A 24,2. Im November 1943 war Eckell persönlich nach Bukarest gereist und hatte dort auch die Banloc besucht, was u. a. eine offizielle Zurechtweisung Webers durch den GeBeChem wegen der dort nach wie vor verwendeten hohen Naturkautschuk-Sätze im Reifenbau zur Folge hatte.
279 Vgl. Schreiben des Deutschen Wehrwirtschaftsoffiziers in Rumänien, Oberst Busch, vom 26.5.1943, in: CUA, 6714 versch. Zg. A 28.
280 Vgl. Schreiben Continental vom 22.5.1943 an die Deutsche Gesandtschaft in Bukarest inklusive des Memorandums, in: CUA, 6714 versch. Zg. A 28.
281 Vgl. Notiz Dörre vom 5.11.1943, in: ebd.
282 Vgl. Schreiben Continental an die Geschäftsleitung der Banloc vom 6.11.1943, in: ebd.
283 Vgl. das Schreiben der Banloc an Könecke vom 18.1.1944, in: ebd. Als Gründe für die beharrlichen Weigerungen der Banloc-Aktionäre gab später der Leiter der Continental-Vertriebs-

Inzwischen häuften sich auch die Krisenzeichen. Immer öfter kamen die aus Deutschland gelieferten Rohmaterialien, Maschinen und Werkzeuge mit erheblicher Verzögerung oder aufgrund der Verknappung überhaupt nicht mehr in Bukarest an. Die Fabrik musste immer öfter vorübergehend stillgelegt werden.[284] Dennoch bemühte sich Baddenhausen, der technische Direktor, die Fertigung danach so schnell wie möglich wieder anlaufen zu lassen. Zu allem Überfluss brach im März 1944 auch noch ein absurder, heftiger Streit zwischen Continental und der Banloc-Geschäftsführung über Verrechnungsfragen bei Preis, Löhnen, Selbstkosten und der daraus resultierenden Gewinnermittlung aus.[285] Die entsprechenden Berechnungen in Hannover ergaben, dass – obwohl sich die Lizenzgebühren aus Bukarest aufgrund der gestiegenen Buna-Preise inzwischen verdreifacht hatten – Continental seit Herbst 1943 mit den in Banloc hergestellten Reifen keine Gewinne mehr erwirtschaftete, sondern im Gegenteil sogar erhebliche Verluste machte.[286] Trotz einer auch als Reaktion auf die hohe Inflation in Rumänien erfolgten 50-prozentigen Erhöhung der Reifenpreise stand fest, dass sowohl Continental als auch die Banloc inzwischen mit einem effektiven Verlust von 40 Prozent arbeiteten und damit über kurz oder lang auch die Kapitalreserven der Fabrik aufgebraucht sein würden.[287]

Dass auch den rumänischen Aktionären die sich rasant verschlechternde Lage nicht verborgen geblieben war, zeigte sich daran, dass Continental nun plötzlich aus deren Kreisen vertrauliche und geheime Angebote zum Verkauf von Banloc-Aktien erhielt.[288] Der geeignete Zeitpunkt für Investitionen in Rumänien war allerdings längst vorbei. Ab Juli 1944 erfolgten praktisch keine Rohstofflieferungen mehr aus Deutschland nach Bukarest. Banloc war auf sich allein gestellt.

---

tochter in Bukarest, Josef Woblick, an, dass nahezu alle Anteilseigner Anhänger der Rumänischen Liberalen Partei und stark antideutsch eingestellt gewesen waren. Vgl. Schlussbericht Rumänien vom Januar 1950, in: CUA, 6714 Zg. 2/58, A 1.

284 Vgl. die ausführlichen Reiseberichte zur Lage bei der Banloc u. a. vom 30.7.1943, in: CUA, 6525 Zg. 1/56, A 16,3, sowie Situationsbericht Baddenhausens an die Export-Conti für April 1944, in: CUA, 6714 versch. Zg. A 23.

285 Vgl. Notiz vom 22.3.1944, in: CUA, 6600 Zg. 1/56, A 29, sowie „Ermittlung der Selbstkosten der im Jahre 1943 bei der Banloc hergestellten Kraftfahrzeugreifen" vom 30.3.1944, in: ebd.

286 Vgl. ebd. sowie Rentabilitätsvorschau Continental Bukarest für 1944 vom 6.5.1944, in: ebd.

287 Vgl. Bericht Dörre an den Vorstand vom 4.4.1944, in: CUA, 6600 Zg. 1/56, A 29.

288 Vgl. die Besprechungsnotizen über entsprechende Kontakte über diverse Strohmänner vom 17.3.1944 und auch Notiz Aretz vom 3.4.1944, in: CUA, 6600 Zg. 1/56, A 28.

Abb. 131: Ansicht der Banloc: Auslieferung von Reifen Mai 1944.

Continental folgte bei seinem Engagement in Rumänien letztlich weitgehend den Zwängen, die durch die beiden Regierungen und amtlichen Stellen auf beide Unternehmen ausgeübt wurden. Es gab zwar kurzfristige Gewinnaussichten durch das Geschäft mit dem rumänischen Rüstungsministerium und der rumänischen Ölindustrie, und die Pläne zu einer direkten Kapitalbeteiligung deuteten darauf hin, dass Rumänien von den Continental-Managern als Absatzmarkt für Reifen und Gummiartikel durchaus längerfristig als wichtiges Interessengebiet angesehen wurde.[289] Gleichzeitig war man sich aber bewusst, dass die rumänischen Geschäftspartner von höchst schwankender Verlässlichkeit waren und die politischen Verhältnisse von großer Unsicherheit geprägt waren. „Rumänien wird ein gefährdetes Gebiet bleiben", hatte Continental-Manager Dörre dazu schon im April 1942 lapidar notiert.[290] Dennoch hatte Continental die rumänische Fabrik auch ohne direkte Kapitalbeteiligung wie eine Tochtergesellschaft behandelt und geführt und in der kurzen Spanne von ca. zwei Jahren zu einer leistungsfähigen Reifenfabrik aufgebaut.[291]

---

289 Vgl. die strategischen Überlegungen Dörres vom 29.9.1941, in: CUA, 6600 Zg. 1/56, A 28.
290 Vgl. Notiz vom April 1942, in: CUA, 6525 Zg. 1/56, A 16,1.
291 Vgl. die noch von Stolz auf die fabrikatorischen Leistungen geprägten Erinnerungen Baddenhausens von 1970, Zeitzeugeninterview-Transkript Bl. 6 f., in: CUA, Sammlung Grabe.

Auch im Ungarn zunächst noch verbündeten versuchte Continental angestrengt, einen Fuß in den Gummi- und Reifenmarkt zu bekommen und in einem der heimischen Gummiunternehmen über ein Kooperations- und Lizenzabkommen Einfluss zu erhalten. Das Ziel war die Guttapercha- und Kautschukwarenfabrik Hungaria in Budapest, mit der seit Anfang 1942 intensive Verhandlungen aufgenommen worden waren. Doch gegen die „Interessenahme der Continental an der Hungaria" machte Semperit, das darin ein Eindringen der Hannoveraner in ihren angestammten Markt- und Einflussbereich sah, massiv Front und versuchte bei den Berliner Behörden entsprechend Stimmung gegen Continental zu machen.[292] Trotz aller Intrigen waren die Gespräche zwischen Continental und der Hungaria dennoch so weit fortgeschritten, dass im Oktober 1942 nicht nur unterzeichnungsfähige Entwürfe für Lizenzverträge bei Veloreifen sowie technische und chirurgische Gummiwaren vorlagen, sondern auch konkrete Überlegungen für die Übertragung von Gesellschaftsanteilen der Hungaria auf die Continental entwickelt worden waren.[293] Doch Semperit war es schließlich gelungen, Eckell auf seine Seite zu bekommen, und dieser spielte in der Folge ein doppeltes Spiel, indem er einerseits Continental gegenüber eine Zustimmung des RWM zu einem Abkommen signalisierte, andererseits aber die ganze Angelegenheit verzögerte.[294] Anfang März 1943 war man sich auch in Hannover bewusst, dass „die treibende Gegenkraft gegen eine Verbindung der Continental mit der Hungaria" Eckell war, und im Mai 1943 sah man sich schließlich gezwungen, die Kooperations- und Expansionspläne in Ungarn aufzugeben.[295]

3.4 Skandinavien

Beharrliche Versuche Continentals zu Kapitalbeteiligungen sowie der Instrumentalisierung der ansässigen Gummi- und Reifenfabriken mit Hilfe von Buna-Lizenzverträgen gab es auch in Skandinavien. Die Konstellationen waren dabei im offiziell neutralen Schweden anders als in den besetzten Ländern Dänemark und Norwegen, allerdings gab es enge Handelsbeziehungen zwischen dem

---

292 Vgl. Aktennotiz Schmelz über Besprechungen in Berlin vom 9.12.1942, in: CUA, 6525 Zg. 1/56, A 30,2.
293 Vgl. Protokoll über die Besprechungen vom 22.10.1942 in Budapest, in: CUA, 6600 Zg. 1/56, A 30.
294 Vgl. Notiz Schmelz über ein Telefonat mit Eckell vom 4.12.1942, in: ebd.
295 Vgl. Notiz Dörre über „unser Projekt Hungaria" vom 17.5.1943, in: ebd.

Deutschen Reich und Schweden, die lange Zeit auch von einer Kollaborationsbereitschaft der Skandinavier geprägt waren.[296]

Ernsthafte Pläne zum Erwerb einer Beteiligung an einer schwedischen Gummifabrik gab es bei Continental offenbar erst seit September 1941, als man an die Devisenstelle in Hannover einen entsprechenden Antrag auf Gewährung von 250 000 RM als Transfersumme sowie einen zusätzlichen Betriebsmittelkredit stellte.[297] Die Pläne konkretisierten sich jedoch erst im Laufe des Jahres 1942, als im Zuge der deutsch-schwedischen Regierungsverhandlungen durch das RWM wie in den anderen Ländern auch Buna-Lizenzverträge forciert wurden, verbunden mit Betreuungsaufträgen an die heimische Kautschukindustrie. Für Continental waren dabei die Svenska Gummifabriks A/B Gislaved sowie die Skandinaviska Gummi A/B Viskafors vorgesehen, wobei, wie Schmelz im Juli 1942 im Vorstand über den Stand der Verhandlungen berichtete, „erstere Fabrik wahrscheinlich unsere Interessen nur in der Kriegszeit über eine Lizenz binden wird, während bei Viskafors unter Umständen ein Interessen- bzw. Beteiligungsvertrag evtl. mit Fabrikationsrecht in Frage kommen könnte."[298] Phoenix sollte die Betreuung der schwedischen Gummifabrik Trelleborg erhalten, dazu kam auch die Hamburger Gummistiefelfirma Tretorn als dritter Partner bei der Übertragung der Kunstkautschuk-Erfahrungen an die Schweden ins Spiel.

Nicht nur Eckell und die deutschen Behörden, auch die schwedischen Regierungsstellen drängten Anfang August 1942 darauf, dass Continental und Phoenix in direkten Verhandlungen mit den schwedischen Unternehmen zu entsprechenden Vereinbarungen über Art und Umfang der Buna-Hilfestellungen sowie die Höhe der Lizenzgebühren kamen. Dabei war allerdings die Laufzeit der Verträge mit vier Jahren sowie eine Staffelung der Lizenzgebühren von zunächst 15, dann zwölf und schließlich zehn Prozent pro Jahr bereits vorgegeben. „Ich bitte", schrieb Eckell am 6. August gleichlautend an Könecke und

---

296 Die Schweiz taucht als ebenfalls neutraler Staat im Übrigen in den Unterlagen kaum auf. Continental unterhielt in Zürich weiterhin seine Vertriebsgesellschaft, ansonsten erwähnt Vorstand Schmelz in der Vorstandsbesprechung vom 21.1.1942, dass die Möglichkeit gegeben sei, bei Firestone in deren Fabrik in Basel unter Zurverfügungstellung des gesamten Materials per Auftrag fertigen zu lassen. Über die Zweckmäßigkeit und auftauchenden Gefahren gingen die Meinungen im Vorstand jedoch auseinander, so dass letztlich kein Beschluss dazu getroffen wurde. Vgl. Protokoll der Vorstandssitzung vom 21.1.1942, in: CUA, 6603 Zg. 3/85, A 3.
297 Vgl. Schreiben vom 1.9.1941, in. BArch R 8136/3064. Bei den Devisenbehörden war interessanterweise schon zuvor, im März 1940, ein Antrag auf die Erlaubnis einer Kapitalbeteiligung deutscher Investoren an einer kleinen Stockholmer Firma eingegangen, unter denen sich auch der ehemalige Continental-Aufsichtsratsvorsitzende Dr. Caspar befand, dem der Oberfinanzpräsident jedoch aufgrund seines „Nicht-Arier-Status" die Beteiligung verwehrte. Vgl. Schreiben Devisenstelle Hamburg an Devisenstelle Hannover vom 26.3.1940, in: BArch 3101/34408.
298 Protokoll der Vorstandssitzung vom 10.7.1942, in: CUA, 6603 Zg. 3/85, A 3.

Schäfer, „dafür Sorge zu tragen, die Verträge so abzuschließen, dass ich dieselben am 13. August 1942 in meinem Besitz habe."[299] Die beiderseitigen Regierungsstellen hatten sich zudem bereits über den Umfang der von deutscher Seite an die schwedische Wirtschaft zu liefernden Buna-Mengen geeinigt. Demnach waren zunächst bis Ende 1942 200 to vorgesehen, für 1943 1800 to und schließlich für die Jahre 1944 bis 1946 je 3500 to.[300] Für die deutsche Seite war dabei entscheidend, dass sich die Schweden damit verpflichteten, beim Bezug von Kunstkautschuk grundsätzlich auf das deutsche Buna anstelle des amerikanischen Kunstkautschuks zurückzugreifen, und gleichzeitig eröffneten sich Möglichkeiten, über Schweden an Naturkautschuk-Lieferungen aus Übersee zu gelangen. Schließlich waren explizit auch umfangreiche Verlagerungsaufträge aus Deutschland an die schwedischen Gummifabriken vorgesehen, die die deutsche Kautschukindustrie bei ihrer wachsenden Kriegsfertigung entlastete. Schwedischerseits war man auch bereit, an den Beratungen über grundsätzliche technische Fragen der europäischen Gummiindustrie wie Normung und Standardisierung teilzunehmen.[301] Eckells Versuche zur Ausdehnung seiner europäischen Großraumwirtschaft im Kautschukbereich auch auf die skandinavischen Länder waren unübersehbar.

Nach intensiven Verhandlungen wurde am 31. August 1942 mit Viskafors, am Tag darauf mit Gislaved ein entsprechender Lizenzvertrag abgeschlossen.[302] Continental hatte sich dabei ein sofortiges Rücktrittsrecht von dem Betreuungsvertrag einräumen lassen, wenn Aktien der schwedischen Unternehmen an irgendwelche in- oder ausländische Konkurrenten gingen, und zudem mussten den Deutschen jegliche bei den Schweden gewonnenen eigenen Erfahrungen und Verbesserungen im Synthesekautschuk-Bereich unentgeltlich zur Verfügung gestellt werden – die allerdings nicht zu erwarten waren. Die wirklich weitreichenden Details waren etwa die Berechtigung von Continental, mit der Begründung, die korrekte Lizenzgebühr zu berechnen, Einsicht in die Bücher und Unterlagen der schwedischen Unternehmen zu erhalten. Die Hannoveraner besaßen zudem das Recht, bei Viskafors und Gislaved Waren mit der Marke Continental herstellen zu lassen und dabei bis zu 25 Prozent der Fertigungskapazitäten in Anspruch zu nehmen.

Als die Verträge längst unterzeichnet und in Kraft getreten waren, machten Eckell und das RWM plötzlich massive Probleme. Es ging dabei um die Patent-

---

299 Vgl. Abschrift der Schreiben Eckells, in: CUA, 6600 Zg. 1/56, A 33.
300 Vgl. Ergebnis der deutsch-schwedischen Verhandlungen vom Juli und August 1942 über die Versorgung der schwedischen Wirtschaft mit Kautschuk, in: CUA, 6525 Zg. 1/65, A 169.
301 Vgl. ebd.
302 Vgl. die Verträge in: CUA, 6600 Zg. 1/56, A 33. Dazu wurde auch ein Zusatzvertrag abgeschlossen, der die Frage der Unterlizenzvergabe durch Gislaved regelte.

benutzungsklausel, bei der Eckell ultimativ eine nachträgliche Ergänzung dergestalt wollte, dass den schwedischen Pilotfirmen bei eigenen Verbesserungen kein Recht zu Patenterteilungen im Großdeutschen Reich eingeräumt würden. Obwohl es sich dabei nur um eine marginale Frage handelte und zumal von den Schweden kaum patentwürdige Verbesserungen zu erwarten waren, hätte der RWM-Beamte in Beharrung auf seinem prinzipiellen Standpunkt das ganze Vertragsgebäude fast wieder zum Einsturz gebracht. Erst nach langem Zureden Köneckes konnte er davon abgebracht werden.[303]

In der Folgezeit setzte sofort ein reger Austausch von Fachleuten und häufiger Besuch von schwedischen Ingenieuren und Technikern in Hannover ein.[304] Die fertigungstechnischen Probleme waren dabei ähnlich wie schon bei Pirelli oder der Banloc, nämlich dass es eigene spezifische Produktionstraditionen bei der Reifenfertigung und Kautschukverarbeitung gab, die von den Herstellungserfahrungen von Continental zum Teil erheblich verschieden waren. Im Fall der Schweden hieß das, dass Viskafors nach Anleitung der amerikanischen Reifenfirma Fisk arbeiteten und auch deren Formen benutzte, während das seit 1895 bestehende Traditionsunternehmen Gislaved Reifen nach der Methode von US Rubber machte. Einer schnellen Übertragung des deutschen Buna-Know-hows, der Ausrichtung auf die deutsche Kautschukindustrie und vor allem auch einer baldigen Realisierung von Verlagerungsaufträgen waren daher Grenzen gesetzt. Die tägliche Reifenfertigungskapazität bei Gislaved betrug 600–700 Automobilreifen, zudem 1500 Fahrradreifen, allerdings waren die Fertigungsanlagen im Sommer 1942 mit weit unter 50 Prozent nur zu einem Bruchteil ausgelastet. Seit 1927 als Erstausrüstungsunternehmen für den Automobilkonzern Volvo fungierend, hatte das Unternehmen einen rasanten Aufschwung genommen und beschäftigte bei einer Mischkapazität von 250 to/Monat ca. 700 Arbeiter und Angestellte, die neben Auto- und Fahrradreifen auch eine Gummischuh-Herstellung betrieben. Viskafors war mit einer Belegschaft von ca. 400 Personen deutlich kleiner, dementsprechend betrug auch die Mischkapazität nur 30 to/ Monat, mit der 150–200 Autoreifen am Tag sowie ca. 400 Regenmäntel gefertigt wurden.[305]

---

303 Vgl. Aktennotiz über die Verhandlungen in Berlin vom 9.12.1942, in: CUA, 6525 Zg. 1/56, A 30,2.

304 Vgl. etwa das Arbeitsprogramm für die drei schwedischen Herren von der Firma Viskafors vom 1.10.1942 und Bericht des Büros Auslandsfabriken über einen Besuch eines Oberingenieurs von Gislaved vom 19.12.1942, in: CUA, 6600 Zg. 1/56, A 33.

305 Vgl. die Notizen zu den Techniker-Berichten Schweden in: CUA, 6714 versch. Zg. A 25, sowie einzelne Bilanzen und die bei schwedischen Wirtschafts-Auskunfteien eingeholten Informationen in: CUA, 6600 Zg. 1/56, A 33.

Um die Reifenproduktion in Gang zu bringen, zumal unter Anwendung der für die Schweden weitgehend neuen Buna-Technologie, waren für die Continental-Ingenieure erhebliche Anstrengungen nötig. Dabei gab es vor allem bald zahlreiche Reibereien über die Quotenaufteilung der Produktion zugunsten von Continental, und die Viskafors-Techniker beschwerten sich darüber, dass ihnen künftig die Herstellung von Reifen mit Fisk-Profil untersagt wurde, da nach dem deutsch-schwedischen Regierungsabkommen „amerikanische Reifen" nicht mehr hergestellt werden durften.[306] Die Unterhaltung mit den Viskafors-Leuten, berichtete Continental-Manager Dörre nach den ersten Gesprächen in Stockholm, seien sehr intensiv, bei Lichte betrachtet jedoch wenig inhaltsvoll gewesen. „Sie saßen auf sehr hohen Pferden und erinnerten sich mit recht beachtlicher Gedächtnisstärke an jeden Punkt, der in unseren früheren programmatischen Darlegungen irgendwie als eine Zusage für sie betrachtet werden konnte."[307] Die Unterhaltung bei Gislaved verlief dagegen weit angenehmer und freundschaftlich. Dennoch konnte dort erst im März 1943, weit später als erwartet und zudem in einem deutlich geringeren Umfang, mit der Mitfabrikation vor allem von Lastwagenreifen für Continental begonnen werden.

Infolge der Lizenzabkommen und Auftragsfertigung bei den schwedischen Firmen waren dennoch Umsatz und Gewinn der Continental-Vertriebstochtergesellschaft in Stockholm von 480 000 Kronen auf 1,572 Mio. Kronen im Jahr 1943 – umgerechnet ca. 950 000 RM – in die Höhe geschnellt, so dass im Verlauf des Jahres 1943 eine Kapitalerhöhung notwendig wurde, die sich allerdings infolge der devisenrechtlichen Bestimmungen wieder einmal als reichlich kompliziert herausstellte.[308] Man kam daher auf den Gedanken, Patente, die in Schweden bereits eingetragen waren oder in Kürze angemeldet werden sollten, auf die Tochtergesellschaft zu übertragen, wobei man bemerkenswerterweise schon damals mit Rücksicht auf einen eventuellen ungünstigen Ausgang des Krieges und die mögliche Enteignung von Auslandspatenten solche wählte, denen praktisch kein großer Wert beizumessen war. Die volle Auswirkung der Verträge mit Gislaved und Viskafors war aber erst für 1944 zu erwarten, so dass man in Hannover fest mit weiteren Steigerungen bei Umsatz und Gewinn rechnete, wobei allerdings Letzterer aufgrund der rigiden Kriegskonjunktursteuer in Schweden fast ganz aufgezehrt wurde. In Hannover wurden daher Überlegun-

---

306 Notiz Dörre vom 27.10.1942, in: CUA, 6620 Zg. 1/70, A 17.
307 Notiz Dörre vom 25.10.1942, in: ebd.
308 Vgl. Notiz über Besprechungen dazu in Berlin vom 8.4.1943 sowie Schreiben an die Devisenstelle Hannover vom 20.4.1943, in: CUA, 6620 Zg. 1/70, A 17.

gen angestellt, beim schwedischen König Steuererleichterungen zu beantragen.[309]

Zugleich liefen in einer deutsch-schwedischen Kautschuk-Kommission beiderseitige Gespräche über die deutschen Lieferungen von Buna, Kunstseide und Hilfsstoffen weiter, in der für Continental der TP-Ingenieur Stubbendiek saß.[310] Aus dessen Sicht war besonders ärgerlich, dass die Buna-Zuteilungen stark beschnitten wurden und für die Continental-Produktion bei Gislaved anstelle der vorgesehenen Monatsquote von sechs to nur 3,6 to bereitstand.[311] Continental lieferte Gislaved inzwischen auch Rezepturen zur Herstellung von 100-prozentigen Buna-Reifen, damit dort mit entsprechenden Vorversuchen begonnen werden konnte. Allerdings mussten sich Gislaved wie Continental infolge der damit verbundenen höheren Fertigungskosten mit den schwedischen Preisbehörden herumschlagen, die im Juni 1943 eine von Gislaved beantragte Anhebung der Reifenpreise abgelehnt hatte, womit auch die für Continental vertraglich festgesetzte Verdienstspanne bei den in Stockholm gefertigten Lastwagenreifen deutlich geschmälert wurde. Die Schweden vertrösteten aber die Deutschen, dass man ihnen später bessere und für Continental gewinnbringendere Einkaufspreise einräumen würde.[312]

Die Beziehungen mit Viskafors hatten sich währenddessen ganz auf die technische Beratung ohne Auftragsfertigung konzentriert, wobei es aber im Februar 1944 Aufregung über ein kleine Gummihandschuh-Firma als Unterlizenznehmerin gab, die, wie die Export-Conti-Manager in Hannover schnell herausbekamen, „nicht arisch" war.[313] Wegen ihrer Spezialisierung auf Operationshandschuhe und Sanitätsartikel, die sie als einzige schwedische Firma herstellte, gab aber dann auch das RWM grünes Licht für die Weitergabe der Lizenz. Erst im März 1944 trat Continental auch an Viskafors mit der Bitte um Mitfabrikation von Fahrradreifen sowie technischen Gummiwaren für die Hannoveraner heran, allerdings mehr um dem Vertrag Genüge zu tun, als tatsächlich von den Fertigungskapazitäten Viskafors' zu profitieren. Noch im Februar 1944 suggerierte der Monatsbericht der Continental-Tochtergesellschaft in Stockholm ein scheinbar normales und durchaus zufriedenstellendes Geschäft in Schweden; für den Continental-Zubehör-Artikel „Promptus" hatte man sogar eine eigene neue Werbekampagne gestartet, und auch das Geschäft mit Treibriemen,

---

309 Vgl. Notiz Dörre vom 16.9.1943, in: ebd.
310 Vgl. Bericht über die Sitzung der Kommission vom 17.3.1943, in: CUA, 6525 Zg. 1/56, A 24,3.
311 Vgl. Notiz Ergebnis-Übersicht der Auslandsfabriken vom 24.11.1943, in: CUA, 6714 versch. Zg. A 8.
312 Vgl. Schreiben der Export-Conti vom 15.6.1943 über die Preisberechnung Gislaved sowie Schreiben Export-Conti an Continental Stockholm vom 22.6.1943, in: CUA, 6600 Zg. 1/56, A 33.
313 Vgl. Schreiben der Export-Conti vom 4.2.1944, in: CUA, 6600 Zg. 1/56, A 33.

Schläuchen und Akkukästen verlief aus Sicht der Manager erfreulich.[314] Allerdings musste man sich mit einem ärgerlichen Preiswettbewerb der amerikanischen Goodyear sowie auch US Rubber herumschlagen, die in Schweden nach wie vor äußerst aktiv waren. Noch produzierte Gislaved für Continental pro Monat ca. 350 Lastwagenreifen, aber in Hannover machte man sich währenddessen schon Gedanken darüber, „mit unseren Herren [in Skandinavien] über Maßnahmen im Falle des plötzlichen Verlassens von Schweden und Dänemark zu sprechen."[315]

In Dänemark war Continental auf Geheiß des RWM mit der technischen Betreuung der Gummifabrik Schiønning & Arvé, mit 700 Beschäftigten der zweitgrößte Kautschukverarbeiter Dänemarks, beauftragt worden. Die Hannoveraner planten dabei schon seit Juli 1941 mit größeren Werbemaßnahmen in Vorwegnahme der in Bälde erwarteten Nachkriegs- und Friedenszeiten.[316] Die Geschäftsaussichten für Continental wurden als „außerordentlich günstig" bewertet und daher auch eine Ausweitung der in Kopenhagen residierenden Continental-Niederlassung empfohlen. Mitte Oktober 1941 hatte es auf Initiative des RWM deutsch-dänische Industriebesprechungen bezogen auf die Kautschukindustrie gegeben, an denen auf deutscher Seite neben Jehle und Eckell sowie Regierungsrat Willée als Vertreter der Ämter und Behörden auch Otto A. Friedrich für die Phoenix teilnahm. Die Verhandlungsleitung hatte allerdings Könecke in seiner Funktion als Leiter der Fachgruppe Kautschukindustrie inne.[317] Phoenix wurde dabei ohne Widerspruch durch Continental die technische Betreuung der mit ca. 1200 Beschäftigten größten dänischen Gummifirma Codan-Koge zugeteilt.

Angesichts der Tatsache, dass Dänemark über kaum noch eigene Naturkautschuk-Bestände verfügte, war klar, dass auch hier ein schneller Transfer der deutschen Buna-Verarbeitungserfahrungen erfolgen musste, wenn das Deutsche Reich von den Fertigungskapazitäten der dänischen Wirtschaft profitieren wollte. Könecke machte bei der Eröffnung der Besprechungen aber deutlich, dass die Hergabe der in jahrelanger Arbeit erworbenen Erfahrungen nicht aus unternehmerischem Interesse, sondern allein aufgrund des Wunsches der Behörden erfolgte. Und obwohl bekannt war, dass „aus grundsätzlichen Erwägungen auf Wunsch der dänischen Industrie eine kapitalmäßige Verflechtung nicht zur Bedingung gemacht werden soll", schnitt Könecke diese Frage dennoch

---

314 Vgl. Situationsbericht Continental Stockholm vom 9.3.1944 und vom 23.12.1944, in: CUA, 6714 versch. Zg. A 23.
315 Notiz Aretz für Dörre vom 28.9.1944, in: CUA, 6600 Zg. 1/56, A 33.
316 Vgl. Notiz vom 22.7.1941 zu „Werbung in Dänemark" in: CUA, 6600 Zg. 1/56, A 35.
317 Vgl. die Niederschrift der Besprechung in Berlin vom 16.10.1941, in: ebd.

„aufgrund ihrer entscheidenden Bedeutung für die Festlegung der Gegenleistungen" an und stellte sie zur Diskussion.[318] Andernfalls, so konfrontierte Könecke die Dänen, müsse eine Mindestlizenzgebühr von 15 bis 20 Prozent auf die angelieferten Buna-Mengen gefordert werden. Bereits eine Woche später, am 17. Oktober 1941, waren nach bilateralen Verhandlungen zwischen Continental und Schiønning & Arvé die vertraglichen Grundlagen einer technischen Hilfeleistung und Beratung festgelegt. „Eine Kapitalbeteiligung von uns an Schiønning & Arvé", so die Verhandlungsnotiz, „wurde von der dänischen Gesellschaft nicht gewünscht, und da eine solche Beteiligung auch nicht einmal unseren eigenen Interessen entspricht, wurde sie von uns fallen gelassen."[319] Eine vorherige Rücksprache mit Phoenix ergab, dass auch die Hamburger Wert auf eine Beteiligung an ihrer Betreuungsfirma legten, so dass schließlich Kern des dann aufgrund von Verzögerungen der Regierungsstellen erst im März 1942 abgeschlossenen Lizenzvertrages die Zahlung einer entsprechend hohen Gebühr war.[320] Aufgrund der geringen Verarbeitungskapazitäten von zwölf Monatstonnen fielen damit für die Dänen zwar zunächst nur jährliche Lizenzgebühren von 50 000 RM an, aber in Hannover rechnete man sich schnell aus, dass sich bei geplanten Steigerungen der Fertigung auf 60 Monatstonnen schnell 200 000 RM an Gebühren ergaben; entsprechend der Laufzeit des Vertrages auf fünf Jahre hochgerechnet war damit insgesamt ca. eine Mio. RM herauszuholen. Im Grunde unterschieden sich aber die Lizenzverträge in Dänemark nicht von den in Schweden geschlossenen Verträgen.

Zufrieden konstatierte man denn auch in Hannover schnell eine erhebliche Stärkung der eigenen Marktposition in Dänemark gegenüber der früheren Konkurrenz mit der englischen Dunlop, aber auch mit Semperit, die durch die Verbindung mit Schiønning & Arvé noch verstärkt wurde.[321] Vor allem durch Aufträge des deutschen Wehrwirtschaftsstabes in Kopenhagen und der dänischen Werftindustrie versprach man sich eine Steigerung von Rüstungsaufträgen, wozu auch Auftragsfertigung bei der Betreuungsfabrik zugunsten von Continental beitragen sollte. In Hannover war man sich auch einig, dass in und für Dänemark und aus dänischen Kontingenten Fahrradreifen der Marke Continental in der Fabrik von Schiønning & Arvé hergestellt werden sollten. Die entsprechenden im Juni 1942 aufgenommenen Verhandlungen mit dem geschäftsführenden

---

318 Ebd.
319 Notiz zu den Dänen-Verhandlungen vom 20.10.1941, in: ebd.
320 Continental und Phoenix hatten sich bemerkenswerterweise bei der Formulierung und inhaltlichen Ausgestaltung der Verträge eng abgestimmt. Vgl. Schreiben Phoenix an Continental vom 23.10.1941, in: ebd.
321 Notiz Schmelz vom 11.3.1942, in: CUA, 6714 versch. Zg. A 31, sowie Notiz zum Umsatz Technisch/Chirurgisch vom 9.4.1942, in: ebd.

Direktor über die Aufnahme der Fertigung von 25 000 Fahrraddecken für Continental stießen allerdings auf deutliche Ablehnung beim Aufsichtsrat des dänischen Unternehmens, der dem Vorstand vorwarf, durch die bereitwillige Freimachung von Produktionskapazitäten zugunsten von Continental dem Land Dänemark zu schaden, da damit Fertigungsmöglichkeiten für die eigenen Bedürfnisse des Landes fehlten.[322] Erst auf Druck der deutschen Behörden in Berlin und der Besatzungsstellen in Kopenhagen kamen neue Verhandlungen über die Anfertigung von 25 000 Fahrraddecken in Lohnarbeit für Continental zustande.

Aber auch Ende Juli 1942 war es noch zu keiner Vereinbarung gekommen, da die Dänen unter dem Vorwand einer strittigen Vertragsauslegung den Abschluss einer Auftragsfertigung weiter verzögerten. Continental reagierte darauf mit einer deutlichen Drohung. Man gab dem Vorstand von Schiønning & Arvé unmissverständlich zu verstehen, dass die Buna-Lieferungen aus Deutschland nicht garantiert werden könnten, wenn die dänische Industrie nicht zu vernünftigen Bedingungen zur Übernahme von Verlagerungsaufträgen bereit sei und man Continental nicht ein Mitfabrikationsrecht bei Fahrradreifen einräumte.[323] Zudem kündigte man eine deutliche Reduzierung der Hilfsleistungen und Beratertätigkeit auf ein Mindestmaß der vertraglichen Verpflichtungen an. „Wir sehen uns daher nicht in der Lage, Ihr Vorhaben, sich mit der Produktion von Autoreifen gedanklich zu befassen, dadurch zu unterstützen, dass wir Ihnen die dafür notwendigen Ratschläge geben", hieß es in einem offiziellen Schreiben an den dänischen Vorstand.[324] Der Unterstützung der deutschen Stellen fühlte man sich dabei allerdings nicht ganz sicher. Dazu kam, dass in dem Land ein deutlicher Stimmungsumschwung gegen die deutschen Besatzer zu registrieren war, der sich auch im Verhalten der Dänen gegenüber Continental bemerkbar machte.

Im September 1942 war die Lage unverändert, obwohl seitens des Reichsamtes für Wirtschaftsausbau an Continental wie Phoenix inzwischen genaue Quoten und Fertigungsanweisungen für die als Verlagerungsauftrag zu produzierenden „Dänemark-Decken" ausgegeben worden waren.[325] Erst Ende Oktober war man bei Schiønning & Arvé nach vermutlich erheblichem Druck der staatlichen Stellen bereit, die Fertigung von Fahrraddecken aufzunehmen und Conti-

---

322 Vgl. Notiz über den Verhandlungsverlauf mit dem Vorstand von Schiønning & Arvé vom 10.6.1942, in: CUA, 6600 Zg. 1/56, A 35.
323 Vgl. Notiz Dörre vom 30.7.1942, in: ebd.
324 Schreiben Schmelz an die Direktion von Schiønning & Arvé vom 7.7.1942, in: ebd.
325 Vgl. Notiz Stubbendiek vom 24.9.1942, in: CUA, 6525 Zg. 1/65, A 169.

nental dabei 25 Prozent der Produktionskapazitäten zu überlassen.[326] Im Januar 1943 lief tatsächlich die entsprechende Fertigung in Kopenhagen an, allerdings kam die Produktion nie über das Stadium einer Versuchsanfertigung hinaus, was nicht zuletzt auch an den keineswegs regelmäßig und in ausreichendem Umfang eintreffenden Buna- und Zellwolle-Lieferungen aus Deutschland lag.[327] Zudem wurde der aus Hannover zu Schiønning & Arvé abgeordnete Meister und erfahrene Kalanderführer kurz nach seiner Ankunft zur Wehrmacht eingezogen und seine Aufgabe von einem noch unerfahrenen dänischen Facharbeiter übernommen. Dennoch war man in Hannover hinsichtlich des dänischen Absatzmarktes weiterhin zuversichtlich. Noch im September 1944 beschäftigten sich die Reifeningenieure von Continental mit Versuchen für Nutzfahrzeigreifen für den deutsch-dänischen Lebensmittel-Verkehr. Auf eine entsprechende Anfrage zu einer gemeinsamen Entwicklungskooperation an Phoenix bekam man aus Hamburg jedoch eine deutlich zurückhaltende Antwort. Man müsse sich gut überlegen, ob es unter den inzwischen veränderten Verhältnissen noch angezeigt sei, eine solche auf Monate angelegte Reifenerprobung, zumal zum Teil außerhalb der deutschen Grenzen, in Gang zu setzen.[328]

In Norwegen, das nach der Besetzung durch Deutschland als „Reichskommissariat" firmierte, hielt sich Continental – anders als Phoenix – deutlich zurück. Während die Hamburger dort die Gummifirma Askim zur Betreuung übernommen hatten, bestanden die Ende 1940 in Hannover erfolgten „Nachkriegsplanungen" für den norwegischen Gummi- und Reifenmarkt nur aus der Gründung einer eigenen Vertriebstochtergesellschaft in Oslo.[329] Norwegen erschien als Abnahmegebiet durchaus interessant, zumal man angesichts der dort herrschenden jahrelangen Dominanz der britischen und amerikanischen Gummi- und Reifenindustrie bis dahin kaum hatte Fuß fassen können. Im September 1943 intensivierte man die Bemühungen zur Gründung einer Tochtergesellschaft in Oslo, allerdings ergaben die Besprechungen mit der dortigen deutschen Handelskammer, der Norske Kreditbank und dem Reichskommissariat, dass die rechtlichen Bestimmungen für Ausländer im norwegischen Handelsrecht ziemlich kompliziert waren, ganz abgesehen von den steuerlichen Bedingungen.[330] Ende November 1943 erging dennoch ein offizieller Genehmigungsantrag an die Devisenstelle in Hannover, in dem zur Begründung auf die bereits

---

326 Continental hatte allerdings einen Anteil von 33 1/3 Prozent gefordert. Vgl. Notiz Dörre vom 28.10.1942, in: CUA, 6620 Zg. 1/70, A 17.

327 Vgl. den Bericht Stubbendieks an Eckell vom 27.1.1943, in: CUA, 6525 Zg. 1/56, A 24,3.

328 Vgl. Schreiben Phoenix an Continental vom 13.9.1944, in: CUA, 6525 Zg. 1/65, A 207.

329 Vgl. den Reisebericht eines Export-Conti-Managers vom 21.11.1940 über das „Reifengeschäft Norwegen", in: CUA, 6500 Zg. 1/59, A 1.

330 Vgl. Notiz Dörre vom 14.9.1943, in: ebd.

ältere Tradition der Präsenz von Continental auf dem norwegischen Markt verwiesen wurde.[331]

Die Hannoveraner hatten schon kurz vor Ausbruch des Ersten Weltkriegs eine eigene Tochtergesellschaft in Oslo gehabt, die infolge des Krieges geschlossen worden war und durch ein rudimentäres Geschäft über Provisionsvertreter ersetzt wurde, während die britischen und amerikanischen Konkurrenten sich schnell auf dem expandierenden Markt breit gemacht und nahezu das gesamte Geschäft unter sich aufgeteilt hatten. Mit der Wiederbegründung der Tochtergesellschaft sah man langfristig die Chancen, den Markt auf Dauer und auch über die Kriegszeit hinaus zurückzuerobern. Die Antwort der Devisenstelle ließ dann allerdings bis Anfang Juni 1944 auf sich warten und fiel negativ aus, weil die Existenz einer derartigen Tochtergesellschaft keinen Einfluss auf die Kriegsentscheidung habe, wie es zur Begründung hieß. Continental versuchte daraufhin über die Einschaltung des RWM eine Änderung der Haltung der Devisenbehörde herbeizuführen, und auch die Auslandsorganisation der NSDAP erhob gegen die vorgesehenen norwegischen Mitgesellschafter, die Continental in die Aufsichtsgremien der Tochtergesellschaft aufnehmen wollte, keine Bedenken und gab dem Unternehmen grünes Licht.[332] Am 12. September 1944 landete dann tatsächlich auf dem Schreibtisch von Direktor Schmelz der Genehmigungsbescheid der Devisenstelle, der allerdings bis Ende Dezember befristet war. Zu einer Gründung kam es letztendlich dann nicht mehr.

Phoenix dagegen erzielte mit seiner Beratung der Gummifabrik Askim, des damals größten norwegischen Unternehmens, erhebliche Lizenzeinnahmen. Der am 5. März 1941 auf vier Jahre abgeschlossene Vertrag sah vor, dass Phoenix den Norwegern umfassende Hilfe bei der Umstellung der Fertigung auf Buna und andere deutsche Ersatzstoffe leistete, im Gegenzug zahlte Askim 200 000 norwegische Kronen als einmalige Lizenzgebühr sowie weitere laufende Lizenzabgaben.[333] Bei Gummischuhen, wo Askim führend war, trat anstelle einer Lizenzgabe ein gegenseitiger Erfahrungsaustausch, der Phoenix erheblichen Know-how-Gewinn verschaffte. Zudem war Phoenix berechtigt, die laufende Auswertung der geleisteten Beratung und Unterstützung bei Askim in jeder geeignet erscheinenden Weise, und zwar auch durch eigene Beauftragte an Ort und Stelle, zu überwachen. Die Norweger waren verpflichtet, Phoenix jegliche gewünschte Auskunft auf fabrikatorischem Gebiet zu erteilen und dem Beauf-

---

331 Vgl. Schreiben an die Devisenstelle vom 27.11.1943, in: NLA HA Hann. 210, Acc. 2003/087, Nr. 47.
332 Vgl. Schreiben der Export-Conti an das RWM vom 1.8.1944, in: NLA HA Hann. 210, Acc. 2003/087, Nr. 48.
333 Vertrag Phoenix-Askim vom 5.3.1941, in: Phoenix Report, OMGUS External Assets Investigations, https://www.fold3.com/image/286879040 ff.

tragten des Unternehmens Zutritt zu allen Werkstätten zu gewähren.[334] Schließlich verpflichtete sich Askim auch, sich während der Dauer des Vertrages ohne
Zustimmung der Phoenix an keiner anderen Gummiwarenfabrik zu beteiligen.

Das war alles in allem ein Beratungs- und Betreuungsvertrag, der weit mehr
als die ähnlichen Verträge von Continental den Charakter einer industriellen
Beherrschung trug. Das Hamburger Unternehmen verstrickte sich dabei zudem
indirekt in die Verbrechen des NS-Regimes und der Besatzungsbehörden. As-
kim-Eigner war der norwegische Kautschuk-Magnat Peter Mathias Rowde, der
eng mit den deutschen Besatzungsstellen kollaborierte und auch Vorsitzender
der deutsch-norwegischen Handelskammer war.[335] In unmittelbarer Nähe der
Askim bestand ein Konzentrationslager, in das viele Askim-Arbeiter als politisch Verfolgte deportiert wurden, daneben organisierten die deutschen Besatzer einen Zustrom von ca. 120 000 russischen, polnischen und jugoslawischen
Zwangsarbeitern nach Norwegen. Eines der größten Lager befand sich nur wenige Kilometer von der Askim entfernt in Mysen, so dass es ziemlich wahrscheinlich ist, dass diese auch in erheblichen Umfang in der norwegischen
Gummifabrik zum Einsatz kamen.

4 Beratungsverträge als Beherrschungsinstrument: Die Conti-
nental-Fertigungsstätten in Holland und Belgien und die
Nutzbarmachung der französischen Gummiindustrie

Das größte Interesse bei der Ausrichtung seines neuen Fertigungsnetzwerkes im
Ausland richtete Continental auf Westeuropa und die Gummi- und Reifenindustrie Belgiens, der Niederlande und vor allem Frankreichs. Letztlich ging es
dabei darum, vor dem Hintergrund des industrie- und rohstoffpolitischen Besat-
zungsregimes der deutschen Wehrmacht und des RWM eine neue wirtschaftliche Beziehung zum großen Haupt- und Erzkonkurrenten Michelin zu finden,
die im Sinne einer erzwungenen Kooperation über das Faustpfand der Michelin-Fabriken in Zuen bei Brüssel und im niederländischen 's-Hertogenbosch mit
der Firmenzentrale und dem Hauptwerk in Clermont-Ferrand die Position Continentals im europäischen Wettbewerbsgefüge der Reifenindustrie erheblich auf-
werten sollte.

In Belgien war nach der Kapitulation des Landes am 28. Mai 1940 ein deutscher Militärbefehlshaber eingesetzt worden, in dessen Kompetenzbereich
auch, zusammen mit dem Reichskommissar für die Behandlung feindlichen

---

334 Ebd., Artikel 1, letzter Absatz.
335 Vgl. dazu und zum Folgenden Gotthardt, Die politische Geschichte.

Vermögens, die „Verwertung" der in die Hände der Besatzer gefallenen Industrieunternehmen fiel. Die bei weitem größte Gummi- und Reifenfirma war das 1868 gegründete Traditionsunternehmen Englebert & Co. in Lüttich, das mit fast 4000 Beschäftigten zu den fünf größten Reifen- und Gummiwarenherstellern in Europa gehörte und Fertigungsstätten unter anderem in Deutschland und Frankreich besaß. Mit einer Verarbeitungskapazität von 500 bis 600 Monatstonnen besaß Englebert ein erhebliches Fertigungspotenzial, auf das die Deutschen nun Zugriff hatten. Dennoch spielte es in der Beherrschungspolitik des RWM über die Buna-Lizenzverträge keine Rolle. Ursprünglich hatte Eckell auch für Englebert ein entsprechendes Betreuungsunternehmen vorgesehen, nämlich Semperit, was für die Österreicher einen erheblichen Bedeutungs- und Prestigegewinn beim Spiel im Konzert der kautschukindustriellen Neuordnung Europas bedeutete. Trotz gegenseitiger Besichtigungsbesuche kam jedoch kein Lizenzabkommen zustande; der Hauptgrund lag darin, dass man am Hauptstandort in Lüttich bereits sämtliche nötigen technischen Informationen und das Buna-Know-how über die deutsche Englebert-Tochtergesellschaft in Aachen erhielt, ohne sich dafür vertraglich zu binden und Lizenzgebühren zu zahlen.[336]

Daneben gab es in Belgien aber auch die erst kurz vor Kriegsausbruch eröffnete und damit auf modernster Fertigungstechnologie basierende Michelin-Fabrik in Zuen bei Brüssel. 1939 waren hier 293 Belegschaftsangehörige – zwei Direktoren, drei Ingenieure, je neun Meister und Angestellte sowie 197 Arbeiter und 73 Arbeiterinnen – damit beschäftigt, ca. 120 000 Autoreifen und -schläuche sowie 275 000 Fahrradreifen herzustellen.[337] Nach der Besetzung lag das Werk allerdings still, und für die aus deutscher Sicht gewünschte und notwendige Wiederingangsetzung war Continental vorgesehen. In einem Schnellbrief des RWM an den deutschen Militärbefehlshaber in Brüssel Ende Oktober 1940 hieß es:

> Es ist beabsichtigt der Continental Gummiwerke AG, Hannover, die Möglichkeit einer engeren Zusammenarbeit bzw. Verflechtung mit dem Michelin-Konzern zu geben. Als Ausgangspunkt für diesbezügliche Verhandlungen soll ein Treuhänder für das von der Wehrmacht beschlagnahmte Werk in Zuen bei Brüssel eingesetzt und der Continental die Möglichkeit gegeben werden, die Reifenproduktion in dieser Anlage aufzunehmen.[338]

Bei einer Besprechung mit dem Reichskommissar für die Behandlung feindlichen Vermögens hatte Eckell kurz zuvor seine Gedankenspiele über die Neuordnung der europäischen Kautschukindustrie unter deutscher Oberhoheit dargelegt. Die Verflechtung von Michelin und Continental spielten darin eine

---

336 Vgl. ADM, CIOS Report No. 22, File Nr. XVII-2, Englebert Factories – Liege & Aachen, S. 5.
337 Vgl. die Aufstellung in: CUA, 6525 Zg. 1/56, A 10.
338 Schreiben vom 29.10.1940, in: BArch R 87, Nr. 821/61.

zentrale Rolle: „Es sei daran gedacht, die Franzosen dazu zu bewegen, entweder die Conti mit einer Sperrminorität an dem Mutterwerk in Frankreich zu beteiligen oder aber die Tochtergesellschaften der Pneu Michelin außerhalb Frankreichs etwa auf eine Beteiligung 50:50 zwischen Conti und Michelin zu stellen."[339] Darin einbezogen wären demnach die drei Michelin-Fabriken in Brüssel, 's-Hertogenbosch sowie Prag, aber der Reichskommissar in Brüssel hatte eigene Pläne und zeigte wenig Neigung, Continental wie von Eckell gewünscht als Verwalter einzusetzen. Mitte Dezember 1940 besichtigte Könecke zusammen mit seinem Vorstandskollegen Schmelz sowie Eckell und Willée vom RWM die bereits wieder in Gang gesetzte Fabrik in Zuen, und alle waren von der Qualität der dort nach Michelin-Methode und auf Michelin-Maschinen hergestellten Reifen beeindruckt.[340] Auch die Techniker und Reifeningenieure, die aus Hannover nach Zuen geeilt waren, zeigten sich regelrecht begeistert von den einzelnen Maschinen wie den Fertigungsabläufen insgesamt.[341] In Hannover hatte man schon über ein Vorauskommando von Fertigungsingenieuren, die die Fabrik regelrecht systematisch durchphotographierten, einen Eindruck von den dortigen Maschinen und Produktionsprozessen bekommen.

Die Beteiligungspläne des RWM trafen sich dabei mit den unternehmensstrategischen Überlegungen von Continental. Könecke, so der Eindruck aus seinen zahlreichen Notizen, plante mit der erhofften engen Zusammenarbeit mit Michelin gleichsam sein unternehmenspolitisches Meisterstück, mit dem er mit der großen Fusion seines Mentors Tischbein gleichziehen konnte.[342] Dass diese Kooperation oder gar Verflechtung nur unter dem Vorzeichen von Krieg und Besatzung in die Reichweite des Möglichen gerückt war und Michelin dabei auch noch unter dem Zwang der deutschen Buna-Hoheit stand, spielte für ihn keine Rolle. Seine Sorge galt daher zunächst der möglichst raschen Einschleusung auch von Continental-Formen in die Reifenfertigung in Zuen, dazu galt es, die amtlichen Stellen dazu zu bringen, für die Brüsseler Fabrik ein eigenes Rohstoff-Kontingent zu genehmigen und nicht die benötigten Rohmaterialien zu Lasten des Kontingents in Hannover gehen zu lassen, wie von den Behörden beabsichtigt. Und schließlich war auch der inzwischen eingesetzte Treuhänder für die Michelin-Fabrik ein Unsicherheitsfaktor. „Wir werden [diesen] noch ein wenig in der Richtung beeinflussen müssen, dass er sich nicht nur als Treuhänder von Michelin fühlt, sondern auch die in unserer Arbeit verkörpert liegenden

339 Notiz über eine Besprechung vom 15.10.1940 im RWM, in: BArch R 87, Nr. 821/55.
340 Vgl. Aktennotiz Könecke vom 11.12.1940, in: CUA, 6600 Zg. 1/56, A 32.
341 Vgl. Aktennotiz Hübener vom 10.12.1940, in: CUA, 6525 Zg. 1/56, A 9,1.
342 Vgl. die Diskussion der Verbindung mit Michelin auf der Vorstandssitzung vom 19.11.1940, in: CUA, 6603 Zg. 3/85, A 3.

deutschen Interessen berücksichtigt", notierte Könecke dazu.[343] Dass diese Befürchtungen nicht unbegründet waren, hatte sich schon an dem Brief gezeigt, den der Treuhänder bei seinem Amtsantritt an den Michelin-Vorstand nach Clermont-Ferrand geschickt und darin zur Aufnahme von Verhandlungen mit Continental aufgefordert hatte, allerdings bei Vorschlag einer je hälftigen Betriebsführung in Zuen, während Continental einen deutlich härteren Standpunkt vertrat, nämlich die alleinige Betriebsführung. Das Frappierende an den Notizen Köneckes sind nicht diese Gedankenspiele, sondern die Tatsache, dass er tatsächlich daran glaubte, dass Michelin überhaupt zu Verhandlungen bereit sein würde – ein Standpunkt, der sich schnell als große Illusion und völlige Unterschätzung der Haltung der Franzosen herausstellen sollte.

Schon im Januar 1941, als der Antwortbrief aus Clermont-Ferrand vorlag, war klar, dass die im RWM wie bei Continental bestehenden Michelin-Pläne Makulatur waren. Der Vorstandsvorsitzende Robert Puiseux, Schwiegersohn des im August des Vorjahres verstorbenen Unternehmensmitbegründers Edouard Michelin, verweigerte darin nicht nur jegliche Rohstofflieferungen nach Zuen, sondern verwies auch darauf, dass man über die Verwendung von synthetischem Kautschuk durchaus im Bilde sei und daher die Hilfe von Continental nicht brauche.[344] Der Brief war eine „glatte Absage" sowohl hinsichtlich der Führung des Betriebes in Brüssel durch die Continental wie auch gegenüber irgendwelchen Besprechungen der beiden Unternehmen, so dass der Treuhänder mit der weiteren Kommunikation mit dem aus Sicht Köneckes renitenten Unternehmen beauftragt wurde. Eckell wie Könecke hatten dem Treuhänder dabei aber klare Vorgaben und Gesprächsrichtlinien mitgegeben, in denen ungeschminkt im Falle einer anhaltenden Verweigerung mit Konsequenzen gedroht wurde, angefangen von der Verweigerung des Buna-Erfahrungsaustauschs – dessen Verarbeitung die Franzosen tatsächlich weit weniger beherrschten, als sie vorgaben – über die Infragestellung der Belieferung der französischen Kautschukindustrie insgesamt mit Rohstoffen wie Buna und Gasruß bis hin zur Möglichkeit einer Liquidierung der Michelin-Werke in Belgien, Holland und dem Protektorat.[345] „Möglichkeiten zur Aufnahme von Verhandlungen unsererseits mit Michelin angesichts dieser kaltschnäuzigen Einstellung von M. sehe ich im Augenblick nicht, und ich habe das auch als unseren Standpunkt den Herren im Ministerium gesagt", notierte Könecke dazu.[346]

---

343 Ebd.

344 Eine Abschrift des Briefes vom 5.12.1940, in: CUA, 6600 Zg. 1/56, A 32.

345 Vgl. Aktennotiz Könecke über Besprechungen in Berlin vom 18.1.1941, in: CUA, 6600 Zg. 1/56, A 32.

346 Ebd.

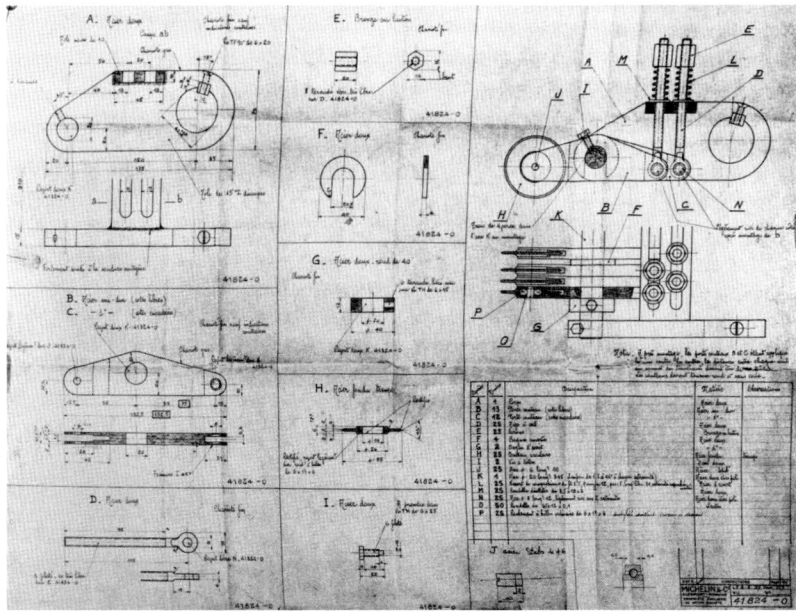

Abb. 132 u. 133: Aufnahmen der Continental-Ingenieure bei der Inspektion der Michelin-Fabrik in Zuen 1940: Maschinen zum Spritzen von Autoschläuchen und Reifenheizung sowie Konstruktionszeichnungen.

Unmittelbar darauf begannen auch die Vorbereitungen zur Klärung der vertraglichen Stellung der Michelin-Fabrik, wobei der künftige Status von Continental als Verwalter, Anteilseigner, Treuhänder oder Pächter zunächst noch ungeklärt war. Mitte Februar erstellte Continental eine detaillierte Aufstellung des Inventars der Fabrik, mit genauen Zeichnungen der einzelnen Fabrikationsräume und der dortigen Maschinenaufstellung.[347] Geschätzter Gesamtwert der Fabrik war 4,243 Mio. RM. Nachdem auch eine zweite Sondierung des Treuhänders in Clermont-Ferrand auf taube Ohren gestoßen war, erfolgten nun direkte Verhandlungen zwischen Continental und der Michelin-Gesellschaft in Zuen, vertreten durch den Treuhänder des Militärbefehlshabers in Belgien und Nordfrankreich. Könecke präsentierte dem Treuhänder Mitte März einen Lizenzvertrag. Darin bezog sich das Unternehmen auf den ihm am 29. Oktober 1940 durch das RWM erteilten Auftrag zur technischen Leitung der Fabrik, um die Produktion nach den Richtlinien des Militärbefehlshabers in Belgien sicherzustellen, und garantierte die Übertragung des entsprechenden technischen und chemischen Know-hows durch Entsendung von Fachleuten aus Hannover. Als Entschädigung verlangte man zwölf Prozent des Synthesekautschuk-Umsatzes. Der entscheidende Vorteil für Continental war aber in Paragraph 5 versteckt. Darin wurde dem Unternehmen die Berechtigung und Verpflichtung eingeräumt, in alle in Zuen noch vorhandenen Michelin-Verfahren, Patente und Fabrikationsmethoden Einsicht zu nehmen: „Diese Einsichtnahme der Continental muss notgedrungen erfolgen und ermöglicht der Continental überhaupt erst die Erfüllung des behördlichen Auftrages; sie geschieht demnach nicht im Interesse der Continental, sondern im ausschließlichen Fremdinteresse. Infolgedessen sind weder die Michelin noch dritte [...] jemals berechtigt, Entschädigung, Lizenzgebühren oder gar Schadenersatz zu verlangen".[348]

Die Beamten im RWM hatten allerdings immer noch nicht den Plan einer Verbindung von Continental und Michelin aufgegeben, und daher mussten sich die Hannoveraner letztendlich mit einem Pachtvertrag zufriedengeben, der als Vehikel zu einer doch noch möglichen Verständigung mit Michelin dienen sollte oder aber die Option zum vollständigen Erwerb der Fabrik durch Continental beinhaltete. In den Augen der Techniker beinhaltete ein Pachtvertrag erhebliche Nachteile gegenüber dem Lizenzvertrag. Anstelle von Lizenzeinnahmen waren nun Pachtzinszahlungen vorgesehen, und auch sonst werde Continental bei Pachtung der Fabrik mehr Risiken eingehen, als sich aus längerer Sicht gesehen an Vorteilen daraus ergäben. Immerhin hatten sich aber schon die bisher erworbenen Kenntnisse über die Michelin-Fertigungsmethoden ausgezahlt und zu-

---

347 Vgl. das Inventar vom 10.2.1941, in: CUA, 6704, ohne weitere Signatur.
348 Entwurf des Lizenzvertrags vom 15.3.1941, in: CUA, 6525 Zg. 1/56, A 22,2.

dem gebe man 100 Leuten und mehr im besetzten Gebiet Frankreichs die Möglichkeit zum Broterwerb.[349] Auch interne Kalkulationen über die finanziellen Auswirkungen des Pachtvertrages hatten ergeben, dass nur eine sehr geringe Rentabilität zu erwarten war; vor allem gab es dabei zahllose Faktoren, deren Steuerung Continental nicht in der Hand hatte, angefangen damit, dass man bei dem künftigen Produktionsumfang ganz von den Rohstoffzuteilungen der Reichsstelle Kautschuk abhängig war. Je höher die Buna-Einschleusung, desto höher waren die Produktionskosten, und auch die genaue Gestaltung des Produktionsprogramms mit vielen verschiedenen Reifendimensionen mit schlechter Rentabilität bestimmte allein die Reika.[350] Im Continental-Vorstand war man daher über den Pachtvertrag wenig begeistert, allerdings bestand Einigkeit darüber, dass, „wollen wir uns nicht gänzlich zurückziehen, nichts anderes als ein Pachtvertrag übrigbleibt."[351] Als Verhandlungsbasis zur Festlegung des von Continental zu zahlenden Pachtzinses wollte man jedoch für die Fabrik nur noch von einem Wert von zwei bis 2,5 Mio. RM ausgehen, das war nur noch etwa die Hälfte der früheren Schätzungen.

Mitte Juli 1941 wurde der Vertrag schließlich von Continental und dem Treuhänder unterzeichnet. Er galt rückwirkend zum 1. Januar 1941 drei Jahre, d. h. er lief am 31. Dezember 1943 bereits wieder ab und musste neu verhandelt werden.[352] Continental als Pächterin verpflichtete sich dabei, das gesamte Inventar nach Beendigung der Pacht wieder ordnungsgemäß und vollständig zurückzugeben. Alle Erlöse aus den erzeugten und verkauften Produkten standen Continental zu, vorübergehend wurde auch die Nutzung der Marke „Michelin" eingeräumt, dafür zahlte das Unternehmen an den Treuhänder einen monatlichen Pachtzins von 200 000 Belgischen Franc, umgerechnet 16 000 RM, allerdings abhängig von einer Mindestproduktionsleistung von 60 to Fertigware im Monat.[353] Zur Verwaltung der neuen Fabrik und gleichzeitigen Funktion als Vertriebsgesellschaft wurde am 26. Juni 1941 in Brüssel die Pneumac S. A. gegründet, die gegenüber dem Treuhänder als Pächterin unter Übernahme der Fabrik in Zuen auftrat.[354]

---

349 Vgl. Notiz Hübener zum Pachtvertrag vom 25.4.1941, in: CUA, 6525 Zg. 1/56, A 22,2.

350 Vgl. den entsprechenden Brief von Finanzvorstand Franz an den Treuhänder in Brüssel vom 8.9.1941, in: CUA, 6600 Zg. 1/56, A 32.

351 Protokoll der Vorstandssitzung vom 25.4.1941, in: CUA, 6603 Zg. 3/85, A 3.

352 Vgl. den zweisprachig abgefassten Pachtvertrag in: CUA, 6620 Zg. 1/70, A 11.

353 Vgl. ebd. sowie CUA, 6525 Zg. 1/56, A 22,2.

354 Vgl. den Gründungsakt in: CUA, 6620 Zg. 1/70, A 10. Neben vier deutschen Aktionären (Könecke, Franz, Schmelz und Dörre) traten drei Belgier als Aktionäre auf. Vgl. das Schreiben an die Devisenstelle Hannover mit der Bitte um Genehmigung vom 11. und 18.6.1941, in: NLA HA Hann. 210, Acc. 2003/087, Nr. 45. Wenig später wurde dann in einem weiteren Vertrag

Währenddessen hatten die Reifeningenieure und Chemiker aus Hannover noch vor Inkrafttreten des Pachtvertrages und damit der offiziellen Übernahme der fabrikatorischen Leitung in Zuen die Produktion weiter vorangetrieben und gleichzeitig noch genauer studiert.[355] Der Ausstoß der Fertigung von bisher 3000 Reifen, notierte Chefreifeningenieur Hübner, war so hervorragend, dass keinerlei Nachheizungen vorgenommen werden mussten, was unter anderem an der außerordentlichen Arbeitsdisziplin lag.[356] „Aufgrund der bei der Fabrikation Michelin gemachten Erfahrungen habe ich vor sämtlichen technischen Herren der Autoreifen-Fabrik [in Hannover] einen Vortrag über die Methoden Michelins, Disziplinen und, soweit notwendig, über die bei Michelin interessantesten Maschinen und Werkzeuge gehalten."[357] Nach Durcharbeitung sämtlicher Notizen werde man in der Lage sein, die interessantesten Michelin-Entwicklungen in die Fabrikation in den Continental-Fabriken zu überführen. Damit bestand auch die Möglichkeit, die Fertigungsselbstkosten erheblich zu senken, denn die entsprechenden Analysen und Vergleiche hatten ergeben, dass in der Michelin-Fabrik bei einzelnen Reifendimensionen um 20 bis 30 Prozent niedrigere Kosten anfielen.[358] Allerdings stellte man im Gegenzug auch einige Mängel in Bezug auf die Arbeitsplatzsicherheit fest. Die Benzin-Rückgewinnungsanlage in Zuen, mit der verdunstete Lösungsmittel aus der Luft gefiltert wurden, arbeitete anders als in Hannover nicht nach dem Prinzip der Adsorption, sondern der Kondensation, was zur Folge hatte, dass das Gas-Luft-Gemisch über der kritischen Explosionsgrenze lag. Dass es in Zuen bei der Gewebeverarbeitung noch zu keinen größeren Unfällen und Bränden durch Aufladungen mit statischer Elektrizität gekommen war, war ein Wunder.[359] Man bemühte sich zudem darum, mit den leitenden belgischen Ingenieuren und der Belegschaft in Kontakt zu kommen und in diversen Unterredungen den Vorwurf auszuräumen, „dass es unter Michelins Würde läge, mit uns zusammenzuarbeiten angesichts unserer feindseligen Einstellung vor dem Kriege", was eine deutliche Anspielung

zwischen der Export-Conti in Hannover und der Pneumac die Vertretung und Vertriebsregelung festgelegt. Vgl. den Vertreter-Vertrag vom 20.8.1941, in: CUA, 6620 Zg. 1/70, A 10.

355 Vgl. etwa „Bericht über meine Tätigkeit in der Michelin-Fabrik Brüssel-Zuen vom 2. bis 24.1.1941" des Reifenchemikers Dr. Baumann vom 30.1.1941, in: CUA, 6525 Zg. 1/56, A 22,2.

356 Vgl. Arbeitsbericht Hübener vom 10.2.1941, in: ebd.

357 Ebd.

358 Vgl. die Notiz vom 11.3.1941 mit den entsprechenden Selbstkosten-Ermittlungen in: ebd.

359 Vgl. den Bericht des Reifen-Chemikers an Weber nach einem Besuch in Zuen vom 19.12.1941, in: CUA, 6525 Zg. 1/56, A 22,2.

auf das Schicksal der Michelin-Fabrik in Karlsruhe und den Umgang mit dem dortigen Leitungspersonal war.[360]

Nach der auch formellen Übernahme der Fabrik in Zuen baute Continental die Fertigung dort schnell weiter aus. Große Investitionen – außer der Versendung von einem Dutzend Continental-Reifenformen – waren nicht erforderlich. Auch die Belegschaft wurde entsprechend aufgestockt. Nach den ca. 100 Beschäftigten im Jahr 1941 und deren Produktionsleistung von 47 Monatstonnen waren im Dezember 1942 insgesamt 317 Arbeiter und Angestellte tätig, davon etwa die Hälfte Frauen, die 128 Monatstonnen verarbeiteten, womit dann aber bereits der Höhepunkt an Beschäftigung wie Leistung erreicht war.[361] Neben der Herstellung von ca. 150 bis 200 Pkw- und Lastwagenreifen pro Tag sowie einer Reihe von Zubehörartikeln war im Juni 1942 auch auf Anordnung des RLM mit der Fertigung von Gummi-Enteisern begonnen worden, um die Produktion in Limmer zu entlasten.[362] Dafür wurden der Fabrik von den Arbeitseinsatzbehörden in Brüssel zusätzlich 15 männliche und 60 weibliche Arbeitskräfte zur Verfügung gestellt. Vor allem aber wurde mit der Herstellung von zunächst 1250, später bis zu 2000 Fahrradreifen pro Tag für den belgischen Markt begonnen, zum Teil unter der Marke Continental, aber auch als Michelin-Velo-Reifen.[363]

Zuen nahm damit eine wichtige Rolle in dem transnationalen Fertigungsverbund Continentals bei Fahrradreifen ein, den die Manager in Hannover aus den entsprechenden Fabrikationsleistungen in Korbach, Krainburg, Posen, Kopenhagen, Zuen und später auch 's-Hertogenbosch schmiedeten, um der außerordentlichen Mangellage an Fahrradreifen in den besetzten Ländern, aber auch im deutschen Heimatmarkt, Herr zu werden.[364] Eine Reihe belgischer Fachkräfte und Meister waren zum Kennenlernen der Continental-Fertigungsmethoden aus Zuen nach Hannover gekommen, zugleich setzte auch ein Rückstrom ehemaliger belgischer Arbeitskräfte ein, die sich nach der vorübergehenden Stilllegung der Fabrik als Fremdarbeiter nach Deutschland verpflichtet hatten. Im Juni 1941 etwa bat Arbeitsingenieur Riehm bei den BMW-Flugmotorenwerken in Spandau um Überlassung des erfahrenen belgischen Gummi-Meisters Jean B. Dieser hatte im Oktober 1940 bei BMW angeheuert, war dann aber, nachdem er von der

---

360 Aktennotiz Könecke vom 14.3.1941, in: CUA, 6600 Zg. 1/56, A 32.

361 Vgl. die Angaben in: CUA, 6600 Zg. 1/56, A 3, sowie die Monatsberichte aus Zuen, in: CUA, 6525 Zg. 1/56, A 23,1.

362 Vgl. u. a. den Monatsbericht der Pneumac für Januar 1942, in: CUA, 6525 Zg. 1/56, A 23,1.

363 Vgl. Aktennotiz zum Anlaufen der Fahrradreifenfertigung in Zuen vom 22.7.1942, in: CUA, 6525 Zg. 1/65, A 1,1.

364 Vgl. Notiz Assbroicher vom 25.4.1942 sowie Notiz Kupfahl vom 3.6.1942, in: CUA, 6525 Zg. 1/65, A 1,2, außerdem die Notizen zur Marktversorgung und Verlagerung der Fahrradreifenproduktion vom 17.6.1942, in: CUA, 6525 Zg. 1/56, A 11.

Wiederingangsetzung der Fabrik in Zuen erfahren hatte, auf eigene Faust zurückgekehrt dorthin und hatte seine alte Arbeit wieder aufgenommen – bis allerdings Anfang 1941 die Gestapo in Zuen erschien und den Belgier wegen Arbeitsvertragsbruchs festnahm.[365]

Obwohl die Continental-Ingenieure die Arbeitsdisziplin der belgischen Belegschaft in ihren Berichten durchweg lobten, hatte es bei den von den Deutschen vorgenommenen Veränderungen der Arbeitsprozesse, vor allem bei der Einführung der Akkorde, Löhne und Arbeitszeiten nach dem Continental-System, offensichtlich doch Konflikte und Unmut unter der Belegschaft gegeben. In einem ausführlichen Brief an den deutschen Treuhänder beschwerte sich jedenfalls ein anonymer Schreiber über das von den nach Zuen entsandten Continental-Leuten angerichtete Durcheinander in den einzelnen Abteilungen mit dem Ergebnis, dass „la plupart des ouvriers perdent toute discipline."[366]

Die Continental-Manager waren sich dabei bewusst, dass sich der belgische Marktführer Englebert bald gegen die neue Konkurrenz auf dem Heimatmarkt wehren würde. Umso dringlicher erschien es daher, das Augenmerk mehr denn je darauf zu richten, „dass [bei Autoreifen] möglichst bald und in möglichst großem Umfange ‚Continental' aus der Zuen-Fabrik kommt."[367] Bislang kamen sich beide Unternehmen noch nicht allzu sehr ins Gehege, da Continental aus Zuen vor allem die Wehrmacht belieferte, Englebert dagegen ausschließlich den zivilen Sektor. Aber die Politik des belgischen Preiskommissars – der, wie Dörre erstaunt vermerkte, als belgische Behörde offensichtlich ohne jegliche deutsche Einflussnahmen arbeitete – ging nicht nur in Richtung einer Preisgleichheit der belgischen Fabriken, sondern auch in Richtung einer Einschaltung von Continental in die Belieferung des zivilen Bedarfs.[368] Angesichts dessen suchte denn auch Englebert schon bald den direkten Kontakt mit Continental, um sich nicht nur hinsichtlich der fertigungstechnischen Details bei der Buna-Einschleusung mit Continental abzustimmen, sondern auch bei der künftigen Preisgestaltung ein einvernehmliches Vorgehen gegenüber den Preisbehörden zu erreichen.[369] Angesichts der nicht nur bei Englebert, sondern auch in Zuen deutlich schrumpfenden Rentabilität hatten beide Unternehmen ein starkes gemeinsames Interesse daran, möglichst schnell deutliche Preiserhöhungen durchzuset-

---

365 Vgl. Schreiben Riehm an BMW vom 5.6.1941, in: CUA, 6525 Zg. 1/56, A 9,1.

366 Das Schreiben vom 8.4.1941, in: CUA, 6525 Zg. 1/56, A 9,1.

367 Notiz Dörre über die marktstrategischen Überlegungen zu Belgien vom 18.9.1942, in: CUA, 6620 Zg. 1/70, A 10.

368 Vgl. Notiz Dörre vom 25.6.1941, in: CUA, 6525 Zg. 1/56, A 9,1.

369 Vgl. Notiz über Besprechungen in Brüssel mit Englebert vom 8.9.1941, in: CUA, 6525 Zg. 1/56, A 9,1.

zen.[370] Nach einem Umsatz von 62,1 Mio. bfr und einem Gewinn von 664.723 bfr. bei der Pneumac im Geschäftsjahr 1941/42, verbuchte diese im Jahr darauf bei sinkenden Umsätzen bereits einen Verlust von 680.000 bfr.[371] Die großen Hoffnungen und Erwartungen, die man in Hannover mit der Übernahme der Fabrik in Zuen und der weiteren Entwicklung des Reifenmarktes in Belgien verband, erfüllten sich mithin nicht.

Schon seit 1943 musste auch aufgrund von amtlichen Reduzierungen der Rohstoff-Zuteilungen die Fertigung schrittweise zurückgefahren werden, was auch die Entlassung von Arbeitskräften nach sich zog. Im September 1943 waren nur noch 154 Beschäftigte in Zuen tätig, die Verarbeitungskapazität betrug 55 Monatstonnen, das war jeweils nur die Hälfte gegenüber den früheren Höchstständen. Auch aufgrund von Stornierungen der Verlagerungsaufträge aus Limmer reduzierte sich das Fertigungsprogramm in Zuen. Die Produktion dort wurde bald mehr und mehr zum Spiegelbild der erratisch schwankenden und für die Reifenmanager nicht nachvollziehbaren Soll-Vorgaben der staatlichen Behörden. Noch im Juli 1943 hatte die belgische Dienststelle der Reika der Fabrikleitung eine drastische Reduzierung des Verarbeitungs-Solls für Reifen von 33 auf 23 to mitgeteilt, was die umgehende Freisetzung von ca. 50 Beschäftigten zur Folge hatte. Doch schon im Monat darauf wurden plötzlich wieder massive Produktionssteigerungen gefordert, wodurch die gerade erst entlassenen Arbeitskräfte wieder eingestellt werden konnten, allerdings unter der Voraussetzung, dass sie nicht inzwischen schon durch die Dienststellen des Arbeitseinsatz-Kommissars Sauckel erfasst und als Zwangsarbeiter nach Deutschland deportiert worden waren.[372] Die Verantwortung für die Fehldispositionen bei der Fertigung und damit auch bei der entsprechenden Arbeitskräfteversorgung versuchten die Behörden aber der Pneumac und damit Continental in die Schuhe zu schieben, wogegen sich Produktionsvorstand Weber in einem Schreiben an die Reichsstelle Kautschuk mit deutlichen Worten verwahrte.[373] Es entsprach der damaligen unternehmerischen Rationalität, dass man im Büro Auslandsfabriken und der Export-Conti all dessen ungeachtet an dem langfristigen Ziel der Marktdurchdringung des belgischen Reifenmarktes festhielt. „Uns liegt daran", schrieb der für das Auslandsgeschäft zuständige Vorstand Schmelz Mitte Mai 1944 an seine Vorstandskollegen, „einen möglichst hohen Prozentsatz der Produktion in Zuen mit der Marke Continental unter Vernachlässigung der

---

370 Vgl. auch Protokoll der Vorstandssitzung vom 6.11.1942 zur Rentabilität in Zuen, in: CUA, 6603 Zg. 3/85, A 3.
371 Vgl. die Bilanzen der Pneumac in: CUA, 6600 Zg. 1/56, A 40.
372 Vgl. die Aktennotizen vom 7.7.1943 und vom 25.8.1943, in: CUA, 6525 Zg. 1/56, A 24,1, und die Monatsberichte aus Zuen in: ebd., ebenfalls in: CUA, 6525 Zg. 1/56, A 9,3 und A 10.
373 Vgl. Schreiben Weber an die Reika vom 5.11.1943, in: CUA, 6525 Zg. 1/56, A 24,1.

Marke Michelin zu erhalten. Vorgesehen ist, dass die mit der Marke Continental bezeichneten Kraftfahrzeug- und Fahrraddecken möglichst in den zivilen Sektor gelenkt werden, damit unser Marken-Godwill [sic!] bei der Kundschaft befestigt wird."[374] Tatsächlich hatte sich der Verkaufsanteil von Continental- und Michelin-Decken durch die Pneumac inzwischen deutlich verschoben. Betrug das Verhältnis im Oktober 1943 noch 35,2 Prozent (Continental) zu 64,8 Prozent (Michelin), so hatte es sich bis Juli 1944 mit 62,8 Prozent zu 37,2 Prozent praktisch umgedreht.[375]

Zu allem Übel aus Sicht der Continental kündigte der Treuhänder bei der deutschen Militärverwaltung in Belgien bereits im Dezember 1942 den Pachtvertrag und kündigte im Falle einer Neuverhandlung und Vertragsverlängerung deutlich höhere Pachtgebühren an. Aufgrund fehlerhafter Ausgangsberechnungen sei die Pachtsumme zu niedrig ausgefallen und müsse daher um 176 357 Franc für 1941 und weitere 218 782 Franc im Jahr 1942 erhöht werden.[376] Das waren keine großen Summen und der Continental-Vorstand erklärte sich mit den Nachforderungen denn auch einverstanden, „weil die Continental Wert darauf legt, der Firma Michelin gegenüber fair und korrekt zu handeln".[377] In einem auf Original-Michelin-Briefpapier geschriebenen Brief bestätigte der Treuhänder dann im April 1943 die Abänderungen des Pachtvertrages, der auf Wunsch von Continental auch eine deutliche Verkürzung der Kündigungsfrist beinhaltete, wodurch man sich in Hannover die Option auf eine schnelle Beendigung des Pachtverhältnisses schuf.[378] Im Mai 1944 dachte man tatsächlich ernsthaft darüber nach und bat um eine Reduzierung des für 1944 fälligen Pachtzinses. Angesichts der wachsenden Verluste, so hieß es in einem Schreiben der Pneumac an den Treuhänder, „können wir unter den obwaltenden Verhältnissen wirtschaftlich gesehen nicht weiterarbeiten".[379] Tatsächlich waren die starken Produktionsschwankungen und das damit verbundene Problem des Arbeitskräfteeinsatzes auch in den folgenden Monaten bestehen geblieben. Im Juli 1944 waren, nachdem kurz zuvor noch eine vorübergehende Ausweitung von Belegschaft und Fertigung auf 192 Beschäftigte und 90 Monatstonnen erfolgt war, in Zuen noch 1232 Autoreifen und knapp 16 700 Fahrraddecken hergestellt worden, doch dann wurde die Fabrik Ende August infolge der militäri-

---

374 Schreiben vom 15.5.1944, in: CUA, 6620 Zg. 1/70, A 10.
375 Vgl. Geschäftsbericht Pneumac für Oktober 1943 und für Juli 1944, in: CUA, 6714 versch. Zg., A 23. Vgl. auch die Statistik zur Monatsproduktion Pneumac-Zuen von Oktober 1943 bis Juli 1944, in: CUA, 6714 versch. Zg., A 8.
376 Vgl. das Schreiben vom 16.2.1943 an den Treuhänder, in: CUA, 6600 Zg. 1/56, A 32.
377 Protokoll der Vorstandssitzung vom 4.4.1943, in: CUA, 6603 Zg. 3/85, A 3.
378 Vgl. das Schreiben vom 22.4.1943, in: CUA, 6600 Zg. 1/56, A 32.
379 Schreiben vom 15.5.1944, in: CUA, 6620 Zg. 1/56, A 10.

schen Entwicklungen stillgelegt. Absurderweise waren noch kurz zuvor ein Vertreter von Continental, des Treuhänders und des Reichskommissars für die Behandlung von Feindvermögen in Brüssel zusammengekommen, um über die Details der künftigen Pachtzinszahlungen zu feilschen.[380]

Erheblich interessanter als das Engagement in Belgien war für Continental aber der nach der Besetzung der Niederlande sich eröffnende Zugang zum holländischen Gummi- und Reifenmarkt. Neben einer hier ebenfalls neu gebauten, allerdings anders als in Zuen noch nicht produktionsfähigen Fabrik von Michelin in 's-Hertogenbosch gab es eine Reihe etablierter einheimischer Kautschukunternehmen, allen voran den Fahrradreifenhersteller Vredestein, der schon in den strategischen Überlegungen Continentals vor dem Krieg aufgetaucht war und sich nun als lukratives Beteiligungs- oder gar Übernahmeobjekt anbot. Die Hannoveraner waren in Holland nur mit der Interconti-Vertriebsgesellschaft in Amsterdam vertreten. 1940/41 verzeichnete die Interconti Erlöse für Importwaren von 1,7 Mio. hfl, umgerechnet knapp 1,3 Mio. RM.[381] Mit weitem Abstand größter Einfuhrartikel waren Riesenluftreifen, sprich Lkw-Reifen, die über 76 Prozent des Gesamtumsatzes ausmachten. Danach folgten Lieferwagenreifen sowie zahllose technische Gummiwaren für den industriellen wie privaten Verbrauch. Im wichtigen Fahrradreifengeschäft bei zwei bis drei Mio. in Gebrauch befindlichen Fahrrädern dagegen hatte Continental so gut wie keine Marktpräsenz. Das sollte sich allerdings im Laufe der Kriegsjahre ändern, zumal die Export-Conti-Manager hier für die in Kürze erwarteten normalen Zeiten nach dem Krieg einen riesengroßen Bedarf prognostizierten.[382]

Unmittelbar nach der Besetzung Hollands durch die Wehrmacht gründete Continental am 6. April 1940 in Amsterdam eine zweite Firma, die N. V. Rubberfabrik Het Rufay, die zunächst nur als Vulkanisierbetrieb mit 50 Beschäftigten arbeitete, aber wie schon in den anderen besetzten Ländern als Plattform für weitere Geschäfte auf dem holländischen Gummi- und Reifenmarkt diente.[383] Die Pläne dafür hatte man wie erwähnt bereits im September 1939 geschmiedet, damals noch in der Hoffnung auf erleichterte Rohgummi-Importe über das neutrale Ausland trotz der englischen Blockade, undneben Holland war auch an

---

380 Vgl. die Besprechungsnotiz der Pneumac an die Export-Conti vom 21.8.1944, in: ebd.
381 Vgl. die detaillierte Aufstellung in: CUA, 6600 Zg. 1/56, A 34.
382 Vgl. die Aufstellung der Amsterdamer Continental-Niederlassung zur Prognose des Automobil- und Reifenmarktes vom 16.6.1941, in: CUA, 6714 versch. Zg. A 31.
383 Vgl. die Gründungsprotokolle in: CUA, 6620 Zg. 1/70, A 14. Zur großen Verärgerung des Continental-Vorstands hatte unmittelbar darauf Semperit unter Bezugnahme auf den geltenden Hilfs- und Kooperationsvertrag eine Mitbeteiligung nach Beendigung des Krieges reklamiert. Vgl. Schreiben Semperit vom 21.2.1940, in: CUA, 6610 Zg. 1/57, A 5,3.

eine entsprechende Gründung in der Schweiz gedacht.[384] Die neu zu gründende Gesellschaft, in deren Namen Continental nicht auftauchte, sollte als Deckadresse für die geplanten Aktivitäten dienen, und spätestens seit Februar 1940 war zumindest bei den Managern der Export-Conti das klare Endziel des Projektes die Aufnahme einer Reifenfabrikation. Zunächst übernahm die Rufay jedoch im August 1940 umfangreiche Reifenerneuerungsarbeiten für die Wehrmacht.[385]

Wie prekär die politische Lage in Holland war nach wie vor, bekam das Rufay-Management allerdings schnell mit. Am Abend des 20. Februar 1941 war, wie die Geschäftsführung nach Hannover berichtete, im Ghetto Amsterdam ein NSB-Mann totgetrampelt worden, gefolgt von Angriffen auf deutsche Polizeistreifen.[386] Als Gegenmaßnahme der deutschen Besatzungsstellen war die Sperrung des Ghettos und die Deportation von 400 holländischen Juden ins KZ erfolgt, worauf die Amsterdamer Arbeiterschaft ihrerseits am 25. Februar mit einem Generalstreik antwortete. Die Wehrmacht besetzte daraufhin viele Betriebe und rief schließlich den Ausnahmezustand für Nord-Holland aus. Zudem rückten mehrere Hundertschaften deutscher Polizei und SS in Amsterdam ein. Von den Rufay-Arbeitern hatte sich keiner an den Streikaktionen beteiligt, allerdings hatte der deutsche Betriebsleiter wohlweislich von sich aus die Arbeiter nach Hause geschickt und so einer möglichen Konfrontation innerhalb des Betriebes von vornherein den Boden entzogen.

Kurz zuvor war eine Delegation von Continental-Managern zusammen mit weiteren Vertretern von Semperit, Auer und Draeger unter Leitung des Wehrwirtschaftsamtes und des RLM zu einer Rundreise durch Frankreich, Belgien und Holland unterwegs gewesen, auf der Suche nach geeigneten Fertigungsstätten für die Gasmaskenproduktion.[387] Dabei besichtigte man auch die Firma Vredestein an ihrem Hauptsitz bei Den Haag, aber das Interesse der Behörden und vor allem des RWM konzentrierte sich auf die zu 60 bis 70 Prozent fertiggestellte Reifenfabrik von Michelin in 's-Hertogenbosch, über deren weitere Verwendung man allerdings unschlüssig war und erst die geplanten Verhandlungen zwischen Continental und Michelin abwarten wollte.[388] Schnell kristallisierte sich dann jedoch heraus, dass Continental auch hier die Fabrik im Wege eines Pachtvertrages übernehmen und diverse Fertigungszeige einrichten und

---

384 Vgl. Schreiben Continental an die Devisenstelle Hannover vom 29.12.1939, in: CUA, 6620 Zg. 1/70, A 14.

385 Vgl. Notiz Schmelz über Besprechungen in Holland vom 29.10.1940, in: CUA, 6714 versch. Zg., A 7.

386 Vgl. den Bericht vom 28.2.1941, in: CUA, 6620 Zg. 1/70, A 14.

387 Vgl. den ausführlichen Reisebericht vom 29.8.1940, in: CUA, 6500 Zg. 1/59, A 1.

388 Vgl. Schreiben des RWM an die Rüstungsinspektion Niederlande vom 1.11.1940, in: BArch R 87/Nr. 821/60.

zum Laufen bringen sollte. Die Fabrik war zwar, wie Technikvorstand Assbroicher nach einer ersten Besichtigung im November 1940 konstatierte, eine typische Michelin-Reifenfabrik, aber bis auf die Mischerei und Kalanderanlage war keine Abteilung produktionsfähig, so dass sich ein eher geringes Produktionspotenzial für Continental abzeichnete. Die Fabrik eignete sich daher von den Anlagen und Räumlichkeiten her nur für die Verlagerungsproduktion bei Gasmasken und Tankhüllen für Flugzeuge, was aber für Continental durchaus eine große Entlastung bedeutete, da die Verlegung dieser personalintensiven Fertigungszweige aus Limmer dort die Freisetzung von 300 bis 400 Leuten zugunsten anderer heereswichtiger Fabrikationszweige ermöglichte.[389] Der Schätzwert der gesamten Fabrik lag bei 1,9 Mio. RM, an zusätzlichen Investitionen für die Verlagerung der beiden Fertigungszweige waren etwa 250 000 RM notwendig, wobei die Kalkulationen ergaben, dass trotz ca. zehn Prozent niedrigerer Löhne unter dem Strich zwischen zwölf und 14 Prozent höhere Herstellungskosten anfallen würden.[390]

Der für Wirtschaft zuständige Generalkommissar im Reichskommissariat für die besetzten niederländischen Gebiete hatte allerdings viel weitergehende Pläne, in denen Continental eine zentrale Rolle spielte. Demnach sollte die Fabrik in 's-Hertogenbosch als Autoreifenfabrik möglichst schnell in Gang gesetzt werden, um damit unter Hilfestellung der Hannoveraner „auch hier in Holland Einfluss auf die Reifenproduktion zu gewinnen" und vor allem die große Fahrradreifenfabrik Vredestein dazu zu bringen, „dass sie entsprechend den Interessen der Continental-Werke mit diesen ebenfalls in Verhandlungen zwecks Herbeiführung einer kapitalmäßigen Beteiligung tritt."[391] Und auch Eckell, der mit Webers Darlegungen zur künftigen Nutzung der Michelin-Fabrik höchst unzufrieden war und eine Verlagerung der Tankhüllen-Fertigung kategorisch verbot, hatte andere Vorstellungen als der Continental-Vorstand. Es standen sich also gegenüber: das RWM, das den holländischen Markt von 's-Hertogenbosch aus befriedigen wollte, das Reichskommissariat, das eine möglichst schnelle Beherrschung der holländischen Wirtschaft und Industrie durch deutsche Unternehmen wollte, und die Rüstungsinspektion sowie das RLM, die in Holland Ausweichstellen für die Produktion heeres- und luftwaffenwichtiger Artikel schaffen wollte, für die im Deutschen Reich nur schwer Arbeitskräfte gefunden

---

389 Vgl. Bericht Assbroichers vom 21.11.1940, in: CUA, 6620 Zg. 1/70, A 13, und Bericht Webers nach einer Besichtigung in 's-Hertogenbosch in der Vorstandssitzung vom 24.7.1941, in: CUA, 6603 Zg. 3/85, A 3. Vgl. auch das Schreiben Webers an Eckell vom 23.7.1941 und den ausführlichen Bericht Webers über die Besichtigung in 's-Hertogenbosch vom 21.7.1941, in: CUA, 6525 Zg. 1/56, A 22,2.
390 Vgl. die Kalkulationen vom 9.9.1941, in: CUA, 6620 Zg. 1/70, A 13.
391 Schreiben des Reichskommissars an das RWM vom 11.12.1940, in: BArch R 177/1871.

werden konnten, und die die Hannoveraner daher zu entsprechenden Maßnahmen drängten, sowie schließlich Continental selbst, das seinerseits vor allem an einem Einstieg und einer marktbeherrschenden Stellung im Fahrradreifengeschäft interessiert war – „im Sinne einer Offensivstellung zu Vredestein", wie Assbroicher gegenüber Eckell äußerte.[392] Die Chancen, allen Interessen gerecht zu werden, waren mithin nicht sehr groß.

Im September 1941 begannen schließlich Verhandlungen über den Abschluss eines Pachtvertrages mit dem inzwischen für die Michelin-Fabrik eingesetzten Treuhänder des Reichskommissariat für die Behandlung feindlichen Vermögens, wobei man entgegen den Erwartungen bei Continental nicht mit dem schon in Brüssel zuständigen Treuhänder zu tun hatte, sondern ein neuer Treuhänder als Verhandlungspartner auftrat. Für den Auf- und Ausbau der Fabrik in 's-Hertogenbosch waren, so hatten die Finanzleute in Hannover errechnet, Investitionen von knapp 370 000 RM erforderlich. Dabei galt hier wie auch bei allen anderen Fabrikationsanlagen im Ausland das im Continental-Vorstand verfolgte Prinzip, die mit dem Aufbau zusammenhängenden Risiken dadurch möglichst gering zu halten, dass durch die in den betreffenden Ländern erzielten Gewinne die Anlagekosten verdient werden mussten. Mit anderen Worten: Die Auslandsunternehmungen mussten sich selbst ernähren, die bis dahin auftretenden Lücken mussten als Risiko hingenommen werden, darauf hatten sich Vorstand und Aufsichtsrat im März 1942 geeinigt.[393]

Doch im Fall von 's-Hertogenbosch ließ sich dieses unternehmenspolitische Prinzip wegen des Drucks der Behörden, allen voran Eckells und des RWM, nicht aufrechterhalten. Die Komplettierung der Fabrik und die Fertigstellung der restlichen Gebäude durch Continental verschlang zwar nur ca. 100 000 RM, aber die Behörden forderten von dem Unternehmen die Bereitstellung von Fertigungskapazitäten und einen Produktionsausstoß, der weitere Investitionen in Höhe von 500 000 bis 700 000 RM erfordert hätte, was letzten Endes zu einem mehr als doppelt so hohen Kapitaleinsatz führen würde als von Continental geplant.[394] Dazu kamen der erhebliche Management-Einsatz beim Anfahren und Weiterbetrieb der Fabrik sowie der Aufwand für die Rekrutierung und das Anlernen der ca. 320 vorgesehenen Männer und Frauen als Belegschaft. Nicht zuletzt forderten die Behörden mit umgerechnet 140 000 RM eine jährliche Pachtzahlung, die von Continental als „vollkommen undiskutabel und untragbar" be-

---

392 Vgl. Schreiben Assbroicher an Eckell vom 4.8.1941, in: CUA, 6525 Zg. 1/56, A 22,2.
393 Vgl. Protokoll der Vorstandssitzung vom 13.3.1942, in: CUA, 6603 Zg. 3/85, A 3.
394 Vgl. die detaillierten Kalkulationen vom Februar/März 1942, in: CUA, 6525 Zg. 1/56, A 23,1.

zeichnet wurde.[395] Der mit ca. 1,7 Mio. RM vom RWM veranschlagte Wert der Anlage in 's-Hertogenbosch war nach den Schätzungen der Continental-Manager weit überhöht. Die Anordnungen und Art der Michelin-Anlage in 's-Hertogenbosch waren, so konstatierte Vorstandsmitglied Schmelz nach einem Besuch vor Ort, unvollständig, außerordentlich kostspielig und unzweckmäßig und damit „für unsere Fabrikationszwecke zum Teil wertlos."[396] Die Situation in 's-Hertogenbosch unterschied sich mithin völlig von der in der belgischen Michelin-Fabrik in Zuen. „Bei Inbetriebnahme von 's-Hertogenbosch selbst mit Autoreifen würden die vorhandenen Anlagen nur mangelhaft ausgenutzt. Falls keine Autoreifen gemacht werden, bleiben erhebliche Teile der Anlage unbenutzt, und hierfür können wir die Kapitaldienste nicht durch die Fabrikation abdecken."[397] Letztendlich entstanden damit weit höhere Risiken, als der Continental-Vorstand ursprünglich einzugehen bereit war. Entgegen der anfänglichen Befürwortung des Engagements in 's-Hertogenbosch und der treuhänderischen Übernahme der Michelin-Fabrik überwog daher inzwischen – nicht zuletzt wegen der mehr denn je ablehnenden Haltung von Michelin – im Continental-Vorstand erhebliche Skepsis. Auf Drängen Eckells, der bis 13. März 1942 eine positive Entscheidung forderte, entgegnete Könecke, „dass wir unter den gegenwärtigen Umständen nicht gerne an die Einrichtung einer Fabrikation in Hertogenbosch herangehen und [...] gegebenenfalls die Gründung einer Fabrik in der Gegend zwischen Nymwegen und Venloo ins Auge fassen."[398]

Als Mitte März 1942 die Verhandlungen mit dem Reichskommissar für die besetzten Niederländischen Gebiete in Den Haag und dem Treuhänder der Michelin-Fabrik begannen, wurde der Continental-Vorstand mit „völlig unsinnigen Forderungen" wie kurzfristiges Kündigungsrecht durch Michelin bzw. den Treuhänder, volle Haftung für das Kriegsrisiko durch Continental, Erhöhung der Kapitalverzinsung und Pachtzinsen konfrontiert, so dass Könecke Jehle und Eckell gleichermaßen darüber informierte, dass man in dieser Form keinen Pachtvertrag abschließen werde.[399] Die Verhandlungen zogen sich schließlich bis September 1942 hin. Sie sorgten nicht nur für erheblichen Konflikt zwischen dem Unternehmen und dem Reichskommissar in Den Haag, der die Continental-Vorschläge zu den Vertragsbedingungen mehrmals mit der Begründung ablehnte, dass sie „den Belangen der unter Feindvermögensverwaltung stehenden

---

395 Notiz Schmelz vom 12.3.1942, in: CUA, 6620 Zg. 1/70, A 13.

396 Ebd.

397 Ebd.

398 Aktennotiz Könecke über eine Unterredung in Berlin mit Eckell vom 4.3.1942, in: CUA, 6525 Zg. 1/56, A 30,2.

399 Vgl. Notiz zum Gespräch mit dem Treuhänder vom 13.3.1942, in: CUA, 6620 Zg. 1/70, A 13, sowie Notiz Könecke vom 13.6.1942, in: ebd.

Firma Michelin nicht gerecht werden"[400], sondern sie waren auch Anlass für einen deutlichen Dissens zwischen Könecke und dem übrigen Vorstand, da der Generaldirektor seinen Vorstandskollegen Schmelz und Assbroicher – die allerdings unter wachsendem Druck seitens der Behörden standen, endlich einen Pachtvertrag abzuschließen – zu weitgehende Zugeständnisse gegenüber dem Treuhänder vorwarf.[401]

Könecke hatte von Anfang an darauf gedrängt, die Fabrik nur insoweit zu pachten, als sie zur Fertigung einzelner Artikel wie Fahrradreifen, Enteiser, technischer Formartikel wie Sohlen und Absätzen sowie Volksgasmasken erforderlich war. „Dann sitzen wir drin in der Fabrik mit den entsprechenden Auswirkungen auf Michelin und auch auf die holländischen Produzenten, ohne zu einer zu starken finanziellen Anfangsbelastung zu kommen", hieß es in einer Notiz von ihm vom 18. Februar 1942.[402] In dem schließlich am 17. bzw. 30. September 1942 im dritten Anlauf abgeschlossenen Vertrag war dann aber doch die gesamte Fabrik mit Gebäuden, Maschinen und Einrichtungsgegenständen Gegenstand der zunächst nur auf gut ein Jahr, d. h. bis zum 31. Dezember 1943 laufenden Pacht.[403] Als Jahrespacht waren auf der Basis einer Jahresproduktion von 800 to Fertigware 104 000 hfl, umgerechnet 78 200 RM, vereinbart worden, wobei sich je nach Umfang einer höheren Produktion auch der Pachtzins erhöhte. Damit hatte sich Continental zwar bei der Pachthöhe auf den ersten Blick durchgesetzt, allerdings liefen die Pachtzahlungen bereits ab Oktober 1942 an, während mit einem Beginn der tatsächlichen Fertigung frühestens im Mai 1943 zu rechnen war. Und das Fertigungsprogramm sah zunächst nur die Herstellung von Volksgasmasken vor, von der aus Sicht des Unternehmens eigentlich interessanten Produktion von Fahrradreifen, Tankhüllen und auch technischen Schläuchen war keine Rede mehr. Schäfer und die Phoenix, denen inzwischen durch das RWM, abweichend von den ursprünglichen Planungen, die Michelin-Fabrik in Prag ebenfalls durch Pacht übertragen worden war, waren hinsicht-

---

400 Vgl. Schreiben des Reichskommissars an Continental vom 28.5.1942, in: CUA, 6620 Zg. 1/70, A 13. Offensichtlich aufgrund der Befürchtung, von Continental mit den Vorschlägen und Details der Vertragsbedingungen überfahren zu werden, hatte der Reichskommissar auch für die Michelin-Fabrik ein eigenes Gutachten der Deutschen Revisions- und Treuhand-AG, Zweigniederlassung Den Haag, eingeholt.
401 Vgl. Protokoll der Vorstandssitzung vom 1.9.1942, in: CUA, 6603 Zg. 3/85, A 3, und Notiz Schmelz zu den Verhandlungen im RWM in Berlin vom 24.8.1942, in: CUA, 6525 Zg. 1/56, A 23,1.
402 Notiz Könecke vom 18.2.1942, in: CUA, 6525 Zg. 1/56, A 30,2.
403 Vgl. den Vertrag in: CUA, 6714 versch. Zg. A 25. Zu den Vertragsverhandlungen vgl. u. a. Schreiben Continental an den Reichskommissar vom 5.5.1942, in: CUA, 6620 Zg. 1/70, A 13. Die verschiedenen Pachtvertragsentwürfe von Continental in: CUA, 6525 Zg. 1/56, A 23,1.

lich der Aushandlung der Pachtbedingungen erfolgreicher gewesen und hatten den Vertrag auch bereits im Mai 1942 abgeschlossen.[404]

Der Pachtvertrag zwischen Continental und dem Treuhänder war Teil umfassenderer Verhandlungen zwischen deutschen Regierungs- und Besatzungsbehörden auf der einen und Vertretern der holländischen Regierung sowie Industrie auf der anderen Seite, an denen auch Könecke als Vorsitzender der Reichsverbands der deutschen Kautschukindustrie beteiligt war. Deutschland versprach dabei die Belieferung Hollands und der dortigen Betriebe mit Natur- wie Synthesekautschuk und auch Regenerat, dafür gab die holländische Industrie ihre „Einwilligung", die Beratungs- und Beteiligungsverträge mit den deutschen Kautschukunternehmen abzuschließen.[405] Die deutsche Besatzungspolitik in Holland hatte zu diesem Zeitpunkt bereits eine Phase erreicht, in der die anfängliche Ausrichtung der volkswirtschaftlichen Ressourcen auf die Interessen des Deutschen Reichs und die europäische Großraumwirtschaft einer zunehmenden zwangswirtschaftlichen Unterordnung mit Beschlagnahmungen und zwangsweisen Arbeitskräfterekrutierungen gewichen war.[406] Mit einer Mischung aus Zwang und Überzeugungskraft und getragen von einer Kollaborationsbereitschaft in Teilen der niederländischen Unternehmerschaft versuchte man, die holländischen Unternehmen zu Kooperationen mit deutschen Firmenpartnern zu bewegen. Ein zentrales Vehikel dazu war die Kapitalbeteiligung deutscher Firmen an holländischen Unternehmen. Mithilfe der Durchdringung der niederländischen Wirtschaft mit deutschem Kapital sollten Firmen des besetzten Landes kontrolliert und als verlängerte Werkbank der deutschen Anteilseigner instrumentalisiert, umfunktioniert und letztlich ausgebeutet werden.[407] Ziel der Kapitalverflechtungen war die Schaffung von ökonomischen Abhängigkeitsverhältnissen. Mit ihren Bemühungen, bei der holländischen Reifen- und Gummifabrik Vredestein eine größere Kapitalbeteiligung zu erreichen, war die Unternehmenspolitik Continentals Teil dieser Besatzungspolitik.

---

404 Vgl. den Vertrag vom 15.5.1942, in: CUA, 6620 Zg. 1/70, A 13, sowie Schriftwechsel Schäfer–Könecke dazu, in: CUA, 6600 Zg. 1/56, A 32.

405 Vgl. Notiz Köneckes vom 23.10.1942, in: CUA, 6525 Zg. 1/70, A 30,2.

406 Vgl. Johannes Koll, Arthur Seyß-Inquart und die deutsche Besatzungspolitik in den Niederlanden (1940–1945), Wien/Köln 2015, S. 412 ff.

407 Vgl. ebd., S. 419 ff. Vgl. auch nach wie vor die ältere Studie von Gerhard Hirschfeld, Fremdherrschaft und Kollaboration. Die Niederlande unter deutscher Besatzung 1940–1945, Stuttgart 1984, sowie die differenzierten Analysen und Argumentationen von Hein A.M. Klemann, Did the German Occupation (1940–1945) Ruin Dutch Industry?, in: Contemporary European History 17 (2008), S. 457–481, online unter: https://www.researchgate.net/publication/231849982_Did_the_German_Occupation_1940-1945_Ruin_Dutch_Industry, letzter Zugriff am 21.10.2019.

Die Gespräche zwischen Continental und Vredestein liefen bereits seit Januar 1941. Das 1909 gegründete Traditionsunternehmen gehörte mehrheitlich der holländischen Unternehmerfamilie Schiff, und der Sohn des Firmengründers, der Ingenieur Emile Louis C. Schiff jr., war damals zugleich Direktor der Firma und Köneckes direkter Gesprächspartner. Dabei war Continental gänzlich ohne die gegenüber Michelin geübte Zurückhaltung aufgetreten und hatte Schiff am 22. Januar einen ganzen Katalog mit „Forderungen der Continental an Vredestein auf Grund der angestrebten engen Zusammenarbeit, insbesondere auf dem Gebiet der Buna-Verarbeitung" übersandt.[408] Für die Überlassung der Buna-Erfahrungen und die „auf dem gesamten technischen und kommerziellen Gebiet angestrebte freundschaftliche Zusammenarbeit" forderte Könecke statt einer Lizenzgebühr die sofortige Überlassung von 15 Prozent des Aktienkapitals zu einem noch zu vereinbarenden Kurs sowie die Option auf den Kauf weiterer 20 Prozent des Unternehmens. Continental übernahm dabei die Verpflichtung, keiner anderen Gummiwarenfabrik in Holland ähnliche technische oder chemische Hilfe zu leisten, „soweit nicht behördliche Anordnungen uns dazu zwingen".[409]

Während sich die übrigen holländischen Kautschukunternehmen dagegen sträubten, signalisierte Schiff offenbar im Sommer 1942 seine Bereitschaft zu der Kapitalverflechtung. Auch mit der Installation der Fertigung in 's-Hertogenbosch hatten sich die Holländer abgefunden und Köneckes darüberhinausgehend vorgetragenen Wunsch, ein Fabrikationsrecht für Continental-Ware in Höhe von 35 Prozent in Anspruch zu nehmen, wurde „bejahend zur Kenntnis genommen".[410] Während sich die Einigung im Fall von 's-Hertogenbosch nicht zuletzt auch aufgrund der Mitsprache der verschiedenen deutschen Behörden hinzog, stand einem sofortigen Vertragsabschluss mit Vredestein unter der Voraussetzung, dass die deutschen Stellen umgehend mit der Lieferung von Buna nach Holland begannen, im Sommer 1942 nichts mehr im Wege. Die Motive für Schiff, sich mit Continental zu verständigen und auf deren Forderungen einzugehen, mögen vielschichtig gewesen sein. Zum einen eröffnete sich die Möglichkeit, an der Seite des deutschen Marktführers auch selbst seine Position im holländischen Reifenmarkt erheblich zu stärken, daneben aber drängte man, darin auch von den Hannoveranern unterstützt, gegenüber dem RWM auf die Zusicherung, dass aus niederländischen Vertragsfabriken keine Arbeitskräfte mehr als Zwangsarbeiter nach Deutschland gebracht werden würden. Schließlich

---

408 Vgl. Schreiben Könecke an Schiff vom 22.1.1941, in: CUA, 6525 Zg. 1/56, A 22,2.
409 Ebd.
410 Notiz Könecke vom 22.7.1942, in: CUA, 6525 Zg. 1/56, A 30,2.

drohte im Falle einer völligen Ablehnung der Entzug der Rohstoffzulieferung und damit eine potenzielle Stilllegung der Fabrik.

Am 24. Oktober 1942 – nach zweieinhalbjähriger Verhandlungszeit – erfolgte dann der Abschluss des Lizenz-, Beteiligungs- und Hilfsleistungs-Vertrags, der auch die Einschaltung von Unterlizenznehmern beinhaltete. Er war auf eine Dauer von zunächst fünf Jahren angelegt. Continental hatte dabei noch eine Reihe weiterer Forderungen gegenüber Vredestein durchgesetzt, darunter die Anerkennung eines Zuschlags von 4,5 Prozent auf die Kosten als Gewinnzuschlag für Vredestein bei Anfertigung von Continental-Waren im Umfang der Beteiligungshöhe – was relativ wenig war – sowie diverse Änderungen in den Gesellschaftsstatuten des Unternehmens.[411] Infolge der Beteiligung erhielt Continental auch das Recht, „einen Herren niederländischer Nationalität" in den mit fünf Personen besetzten Aufsichtsrat von Vredestein zu entsenden.

Die schwierigste Frage war eine Einigung über den Kaufpreis für die in Form einer Kapitalerhöhung ausgegebenen Beteiligungsaktien. Schiff hatte einen Übernahmekurs von 340 Prozent gefordert, Könecke dann aber nach mehrtägigen Verhandlungen, die offenbar mehrfach wegen Aussichtslosigkeit unter- und abgebrochen wurden, „den für uns außerordentlich günstigen Kurs von 270 Prozent erzielen können", was umgerechnet knapp 950 000 RM entsprach.[412] Für die von Technikvorstand Assbroicher selbst mit einem Wert von drei bis vier Mio. RM geschätzten Anlagen Vredesteins, zu denen noch weitere effektive Aktiva in Höhe von umgerechnet 2,8 Mio. RM kamen, hatte Continental daher tatsächlich nur 2,5 Mio. RM als „inneren Wert" der holländischen Firma zugrunde gelegt. Auf die Einschaltung eines Reichssachverständigen und Gutachters, der, das konzedierte Könecke unverblümt, mit Sicherheit zu einer deutlich höheren Bewertung gekommen wäre, verzichtete der Reichskommissar in Den Haag, da auch er ein Interesse an der möglichst schnellen Buna-Einschleusung bei Vredestein hatte. Es war denn auch kein Wunder, dass sich der Continental-Aufsichtsrat über das Verhandlungsergebnis und die Kapitalbeteiligung in Holland höchst erfreut zeigte.[413]

Generaldirektor Könecke behauptet in seinem Entnazifizierungsverfahren – um den Eindruck einer Dominierungs- und Beherrschungspolitik bei den Auslandsbeteiligungen von Continental zu widerlegen –, dass das RWM ihm für die Verhandlungen mit Schiff in Holland und später auch in Frankreich eine 50-

---

411 Aktennotiz Könecke vom 23.10.1942, in: CUA, 6525 Zg. 1/56, A 30,2.

412 Ebd.

413 Vgl. Schreiben des Continental-Vorstands an den Aufsichtsratsvorsitzenden Uebel vom 26.10.1942 sowie Schreiben Uebel an Rösler unter Beilage des Vertrages vom 28.10.1942, in: BArch R 8119 F/P 02118.

prozentige Mehrheitsbeteiligung vorgegeben habe. Er dagegen habe die Verhandlungen so geführt, dass nur zwischen zehn und 15 Prozent Aktienanteil an Continental gegeben werden mussten und erst nach endgültigem Gewinn des Krieges durch Deutschland weitere zehn bis 15 Prozent Akten verkauft werden müssten.[414] Doch von einer solchen Forderung des RWM findet sich in den Akten keine Spur, und eine weitgehende Beherrschung war auch mit einer Minderheitsbeteiligung möglich. Andererseits konnten die deutschen Anteilseigner ihrerseits schnell an die Grenzen der Einflussnahme stoßen und sich Verzögerungsstrategien der ausländischen Firmen in den besetzten Gebieten gegenübersehen, wie es Continental offenbar im Fall Vredestein passierte. Die Holländer hatten vor der endgültigen Unterzeichnung des Vertrages nicht nur ihre Forderung nach Sicherung der Belegschaftsangehörigen vor Maßnahmen der deutschen Arbeitskräftemobilisierungsbehörden wiederholt, sondern wollten auch in dem Vertrag verankert sehen, dass als Voraussetzung für die Aktien-Übergabe innerhalb der ersten 16 Monate der Vertragsdauer 840 to Buna „für den holländischen Zivilbedarf" geliefert werden müssten.[415] Als Könecke dies Eckell berichtete, bekam dieser einen regelrechten Tobsuchtsanfall, „er sprach von Unverschämtheit und davon, dass er, wenn nicht binnen 2x 24 Stunden der Vertrag von Vredestein unterschrieben sei, sämtliche Material-Lieferungen stoppen und Vredestein unter Zwangsbewirtschaftung stellen würde."[416] Auf Köneckes nüchternen Hinweis, dass eine Unterzeichnung rein technisch nicht innerhalb von zwei Tagen erfolgen könne, erweiterte er das Ultimatum auf acht Tage. Könecke drängte daher Schiff Anfang Januar geradezu flehentlich, den noch immer nicht unterzeichneten Vertrag „im Interesse unserer Zusammenarbeit und zur Vermeidung Einschreitens deutscher Regierungsstellen" endlich zu unterschreiben.[417] Tatsächlich wurde der Vredestein-Vertrag dann erst zum 20. Januar 1943 rechtskräftig.

Zu diesem Zeitpunkt war auch die Fertigung in 's-Hertogenbosch angelaufen. Als die Continental-Manager Anfang September 1942 zur Aufnahme ihrer Tätigkeit nach 's-Hertogenbosch gekommen waren, hatten sie allerdings zunächst eine Überraschung erlebt. Das Wehrmachtsbeschaffungsamt, das die Fabrikgebäude genutzt und mit einem Zustandekommen eines Pachtvertrages nicht mehr gerechnet hatte, saß noch in der Fabrik und begegnete den Aufforderungen des Unternehmens nach umgehender Freimachung der Räumlichkeiten erst einmal ungerührt. Als Fertigungsprogramm war zunächst die Herstel-

---

414 Vgl. Schreiben Könecke vom 16.3.1947, in: NLA HA Nds. 171 Hannover Nr. 32086.
415 Vgl. Notiz Könecke zu Vredestein vom 9.12.1942, in: CUA, 6525 Zg. 1/56, A 30,2.
416 Ebd.
417 Schreiben Könecke an Schiff vom 11.1.1943, in: CUA, 6525 Zg.1/56, A 24,1.

lung von Gasmasken geplant, daneben auch von Gasdichtungsschläuchen. Die Einrichtung einer Fahrraddecken- und Schlauchfabrikation war, wie Assbroicher bei einem Besuch konstatierte, „derart unübersichtlich", dass die Ingangsetzung einer Fertigung frühestens in einem halben Jahr möglich sein würde.[418] Auf dem Papier waren massive Steigerungen der Fertigungskapazitäten vorgesehen; so sollte die Gasmaskenherstellung von zunächst 200 Masken/Tag innerhalb weniger Monate auf ca. 6000 Masken/Tag hochgefahren werden, wozu jedoch die Arbeitskräfte fehlten. Dabei hatte man bei der Rekrutierung der für erforderlich gehaltenen 200 bis 300 Arbeitskräfte in Zusammenarbeit mit dem örtlichen Arbeitsamt und der DAF in 's-Hertogenbosch zunächst keine Schwierigkeiten gehabt, zahlreiche Männer und Frauen aus der Region, darunter eine Reihe von Maschinenschlossern und anderweitig qualifizierten Arbeitskräften, die unter anderem vorher bei Philips in der Glühlampenfertigung beschäftigt gewesen waren, bewarben sich. Die Anstellung von Männern geriet jedoch mitten in eine zweite Sauckel-Aktion, bei der aus Brabant und Limburg 6000 Arbeitskräfte nach Deutschland deportiert wurden und damit praktisch alle verfügbaren Arbeitskräfte entzogen worden waren. Nur mit Mühe war es gelungen, von den Behörden die allerdings höchst vage Zusage auf Bereitstellung von „vielleicht 200 Arbeitern für unsere Zwecke" zu erhalten.[419] Bei weiblichen Arbeitskräften war die Lage nicht minder kompliziert. Im Prinzip gab es genügend Frauen als Arbeiterinnen, als aber die Angeworbenen erfuhren, dass sie zum Anlernen für einige Wochen nach Hannover geschickt werden sollten, sprang der Großteil von ihnen schnell wieder ab.[420] Und eine Dienstverpflichtung für Frauen wie in Deutschland gab es in Holland nicht. „Eine Einschulung der Arbeiterinnen in Limmer muss ausscheiden", notierte Assbroicher, „da die Entsendung der Arbeiterinnen nach Deutschland auf große Schwierigkeiten stößt. Infolgedessen bleibt nichts anderes übrig, als Anlern-Personal von Limmer nach dort zu senden."[421] Das Anlaufen der Fertigung in 's-Hertogenbosch fiel denn höchst bescheiden aus: Zum 1. Januar 1943 mit zunächst nur 25 Frauen, dann sollten Monat für Monat weitere 50 Frauen dazukommen, so dass man bis Mai 1943 auf 200 Arbeiterinnen zu kommen hoffte. Alle waren nur für die Fertigung von Gasmasken vorgesehen.

Tatsächlich gelang es dem für das Aufziehen der Fertigung aus Hannover nach 's-Hertogenbosch entsandten verantwortlichen Ingenieur und Werksleiter,

---

418 Aktennotiz Assbroicher vom 7.10.1942, in: CUA, 6525 Zg. 1/56, A 23.
419 Reisebericht Ingenieur Kamm nach 's-Hertogenbosch vom 21.9.1942, in: CUA, 6620 Zg. 1/70, A 13.
420 Vgl. Bericht eines Continental-Ingenieurs über die Tätigkeit in 's-Hertogenbosch vom 30.3.1942 an das Büro Auslandsfabriken, in: CUA, 6525 Zg. 1/56, A 23,1.
421 Aktennotiz Assbroicher vom 7.10.1942, in: CUA, 6525 Zg. 1/56, A 23.

dem bei Semperit ausgeschiedenen und nun bei Continental eingestellten Hans Karthaus, jedoch nur, bis Juli 1943 insgesamt 82 Beschäftigte zu rekrutieren, davon 53 Frauen, mit denen dann auch die Gasmaskenproduktion aufgenommen wurde. Im November 1943 waren noch immer erst 154 Arbeitskräfte in 's-Hertogenbosch beschäftigt, von denen 98 Frauen waren, darunter eine Reihe von Aufseherinnen und Kontrolleurinnen aus Limmer und Korbach, die insgesamt 9,6 Monatstonnen an Fertigwaren, nach wie vor ausschließlich Gasmasken, produzierten.[422] „Wir hatten für den Monat eigentlich zum Ziel gesetzt, eine Produktion von 100 000 Gasmasken zu erreichen. Durch einen Feiertag und etwas Zeitverlust durch die Anlernung einer größeren Anzahl neu eingestellter Frauen sind wir aber nicht so hoch gekommen", berichtete Karthaus nach Hannover.[423] Doch mit dem Einsatz von zunächst 50 weiblichen KZ-Häftlingen aus dem nahe gelegenen Lager Vught, die die Einschleusung einer zweiten Schicht ermöglichten, konnten die ehrgeizigen Fertigungsziele nun erreicht werden. Es spricht viel dafür, dass der Einsatz der Häftlinge nicht auf Weisung aus Hannover erfolgte, sondern auf der Eigendynamik und Eigeninitiative von Karthaus beruhte. Aus den vorliegenden Zahlen könne man ersehen, hieß es in dem Bericht aus 's-Hertogenbosch, dass die Zahl der weiblichen Beschäftigten wesentlich erhöht werden konnte. „Dies haben wir erreichen können durch rigorose Anwendung aller möglichen Mittel unter vollständiger Ignorierung von behördlichen Vorschriften etc. [...] Nachdem die Auskämmung der benachbarten Industriebetriebe durch uns untersagt worden ist, lassen wir uns nunmehr von dem K. L. weibliche Arbeitskräfte (Häftlinge) stellen."[424] Nach Anlernung der Häftlinge werde man in kürzester Zeit die Produktion auf 12 000 Masken/Tag erreichen. Im zuständigen Büro Auslandsfabriken in Hannover nahm man den Einsatz von KZ-Häftlingen kommentarlos zur Kenntnis und registrierte bestenfalls die damit verbundenen Produktionssteigerungen.

Tatsächlich erfolgte in den Folgemonaten mit Hilfe des KZ-Häftlingseinsatzes eine geradezu irrsinnige Steigerung der Gasmaskenproduktion. Mitte 1944 war mit 481 Arbeitskräften, darunter inzwischen 140 KZ-Häftlinge, und einer Monatsproduktion von 14,3 to oder 126 650 Volksgasmasken der Höchststand

---

422 Vgl. die Zahlenangaben in: CUA, 6600 Zg. 1/56, A 3, und die Monatsberichte in: CUA, 6714 Zg. 2/58, A 2. Exemplarisch für eine nach 's-Hertogenbosch versetzte Kontrolleurin ist Karoline F., die sich allerdings bald vehement über die gegenüber ihrer früheren Tätigkeit niedrigeren Löhne beschwerte und reklamierte, dass ihr in Hannover vor der Abreise nach Holland ein Lohn von 72 Pfg./Stunde, d. h. um 6–7 Prozent mehr, versprochen worden sei. Vgl. das Schreiben der Lohnabteilung vom 18.12.1943, in: CUA, 65910 Zg. 1/70, A 1,2.
423 Monatsbericht für November 1943, in: CUA, 6714 Zg. 2/58, A 2.
424 Ebd.

erreicht.[425] Die Fluktuation unter den Arbeitskräften, insbesondere auch unter den KZ-Häftlingen, war allerdings erheblich. Der zuständige Fertigungsingenieur berichtete im Februar 1944 nach Hannover:

> Schwierigkeiten hatten wir durch mehrmaliges plötzliches Abziehen von Häftlingen wegen Entlassungen. So hatten wir z. B. am 6.2. noch 120, dagegen am 29.2. nur noch 72 Häftlinge. Mit rund 10 Prozent Ausfall durch Krankheit etc. müssen wir rechnen. Durch eine Rücksprache mit dem neuen Kommandanten des Lagers konnte erreicht werden, dass man uns die Zusage gab, diesen Missstand in kürzester Zeit zu beheben. Wir verfügen bei Abfassung dieses Berichtes schon wieder über 116 Häftlinge, von denen natürlich die Neu-Hinzugekommenen wieder angelernt werden mussten. Wir werden bis 150 Häftlinge erhalten und später 200 insgesamt um eine Reserve für Ausfall und Entlassungen zu schaffen.[426]

Der Leistungsstand der KZ-Häftlinge, die geschlossen die zweite Schicht stellten, lag allerdings anfangs um ca. 65 Prozent, später um 30 Prozent niedriger als bei den übrigen Arbeitskräften, die in der ersten Schicht arbeiteten. Die Arbeitsbedingungen mit immer längeren Arbeitszeiten, gesundheitsgefährdenden Lösungsmitteldämpfen und in von weißem Talkum-Puder geschwängerter Luft waren jedoch für beide Gruppierungen schwer und schädlich. „Wir bekamen", berichtete eine KZ-Insassin später, „jeden Tag vom holländischen Roten Kreuz eine Sonderportion Milch, die uns nach Aussage einer Krankenschwester wegen der giftigen Substanzen, die wir notgedrungen einatmen mussten, ausnahmsweise zugebilligt wurde."[427] Allerdings mussten die Häftlinge ausschließlich während der Nacht arbeiten, von abends 7 bis morgens 7 Uhr.[428] Im April 1944 war mit dem Bau einer eigenen Baracke für die Häftlinge auf dem Werksgelände begonnen worden, die im Juli fertiggestellt wurde, was darauf hindeutet, dass Continental auch für die Verpflegung zuständig wurde.

Zur gleichen Zeit stritt sich, als ob es sonst keine Probleme gäbe, die Continental-Verwaltung mit dem Treuhänder über eine Herabsetzung der Pachtgebühren. Man argumentierte, dass die ursprünglich geplanten Fertigungsleistungen bei weitem nicht erreicht worden seien, während der Treuhänder seinerseits kurz zuvor moniert hatte, dass sich der Pachtvertrag für Michelin

---

425 Vgl. Monatsbericht für Juni 1944, in: ebd. Nachfolger von Karthaus als Werksleiter wurde ein Meister namens Wildhagen, der zusammen mit einem kaufmännischen Leiter die Fertigung führte. Auch im Mischsaal wurde ein aus Hannover entsandter deutscher Meister eingesetzt.
426 Ebd.
427 Schreiben der ehemaligen KZ-Insassin Dyanne B. an den Continental-Vorstand vom 10.7.1986, in: Registratur Rechtsabteilung, Ordner Zwangsarbeit.
428 Vgl. das Schreiben einer ehemaligen KZ-Insassin an die Direktion der Continental vom 12. September 1963, in der sie nachträgliche Entlohnung für die Arbeit forderte, in: Registratur Rechtsabteilung, Ordner Zwangsarbeit.

„momentan sehr ungünstig" auswirke und daher unbedingt die Angelegenheit einer Lösung zugeführt werden müsse.[429] Letztlich hat die Fertigungsstätte in 's-Hertogenbosch nie die von Continental erhoffte, erst recht nicht die von den Behörden geplante Bedeutung erhalten. Sie blieb immer ein fertigungsorganisatorischer Torso, der jedoch Kapital und Humanressourcen aus Hannover band, wo sie eigentlich weit dringender benötig wurden. Und sie wurde zu einem Exempel für die Ausbeutung von KZ-Häftlingen zu einem Zeitpunkt, als in den Heimatfabriken noch keine derartige Radikalisierung des Arbeitskräfteeinsatzes eingesetzt hatte.

Auch in Bezug auf die Beteiligung bei Vredestein erfüllten sich die Erwartungen von Continental nicht. Das niederländische Unternehmen hatte, wie Continental-Produktionsvorstand Weber bei einem Besuch im November 1942 schnell festgestellt hatte, einen hohen Modernisierungsbedarf. Die Maschinen waren überwiegend veraltet, und da sämtliche Waren fast ausschließlich auf der Basis von Stamikol-Regenerat, einer Art von minderwertigem Kunstkautschuk, hergestellt wurden, „lassen Qualität und Finish sehr zu wünschen übrig. Die ganze Fabrik ist vom Stamikol-Geruch durchdrungen; besonders unangenehm wirkt sich der Augenreiz aus."[430] Mit einem Aktienkapital von 1,5 Mio. hfl bei einem Umsatz von 3,5 Mio. hfl 1940/41 war Vredestein völlig unterkapitalisiert. Die Umsätze stagnierten seit dem Kriegsausbruch, wobei gerade einmal die Hälfte der Kapazitäten ausgenutzt wurde. An Fahrraddecken wurden ca. 6000 Stück im Monat hergestellt, bei einer gesamten Fertigungskapazität von 150 bis 170 to/Monat. Gegenüber der Vorkriegszeit mit ca. 1000 Beschäftigten arbeiteten nur ca. 680 Arbeiter und Angestellte in den beiden Werken in Loosduinen und Doetinchen. Produktivität und Rentabilität waren niedrig.

Auch Ende Januar 1943, als endlich Continental seine Hilfsleistungen und Beratungstätigkeit begann, befand sich die Gesamtanlage noch „in einem außerordentlich schlechten Zustand", wie Technikvorstand Assbroicher bei einem erneuten Besuch feststellen musste. „Ordnung, Pflege des Materials und Arbeitstempo lassen sehr zu wünschen übrig."[431] Die Voraussetzungen zur Umstellung auf Buna-Verarbeitung und die danach folgende Herstellung von Transportbändern, Pressluftschläuchen und Fahrraddecken für den niederländischen Heimatmarkt, aber auch im Zuge von Verlagerungsaufträgen aus Hannover, waren zwar gegeben, aber erforderten großen Zeit- und Managementauf-

---

429 Vgl. Schreiben Continental an den Reichskommissar für die besetzten Niederlande vom 28.6.1944 und Schreiben des Treuhänders an Continental vom 25.5.1944, in: CUA, 6620 Zg. 1/70, A 13.
430 Notiz Weber über den Besuch bei Vredestein vom 28.11.1942, in: CUA, 6525 Zg. 1/56, A 23,1.
431 Aktennotiz vom 28.1.1943, in: CUA, 6525 Zg. 1/56, A 24,1.

wand und banden damit erhebliche technische wie personelle Ressourcen von Continental. Immerhin winkte zunächst weniger im Fahrradreifengeschäft, sondern mehr in der Herstellung von Transportbändern, für die im Kohlebergbau ein akuter Mangel herrschte, ein aussichtsreiches Geschäft.[432] Im Umsatz der Amsterdamer Vertriebsgesellschaft Interconti machte sich die Beteiligung bei Vredestein aber letztlich kaum bemerkbar. Im Geschäftsjahr 1942/43 wurden unter den Netto-Erlösen gerade einmal 253 528 hfl für Erzeugnisse der Vredestein verbucht, das war nicht viel mehr als das Geschäft mit in Holland beschlagnahmten Reifen.[433] Der Haupterlös aus dem auf 3,008 Mio. hfl deutlich gestiegenen Umsatz in Holland war nach wie vor auf Importwaren aus Deutschland zurückzuführen, allen voran Riesenluftreifen, daneben aber inzwischen auch mit nennenswerten Anteilen Transportbänder und Akkukästen.[434]

In der Folgezeit gaben sich die Continental-Ingenieure in den Vredestein-Fabriken die Klinke in die Hand, wie auch ihrerseits zahlreiche Vredestein-Ingenieure zur Besichtigung der Fertigung nach Limmer und Korbach kamen. In Bezug auf Buna, seinen Abbau und seine Verarbeitung hatte man relativ schnell den Holländern sämtliche Erfahrungen zur Verfügung gestellt, sowohl durch mündliche Besprechungen und schriftliche Unterlagen in Form von Rezepten und Fabrikationsvorschlägen als auch durch praktische Versuche in Hannover und an Ort und Stelle. „Wenn allerdings die von Vredestein fabrizierten Artikel, insbesondere im Zusammenhang mit Verlagerungsaufträgen qualitativ und preismäßig dem Continental-Standard angeglichen werden sollten, dann ist es unumgänglich, auch die Erfahrungen auf dem maschinellen und fabrikatorischen Gebiet bis in alle Einzelheiten zur Verfügung zu stellen", berichtete ein Continental-Ingenieur nach seinem Besuch in Holland.[435] Vor allem die in Holland zur Verfügung stehende Zellwolle und Kunstseide entsprachen weder in ihren Eigenschaften noch Konstruktionen des Fadens oder Gewebes den in Deutschland und bei Continental üblichen Normen, so dass es erforderlich war, entweder die entsprechenden Qualitäten aus Deutschland zu importieren oder „auch auf die dortigen Spinnereien und Webereien von uns aus Einfluss zu nehmen."[436] Praktisch kam das alles einer umfassenden Restrukturierung des gesamten Unternehmens durch Continental gleich, die die Hannoveraner erst einmal als Vorleistung erbringen mussten, ehe man die Fertigungsmöglichkeiten

---

432 Vgl. Aktennotizen Könecke über Besprechungen mit Vredestein vom 24.10.1942 und vom 6.11.1942, in: ebd.
433 Vgl. Bilanz der Interconti für 1942/43, in: CUA, 6600 Zg. 1/56, A 34.
434 Vgl. ebd.
435 Bericht vom 2.2.1943 über den Besuch bei Vredestein vom 25.–30.1.1943, in: CUA, 6525 Zg. 1/56, A 24,1.
436 Ebd.

von Vredestein nutzen konnte. Angesichts dessen drängt sich geradezu der Eindruck auf, dass Schiff und das holländische Vredestein-Management bei der besatzungsbedingten Beteiligung Continentals bewusst darauf abzielten, das marode Unternehmen weitgehend auf Kosten der Deutschen sanieren und modernisieren zu lassen. Auch sonst konnte faktisch von einer Beherrschungspolitik durch Continental kaum die Rede sein. Das ihr zustehende Aufsichtsratsmitglied, das dort die Interessen von Continental vertreten sollte, war nie benannt worden.[437]

Aus der Perspektive der Kautschukindustrie spielte das Besatzungsregime in Frankreich in der Art und Weise wie in der kurz- wie langfristigen Strategie eine ganz andere Rolle als in Holland. Frankreich verfügte durch seinen Kolonialbesitz über erhebliche Ressourcen an Naturkautschuk und wies eine umfassende Industriestruktur jahrzehntelang entwickelter, moderner Gummi- und Reifenfirmen auf, allen voran Michelin, aber daneben auch Traditionsfirmen wie die 1889 gegründete Bergougnan in Clermont-Ferrand und die seit 1903 in Paris ansässige Hutchinson S.A. Dazu kamen die in Frankreich ansässige Zweigfabrik des amerikanischen Gummi- und Reifenkonzerns Goodrich sowie die französischen Tochterfirmen von Englebert und der britischen Dunlop.[438] Weniger in ihrer technologischen Kompetenz als vielmehr in ihrem Internationalisierungsgrad mit mehreren Tochterfirmen in Europa waren die französischen Firmen im Wettbewerb der Branche erheblich weitreichender positioniert als Continental.[439]

Für die deutschen Behörden stand daher nach der Kapitulation im Juni 1940 eine möglichst rasche Instrumentalisierung der französischen Ressourcen bei Rohstoffen wie Industrieproduktion und Arbeitskräften zugunsten der deutschen Kriegswirtschaft an oberster Stelle. Auch in der Vorstandsetage von Continental besaß der französische Markt eine große strategische Bedeutung, sowohl kurzfristig durch die Nutzung der französischen Firmen als verlängerte Werkbank für die Rüstungsproduktion als auch längerfristig hinsichtlich der Stärkung der Wettbewerbsposition zulasten des Erzkonkurrenten Michelin oder über den Weg einer Kooperation und gegenseitigen Absprache mit diesem. Die Entwicklungen in Frankreich zwischen 1940 und 1944 waren hinsichtlich der Kompatibilität und Komplementarität von staatlicher Besatzungspolitik und un-

---

437 Faktisch erworben wurden die Vredestein-Aktien zu nominell 265 000 hfl erst zum 20.5.1944 und dann auch erst bilanziell verbucht.
438 Zur damaligen französischen Branchenstruktur vgl. Francis Koerner, Le contrôle de l'industrie française du caoutchouc par l'Allemagne nazie (1940–1944), in: Guerres mondiales et conflits contemporains 240/4 (2010), S. 43–61, hier S. 44, online unter https://www.cairn.info/revue-guerres-mondiales-et-conflits-contemporains-2010-4-page-43.htm#.
439 Vgl. Erker, Vom nationalen zum globalen Wettbewerb, S. 311 ff.

ternehmerischer Produktions- und Wettbewerbspolitik nachgerade paradigmatisch. Die Folge dieser Konstellation war allerdings ein komplexes strategisches Spiel und Taktieren, begleitet von Aushandlungsprozessen und Versuchen der Interessendurchsetzung, durch zahlreiche höchst unterschiedliche Akteure, bei denen sich die Machtverteilungen und Gewichte ständig verschoben: deutsche Regierungsstellen wie das RWM, das Amt für Wirtschaftsausbau und die Reichsstelle Kautschuk, die deutschen Besatzungsbehörden in Paris und die Wehrmacht, der Reichsverband der deutschen Kautschukindustrie, denen die französischen Regierungsstellen und Kautschuk-Unternehmer gegenüberstanden, und nicht zuletzt Continental und Phoenix, die hinter den Kulissen um die künftige Oberhoheit auf dem französischen Markt rangen.

Die Besatzungspolitik in Frankreich war zunächst durch die Erfassung der Rohstoffe geprägt. Bei der Besetzung des Landes fanden die Deutschen erhebliche Naturkautschuk-Bestände, die sie umgehend ins Reich transportierten.[440] Die französische Gummiindustrie war bereits im September 1940 zu einem Abkommen mit der Reichsstelle Kautschuk gezwungen worden, das die starke Einschränkung des Eigenverbrauchs zugunsten der Versorgung Deutschlands mit Rohkautschuk vorsah. Allerdings waren die belassenen Rohkautschukbestände so knapp, dass auch die deutschen Produktionsaufträge für die französische Reifenindustrie – 70 Prozent der gesamten französischen Reifenfertigung ging in dieser Zeit nach Deutschland – nicht erfüllt werden konnten und Deutschland daher seit 1941 Natur- wie Synthesekautschuk nach Frankreich exportieren musste.[441] Tatsächlich versuchte das RWM gleichzeitig, das Buna-Lizenz-System und die Lieferung von deutschem Synthesekautschuk als Mittel dazu einzusetzen, die französischen Kautschukfirmen zu beherrschen und in Abhängigkeit zu bringen. In diesem Zusammenhang wurde auch das System der Patenfirmen und Pachtfabriken sowie die systematische Verlagerung von Aufträgen und damit die Unterwerfung der französischen Industrie unter die zentrale kriegswirtschaftliche Planung etabliert.[442] Eine direkte Kapitalbeteiligung deutscher Un-

---

440 Vgl. Marcel Boldorf, Grenzen des nationalsozialistischen Zugriffs auf Frankreichs Kolonialimporte (1940–1942), in: Vierteljahrschrift für Sozial- und Wirtschaftsgeschichte 97 (2010), S. 143–159, hier S. 155 f., und Koerner, Le contrôle.

441 Vgl. ebd. sowie Alan S. Milward, The New Order and the French Economy, Oxford 1970, S. 93.

442 Vgl. Arne Radtke-Delacor, Verlängerte Werkbank im Westen. Deutsche Produktionsaufträge als Trumpfkarte der industriellen Kollaboration in Frankreich (1942–1944), in: Stefan Martens, Maurice Vaisse (Hrsg.), Frankreich und Deutschland im Krieg. Okkupation, Kollaboration und Résistance, Bonn 2000, S. 327–350, sowie ders., Produire pour le Reich. Les commandes Allemandes à l'industrie Française (1940–1944), in: Vingtième Siècle. Revue d'histoire 70 (2001), S. 99–115. Vgl. jetzt auch Boldorf, Die Wirtschaftsabteilung.

ternehmen an ihren ehemaligen französischen Konkurrenten blieb eher die Ausnahme, nicht zuletzt, weil dies am massiven Widerstand der französischen Regierungsstellen wie der betroffenen Firmen selbst scheiterte.[443]

Die Pläne Eckells und des RWM liefen dabei auf eine Aufteilung der Einflusssphären in der französischen Gummi- und Reifenindustrie hinaus, bei der Continental als Lizenzgeber und damit auch Patronatsfirma für Michelin vorgesehen war, Phoenix sollte der Einfluss bei der französischen Dunlop, Bergougnan und Goodrich-Colombes übertragen werden sowie Semperit die Betreuung von Hutchinson. Die Schlüsselrolle hatte Michelin, dessen Werk in Clermont-Ferrand unmittelbar nach dem Waffenstillstand am 21. Juni 1940 besetzt und unter Oberhoheit der deutschen Militärverwaltung gestellt worden war. Ende Juli 1940 hatten Otto A. Friedrich und Jehle in ihrer Funktion als Leiter der Reichsstelle Kautschuk das Unternehmen besucht, aber erst Anfang Februar 1941 wandte sich der inzwischen von der Militärverwaltung für die Behandlung feindlichen Vermögens eingesetzte und damit für Michelin zuständige Treuhänder an Continental. Er signalisierte nach Gesprächen mit Michelin, dass die Franzosen kategorisch jegliche Zusammenarbeit mit Continental und jeder anderen deutschen Reifenfirma ablehnten. Als Begründung wurden die sehr unterschiedlichen Fabrikationsmethoden angegeben, aber auch darauf verwiesen, dass Continental Michelin, als es in Deutschland Reifen fertigten, schlecht behandelt habe.[444] Ungeachtet dessen gab es seitens der deutschen Behörden Bemühungen, Continental und Michelin auf welchen Weg auch immer „zusammenzubringen", was offensichtlich auch von Teilen der französischen Unternehmerschaft unterstützt wurde, die sich als Vermittler anboten.[445] Zu diesem Zeitpunkt stellte man sich zumindest in Teilen des Continental-Vorstands jedoch bereits darauf ein, dass eine Verbindung mit Michelin nicht zustande kommen würde und man daher eine Verbindung zu Goodrich-Colombes in Paris suchen sollte, „um gegenüber der Konkurrenz bezüglich des französischen Markts nicht in Nachteil zu kommen."[446]

Inzwischen waren in Paris die offiziellen Gespräche der deutschen Behörden und Kautschukindustrie-Vertreter mit den Franzosen über die Umstellung der Reifenfertigung auf Buna und Kunstseide angelaufen, bei denen der Militärbefehlshaber für Frankreich mit einem Beamten immer mit am Tisch saß, Jehle

---

443 Vgl. ausführlich Annie Lacroix-Riz, Industriels et Banquiers. Français sous l'occupation, Paris 1999, S. 128 ff., und auch Scholtyseck, Freudenberg, S. 293 ff.

444 Vgl. Aktennotiz Weber zu einem Telefonat mit dem Treuhänder Dr. Glasmacher vom 7.2.1941, in: CUA, 6525 Zg. 1/56, A 9,1.

445 Vgl. Notiz zu einer Parisreise von Glasmacher vom 19.4.1941, in: ebd.

446 So der Vorschlag von Schmelz auf der Vorstandssitzung vom 7.3.1941, in: CUA, 6603 Zg. 3/85, A 3.

als Reichsbeauftragter für Kautschuk aber die Leitung innehatte. Bei den Verhandlungen im Juni etwa war Produktionsvorstand Weber für Continental Teil der deutschen Delegation, während auf französischer Seite alle namhaften Unternehmen, auch Michelin, gekommen waren, die sich allerdings, wie das Protokoll vermerkte, „für jeden Gedankenaustausch über diese Fragen unzugänglich zeigte[n]", während jedoch die französische Dunlop, nach Michelin der zweitgrößte Reifenhersteller in Frankreich, an einer engen Fühlungnahme mit der deutschen Reifenindustrie durchaus „sehr interessiert" war.[447] Höchst kooperativ zeigte sich auch der Automobilkonzern Renault, der über eine eigene Reifen- und Gummifabrikation verfügte und daher ebenfalls bei dem Treffen in Paris dabei gewesen war und wenig später auf Einladung Webers auch einige seiner führenden Manager zu einer Besichtigung nach Hannover geschickt hatte.[448]

Auf die Fundamental-Opposition von Michelin hatten die deutschen Behörden jedoch offensichtlich zumindest so weit mit Druck reagiert, dass sich dessen Direktor, Robert Puiseux, im Juli 1941 zumindest zu einem direkten Gespräch mit Könecke in Paris bereit erklärte. Die Verhandlungslinie hatte Könecke vorher im RWM mit Jehle, Eckell und den beiden zuständigen Ministerialräten Mulert und Willée genau abgestimmt. „Wenn Buna gegeben wird, dann nur gegen gleichzeitige Abgabe der Verarbeitungserfahrungen durch die deutsche Industrie und deren Mithilfe bei der Verarbeitung", notierte Könecke dazu.[449] Die deutsche Industrie betrachte diese Erfahrungen als so wertvoll, dass sie dafür eine Gegenleistung erwarte, das „im Erwerb einer kapitalistischen Beteiligung liegen [soll]." Die deutsche Regierung stehe hinter diesen Forderungen, überlasse die Details jedoch den bilateralen Gesprächen zwischen den beiden Unternehmen. „Wenn von einer kapitalistischen Beteiligung in Clermont-Ferrand im Falle Michelin ausgegangen wird, so wäre demnach zu fordern eine hälftige Beteiligung an sämtlichen im europäischen Ausland gelegenen Michelin-Fabriken, d. h. in Zuen, Hertogenbosch, Prag, Turin und in Lasarte (Spanien). [...] Darüber hinaus ist die selbstverständliche Bedingung, engste kommerzielle und technische Zusammenarbeit im Export."[450] Wenn bei Puiseux grundsätzliche Neigung bestand, diese Gedankengänge mitzumachen, betonten die Beamten des RWM, solle er als Teilnehmer an den deutsch-französischen Verhandlungen Ende Juli kommen nach Berlin; wenn keine Bereitwilligkeit be-

---

447 Vgl. den ausführlichen Verhandlungsbericht vom 10.6.1941, S. 9, in: CUA, 6525 Zg. 1/56, A 40,2.
448 Vgl. Schreiben Renault an Weber vom 17.6.1941, in: CUA, 6525 Zg. 1/56, A 22,1.
449 Aktennotiz Könecke vom 29.8.1941 über die Berliner Besprechungen vom 15.–17.7.1941, in: CUA, 6600 Zg. 1/56, A 32.
450 Ebd.

stand, dann war dessen Kommen nach Berlin unnötig – „dann wird Michelin keinen Buna erhalten und die von ihm deutscherseits benötigte Produktion auf Goodrich und Englebert sowie evtl. Bergougnan umgelegt."[451]

Es ist aus den Quellen nicht ersichtlich, ob Könecke tatsächlich ernsthaft an ein Entgegenkommen Michelins glaubte. Vermutlich knüpfte er an die Drohung mit der Verweigerung von jeglichen Buna-Lieferungen und damit der potenziellen erzwungenen Einstellung der Produktion bei Michelin die Hoffnung, dass sich die Franzosen doch noch zu einer Zusammenarbeit überreden lassen würden. Andererseits war Könecke Realist genug, damit zu rechnen, dass die Gespräche ergebnislos verlaufen konnten, daher hatte er von vornherein gegenüber dem RWM betont, dass man seitens Continental, gleich wie sich Michelin verhalten würde, an der Forderung nach einer Ehe mit Goodrich-Colombes unbedingt festhalte und dafür auch zu einem Äquivalent bei der deutschen Marktbeteiligung gegenüber Phoenix bereit sei.[452]

Es war bereits das zweite Treffen zwischen den beiden Managern, denn offensichtlich hatten sich Könecke und Puiseux bereits am 28. Mai in Paris getroffen. Der Michelin-Manager berichtete später in seinen Erinnerungen darüber, dass Könecke dabei die umfassende Unterstützung von Continental bei der Herstellung von Buna-Reifen angeboten hatte, was er jedoch abgelehnt habe. Zu seiner Überraschung beharrte Könecke nicht weiter auf seinen Angeboten, wie überhaupt Puiseux von der zuvorkommenden, freundlichen und auch von Respekt gegenüber seiner Person geprägten Haltung des Continental-Vorsitzenden und gleichzeitig mächtigsten Mann der deutschen Kautschukindustrie beeindruckt war.[453] Bei dem zweiten Treffen am 28. Juli präsentierte Könecke die deutschen Forderungen, allerdings verpackt in einen Plan zur Gründung eines europäischen Blocks Michelin-Continental als langfristiges globales Gegengewicht gegen die übermächtige amerikanische Reifenindustrie.[454] Und der Michelin-Manager schien zumindest zu Zugeständnissen bereit, der deutschen Regierung zwei oder drei seiner europäischen Tochterfabriken zu überlassen. Doch

---

451 Ebd.
452 Ebd.
453 Vgl. Robert Puiseux, Souvenirs, Clermont-Ferrand 1968, S. 194.
454 Vgl. ebd., S. 195. Die hier präsentierte Darstellung der Gespräche weicht in einer Reihe von Punkten von der Schilderung bei Koerner, Le contrôle, ab, der sich völlig unkritisch allein auf die Erinnerungen von Puiseux stützt und damit der Perspektive Puiseuxs und Michelins folgt. Fälschlicherweise bezeichnet er (S. 49) auch Continental als Teil eines von dem IG Farben-Konzern geführten Kartells. Vgl. Paul Erker, Continental contre Michelin. Les industries pneumatiques allemande et française pendant la guerre et la résistance des structures oligopolistiques traditionnelles, in: Hervé Joly u. a. (Hrsg.), L'entreprises allemandes pendant la Seconde Guerre Mondiale (Histoire, Économie et Société 4 (2005), S. 513–525.

Puiseux erschien danach dann doch nicht, wie nun in Berlin und Hannover allgemein erwartet wurde, zu den kurz darauf stattfindenden Verhandlungen der deutsch-französischen Delegationen Anfang August in Berlin. Während Könecke offenbar deswegen tobte, schmiedeten die leitenden Direktoren der Abteilung Auslandsfabriken bzw. der Export-Conti längst an einer alternativen Strategie. In einer internen Notiz hieß es:

> Eine fabrikatorische Verständigung mit Michelin dürfte eine Utopie sein. Den französischen Markt lediglich auf Importbasis zu bearbeiten, würde nicht zur genügenden Ausschöpfung der ihm innewohnenden Möglichkeiten führen. Das Projekt der Beteiligung an der französischen Goodrich muss daher nach wie vor hartnäckig verfolgt werden, wobei denkbar ist, dass in der französischen Goodrich bei Aktienbeteiligung unsererseits sowohl Goodrich- wie auch Continental-Reifen – daneben für uns noch eine unauffällige Nebenmarke – erzeugt werden, letztere, um auch chauvinistische Kundenkreise zu gewinnen, für die der Continental-Reifen nach wie vor ein nicht konvenierender deutscher Reifen sein würde. Die Beteiligung an der französischen Goodrich würde außerdem die Perspektive des französischen Kolonialreiches mit sich bringen.[455]

Ungeachtet dessen kam es am 19. August 1941 zu einem neuen Treffen zwischen Könecke und Puiseux in Paris. Die Initiative ging wieder von Continental aus, vielleicht wusste man, dass Michelin inzwischen von den übrigen französischen Kautschukunternehmen und auch der französischen Regierung wegen der Obstruktionshaltung massiv kritisiert und unter Druck gesetzt wurde, die eigenen unternehmerischen Ziele und Prinzipien nicht weiter über die nationalen bzw. gesamtwirtschaftlichen Ziele zu stellen.[456] Vor allem aber stand Könecke nach wie vor unter dem Eindruck, dass es auf Seiten Michelins eine gewisse Bereitwilligkeit hinsichtlich einer deutschen Beteiligung an seinen europäischen Auslandsfabriken gab. Nicht zuletzt hatte aber die französische Regierung signalisiert, dass sie Vereinbarungen zwischen französischen und deutschen Unternehmen über Kapitalbeteiligungen, wie sie Continental bei Goodrich-Colombes plante, nur unter der Bedingung zustimmen würde, „wenn das Haus Michelin dabei sei".[457] Es gab mithin eine Reihe von Gründen, dass Könecke durch weitere Gespräche versuchte, Bewegung in die sich nun schon länger hinziehenden Verhandlungen zur französischen Kautschukindustrie und dem geplanten Engagement von Continental zu bringen. Doch auch dieses Treffen blieb ergebnislos und zudem hatte Puiseux auch kurzfristig seine Teilnahme an den in Berlin stattfindenden offiziellen deutsch-französischen Kautschuk-Gesprächen erneut

---

455 Notiz Aretz vom 1.7.1941, in: CUA, 6600 Zg. 1/56, A 3.
456 Vgl. Puiseux, Souvenirs, S. 196.
457 Vgl. Aktennotiz Köneckes über den Stand der Verhandlungen vom 2.9.1941, in: CUA, 6620 Zg. 1/70, A 12.

abgesagt. Könecke hat später Pierre-Jules Boulanger die Schuld dafür zugeschrieben, der neben Puiseux als Mitgeschäftsführer die Unternehmensleitung bei Michelin innehatte und zugleich als Vorstandsvorsitzender bei Citroën fungierte, wo Michelin Hauptanteilseigner war. Puiseux, so Könecke, sei „inzwischen den Gegenwirkungen von seinem Kollegen Boulanger, der strikte gegen eine Beteiligungseinräumung war, erlegen."[458]

Zu allem Unglück aus Sicht Köneckes eröffneten Eckell, Jehle und Regierungsrat Muhlert vom RWM ihm zur selben Zeit, dass man im Ministerium beschlossen habe, dass Goodrich-Colombes Phoenix überlassen bleiben müsse. Nachdem Continental mit Krainburg, Zuen und Posen bereits eine Reihe von Objekten in seinen Interessenkreis habe einbeziehen können und immer noch die Hoffnung bestehe, dass ein Abkommen mit Michelin erreichbar sei, erfordere das Gleichgewicht innerhalb der deutschen Kautschukindustrie, dass Goodrich nicht an Continental gehe.[459] Das RWM wünsche nach dem Krieg den technischen Konnex mit Amerika, welches Phoenix über Goodrich-Colombes herzustellen wünsche. Continental benötige diese Brücke nach Amerika nicht bzw. habe andere Möglichkeiten, nach dem Krieg zu einem Erfahrungsaustausch mit der amerikanischen Reifenindustrie zu kommen.[460]

Es war kein Wunder, dass Könecke diesen reichlich illusorischen Planspielen des RWM massiven Widerstand entgegensetzte und diese Überlegungen „bis aufs äußerste bekämpfte", unter anderem mit dem Hinweis, dass damit „ein langjähriger Plan der Continental, der vor dem Kriege auch bereits zu Erörterungen zwischen Goodrich und Continental geführt hätte, zu Fall gebracht würde, nämlich die Bildung eines Gegenblocks im Weltexport ‚Continental-Goodrich' gegen den ja bereits bestehenden Block ‚Dunlop-Goodyear'".[461] Könecke konkretisierte daraufhin eine Reihe von Zugeständnissen an Phoenix als Ersatz für die Beteiligung an Goodrich-Colombes und bot an, zwei Prozent des Inlandsumsatzes an den Konkurrenten abzutreten und den Hamburgern die Michelin-Fabrik in Prag zu überlassen.

Tatsächlich wendete sich daraufhin das Blatt. Zum einen änderte die französische Regierung angesichts der anhaltenden „Sturheit" von Michelin ihre Haltung und gab nun für bilaterale Beteiligungsverhandlungen zwischen deutschen und französischen Unternehmen grünes Licht, allerdings unter der Maßgabe eines unter 50 Prozent liegenden Anteilserwerbs; zum anderen ließ sich das RWM von seinen Planspielen abbringen und ging auf Continentals Vor-

---

458 Ebd.
459 Vgl. ebd., S. 3.
460 Vgl. ebd.
461 Ebd.

schläge zur Regelung des Verhältnisses zu Phoenix ein. „Wir können", konstatierte Könecke Anfang September 1941 im Rückblick auf die dramatischen Entwicklungen, „mit dem Ergebnis unserer Beteiligung an der westlichen Neuorientierung der deutschen Kautschukindustrie, ohne allzu große Risiken eingegangen zu sein, meines Erachtens außerordentlich zufrieden sein."[462]

Der Verhandlungskrimi um das Tauziehen zwischen Continental und Michelin und die deutsch-französischen Gespräche zur künftigen Gestaltung und Ausrichtung der Gummi- und Reifenindustrie sollten sich dennoch bis Frühjahr 1942 hinziehen. Vor allem das weiterhin höchst berechnende und wechselhafte Taktieren von Michelin sowohl gegenüber den deutschen Behörden als auch gegenüber den französischen Regierungsstellen und Continental sorgte für anhaltende Unruhe und drohte die Pläne Köneckes in Frankreich, kaum dass sich eine Realisierung im Sinne des Unternehmens abzeichnete, wieder zu Fall zu bringen. So hatte Puiseux einerseits Könecke „zahlreiche Gegenvorschläge" gemacht, um sich in den Besitz von Buna und Buna-Erfahrungen zu bringen, und damit den Eindruck erweckt, dass die Deutschen am längeren Hebel saßen. Doch andererseits signalisierte Michelin der französischen Regierung, dass man auf eigene Faust, in schnellster Zeit und größtem Umfang für die Buna-Produktion in Frankreich sorgen werde und damit das deutsche Know-how gar nicht benötige.[463]

Michelin hatte dabei geschickt die wachsenden politischen Spannungen zwischen Berlin und Vichy ausgenutzt und befeuert, und der Effekt war, dass die französische Regierung nun wieder neue Forderungen hinsichtlich einer deutschen Aktienbeteiligung stellte, wie etwa echte gegenseitige Kapitalverflechtungen und eine Begrenzung der Continental-Beteiligung auf 25 Prozent. Bei Gesprächen im RWM, zu denen Puiseux am 27. Oktober nach Berlin gereist war, gelang es dem Michelin-Manager schließlich unter geschickter Ausnutzung der Rivalitäten zwischen Jehle, Eckell und Muhlert, seinerseits gewisse Zugeständnisse zu erhalten. Eckell hatte ihm als Preis für den Verzicht einer direkten erzwungenen Beteiligung an dem Hauptwerk in Clermont-Ferrand vorgeschlagen, die Tochterfabriken in Holland und Prag abzutreten und beim belgischen Werk eine Beteiligung zuzulassen. Zudem räumte er Michelin die Möglichkeit ein, selbst zu entscheiden, ob man den Buna-Lizenzvertrag mit Phoenix oder mit Continental abschließen würde, womit sich die Option eröffnete, sich das Konkurrenzverhältnis der beiden Unternehmen zu Nutze zu machen.[464] Gleich-

---

462 Ebd.
463 So die Darstellung in der Aktennotiz Köneckes vom 25.9.1941 über die Verhandlungen in Paris im September 1941, in: CUA, 6620 Zg. 1/70, A 12.
464 Vgl. die Darstellung bei Puiseux, Souvenirs, S. 197 f.

zeitig hatten Eckell und Jehle Puiseux allerdings die Pistole auf die Brust gesetzt und damit gedroht, Michelin umgehend von den Kautschuklieferungen aus Deutschland abzuschneiden. Schließlich erklärte sich Puiseux zur Abtretung der Fabrik in Prag und zur Zahlung von Lizenzen für das Buna-Know-how bereit. Die goldene Brücke für Letzteres hatten ihm die Deutschen selbst gebaut, indem Jehle zur Vermeidung einer direkten Einflussnahme durch Phoenix oder Continental durch einen Lizenz- und Patronatsvertrag vorgeschlagen hatte, den Umweg einer Unterlizenz von Bergougnan zu wählen, was dann auch im Frühjahr 1942 geschah.[465]

Es waren aber vor allem die französischen Reifenfabriken selbst gewesen, die darauf drängten, dass auch Michelin in die Bunaverarbeitung eingespannt wurde, „weil Michelin dadurch die Möglichkeit verlöre, die übrigen Reifenfirmen Frankreichs wegen ihrer Zusammenarbeit mit den deutschen Firmen zu diffamieren und ihre aus Naturkautschuk hergestellten Reifen, insbesondere für den gesamten Zivilbedarf im unbesetzten Frankreich, als besser hinzustellen."[466] Die Prager Michelin-Fabrik übernahm Phoenix zum 15. Juni 1942 im Zuge eines Pachtvertrages und nutzte die dortigen Kapazitäten für die Produktion von Kraftfahrzeug- und Fahrradreifen. „Außerdem", berichtete Schäfer dem Aufsichtsrat, „sind wir im Begriff, aus wehrpolitischen Erwägungen heraus eine Ausweichfabrikation für Spezialartikel der Wehrmacht in Prag einzurichten, die baldigst anlaufen soll. Wir führen das Werk als Zweigniederlassung des Stammhauses sowohl verwaltungsmäßig als auch fertigungstechnisch nach bewährten Phoenix-Methoden."[467] Michelin hatte letztlich dahingehend gepokert, wer angesichts des wachsenden Zeitdrucks aufgrund der sich verschärfenden Rohstoff- und Produktionslage zuerst nachgeben würde – Michelin oder die deutschen Regierungsstellen und Rüstungsbehörden, die das erhebliche Pro-

---

465 Vgl. ebd., S. 204. Könecke weist in einer Notiz vom 14.10.1941 allerdings darauf hin, dass der Vorschlag zur Abtretung des Werkes in Prag und die Unterlizenznahme bei Bergougnan mit entsprechenden Zahlungsverpflichtungen von den französischen Regierungsvertretern gekommen war. Vgl. Abschrift einer Notiz vom 14.10.1941, in: NLA HA Nds. 171 Hannover Nr. 32086. Siehe eine Kopie des Unterlizenzvertrages vom 14.4.1942, in: https://www.fold3.com/image/286878952 ff.

466 Aktennotiz Könecke vom 9.3.1942, in: BArch, P 2118, Bl. 268 f.

467 Bericht Schäfer an den Aufsichtsrat vom 18.8.1942, in: HADB F 002/750. Später wurde das Pachtverhältnis offenbar in ein Übereignungsverhältnis geändert. Denn im Juni 1944 hieß es im Bericht des Vorstands an den Aufsichtsrat, dass der Betrieb in Prag der Phoenix „zu eigen" und von der französischen Michelin-Gesellschaft erworben worden sei. Vgl. Bericht des Vorstands in der Aufsichtsratssitzung vom 13.6.1944, in: ebd. Davon, dass Phoenix „im Einvernehmen mit Michelin in Clermont-Ferrand die Leitung der Michelin-Fabrik in Prag übertragen" worden sei, wie es später Friedrich in der Phoenix-Festschrift (Friedrich, Ein Werk, S. 92) behauptete, konnte jedenfalls so oder so keine Rede sein.

duktionspotenzial der Franzosen dringend zur Entlastung der eigenen Fertigung benötigten und sich eine Stilllegung der Anlagen in Clermont-Ferrand gar nicht leisten konnten. Wie prekär die deutschen Produktionsanforderungen und deren Erfüllung durch die Franzosen war, zeigte sich daran, dass die französischen Kautschukfabriken Mitte Februar 1942 40 Prozent weniger produzierten, als es die Planungen des RWM eigentlich vorsahen.[468]

Könecke hatte sich in dieser Phase nicht mehr aktiv eingeschaltet und sich auf die Verhandlungen mit Goodrich-Colombes und die operative Umsetzung der Kooperation konzentriert. Bis zuletzt hatte er an ein Nachgeben Michelins geglaubt, sich aber letztlich eines Besseren belehren lassen müssen. Er fand sich schließlich damit ab, dass die Franzosen nicht zu einer weitergehenden Kooperation gezwungen werden konnten. Kurzzeitig hatte Könecke mit dem Gedanken gespielt, die sich im Februar 1942 ergebende Gelegenheit wahrzunehmen, über Mittelsmänner einige Michelin-Aktien zu erwerben, die vermutlich aus enteignetem jüdischem Besitz stammten, sich dann aber doch anders entschieden. Für Continental war die Situation zwar insofern unangenehm, da Phoenix damit als Hauptlizenzgeber für Bergougnan indirekt auch eine Brücke zu Michelin erhielt. Aber in einer internen Notiz stellte Könecke dies als einen von ihm eingefädelten taktischen Schachzug hin. Demnach sei ihm vom RWM das Angebot gemacht worden, „uns an Goodrich zu desinteressieren und stattdessen eine Ehe mit Bergougnan einzugehen, mit der Aussicht, dass Michelin dermaleinst unser Unterlizenznehmer durch Bergougnan würde; wir haben das mit vollem Recht abgelehnt und diese unangenehme Aufgabe mit Erfolg der Phoenix in die Hände gespielt!"[469]

Wer auch immer Initiator und Ideengeber gewesen sein mag, die potenzielle Verbindung von Phoenix zu Michelin war faktisch tatsächlich ohne Bedeutung. In Ergänzung des in Französisch gehaltenen Unterlizenzvertrages findet sich zwar eine zusätzliche Passage auf Deutsch, wonach sich Michelin verpflichtete, zur Durchführung von Qualitätsprüfungen in angemessenen Zeitabständen Reifen an Phoenix zu übermitteln. Ein Zutritt der Phoenix-Ingenieure in die Michelin-Fabrik in Clermont-Ferrand war damit aber, anders als in den sonstigen Lizenzverträgen mit ausländischen Unternehmen, nicht verbunden. Michelin war es zudem selbst überlassen, gegebenenfalls den direkten Kontakt zu Phoenix zu suchen. Allerdings wurde auch Michelin eine Einsichtnahme in die betreffenden Betriebsstätten von Phoenix nur insoweit gewährt, wie Miche-

---

468 Vgl. die Notiz Köneckes vom 18.2.1942, in: CUA, 6620 Zg. 1/70, A 13.
469 Notiz Könecke vom 13.3.1942, S. 3, in: CUA, 6620 Zg. 1/70, A 12.

lin dies umgekehrt ermöglichte.[470] Schäfer war es aber gelungen, bei Bergougnan mit Hilfe des Lizenzvertrages Einfluss zu gewinnen – und auch erhebliche Lizenzeinnahmen zu generieren, wobei davon allerdings wieder ein erheblicher Teil an Continental weitergeleitet werden musste.[471] Phoenix hatte es aber anders als Continental auch geschafft, die Option auf eine 50-prozentige Kapitalbeteiligung an der belgischen Tochtergesellschaft von Bergougnan in Brüssel zu erhalten, die vor allem Kraftfahrzeugreifen herstellte.[472] Nach späteren Aussagen Schäfers wurde diese Option aber nicht ausgeübt und damit keine formale Kapitalbeteiligung vollzogen.[473] Zudem hatte Phoenix einen Kooperationsvertrag mit der Option auf Auftragsverlagerungen bei einem weiteren französischen Gummiunternehmen abschließen können: der Paulstra S. A. in Paris, einem erst 1934 gegründeten Hersteller technischer Gummiwaren, führend bei Metallgummiverbindungen, die in der Luftfahrtindustrie als Schwingungs- und Dämpfungsartikel Anwendung fanden.

Angesichts dieser erheblichen Aktivitäten des Konkurrenten in Frankreich erschien es Könecke und Continental umso dringender, die eigenen Bemühungen auf dem französischen Markt zu verstärken. Am 2. Januar 1942 wurde mit einem Aktienkapital von 150 000 ffr, das wenig später schon auf eine Mio. ffr erhöht wurde, die Pneumac S. A. in Paris als Vertriebsgesellschaft gegründet, die unter bewusster Vermeidung des Firmennamens Continental die Vertretung der Export-Conti für alle unter der Marke Continental in den Handel gebrachten Artikel für das Gebiet Frankreich übernahm. Geschäftsführender Direktor war Otto Streibich.[474] Die Pneumac war allerdings nicht allein für das Unternehmen tätig, sondern wurde Anfang November 1942 auf Drängen der Pariser Außen-

---

470 Vgl. die Zusatzvereinbarung zum Unterlizenzvertrag vom 1.4.1941, in: Omgus External Assets Investigations „Phoenix Gummiwerke" vom 25.1.1946, https://fold3.com/image/ 286878979 und 286878986.

471 Bis Ende März 1944 wurden durch Phoenix 538 383 RM allein an Lizenzgebühren von Michelin, Clermont-Ferrand nach Hannover überwiesen. Vgl. Notiz Aretz vom 5.9.1944, in: CUA, 6600 Zg. 1/56, A 3.

472 Vgl. Lacroix-Riz, Industriels et Banquiers, S. 350, und die Geschäftsberichte der Compagnie Bergougnan Belge in: HADB F 002/750.

473 Vgl. Schäfer an Control Commisssion for Germany BE/ Finance Division v. 4.1.1946, in: Omgus, www.fold3.com/image/286887CUA,662/, sowie Omgus External Assets Investigations „Phoenix Gummiwerke" vom 25.1.1946, in: http://www.fold3.com/image/286878648/. Der für fünf Jahre laufende Vertrag vom 16. bzw. 20.10.1941 in: http://www.fold3.com/image/ 286878670 bis 286878728/ sowie dort auch der Zusatzvertrag bezüglich der Unterlizenzen. Als Lizenzzahlung wurden 10 Prozent auf den jeweiligen Einkaufswert der bezogenen Buna-Mengen während der ersten beiden Vertragsjahre vorgesehen, danach wurden 7 Prozent fällig.

474 Vgl. zur Gründung und Kapitalerhöhung das Schreiben Continental an die Devisenstelle in Hannover vom 14.11.1941, in: CUA, 6620 Zg. 1/70, A 9.

stelle des Heereswaffenamtes auch offizielles Gummi-Verlagerungsbüro, von dem aus die Auftragsverlagerung und Fertigung von Gummiartikeln bei den französischen Unternehmen zentral gesteuert und koordiniert wurde. Mit der Kontrolle der Liefertermine und der Unterstützung der französischen Betriebe bei den Kontakten mit der deutschen Kriegswirtschaftsbürokratie übte die Pneumac auch quasi staatliche Funktionen aus, was allerdings nicht davor schützte, dass die Gesellschaft zum 1. Dezember 1943 auf Verfügung des Militärbefehlshabers in Frankreich zwecks Einsparung von Arbeitskräften geschlossen und Streibich zur Wehrmacht einberufen werden sollte.[475]

Vor allem aber ging es um die Kooperation mit Goodrich-Colombes. Und die Verhandlungen und Gespräche mit dem Unternehmen verliefen aus Sicht von Continental weit effektiver und erfreulicher als mit Michelin. Das Unternehmen war 1911 als französisches Tochterunternehmen des amerikanischen Goodrich-Konzerns gegründet worden und hatte 1938 rund 2000 Arbeiter und Angestellte beschäftigt. Bis Mitte der 1930er Jahre wurde das Geschäft durch amerikanische Manager geführt, die allerdings mit den Prinzipien ihrer Verkaufspolitik, wonach ihnen als amerikanisches Unternehmen die Geschäfte von selbst zufliegen würden, schnell Schiffbruch erlitten hatten. Erst durch die Berufung des französischen Ingenieurs Robert Boyer hatte sich die Lage wieder gebessert, allerdings gab es in der Goodrich-Zentrale in Ohio kein großes Interesse mehr an der Tochterfirma, so dass Boyer weitgehend auf sich allein gestellt war. Als 1937 in Colombes ein Streik ausbrach, der das Werk stilllegte, hatte Boyer aus den USA die telegraphische Anweisung erhalten, sämtliche Arbeiter und Angestellten zu entlassen und das Werk abzuwickeln. Boyer war es dann aber doch gelungen, den Streik beizulegen und die Anweisung rückgängig machen zu lassen. Mitte 1940, als Continental-Ingenieure erstmals zu einer Besichtigung ins Werk kamen, arbeiteten allerdings nur noch ca. 500 Leute bei Goodrich, bei einer Mischkapazität von 400 Monatstonnen, aus der pro Tag noch 300 Autoreifen und 350 Autoschläuche hergestellt wurden; daneben gab es noch eine Keilriemen-Anlage mit einer Kapazität von 4000 Stück pro Tag, womit Goodrich auch mit weitem Abstand der Marktführer war.[476] Die Produktion ruhte allerdings, und auch sonst machte die gesamte Goodrich-Anlage auf die Continental-Ingenieure „keinen günstigen Eindruck, sowohl räumlich wie in der Fabrikation."[477]

Vor dem Hintergrund seiner weitreichenden strategischen Pläne über eine Zusammenarbeit mit dem amerikanischen Mutterkonzern, mit dem ja durch die Beteiligung in den 1920er Jahren bereits eine gemeinsame verbindende Ge-

---

475 Vgl. die Chronik Frankreich in: CUA, 6620 Zg. 1/70, A 9.
476 Vgl. Besuchsbericht vom August 1940, S. 5, in: CUA, 6500 Zg. 1/59, A 1.
477 Ebd.

schichte bestand, intensivierte Könecke dennoch seine Bemühungen, mit Goodrich-Colombes in Kontakt zu kommen und dabei nicht nur als Lizenzgeber und Patronatsfirma aufzutreten, sondern auch eine direkte Aktienbeteiligung zu erreichen. Wo genau die Aktionäre saßen und wie hoch überhaupt noch der Anteil der Muttergesellschaft war, ließ sich allerdings nur mit Mühe feststellen. Mitte Juni 1941, nachdem sich endlich abzeichnete, dass das RWM Goodrich-Colombes doch Continental überlassen würde, ließ Könecke über den Diplomat und Bankier Graf Bernstorff und das Berliner Bankhaus A. E. Wassermann das Angebot eines Beteiligungserwerbs von 33 bis 40 Prozent zu einem „angemessenen Preis" in Dollar oder französischen Franc an Mittelsmänner in den USA übermitteln.[478] Gleichzeitig hatte er mit der Reichs-Kredit-Gesellschaft über die Einräumung eines entsprechenden Dollar-Kredites gesprochen. Eine Antwort aus Akron/Ohio, auf die auch Boyer als Legitimation zur Bedingung für alle weiteren Gespräche mit Continental beharrte, blieb jedoch aus. Erst nach mehrmaligen Telegrammen landete schließlich im September eine Depesche von Goodrich auf dem Tisch von Boyer. Darin stand, dass man „im Augenblick" keine Einwilligung zur Abgabe von Aktien an Continental geben könne, aber „jetzt und in Zukunft zu enger Zusammenarbeit mit Continental bereit [sei]."[479]

Boyer, der seinerseits durchaus Interesse an einer Zusammenarbeit mit Continental hatte und sich allein durch die Verpflichtungen gegenüber dem amerikanischen Mutterkonzern gebunden sah, einigte sich schließlich mit Könecke auf die Eckdaten einer Kooperation beider Unternehmen, die eine Kapitalbeteiligung von 25 Prozent sowie eine Lizenzgebühr für die Buna-Technologie in Höhe von zehn Prozent auf den Buna-Preis umfasste, was zwischen 240 000 und 300 000 RM pro Jahr bedeutete.[480] Was Könecke zunächst wohlweislich ausgeklammert hatte, war die weitergehende Forderung Continentals nach einer Produktionsbeteiligung bei Goodrich-Colombes, also einer Nutzung der Fertigungskapazitäten für Verlagerungsaufträge. Gleichzeitig hatte Boyer aber seinerseits in einem Vertragsentwurf – in dessen Präambel eine dauerhafte und auf freundschaftlicher Basis erfolgende, loyale und reziproke Zusammenarbeit beschworen wurde – unmissverständlich darauf hingewiesen, dass die Realisierung der Kapitalbeteiligung unter den gegebenen Umständen unmöglich sein würde und faktisch erst nach Kriegsende vollzogen werden könne.[481]

Bereits am 8. Oktober 1941 meldete Könecke dem RWM, dass zwei Tage zuvor der Vertrag mit Goodrich-Colombes abgeschlossen und unterschrieben wor-

478 Vgl. Notiz Könecke vom 14.6.1941, in: CUA, 6600 Zg. 1/56, A 32.
479 Aktennotiz Könecke vom 25.9.1941, in: CUA, 6620 Zg. 1/70, A 12.
480 Vgl. ebd.
481 Vgl. die Übersetzung des Vertragsentwurfs vom 19.9.1941, in: CUA, 6620 Zg. 1/70, A 12.

den war. Im Verlauf der nächsten Tage würden bereits die ersten Chemiker und Ingenieure aus Frankreich zum Studium der Buna-Erfahrungen in Hannover eintreffen, wofür man beim Ministerium wie der Abwehrstelle des Rüstungs- kommandos Hannover um die nötige Genehmigung bat.[482] Der Vertrag beinhal- tete dabei auch eine Klausel, wonach Continental das Recht eingeräumt wurde, bei Goodrich Gummiwaren mit der Marke „Continental" herstellen zu lassen. Die Menge umfasste entsprechend der Höhe der vereinbarten Beteiligung 25 Pro- zent der Fertigungskapazitäten. Außerdem vereinbarten beide Unternehmen, dass Continental das Vorrecht von Goodrich zur Belieferung der Märkte in Frankreich und seinen Kolonien anerkannte, sich jedoch vorbehielt, diese gleichfalls durch bei Goodrich hergestellte Artikel oder Importe aus Deutsch- land zu beliefern. Sofern beide Firmen die gleichen ausländischen Märkte belie- ferten, verständigten sie sich bei der einzuschlagenden Preispolitik.[483]

Gegenüber den anderen Lizenzverträgen gab es zwei weitere Besonderhei- ten. Zum einen versprach Continental nach Realisierung der Beteiligung seiner- seits die Frage zu untersuchen, inwieweit eine Beteiligung von Goodrich an ei- ner der ausländischen Continental-Gesellschaften möglich war. Zum anderen war vorgesehen, dass 67 Prozent der Lizenzzahlungen von Goodrich auf ein Sonderkonto der Continental bei dem französischen Unternehmen gutgeschrie- ben und mit zwei Prozent verzinst wurden, mit der Maßgabe, dass darüber erst ein Jahr nach Friedensschluss unter den Hauptnationen, spätestens ein Jahr nach Ablauf des bis 1. November 1946 gültigen Vertrages, verfügt werden konn- te. Mit diesem Geld sollte dann die Aktienbeteiligung finanziert werden. Es war unübersehbar, dass der Goodrich-Vertrag weit mehr von längerfristigen strategi- schen Plänen Continentals geprägt war als von kurzfristigen rüstungswirtschaft- lichen Interessen. Das wurde auch in der Präambel des Vertrages deutlich, in die die von Boyer vorgeschlagenen Formulierungen aufgenommen worden wa- ren und demnach der Geist einer loyalen und gegenseitigen Zusammenarbeit betont wurde, „die kein Mittel der Beherrschung oder der Kontrolle darstellt, sondern im Gegenteil der Hilfe, dem Fortschritt und der beiderseitigen Entwick- lung dienen soll".[484] Ergänzt wurde das Abkommen durch einen Technischen Vertrag sowie den eigentlichen Lizenzvertrag, der am 29. Januar 1942 unter- zeichnet, aber rückwirkend zum 1. November des Vorjahres wirksam wurde und in dem die Details der technischen und chemischen Hilfsleistungen bei der Um-

---

482 Vgl. das Schreiben vom 8.10.1941, in: CUA, 6525 Zg. 1/56, A 22,1. Die erste Kommission von Goodrich-Leuten traf am 3.11.1941 ein.
483 Vgl. den Vertrag in: CUA, 6525 Zg. 1/56, A 24,1, ebenfalls in: CUA, 6620 Zg. 1/70, A 12.
484 Übersetzung des Protokolls des Abkommens vom 4.10.1941, in: ebd.

stellung auf Buna festgelegt waren, unter anderem die Weitergabe des Know-hows an insgesamt 22 kleinere und mittelgroße Unterlizenznehmer.

Bis alle Verträge endgültig unterzeichnet waren, gab es allerdings im Dezember 1941 doch noch kurze, aber deutliche Dissonanzen mit den Franzosen.[485] „Ich habe die augenblickliche Situation in politischer Beziehung für geeignet gehalten", schrieb Könecke dazu in einer Aktennotiz, „Herrn Boyer nahezulegen, zur Vermeidung einer Beschlagnahme des Hauses Goodrich-Colombes oder zur Vermeidung der Einsetzung eines Verwalters schnellstens Fühlung mit den amerikanischen Aktienbesitzern aufzunehmen, um in diesem Augenblick eine Nationalisierung der französischen Goodrich im weitestgehenden Umfang zu erreichen."[486] Das war nichts anderes als der Aufbau einer Drohkulisse, um die amerikanischen Aktionäre zum Verkauf an die französische Aktionärsgruppe zu bewegen, von denen Boyer wiederum offenbar signalisiert worden war, dass sie mindestens 12,5 Prozent des Aktienkapitals sofort an Continental verkaufen würden. Könecke würde dann doch noch während des Krieges seine Beteiligung an Goodrich-Colombes realisieren können.[487] Hinter der Drohung standen tatsächlich verstärkte Bestrebungen der deutschen Behörden, amerikanisches Eigentum in Frankreich zu sequestrieren und damit faktisch zu enteignen. Von den 62 Mio. ffr Kapital von Goodrich-Colombes lagen, wie man bei Continental inzwischen herausgefunden hatte, ca. 21 Mio. direkt in Akron beim Mutterkonzern, während ca. 40 Mio. ffr bei einem französischen Vertrauensmann der Amerikaner lagen, der aber hinsichtlich der Stimmabgabe und weiterer Dispositionen an das Votum der Amerikaner gebunden war. Ein kleiner Teil der Aktien befand sich in Streubesitz. Die Enteignungspläne der Deutschen unterstützten Könecke dabei, zumindest einen Teil der Aktionäre zu einem Verkauf an Continental zu nötigen, und der damit befasste Beamte im RWM bzw. beim Militärbefehlshaber in Frankreich hatte Könecke zugesagt, mit einer Beschlagnahmeanordnung gegenüber Goodrich noch abwarten zu wollen, „damit wir inzwischen ungestört unsere Versuche auf Erhalt der 25 %igen Beteiligung und damit auf Heraushaltung der Goodrich aus der Beschlagnahme fortsetzen könnten."[488] Der Continental-Generaldirektor war sich dabei durchaus bewusst, dass Boyer bei seinem Versuch, Goodrich-Colombes möglichst unbeschadet durch die schwierigen Kriegsjahre zu lavieren, im Hinblick auf die amerikani-

---

485 In einer Aktennotiz schrieb Könecke später, dass die Verhandlungen mit Goodrich zwischenzeitlich so stark gestört waren, dass man Mitte Dezember 1941 durch erneute mehrtägige Verhandlungen das ganze Vertragsgebäude erneut durchverhandeln und untermauern musste. Vgl. Notiz Könecke vom 13.3.1942, in: CUA, 6620 Zg. 1/70, A 12.
486 Aktennotiz Könecke vom 19.12.1941, in: CUA, 6620 Zg. 1/70, A 12.
487 Ebd.
488 Notiz Könecke vom 20.4.1942, in: CUA, 6620 Zg. 1/70, A 12.

schen Aktionäre, die Franzosen und nicht zuletzt auch die Deutschen zwischen allen Stühlen saß. Seine Bereitschaft, bei der Beschaffung der Aktienanteile für Continental zu vermitteln und behilflich zu sein, verknüpfte Boyer daher auch damit, dass er Könecke um dringende Hilfe bat, fehlende Maschinen und Rohstoffe zu beschaffen und sich für die Freilassung einer Reihe technischer Angestellter, die sich in deutscher Kriegsgefangenschaft befanden, einzusetzen – was Könecke mit entsprechenden Schritten beim RWM sowie beim Auswärtigen Amt auch zusagte.[489]

In der Folgezeit entwickelte sich im Zuge der Umsetzung der Verträge und Abkommen ein reger personeller Austausch mit Goodrich-Colombes, begleitet von einem intensiven brieflichen Kontakt zwischen Boyer und Könecke. Im Laufe des Frühjahrs waren so etwa 20 bis 30 Reifenwickler zur Ausbildung in den Buna-Verfahren nach Hannover geschickt worden. Schon Anfang Februar 1942 konnte Boyer erste Erfolge beim Wiederhochfahren der Reifenfertigung und der Umstellung auf Buna-Verarbeitung melden, aber auch hinsichtlich der Rückkehr der ersten ehemaligen Belegschaftsangehörigen aus deutscher Kriegsgefangenschaft, woran auch Continental durchaus ein Interesse hatte.[490] Im März schickte Produktionsvorstand Weber verschlüsselt die ersten Rezepte für Karkass-Mischungen nach Colombes, verbunden mit detaillierten technischen Mitteilungen zur Vorbereitung der von Continental dringend gewünschten Fertigung von Continental-Reifen im Umfang von 100 bis 120 Monatstonnen im Wege eines Verlagerungsauftrages, was die Fertigung von 200 Reifen pro Tag bedeutete.[491] Der Vergleich der konstruktiven Einzelheiten der Goodrich-Reifen hatte allerdings schnell gezeigt, dass die Abweichungen zu den Continental-Reifen so groß waren, dass für eine Auftragsfertigung erst die entsprechenden Heizformen, Trommeln und auch Wickelmaschinen aus Hannover nach Frankreich geschickt werden mussten.

Mitte März 1942 hatte Könecke allen Grund, in einer Reflexion „des im Falle Michelin und Goodrich von der Continental Erreichten" eine höchst zufriedenstellende Bilanz zu ziehen, wobei es ihm dabei aber offenbar auch darum ging, Kritik aus dem Kreis der Vorstandskollegen und vor allem der Aufsichtsräte vorzubauen.[492] Man hatte erfolgreich die ursprünglich vom RWM verfolgten Pläne

---

489 Vgl. ebd.

490 Vgl. Schreiben Boyer an Könecke vom 30.1.1942 sowie Brief Weber an seinen französischen Kollegen bei Goodrich vom 25.3.1942, worin er um die Zusendung einer Liste mit sämtlichen 200 Kriegsgefangenen bat, für deren Freilassung und Rückführung er sich zur Ankurbelung der Fertigung in Colombes einzusetzen versprach, in: CUA, 6525 Zg. 1/65, A 169.

491 Vgl. Brief Weber an die Goodrich-Ingenieure vom 12.3.1942 sowie Notiz vom 30.3.1943 zum geplanten Verlagerungskontingent, in: ebd.

492 Aktennotiz Köneckes vom 13.3.1942, in: CUA, 6620 Zg. 1/70, A 12.

einer Verbindung von Phoenix mit Goodrich-Colombes durchkreuzt, ohne dass man sich dafür etwa aus den Michelin-Fabriken in Holland und Belgien zurückziehen musste, was durchaus im Bereich des Möglichen gelegen hatte und wiederum eine Stärkung der Konkurrenten Phoenix und Semperit bedeutet hätte. Der ganze „Michelin-Komplex" sei nun endlich „bereinigt", und was die Beteiligung deutscher Firmen an französischen Unternehmen anging, die von der französischen Regierung ebenso massiv behindert wurde wie von den betroffenen Unternehmen selbst – aus Furcht, andernfalls ihr Gesicht zu verlieren und als Kollaborateure dazustehen – sei noch keiner der Konkurrenten einen Schritt vorangekommen, dagegen sei jedoch Continental mit der konkreten Aussicht auf die Abgabe von 12,5 Prozent „in dieser Beziehung am weitesten voraus mit der Durchsetzung unserer Wünsche". „Zusammengefasst kann ich nur sagen, dass die Continental bei der Angelegenheit Michelin und Goodrich außerordentlich günstig abgeschnitten hat, wobei ich mir nicht im Unklaren bin über die Fragezeichen politischer Art, die immer hinter derartigen Aktionen vor 100 prozentiger Erfüllung unserer Wünsche stehen."[493]

Im April 1942 hatten konkrete Verhandlungen über größere Verlagerungsaufträge bei Goodrich begonnen. Die Planungen sahen die Fertigung von 5000 Automobilreifen im Monat vor, aber es gab erhebliche strittige Fragen. Einmal ging es um die nötigen Arbeitskräfte, denn Boyer hatte die Zusage für Auftragsfertigung von der großangelegten Rückführung der ehemaligen Belegschaftsangehörigen abhängig gemacht, die in Deutschland als Kriegsgefangene oder – unter anderem bei Continental – als Zwangsarbeiter eingesetzt waren. Dazu kam die Regelung der Preise und Kosten, verbunden mit komplizierten Gewinnkalkulationen, die Goodrich, aber mehr noch Continental, einen ordentlichen Überschuss verschaffen würden.[494] Nicht zuletzt galt es aber, erfolgreich den Kampf mit der Rüstungsbürokratie zu bestehen und sich die Genehmigungen der zahlreichen deutschen Stellen in Berlin wie Paris einzuholen, die bei Verlagerungsaufträgen involviert waren: die Zentralauftragsstelle (ZAST), die Wehrmacht-Preisprüfungsstelle, die Preisprüfungsstelle beim Militär-Befehlshaber Frankreich, ganz zu schweigen von der Reichsstelle für Kautschuk und dem RWM.[495]

---

493 Ebd.

494 Vgl. Notiz über die Verhandlungen mit Goodrich zu den Auftragsverlagerungen vom 20.4.1942, in: CUA, 6620 Zg. 1/70, A 20.

495 Vgl. ebd. Zum System der Auftragsverlagerungen vgl. Streb, Das Reichswirtschaftsministerium im Kriege, S. 605 ff., sowie zu den ähnlichen Problemen, mit denen auch andere Unternehmen wie die AFA in Frankreich diesbezüglich zu kämpfen hatten, Scholtyseck, Der Aufstieg der Quandts, S. 497 ff.

Jenseits der rüstungsbezogenen Verlagerungsaufträge äußerte Continental Goodrich gegenüber jedoch auch den Wunsch einer angemessenen Beteiligung an der zivilen Bedarfsdeckung des französischen Marktes; in Hannover dachte man dabei an einen garantierten Marktanteil von fünf bis zehn Prozent, wofür bei Goodrich ein entsprechender Teil der Produktionskapazitäten freigehalten werden mussten.[496] Ende Mai 1942 waren die kaufmännischen Verhandlungen mit Goodrich endlich beendet, auch die technischen Formalitäten mit den Berliner und Pariser Behörden geklärt und die Finanzierungsfrage weitgehend vorbereitet, so dass einem sofortigen Beginn der Auftragsverlagerung nichts mehr im Weg stand.[497]

Doch was fehlte, waren ausreichende Arbeitskräfte. Eine Reihe von Technikern, Ingenieuren und anderen qualifizierten Arbeitskräften, insgesamt 16 Goodrich-Leute, war zwar inzwischen zu einer fünfwöchigen Ausbildung in Hannover, wo sie, obschon auf der Basis eines von den französischen Zwangsarbeitern gänzlich verschiedenen Arbeitsstatus, im Wesentlichen wie diese in Wohnbaracken und Privatunterkünften untergebracht wurden und auch dieselbe Verpflegung erhielten. Angelernte oder auch ungelernte Arbeitskräfte vor Ort in und um Colombes waren jedoch nicht zu bekommen. Selbst durch Angebot hoher Löhne und Prämien gebe es, so Boyer, praktisch keine Chance, neue Kräfte zu rekrutieren, vor allem seit Sauckel mit seinen rigorosen Maßnahmen der Zwangsarbeitererfassung und Deportation ins Deutsche Reich zusätzlich für eine akute Knappheit auf dem französischen Arbeitsmarkt gesorgt hatte.[498] In Hannover sah man das jedoch als vordergründige und von allen betroffenen französischen Unternehmen vorgeschobene Ausrede an. Der für die Auslandswerke zuständige Vorstand Schmelz empfahl, zunächst einen Ingenieur aus Hannover nach Colombes zu schicken, um vor Ort die tatsächliche Arbeitskräftesituation zu überprüfen. Gegebenenfalls müsste man mit den zuständigen Dienststellen des Militärbefehlshabers in Paris Fühlung nehmen, die dann entweder für Arbeitskräfte sorgen müssten oder Goodrich auf andere Weise zur Durchführung des erteilten Verlagerungsauftrages „anhalten" würden. „Wenn wir das Material erst heraussenden, nachdem die Arbeiterfrage von der Goodrich geklärt ist", schrieb Schmelz, „würde es vermutlich noch sehr lange dauern, bis wir die ersten Verlagerungsreifen nach hier zurückbekommen. Ich bin

---

496 Vgl. Notiz über die Verhandlungen mit Goodrich zu den Auftragsverlagerungen vom 20.4.1942, in: CUA, 6620 Zg. 1/70, A 20.

497 Vgl. Notiz Schmelz vom 22.5.1942 sowie auch das Genehmigungsschreiben der ZAST vom 16.5.1942, in: CUA, 6525 Zg. 1/65, A 169.

498 Vgl. Schreiben Boyer an Continental vom 16.5.1942, in: ebd.

daher unbedingt dafür, der Goodrich das Material auf den Hals zu schicken, damit die Verlagerungssache in Gang kommt."[499]

Die fehlenden Arbeitskräfte waren aber nicht das einzige Problem. Für erhebliche Verzögerungen sorgten auch die verspäteten oder ganz ausbleibenden Zuteilungen von Bezugsscheinen durch die französischen Behörden, deren Verhalten nachgerade Züge einer bewussten Obstruktion trugen.[500] Vor allem aber waren zwischen Ende April und Ende Mai 1942 die ersten Luftangriffe auf Goodrich-Colombes erfolgt. Sie hatten zunächst nur Teile der Fertigungs- und Lageranlagen zerstört, doch der zweite Angriff am 30. Mai 1942 sorgte für eine totale Zerstörung der Goodrich-Werke, wie Könecke am 1. Juni 1942 spürbar geschockt notierte.[501] An eine Fertigung vor Ort, geschweige denn eine Auftragsverlagerung, war erst einmal nicht mehr zu denken. Die Maschinen waren zwar größtenteils erhalten geblieben, aber das Gelände selbst war unbenutzbar, so dass frühestens in drei bis vier Monaten nach Verlegung des gesamten Betriebes an andere Stelle mit der Wiederaufnahme der Reifenfertigung gerechnet werden konnte. „Die Stimmung bei der französischen Industrie für die Zusammenarbeit und Intensivierung der Verträge ist nicht besser geworden", notierte Könecke nach einem Besuch in Paris und auch in der Fabrik in Colombes Mitte Juni 1942. „Die Situation erhellt sich daraus, dass statt der von Sauckel geforderten 300 000 Franzosen für den deutschen Arbeitseinsatz sich etwa 3500 bisher gemeldet haben."[502] Könecke wie Boyer setzten demgegenüber offenbar noch immer auf eine weitestgehende freiwillige und bilateral ausgehandelte Verschiebung von Arbeitskräften von Goodrich-Colombes nach Hannover, zumal der Betrieb nach der Bombardierung weitgehend stilllag. „Grundsätzlich herrscht Bereitwilligkeit bei Goodrich, uns von ihren Stammarbeitern – etwa 200 Leute – abzugeben", notierte Könecke. Allerdings gebe es dafür immer größere Hindernisse auch dergestalt, dass die Betroffenen immer größeren Stigmatisierungen und Anfeindungen ausgesetzt seien und ihnen spätere kommunistische Rache angedroht werde.[503]

Trotz der praktisch ruhenden Produktion war es Könecke jedoch gelungen, bei den deutschen Behörden die Beibehaltung des Buna-Kontingents für Goodrich durchzusetzen, und auch der Feindvermögens-Verwalter in Paris erklärte sich bereit, weitere vier Wochen mit der geplanten Sequestrierung von Goodrich

---

499 Ebd.

500 Vgl. die ständigen Beschwerden Boyers über die in seinen Augen gezielte Benachteiligung seines Unternehmens durch die diversen Stellen, u. a. vom 17.2.1943, in: CUA, 6525 Zg. 1/56, A 24,1.

501 Vgl. Notiz Könecke vom 1.6.1942, in: CUA, 6525 Zg. 1/56, A 30,2.

502 Notiz Könecke vom 22.6.1942, in: CUA, 6620 Zg. 1/70, A 12.

503 Ebd.

zu warten, das inzwischen das letzte amerikanische Großunternehmen in Frankreich war, das noch nicht den Feindvermögensanordnungen unterworfen worden war. Außer bei Enteisern und Schläuchen war nach wie vor nicht mit einer Wiederaufnahme der Fertigung zu rechnen, die Reifenfabrikation und das für Goodrich aufgestellte Produktions-Soll wurden auf die noch weitgehend unzerstörten Fabriken von Michelin und Dunlop-Montlucon verschoben, wofür diese allerdings die gleichzeitige Überführung von mindestens 150 Goodrich-Arbeitern forderten. „Im ganzen steht Boyer, der sehr nervös ist und erklärt, dass er sich augenblicklich zwischen Bombenangriffen der Engländer, der sturen Haltung der Amerikaner und unserer Forderung auf Aktienübereignung gegenüber befindet, auf dem Standpunkt, dass in den kommenden Wochen noch weitere Bombenangriffe erfolgen“.[504]

In der Folgezeit gelang dennoch, auch unter tatkräftiger Hilfestellung durch Continental, zumindest die rudimentäre Wiederingangsetzung der Produktion in Colombes. Gleichzeitig ging im Juli „eine neue Equipe von Goodrich-Arbeitern und -Meistern bzw. -Technikern nach Hannover ab“.[505] Boyer versuchte dabei zu erreichen, dass diese nur für kurzfristige Arbeitsverhältnisse von maximal zwei Monaten nach Hannover reisten und als „Lehrgruppe“ und Arbeitskommando im Zuge der technischen Hilfeleistung durch Continental auch bei der Verpflegung wie Unterkunft bessere Bedingungen erhielten als „normale“ Zwangsarbeiter.[506] Die absurde Ambivalenz und große Widersprüchlichkeit der Continental-Politik, auf der einen Seite fertigungstechnische, maschinelle und chemische Unterstützung zu gewähren, auf der anderen Seite aber gleichzeitig erhebliche Teile der Goodrich-Belegschaft nach Hannover abzuziehen, machten sich Könecke und seine Vorstandskollegen offenbar nicht bewusst.

Ungeachtet der Lage in Colombes wurde Goodrich Ende Juli nun auch von Seiten des OKH mit einem großen Verlagerungsauftrag konfrontiert, der die Herstellung von knapp 600 000 Panzerketten-Polstern vorsah, und Continental war damit eng einbezogen, da es für das nötige fertigungstechnische Know-how bei Goodrich zu sorgen hatte.[507] Dazu verfolgte Boyer von sich aus im Herbst 1942 die Idee, eine kleine Fertigung von Fahrraddecken aufzuziehen, wofür er bei Continental um die Bereitstellung von Know-how und Maschinen bat. Die Arbeitskräftelage spielte dabei plötzlich keine Rolle mehr, da, so die Haltung des Goodrich-Betriebsleiters, dafür überwiegend Frauen vorgesehen waren, „die sie genug haben könnten“, wie Fertigungsvorstand Weber anlässlich eines

---

504 Ebd.
505 Notiz Könecke vom 30.7.1942, in: ebd.
506 Vgl. das Schreiben von Weber an Boyer vom 2.9.1942, in: CUA, 6525 Zg. 1/65, A 169.
507 Vgl. das Schreiben des OKH an Continental vom 6.8.1942, in: CUA, 6525 Zg. 1/56, A 36.

Besuchs in Colombes Ende Oktober notierte.[508] Boyer verfolgte mit der Fahrradreifenfertigung allein das Ziel, die künftig täglich hergestellten ca. 200 Reifen als Tauschobjekte für die Beschaffung von Lebensmitteln und anderen Waren zu verwenden, die auf dem offiziellen bezugsscheinregulierten Markt nicht erhältlich waren, und damit vor allem die Kantinenversorgung des Unternehmens sicherzustellen. Könecke dagegen nahm dies, kaum dass er davon erfahren hatte, zum Anlass, sofort ein größeres Verlagerungsprojekt von 2000 bis 3000 Fahrradreifen pro Tag für Continental vorzuschlagen.[509] Im Februar 1943 war der Wiederaufbau von Goodrich-Colombes tatsächlich so weit fortgeschritten, dass dort auch wieder die Reifenproduktion anlaufen konnte und Boyer sich darum bemühte, die Buna-Prozentsätze rasch zu erhöhen, die mit Continental-Hilfe bereits 80 Prozent erreicht hatten.[510] Auch die Auftragsfertigung von Laufradbandagen für Panzer durch das OKH war inzwischen, allerdings erst noch versuchsweise, angelaufen. Die nach Hannover geschickten und auch vom Heereswaffen- und -prüfamt in Paris untersuchten Laufbandagen zeigten jedoch erhebliche Qualitätsmängel, wofür das OKH, das sich die Auftragsproduktion kriegswichtiger Artikel bei der französischen Industrie erheblich leichter vorgestellt hatte, auch Continental verantwortlich machte, das bei der Versuchsanfertigung in Frankreich durch das dortige Büro der Pneumac die Führung hatte.[511] Auch die von Goodrich im Juli zur Bereifung von 300 neuen Citroën-Lkw hergestellten Laufdecken wiesen, wie die deutschen Wehrmachtbehörden monierten, massive Mängel auf, so dass bereits nach 600 km in erheblichem Umfang Leinwandbrüche auftraten. Continental schickte daher aus Hannover einen Fertigungsingenieur nach Paris bzw. Colombes, um die Probleme abzustellen.

Die wirtschaftliche Situation in Frankreich wie auch die allgemeine Stimmungslage hatten sich allerdings im Sommer 1943 deutlich zuungunsten der deutschen Besatzer verschlechtert, was auch Continental zu spüren kam. Nicht nur, dass Boyer und Goodrich-Colombes inzwischen mit deutlich größerem Selbstbewusstsein agierten und sich auch gegenüber Continental spürbar distanzierter verhielten. Die Firmenleitung verlangte etwa – mit deutlichem Blick auf die Nachkriegszeit – umfassende Informationen über Tankauskleidungen, was man in Hannover zunächst abgelehnt hatte, sich dann aber, um zu vermeiden, dass sich Goodrich in diesem Fall an einen deutschen Konkurrenten wand-

---

508 Aktennotiz Weber vom 20.10.1942, in: CUA, 6525 Zg. 1/65, A 169.

509 Vgl. ebd.

510 Vgl. Schreiben Boyer an Weber vom 17.2.1943, in: CUA, 6525 Zg. 1/56, A 24,1.

511 Vgl. Schriftwechsel zwischen dem OKH in Paris und der Pneumac vom März 1943 sowie den langen Bericht der Pneumac an das Büro Auslandsfabriken nach Hannover vom 9.3.1943, in: ebd. Ähnliche Probleme hatte allerdings auch Phoenix bei der Paulstra S. A. Vgl. Schreiben des OKH an Phoenix vom 9.10.1943, in: CUA, 6525 Zg. 1/56, A 24,1.

te, doch zu Hilfestellungen bereit erklärte. Boyer forderte zudem im August 1943 eine Stundung der Lizenzzahlungen, obwohl das Unternehmen von den vielen und von Continental inzwischen nicht mehr zu übersehenden Unterlizenznehmern pro Monat höhere Lizenzeinnahmen verbuchte, als die eigene monatliche Lizenzgebühr von Goodrich-Colombes betrug.

Die Fertigungskapazitäten der französischen Gummi- und Reifenindustrie insgesamt waren unter anderem infolge einer weitgehenden Zerstörung der Dunlop-Fabrik in Montlucon nach Bombenangriffen erheblich geschrumpft; die noch im Herbst 1942 von den deutschen Behörden verfolgten hochfliegenden Pläne zur Errichtung einer eigenen neuen Buna-Fabrik für 12 000 Jahrestonnen im Süden Frankreichs waren längst stecken geblieben und auch mit Michelin hatten die deutschen Behörden mehr denn je Probleme. Puiseux, der inzwischen wieder bei den offiziellen deutsch-französischen Kautschukverhandlungen im Frühjahr 1943 aufgetaucht war, an denen übrigens auch Boyer für Goodrich-Colombes teilnahm und bei denen Albert Schäfer von Phoenix in Vertretung des erkrankten Könecke die Verhandlungen führte, versuchte nach wie vor jegliche Vereinbarungen zu torpedieren.[512] Die deutschen Behörden warfen Michelin inzwischen offen vor, die auferlegten Produktionsprogramme zu sabotieren, was man allerdings vermutlich etwas differenzierter gesehen hätte, wenn man die besondere Unternehmenskultur von Michelin gekannt und begriffen hätte. Man dürfe bei Michelin nie außer Acht lassen, hatte bereits eines der französischen Delegationsmitglieder den deutschen Verhandlungspartnern gegenüber erklärt, dass diese Firma seit jeher den Standpunkt vertrete, den besten Reifen der Welt herzustellen, und daher durch nichts dazu zu bewegen sei, die erzeugte Menge auf Kosten der Qualität zu vergrößern.[513] Für eine erhebliche Anspannung der Situation hatte zudem die Verhaftung von Marcel Michelin, dem Sohn des Firmenmitgründers André Michelin, und dessen Sohn Jacques im August 1943 als Resistance-Kämpfer im Juli 1943 in Clermont-Ferrand durch den SD und die Deportation von Marcel Michelin ins KZ Buchenwald gesorgt, wo er noch vor Kriegsende 1945 umkommen sollte.[514] Die Besprechungen

---

512 Vgl. Protokoll der Sitzung der deutsch-französischen Delegationen vom 14./15.4.1943 in Heidelberg, in: CUA, 6525 Zg 1/56 A 44 und A 51, sowie aus persönlicher Perspektive Puiseux, Souvenirs, S. 205–211.

513 Bericht des Generalsekretärs der Arbeitsgemeinschaft für Kautschuk vom 6.12.1943, in: CUA, 6525 Zg. 1/56, A 51. Auch Lottman kommt zu dem Urteil, „that the firm continued to produce only the best tyres, in order to preserve its reputation [...] There was no sabotage inside the factory." Herbert R. Lottman, The Michelin Men. Driving an Empire, London 2003, S. 185.

514 Vgl. den Schriftwechsel zur Verhaftung zwischen dem SD und dem deutschen Oberbefehlshaber West in Vichy, der aufgrund des schlechten Gesundheitszustandes des Großindustriellen um eine entsprechende Unterbringung bat, in: BArch R 70-Frankreich, Nr. 27.

mit dem neuen Kriegsverwaltungs-Vizechef Jehle, der Feindvermögensverwaltung und auch mit Boyer, zu denen Könecke Ende September 1943 nach Paris reiste, standen daher unter keinem guten Stern.[515] Boyer, der aufgrund der erheblichen Kriegszerstörungs- und Wiederaufbaukosten in Höhe von 100 Mio. ffr inzwischen für die weitgehend illiquide Goodrich um das finanzielle Überleben kämpfte, bat Continental um einen größeren Kredit, den Könecke jedoch an die Bedingung des Verkaufs von Aktien knüpfte und damit ablehnte. Er hielt dazu fest:

> Boyer betont nach wie vor die vorliegende Ungerechtigkeit in der Behandlung von Michelin, die besser sei als die der anderen Fabriken. Michelin betonte nach wie vor, dass er der einzige sei, der standhaft die Kontrolle der Deutschen ablehnte; Michelin diskreditiere nach wie vor durch seine Propaganda den Buna usw. Ich habe hierüber mit Jehle gesprochen, der aber keine Möglichkeit des Einschreitens angesichts der notwendigen Produktionskapazität von Michelin sieht.[516]

Im November 1943 hatte Goodrich-Colombes stolz die erfolgreiche Umstellung der Reifenproduktion auf 100-prozentige Buna-Mischungen verkündet, allerdings zeigten sich dabei, wie die deutschen Behörden schnell merkten, erhebliche Mängel. Continental-Produktionsvorstand Weber erhielt denn auch umgehend von Eckell einen deutlichen Rüffel, die Hilfs- und Beratungsleistungen gegenüber Goodrich ernster zu nehmen und für umgehende Abhilfe zu sorgen.[517] Weber reiste daraufhin Ende November selbst nach Colombes und brachte dabei die neuesten Mischrezepturen aus Hannover mit, die tatsächlich für eine schnelle Qualitätssteigerung sorgten.[518] Goodrich fertigte inzwischen wieder 400 bis 500 Lkw-Reifen pro Tag, die Arbeitsleistung lag jedoch deutlich unter den in Hannover erreichten Normen. Bei den deutschen Behörden gab es im Frühjahr 1944 ungeachtet der sich allenthalben verschlechternden Lage wieder Pläne zu großangelegten Verlagerungsaufträgen in der Gummi- und Reifenfertigung im Umfang von 400 Monatstonnen.[519] Schon angesichts der desolaten Versorgung mit Rohstoffen war dies aber utopisch. Und die französischen Unternehmen stellten sich bereits auf die Nachkriegszeit ohne deutsche Oberhoheit ein. „Michelin kehrt nach wie vor den nationalen, uns klar ablehnenden Standpunkt hervor und will sich damit bei der französischen Kundschaft für die Nachkriegszeit empfehlen", schrieb der Pneumac-Vertreter in seinem Monatsbericht für Mai 1944 nach Hannover.[520]

---

515 Vgl. Aktennotiz Könecke vom 5.10.1943, in: CUA, 6620 Zg. 1/70, A 20.
516 Ebd.
517 Vgl. Schreiben Eckells an Weber vom 13.11.1943, in: CUA, 6525 Zg. 1/56, A 24,1.
518 Vgl. den detaillierten Besuchsbericht Webers vom 7.12.1943, in: ebd.
519 Vgl. Aktennotiz Könecke über Paris-Reise vom 18.2.1944, in: CUA, 6620 Zg. 1/70, A 9.

Und Boyer verlangte plötzlich von Könecke die Überlassung von Rezepturen zur Herstellung von Tennisbällen. Kurz zuvor hatten erneute Bombardierungen dafür gesorgt, dass auch die Michelin-Fabriken und erneut Goodrich-Colombes schwer zerstört wurden und die Produktion in der französischen Gummi- und Reifenindustrie praktisch vollständig zum Erliegen kam.[521] Von den hochfliegenden, sowohl langfristig-strategischen wie kurzfristig verlagerungspolitischen Plänen von Continental in Bezug auf Goodrich-Colombes war nichts mehr übriggeblieben. Die Realität der Beteiligungspolitik sah ganz anders aus, als es sich Könecke erhofft und erwartet hatte. Letztlich blieb nur der Profit aus den Lizenzzahlungen von Goodrich, die jedoch, da sie von der verarbeiteten Buna-Menge abhängig waren, gleichfalls erheblich niedriger ausfielen, als es sich die Finanzleute in Hannover ausgerechnet hatten. Insgesamt flossen Continental umgerechnet knapp 400 000 RM an Lizenzzahlungen aus Frankreich zu, von denen allerdings der größte Teil vertragsgemäß auf dem Sonderkonto in Frankreich festlag und damit bei Kriegsende faktisch verloren war.[522] Dazu kamen weitere 540 000 RM an Unterlizenzgebühren allein von Michelin.

Das Verhalten Michelins ist später als heroisches Bespiel des Widerstands der französischen Industrie gefeiert worden; es war eine einsame Ausnahme im Land, gleichzeitig aber, wie gesehen, exemplarisch für die Grenzen der Instrumentalisierungs- und Besatzungspolitik, an die zumindest die deutschen Kautschukunternehmen in den besetzten Ländern stießen. Otto A. Friedrich wie Albert Schäfer haben später immer betont, dass die auf Betreiben der Reichsstelle Kautschuk sowie des Reichsamtes für Wirtschaftsausbau bzw. des RWM mit den Kautschukunternehmen in den besetzten oder verbündeten Ländern abgeschlossenen Lizenzverträge, allen voran in Frankreich, an deren Zustandekommen Friedrich als Rohstoff-Manager des NS-Staates für den Kautschukbereich maßgeblich Anteil hatte, einvernehmlich mit den betroffenen Unternehmen sowie fair und unter Wahrung friedensmäßiger Rechtsgrundsätze erfolgt seien.[523] Der Begriff der Treuhänderschaft suggerierte dabei Respektierung aller Eigentums- und Verfügungsrechte der unter Beratung genommenen Unternehmen. Tatsächlich konnte man jedoch unabhängig vom Vertragstext den betroffenen Firmenleitungen mit der geballten Macht des Besatzers, Rohstofflieferanten,

520 Bericht vom 3.6.1944, in: CUA, 6714 versch. Zg., A 23.
521 Vgl. den entsprechenden Bericht von Otto A. Friedrich auf der Sitzung der Reika vom 17.5.1944, in: CUA, 6725 Zg. 1/57, A 2,5.
522 Vgl. zu den Lizenzzahlungen die laufende Berichterstattung Continentals an die Devisenstelle Hannover in: NLA HA Hann. 210, Acc. 2003/087, Nr. 49, sowie die Aufstellung der Export-Conti vom 11.12.1944, in: CUA, 6525 Zg. 1/56, A 24,1. Siehe auch die Bilanzen der Pneumac, Paris, für 1940 bis 1943, in: CUA, 6600 Zg. 1/56, A 40.
523 So die Darstellung in: Samhaber, Hundert Jahre, S. 36.

Technologieführers und auch des Abnehmers entgegentreten und die Bedingungen diktieren.[524] Continentals Aktivitäten in Frankreich, insbesondere die Kooperation mit Goodrich-Colombes, wirft ein kleines, aber typisches Schlaglicht auf die vielfältigen Mechanismen, mittels derer die französische Industrie auf die deutschen kriegswirtschaftlichen Bedürfnisse ausgerichtet wurde. Letztlich wurde auch Michelin trotz aller Resistenz gezwungen, seine Produktion in den Dienst der deutschen Kriegswirtschaft zu stellen.[525] Der Unternehmensleiter von Goodrich-Colombes, Boyer, attestierte Könecke allerdings später in einem Entlastungsschreiben, dass es allein dem Einschreiten von Continental zu verdanken gewesen sei, dass die Fabrik nicht enteignet und geschlossen worden war.[526] Die vielfältigen und letztendlich – mit einziger Ausnahme hinsichtlich Vredestein – vergeblichen Versuche von Continental, Kapitalbeteiligungen und damit direkten Einfluss in den lizenznehmenden Firmen zu erreichen, Fertigungsaufträge zu verlagern oder Fertigungskapazitäten in Beschlag nehmen zu können, zeigen, dass es für das Unternehmen bei seinen Auslandsaktivitäten im Krieg nicht möglich war, ein einfaches Besatzungsregime und Ausbeutungssystem zu praktizieren, sondern man im Gegenteil mit erheblichen Widerständen zu kämpfen hatte. Dennoch waren Continental und Phoenix in ihrer Rolle als Patronats- und Beratungsfirmen Teil der vielgestaltigen Okkupations- und Beherrschungsmaßnahmen des NS-Regimes. Der größte Gewinn für Continental war denn auch nicht materieller Art gewesen, sondern der kostenlose Zugang zu dem umfangreichen Prozess- und Produkt-Know-how von Michelin in Brüssel; inwieweit sich dies auch für Phoenix und Pirelli über die Betreuung der Mi-

---

524 So auch die Argumentation von Gotthardt, Die politische Geschichte, S. 16. Vgl. auch Marcel Boldorf, Forced Collaboration, Entrepreneurial Strategies, and their Long-term Effects in France, in: Jonas Scherner, Eugene White (Hrsg.), Paying for Hitler's War: The Consequences of Nazi Hegemony for Europe, Cambridge 2016, S. 126–139.

525 Vgl. Lacroix-Riz, Industriels et Banquiers, S. 118, wo die bezeichnende Antwort von Puiseux vom Oktober 1941 auf den Vorwurf der fehlenden Kooperationsbereitschaft gegenüber den Deutschen zitiert wird: „J'appelle ‚collaboration' le fait de faire des pneus dont la grosse majorité va en Allemagne, soit directement à la Wehrmacht, soit par le GBK. C'est ce que nous avons fait depuis un an." Vgl. zur Frage von Art und Umfang von Kollaboration und Resistance bei Michelin auch Lottman, The Michelin Men, S. 176 ff., 185 f., sowie Dumond, L'épopée Bibendum, S. 131 ff.

526 Vgl. das Schreiben Boyers an Könecke vom 4.2.1947, in: NLA HA Nds. 171 Hannover Nr. 32086. Darin würdigte Boyer explizit auch die Bemühungen Köneckes, das Los der nach Deutschland deportierten oder als Kriegsgefangene bei Continental eingesetzten Goodrich-Arbeiter zu erleichtern.

chelin-Fabriken in Prag bzw. Turin ergeben hat, lässt sich nicht sagen.[527] Vor allem aber galt: So mühsam und langwierig tatsächlich Beteiligungs- und Beherrschungsnetzwerke in den besetzten und verbündeten Ländern aufgebaut worden waren, so schnell zerbrachen und verschwanden diese transnationalen Fertigungsstrukturen und Netzwerke im Gefolge der Kriegsereignisse 1944/45.

5 Die letzten Kriegsmonate: Implosion der Rüstungsproduktion im In- und Ausland, Verlagerungsmanagement und Zersplitterung der Unternehmensstrukturen

Das weitgespannte Fertigungs- und Vertriebsnetzwerk von Continental implodierte innerhalb nur weniger Wochen. Nicht nur die Auslandswerke, gleich ob in den ehemals besetzten oder verbündeten Ländern, mussten Hals über Kopf verlassen werden, auch die heimischen Werke in Hannover versanken im Bombenhagel der Luftangriffe vielfach in Schutt und Asche. Der erste Auslandsposten, der von den Continental-Ingenieuren aufgegeben werden musste, war die Banloc in Rumänien gewesen. Am 23. August 1944 schloss das Land einen Waffenstillstand mit den Alliierten, woraufhin Werksleiter Baddenhausen schon am nächsten Tag die abenteuerliche, am Ende jedoch gelungene Heimreise nach Hannover antrat.[528] Erhebliche Mengen an Rohstoffen und ca. 1000 Continental-Reifen sowie anderes Continental-Eigentum mussten zurückgelassen werden, und auch die Rezepte und Spezifikationsunterlagen, die ausgelagert worden waren, konnten aufgrund der fluchtartigen Rückkreise des Continental-Personals nicht mehr unbrauchbar gemacht werden. Die rumänische Belegschaft, sowohl Arbeiter wie Angestellte, aber auch der rumänische Abnahme-Offizier zeigten sich dabei gegenüber den Deutschen durchaus freundschaftlich.[529]

---

527 Continental hatte im Übrigen im Dezember 1941 auch mit einer kleinen Fabrik im Bereich technischer Gummiwaren, der Société Franco-Belge du Caoutchouc-Mousse, einen Patentnutzungsvertrag abgeschlossen, der die Nutzung des dort entwickelten und den eigenen Verfahren deutlich überlegenen Zellkautschuks eröffnete. Dieser hatte gegenüber dem bisher eingesetzten Schwamm- und Moosgummi erhebliche Vorteile, u. a. im U-Bootbau. Vgl. Schreiben Continental an das RWM vom 3.12.1941, in: CUA, 6600 Zg. 1/56, A 32.
528 Vgl. Bericht Baddenhausen über die Abschlussarbeiten bei der Firma Banloc vom 15.9.1944, in: CUA, 6620 Zg. 1/70, A 19, sowie Zeitzeugeninterview Baddenhausen Transkript von 1970, S. 8, in: CUA, ohne Signatur.
529 Der Continental-Vertreter Woblick in Bukarest hatte dabei weniger Glück. Er konnte nicht mehr rechtzeitig abreisen, sondern musste zunächst noch die massiven deutschen Bombardements von Bukarest erleben, wurde dann verhaftet und sollte schließlich erst Ende Dezember 1949 nach Deutschland zurückkehren können. Vgl. den ausführlichen Schlussbericht Rumänien vom Januar 1950, in: CUA, 6714 Zg. 2/58, A 1. In den neutralen Ländern Schweden und

Nur wenige Tage später, Anfang September 1944, begann auch der Rückzug Continentals aus Belgien und den Niederlanden. Am 12. September erhielt das Unternehmen vom deutschen Bevollmächtigten beim Reichsbüro für Kautschuk sowie dem Beauftragten für Rüstung und Kriegsproduktion beim Reichskommissar in Amsterdam die Anordnung, die Werke 's-Hertogenbosch und der Rufay schnellstmöglich zu räumen und die Maschinen, Fertigwaren und Rohstoffe nach Hannover zu überführen.[530] Zu diesem Zeitpunkt hatte eine hektische Operation zur Organisation des Rücktransports der Continental gehörenden Maschinen, Werkzeuge, Rohmaterialien sowie Halb- und Fertigfabrikate bereits eingesetzt, unter anderem mit Hilfe eines requirierten Schiffs. Die Rüstungsinspektion Niederlande ordnete auch an, „alle Motoren des Werkes, die Eigentum der Firma Michelin sind, auszubauen und der Schiffsladung beizufügen.“[531] Eigentlich war eine formelle Übergabe der Fabrik mit einem holländischen Prokuristen aus dem noch in Amsterdam residierenden Michelin-Büro vorgesehen. Beim Abtransport der Materialien waren die Continental-Leute weitgehend auf sich allein gestellt gewesen, da sich von den deutschen Behörden angesichts der chaotischen Lage niemand mehr verantwortlich fühlte. „Nur durch unsere persönlichen Erkundigungen bei durchziehenden Truppen erfuhren wir von den schnell auf uns zukommenden Ereignissen“, hieß es dazu in einem Bericht nach Hannover.[532]

In Vorwegnahme der Entwicklungen hatte sich die Fabrikleitung bereits Mitte August bei der Rüstungsinspektion um die Bereitstellung von entsprechendem Transportraum und Eisenbahnwaggons bemüht, was jedoch abgelehnt worden war. Auf eigene Faust entschloss man sich daher, die Fabrik am 3. September stillzulegen und einen von den Militärbehörden schon früher angekündigten Plan zur Sprengung der Fabrik zu ignorieren.[533] Ein Großteil der holländischen Belegschaft, der man im Voraus 14 Tage Lohn ausgezahlt hatte, kam aufgrund der zerstörten Bahnstrecken und Straßen bereits nicht mehr zur

---

Schweiz hatte sich Continental bereits im März 1944 verstärkten Aktivitäten der amerikanischen Konkurrenten, allen voran Firestone, gegenübergesehen, die die Reifenhändler in einem Rundschreiben mit dem Titel „Nachkriegszeit!“ zu rechtzeitigen Orders aufgerufen hatten, „als ob“, wie die Export-Conti-Vertreter in Zürich konsterniert notierten, „der Friede schon ausgebrochen wäre.“ Vgl. Schreiben Conti-Zürich nach Hannover vom 9.3.1944, im Anhang auch das Rundschreiben, sowie Schreiben Conti-Stockholm nach Hannover vom 29.3.1944, in: CUA, 6714 versch. Zg. A 19.

530 Vgl. das Schreiben vom 12.9.1944, in: CUA, 6714 Zg. 2/58, A 2.

531 Bericht der Werksleitung in 's-Hertogenbosch an die Rüstungsinspektion Niederlande vom 4.10.1944, in: ebd.

532 Kurzbericht vom 7.9.1944, in: ebd.

533 Vgl. den Bericht der Werksleitung vom 7.9.1944, in dem die Dramatik der damaligen Ereignisse detailliert geschildert wurde, in: ebd.

Arbeit und wurde formell entlassen. Am 4. September wurden dann die vier deutschen Frauen, die in 's-Hertogenbosch noch als Aufsichts- und Anlernarbeitskräfte tätig waren, mit dem letzten nach Deutschland fahrenden Zug zurückgebracht. Am Tag darauf – „nachdem um halb acht Uhr morgens die KZ-Häftlingen von SS-Einheiten noch Hals über Kopf im Lastwagen abgeholt [worden waren]" und von den abziehenden Wehrmachtsteilen eine Reihe von Gebäuden in unmittelbarer Nähe der Fabrik in die Luft gesprengt wurden – machten sich auch die verbliebenen drei Continental-Leute auf den Rückweg nach Hannover, wo sie am Tag darauf eintrafen.[534] Im Werk blieb nur eine kleine Gruppe holländischer Angestellter zurück, die die Continental-Ingenieure mit der Übergabe an den Michelin-Vertreter beauftragt hatten.[535] Der Abtransport von zwei vor der Fabrik stehenden und mit Materialien beladenen Waggons kam nicht mehr zustande. Die auf das Schiff verladenen Rohmaterialien und Buna-Mischungen trafen jedoch nach einer Irrfahrt Mitte Oktober 1944 zumindest teilweise im Werk Limmer ein. Der Pachtvertrag wurde zudem formal zum Ende Dezember 1944 gegenüber den deutschen Behörden gekündigt. Auch aus der Gummi- und Reifenfabrik Vredestein erfolgten Mitte September 1944 per Waggons und Schiff eine Reihe von Rückverlagerungstransporte von Halb- und Fertigprodukten im Wert von 113 733 hfl nach Hannover.[536]

Auch in Belgien wurde Continental von den sich überstürzenden Ereignissen überrascht. Nachdem am 1. September 1944 ein Großteil der Belegschaft nicht mehr zur Arbeit in der Fabrik in Zuen erschienen war und sich vor allem eine zunehmend feindliche Stimmung der Bevölkerung bemerkbar gemacht hatte, stoppte die Werksleitung am 2. September die Produktion. Sie handelte dabei entgegen den ausdrücklichen Befehlen der Rüstungsstellen, die ein Weiterarbeiten unter allen Umständen gefordert hatten.[537] Ursprünglich war geplant gewesen, die Fabrik zu versiegeln und das zurückgebliebene belgische Verwaltungspersonal sowie den in Brüssel für Continental tätigen Schweizer Rechtsberater mit der Übergabe der Anlage zu beauftragen. Jedoch erfolgte am 3. September zunächst die Besetzung der Fabrik durch die Belegschaft und insbesondere die Plünderung der Kohlenkeller. Der Werksleiter konnte sich schließlich nur mit Mühe und unter militärischem Schutz nach Brüssel durchschlagen, von wo aus er nach Hannover zurückfuhr. Anders als in 's-Hertogen-

---

534 Ebd.

535 Vgl. die entsprechende Anordnung der Interconti Amsterdam an die Fabrikleitung in 's-Hertogenbosch vom 4.9.1944, in: CUA, 6620 Zg. 1/70, A 19.

536 Vgl. Abschlussbericht und Notiz der Interconti-Amsterdam vom 28.9.1944 sowie Notiz des Büros Auslandsfabriken vom 12. und 16.10.1944, in: CUA, 6714 Zg. 2/58, A 2.

537 Vgl. den Bericht vom 10.10.1944 zur Stilllegung der Fabrik in Zuen, in: CUA, 6620 Zg. 1/70, A 19.

bosch gelang es nicht, die Continental gehörenden Maschinen und Rohmaterialien rechtzeitig nach Hannover zurückzutransportieren, so dass erhebliche Vorräte an Buna und Mischungen sowie fertige Autoreifen zurückgelassen wurden. Auch ein noch Ende August aus Hannover mit Rohstoffen für das Werk in 's-Hertogenbosch beladener Schleppkahn konnte, unter anderem auch aufgrund der Weigerung der Schiffsbesatzung, nicht mehr rechtzeitig nach Deutschland zurückdirigiert werden. Die Continental-Leute brachten letztlich allein den Schriftwechsel und die sonstigen Verwaltungsunterlagen nach Hannover zurück, über die man immerhin den Nachweis über alle noch ausstehenden Forderungen gegenüber dem Oberkommando der Wehrmacht in Brüssel in Höhe von 2,581 Mio. Belgischen Francs in Händen hatte.[538] Gleichzeitig war die Räumung Frankreichs erfolgt, wo Continental allerdings bis auf zwei Vertreter in der Pneumac in Paris kein Personal hatte. Längst hatte auch Goodrich-Colombes seine Verbindungen zu Continental gekappt.

Auch bei Phoenix war es infolge der militärischen Entwicklungen zur hektischen Aufgabe der Auslandsfabriken gekommen. Während das Zweigwerk in Prag Ende September 1944 noch in vollem Umfang lief, war die Produktion in Riga inzwischen zum Erliegen gekommen. „Aufgrund besonderer Vorsichtsmaßnahmen war es uns jedoch möglich", berichtete Schäfer dem Aufsichtsrat, „einen großen Teil der Bestände zurückzuschaffen. Hierdurch sowie durch andere Maßnahmen konnten wir das finanzielle Risiko in Riga sehr klein halten."[539] Continental seinerseits hatte mit der Einstellung seiner Aktivitäten im Osten und dem Rückzug bereits im Sommer 1944 begonnen. Der von den Deutschen völlig unerwartete Durchbruch der Russen Ende Juli 1944 bis in die unmittelbare Nähe des Krakauer Runderneuerungsbetriebes hatte zu einer Demontage sämtlicher Maschinen – „unter Mithilfe der noch verbliebenen und nicht geflüchteten polnischen eigenen Arbeitskräfte" – geführt. Die Anlage wurde komplett ins Sudetendeutsche Mährisch-Schönberg verlegt, wo sie wieder aufgebaut wurde.[540] Auch ein Großteil der insgesamt knapp 30 polnischen Arbeitskräfte war dabei mitverlegt worden und in einem Gemeinschaftslager in einer früheren Volksschule untergebracht worden. Tatsächlich wurde daraufhin auch wieder die Runderneuerung und Reparatur von Reifen aufgenommen und bis März 1945 aufrechterhalten.[541] Zu diesem Zeitpunkt war auch die Räumung des

---

538 Vgl. ebd.
539 Bericht Schäfer vom 25.9.1944, in: HADB F 002/750.
540 Vgl. Monatsbericht Nr. 1 der Continental Mährisch-Schönberg vom 12.11.1944, in: CUA, 6620 Zg. 1/70, A 19, sowie den Bericht zur Räumung Krakaus vom 6.10.1944, in: CUA, 6714 Zg. 2/58, A 1.
541 Vgl. Monatsbericht für Februar 1945 vom 1.3.1945, in: CUA, 6714 versch. Zg., A 30.

Werks in Posen erfolgt. Bis auf die Buchführung, Bilanzunterlagen und sonstigen Verwaltungsakten hatte die deutsche Werksleitung alles zurückgelassen.[542]

Auch der Continental-Werksleiter in Krainburg musste den Betrieb fluchtartig verlassen. Im Februar 1945 war es noch gelungen, die Fabrik mit 48-stündiger Arbeitszeit zu beschäftigen, aber nachdem alle Materialreserven aufgebraucht worden waren und aus Hannover kein Nachschub mehr kam, musste der Betrieb eingestellt werden.[543] Am 7. Mai 1945 nachmittags verließ Brey dann zusammen mit allen deutschen Belegschaftsmitgliedern die Krainburger Fabrik. Dass dies so spät und im letzten Augenblick geschah, lag daran, „dass wir von den deutschen Stellen im Stich gelassen wurden und feststellen mussten, dass sie zu diesem Zeitpunkt bereits nicht mehr amtierten", notierte Brey später verbittert in seinem Abschlussbericht.[544] Der Werksleiter war von den Partisanen offenbar ausdrücklich um einen Verbleib und die weitere Führung der Fabrik gebeten worden, entschied sich dann aber zur Abreise. „Bevor ich als Letzter die Fabrik verließ, versammelte ich die Angestellten des Hauses und führte mit ihnen eine abschließende Besprechung durch. Herr Geiger und Herr Papesch wurden von mir als meine Vertreter eingesetzt bis die Fabrik in die Hände der neuen Herren des Landes überginge."[545] In einer hastig formulierten Bekanntmachung verabschiedete sich Brey auch von der übrigen einheimischen Belegschaft. „Die Fabrik wurde von uns in einer Form verlassen, die dem guten Ruf, den die Vertreter der Continental in Jugoslawien hatten, würdig war."[546] In der Fabrik hatte Brey zudem soviel Bargeld zurückgelassen, dass die Auszahlung von Gehältern und Löhnen für zwei Monate sichergestellt war.

Ziemlich unübersichtlich war auch die Lage in den übrigen Ländern. In Spanien war die Fabrik in Torrelavega offenbar trotz der Beteiligung von spanischen Aktionären vom Staat beschlagnahmt worden und zur Zwangsveräußerung an meistbietende Interessenten vorgesehen. In Italien war der für das Auslandsgeschäft zuständige und als Sonderbeauftragter für Kautschuk tätig gewesene Vorstand Gustav Schmelz auf einer Reise am 26. April 1945 in amerikanische Kriegsgefangenschaft geraten und konnte erst Mitte August 1945 wieder nach Hannover zurückkehren.[547] In Schweden schließlich liefen die vertraglichen Beziehungen zwischen Continental und Gislaved mit entsprechenden

---

542 Vgl. Jahresabschluss der Posener Gummiwerke GmbH vom 31.12.1944, in: Continental, Registratur Rechtsabteilung, Ordner Posener Gummiwerke.

543 Vgl. Bericht Breys vom 1.4.1945, in: CUA, 6620 Zg. 1/70, A 5.

544 Der Bericht vom 31.12.1945, in: ebd.

545 Ebd.

546 Ebd.

547 Vgl. Schreiben Schmelz an den Vorstand vom 16.8.1945, in: Registratur Personalabteilung, Personalakte Schmelz.

Auftragsfertigungen für die Deutschen zwar auch im Februar/März 1945 formal weiter, allerdings bemühten sich die Schweden um eine Annullierung des Lizenzvertrages, nicht zuletzt mit der Begründung, dass aus Deutschland seit Monaten kein Buna mehr geliefert worden war.[548] Gislaved betrachtete den Vertrag trotz der Weigerung von Continental daraufhin als erloschen, und Continental musste mit ansehen, wie bei Gislaved umfangreiche Fertigungsaufträge für eine Reihe amerikanischer Reifenfirmen auf der Basis amerikanischen Synthesekautschuks und amerikanischen Gewebecords anliefen, verbunden mit einer massiven Werbekampagne unter anderem von Goodyear bei den schwedischen Kunden. „Aufgrund der Gewebeänderung darf Gislaved Continental-Reifen nicht mehr herstellen, so dass unsere Fabrikation bis auf weiteres gestoppt ist", berichtete der Continental-Vertreter in Stockholm am 15. Februar 1945 nach Hannover.[549] Die Deutschen standen bald auf einer „schwarzen Liste" der schwedischen Industriekommission, die die geschäftlichen Beziehungen zu Continental verbot.

Aber nicht nur die Auslandsaktivitäten von Continental kollabierten. Auch die heimischen Fertigungsstrukturen waren einem Ausdifferenzierungs- und Auflösungsprozess unterworfen. Die ersten Verlagerungsaktionen hatten dabei eigentlich schon im Frühjahr 1941 begonnen, als auf Anordnung der Behörden zum Schutz vor etwaigen Luftangriffen Ausweichlager für Riesenluftreifen in Schlettau im sächsischen Erzgebirge sowie in Waltershausen in Thüringen und nicht zuletzt in einem Kalischacht im 20 km vom Hauptwerk entfernten Sarstedt eingerichtet wurden.[550] Das zuständige Luftverteidigungskommando hatte Könecke im Januar 1941 dazu aufgefordert, sämtliche bei Continental lagernde Gummireifen so schnell wie möglich aus der Stadt zu entfernen und dezentralisiert unterzubringen. Im März 1941 war dann die Anordnung auch auf die Rohkautschukbestände ausgedehnt worden.[551] Bis März 1942 gab es eine lange Liste von ca. 20 Lagern im näheren und weiteren Umkreis von Hannover, mit entsprechend gewachsenen Transportaufwendungen, wobei der Staat die Auslagerungskosten selbst zumindest teilweise übernahm.[552] Erst im Laufe des Jahres 1943 waren dann auch die ersten Fertigungszweige verlagert worden, und neben den eigenen Fertigungsstätten in Korbach, Nordhafen, Posen, Zuen und 's-Hertogenbosch rückten auch Produktionsverlagerungen zu kleinen Konkurrenz-

---

548 Vgl. Schreiben Aretz an Eckell vom 15.2.1945, in: CUA, 6600 Zg. 1/56, A 33.
549 Bericht zur Gislaved-Fabrikation vom 15.2.1945, in: ebd.
550 Vgl. rückblickend die Notiz von Aretz vom 14.12.1948, in: CUA, 6620 Zg. 1/70, A 27.
551 Vgl. den Schriftwechsel in: Stadtarchiv Hannover, Kriegssachschädenamt Nr. 6166.
552 Vgl. Schreiben Continental an die Preußische Regierung in Hannover vom 9.3.1942, in: ebd. Hatten die Auslagerungskosten 1941 erst 190 000 RM betragen, so waren sie bis 1943 auf knapp 330 000 RM angewachsen.

betrieben zunehmend in den Vordergrund. Die Hochdruckschläuche für Teves wurden etwa bei der Thüringer Schlauchweberei und Gummiwerk AG in Walterhausen produziert, die Flugzeugschläuche bei den Allerthaler Gummiwerken in Grasleben bei Helmstedt, verschiedene weitere technische Schläuche und auch Transportbänder fertigte die Firma Hansens Gummiwerke in Hannover-Würfel für Continental.[553] Continental musste dabei sowohl das Material wie die Arbeitskräfte stellen, was eine wachsende Zersplitterung der Belegschaft mit sich brachte, die zu den Ausweichorten abgeordnet wurden und für die dort auch entsprechende Unterkunftsmöglichkeiten bereitgestellt werden mussten.[554] Produktionsvorstand Weber hatte bei der Beratung über die Verlagerungsaktivitäten und -erfordernisse im Vorstand im August 1943 auch die Errichtung einer neuen Produktionsstätte für Flugzeugreifen in der ungefährdet geltenden Region in Schlesien vorgeschlagen, was aber nach eingehender Diskussion verworfen wurde.[555] Stattdessen wurde unter anderem der gesamte technische Formenbau mit ca. 40 Beschäftigten in eine Reihe kleinerer, zwischen 50 und 60 km von Hannover entfernter Gemeinden wie Brunkensen, Freden und Eschershausen verlegt. Bis April 1944 gab es fast 40 größere wie auch kleinere Auslagerungsstellen einzelner Fertigungszweige, die von Scheunen bis zu großen, mehrere 1000 Quadratmeter große Hallen reichten.[556]

Die Verlagerungen waren Teil der umfassenden Verlagerungspolitik, die das NS-Regime seit Juni 1943 intensiviert hatte. Von Seiten der Wehrmacht war Ende Juni 1943 der Sonderbeauftragte des Luftgaukommandos XI zu einer Besichtigung der Continental-Werke nach Hannover gekommen und hatte dringend eine Dezentralisierung und Auflockerung der Maschinen und Fertigungsbereiche angemahnt.[557] Die Continental-Führung konnte bereits auf die umfangreiche Liste bereits durchgeführter Verlagerungsmaßnahmen verweisen, vor allem in das Werk nach Posen.[558] Auf Anordnung des RWM war Continental-Vorstand Weber in seiner Funktion als Leiter der Arbeitsgemeinschaft Reifen aber zudem damit befasst worden, ein Ausweichproduktions-Programm für die gesamte Reifenbranche zu entwerfen. Mit seiner Hilfe sollten größere Produktionsstörungen bei Ausfall einzelner Reifenfabriken durch Verlagerungen zu den

---

553 Vgl. die umfangreiche Aktennotiz zu den Verlagerungen vom 6.9.1943, in: CUA, 6525 Zg. 1/ 56, A 29.

554 Vgl. zu dem damit verbundenen Verwaltungsaufwand, gerade auch im Hinblick auf die Lohnregelung sowie die Gewährung von Versetzungs- und Abordnungsgeldern, in: CUA, 65910, Zg. 1/70, A 3.

555 Vgl. Protokoll der Vorstandssitzung vom 17.8.1943, in: CUA, 6603 Zg. 3/85, A 3.

556 Vgl. die Liste vom 1.4.1944, in: ebd.

557 Vgl. Bericht zur Besichtigung vom 30.6.1943, in: CUA, 6500/1 Zg. 1/68, A 5.

558 Vgl. die Aufstellung der bereits erfolgten Verlagerungen vom 10.9.1943, in: ebd.

Konkurrenten vermieden werden.[559] Im November 1943 hatte Weber Eckell dann nach eingehenden Besichtigungen bei den größten Reifenunternehmen einen „Großen Verlagerungsplan" vorgelegt.[560]

Der Plan stand und fiel mit der Kompensation der bei weitem größten Fertigungskapazitäten bei Continental im Falle eines luftkriegsbedingten Ausfalls, und die kurz zuvor erfolgten schweren Bombenangriffe auf Hannover hatten allen Beteiligten nur zu deutlich vor Augen geführt, wie prekär und anfällig die Reifenproduktion des Deutschen Reiches war. Inwieweit jedoch eine Ausweichfertigung angesichts der nach wie vor bestehenden fertigungstechnischen Unterschiede sowie der erheblichen internen Widerstände und Bedenken bei den betroffenen Fabriken, beim Konkurrenzbetrieb fertigen zu lassen, überhaupt praktisch umsetzbar war, stand auf einem anderen Blatt. Eckell jedenfalls war von der Idee eines noch größeren, auch die französische und italienische Reifenindustrie miteinbeziehenden Verlagerungsplanes gefangen, so wie er auch die Reifenfirmen mit dem Plan zur Errichtung eines neuen, gemeinsamen Ausweichwerkes für Reifen konfrontierte.[561] Gegen das neue Einheits- und Gemeinschaftsreifenwerk gab es massiven Widerstand unter den Reifenfirmen und Könecke kostete es viel Mühe, Eckell die betriebs- wie fertigungswirtschaftlich in seinen Augen unsinnige Idee auszureden bzw. Continental bei den weiteren Planungen dazu außen vor zu lassen und dafür der deutschen Dunlop die planungstechnische Führung zuzuschieben.[562]

Das operative Geschäft des Continental-Vorstands und der leitenden Angestellten war inzwischen in erheblichem Umfang von dem komplexen Verlagerungsmanagement, dem permanenten Hin- und Hertransport von Maschinen und Arbeitskräften und dem logistischen Aufwand zur Aufrechterhaltung des zunehmend zersplitterten Fertigungsverbundes bestimmt. Mit den im Frühjahr 1944 von den Rüstungsbehörden forcierten Maßnahmen zur kompletten Untertage-Verlagerung der wichtigsten Rüstungsindustrien erfuhren diese Aktivitäten eine beispiellose Radikalisierung. Am 7. März wurde Könecke auf einer Sitzung des Kriegswirtschaftsstabes des Gaus Hannover durch Gauleiter Lauterbacher darüber informiert, dass von Berlin aus eine Verlagerung rüstungswichtiger Betriebe angeordnet worden sei und diese auf Befehl Hitlers weitestgehend in unterirdische Räume gelegt werden sollten.[563] „Auf die Psychose der Bevölkerung in kleineren Orten, dass die Neuhineinnahme solcher Fertigungen Luftan-

---

559 Vgl. Schreiben der Reika an Weber vom 3.6.1943 sowie Protokoll der Sitzung der Reifenfirmen zur Verlagerung der Reifenproduktion vom 7.8.1943, in: CUA, 6525 Zg. 1/56, A 29.
560 Vgl. Schreiben Weber an Eckell vom 29.11.1943, der detaillierte Plan im Anhang, in: ebd.
561 Vgl. Schreiben Eckell an Otto A. Friedrich vom 21.12.1943, in: ebd.
562 Vgl. Aktennotiz Könecke vom 9.9.1943, in: ebd.
563 Vgl. Aktennotiz Köneckes vom 8.3.1944, in: CUA, 6500/1 Zg. 1/68, A 5.

griffe nach sich zieht, ist keine Rücksicht zu nehmen", zitierte Könecke den Gauleiter, der zugleich die Funktion des örtlich zuständigen Reichsverteidigungskommissars ausübte.[564]

Sämtliche Untertageprojekte wurden mit Tarnnamen versehen, und der Reichsführer SS war angewiesen, „die gesamten Häftlinge für schnellste Durchführung dieser Herrichtungsaktion unterirdischer Räume für wichtige Fertigungen einzusetzen."[565] Könecke war bei der Sitzung nicht nur als Vertreter des größten hannoverschen Unternehmens, sondern auch in der Funktion als Rüstungsobmann der hannoverschen Industrie insgesamt bei der Sitzung anwesend. Auf die Frage Lauterbachers, was Continental in der Frage der Untertage-Verlagerungen zu tun gedenke, reagierte Könecke unter Hinweis auf die bereits vorgenommenen zahlreichen Übertageverlagerungen und vor allem auf den erheblichen Zeitverlust, der durch eine unterirdische Verlagerung in der Produktion entstehen würde, mit deutlicher Ablehnung.[566] Das war auch die Haltung gegenüber Eckell, der seinerseits von Könecke Mitte April 1944 erhöhte Anstrengungen der Continental als besonders wichtige Zulieferindustrie für die Luftwaffe, insbesondere des Jägerprogrammes, zur Sicherstellung der Produktion forderte. Das Unternehmen habe dafür Sorge zu tragen, dass diese in „absolut bombensichere Fertigungsräume" verlagert werde.[567] Der Continental-Generaldirektor konnte sich bei seiner ablehnenden Haltung auch der Unterstützung der Phoenix wie von Otto A. Friedrich als Leiter der Reichsstelle Kautschuk sicher sein, der derartige Verlagerungen für nicht tragbar hielt.[568] Ungeachtet dessen forderte der Präsident des Planungsamtes, Hans Kehrl, dass „irgendwie Mittel und Wege gefunden werden müssen, die Reifenindustrie bombenfest zu machen", und ihm daher innerhalb weniger Tage eine entsprechende Liste mit geeigneten Untertage-Verlagerungsobjekten vorgelegt werden müsste, in der auch Angaben dazu standen, in welcher Zeit eine Verlagerung durchführbar sei.[569]

In der Folgezeit machte sich Friedrich im Namen der Reika, daneben aber auch Produktionsvorstand Weber als Leiter des Produktionsausschusses der Kautschukindustrie an die Ausarbeitung entsprechender Unterlagen. Als diese dann Kehrl übermittelt wurden, war darin die weiterhin deutliche Ablehnung der Reifenunternehmen sichtbar. Friedrich verwies darauf, dass die Errichtung

---

564 Ebd.
565 Ebd.
566 Vgl. ebd.
567 Schreiben Eckell an Könecke vom 19.4.1944, in: BArch R 3/1934.
568 Schreiben Friedrichs an den Leiter des Planungsamtes im Reichsministerium für Rüstung und Kriegsproduktion, Dr. Kolb, vom 24.4.1944, in: ebd.
569 Vgl. Vermerk zu Kehrls Auftrag vom 27.4.1944, in: ebd.

von Untertagewerken mit vollkommen neuen Maschinen im günstigsten Fall ca. 15 Monate in Anspruch nehmen würde, im wahrscheinlicheren anderen Szenario der Umsetzung der vorhandenen Maschinen aber auch mit sechs bis neun Monaten zu rechnen sei, verbunden mit einem Ausfall der laufenden Fertigung von bis zu 25 Prozent.[570] Die erforderliche Produktionsfläche für die Untertage-Flugzeugreifenfertigung wurde mit 32 000 Quadratmetern angegeben, doch die zunächst ermittelten potenziellen Räume reichten nur für einen Bruchteil davon aus, ganz abgesehen von ihrer tatsächlichen Eignung.

Mitte Mai 1944 erhielt Weber als Leiter des Produktionsausschusses der Kautschukindustrie dennoch durch das Speer-Ministerium den Auftrag, die Untertage-Verlagerung der Flugzeugreifen-Produktion zu organisieren. Damit begann ein regelrechter Wettlauf mit den zahlreichen Rüstungsfirmen anderer Branchen, die ihrerseits von den Behörden zur Untertageverlagerung aufgefordert worden waren. Aber auch die Dienststellen und sich als zuständig erachtenden Behörden selbst – das RWM, die Reichsstelle Kautschuk, das Speer'sche Rüstungsamt, die örtlichen Rüstungskommissionen und Gauleiter bzw. Reichsverteidigungskommissare, das RLM und die vielfach für die erforderlichen Baumaßnahmen zuständigen Stellen der Organisation Todt sowie nicht zuletzt die SS als Herrscherin über die knappen Arbeitskräfteressourcen der KZ-Häftlinge – sie alle lieferten sich einen Konkurrenz- und Kompetenzkampf bei der Beschlagnahmung geeigneter Objekte. Für Continental rückten dabei fünf unterirdische Verlagerungsmöglichkeiten in den Mittelpunkt des Interesses: erstens ein Asphaltstollen in Ahlem, in unmittelbarer Nähe des Werks Limmer, der dann den Decknamen „Döbel" erhielt; zweitens der Kalischacht Siegmundshall in Bokeloh, knapp 30 km von Hannover entfernt, für den kein Tarnname überliefert ist.[571] Obwohl die dortigen Räume vom RLM bereits inspiziert und für fabrikatorische Zwecke als ungeeignet eingestuft worden waren, hielt man in Hannover an einer weiteren Erschließung fest, denn dort hatte Continental schon seit September 1943 eine Reihe von Maschinen, insbesondere eine Buna-Abbauanlage, untergebracht.[572] Die Bau- und Herrichtungsmaßnahmen waren damals durch eine externe Firma durchgeführt worden, als Arbeitskräfte hatte Continental aber ca. 40 eigene Zwangsarbeiter abgestellt.[573] Zum Zeitpunkt der Zusammenstellung der potenziellen Untertage-Objekte waren die Bauarbeiten in Bokeloh

---

570 Vgl. Schreiben Friedrichs an Kehrl vom 1.5.1944, in: ebd.
571 Vgl. die instruktive Zusammenstellung von Thomas Krassmann: https://www.untertage. com/publikationen/13-niedersachsen/39-untertageverlagerungen-der-ruestungsindustrie-im-suedlichen-niedersachsen.html, zuletzt aufgerufen am 1.11.2019.
572 Vgl. Aktennotiz zur Ausweichfabrik Bokeloh vom 24.9.1943, in: CUA, 6500/1, Zg. 1/68, A 5.
573 Vgl. Niederschrift der Besprechung vom 2.11.1943, bei der Vorstandsmitglied Odenwald, der als Leiter der Rohbetriebe für die Verlagerung zuständig war, sich darüber beschwerte,

noch immer im Gange, standen allerdings kurz vor dem Abschluss.[574] Der Schacht selbst war wegen der hohen Luftfeuchtigkeit für eine Reifenproduktion ungeeignet, dennoch wollte Odenwald diesen zur Einlagerung von Materialien vorsorglich pachten. Die dritte Möglichkeit war der Schacht „Deutschland" der Kalichemie, Werk Ronnenberg, ebenfalls in der Nähe Hannovers, an dem allerdings, wie Weber Mitte Mai 1944 realisierte, auch die Dräger-Werke aus Lübeck interessiert waren, so dass er – „da evtl. Stunden entscheidend sind" – auf eine sofortige vorsorgliche Beschlagnahme durch das Rohstoffamt zugunsten von Continental drängte.[575] Viertens gab es einen weiteren Asphaltstollen in Eschershausen, der ebenfalls bereits seit eineinhalb Jahren von Continental für Rohstoffeinlagerungen, vor allem Buna, benutzt wurde, dann jedoch noch im Mai 1944 plötzlich vom Rüstungsministerium für die Flugzeugindustrie beschlagnahmt werden sollte und von Continental schnellstens geräumt werden musste.[576] Und fünftens gab es eine Reihe von Brauerei-Keller in und um Hannover, wobei als aussichtsreichstes Objekt der Brauereikeller der Allerthal-Werke in Grasleben, Kreis Helmstedt, erschien.

Nach den Besichtigungen durch Continental-Ingenieure schieden eine Reihe von Objekten wie etwa der Kalischacht „Deutschland" als ungeeignet aus, so dass sich das Interesse zunächst vor allem auf den Ausbau des Stollens in Ahlem konzentrierte, den Weber dann auch noch Ende Mai 1944 gegenüber dem Rohstoffamt in Berlin als aussichtsreich und „sofort für eine Fabrikation fertig [zu]machen" empfahl.[577] Wie die Bau- und Herrichtungsmaßnahmen idealerweise aussehen könnten und dann auch eine vorbildliche Untertage-Fertigung praktisch realisiert werden könnte, hatte Weber am Schacht „Bartensleben" bei Helmstedt gesehen. Dort hatte die SS seit März 1944 zwei neue Außenlager des KZ Neuengamme errichtet und von den Häftlingen großangelegte Produktionsanlagen für die Luftrüstung bauen lassen, die unter dem Tarnnamen „Iltis" liefen. Durch „Entgegenkommen des Inspekteurs der SS-Sonderinspektion I wurde mir Gelegenheit gegeben, dieses Bauvorhaben zu besichtigen", berichtete Weber.[578] Der Produktionsvorstand war von den günstigen Raum-, Zugangs- und Temperaturbedingungen in der Schachtanlage, in der in Kürze 4000–5000 Leute mit der Fertigung beginnen würden, geradezu begeistert und gab gegenüber

---

dass die Arbeiten in Bokeloh wegen des Arbeitskräftemangels nicht in dem gewünschten Tempo vorwärtsgingen, in: ebd.

574 Vgl. Aktennotiz über die Baustellen-Besichtigung vom 23.6.1944, in: ebd.

575 Vgl. Schreiben Weber vom 19.5.1944, in: BArch R 3/1934.

576 Vgl. die als streng geheim gekennzeichnete Zusammenstellung von Odenwald vom 16.5.1944, in: ebd.

577 Vgl. Schreiben Weber vom 31.5.1944, in: ebd.

578 Ebd.

den Behörden zu bedenken, ob nicht wenigstens eine Sohle dieses „hervorragenden Untertagebetriebes" der Kautschukindustrie, sprich Continental, zur Verfügung gestellt werden könnte.[579] Über die grausamen Zustände der Bauarbeiten für die KZ-Häftlinge, die ihm nicht verborgen geblieben sein konnten, verlor Weber kein Wort.

Was den Ahlemer Stollen anging, so hatte der Continental-Vorstand allerdings Ende März 1944 zunächst beschlossen, dort keine Produktionsstätte einzubauen, sondern diesen lediglich zur Einlagerung und für Luftschutzzwecke zu gebrauchen.[580] Schon im November 1943 hatte man mit den Vorarbeiten zur Nutzung des Stollens begonnen gehabt. Man hatte einen Eingang zur Grube hergestellt, der mit geringem Gefälle mit Wagen befahren werden konnte, und damit die Voraussetzung dafür geschaffen, später größere Materialbestände und Maschinenteile ohne Förderkorb unter Tage zu verbringen. Vor allem aber hatte man die Stollen, die vollkommen unter Wasser standen, wochenlang leergepumpt und weitgehend trockengelegt sowie mit dem Bau von Entlüftungsstollen begonnen. Die dafür nötigen Bauarbeiten waren unter Hinzuziehung von Continental-Ingenieuren und dem Einsatz eigener Zwangsarbeiter erfolgt, allerdings unter den misstrauischen Augen des Generalbeauftragten Bau, der Continental mit dem Argument, dass man ungenehmigte Bauten mache, Arbeitskräfte abziehen wollte.[581] Offenbar war auch der Einsatz von Pferden zum Transport in und aus dem Stollen vorgesehen, jedenfalls wurde im April 1944 beschlossen, „die drei zur Anlieferung gelangenden Pferdestollen-Baracken [sic!] in der Nähe des Ahlemer Asphaltstollens aufzustellen, damit der Stollen als Luftschutzraum dienen kann."[582] Von einer Nutzung der Stollen für Lagerungs-, geschweige denn Produktionszwecke war das Objekt „Ahlem" jedoch noch weit entfernt.[583]

Dass Weber nun, Ende Mai 1944, plötzlich doch eine Eignung des Stollens für Fertigungszwecke sah, lag vermutlich daran, dass Continental bei der geforderten Untertageverlegung seiner Flugzeugreifenfertigung zunehmend unter Druck geriet und sich außerdem in Ahlem mit der MNH ein anderes Unterneh-

---

579 Ebd.

580 Vgl. Protokoll der Vorstandssitzung vom 20.3.1944, in: CUA, 6603 Zg. 3/85, A 3.

581 Vgl. Bericht Odenwald beim Treffen der Kommission zu Fragen der Verminderung der Auswirkungen von Luftangriffen vom 21.4.1944, in: CUA, 6500/1, Zg. 1/68, A 5.

582 Protokoll der Besprechung über die Frage der Verminderung der Auswirkung von Luftangriffen vom 5.4.1944, in: CUA, 6500/1 Zg. 1/68, A 5. Gemeint waren Unterkunftsbaracken für Pferde.

583 Vgl. Besprechungsnotiz Continental mit der Baufirma Ingendoh über die weiteren Baumaßnahmen vom 19.4.1944 sowie Aktennotiz vom 7.7.1944 zu den weiterhin vorzunehmenden Arbeiten im Stollen und dem dafür aufgestellten Finanzprogramm, in: ebd.

men als konkurrierender Interessent meldete. Dieser war es gelungen, sich das Kompetenzgerangel zwischen dem Berliner Amt für Untertage-Verlagerungen im Speer-Ministerium und der Rüstungsinspektion Hannover zu Nutze zu machen und ihrerseits mit der Erschließung eines anderen Stollenteils zu beginnen – ungeachtet der Tatsache, dass die Gesamtanlage eigentlich allein für Continental sichergestellt worden war.[584] Dennoch liefen Anfang September die Vorarbeiten für die weiteren Baumaßnahmen zusammen mit dem zuständigen Ingenieurbüro und dem Amt Bau der Organisation Todt (OT) an. Das ganze Projekt wurde allerdings dadurch noch komplizierter, dass man bei den Räumungsarbeiten auf einen weiteren Stollen gestoßen war, der allerdings, wie sich schnell herausstellte, für Untertagefertigung ungeeignet war. Letztendlich stritten sich Continental und MNH um die beiden nutzbaren Stollen, und nach längerem Hin und Her wurde Continental nur einer der beiden Stollen zugesprochen. Damit fiel die Entscheidung in einer Weise, die mit den ursprünglichen Plänen von Weber und Continental, aber auch des Rohstoff- und Rüstungsamtes, nicht mehr viel gemeinsam hatte.[585] Tatsächlich war die Verlagerung der Flugzeugreifenherstellung von Continental in den Asphaltstollen Ahlem auch aus Sicht des Jägerstabes in Berlin endlich der erste Schritt zur großangelegten unterirdischen Verlagerung der gesamten Flugzeugreifenbranche, die damit den bereits in vielem weiter vorangeschrittenen Untertage-Verlagerungen der Flugzeugindustrie folgte, und Weber wollte nicht nur als Fertigungsvorstand von Continental, sondern vor allem als Leiter des Produktionsausschusses der Kautschukindustrie seine Qualität als Krisenmanager beweisen. Continental führte den Verlagerungsauftrag denn auch „in Gemeinschaft mit drei weiteren an der Flugzeugreifenherstellung beteiligten Werken aus", hieß es in einer Notiz der Berliner Behörde.[586]

Unterdessen hatte das Rohstoffamt, um das Projekt „Döbel" voranzubringen, Weber damit beauftragt, die Stollen beschleunigt auszubauen und sich dafür neben dem zuständigen Ingenieurbüro auch mit dem Baubevollmächtigten der Rüstungsinspektion sowie der OT-Einsatzstelle in Hannover in Verbindung zu setzen. Dabei sollte er auch die Frage des Einsatzes von Arbeitskräften besprechen „und hierbei die Möglichkeit prüfen, SS-Obersturmführer Kammler

---

584 Vgl. das Telegramm von Conti-Prokurist Niemeyer an das Rohstoffamt in Berlin vom 19.7.1944, in: BArch R 3/1934. Vgl. auch Aktennotiz Werksleiter Limmer zum Asphaltstollen Ahlem vom 18.7.1944, in: CUA, 6500/1, Zg. 1/68, A 5.
585 Vgl. das empörte Schreiben Webers an die Berliner Stellen vom 4.9.1944, in dem er sich u. a. über die „widersinnige" Zuteilung von Stollen 3 statt Stollen 2 an Continental beschwerte, da Ersterer für eine Fertigung völlig unbrauchbar sei, in: BArch R3/1934. Vgl. auch das Schreiben Kehrls an Speer vom 13.9.1944, in: ebd.
586 Notiz des Jägerstabs vom 14.7.1944, in: ebd.

mit seinen Leuten einzuschalten".[587] Mit einigem Erstaunen musste Weber allerdings feststellen, dass zumindest bei der OT das Objekt „Döbel" nicht auf der Liste der vordringlichen „Programm-Bauten" stand und damit die Aussichten auf die Zuteilung von Arbeitskräften – gleich ob durch die OT oder die SS – praktisch gleich null waren.[588] Angesichts der damit verbundenen erheblichen zeitlichen Verzögerung des Verlagerungsprojektes schlug Weber daher Ende August den Behörden in Berlin ebenso wie dem Gauleiter vor, dem Unternehmen zum Arbeitseinsatz in dem Stollen bis zur Änderung der Dringlichkeitsstufe zum einen im Zuge einer Auskämmaktion im Gaugebiet Hannovers 150 bis 200 Arbeitskräfte zuzuteilen, zum anderen aber auch die Abstellung von Zwangsarbeitern aus dem eigenen Bestand des Unternehmens zu genehmigen, die dann spätestens Mitte November wieder in die Produktion in den Werken zurückgeführt werden würden.[589]

Der große Vorteil des Asphaltstollens für Weber war, dass aufgrund der unmittelbaren Nähe zum Werk Limmer für die künftig unter Tage Beschäftigten keine besonderer Wohnbaracken erstellt werden mussten. Insofern erforderte auch der Einsatz der Arbeitskräfte für die Erschließungsbaumaßnahmen zunächst keine entsprechenden Maßnahmen. Darüber hinaus waren für die spätere Demontage und Montage der Reifenmaschinen, so schätzte Weber, allerdings ca. 120 bis 150 qualifizierte deutsche Handwerker nötig, vor allem Schlosser. Weber bekam für seine vorübergehende Lösung des Arbeitskräfteproblems offenbar tatsächlich grünes Licht von den Behörden. Der zum 1. September 1944 erstellte Baubericht zum Projekt „Döbel" verzeichnet als Bauherrn Continental für den Produktionsausschuss Kautschukindustrie sowie eine Reihe von Ingenieur- und Baufirmen als ausführende Haupt- und Nachunternehmer.[590] An Arbeitskräften eingesetzt waren 141 Leute, davon 34 Deutsche und 107 Ausländer, sprich Zwangsarbeiter. Wie viele von ihnen aus der Continental-Belegschaft kamen oder sich aus OT-Baukompanien rekrutierten und im Auftrag der bauausführenden Firmen eingesetzt wurden, lässt sich nicht klären.[591] Auf jeden Fall war bis Dezember 1944, so die Planungen, eine deutliche sukzessive Aufstockung der eingesetzten Arbeitskräfte auf insgesamt 605 Leute notwendig, davon

---

[587] Fernschreiben an Weber vom 14.7.1944 sowie ein weiteres Schreiben an Weber vom 21.7.1944, in: BArch R. 3/1934.

[588] Vgl. Schreiben Weber an das Rohstoffamt vom 21.7.1944, in: ebd.

[589] Vgl. Schreiben Weber an das Rohstoff- und Planungsamt in Berlin sowie Gauleiter Lauterbacher vom 25.8.1944, in: ebd.

[590] Der Baubericht vom 1.9.1944, in: ebd.

[591] Vgl. zur Arbeitskräftefrage auch die Aktennotiz einer Besprechung der Continental-Verwaltung mit der Firma Ingenloh aus Oberhausen-Sterkrade „wegen Ahlemer Stollen" vom 3.6.1944, in: CUA, 6500/1, Zg. 1/68, A 5.

155 Deutsche. Wie diese Lücke beim Arbeitskräftebedarf gedeckt werden würde, war zu diesem Zeitpunkt unklar. Allerdings war wohl Weber wie auch allen anderen beteiligten Personen im Unternehmen wie in den Ämtern bewusst, dass dafür nur die SS und KZ-Häftlinge in Frage kommen konnten.

Tatsächlich erfolgte am 30. November 1944 die Verlegung der Hauptgruppe der Häftlinge im KZ-Außenlager Stöcken nach Ahlem. Die Anordnung zur Verlegung des Lagers war abrupt und auch für die zuständige SS-Lagerleitung unerwartet erfolgt. Ob und inwieweit die Verlagerung des KZ-Außenlagers auf Initiative von Continental erfolgte, lässt sich aus den Akten nicht nachweisen.[592] Vermutlich war es, wie bei ähnlichen Projekten und Maßnahmen auch, ein Zusammenspiel des Rohstoff- und Planungsamtes als koordinierender Berliner Behörde, der SS, der Rüstungskommission Hannover und des Unternehmens selbst. Allerdings hatte Weber inzwischen aufgrund der im September 1944 vom Rüstungsministerium in Berlin autoritativ entschiedenen Zuweisung nur noch eines Stollens an Continental das Interesse verloren und wenig daran geändert, dass sich das Bauvorhaben inzwischen äußerst schleppend entwickelte. In einem Schreiben an den Reichsverteidigungskommissar und Gauleiter Lauterbacher Ende September nannte er zwar als möglichen frühesten Anlauf der Untertagefabrik in Ahlem den 15. Januar 1945, allerdings unter der Voraussetzung der Bereitstellung von zusätzlichen 118 Facharbeitern und 350 Helfern, davon allein 25 Maurer und 200 Hilfsarbeiter für die von der Ingenieurfirma Ingendoh geleiteten Bauarbeiten. Vor allem aber verwies er nach wie vor auf die Notwendigkeit der Zuteilung beider Stollen an Continental, ohne die das Projekt fertigungstechnisch unsinnig sei.[593]

Auch Odenwald beklagte in einer Vorstandssitzung am 22. September 1944 „das Nichtweiterkommen dieses Bauprogramms", das, nachdem der zweiten Stollen anderweitig vergeben sei, „nicht mehr so interessant sei als vordem."[594] In einem Schreiben an das Rohstoff- und Planungsamt im November 1944 stellte Weber dann die Nutzung von „Döbel" als Reifen-Produktionsstätte ganz offen in Frage.[595] Und da selbst im Fall einer Fertigstellung und tatsächlichen Produktionsaufnahme im Stollen in Ahlem nicht einmal die Hälfte der bestehenden Flugzeugreifen-Kapazitäten der Branche unter Tage verlagert war, musste dringend nach weiteren Objekten gesucht werden. Tatsächlich rückte beim Continental-Vorstand schnell ein anderes Projekt in den Vordergrund des Interesses:

---

592 Die Behauptung Buggelns, dass die Verlegung des Lagers auf Betreiben von Continental erfolgt sei, wird ohne jeglichen Beleg geäußert. Vgl. Buggeln, Arbeit & Gewalt, S. 568.
593 Schreiben Weber an den Gauleiter vom 25.9.1944, in: CUA, 6500/1, Zg. 1/68, A 5.
594 Vgl. Protokoll der Vorstandssitzung vom 22.9.1944, in: CUA, 6603 Zg. 3/85, A 3.
595 Vgl. Schreiben Weber an das Rohstoffamt vom 7.11.1944, in: BArch R 3/1934.

Der vom Rüstungsamt initiierte und bald von einer Reihe von Fertigungs-Ingenieuren aus verschiedenen Reifenunternehmen betriebene Bau einer Untertage-Fabrik zur Flugzeugreifenfertigung in der Nähe von Dresden, der unter dem Decknamen „Schill" lief. Von jedem Unternehmen wurde eine Gruppe von Ingenieuren abgeordnet, die gemeinsam die Einrichtung der Fabrik planen und organisieren sollten.[596] Leiter der Continental-Gruppe war Hermann Baddenhausen, der vormalige Banloc-Betriebsleiter, der im Dezember 1944 erstmals nach Dresden fuhr.[597] Die Aussichten auf eine Nutzung der dortigen Kalkbergwerksstollen der Braunsdorfer Dolomitwerke erschien zunächst aufgrund der großen Feuchtigkeit höchst fraglich, aber durch Einbau von Pumpen dann doch möglich. „Wir haben an diesem Projekt gearbeitet bis zur Vernichtung Dresdens am 13. Februar 1945", erinnerte sich Baddenhausen später. „Viel weiter war das Projekt [aber] noch nicht gekommen trotz der Arbeitsleistung von ungefähr 50 Ingenieuren und Hilfskräften, die von allen deutschen Reifenfabriken zur Verfügung gestellt waren. Die Leitung dieses Unternehmens hatte die Firma Dunlop in diesem Fall übernommen. Sie war verantwortlich für die ganzen Arbeiten."[598]

Was das Projekt „Döbel" anging, so erklärte Weber dieses den Behörden gegenüber inzwischen als für die Reifenfertigung höchst ungeeignet und plädierte für eine umgehende Umwidmung. Aufgrund der geänderten Raum- bzw. Stollenzuteilung, an der die Behörden weiterhin festhielten, sei die Ausnutzung der Großmaschinen in Döbel eine „außerordentlich ungünstige".[599] Stattdessen solle der für Continental verbliebene Ahlemer Stollen zu einer Produktionsstätte für technische Gummiwaren, vor allem hydraulische Schläuche und gummierte Flugzeugtreibstoff-Behälter aus dem Werk Limmer, genutzt werden. Aus dem Gemeinschafts-Untertageprojekt der Flugzeugreifenindustrie würde damit ein allein zugunsten von Continental ausgerichtetes Verlagerungsprojekt zur Fertigung von für die Luftwaffe wichtigen Gummiwaren, und tatsächlich hatte auch der Continental-Vorstand unter dieser Perspektive schon auf seiner Sitzung Anfang Oktober 1944 „die Notwendigkeit des Bauobjektes [Döbel] anerkannt" und in Änderung der früheren Ansicht den Beschluss zur Nutzung des Stollens auch

---

596 Vgl. den Aktenvermerk zu einer Besprechung von Vertretern von Continental, Dunlop und Fulda zur weiteren Planung des Projekts „Schill" vom 1.11.1944, in: CUA, 6500/1 Zg. 1/68, A 5.
597 Vgl. Zeitzeugeninterview Baddenhausen 1970/71, Transkript S. 11ff., in: CUA, Sammlung Grabe.
598 Ebd., S. 12. Vgl. Schreiben Continental an Direktor Marquart der Deutschen Dunlop AG betr. Maschinen für Schill vom 23.12.1944, in: CUA, 6620 Zg. 1/70, A 19. Vgl. Schreiben Weber an das Rohstoffamt vom 7.11.1944, in: BArch R 3/1934.
599 Vgl. Schreiben Weber an das Rohstoffamt vom 7.11.1944, in: BArch R 3/1934.

zur Fertigung gefasst.[600] In Vertretung Webers sollten sich Odenwald und Assbroicher um das Vorantreiben der Arbeiten kümmern.

Auch im Planungsamt stießen diese neuen Pläne Webers auf offene Ohren. Kehrl gab ebenso wie das Rohstoffamt grünes Licht für die Umwidmung der Nutzungsplanung, gleichzeitig drückten die involvierten Behörden aufs Tempo. „Habe Eindruck, dass Verlagerung Conti-Hannover nach Doebel 1 nicht mit genügend Nachdruck betrieben wird", hieß es in einem Telegramm des zuständigen OT-Einsatzleiters vor Ort am 27. November 1944 an Kehrl; er forderte eine neue Dringlichkeitseinstufung.[601] Drei Tage später verlegte die SS ihr KZ-Außenlager von Stöcken nach Ahlem. Der zuständige Chef des SS-Führungsstabes informierte aber gleichzeitig Weber darüber, dass die Planungsänderungen beim Projekt Döbel eine offizielle Neuanerkennung und Zuweisung an Continental durch den Rüstungsstab erforderten. Um weitere Verzögerungen und „formale Hemmungen" zu vermeiden, wandte sich Weber daher an das Rohstoffamt und drängte nun seinerseits zur Eile, zumal man inzwischen mit zurückverlagerten Maschinen aus Posen die nötigen fertigungstechnischen Voraussetzungen dafür hatte, ohne größere Produktionsunterbrechungen in Limmer bald eine Fertigung von Flugzeugschläuchen aufnehmen zu können.[602]

Für die betroffenen und mit den Untertage-Baumaßnahmen in Ahlem befassten KZ-Häftlingen spielten die Umwidmung und das bürokratische Hin und Her der verschiedenen an den Untertage-Verlagerungen beteiligten Ämtern, Behörden und Stellen keine Rolle. Die Ende November 1944 zunächst 750 in Ahlem eingesetzten KZ-Häftlinge, für die bis auf die drei Pferdebaracken, die das Unternehmen früher aufgestellt hatte und die nun als provisorische Unterkünfte benutzt wurden, kaum Unterkünfte und Barackenbauten existierten, mussten in der Folgezeit unter widrigsten und unmenschlichen Arbeitsbedingungen bei Schlamm, tropfender Nässe, Kälte und Dunkelheit die weiteren Ausbauarbeiten, insbesondere die Verbreiterung der Gänge und deren anschließende Auszementierung, durchführen.[603] Von den SS-Wachmannschaften wie den zahlreichen Funktionshäftlingen wurde bald ein Terrorregime ausgeübt, das weit schlimmer war als vorher im Lager Stöcken.[604] Die Krankenrate unter den Häftlingen und die Sterblichkeit im Lager waren hoch, was zu laufend neuen Häft-

---

600 Vgl. Protokoll der Vorstandssitzung vom 9.10.1944, in: CUA, 6603 Zg. 3/85, A 3.

601 Telegramm in: BArch R 3/1934.

602 Vgl. Schreiben Weber an das Rohstoffamt vom 4.1.1945, in: ebd., sowie Aktennotiz über eine Besprechung von Weber, Assbroicher und Odenwald zum Projekt Döbel vom 1.12.1944, in: CUA, 6500/1 Zg. 1/68, A 5.

603 Vgl. ausführlich Gutmann, KZ Ahlem, S. 354 ff., sowie den Zeitzeugenbericht eines ehemaligen Häftlings, zitiert bei Buggeln, Arbeit & Gewalt, S. 569.

604 Vgl. ebd., S. 371 f.

lingstransporten als Ersatz für die ausgefallenen Arbeitskräfte führte.[605] Es gab zudem auch einige wenige Fälle, in denen wegen Widerstand oder anderer Vergehen deutsche wie ausländische Arbeitskräfte aus der Continental-Belegschaft zur Strafe ins KZ nach Ahlem gebracht wurden.[606]

Erhebliche Baumaßnahmen waren dabei nicht nur in den beiden produktionsnutzbaren Stollen erfolgt, sondern vermutlich auch in dem Continental zugeteilten ungeeigneten dritten Stollen. Dort hatte das Unternehmen auf Druck der örtlichen Behörden Planungen zur Schaffung einer großangelegten Luftschutzanlage für ca. 10 000–12 000 Menschen begonnen. Damit wäre auch die prekäre Luftschutzfrage für die Beschäftigten im Werk Limmer gelöst, allerdings zielte man bei der Aufgaben- und vor allem auch Kostenverteilung darauf ab, dass als Bauherr der Polizeipräsident bzw. die hannoversche Luftschutzleitung auftrat, Continental nur die technische Überarbeitung übernahm und – wozu der SS-Sonderstab Kemmler bereits sein Einverständnis zugesagt hatte – die Baufirma Rahlfs aus Neustadt am Rübenberge die erforderlichen Bauarbeiten durchführte.[607] Ob die SS auch hier nun mit ihrem KZ-Häftlingseinsatz das Kommando übernahm, ist unklar.

Inwieweit Continental bei der Errichtung des KZ-Lagers direkt involviert war, lässt sich letztendlich nicht klären. Nachdem es jedoch dabei inzwischen um die Nutzung für die Flugzeugschlauchfertigung aus dem Werk Limmer ging, steht dies zu vermuten. Und die Verwaltung des Unternehmens selbst listete später für die Geschäftsleitung unter den vom Unternehmen errichteten und „bis zum Einzug der alliierten Truppen unterhaltenen und verwalteten Wohnlager für fremdländische Zivilarbeiter" ein „Lager Ahlem (Döbel) mit drei Wohnbaracken, 1 Revier-Baracke und einer Wasch-Baracke aus Holz sowie 1 massiven Baracke mit Wasch- und Toilettenanlagen"[608] auf. Vielleicht handelte es sich dabei auch um ein Zwangsarbeiterlager von Continental, das bereits vor der Verlegung des KZ in Ahlem errichtet worden war und nun von der SS für das KZ-Außenlager benutzt wurde, allerdings bleibt der Widerspruch über die von den Häftlingen wie auch den SS-Wachmannschaften selbst später berichteten desolaten Unterkunftsverhältnissen in Ahlem. Eventuell existierte auch *neben*

---

605 Vgl. dazu im Einzelnen ebd., S. 390 f.

606 Vgl. u. a. die Zeugenaussage eines deutschen Conti-Arbeiters im Zusammenhang mit dem Entnazifizierungsverfahren gegen Jahns, der betonte, dass der Hauptbetriebsobmann sich stark bemüht habe, ihn aus dem KZ freizubekommen. Vgl. Anlage 12 des Verhandlungsprotokolls, in: NLA HA Nds. 171 Hannover Nr. 20322.

607 Vgl. Schreiben Prokurist Niemeyer an Hauptbetriebsobmann Jahns vom 27.11.1944, in: CUA, 6500/1 Zg. 1/68, A 5.

608 Vgl. die Zusammenstellung vom 6.6.1945, in: CUA, Sammlung Grabe.

dem KZ-Außenlager ein eigenes Zwangsarbeiter-Lager von Continental für die laufenden Baumaßnahmen etwa im Stollen Drei.

Wie auch immer, Continental war so oder so beim Einsatz der KZ-Häftlinge in Ahlem in vielfältiger Weise involviert, angefangen von der Planungsphase des Untertage-Projektes über die Baubeauftragung an die Subunternehmen bis zur regelmäßigen Anwesenheit von Continental-Mitarbeitern vor Ort zur Besichtigung und Überwachung der Bauarbeiten. Ein ehemaliger Häftling, der im Werk Stöcken zuvor zusammen mit seinem Sohn bereits in der Schlosserei gearbeitet hatte, berichtete später auch davon, dass sich in Ahlem „in tiefen Bunkern eine Abteilung [von Continental] mit den Juden befand, wo die 10 Judenschlosser weiterarbeiteten. Die Abteilung wurde von zwei Meistern geleitet. Der Obermeister war sehr streng und unbeliebt, während der andere die Häftlinge ständig über die Kriegsereignisse auf dem laufenden hielt."[609] Der Fahrer von Continental-Vorstand Odenwald berichtete später auch davon, dass er diesen häufig nach Ahlem ins Lager gefahren habe, wo Odenwald sich bei dem dortigen SS-Offizier aufhielt und diesen auch oftmals im Wagen nach Hannover mitnahm.[610] In der Wahrnehmung nicht nur der Häftlinge, sondern wohl auch der damaligen Bevölkerung gab es keine Grenzziehung zwischen KZ-Lager und Unternehmen, und vermutlich gab es die faktisch auch nicht. Über die Zustände im KZ-Ahlem wussten zweifellos viele durch direkten oder indirekten Eindruck im Unternehmen Bescheid. Auf die Bedingungen vor Ort hätte man seitens der Unternehmensführung, auch wenn die SS die Befehlsgewalt über die KZ-Häftlinge hatte, mit Sicherheit Einfluss nehmen können. Aber das tat niemand.

Bei dem Versuch der Rekonstruktion der Entscheidungsprozesse zu den Untertage-Verlagerungen geht es auch nicht so sehr um die Klärung von Verantwortlichkeiten innerhalb bzw. durch das Unternehmen, sondern mehr um das Aufzeigen der hinter den Verlagerungen stehenden Irrationalitäten, die sich hinter den nach außen hin präsentierten und verfolgten regimepolitischen wie unternehmenspolitischen Strategien und Rationalitäten versteckten. Continental wurde in der Folge noch im Zusammenhang mit einer ganzen Reihe weiterer Untertage-Verlagerungs-Projekte genannt – sei es die sogenannte Barbarossahöhle im Südharz, wo unter dem Decknamen „Sesterz" angeblich für Continental ein Projekt zur Rohstoff- und Reifenlagerung wie auch -fertigung geplant war, dann aber tatsächlich eine Nutzung durch die Chemie- und Mineralölin-

---

[609] Schreiben an die Rechtsabteilung von Continental vom 23.5.1957, in: Registratur Rechtsabteilung, Ordner Zwangsarbeit.
[610] Vgl. Aussage des Fahrers vom Dezember 1946 im Rahmen des Entnazifizierungsverfahrens gegen Odenwald, in: NLA HA Nds. 171 Hannover Nr. 16704.

dustrie erfolgte, oder auch das Projekt „Kugelfisch" sowie die Verlagerungsplanungen unter dem Decknamen „Glaskopf".[611]

In die entsprechenden Maßnahmen war im Übrigen auch das Werk Posen einbezogen worden. Nachdem die Behörden zunächst eine komplette unterirdische Verlagerung der Fertigung gefordert hatten, dann aber von dessen Unmöglichkeit überzeugt werden konnten, hatte Continental die Verlegung des größten Teils der Fertigung in die Gräben und Kammern der nahe gelegenen Festung ins Spiel gebracht.[612] Konkrete Umsetzungsmaßnahmen waren jedoch offensichtlich nicht erfolgt. Letztendlich wurde auch in dem Ahlemer Stollen nie produziert.[613] Wie in so vielen anderen Untertageverlagerungs-Maßnahmen erwiesen sich alle entsprechenden Bemühungen der Behörden wie der Unternehmen als ökonomisch kontraproduktiv, fertigungsstrategisch unsinnig und hinsichtlich des Arbeitskräfteeinsatzes, der zehntausende Zwangsarbeiter und KZ-Häftlinge grausamen Arbeits- und Lebensbedingungen aussetzte und dabei tausenden von ihnen das Leben kostete, höchst destruktiv.[614]

Die Übertage- wie Untertage-Verlagerungen waren nur der radikale Ausdruck der auch in allen anderen Bereichen des Unternehmens vorherrschenden Tendenz, um jeden Preis die Rüstungsfertigung aufrechtzuerhalten und ungeachtet des nahen Kriegsendes bis zuletzt durchzuhalten.[615] Im Mai 1944 hatte

---

611 Inwieweit das Projekt „Glaskopf" mit den in den Continental-Unterlagen auftauchenden Hinweisen auf Verhandlungen mit den Hermann-Göring-Werken zusammenhängt, ist allerdings unklar. Am 30.1.1945 beschloss der Vorstand nach längerer Aussprache, dass Weber als Produktionsausschussleiter Reifen gebeten werden sollte, die Konzentration auf die Objekte Döbel, Salzgitter und Schill zu forcieren. Vgl. Protokoll der Vorstandssitzung vom 30.1.1945, in: CUA, 6603 Zg. 3/85, A 3, allgemein auch https://www.übertage-untertage.de/Sesterz.html, sowie http://www.u-verlagerungen.de/u-verlagerung-sesterz/mobile/, beides zuletzt aufgerufen am 4.11.2019, sowie die Zusammenstellung von Thomas Krassmann, in: http://www.mineral-exploration.de/mepub/utniedersachsen.pdf.

612 Vgl. u. a. Bericht des Rüstungsamtes betr. U-Verlagerungen der Flugzeugreifenindustrie an Kehrl vom 14.6.1944, in: BArch R 3/1934, sowie Aktennotiz zur Untertage-Verlagerung von Gummiteilen des Jägerprogramms vom 27.6. und 15.6.1944, in: CUA, 6500/1, Zg. 1/68, A 5. Offenbar wusste man dabei seitens Continental nicht, dass dort bereits 1939/40 ein Gefängnis der Gestapo bestanden hatte, in dem systematische Ermordungen stattgefunden hatten.

613 Eine Statistik über den Stand der Maschinen-Auslagerungen verzeichnet bis Mitte 1944 in Ahlem nur eine Arbeitsmaschine und fünf Kraftmaschinen, dagegen waren im Stollen von Eschershausen, den Continental zugunsten der Luftfahrtindustrie überstürzt räumen musste, 90 Kraftmaschinen untergebracht. Vgl. Statistik der Continental 1943, S. 3, in: CUA, 6633 versch. Zg., A 4.

614 Vgl. für den Bereich der Flugmotorenindustrie etwa Werner, Kriegswirtschaft und Zwangsarbeit, S. 308 ff., und Budraß, Flugzeugindustrie und Luftrüstung, S. 794 ff.

615 Die von Henke in die Welt gesetzte und auch etwa von Scholtyseck (Der Aufstieg der Quandts, S. 711) übernommene These von der angeblichen Absetzbewegung der Unternehmer

vermutlich die letzte Aufsichtsratssitzung bei Continental stattgefunden. Es ging dabei um das Finanzprogramm des kommenden Geschäftsjahres 1944/ 1945, wobei die Hauptsorge inzwischen dem unübersehbar schlechten Zustand der Maschinen und Produktionsanlagen galt. Für deren Instandhaltung und Ersatz standen dem Vorstand im laufenden Finanzprogramm nur knapp drei Mio. RM zur Verfügung, von denen allerdings wegen der fehlenden Ersatzteile und Reparaturmöglichkeiten vermutlich nur ein Bruchteil tatsächlich ausgegeben werden konnte.[616] Für das folgende Jahr waren dafür 12,8 Mio. RM vorgesehen, unter anderem nach wie vor für das Werk Posen, allerdings war höchst unklar, ob und wie diese Mittel tatsächlich eingesetzt werden konnten. Kritisch war auch die Arbeitskräftelage. Zur Aufarbeitung der zur Verfügung stehenden Rohstoffkontingente fehlten dem Unternehmen rund 1400 Arbeitskräfte, eine Einführung der 72-Stunden-Woche, wie sie von den Arbeitseinsatz-Behörden gefordert wurde, lehnte der Continental-Vorstand jedoch wegen der damit kaum mehr zu erzielenden Produktionssteigerungen klar ab.[617]

Im Dezember 1944 legte der Vorstand dem Aufsichtsrat den letzten Quartalsbericht über die Unternehmensentwicklung vor und konnte dabei trotz Bombenkrieg noch leicht gestiegene Umsätze und Erzeugungsquoten berichten, ebenso von einer mit 44 Mio. RM guten Liquidität.[618] Die schon früher gebildeten Global-Rückstellungen für Risiken im In- und Ausland in Höhe von 12,5 Mio. RM erschienen nach wie vor ausreichend. Der Vorstand selbst traf sich Ende Februar 1945 zu einer seiner letzten Sitzungen vor Kriegsende. Die Lage hatte sich, unter anderem aufgrund der geforderten Abgabe von Belegschaftsangehörigen für den Volkssturm, inzwischen so weit zugespitzt, dass man ein Produktions-Notprogramm diskutierte und die Wirtschaftlichkeit des Unternehmens stark gefährdet sah. So zeichnete sich auch bereits deutlich das infolge der Implosion erfolgte Schrumpfen des Anlagevermögens ab, von einst 53,6 Mio. RM im Jahr 1942 auf nur noch wenig mehr als 37 Mio. RM, was allerdings immer noch zwei Mio. RM über dem Ausgangswert von 1939 lag. Dennoch

---

vom NS-Regime, der Aufkündigung ihrer Loyalität in den letzten Kriegsmonaten und der Konzentration darauf, möglichst viel Substanz der Firmen in die Nachkriegszeit hinüberzuretten, ist eine Chimäre, ebenso wie der damit scheinbar einhergehende Umdenkprozess bei den Unternehmenseliten.

616 Vgl. Protokoll der Sitzung des Aufsichtsrates vom 5.5.1944, in: Ordner Protokolle über die Aufsichtsratssitzungen.

617 Vgl. ebd.

618 Vgl. Bericht des Vorstands an den Aufsichtsrat vom 6.12.1944, in: Ordner Anlagen zu den Aufsichtsratsprotokollen.

konnte man sich zu keinen Entscheidungen durchringen, es sollten erst „die behördlicherseits zu treffenden Maßnahmen abgewartet werden."[619]

Abb. 134: Zerstörungen durch Luftangriffe im Werk Korbach

In vielen Bereichen innerhalb wie außerhalb des Unternehmens herrschte zwischen Ende 1944 und Frühjahr 1945 dennoch vielfach eine trügerische Normalität. Könecke stritt sich mit dem Reichstreuhänder für Arbeit in Hannover über die künftigen Vorstandsbezüge, Jahrestantiemen und Gratifikationen und konnte im Februar 1945 zudem mit Erleichterung seine Vorstandskollegen darüber informieren, dass infolge der Rückkehr von Jehle als Leiter der Reika und Reichsbeauftragter für Kautschuk nun Otto A. Friedrich an seiner Stelle die Leitung der Fachgruppe der Kautschukindustrie übernehmen würde.[620] Im Werk Nordhafen fand zur gleichen Zeit die turnusmäßige Reifenbesprechung statt, bei der sich die Continental-Ingenieure mit der Beseitigung der schwachen Rei-

---

619 Protokoll der Vorstandsbesprechung vom 27.2.1945, in: CUA, 6603 Zg. 3/85, A 3.
620 Vgl. Schreiben Köneckes an den Reichstreuhänder der Arbeit vom 30.12.1944, in: NLA HA Hann. 275, Nr. 572, sowie Protokoll der Vorstandssitzung vom 6.2.1945, in: CUA, 6603 Zg. 3/85, A 3.

fenwulste bei den 840x500-Geländereifen beschäftigten und den Ursachen für Luftblasen im Seitendekor der Transportreifen auf den Grund zu gehen versuchten.[621]

Im Werk Hannover hatte kurz zuvor eine große Flugzeugreifen-Besprechung mit Vertretern des RLM und der Luftwaffe von der Erprobungsstelle Rechlin stattgefunden, wo über die Vor- und Nachteile des Einsatzes von Perlon-Gewebe in Flugzeugreifen diskutiert worden war und Continental sich verpflichtete, den von den Behörden neu gestellten Ansprüchen bei Geschwindigkeit und Gewichtsbelastung mit der Entwicklung entsprechender Flugzeugreifen möglichst schnell nachzukommen.[622] Noch Mitte März 1945 lieferte denn auch das Gewebe-Laboratorium einen ausführlichen Arbeitsbericht über die Verwendung von Perlon-Cord ab und Produktionsvorstand Weber erhielt gleichzeitig von den Reifeningenieuren einen detaillierten Monatsbericht über die laufenden Continental-Entwicklungen an Flugzeugreifen.[623] Auch im Bereich der Technischen Gummiwaren lief das Geschäft weitgehend wie gewohnt. Continental-Ingenieur Karl Stubbendiek beschwerte sich Mitte März 1945 bei den Behörden über ungerechtfertigte Lizenzforderungen von Semperit für ein Igetex-Tauchverfahren für Kabel und Schläuche und auch die Versuche zur Verbesserung der Ausreißfestigkeit bei den Schuhsohlenplatten und der Austausch über die jeweiligen Ergebnisse gingen wie gehabt vor sich.[624] Nur einige wenige Angelegenheiten wie etwa den Warenzeichenstreit mit den Wanderer-Werken oder auch die im Frühjahr 1944 begonnene und eigentlich für die Nachkriegszeit langfristig aussichtsreiche Zusammenarbeit mit der Degussa bei Kunststoffen waren wegen der dringender erscheinenden Kriegsmaßnahmen vorübergehend auf Eis gelegt worden.[625]

Die Lohnabteilung sah sich währenddessen einer zunehmenden Zahl von Lohnkonflikten mit Belegschaftsangehörigen gegenüber, die aufgrund der Entsendung an die neuen Verlagerungsorte gegen damit verbundene Einkommenseinbußen klagten.[626] Immer neue Einzugswellen von Beschäftigten immer jün-

---

621 Vgl. das Protokoll der 30. Nordhafen-Besprechung vom 16.2.1945, in: CUA, 6525 Zg. 1/56, A 68.

622 Vgl. Protokoll der Besprechung vom 3.1.1945, in: CUA, 6525 Zg. 1/56, A 68.

623 Vgl. den Bericht vom 16.3.1945 sowie vom 10.3.1945, in: CUA, 6525 Zg. 1/65, A 74.

624 Vgl. Schreiben Stubbendieks vom 12.3.1945, in: CUA, 6500 Zg. 1/69, A 7,1, und vom 8.2.1945 an Semperit wegen Sohlenplatten, in: CUA, 6704 Zg. 1/67, A 3.

625 Vgl. Protokoll der Vorstandssitzung vom 21.1.1944, in: CUA, 6603 Zg. 3/85, A 3.

626 Vgl. exemplarisch die Auseinandersetzungen mit den in das Ausweichlager Sarstedt entsandten Arbeiter vom Juni 1944, in: NLA HA Hann. 275, Nr. 571. Weitere Reklamationen und Beschwerden von Beschäftigten in den Außenlagern Brukensen und Freden in: CUA, 65910 Zg. 1/70, A 4.

gerer Geburtsjahrgänge sowie die von den örtlichen Behörden im Rahmen diverser „Gauleiter-Aktionen" geforderte Freistellung von Belegschaftsangehörigen zum anderweitigen Kriegseinsatz sorgten dafür, dass die Zerfaserung der Continental-Belegschaft weiterging.[627] Von den Maßnahmen waren deutsche wie ausländische Arbeitskräfte betroffen. Im März 1945 waren unvermittelt zunächst 70, dann 150 Zwangsarbeiter zum Teil direkt vom Lager, zum Teil aus der Fabrik für einen Katastrophen-Einsatz bei der Reichsbahn abgezogen worden, nachdem schon im September 1944 etwa 50 Fremdarbeiter zum Einsatz im Rahmen der „Aktion Maulwurf" – Schanzarbeiten von Panzergräben für den propagandistisch hochstilisierten „Westfalenwall" – im linksrheinischen Gebiet eingesetzt wurden und im November 1944 weitere 15 deutsche Handwerker und 60 Zwangsarbeiter aus der Continental-Belegschaft zur sogenannten Ruhrhilfe nach Dortmund abgeordnet worden waren.[628] Die hohe Fluktuation der Belegschaft war auch Gegenstand der Besprechungen Köneckes mit dem Vertrauensrat gewesen, der am 19. Dezember 1944 vermutlich zu seiner letzten Sitzung zusammengekommen war.[629]

Die Finanzabteilung ihrerseits musste sich im Februar 1945 wie schon so oft mit der Devisenbehörde wegen der Erfassung der Devisenreserven in den Auslandsstellen des Unternehmens befassen.[630] Die Devisenüberwachung und auch die Finanzämter mit ihren laufenden Betriebs- und Bilanzprüfungen funktionierten bis zuletzt. Gauleiter Lauterbacher rief währenddessen unter dem Motto „wer nicht arbeitet, soll auch nicht essen, während die Deutschen für den Endsieg schuften" zu scharfen Maßnahmen gegen „nichtstuende Ausländer" auf, die „Hannoversche Zeitung" erschien mit der Schlagzeile „Lieber Tod als Sklaverei" und rief zum Durchhalten auf, und die Continental-Aktie wurde auf dem Schwarzmarkt bei offiziellem Stoppkurs von 170 für 4000 RM gehandelt.[631]

Noch am 6. April 1945 waren auch ca. 600 Häftlinge aus dem KZ-Außenlager in Ahlem – wie alle KZ-Insassen in den übrigen Reichsgebieten auch – auf einen Todesmarsch zurück in ihr Hauptlager bzw. andere KZ-Lager im noch un-

---

627 Vgl. u. a. die Diskussionen in den Vorstandssitzungen vom 10.8.1944, 8.11.1944 und 14.12.1944, in: CUA, 6603 Zg. 3/85, A 3.

628 Vgl. Notiz der Lohn-Abteilung vom 23.11.1944, in: CUA, 65910 Zg. 1/70, A 1,3, sowie Notiz der Plan-Abteilung vom 19.3.1945, in: CUA, 65910 Zg. 1/70, A 1,2.

629 Vgl. Protokoll der Vertrauensratssitzung vom 19.12.1944, in: CUA, 6610 Zg. 1/57, A 8,2.

630 Vgl. Schreiben vom 8.2.1945 an die Reichsbankhauptstelle Hannover, in: CUA, 6600 Zg. 1/56, A 3.

631 Vgl. die Beschreibung der letzten Tage und Wochen in Hannover in: Destenay, Babel, S. 201 ff., 227. Zur Continental-Aktie vgl. die Hinweise bei Uwe Bahnsen, Hanseaten unter dem Hakenkreuz. Die Handelskammer Hamburg und die Kaufmannschaft im Dritten Reich, Kiel/Hamburg 2015, S. 326.

besetzten Süddeutschland geschickt worden. Zurück blieben ca. 250 kranke und entkräftete Häftlinge, ehe dann am 10. April amerikanische Truppen das Lager erreichten.[632] Auch die noch dazu fähigen Insassen des Frauen-KZ in Limmer wurden auf einem mörderischen Evakuierungsmarsch zurück in das KZ Bergen-Belsen getrieben und das Lager Limmer selbst von den Amerikanern befreit und aufgelöst.[633] Alle Continental-Vorstände blieben in den letzten Tagen und Wochen vor Kriegsende auf ihrem Posten und hielten jeder auf seine Weise das Unternehmen am Laufen – bis auf Generaldirektor Fritz Könecke. Ende März 1945 fand auf dem Fabrikgelände in Limmer eine Besprechung statt, bei der neben Könecke und den Vorstandsmitgliedern auch Hauptbetriebsobmann Jahns sowie sämtliche leitenden Angestellten anwesend waren. Dabei erklärte Könecke, dass ihn sofort wichtige Angelegenheiten von Hannover und den Werken fernhalten würden und er deshalb seinen Vorstandskollegen Weber als seinen Stellvertreter in allen betrieblichen Belangen bestimme. Weber habe, so erinnerte sich Finanzvorstand Franz später an die weiteren Worte Köneckes, nachdem die beabsichtigte Sprengung des Werks als ursprünglicher Plan des Reichsverteidigungskommissars hinfällig geworden sei, die zu erwartende Lähmungsaktion von Continental verantwortlich durchzuführen und solle sich deshalb sofort bei der Rüstungsinspektion Hannover melden.[634] Erst im Mai und damit lange nach der Besetzung sollte Könecke wieder in Hannover auftauchen. Weber selbst beschloss, nachdem tatsächlich seitens der Rüstungsinspektion der Befehl zur Lähmung des Betriebs und der Werke erteilt worden war, nach Rücksprache mit den zuständigen Werkleitern in Limmer und Nordhafen eine Stilllegung der Produktion in der Weise, dass in wenigen Stunden sämtliche Maschinen wieder zum Anlaufen gebracht werden konnten.[635] Seit dem 25. März 1945 nach den letzten großen Luftangriffen stand die Produktion in allen drei Werken bereits sowieso schon still und bis auf wenige leitende Angestellte und einige Wachschutzleute waren keine Belegschaftsangehörigen mehr vor Ort. Bei den Angriffen war das Hauptwerk in Vahrenwald nahezu völlig zerstört worden, zusammen mit den großen Zwangsarbeiter-Wohnlagern Braunberg I und Büttnerfeld. Die Werke in Limmer und Nordhafen blieben weitgehend verschont, aber Weber verhandelte in den folgenden Tagen offensichtlich mit Wehrmacht-Einheiten, die eine Artillerie-Stellung in unmittelbarer Nähe

---

632 Vgl. Gutmann, KZ Ahlem, S. 399 f.

633 Vgl. Füllberg-Stollberg, Frauen im Konzentrationslager, S. 328 f., sowie Anschütz/Heike, Man hörte auf, ein Mensch zu sein, S. 120 ff.

634 Vgl. Schreiben Franz an Weber vom 31.10.1948 im Zuge dessen Entnazifizierungsverfahrens, in: NLA HA Nds. 171 Hannover-IDEA, Nr. 16060.

635 Vgl. Bericht Webers an den Entnazifizierungsausschuss vom 11.11.1946, in: ebd.

zum Werk Nordhafen errichtet hatten, diese weiter weg zu verlegen, um nicht auch noch diese Fertigungsstätte zu verlieren.

Abb. 135: Luftaufnahme der Zerstörungen des Werks Vahrenwald März 1945

Was Könecke anging, so war offensichtlich, ohne dass es einer seiner Vorstandskollegen auch nach Kriegsende offen ausgesprochen hätte, dass er sich unter dem Vorwand wichtiger Aufgaben abgesetzt und Continental sich selbst überlassen hatte. Zu seiner Verteidigung und Erklärung erfand er später eine geradezu abenteuerliche Geschichte, in der er sich als Held und Opfer gleichermaßen stilisierte. Demnach habe er einen angeblichen Befehl des Gauleiters zur Sprengung des Werks Hannover verhindert und sei dafür von Lauterbacher zum Tode verurteilt worden.[636] Seine Abwesenheit von Hannover erklärte Köne-

---

[636] Vgl. die Darstellung Köneckes als Nachtrag zu seinen Unterlagen an den Entnazifizierungsausschuss (ohne Datum), Bl. 35, in: NLA HA Nds. 171 Hannover Nr. 32086. Demnach habe ihm am 5. April Hauptbetriebsobmann Jahns mitgeteilt, dass er vom Reichsverteidigungskommissar und Gauleiter den Auftrag erhalten habe, Sprengungskommandos bei Continental zusammenzustellen. Er habe, trotz der angeblichen Drohung, ihn im Fall einer Weigerung zu liquidieren, am Tag darauf bei einem Großappell vor den leitenden Angestellten den strikten Gegenbefehl gegeben. Weder Weber noch Franz und auch Jahns selbst wussten auf Befragung etwas von einem Sprengungsbefehl und auch nicht von einem Todesurteil des Gauleiters gegen Könecke, sondern verwiesen darauf, dass erstmals Anfang 1946 entsprechende Gerüchte im

cke dabei damit, dass er am 6. April aufgrund eines an ihn als Rüstungsobmann erteilten Befehls Speers in den Harz und weitere Regionen Niedersachsen gereist sei, um „andere wichtige Rüstungsbetriebe gleichfalls vor der Sprengung zu retten", was er unter größter ständiger Lebensgefahr auch getan habe.[637] Danach sei er vor der Rückfahrt von den Alliierten verhaftete und interniert worden und habe daher erst im Mai wieder nach Hannover zurückkehren können.[638] Letztendlich bleibt das Verhalten Köneckes in den letzten Kriegswochen rätselhaft, ebenso wie die nachträgliche Selbststilisierung, die schon wegen der zeitlichen wie inhaltlichen Unstimmigkeiten mit den Darstellungen der übrigen Vorstandsmitglieder und selbst Jahns schnell in sich zusammenfiel.

Nicht weniger dramatisch und auch nicht frei von später erfundenen Mythen von Widerstand und heldenhafter Rettung des Unternehmens waren die Entwicklungen der letzten Kriegsmonate und -wochen bei Phoenix und Semperit. Auch in den Werken in Hamburg, Traiskirchen, Engerau und Wimpassing wurde bis zuletzt für Wehrmacht und Luftwaffe weiterproduziert. Die Semperit-Werke blieben von Luftangriffen und Zerstörungen ganz verschont, dagegen wurde die Phoenix-Reifenfabrik in Harburg bereits am 13. Dezember 1943 zu einem erheblichen Teil zerstört, gefolgt von weiteren schweren Luftangriffen im Oktober und November 1944 sowie im März 1945 mit zahlreichen Toten, die dazu führten, dass Phoenix schon zum Jahresende 1944 nur noch mit zwei Prozent der früheren Kapazitäten fertigen konnte.[639]

Umlauf gebracht worden waren. Vgl. Aussage Weber vom 13.5.1947, in: NLA HA Nds. 171 Hannover-IDEA Nr. 16060, sowie Aussage Jahns vom 7.11.1947, in: NLA HA Nds. 171 Hannover Nr. 32086.

637 Erklärung Köneckes vom Dezember 1946, Bl. 25, S. 2, in: NLA HA Nds. 171 Hannover Nr. 32086.

638 Vgl. auch die mit weiteren dramatischen Details der angeblichen Harz-Reise ausgeschmückte Darstellung Köneckes in einer „Erwiderung auf falsche Behauptungen meiner Gegner" vom Dezember 1946, in: ebd., Bl. 21.

639 Vgl. den Bericht über die Folgen des Angriffs vom 13.12.1943, in: HADB F 002/750, sowie die spätere statistische Zusammenstellung der Fertigungskapazitäten infolge der Bombenangriffe vom 19.7.1945, in: StA Hamburg 621-71/40.

Abb. 136 u. 137: Reifenfabrik Phoenix: Zerstörungen Dezember 1943 und Aufräumarbeiten durch Zwangsarbeiter und Kriegsgefangene.

Im Mai 1944 hatte man sich dort zwar ebenfalls mit größeren Verlagerungsaktionen befasst, aber sämtliche der dafür zur Verfügung gestellten Kellerräume verschiedener Hamburger Brauereien sowie eine 80 km entfernte Kreidegrube der Portland-Zementwerke erwiesen sich für eine Reifenfertigung als ungeeignet.[640] Hauptverlagerungsstandort blieb daher mehr denn je die ehemalige Michelin-Fabrik in Prag, die inzwischen den Hauptanteil des Umsatzes des Gesamtkonzerns erwirtschaftete. Ende Februar 1945 berichtete Schäfer noch ein letztes Mal dem zehnköpfigen Aufsichtsrat über die wichtigsten Kennzahlen des letzten Quartals des Geschäftsjahres 1944. Trotz des geschrumpften Umsatzes konstatierte er dabei mit Barbeständen von 11,7 Mio. RM eine insgesamt nach wie vor stabile Finanzlage des Unternehmens.[641] Zudem informierte Schäfer darüber, dass Otto A. Friedrich seit 1. Februar nun wieder offiziell seine Vorstandstätigkeit bei Phoenix aufgenommen hatte.

Am 3. Mai 1945 wurde Hamburg den alliierten Truppen kampflos übergeben, und wie schon Könecke stilisierte sich auch Schäfer in einer 1947 dem Hamburger Senat übergebenen „Dokumentation" über die Kapitulation der Stadt – die vor dem Hintergrund der für Schäfer schleppend verlaufenden Entnazifizierung entstand – zu einem Helden, der nicht nur die Phoenix, sondern die ganze Stadt Hamburg durch sein Handeln gerettet habe. Demnach war in den letzten Kriegswochen noch ein Lazarett in den Kellern der Phoenix-Werke eingerichtet worden, und um dies bei dem einsetzenden Beschuss der britischen Truppen vor Zerstörung zu bewahren, hatte der zuständige Stabsarzt auf dem Werksdach ein Rotes Kreuz anbringen lassen, was jedoch bei Schäfer auf massive Kritik gestoßen war, da in einigen Werkshallen noch bzw. wieder gearbeitet wurde. Dies veranlasste den Arzt seinerseits zu dem Vorwurf gegen Schäfer, dass dieser trotz des Lazaretts auf dem Firmengrund gleichzeitig die Fertigung nicht eingestellt hatte.[642] Schließlich hätten sich Schäfer und der Stabsarzt am 29. April gemeinsam auf den Weg durch die feindlichen Linien zu den Briten gemacht, um eine Verschonung des Lazaretts bzw. des Werkes zu erreichen,

---

640 Vgl. Schreiben Phoenix an Weber als Leiter des Produktionsausschusses der Kautschukindustrie vom 23.5.1944, in: BArch R 3/1934.
641 Vgl. Bericht Schäfers vom 26.2.1945, in: HADB F002/750.
642 Vgl. auch schon das 9-seitige Rechtfertigungsschreiben Schäfers vom 23.9.1946, in: StA Hamburg 221-11/Ad. 7130. Siehe dazu auch https://www.nachdenkseiten.de/?p=26010. Den Mythos von Schäfers Retter-Rolle hat vor allem erst jüngst Uwe Bahnsen in seiner Geschichte der Handelskammer Hamburg wiederaufleben lassen. Vgl. Bahnsen, Hanseaten unter dem Hakenkreuz, insbesondere S. 248 ff. Die Darstellung hat in der Forschung erhebliche Kritik nach sich gezogen und die Person Schäfers wie die Geschichte der IHK Hamburg in der NS-Zeit sind Gegenstand eines noch laufenden Forschungsprojektes am Hamburger Zentrum für Zeitgeschichte.

woraus sich dann Verhandlungen zur kampflosen Übergabe der Stadt insgesamt ergeben hätten.

Tatsächlich war die kampflose Übergabe Hamburg anders als in Hannover vom dortigen Gauleiter Kaufmann planmäßig vorbereitet und bewusst herbeigeführt worden.[643] Aber Schäfer stilisierte sich auch zum Opfer des Gauleiters, der schon seit Oktober 1944 gegen ihn agitiert und seine Abberufung verlangt habe und dies auch offiziell bei den Berliner Stellen zu erreichen versuchte, was nur mit Hilfe Otto A. Friedrichs habe verhindert werden können. Schäfer gab später an:

> Noch am 15. Februar [1945] bin ich von Werksangehörigen bei der Gestapo wegen Wirtschaftsspionage angezeigt worden, worauf verschiedentliche Vernehmungen stattgefunden haben. Es waren bekanntlich umfangreiche Vorkehrungen getroffen, um bei einem Einmarsch feindlicher Streitkräfte die Industriebetriebe vollständig zu lähmen und eventuell zu sprengen. Ich habe Anfang April den ausdrücklichen Befehl gegeben, jede Sabotage oder Sprengaktion im Werk der Phoenix, ganz gleich, von wem sie angeordnet oder durchgeführt werden sollte, zu verhindern und beim militärischen Eingreifen durch den bewaffneten Werksschutz mit Waffengewalt abzuwehren.[644]

Es war, als ob sich Könecke und Schäfer bei ihren Rechtfertigungs- und Stilisierungsversuchen eng abgesprochen hätten.

Bei Semperit war es inzwischen zu einem Wechsel in der Unternehmensleitung gekommen. Am 23. Mai 1944 wurde der Aufsichtsrat von der Wiener Gestapo darüber informiert, dass Generaldirektor Messner wegen gravierender Verstöße gegen die Devisenbestimmungen inhaftiert worden war.[645] Kurz darauf wurden auch die Belegschaftsangehörigen in einer dürren Nachricht in der Werkszeitschrift darüber informiert, dass Messner aus allen Organen des Konzerns ausgeschieden war und seine Aufgaben auf die beiden Vorstandsmitglieder Dr. Walther Kastner und Hanns Reithoffer aufgeteilt worden waren.[646] Ersterer fungierte nun als Unternehmensführer, Letzterer als Betriebsführer der Wiener Konzernzentrale. Ende Oktober 1944 wurde bekannt, dass Messner durch den Volksgerichtshof wegen Hochverrats zum Tode verurteilt worden war. Ihm waren schon seit längerer Zeit laufende Kontakte zu einer kleinen katholischen Widerstandsgruppe nachgewiesen worden, die den amerikanischen Geheimdienst mit Informationen über die deutsche Industrie und die Produktionspla-

---

643 Vgl. dazu näher Frank Bajohr, Gauleiter in Hamburg. Zur Person und Tätigkeit Karl Kaufmanns (1900–1969), in: Vierteljahrshefte für Zeitgeschichte 43 (1995), H. 2, S. 267–295.
644 Rechtfertigungsschreiben Schäfers vom 23.9.1946, S. 7, in: StA Hamburg 221-11/Ad. 7130.
645 Vgl. Feldman, Die Creditanstalt-Bankverein, S. 556 f.
646 Vgl. Der Semperitler H. 5/1944, S. 11.

nungen versorgt hatte.[647] Als Gegenleistung dafür wurde jedoch unter anderem die Zusicherung gefordert, die Semperit-Werke von den Bombenangriffen zu verschonen. In seiner Unternehmenspolitik hatte Messner nichts von seiner Tätigkeit einfließen lassen. Noch Anfang Januar 1944 hatte er in der Werkszeitschrift seinen üblichen Appell zum Jahresauftakt an die Belegschaft gerichtet und dabei von der bevorstehenden ernstesten Bewährung des Unternehmens wie des ganzen Volkes gesprochen und den Stolz auf die Semperit als eines zu den leistungsstärksten und besten Betrieben weit und breit gehörenden Unternehmens betont.[648] Ende März 1944 war auch noch ein Großappell im Werk Traiskirchen abgehalten worden, bei der wie immer mit Gauleiter Hugo Jury und dem DAF-Gauobmann die regionale NS-Funktionärselite anwesend war und bei der die besondere Leistungsfähigkeit der Werksbelegschaft gefeiert wurde.[649] Dass die Semperit-Werke, insbesondere auch das Werk in Engerau, so leistungsfähig waren, lag nicht nur am Einsatz von Zwangsarbeitern, sondern auch an der Beschäftigung von KZ-Häftlingen. Seit Dezember 1944 gab es in Engerau ein Arbeitslager für 2000 ungarische Juden, die nach der Besetzung des Landes durch die deutschen Truppen im März 1944 in das Protektorat deportiert worden waren.[650] Der größte Teil der Insassen wurde zum sogenannten Südostwall-Bau eingesetzt, aber vermutlich war ein Teil von ihnen auch im Semperit-Werk tätig, in dem sich auch die Küche für die Häftlingsversorgung befand. Ende März 1945 sollten die KZ-Häftlinge des Lagers Engerau auf den Todesmarsch geschickt werden. Bis Mitte Februar 1945 wurden in den Semperit-Werken noch knapp 60 000 Reifen produziert, dann entschloss sich die Werksleitung zur Stilllegung und Lähmung. Am 2. April wurde Traiskirchen von russischen Truppen besetzt, am 12. April kapitulierte Wien. Messner selbst war im November 1944 ins KZ Mauthausen verbracht und wurde dort am 23. April 1945 zusammen mit weiteren Insassen in der Gaskammer ermordet.[651]

---

647 Vgl. Feldman, Die Creditanstalt-Bankverein, S. 557. Vgl. auch die allerdings höchst unkritische Darstellung in: https://de.wikipedia.org/wiki/Franz_Josef_Messner.
648 Vgl. den Appell in: Der Semperitler H. 1/1944, S. 2.
649 Vgl. den reich bebilderten Bericht über den Appell in: Der Semperitler H.3/1944, S. 4–6.
650 Vgl. Helmut M. Wartlik, Das Arbeitslager für ungarische Juden in Engerau, Diplomarbeit Wien 2008, S. 67 ff.
651 Vgl. die nachträgliche Darstellung des Unternehmens über „den Einsatz und das Schicksal des Herrn Dr. Franz Messner, Generaldirektor der Semperit AG, Wien" vom 4.12.1947 gegenüber der amerikanischen Militärregierung, in der auch umgehend die Legende von der entsprechend geprägten Unternehmenspolitik von Semperit in die Welt gesetzt wurde, in: NARA M 1928. Records of the German External Assets Branch of the US Allied Commission for Austria (USACA) Section, Report on Semperit Gummiwerke AG, Exhibits to the Report, Exhibit 2, unter: https://www.fold3.com/image/271413610 sowie auch Feldman, S. 557.

6 Arbeitskräftesteuerung und Verlagerungsmanagement bei Teves und VDO

Die Entwicklungen bei Teves und VDO in Frankfurt und Berlin verliefen in vieler Hinsicht anders. Dort war die Implosion weit plötzlicher erfolgt als bei Continental und Phoenix, da bereits im Frühjahr 1944 – noch während die ersten Verlagerungsaktionen anliefen – die jeweiligen Hauptwerke durch Bombenangriffe fast vollständig zerstört worden waren. Teves hatte Anfang 1944 damit begonnen, einzelne Verlagerungen von Fertigungsabteilungen aus den stark luftkriegsgefährdeten Werken in Frankfurt vorzunehmen. In Brombach bei Lörrach in der Nähe der schweizerischen Grenze sowie in Kirn im Hunsrück, in Friedrichsdorf im Taunus sowie den Orten Laufenburg und Blumberg in Baden wurden in der Folgezeit Ausweichbetriebe errichtet.[652] Auffälligerweise waren diese zwischen 100 und 300 km vom Stammwerk in Frankfurt entfernt, was erhebliche logistische Anstrengungen bei der Verlegung von Arbeitskräften wie Maschinen bedeutete. Auch in Berlin, wo am Werk Mitte Februar 1944 durch Bombenangriffe schwere Schäden entstanden waren, wurden Verlagerungsüberlegungen angestellt. Die Luftangriffe hatten unter anderem zu einem Totalschaden der Bremsenfabrikation geführt, dessen materieller Verlust auf 1,2 Mio. RM geschätzt wurde, so dass man für die Wiederingangsetzung der Produktion „unbedingt sofort Bargeld" benötigte und vom zuständigen Kriegssachschädenamt um die schnelle Anweisung von mindestens einer Mio. RM bat.[653] Im Laufe des Jahres 1944 wurde dann aber ein Teil der Ventilkegel-Fertigung ins badische Heitersheim verlagert. Im Zuge dessen verlegte dann auch Heinz Teves seinen Wohn- und Arbeitsort aus Berlin weg nach Süddeutschland und überließ die Leitung des Berliner Werks dem dortigen Werksleiter. Aber hier wie in Frankfurt kamen die tatsächlichen Verlagerungsmaßnahmen aufgrund der Schwerfälligkeit und Kompetenzkonflikte der Rüstungsbehörden nur langsam voran. Der größte Verlagerungsstandort war die Fertigung in Brombach. In eine ehemalige Textilfabrik dort wurde die Bremsteilefertigung mit Gießerei verbracht, wo dann rund 1000 Beschäftigte, darunter viele aus der Region neu dienstverpflichtete deutsche Arbeitskräfte sowie ca. 700 Zwangsarbeiter, Bremsen und Kolben für Panzer fertigten.[654] Die Verlagerung hatte bei den betroffenen Regionen und den dafür zuständigen Rüstungsbehörden für erhebliche

---

652 Vgl. Eckermann, Dynamik beherrschen, S. 210.
653 Vgl. das Schreiben des Werks Berlin an das Kriegssachschädenamt vom 13.4.1944, in: Landesarchiv Berlin A Rep. 005-07, Nr. 523.
654 Vgl. ebd. sowie Roland Peter, Rüstungspolitik in Baden. Kriegswirtschaft und Arbeitseinsatz in einer Grenzregion im Zweiten Weltkrieg, München 1995, S. 171.

Konflikte gesorgt, denn mit den neuen Industrieballungen drohten auch die ländlichen Regionen in den Luftkrieg hineingezogen zu werden. Zudem war wegen der nahen Grenze mit größeren Fluchtbewegungen von Zwangsarbeitern zu rechnen und nicht zuletzt kamen mit den verlagerten Produktionsanlagen auch Lärm, giftige Dämpfe und gesundheitsschädliche Staubentwicklungen, die nicht nur die Anlagen der zweckentfremdeten Textil- und Maschinenbetriebe ruinierten, sondern auch die Umgebung schädigten.[655] Am Ende sollte die Teves-Fertigung auf 18 Verlagerungsstandorte verstreut an 25 verschiedenen Stellen mit Verbindungswegen von über 500 km zersplittert sein. Die Ausweichbetriebe seien „wie eine Hand voll Weizen über halb Deutschland verstreut", notierte Alfred Teves dazu im Frühjahr 1944.[656]

Noch mitten in den Verlagerungsmaßnahmen erfolgte am 21. März 1944 der schwere Luftangriff auf Frankfurt, in dessen Gefolge das Stammwerk zum Großteil zerstört wurde und vor allem auch Werksdirektor Ernst Engel ums Leben kam, der als Leiter des Arbeitsausschusses Bremsen eine zentrale Funktion in der Rüstungsproduktion innegehabt hatte. Da die unmittelbar darauf erfolgte Korrespondenz von Alfred Teves zwischen 23. März 1944 und 1. April 1945 erhalten ist, lässt sich ein Einblick in die Stimmungslage wie die Denk- und Verhaltensweisen des Unternehmensgründers gewinnen:

> Vielen Dank für Ihre freundlichen Worte und Ihre Anteilnahme an dem recht hochprozentigen Schaden, der unser Frankfurter Werk betroffen. Immerhin lassen wir den Kopf nicht hängen, sondern alles ist eifrig am Aufräumen und Schuttwegschaffen, und man kann jetzt mit einer gewissen Genugtuung feststellen, dass von den Maschinen doch wohl ca. 70 Prozent erhalten sind und von den übrigen 30 Prozent auch noch das eine oder andere zu retten ist. Leider gehören zu diesen 30 Prozent aber auch einige ganz unersetzliche Maschinen [...] Was Gott sei Dank nicht betroffen wurde, das ist unser technisches Büro Bremse, unsere Patent-Abteilung, die Buchhaltung und Personal-Abteilung, die wir schon vor Monaten auf die umliegenden Ortschaften verteilt haben, so dass also alle wertvollen Zeichnungen, Unterlagen, vor allem die Patente vollständig gerettet und geborgen sind [...] Mit der Verlagerung unserer Bremsenfertigung nach Süddeutschland hätten wir schon im November des Vorjahres fertig sein können, wenn uns nicht der ungeheuerliche Behördenapparat immer wieder bei allen Gesuchen um Beschleunigung taube Ohren gezeigt hätte, so dass wir bisher nur mit etwa 60 Prozent dort zum Anlauf kommen konnten. [...] Mit unserer Kolbenring-Abteilung haben wir Glück gehabt; sie wird schon gleich nach Ostern, wenn auch vorerst nur mit halber Produktion, anlaufen, da auch die Gießerei, wenn auch teilweise unter freiem Himmel, wieder anfangen kann zu arbeiten. Ganz vernichtet ist allerdings unsere Abteilung Flugzeug-Hydraulik, obgleich die Maschinen mit ein wenig Mühe instand zu setzen sind. Aber der Verlust der unzähligen, selbsterdachten und -konstruierten Prüfvorrichtungen und sonstiger Kontrolleinrichtungen, eine mit un-

---

655 Vgl. ebd.
656 Vgl. Brief Teves vom 7.4.1944, in: CUA, Ordner Korrespondenz Dr. Alfred Teves.

geheurer Intelligenz zu einem hohen technischen Standpunkt entwickelte Sache, wird aber in absehbarer Zeit unter den heutigen Verhältnissen wohl nur sehr langsam wieder zu überwinden sein. Aber auch hier denken wir gar nicht daran, irgendwie den Kopf hängen zu lassen, sondern wir werden unter allen Umständen weiterarbeiten, umso mehr als wir auf diesem Gebiet ja eine an erster Stelle stehende Firma waren […] Es ist natürlich außerordentlich deprimierend, dass unsere große, schöne und moderne Fabrik fast vollständig ein Raub der Flammen geworden ist. Auch von unseren schönen Laboratorien ist so gut wie alles verloren gegangen. Wir werden uns aber keinesfalls entmutigen lassen und voraussichtlich schon in 6 Monaten wieder auf vollen Touren laufen. [657]

Dass Alfred Teves auch persönlich von dem Luftangriff betroffen war, da sein Frankfurter Wohnhaus nach zwei Volltreffern dem Erdboden gleich gemacht worden war und er mit seiner Frau nach Bad Homburg in eine Zweitwohnung umsiedeln musste, erwähnte er zunächst in seinen Briefen nicht.[658] Die Zerstörung des Teves-Hauptwerkes war vor allem für die nationalsozialistischen Rüstungsbehörden ein empfindlicher Verlust, und in Berlin waren daraufhin hektische Aktivitäten der Speer'schen Stellen wie auch des Sonderausschusses Kraftfahrzeugteile ausgebrochen, um zu prüfen, inwieweit Teile der Teves-Fertigung in zwei Fertigungsstätten in den besetzten Westgebieten sowie nach Italien verlagert werden könnten.[659] Der Leiter des Arbeitsausschusses „Panther" wandte sich seinerseits geradezu händeringend mit der Bitte an Alfred Teves, sich für Zulieferteile oder auch Teilmontagen an einen Warschauer Betrieb zu wenden und diesen in stärkstem Maße in die Fertigung einzuschalten, um schnellstmöglich wieder die für die Panzerproduktion dringend benötigten Hydrauliken zu erhalten.[660] Alfred Teves selbst wurde dabei zudem offenbar das Recht zugesprochen, einen geeigneten Nachfolger von Engel als Leiter des wichtigen Arbeitsausschusses zu benennen, was er vor allem dazu zu nutzen versuchte, seinen Sohn Ernst August nach zweieinhalb Jahren Dienst aus der Wehrmacht zu holen und wieder an seiner Seite bei der Unternehmensführung einsetzen zu können. So schrieb er Ende April 1944 an den mit ihm auch privat befreundeten Leiter des Sonderausschusses Kraftfahrzeugteile Direktor August Christian nach Heilbronn:

Es ist nämlich wirklich so, dass mir die Sache jetzt etwas zu viel wird. Das hat nicht ausschließlich etwas mit meinem Alter zu tun, sondern es wird selbst für einen jüngeren Mann schwierig werden, mit all den ungeheuer vielen und wichtigen Aufgaben, bei denen doch in der Hauptsache immer der persönliche Einsatz eine große Rolle spielt, fertig zu

---

657 Ebd.
658 Vgl. aber dann den Brief Teves an den ehemaligen Continental-Generaldirektor Tischbein vom 1.12.1944, in: ebd.
659 Vgl. Fernschreiben des Sonderausschussleiters an Teves vom 31.3.1944, in: ebd.
660 Schreiben des Leiters des Sonderausschusses an Teves vom 28.4.1944, in: ebd.

werden. Diese Aufgaben sind außerdem derart kriegswichtig, dass unsere Produktion in gar keiner Weise unterbrochen werden darf.[661]

Tatsächlich erhielt Ernst August Teves für den Wiederaufbau der Teves-Produktion zunächst einige Wochen Arbeitsurlaub, später wurde er dann ganz für die Übernahme der Betriebsführung zusammen mit seinem Vater freigestellt. Und auch er beschwor, wie schon zuvor sein Vater, unter anderem in einem Appell in der Betriebszeitung Ate-Ring und den Ate-Feldpostbriefen den ungebremsten Wiederaufbauwillen und beschwor dazu das „unzertrennliche Band der Betriebsgemeinschaft".[662]

Alfred Teves hatte mit seinem Sohn schon während dessen Wehrmachtszeit einen regen Briefwechsel und Gedankenaustausch über alle Fragen der betrieblichen Entwicklungen gepflegt. Anfang Mai 1944 etwa ging es um den Wiederaufbau der Kältemontage im Werk Fechenheim und den dafür auf Veranlassung von Ernst August Teves als „Kommissar" eingesetzten kaufmännischen Angestellten Langbroek auch als technischen Betriebsleiter, um den „Schlendrian in der führerlosen Firma" dort endlich zu beenden.[663] Ernst August Teves zeigte sich auch begeistert über die Ernennung des Deutz-Vorstandsvorsitzenden Stein, der im Unternehmensbeirat von Teves saß, zum Pionier der Arbeit. Dadurch werde die Firma „noch besser bei den Stellen der Partei und des Staates angeschrieben sein" und „über H. Stein hoffe ich ja, unbedingt in Bälde die Bekanntschaft des Ministers Speer einmal machen zu können, den Schlussstein in dem Gebäude der Bekanntschaften, welches wir, leider nicht solide genug, in den vergangenen Jahren errichteten."[664]

Alfred Teves dagegen äußerte sich seinem Sohn gegenüber deutlich skeptischer, etwa Anfang Mai 1944:

Die größte Schwierigkeit für uns ist immer noch die, dass wir noch immer mit unseren verschiedenen Abteilungen in allen möglichen Ecken und Winkeln, Vororten usw. hausen, so dass die notwendige Übersicht und ein richtiges Zusammenarbeiten sehr erschwert sind. Wir haben zwar Pläne, in irgendein Hotel in Wiesbaden überzusiedeln, aber das ist alles noch sehr unsicher […] Die Direktion haust nach wie vor in den Kellerräumen. Am schlimmsten ist diese ewige Nervosität über die Verlagerung, obgleich sie ja wohl im Hinblick auf zukünftige Großangriffe berechtigt ist […] Meine größte Sorge gilt unserer Kälte-Abteilung, umso mehr als diese nach dem Kriege eine unserer Hauptabteilungen

---

661 Brief Teves an Christian vom 25.4.1944, in: ebd.

662 Vgl. den Appell vom Juni 1944 als Kopie in: CUA, Bestand Teves, Sammlung Eckermann.

663 Schreiben E. A. Teves an A. Teves vom 3.5.1944, in: CUA, Ordner Korrespondenz Dr. Alfred Teves.

664 Ebd.

werden wird. Eine Verlagerung kommt für sie, da sie als nicht kriegswichtig genug angesehen wird, nicht in Frage.[665]

Ein großes Problem war auch die Unterkunft nicht nur der ausgebombten deutschen Belegschaftsmitglieder, sondern auch der ca. 600 Zwangsarbeiter in Frankfurt, die zunächst in von der DAF errichteten Zelten untergebracht wurden.[666] Selbst Wochen nach dem Angriff hatte man zudem noch keine Übersicht über die tatsächlich zur Verfügung stehenden Arbeitskräfte, da erst etwas mehr als die Hälfte der Belegschaft wieder zur Arbeit erschienen war. Die noch immer fehlenden restlichen 45 Prozent waren zu einem erheblichen Teil zusammen mit ihren Familien direkt nach den Angriffen evakuiert worden, ohne dass bisher eine entsprechende Benachrichtigung an das Unternehmen gegangen wäre.

Nach seiner Rückkehr nach Frankfurt hatte Ernst August Teves sich zunächst durch eine systematische Umfrage und Berichterstattung aus allen Unternehmensabteilungen ein Bild von der jeweiligen Situation nach Abschluss der gröbsten Aufräumarbeiten gemacht.[667] „Die durch den Angriff vernichteten Unterlagen sind zum größten Teil bereits wieder hergestellt und der normale Ablauf hat eingesetzt", berichtete etwa die Abteilung Betriebsabrechnung.[668] Alle Zahlen, die der technischen Leitung für die Beurteilung der einzelnen Betriebe als Richtlinien dienten, waren zwar bei der Betriebsleitung selbst vernichtet worden, konnten aber von der Abteilung wieder rekonstruiert und handhabbar gemacht werden. Auch die Einkaufsabteilung, der die Beschaffung einerseits der Bedarfszahlen von den verschiedenen Behörden, andererseits aber die Koordination der Heranschaffung der hunderte von Einzelteilen des großen Zuliefererkreises und dessen Überwachung oblag, hatte ihre Arbeit bereits wieder aufgenommen. Die zwölf Ingenieure und Zeichner sowie ein Meister und 25 Fach- und Hilfsarbeiter der inzwischen in Friedrichsdorf residierenden Abteilung Flughydraulik-Entwicklung und Konstruktion waren ihrerseits damit beschäftigt, hydraulische Motoren für Waffensteuerungen serienreif zu machen, und in Kirn, wohin ein Teil der Kälteabteilung verlegt worden war, baute man schon wieder Klimaanlagen für Schutzbauten für die U-Bootbesatzungen, Spezialanlagen für Lazarette, Klimaanlagen für Messräume und nicht zuletzt auch „aufgrund unserer Verbindungen beim Ministerium Speer" Klima- bzw. Kälte-Sonderanlagen für das Führerhauptquartier. Nicht ohne Stolz vermerkte der berichtende Abteilungsleiter, dass man bei diesen prestigeträchtigen Aufträgen

---

665 Brief A. Teves an seinen Sohn vom 3.5.1944, in: ebd.

666 Vgl. Schreiben an die DAF-Gauwaltung in Frankfurt vom 11.4.1944, in: ebd.

667 Vgl. dazu und zum Folgenden CUA, Ordner Situations- und Tätigkeitsberichte Mai 1944, E. A. Teves.

668 Vgl. den Bericht vom 31.5.1944, in: ebd.

den Konkurrenten Siemens erfolgreich ausgestochen hatte.[669] Auch die Gießerei arbeitete bereits wieder, mit zwölf Angestellten und 176 Arbeitern, darunter 49 Ausländer, sowie 32 russischen und 14 italienischen Kriegsgefangenen in Frankfurt. Weitere sechs Angestellte, 151 Arbeiter, von ihnen 95 ausländische Zwangsarbeiter, sowie 70 russische Kriegsgefangene und 24 Strafgefangene waren in der Abteilung Schleudergießerei in Frankfurt-Bonames tätig.[670] Alles in allem bestünden günstige Aussichten, berichtete auch die Verkaufsabteilung für Motorenteile, die entstandenen Lieferverzögerungen in Bälde wieder aufzuholen. „Das Vertrauen unserer Kundschaft in unsere Leistungsfähigkeit ist durch die Ereignisse nicht nur nicht gestört, sondern eher gefestigt worden." Auch Einbußen auf dem Absatzmarkt seien nicht feststellbar, stattdessen habe man die Gewissheit erhalten, „dass man auf der ganzen Linie auf Ate angewiesen ist und dass uns die Kundschaft braucht."[671]

Die schnelle Anknüpfung an die alten Produktionsleistungen wurde allerdings vor allem durch eine massive Verschärfung der Arbeitsbedingungen erreicht, die deutsche wie ausländische Beschäftigte betraf. Im Juli 1944 wurde zum Ausgleich des Arbeitskräftemangels, der unter anderem durch größere Fluchtbewegungen von Zwangsarbeitern entstanden war, in einer Reihe von Abteilungen die 72-Stunden-Woche eingeführt. In der Abteilung Kolbenringe, in der im Juni 1944 zunächst insgesamt 171 Beschäftigte, im Oktober aber bereits wieder 277 Arbeitskräfte eingesetzt wurden – 152 deutsche Männer und Frauen, 62 ausländische Arbeiter und Arbeiterinnen sowie 48 deutsche Strafgefangene –, wurde, um den gegenüber dem Monatssoll von 1,150 Mio. Kolbenringen um 25 Prozent gesunkene Ausstoß aufzuholen, von der zuständigen Werks- und Abteilungsleitung ein rigoroses Antreibersystem praktiziert.

Die Gründe für die Minderleistung waren dabei vielfältig: neben Sonderurlaub für bombengeschädigte Gefolgschaftsmitglieder sowie Arbeitsausfall durch Fliegeralarm hatte man 22 französische Strafgefangene abgeben müssen, die bereits an den Maschinen angelernt waren. Als Ersatz kamen zwar ein Dutzend weibliche Strafgefangene und einige ausländische Zwangsarbeiter, die jedoch erst neu angelernt werden mussten, womit ein weiterer Abfall der Produktivität verbunden war. „Diese Unstetigkeit im Gefolgschaftsstand wirkt sich besonders in der Massenfertigung katastrophal aus, nicht nur stückzahlenmäßig, sondern auch im Ausschuss", hieß es dazu im Monatsbericht der Abteilung für Oktober

---

669 Vgl. Bericht der Klimaabteilung vom 3.6.1944, in: ebd.
670 Vgl. die Berichte vom 2.6.1944, in: ebd.
671 Monatsbericht der Abteilung Bremsen-Verkauf für April 1944, in: ebd.

1944.[672] Bei den deutschen wie ausländischen Beschäftigten sank zudem allgemein die Leistungsfähigkeit, so dass nicht nur die ausländischen, sondern auch die deutschen Arbeitskräfte mit einem Minderverdienst heimgingen.

> Wenn bei einzelnen ausländischen Arbeitskräften ein gewisser passiver Widerstand zu sehen ist, so zeigt sich bei den deutschen Gefolgschaftsmitgliedern teilweise eine gewisse Gleichgültigkeit. Um diesem Umstand energisch entgegenzutreten, wurde den einzelnen Gefolgschaftsmitgliedern in gewissen Zeitabständen von der Betriebsleitung im Beisein der Meister und Einrichter diese Minderleistung vorgehalten und [es] konnte festgestellt werden, dass durch Androhung bei weiterer Minderleistung die Lang- bzw. Schwerarbeiter-Zulagen gestrichen werden, dies das wirksamste Mittel ist, eine Mehrarbeit zu erzielen [sic!].[673]

Besonders das sogenannte Unterführerkorps, d. h. Meister, Hilfsmeister und Einrichter, die mit dem Anlernen der ausländischen Arbeitskräfte befasst waren, aber aufgrund ihrer geringen Zahl damit zum Teil völlig überlastet waren, wurden durch regelmäßige Appelle dazu aufgefordert, für höhere Arbeitsleistungen zu sorgen.

Die erheblichen Bemühungen, möglichst rasch wieder an die alte Leistungsfähigkeit von Teves anzuschließen, zeigten mithin durchaus Erfolg. Neben der Verlagerung an Ausweichstandorte hatte man erfolgreich die Lizenznehmer und zahlreichen Unterlieferanten mobilisiert und zunächst dort wieder die Fertigung anlaufen lassen. Insbesondere im Bereich der schwer getroffenen Flugzeug-Hydraulik war dies gelungen. Sowohl das Ausmaß der Zerstörungen und damit verbundenen Produktionseinschränkungen wie auch Art und Weise der Verlagerungsmaßnahmen unterlagen dabei strengster Geheimhaltung, und die Angst, dass die Ausweichstandorte den alliierten Bombern bekannt und dann gleichfalls zerstört werden würden, war auch bei Alfred Teves offenbar groß. Mit seiner Billigung jedenfalls schrieb der Teves-Betriebsobmann im April 1944 an die Frankfurter Gestapo einen Brief, in dem dieser einen in der Export-Abteilung beschäftigten Schweizer der feindlichen Agententätigkeit verdächtigte und um sofortige Überwachung bat.[674] Wie sensibel die ganze Angelegenheit war, zeigte der Tätigkeitsbericht der Abteilung Technisches Büro-Bremse vom Mai 1944, der auch ein Hinweis auf die nach wie vor kaum eingebüßte Innovationskraft und Entwicklungsfähigkeit von Teves ist. Als Neuentwicklungen wurden dabei 15 Projekte aufgeführt, die von Lenkapparaten für Panther-Sturmgeschütze über hydraulische Kupplungen für die Panzer „Maus" und „Tiger" für Por-

---

672 Monatsbericht vom 18.11.1944, in: ebd.
673 Ebd.
674 Vgl. eine Abschrift des Briefs an die Gestapo vom 4.4.1944, in: CUA, Ordner Korrespondenz Dr. Alfred Teves.

sche und Maybach bis zu hydraulischen Bedienanlagen für U-Bootmotoren reichte.[675]

Ungeachtet der technischen Kompetenz musste sich Alfred Teves aber auch weiterhin mit der seiner Meinung nach unfähigen Rüstungsbürokratie herumschlagen, mit der das Unternehmens aufgrund seines diversifizierten Fertigungsprogramms und seiner Zugehörigkeit zu neun verschiedenen Arbeitsringen und zahllosen Sonderkommissionen besonders stark zu kämpfen hatte. „Wenn dieser Krieg für uns einmal ungünstig ausgehen sollte", notierte Teves Ende April 1944, „so könnte man wohl sagen, dass zu 50 Prozent die Überorganisation und zu 50 Prozent die Langweiligkeit der Behörden daran schuld gewesen wären."[676] In einem geharnischten Brief an die zuständige Rüstungsinspektion in Wiesbaden machte Teves vor allem auch seinem Ärger über die Arbeitskräftezuteilung der Behörden Luft. Nach der Anforderung von 35 dringend benötigten Arbeitskräften war im Werk ein Prüfungsausschuss der Rüstungskommission erschienen, die dann aber nicht nur die Zuteilung ablehnte, sondern gleich auch die Abgabe von 70 Teves-Arbeitern – darunter zehn Werkzeugmacher und Dreher, 30 Ostarbeiterinnen und 30 deutsche Angestellte – an andere Betriebe gefordert hatte.[677] Alfred Teves' Hinweis, dass durch die Katastrophe des Luftangriffs bereits 200 Ausländer, 100 Strafgefangene und ca. 200 deutsche Frauen für den Wiedereinsatz ausgefallen seien, blieb ohne Berücksichtigung. Gleichzeitig beschwor er allerdings mehr denn je den „Glauben an unsere große Ate-Gemeinschaft" als auch an das „Gelingen unserer Aufgabe, sowohl als des ganzen Schicksalskampfes unseres Volkes. Wenn jeder im gleichen Maße ausharrt und seine Pflicht bis zum Letzten erfüllt, wie Sie und ihre Kameraden", schrieb er an einen inzwischen bei der Wehrmacht eingesetzten ehemaligen Teves-Angestellten, „dann müssen und werden wir den Endsieg erringen."[678]

Währenddessen trieb Ernst August Teves vor allem auch die Verlagerung der Fertigung hydraulischer Anlagen für Bremsen und Kolbenringe nach Brombach weiter voran. Dieser Produktionsbereich war für die Rüstungsbehörden von zentraler strategischer Bedeutung, denn sie waren Teil des Zuliefersystems für die modernen Kampfpanzer „Panther" und „Tiger", die auch Teil des von der NS-Durchhaltepropaganda verbreiteten „Wunderwaffen"-Mythos waren. Der ursprüngliche Verlagerungsbefehl des OKH an Teves vom Februar 1944 sah

---

675 Vgl. den Bericht vom 17.5.1944, in: CUA, Ordner Situations- und Tätigkeitsberichte Mai 1944, E. A. Teves.
676 Brief Teves vom 25.4.1944, in: CUA, Ordner Korrespondenz Dr. Alfred Teves.
677 Vgl. das Schreiben von Teves vom 18.5.1944, in: ebd.
678 Brief Teves vom 22.5.1944, in: ebd.

die Schaffung von Fertigungskapazitäten von monatlich 10 000 Bremsen sowie 500 000 Kolbenringen für Panzermotoren vor, aber trotz des massiven Einsatzes von russischen Kgf., zivilen Zwangsarbeitern sowie italienischen Militärinternierten und der Dienstverpflichtung hunderter deutscher Arbeitskräfte aus der Umgebung für Teves hatte es, nicht zuletzt auch aufgrund der Kompetenzstreitigkeiten von Rüstungskommando Frankfurt, Rüstungsinspektion in Wiesbaden und den Lörracher Arbeitseinsatzbehörden erhebliche Verzögerungen beim Wiederanlaufen der verlagerten Fertigungsstraßen geben.[679] Für August 1944 verzeichnete der Monatsbericht der Lohnabteilung insgesamt 792 Arbeitskräfte, die inzwischen im Teves-Werk Brombach tätig waren, davon 509 Deutsche, 245 Zwangsarbeiter und 49 Kriegsgefangene.[680] Trotz hoher Arbeitszeitbelastung mit einer erheblichen Anzahl von Überstunden über der regulär geltenden 60-Stunden-Woche betrug die Arbeitsleistung nur 27,2 Prozent produktive Akkordstunden, dagegen 63,2 Prozent unproduktive Stunden. Die Fertigung hinkte massiv hinter den von den Behörden geforderten Ausbringungssolls hinterher. Allein der gesamte Ersatzbedarf von Zylinderlaufbüchsen betrug 78 000 Stück, während Teves monatlich nur knapp 6000 Stück herstellte, was einen Auslieferungsrückstand eines ganzen Jahres bedeutete.[681]

Bei den angesichts des Kriegsverlaufs immer nervöser werdenden Rüstungsbehörden, insbesondere dem Hauptausschuss Panzer, waren Vater und Sohn Teves daher heftigen Vorwürfen und massiver Kritik über die als völlig unzureichend bezeichneten Lieferungen – die im September 1944 bei Hydraulik-Anlagen für die Kampfpanzer „Panther" und „Tiger" nur noch 44 Prozent des Solls erreichten – ausgesetzt. Und Ernst August Teves gab den Druck nach unten weiter. In einem geharnischten Brief an den Brombacher Werksleiter Ludwig Hormel äußerte er seinen „schärfsten Unwillen" über die unzureichenden Lieferungen aus Brombach und prangerte „eine geradezu sträfliche Indolenz,

---

679 Vgl. den Verlagerungsbefehl vom 2.2.1944, in: CUA, Ordner Teveswerke Brombach 1.1.1944–31.12.1948; Bericht an das OKH über den Stand der Verlagerung vom 27.5.1944, in: CUA, Ordner Korrespondenz Dr. Alfred Teves; Besprechung beim Arbeitsamt Lörrach betr. Umsetzung der Arbeitskräfte der Firma Großmann zu Teves vom 26.6.1944, in: CUA, Ordner Teveswerke Brombach 1.1.1944–31.12.1948; vertragliche Vereinbarung zwischen Teves und Großmann betr. Nutzung der Werksanlagen und der Arbeitskräfte vom April 1944, in: ebd.

680 Vgl. Monatsbericht vom 3.9.1944, in: CUA, Ordner Teveswerke Brombach 1.1.1944–31.12.1948. Bemerkenswerterweise wurde auch eine Unterscheidung nach Qualifikation und Herkunft vorgenommen, die zeigt, dass unter den „West-Ausländern" mit 95 Fach- oder angelernten Arbeitern ein deutlich höherer Qualifikationsgrad herrschte als bei den Ostarbeitern, von denen nur 37 Frauen als angelernte Arbeitskräfte geführt wurden.

681 Vgl. Aktennotiz der Werkleitung Brombach an E. A. Teves vom 30.11.1944, in: CUA, Ordner Brombach Juni 1944–1946, E. A. Teves.

Langweilerei und Versäumnis" an, die „bei der Wichtigkeit der Sache [...] unentschuldbar" seien, und forderte daher für den kommenden Monat die Erwartung, „alle Kräfte daran zu setzen, erhöhte Lieferungen kompletter Bremsen-Garnituren herauszubringen."[682] Dass sich auch Alfred Teves unter gewaltigem Druck der Berliner Behörden und Rüstungsämter sah, zeigte sich unter anderem an einem Schreiben, das er Ende Juni 1944 an Direktor Stein im Berliner Teves-Werk II geschickt hatte. Der Anlass des Schreibens war eigentlich marginal. Es ging um eine Sekretärin des Berliner Werks, die Alfred Teves dem Leiter des Hauptausschuss Panzer als Hilfskraft zur Verfügung gestellt hatte, was der Werksleiter jedoch, nachdem er keine Ersatzkraft gefunden hatte, wieder rückgängig gemacht hatte. Teves schrieb Stein:

> Durch diese Zurverfügungstellung ist es uns nach jahrelangen Bemühungen endlich gelungen, mit den wichtigen Leuten bei dem Hauptausschuss eine enge Fühlung zu bekommen und dadurch verschiedentliche, außerordentlich dringende und für unser Hauptwerk besonders wichtige Bewilligungen zu erreichen [...] Die Folge [der Rückholung] war natürlich, dass alle Vergünstigungen, die wir mit viel Mühe erreicht hatten, eingestellt wurden, wodurch wir außerordentliche Unannehmlichkeiten mit Herrn Göbel gehabt haben [...] Wir müssen Sie schon ersuchen, sich vorher zu überlegen, was die Folgen sein könnten, wenn Sie derart gegen die Interessen des Hauptwerks handeln, und halten es an der Zeit, dass Sie begreifen, dass es in erster Linie notwendig ist, bei den maßgebenden Behörden, einerlei, ob es sich um die Interessen von Wittenau oder diejenigen des Hauptwerks handelt, unter allen Umständen jede Missstimmung zu vermeiden.[683]

Die Bereitschaft, sich dem Druck zu beugen und sich an die Produktionsanforderungen der Behörden anzupassen, war auch bei einem dem NS-Regime eher distanziert gegenüberstehenden Unternehmer wie Teves erheblich. Dabei sollte der Firmengründer wenig später miterleben müssen, wie das Verlagerungswerk Brombach in die Mühlen der konkurrierenden und sich widersprechenden Verlagerungspolitik der Rüstungsbehörden geriet. Ende November 1944 erhielt die Firmenleitung vom OKH plötzlich die Anweisung, die Fertigung der „Panther-Hydraulik" wegen Bombengefährdung umgehend erneut zu verlagern, ohne allerdings einen konkreten Verlagerungsstandort zu nennen. „Dass wir Hals über Kopf von Brombach wieder wegmüssen und nach Mitteldeutschland verlagern sollen, werden Sie wohl schon gehört haben", schrieb Alfred Teves merklich konsterniert an einen Geschäftsfreund. „Es war dies ein außerordentlicher Schlag, für uns, denn Brombach war ja gerade fertig eingerichtet und hatte im November die höchste Auskehr, die die Abteilung seit ihrem Bestehen über-

---

682 Brief E. A. Teves vom 13.10.1944, in: ebd.
683 Schreiben Teves an Stein vom 22.6.1944, in: CUA, Ordner Korrespondenz Dr. Alfred Teves.

haupt aufwies. Wir haben ungefähr 600 000 RM in die Fabrik gesteckt [...] und das soll nun alles wieder vergeblich gewesen sein."[684]

Nur wenige Tage nach dem Verlagerungsbefehl erschien ein Vertreter des OKH in Brombach, ergänzt durch einen Anruf des Leiters des Arbeitsausschusses „Panther", die die umgehende Verladung der notwendigen Maschinen in zehn Eisenbahnwaggons verlangten, ohne jedoch ein genaues Verlagerungsziel anzugeben.[685] Am Nachmittag des 26. November trafen dann auch zwei Ingenieure der MAN-Werke in Nürnberg ein, die – einigermaßen erstaunt darüber, dass die Hydraulik-Fertigung in Brombach noch ganz normal lief – einen Befehl des Reichsrüstungsministers Speer vorlegten, wonach sie „alle fertigen und teilfertigen Aggregate sowie Einzelteile für die Panther-Hydraulik zu bergen und unverzüglich nach Nürnberg zu überführen hatten."[686] Schließlich gingen am 30. November sieben Eisenbahn-Waggons mit Maschinen von Brombach nach Nürnberg ab, während gleichzeitig noch zehn andere Güterwagen mit Materialien für die Panther-Hydraulik-Fertigung in Brombach eintrafen, die dann vorübergehend nach Berlin bzw. Potsdam ins Teves-Werk nach Wittenau (obwohl es dort keine Hydraulik-Fertigung gab) und zu dem Maschinenbauunternehmen Orenstein & Koppel zurück- bzw. weitergeschickt wurden. Es herrschte ein völliges Durcheinander, zumal die restliche Verlagerung des Brombacher Werkes mit Bremshydraulik für Kraftfahrzeuge mindestens weitere 200 Eisenbahnwaggons erforderte. E. A. Teves forderte denn auch den Brombacher Werksleiter Anfang Dezember dazu auf, den Abbau der Maschinen zu verlangsamen, nicht zuletzt auch deshalb, „da unsere Unfähigkeit auf das schamloseste seitens der automobilbauenden Firmen ausgenützt wird, denn in der Liste derer, die Bremsen fabrizieren wollen, sind jetzt neben Büssing bereits Steyr, Auto Union, Phänomen und Borgward getreten."[687] Offensichtlich versuchten die Erstausrüstungsfirmen die Lieferprobleme von Teves dazu zu nutzen, in das Zuliefergeschäft einzudringen und die nötigen Fertigungen selbst zu übernehmen.

Auf amtliche Hilfe hatte Teves bei der Durchführung der Verlagerungen kaum rechnen können. „Es bleibt vielmehr den Firmen in eigener Verantwortung überlassen, Ausweichmöglichkeiten zu suchen", notierte der zuständige Teves-Angestellte dazu nüchtern in einer Aktennotiz. Alles, was man von den Behörden erhielt, waren entgegen den früheren Hinweisen zur Verlagerung nach Mitteldeutschland, „weil dort schon jetzt alles vollgestopft und übersetzt

---

684 Schreiben Teves vom 28.12.1944, in: Ordner Korrespondenz Dr. Alfred Teves.
685 Vgl. Protokoll betr. Verlagerung der Fertigung von Panther-Hydraulik vom 30.11.1944, in: Ordner Brombach Juni 1944–1946, E. A. Teves.
686 Mitteilung des Werksleiters Brombach an E. A. Teves vom 28.11.1944, in: ebd.
687 Schreiben E. A. Teves vom 8.12.1944, in: ebd.

sei", die Aufforderung, die wichtigsten Fertigungen nach Osten zurückzuverlagern.[688] Daneben waren jedoch Anfang Januar 1945 zwei Untertage-Verlagerungen in den Mittelpunkt der Aktivitäten der Teves-Verwaltung gerückt: Zum einen die Verlagerung in den Stollen des Schluchsee-Staudammes im Schwarzwald, wo die OT unter dem Decknamen „Sill" bereits seit Oktober 1944 der Ausbau einer 7000 Quadratmeter umfassenden Produktionsmöglichkeit vorgenommen hatte, für die sich Teves schon damals interessiert hatte.[689] Nach Besprechungen mit der Rüstungsinspektion Oberrhein Anfang Dezember 1944 und um zu vermeiden, dass für die Suche nach einem geeigneten Verlagerungsort weiter kostbare Zeit verloren ging, meldete Teves erneut sein Interesse daran an, einen Teil der Hydraulik-Fertigung aus Brombach in den Schluchsee-Stollen zu verlegen.[690] Nach Fertigstellung der ersten 200 m Tunnelstrecke könnte, so die Mitteilung der zuständigen OT-Einsatzgruppe, um den 25. Februar herum mit der ersten Teilinbetriebnahme begonnen werden, unabhängig davon, dass weder eine Bewetterungsanlage noch die nötigen sanitären Anlagen fertiggestellt sein würden. Die endgültige Fertigstellung und volle Inbetriebnahme war für Ende April 1945 vorgesehen.[691] Tatsächlich gab es bei Teves bereits konkrete Pläne, welche Abteilungen nach „Sill" verlegt und welche in Brombach belassen werden sollten. Dazu rückte für die Verlegung der Panther-Hydrauliksteuerung sowie der Ventilkegelfertigung ein Reichsbahn-Stollen in Golling bei Salzburg ins Zentrum des Interesses. Obwohl fast 600 km von Frankfurt und Brombach entfernt, wurde, anders als in den Schluchsee-Stollen, nach einem formalen Befehl des Speer-Ministeriums vom 26. Februar 1945 tatsächlich mit der Verlagerung der Panzer-Hydraulik-Fertigung dorthin begonnen.

Noch während die Verlagerungsüberlegungen und ersten Maßnahmen liefen, erlebte das Werk Brombach am 24. Februar einen Luftangriff, der es fast vollständig vernichtete und dutzende Verletzte – Zwangsarbeiter wie Deutsche – sowie auch zehn Todesopfer forderte, darunter neben einem litauischen und zwei italienischen Zwangsarbeitern die gesamte technische Leitung und der Betriebsführer Hormel mit seiner Sekretärin.[692] Ein weiterer Teil der Teves-Leitung sowie auch Heinz Teves wären, da sie sich gerade auf dem Weg zu einer Besprechung nach Brombach befanden, beinahe ebenfalls ums Leben gekommen. Da die Dauer der Wiederinstandsetzungsarbeiten des Werks ungewiss war, wurde eine sofortige Verlagerung nach „Sill" in Angriff genommen, wo sich allerdings

---

688 Aktennotiz vom 22.11.1944, in: ebd.
689 Vgl. Notiz E. A. Teves vom 24.10.1944 sowie Mitteilung über Besprechungen zum Verlagerungsprojekt Sill vom 29.11.1944, in: ebd.
690 Vgl. Aktennotiz über die Besprechung vom 9.12.1944, in: ebd.
691 Vgl. Schreiben der OT-Einsatzleitung Lenzkirch/Schwarzwald vom 23.1.1945, in: ebd.
692 Vgl. den Bericht über den Bombenangriff vom 24.2.1945, in: ebd.

die beteiligten Behörden die Verantwortung für die nach wie vor nicht mögliche Nutzung gegenseitig in die Schuhe schoben. Eine Fertigung in Brombach sollte bis Kriegsende nicht mehr anlaufen und auch der Schluchsee-Stollen nie genutzt werden.[693] Auch unter den Belegschaftsangehörigen und vor allem den Zwangsarbeitern zeigten sich unübersehbare Auflösungserscheinungen. Aus dem Außenkommando der Strafgefangenenanstalt Frankfurt-Preungesheim, die im Frühjahr 1945 mit 44 Mann als Kommando „Teves-Stadt" für Aufräumarbeiten und die Beseitigung von Blindgängern auf dem Teves-Gelände eingesetzt wurden, wurden laufend Fluchtbewegungen registriert.[694]

Nur kurz zuvor, am 27. Januar 1945, hatte Alfred Teves seinen 77. Geburtstag begangen. Der zunehmenden Zersplitterung seines Unternehmens und der abermaligen völligen Zerstörung eines seiner Werke begegnete er mit einer Mischung aus Resignation, Hoffnung auf ein baldiges Ende des Krieges und ungebrochenem Wiederaufbauwillen.[695] „Mein Sohn und ich sowie ein Teil meines Angestelltenstabes hausen jetzt auf den Trümmern in selbst wieder aufgebauten primitiven Räumen und regulieren von hier aus ca. 18 verschiedene Verlagerungsstellen", schrieb er Anfang Februar 1945 an einen seiner zahlreichen Geburtstagsgratulanten aus dem OKH.[696] Und an die Mitarbeiter des Technischen Büros Bremse und der Bremsversuchs-Abteilung schrieb er in seinem Dankbrief für die Geburtstagswünsche: „Ich möchte doch noch so gerne noch erleben, dass wir wieder den Grundstein zur einstigen Blüte unserer Firma gelegt haben und vertrauensvoll der weiteren Entwicklung unseres Werkes entgegenblicken können."[697] So gut es ging, bemühte sich Teves auch darum, den Zusammenhalt der alten Teves-Gemeinschaft zu beschwören. Anlässlich des zehnjährigen

---

[693] Bei der Besetzung Brombachs durch die französischen Truppen am 24.4.1945 waren nur noch eine Handvoll Belegschaftsmitglieder vor Ort. Der Großteil der Werksangehörigen war zum Volkssturm einberufen, die ca. 100 Zwangsarbeiter schon einige Tage vorher zur nahen Schweizer Grenze gebracht und entlassen worden. Vgl. Aktennotiz vom 22.5.1945, in: Ordner Brombach Juni 1944–1946, E. A. Teves.

[694] Vgl. die entsprechenden Meldungen des Werksschutzes und die nach dem Wiederaufgreifen erfolgten Strafmaßnahmen in: HHStAW 409/4, Nr. 6759, 6834, 7000, 8000, 649.

[695] Schon im September 1944 hatte Teves mit dem zu diesem Zeitpunkt ebenfalls bereits 73 Jahre alten Wilhelm von Opel, der wie Teves kurz zuvor vor den Trümmern seines Hauptwerkes gestanden hatte, des durch Bomben weitgehend zerstörten Opel-Werks in Rüsselsheim, einen kurzen Briefwechsel geführt. Sie hatten sich gegenseitig ihres ungebrochenen Wiederaufbauwillens versichert. Vgl. Brief Opel an Teves vom 26.8.1944 und Brief Teves an Opel vom 3.9.1944, in: Ordner Korrespondenz Dr. Alfred Teves. Opel ging es in seinem Brief allerdings vor allem darum, dass Teves sich um die Reparatur eines defekten Ate-Kühlschranks kümmerte.

[696] Brief Teves vom 7.2.1945, in: ebd.

[697] Brief Teves vom 2.2.1945, in: ebd.

Bestehens des Berliner Werks hatte er Ende November 1944 an die Betriebsführung und Gefolgschaft einen ebenso ausführlichen wie persönlichen Brief verfasst, in dem er die Entwicklung des Werks noch einmal Revue passieren ließ und am Ende Gottes schützende Hand über „all die Pläne, die wir für den Weiterausbau dieses schönen Werkes und für die Friedensarbeit hegen", beschwor.[698] Auch im Werk selbst wurde das Jubiläum groß gefeiert, allerdings unter Abwesenheit von Heinz Teves.[699]

Abb. 138: Alfred Teves im Kreis seiner engsten Mitarbeiter

Sein Lebenswerk sah der Firmengründer jedoch nicht nur durch den Bombenkrieg gefährdet, sondern von den zunehmend auf Einhaltung der Liefersolls pochenden Behörden, die in seinen Augen inzwischen ein wahres Kesseltreiben gegen ihn und seine Firma inszenierten, ihn der Sabotage an der Kriegsführung bezichtigten und offensichtlich Anfang Januar 1945 einen Oberingenieur der MAN ins Werk nach Frankfurt schickten, mit einem Schreiben des Rüstungsstabes, demzufolge dieser ab sofort als „Werksbeauftragter" mit allen Vollmachten versehen bei Teves eingesetzt sei.[700] „Wann wird dieser größte Wahnsinn aller

---

698 Brief Teves vom 30.11.1944, in: ebd.
699 Vgl. den Bericht einer Mitarbeiterin vom 1.12.1944 an Teves, in: ebd.
700 So die spätere Darstellung in seinem Entnazifizierungsverfahren, Schreiben des Rechtsanwalts von Teves an die Spruchkammer vom 18.2.1947, S. 4, in: HHSTAW 520/11, Nr. 11263/2.

Zeiten endlich einmal aufhören?", schrieb der Seniorchef am 13. März 1945 an den ehemaligen Continental-Generaldirektor Willy Tischbein nach dessen Gut Rixförde bei Celle.[701] Über die Gründe und Ursachen des Krieges hatte Teves allerdings eine unpolitische und bei Unternehmern weit verbreitete technisch-ökonomische Sichtweise. „Der Hauptgrund dieses ganzen, furchtbaren Krieges", so hatte er in einem Brief an seinen F&E-Leiter geschrieben, „war doch wohl in erster Linie, die im Ausland außerordentlich unangenehm fühlbar werdende Konkurrenz der deutschen Industrie auf dem Weltmarkt zu beseitigen."[702]

Adolf Schindling ereilte dasselbe Schicksal wie Alfred Teves. Nachdem Mitte Oktober 1943 durch Brand- und Sprengbomben erste größere Schäden an den Werken in Frankfurt und Offenbach entstanden waren, wurden am 18. und 22. März 1944 alle vier Werke fast völlig zerstört, darunter auch die Hauptverwaltung in der Mainzerlandstraße, wo Schindlings Büro mit allen Unterlagen verbrannte. Auch die großen VDO-Wohnlager für Kriegsgefangene und das Gemeinschafts-Ausländerlager waren durch Totalschaden unbenutzbar geworden. Die Fertigung, die wegen der Einschaltung im Jäger- und Panzerprogramm höchste Dringlichkeitsstufe besaß, konnte nicht mehr weitergeführt werden. Unmittelbar nach dem ersten schweren Angriff am 18. März, von dem zunächst nur die beiden Offenbacher Werke getroffen und vernichtet worden waren, hatte VDO-Vorstandsmitglied Spies Schindling noch dringend geraten, einen Eilboten nach Berlin zu RLM-Staatssekretär Milch und Rüstungsminister Speer zu schicken und mit dem Hinweis auf die feinmechanischen Fertigungsaufträge von höchster Dringlichkeit und kriegsentscheidender Bedeutung bei Steuerungsgeräte für V1-Raketen ebenso wie für Panzer, Torpedos und Düsenflugzeuge endlich die notwendige Unterstützung für großangelegte Verlagerungsmaßnahmen zu erhalten. Im Entwurf des zu übermittelnden Schreibens stand:

> Ich habe meine Betriebe, soweit dies mit eigenen Kräften geschehen konnte, bereits an 10 verschiedenen Stellen untergebracht, um sie vor Fliegerschaden zu schützen. Wir haben bis jetzt alle Terrorangriffe überstehen können und konnten die eingetretenen Schäden mit eigener Kraft beseitigen. Bei dem Terrorangriff in der Nacht vom 18. März 1944 sind aber die beiden Hauptwerke in Offenbach/Main 100 %ig vernichtet worden. Ich kann es als Betriebsführer nicht länger verantworten, dass meine beiden restlichen Werke, vor allem das Stammwerk in der Königstr. 103 mit dem gewaltigen Maschinenpark für die Vorfabrikation weiterhin in Frankfurt/Main verbleiben. Ich bin seit einem Jahr um die Verlagerung bemüht, aber bis jetzt leider ohne Erfolg.[703]

---

701 Brief vom 13.3.1945, in: Ordner Korrespondenz Dr. Alfred Teves.
702 Brief Teves vom 8.8.1944, in: ebd.
703 Das Schreiben von Spies vom 20.3.1944, in: VDO-Archiv Karton 403.

Man habe ihm bereits vor einiger Zeit eine Fertigungsmöglichkeit in Nidda angeboten, jüngst aber mitgeteilt, dass diese doch nicht zur Verfügung stünde. „Ich bin der Auffassung, dass wir, sofern wir das vorgefundene Projekt Nidda bekommen, in rücksichtslosem Tages- und Nacht-Einsatz einerseits und durch Abdrücken gewisser Aufträge andererseits in der Lage sind, die uns gestellten Aufgaben in einer Übergangsfrist von einem viertel Jahr zu bewältigen. Durch eine solche Verlagerung würden wir auch in Stand gesetzt, unser Werk für später zu erhalten."[704] Doch es war zu spät. Erst nach dem zweiten Angriff zwei Tage später und der Zerstörung auch der beiden Frankfurter Werke fuhr Schindling selbst nach Berlin, um bei Milch und Speer Unterstützung für die Verlagerung der Reste der übriggebliebenen Fertigung einzufordern. Vehement wehrte er sich dabei gegen nachträglich von den Behörden und etwa auch dem Leiter des Sonderausschusses Kraftfahrzeugteile geäußerte Kritik an der angeblich zu spät vorgenommenen Verlagerung. Die seitens des Unternehmens insbesondere bei Tachometern bereits längerfristig geplante Verlagerung in den Zweigbetrieb nach Prag sei nur deshalb nicht zustande gekommen, da die Behörden den Kraftfahrzeug-Messinstrumenten nicht die nötige Dringlichkeitsstufe zugewiesen hatten.[705] Auch um Verlagerungen nach Italien und Frankreich habe sich VDO gekümmert und auch entsprechende Produktionsaufträge in Nachbauweise gegeben. Schließlich ordnete das RLM die sofortige Gesamtverlagerung von VDO an.[706]

Als reine Gebäudeschäden waren beim Kriegssachschädenamt Frankfurt 6,5 Mio. RM geltend gemacht worden, aber die tatsächlichen Folgen gingen weit über die materiellen Schäden hinaus. Nicht nur bei den Bombenangriffen selbst, sondern auch bei den nachfolgenden Aufräum- und Bergungsmaßnahmen gab es eine Reihe von Toten unter der Belegschaft. Schindling hatte ungeachtet dessen in einem Rundschreiben an alle „VDO-Arbeitskameraden" dazu aufgerufen, „nicht den Kopf hängen zu lassen und durch erhöhten Einsatz daran mitzuarbeiten, dass wir schnellstens wieder in alter und möglichst noch besserer Form erstehen. Damit würde zugleich der bisherige bewundernswerte ‚VDO-Geist' erneut unter Beweis gestellt."[707] Der Appell traf allerdings nur bedingt auf Resonanz bei der Belegschaft. „Antrittsstärke heute knapp 40 Prozent.

---

704 Ebd.
705 Vgl., Schreiben Schindling an den Leiter des Sonderausschusses Kfz-Teile vom 4.5.1944, in: ebd.
706 Vgl. den Bericht Schindlings über die Verlagerungsaktionen vom 16.6.1944, in: VDO-Archiv Karton 403.
707 Schreiben Schindling vom 26.4.1944, in: VDO-Chronik, Bd. 2. Vgl. Bericht über den Terrorangriff vom 18.3.1944, in: VDO-Archiv Karton 414, und Zeitzeugeninterview H. Altmann von 1977, Transkript S. 2 ff., in: VDO-Archiv Karton 9.

Es kommen laufend Gefolgschaftsmitglieder, vor allem Frauen, und bitten um ihre Entlassung, damit sie nach außerhalb können. In vielen Fällen sind die Männer dieser Frauen nach auswärts versetzt", hieß es in einer Notiz des Frankfurter Werksleiters für eine Besprechung mit der Gauwirtschafskammer zur Lage zwei Wochen nach dem Angriff. „Von etwa 40 Prozent der Gefolgschaft haben wir noch nichts gehört. Wir haben angefangen nach denselben zu recherchieren".[708] Auch 24 Ostarbeiterinnen und 21 russische Kriegsgefangene hatten das Chaos nach den Angriffen genutzt und waren geflohen, was für den damaligen Werksleiter auch deshalb unangenehm war, da man mit dem Einsatz der Russen im Großen und Ganzen zufrieden war „und uns die 21 dringend fehlen."[709] Während der Einsatz der kriegsgefangenen Russen und der russischen Zivilarbeiterinnen „zufriedenstellend war", so in einem weiteren Bericht zu den Folgen der Fliegerschäden, „war der Einsatz der deutschen Frauen sehr mangelhaft. Es muss zum Teil von einer klaren Disziplinlosigkeit gesprochen werden".[710] Nur etwa die Hälfte der Belegschaftsangehörigen war nach den Angriffen zur Arbeit erschienen und hatte „nur sehr widerwillig an der Aufräumung und Reinigung der Fabrik mitgearbeitet."[711]

An anderen Werksstandorten allerdings waren die Frauen sofort nach Hause geschickt worden, um sich um die eigenen Wohnraumbelange kümmern zu können. Nur die männlichen Belegschaftsangehörigen waren zu den Aufräumarbeiten eingesetzt worden. Die wenigen Maschinen und Produktionsanlagen, die noch benutzbar waren, wurden daraufhin in umfangreichen Verlagerungsaktionen auf 17 verschiedene Standorte im ca. 30 bis 50 km entfernten Umland verteilt. Mit immer neuen Improvisationen wurde versucht, zumindest rudimentär wieder eine Fertigung aufzubauen. In Baracken, Wirtshaussälen, Turnhallen, Eisenbahntunneln und Stollen, verstreut auf rund 20 Dörfern der Frankfurter Umgebung, wurden schließlich in den folgenden Wochen und Monaten einzelne Produktionsplätze von VDO eingerichtet.

---

708 Notiz vom 3.4.1944, in: VDO-Archiv Karton 401.
709 Notiz der Werksleitung vom 27.5.1944, in: ebd.
710 Bericht vom 14.2.1944, in: VDO-Archiv Karton 412.
711 Ebd.

Abb. 139: Russische Kgf. und Wehrmachtspioniere beim Beseitigen von Bombenschäden und der Bergung von Maschinen im VDO-Werk in Frankfurt.

Schindling und der übrige VDO-Vorstand bemühten sich währenddessen, die durch die Verlagerungen zersplitterten Fertigungslinien und die unübersichtlich gewordene Verteilung der einzelnen Produktionsaufträge unternehmensorganisatorisch in den Griff zu bekommen. Um der durch die Verlagerung entstandenen Situation in der Geschäftsführung „besser und aktiver gerecht zu werden", unternahm Schindling eine Neuverteilung der Leitungskompetenzen. Mit Spies, Schickedanz, Horsch und Urban wurden die wichtigsten vier Werksleiter „mehr noch als bisher für geschäftsführende Aufgaben herangezogen."[712] Karl Schickedanz, dem die Fertigungsoberleitung unterstand, und Werner Lotz, Leiter der Planungsabteilung, wurden als leitende Ingenieure mit allen Fragen des Verlagerungsmanagements betraut; vor allem sollten Werksplanung und Arbeitsvorbereitung so schnell wie möglich wieder zentralisiert und einheitlich gesteuert werden. Dazu wurde in allen Betriebsstätten ein Verbindungsmann zur technischen Leitung eingesetzt.[713] Gleichzeitig wurden sämtliche Werks-

---

712 Vorstandsanweisung Nr. 12 vom 26.7.1944, in: VDO-Archiv Karton 6.
713 Vgl. bereits die Vorstandsanweisung Nr. 5 von Schindling vom 6.1.1944 sowie Vorstandsanweisung Nr. 8 vom 17.1.1944 und Vorstandsanweisung Nr. 11 vom 27.6.1944 über den raschen Wiederaufbau der Dienststellen, in: VDO-Archiv Karton 6.

und Abteilungsleiter und die Oberbeamten unter Druck gesetzt, „sich hinsichtlich des Arbeitseinsatzes des unterstellten Personals voll verantworten zu können und sich vor allen Dingen täglich darum kümmern, dass das Personal richtig eingesetzt ist."[714] Als wichtigste Einzelmaßnahme bestimmte Schindling seinen Vertrauten Herbert Spies als seinen bevollmächtigten Vertreter. Spies wurde von nun an bei allen laufenden Geschäften herangezogen, „einerseits um mich persönlich zu entlasten, andererseits um der Forderung des Aufsichtsrates und der Behördenstellen, dass ein Vertreter vorhanden sein muss, zu genügen."[715] Spies übernahm auch den zentralen Bereich des Gesamtverkaufs, hinter dem sich das umfangreiche Geschäft mit den Rüstungsbehörden verbarg, während die Werksleiter künftig nur noch für Einkauf und Fertigung zuständig waren.[716] Einige der Werkleiter hatten aber auch Doppelfunktionen, etwa der Betriebsdirektor Herbert Stahl, der die Leitung der Mainzerlandstraße innehatte, zugleich aber Leiter der Konstruktionsabteilung des Gesamtunternehmens war. Die Leitung und Verantwortung des zweiten zentralen Bereichs nach dem Verkauf, die Entwicklungsführung und damit die technische Leitung, reklamierte Schindling nach wie vor für sich, bestimmte aber auch hier Spies als seinen Vertreter.[717]

Mit aller Macht versuchte Schindling nach den Zerstörungen der Fertigungsanlagen seine frühere Monopolstellung bei Mess- und Anzeigegeräten für den Heeres-Sektor wieder zu erreichen. Allerdings standen ihm nun als Produktionsräumlichkeiten nur noch ca. elf Prozent der vormaligen Anlagen zur Verfügung, so dass die monatliche Stückausbringung auf einen Bruchteil gesunken war.[718] Umso mehr hatte er daher ein Interesse an einer schnellen Nutzung von großräumigen und bombensicheren Verlagerungsstandorten. Die wichtigsten Verlagerungsstandorte waren Mühlheim am Main und Jügesheim im Rodgau, wo unter anderem in einer ehemaligen Lederwarenfabrik zwei Werkstätten für Montagearbeiten eingerichtet wurden, dazu dann aber vor allem eine Flugzeughalle in Nidda-Harb und ein verlassener Eisenbahntunnel in Freienseen, beides im hes-

---

714 Vorstandsanweisung Nr. 9 von Schindling vom 29.1.1944, in. ebd.
715 Vorstandsanweisung Nr. 12 vom 26.7.1944, in: ebd.
716 Vgl. den Anfang November 1944 in einem Rundschreiben an alle Werksleiter erteilten Rüffel über die nach Spies' Meinung unzureichende Handhabung und operative Praxis in diesen Bereichen, in: VDO-Archiv Karton 13.
717 Vgl. die Vorstandsanweisung Nr. 23 vom 20.12.1944 zur Einführung einer neuen Geschäftsordnung bzw. eines Geschäftsverteilungsplanes, in: VDO-Archiv Karton 6.
718 Vgl. Schreiben Schindling an das Rüstungskommando Frankfurt vom 4.5.1944, in: VDO-Archiv Karton 13.

sischen Wetteraukreis gelegen.[719] Erste Verlagerungsmaßnahmen waren, wie erwähnt, zwar schon gegen Jahresende 1943 erfolgt, wie etwa die Ziffernblattdruckerei, die auf Anordnung des RLM in eine Gastwirtschaft in einem Dorf bei Dieburg verlagert worden war.[720] Auch die Fertigung der V1-Steuergeräte in drei Lederwarenfabriken in Jügesheim und Mühlheim war noch vor den großen Luftangriffen im Laufe des Januar 1944 erfolgt. Allerdings war es dabei zu erheblichen Konflikten mit den aufzunehmenden Firmen wie mit den lokalen Behörden gekommen, in die sich schließlich auch die Berliner Stellen eingeschaltet hatten.[721] VDO hatte dabei mit den drei Firmen unter dem Motto „kriegskameradschaftlicher Zusammenarbeit" Verträge zur Bildung von Arbeitsgemeinschaften bzw. „Kriegsbetriebsgemeinschaften" zwischen Aufnahme- und Verlagerungsbetrieb abgeschlossen. Dabei war diesen neben weitgehender Selbständigkeit auch das Recht eingeräumt worden, in abgetrennten Räumen ihren ursprünglichen Betrieb in geringem Umfang weiterzubetreiben. Für die Nutzung der Anlagen, Einrichtungen und Betriebsmittel zahlte VDO den Betrieben zwischen 3000 und 4000 RM pro Monat, dazu mussten auch die notwendigen Umbau- und Luftschutz-Maßnahmen von VDO getragen werden, die ca. 500 000 RM ausmachten. Die Fertigungseinrichtungen erhielten dann Tarnbezeichnungen wie „Arbeitskommando 103" und „Arbeitskommando 104". Bereits Anfang Januar 1944 lief dann auch die erste Fertigung von V1-Steuerungsgeräten an, zunächst 500, später 1000 Stück pro Monat, mit 150 Beschäftigten, die fast alle mit verlagert werden mussten. Ende Februar erfolgte auch der Fertigungsbeginn in dem zweiten Lederwarenwerk. Etwa 75 Prozent der Gesamtfertigung der Steuergeräte für V1-Waffen war daher noch rechtzeitig vor den großen Zerstörungen verlagert und die Ausbringung weitgehend auf dem vorgeschriebenen Soll gehalten worden.

Mit der dritten Lederwarenfabrik jedoch ergaben sich massive Probleme. Der dortige Betriebsinhaber verzögerte nicht nur die Freimachung der Produktionsflächen für VDO, sondern verstrickte die VDO-Manager auch in endlose Vertragsverhandlungen. Vor allem aber verfasste dieser auch ein Schreiben an die Berliner Rüstungsstellen, in dem er Schindling und VDO denunzierte, die angeblich die Fertigungsstelle für untergeordnete, nicht kriegswichtige Zwecke wie auch zur zeitweisen Unterbringung von Kriegsgefangenen benutze. Das Schreiben schlug erhebliche Wellen und löste im August 1944 nicht nur die Einschal-

---

719 Eine Liste der Auslagerungsbetriebe in: VDO-Chronik, Bd. 2. Vgl. den Zeitzeugenbericht von Willi Quirin vom Januar 1978, Transkript, S. 8 ff., in: VDO-Archiv Karton 9.

720 Vgl. den Verlagerungsbefehl vom 14.12.1943, in: VDO-Archiv Karton 414.

721 Vgl. dazu und zum Folgenden die ausführliche chronologische Darstellung „Verlagerungen von Rüstungs-Produktion in den Raum Mühlheim/Jügesheim" o. Datum, in: VDO Archiv, Karton 402.

tung der Gauwirtschaftskammer, sondern auch umfangreiche Ermittlungen des Produktionsamtes im Speer-Ministerium unter Einschaltung des SD und des SS-Reichssicherheitshauptamtes aus. VDO-Vorstand Spies wurde in Frankfurt stundenlang verhört.[722] Um die aus Sicht von VDO so unberechtigten wie gefährlichen Sabotage-Vorwürfe schnellstmöglich zu klären, beantragte Schindling selbst, gegen sich und VDO ein Untersuchungsverfahren einzuleiten.[723] Die ganze Angelegenheit zog sich bis November 1944 hin, als sich VDO schon längst aus dem geplanten Verlagerungsbetrieb in Mühlheim zurückgezogen hatte.

Der Konflikt mit der Lederwarenfabrik war nicht der einzige, den VDO bei seinen Verlagerungsbemühungen austragen musste. Auch mit anderen kleinen Fabriken wie einer Metallwarenfabrik in Niederroden bei Offenbach, die als Zulieferant für VDO vorgesehen waren, ergaben sich heftige Auseinandersetzungen, die mit der erfolglosen Nutzung der Fabriken und der Stornierung der Verlagerungsaufträge endeten.[724] VDO und Schindling agierten in beiden Fällen merkwürdigerweise auffallend defensiv und offensichtlich von der Furcht getrieben, die Gunst der Berliner Behörden zu verlieren. Dass sich ein großes und so kriegswichtiges Unternehmen wie VDO von einem kleinen, unbedeutenden Betrieb in Bedrängnis bringen lassen konnte, gehört vermutlich auch zu den Irrationalitäten des nationalsozialistischen Kriegs- und Rüstungswirtschaftssystems.

Das erklärt womöglich auch das Verhalten von Schindling und VDO bei den beiden anderen großen Verlagerungsmaßnahmen. Nachdem die Werkshalle in Nidda Anfang April 1944 tatsächlich endgültig VDO als Produktionsstandort zugesprochen worden war, hielt Schindling gegenüber den Behörden sein Versprechen von der rücksichtslosen Tag- und Nacht-Aktion der Verlagerung. In einer Gewaltaktion wurden innerhalb weniger Tage die verbliebenen Fertigungsmaschinen nach Nidda gebracht, dort aufgebaut und am 1. Mai 1944 die Produktion unter der Tarnbezeichnung „Arbeitskommando 246" wieder angefahren.[725] Fast die gesamte Einzelteilefertigung – Automatensaal, Stanzerei, Handdreherei, Bohrerei und Werkzeugbau – erfolgte in der ehemaligen Flugzeughalle auf dem Flugplatz, die Montage, insbesondere von Mess- und Anzeigegeräten für Panzer und Sturmgeschütze sowie weiterer Messinstrumenten wie Steigungsmessern und Höhenreglern für Flugzeuge im Rahmen des „Jäger-

---

722 Vgl. den ausführlichen Bericht von Spies über seine Vorladung bei der Gestapo vom 19.8.1944, in: VDO-Archiv Karton 403.

723 Vgl. Schreiben Schindling an das Reichskriminal-Polizeiamt in Berlin vom 22.11.1944, in: ebd.

724 Vgl. ebd., S. 12 ff.

725 Vgl. die Vorstandsanweisung Nr. 15 vom 17.8.1944, in: VDO-Archiv, Karton 403, sowie Protokoll einer Besprechung von VDO mit dem Luftschutzkommando Wiesbaden vom 29.12.1944, in: ebd.

programms", dann jedoch in einer Turnhalle in Nidda selbst. Der neue Verlagerungsstandort lief aus Geheimhaltungsgründen bald nur noch unter dem Tarnnamen A-Dorf, und im Zuge der Verlagerungsaktion war der Einsatz von 1200 Arbeitskräften vorgesehen, was offenbar bereits Mitte Juni 1944 tatsächlich erreicht wurde.[726] Die Verpflegung der deutschen Gefolgschaftsmitglieder wie der Zwangsarbeiter erfolgte dabei in eigener Regie durch die Werkskantine.

Abb. 140 u. 141 VDO-Fertigungsverlagerung in Nidda/Flughafenhalle

---

726 Vgl. zum Stand der Verlagerung der Bericht vom 20.4.1944, in: VDO-Archiv Karton 403.

Bereits im Mai habe man, notierte Schindling stolz in einem Situationsbericht zum Stand der Verlagerung Mitte Juni 1944, die 1000-Stück-Grenze bei den V1-Steuerungsgeräten erreicht.[727] Und er plante weitere rigorose Steigerungen der Fertigungsleistung, wofür er unter anderem die 72-Stunden-Woche einführte, so dass das Werk, obschon nur im Zweischichtbetrieb laufend, „immer, Tags, Nachts, Sonn- und Feiertags besetzt ist."[728] Für den weiteren Ausbau der Fertigung in Nidda hatte Schindling dem zuständigen Wehrkreisbeauftragten zudem vorgeschlagen und zugleich beantragt, dort zusätzliche fünf Fertigungsbaracken à 1000 qm aufzustellen, was jedoch dann nicht geschah. Einer der Gründe dafür war, dass die Fertigung in Nidda zwar schnell in Gang gebracht werden konnte, diese jedoch keineswegs vor Luftangriffen sicher war. Mehrmals erfolgten Bombenabwürfe alliierter Flugzeuge und Tiefflieger-Angriffe, bei denen die Beschäftigten die Arbeit unterbrechen und die Halle fluchtartig verlassen mussten, um im nahe gelegenen Wald Schutz zu suchen. „Wenn die großen Angriffe geflogen wurden, saßen wir 5 bis 6 Stunden in den Wäldern und haben gewartet, bis es vorbei war", erinnerte sich später einer der damals eingesetzten Ingenieure.[729]

Es war daher von vornherein festgelegt, dass in Nidda nur vorübergehend gefertigt wurde, ehe die weitere Verlagerung in einem als bombensicher geltenden Eisenbahntunnel in das ca. 20 km entfernte Freienseen erfolgen sollte. Das Problem allerdings war, dass der Tunnel, der von den Behörden unter dem Tarnnamen „Grasmücke" geführt wurde, zum Zeitpunkt der geplanten Verlagerung noch nicht ausreichend hergerichtet war. Die Bauarbeiten zur Herrichtung und Nutzung des Tunnels waren dabei von VDO selbst über ein unternehmenseigenes Baubüro sowie eine extra dafür zusammengestellte Planungsgruppe in Angriff genommen und als verantwortlicher Bauherr ein Architekt sowie eine Baufirma als Subunternehmerin beauftragt worden.[730] „Dieses Bauvorhaben U-Verlagerung Grasmücke ist unsererseits mit allen Mitteln vorangetrieben worden, und als Einzugstermin der 1. August 1944 festgelegt", notierte Schindling dazu in einem Bericht über den Stand der Verlagerung vom 16. Juni 1944.[731] Die mit den Vorarbeiten der Verlagerung befasste Baufirma Wiederspahn hatte allerdings nur 30 Bauarbeiter eingesetzt, so dass VDO bereits im April auf eigene Initiative nach Wegen suchte, „um die Bauarbeiten weiter voranzutreiben [...]

---

727 Vgl. Bericht Schindling vom 16.6.1944, in: VDO-Archiv Karton 403.

728 Ebd.

729 Vgl. Zeitzeugeninterview H. Eise vom 17.2.1977, Transkript S. 10, in: VDO-Archiv, Karton 9.

730 Vgl. Notiz zur Verlagerung Betrieb Freiensee, Arbeitskommando 246, in B-Dorf, in: VDO-Archiv Karton 403.

731 Bericht Schindling vom 16.6.1944, in. VDO-Archiv Karton 403.

100 Kriegsgefangene (Russen) zu beschaffen."[732] Anstelle der frühestens für August zu erwartenden Fertigstellung müsse, so drängte die VDO-Leitung, die Bauzeit auf die Hälfte reduziert werden.

Doch auch in der Folgezeit tat sich wenig. „Die Durchführung des Bauvorhabens stockt vollkommen", beschwerte sich Schindling als Vorstand und Betriebsführer Anfang Juni beim Wehrkreisbeauftragten des Jägerstabs in Frankfurt. Die für den Arbeitsbeginn zugesagten 150 Hilfskräfte seien bisher nicht gestellt worden. Die seitens VDO mit der örtlichen Gestapo geführten Verhandlungen hatten zwar zur Zusage von zunächst 50 Häftlingen aus dem AEL Heddersheim geführt sowie weiterer 50 Häftlinge zwei Wochen später.

> In Tag- und Nachtarbeit wurde unsererseits die Unterbringung der Häftlinge sichergestellt, diese sind aber zur Stunde nicht eingetroffen und es ist im Augenblick noch fraglich, ob überhaupt und wann sie eintreffen werden. So kann es nicht weitergehen! Es werden für die termingemäße Durchführung des Bauvorhabens 500 Arbeitskräfte benötigt, und es wird wiederholt gebeten, die Zuteilung dieser Arbeitskräfte aus Sonderkontingenten sicherzustellen.[733]

Schindling stand dabei massiv unter dem Druck der Berliner Behörden, denn das RLM wie das Planungsamt des Rüstungsministeriums drängten auf die Vollzugsmeldung der erfolgreich durchgeführten Verlagerung. Wie viele AEL-Häftlinge beim Tunnelausbau dann tatsächlich zum Einsatz kamen und unter welchen Arbeitsbedingungen, geht nicht aus den Akten hervor. VDO jedoch hatte, um die Angelegenheit weiter zu beschleunigen, inzwischen auch die OT mit entsprechenden Bautrupps eingeschaltet, der man zur Unterstützung auch vorübergehend „eigene" französische Kriegsgefangene auslieh. „Es ist der OT-Einsatzstelle mitzuteilen", steht in der Niederschrift einer Vorstandsbesprechung vom 26. August 1944, „dass die vorübergehend aus der Produktion herausgenommenen französischen Kriegsgefangenen per 10.9. zurückgegeben werden müssen."[734] Doch auch nach dem im Herbst 1944 nach und nach erfolgten Umzug gab es erhebliche Mängel. Die Tunneldecke war zwar inzwischen eingebaut worden, aber der Fußboden bestand noch immer aus Lehm, was die Aufstellung der beiden schweren Stufenpressen erheblich erschwerte. „Meine Kolonne, die dafür eingesetzt war, bestand im Wesentlichen aus Angehörigen von einem Konzentrationslager", erinnerte sich später der mit der Verlagerung befasste VDO-Ingenieur.[735] „Neben dem Transport der Maschinen hatten wir vor allem die Aufgabe, sämtliche Werkzeuge und Vorrichtungen in diesem Tunnel über-

---

732 Kurzbericht über den Stand der Verlagerungen vom 20.4.1944, in: VDO-Archiv Karton 403.
733 Schreiben Schindling vom 2.6.1944, in: ebd.
734 Niederschrift vom 26.8.1944, in: VDO-Archiv Karton 7.
735 Wobei damit vermutlich die Häftlinge aus dem AEL gemeint waren.

sichtlich geordnet unterzubringen."[736] Doch auch danach blieben Mängel in der sanitären und beleuchtungsmäßigen Ausstattung. Eine Wasserversorgung fehlte weitgehend, und wenn die Maschinen eingeschaltet waren, liefen Lüftung und Heizung nicht, so dass die in dem Tunnel eingesetzten Deutschen, darunter vor allem zahlreiche Werkschutzleute, wie auch die Zwangsarbeiter unzumutbaren Arbeitsbedingungen ausgesetzt waren. Oft brach das Stromnetz zusammen und die im Tunnel Eingesetzten mussten sich mit Kerzen- und Taschenlampenlicht behelfen.[737]

Was genau und auch wie viel VDO noch im Tunnel von Freienseen produzierte, lässt sich nachträglich nicht mehr feststellen, zumal mindestens bis Januar 1945 in Nidda und Freienseen noch parallel gefertigt wurde und die „Auflockerung" des Flugplatzes erst Mitte Januar erfolgte, unter anderem durch Verlagerungen in das 15 km entfernte Dorf Echzell, wo in einem ehemaligen Forsthaus sowie der früheren Synagoge Fertigungsräumlichkeiten hergerichtet wurden.[738] Die wichtigsten Maschinen aus Nidda waren aber schon vorher nach Freienseen transportiert worden, so dass es sich bei der dortigen Fertigung vor allem um Zulieferteile für das RLM, darunter die V1-Rakete, gehandelt haben dürfte.[739] Später haben die damaligen VDO-Vorstände zwar behauptet, „dass wir dort in Wirklichkeit die Kriegsproduktion hintangestellt haben und stattdessen unsere Friedensproduktion in Messgeräten förderten."[740] Nachdem die Behörden dahintergekommen seien, sollte als Folge ein Kommissar eingesetzt werden; das Rüstungsamt bzw. das RLM hätten dafür bereits ein Vorstandsmitglied der Frankfurter Maschinenbau AG vorgesehen, der dafür sorgen sollte, dass unter rücksichtslosem Einsatz aller Mittel die Lieferungen an die Rüstungsbehörden wieder in alter Höhe vorangetrieben werde.[741] Diesen Eingriff habe

---

736 Zeitzeugeninterview Erich Kaier vom Mai 1978, Transkript S. 5, in: VDO-Archiv Karton 9.

737 Vgl. Bericht Spies Nr. 596, B-Dorf, vom 16.11.1944 über das Bauvorhaben „Grasmücke" mit der OT-Oberbauleitung sowie einem aus Berlin angereisten Vertreter des Rüstungsamtes und die darin enthaltenen Baupläne für die künftigen Wasch- und Wohnbaracken für 100 Ostarbeiterinnen, 60 Polen und Franzosen, in: VDO-Archiv Karton 403.

738 Vgl. die chronologische Zusammenstellung der Verlagerungen Nidda ohne Datum, in: VDO-Archiv Karton 403, und Notiz über die Besprechung vom 4.11.1944 über die Sicherstellung der Fabrikation von 10 000 Gebläsen in A-Dorf für Heizungen als OKH-Auftrag zur geplanten Nachrüstung des 3-to-Opel-Wagens, in: VDO-Archiv Karton 7.

739 Vgl. den Vermerk über das Lieferprogramm Dezember 1944 über je 500 Stück verschiedener Steuer- und Messgeräte für das RLM, die mit den Codenamen „Gerät Landsberg", „Gerät Drontheim" und „Gerät Kolberg" versehen waren, in: VDO-Archiv Karton 6. Daneben wurden bei VDO auch Geräte unter den Codenamen „Dessau" und „Stettin" gefertigt.

740 Aussage Helmut Spies vom 24.7.1945 im Entnazifizierungsverfahren Schindling, in: HHStAW 520/ F, K. 2625.

741 Vgl. ebd.

man nur mit Mühe abwehren können. Es spricht nicht viel dafür, dass diese Darstellung der Wahrheit entspricht, zumal sie auffallend den Geschichten von kommissarischen Entmachtungsaktionen bei Teves und anderen Firmen ähnelt und offensichtlich einen Topos in der Rechtfertigungsstrategie von Unternehmern nach 1945 darstellte.

Das größte Problem bei den Verlagerungen war die Beschaffung der Arbeitskräfte gewesen. Nur ein Teil der früheren Frankfurter und Offenbacher Belegschaft konnte mitverlagert und an den neuen Standorten auch entsprechende Unterkünfte bereitgestellt werden. Etwa 60 weibliche Arbeitskräfte des früheren Frankfurter Werks waren „nicht umsetzungsfähig" und weitere 111 halbtags arbeitende Frauen hatte man ebenfalls wegen der fehlenden Umsetzungsmöglichkeit an das Arbeitsamt abgeben müssen, so dass „wir mit dem Wiederanlaufen der Fertigung die denkbar größte Schwierigkeiten haben", wie Schindling notierte.[742] Neben dem Einsatz von Zwangsarbeitern – insbesondere dem Eintausch nicht umsetzungsfähiger deutscher Arbeiterinnen gegen umsetzungsfähige Ostarbeiterinnen – und der Beschaffung neuer Kriegsgefangener aus dem Stalag Bad Orb, wohin ein VDO-Arbeitsingenieur zu entsprechenden Verhandlungen mit der Lagerverwaltung fuhr, war man daher in erheblichem Maße von Dienstverpflichtungen deutscher Arbeitskräfte, insbesondere von Frauen aus der Umgebung, angewiesen. „Im Rahmen des Wiederaufbaus muss deshalb mit aller Intensität die Menschenbeschaffung betrieben werden", hieß es dazu in einem Aktenvermerk.[743] Und an allererster Stelle stand die Dienstverpflichtung ortsgebundener Arbeitskräfte, vor allen Dingen von „Halbtagsfrauen". Schindling setzte dabei, angesichts der zeitraubenden und wenig aussichtsreichen Verhandlungen mit den Arbeitslenkungsbehörden und den Arbeitsämtern, mehr auf Eigeninitiative und Selbsthilfe, um die für Nidda benötigten ca. 600 Arbeitskräfte zu beschaffen, zumal man bei der Arbeitskräfteversorgung auch mit zahlreichen anderen Rüstungsbetrieben konkurrierte.[744]

Anfang Juli 1944 war die Perspektive für den mit der Arbeitskräfteversorgung befassten VDO-Werksleiter allerdings geradezu verzweifelt. Hinsichtlich der 30 über das Rotzettelverfahren mit hoher Dringlichkeit angeforderten weiblichen Ganztagskräfte erhielt er im Arbeitsamt den knappen Bescheid, dass diese nicht zur Verfügung stünden und auch nicht verfügbar gemacht werden könnten; auf die Frage, ob denn nicht wenigstens aus dem Bezirk Gießen „Rus-

---

742 Vgl. Schreiben Schindling betr. Arbeitskräfte vom 15.7.1944 sowie Notiz über eine Besprechung mit dem Kreisarbeitsamt Büdingen vom 12.7.1944, in: VDO-Archiv Karton 401.

743 Aktenvermerk vom 22.6.1944, in: ebd.

744 Vgl. Schreiben Schindling betr. Arbeitskräfte vom 15.7.1944 sowie Notiz über eine Besprechung mit dem Kreisarbeitsamt Büdingen vom 12.7.1944, in: ebd.

senfrauen" freigemacht werden könnten, bekam er die Antwort, dass dies nur für weibliche „Ganztags-Russenkräfte" gelte, die ihre Kinder bei sich hätten. Auf den vorsichtigen Hinweis des Werksleiters, dass in Nidda 1800 Evakuierte lebten und hiervon bestimmt Arbeitskräfte zur Verfügung gestellt werden könnten, verwies der Beamte auf den unzumutbaren langen Anmarschweg zur VDO-Werkshalle in Nidda. Zu einer Entscheidung ließ sich dieser dann auch nicht drängen und beschied dem VDO-Werksleiter nur, sich in zwei Tagen wieder zu melden.[745]

Das Ringen mit den Arbeitseinsatzbehörden dauerte bis weit in den Sommer 1944 hinein. „Was irgendwie an Ostarbeiterinnen oder kriegsgefangenen Russen greifbar ist, bitten wir uns sofort zuzuweisen", da sonst das gesamte Ausbringungsprogramm an Messinstrumenten für Panzer- und Sturmgeschütze für den Monat Juli gefährdet sei, hieß es in einem Schreiben an das Gauarbeitsamt.[746] Ende August witterte man schließlich die Chance zu einem vorteilhaften Tauschgeschäft, nachdem die Arbeitseinsatzbehörden offenbar die Zuteilung von 500 weiblichen KZ-Häftlingen in Aussicht gestellt hatten. „Geplanter Einsatz 500 KZ-Frauen bei uns nicht möglich, da Lagerbedingungen den Erfordernissen nicht entsprechen", telegraphierte Vorstandsmitglied Spies an den Hauptausschuss Kraftfahrzeuge nach Berlin. „Haben mit Obersturmbannführer Hartjenstein und Gauarbeitsamt Frankfurt verabredet, dass Hartjenstein an Opel Rüsselsheim 1000 KZ-Frauen gibt und wir dafür 200 Ostarbeiterinnen erhalten sollen, für die Lager vorhanden sind."[747] Tatsächlich standen für die deutschen Beschäftigten in Nidda zumindest einige Baracken eines DAF-Arbeitsdienstlagers zur Verfügung, aber für Ostarbeiterinnen existierte nur ein kleines Lager, das bald viel zu klein wurde und schnellstmöglich erweitert werden musste, um eine längere Überbelegung zu vermeiden. Im Übrigen behalf man sich auch mit der Bildung von Gruppen-Heimarbeit, für die örtliche deutsche Arbeitskräfte gewonnen werden konnten. Darüber hinaus existierte ein Arbeitskommando des AEL Heddernheim in Nidda, für das offenbar ein eigenes AEL-Außenlager errichtet worden war und dessen Insassen später auch in ein Außenlager nach Freienseen verbracht wurden.[748]

In Freienseen gab es überhaupt zunächst nur provisorische Unterkünfte. Die VDO-Belegschaft lebte in „B-Dorf", wie das Projekt aus Geheimhaltungsgründen im internen wie externen Schriftverkehr genannt wurde, in eher primi-

---

745 Vgl. Notiz der Werksleitung Werk K vom 5.7.1944, in: ebd.

746 Das Schreiben vom 7.7.1944, in: ebd.

747 Schreiben Spies vom 25.8.1944, in. ebd.

748 Vgl. https://lisa.gerda-henkel-stiftung.de/datensammlung_zum_arbeitserziehungslager_frankfurt_m._heddernheim?nav_id=4286.

tiven Baracken und Behelfsheimen, gleich ob es die Ende Mai 1944 zunächst eingesetzten 242 Deutschen oder die 125 Zwangsarbeiter betraf; im Juni rechnete man bereits mit dem Einsatz von 350 inländischen Gefolgschaftsmitgliedern und ca. 400 Ausländern, davon je 100 russische und französische Kgf., 30 polnische Zwangsarbeiter, 140 Ostarbeiterinnen und 30 französische Zwangsarbeiter, die in einem Nachbardorf gesondert in einem großen Gemeinschaftslager untergebracht werden sollten.[749] Nur einige wenige leitende Ingenieure genossen das Privileg einer Unterkunft in einer Privatwohnung der ortsansässigen Bevölkerung. Ein Teil des Verwaltungspersonals sollte, so die Planungen, in einem Landdienstlager bzw. HJ-Heim im ca. 50 km entfernten Reichelsheim untergebracht werden, was jedoch im Oktober/November 1944 zunächst auf massiven Widerstand der HJ-Gebietsführung stieß, so dass und eine entsprechende Nutzung durch VDO erst nach Intervention durch den Rüstungsobmann und Gauwirtschaftsberater Avieny sowie den Gauleiter ermöglicht wurde.[750] Einer der Fertigungsingenieure erinnerte sich später:

> Wir wohnten in Baracken, die Russenmädchen wohnten von Anfang an in der Schule in Freinseen, und das war eine Katastrophe. Ich wurde ab und zu beauftragt, wenn die Russenmädchen nicht kamen, nachzusehen. In der Schule standen die Betten, 4 Stück nebeneinander, 3 Stellen hoch. Es war nur ein Gang von einem Meter. Es war eine Luft, die war zum Schneiden. Eines Tages musste ich wieder hin, die Mädchen hatten nichts zu essen bekommen. Ich bin dann in die Kantine und habe gefragt, und die Antwort war, ja die hätten nichts verdient. Ich habe gesagt, die können aber nicht schaffen ohne zu essen. Unser Betriebsobmann Nicolaus hat sich dann dafür eingesetzt, die Leute bekamen ihr Essen und eine Stunde später sind sie unter meinem Geleit in den Tunnel wieder an die Arbeit gegangen.[751]

Der Hauptteil der gegen Jahresende 1944 zwischen 500 und 600 Kriegsgefangenen, zivilen Zwangsarbeitern und auch Häftlingen aus dem AEL Heddenheim war in einem großen Barackenlager im Ortsteil Laubach untergebracht. Die gleichermaßen widrigen Unterkunftsbedingungen sorgten dafür, dass Deutsche wie Ausländer bei der Organisation von Nahrungsmitteln oder Heizungsmaterial an einem Strang zogen. Als im Winter 1944 allenthalben Brennmaterial in den Baracken fehlte,

> habe ich mir aus den Polen eine Mannschaft zusammengestellt, mit der wir dann in die Wälder gegangen sind, um Bäume zu fällen. Für die Firma Widerspahn, die dort oben

---

[749] Vgl. Aktennotiz über die Besprechung vom 2.6.1944 über das Bauvorhaben B-Dorf, in: VDO-Archiv Karton 412.

[750] Vgl. Notiz über eine Besprechung B-Dorf betr. Reichesheim vom 11.10.1944 sowie Schreiben Avieny an Schindling vom 20.11.1944, in: ebd.

[751] Zeitzeugeninterview H. Eise vom 17.2.1977, Transkript S. 11, in: VDO-Archiv, Karton 9.

Bauarbeiten durchführte, stand ein vollbeladener Waggon mit Holz auf dem Bahnhof. Herr Nicolaus, der Betriebsobmann, versprach mir 10 Flaschen Kognak, wenn ich Holz organisieren könnte. Ich habe mir dann ca. 20 Polen ausgesucht, mit denen habe ich dann in der Nacht den gesamten Waggon ausgeladen, kleingesägt und abtransportiert, so dass am nächsten Morgen nichts mehr vorzufinden war. Das Holz haben wir dann auf alle verteilt. Nach etwa 10 Tagen kam Herr Spies ganz aufgeregt und sagte: Linde, sofort hier verschwinden, die SS sucht nach Dir, denn die Firma Widerspahn hatte uns angezeigt. Herr Spies hat mir seinen damals kleinen Pkw zur Verfügung gestellt und ich bin bei einem großen Bauern, dem ich einmal eine Gefälligkeit getan hatte, drei bis vier Dörfer weiter, untergetaucht für einige Tage, bis sich die Sache beruhigt hatte. Herr Nicolaus hat dann die Sache irgendwie in Frankfurt bereinigt.[752]

Die Furcht vor Sabotageakten, gleich ob durch die eingesetzten Zwangsarbeiter oder „bisher unbekannte plötzlich auftretende Kräfte", war groß. In einer ausführlichen Aktennotiz hatte sich der zuständige Werksschutzleiter schon frühzeitig Gedanken über geeignete Sicherungsmaßnahmen in Nidda gemacht, nicht nur hinsichtlich des großen Maschinenparks, sondern auch der Unterlagen der Versuchs- und Entwicklungsabteilung.[753] Jeder zweite Werkschutzmann sollte dafür bewaffnet werden, und „damit die Ausländer nicht wissen, wo die Waffen liegen", sollte der Aufbewahrungsort öfter gewechselt werden. Die folgenden Ausführungen des VDO-Werkschutzleiters über die Überwachung der Ausländer-Lager und der Ausländer, die als geheim zu haltende Handreichung an alle Führungskräfte im Unternehmen ging, lasen sich wie aus einem entsprechenden Handbuch der Gestapo:

Die Einzelheiten lassen erkennen, dass wir diesbezüglich viel mehr als bisher tun und viel vorsichtiger werden müssen. Da die Polen allgemein als die gefährlichsten Ausländer gelten, steht außer Zweifel, dass wir im Ernstfall mit der gegen uns gerichteten Tätigkeit der Polen in Adorf zu rechnen haben. Die bisher mit den Polen gemachten Erfahrungen verlangen diese Folgerung außerdem. Infolgedessen ist sicherzustellen, dass die Polen ständig unter Aufsicht sind. Bei Fliegeralarm werden sie auf keinen Fall in den Fabrikationsräumen gelassen, sondern sie werden (natürlich unauffällig) von einigen deutschen handfesten Männern im Keller beobachtet. Auch die russischen Kriegsgefangenen sind in ähnlicher Weise ständig zu beobachten. Gerade in der letzten Zeit ist Vorsicht geboten, bei den zivilen Franzosen und den französischen Kriegsgefangenen. Diese sind also auch sorgfältig zu bewachen und zu beobachten. Dass die Ostarbeiterinnen ebenfalls nicht in den Fertigungsräumen verbleiben oder tätig sein dürfen, wenn ausreichende deutsche Kräfte nicht anwesend sind, ist ebenfalls selbstverständlich. Wenn sich Ausländer als politisch unzuverlässig erweisen, so sind diese sofort der Gestapo zu melden [...] Wo es nicht geschehen ist, sollen die Firmen unter den Ausländergruppen einen Zuträgerdienst einrichten. Die Arbeitsplätze und vor allem die Läger der Ausländer sind in unregelmäßigen

---

752 Zeitzeugenbericht Erich Linde vom 6.3.1978, Transkript S. 2, in: VDO-Archiv Karton 11.
753 Vgl. die Aktennotiz Werkschutz zu Adorf vom 17.7.1943, in: VDO-Archiv Karton 403.

kurzen Abständen nach Waffen, Plänen, Zeichnungen usw. zu untersuchen. Die Gestapo will sich gerade von der Durchführung dieser Maßnahmen überzeugen können; deswegen ist sofort ein entsprechendes Buch anzulegen, in dem die Kontrollen eingetragen sind.[754]

Für die Kontrolle und Überwachung der Zwangsarbeiter bei VDO waren letztendlich die Werksleiter vor Ort zuständig, die dort auch offiziell als Abwehrbeauftragte und Werkschutzleiter fungierten. Schindling hatte disiese noch Mitte Februar 1945 per Vorstandsanweisung darauf verpflichtet, für die gewissenhafteste und sorgfältigste Überwachung der ausländischen Arbeitskräfte während der Arbeit und auch während der Unterbringung in den Lagern Sorge zu tragen. „Ich erwarte bestimmt, dass bei diesbezüglichen Revisionen [durch die Gestapo] in den Ihnen unterstellten Arbeitsbereichen Beanstandungen hinsichtlich der Überwachung der ausländischen Arbeitskräfte nicht erfolgen werden."[755] Allerdings waren die Werksleiter mit der zusätzlichen Überwachungsaufgabe offensichtlich vielfach überfordert, denn allenthalben machten sich in den Lagern zunehmende Auflösungserscheinungen bemerkbar.[756] Anfang März 1945 wandte sich denn auch der Leiter des Arbeitskommandos 245 mit der geradezu verzweifelten Bitte um Unterstützung an die Gendarmeriestation in Nidda. Das Lager der Ostarbeiterinnen werde durch russische Kriegsgefangene und auch polnische Zivilarbeiter, die anscheinend aus einer Nachbargemeinde kamen, „des Öfteren abends und nachts betreten". Der Werkschutz habe Anweisung, diese Eindringlinge mit Gewalt zu entfernen, trotzdem kämen dieselben immer wieder. Selbst die Meldung an den Fliegerhorst, wo die Zwangsarbeiter eingesetzt wurden, schaffe keine Abhilfe. Man bitte daher darum, dafür zu sorgen, dass

---

754 Ebd.

755 Vorstandsanweisung Nr. 26 vom 20.2.1945, in: VDO-Archiv Karton 6.

756 Schon im Mai 1944 hatte sich der Vorstand des Strafgefangenenlagers Rodgau in Dieburg beim Generalstaatsanwalt in Darmstadt darüber beschwert, dass es mit dem dort seit drei Wochen eingerichteten Lager französischer Kriegsgefangener, die für VDO in der Ausweichstelle Nieder-Roden eingesetzt wurden und in unmittelbarer Nähe zu einem Außenlager der Strafanstalt Preungsheim mit 29 Gefangenen lag, massive Probleme gab. Viele der Franzosen würden sich auch tagsüber im Lager aufhalten, offenbar viel Freizeit haben und jeden Abend bei Fußballspielen erheblichen Lärm verursachen. „Abends kommen die Kinder aus der Siedlung und auch Mädchen aus Oberroden zum Zuschauen, und es fand schon mancher Unfug statt. In unserem Strafgefangenen-Lager II befinden sich eine große Anzahl wehrmachtsgerichtlich verurteilter belgische und französische Strafgefangene, die täglich am vorerwähnten Kriegsgefangenen-Lager vorbeimarschieren und die sich schon wiederholt darüber beschwerten, dass den Kgf. so viel Freizeit zur Verfügung steht [...] Bei der vielen Freizeit der Kgf. und ihrem dreisten Auftreten ist zu erwarten, dass sich zwischen ihrem und unserem Arbeitseinsatz erhebliche Unzuträglichkeiten ergeben und insbesondere unerlaubte Verbindungen, Durchstechereien usw. getrieben werden." Mitte Juli wurde daher das VDO-Kgf-Lager verlegt. Vgl. das Schreiben vom 22.5.1944, in: HStA Darmstadt, 624, Nr. 2276.

die Fremden aus dem Lager ferngehalten werden.[757] Bei einer Ausländerkontrolle im Russenlager des Arbeitskommandos 246, so berichtete auch wenig später die Polizeistation in Nidda, habe man am 4. März „einige russische Flakhelfer, 3 Zivilpolen und 5 Ostarbeiterinnen in einem Splittergraben bei Wein und belegten Broten angetroffen."[758] Die fraglichen Männer waren offenbar kurz zuvor von den VDO-Wachschutzleuten unter Einsatz von Gummiknüppel aus dem Ostarbeiterinnen-Lager vertrieben worden, was sich der zuständige Lagerführer und VDO-Prokurist auch von den Gestapostellen hatte genehmigen lassen. „Diese Umstände, wie sie schon seit langer Zeit beim Arbeitskommando 246 vorherrschend sind, haben den Lagerführer dazu veranlasst, mit der Geheimen Staatspolizei in Verhandlungen zu treten, wobei der Leiter der Außendienststelle Geißen ihm derartige Anwendungsmittel zugebilligt haben soll."[759] Der ganze Fall wurde aber vor allem deshalb aktenkundig, weil sich die als Flakhelfer eingesetzten Russen offenbar beim leitenden Oberst des Fliegerhorst darüber beschwert hatten, dass sie als formelle Wehrmachtsangehörige von den Wachschutzleuten geschlagen worden waren.

Die wichtigsten Verwaltungs- und Fertigungsstandorte von VDO in Frankfurt, Nidda, Freienseen, Reichelsheim und Mühlheim/Jügesheim arbeiteten inzwischen weitgehend isoliert voneinander. Am 20. März 1945 erfolgten zwei Tiefflieger-Angriffe auf das Werk Mühlheim, die zwei Todesopfer forderten und die Fertigung völlig lahmlegten. Für die verblieben Fertigung in Jügesheim wurde dann drei Tage später die Lähmungsaktion ausgelöst, wobei aber sorgfältig darauf geachtet wurde, keine Betriebseinrichtungen zu zerstören. Sämtliche technischen und kaufmännischen Unterlagen wurden verbrannt, um sie nicht den heranrückenden Amerikanern zu überlassen, die am 26. März die VDO-Betriebsstätten besetzten. In Freienseen hatte sich Werksleiter Spies zur gleichen Zeit in einer bemerkenswerten Aktion daran gemacht, sämtliche Zwangsarbeiter, um deren Beschaffung man sich kurz zuvor noch ohne jeden Skrupel so viel Mühe gemacht hatte, rechtzeitig vor der Besetzung wieder loszuwerden. Zunächst waren die verbliebenen 52 russischen Kriegsgefangenen in das Stalag in Ziegenhain zurücktransportiert worden. „Es war sehr schwierig, das Zugeständnis zu erhalten, dass wir die Russen abgeben dürfen", notierte Spies in seinem Bericht an Schindling. „Beim Arbeitsamt war nichts zu erreichen und bei der Stalag nur nach langen Verhandlungen mit dem zuständigen Oberst."[760] Auch die Ostarbeiterinnen konnte Spies erst nach langen Verhandlungen mit den ver-

---

757 Schreiben vom 1.3.1945, in: HStA Darmstadt, G 15, Q 7-8, Nr. 162.
758 Schreiben vom 8.3.1945, in: ebd.
759 Ebd.
760 Bericht Spies an Schindling vom 27.3.1945, in. VDO-Archiv Karton 13.

schiedenen Arbeitsämtern wieder zurückschicken. 50 Ostarbeiterinnen kamen nach Lauterbach, 20 nach Schotten, weitere 30 nach Alsfeld. Im Werk Nidda und auch in Freienseen gab es Ende März 1945 daher nur noch 32 Ostarbeiterinnen. „Ich bin bemüht, auch diese loszuwerden", schrieb Spies.[761] Von den männlichen Zwangsarbeitern wurden sechs Holländer, sechs Ukrainer und 25 Polen an die Arbeitsämter zurücktransportiert. Sieben Ostarbeiterinnen, acht Polen, ein Holländer und zwei Ukrainer waren geflohen, nachdem die Rücktransporte bekannt geworden waren, so dass sich bis auf 19 französische Zwangsarbeiter keine männlichen Ausländer mehr in den VDO-Werken in Nidda bzw. Freienseen befanden.

Von der deutschen Belegschaft waren noch 176 Arbeiter und Angestellte vor Ort. Diese wurden nur noch für die Bewachung der Anlagen und Maschinen sowie für Holz- und Lebensmittelbeschaffung und Aufräum- bzw. Reinigungsarbeiten im Tunnel eingesetzt. Spies und Schickedanz hatten jedoch nicht verhindern können, dass noch Ende März 1945 Wehrmachtsteile die Verwaltungsbaracke in Nidda sprengten, wo allerdings bereits zuvor schon sämtliche Unterlagen und Geheimakten von den VDO-Ingenieuren verbrannt worden waren. Wenig später erfolgte die Besetzung durch die amerikanischen Truppen.[762] Am 30. April richtete Adolf Schindling noch ein letztes Rundschreiben an alle „VDO-Gefolgschafter":

> Mit dem zu erwartenden endgültigen nahen Kriegsende wollen wir die Hoffnung verbinden, dass wir unsere gewohnte Arbeit recht bald wieder aufnehmen können. Löhne und Gehälter für den Monat März werden gezahlt. Da die vorliegende Trennung es mir nicht ermöglicht, Sie alle, meine VDO-Kameraden und -Kameradinnen, persönlich anzusprechen, so möchte ich hiermit auf diesem Wege dem Wunsch und der Hoffnung Ausdruck geben, dass Sie sich der VDO in Treue und Anhänglichkeit auch weiterhin aufs engste verbunden fühlen. Halten Sie laufend Verbindung mit der VDO, damit wir uns in hoffentlich nicht allzu ferner Zeit wieder zu erfolgreicher und befriedigender Arbeit zusammenfinden können.[763]

---

761 Ebd.
762 Vgl. den Zeitzeugenbericht des damaligen Betriebszellen-Obmanns Ludwig Biermann vom 10.3.1978, Transkript S. 4 ff. in: VDO-Archiv Karton 11.
763 Das Schreiben vom 30.4.1945, in: VDO-Archiv Karton 403.

Ausblick: Der kurze Schatten der NS-Zeit: Entnazifizierung und Rechtfertigungsstrategien, Restitutionen und Entschädigungsforderungen

Als sich der Continental-Aufsichtsrat am 9. August 1945 zu seiner ersten Sitzung nach Kriegsende traf, war auf den ersten Blick alles, als ob nichts gewesen wäre. Joseph Uebel führte den Vorsitz, daneben waren auch Wilhelm von Opel und Georg von Opel erschienen, und von Seiten des Vorstands waren Könecke als Vorsitzender sowie Assbroicher, Fellinger und Franz anwesend.[1] Thema der Besprechung war der Jahresabschluss für 1944, der offiziell noch einen deutlichen Gewinn aufwies, dem allerdings insgesamt ein Verlust durch den Krieg und seine Folgen von knapp 70 Mio. RM gegenüberstand. Da die offenen und stillen Reserven nur 43 Mio. RM betrugen und laufende Betriebsverluste von monatlich einer bis 1,5 Mio. RM zu verzeichnen waren, zehrte Continental bereits von seiner Substanz. Wenn alles so weiterging, rechnete Könecke dem Aufsichtsrat vor, würde bis Jahresende 1945 bereits die Hälfte des Aktienkapitals verloren sein. Die Unternehmensleitung hatte daher eine regelrechte Massenentlassung vorgenommen. Von den am 10. April 1945 noch registrierten 13 385 Beschäftigten waren bis September 1945 nur noch knapp 5400 übriggeblieben. Im Zuge der gleichzeitig erfolgten politischen Säuberung der Belegschaft waren dabei als NS-belastete ehemalige Parteimitglieder insgesamt 993 Arbeiter und Angestellte – wobei der ganz überwiegende Anteil letzterer Gruppierung angehörte – entlassen worden.[2]

Über die tatsächliche Verteilung der früheren NSDAP-Zugehörigkeit unter der Continental-Belegschaft, die demzufolge nur ca. 13 Prozent betragen hätte, sagen diese Zahlen vermutlich kaum etwas aus, auch wenn Könecke selbst später bei seiner Darstellung der Continental als angeblich kaum nazifizierter Betrieb behauptete, dass 87 Prozent der Betriebsangehörigen keine Parteigenossen gewesen seien. Bei den Besprechungen im Büro der damaligen Arbeitgeber-Vertretung der Industrie in Hannover am 13. August 1945 hatte Könecke denn auch selbst darauf gedrungen, dass man sich einerseits „von jedem Parteigenossen trennt, der nur irgendwie unter Anwendung strengsten Maßstabes entbehrlich sei", andererseits aber darauf hingewiesen, dass man etwa 35 von ihnen behal-

---

1 Vgl. Protokoll der Aufsichtsratssitzung vom 9.8.1945, in: CUA, 6600 Zg. 2/72, A 2, Schriftwechsel mit dem Aufsichtsrat 1944–1963.
2 Vgl. Schreiben der Continental-Verwaltung vom 7.3.1947 an die Rubber & Plastics Control Abteilung der britischen Militärregierung, in: CUA, 6610 Zg. 1/85, A 2, und Schreiben Continental an das Landesarbeitsamt Hannover vom 2.7.1947, in: NLA HA Hann. 275, Nr. 571.

https://doi.org/10.1515/9783110646597-007

ten müsse, die nur unbelastete Parteibuchmitglieder gewesen waren, als leitende Angestellte aber „in derartig wichtigen Schlüsselstellungen beschäftigt werden, dass bei ihrem Ausscheiden der Betrieb aufs höchste gefährdet würde."[3] Die Entlassungswelle erfasste dennoch einen Großteil der leitenden Angestellten sowie des Vorstands, wo neben Odenwald und Weber wenig später auch Finanzvorstand Franz betroffen war.[4] Die Kündigungen des Führungspersonals wurden mit entsprechenden Befehlen der Militärregierung begründet, wobei Könecke so tat, als ob er von alledem nicht betroffen sei. Tatsächlich hatte ihn die Militärregierung nach seinem Wiederauftauchen in Hannover zum 30. Mai 1945 zunächst als Vorstandsvorsitzenden im Amt belassen. Am 21. August 1945 jedoch wurde Könecke dann doch seiner Position erhoben und musste sich im Rahmen des Entnazifizierungsverfahrens vor einer Spruchkammer rechtfertigen.[5]

Es folgten turbulente Wochen und Monate, in denen die auch in der Öffentlichkeit vieldiskutierte Entnazifizierung des ehemaligen Continental-Generaldirektors und dessen Versuche, so schnell wie möglich wieder im Unternehmen das Ruder in die Hand zu nehmen, die Belegschaft regelrecht spalteten. Bereits Ende Juli 1945 hatte es aus der Belegschaft und dem neu gegründeten Betriebsrat massive Proteste gegen die Belassung Köneckes als Unternehmensleiter gegeben. Ein später auch als Belastungszeuge im Entnazifizierungsverfahren gegen Könecke auftretender Betriebsrat präsentierte ein Schreiben von 16 ehemaligen Insassen des „Conti-KZ-Lagers Ahlem" an die britische Militärregierung, in dem diese

> „im Namen der 850 toten Kameraden, die bei der Conti-Arbeit durch Prügel, Hunger und andere Quälereien ermordet wurden, aufs energischste gegen die Wiedereinsetzung des Nazi-Betriebsführers der Continental Gummi-Werke AG, Dr. Könecke sowie des früheren Nazi-Vorstands [protestieren]. Als Betriebsleitung tragen sie letzten Endes mit die Verantwortung für die Greuel, die im Conti-KZ-Lager begangen wurden. Wir fordern deshalb sofortige Untersuchung und Bestrafung der verantwortlichen Leute."[6]

---

3 Notiz der Besprechung vom 13.8.1945, in: ebd.

4 Vgl. etwa das Schreiben Köneckes an Odenwald vom 10.8.1945, in: Registratur Personalabteilung, Personalakte Odenwald, sowie das Kündigungsschreiben des Aufsichtsrates an Franz vom August 1945, in: ebd., Personalakte Franz. Die Kündigungen lösten, da fast sämtliche Führungskräfte dagegen arbeitsgerichtlich vorgingen, vielfach langwierige Verfahren zwischen Continental und den Betroffenen aus.

5 Vgl. eine Abschrift des Entlassungsbefehls der Militärregierung vom 17.8.1945 betr. Assbroicher, Weber, Odenwald, Franz und Könecke, in: Registratur Personalabteilung, Personalakte Könecke.

6 Abschrift des Schreibens in einem ausführlichen Belastungsschreiben von Helmut Winter an den Haupt-Entnazifizierungsausschuss Hannover vom 12.11.1946, S. 7, in: NLA HA Nds. 171 Hannover, Nr. 32086.

Vorermittlungen gegen Könecke waren bereits von einem eigenen, allein für Continental zuständigen Entnazifizierungs-Unterausschuss erfolgt, aber dessen ungeachtet betrieben eine Reihe von Betriebsräten, aber auch Teile der hannoverschen Wirtschaftsverwaltung, nach dessen Entlassung durch die Militärregierung Köneckes rasche Rückkehr in das Unternehmen. Auch Könecke selbst rechnete offenbar damit, noch bis Ende des Jahres 1945 wieder in sein Amt zurückzukommen, unter anderem mit dem gezielt gestreuten Gerücht, dass andernfalls Continental nicht mehr kreditwürdig sei und vor allem auch von der Phoenix geschluckt werde.[7] Eine Delegation der Belegschaft war offensichtlich ihrerseits Mitte Dezember 1945 beim amtierenden Regierungs-Oberpräsidenten von Hannover vorstellig geworden und hatte dabei auf „die sichere Tatsache, dass der größere Teil der Belegschaft die Rückkehr nicht wünscht", hingewiesen. Bei allen verantwortlichen Stellen herrsche die Befürchtung vor, dass Köneckes Rückkehr „sehr unangenehme Störungen im Arbeitsablauf zur Folge hätten, bei der Masse der Arbeitnehmer aber die Ansicht bestehe, dass es nicht vertretbar ist, den in seinen Funktionen größten Nationalsozialisten des Hauses wieder hereinzunehmen und all die vielen kleinen Leute der Partei draußen zu lassen. Es würde verständlicherweise ein Sturm derjenigen um Wiedereinstellung einsetzen, die auch nicht mit dem Herzen Nationalsozialisten, aber in der Partei waren."[8] Könecke selbst tauchte mehrmals wieder im Unternehmen auf, wie der inzwischen als Unternehmensleiter fungierende Ernst Fellinger, der Letzte aus der früheren Vorstandsriege, konsterniert an den Aufsichtsratsvorsitzenden Uebel schrieb. Könecke selbst machte auch aus seiner Kritik an der jetzigen Unternehmensleitung keinen Hehl, die „zwar guten Willens, aber nicht fähig sei, allein die Aufgaben zu meistern, was schon daraus hervorgehe, dass laufend leitende Herren der Continental zu ihm kämen und um Rat und Hilfe bäten."[9] Auch dass Uebel von Teilen der Belegschaft als Vertreter der „Profitwirtschaft" und des kapitalistischen Nutznießertums des NS-Regimes und der Kriegswirtschaft angesehen wurde, sorgte für Unruhe im Unternehmen. Die Konflikte entzündeten sich jedoch vor allem an Könecke.

Das ganze Jahr 1946 über herrschte bei Continental ein verwirrendes Gemisch aus Gerüchten, widersprüchlichen Äußerungen und angeblich bevorstehenden Entscheidungen zur künftigen Position Köneckes im Unternehmen, sei es von Seiten des Betriebsrates, der Vorstände und leitenden Angestellten oder

---

7 Vgl. Aktennotiz der inzwischen amtierenden Vorstandsmitglieder über eine Besprechung mit Könecke in Limmer vom 19.12.1945, in: CUA, 6500 Zg. 1/63, A 1.
8 Aktennotiz über die Besprechung vom 18.12.1945, in: ebd.
9 Aktennotiz über eine Besprechung mit Könecke vom 29.1.1946 sowie Brief Fellinger an Uebel vom 8.1.1946, in: CUA, 6600 Zg. 2/72, A 2.

Könecke selbst lanciert. Dieser erstellte im August 1946 im Vorfeld der vom Entnazifizierungs-Hauptausschuss anstehenden Hauptverhandlung ein 21-seitiges Schreiben, in dem er detailliert den Nachweis zu führen versuchte, dass er nicht nur kein aktiver Nazi gewesen war, sondern im Gegenteil „ein sozialer und anständiger Betriebsführer" sowie ausgewiesener Gegner des NS-Regimes, was er unter anderem mit einer langen Liste von genau 37 konkreten Widerstandshandlungen zu belegen versuchte.[10] Bei der dann am 17. Januar 1947 erfolgenden öffentlichen Vernehmung durch den Entnazifizierungs-Hauptausschuss benannte er zudem 37 Entlastungszeugen und legte von diesen entsprechende „Persilscheine" vor. Die Chancen für eine Entlastung als bloßer Mitläufer und völlige politische Rehabilitierung waren daher nicht schlecht, denn zuvor schon hatte sich der Entnazifizierungs-Unterausschuss – wenn auch keineswegs einstimmig – für eine Einstufung Köneckes in Kategorie IV gestimmt, also als Mitläufer und nicht als Aktivist oder Nutznießer. Dem Urteil folgte auch der Berufungsausschuss, allerdings hatten sich in diesem am 1. Dezember 1947 nur zwei Mitglieder für Kategorie V als völlig entlastet und zehn für Kategorie IV (Mitläufer) ausgesprochen; drei Mitglieder dagegen hatten eine Einstufung in Kategorie III als Minderbelasteter für angezeigt erachtet, was auch der Beurteilung der Special Branch der britischen Militärregierung entsprach, so dass die übergeordnete Public Safety Branch der Briten ein nochmaliges Aufrollen des Verfahrens anordnete.[11] Das Verfahren zog sich zunächst bis Anfang November 1947 hin, und die Entscheidung, Könecke in die Kategorie III einzustufen und zwangsweise aus allen öffentlichen Ämtern zu entfernen sowie keine Übernahme entsprechender Funktionen künftig zuzulassen, sorgte nur kurze Zeit dafür, dass in die nach wie vor laufenden Continental-internen Diskussionen um den ehemaligen Generaldirektor Ruhe einkehrte.

Obwohl auch die britische Militärregierung das Urteil für angemessen hielt, erfolgte nach erneuter Berufung Köneckes eine Wiederaufnahme des Verfahrens, ehe dann im Oktober 1948 der Entnazifizierungsausschuss mit 11 zu 3 Stimmen Könecke als entlastet in Gruppe V einordnete und in der Urteilsbegründung allen seinen Entlastungsargumentationen folgte. Die Folge war zumindest in einem Teil der Presse ein Sturm der Entrüstung. „Entnazifizierungskomödie um den reaktionären Rüstungsfachmann", titelte die KPD-nahe „Niedersächsische Volksstimme".[12] Tatsächlich legte nun der öffentliche Ankläger seinerseits Berufung gegen das Urteil ein, so dass sich das ganze Verfahren letztendlich bis

---

10 Vgl. das Schreiben Köneckes vom 10.8.1946 sowie ein ergänzendes Schreiben vom 18.1.1947, in: NLA HA Nds. 171 Hannover Nr. 32086.
11 Vgl. die Aktennotiz vom 1.12.1947, in: ebd.
12 Vgl. diese und weitere Presseausschnitte zum Urteil in: ebd.

August 1949 hinziehen sollte, bis die Berufung als unbegründet zurückgewiesen und das Urteil vom November 1948 rechtskräftig wurde.[13]

Für den ehemaligen Hauptbetriebsobmann Jahns war das Entnazifizierungsverfahren zunächst weniger günstig verlaufen. Nach kurzer Verhaftung und Internierung hatte es bis August 1949 gedauert, bis ihn der Entnazifizierungsausschuss vor allem wegen seines unternehmensinternen Aufstiegs und dem damit verbundenen Gehaltssprung als Nutznießer und damit in Kategorie III einstufte.[14] Jahns hatte dagegen jedoch Berufung eingelegt, und am 16. Juni 1950 hob der Berufungsausschuss das Urteil wieder auf und stufte ihn, wie von Jahns selbst beantragt, in Kategorie IV als einfachen Mitläufer ein, verbunden mit einer Buße von 500 DM. Einem größeren Entnazifizierungsverfahren sah sich auch das ehemalige Vorstandsmitglied Hans Odenwald ausgesetzt, gegen den die schwersten Vorwürfe innerhalb der damaligen Continental-Führungskräfte erhoben wurden. Schon im Juni 1945 waren entsprechende Belastungsaussagen beim Continental-internen Entnazifizierungs-Unterausschuss eingegangen, denen Odenwald kaum ins Gewicht fallende Entlastungszeugen entgegenstellen konnte.[15] Im April 1947 legte Odenwald dennoch beim Entnazifizierungs-Hauptausschuss Berufung gegen den Entlassungsbescheid der Militärregierung ein und beantragte, „nicht schlechter als Kategorie IV (Anhänger)" eingestuft zu werden.[16] Im Laufe des Frühjahrs 1949 erst erfolgten dann die Vernehmungen und öffentlichen Anhörungen der Spruchkammer, die Odenwald Ende Juni, nachdem aus der langen Liste von Belastungszeugen inzwischen nur noch einer übrig geblieben war, in die Kategorie V einstufte.[17] Einzig der ehemalige Hauptlagerführer Wilhelm Busch, der nach Kriegsende verhaftet und interniert worden war, wurde in die Kategorie III als Belasteter eingestuft. Im Januar 1949 war jedoch das Verfahren wegen Verbrechen gegen die Menschlichkeit eingestellt worden, „nachdem strafbare Handlungen gegenüber Deutschen nicht nachgewiesen werden konnten. Wegen der Misshandlungen von Ausländern hat die Militärregierung angeordnet, dass das Verfahren nicht durchgeführt werden soll."[18] Alle anderen damaligen Führungskräfte bei Continental wurden, so weit Entnazifizierungsakten überliefert sind, ohne größere Verfah-

---

13 Vgl. Beschluss des Landesausschusses für die Entnazifizierung in Niedersachsen vom 9.8.1949, in: ebd.
14 Vgl. Abschrift der Entscheidung vom 3.8.1949, in: NLA HA Nds. 171 Hannover, Nr. 20322.
15 Vgl. die entsprechenden Unterlagen, darunter das Schreiben Odenwalds an den Entnazifizierungsausschuss vom 26.9.1946, in: NLA HA Nds. 171 Hannover, Nr. 16704.
16 Schreiben vom 19.4.1947, in: ebd.
17 Vgl. der Bescheid vom 27.6.1949, in: ebd.
18 Schreiben des Öffentlichen Klägers beim Berufungsausschuss für die Entnazifizierung vom 29.1.1949, in: NLA HA Nds. 171 Hannover-IDEA, Nr. 9618.

ren in mündlicher Verhandlung und relativ schnell als entlastet und Mitläufer eingestuft, manchmal verbunden mit einem geringen, für die vielfach arbeitslosen Betroffenen jedoch empfindlichen Bußgeld.[19]

Köneckes Position hatte wie erwähnt inzwischen Fellinger übernommen. Er hatte nach der Entlassung auch des gesamten übrigen Vorstands für kurze Zeit alleine die Unternehmensführung inne und trat danach auf Geheiß des Aufsichtsrates nach außen hin nur noch als Sprecher des Vorstandes auf. Ab Mitte Dezember 1949 jedoch sollte er dann doch wieder den Titel des Generaldirektors von Continental führen. Um das Unternehmen in die Nachkriegszeit zu lenken, blieb ihm jedoch nur wenig Zeit, denn er verstarb schon am 20. Januar 1951.[20] In die Vorstandsbereiche waren aber inzwischen die Prokuristen und Direktoren aus der zweiten Leitungsebene aufgerückt, so dass rein personell ein deutlicher Umbruch in der Unternehmensleitung stattgefunden hatte, hinter dem sich jedoch faktisch eine starke Kontinuität verbarg. Die wichtigsten Weichen für den Wiederaufbau und die Formierung einer neuen, an die Vor-NS-Zeit anknüpfende, aber nach wie vor auch stark von der NS-Zeit geprägte Unternehmenskultur waren gestellt. Sichtbarer Ausdruck dafür war unter anderem die im Juli 1946, im Jahr des 75-jährigen Betriebsjubiläums von Continental beschlossene Abänderung des Markenlogos, bei dem – in Anknüpfung an die bereits 1941 erfolgten Überlegungen – die alten Buchstabenabkürzungen C. C. & G. P.Co. H. unter dem Sachsenross wegfielen und die Fabrikmarke durch eine moderne Version in Gelb mit blauem Druck ersetzt wurde.[21]

Der neue Vorstand wurde in der Folgezeit in höchst unterschiedlicher Weise und zum Teil zeitlich unmittelbar, zum Teil aber auch mit deutlicher Verzögerung mit der NS-Vergangenheit des Unternehmens konfrontiert. Ende 1946 etwa erhielt man von der Reichsbankhauptstelle Hannover ein Schreiben, in dem bestehende Lohnrückstände an die ausländischen Arbeitskräfte moniert und deren Begleichung gefordert wurde. Die daraufhin von der Lohnabteilung erstellten detaillierten Namenslisten der Zwangsarbeiter ergaben tatsächlich unbezahlte Löhne in Höhe von 248 329 RM, der größte Posten entfiel dabei mit

---

19 Vgl. etwa die Entnazifizierungsakte von Produktionsvorstand Weber in: NLA HA Nds 171 Hannover-IDEA, Nr. 16060.

20 Zur Wiederaufbauentwicklung von Continental in den 1950er Jahre und danach vgl. Schmidt, Continental, S. 106 ff., und auch Erker, Vom nationalen zum globalen Wettbewerb, S. 509 ff., 517 ff. Interessanterweise gab es innerhalb des Vorstands im Juli 1945, also unmittelbar nach Kriegsende, ernsthafte Überlegungen, das Hauptwerk wegen der unwirtschaftlichen und unübersichtlichen Gesamtanlage in Stockwerken nicht mehr aufzubauen, sondern deren Reste zu sprengen und das künftige Hauptwerk in das moderne Werk Nordhafen zu verlegen. Vgl. Aktennotiz einer Besprechung vom 5.7.1945, in: CUA, 6500 Zg. 1/63, A 1.

21 Vgl. den Vorstandsbeschluss vom 17.7.1946, in: CUA, 6603 Zg. 2/85, A 3.

82 243 RM auf die eingesetzten Franzosen, 68 150 RM auf russische Ostarbeiter.[22] 1952 erhielt Continental auch die ersten Schreiben ehemaliger Zwangsarbeiter und KZ-Häftlinge, die im Zusammenhang mit der Musterklage des ehemaligen KZ-Häftlings Norbert Wollheim gegen die IG Farben zwei Jahre zuvor ihrerseits Ansprüche gegenüber Continental auf entgangenen Lohn, Schmerzensgeld und Schadensersatz wegen Gesundheitsschädigung geltend zu machen versuchten. Bis Anfang Februar 1956 hatten sich 23 Anspruchsteller in Hannover gemeldet, worauf der Vorstand vorsorglich eine Rückstellung von zehn Mio. DM beschloss, allerdings in der sich dann bestätigenden Hoffnung und Erwartung, dass diese nach einem für die Industrie erfolgreichen Ausgang des Wollheim-Prozesses nicht mehr nötig sein würde.[23]

Abb. 142: Das neue Fabrikmarken-Logo vom Juli 1946 mit den Unterschriften der damaligen Vorstandsmitglieder

Anfang Dezember 1947 bereits hatte Continental, in Begleitung eines Angehörigen der britischen Militärbehörde, Besuch eines polnischen Wirtschaftsfunktio-

---

22 Vgl. Aktennotiz der Lohnabteilung vom 20.1.1947 sowie die entsprechenden Lohn- und Namenslisten in: CUA, 65910, Zg. 1/70, A 5. Dazu auch ein weiteres Schreiben der Reichsbankhauptstelle Hannover vom 25.11.1947, in: CUA, 6620 Zg. 1/70, A 27.
23 Vgl. Vorstandsnotiz vom 7.3.1955 und vom 7.2.1956 betr. Rückstellungen für Ansprüche ehemaliger KZ-Häftlinge, in: Registratur Rechtsabteilung, Ordner Zwangsarbeit. Auch später meldeten sich vor allem im Kontext der Debatten um die Zwangsarbeiter-Entschädigung über die Stiftung Erinnerung, Verantwortung und Zukunft 1999/2000 ehemalige Zwangsarbeiter mit Entschädigungsforderungen bei Continental. Die entsprechenden Sprachregelungen bei Continental wie bei Phoenix hoben auf die Vernichtung sämtlicher relevanter Unterlagen ab. Bei Phoenix sprach sich die damalige Rechtsabteilung auch explizit gegen eine Beteiligung an der Stiftungsinitiative der deutschen Wirtschaft aus, auch mit dem Argument, dass Fremd- bzw. Zwangsarbeit „für das Haus Phoenix kein zahlenmäßig großes Thema war". Vgl. Notiz Ellegast vom 22.10.1999, in: Registratur Rechtsabteilung. Siehe auch CUA, Sammlung Grabe.

närs als Vertreter der Reifenfabrik Stomil erhalten.[24] Es ging dabei nicht um den damaligen Kauf von Stomil in Posen oder etwaige Entschädigungen für die Nutzung des Betriebsgeländes, sondern um die von Seiten der Wehrmacht beschlagnahmten und später zur maschinellen Ausstattung der IG-Versuchswerke nach Deutschland transportierten Fertigungsanlagen des Stomil-Zweigwerks Debica. 1949 strengten Stomil und der polnische Staat ein Wiedergutmachungsverfahren gegen den deutschen Staat, die IG Farben und auch Continental als ehemaligen Mitgesellschafter bei den Versuchswerken an, bei dem nachträglich 475 600 RM für die Maschinen sowie 39,5 Mio. RM für entgangene Gewinne gefordert wurden.[25] Obwohl Continental nur mittelbar involviert war, bildete auch hier der Vorstand eine vorsorgliche Rückstellung von zunächst nur 100 000, dann aber vier Mio. DM. Im Mai 1955 sollten die polnischen Ansprüche vom verhandelnden Oberlandesgericht Düsseldorf abgelehnt werden, dennoch zog sich das ganze Verfahren bis Dezember 1961 hin.

Continental wurde auch mit Restitutionsansprüchen der französischen Reifen- und Gummifabrik Kléber-Colombes, dem umbenannten Nachfolgeunternehmen von Goodrich-Colombes, und von der holländischen Vredestein konfrontiert. Am 25. Februar 1949 erhoben die Franzosen Klage gegen die Lizenzzahlungen des Buna-Vertrages, mit der Begründung, dass das damalige vertragliche Verhältnis nur unter der Macht und dem Zwang der Besatzungsbehörden und auch unter dem Druck der damaligen französischen Regierung zustande gekommen sei.[26] Eine entsprechende Klage wurde jedoch, nachdem selbst die französische Rechtsprechung die entsprechende Argumentation nicht stützte, abgewiesen. Weit länger zogen sich jedoch die Auseinandersetzungen mit Vredestein hin. Die Holländer meldeten sich erst im November 1959 bei Continental und machten in den Büchern noch zu Lasten der Deutschen stehende Altforderungen von 308 231 hfl geltend.[27] Der Betrag errechnete sich aus den Lieferungen, die Vredestein 1944 nach Deutschland hatte schicken müssen, die aber nur zum Teil in Hannover ankamen, sowie Lizenzgebühren und diversen Spesen. Die Continental-Verwaltung hatte selbst schon Ende Februar 1946 eine Liste von Materialien aus Loosduinen, die damals als „Räumungsgüter" verbucht wurden, in Höhe von 131 000 hfl aufgestellt.[28] Continental versuchte zunächst auf Zeit zu spielen und forderte detaillierte Nachweise für die Forderungen, wofür die Holländer dann tatsächlich auch entsprechende Unterlagen vor-

---

24 Vgl. Aktennotiz vom 5.12.1947, in: CUA, 6620 Zg. 1/70, A 27.

25 Vgl. den ausführlichen Schriftwechsel in: CUA, 6621 Zg. 2/92, A 1 und A 2.

26 Vgl. eine Aktennotiz vom 14.6.1950, in: CUA, 6620 Zg. 1/70, A 12.

27 Vgl. den Vorgang in: Registratur Rechtsabteilung, Nr. 1421/1422.

28 Vgl. Aktennotiz vom 26.2.1946, in: CUA, 6620 Zg. 1/70, A 27.

legten. Mit dem vagen Hinweis auf eine spätere Äußerung seitens Continental kam die Sache zunächst wieder zum Stillstand, Vredestein meldete sich erst vier Jahre später wieder, Ende 1963. Im Oktober 1964 kam es dann tatsächlich zu einem direkten Treffen zwischen dem Continental-Vorstand und Vertretern von Vredestein zur Klärung der alten Forderungen aus dem Jahr 1944, wobei auch die Frage der damaligen Vredestein-Aktien im Besitz von Continental thematisiert wurde, die nach Kriegsende von der holländischen Regierung entschädigungslos eingezogen worden waren. Vredestein hatte diese wegen der damit verbundenen plötzlichen Staatsbeteiligung zu dem damals von Continental gezahlten Preis zurückgekauft. So oder so lehnte Continental jedoch mit dem Hinweis auf eine fehlende Rechtsgrundlage eine Bezahlung der Forderungen ab und verwies „mit gutem Gewissen" auch auf einen entsprechenden Artikel des Londoner Schuldenabkommens, „nachdem eine Forderung gegen Continental noch nicht geltend gemacht werden kann und wahrscheinlich auch zu keiner Zeit geltend gemacht werden könnte."[29] Allerdings hatte man auch hier vorsorglich eine Rückstellung von 341 300 DM für etwaige Verpflichtungen gegenüber Vredestein vorgenommen, die man Anfang 1971 auflöste, nachdem die Holländer die Angelegenheit letztlich, ohne weiter auf die Begleichung der Forderungen zu drängen, auf sich beruhen ließen.

Von Seiten Michelins wurden im Übrigen keine Ansprüche gegen Continental erhoben, vermutlich auch deswegen nicht, da man in Hannover noch 1946 die aus 's-Hertogenbosch demontierten Maschinen sämtlich als Eigentum von Michelin wieder nach Holland zurückgeschickt hatte.[30] Dafür hatte aber die Beteiligung Continentals in Spanien ein wenn auch eher ungewöhnliches Nachspiel. Die Familie Opel war noch immer Großaktionär und Hauptanteilseigener bei Continental, allerdings gab es inzwischen divergierende Interessen einzelner Familienmitglieder. Bereits Anfang Mai 1946 war Wilhelm von Opel gestorben, wodurch sich die innerfamiliären Anteilsgewichte insofern verschoben, dass Margit von Opel, eine Nichte Wilhelms, verstärkt Ansprüche auch auf einen Sitz im Aufsichtsrat von Continental geltend machte. Ende 1955 forderte sie in diesem Zusammenhang die Einberufung einer außerordentlichen Hauptversammlung, und um der Forderung nach einem Aufsichtsratssitz Nachdruck zu verleihen und auch den Widerstand der Continental-Verwaltung zu überwinden, wurden massive Vorwürfe erhoben, die unter anderem darin bestanden, dass die Rückerstattung des Auslandsvermögens in Spanien und in der Schweiz

---

29 Vermerk der Rechtsabteilung vom 26.10.1964, in: Registratur Rechtsabteilung, Nr. 1421/1422.
30 Vgl. Schreiben an die N. V. Internationale Continental Caoutchouc Compagnie, Amsterdam, vom 22.9.1947, in: CUA, 6620 Zg. 1/70, A 27.

nicht sachgerecht verfolgt worden sei.[31] Dazu versuchte man auch, sich über Könecke und den früheren Betriebsratsvorsitzenden Dürkopp belastendes Material zu besorgen; letztlich ergab eine interne Prüfung, dass die Vorwürfe nicht berechtigt waren, so dass die Angelegenheit 1960 beigelegt werden konnte.[32]

Wiedergutmachungsansprüche gegenüber Continental machten auch der jüdische Ingenieur Fisch hinsichtlich der Lizenzzahlungen für sein Continental überlassenes Schuhsohlen-Patent und vor allem die ehemaligen jüdischen Continental-Führungskräfte Richard Weil und Meyer Hirschberg geltend. Weil reklamierte im Frühjahr 1956 ihm entgangene Versorgungsansprüche durch seine erzwungene Entlassung und auch einen entsprechenden Verdienstausfall, die durch die damalige Kapitalentschädigung von Continental bei weitem nicht abgedeckt worden waren.[33] Der Continental-Vorstand beschloss schließlich, dem inzwischen 80-jährigen Weil ab 1. Dezember 1960 eine freiwillige zusätzliche Altersvorsorge von monatlich 300 DM zu gewähren.[34] Der mit 68 Jahren nur wenig jüngere Hirschberg wandte sich ebenfalls im August 1956 aus seinem Exil in London an Continental, machte dabei jedoch weniger Ansprüche geltend, sondern bat um eine Wiedereinstellung bei Continental in der Funktion eines Beraters und Vermittlers zu den englischen Banken, was auch wenig später geschah.[35] Der ehemalige Finanzfachmann Continentals sollte, so das Angebot, für ein monatliches Honorar von 300 DM künftig regelmäßige Berichte vom Londoner Rohkautschukmarkt nach Hannover liefern, dazu Informationen über den Aufbau britischer Kunstkautschuk und Ruß herstellender Firmen und auch über die maßgebenden Konkurrenzfirmen in Großbritannien.[36] Letztlich waren all dies aber bloße Randnotizen, die in dem längst wieder boomenden Tagesgeschäft der „Wirtschaftswunderjahre" keine größere Rolle spielten und im Unternehmen auch keine eingehendere Beschäftigung und Auseinandersetzung mit der NS-Zeit nach sich zogen.

Profitieren von der ganzen Entwicklung bei Continental konnte Phoenix. Das galt zunächst in personeller Hinsicht: Anders als Könecke war Albert Schäfer unbehelligt als Vorstandsvorsitzender im Amt geblieben. Als er am 5. Dezember 1945 auf der ersten Sitzung des gleichfalls unveränderten Aufsichtsrats die

---

31 Vgl. den Schriftwechsel in: CUA, 6621 Zg. 1/92, A 4.

32 Vgl. ebd.

33 Vgl. das Schreiben des Anwalts vom 8.3.1956, in: Registratur Personalabteilung, Personalakte Weil.

34 Vgl. das Schreiben an Weil vom 1.12.1960 sowie das handschriftliche Dankschreiben Weils vom 29.12.1960, in: ebd.

35 Vgl. Schreiben Hirschbergs vom 25.8.1956, in: Registratur Personalabteilung, Personalakte Hirschberg.

36 Vgl. Schreiben an Hirschberg vom 2.10.1956, in: ebd.

Bilanz für 1944 präsentierte und einen Bericht zur Lage im laufenden Geschäfts-jahr gab, saß neben ihm vom Vorstand nur noch Otto A. Friedrich, da Kühns wegen seiner SS-Mitgliedschaft verhaftet worden war und Koch von sich aus praktisch schon gekündigt hatte.[37] Wenig später, am 1. April 1946, gab der in-zwischen 65 Jahre alte Schäfer den Vorstandsvorsitz an Otto A. Friedrich ab und wechselte in den Aufsichtsrat. Der bereits wieder bestens in die politischen Krei-se in Bonn vernetzte Friedrich, der gleichsam unter bruchloser Anknüpfung an seine Tätigkeit bei der Reichsstelle Kautschuk unter anderem als Rohstoffbera-ter der Bundesregierung tätig war, leitete dann eine neue Phase des Wiederauf-stiegs und der Expansion von Phoenix ein. Die Basis dafür legte eine enge Ko-operation mit dem amerikanischen Firestone-Konzern, aber auch die Anheue-rung der ehemaligen Continental-Vorstände Könecke und Weber, die 1949 bzw. 1950 beide nach Hamburg in den Vorstand des früheren Konkurrenten wechsel-ten. Während Weber in der Folgezeit mit den Grundstein für die führende rei-fentechnische und fertigungsorganisatorische Position von Phoenix legte, wechselte Könecke schon kurz darauf, im Frühjahr 1952, in den Vorstand von Daimler-Benz und stieg dort im Februar 1953 zum Vorstandsvorsitzenden auf. Die neuen Continental-Vorstände saßen damit plötzlich wieder ihrem ehemali-gen Generaldirektor gegenüber, der nun von der Position des Erstausrüsters sei-ne Verhandlungsmacht gegenüber seinem ehemaligen Unternehmen als Zulie-ferer geltend machen konnte. Phoenix musste nun auch keine Konkurrenz mehr von Semperit fürchten, dessen Werke nach der Besetzung von den Russen fast vollständig demontiert worden waren. Das wieder österreichische Unter-nehmen begann erst langsam wieder mit der Reifen- und Gummiartikelproduk-tion, strickte dabei aber gleichzeitig von Anfang an massiv an der Legende von der verteidigten Unabhängigkeit im Dritten Reich und des Widerstands der Un-ternehmensleitung gegen das NS-Regime.

Auch Albert Schäfer und Otto A. Friedrich hatten sich einem Entnazifizie-rungsverfahren unterwerfen müssen. Friedrich, der sich über seine Tätigkeit als Rohstoffmanager des NS-Regimes sehr kryptisch und vage äußerte und sein da-maliges vordringliches Ziel betonte, die „notleidende deutsche Bevölkerung mit den notwendigen Konsumgütern wie Reifen, Sohlen, Schuhen und Absätzen zu versorgen", wurde schnell und problemlos am 15. Januar 1948 nach mündlicher Verhandlung in Kategorie V als völlig unbelastet eingestuft.[38] Schäfer rechnete

---

37 Vgl. Protokoll der Aufsichtsratssitzung vom 13.12.1945, in: HADB F 002/679.
38 Vgl. die Erklärung Friedrichs vom 20.9.1946 zu seiner Tätigkeit sowie Action Sheet der Rub-ber Branch vom 15.1.1948, in der dünnen Entnazifizierungsakte von Friedrich in: StA Hamburg, 221-11, Misc. 1924. Siehe auch die Entnazifizierungsakten von C. W. Kühns in: StA Hamburg, 221-11, I (C) 2409.

angesichts seiner im September 1946 erfolgten ausführlichen schriftlichen Selbststilisierung und im Wissen um den Vorteil der fehlenden NSDAP-Mitgliedschaft offensichtlich mit einer ebenso problemlosen und schnellen Entnazifizierung. Dann jedoch votierte der Entnazifizierungsausschuss im April 1947 dahingehend, dass Schäfer zwar als „politisch tragbar" angesehen werden könne, diesem aber entgegen der Entscheidung der britischen Militärregierung nicht das Prädikat „unbedenklich" ausstellen werden könne, da er ein belastetes NSDAP-Mitglied zu seinen engsten Mitarbeitern berufen habe und noch weitere Parteimitglieder in leitender Stellung bei sich geduldet habe.[39] Wenn der Entnazifizierungsausschuss noch etwas tiefer gegraben hätte, wäre er schnell unter anderem auf ein Schreiben Schäfers an den Phoenix-Aufsichtsrat Bankdirektor Willink vom Dezember 1940 gestoßen, in dem dieser seine Neujahrwünsche mit der Überzeugung geschlossen hatte, dass nicht daran zu zweifeln sei, dass Deutschland den Endsieg erringen werde, womit man Schäfers Behauptung von der schon immer bestehenden Distanz zum NS-Regime schnell als scheinheilige Rechtfertigungsstrategie hätte entlarven können.[40] Schäfer reagierte aber auch so auf das Votum des Entnazifizierungsausschusses höchst unwirsch und drohte gegenüber dem Hamburger Bürgermeister mit Konsequenzen. „Der augenblickliche Schwebezustand ist für mich untragbar und muss bei Fortdauer in absehbarer Zeit die Folge haben, dass ich zur Niederlegung meiner Ämter als Präses der Handelskammer und Vorstandsmitglied verschiedener Wirtschaftsorganisationen oder zum Bericht an den Regional Commissioner gezwungen werde", schrieb er im Mai 1947 an den zuständigen Staatskommissar für Entnazifizierung. „Beide Wege möchte ich mit Rücksicht auf den Staub, der aufgewirbelt werden würde, vermeiden."[41] Wenig später wurde Schäfer formell in Kategorie V als unbelastet eingestuft und erhielt auch die politische Unbedenklichkeitsbescheinigung.

Bei Teves hatte die Militärregierung am 26. Mai 1946 aufgrund des Gesetzes zur Befreiung vom Nationalsozialismus und Militarismus Alfred Teves wie auch seine beiden Söhne als Unternehmensleiter und Geschäftsführer abgesetzt und ihnen jegliche direkte wie indirekte Tätigkeit verboten.[42] Vorübergehend war in Frankfurt ein externer Treuhänder eingesetzt worden, der allerdings nach Rücksprache mit dem Betriebsrat und angesichts der Tatsache, dass der Firmengründer nach wie vor regelmäßig im Betrieb auftauchte und Besprechungen mit den

---

39 Vgl. das Schreiben vom 24.4.1947, in: StA Hamburg 221-11, Ad 7130.
40 Vgl. den Brief Schäfers vom 21.12.1940, in: HADB F 002/749.
41 Das Schreiben vom 14.5.1947, in: ebd.
42 Vgl. die entsprechenden Bescheinigungen in: CUA, Ordner E. A. Teves, Brombach Juni 1944–1946. Vgl. zur Nachkriegsphase auch Eckermann, Dynamik beherrschen, S. 216 ff.

maßgeblichen Werksleitern bzw. leitenden Angestellten abhielt, seinen Treu-
händer-Auftrag schnell wieder aufgab.[43] Die verbliebenen Angestellten unter
Leitung von Martin Tausend, der die kaufmännische Leitung übernahm, und
Heinrich Karlein als technischem Direktor hatten bald mit der Rückverlagerung
der verstreuten Fertigungsabteilungen nach Frankfurt begonnen.[44] Alfred Teves
beherrschte zu dieser Zeit eine große Angst vor Enteignung und Demontage seiner Werke, wobei vor allem die Kältefabrik, die unter amerikanischer Aufsicht
stand, bereits wieder mit Aufträgen der Besatzungsmacht eingedeckt war.[45] Die
Berliner Teves-Werke waren von der französischen Militärregierung beschlagnahmt worden, allerdings war davon nicht mehr viel übrig geblieben, nachdem
das Werk zuvor von den Russen komplett demontiert worden war. Um dennoch
die Entsperrung der jeweiligen Werke zu erreichen, war auch eine formelle Entnazifizierung in den jeweiligen Besatzungszonen notwendig, so dass Alfred Teves und seine Söhne sich zwei Mal, in Frankfurt vor der Spruchkammer des
Großhessischen Ministeriums für politische Befreiung und in Berlin vor der Entnazifizierungskommission des Bezirksamtes Reinickendorf, entnazifizieren lassen mussten.[46] Alfred Teves wurde von der Frankfurter Spruchkammer auf ihrer
Sitzung am 28. Februar 1947 in die Gruppe IV als Mitläufer eingestuft und musste als Sühneleistung 500 RM zugunsten des Wiedergutmachungsfonds leisten.[47]
Teves, dessen Verteidigung Martin Tausend übernommen hatte, hatte dagegen
auf Kategorie V, unbelastet, plädiert. Mit einer eingehenden Darlegung seiner
Vermögensentwicklung und dem Hinweis auf die kriegsbedingten betriebswirtschaftlichen Verluste in Millionenhöhe versuchte er vor allem, den gegen ihn
erhobenen Hauptvorwurf des wirtschaftlichen Nutznießertums zu entkräften.
Der öffentliche Kläger legte gegen das Urteil Widerspruch ein, so dass es im
Frühjahr 1948 zu einer erneuten Verhandlung kam, worauf die Einstufung als
Mitläufer blieb, das Sühnegeld jedoch auf 2000 RM erhöht wurde. Ernst August
und Heinz Teves wurden im August 1948 von der Entnazifizierungskommission
in die Gruppe V als unbelastet eingestuft, wobei auch sie beide vehement den

---

43 Vgl. Aktennotiz zum Treuhänder-Einsatz Firma Teves vom 12.6.1946, in: HHStAW 520/11,
Nr. 11263/2.
44 Vgl. den Brief von Alfred Teves an Karlein und Tausend mit entsprechenden Anweisungen
und Kommentierungen zur weiteren Entwicklung des Unternehmens vom 13.4.1945, in: Ordner
Korrespondenz Alfred Teves, sowie die Geschäftskorrespondenz Karleins vom Dezember 1945
mit der Continental-Verwaltung, in: CUA, Ordner Korrespondenz Technische Direktion/Karlein.
45 Vgl. den Brief Teves an seinen Sohn Heinz vom 11.7.1945, in: ebd.
46 Vgl. die entsprechenden Entnazifizierungsakten für Berlin in: Landesarchiv Berlin C Rep.
031-02-09, Karton 152.
47 Vgl. das Urteil und das Protokoll der vorangegangenen öffentlichen Sitzung, in: HHStAW
520/11, Nr. 11263/2.

Vorwurf des Nutznießertums zu widerlegen suchten.[48] Die Reinickendorfer Entnazifizierungskommission folgte nach kurzer Verhandlung im Frühjahr 1949 dem Votum der Frankfurter Spruchkammer.

Alfred Teves selbst verfasste 1950, drei Jahre vor seinem Tod, noch eine handschriftliche Aufzeichnung über sein Leben, in der jegliche politische Reflexion über die NS-Zeit fehlte, dagegen ein starker Wiederaufbauwillen vorherrschte. „Auch in Zukunft halten wir uns an das Wort ‚Arbeiten und nicht verzweifeln'", notierte er am Ende seiner Darstellung. „Wir kommen wieder hoch."[49] Den Wiederaufstieg der „Ate" leitete dann Martin Tausend ein, der 1953 neben Heinz und Ernst August Teves dritter Gesellschafter der Alfred Teves KG wurde und mit einem neuen Management-Stil den patriarchalischen Führungsstil des Firmengründers ablöste.[50]

Bei VDO hatte Spies nach Kriegsende die weitere Leitung des Unternehmens in die Hand genommen. Mitte August 1945 übergab der inzwischen 58-jährige, gesundheitlich angeschlagene Schindling Spies formell die Firmenleitung und zog sich aus dem aktiven Geschäft zurück.[51] Spies selbst hatte zunächst noch am 30. April 1945 in der Kantine in Freienseen die verbliebenen Mitarbeiter zu einer Gefolgschaftsversammlung zusammengerufen und eine ziemlich pessimistische Perspektive präsentiert.[52] Dann aber, nach Rückkehr nach Frankfurt, versuchte Spies im Wege der Beantragung einer Beschäftigungs-Erlaubnis zur Herstellung von Tachometern, Drehzahlmessern und Manometern sowie weiterer Messgeräte, den Betrieb so schnell wie möglich wieder in Gang zu bringen, obwohl die Finanzlage prekär war.[53] Das Reich und die Rüstungsbehörden schuldeten VDO rund 3,2 Mio. RM, während VDO seinerseits ca. 40 Zulieferanten rund 2,1 Mio. RM schuldete.[54] Schindling selbst war zunächst unbehelligt geblieben, dann aber am 13. Februar 1946 von amerikanischen Militärpolizisten unter dem Vorwurf der Rüstungsfertigung für die V1-Ra-

---

48 Die Entnazifizierungsakte zu Heinz Teves in: HHStAW Abt. 520/11 Nr. 14767/1 und 2, zu Ernst August Teves vgl. HHStAW Abt. 520/ F (A-Z) Teves, Ernst August R. 4707 K. 2939.

49 Eine Abschrift der Aufzeichnungen in: CUA, Bestand Teves, Sammlung Eckermann.

50 Vgl. näher Eckermann, Dynamik beherrschen, S. 226 ff. „Martin Tausend war ein alter Fuchs, er konnte sehr gut Verträge aufsetzen und war auch die treibende Kraft hinter dem 1967 erfolgten Verkauf von Teves an ITT, was Alfred Teves nie verkraftet hätte", erinnerte sich später dazu auch seine Enkelin Gudrun Teves. Vgl. Transkript eines Zeitzeugengesprächs vom 20.2.1984, in: CUA, Bestand Teves, Sammlung Eckermann.

51 Vgl. das Rundschreiben von Schindling und Spies an die Belegschaft, in: VDO-Chronik Bd. 2.

52 Vgl. den ausführlichen Bericht der Versammlung vom 1.5.1945, in: VDO-Archiv, Karton 13.

53 Vgl. Schreiben Spies als Vorstand der VDO an die Military Government in Frankfurt vom 2.6.1945, in: ebd.

54 Vgl. Notiz vom 14.2.1946, in: VDO-Archiv Karton 414.

kete verhaftet und interniert worden. Auch in weiten Teilen der Öffentlichkeit galt Schindling als alter Nationalsozialist und Hauptrüstungslieferant und damit in jeder Hinsicht als Profiteur des NS-Regimes und des Krieges. In einem ausführlichen Rechtfertigungsschreiben an die Entnazifizierungskammer in Frankfurt versuchte er sowohl seine politische Haltung zu rechtfertigen als auch dem Vorwurf des Nutznießertums entgegenzutreten, ohne sich dabei – genauso wie Alfred Teves – nachträglich zum NS-Gegner und Widerstandskämpfer zu stilisieren.[55] Schindling beauftragte außerdem die Frankfurter Revisions- und Treuhandanstalt damit, in einer umfangreichen gutachterlichen Erklärung die potenzielle Nutznießerschaft zu untersuchen. Das am 12. Dezember 1946 vorgelegte 15-seitige Gutachten versuchte tatsächlich herauszufinden, ob und inwieweit Schindling und die VDO sich geschäftliche Vorteile durch politische Beziehungen, seine Parteizugehörigkeit, auf Kosten politisch, rassisch oder religiös Verfolgter und bei Kriegsgeschäften verschafft haben könnte. Auf der Basis einer eingehenden Untersuchung der zwischen 1933 und 1945 erzielten Gewinne und des Betriebsvermögens kamen die Betriebsprüfer schließlich zu dem für Außenstehende wenig überraschenden Ergebnis, dass VDO „ohne das Dritte Reich eine Entwicklung genommen haben würde, die hinter der effektiven Gestaltung und dem wirklichen Ablauf der Dinge nicht zurückgeblieben wäre", d. h. größer und stabiler, zumal zu diesem Zeitpunkt sowohl über den Bestand des Unternehmens wie auch über den Wert der Aktien die Verlustgefahren schwebten.[56] Prominenter Entlastungszeuge und Persilscheinaussteller für Schindling war auch Continental-Vorstand Ernst Fellinger, der sich unter anderem überrascht von dessen NSDAP-Mitgliedschaft zeigte. Die Bemühungen der Entnazifizierungs- und Entlastungsstrategie hatten Erfolg. Schindling wurde von der Spruchkammer Frankfurt am 23. März 1948 als Mitläufer in die Kategorie IV eingestuft und mit einem Sühnegeld von 2000 RM belegt.

Aus dem virtuellen Konzern von einst wurde im Laufe der folgenden Jahrzehnte ein tatsächlicher Zuliefergigant. 1979 bereits war im Zuge des Erwerbs des Europa-Geschäfts des amerikanischen Uniroyal-Konzerns das belgische Unternehmen Englebert zu Continental gekommen.[57] Goodrich-Colombes wurde wie erwähnt nach 1945 als Kléber-Colombes umgegründet und ging zunächst in den Michelin-Konzern über. Im Frühjahr 1979 jedoch erfolgten Verkaufsverhandlungen zwischen Michelin und Continental und im Juni 1980 entschied

---

55 Vgl. das ausführliche Schreiben vom 19.10. 1946, in: HHStAW 520/ F (A-Z), K 2625. Auch zu Spies gibt es eine Entnazifizierungsakte, vgl. HHStAW 520/ F (NB), Nr. 98204 R. 4708 K. 3318.
56 Vgl. das „Gutachten über die Geschäftsentwicklung der VDO-Tachometer Aktiengesellschaft, Frankfurt in den Jahren 1933 bis 1945", vom 12.12.1946, in: HHStAW 520/ F (A-Z), K 2625.
57 Vgl. Erker, Wachsen im Wettbewerb, S. 208 f.

sich der Vorstand in Hannover nach langen Überlegungen zu einem Erwerb, der dann aber in letzter Minute doch nicht klappte.[58] Die Reifensparte von Semperit wurde 1983 als Semperit Reifen GmbH verselbständigt und 1985, als sie wieder Gewinn erwirtschaftete, von der nach wie vor als Hauptanteilseigner firmierenden Wiener Creditanstalt an Continental verkauft.[59]

Was die polnische Reifenfabrik Stomil anging, so hatte es tatsächlich im Laufe des Jahres 1990 erste Überlegungen und Gespräche zu einem Einstieg Continentals gegeben. Im Oktober 1993 unterzeichneten beide Unternehmen einen technischen Beratervertrag, aufgrund dessen Continental Stomil bei der Modernisierung der Reifenproduktion unterstützte. Zudem wurden in Polen Continental-Reifen im Auftrag gefertigt. Doch dann wurde Stomil 1995 von Michelin mehrheitlich aufgekauft und in den französischen Konzern integriert. Gislaved dagegen, das einige Jahre vorher schon mit dem Unternehmen Viking zur Nivis Tyre AB fusioniert war und an dem Continental zwei Jahre zuvor eine Mehrheitsbeteiligung erworben hatte, kam 1992 ganz in den Continental-Konzernverbund. Die Reifenfabrik in Krainburg wurde nach 1945 zum eigenständigen slowenischen Unternehmen unter den Namen Sava und kam kurzzeitig Mitte der 1990er Jahre im Zuge einer von Continental verfolgten Mehrmarkenstrategie zum Konzern. Auch die tschechische Reifenfirma Barum, die 1945 aus dem Zusammenschluss von drei Gummiherstellern unter Führung von Bata entstanden war, wurde im März 1993 Teil des Continental-Konzerns. Sava, Barum, Viking, Gislaved und Mabor fungierten als sogenannte Spektrumerweiterungsmarken in der damaligen Konzernstrategie.[60] 1998 wurde die Brake and Chassis Gruppe der ITT Industries an die Continental AG verkauft und die Continental Teves AG & Co. oHG gegründet, die später in den Geschäftsbereich Continental Automotive Systems aufgehen sollte. Im Jahr 2004 kaufte die Continental AG nach 148 Jahren Eigenständigkeit und mehreren gescheiterten Übernahmeversuchen in den Jahrzehnten zuvor Phoenix, das im Januar 2007 mit der Continental-Tochter ContiTech verschmolzen wurde.[61] Schließlich erfolgte wenig später, im Juli 2007, die Übernahme von VDO-Kienzle, das zum Kern der inzwischen gebildeten Konzerndivision Interior wurde.[62] Insofern schloss sich im Kontext all dieser Transaktionen in gewisser Weise der Kreis zu den gemeinsa-

---

58 Vgl. ebd., S. 151 ff.
59 Vgl. ebd., S. 162 f.
60 Vgl. ebd., S. 285 f.
61 In die ContiTech war auch schon Ende 1993 die fusionierte Benecke-Kaliko integriert worden, in der vorher neben der Göppinger Kaliko- und Kunstleder GmbH auch die Kötitzer Ledertuch- und Wachstuch-Werke AG aufgegangen war. Vgl. Schmidt, Continental, S. 161.
62 Nur mit der holländischen Vredestein ergaben sich nach 1945 keine weiteren Berührungspunkte in der Unternehmensentwicklung.

men Beziehungen und damit auch zu einem Teil gemeinsamer Geschichte, die die Unternehmen miteinander in der NS-Zeit – wenn auch auf höchst unterschiedliche Weise – gehabt hatten.

Abkürzungen

ADM	Archiv des Deutschen Museums, München
AEL	Arbeitserziehungslager
AfA-Bund	Allgemeiner freier Angestelltenbund
AOG	Gesetz zur Ordnung der nationalen Arbeit/Arbeitsordnungsgesetz
AR	Aufsichtsrat
BArch	Bundesarchiv
BCA	Buna-Chemiker-Ausschuss
CUA	Continental Unternehmensarchiv
DAF	Deutsche Arbeitsfront
DHV	Deutschnationaler Handlungsgehilfen-Verband
Export-Conti	Continental Caoutchouc-Export AG, Hannover
F&E	Forschung und Entwicklung
ffr	Französischer Franc
GBK	Generalbevollmächtigter für das Kraftfahrwesen
GdA	Gewerkschaftsbund der Angestellten
GeBeChem	Generalbevollmächtigter für Sonderfragen der chemischen Erzeugung
GM	Gasmaske
Gusola	Vereinigung der Gummisohlen- und Absatzfabriken
HADB	Historisches Archiv der Deutschen Bank, Frankfurt a. M.
HADrB	Historisches Archiv der Dresdner Bank
hfl	Holländischer Gulden
HHStAW	Hessisches Hauptstaatsarchiv, Wiesbaden
IAA	Internationale Automobil-Ausstellung
Ideuka	Interessengemeinschaft Deutscher Kautschukwaren-Fabriken GmbH
IHK	Industrie- und Handelskammer
IMI	Italienischer Militärinternierter
Interconti	N. V. Internationale Continental-Caoutchouc-Comp., Amsterdam
KdF	Kraft durch Freude
Kgf.	Kriegsgefangene(r)
KWI	Kaiser-Wilhelm-Institut
LFK	Luftfahrtkontor GmbH
MDA/SHMH	Museum der Arbeit, Hamburg
MNH	Maschinenfabrik Niedersachsen Hannover
NARA	National Archives and Records Administration, Washington
NL	Nachlass
NLA HA	Niedersächsisches Landesarchiv, Hannover
NSBO	Nationalsozialistische Betriebszellen-Organisation
NSV	Nationalsozialistische Volkswohlfahrt
OKH	Oberkommando des Heeres
OKW	Oberkommando der Wehrmacht
OT	Organisation Todt
Pfg.	Pfennig
RDA	Reichsverband der deutschen Automobilindustrie
Reika	Reichsstelle Kautschuk

https://doi.org/10.1515/9783110646597-008

RKM	Reichskriegsministerium
RLM	Reichsluftfahrtministerium
RüKo	Rüstungskommando
RWM	Reichswirtschaftsministerium
SD	Sicherheitsdienst
StA	Staatsarchiv
Stalag	Stammlager
STO	Service du Travail Obligatoire
to	Tonne
TP	Technische Produkte
Treuarbeit	Deutsche Revisions- und Treuhand-AG
uk	unabkömmlich
USACA	US Allied Commission for Austria
VM	Volks-Gasmaske
VO	Vorstand
WHW	Winterhilfswerk
Wikrafa	Wirtschaftsstelle für Kraftfahrzeugreifen
Witeka	Vereinigung Deutscher Kautschukwaren-Fabriken
WP	Wirtschaftsprüfer
ZAST	Zentralauftragsstelle
ZAV	Zusatz-Ausfuhr-Verfahren
ZEL	Zentrales Ersatzteillager
ZUG	Zeitschrift für Unternehmensgeschichte

Quellen

I Continental AG, Hannover

1 Registratur Rechtsabteilung (6621)

Aktenbündel zu Ansprüchen ehemaliger Zwangsarbeiter 1950er Jahre
   Ordner Restitutionsansprüche Stomil

2 Registratur Personalabteilung (6615)

Personalakten:

Peter Aretz, Franz Asbahr, Brey, Edmund Dörre, Ebeling, Friedrich Jakob Fey, Hermann Franz, Willi Garbe, Carl Gehrke, Fritz Henke, Hirschberg, Gustav Jahns, Fritz Könecke, Wilhelm Könecke, Heinz Laudi, Odenwald, Gustav Schmelz, Georg Weber, Richard Weil

Ordner Korrespondenz über unsere Gesellschaft Bd. 1 (1926–1933)
Ordner Korrespondenz über unsere Gesellschaft Bd. 2 (1934–1939 intus: Ariernachweis)
Ordner Ausbildung Kaufmännisches Personal (1935–1942)
Ordner Protokolle über die AR-Sitzungen 11.7.1935–4.9.1946 (masch.)
Ordner Anlagen zu den AR-Protokollen, Bd. II, Juni 1937–Mai 1948
Ordner Korrespondenz VO mit dem AR (Nov. 1923–Juni 1936 mit Ariernachweisen)
Ordner Korrespondenz VO mit dem AR (1936–1942)
Ordner Schriftwechsel VO mit dem Aufsichtsrat 1942–1956
Ordner Aufsichtsratsvergütungen (1936–1959)
3 Ordner Personal der hannoverschen Werke (nur kaufmännisch) 1926–1945
3 Ordner Personal der Niederlassungen (nur kaufmännisch) 1933–1941
Ordner Posener Gummiwerke GmbH
Ordner Stomil und Gründung Posner Gummiwerke
Ordner Versuchswerke für Kautschukverarbeitung i. L.

3 Registratur Finanzabteilung/Konzern-Controlling

Ordner Unterlagen zu den Aufsichtsratssitzungen vom 8.3.1938–19.11.1943
Ordner Schriftwechsel und Berichte an den Aufsichtsrat (Grupe) 10.4.1945–31.12.1946

https://doi.org/10.1515/9783110646597-009

4 Markenschutz- und Patentabteilung, Registratur und Archiv (Werk Stöcken, 6520)

Akte Conti/Dunlop Farbenstreit gelb/blau 1936/37

Akte Markenrechtstreit mit Wanderer-Werke

Diverse Unterlagen (u. a. Überprüfung zweier Erfinder/Ingenieure auf jüdischen Hintergrund)

Aufstellung der angemeldeten Patente 1930–1950

Akten zu diversen Markenkonflikte „Continental" 1930–1945

5 Continental Unternehmensarchiv (CUA), Hannover (Auszüge der benutzten Signaturen)

6100, Zg. 1/85, A 4

6170, Zg. 1/85, A 2,3

Bestand 6500 (Betriebsleitung)

Zg 1/59, A 1 (Reiseberichte 1936–1940) mit Fotos aus Michelin/Zuen

6500/1, Zg. 1/68, A 5 Verlagerungen

6500/1, Zg. 1/68, A 4 Personal 1939–41

6500, Zg. 1/69, A 1,1 (Güteausschuss Sohlen)

6500, Zg. 1/69, A 2,1 und A 2,2, A 2,3 (Sohlen und Absätze)

6500, Zg 1/69, A 3 (Igelit)

6500, Zg 1/69, A 4 (Schuhe/MPA)

6500, Zg 1/69, A 7,1 und A 7,2

6500, Zg 1/69, A 8 (Buna)

6500, Zg. 1/69, A 15

6620 Zg. 1/70, A 13 (Hertogenbosch)

Bestand 6525 (Reifensekretariat)

Zg. 1/56, A 1-A78 (Reifenkonstruktion), darunter:

6525, Zg. 1/56, A 13,1 und 13,2 Werk Posen

6525, Zg. 1/56, A 14, 1 und 14,2 Werk Posen

6525, Zg. 1/56, A 22,1 und A 22,2: Schriftwechsel mit den Auslandsfabriken 1941

6525, Zg. 1/56, A 23,1 und A 23,2: Schriftwechsel mit den Auslandsfabriken 1942

6525 Zg. 1/56, A 24,1 bis A 24,3: Schriftwechsel mit den Auslandsfabriken 1943

6525, Zg 1/56, A 30,1 und A 30,2

6525/Zg. 1/56, A 37 bis A 172 (Flugzeugreifen)

6525, Zg.1/65, A 46 bis A 201 (Flugzeugreifen)

65910, Zg. 1/70, A 1 bis A 9

(Lohnunterlagen der Kriegsjahre, Zwangsarbeiter und Kriegsgefangene etc.)

Bestand 6600 (Geschäftsleitung Vahrenwald)

Zg. 1/56, A 36,1 und A 36,2 (Gasma), A 37, A 38

6600, Zg 1/58, A 1

6600, Zg. 2/58, A 2,1 (Guma Geschäftsbericht 1940–42) und A 2,2 (Guma)

6600 Zg., 1/60, A 15 bis A 25 Bilanzakten 1933–1945

6603, Zg. 3/85, A 3 (Vorstandsprotokolle 3.12.1934–27.2.1945)

Bestand 6610 (Direktionssekretariat)

Zg. 1/57, A 2, Bd. 1–7. (Aufsichtsratsprotokolle; Präsidialsitzungen, Besprechung Aufsichtsrat mit Vorstand)

6610, Zg. 1/57, A 5 bis A 30

6610, Zg 2/56, A 6 (Schwelm/Schuhe/Vertrag 1938)

6610, Zg.1/85, A 2 Befragungen, MR 1945/46 (Berichte)

6621, Zg. 2/92, A1 und A2 Rückerstattungsansprüche Stomil

6621, Zg. 1/2001, A 1 Diverse Personalsachen (v. a. Rundschreiben)

6630, Zg. 1/56, A 33, Bd. 1 bis 20 WP-Treuhandberichte 1933–1945

6630, Zg. 1/56, A 78 (Posen)

6633, versch. Zg. A 3 und A 4: Statistik der Continental 1932–1944/45

6600 Zg. 2/56, A 1 und A 2 Statistik der Continental

6704, Zg. 1/67, A 3 bis A 5. (Schwelm/Schuhe-Kriegsmaßnahmen)

6704, Zg. 1/68, A 5 bis A 20 (Schuhe, Fachgruppe Kautschuk)

6714, versch. Zugänge, A 54

6714, Zg. 2/58, A 7,1 und 7,2 (Exportabteilung/Bittner/Gross)

6714, Zg. 1/63, A 5

6725, Zg. 1/57, A 1. (Polen)

6725, Zg. 1/57, A 21, Bd. 1–12 (Produktionsprogramm und Rohstoff-Freigaben 1939–1950)

67911, Zg. 1/2006, A 1,1 Betriebsprüfungsberichte 1931–1937

67911, Zg. 1/2006, A 1,2 Betriebsprüfungsberichte 1938–1940

67911, Zg. 1/2006, A 1,3 Betriebsprüfungsberichte 1941–1944

98611, Zg. 1/2020, A 2 (Anlagen zum Protokollbuch des Aufsichtsrats 1922–1935)

98611, Zg. 1/2020, A 6 (Anlagen zum Protokollbuch des Aufsichtsrats 1937–1948)

Sammlung Grabe (ohne Signatur)

7 Continental Unternehmensarchiv (CUA), Hannover, Bestand Teves

Mit Ordnern aus der Sammlung Erik Eckermann (ca. 10 Ordner mit diversen Unterlagen, die im Zusammenhang mit der Erstellung der Teves-Chronik im September 1986 entstanden sind). Dazu kommen eine Reihe von Ordnern, die sich nach Recherchen vor Ort in den Keller-/Registraturräumen von Teves in Frankfurt fanden. Dazu gehören u. a.:

– Ordner Situations- und Tätigkeitsberichte Mai 1944 E. A. Teves
– Korrespondenz Dr. Alfred Teves 23.3.1944–1.4.1945
– E. A. Teves, Werk Brombach Juni 1944–1946
– Teveswerke Brombach 1.1.1944–31.12.1948
– Korrespondenz Technische Direktion, Sekretariat Karlein 1/1945

8 Zeitgenössisches Material und Zeitschriften
Gefolgschaftsbuch Continental
Helfer am Sozialwerk der Deutschen Wirtschaft, hrgg. von der Continental Gummi-Werke AG, Hannover 1939
Continental AG, Geschäftsberichte 1933–1945
Echo-Continental (Jg. 1933–1942)
Die Werksgemeinschaft, Werkszeitung der Continental Gummi-Werke AG, 1936–1939
Die Betriebs-Gemeinschaft, Werkszeitschrift der Continental Gummi-Werke AG, 1940–1944
Der Continental-Händler 1 (1929) bis 7 (1935)
Der Ate-Ring (Fach- und Kundenzeitschrift der Firma Alfred Teves) 1. Jg. 1932 ff.
Ate Illustrierte Zeitung 1933 ff.
Ate, Hydraulik-Handbuch, Frankfurt a. M. 1942
30 Jahre Werksgeschichte der Firma Alfred Teves GmbH, Frankfurt 1936
Handbuch der deutschen Aktiengesellschaften 48. Jg., Berlin 1943

9 Historische Filme/Filmarchiv

10 Bildarchiv

11 Werksarchiv, Korbach
Ordner Belegschaftsstatistik

II. Archive mit Akten und Unterlagen von früheren Continental-Tochterunternehmen

1 Staatsarchiv (StA) Hamburg
324-1_K 10916
371-8 II_S XXXIII B 2
324-1_K 6364

731-8_A 769

430-91_II1336k OP

731-8_A 765

731-8_A 770

731-8_A 756

213-11_0681/44

731-8_A 773

371-16 I_1141

371-8 II_S XXXIII B 12

731-8_A 902

216-1 (Bestand Phoenix), Nr. 1–48

StAH, Arbeitsbehörde I 356-2 I Nr. 53

StAH 213-11 Nr. 2166/ 43

StAH 351-11 Nr. 21325

StAH 351-11 Nr. 18769

2 Archiv im Museum der Arbeit, Hamburg (MDA/SHMH)
Bestand Phoenix:

MA.A 2009/021.002.001 Denkschrift

MA.A.2009/021.091 und 092

MA.A. 2009/021/125 und 126 (Bilanzen 1873–1941 und Berichte der Treuhand-AG) und 128, 129, 130 und 159, 183, 263 und 264 (Amerika-Reisen Direktor Teischinger) sowie 340, 349

MA.A. 2009/021.291 bis 295 (Phoenix-Historie)

MA.A. 2009/022.088

MA.A. 2009/021.338.006 bis 338.007 (Geschäftsberichte 1931–1950)

MA.A. 2009/021.006.020

MA.A.2009/021.006.023 und 028 und 032 und 033 und 041, 043

MA.A. 2009/022.088 (Umsatzstatistik ab 1923)

MA.A. GG 2006, AE 37 W/38 W (Phoenix Krieg bis 1956)

Fotos

3 VDO-Archiv, Babenhausen
Karton 1 (Adolf Schindling)

Karton 3 bis Karton 6 (diverses zu Vorstandsmitgliedern)

Karton 8 und 9 (Schriftwechsel Max Wild/Adolf Schindling)

Karton 15 bis 17 (Personal)

Karton 34

Karton 35 (Steuerprüfungen 1929–1943)

Karton 39, 40, 50
Karton 52 (Organisation; Entflechtung VDO-Deuta)
Karton 63 Umsatzzahlen, Preise 1941–1945
Karton 352 (Interviewprotokolle VDO-Mitarbeiter)
Karton 401 bis 417 (VDO in den Kriegsjahren)
Fotoarchiv

4 Kienzle-Archiv, Villingen-Schwenningen (hierzu auch Aktenkopien aus Privatarchiv Armin Müller)

8 Semperit
In Wien existiert kein Archiv mehr, Akten im Zuge der Aufteilung des Unternehmens sind vernichtet oder verloren gegangen.
   Wichtigste Unterlagen in OMGUS-Akten/National Archives, zugänglich online über https://www.fold3.com, Suchbegriff „Semperit".
– Semperit Gummiwerke AG, Industry Report No. 22 vom November 1947 (50 S.)
– Report on Semperit Gummiwerke AG, Vienna, vom 2.3.1948, von GEA Branch (German External Assset Branch) of the US Allied Commission for Austria (USACA), (insgesamt 176 S., darin u. a. Geschäftsberichte und Bilanzen 1935–1944 (online-Zugang über https://www.fold3.com)
Privatarchiv Franz Prudic (Auszüge aus der Semperit-Werkszeitschrift 1939–1945 sowie Fotos)

III Continental-Akten in weiteren Archiven

1 Bundesarchiv Berlin (BArch Berlin)

R 8119/F Deutsche Bank, Handakten Oswald Rösler
Nr. 2115
Nr. 2116 Allgemeines (Korrespondenz 1935–1937)
Nr. 2117 Allgemeines (Korrespondenz 1937–1939)
Nr. 2118 Allgemeines (Korrespondenz 1939–1945)
Nr. 2119 Protokolle
Nr. 2120 (Einladungen)
Nr. 2121 (Geschäftsberichte, Statuten etc.)
Nr. 2128
Nr. 2140 Bilanzen/Prüfberichte

Nr. 2141 Personalia

Nr. 2143 Allgemeines

R 8119 F, Nr. 2115 Continental AG, Handakte Franz Boner

Verstreute Provenienzen

R 3/1934 (Reichsministerium für Rüstung und Kriegsproduktion)

R 70-Frankreich

R 87/1130 bis 1132

R 87/6042

R 177/1871-1872

R 3101/34408 (RWM, Devisenstelle)

R 3001/10280 und 24176

R 3118/370 bis 372 (Berliner Börse) cf. Scans

R 3118/164 (Berliner Börse)

SAPMO NY 4049/14

R 8-V/387

R 4606/4937

R 8 V/387 zu Teves/Scans

R 8121/308 (Entflechtung VDO)

R 8127/2481

R 8128/2127 und 2104

R 8136/963

R 8136/3064 (Rohstoffkredite Conti)

R 154/11995

R 3102/4318

R 4606/4937 (zu Teves)

R 4606/2495

RL 3/382

2 Niedersächsischen Landesarchiv, Hannover (NLA HA)

Entnazifizierungsakten:

– P. Aretz: Nds. 171 Hannover Nr. 10736

– Assbroicher Nds. 171 Hannover Nr. 17522

– W. Brey: Nds. 171 Hannover Nr. 24897

– W. Busch: Nds. 171 Hannover Nr. 9618

– Garbe Nds. 171 Hannover, Nr. 50919

– K. Hackland: (Nds. 171 Hannover) RH/HR/HAN/F 2969*)

– G. Jahns: Nds. 171 Hannover Nr. 20322

– F. Könecke: Nds. 171 Hannover Nr. 32086

– Odenwald Nds. 171 Hannover Nr. 16704

– K. Riehm: Nds. 171 Hannover Nr. 20960
– P. Stockhardt: Nds. 171 Hannover Nr. 41894
– G. Weber: Nds. 171 Hannover Nr. 16060
Nds. 720 Hannover Acc. 2009/126 Nr. 00358
Nds. 720 Hannover Acc. 2009/126 Nr. 03654
Nds. 720 Hannover Acc. 2007/112 Nr. 1284
NLA HA Hannover. 310 I Nr. 298/1
NLA HA Hann.275 Nr. 571 (Lohnregelung; Schriftwechsel Conti mit Treuhänder der Arbeit)
NLA HA Hann. 180 Hannover e4 Nr. 85
NLA HA Hann. 275 Nr. 572
NLA HA Hann. 180 Hannover b Nr. 247/2
NLA HA Hann. 210 Acc. 2004/059 Nr. 50 (Schriftwechsel mit Oberfinanzpräsidium Hannover/Devisenstelle)
NLA HA Hann. 210 Acc. 2004/025 Nr. 635 und 636 (Auswanderung Richard Weil)
NLA HA Hann. 210 Acc. 2004/024 Nr. 429
NLA HA Hann. 210 Acc. 2003/087 Nr. 44 bis 50
NLA HA Hann. 210 Acc. 2003/087 Nr. 75 bis 81
NLA HA Hann. 210 Acc. 2003/087 Nr. 113 bis 115
Hann. 146 A, Acc. 10/85, Nr. 55, 185, 186
Hann. 146 A, Acc. 4/85, Nr. 402

3 Landesarchiv Berlin

C Rep. 031-02-09, Karton 152: Teves, Heinz
A Rep. 342-02, Nr. 56754

4 Historisches Archiv der Deutschen Bank, Frankfurt a. M. (HADB)

P 02115 (Handakte Continental-Aufsichtsrat Boner)
P 02201 bis P 02202 (Phoenix Geschäftsberichte u. a.)
F 002/679 bis 1945)
F 002/0749 bis 0750 (Handakten Phoenix-Aufsichtsrat Hermann Willink)
F 002/751
F 002/759
F 002/783
F 088/1522 (Zeitungsausschnittsammlung)

5 Hessisches Wirtschaftsarchiv, Darmstadt

IHK-Karteikarten Teves

6 Hessisches Staatsarchiv Darmstadt

G 15, G 92, Q 7-8, Q 162; G 24 Nr. 955/2 Nr. 2276, Nr. 2281-2282; N 1, 759, N 1 Nr. 7328

7 Hessisches Hauptstaatsarchiv Wiesbaden (HHStAW)

Personen, die bis 1945 bei der Firma Teves offenbar als Strafgefangene/Zwangs-arbeiter gearbeitet haben:

HHStAW, 409/4, 649
HHStAW, 409/4, 787
HHStAW, 409/4, 1005
HHStAW, 409/4, 2444
HHStAW, 409/4, 6109
HHStAW, 409/4, 6437
HHSTAW, 409/4, 6614
HHStAW, 409/4, 6759
HHStAW, 409/4, 6834
HHStAW, 409/4, 7000
HHStAW, 409/4, 7031
HHStAW, 409/4, 7123
HHStAW, 409/4, 7298
HHStAW, 409/4, 8000

Akten der Devisenstelle Frankfurt

HHStAW, 519/3, 34135 (Teves, Alfred, Maschinen- & Armaturenfabrik, 1932–1934)
HHStAW, 519/3, 17124 (Teves, Alfred GmbH, Maschinen- und Armaturen-Fabrik)
HHStAW, 469/6, 1198
HHStAW, 519/3, 34470 (Häusler, Georg, 1932–1936)
HHStAW, 519/3, 29459 (V.D.O. Tachometer AG, 1944–1944)
HHStAW, 519/3, 18623 (V.D.O. Tachometer A. G., 1939–1940)
HHStAW, 519/3, 32857 (VDO Tachometer AG, 1941–1942)
HHStAW, 519/3, 17298 (Vereinigte Tachometer AG, 1938–1948)
HHStAW 483, Nr. 11095
HHSTAW 483, Nr. 7327–7328 und Nr. 705 (Lager)
Bestand 520/11 (Entnazifizierungsakten)
HHStAW Abt. 520/11 Nr. 11236/1 und 2 (Alfred Teves)
HHStAW Abt. 520/11 Nr. 14767/1 und 2 (Heinz Teves)

HHStAW Abt. 520/11 Nr. 6/1
HHStAW Abt. 520/11 Nr. 6/2
HHStAW Abt. 520/11 Nr. 10580/1
HHStAW Abt. 520/11 Nr. 10580/2
HHStAW Abt. 520/11 Nr. 8781/1
HHStAW Abt. 520/11 Nr. 8781/2
HHStAW Abt. 520/11 Nr. 2440/1
HHStAW Abt. 520/11 Nr. 2440/2
HHStAW Abt. 520/11 Nr. 10556/1
HHStAW Abt. 520/11 Nr. 10556/2
HHStAW Abt. 520/11 Nr. 8878/1
HHStAW Abt. 520/11 Nr. 8878/2
HHStAW Abt. 520/11 Nr. 8924/1
HHStAW Abt. 520/11 Nr. 8924/2
HHStAW Abt. 520/ F (A-Z) R. 4707 K. 2939 (Ernst-August Teves)
HHStAW Abt. 520/ F (A-Z) R. 4707 K. 2936
HHStAW Abt. 520/ F (A-Z) R. 4703 K. 2014
HHStAW Abt. 520/ F (A-Z) R. 4531 K. 1009
HHStAW Abt. 520/ F (A-Z) R. 4531 K. 1035
HHStAW, 520/11 Nr. 2218/1
HHStAW, 520/11 Nr. 2218/2
HHStAW Abt. 520/F (NB) Nr. 334363 R. 4709 K. 3553
HHStAW Abt. 520/ F (A-Z) R. 4703 K. 2167
HHStAW Abt. 520/ F (NB) Nr. 51896 R. 4708 K. 3272
HHStAW Abt. 520/ F (A-Z) R. 4704 K. 2358
HHStAW Abt. 520/ F (A-Z). 2625 (Adolf Schindling)
HHStAW Abt. 520/ F (NB) Nr. 98204 R. 4708 K. 3318

8 Stadtarchiv Frankfurt

Bestand S 1-387, 1-6, Nachlass Martin Tausend
I/466, Hamburger Landstraße 455
I/409 Hansaallee 30
Magistratsakten 47/69 Nr. 8615

9 Bundesarchiv, Militärarchiv Freiburg (BArch Freiburg)

RL 3/382
RW 21-27/1-7 (Kriegstagebuch Rüstungskommando Hannover)
RW 21/26/8 (Rüstungskommando Hamburg)

10 Archiv des Deutschen Museums, München (ADM)

T 67 (Ate)

CIOS-, FIAT- und BIOS-Reports zu Continental und Phoenix

CIOS File No. XXIII-1 Continental Gummiwerke AG, Hanover (129 S. plus Appendix)

CIOS File No. XXVI-21 Continental Gummiwerke, Hanover (Plant Vahrenwalderstrasse)

BIOS Final Report No. 69 Continental Gummiwerke AG, Hanover

BIOS Final Report No. 172 Continental Gummiwerke „Excelsior" Factory, Limmer, Hanover

CIOS File No. XXIII-3: The Hamburger Gummiwaren-Fabrik Phoenix A. G. Located in Harburg near Hamburg

FIAT Final Report No. 717: Buna Rubber Research

CIOS Report XXXII-121: Reichsstelle für Kautschuk and Fachgruppe Kautschukindustrie

BIOS Final Report No. 482: German Reclaimed Rubber Industry (u. a. Interview mit Chemiker Dr. Bickel, Werk Limmer)

FIAT Final Report No. 525: Poppet Valves for Automotive and Aircraft Engines (Inspektion der Teveswerke zu Ventilfertigung)

BIOS Final Report No. 497: Aircraft Tyre Design and Development in Germany

11 Unternehmensarchiv Bayer, Leverkusen

314-013 Schriftwechsel Continental mit dem Kautschuk-Zentrallabor Leverkusen 1939 ff.

151-008, Vol. 1–6 Schriftwechsel betr. Versuchswerke für Kautschukverarbeitung GmbH, Leverkusen

329-0540 Schriftwechsel mit Continental betr. Synthetischer Kautschuk 1929–1953

329-1199-01 Schriftwechsel betr. Synthetischer Kautschuk 1936 ff.

12 Stadtarchiv Korbach

Meldekarteien

13 Stadtarchiv Hannover

Bestand Kriegssachschädenamt

14 Archiv der TU Hannover

Hann. 146 A, Acc. 10/85, Nr. 185 und 186 (Kautschukinstitut)
Hann. 146 A, Acc. 10/85, Nr. 248
Hann. 146 A, Acc. 4/85, Nr. 402
Hann. 146 A, Acc. 10/85, Nr. 55

15 Stadtarchiv Poznan

Stomil 223, 224, 331

16 Forschungsstelle für Zeitgeschichte in Hamburg (FZH)

Nachlass Hans Schwarz

17 National Archives and Records Administration, Washington (NARA)

JAG 245 –
WO 235/348
WO 309/869 (Progress Report of Stöcken Concentration Camp)
OMGUS, Phoenix Gummiwerke AG, Industry Report vom Januar 1946, 77 S., online unter: https://www.fold3.com/image/114/286878642

Literatur

Aalders, Gerhard, Wiebes, Cees, Die Kunst der Tarnung. Die geheime Kollaboration neutraler Staaten mit der deutschen Kriegsindustrie. Der Fall Schweden, Berlin 1994

Ansbacher, Heinz L., Testing, Management and Reactions of Foreign Workers in Germany during World War II, in: American Psychologist 5 (1950), S. 38–49

Anschütz, Janet, Heike, Irmtraud, Feinde im eigenen Land. Zwangsarbeit in Hannover im Zweiten Weltkrieg, Bielefeld 2000

Anschütz, Janet, Heike, Irmtraud, Man hörte auf, ein Mensch zu sein. Überlebende aus den Frauen-Konzentrationslagern in Langenhagen und Limmer berichten, Hamburg 2003

Anschütz, Janet, Heike, Irmtraud, „Wir wollten Gefühle sichtbar werden lassen." Bürger gestalten ein Mahnmal für das KZ Ahlem, Bremen 2004

Arnaud, Patrice, „Ein so naher Feind". Französische Zwangsarbeiter und ihre deutschen Kollegen in den Industriebetrieben des Dritten Reiches, in: Andreas Heusler u. a. (Hrsg.), Rüstung, Kriegswirtschaft und Zwangsarbeit im „Dritten Reich", München 2010, S. 179–197

Arnaud, Patrice, Les STO. Histoire des Français requis en Allemagne nazie 1942–1945, Paris 2010

Aßfalg, Stefan A., Fremdarbeiter in Villingen während des Zweiten Weltkrieges, in: Villingen-Schwenningen. Geschichte und Kultur, hrsg. von der Stadt Schwenningen 1999, S. 463–493

Bähr, Johannes, Erker, Paul, Bosch. Geschichte eines Weltunternehmens, München 2013

Bahnsen, Uwe, Hanseaten unter dem Hakenkreuz. Die Handelskammer Hamburg und die Kaufmannschaft im Dritten Reich, Kiel/Hamburg 2015

Bajohr, Frank, Gauleiter in Hamburg. Zur Person und Tätigkeit Karl Kaufmanns (1900–1969), in: Vierteljahrshefte für Zeitgeschichte 43 (1995), H. 2, S. 267–295

Banken, Ralf, Vom „Verschweigen" über die „Sonderkonjunktur" hin zur „Normalität"? Der Nationalsozialismus in der Unternehmensgeschichte der Bundesrepublik, in: Zeitgeschichte-online, Dezember 2012, https://zeitgeschichte-online.de/thema/vom-verschweigen-ueber-die-sonderkonjunktur-hin-zur-normalitaet

Banken, Ralf, Die wirtschaftspolitische Achillesferse des „Dritten Reichs". Das Reichswirtschaftsministerium und die NS-Außenwirtschaftspolitik 1933–1939, in: Ritschl (Hrsg.), Das Reichswirtschaftsministerium in der NS-Zeit, S. 111–232

Banken, Ralf, Hitlers Steuerstaat. Die Steuerpolitik im Dritten Reich, Berlin/Boston 2018

Baranowski, Frank, Rüstungsproduktion in der Mitte Deutschlands von 1929 bis 1945. Südniedersachsen mit Braunschweiger Land sowie Nordthüringen einschließlich des Südharzes: Eine vergleichende Betrachtung des zeitlich versetzten Aufbaus zweier Rüstungszentren, Bad Langensalza 2017

Barber, Chris, Der Käfer. Ferdinand Porsche und die Entwicklung des Volkswagens, Bielefeld 2010

Becker, Martin, Die Betriebs- und Volksgemeinschaft als Grundlage des „neuen" NS-Arbeitsrechts, in: Buggeln, Wildt (Hrsg.), Arbeit im Nationalsozialismus, S. 107–121

Beckert, Sven, Bis zu diesem Punkt und nicht weiter. Arbeitsalltag während des Zweiten Weltkriegs in einer Industrieregion Offenbach-Frankfurt, Frankfurt a. M. 1990

Behringer, Christina, Wilke, Karl, Die Kolonie (1907–1967). Die ehemalige Werkssiedlung der Continental Gummiwerke in Korbach, Korbach 2000

https://doi.org/10.1515/9783110646597-010

Benecke-Kaliko AG, 125 Jahre Faszination Oberfläche. Werk Esslingen, Esslingen 2016

Bera, Matt, Lobbying Hitler. Industrial Associations between Democracy and Dictatorship, New York/Oxford 2016

Berghahn, Volker, Otto A. Friedrich. Politischer Unternehmer aus der Gummiindustrie und das amerikanische Modell, in: Paul Erker, Toni Pierenkemper (Hrsg.), Deutsche Unternehmer zwischen Rüstungswirtschaft und Wiederaufbau. Studien zur Erfahrungsbildung von Industrieeliten, München 1998, S. 193–216

Berghahn, Volker, Friedrich, Paul J.: Otto A. Friedrich, ein politischer Unternehmer. Sein Leben und seine Zeit, 1902–1975, Frankfurt a. M. 1993

Berghoff, Hartmut, Konsumgüterindustrie im Nationalsozialismus. Marketing im Spannungsfeld von Profit- und Regimeinteressen, in: Archiv für Sozialgeschichte 36 (1996), S. 293–322

Berghoff, Hartmut, Träume und Alpträume. Konsumpolitik im Nationalsozialistischen Deutschland, in: Heinz Gerhard Haupt, Claudius Torp (Hrsg.), Die Konsumgesellschaft in Deutschland 1890–1990. Ein Handbuch, Frankfurt a. M./New York 2009, S. 268–288

Berghoff, Hartmut, Von der „Reklame" zur Verbrauchslenkung. Werbung im nationalsozialistischen Deutschland, in: ders. (Hrsg.), Konsumpolitik. Die Regulierung des privaten Verbrauchs im 20. Jahrhundert (Sammlung Vandenhoeck), Göttingen 1999, S. 77–112

Boldorf, Marcel, Forced Collaboration, Entrepreneurial Strategies, and their Long-term Effects in France, in: Jonas Scherner, Eugene White (Hrsg.), Paying for Hitler's War. The Consequences of Nazi Hegemony for Europe, Cambridge 2016, S. 126–139

Boldorf, Marcel, Grenzen des nationalsozialistischen Zugriffs auf Frankreichs Kolonialimporte (1940–1942), in: Vierteljahrschrift für Sozial- und Wirtschaftsgeschichte 97 (2010), S. 143–159

Boldorf, Marcel, Neue Wege zur Erforschung der Wirtschaftsgeschichte Europas unter nationalsozialistischer Hegemonie, in: Buchheim/Boldorf (Hrsg.), Europäische Volkswirtschaften, S. 1–26

Boldorf, Marcel, Die Wirtschaftsabteilung des Militärbefehlshabers in Frankreich. Regulierung und Lenkung durch die deutsche Besatzungsbürokratie (1929/40–1944), in: Ritschl (Hrsg.), Das Reichswirtschaftsministerium in der NS-Zeit, S. 319–356

Bräutigam, Helmut, Zwangsarbeit in Berlin 1938–1945, in: Zwangsarbeit in Berlin 1938–1945, S. 17–62

Brünger, Sebastian, Geschichte und Gewinn. Der Umgang deutscher Konzerne mit ihrer NS-Vergangenheit, Göttingen 2017

Buchheim, Christoph, Boldorf, Marcel (Hrsg.), Europäische Volkswirtschaften unter deutscher Hegemonie 1938–1945, München 2012

Budraß, Lutz, Flugzeugindustrie und Luftrüstung in Deutschland 1918–1945, Düsseldorf 1998

Buggeln, Marc, Arbeit & Gewalt. Das Außenlagersystem des KZ Neuengamme, Göttingen 2009

Buggeln, Marc, Wildt, Michael (Hrsg.), Arbeit im Nationalsozialismus, München 2014

Buggeln, Marc, Unfreie Arbeit im Nationalsozialismus. Begrifflichkeiten und Vergleichsaspekte zu den Arbeitsbedingungen im Deutschen Reich und in den besetzten Ländern, in: Buggeln/Wildt (Hrsg.), Arbeit im Nationalsozialismus, S. 231–252

Burhop, Carsten u. a., Merck 1668–2018. Von der Apotheke zum Weltkonzern, München 2018

Carbaat, Henk, Amsterdam, Hannover und zurück. Mein Leben als Zwangsarbeiter während des Zweiten Weltkriegs, Hannover 2012

Daene, Wilhelm, Ein Werkmeister erzählt, in: Kurt R. Großmann, Die unbesungenen Helden, Berlin 1964, S. 32–48

Destenay, Pierre, Babel Germanique, Paris 1948

Das Deutsche Reich und der Zweite Weltkrieg, Bd. 5/2: Organisation und Mobilisierung des deutschen Machtbereichs, Stuttgart 1999

Dickert, Elena, Die Rolle der Auto Union AG bei der „Nutzbarmachung" ausländischer Unternehmen. Auftragsverlagerungen in die besetzten Gebiete während des Zweiten Weltkrieges, in: ZUG 58 (2013), S. 28–53

Dornheim, Andreas, Sachs. Mobilität und Motorisierung. Eine Unternehmensgeschichte, Hamburg 2015

30 Jahre Werksgeschichte der Firma Alfred Teves GmbH, Frankfurt 1936

Dumond, Lionel, L'épopée Bibendum. Une entreprise à l'epreuve de l'histoire, Toulouse 2002

Ebi, Michael, Export um jeden Preis. Die deutsche Exportförderung von 1932 bis 1938, Stuttgart 2004

Eckermann, Erik, Dynamik beherrschen. Alfred Teves GmbH. Eine Chronik im Zeichen des technischen Fortschritts, Frankfurt 1986

Eckermann, Erik, Nathan S. Stern. Ingenieur aus der Frühzeit des Automobils, Technikgeschichte in Einzeldarstellungen, Bd. 42/1985, Düsseldorf 1985

Ein Haus in Traiskirchen, Semperit-Reifen. Die ersten 100 Jahre, Traiskirchen 1996

Ellermeyer, Jürgen, Gib Gummi! Kautschukindustrie und Hamburg, Bremen 2006

Erker, Paul, Das Bedaux-System. Neue Aspekte der historischen Rationalisierungsforschung, in: ZUG 41 (1996), S. 139–158

Erker, Paul, Continental contre Michelin. Les industries pneumatiques allemande et française pendant la guerre et la résistance des structures oligopolistiques traditionnelles, in: Hervé Joly u. a. (Hrsg.), L'entreprises allemandes pendant la Seconde Guerre Mondiale. Histoire, Économie et Société 4 (2005), S. 513–525

Erker, Paul, Emergence of Modern Business Structures? Industry and War Economy in Nazi Germany, in: Jun Sakudo, Takeo Shiba (Hrsg.), World War II and the Transformation of Business Systems, Tokio 1994, S. 158–178

Erker, Paul, Industrieeliten in der NS-Zeit. Anpassungsbereitschaft und Eigeninteresse von Unternehmern in der Kriegs- und Rüstungswirtschaft 1936–1945, Passau 1994

Erker, Paul, Vom nationalen zum globalen Wettbewerb. Die deutsche und die amerikanische Reifenindustrie im 19. und 20. Jahrhundert, Paderborn 2005

Erker, Paul, Wachsen im Wettbewerb. Eine Zeitgeschichte der Continental AG, Frankfurt 1996

Feldman, Gerald D., Die Creditanstalt-Bankverein in der Zeit des Nationalsozialismus, 1938–1945, in: ders., Oliver Rathkolb u. a. (Hrsg.), Österreichische Banken und Sparkassen im Nationalsozialismus und in der Nachkriegszeit, Bd. 1, München 2006, S. 23–684

Feyer, Sven, Die MAN im Dritten Reich. Ein Maschinenbauunternehmen zwischen Weltwirtschaftskrise und Währungsreform, Baden-Baden 2018

Finger, Jürgen u. a., Dr. Oetker und der Nationalsozialismus. Geschichte eines Familienunternehmens 1933–1945, München 2013

Flachowsky, Sören, Das Reichsamt für Wirtschaftsausbau als Forschungsbehörde im NS-System. Überlegungen zur neuen Staatlichkeit des Nationalsozialismus, in: Technikgeschichte 82 (2015), H. 3, S. 185–224

Flachowsky, Sören u. a. (Hrsg.), Ressourcenmobilisierung. Wissenschaftspolitik und Forschungspraxis im NS-Herrschaftssystem, Göttingen 2016

Forbes, Neil, Doing Business with the Nazis. Britain's Economic and Financial Relations with Germany 1931–1939, London 2000

Franke, Christoph, Legalisiertes Unrecht. Devisenbewirtschaftung und Judenverfolgung am Beispiel des Oberfinanzpräsidiums Hannover 1931–1945, Hannover 2011

Fransecky, Tanja von, Zwangsarbeit in der Berliner Metallindustrie 1939 bis 1945. Eine Firmenübersicht. Eine Studie im Auftrag der Otto Brenner Stiftung, Berlin, März 2003, online unter https://www.otto-brenner-stiftung.de/fileadmin/user_data/stiftung/02_Wissenschaftsportal/03_Publikationen/AH31_ZwangsarbeitBerlin_Fransecky_2003_03_15.pdf

Frese, Matthias, Betriebspolitik im „Dritten Reich". Deutsche Arbeitsfront, Unternehmer und Staatsbürokratie in der westdeutschen Großindustrie 1933–1939, Paderborn 1991

Freund, Florian, Perz, Bertrand, Zwangsarbeit von zivilen AusländerInnen, Kriegsgefangenen, KZ-Häftlingen und ungarischen Juden in Österreich, in: Emmerich Talos u. a. (Hrsg.), NS-Herrschaft in Österreich. Ein Handbuch, Wien 2001, S. 644–695

Friedrich, Otto A., Ein Werk im Spiegel der Weltwirtschaft, in: Samhaber/Friedrich, Hundert Jahre, S. 61–108

Fröbe, Rainer u. a. (Hrsg.), Konzentrationslager in Hannover. KZ-Arbeit und Rüstungsindustrie in der Spätphase des Zweiten Weltkriegs, Teil I, Hildesheim 1985

Fröhlich, Paul, „Der unterirdische Kampf". Das Wehrwirtschafts- und Rüstungsamt 1924–1943, Paderborn 2018

Füllberg-Stolberg, Claus, Frauen im Konzentrationslager: Langenhagen und Limmer, in: Fröbe u. a. (Hrsg.), Konzentrationslager in Hannover, S. 277–329

Funke, Christoph, Legalisiertes Unrecht. Devisenbewirtschaftung und Judenverfolgung am Beispiel des Oberfinanzpräsidiums Hannover, 1931–1945, Hannover 2011

Geuter, Ulfried, Das Institut für Arbeitspsychologie und Arbeitspädagogik der Deutschen Arbeitsfront. Eine Forschungsnotiz, in: 1999. Zeitschrift für Sozialgeschichte der 20. und 21. Jahrhunderts, 2 (1987), S. 87–95

Gotthardt, Christian, Denunziant Dr. Dahlgrün, in: http://www.harbuch.de/frische-themen-artikel/denunziant-dr-dahlgruen.html

Gotthardt, Christian, Die politische Geschichte der Phoenix, Teil 1: Von den Anfängen bis zur Entnazifizierung (1856–1948), Ms April 2015, in: http://www.harbuch.de/frische-themen-artikel/die-politische-geschichte-der-phoenix.html

Greve, Swantje, Das „System Sauckel". Der Generalbevollmächtigte für den Arbeitseinsatz und die Arbeitskräftepolitik in der besetzten Ukraine 1942–1945, Göttingen 2019

Grieger, Manfred, Sartorius im Nationalsozialismus. Generationswechsel im Familienunternehmen zwischen Weltwirtschaftskrise und Entnazifizierung, Göttingen 2019

Grossmann, Kurt R., Die unbesungenen Helden. Menschen in Deutschlands dunklen Tagen, 2. Aufl. Frankfurt a. M. 1984

Gruner, Wolf, Der geschlossene Arbeitseinsatz deutscher Juden. Zur Zwangsarbeit als Element der Verfolgung 1938–1943, Berlin 1997 (= Reihe Dokumente, Texte, Materialien 20)

Gruner, Wolf, Judenverfolgung in Berlin 1933–1945. Eine Chronologie der Behördenmaßnahmen in der Reichshauptstadt. Stiftung Topographie des Terrors, 2. Aufl. Berlin 2009

Grünfelder, Anna Maria, Arbeitseinsatz für die Neuordnung Europas. Zivil- und ZwangsarbeiterInnen aus Jugoslawien in der „Ostmark" 1938/41–1945, Wien 2010

Gutmann, Christoph, KZ Ahlem. Eine unterirdische Fabrik entsteht, in: Fröbe u. a. (Hrsg.), Konzentrationslager in Hannover, S. 331–406

Hachtmann, Rüdiger, Fordism and Unfree Labour. Aspects of the Work Deployment of Concentration Camp Prisoners in German Industry between 1941 and 1944, in: International Review of Social History 55 (2010), S. 485–513

Hachtmann, Rüdiger, Industriearbeit im „Dritten Reich", Göttingen 1989

Harather, René, 190 Jahre Semperit, Wimpassing 2014

Harmer, Karl, Vom Lehrling über den Facharbeiter zum Unterführer und Führer im Gummi-Betrieb (Semperit-Schriftenreihe Heft 2), Wien 1943

Hayes, Peter, Die Degussa im Dritten Reich. Von der Zusammenarbeit zur Mittäterschaft, München 2004

Heck, Almuth, Niederländische Zwangsarbeiter, in: Zwangsarbeit in Berlin, S. 262–268

Heim, Susanne, Kalorien, Kautschuk, Karrieren. Pflanzenzüchtung und landwirtschaftliche Forschung in Kaiser-Wilhelm-Instituten 1933 bis 1945, Göttingen 2003

Hermann, Andreas, Korbach gibt Gummi. Von Louis Peter zur Conti: 100 Jahre Gummi- und Reifenwerk in Korbach, Gudensberg-Gleichen 2007

Hirschfeld, Gerhard, Fremdherrschaft und Kollaboration. Die Niederlande unter deutscher Besatzung 1940–1945, Stuttgart 1984

Hof, Patrik, Kurswechsel an der Börse – Kapitalmarktpolitik unter Hitler und Mussolini. Wertpapierhandel im deutschen Nationalsozialismus (1933–1945) und im italienischen Faschismus (1922–1945), München 2008

Horn, Martin, Imlay, Talbot, The Politics of Industrial Collaboration during World War II. Ford France, Vichy and Nazi Germany, Cambridge 2014

Humann, Detlev, „Arbeitsschlacht". Arbeitsbeschaffung und Propaganda in der NS-Zeit 1933–1939, Göttingen 2011

175 Jahre Freshfields Bruckhaus Deringer in Deutschland. Eine Sozietätsgeschichte im Wandel von Wirtschaft, Recht und Politik, München 2015

150 Jahre Österreichische Kautschukindustrie 1824–1974. Von Johann Nepomuk Reithoffer zur Semperit-Gruppe, Wien 1975

Joly, Hervè, Französische Unternehmen unter deutscher Besatzung, in: Buchheim, Boldorf (Hrsg.), Europäische Volkswirtschaften, S. 131–145

Jung, Michael, „Voll Begeisterung schlagen unsere Herzen zum Führer". Die Technische Hochschule Hannover und ihre Professoren im Nationalsozialismus, Hannover 2013

Karlsch, Rainer, Entscheidungsspielräume und Innovationsverhalten in der Synthesekautschukindustrie. Die Einführung des Kaltkautschukverfahrens in den Chemischen Werken Hüls und im Buna-Werk Schkopau, in: Johannes Bähr, Dietmar Petzina (Hrsg.), Innovationsverhalten und Entscheidungsstrukturen. Vergleichende Studien zur wirtschaftlichen Entwicklung im geteilten Deutschland 1945–1990, Berlin 1997, S. 81–97

Karlsch, Rainer u. a., Unternehmen Sport. Die Geschichte von adidas, München 2018

Kißener, Michael, Boehringer-Ingelheim im Nationalsozialismus. Studien zur Geschichte eines mittelständischen chemisch-pharmazeutischen Unternehmens, Stuttgart 2015

Kleinschmidt, Christian, Unternehmensgeschichte als „Nebenbeschäftigung", in: ZUG 64 (2019), S. 274–291

Klemann, Hein A. M., Did the German Occupation (1940–1945) Ruin Dutch Industry?, in: Contemporary European History 17 (2008), S. 457–481, online unter: https://www.researchgate.net/publication/231849982_Did_the_German_Occupation_1940-1945_Ruin_Dutch_Industry (letzter Zugriff am 21.10.2019)

Klemann, Hein A. M., Kudryashov, Sergei, Occupied Economies. An Economic History of Nazi-Occupied Europe, 1939–1945, London 2012

Koerner, Francis, Le contrôle de l'industrie française du caoutchouc par l'Allemagne nazie (1940–1944), in: Guerres mondiales et conflits contemporains 240/4 (2010), S. 43–61, online unter https://www.cairn.info/revue-guerres-mondiales-et-conflits-contemporains-2010-4-page-43.htm

Koll, Johannes, Arthur Seyß-Inquart und die deutsche Besatzungspolitik in den Niederlanden (1940–1945), Wien/Köln 2015

Kopper, Christopher, Das Ministerium Schacht und sein Einfluss, in: Ritschl (Hrsg.), Das Reichswirtschaftsministerium in der NS-Zeit, S. 76–110

Krause, Detlef, Moritz Schultze (1862–1946), in: Frauke Schlütz (Hrsg.), „Ein gediegener & solider Mann". Die Vorstandssprecher der Commerzbank von 1870 bis 2008, Dresden 2016, S. 76–99

Kuder, Stéphanie, Von Ravensbrück nach Hannover-Limmer und nach Bergen-Belsen, in: Universität Straßburg (Hrsg.), De l'université aux camps de concentration, Straßburg 1996 (ursprünglich 1947), online unter https://www.kz-limmer.de/files/pdf/geschichte/kuder.pdf

Kukowski, Martin, Boch, Rudolf, Kriegswirtschaft und Arbeitseinsatz bei der Auto Union AG Chemnitz im Zweiten Weltkrieg, Stuttgart 2014

Lacroix-Riz, Annie, Industriels et Banquiers. Français sous l'Occupation, Paris 1999

Littmann, Friederike, Ausländische Zwangsarbeiter in der Hamburger Kriegswirtschaft 1939–1945, Hamburg 2006

Lofti, Gabriele, KZ der Gestapo. Arbeitserziehungslager im Dritten Reich, Stuttgart 2000

Lorentz, Bernhard, Industrieelite und Wirtschaftspolitik 1928–1950. Heinrich Dräger und das Drägerwerk, Paderborn 2001

Lorentz, Bernhard, Erker, Paul, Chemie und Politik. Die Geschichte der Chemischen Werke Hüls 1938–1979, München 2003

Lottman, Herbert R., The Michelin Men. Driving an Empire, London 2003

Marx, Henry, Die Verwaltung des Ausnahmezustands. Wissensgenerierung und Arbeitskräftelenkung im Nationalsozialismus, Göttingen 2019

Milward, Alan S., The New Order and the French Economy, Oxford 1970

Müller, Armin, Kienzle. Ein deutsches Industrieunternehmen im 20. Jahrhundert, Stuttgart 2011

Müller, Rolf-Dieter, Der Manager der Kriegswirtschaft. Hans Kehrl: Ein Unternehmer in der Politik des Dritten Reiches, Essen 1999

Nationalsozialistische Unrechtsmaßnahmen an der Technischen Hochschule Hannover. Beeinträchtigungen und Begünstigungen von 1933 bis 1945, hrsg. vom Präsidium der Gottfried Wilhelm-Leibnitz-Universität Hannover, Petersberg 2016

Niemann, Hans-Werner, Wirtschaftsgeschichte Niedersachsens 1918 bis 1945, in: Geschichte Niedersachsens, Bd. 5: Von der Weimarer Republik bis zur Wiedervereinigung, Hannover 2010, S. 453–623

Pelligrini, Carlo Bellavite, Pirelli. Technology and Passion 1872–2017, Mailand 2018

Peter, Roland, Rüstungspolitik in Baden. Kriegswirtschaft und Arbeitseinsatz in einer Grenzregion im Zweiten Weltkrieg, München 1995

Puiseux, Robert, Souvenirs, Clermont-Ferrand 1968

Radtke-Delacor, Arne, Produire pour le Reich. Les commandes Allemandes à l'industrie Française (1940–1944), in: Vingtième Siècle. Revue d'histoire 70 (2001), S. 99–115

Radtke-Delacor, Arne, Verlängerte Werkbank im Westen. Deutsche Produktionsaufträge als Trumpfkarte der industriellen Kollaboration in Frankreich (1942–1944), in: Stefan Martens, Maurice Vaisse (Hrsg.), Frankreich und Deutschland im Krieg (November 1942–Herbst 1944). Okkupation, Kollaboration, Résistance, Bonn 2000, S. 327–350

Rauh, Cornelia, Hitlers Hehler? Unternehmerprofite und Zwangsarbeiterlöhne, in: Historische Zeitschrift 275 (2002), S. 1–55

Reckendrees, Alfred, Beiersdorf. Die Geschichte des Unternehmens hinter den Marken NIVEA, tesa, Hansaplast & Co., München 2018

Ritschl, Albrecht (Hrsg.), Das Reichswirtschaftsministerium in der NS-Zeit. Wirtschaftsordnung und Verbrechenskomplex, Berlin/Boston 2016

Samhaber Ernst, Hundert Jahre Weltwirtschaft, in: ders.7Friedrich, Hundert Jahre, S. 9–60

Samhaber, Ernst, Friedrich, Otto A., Hundert Jahre Weltwirtschaft im Spiegel eines Unternehmens. Zum 100jährigen Gründungstag der Phoenix Gummiwerke AG 1856–1956, Freiburg 1956

Sandvoß, Hans-Rainer, Die „andere" Reichshauptstadt. Widerstand aus der Arbeiterbewegung in Berlin von 1933 bis 1945, Berlin 2007

Schäfer, Hans Dieter, Das gespaltene Bewusstsein. Deutsche Kultur und Lebenswirklichkeit 1933 bis 1945, München 1981

Schanetzky, Tim, After the Gold Rush. Ursprünge und Wirkungen der Forschungskonjunktur „Unternehmen im Nationalsozialismus", in: ZUG 63 (2018), S. 7–32

Schanetzky, Tim, Kanonen statt Butter. Wirtschaft und Konsum im Dritten Reich, München 2015

Scharf, Eginhard, „Man machte mit uns, was man wollte." Ausländische Zwangsarbeiter in Ludwigshafen am Rhein 1939–1945, Heidelberg 2004

Scherner, Jonas, Anreiz statt Zwang. Wirtschaftsordnung und Kriegswirtschaft im „Dritten Reich", in: Norbert Frei, Tim Schanetzky (Hrsg.), Unternehmen im Nationalsozialismus. Zur Historisierung einer Forschungskonjunktur, Göttingen 2010, S. 140–155

Scherner, Jonas, Die Logik der Industriepolitik im Dritten Reich. Die Investitionen in die Autarkie- und Rüstungsindustrie und ihre staatliche Förderung, Stuttgart 2008

Scherner, Jonas, Streb, Jochen, Tilly, Stephanie, Supplier Networks in the German Aircraft Industry during World War II and their Long-term effects on West Germany's Automobile Industry during the „Wirtschaftswunder", in: Business History 56 (2014), S. 996–1020

Schmidt, Thomas, Continental 1871–1971. Ein Jahrhundert Fortschritt und Leistung, Hannover 1971

Schoch, Kathrin, Die „Arisierung" und Wiedergutmachung jüdischen Eigentums am Beispiel der Göppinger Firma „Netter & Eisig" und ihrer Besitzer, Magisterarbeit Universität Tübingen 2008

Scholtyseck, Joachim, Der Aufstieg der Quandts. Eine deutsche Unternehmerdynastie, München 2011

Scholtyseck, Joachim, Freudenberg. Ein Familienunternehmen in Kaiserreich, Demokratie und Diktatur, München 2016

Schorn, Maria, Die praktische Durchführung eines Ausleseverfahrens für den Ausländereinsatz, in: Industrielle Psychotechnik 19 (1942), H. 7/9, S. 207–216

Schröder, Hermann, Das erste Konzentrationslager in Hannover. Das Lager bei der Akkumulatorenfabrik in Stöcken, in: Fröbe u. a. (Hrsg.), Konzentrationslager in Hannover, S. 44–106

Schumann, Silke, Kooperation und Effizienz im Dienste des Eroberungskrieges. Die Organisation von Arbeitseinsatz, Soldatenrekrutierung und Zwangsarbeit in der Region Chemnitz 1939 bis 1945, Göttingen 2016

Spina, Raphael, Histoire du STO, Paris 2017

Spoerer, Mark, C&A. Ein Familienunternehmen in Deutschland, den Niederlanden und Großbritannien 1911–1961, München 2016

Spoerer, Mark, Zwangsarbeit unter dem Hakenkreuz, München 2001

Streb, Jochen, Das nationalsozialistische Wirtschaftssystem. Indirekter Sozialismus, gelenkte Marktwirtschaft oder vorgezogene Kriegswirtschaft? in: Werner Plumpe, Joachim Scholtyseck (Hrsg.), Der Staat und die Ordnung der Wirtschaft. Vom Kaiserreich bis zur Berliner Republik, Stuttgart 2012, S. 61–83

Streb, Jochen, Das Reichswirtschaftsministerium im Kriege, in: Ritschl (Hrsg.), Das Reichswirtschaftsministerium in der NS-Zeit, S. 549–610

Streb, Jochen, Technologiepolitik im Zweiten Weltkrieg. Die staatliche Förderung der Synthesekautschukproduktion im deutsch-amerikanischen Vergleich, in: Vierteljahrshefte für Zeitgeschichte 50 (2002), S. 367–397

Streb, Jochen, Der transatlantische Wissenstransfer auf dem Gebiet der Synthesekautschukforschung in Krieg und Frieden. Freiwillige Kooperationen und erzwungene Reparationen (1926–1954), in: Technikgeschichte 71 (2004), S. 283–303

Sudrow, Anne, Der Schuh im Nationalsozialismus. Eine Produktgeschichte im deutsch-britisch-amerikanischen Vergleich, 2. Aufl. Göttingen 2013

Tasch, Dieter, Görg, Horst-Dieter (Hrsg.), Es begann in Hannover. Reifen, Raketen, Rekorde, Hannover 2016

Tooze, Adam, Ökonomie der Zerstörung. Die Geschichte der Wirtschaft im Nationalsozialismus, Bonn 2007

Tranfaglia, Nicola, Vita di Alberto Pirelli (1882–1971). La politica attraverso l'economia, Rom 2010

Urban, Thomas, Zwangsarbeit bei Thyssen. „Stahlverein" und „Baron-Konzern" im Zweiten Weltkrieg, Paderborn 2014

Wartlik, Helmut M., Das Arbeitslager für ungarische Juden in Engerau, Diplomarbeit Wien 2008

Werner, Constanze, Kriegswirtschaft und Zwangsarbeit bei BMW, München 2006

Werner, Oliver (Hrsg.), Mobilisierung im Nationalsozialismus. Institutionen und Regionen in der Kriegswirtschaft und der Verwaltung des Dritten Reiches 1936 bis 1945, Paderborn 2013

Werner, Stefan, Wirtschaftsordnung und Wirtschaftsstrafrecht im Nationalsozialismus, Frankfurt a. M. 1991

Wessels, Rolf, Das Arbeitserziehungslager in Liebenau 1940–1943, Nienburg/Weser 1990

Wieser, Martin, Norbert Thumb und der Aufstieg der angewandten Psychologie in der „Ostmark", in: Psychologie in Österreich 1&2 (2019), S. 106–115

Woniak, Katarzyna, Zwangswelten. Emotions- und Alltagsgeschichte polnischer „Zivilarbeiter" in Berlin 1939–1945, Paderborn 2020

Zibell, Stephanie, Jakob Sprenger (1884–1945). NS-Gauleiter und Reichsstatthalter in Hessen, Darmstadt 1999

Zorn, Gerda, Widerstand in Hannover. Gegen Reaktion und Faschismus 1920–1946, Frankfurt a. M. 1977

Zwangsarbeit in Berlin 1938 bis 1945, hrsg. vom Arbeitskreis Berliner Regionalmuseen, Berlin 2003

Verzeichnis der Tabellen, Schaubilder und Abbildungen

https://doi.org/10.1515/9783110646597-011

Abbildungsnachweise:

Soweit nicht anders angegeben, gilt für alle Abbildungen das Continental-Archiv, Hannover als Quelle. Im Einzelnen handelt es sich dabei um Abb. aus dem dortigen Foto-Archiv, den Zeitschriften „Echo-Continental", „Die Werksgemeinschaft" und „Die Betriebs-Gemeinschaft", „Der Continental-Händler", diverse Broschüren wie „Helfer am Sozialwerk der Deutschen Wirtschaft", hrsg. von der Continental Gummi-Werke AG, Hannover 1939, und Anzeigen sowie das „Gefolgschaftsbuch" der Continental, das der Vertrauensrat führte.

Abb. 7, 9, 10, 29, 122, 123, 134: Werksarchiv Korbach.

Abb. 30: Faksimile aus: NLA Hannover Nds. 171 Hannover, Nr. 32086 (Entnazifizierungsakte Könecke).

Abb. 62, 63: Jürgen Ellermeyer, Gib Gummi! Kautschukindustrie und Hamburg, Bremen 2006.

Abb. 64, 65: Briefkopf aus Schreiben Phoenix von 1932 bzw. Geschäftsbericht Phoenix 1936 in: HADB, Bestand F 2/749.

Abb. 73, 74, 99: Privatarchiv Franz Prudic

Abb. 75, 80, 81, 83, 84: 30 Jahre Werksgeschichte der Firma Alfred Teves GmbH, Frankfurt 1936.

Abb. 79, 82, 102, 126: „Sammlung Teves" (verschiedene Unterlagen) im Continental-Archiv, Hannover.

Abb. 85: Stadtarchiv Villingen-Schwenningen, Bestand Kienzle, Bildarchiv.

Abb. 86/87: Tachometer-Fertigung bei VDO ca. 1934. Quelle: DAF-Broschüre „Ein Querschnitt durch das Rhein-Mainische Wirtschaftsgebiet" von 1934, S. 67.

Abb. 76, 88, 89, 90, 103, 104, 105, 106, 139, 140, 141: VDO-Archiv, Babenhausen.

Abb. 92/93: Continental-Werbung 1942 in der Zeitschrift Der Vierjahresplan -Zeitschrift für nationalsozialistische Wirtschaftspolitik Jg. 6, Heft 10, Oktober 1942.

Abb. 100, 130, 136, 137: Bestand Phoenix im Archiv des Museum der Arbeit, Hamburg.

Abb. 101, 138: Stadtarchiv Frankfurt, Institut für Stadtgeschichte, S 1, NL Tausend, 387, Nr. 12.

Abb. 111/112: Werksausweis Henri Carbaat (1943) Quelle: Titel- bzw. Rückseite von Henk. Carbaat, Amsterdam, Hannover und zurück. Mein Leben als Zwangsarbeiter während des Zweiten Weltkriegs, Hannover 2012.

Abb. 124, 125: Staatsarchiv Hamburg, Bestand 621-1/71, Nr. 38a.

Abb. 127: Ausweis von Wilhelm Daene ausgestellt für Lola („Tana") Alexander als Arbeiterin der Teves-Werke © Wiener Library London https://www.was-konnten-sie-tun.de/themen/ th/verfolgten-helfen/.

Abb. 128: Faksimile des Entlastungsschreibens eines ehemaligen russischen Zwangsarbeiters, aus: HHStAW Abt. 520/11 Nr. 11236/2 (Entnazifizierungsakte Teves).

Register

Aachen 148, 160, 690

Abbé, Willy 593, 595

Abteilung Arbeit 50–51, 209, 474, 476, 482–486, 494, 507, 517, 521, 530, 534, 539, 553–554, 558, 563

Abteilung ‚M' 91, 153, 440, 452–453, 626

Abwehrbeauftragter 104, 440

Adler-Automobilwerke 38

Ägypten 112, 218, 607

Ahlem 449, 460, 462, 557, 559–562, 750–752, 755, 757–760, 764, 805

Akkord 50–51, 120, 209, 243, 438, 440, 517, 519, 522, 545, 554, 580, 698

Akkumulatorenfabrik Afa 317

Akron 134–135, 385, 672, 728, 730

Aktie 15–16, 19–20, 28–31, 35–36, 80, 84, 116, 120, 133, 160–161, 211–214, 225, 237, 239, 242–243, 247, 250, 252, 255, 278–279, 321–324, 398–399, 401, 432, 434, 604, 621, 650, 658, 664, 668–670, 673, 676, 680, 710, 716, 725, 728, 730, 738, 764, 812, 818

Aktionär 16, 20, 32, 37, 39, 212, 215, 238, 241, 279, 300, 314, 322–323, 325, 432, 639, 650, 673, 675–676, 695, 728, 730, 745

Alfred Teves Maschinen- und Armaturenfabrik GmbH 262, 266

Allerthaler Gummiwerke 747

Allmers, Robert 38, 83, 87

Amerika *siehe auch* USA 6, 102, 112, 117, 134–136, 139, 143, 216, 257, 268, 282, 610, 722

Amsterdam 72, 114, 116, 143, 217, 219, 222, 263, 282, 427, 478, 490, 494, 496, 499, 538, 542, 701–702, 742–743, 812

Amt für deutsche Roh- und Werkstoffe 112, 126, 131–132, 248, 308

Angestellte 10, 15, 21–23, 40–41, 45, 47–48, 50–54, 57–58, 62, 69, 71–74, 89, 91–92, 96–97, 99, 101, 160, 225–226, 230–232, 237, 239, 241, 243, 257, 267, 269, 271–272, 277, 289, 295, 298, 305, 313, 334, 350, 368, 405–406, 413, 426, 438, 446–

447, 449, 455, 462, 481, 483–484, 487, 503–504, 526, 540, 544, 558, 566, 569, 578, 580, 585, 589, 595, 599–601, 617–618, 623–624, 629, 637, 642, 644, 648, 652–653, 655, 659, 672, 674, 681, 683, 690, 697, 714, 727, 741, 745, 748, 765–766, 772, 775, 777, 779, 782, 803–806, 816

Anleihestockgesetz 36

Arbeiter 13, 16, 21–23, 37, 40–41, 43–45, 48, 50–53, 59, 68–69, 71, 73, 90, 96–97, 103, 108, 120–121, 152, 232, 237, 240, 243, 257, 267, 277, 289, 295, 298, 305, 405, 438, 447–449, 458–459, 461–463, 465–467, 470–471, 474–477, 479–481, 484, 486–488, 492, 494–495, 497–498, 501–503, 506–508, 513–515, 517, 519–521, 526, 528, 532, 535, 537–539, 542–544, 546–548, 554, 558, 564–565, 569–570, 580–582, 584, 588–589, 591–592, 594, 597, 599–601, 624–626, 629, 632, 634, 637, 644, 651, 653, 659, 674, 681, 689–690, 697, 702, 714, 727, 740–741, 758, 763, 777, 803–804

Arbeiterschaft *siehe* Arbeiter

Arbeitsbedingung 68–69, 450, 460, 466, 499, 528–529, 531–532, 537, 549, 552, 558, 561, 568, 641, 646, 713, 757, 777, 795

Arbeitskräfte *siehe auch* Belegschaft 3, 10, 45, 48, 64, 69–70, 91, 93–94, 120, 156, 231, 306, 419–420, 438, 440, 451–455, 457–460, 462–469, 471–472, 480–481, 485, 487, 489, 494, 496, 499, 503–504, 506, 510–514, 522, 525, 531, 534, 541, 545–546, 548, 550, 558, 561, 564–566, 573–576, 578–579, 584–586, 591–593, 603, 620, 625, 637, 646–647, 656, 697, 699, 703, 708, 711–713, 716, 727, 732–734, 744, 747–748, 750, 752–754, 758, 761, 764, 772, 776–780, 793, 795, 797–798, 801, 809

Arbeitskräftelenkung 7, 71, 452, 454, 467

Arbeitskräftemobilisierung 438, 440, 449, 576, 590

https://doi.org/10.1515/9783110646597-012